Werner Weidenfeld (Hrsg.)
Europa-Handbuch

Werner Weidenfeld (Hrsg.)

Europa-
Handbuch

Verlag Bertelsmann Stiftung
Gütersloh 1999

Die Deutsche Bibliothek – CIP-Einheitsaufnahme

Europa-Handbuch / Werner Weidenfeld (Hrsg.). – Gütersloh ; Verl.
Bertelsmann Stiftung, 1999
ISBN 3-89204-819-3

© 1999 Verlag Bertelsmann Stiftung Gütersloh
Verantwortlich: Nicole Schley, Annette Heuser
Redaktion: Stefan Rottmann
Redaktionelle Mitarbeit: Nicole Schley
Lektorat: Sabine Stadtfeld
Herstellung: Sabine Klemm
Umschlaggestaltung: Tammen GmbH, Osnabrück
Umschlagabbildung: „Der Astronom" (1668), Jan Vermeer, © Photo AKG Berlin.
 Photo von © Tony Stone, Landkarte © Tammen GmbH, Osnabrück
Satz: Stefan Rottmann, München
Druck: Graphischer Großbetrieb Pössneck
ISBN 3-89204-819-3

Inhalt

Abkürzungsverzeichnis	11
Vorwort	15

1. Die historische Ausgangslage 17

Europa – aber wo liegt es?
WERNER WEIDENFELD 19

Europa: Nation und Nationalstaat im Wandel
HAGEN SCHULZE 49

2. Die Staatenwelt in Europa 77

Belgien, die Niederlande und Luxemburg
WICHARD WOYKE 79

Bundesrepublik Deutschland
JÜRGEN GROS 92

Frankreich
HENRI MÉNUDIER 106

Italien
CARLO MASALA 116

Großbritannien
ROGER MORGAN 126

Irland
EVIN MCLOUGHLIN 139

Griechenland
HEINZ-JÜRGEN AXT 152

Inhaltsverzeichnis

Portugal ÁLVARO DE VASCONCELOS	163
Spanien MARC CARRILLO	172
Österreich PAUL LUIF	183
Skandinavien JAN SUNDBERG	196
Schweiz HEINRICH CHRISTEN	208
Polen CORNELIUS OCHMANN	221
Tschechien und Slowakei JOSEFINE WALLAT	233
Ungarn ANDRÁS INOTAI	253
Das Baltikum PEER H. LANGE	263
Albanien FABIAN SCHMIDT	275
Rumänien und Bulgarien WIM VAN MEURS	285
Slowenien, Kroatien und Serbien JENS REUTER	302
Malta und Zypern PAVLOS TZERMIAS	319

3. Die Einigung Europas 331

Das politische System der EU
WOLFGANG WESSELS 333

Föderalismus in Europa
ROLAND BIEBER 353

Frieden in Europa
JOSEF JANNING 367

Europäische Parteien
THOMAS JANSEN 395

Interessenverbände und europäischer Lobbyismus
HANS-WOLFGANG PLATZER 410

Reform der Europäischen Union
CLAUS GIERING UND CHRISTIAN JUNG 424

Agrarmarkt und Struktur
des ländlichen Raumes in Europa
WINFRIED VON URFF 445

Standort Europa
JÜRGEN TUREK 462

Der Europäische Binnenmarkt
HUGO DICKE 480

Europa als Wirtschafts- und Währungsunion
OLAF HILLENBRAND 498

Die soziale Dimension
des Europäischen Binnenmarktes
WOLFGANG DÄUBLER 522

Inhaltsverzeichnis 8

4. Die deutsche Rolle in Europa 537

Die deutsche Rolle in Europa
THOMAS PAULSEN 539

Deutschland als europäische Macht
WERNER LINK 552

Die Europapolitik der Bundesrepublik Deutschland
PATRICK MEYER 565

5. Einstellungen zu Europa 583

Die Bürger in Deutschland
ELISABETH NOELLE-NEUMANN UND THOMAS PETERSEN 585

Die Bürger in Europa
MANUELA GLAAB 603

Jugend und Europa
THOMAS R. HENSCHEL 618

6. Europas Außenbeziehungen 631

Europa und Amerika
FELIX PHILIPP LUTZ 633

Rußland und Europa
MARGARETA MOMMSEN 653

Die Ukraine und Europa
IRIS KEMPE 668

Europa und die Türkei
UDO STEINBACH 681

Europa und der Mittelmeerraum
EBERHARD RHEIN   691

Europa und Japan
KARL-RUDOLF KORTE   710

Die Europäische Union und China
FRANCO ALGIERI   723

Europa und Indien
DIETMAR ROTHERMUND   741

Europa und Südostasien
EBERHARD SANDSCHNEIDER   750

Europa und die Dritte Welt
KARL WOLFGANG MENCK   762

7. Die Zukunft Europas   777

Die Kompetenzen in der Europäischen Union
PETER-CHRISTIAN MÜLLER-GRAFF   779

Die Osterweiterung der Europäischen Union
MICHAEL KREILE   802

Der Schutz von Minderheiten in Europa
RAINER HOFMANN   823

Europa als Einwanderungsgebiet
STEFFEN ANGENENDT   847

Europa als Rechtsgemeinschaft
GERT NICOLAYSEN   862

Europa als Wirtschafts- und Sozialgemeinschaft
STEFAN ROTTMANN   874

Inhaltsverzeichnis 10

Europas neue Rolle in der Welt
WERNER WEIDENFELD UND FRANCO ALGIERI 884

Europa in Zahlen 899

Bibliographie 929

Sachregister 947

Verzeichnis der Autoren 957

Abkürzungsverzeichnis

ABl.	Amtsblatt (der EG)
AdR	Ausschuß der Regionen
AKP	Länder im afrikanischen, pazifischen und karibischen Raum, die mit der EU durch das Lomé-Abkommen verbunden sind
APEC	Asian Pacific Economic Conference
ARF	ASEAN Regional Forum
ASEAN	Association of South East Asian Nations
ASEM	Asia Europe Meeting
ASTV/CORE PER	Ausschuß der ständigen Vertreter der nationalen Regierungen bei der Europäischen Gemeinschaft
BDI	Bundesverband der Deutschen Industrie
BEUC	Europäischer Verbraucherverband
BIP	Bruttoinlandsprodukt
BVerfG	Bundesverfassungsgericht
BVerfGE	Entscheidungen des Bundesverfassungsgerichtes
CEEB	Central and East Eurobarometer
CEFTA	Central European Free Trade Association
COPA	Comité des Organisations Professionelles Agricoles
DDR	Deutsche Demokratische Republik
DGB	Deutscher Gewerkschaftsbund
DIHT	Deutscher Industrie- und Handelstag
EAEC	East Asian Economic Caucas
EAG	Europäische Atomgemeinschaft (Euratom)
ECU	European Currency Unit
EEA	Einheitliche Europäische Akte
EEB	Europäisches Umweltbüro
EFTA	European Free Trade Association
EFWZ	Europäischer Fonds für währungspolitische Zusammenarbeit
EG	Europäische Gemeinschaft
EGB	Europäischer Gewerkschaftsbund
EGKS	Europäische Gemeinschaft für Kohle und Stahl
EGKSV	Vertrag zur Gründung der Europäischen Gemeinschaft für Kohle und Stahl
EGV-A	Vertrag zur Gründung der Europäischen Gemeinschaft (in der Fassung des Amsterdamer Vertrages, mit neuer Artikelnumerierung)

Abkürzungsverzeichnis 12

EGV-M	Vertrag zur Gründung der Europäischen Gemeinschaft (in der Fassung des Maastrichterer Vertrages, mit alter Artikelnumerierung)
ELDR	Europäische Liberale, Demokraten und Reformer
EMRK	Europäische Menschenrechtskonvention
EP	Europäisches Parlament
EPG	Europäische Politische Gemeinschaft
EPZ	Europäische Politische Zusammenarbeit
ERT	European Round Table of Industrialists
ESZB	Europäisches System der Zentralbanken
EU	Europäische Union
EuGH	Europäischer Gerichtshof
EUREKA	European Research Coordination Agency
EuRH	Europäischer Rechnungshof
EVG	Europäische Verteidigungsgemeinschaft
EVP	Europäische Volkspartei
EWG	Europäische Wirtschaftsgemeinschaft
EWI	Europäisches Währungsinstitut
EWR	Europäischer Wirtschaftsraum
EWS	Europäisches Währungssystem
EZB	Europäische Zentralbank
F&E	Forschung und Entwicklung
GAP	Gemeinsame Agrarpolitik
GASP	Gemeinsame Außen- und Sicherheitspolitik
GATS	General Agreement on Services
GATT	General Agreement on Tariffs and Trade
GG	Grundgesetz der Bundesrepublik Deutschland
GUS	Gemeinschaft Unabhängiger Staaten
IfD	Institut für Demoskopie Allensbach
IWF/IMF	Internationaler Währungsfonds
KPdSU	Kommunistische Partei der Sowjetunion
KSZE	Konferenz für Sicherheit und Zusammenarbeit in Europa
MERCOSUR	Argentinien, Brasilien, Paraguay, Uruguay
MOE	Mittel- und Osteuropa
NACC	Nordatlantischer Kooperationsrat
NAFTA	North American Free Trade Association
NATO	North Atlantic Treaty Organization
NGO	Non-governmental Organsation

Abkürzungsverzeichnis

NIC	Newly Industrialized Countries
OECD	Organization for Economic Cooperation and Development
OEEC	Organization for European Economic Cooperation
OSZE	Organisation für Sicherheit und Zusammenarbeit in Europa
PfP	Partnership for Peace
PHARE	Hilfsprogramm zur Umgestaltung der Wirtschaft der osteuropäischen Länder
REI	Rat der Europäischen Industrie
RGW	Rat für Gegenseitige Wirtschaftshilfe
SBZ	Sowjetisch besetzte Zone
SPE	Sozialdemokratische Partei Europas
TABD	Transatlantic Business Dialogue
TACIS	Technical Assistance for the Commonwealth of Independent States
TAFTA	Transatlantic Free Trade Association
TRIP	General Agreement on Trade-Related Aspects of Intellectual Property Rights
UdSSR	Union der Sozialistischen Sowjetrepubliken
UN/UNO	United Nations Organization
UNICE	Union des Confédérations de l'Industrie et des Employeurs d'Europe
WEU	Westeuropäische Union
WSA	Wirtschafts- und Sozialausschuß
WTO	World Trade Organization (UNO)
WWU	Wirtschafts- und Währungsunion
ZJIP	Zusammenarbeit in der Justiz- und Innenpolitik
ZK	Zentralkommitee der KPdSU

Vorwort

Das Europa des 20. Jahrhunderts ist ein Labor der Weltgeschichte. Auf engstem Raum sind hier die politischen und geistigen Strömungen aufeinandergetroffen, die die historische Entwicklung weit über die Grenzen des Kontinentes hinaus bestimmt haben: die Gegensätze zwischen Nationalismus, Demokratie und Kommunismus, zwischen machtpolitischer, gar kriegerischer Konfrontation und friedlicher internationaler Zusammenarbeit. Auf kleinstem geographischen Raum kennt Europa eine Vielfalt der Kulturen und politischen Systeme, die einzigartig ist – ebenso einzigartig wie der modus vivendi der politischen Integration, zu dem der Großteil des Kontinentes am Ende des 20. Jahrhunderts gefunden hat.

Nach einem Jahrzehnt rasanten Wandels stehen die Europäer nun vor Entscheidungen, die die zukünftige Gestalt dieser Friedensordnung im 21. Jahrhundert bestimmen werden. Im Brennpunkt dieser Entwicklung befindet sich die Europäische Union. Inmitten der dramatischen Transformationen in Ost- und Mittelosteuropa, der Verschiebung der globalen Machtverteilung und des neuen Wettbewerbes in der Weltwirtschaft ist sie zum Fokus der Erwartungen ihrer Nachbarstaaten geworden. Die EU strahlt heute mehr politische und wirtschaftliche Anziehungskraft aus als je zuvor. Sie hat sich in den neunziger Jahren durch die Vollendung des Binnenmarktprogrammes und den Einstieg in die Währungsunion sowie die Erweiterung auf 15 Mitglieder stark gewandelt und modernisiert; doch reichen diese Fortschritte nicht aus, um die EU auf die zentralen Zukunftsaufgaben vorzubereiten. Um im Hinblick auf die nächsten Erweiterungsrunden ihre Regierbarkeit nachhaltig zu sichern, muß sie sich einer weitreichenden Reform ihrer Entscheidungsverfahren stellen, ihre Kompetenzen sauber von denen der Nationalstaaten abgrenzen und in Bereichen wie ihrer Agrar- oder Strukturpolitik die Reichweite europäischer Solidarität neu definieren.

An dieser Nahtstelle der historischen Entwicklung zieht das Europa-Handbuch eine Bilanz der Integrationsschritte der achtziger und neunziger Jahre und schafft einen Überblick über die Akteure und Probleme, die die nahe Zukunft Europas prägen werden. Sein wichtigster Zweck jedoch ist es, die Vielfalt und die besondere Art des Zusammenlebens der Europäer darzustellen. Kapitel 1, *Die historische Ausgangslage*, ordnet die politische Integration Europas in die historische Entwicklung des Kontinentes ein und verdeutlicht ihre Einzigartigkeit, die auch die beherrschende Rolle der Nationalstaaten nicht unberührt gelassen hat. Kapitel 2, *Die Staatenwelt in Europa*, stellt die gegenwärtigen und möglichen zukünftigen Mitglieder der Europäischen Union vor und bietet ein Panorama ihrer vielfältigen politischen Systeme und sozioökonomischen Ausgangslagen. Besonderes Augenmerk gebührt dabei ihrem Beitrag zum europäischen Integrationsprozeß. Kapitel 3, *Die Einigung Europas*, analysiert die Politiken und das politische System der

Europäischen Union und verdeutlicht ihr Wesen als Gemeinschaft für Frieden, wirtschaftlichen und sozialen Fortschritt und föderale Zusammenarbeit. Vorgestellt werden hier auch die nichtstaatlichen Akteure des europäischen Politikprozesses, namentlich europäische Verbände und Parteien. Kapitel 4, *Die deutsche Rolle in Europa*, zeichnet die besondere historische Situation Deutschlands in der Mitte des Kontinentes nach und versucht durch Gegenüberstellung von Innen- und Außensicht Deutschlands dessen individuellen Beitrag zur Einigung Europas zu erklären. Kapitel 5, *Einstellungen zu Europa*, verfolgt den Wandel der öffentlichen Meinung über die Politiken und Institutionen der EU. Drei Beiträge aus Sicht der Deutschen, der anderen europäischen Bürger und der jungen Generation gehen der Frage nach, welcher Konsens den Integrationsprozeß heute trägt, und ob sich die Wurzeln einer europäischen Identität im Bewußtsein der Bürgerinnen und Bürger verankert haben. Kapitel 6, *Die Außenbeziehungen Europas*, untersucht den Einfluß der EU als Akteur der Weltpolitik und beleuchtet ihr Verhältnis zu ihren Nachbarn. In Kapitel 7, *Die Zukunft Europas*, gilt die Aufmerksamkeit den Herausforderungen, denen sich die Union im nächsten Jahrzehnt stellen muß und deren Spektrum von der Klärung der Kompetenzverteilung in ihrem Innern bis zur Definition ihrer Rolle in der Welt reicht.

Das Europa-Handbuch ist in Zusammenarbeit von Bundeszentrale für politische Bildung, Bertelsmann Stiftung und Bertelsmann Forschungsgruppe Politik am Centrum für angewandte Politikforschung der Ludwig-Maximilians-Universität München entstanden. Sehr herzlich ist allen Autoren für ihre Mitarbeit zu danken. Um die Redaktion haben sich Stefan Rottmann und Nicole Schley verdient gemacht.

Prof. Dr. Werner Weidenfeld
Direktor des
Centrums für angewandte Politikforschung
der Ludwig-Maximilians-Universität, München
Vorstand der Bertelsmann Stiftung, Gütersloh

1.
Die historische Ausgangslage

Europa – aber wo liegt es?

WERNER WEIDENFELD

Die Geschichte gönnt Europa keine Atempause. Nach dem Ende der machtpolitischen Statik, die vom Konflikt zwischen Ost und West geprägt war, wurde die Folgezeit durch die Dynamik der vielen Konflikte geprägt, aber auch durch eine Ratlosigkeit über die Baumuster für Europas Zukunft. Die Gleichzeitigkeit gegenläufiger Entwicklungen war das Kennzeichen dieser »Ära ohne Namen«: Integration und relative Stabilität im Westen, Desintegration und Instabilität im Osten.

Mittlerweile neigt sich diese Zwischenzeit ihrem Ende zu, und neue Antworten auf die Schicksalsfragen Europas kristallisieren sich heraus: Die Ordnung um den integrierten Kern der Europäischen Union etabliert sich als Zukunftsmuster für die Entwicklung des Kontinentes. Doch muß die Europäische Union als Trägerin solcher gesamteuropäischer Erwartungen in den kommenden Jahren noch fünf Herausforderungen bestehen, um den Weg ins nächste Jahrtausend zu ebnen: ihre Erweiterung nach Osten, die Gestaltung des Verhältnisses zu den neuen Nachbarn an dieser Grenze, die Modernisierung ihrer Wirtschaft und die überfällige Neuordnung ihrer Institutionen. Darüber hinaus muß die Europäische Union ihre Gemeinsame Außen- und Sicherheitspolitik durch die Entwicklung einer gemeinsamen europäischen Sicherheits- und Verteidigungspolitik stärken. Denn der Krieg ist auf den Kontinent zurückgekehrt und mit ihm die Auferstehung alter Mythen, Ängste und seelischer Verwundungen. Über Jahrzehnte konnte das Reden über Europa die Erfolgsgeschichte der Integration früher verfeindeter Nationen beleuchten. Heute ist die Erfolgsgeschichte der Einigung Europas nur noch die eine Seite der Medaille – die andere besteht in hunderttausendfachem Mord und Vertreibung mitten in Europa. Der europäische Hort der Zivilisation hat dies alles nicht verhindern können, ja lange Zeit tatenlos zugesehen.

Der Krieg im Kosovo verleiht der langjährigen Forderung nach mehr europäischer Handlungsfähigkeit eine komplett neue Bedeutung. Die ursprünglich nur in Kreisen akademischer Europa-Fachleute erhobene Forderung wird nun zu einer elementar faßbaren Kategorie europäischer Überlebensfähigkeit. Schon zweimal, bei den Verhandlungen um die Verträge von Maastricht und Amsterdam, ist sie angesichts dieser Hürden zu kurz gesprungen. Soll der nächste Anlauf gelingen und den Weg zum Zusammenwachsen des Kontinentes ebnen, muß Europa vor allem eine überzeugende Antwort auf die Frage nach seiner Identität geben, denn hierin liegt der Schlüssel zur Erklärung der europäischen Misere. Jedes politische System bedarf zu seiner Handlungsfähigkeit eines Rahmens, auf den sich die Begründungen für Prioritäten und Positionen beziehen. So existiert in keinem politischen System eine politische Ratio gleichsam als Ding an sich, ohne Bezugsrahmen auf einen elementaren Konsens, auf gemeinsame Interessen und Perspektiven. In jedem politischen System greift die politische Auseinandersetzung des Tages zurück auf den von allen geteilten historischen Erfahrungshorizont. Von dort bezieht die Politik die Argumentationshilfe, wenn es um die Erklärung ihrer Maßnahmen geht. Europa kann auf diese Ressource gemeinsamer Selbstwahrnehmung aber nur sehr begrenzt zurückgreifen. Somit erweist sich die schwache Identität als die eigentliche Achillesferse der Europäische Union.

Manche verbinden Sorgen mit der Beantwortung dieser Frage nach diesem gemeinsamen Bezugspunkten: Würde eine feste Verortung europäischer Identität nicht in erster Linie dazu dienen, sich nach außen abzugrenzen, Länder und Gruppen einfach aus Europa »herauszudefinieren«?[1] Gleichgültig, ob man diese Bedenken teilt, Europa kann sich der Suche nach der eigenen Identität nicht entziehen. Wer die intellektuellen Wellenbewegungen des Kontinentes aufmerksam verfolgt, dem kann dieser Bedarf an Orientierung zur Frage nach Europa nicht entgehen. Mit der Befriedigung dieses Bedürfnisses haben sich die Europäische Union und ihre institutionellen Vorläufer EWG und EG niemals leicht getan, stets waren sie geschäftsmäßig, unheroisch und zivil. Die europäische Integration kann sich – anders als die an ihr mitwirkenden Nationalstaaten – nicht auf nationale Mythen stützen, die Zusammengehörigkeitsgefühle wecken.[2] Um so mehr muß sich der Blick jetzt wieder stärker auf den geistigen Horizont, auf die grundlegenden Antriebe und Hindernisse richten. Man ist geneigt, die klassische Frage aus Goethes und Schillers »Xenien« auf Europa anzuwenden: »Europa – aber wo liegt es?« Nicht als geographische Prüfung, sondern auf der Suche nach der geistigen und kulturellen Gestalt Europas ist diese Frage heute gestellt. Es ist die Frage der Europäer nach sich selbst. Dabei geht es nicht um akademisch geschliffene Definitionen, sondern um die subjektive Disposition der Europäer. Was ist europäisch an ihrem Denken, Empfinden, Handeln? Jegliche intellektuelle Brillanz der Darstellung Europas bliebe vergeblich eingesetzt, würden sich die Europäer nicht als Europäer empfinden.

1. Die europäische Identität

Mit der Frage nach der Identität ist das elementare Konstruktionsprinzip moderner Gesellschaften thematisiert.[3] Die Vormoderne hat durch Milieu, geschlossene Weltbilder und Transzendenzbezug eine kollektive Identität vorgegeben. Um existenzfähig zu sein, muß die moderne Gesellschaft diese kollektive Identität selbst entwerfen.

Die Regelung der Konflikte und die daraus resultierenden steuernden Eingriffe der Politik sind oftmals nicht aus sich selbst heraus begründbar. Sie bedürfen vielmehr des Verweises auf gemeinsame Lebens- und Gestaltungsgrundlagen: Das Gemeinschaftsbewußtsein wird damit zum Fundament politischer Problemlösung. Mit der Auflösung vorgefundener Interpretationsordnungen für die Lebenswelt wird der Bedarf an Orientierung, an allgemeinen Umweltbeschreibungen, an gemeinsamen Zuordnungen besonders groß – als Ordnungsrahmen für die eingehenden Informationen, als Instrument zur Lokalisierung sozialer Objekte. Identitätsdefekte führen entsprechend zu pathologischen Gefährdungen – individuell und kollektiv. Identität und Orientierung sind also zwei Seiten derselben Medaille. Das Zeitalter der Moderne stellt besonders hohe Anforderungen an diese Orientierungsleistung. Mit dem hohen Maß an Mobilität, Pluralität und Differenzierung sind auch Identifikationsmöglichkeiten zerbrochen. Die Wissenssoziologie spricht recht anschaulich vom Leiden des modernen Menschen an einem sich dauernd vertiefenden Zustand der Heimatlosigkeit.

Um mögliche Mißverständnisse zu vermeiden, ist eine präzise Verortung der Schichten europäischer Identität notwendig. Rufen wir uns dazu einen grundsätzlichen Sachverhalt in Erinnerung: Jede Person erfährt ihre Umgebung als eine intersubjektive Welt, die sie mit anderen teilt und deren Gefüge sie mit anderen zusammen interpretiert. Die Identität eines jeden ist geprägt von einer Fülle solcher Intersubjektivitäten, von einer Fülle solcher Gemeinschaftserfahrungen. Diese Formen von Gemeinschaftsbewußtsein stehen mehr oder weniger eng verbunden nebeneinander, als Varianten relativierter und sich wechselseitig relativierender Schichten von Identität. Jede Form von Identität kennt drei unterschiedliche Komponenten, die logischerweise auch die Frage nach Europa konstituieren:

Europäische Identität ist zunächst nichts anderes als die Herkunftseinheit Europas aus gemeinsamer Geschichte: Herkunftsbewußtsein als konstituierendes Element von Identität. Die europäische Gegenwartskultur ist eine vom historischen Bewußtsein geprägte Kultur. Die markante Zuwendung der Europäer zu ihrer Geschichte in den letzten Jahren signalisiert zugleich die Dramatik des heutigen Wandels, der im historischen Bewußtsein den Vertrautheitsschwund mit der Gegenwart kompensieren möchte. Dabei wird eine wesentliche Erfahrung vermittelt: In den Krisen Europas ging es nicht nur um die Durchsetzung neuer Lebens- und Denkformen, neuer Produktions- und Staatsordnungen, sondern auch um deren Gelingen in der Kontinuität der europäischen Identität.

Europäische Identität konstituiert sich auch aus der Erfahrung der Gegenwart. Die Spaltung Europas und ihre Überwindung ist ebenso relevant wie das Ringen um die Einbindung West- und Osteuropas in ein gemeinsames Integrationssystem. Die Menschen ordnen die Welt, in der sie leben. Sie verbinden isolierte Fakten und konstruieren so ihre soziale Umwelt. Soziale und politische Ortsbestimmungen in der Gegenwart stiften Identität.

Die Menschen antizipieren künftiges Handeln und beziehen so Zukunft in die Gegenwart ein. Die Projektion der Absichten und Ziele wird zur Entscheidungshilfe und zum Auswahlkriterium für die Gegenwart. Zukunftserwartungen prägen die Identität Europas. Gemeinsame Erfahrungen, gemeinsame Hoffnungen – und dann nur unterschiedliche Antworten? Lernziel Europa heißt also nichts anderes als die lange versäumte oder zumindest vernachlässigte Einübung europäischen Denkens.

Auf Europa angewendet bedeutet dies, der Frage nachzugehen, inwieweit es Elemente eines gemeinsamen Herkunftsbewußtseins, einer gegenwärtigen Ortsbestimmung und gemeinsamer Zielprojektionen der Europäer gibt.

2. Herkunftsbewußtsein

Von der Stunde ihrer ersten Bezeichnung bis zum heutigen Tage sind Begriff und Bild von Europa keine selbstverständlich vorgegebenen Größen. Pauschale Erklärungen wie die »Einheit in der Vielfalt« wurden immer wieder herangezogen, um über Widersprüche und Unsicherheiten hinwegzuhelfen. Doch Europa entzieht sich solch einfachen Definitionsversuchen. Zu kompliziert und zu widersprüchlich sind die historischen Entwicklungslinien, zu vielfältig die politischen und kulturellen Faktoren, als daß sie sich auf einfache plakative Formeln verkürzen ließen.[4]

Auf der Suche nach den Wurzeln des Europa-Begriffes und des Europa-Bildes stößt man auf zwei grundlegende geistesgeschichtliche Probleme, die Europa von der Stunde seiner ersten Erwähnung im sechsten vorchristlichen Jahrhundert bis heute begleiten, sein kulturelles Unterfutter prägen und auch die aktuellen Schwierigkeiten mit der Idee »Europa« kennzeichnen. Das sind zum einen die Unsicherheit des Raumbildes von Europa und zum anderen die normative Begründung Europas. Europa zeigt Risse, sobald sich die normativen Grundlagen verändern – damals wie heute.

Durch alle Epochen hindurch markiert der Begriff Europa zugleich eine geographische und eine normative Größe. Bereits die Griechen grenzen Europa als ihr Festland geographisch wie normativ gegen das Land der Barbaren draußen ab. Zug um Zug schieben sie die Grenze weiter hinaus: Erkundungsfahrten und Eroberungen erweitern diese nach Norden; nach Westen reicht sie schließlich bis zu den Säulen des Herkules; nach Osten verwischt sie sich in den Landstrichen zwischen dem Schwarzen und dem Kaspischen Meer. Schon hier scheint Europa in drei Vorfelder eingebettet zu sein: ein eurasisches, ein atlantisches und ein mittelmeerisch-afrikanisches. In welcher Weise diese Vorfelder Anteil an der europäischen Geschichte haben, bleibt über die Epochen hinweg ein Problem.

Auch Europas geistige Abgrenzungen wandern, ausgehend nicht von Imperien, sondern von den vielen Städten und Regionen: Athen, Korinth, Kreta, Rhodos und schließlich Rom. Neben dieser ungewöhnlichen Vielfalt auf kleinstem Raum liegt die Wurzel der Eigentümlichkeit europäischer Kultur in der frühen Befreiung aus der Befangenheit im magischen Denken und im Zuge rationaler Lebensbewältigung. Die Griechen der Antike beginnen mit der Entzauberung der Welt, wissenschaftliches Denken, der Drang nach neuer, systematisch begründeter Erkenntnis gewinnt die Oberhand über den Mythos. Die Römer übersetzen diesen Grundzug europäischen Denkens ins Praktische, in Institutionen und Ämter, Armee und Rechtsordnung, Steuersystem und Geldwirtschaft. Ihr Sinn für die Zweckmäßigkeit und das praktisch Mögliche prägt die Spuren, die sie hinterlassen: Straßen, Brükken, Aquädukte und Marktplätze.

Im vierten Jahrhundert wird das Lateinische Liturgiesprache, und Europa konstituiert sich als lateinische Christenheit. Die theologische Integration wird zur Grundlage Europas; ihr geistiges Band basiert auf der Vorstellung einer sich zu Christus bekennenden Völkergemeinschaft, die pluralistische Elemente integriert. Dieses Bewußtsein der Zusammengehörigkeit dokumentiert sich in der Folgezeit in der Zentrierung des geistig-kirchlichen Lebens um die Römische Kirche, in den dynastisch-aristokratischen Verbindungen, in den staatenbündischen Konzepten, in der Gründung von Universitäten und dem europaweiten Austausch in den Wissenschaften. Kunst, Dichtung, Wissenschaft und Weltanschauung lassen sich zu keinem Zeitpunkt regional begrenzen.

Im Unterschied zum Hinduismus und Buddhismus sieht das Christentum in Offenbarung und Erlösung geschichtliche Ereignisse, die die Welt und jeden einzelnen wandeln. Das Gewissen ist das Zentrum der transzendenzorientierten Person, die an ihrem eigenen Heil mitbeteiligt ist. Der Impetus eines solchen Glaubens ist ein Eckpfeiler, auf dem Europas Selbstbewußtsein ruht. Die Aufforderung des Benedikt von Nursia »Ora et labora« wird – auch außerhalb ihres unmittelbaren monastischen Bezugsrahmens – zur symbolhaften Verdichtung europäischer Lebensweise: Nicht die weltabgewandte Kontemplation, nicht die Selbstauflösung im Nirwana, nicht der Fatalismus längst vorbestimmter Naturzwänge werden zum Signum Europas, sondern sinnorientiertes, sinnvolles Handeln. Das Wertgefüge des Menschen ist davon geprägt, daß er im gläubigen Tätigwerden am Heilsgeschehen teilnimmt – eine Vielzahl sozialer Motivationen wird davon im Laufe der Geschichte Europas begründet, und immense politische Energien werden dadurch freigesetzt.

Zwangsläufig wird Europa auch Schauplatz der großen Auseinandersetzungen der Geistesgeschichte: seit der Rezeption des Aristoteles für die Spannung zwischen griechischer und römischer Klassik, dann für die Spannung zwischen Kirche und Staat. Die Art, wie diese Auseinandersetzungen ausgetragen werden, illustriert einen zentralen Charakterzug der europäischen Identität: Intensiver und freier als in anderen Kulturen treten die konkurrierenden Ideen in einen Dialog miteinander, sie wandeln und erneuern sich in der intellektuellen Auseinandersetzung. In diesem »Dialog innerhalb der Vielfalt, der letztlich den Wandel bewirkt«, liegt der »Genius Europas«.[5]

Herausforderungen von außen werden bedeutsam für die Abgrenzung und das Selbstbewußtsein Europas: die Distanz zwischen Rom und Byzanz, die Türkengefahr und der Einbruch des Islam, der bis in die frühe Neuzeit zum eigentlichen Gegenspieler Europas wird. Er trennt nicht zwischen Glaube und Gesetz, läßt keinen Raum für die säkulare Rationalität, die Autonomie gegenüber der religiösen Sphäre.

Der Werdegang Europas wird dann elementar von der Spaltung der Christenheit in einen römisch-katholischen und einne protestantischen Teil beeinflußt. Konfessionelle Spaltung, Augsburger Religionsfriede, Dreißigjähriger Krieg, Westfälischer Friede – geistige und politische Konflikte sind in der Geschichte Europas untrennbar miteinander verwoben.

In Humanismus und Renaissance werden Bibel und kirchliche Tradition als alleinige geistige Autoritäten entthront. Machiavelli wagt es, die Politik ohne normative Grundlage zu denken, Leonardo da Vinci seziert den menschlichen Körper, Kopernikus rückt die Erde aus dem Zentrum des Universums. Die Entdeckung der Welt und des Menschen sind die Quintessenz dieser Zeit. Kriege und Allianzen, Erwerb und Verlust von Territorien werden zu dominierenden Geschichtsdaten. Dynastien streben nach Hegemonie. Wer solche hegemonialen Pläne zu Fall bringt, gilt als großer Europäer: Der Erhalt der politischen und territorialen Vielfalt bleibt Grundlage der Gestalt Europas. In der Aufklärung gerät dieses Europabewußtsein in die unentschiedene Mittelposition zwischen nationalbegrenztem Interesse und universalistisch orientierter Haltung. Diese Spannung zwischen nationaler Besonderheit, europäischer Gemeinsamkeit und weltweiter Orientierung bleibt bis zur Gegenwart.

Im 18. und 19. Jahrhundert baut sich Europa eine einmalige Vorrangstellung in der Welt auf. Es ist die Zeit der kolonialen Imperien der europäischen Führungsmächte: Sie erobern sich Rohstofflieferanten und Absatzmärkte und erweitern zugleich ihren kulturellen Einfluß. Die europäischen Völker versuchen, ihr Bild von sich selbst im Kolonialismus zu universalisieren. Vermehrter internationaler Warenaustausch, die Verbesserung von Verkehrs- und Kommunikationsmitteln sowie die Entstehung der Massenproduktion von Waren signalisieren die ökonomische Modernisierung. Hand in Hand mit ihr geht die politische Modernisierung, die in dem vielfältig territorial zersplitterten Europa die Nationalstaaten als dominierende politische Organisationsform entstehen läßt. Die Entwicklung von Nationalkulturen und Nationalstaaten, die die moderne europäische Geschichte prägt, ist als durchgehendes Formprinzip nur in Europa zu beobachten. Gleichwohl verläuft diese Verbindung von Territorium, politischem Ordnungssystem und Kultur nicht in ganz Europa nach einem einheitlichen Muster. Es sind »Zeitzonen«[6], in denen sich die Nationenbildung in Europa vollzieht: Während im Westen, namentlich in Frankreich, Spanien und England, Gebiet und staatliche Organisation schon früh eine Einheit bilden und der kulturelle Zusammenhalt erst hergestellt werden muß, verläuft die Entwicklungslinie in der Mitte Europas, in Deutschland und Italien anders: Erst relativ spät finden sich hier die Räume gemeinsamer Kultur zu großen territorialen und politischen Einheiten zusammen. Noch weiter östlich liegt die dritte »Zeitzone«, wo zu Anfang des Prozesses der Nationenbildung weder größere kulturelle noch territoriale und politische Einheiten existieren. Zur Herstellung von Nationen in diesem Raum gehört oft nicht nur eine regelrechte »Kulturkonstruktion«, sondern auch die Assimilierung oder Vertreibung ganzer Bevölkerungsgruppen. Jene Verbindung von nationalem Bewußtsein und seiner politischen Institutionalisierung hat den Freiheitskräften in Europa ebenso Raum gegeben wie den nationalistischen Perversionen des politischen Denkens und Handelns.

Die europäische Verquickung von nationaler Dynamik und nationalistischer Sprengwirkung zwingt den Europäern im 20. Jahrhundert drastische Verschiebungen ihres politischen Status auf: Zunächst ist Europa das Zentrum der politischen und wirtschaftlichen Welt. Nicht einmal ein halbes Jahrhundert später ist Europa aus der Zentrallage an die weltpolitische Peripherie abgedrängt. Nach zwei tragischen Weltkriegen verkommt Europa zu einer geschundenen Region, in der die inzwischen entstandenen Supermächte ihren Konflikt austragen.

Der europäische Weg weist also auch in der Neuzeit markante Differenzen zur Entwicklung der anderen Hochkulturen auf:
- den demokratischen Verfassungsstaat als politische Ordnungsform;
- die Nationalstaaten als territoriale Ordnungssysteme;
- die autonome Wissenschaft mit dem methodischen Prinzip der intersubjektiven Kontrollierbarkeit und dem regulativen Ziel der rationalen Wahrheitssuche;
- den Kapitalismus als zentrale Schubkraft der industriellen Entwicklung, ursprünglich verbunden mit einer religiös bedingten Erfolgsmotivation, die in wirtschaftliches Gewinnstreben, Konsumverzicht und Arbeitsrationalisierung umgesetzt werden konnte.

Daß diese gemeinsamen Elemente gerade im europäischen geographischen Raum ein so dauerhaftes Gebilde hervorbringen konnten, läßt sich zu Recht als »das Wunder Europa« bezeichnen.[7] Es läßt sich nur aus dem Zusammentreffen einer Vielzahl historischer, geographischer und kultureller Besonderheiten erklären, derer sich sonst keine andere Hochkultur erfreute.

Wenn man die europäische Geschichte skizzenhaft Revue passieren läßt, dann spürt man, wie dicht Licht und Schatten beieinander liegen. Europa kennt den Geist der Bergpredigt ebenso wie die Herrschaft der Tyrannen. Zu keiner Epoche ist Europa politisch vereint gewesen, nie haben seine Bewohner eine gemeinsame Sprache gesprochen, nie zur gleichen Zeit unter einheitlichen sozialen Bedingungen gelebt. Nirgendwo sonst prallt eine solch ausgeprägte Vielfalt auf so engem Raum aufeinander. So stehen logischerweise die vielfältigen historischen Erscheinungen Europas in Traditions- und Wirkungszusammenhängen. Die dichte Vielfalt läßt kein isoliertes Nebeneinander, sondern nur ein Miteinander zu – ein Miteinander, das von Freundschaft bis Krieg alle Formen sozialer Beziehungen praktizierte. Die Geschichte Europas stellt sich letztlich als ein tiefgreifender dialektischer Konflikt zwischen zwei Grundtendenzen dar: zwischen dem Gegeneinander der Nationen, Interessen, Weltanschauungen und ihrem Zusammenhang; zwischen der Differenzierung und der Vereinheitlichung.[8] In diesen dialektischen Konflikt ist alles verwoben, was Last und Leiden europäischer Geschichte, Leistungen und Abgründe europäischer Politik ausmacht. Die europäischen Völker spüren, daß sie aufeinander angewiesen sind; sie können sich der Beschäftigung mit ihren Nachbarn nicht entziehen – und sie suchen dennoch in der Unterscheidung von ihnen die eigene Identität. Erst in dieser dialektischen Auseinandersetzung entsteht das spezifisch »Europäische« der europäischen Identität: »Nur auf dem Umweg über das Vorhergegangene und das Fremde hat der Europäer Zugang zum Eigenen.«[9] Europäische Identität ist insofern nur als Ergebnis eines komplizierten Kulturprozesses zu erfahren.

3. Integration als neuer Baustein europäischer Identität

Nach dem Zweiten Weltkrieg verleiht der Prozeß der europäischen Integration dem Konflikt zwischen Nähe und Differenzierung ein neues Gesicht. Den Westeuropäern gelingt es, ihre scheinbar schicksalhaften kriegerischen Auseinandersetzungen zu überwinden und einen friedlichen Rahmen für die konstruktive Beilegung ihrer Differenzen und die Bündelung ihrer Kräfte zu schaffen – durch ihren Zusammenschluß in neuen Organisationen: der Europäischen Gemeinschaft für Kohle und Stahl (EGKS), der Europäischen Wirtschaftsgemeinschaft (EWG), der Europäischen Atomgemeinschaft (EAG) sowie der späteren Weiterentwicklung dieser Organisationen zur Europäischen Gemeinschaft (EG) und schließlich der Europäischen Union (EU). Diese sollten sich zu einer Lern- und Kommunikationsgemeinschaft entwickeln, in der die Mitgliedstaaten durch den permanenten Zwang zum Dialog schnell ihre Fähigkeit zur Zusammenarbeit vergrößern konnten.[10]

Betrachtet man ihre jahrhundertelange Vorgeschichte, so kann diese historische Leistung gar nicht hoch genug bewertet werden. Natürlich wäre sie ohne die geschichtliche Sondersituation des Niedergangs der europäischen Staaten im Zweiten Weltkrieg und ihrer unmittelbar danach entstandenen Frontstellung zur Sowjetunion nur schwer vorstellbar gewesen. In dieser Lage jedoch sind es vor allem fünf Motive, die die Europäer zum großen Experiment der Integration antreiben:
- Der Wunsch nach einem neuen Selbstverständnis: Nach den nationalistischen Verirrungen soll das integrierte Europa eine neue Gemeinschaftserfahrung bieten.
- Der Wunsch nach Sicherheit und Frieden: Das neue Europa soll eine Friedensgemeinschaft sein. Nachdem die einzelnen Nationalstaaten den Zweiten Weltkrieg nicht zu verhindern vermocht hatten, hofft man, daß ein geeintes Europa hierbei erfolgreicher sein und zugleich Schutz vor der kommunistischen Expansion gewähren werde.
- Der Wunsch nach Freiheit und Mobilität: Über etliche Jahre hinweg hatten die Menschen unter den kriegsbedingten nationalen Beschränkungen des Personen-, Güter- und Kapitalverkehrs gelitten. Nun setzt man große Hoffnungen in die ungehinderte, freie Bewegung von Personen, Informationen, Meinungen, Geld und Waren.
- Der Wunsch nach wirtschaftlichem Wohlstand: Die Integration soll Europa in eine Ära großer wirtschaftlicher Stabilität und Prosperität führen. Ein gemeinsamer Markt soll den Handel intensivieren und effizientes ökonomisches Verhalten möglich machen.

- Die Erwartung gemeinsamer Macht: Die neuen Maßstäbe für internationale Machtgrößen setzen nun die Supermächte USA und UdSSR. Neben ihnen nehmen sich die einzelnen europäischen Nationalstaaten zwergenhaft aus. So hoffen die Westeuropäer, durch ihre politische Einigung vieles von der Macht gemeinsam zurückzuerlangen, die sie als einzelne Staaten verloren hatten.

Diese gemeinsamen Ziele bedingen jedoch von Anfang an nicht die Festlegung auf ein einheitliches Konzept zu ihrer Erreichung. Schon bei der Gründung des Europarates am 5. Mai 1949, des ersten nationenübergreifenden Forums zur Umsetzung des Integrationsgedankens, konkurrieren zwei Organisationsprinzipien für die Gestaltung der europäischen Einheit miteinander: das des Staatenbundes und das des Bundesstaates. Wie immer hat dieser europäische Gegensatz auch eine fruchtbare Seite: Ohne eine starre Festlegung auf ein einziges geschlossenes Europamodell kann der Einigungsprozeß je nach gegebener Situation an völlig unterschiedlichen Materien der Politik ansetzen – und von dort aus versuchen, Fortschritte zu erzielen. In diesem ausgeprägten pragmatischen Grundzug[11] gibt sich der Integrationsprozeß als ein wahres Kind europäischer Tradition und Identität zu erkennen.

Pragmatismus prägt auch den Integrationsansatz des Vertrages über die EGKS (unterzeichnet am 18. Mai 1951), die durch die gemeinsame Kontrolle, Planung und Verwertung der potentiell kriegswichtigen Ressourcen Kohle und Stahl in den Unterzeichnerstaaten einen Eckpfeiler der westeuropäischen Friedensordnung bilden soll und die Überwindung der deutsch-französischen Erbfeindschaft wesentlich erleichtert. Erstmals gelingt hier die supranationale Organisation eines zentralen Politikbereiches, der bislang allein in nationalstaatlicher Kompetenz gelegen hat: Die Erstunterzeichner Frankreich, Italien, die Bundesrepublik Deutschland und die Benelux-Staaten verzichten auf einen Teil ihrer Souveränität und unterwerfen sich den Entscheidungen der von ihnen geschaffenen übernationalen Institutionen. Der Pragmatismus dieser Konstruktion zeigte sich nicht zuletzt in ihrem funktionalistischen Integrationsansatz. Der Funktionalismus geht davon aus, daß sich durch die Integration einzelner Sektoren und Politikfelder ein gewisser sachlogischer Druck zur Übertragung immer weiterer Funktionen ergibt, bis sich schließlich eine umfassende Union erreichen läßt.

Ein geringerer praktischer Erfolg war dem bundesstaatlichen Modell beschieden, das den nächsten Vorstoß zur supranationalen Organisation der europäischen Nationalstaaten prägte: Das Paket aus Europäischer Verteidigungsgemeinschaft (EVG) und Europäischer Politischer Gemeinschaft (EPG), das nicht nur eine europäische Armee, sondern auch eine europäische Verfassung schaffen will, scheitert im August 1954 an den Vorbehalten der französischen Nationalversammlung zur EVG. Zu groß wäre offenbar der nationale Souveränitätsverzicht gewesen, als daß er sich zu diesem Zeitpunkt mit der Unterschiedlichkeit des europäischen Selbstverständnisses hätte vereinbaren lassen.

Danach erfolgt ein Rückgriff auf das bewährte funktionalistische Modell, wenn auch diesmal mit stark föderalistischen Ausprägungen: Die Errichtung der EWG und der EAG setzt die Grundlinie sektoraler Integration fort. Die sechs Gründerstaaten der EGKS streben im Rahmen der EWG eine Zollunion an, die bestehende Handelshemmnisse abbauen und einen gemeinsamen Außenzoll ermöglichen soll. Der EWG-Vertrag schreibt außerdem das Ziel eines Gemeinsamen Marktes mit freiem Personen-, Dienstleistungs- und Kapitalverkehr sowie der dafür notwendigen Koordinierung und Harmonisierung unterschiedlicher Politiken fest. In den sechs Mitgliedstaaten dient die EAG dem Aufbau und der Entwicklung der Nuklearindustrie zu friedlichen Zwecken. Die Verhandlungen über beide Abkommen, die von den sechs Außenministern der EGKS auf der Konferenz von Messina am 1. und 2. Juni 1955 eröffnet werden und am 25. März 1957 in die Unterzeichnung der Römischen Verträge münden, bringen einen weiteren, sehr »europäischen« Charakterzug des Integrationsprozesses zum Vorschein: die Verhandlungsstrategie des Schnürens »europäischer Pakete«. Die Tagesordnungspunkte, die Interessen und Einzelkonflikte bleiben nicht unverbunden nebeneinander stehen, sondern werden in einen dichten politischen Zusammenhang gestellt: Die EAG kommt nur zustande, wenn der Gemeinsame Markt realisiert wird; die militärischen Vorbehalte der Franzosen gegen eine Ausdehnung der EAG werden nur akzeptiert, wenn die EWG angemessen ausgestaltet wird. In der Verschnürung des Paketes werden selbst gegenläufige Interessen europapolitisch produktiv gemacht. Was als Einzelvorstoß aussichtslos erscheint, kann im Gesamttableau der Themen kompromißfähig werden. Divergierende Interessen, die tief in der nationalen Identität einzelner Mitgliedstaaten verwurzelt liegen, lassen sich friedlich und konstruktiv überbrücken, wenn sie in einen Verhandlungskontext gestellt werden, der keinen Teilnehmer in der Summe als Verlierer dastehen läßt. Bis heute ist dies eines der Erfolgsrezepte der europäischen Integration, das der Mentalität eines so vielfältigen Kontinentes in besonderer Weise entspricht.

Da der Prozeß der Europäischen Integration nicht zuletzt ein Vehikel zur friedlichen Kanalisierung und Überbrückung nationaler Gegensätze ist, wird seine Entwicklung folgerichtig von einer Dialektik von Krise und Reform bestimmt. Ist einmal ein Status quo erreicht, tendieren die Nationalstaaten dazu, diesen nur widerwillig aufzugeben – auch wenn währenddessen neue Aufgaben und Probleme nach einer Reform des etablierten Gleichgewichtes verlangen. Solche verschleppten oder versäumten Reformen tragen wesentlich zu den Krisenerfahrungen bei, mit denen sich die Gemeinschaft während ihrer Entwicklung immer wieder konfrontiert sieht. Krisenerfahrungen und komplexe Problemberge bringen jedoch früher oder später immer Reformanstrengungen der europäischen Partner in Gang, die der Europäischen Union schließlich ihre heutige Gestalt verleihen.

Eine erste zentrale Krisenerfahrung ist der Luxemburger Kompromiß des Jahres 1966. In der vertraglich vorgesehenen Übergangszeit sollen ab 1. Januar 1966 im Ministerrat Abstimmungen mit qualifizierter Mehrheit zu wichtigen Sachgebieten möglich werden. Diesen Übergang sucht Frankreich mit seiner »Politik des leeren Stuhls« zu verhindern, indem es an den Sitzungen der EWG-Gremien vom 1. Juli 1965 an nicht mehr teilnimmt. Im Luxemburger Kompromiß wird daraufhin am 27. Januar 1966 festgehalten, daß man in kontroversen Angelegenheiten den Konsens suchen soll. Falls es nicht gelingt, diesen Konsens herzustellen, geht Frankreich davon aus, daß das einzelne Mitglied eine Veto-Position besitzt, falls vitale Interessen berührt sind. In der Interpretationsgeschichte des Luxemburger Kompromisses gelingt es Frankreich, seine Sicht durchzusetzen, so daß danach faktisch für jedes EWG-Mitglied die Möglichkeit des Vetos besteht. Im Ministerrat bleiben daher viele Entwicklungsfäden einer dynamischen Integrationspolitik hängen. Ebenso scheitert der erste Anlauf der EWG zur Norderweiterung an der Ablehnung General de Gaulles. Erst unter seinem Nachfolger Georges Pompidou können Anfang der siebziger Jahre mit der Norderweiterung um Großbritannien, Irland und Dänemark und dem sogenannten Werner-Plan für eine Wirtschafts- und Währungsunion (WWU) die Weichen für eine Weiterentwicklung der Integration gestellt werden.

Bis zu diesem Zeitpunkt stellt die europäische Integration – trotz schwieriger Lernprozesse und Krisenerfahrungen – eine beeindruckende Erfolgsgeschichte dar. Die zentralen Aufträge der Römischen Verträge (Einrichtung gemeinsamer Institutionen, Vergemeinschaftung zentraler Politikbereiche wie Landwirtschaft, friedliche Nutzung der Atomenergie, Zollunion, Freizügigkeit) werden erfüllt. Der Status quo der Integration verlangt jedoch nach Ergänzung durch weitere Maßnahmen:

- Die institutionelle Stagnation ruft nach der Reform einzelner Organe und nach der Einrichtung neuer Institutionen.
- Der Gemeinsame Markt bedarf der Vollendung und der Ergänzung durch eine gemeinsame Wirtschafts- und Währungspolitik.
- Die ökonomischen Disparitäten innerhalb der EG zwingen zu einer gemeinsamen Regional- und Sozialpolitik.
- Die Umstellung der EG-Finanzierung auf Eigenmittel fordert die Kompetenzerweiterung des Europäischen Parlamentes (EP), speziell in der Haushaltspolitik.
- Der gemeinsame Außenhandel und das große ökonomische Gewicht der EG verlangen nach einer gemeinsamen Außenpolitik.

Doch die schleppende Entwicklung der Weltwirtschaft aufgrund der ersten Ölkrise macht den Europäern einen Strich durch die Rechnung. Der Druck von außen durch Inflation und Arbeitslosigkeit löst nationale Reflexe aus: Die Mitgliedstaaten suchen Sonderwege in der Wirtschaftspolitik, ihr Hang zu Wettbewerbsverzerrungen und Protektionismus wächst. Eine erfolgreiche Zusammenarbeit in der Währungspolitik wird so unmöglich, und die hochgesteckten Ziele des Werner-Planes zur Errichtung einer WWU bis 1980 verlieren jede Chance auf eine Verwirklichung. Ein Ausbrechen aus dem lähmenden Gefühl der »Eurosklerose« gelingt erst, nachdem die zentralen Akteure der Integrationspolitik, Frankreich und Deutschland, sich in ihren nationalen Wirtschaftsstrategien erneut annähern. Ihre seit Mitte der siebziger Jahre durchgeführten Anstrengungen zur Inflationsbekämpfung bewirken eine Angleichung der Wirtschafts- und Währungspolitiken. Dies kommt einer deutsch-französischen Initiative von Helmut Schmidt und Valéry Giscard d'Estaing zugute, die auf die Gründung eines Europäischen Währungssystems (EWS) zielt und deren Kern das Konzept eines gemeinsamen Wechselkursmechanismus ist. Am 13. März 1979 tritt das EWS rückwirkend zum

1. Januar 1979 in Kraft. Die Wechselkurse sollen zum Wohle der wirtschaftlichen Entwicklung in den EG-Staaten stabilisiert werden. Ebenso wird eine Senkung der Inflationsraten angestrebt. Das EWS legt – nach einigen Anlaufschwierigkeiten – den Grundstein für die wirtschaftliche Konvergenz der EG-Mitgliedstaaten in den achtziger Jahren. Eine nüchterne Bestandsaufnahme des europäischen Integrationsprozesses am Ende der siebziger Jahre hat sowohl Erfolge und Verdienste als auch Versäumnisse und Mängel festzuhalten:

- Die EG hat die in den Römischen Verträgen verankerten Grundfreiheiten nur partiell verwirklicht. Wesentliche Hindernisse für einen freien Warenverkehr sind beseitigt, ein gemeinsamer Zolltarif ist eingeführt. Zum Gemeinsamen Markt gehören auch Rechtsangleichungen zur Beseitigung von Handels- und Berufshindernissen. Trotz dieser positiven Entwicklung sind einige Zielsetzungen nicht oder nur unzureichend realisiert, Beispiele dafür sind noch vorhandene Zollformalitäten, die immer noch eingeschränkte Freizügigkeit und unterschiedliche indirekte Steuersätze. Auch der Kapitalverkehr unterliegt noch erheblichen Einschränkungen. Diese Defizite machen die Weiterentwicklung des Gemeinsamen Marktes erforderlich.
- Bei aller Kritik der Einzelheiten ist festzuhalten, daß die Vergemeinschaftung zentraler politischer Bereiche vollzogen worden ist und nicht unerheblich zum wirtschaftlichen Wohlstand und zur demokratischen Stabilität Westeuropas beigetragen hat. Mit der ersten Direktwahl des Europäischen Parlamentes 1979 wird auch ein wichtiger Schritt zur demokratischen Legitimität der Europäischen Gemeinschaft selbst unternommen.
- Die Ergänzung des Gemeinsamen Marktes durch eine gemeinschaftliche Außenhandelspolitik gelingt ebenfalls.
- Das von der Gemeinschaft errichtete Netz von internationalen Präferenz- und Assoziierungsabkommen stärkt ihre internationale Stellung und ermöglicht eine aktive Entwicklungspolitik.

Daneben ist aber nicht zu übersehen, daß der Durchbruch zu einer WWU nicht erreicht werden konnte. Es zeigt sich allerdings, daß die Gemeinschaft gezielt über die vertraglich fixierten Politikbereiche hinausgreift, sobald es von der Aufgabenstellung her sinnvoll erscheint. Dies trifft insbesondere für die Etablierung neuer Instrumente zu, die zum Teil neben der EG, aber in enger politischer Zuordnung eingerichtet werden (z. B. die Europäische Politische Zusammenarbeit (EPZ) zur Kooperation in der Außenpolitik, der Europäische Rat der Staats- und Regierungschefs als politischer Richtungsgeber und das EWS), gilt aber auch für die Umstellung der Gemeinschaftsfinanzierung, für die Kompetenzverlagerung in der Gemeinschaft durch Übertragung von Haushaltskompetenzen an das EP oder die Verabschiedung des Gesetzes zur Europawahl. Aus dem Überschreiten der Kernbereiche der Römischen Verträge ergeben sich jedoch neue Integrationsprobleme. Denn um Fragen von nicht originärer Zuständigkeit in EG-Verantwortlichkeiten einzubeziehen, ist es notwendig, nationale Politiken zu koordinieren. Das Spektrum politischer Strategien weist also zwei konkurrierende Ansätze auf: Supranationale Entscheidungsfindung und internationale Koordination stehen nebeneinander. Es entwickelt sich durchaus die Gefahr, daß die Strategie internationaler Koordination die supranationale Strategie unterlaufen kann. Der Status quo der Integration verlangt geradezu übermächtig nach weiteren Schritten: nach einer gemeinsamen Wirtschafts- und Währungspolitik, einer gemeinsamen Außenpolitik, einer gemeinsamen Regional- und Sozialpolitik und nach neuen Institutionen. In diesem Zusammenhang kommt es zu wichtigen Reforminitiativen.[12]

So durchbricht 1982 der Ministerrat erstmals die durch den Luxemburger Kompromiß selbstauferlegte Blockade des Einstimmigkeitserfordernisses. Angesichts der starren Haltung der Briten, die eine Entscheidung über Agrarpreise verhindern, um so ihre damit gar nicht in Zusammenhang stehenden haushaltspolitischen Forderungen durchzusetzen, entscheidet der Ministerrat mit der laut Vertrag erforderlichen qualifizierten Mehrheit über die Agrarpreise. Großbritannien, Dänemark und Griechenland nehmen an der Abstimmung nicht teil. Damit hat eine subtile Verschiebung der politischen Akzente stattgefunden: Die Feststellung des Gemeinschaftswillens wird erstens nicht schematisch dem kompromißlosen Diktat der Mehrheit, aber auch nicht mehr automatisch dem Veto der Minderheit unterworfen. Dieser außerordentliche Vorgang ist nur vor dem Hintergrund nachzuvollziehen, der sich aus der zeitlichen und politisch-atmosphärischen Verquickung von drei gewichtigen Problemstellungen ergeben hat: die gemeinschaftliche Haltung im Falkland-Konflikt, die Verhandlungen um den Finanzausgleich für Großbritannien, die Festsetzung der Agrarpreise.

Wichtig und interessant ist vor allem die Interpretation, die Frankreich der Mehrheitsabstimmung im Ministerrat gibt. Die französische Regierung läßt erklären, der »Luxemburger Kompromiß« gebe jedem Mitglied die Sicherheit, daß ihm keine Entscheidung aufgezwungen werde, gegen die es ein vitales Interesse vorbringen könne. Es könne aber nicht Sinn dieses Vorbehaltes sein, einem Mitglied die Möglichkeit zu geben, das normale Funktionieren der Gemeinschaftsprozeduren zu verhindern. Frankreich hat damit seine Interpretation des »Luxemburger Kompromisses« gemeinschaftsfreundlich akzentuiert und damit korrigiert.

Ein ganzes Motivbündel – Notwendigkeit der EG-Reform, sinkende Popularität des Europa-Gedankens, Ablenkung von der finanzpolitischen Diskussion – mag den deutschen Außenminister Genscher bewogen haben, 1981 eine neue Europa-Initiative anzukündigen. Genscher nimmt einen seit vielen Jahren benutzten, aber immer noch sehr unscharfen Zielbegriff der Europapolitik auf: die Europäische Union. Er schlägt vor, dieses Ziel durch einen Vertrag – eine »Europäische Akte« – inhaltlich zu fixieren. Die Grundgedanken dieser Akte sind:
– die stärkere Verbindung von EG und EPZ unter dem gemeinsamen Dach des Europäischen Rates;
– die Steigerung der Effizienz im Entscheidungsprozeß durch den Ausbau der Führungsposition des Europäischen Rates, durch Kompetenzerweiterungen des Europäischen Parlamentes und durch die Abkehr vom Einstimmigkeitsprinzip im Ministerrat;
– die Einbeziehung der Sicherheitspolitik in die EPZ;

– die engere Zusammenarbeit im kulturellen und im rechtspolitischen Bereich. Nach kontroversen Auseinandersetzungen mündet diese Initiative in die »Feierliche Deklaration zur Europäischen Union«, die der Stuttgarter Gipfel des Europäischen Rates am 19. Juni 1983 verabschiedet.

Das wesentliche Ergebnis des Stuttgarter Gipfels liegt wiederum im Schnüren des Reformpaketes aus den zentralen materiellen Strukturproblemen, die die Gemeinschaft belasten. Dabei geht es um die künftige Finanzierung mit Blick auf die Erhöhung der Einnahmen, die strengere Haushaltsdisziplin und den Zahlungsausgleich für Großbritannien, die Reform des Agrarmarktes, die Erweiterung der EG durch den Beitritt von Spanien und Portugal sowie um die Entwicklung neuer Gemeinschaftspolitiken. Mit dem Stuttgarter Gipfel gelingt es der Gemeinschaft, unterschiedliche Interessenkonflikte in einen Verhandlungszusammenhang zu bringen und damit kompromißfähig zu machen. Es liegen jedoch noch einige stürmische Gipfel und kontroverse Auseinandersetzungen vor den Mitgliedstaaten, bevor sie den gordischen Knoten des Reformstaus durchschlagen können: 1984 stellt der Europäische Rat die letzten Weichen für die Süderweiterung der EG um Spanien und Portugal. Als die Verträge zu ihrem Beitritt am 1. Januar 1986 vollzogen werden, herrscht trotz Sorgen und Befürchtungen Feiertagsstimmung. Der Beitritt wird als selten gewordenes Erfolgserlebnis der Europapolitik verstanden. Die politische Architektur der EG wandelt sich durch die Erweiterung. Der gemeinsame, weitgehend vergleichbare Entwicklungstrend mit der Perspektive der politischen Einigung Europas ist durch die Beitritte der siebziger und achtziger Jahre einem stärker ökonomisch akzentuierten Ansatz gewichen. Das Profil des Integrationsprozesses verlagert sich. Die Süderweiterung verschiebt das Schwergewicht zum Mittelmeer. Sie erzwingt zudem höhere Ausgaben der Gemeinschaft. Parallel zur Vereinbarung der Erweiterung wird daher eine Korrektur des EG-Haushaltsvertrages vorgenommen.

Im Sommer 1985 beruft der Europäische Rat in Mailand die Regierungskonferenz zur Ausarbeitung der »Einheitlichen Europäischen Akte« ein, die die bis dahin auf dem Tisch liegenden Reformvorschläge für die Gemeinschaft präzisieren und entscheidungsreif machen soll. Dieser weitreichende Beschluß erfolgt gegen den Willen von drei Mitgliedsländern – auch ein Novum in der Geschichte der Europäischen Einigung. Oberflächlich betrachtet folgt der Mailänder Gipfel dem herkömmlichen Ritual der Europapolitik. Er vertagt die Entscheidungen; er verlagert die Beratungen in ein neues Gremium; er stellt wichtige Schritte für später in Aussicht. Schon manch ein gutgemeinter Reformvorschlag ist nach dieser Methode von der europapolitischen Bühne verschwunden. Was ist in Mailand anders? Drei Antworten sind darauf zu geben: Erstmals seit vielen Jahren ist eine entschlossene Führung zur Fortentwicklung der EG praktiziert worden; es werden scharf die denkbaren Alternativen und Handlungsmargen markiert; die anstehenden Entscheidungen zielen auf sensible Schnittpunkte unterschiedlicher Traditionslinien der Europapolitik.

Der Mailänder Gipfel bestätigt eine elementare europäische Erfahrung: Das politische Kalkül muß sich an den wirklich vorhandenen Handlungsmöglichkeiten und Führungspotentialen orientieren. Als Träger einer Reform kommen daher nur jene Regierungen und Regierungschefs in Frage, die mit der europäischen Integration mehr verbinden als ökonomische Gesichtspunkte oder eine eher technische Einrichtung. Vor diesem Hintergrund legen die politischen Konstellationen ein vor allem zwischen Deutschen und Franzosen abgestimmtes Verfahren nahe.

Die Regierungskonferenz, an deren Vorbereitung und Durchführung alle zwölf Staaten mitwirken, erarbeitet schließlich die Einheitliche Europäische Akte (EEA), die bereits im Dezember 1985 verabschiedet wird. Langfristige und strukturelle Bedeutung erhalten folgende Elemente der EEA:
- Der Binnenmarkt soll bis 1992 vollendet werden. Diese Absicht wird bereits im Weißbuch der Kommission zur Vollendung des Binnenmarktes vom Juni 1985 beschrieben. Im Weißbuch werden sämtliche existierenden Hindernisse für einen wirklich freien Markt in der EG benannt und eine Gesamtstrategie zu dessen Verwirklichung vorgelegt.
- Ein neues Beschlußverfahren wird für den Bereich des Binnenmarktes fixiert und korrigiert die Römischen Verträge. Dieses neue Verfahren sieht qualifizierte Mehrheitsentscheidungen im Ministerrat vor, stärkt die Stellung des Europäischen Parlamentes, formuliert jedoch zugleich eine Fülle von Ausnahmen, bei denen die Einstimmigkeitsregel bestehen bleiben soll. Frankreich stellt fest, die Luxemburger Vereinbarung vom 27. Januar 1966 werde nicht berührt.
- Die Regierungskonferenz setzt nicht den Weg der Schaffung neuer Organisationsformen fort. Vielmehr unternimmt man den Versuch einer Bündelung der bestehenden Organisationsvielfalt unter einem rechtlichen Dach: Die EEA führt die EPZ mit der EG zusammen. So gibt die EEA dem Verfahren der EPZ eine rechtliche Form.
- Die EEA legt weitere Kompetenzen der Gemeinschaft in Bereichen fest, die in den Römischen Verträgen nicht oder nur am Rande erwähnt werden, z. B. in den Bereichen der Umweltpolitik, der Forschungs- und Technologiepolitik sowie der Sozialpolitik.

Im Februar 1986 wird die EEA von allen zwölf Regierungen der Mitgliedstaaten unterzeichnet. Ein letztes Dauerproblem bleibt zu lösen: die umstrittenen Gemeinschaftsfinanzen, für die die EG-Kommission mit dem sogenannten »Delors-Paket« im Februar 1987 den zentralen Vorschlag auf den Tisch legt. Die Diskussion zieht sich zäh über ein ganzes Jahr hin; sie zeigt, daß die Europäische Gemeinschaft eine Gouvernementalisierung und eine Bilateralisierung erfahren hat – die allerdings wirkungsvoll durch das gewachsene Führungspotential der Kommission ergänzt werden.

Große Erwartungen richten sich auf den Brüsseler Sondergipfel vom Februar 1988, der dann tatsächlich den dringend notwendigen Durchbruch bringt: Zur Finanzierung wird der Gesamtrahmen der Eigenmittel auf 1,3 Prozent des Bruttosozialproduktes der Gemeinschaft festgelegt. Ein Abführungssatz auf das Bruttosozialprodukt ergänzt die Finanzierung der Gemeinschaft als vierte Einnahmequelle.[13] Der Finanzausgleich für Großbritannien wird fortgesetzt, allerdings unter

Anrechnung des Vorteils, den Großbritannien durch die Einführung der vierten Einnahmequelle hat.

Der Durchbruch des Brüsseler Gipfels bestätigt erneut elementare Erfahrungsgrundsätze der europäischen Integration: Der Methode der Paketbildung kommt eine Schlüsselfunktion zu. Jede denkbare Entscheidung über die notwendigen Reformen – beim EG-Finanzsystem, bei den Strukturfonds, dem Agrarmarkt, bei der Effektivierung des Binnenmarktes – muß Besitzstände angreifen. Es wäre wirklichkeitsfremd, eine solche Entscheidungsfähigkeit anders zu erwarten als auf der Grundlage sorgfältig geschnürter Pakete.

Mit dem Erfolg des Brüsseler Gipfels vollzieht sich ein europäischer Szenenwechsel: Skepsis und Larmoyanz werden von vorsichtig optimistischer Zukunftserwartung verdrängt. Zum Zeitpunkt des Inkrafttretens der EEA am 1. Juli 1987 bestehen zunächst Zweifel an der Realisierung des Binnenmarktes. Aber der Erfolg des Brüsseler Sondergipfels vom Februar 1988 läßt die Realisierungschancen der EEA in neuem Licht erscheinen. Europa '92 heißt das Kürzel für diesen Schub an neuer Motivation und an neuer, sensibler Aufmerksamkeit. Die sozialpsychologische Kraft dieses Themenwechsels löst jedoch zugleich Besorgnisse aus – innerhalb der Europäischen Gemeinschaft wegen der Gefährdung sozialer Besitzstände, wegen der Ängste, ob man dem Tempo des Wandels und der Verschärfung des Wettbewerbes gewachsen sei, außerhalb der Gemeinschaft wegen der Befürchtung von Wettbewerbsnachteilen und von Abschottungen durch diesen dann kräftigsten Teil des Weltmarktes. Noch vor der Vollendung des Binnenmarktes hat die Europäische Gemeinschaft allerdings zeitgleich zwei weitere historische Herausforderungen zu verarbeiten: den Umbruch im Osten und den deutschen Einigungsprozeß.[14] Der weltpolitische Dualismus der Bipolarität hat jahrzehntelang einfache Großstrukturen der internationalen Politik geschaffen. Der Übergang zur Multipolarität hat die Zahl der weltpolitischen Akteure wesentlich erhöht und damit auch die Zahl der Kooperations- und Konfliktmuster. Der ideologische Konflikt zwischen Ost und West ist beendet. Die Länder des früheren Ostblocks beginnen nun den Aufbruch in die Moderne Europas.

Die neuen politischen Führungen haben den Wandel gleichzeitig in drei Dimensionen zu organisieren: vom Totalitarismus zur Demokratie, von der Planwirtschaft zur Marktwirtschaft und von der Blockstruktur zur nationalen Eigenständigkeit. Ihr Blick richtet sich auf der Suche nach Orientierung und Unterstützung sofort auf die Europäische Gemeinschaft. Diese nimmt ihrerseits die Gefahren wahr, die ein Scheitern des Modernisierungsprozesses in Osteuropa für den gesamten Kontinent mit sich bringen würde:

– Bürgerkriege und autoritäre Rückfälle aufgrund ethnischer, sozialer und wirtschaftlicher Spannungen, wie sie die blutigen Auseinandersetzungen im ehemaligen Jugoslawien schmerzhaft vor Augen führen;
– permanente Krisen im Transformationsprozeß Osteuropas mit der Folge des Autoritätsverlustes, sozialer und politischer Anarchie;

– Verelendung ganzer Bevölkerungsteile durch Massenarbeitslosigkeit und die Beschneidung der sozialen Netze;
– Massenmigration nach Westeuropa aufgrund der zerrütteten materiellen und politischen Perspektiven.

Nach schwierigen Verhandlungen werden die als Europaabkommen bezeichneten Assoziierungsverträge mit Polen, Ungarn (seit 1994 in Kraft), Tschechien, der Slowakei, Rumänien, Bulgarien und den drei baltischen Staaten (seit 1995 in Kraft) unterzeichnet. Die Abkommen bauen auf den Handels- und Kooperationsverträgen auf, zielen jedoch auf weit über einen reinen Freihandel hinausgehende Vereinbarungen ab. Das Grundkonzept der Abkommen sieht einen flexiblen Stufenplan vor, innerhalb dessen die EG ihre Zoll- und Einfuhrschranken einseitig zügig abbaut und die assoziierten Länder ihrerseits schrittweise die nationalen Märkte für EG-Produkte öffnen. Die Europaabkommen eröffnen den Osteuropäern ferner eine konkrete Beitrittsperspektive zur Europäischen Union. Nach mehreren Jahren der Heranführung werden im Frühjahr 1998 Beitrittsverhandlungen mit Polen, Ungarn, Tschechien, Slowenien und Estland (sowie mit Zypern) aufgenommen.

In den osteuropäischen Konstellationswandel eingebettet ist das deutsche Thema. Machtpolitisch wie ideengeschichtlich stellt die Organisation des Zusammenlebens der Deutschen den Schlüssel für die europäische Ordnungspolitik dar – im Positiven wie im Negativen, als Einigungsmotiv wie als Sprengsatz. Die direkteste Wechselwirkung der Einigungsprozesse Deutschlands und Europas besteht in der Beschleunigung der westeuropäischen Integration. Während die Deutschen keinen Zweifel an ihrer Integrationsfreudigkeit aufkommen lassen wollen, haben ihre Nachbarn ein elementares Interesse daran, die deutsche Einheit durch Integration einzuhegen. Als Konsequenz wird konkret ablesbar: Die Geschwindigkeit des Integrationsprozesses wächst.

Am 9. Dezember 1989 bezieht die Europäische Gemeinschaft erstmals substantiell zur deutschen Frage Stellung. In der Erklärung des Europäischen Rates heißt es: »Wir streben einen Zustand des Friedens in Europa an, in dem das deutsche Volk seine Einheit durch freie Selbstbestimmung wiedererlangt. Dieser Prozeß muß sich auf demokratische und friedliche Weise, unter Wahrung der Abkommen und Verträge, auf der Grundlage sämtlicher in der Schlußakte von Helsinki niedergelegten Grundsätze im Kontext des Dialogs und der Ost-West-Zusammenarbeit vollziehen. Er muß in die Perspektive der gemeinschaftlichen Integration eingebettet sein.« Das Ergebnis der ersten freien Wahlen in der DDR am 18. März 1990, das als ein markantes Votum für die Einheit verstanden wird, bringt auch für die europäischen Akteure zusätzlichen Schub, den Zug zur Einheit konstruktiv zu begleiten. Der Sondergipfel von Dublin am 28. April 1990 schafft die notwendige Klarheit: Europa sagt »Ja« zur deutschen Einheit.

Nach außen wirkt der Binnenmarkt wie ein Magnet, auf dessen Pol hin sich die Umwelt ordnet. Sein Gravitationsfeld reicht weit nach Osten. Die innen- wie außenpolitischen Folgen des Binnenmarktes lassen den Entscheidungsbedarf sprunghaft ansteigen. Die Kompetenzausstattung der Gemeinschaft muß angepaßt werden: Währungsunion, Umweltkompetenz, Außenpolitik, innere und äußere Sicherheit kommen als neue Aufgabenbereiche hinzu. Auch die institutionelle Ausgestaltung der Gemeinschaft bedarf der Modernisierung: eine effiziente politische Führungsinstanz, ein transparenter kontrollierender Parlamentarismus, ein machtteilender Föderalismus.

Die Gemeinschaft stellt sich diesen Anforderungen in zwei Regierungskonferenzen zur Währungsunion und zum institutionellen Ausbau der Gemeinschaft, die in Maastricht am 9. und 10. Dezember 1991 ihren Abschluß finden. Am 7. Februar 1992 wird dort der Vertrag über die Europäische Union, der als umfassendste Reform der Römischen Verträge gilt, beschlossen und unterzeichnet. Gleichzeitig einigen sich die Zwölf darauf, bereits 1996 den Vertrag auf Notwendigkeiten zur Revision zu überprüfen.

Der Gipfel von Maastricht beschließt die Schaffung einer Unionsbürgerschaft, die verstärkte Zusammenarbeit in der Innen- und Justizpolitik, vor allem aber den Ausbau der Kompetenzen des Europäischen Parlamentes: Nunmehr muß jede neu eingesetzte Kommission vom Parlament bestätigt werden. Die Amtsperioden von Parlament und Kommission werden angeglichen. Ferner erhält das Parlament Untersuchungs- und Petitionsrechte. Im Rahmen der gemeinschaftlichen Gesetzgebung werden dem Parlament für die Bereiche Binnenmarkt, Verbraucherschutz, Umwelt und gesamteuropäische Verkehrsnetze Mitentscheidungskompetenzen eingeräumt. Ferner werden die Voraussetzungen geschaffen, der europäischen Außen- und Sicherheitspolitik eine neue Qualität zu geben: Die Mitglieder übernehmen die Verpflichtung, eine Gemeinsame Außen- und Sicherheitspolitik (GASP) in allen Bereichen zu entwickeln. Auf der Grundlage einstimmiger Ministerratsbeschlüsse können die daraus folgenden Aktionen nunmehr mit qualifizierter Mehrheit beschlossen werden. Damit geht die Europäische Gemeinschaft erstmals in der Außen- und Sicherheitspolitik vom Prinzip der Einstimmigkeit ab. In der Sicherheitspolitik wird die Westeuropäische Union (WEU) in eine neue Rolle gerückt. Sie wird zugleich Bestandteil der Europäischen Union und der Atlantischen Allianz.

Der entscheidende Schritt gelingt der Gemeinschaft jedoch in der Fortentwicklung der Währungspolitik.[15] Die Währungsunion und mit ihr die Europäische Zentralbank stehen wieder auf der europapolitischen Tagesordnung. Der 1989 vorgelegte Bericht des Delors-Ausschusses bildet den Eckpfeiler in der europapolitischen Debatte über die Währungsunion. Kernstück des Delors-Konzeptes ist der Entwurf eines Dreistufenplanes für die Verwirklichung der WWU.

Am 1. Januar 1994 beginnt die zweite Stufe mit dem Ziel, möglichst viele EU-Mitglieder für die Endstufe zu qualifizieren und die Vorarbeiten zur Errichtung einer Europäischen Zentralbank zu erbringen. Als Kriterien für den Eintritt in die letzte Stufe werden festgelegt: Preisstabilität, Haushaltsdisziplin, Konvergenz der Zinssätze und Teilnahme am Europäischen Währungssystem. Ende 1996 zeigt sich, daß eine Mehrheit der Mitgliedstaaten die Voraussetzungen noch nicht erfüllt. Der Beginn der

Endstufe verschiebt sich damit automatisch auf den 1. Januar 1999 für all diejenigen EU-Staaten, die bis zum Mai 1998 den Anforderungen entsprechen. Hinter der Debatte um den Euro steht für die Europäer dramatischer als je zuvor die Frage nach ihrer Identität. In Zeiten, in denen existentielle Bedrohungen von außen keinen elementaren Kitt mehr für das geeinte Europa liefern, geht es um das friedliche Bindemittel: die Währung. Die Währung ist die ebenso symbolische wie alltäglichpraktische Bindung, die künftig das Aufeinanderangewiesensein der Europäer sinnfällig erfahren lassen kann. Der Euro wird zur Münze der Identität.

Angesichts solch bahnbrechender Umwälzungen im Gefüge der Gemeinschaft erweist sich die Ratifizierung des Maastrichter Vertrages innerhalb der EG-Mitgliedstaaten als mühsamer und langwieriger als erwartet. In Dänemark, Irland und Frankreich gibt es Volksentscheide über den Unionsvertrag. Während sich Irland und Frankreich für das Vertragswerk entscheiden, führt die Abstimmung in Dänemark zu einer Krise: 50,7 Prozent der Wahlberechtigten stimmen gegen die Beschlüsse von Maastricht und drohen die darin enthaltenen wichtigen Reformen zu blockieren. 1992 – das magische Jahr der Binnenmarkt-Vollendung – wird zum Wechselbad der Gefühle. Zwar kann das »Nein« der Dänen nach Zugeständnissen in ein »Ja« umgewandelt werden, aber die geradezu mythologische Undurchschaubarkeit des Vertrages über die Europäische Union bestimmt auch in der Folge die zähen Debatten, vor allem in Großbritannien und in der Bundesrepublik Deutschland. Nachdem das britische Parlament endlich zustimmt und in Deutschland die eingereichten Verfassungsklagen zurückgewiesen werden, ist die letzte Hürde genommen. Alle Staaten haben das Vertragswerk ratifiziert und ihre Urkunden in Rom hinterlegt. Mit fast einem Jahr Verspätung kann der Vertrag im November 1993 in Kraft treten.

Für die »Post-Maastricht-Zeit« zeichnen sich zwei Aufgaben der europäischen Integration ab: einerseits die Stärkung der Handlungsfähigkeit durch die Vertiefung der Union und die Intensivierung der bestehenden Politiken, andererseits die Bewältigung der schon vollzogenen und der noch anstehenden Erweiterung des Mitgliederkreises. Der Gipfel von Edinburgh gibt im Dezember 1992 erste Signale in diese Richtung: Für die sieben Jahre bis 1999 wird die Finanzierung der Europäischen Gemeinschaft (»Delors-II-Paket«) geregelt. Eine Wachstumsinitiative dient der Bekämpfung der Arbeitslosigkeit und der Verbesserung der Wettbewerbsfähigkeit europäischer Unternehmen. Für die Beitrittsverhandlungen mit Österreich, Schweden und Finnland wird grünes Licht gegeben. Wenig später kommt Norwegen dazu, dessen Beitritt jedoch in letzter Minute am ablehnenden Votum der Norweger in einem Referendum scheitert. Zum 1. Januar 1995 erweitert sich der Kreis der Mitgliedstaaten der Europäischen Union somit um Finnland, Österreich und Schweden auf nunmehr 15.

Was im Zuge dieser Erweiterung jedoch nicht gelingt, ist eine grundlegende Modernisierung der Institutionen und Entscheidungsstrukturen der Union. Noch immer wird sie mit einem organisatorischen Grundgerüst regiert, das auf die ursprünglichen sechs Mitgliedstaaten zugeschnitten ist. Gleichzeitig verschlechtert sich nach Maastricht jedoch das öffentliche Klima für eine große Reform. Besonders der Konvergenzprozeß hin zur Währungsunion weckt Ressentiments bei vielen Bürgern und schürt Mißtrauen gegen das undurchschaubare Gebilde »Europäische Union«. Eine Unsicherheit über die gemeinsame europäische Identität tritt ein, die durch den Wegfall der alten Blockstrukturen von Ost und West noch verschärft wird. Wie im Reflex besinnen sich die Europäer nun wieder stärker auf das Nationale als auf das Europäische in ihrem Selbstverständnis.

In diesem Spannungsfeld kann sich die Europapolitik nur zu zögerlichen Schritten durchringen – obwohl der Reformdruck die bisher gewohnten Problemdimensionen deutlich übersteigt: Immerhin muß sich die Europäische Union auf eine Osterweiterung vorbereiten, die ihre Mitgliederzahl auf bis zu 26 Staaten ansteigen lassen kann. In dieser Ausgangslage beginnt die Regierungskonferenz zur Revision des Maastrichter Vertrages. Ihr Verlauf ist geprägt von taktischem Kalkül: Die beteiligten Regierungen warten zunächst ab, wie sich die Dinge – vor allem mit Blick auf die anstehenden Wahlen in Großbritannien – entwickeln, und so müssen im Endspurt der Verhandlungen die Voraussetzungen für ein effektives Regieren im größeren Europa geschaffen werden.

Die Analyse der mitgliedstaatlichen Positionen zur Reformagenda deutet bereits frühzeitig auf keinen durchschlagenden Erfolg der Regierungskonferenz hin. Als die Staats- und Regierungschefs am 16. und 17. Juni 1997 zu den abschließenden Verhandlungen zusammentreten, einigen sie sich erwartungsgemäß nur auf einen minimalen gemeinsamen Nenner. Durch die Kontroverse um Beschäftigungspolitik und Stabilitätspakt im Vorfeld des Gipfels wird das eigentliche Ziel der Reform – die Wahrung der Handlungsfähigkeit mit Blick auf die anstehende Erweiterung, die außenpolitischen Herausforderungen und die notwendige Effektivierung – in den Hintergrund gedrängt. Nach einer halbherzigen Reform ihrer Institutionen kann die Europäische Union aber kaum die nächste Erweiterungsrunde ohne Lähmungserscheinungen überstehen. Darum ist ein weiterer Reformanlauf unumgänglich, wenn die Handlungs- und Erweiterungsfähigkeit der Union nicht im Reformstau stecken bleiben soll. Die notwendigen institutionellen Reformen der Union bleiben Stückwerk. Die Beschränkung auf 20 Kommissare löst nicht deren Auswahl bei mehr als 20 Mitgliedstaaten. Die Anpassung der Stimmgewichtung im Rat an das Verhältnis von kleinen zu großen Mitgliedstaaten wird verschoben, bereitet so also nicht die Erweiterung vor. Die Rechte des Europäischen Parlamentes werden zwar gestärkt, jedoch nur in unzureichender Weise. Will die Union tatsächlich neue Mitgliedstaaten aufnehmen, dann ist eine weitere Reformrunde mit substantiellen Anpassungen der auf sechs Mitgliedstaaten ausgerichteten Gemeinschaftsorgane unumgänglich.

Positiv hingegen sind die Fortschritte im Bereich der Innen- und Rechtspolitik. Durch die weitgehende Vergemeinschaftung der dritten Säule des Maastrichter Vertrages kann die Union nun in Politikfeldern tätig werden, die die Bürger Europas stark bewegen. Zu fordern bleibt aber, daß die Verlagerung dieser Rechte von den nationalen Parlamenten in den europäischen Raum auch durch entsprechende

Kontrollrechte des Europäischen Parlamentes demokratisch abgefedert werden muß. Hier besteht Nachbesserungsbedarf. Ohne demokratische Kontrolle der Innen- und Justizpolitik wachsen Zentralisierungszwänge – und das zu Recht.

Als entscheidende Zäsur ist die Einführung eines Flexibilitätsartikels in das Vertragswerk anzusehen. Auf dieser Grundlage wird die Differenzierung der Integration das entscheidende Handlungsprinzip für die Zukunft einer erweiterten Union.[16] Die Einführung der Flexibilitätsklauseln macht aber nur Sinn, wenn die Entscheidung über ihren Einsatz nicht einstimmig getroffen werden muß. Würden die gemeinsam beschlossenen Rahmenbedingungen einer Differenzierung eingehalten, dann müßten die Staaten, die dazu bereit sind, auch ohne die Zustimmung aller Partner voranschreiten können. Amsterdam bindet jedoch die Flexibilisierung an die zunächst dazu erzielte Einstimmigkeit. Das Stückwerk von Amsterdam verlangt nach einer Komplettierung. Der Weg nach einem »Maastricht III« ist damit vorgezeichnet, will eine sich erweiternde Union das notwendige Minimum an Handlungsfähigkeit wahren. Das Fazit von Amsterdam kann daher nur lauten: Fortsetzung folgt.

Der faktische Stand der Erweiterungsvorbereitungen erhärtet den Befund: Die Europaabkommen mit den zehn Staaten Mittel- und Osteuropas nehmen die politische Entscheidung für den Beitritt dieser Länder vorweg, aber auf seiten der Union ist wenig geklärt; weder die Straffung der Entscheidungsverfahren, noch die Reform der materiellen Sektoren Agrar- und Strukturpolitik, noch die Finanzierungsfrage. Während in den meisten Bewerberstaaten bereits konkrete Anpassungen und Beitrittsvorbereitungen entsprechend dem von der Europäischen Kommission vorgelegten Weißbuch zur Eingliederung in den Gemeinsamen Binnenmarkt vorgenommen werden, fehlt in der EU bis heute eine Strategie zur Erhaltung der politischen Handlungsfähigkeit.

Gelingt es der EU nicht, angemessen auf die durch die Osterweiterung aufgeworfenen institutionellen Probleme zu reagieren, dann wird die Erweiterung zu weiteren Schwierigkeiten führen. Dies betrifft keineswegs nur die materiellen Fragen, für die sich gute Gründe nennen lassen, warum sie zunächst aus dem Verhandlungspaket der Regierungskonferenz herausgelassen werden. Problematischer als die Ausblendung dieser Bereiche ist der Minimalismus, der bei der institutionellen Reform zu beobachten ist. Die Regierungskonferenz schafft es nicht, die zentralen Voraussetzungen einer Erweiterung auf 26 Staaten zu schaffen. Vielmehr hinkt das, was in Amsterdam zur Entscheidung ansteht, dem angewachsenen Reformdruck um Jahre hinterher und hätte eigentlich schon 1991 bei den Maastrichter Verhandlungen diskutiert und beschlossen werden müssen.

Auch der Beginn der Währungsunion zum 1. Januar 1999 mit elf Mitgliedstaaten verweist auf eine offene Flanke bei der Fortentwicklung der Europäischen Union: Ohne eine qualitative gemeinschaftliche Gestaltungsleistung werden die Mitglieder vermutlich nicht den erhofften Nutzen aus ihr ziehen können; es drohen Reibungsverluste und das Ansteigen der Arbeitslosigkeit in benachteiligten Regionen. Denn auch der Eintritt in die Währungsunion macht Europa nicht über Nacht

zu einem homogenen Wirtschaftsraum, in dem einheitliche Lebensverhältnisse herrschen, regionale Unterschiede in der Produktivität und wirtschaftlichen Leistungsfähigkeit keine Rolle mehr spielen und eine wirkliche Mobilität der Arbeitskräfte Realität ist. Die für Europa so prägende Heterogenität besteht fort, und die Europäische Union wird ihr wirtschaftspolitisch Rechnung tragen müssen. Konkrete Handlungsfelder für solche gemeinsamen wirtschaftspolitischen Anstrengungen sind:
- die Koordination der nationalen Haushaltspolitik;
- die Harmonisierung der Steuern und Abgaben nach dem Muster differenzierter Integration für diejenigen Staaten, in denen Diskrepanzen nach der Einführung des Euro zu Verzerrungen und politischen Kosten führen;
- die Integration von zentralen Politikfeldern mit besonderen fiskalpolitischen Implikationen, soweit sie im Unionsrahmen sachlich besser und geldpolitisch stabilitätssichernd betrieben werden können;
- die Abstimmung nationaler Reformpakete im Bereich der sozialen Sicherungssysteme;
- die Koordination von Wirtschafts-, Arbeitsmarkt- und Beschäftigungspolitik, gegebenenfalls die Integration nach dem Muster differenzierter Integration für den Kreis der besonders interessierten Staaten.

Eine solche Vertiefung der wirtschaftspolitischen Zusammenarbeit verlangt viel Sensibilität von den Beteiligten; für jeden weiteren Vertiefungsschritt besteht ein neuer, früher unbekannter Begründungsbedarf vor einer sensibilisierten europäischen Öffentlichkeit, die gerade erst beginnt, sich mit der Abschaffung der nationalen Währungen abzufinden. Leitbilder für die vertiefte wirtschaftspolitische Zusammenarbeit der WWU-Mitglieder müssen daher das Subsidiaritätsprinzip und die differenzierte Integration sein.

4. Antworten auf die Herausforderung der Moderne

Epochale Umbrüche haben in den neunziger Jahren den Blick auf die gemeinsame Orientierungsidee der Europäer ebenso verstellt wie die zögerlichen Antworten der Europapolitik auf den explosionsartig gewachsenen Reformbedarf. Doch sind die Bausteine europäischer Identität heute wirklich verloren oder nicht mehr zeitgemäß? Machen die »langen Wellen« der Geschichte europäischer Konflikte, die nach dem Ende des Ost-West-Konfliktes wieder zum Tragen kommen, die Integrationserfahrung Westeuropas aus den letzten Jahrzehnten zum »ahistorischen Fremdkörper«?[17]

Vor diesem Hintergrund ist der schroffe Ausruf Dolf Sternbergers »Nein, es gibt keine Idee, die Europa hieße!«[18] neu zu bedenken. Es gibt in der Tat keine »Idee Europa« im Sinne eines alle Bürger, alle Temperamente und alle Motive integrierenden Ideals. Aber es gibt eine politische Kultur Europas, die einen Teil der Identität der Europäer ausmacht – nicht mehr und nicht weniger. Neben dem gemeinsamen »Erfahrungshorizont Europa« gibt es andere Schichten der Identität: die nationalen Dispositionen, die menschlichen Gruppenerlebnisse, die sozialen Organisationskenntnisse, das regionale, städtische oder dörfliche Bewußtsein.

Diese Dialektik von Europäisierung und gewohntem nationalen Bezug des modernen Lebens ist kein neues Phänomen, sondern von Anfang an im Prozeß der Modernisierung angelegt. Schon seit seinem Beginn müssen die Menschen wieder und wieder mit der Übertragung der ihnen vertrauten Bezugsrahmen und Solidaritäten auf immer größere soziale Einheiten zurechtkommen. Behält man diese historische Entwicklungslinie im Gedächtnis, erscheint die Europäisierung unserer Identität als eine neue Entwicklungsstufe der Moderne.[19]

Das Bewußtsein der Vielfalt geschichteter Teilidentitäten konstituiert die politische Kultur Europas. Diese vielfältigen Gemeinschaftsbezüge verhindern auch eine Verabsolutierung einzelner Ansprüche. Aus diesen Schichtungen ergeben sich natürlich Spannungen. Diese Spannungen auszuhalten, ja schöpferisch werden zu lassen, ist für das Werden einer europäischen Identität von größerer Bedeutung als die Jagd auf vermeintlich vorhandene Ganzheitsideale. Individuum und Gesellschaft, Aufklärung und Glaube, Kontinuität und Wandel – diese Spannungsbögen muß die politische Kultur Europas produktiv werden lassen.

Das Wissen um die Bedingtheit und Begrenzungen der politischen Kultur Europas verspricht nur die Chance einer Identitätsfindung, es garantiert sie nicht. Ob Europa diese Chance wahrnimmt, ist eine Frage seiner Mündigkeit.

4.1 Die Zukunftsfähigkeit europäischer Solidarität

In den zurückliegenden zehn Jahren hat die europäische Integration eine substantielle weitere Verdichtung erreicht[20]: Die gemeinsame Währung wird eingeführt, die Öffnung nach Osten hat begonnen, und der Vertrag von Amsterdam vertieft die politische Integration, wenn auch mit verhaltenen Schritten. Im Blick auf die kommende Dekade wird dieses große Europa mit wachsender Ausdehnung zugleich ambivalenter; es rückt näher zusammen und wird damit konfliktträchtiger. Beide Entwicklungslinien, die Ausdehnung wie die Verdichtung, machen Defizite in der Handlungsfähigkeit der Europäischen Union offenbarer.

Europa steckt im Zwiespalt seiner Erinnerungen und Möglichkeiten, zwischen einer für viele überraschenden Aktualität historischer Konflikte und Konstellationen und der Vorschau auf die Chancen seiner künftigen Ordnung. Diese Gleichzeitigkeit von Vergangenheit und Zukunft bezeichnet die Eigentümlichkeit der augenblicklichen Lage. Das Schwinden des Außendrucks zeigt im Gefüge der Integration spürbare Konsequenzen. In der Europapolitik hat ein Szenenwechsel stattgefunden: Maßgebliche Akteure kalkulieren ihre Interessen als Staaten, während die Bedeutung der Gemeinschaftsinstitutionen zurückgeht. An der Schwelle zur Neuordnung Europas kehrt die Geschichte des Kontinentes zurück. Nie in der Zeit seit den fünfziger Jahren war das Maß supranationaler Integration größer als heute, und doch war die Idee Europas, die Vorstellung von der gemeinsamen Zukunft, zu keiner Zeit diffuser als zum Ende dieses Jahrhunderts. Vergangenheit wird gegenwärtig in den alten neuen Gleichgewichtskalkülen, die gemeinsames Handeln zwischen den drei großen Staaten im Westen erschweren, die sogar den deutsch-französischen Motor der alten Integration belasten. Sie kehrt auch wieder in dem scheinbaren Gegensatz zwischen großen und kleinen Staaten und dem ihm inhärenten Mißtrauen, das jedes politische Führungssignal zur hegemonialen Geste umwertet. Eine nationale Reserve gegenüber der Integration summiert sich im Trend zur Renationalisierung und Entsolidarisierung, die alle europäischen Strukturen in den letzten Jahren aufweisen – ihr Bestand, ihre Idee und ihre Friedensleistung könnte zum Kapitel im europäischen Geschichtsbuch absinken, zu einem historischen Reflex, gebunden an die Herausforderung durch den Ost-West-Konflikt. Bisweilen scheint es, als wiege die historische Prägekraft der Zwischenkriegszeit stärker als die Integrationsgeschichte der Nachkriegszeit. Real betrachtet ist Europa in seiner heutigen Gestalt jedoch eher ein Raum historisch beispielloser Möglichkeiten. Keine Friedenskonstellation in der Geschichte des Kontinentes war so stabil wie die Europäische Union – keine hat friedlichen Interessenausgleich und Wettbewerb so produktiv verbunden wie die Integration.

Zwei Projekte stehen symbolhaft für die künftigen Möglichkeiten der Integration: die Vollendung der Wirtschafts- und Währungsunion und die Vollendung der territorialen Einheit Europas. Beide präzisieren die früher vage Vorstellung von der Finalität des Integrationsprozesses. Europas politische Einheit wird nicht aus der Macht und aus der Abwehr äußerer Gefahren entstehen, sondern aus dem Markt und der Behauptung des europäischen Wirtschafts- und Gesellschaftsmodells in einer globalisierten Weltwirtschaft. Europas territoriale Reichweite entscheidet sich nicht imperial, sondern wird Ergebnis einer freiwilligen normativen Übereinstimmung sein – sie umfaßt diejenigen europäischen Demokratien, die bereit und in der Lage sind, sich einem offenen gemeinsamen Markt anzuschließen, gemeinsame Werte, Normen und Standards zu teilen und ohne nationale Vorbehalte im politischen System des europäischen Staatenverbundes mitzuwirken. Beide Projekte enthalten zugleich Belastungsproben für das System der Integration und den Zusammenhalt seiner Mitglieder – diese Lasten produktiv in einen Systemwandel umzusetzen, könnte zur Triebfeder weiterer Integration werden.

Die kommenden zehn Jahre werden markante Schritte zur Vollendung der Integration notwendig machen; was bisher als ferne Zukunft und abstraktes Zielbild der Gemeinschaftsbildung vage beschrieben bleibt, wird bald zur politischen Entscheidung stehen. Drei Grundfragen werden in diesem Prozeß zu klären sein:
– Wie weit reicht die innere Konsistenz politischer Einheit und was ist zu deren Erhalt und Verdichtung nötig; welches Maß braucht der Solidarrahmen Europas?
– Wie organisieren die Europäer ihre neuen Nachbarschaften, wo liegen deren Risiken und was sind die angemessenen Handlungsoptionen?

– Welche weltpolitische Rolle und Verankerung soll das künftige Europa anstreben, wie können außenpolitische Handlungsfähigkeit gewonnen und strategische Partnerschaften geknüpft werden?

Die Integration Europas hat seit ihren Anfängen stets mehr im Sinn gehabt als die Maximierung des Nutzens ihrer Mitglieder. Die Europäische Union verbindet wirtschaftlichen Aufschwung und politische Stabilität mit Strukturen des Interessenausgleiches in produktiver Weise. Diese Verknüpfung schafft zugleich eine weitere Dimension der Integration: Integration bedeutet Teilnahme an und in einer Schicksalsgemeinschaft. Von der gemeinsamen Kontrolle der ehemals kriegswichtigen Sektoren Kohle und Stahl, über den Binnenmarkt und die Entwicklung der außenpolitischen Zusammenarbeit bis zur Schaffung einer gemeinsamen Währung binden die Europäer zunehmend ihre wirtschaftlichen und politischen Bedürfnisse, Interessen und Ziele – und damit auch ihre Zukunft – aneinander.

Zum Grundgedanken dieser Schicksalsgemeinschaft gehört das Konzept europäischer Solidarität, das heute in vielen Facetten der Politik und der Institutionen der Europäischen Union verankert ist: in den Politikbereichen der EU, vor allem in den Strukturfonds, dem Kohäsionsfonds wie im Bereich der Agrarpolitik; daneben in einer Fülle flankierender Politiken, von der beruflichen Bildung bis zur Förderung kleiner Sprachen; in der Finanzierung der Gemeinschaft auf der Basis der Wirtschaftsleistung ihrer Mitglieder; in der institutionellen Balance zwischen Gemeinschaftsebene und Ebene der Staaten wie in der Balance großer, kleinerer und kleiner Mitgliedstaaten in den Institutionen der Europäischen Union.

Konstitutiver Bestandteil dieses europäischen Solidarkonzeptes ist dessen Offenheit für weitere Mitglieder. Zwar lag der Ausgangspunkt der Integration in der besonderen Interessenkonstellation Westeuropas begründet, doch reichte der Anspruch stets weiter. Integration war weder eine bilaterale Sonderkonstruktion zwischen Deutschland und Frankreich noch ein geopolitischer Club der westlichen Nachbarn Deutschlands. Integration war auch kein kontinentales Vormachtkonzept, als das sie nach dem anfänglichen Scheitern des britischen Beitrittes hätte erscheinen können. Schließlich ist die europäische Integration auch nicht als Domäne reifer marktwirtschaftlicher Demokratien zu verstehen – sie hat vielmehr aktiv die Transformation von autoritärer Herrschaft zur Demokratie und die Modernisierung der Wirtschaft im Süden Europas, in Spanien, Portugal und in Griechenland getragen. Integration entstand im kalten Krieg und in der Zeit der Teilung Europas, doch sie hatte stets auch eine nach Osten gerichtete und über den Systemkonflikt hinausweisende Dimension, greifbar vor allem in der Teilung Deutschlands. Nach dem Selbstverständnis des integrierten Europa ist der Weg der ostmitteleuropäischen, baltischen und südosteuropäischen Staaten zu Demokratie und Marktwirtschaft deshalb zugleich der Weg in die Europäische Union – es liegt in der Logik der Integration, daß die Grundentscheidung für diesen Schritt nicht bei der EU und ihren Mitgliedern liegt, sondern bei diesen europäischen Staaten selbst.

In den bisherigen Stufen der Verdichtung wie der Ausdehnung des Integrationsraums in Europa hat diese spezifische Verbindung von zwischenstaatlicher Zusammenarbeit und supranationaler Integration mit dem Konzept europäischer Solidarität die Identität der Europäer geprägt. Integration wurde zum Überlebensrezept des in vielen Staaten organisierten alten Kontinentes angesichts der Globalisierung zuerst der Sicherheit, dann der Warenströme, der Kapitalmärkte und schließlich der Produktion und der Dienstleistungen. Integration wirkte in diesem Sinne identitätsbewahrend für die Nationen und identitätsfördernd für zahlreiche Regionen innerhalb der Europäischen Union. Auf europäischer Ebene hat sich bisher kein vergleichbares Maß an Identität herausgebildet – zum Teil, weil sich die Europäer in diesem Rahmen zumeist als Bürger eines Staates oder Angehörige einer Nation oder Region wahrnehmen und die unmittelbare Erfahrung des Nichteuropäischen den meisten Menschen nicht zugänglich ist. Europäische Identität ist dagegen überall dort als zusätzliche Schicht der Selbstbeschreibung der Menschen anzutreffen, wo die Wirkungen innergemeinschaftlicher Solidarität am sichtbarsten sind: in den Entwicklungs- und Infrastrukturprojekten der europäischen Fonds sowie in den Unterstützungsprogrammen für die neuen Demokratien Mittel- und Osteuropas.

Im doppelten Systemwandel, der aus der Einführung der gemeinsamen Währung und aus der Transformation Mittel- und Osteuropas entsteht, wird eine Neubestimmung des europäischen Solidarkonzeptes erforderlich werden, um die neue Gewichtung von Leistungsfähigkeit und Bedürfnissen, von Interessen und Zielen europapolitisch zu verarbeiten. Die einfache Verlängerung der bisherigen Solidarstrukturen und ihrer Entscheidungsverfahren wird an der Frustration der Nettozahler und der Konkurrenz der Empfängerregionen scheitern. Gelingt kein Ausgleich, so wird die Solidargemeinschaft der Europäer erodieren; Europa wird in kleine Solidarräume zerfallen und einen Hauptbestandteil seiner Identität in Frage stellen. Das Risiko eines Solidarbruchs und der Identitätskrise erfordert mehr als die Reform von Politik und Finanzausstattung nach dem Muster gradueller Anpassungen. Schon heute, vor der tatsächlichen Einführung der gemeinsamen Währung und vor dem tatsächlichen Beitritt weiterer Staaten weist das Solidargefüge Europas Risse auf: Die Konfliktlinien zwischen Nettozahlern und Empfängern scheinen schärfer gezogen als in früheren Phasen, die Beschäftigungskrise verstärkt die Binnenorientierung der einzelstaatlichen Politik, die oft geringe Effizienz des Mitteleinsatzes in den Strukturfonds belastet das Verhältnis unter den Mitgliedstaaten ebenso wie die Anpassungserfordernisse in der Vorbereitung auf die Währungsunion, die in einzelnen Staaten phasenweise weniger als gemeinsame Herausforderung denn als Bevormundung empfunden wurden. Über allem hängt die Vorahnung künftiger Konflikte: im Wettbewerbseffekt und angesichts der Kostentransparenz des Euro genauso wie in der Konkurrenz um Marktanteile, Standorte und Subventionen im Prozeß der Erweiterung. Europäische Politiker und Interessenvertreter spüren, daß die Zeit der allseitig vorteilhaften Kompromißpakete, die beispielsweise über 50 Prozent der EU-Bevölkerung in den Genuß von Strukturfondsmitteln brachten, abgelaufen sein könnte. Nötig wird deshalb die Rekonstruktion europäischer Solidarität im Anpassungs- und Reformprozeß der kommenden Jahre – je grundsätzlicher die bisherigen Politiken, Programme und Verfahren zu überdenken sind, desto grundsätzlicher wird auch die Neukonzeption des Solidargedankens in der Europäischen Union ausfallen müssen.

4.2 Ein Ausgleich zwischen Vielfalt und Kooperation

Europas Politik benötigt Zukunftsorientierung. Die Vollendung und Ausgestaltung der Einheit des Kontinentes in einer großen Europäischen Union stellt sich nicht von selbst ein: Die Auflösung seiner alten Konflikte, die Rekonstruktion europäischer Solidarität, die friedliche Entwicklung seiner Nachbarschaft und die Behauptung der Interessen Europas in der Welt von morgen brauchen politische Führung. In einer Zeit, in der eine alles verbindende Idee von den Möglichkeiten Europas geschwächt erscheint, entsteht Orientierung vor allem durch gemeinsames Handeln. Die künftige Europäische Union braucht deshalb den Handlungswillen und die Handlungsfähigkeit ihrer Mitglieder, um selbst handlungsfähig zu bleiben, sie braucht den Spielraum der Differenzierung, damit die unterschiedlich starken Ambitionen und Potentiale der Nationen zum Nutzen Europas eingesetzt werden können, und sie braucht die Öffnung ihrer Strukturen, so daß politische Führung europäische Aufgaben und Rollen finden kann.

Fallen die notwendigen Anpassungen unzureichend und unsystematisch aus, so wird diese Union auf lange Zeit hinter ihren Möglichkeiten zurückbleiben – zu Lasten der Interessen ihrer Mitglieder. Schon heute ist erkennbar, daß der Vertrag von Amsterdam den Ansprüchen einer großen Europäischen Union nicht entspricht. Eine neue Reforminitiative ist erforderlich, die Struktur und Politik der EU in fünf Grundsatzfragen modernisiert:
- in der eindeutigen Zuweisung der Zuständigkeiten nach dem Prinzip der Subsidiarität, am besten über einen Katalog von Kompetenzen, um die Handlungsfähigkeit der Union auf wesentliche Aufgaben zu konzentrieren und zugleich den Vorbehalten gegenüber unkontrollierter Zentralisierung entgegenzuwirken;
- in der grundsätzlichen Zweckbestimmung gemeinschaftlicher Solidarität, durch eine Anpassung wie eine Konkretisierung der Vertragsziele, der Zuordnung der Politiken auf der Basis einer europäischen Einnahmekompetenz, um die Zurechenbarkeit von politischer Verantwortung und Entscheidung herzustellen;
- in der Modernisierung des institutionellen Rahmens, orientiert an den Kriterien der Effizienz, Transparenz und demokratischen Kontrolle, die zugleich Raum für ein höheres Maß an politischer Führung bieten;
- in der Öffnung des Integrationskonzeptes für die flexible Fortentwicklung der EU nach dem Grundsatz differenzierter Integration, mit Anreizen für ein *opt-in* möglichst vieler Mitglieder in Projekte zur Realisierung weiterreichender Vertragsziele;
- in der Weiterentwicklung der weltpolitisch relevanten Instrumente der Europäischen Union und ihrer Partnerschaftsfähigkeit gegenüber den Weltmächten und

Schlüsselstaaten, über eine Öffnung der Gemeinsamen Außen- und Sicherheitspolitik für Koalitionen handlungswilliger Staaten. Wenn die Räume von Identität, Solidarität und politischer Entscheidung dauerhaft auseinanderfallen, dann entsteht die große Europäische Union nur als bürokratischer Entwurf. Die Frage nach der europäischen Identität ist somit weit mehr als nur ein intelektuelles Glasperlenspiel. Identität bietet vielmehr den Rahmen, in dem die Politik Pro und Contra ihrer Prioritäten setzen und begründen kann. Ohne einen solchen Kontext der europäischen Selbstverständigung gerät Politik bestenfalls zum situativen Krisenmanagement. Solidarität nach innen und Partnerschaftsfähigkeit nach außen benötigen das Fundament einer gemeinsamen Identität der Europäer. Diese wächst in dem Maße, in dem die EU erbringt, was Europa leisten soll – in angemessener Zeit, zu angemessenen Kosten und auf der Basis nachvollziehbarer wie kontrollierbarer Verfahren. Die Vollendung der Währungsunion wird diese europäische Identität stärken, die Erweiterung nach Osten wird ihre Grenzen testen. Die große politisch-kulturelle Aufgabe der Zukunftsorientierung wird es deshalb sein, die Zusammengehörigkeit der Europäer positiv erfahrbar zu machen.

Weiterführende Literatur

Berger, Peter, u. a.: Das Unbehagen in der Modernität, Frankfurt a. M. 1975.
Bertelsmann Stiftung (Hrsg.): Das neue Europa – Strategien differenzierter Integration. International Bertelsmann Forum 1996, Gütersloh 1997.
Bowle, John: Geschichte Europas. Von der Vorgeschichte bis ins 20. Jahrhundert, Neuausgabe, 3. Auflage, München 1993.
Bracher, Karl Dietrich: Die Krise Europas 1917-1975, Frankfurt a. M. 1976.
Centrum für angewandte Politikforschung: Europa vor der Vollendung. International Bertelsmann Forum 1998, München 1998.
Giering, Claus: Europa zwischen Zweckverband und Superstaat. Die Entwicklung der politikwissenschaftlichen Integrationstheorie im Prozeß der Europäischen Integration (Münchner Beiträge zur Europäischen Einigung Band 1), Bonn 1997.
Gollwitzer, Heinz: Europabild und Europagedanke. Beitrage zur deutschen Geistesgeschichte des 18. und 19. Jahrhunderts, 2. neubearb. Auflage, München 1964.
Jachtenfuchs, Markus, und Beate Kohler-Koch (Hrsg.): Europäische Integration, Stuttgart 1996.
Judt, Tony: Große Illusion Europa. Gefahren und Herausforderungen einer Idee, München 1996.
Lübbe, Hermann: Der Mensch als Orientierungswaise?, München 1982.
Schneider, Heinrich: Leitbilder der Europapolitik, Bonn 1977.
Schulze, Hagen: Phoenix Europa. Die Moderne. Von 1740 bis heute, München 1998.
Ders.: Staat und Nation in der europäischen Geschichte, München 1994.
Schwarz, Hans-Peter: Des Gesicht des Jahrhunderts, Berlin 1998.

Weidenfeld, Werner: Europa 2000. Zukunftsfragen der europäischen Einigung, München u. Wien 1980.
Ders.: Konrad Adenauer und Europa, Bonn 1976.
Ders. (Hrsg.): Die Identität Europas. Fragen, Positionen, Perspektiven, München 1985.
Ders., und Wolfgang Wessels (Hrsg.): Jahrbuch der Europäischen Integration 1980-1998, Bonn 1981 ff.

Anmerkungen

1 Schmierer, Joscha: Mein Name sei Europa. Einigung ohne Mythos und Utopie, Frankfurt a. M. 1996, S. 9. Vgl. auch Rufin, Jean-Christophe: Das Reich und die neuen Barbaren, Berlin 1993.
2 Zum Mythendefizit der europäischen Integration vgl. Schmale, Wolfgang: Scheitert Europa an seinem Mythendefizit?, Bochum 1997. Aus Schmales Sicht würde eine Unabhängigkeit der europäischen Integration von einem tragenden Gerüst an Mythen einen historischen »Vorgang völlig neuartiger Qualität« konstituieren.
3 Vgl. dazu ausführlich Weidenfeld, Werner (Hrsg.): Die Identität Europas. Fragen, Positionen, Perspektiven, München 1985, mit zahlreichen Literaturhinweisen.
4 Vgl. u. a. Schulze, Hagen: Die Wiederkehr Europas, Berlin 1990; ders.: Staat und Nation in der europäischen Geschichte, München 1994; Nooteboom, Cees: Wie wird man Europäer?, Frankfurt a. M. 1993; zur Geschichte Europas vgl. außerdem Bowle, John: Geschichte Europas. Von der Vorgeschichte bis ins 20. Jahrhundert, Neuausgabe, 3. Auflage, München 1993; Weidenfeld, Werner, und Wolfgang Wessels (Hrsg.): Europa von A–Z. Taschenbuch der europäischen Integration, 7. Auflage, Bonn 1998.
5 Morin, Edgar: Europa denken, Frankfurt a. M. 1988, S. 128.
6 Vgl. Gellner, Ernest: Bedingungen der Freiheit. Die Zivilgesellschaft und ihre Rivalen, Stuttgart 1995, S. 123-128.
7 Jones, Eric Lionel: Das Wunder Europa. Umwelt, Wirtschaft und Geopolitik in der Geschichte Europas und Asiens, Tübingen 1991, besonders S. 257-272, hier: S. 257.
8 Vgl. Bracher, Karl Dietrich: Die Krise Europas 1917-1975, Frankfurt a. M. 1976.
9 Brague, Rémi: Europa. Eine exzentrische Identität, Frankfurt a. M. 1993, S. 110.
10 Zum Begriff der Lern- und Kommunikationsgemeinschaft vgl. Wessels, Wolfgang: Europäische Identität aus politischer Sicht: Modeerscheinung, Mythos oder magische Legitimationsformel?, in: Henrichsmeyer, Wilhelm, u. a. (Hrsg.): Auf der Suche nach europäischer Identität (Bonner Schriften zur Integration Europas Band 5), Bonn 1995, S. 101-122.
11 Vgl. Weidenfeld, Werner: Europa 2000. Zukunftsfragen der europäischen Einigung, München 1980.
12 Weidenfeld, Werner (Hrsg.): Nur verpaßte Chancen? Die Reformberichte der EG (Mainzer Beiträge zur Europäischen Einigung Band 2), Bonn 1983.
13 Die übrigen Einnahmequellen sind: Agrarzölle, Zölle aus der Anwendung des gemeinsamen Zolltarifs auf eingeführte Waren aus Drittländern sowie Abgaben jedes Mitgliedstaates von einem Teil seines Mehrwertsteueraufkommens.
14 Zur Geschichte der deutschen Einheit vgl. Korte, Karl-Rudolf: Deutschlandpolitik in Helmut Kohls Kanzlerschaft. Entscheidungsprozeß und Regierungsstil 1982–1989 (Geschichte der deutschen Einheit Band 1), Stuttgart 1998; Grosser, Dieter: Das Wagnis der Währungs-, Wirtschafts- und Sozialunion. Politische Zwänge im Konflikt mit ökonomischen Regeln (Geschichte der Deutschen Einheit Band 2), Stuttgart 1998; Jäger, Wolf-

gang, mit Michael Walther: Das Ziel der Einheit verwirklichen. Der innenpolitische Prozeß der Einigung 1989/90 (Geschichte der Deutschen Einheit Band 3), Stuttgart 1998; Weidenfeld, Werner, mit Peter M. Wagner und Elke Bruck: Außenpolitik für die deutsche Einheit. Die Entscheidungsjahre 1989/90 (Geschichte der deutschen Einheit Band 4), Stuttgart 1998.

15 Vgl. u. a. Hasse, Rolf H.: Die Europäische Zentralbank. Perspektiven für eine Weiterentwicklung des Europäischen Währungssystems, Gütersloh 1989; Collignon, Stefan: Geldwertstabilität für Europa. Die Währungsunion auf dem Prüfstand, Gütersloh 1996.

16 Vgl. Bertelsmann Stiftung (Hrsg.): Das neue Europa – Strategien differenzierter Integration. International Bertelsmann Forum, Gütersloh 1997; außerdem Giering, Claus: Europa zwischen Zweckverband und Superstaat. Die Entwicklung der politikwissenschaftlichen Integrationstheorie im Prozeß der Europäischen Integration (Münchner Beiträge zur Europäischen Einigung Band 1), Bonn 1997.

17 Diese These problematisiert Wessels (Anm. 10), S. 118–119.

18 Sternberger, Dolf: Komponenten der geistigen Gestalt Europas, in: Merkur 34 (1980), S. 228–238, hier: S. 237.

19 Schon seit dem 19. Jahrhundert hat diese Beobachtung ihren festen Platz in der Soziologie. Vgl. Münch, Richard: Das Projekt Europa. Zwischen Nationalstaat, regionaler Autonomie und Weltgesellschaft, Frankfurt a. M. 1993, besonders S. 318–322. Aus Sicht Münchs verschärfen Europäisierung und Globalisierung diese altbekannten Konflikte jedoch in einem Maße, das ihn von einer neuen Entwicklungsstufe sprechen läßt.

20 Vgl. hierzu ausführlich: Centrum für angewandte Politikforschung: Europa vor der Vollendung. International Bertelsmann Forum am 3.–4. Juli 1998 in Berlin, und Weidenfeld, Werner, und Josef Janning: Europa vor der Vollendung. Der Qualitätssprung der Integration macht strategische Entscheidungen unausweichlich, in: Frankfurter Allgemeine Zeitung v. 3. Juli 1998, S. 3.

Europa: Nation und Nationalstaat im Wandel

HAGEN SCHULZE

1. Einheit durch Vielfalt

In einer Epoche, deren ganzer Stolz darin zu bestehen scheint, nationalstaatliches Denken zugunsten einer europäischen Perspektive hinter sich zu lassen, mag es paradox klingen; aber nichts ist so europäisch wie Europas Zersplitterung in Nationen und Nationalstaaten. Die Vielfalt in der Einheit zeichnet Europa aus, seit es gedacht worden ist; die Pluralität der europäischen Staatenwelt, die Buntheit nationaler Identitäten und ihr dauernder Streit unterscheiden diesen Kontinent seit jeher von den großflächigen Kulturen der anderen Kontinente. »Erst durch das Auseinanderbrechen der Christenheit«, so der französische Soziologe Edgar Morin, »konnten solche ureigenen europäischen Realitäten wie der Humanismus, die Wissenschaft und die Nationalstaaten entstehen, und erst durch die Auseinandersetzungen und Antagonismen zwischen den Nationalstaaten konnte sich der Begriff Europa verbreiten und durchsetzen.«[1]

Die Vielfalt des europäischen Kontinentes zeigt sich auf allen Ebenen. Das beginnt mit den Landschaften: Gebirge, Ebenen, Seenplatten, Wald- und Heidegebiete, die sich in Asien, in Amerika oder Afrika gleichförmig über immense Weiten erstrecken, liegen in Europa nahe beieinander. Daher auch die bunte Vielfalt der Art, wie die Menschen den Boden nutzen, ihre Nahrungsmittel erzeugen, Häuser, Städte und Straßen bauen. Nicht anders die Sprachen Europas; gewiß ist das Indoeuropäische gemeinsamer Sprachgrund fast aller europäischer Idiome, aber die sprachliche Fragmentierung, von den großen slawischen, lateinischen und germanischen Sprachfamilien bis hinunter in die regionalen Dialektabweichungen, ist der wichtigste Grund für die bleibende Vielfalt der Regionen, Völker und Staaten und für die Hindernisse, die einem einheitlichen Europa entgegenstehen.

Die Vielfalt der Sprachen überkreuzt sich mit der Vielfalt der Milieus, der Regionen, der Nationen und vor allem der Staaten: Europa war nie anders als politisch zerstückelt zu denken. Die europäische Geschichte war auch immer eine Geschichte der Kriege zwischen den Staaten Europas, aber gerade hierin zeigt sich ihr Paradox: Während die Staaten Asiens über die Jahrtausende hinweg entweder schnell entstanden und vergingen oder aber zu großen despotischen Hegemonialmächten aufstiegen, balancierten sich die vielen Staaten Europas gegenseitig aus. Das Heilige Römische Reich konnte nur deshalb bis 1806 bestehen, weil es gestaltlos und ohne Macht war und innerhalb seines Rahmens einer Vielzahl von Staaten eine weitgehend souveräne Existenz erlaubte; und ähnliches galt in größerem Maßstab für Europa.

Immer, wenn ein Staat so viel Macht zusammenballte, daß er Europa zu beherrschen drohte, schlossen sich die übrigen Staaten zu Koalitionen zusammen, um die Übermacht eines einzelnen zu verhindern; war der Herausforderer niedergeworfen, kam es zu anderen Machtungleichgewichten, die zu neuen Bündnissen und neuen Kriegen führten. Dabei blieb aber der Besiegte stets Teil des Ganzen, wurde nie von der Landkarte gewischt, sondern als gleichberechtigter Partner im europäischen Machtgeflecht akzeptiert – die Teilungen Polens Ende des 18. Jahrhunderts blieben lange die große Ausnahme. So bildete sich trotz häufiger Kriege ein stabiles europäisches Mächtegleichgewicht heraus, dessen Zusammenspiel rechtlich geregelt war: Das *ius publicum europeum*, das europäische Völkerrecht entstand, und damit ein Instrument des vernünftigen Ausgleichs zwischen den Staaten, das bis zum Ersten Weltkrieg seine Funktionsfähigkeit zur Aufrechterhaltung der europäischen *balance of power* unter Beweis stellte.

Dies ist eins der entscheidenden Elemente europäischer Identität: die Vielfalt der Ideen, Kulturen, Nationen und Staaten, die sich dadurch auszeichnet, daß sie dauerhaft blieb, also nie für längere Zeit der Vorherrschaft einer Idee, einer Kultur oder eines Staates anheim fiel. Jeder Versuch der Hegemonie rief Gegner auf den Plan, und aus der Auseinandersetzung entstand früher oder später neue Heterogenität. Das gilt insbesondere für das europäische Staatensystem, dem es stets gelang, Vorherrschaftsansprüche seiner Mitglieder zurückzuweisen, ob es sich um Schweden im siebzehnten, Frankreich im achtzehnten und beginnenden neunzehnten Jahrhundert oder um Deutschland und Rußland im Verlauf der letzten zweihundert Jahre handelte. Erst Hitlers wahnwitzige Weltherrschaftspläne sollten die Selbstregulierungskraft Europas überfordern, die Rettung kam über den Atlantik und aus der asiatischen Steppe.

Die Vielfalt hat überdauert, indem sie sich stets selbst regulierte: Das trifft nicht nur auf die Beziehungen der Staaten untereinander, sondern auch auf das Verhältnis der einzelnen Staaten zu ihren Bürgern, und auf die Beziehungen der Bürger untereinander zu. Der *balance of power*, also dem rechtsförmig geregelten Ausgleich zwischen den politischen Kräften im europäischen Staatensystem, entspricht in der Innenpolitik die Demokratie: Hier geht es um den Ausgleich zwischen den Interessen der Bürger und ihrer Vereinigungen auf rechtsförmiger Grundlage, meist in Gestalt einer Verfassung; nicht nur die Rechte, Pflichten und Interessen der einzelnen Bürger werden ausbalanciert, sondern auch die Befugnisse der staatlichen Institutionen, die sich gegenseitig kontrollieren und deren Macht auf diese Weise begrenzt wird. So stellt die Staatenwelt Europas eine dauernde und entscheidende Signatur des Kontinentes dar, eines Europas des einigenden Streites, der fruchtbaren Antagonismen.

2. Nationen

Aber dennoch ist eins im Lichte der Geschichte gewiß: Wie alle historisch begründeten politischen und kulturellen Ordnungsvorstellungen sind auch Staaten und Nationen keine Gebilde für die Ewigkeit; sie sind Erscheinungen der europäischen Zivilisation, in Umbruchzeiten unserer Geschichte entstanden, haben Veränderungen und Entwicklungen durchlaufen, und wie alles historisch Gewachsene werden auch sie einmal wieder vergehen und anderen Zuständen menschlicher Gemeinschaft Platz machen.

So hat auch der Begriff der Nation im Laufe seiner Geschichte vielfache Bedeutungswandel erfahren, bis er zu seinen uns heute geläufigen Inhalten und Konnotationen kam. »Natio« ist ein alter, aus der römischen Antike überlieferter Traditionsbegriff, der ursprünglich Geburt oder Abstammung als Unterscheidungsmerkmal von Gruppen aller Art bezeichnet. Cicero etwa faßt unter diesem Begriff eine Gruppe des Volkes, nämlich die Aristokraten, zusammen, für Plinius ist eine Philosophenschule eine »natio«. Auffallend häufig finden wir aber auch »natio« als Gegenbegriff zur »civitas«, also als unzivilisierte Völkerschaft, die keine gemeinsamen Institutionen kennt – etwa in demselben Sinne, in dem die Engländer heute von »natives« reden, die Deutschen von »Eingeborenen«. Die Heiden der Vulgata, die Barbaren des Isidor von Sevilla, die ungläubigen mohammedanischen Horden des Bernhard von Clairvaux sind »nationes«, und auch die germanischen Großstämme des frühen Mittelalters, die Franken, Langobarden oder Burgunden werden als »nationes« beschrieben, weil sie zwar jeweils einer Herkunft sind, scheinbar jedoch ohne jenes innere politische und gesellschaftliche Gefüge, das ein zivilisiertes Volk ausmacht. Neben ähnlichen Bezeichnungen wie »gens« oder »populus« führt dieser Wortgebrauch zu der spätmittelalterlichen Bedeutung von »nationes«, die europäische Großvölker meint, die ihrerseits aber mehrere »gentes« oder »nationes« umfassen können.

Man soll nicht glauben – wie noch unlängst naiv-optimistische Historiker –, hier habe es sich bereits um Volksnationen im Sinne des 19. und 20. Jahrhunderts gehandelt: Im vorrevolutionären Europa des 14. bis 18. Jahrhunderts wurde dieser Begriff entweder als vage Herkunftsbezeichnung oder aber im ständisch-rechtlichen Sinne benutzt. Auf dem Konzil von Konstanz 1414 bis 1418 wurde festgelegt, daß nach Nationen abzustimmen sei, aber es fehlte ein klares Kriterium für diesen Begriff, so daß bis zuletzt die Zahl und Eingrenzung der Nationen umstritten blieb. Studenten an mittelalterlichen Universitäten wurden ebenso nach »nationes« unterschieden wie die Kaufleute in Gent und Antwerpen: Landsmannschaften also, die aber ungenau umschrieben waren; der »natio germaniae« an der Universität Bologna gehörten ebenso Sachsen wie Böhmen an, nicht aber Süd- und Südwestdeutsche, die sich in der Gemeinschaft der »*natio alemanniae*« wiederfanden. Wo aber die »*natio*« das Politische streifte, da waren nicht diejenigen gemeint, die etwa eine gemeinsame Sprache oder verwandte Dialekte sprachen, sondern nur diejenigen, die im *status politicus* oder in der Qualifikation der *societas civilis* standen. Mit anderen Worten: »Nation« bezeichnete bis weit in das 18. Jahrhundert hinein die Gesamtheit der in den dafür vorgesehenen Institutionen politisch handelnden Stände. Die deutsche Nation bestand in den auf dem »immerwährenden« Reichstag zu Regensburg versammelten Reichsständen, die englische trat im Parlament zu Westminster in Erscheinung, die französische in den Generalständen, und noch Montesquieu sollte kategorisch erklären, in den *états généraux* versammle sich »la nation, c'est-à-dire les seigneurs et les évêques«. Als das Reich 1711 mit der »ungarischen Nation« den Frieden von Sathmar schloß, bedeutete »Nation« keineswegs die Gesamtheit des ungarischen Volkes, sondern, wie es im Vertrag ausdrücklich heißt, »Barone, Prälaten und Adlige Ungarns«. Im Falle Ungarns oder auch Polens handelte es sich in diesem Sinne also um reine Adelsnationen, während in West-, Mittel- und Nordeuropa von Fall zu Fall auch bürgerliche und gelegentlich sogar bäuerliche Stände zur Nation gezählt wurden. Im übrigen muß, wenn wir uns hier auf die großen Nationen in unserer Betrachtung beschränken, daran erinnert werden, daß bis in das beginnende 19. Jahrhundert hinein Nation auch immer im kleineren, landständischen Sinne verstanden wurde. So konnten zum Beispiel die Ostpreußen noch um 1800 als Nation bezeichnet werden, weil sie einen Landtag hatten, in dem allein das »Land« politisch in Erscheinung trat, auch unter der »absoluten« Monarchie der Hohenzollern. Um es zusammenzufassen und zuzuspitzen: Die Nation des *ancien régime*, soweit sie politisch in Erscheinung trat, war eine Ständenation; sie existierte, soweit sie direkt oder indirekt an politischen Entscheidungen beteiligt war. Der einfache Mann auf dem Acker oder auf der Straße nahm an der so verstandenen Nation nicht teil.

Es soll hier nicht von den zahlreichen Theorien die Rede sein, die Wesen und Funktion des Nationalismus, wie wir ihn heute verstehen, interpretieren; es genügt zu sagen, daß auf der Schwelle von Alteuropa zur Moderne, im Verlauf des ausgehenden 18. und 19. Jahrhunderts, die Idee der Nation sich gründlich wandelte. Mit der Bevölkerungsexplosion, die seit Mitte des 18. Jahrhunderts den Kontinent ergriff, mit der Umwälzung von Wirtschaft und Gesellschaft, mit der Modernisierung der Verkehrs- und Postverbindungen, mit der Verbreitung von Lese- und Schreibfähigkeit, der eine ungeheure Ausweitung der Buch- und Zeitschriftenliteratur entsprach, kurz, mit der Entstehung moderner »Öffentlichkeit« war eine tiefgreifende Krise der Milieus einhergegangen, die bisher der Gesellschaft Struktur und Sinn gegeben hatten. Die alten Bindungen, Mythen und Loyalitäten verblaßten; der einst feste, auch im Geistigen und Religiösen verankerte Sozialkörper der ständisch-agrarischen Gesellschaft brach auf und entließ Myriaden von Einzelwesen, die nach neuer Sinngebung suchten, sofern sie nicht allein mit der nackten Daseinsfürsorge befaßt waren.

Der Ruf der Zeit nach Umwertung aller Werte wurde aus vielen Richtungen beantwortet. Nicht mehr die göttliche Ordnung wurde geglaubt, sondern das Recht der einzelnen auf Freiheit und Glückseligkeit – »pursuit of happiness«, wie die Amerikanische Revolution verhieß, die säkulare Devise des europäischen Liberalismus. Die Idee der Gleichheit mündete in den Gedanken der Volkssouveränität, der sich mit der Idee Rousseaus verband, nach der nur die Gesamtheit der Individuen, ihr Zusammenschluß zum Volk, als politisch handelndes Subjekt existieren könne. Im Volk inkarniert sich der Gemeinwille, vor ihm hat sich alle Herrschaft zu legitimieren: Demokratie wie Tyrannei in ihren modernen Erscheinungsformen finden hier ihre Wurzeln. Die alte Welt mobilisierte Abwehrkräfte, die ihrerseits wieder massenwirksame Ideologien ausbildeten; der Konservativismus verlor seinen ursprünglichen Charakter als elitäre Abwehrfront gegen den Aufstand des »Pöbels« und erhielt gelegentlich seinerseits einen entschiedenen Zug ins Pöbelhafte.

So gebar das Europa des ausgehenden 18. und beginnenden 19. Jahrhunderts eine Vielzahl von konkurrierenden Ordnungs- und Legitimationsideen, die in »Bewegungen« und Parteien gerannen, die allesamt imstande waren, große Menschenmengen zu mobilisieren und sie für Ideen und Programme auf die Barrikaden zu schicken, ohne sich jedoch jeweils ganz gegen die Konkurrenzideologien durchsetzen zu können. Im Laufe des 19. Jahrhunderts erwies sich, daß auf die Dauer keine staatliche Ordnung bestehen konnte, die nicht fähig war, diese Vielzahl auch gegensätzlicher gesellschaftlicher Kräfte einzubinden. Die große Integrationsideologie, die den Bürgerkrieg verhinderte und über die Grenzen der auseinanderstrebenden Interessen hinweg Einheit stiftete, war die Idee der Nation, die sich im Zuge dieser Umbruchepoche in demselben Maß, in dem sich die Legitimitätsgrundlagen der Staaten vom Gottesgnadentum zur Volkssouveränität wandelten, von der Ständenation zur Volksnation überging.

In der Umbruchszeit des ausgehenden 18. und des 19. Jahrhunderts, einer Zeit der Entwurzelung, der sozialen Atomisierung, des Glaubensverlustes, bot der Nationalismus dreierlei: Orientierung, Gemeinschaft und Transzendenz. Die Identifikation mit der Nation vereinfachte die komplizierten gesellschaftlichen und zwischenstaatlichen Zusammenhänge und klärte das Problem der Loyalität; vor allem in Mittel- und Osteuropa, wo zwischen der ersten polnischen Teilung von 1772 und dem Wiener Kongreß von 1815 die Landesherrschaften vielfach wechselten, wo der Herrscher von heute der Feind von morgen sein konnte, bot die Idee der Nation Orientierung und Entscheidungshilfe. Die nationale Gemeinschaft trat überall dort ein, wo sich die älteren, traditionellen Milieus auflösten. In der *levée en masse* von 1793, in den Freiheitskriegen von 1813, in den Befreiungskriegen und Aufständen der ost- und südosteuropäischen Völker wurde die neue Gemeinschaft nicht nur behauptet, sondern auch als sinnlich wahrnehmbare Wirklichkeit erfahren. Öffentliche Feste und Feiern, von den *fêtes révolutionnaires* der Französischen Revolution bis zu den deutschen Völkerschlachtsfeiern, bestätigten die Erfahrung der Nation immer wieder aufs neue; sie schafften das authentische Gefühl des Gemeinschaftserlebnisses und bestätigten die Zugehörigkeit des einzelnen zu einem größeren Ganzen. Die Feiern unterlagen in der Regel einem strengen Ritual mit starken religiösen Anklängen; oft, wie beim deutschen Wartburgfest von 1817, gingen die Parallelen zum kirchlichen Messeritus bis in die zeremoniellen und liturgischen Einzelheiten. Die Idee der Nation war unter anderem auch eine Religion; da die Nation nicht unmittelbar sichtbare Realität war, mußte sie geglaubt werden: Der Nationalismus ist die säkulare Religion des Industriezeitalters.

Üblicherweise neigen Historiker dazu, zwei klar voneinander unterschiedene Typen der modernen Nationsbildung im 18. und beginnenden 19. Jahrhundert zu konstruieren, wobei Frankreich und Deutschland als einander scharf entgegengesetzte Beispiele dienen. Auf die Frage, was die Nation sei, antwortete der Abbé Siéyès: »Ein Verband von Menschen, die unter dem gleichen gemeinen Recht leben und von ein und derselben gesetzgebenden Körperschaft vertreten werden.«[2] Die Nation der Französischen Revolution war die Gemeinschaft aller politisch bewußten Staatsbürger auf der Grundlage der Ideen von der Gleichheit aller und der Volkssouveränität. Wer sich nicht zum revolutionären Dritten Stand bekannte, war von der Nation ausgeschlossen. Umgekehrt galt, daß zur Nation gehörte, wer sich zu ihr bekannte; so faßte der Württemberger Karl Friedrich Reinhard beim Bekanntwerden der Nachricht von der Flucht Ludwigs XVI. den Entschluß, »als Franzose leben und sterben zu wollen«, und er war damit Franzose, wurde einer der bedeutendsten Gestalten der französischen Diplomatie und sogar Außenminister Frankreichs. Die Nation in französischem Verständnis war Sache der freien Entscheidung jedes einzelnen, mit Ernest Renans Worten »un plébiscite de tous les jours« – also eine Entscheidung aufgrund subjektiver Kriterien.

Ganz anders der deutsche Fall: In jenen mehr als dreihundert mitteleuropäischen Territorien, in denen vorwiegend deutsch gesprochen wurde, gab es seit dem Ende des Heiligen Römischen Reiches, also seit 1806, keinen institutionellen, aber auch keinen ideologischen Rahmen, in dem sich die Nation für die Gegenwart definieren konnte. Die deutsche Nation war daher eine Zukunftsvision, die sich nur in ihrer gemeinsamen Sprache und in ihrer gemeinsamen Geschichte wiedererkennen konnte: Eine aus der Vergangenheit antizipierte Utopie, unklar und weit mehr das Gefühl als den Verstand ansprechend. »Was ist des Deutschen Vaterland?« fragt Ernst Moritz Arndt in seinem »Vaterlandslied« von 1813, das in gewisser Weise die erste deutsche Nationalhymne darstellt, und gibt schließlich die Antwort: Das deutsche Vaterland ist überall dort, wo deutsch gesprochen wird. Die deutsche Nation wurde also als objektives Merkmal konstituiert gemäß der Idee Johann Gottfried Herders von der fundamentalen Individualität des Volkstums, die ausschließlich durch die gemeinsame Sprache begründet sei. In diesem Sinne war also die Nation unabhängig vom Willen der Personen: Wer deutsch sprach, mußte Deutscher sein. Und ähnliches galt für die große Mehrzahl der europäischen Nationen, für Italien ebenso wie für die Bevölkerung in den Vielvölkerreichen Osteuropas: Wo die Nation erst erkämpft und hergestellt werden mußte, da war es die Sprach- und Kulturgemeinschaft, die sich zur Nation erklärte.

Allenthalben in Mittel-, Ost- und Südeuropa spielte sich ähnliches ab: Man sprach von nationaler Wiedergeburt, von Neubeginn, Erwachen, Erweckung, von »risorgimento«, von einem historisch einmaligen Gründungs-, ja Schöpfungsakt, vor dem alle bisherige Geschichte zur Vorgeschichte verblaßte. Und überall waren es die wenigen »Erwecker«, die Intellektuellen, die davon ausgingen, daß die Nation sich in der einheitlichen Sprache manifestiere und sprachliche Uniformität Voraussetzung eines Nationalstaates sei. Es waren also in erster Linie die Dichter, die Philosophen, die Historiker und Philologen, die die Nationen Europas aus der Taufe hoben. Friedrich Schleiermacher bezeichnete sie – die »Gründer und Wiederhersteller von Staaten« – neben den Religionsstiftern als die »großen Männer«, die geschichtsmächtigen großen Individuen. Zu diesen »Erweckern« zählt die deutsche Nationalbewegung neben Herder den Philosophen Johann Gottlieb Fichte, der im Winter 1807/1808 im französisch besetzten Berlin in seinen »Reden an die deutsche Nation« die Deutschen zur nationalen Regeneration aufgerufen hatte, den »Turnvater« Friedrich Ludwig Jahn und den Publizisten Ernst Moritz Arndt. Die Griechen führen den Dichter Rigas Velestinlis und den großen Philologen und Sprachschöpfer Adamantios Korais an, die Iren rühmen Daniel O'Connell, den wortgewaltigen Volkstribun, und den Dichter Thomas Davis. Die Polen zählen zu den »Erweckern« den Historiker Joachim Lelewel und den Dichter Adam Mickiewicz, der die humanitäre Mission des polnischen Volkes verkündete, die Tschechen den Historiker František Palacky, aber auch wegen des berühmten Slawenkapitels in seinen »Ideen zur Philosophie der Geschichte der Menschheit« von 1791 den in Ostpreußen geborenen Johann Gottfried Herder.

Daß diese Unterscheidung zwischen einer subjektiven Nationalität in Westeuropa, namentlich Frankreich, und einer objektiven nationalen Identität in Mittel-, Ost- und Südeuropa durchaus nicht nur eine Konstruktion der Historiker ist, sondern sehr reale politische Folgen hatte, zeigt das Beispiel der Elsässer: Sie, die sich besonders früh zur Französischen Republik bekannt hatten und damit zu Franzosen geworden waren, blieben wegen ihrer Sprache in den Augen der Deutschen unentrinnbar an Deutschland gebunden. Die tragischen Folgen dieser Unvereinbarkeit zweier nationaler Identifikationsmodelle lassen sich bis in die Gegenwart beobachten.

Allerdings erweist sich bei näherer Betrachtung, daß die Nationen durchaus nicht so sicher und objektiv zu definieren waren, wie es ihre Propagandisten behaupteten. So ist die gemeinsame Sprache, also das noch am eindeutigsten nachweisbare Merkmal von »Nation«, ursprünglich in sehr vielen Fällen Ergebnis sehr bewußter Sprachplanung, ein tief in die Alltagssprachen und Dialekte eingreifendes Standardisierungsverfahren, und dies um so stärker, je weiter man von West- nach Osteuropa schaut. Eine verbindliche deutsche Hochsprache entstand erst um die Mitte des 18. Jahrhunderts, und das Tschechische, das Slowakische, das Norwegische, das Rumänische oder das Griechische, all diese Sprachen existierten nur noch als bäuerliche Mundarten, bevor sie von wenigen Intellektuellen als nationale Hochsprachen wiederbelebt wurden.

Und selbst für Frankreich gilt, daß die Formel der *nation une et indivisible* keine Zustandsbeschreibung, sondern eine Beschwörungsformel war, eine gedankliche Vorwegnahme für eine Nation, deren Einheit erst geschaffen werden mußte. Im Februar 1790 revoltierten die Bauern in Südwest-Frankreich, weil sie die Befreiungsdekrete der Nationalversammlung falsch verstanden hatten und meinten, sie seien jetzt von sämtlichen Lasten befreit. Der Abbé Grégoire, Mitglied der Nationalversammlung, ging den Ursachen für das Mißverständnis seiner Mitbürger nach, und er fand zu seinem großen Erstaunen heraus, daß die Sprache der Dekrete aus Paris den meisten Franzosen fremd war. Nur in 15 der 83 französischen Departements wurde durchweg französisch gesprochen; in den übrigen Departements herrschten die Dialekte (das *patois*) – der Abbé zählte deren dreißig –, die vom Französischen so stark abwichen, daß dieses als Fremdsprache gelten mußte, die lediglich von den städtischen Ober- und Mittelschichten beherrscht wurde. Südlich der Garonne herrschte gar eine völlig andere Sprache, die *langue d'oc*; Racine hatte einst behauptet, daß er im *midi* ebenso einen Dolmetscher benötige, wie ein Moskowiter in Paris. Daß, abgesehen von den Regionen um Paris, die Sprache Voltaires und der Menschenrechtserklärung in Frankreich kaum verbreiteter war als im übrigen West- und Mitteleuropa, war eine schockierende Erkenntnis. Mit dem Schulgesetz vom 21. Oktober 1793 wurde verfügt, daß alle Kinder französisch lesen und schreiben lernen sollten, und der Abgeordnete Barère erklärte im Namen des Ausschusses für Unterrichtswesen, daß fortan die Sprache »eins wie die Republik« werden müsse. Bis dahin war es aber noch ein langer Weg; die Einheit von französischer Nation und französischer Sprache ist erst im Laufe des 20. Jahrhunderts vollständig verwirklicht worden. Dies in einem Land, in dem wie kaum in einem anderen Land in Europa Kultur- und Staatsnation schon frühzeitig zusammengewachsen waren, dessen Sprache einem hohen, seit Beginn des 17. Jahrhunderts staatlich geförderten Vereinheitlichungsdruck ausgesetzt gewesen war; war nicht die Académie Française 1635 gegründet worden, weil zur Einheit des Staates auch die Einheit der Sprache gehörte? Wenn selbst die sprachliche Vereinheitlichung Frankreichs so lange auf sich warten lassen mußte, um wieviel mehr erst galt dies für die Staaten Mittel- und Osteuropas, die noch nicht einmal Staatsinstitutionen besaßen, an denen sich die Existenz der Nation festmachen ließ.

Neben der Sprache war es die Geschichte, die eine Volksnation ausmachte: das gemeinsame Schicksal, das ein Volk seit den frühesten Anfängen der Überlieferung vereinte und das ein untrennbares Band um die Nation schlang. Die Nation legitimierte sich aus ihrer Geschichte; Revolution, Krieg, Gewalt gegen alle, die der Nation nicht angehören wollten oder sich ihrem Einigungsbestreben widersetzten – alles das schien gerechtfertigt, wenn sich die Nation auf geheiligtes altes Recht berufen konnte, und dies um so mehr, je weniger die Nation über gefestigte Institutionen verfügte: »Denn unsere Gegenwart«, so proklamierte beispielsweise der serbische Nationalist Ilija Garasanin in seiner programmatischen Denkschrift »Nacertanije« 1844, »wird nicht ohne Verbindung zur Vergangenheit sein, sondern sie [Vergangenheit und Gegenwart] werden ein zusammenhängendes, integrierendes, aufeinander aufbauendes Ganzes darstellen, und darum steht das Serbentum, seine Nationalität und sein staatliches Leben, unter dem Schutz des heiligen historischen Rechtes. Unserem Streben kann man nicht vorwerfen, daß es etwas Neues, Unbegründetes, daß es Revolution und Umsturz sei, sondern jeder muß anerkennen, daß es politisch notwendig ist, daß es in sehr alter Zeit begründet wurde und seine Wurzel im geschichtlichen staatlichen und nationalen Leben der Serben hat...«[3]

Der Gedanke war an sich nicht neu; auch auf früheren Entwicklungsstufen hatte sich Nationalbewußtsein an mythisch verbrämter Geschichte ausgebildet: Alle heldenhaften Eigenschaften der Franken sollten von trojanischen und römischen Vorfahren herrühren, auf Karl den Großen führten sich die Herrscher östlich wie westlich des Rheins zurück, die Artus-Sage bildete den Kern jenes volkstümlichen Geschichtsbildes, mit dem sich die Tudor-Könige legitimierten. Aber mit dem Eintritt in die Moderne um 1800, mit der Geburt und der Entwicklung der Volksnationen, mit der rasanten Beschleunigung des Gegenwartserlebnisses und der zunehmenden Unsicherheit der Zukunftserwartungen im beginnenden Zeitalter der Industrialisierung wuchs das Bedürfnis nach Geschichte. Alle Lebensbereiche wurden von einer romantischen Vergangenheitssehnsucht überwuchert, die Gegenwart erschien ausschließlich aus ihren geschichtlichen Wurzeln zu rechtfertigen: jenseits des romantischen Zeitgeistes, der ganz Europa ergriff, ein Reflex der Ratlosigkeit angesichts der fortschreitenden Zerstörung der alten gewohnten Lebensmilieus, der Suche nach neuem kollektivem Lebenssinn, der gleichwohl aus alten Wurzeln genährt wurde.

Die neue Idee von der einen, unteilbaren und unveränderlichen Nation, geboren aus dem uralten Geist des Volkes, bedurfte daher der Begründung durch ein homogenes, in sich zusammenhängendes, von Zweifeln und Unsicherheiten geläutertes Geschichtsbild, aus dem sich die schicksalhafte Kontinuität ablesen ließ, die die Nation für alle Zeiten rechtfertigte: Das nationale Geschichtsbewußtsein, und das gilt für alle europäischen Nationen, ist deshalb das Ergebnis höchst selektiver Erinnerung und der Konstruktion national gesinnter Historiker.

So läßt sich zusammenfassend für den größten Teil des 19. Jahrhunderts sagen: Die europäischen Nationen waren, mit den Worten Benedict Andersons, »imagined communities«[4], gedachte Gemeinschaften, geplant von Intellektuellen und Politikern, vorangetrieben von einer Vielzahl bürgerlicher Vereine und Parteien, propagiert in den Spalten der liberalen Presse und von den Tribünen der Parlamente. Wieweit die Nationen allerdings geistige und gesellschaftliche Wirklichkeit waren, darüber wissen wir mangels ausreichender mentalitätsgeschichtlicher Studien immer noch zu wenig. Vieles spricht aber dafür, daß dieser »Risorgimento-Nationalismus« Sache relativ begrenzter Eliten war und erst sehr langsam in das allgemeine Bewußtsein eintrat.

Daß die Idee der Nation, um mit Marx zu sprechen, die Massen ergriff und zur materiellen Gewalt wurde, ergab sich im deutsch-französischen Fall erstmals mit der Rheinkrise von 1840. Das erste Mal gab es beiderseits des Rheins einen manifesten Massennationalismus, der die Regierungen ein Stück weit mitriß und ihnen das Handeln aufzwang, bis an die Grenze des Krieges. Hier wurde sichtbar, daß die staatliche Integration mit Hilfe der Nationalidee zweifach bezahlt werden mußte. Zum einen war damit die Zeit kühl kalkulierender Kabinettspolitik endgültig vorbei; keine Regierung, auch in nichtdemokratischen Staaten, konnte sich auf die Dauer halten, wenn sie nicht die Stimmungen und Wünsche des Massennationalismus berücksichtigte. Und zum zweiten wurde die nationale Identität dialektisch von der Nicht-Identität bestimmt, einfacher gesagt: Die Nation bedurfte, um sich selbst zu definieren, eines Feindes, und die Feindschaft wurde um so totaler, je totaler die nationale Integration war. Bereits im Verlauf der Freiheitskriege von 1813 hatte sich in Deutschland das Bild des satanischen, des metaphysisch entgegengesetzten »Erbfeindes« Frankreich entwickelt, und im Verlauf der Rheinkrise von 1840 wurde in der deutschen Presse ernsthaft erörtert, ob man in Deutschland für die Hochwassergeschädigten in Lyon Geld sammeln solle oder nicht – das heißt, nicht mehr die Gemeinschaft unverschuldet in Not geratener Menschen sollte zählen, sondern deren Zugehörigkeit zu einer »feindlichen« Nation, der gegenüber christliche Nächstenliebe oder philosophischer Altruismus nicht mehr unbedingt zu gelten hatten.

Damit kündigte sich in der Geschichte des europäischen Nationalismus eine neue Entwicklungsstufe an, die mit Charles Maurras »Integraler Nationalismus«[5] genannt werden kann. Während der hauptsächlich von einer Honoratioren-Minderheit getragene »Risorgimento-Nationalismus« des 19. Jahrhunderts grundsätzlich liberale Züge trug und von einer Gleichberechtigung der nationalen Ansprüche aller Völker ausging, setzte der massenhafte »integrale Nationalismus« die Nation absolut: »Du bist nichts, Dein Volk ist alles«; »*La France d'abord*«; »*Right or wrong, my country*«, so oder ähnlich lauteten die Gebote, auf die der integrale Nationalismus seine Gläubigen verpflichtete und mit denen er auch die physische Gewaltanwendung gegen Andersgläubige legitimierte.

Es ist allerdings kaum möglich, eine klare zeitliche Trennung zwischen diesen beiden Haupttypen des modernen europäischen Nationalismus zu ziehen. Bereits die radikale, jakobinische Variante des Nationalismus in der Französischen Revolution hatte totalitäre Züge aufgewiesen: Die Nation war *une et indivisible*, egalitär und homogen, und wer sich nicht emphatisch zu ihr bekannte, war ihr Feind und mußte mit dem Tod rechnen. Als verbreitetes politisches Phänomen allerdings ist der integrale, der totalitäre Nationalismus wesentlich jünger. Er benötigt den bereits verwirklichten Nationalstaat als Entfaltungsraum. Das typische Beispiel ist die »verspätete Nation« (Helmuth Plessner) Deutschland, das die Neigung besaß, sich im Hinblick auf die Aufteilung der kolonialen Welt als benachteiligt zu empfinden und kollektive nationale Minderwertigkeitsgefühle durch aggressiven Nationalismus zu kompensieren. Als charakteristisch für diese Phase gilt die Verschiebung der Nationalidee vom »linken« in den »rechten« Abschnitt des innenpolitischen Spektrums, das Auftreten nationalistischer Massenorganisationen wie der Deutschen Kolonialgesellschaft, des Deutschen Flottenvereins oder des Alldeutschen

Verbandes und ein überschäumendes missionarisches Selbstbewußtsein. Hinzu kommt die Idee der Klassensolidarität als linke Sinnstiftungs-Konkurrenz der Nationalidee: So wird die Idee der Nation, bis dahin ein alle Parteien überwölbender ideologischer Überbau, zur innenpolitischen Partei als Abwehrfront gegen den »internationalistischen« Sozialismus. Ähnliches gilt für den ultramontanen Katholizismus und, in besonders krasser Form, für das angeblich »internationale« Judentum. Zum außenpolitischen »Erbfeind« gesellt sich der innenpolitische Gegner, der als Gefahr für das Bestehen der Nation schlechthin angesehen wird. Um den Kampf im Innern erfolgreich führen zu können, neigt man dazu, außenpolitische Reibungen künstlich zu verstärken, weil auf diese Weise innere Loyalität gegenüber der Nation erzwungen wird: So schaukeln sich die innen- und die außenpolitischen Konflikte gegenseitig auf.

Bei dem Blick auf das deutsche Modell darf aber nicht übersehen werden, daß der integrale Nationalismus, wenn auch in unterschiedlichen Erscheinungsformen, ein gesamteuropäisches Phänomen darstellte. Ähnliche Entwicklungen wie in Deutschland ließen sich zur gleichen Zeit in Großbritannien feststellen; *Navy League*, *Greater Britain* und *Jingoismus* waren parallele Erscheinungen, wie beispielsweise auch in Italien die *Associazione Nazionalista Italiana*, die *Italia irredenta* oder das Schlagwort vom mare nostro. Und für die Zeit nach dem Ersten Weltkrieg gilt, daß kein Land Europas ohne eine starke faschistische Bewegung blieb.

Wie kommt es zum Auftreten des integralen Nationalismus und seines legitimen Nachfolgers, des Faschismus? Nach einer These Eugen Lembergs gehört zu den Voraussetzungen eine Krise des nationalen Selbstbewußtseins, eine außerordentliche Bedrohung von außen, eine wirkliche oder vermeintliche Gefahr für die nationale Existenz.[6] Das ist vor allem immer dann der Fall, wenn eine Nation eine schwere politische oder militärische Niederlage erlitten hat, die ihr Selbstgefühl verletzt und in der Folge davon die für den Fortbestand der Nation notwendige Integrationskraft schwinden läßt. Auf die vermeintliche Gefahr ihrer Desintegration reagiert die Nation mit einer totalitär zugespitzten Übersteigerung des Nationalismus. Das gilt nicht nur für die deutsche Niederlage nach dem Ersten Weltkrieg, sondern bis zu einem gewissen Grad auch für die französische Situation nach dem Krieg 1870/71. Allerdings wird man Lembergs These auch dahin ergänzen müssen, daß auch wirtschaftliche und soziale Systemkrisen günstigen Nährboden für integralen Nationalismus bieten; der Zusammenhang zwischen der Weltwirtschaftskrise seit 1928 und dem Erstarken faschistischer Bewegungen in ganz Europa ist jedenfalls manifest.

Hier ist nicht der Ort, im einzelnen zu erörtern, weshalb die gefährlichste und zerstörerischste Variante des integralen Nationalismus, der Nationalsozialismus, in Deutschland Erfolg haben konnte; neben der Akkumulation von Kriegsniederlage und den für Deutschland besonders einschneidenden Erscheinungen der Weltwirtschaftskrise sind wahrscheinlich auch länger in der deutschen Geschichte angelegte Ursachen anzunehmen. Jedenfalls hat die vom Nationalsozialismus ausgelöste

Katastrophe Europas dazu beigetragen, daß nach dem Zweiten Weltkrieg das Ende der Nationalstaatlichkeit gekommen zu sein schien, während zugleich in der Dritten Welt das Nationalprinzip Triumphe feierte. Die Einigung des freien Teiles des Kontinentes schien greifbar nahe zu sein, und es gehört zu den größten Enttäuschungen der Nachkriegszeit, daß trotz beachtlicher wirtschaftlicher und auch politischer Integrationserfolge das Prinzip des Nationalstaates unerschütterlich seine Rechte behauptet hat. Und dies um so mehr, als wir heute vor einer Wiederkehr Europas stehen, mit der auch manches wiederkehrt, was bisher mitsamt Alteuropa dem Untergang geweiht schien.

3. Staaten

Um der Idee der Nation langwirkende Dauer und politische Macht zu verleihen, bedurfte es des territorialen und institutionellen Rahmens in Gestalt des Staates. Der Nationalstaat, so Max Weber, sei »die weltliche Machtorganisation der Nation«[7]. Im Nationalstaat will das Staatsvolk nicht mehr einfach die zufällige Summe aller Angehörigen eines Staates sein; das Volk ist vielmehr eins mit der Nation, die sich nicht nur als kulturelle, sondern auch als politische Gemeinschaft sieht. Die Volksnation erhebt den Anspruch, sich in ihrem eigenen Staat selbst zu verwirklichen und zu entfalten; im Nationalstaat ist sie frei, sich selbst zu regieren, und sie ist frei von jeder fremden Herrschaft.

Daß ein Staat als Nationalstaat verfaßt sein sollte, war noch zu Beginn des 19. Jahrhunderts keineswegs selbstverständlich. Auch der Staat war, wie die Nation, ein Ergebnis der europäischen Geschichte, ein politisches Konzept, das Wandlungen unterworfen war und keineswegs, wie noch Leopold von Ranke glaubte, ein uraltes ewig-menschliches Organisationsprinzip, »Gedanke Gottes«. Nicht Staaten auf territorialer Basis kannte das mittelalterliche Europa, sondern Personenverbände auf Grundlage des persönlichen Lehnseides. Staaten, wie wir sie kennen, sind auf Dauer angelegt, überpersönlich und an Institutionen gebunden; der mittelalterliche Personenverband dagegen war zeitlich begrenzt, fand sein Ende beim Tod von Lehnsherr oder Vasall und mußte deshalb immer wieder neu begründet werden.

Der moderne europäische Staat hat sich aus dem mittelalterlichen Personenverband entwickelt. Weil sich das Lehnswesen hauptsächlich im karolingischen Reich herausgebildet hat, fand die Entwicklung europäischer Staatlichkeit in erster Linie in jenen Territorien statt, die die Nachfolge des Reiches Karls des Großen antraten oder die von diesen Territorien aus erobert wurden: also in Frankreich, Deutschland, Spanien, England, Italien, den Normannenstaaten der Normandie und Siziliens. Dieser Übergang vom feudalen Personenverband zum Flächenstaat mit mehr oder weniger zentralisierter und bürokratisierter Machtausübung war ein Prozeß, der sich in unübersichtlich vielen und kleinen Entwicklungsschritten über die Jahrhunderte hinwegzog. Aus den tausenden Quellen, die sich in den Archiven zur Steuerpolitik, der Heeresorganisation, der Rechtsprechung etc. stapeln, ergibt sich kein geschlossenes Bild; sie machen uns nicht völlig deutlich, wie sich zahlreiche Verwaltungsbereiche und -aufgaben bildeten und entwickelten, wie sie von der Kirche und der Stadt auf den Staat oder vom Lehnsmann auf den Fürsten übergingen. Das Lehen verlor seinen personalen Charakter und wurde zur Sache, zu einem Besitz, den die Lehnsherren im Laufe des Hochmittelalters wieder an sich zu bringen suchten, um ihn ihrem eigenen Vermögen hinzuzufügen und ihre Gesamtherrschaft wieder herzustellen. Die Lehnsmänner dagegen suchten ihr Lehen in dauerhaftes, vererbbares Gut umzuwandeln. So entstanden zwei Vermögensarten als Grundlage politischer Herrschaft: Dem König gehörte das Kronvermögen, das einen erheblichen Anteil des Bodens umfaßte; daneben gab es das Lehnsgut, an dem der König zwar die Oberhoheit behielt, das aber erblicher Besitz der Lehnsleute wurde. So entwickelte sich aus dem Lehnsverband der Ständestaat: Fürst und Lehnsleute teilten sich die Macht über Grund und Boden.

Während der König oder sonstige Landesfürst seine Macht auszubauen versuchte, schlossen sich die anderen Herrschaftsträger zu gemeinsamem Handeln zusammen. Weltlicher und geistlicher Adel, die aufstrebenden Städte, in einigen Staaten sogar die freien Bauern traten dem Landesfürsten als Stände entgegen, die auf Landtagen ihre Rechte gegenüber dem Fürsten behaupteten und in dessen Machtansprüche sie einzugreifen suchten. Das Staatswesen, das in West- und Mitteleuropa seit dem späten Mittelalter langsam an Gestalt gewann, unterschied sich von den politischen Gebilden anderer Kontinente durch die Doppelmacht von Krone und Ständen; die Staatengeschichte Europas war bis zur Schwelle zum 19. Jahrhundert von dem dauernden Konflikt zwischen Krone und Ständen um Verwaltung, Finanzen, Rechtsetzung und das Monopol der legitimen Gewalt nach innen wie nach außen geprägt.

Wie sich bereits im Verlauf der frühen Neuzeit Vorformen nationalstaatlicher Organisationen herausbildeten, läßt sich vor allem in Westeuropa zeigen, beispielsweise im Falle Spaniens, Frankreichs oder Englands. Namentlich in England war seit dem Ende der Rosenkriege und dem Beginn der Tudor-Herrschaft die staatliche Integration weit fortgeschritten. Der König war der größte Grundherr im Lande, konnte also seine Herrschaft auf eine starke Hausmacht und erhebliche Einnahmen stützen. Die durchgreifende Behördenorganisation, die Thomas Cromwell als Vertrauter Heinrichs VIII. durchführte, vereinheitlichte den königlichen Herrschaftsapparat; das Steuer- und Gewaltmonopol der Krone war unangefochten, und die *Justices of Peace*, die königlichen Richter, reisten durch das Land und sorgten im Namen der Krone für Recht und Ordnung.

Diese im Vergleich zum europäischen Festland fortgeschrittene staatliche Konzentration machte der Bevölkerung bis auf das Land hinaus bewußt, daß dieses Land in der Person des Königs nur einen Herrn besaß; seit Heinrich VII. war klar, daß der König Herrscher des gesamten englischen Volkes war, und nicht nur Haupt einer Adelspartei. Die Krone war nicht nur als machtvolle Institution stets präsent, sie wußte sich auch symbolkräftig darzustellen. Von der Geschichtsschreibung bis zum Straßentheater wurden die Dynastie und ihr sagenhafter Ursprung in Troja, Rom und Camelot gefeiert; zum Einklang von Krone und Nation trug zudem seit der Reformation die Rolle des Königs als Oberhaupt der Kirche bei.

Und da war das Parlament, in dem sich die Einheit von Königreich und Nation manifestierte. Wie die Lobredner der Tudors nie müde wurden zu betonen, war jeder Untertan der Krone im Parlament präsent, entweder in Person oder in Vertretung – noch lange nicht durch eigene Wahlentscheidung, aber doch kraft seines Wohnsitzes. Es bestand Übereinstimmung, daß alles, was das Parlament tat, die Zustimmung von jedermann im Lande besaß. Das Parlament, das – noch für lange Zeit nur in königlichem Auftrag – Gesetze für das gesamte Königreich erließ und die königlichen Steuern autorisierte, war eine politische Institution, in der sich die partikularistischen Interessen des Landes trafen und – so jedenfalls die Theorie – zum Gemeinwohl zusammenfanden: Beweis für die Realität der englischen Nation.

Die politischen Institutionen Krone und Parlament schufen die englische Staatsnation, Rahmen und Voraussetzung der Kulturnation, die ihrerseits die Staatseinrichtungen legitimierte und festigte. Mit den Institutionen des Staates gewann die Idee der Nation an selbstverständlicher Anschauung; die patriotischen Empfindungen der Engländer mußten sich nicht an Mythen halten und die nationale Einheit in der Imagination entwerfen, sondern konnten sich in der gelassenen Darstellung der politischen Institutionen des Landes äußern: »Sehet nun diesen großen Staat, ein Staat der Zuflucht, das Haus, in dem die Freiheit wohnt, mit starkem Schutz umgebend...«[8]

Ähnliches gilt, mutatis mutandis, auch für andere große westeuropäische Staatswesen. Anders dagegen die Entwicklung in dem europäischen Streifen zwischen Jütland und Sizilien: Von staatlichen Institutionen, an die sich eine Kulturnation anlehnen konnte, konnte in Mitteleuropa nicht die Rede sein. Daß sich in diesem Raum nicht zur gleichen Zeit wie im übrigen Europa eine moderne Großmacht entwickeln konnte, hatte eine Reihe von Gründen: kein natürlicher Mittelpunkt, keine natürlichen Grenzen. Das Land zerfloß, war offen nach allen Seiten, zudem in seiner Verkehrsgeographie durch Flüsse und Gebirge zerhackt. Kein anderes Land hat im Laufe seiner Geschichte soviele Hauptstädte gehabt wie Deutschland: Aachen, Speyer, Goslar, Frankfurt, Nürnberg, Prag, Wien, Berlin, Bonn. Und welches die deutschen Grenzen seien, darüber hat es bis zur Gründung des zweiten deutschen Kaiserreiches im Jahre 1871 nie eine klare Antwort gegeben. Gewiß, zu Beginn des 16. Jahrhunderts kam es unter den habsburgischen Kaisern Maximilian I. und vor allem Karl V. zu einem Anlauf, um aus dem transnationalen, eher metaphysischen Gebilde des Heiligen Römischen Reiches so etwas wie einen geschlossenen deutschen Staat zu entwickeln. In der Folgezeit jedoch wurde die deutsche Einheit Opfer von Reformation und Gegenreformation; während in allen anderen Staaten Europas der Kampf zwischen den Konfessionen so oder so entschieden wurde, blieb er in Deutschland in der Schwebe, versteinerte gewissermaßen im territorialstaatlichen Prinzip des *cuius regio, eius religio* und überwölbte die territoriale durch die konfessionelle Spaltung – mit Folgen für die politische Kultur der Deutschen, die bis in die Gegenwart hinein sichtbar geblieben sind.

Diese Zersplitterung blieb das Prinzip der Verfassung des Heiligen Römischen Reiches, eines Gebildes ohne eigene Staatlichkeit, Organisation und Macht, was alles auf die Territorien und Reichsstädte übergegangen war. Was über die mehr als dreihundert Territorialstaaten und Freien Städte hinaus Einheit stiftete, war das Bewußtsein gemeinsamer Sprache und Kultur – eine Kulturnation also, die jedoch bei weitem nicht den inneren Zusammenhalt der westeuropäischen Kulturnationen besaß, die sich an dauerhafte staatliche Institutionen anlehnen konnten. Ähnliches galt für Italien: Auch hier überdauerte der einzelstaatliche Provinzialismus. Das *Italia erudita*, das gelehrte Italien, war ähnlich wie Deutschland eine Kulturnation, eine reine Gelehrtenrepublik, fern von jeder gesamtstaatlichen Gestalt.

Auch Osteuropa zeigte am Ende des 18. Jahrhunderts typische Strukturen: Hier dominierten die transnationalen Großreiche, die Habsburger Monarchie, das russische Zarenreich und das Osmanische Reich – seit den polnischen Teilungen läßt sich in gewisser Weise auch Preußen hinzuzählen. Hier schlummerte unter dem nivellierenden Druck der Herrenvölker, der Deutschen, Russen und Türken, eine Vielzahl potentieller Nationalkulturen, denen aber in aller Regel die Eliten fehlten, die in Mittel- und Westeuropa Träger kulturnationaler Identität waren, und die auf das Niveau ländlicher Volkskulturen zurückgedrückt waren – darunter solche, die im Gegensatz zu dem ignoranten, aber folgenreichen Diktum des Karl Marx von den »geschichtslosen Völkern« Osteuropas in der Vergangenheit bereits weit auf dem Weg zu nationaler und kultureller Identität vorangekommen waren, wie etwa Polen, Böhmen, Ungarn oder Serben. Die osteuropäischen Reiche verneinten in ihrer Regierungsweise Individualrechte, auch Rechte nationaler Kollektivindividuen prinzipiell. Sie beruhten vielmehr auf despotischer Machtausübung – gemäß der Erkenntnis Montesquieus, daß große Reiche despotische Autorität erforderten, deren rasche Entschlüsse die weiten Entfernungen auszugleichen hätten, wohingegen die kleinteilige Vielfalt Westeuropas keine unumschränkte Macht ertrage.

So bestand Europa, was die Entstehung seiner Nationen anging, aus drei sehr unterschiedlich gestalteten Regionen, die mit sehr unterschiedlichen Voraussetzungen in das Zeitalter der weltgeschichtlichen Umwälzungen seit Ende des 18. Jahrhunderts eintraten, das wir als die »Achsenzeit« zwischen dem agrarischen, ständisch gegliederten Alteuropa und dem Europa der industriellen Massenzivilisation unserer Gegenwart kennen. Im Verlauf dieser Umwälzung kam die Idee der Nation zu einer völlig neuen revolutionären und revolutionierenden Bedeutung und ergänzte den modernen Staat zum Nationalstaat.

4. Nationalstaaten

Von voll ausgebildeten Nationalstaaten konnte zuerst nur in Großbritannien, Frankreich, Spanien, Portugal, den Niederlanden und Schweden, also in West- und Nordeuropa die Rede sein. Daß hier im frühen 19. Jahrhundert nach den stürmischen

Umwälzungen von Revolution und napoleonischen Kriegen bereits weitgehend ausgebildete Nationalstaaten in die Geschichte eintraten, hatte einleuchtende Gründe. In all diesen Fällen gab es seit langem gefestigte, in sich nicht nur politisch-administrativ, sondern auch kulturell geeinte Staatswesen, deren Herrschaftseliten sich bereits seit Jahrhunderten als »Nationen« verstanden hatten. Seit den inneren Umwälzungen der *Glorious Revolution* in England von 1688 und der großen Revolution in Frankreich von 1789 hatten sich nach und nach diejenigen Bevölkerungsschichten verbreitet, die direkt oder indirekt durch Wahlen oder Plebiszite an der staatlichen Macht teilhatten – mit anderen Worten: Die einstigen »Adelsnationen« hatten sich in »Volksnationen« verwandelt oder waren jedenfalls auf dem Weg dahin. Hier wurde deutlich sichtbar, was auch für das übrige Europa im großen und ganzen galt: Die Idee der Nation war die notwendige Antwort auf den Weg Europas in die Moderne; je mehr Menschen politisch bewußt wurden und die Möglichkeit besaßen, sich politisch zu betätigen und so am Staat zu beteiligen, um so stärker trat die Nationalidee in den Vordergrund. Nation und Demokratie wurden zwei Seiten derselben Medaille, der Nationalstaat erwies sich als zeitgemäßer Rahmen und Garant für Demokratie und Parlamentarismus. Als geistige Väter standen Rousseau und die Verfassungspolitiker der Französischen Revolution ebenso da wie John Locke nach der englischen, der »Glorreichen« Revolution von 1688: Für sie war die Nation die Gemeinschaft der mündig gewordenen Bürger.

Anders in Mitteleuropa, also in Deutschland und Italien. Die Zersplitterung dieser Region, die direkte Einflußnahme der europäischen Randmächte auf die Verfassung und Ordnung Mitteleuropas war kein Zufall, sondern logisches Ergebnis der europäischen Staatenordnung. Nur der amorphe Zustand der europäischen Mitte hatte jahrhundertelang Europa in Balance gehalten, und jeder Blick auf die Landkarte zeigte, weshalb: Mitteleuropa, von der Ostsee bis zur Adria und zum Tyrrhenischen Meer, hielt die großen Mächte auseinander, sorgte für Distanz zwischen ihnen und verhinderte unmittelbare Kollisionen. Dieser Raum war diplomatisches Glacis im Frieden, europäisches Kriegstheater im Konfliktfall. Zudem galt es, Machtballungen in der europäischen Mitte zu verhindern, denn wer dieses Gebiet besäße, sei es eine der europäischen Großmächte, sei es eine Macht, die in Mitteleuropa selbst entstünde, könnte im Bündnis mit nur einer weiteren europäischen Macht Herrin Europas sein. Jede Machtballung in Deutschland oder Norditalien wirkte daher wie eine Aufkündigung des europäischen Gleichgewichtes. Die notwendige Folge war die Bildung feindlicher Koalitionen, deren Erfolg um so wahrscheinlicher war, als sich eine mitteleuropäische Hegemonialmacht nach mehreren Seiten zugleich zu behaupten hatte und dabei über keine verteidigungsfähigen natürlichen Grenzen verfügte. Aus diesem Grund galten den europäischen Nachbarn die Selbständigkeit der deutschen und italienischen Klein- und Kleinststaaten als Garantie der europäischen Freiheit, des Gleichgewichtes der europäischen Staatenwelt und ihrer Existenz. So hatten die Staaten Europas schon im Westfälischen Frieden von 1648 insgesamt das Überleben und die Unabhängigkeit der mehr als 300 deutschen Duodez-Fürstentümer und der Reichsstädte garantiert, und nicht anders sahen die Staatsmänner Englands, Frankreichs, Rußlands, Preußens und Österreichs die Situation bei der Neuordnung des Kontinentes auf dem Wiener Kongreß. Deshalb wurde Deutschland lediglich zu einem locker gefügten »Deutschen Bund« aus 39 souveränen Staaten und Städten zusammengeschlossen, während die Großmächte für die Staaten Italiens nicht einmal ein Staatenbündnis zuließen.

Hier bedurfte es blutiger Einigungskriege unter der Führung der regionalen Hegemonialstaaten Preußen und Piemont, um die nationalstaatliche Einheit herbeizuführen. Für Europa bedeutete die Entstehung des deutschen und des italienischen Nationalstaates Revolution, in eben dem doppelten Sinn, an den die Staatsmänner von 1815 gedacht hatten, als sie in Wien die antirevolutionäre Friedensordnung des Kontinentes beschlossen hatten. Das galt zum einen für das europäische Staatensystem und dessen Balanceprinzip, das auf der Zersplitterung Mitteleuropas beruhte. Die Ratlosigkeit der Kabinette der großen und kleinen Mächte Europas angesichts der nie dagewesenen Machtballung in der Mitte des Kontinentes war groß, in Worte gefaßt von dem britischen Oppositionsführer Benjamin Disraeli, der am 9. Februar 1871 vor dem Unterhaus in London erklärte, die Gründung des Deutschen Reiches sei nicht weniger als »die deutsche Revolution, ein größeres politisches Ereignis als die Französische Revolution des vergangenen Jahrhunderts ... Es gibt keine einzige diplomatische Tradition«, fuhr Disraeli fort, »die nicht hinweggefegt worden ist. Wir haben eine neue Welt, neue Einflüsse am Werk, neue und unbekannte Größen und Gefahren, mit denen wir fertig werden müssen und die zur Zeit, wie alles Neue, noch undurchschaubar sind ...«[9]

Aber nicht nur das Staatensystem Europas war revolutioniert; auch innerhalb der neuen Nationalstaaten war Revolutionäres geschehen: Während in Westeuropa der Staat die Nation verwirklicht hatte, hatte in Mitteleuropa die Nation den Staat verwirklicht. Man hat die Nationalstaatsbildung als »Revolution von oben« beschrieben, als innen- wie außenpolitische Umwälzung durch die führenden Staatsmänner Bismarck und Cavour; Bismarck selbst hat diesen Begriff geprägt.[10] Aber im italienischen Fall wird sichtbar, daß tatsächlich – und das war das eigentlich Beunruhigende für die europäischen Mächte – ein enges Zusammenspiel zwischen dem piemontesischen Ministerpräsidenten und den Kräften der »Revolution von unten« stattfand, nicht nur mit den *moderati*, zu denen Cavour selbst zählte, sondern auch mit den demokratisch-revolutionären Parteigängern Garibaldis und Mazzinis. Auch für Deutschland kann der Weg zur Reichsgründung als Zusammenspiel zwischen Bismarck und der liberalen Nationalbewegung beschrieben werden, als ein Zusammenspiel *malgré soi* allerdings.

Mußten in Mitteleuropa die Nationalstaaten, um mit Bismarck zu reden, »mit Eisen und Blut« verwirklicht werden, so stand die Nationalstaatsidee im Osten Europas vollends quer zur bestehenden politischen Ordnung. Der hauptsächlich slawische Osten des Kontinents kannte weder national akzentuierte, an Verfassungsgrundsätze und Institutionen gebundene Staatsbildungen wie die des europäischen Westens noch die bunte Vielfalt der kleinen Territorien in Europas Mitte.

Osteuropa war der Boden der großen Reichsbildungen, die sich über eine Vielzahl von Völkerschaften wölbten und diese in ein geschichtsloses Halbdunkel zu drängen suchten. Das polnisch-litauische und das schwedische Großreich waren vergangen, aber das osmanische, das russische und das habsburgische Imperium hatten die Umwälzungen der vergangenen Epoche überstanden und ragten in das beginnende Zeitalter der Nationalstaaten hinein. Diese Reiche waren zentralistisch-bürokratisch regiert, despotisch im türkischen und russischen, rechtsstaatlich-etatistisch im österreichischen Fall, dem sich zeitweise die preußische Monarchie mit ihrem hohen Anteil an polnischen Untertanen anschloß. Für sie, die »Gefängnisse der Völker«, war die Idee der Nation in doppelter Hinsicht existenzbedrohend – zum einen widersprach der Gedanke der Volkssouveränität diametral den ganz in der jeweiligen Herrscherpersönlichkeit konzentrierten Machtstrukturen; zum anderen bedrohte die Forderung der unterdrückten Völker nach eigenen Nationalstaaten den Zusammenhalt der osteuropäischen Reiche, denn sie bedeutete nicht, wie in West- und Mitteleuropa, Veränderung am und im Staat, sondern Rebellion gegen den Staat und Sezession. So ist der gesamte osteuropäische Staatengürtel, von Finnland über die baltischen Staaten, Polen, die Tschechoslowakei, Rumänien, Bulgarien, Griechenland, Albanien und Serbien, seit 1829 (Griechenland) binnen hundert Jahren durch Abspaltung von Großreichen entstanden. Allerdings gab es ähnliche Fälle auch in Westeuropa – man denke an Belgien, das sich 1831 vom Königreich der Vereinigten Niederlande abtrennte, an Norwegen, das 1905 die Realunion mit Schweden aufkündigte, an Irland, das 1922 aus dem Vereinigten Königreich von Großbritannien und Irland ausschied, und an Island, das 1944 seine Union mit Dänemark auflöste.

5. Die Selbstzerstörung Europas

Zu den wesentlichen Ursachen für den Ausbruch des Ersten Weltkrieges, der »Urkatastrophe Europas« (Andreas Hillgruber), gehörte ein Geburtsfehler der europäischen Nationalstaaten: Die leitenden Politiker des ausgehenden 19. und beginnenden 20. Jahrhunderts hatten der Versuchung nicht widerstehen können, die nationalbegeisterte öffentliche Meinung für ihre innen- und außenpolitischen Zwecke in Dienst zu nehmen, ob es um die Einigung und innere Konsolidierung der neuen Nationalstaaten Mitteleuropas, um die Überwindung des Schocks der Kriegsniederlage von 1871 im Falle Frankreichs oder um ein innenpolitisch wirksames Druckmittel zur Beförderung der imperialen Ausdehnung wie im Falle Englands und in gewisser Hinsicht auch Rußlands ging. Aber das bonapartistische Wagnis Bismarcks, Cavours, Ferrys und Disraelis rächte sich, die plebiszitären Geister des Massennationalismus, die man gerufen hatte, blieben gegenwärtig, nahmen die Öffentlichkeit in Beschlag und zwangen den Regierenden die politischen Ziele auf: »Aber sehr häufig, meine Herren«, erklärte der deutsche Reichskanzler Theobald von Bethmann Hollweg am Vorabend des Ersten Weltkrieges vor dem Reichstag, »sind die Kriege nicht von den Regierungen geplant und herbeigeführt worden. Die Völker sind vielfach durch lärmende und fanatisierte Minoritäten in die Kriege hineingetrieben worden. Diese Gefahr besteht noch heute und vielleicht heute in noch höherem Maße als früher, nachdem Öffentlichkeit, Volksstimmung, Agitation an Gewicht und Bedeutung zugenommen haben.«[11] Zwei Jahre später war es so weit.

Nach dem Kriegsende und den Friedensschlüssen von 1919 hatte sich die europäische Staatenwelt grundlegend geändert. Der totale Krieg hatte den totalen Staat hervorgebracht. Nicht nur in den kriegführenden, sondern auch in den meisten neutralen Ländern übernahm der Staat die Bewirtschaftung von Rohstoffen und Nahrungsmitteln, meist auch die Kontrolle der kriegswichtigen Produktion. Dazu gehörten die Rüstungsindustrien und deren Zulieferer, aber auch das Verkehrswesen – die erste kriegswirtschaftliche Maßnahme Englands wie auch Frankreichs war die Verstaatlichung der Eisenbahnen. Im Laufe des Krieges gingen die meisten Länder zudem dazu über, die Arbeitsverhältnisse zumindest in kriegswichtigen Bereichen staatlich zu regulieren, die freie Wahl des Arbeitsplatzes und die Koalitionsfreiheit zu beschränken und die Arbeitgeber dazu zu zwingen, gewerkschaftliche Organisationen als Partner zu akzeptieren, um Unruhen in den Rüstungsbetrieben zu vermeiden und die Produktivität zu steigern. Und dann war da der Krieg selbst, die Rekrutierung von Millionen von Männern und deren Ersatz an den zivilen Arbeitsplätzen – meist durch Frauen, wodurch Weichen für neue familienrechtliche Regelungen geschaffen wurden. Die Vergabe gewaltiger Staatsaufträge an die Industrie, die Requirierung von Lebensmitteln, Pferden, Fahrzeugen griffen tief in die Wirtschaft ein, und hinzu kam der ungeheure Anstieg der Staatsausgaben, die nicht mehr nur durch langfristige Staatskredite gedeckt werden konnten, so daß der Geldumlauf anstieg; da gleichzeitig die meisten Güter knapp wurden, ergaben sich Preissteigerungen, die wiederum durch staatliche Preis- und Lohndiktate unter Kontrolle gebracht werden mußten.

Noch ein weiteres Erbe hatte der Krieg hinterlassen: eine Ideologisierung und Fanatisierung der Öffentlichkeit, wie sie noch nie dagewesen war. Der Krieg war auch ein Propagandakrieg gewesen, der die Menschen daran gewöhnt hatte, das Feld des Politischen in Schwarz und Weiß einzuteilen. Die manichäischen *Ingroup-Outgroup*-Mechanismen des Nationalismus hatten während des Krieges zur innenpolitischen Disziplinierung der Staaten gedient; in der nachfolgenden Friedensphase zahlten die europäischen Völker die Zeche. Die berühmte Prophezeiung des britischen Außenministers Sir Edward Grey (1862-1933) bei Ausbruch des Ersten Weltkrieges hatte sich in einem tieferen Sinn erfüllt, als ihrem Urheber bewußt gewesen war: »Überall in Europa gehen die Lichter aus; solange wir leben, werden wir sie nicht wieder leuchten sehen.«[12] Europa war durch das Blutbad des Weltkrieges hindurchgegangen, und anstelle des alten zusammenhängenden ausbalancierten Staatensystems hatte sich eine Vielfalt von Nationalstaaten etabliert, die in gegnerische Bündnisse, Pakte und Abkommen zerfielen; der Völkerbund in

Genf stellte sich in den Augen der Verlierer des Weltkrieges, vor allem der beiden Parias der Völkergemeinschaft Deutschland und Sowjetunion, in erster Linie als Instrument der Siegermächte dar. Kaum eine Grenze, die nicht umstritten war; die Idee der Revanche, der Revision der Pariser Friedensverträge von 1919 herrschte nicht allein bei den Verlierern, sondern auch bei einer Anzahl von Siegern, die sich für zu kurz gekommen hielten: Der Weltkrieg war suspendiert, aber war er schon beendet?

Auf die latent-bedrohliche Bürgerkriegssituation Europas in der Zwischenkriegszeit bot sich dieselbe Antwort an, die schon einmal, im 16. und 17. Jahrhundert, dem europäischen Bürger- und Konfessionskrieg ein Ende gesetzt hatte: der starke Staat, damals der des Absolutismus, nunmehr in seiner zeitgemäßen Variante des autoritären, wenn nicht totalitären Nationalstaates, wie ihn die Theoretiker des integralen Nationalismus im *fin de siècle* bereits gedacht hatten; der starke Staat, der seine gesellschaftliche Konfiguration in der Mobilisierung der nationalistischen, imperialistischen und militaristischen Massenorganisationen der Vorkriegszeit gefunden hatte, der in den Materialschlachten des Krieges und im Kriegssozialismus seine Bestätigung erlebt hatte und der sich jetzt als das Heilmittel eines nachliberalen, aus der Balance geratenen, schwer kranken Europas anbot. Die Epoche des totalen Staates war angebrochen.

Jetzt war eine Zeit der starken Männer und der nationalen Konzentration gekommen – Italiens Mussolini stand dabei als ein Diktator, den in den ersten Jahren seines Regimes selbst Liberale offen bewunderten, vor jedermanns Augen. Benito Mussolini war der erste europäische Diktator, sieht man von Lenins Herrschaft in Rußland ab, aber nicht der einzige. Auf seinen Griff nach der Macht in Rom 1922 war eine ununterbrochene Reihe von autoritären Umstürzen gefolgt – 1923 in Bulgarien, Spanien und der Türkei, 1925 in Albanien, 1926 in Polen, Portugal und Litauen, 1929 in Jugoslawien, 1930 in Rumänien, 1932 in Portugal und Litauen. Auf die Machtergreifung Hitlers 1933 folgte noch im selben Jahr die Errichtung des Dollfuß-Regimes in Österreich, 1934 wurden Estland und Lettland Diktaturen, 1936 Griechenland und Spanien. Von den 28 europäischen Staaten waren 1939 nur noch elf demokratisch verfaßt.

Dabei ist die Sowjetunion mitgezählt, die nach dem Ausbleiben der Weltrevolution mit Stalins Formel vom »Sozialismus in einem Lande« den eigenen, nationalen Weg zum Sozialismus erklärte und später im Zweiten Weltkrieg den Kampf gegen Hitler-Deutschland als »Großen Vaterländischen Krieg« führte, insofern also ebenfalls ein diktatorisches Regime, das auf nationale Integration setzte. Die Sowjetunion und ihre feindlichen Gegenparts im Lager der autoritären und faschistischen Diktaturen fußten zwar auf teilweise gegensätzlichen Ideologien, waren sich aber ähnlich, was die wesentlichen Merkmale realer staatlicher Verfassung anging: Sie alle besaßen eine offizielle, in ihrem Geltungsanspruch totalitäre Ideologie, eine zentralisierte Massenbewegung als Einheitspartei, weiterhin die totale Kontrolle aller Zwangs- und Kommunikationsmittel und schließlich die bürokratische Kontrolle der Wirtschaft mittels Dirigismus, Sozialisierung und Verstaatlichung. Gewiß trafen diese Merkmale nicht in allen Fällen mit gleicher Vollständigkeit und auf gleichem Entwicklungsstand zu, aber insgesamt gilt, daß alle europäischen Diktaturen der Zwischenkriegszeit die Merkmale totalitärer Staaten besaßen oder sie jedenfalls anstrebten.

6. Ist der Nationalstaat überwunden?

In Hitlers »Drittem Reich« hat sich gezeigt, wozu der totale Nationalstaat fähig ist, wenn er mit äußerster Konsequenz zu Ende gedacht wird. Das war ganz folgerichtig, denn es lag von Anfang an in der Idee der Nation, sich durch den Feind zu definieren, zu bestätigen und zu rechtfertigen – nationales Selbstbild und Feindbild sind zwei Seiten derselben Medaille. Mit der Totalisierung des Nationalen, seiner Absolutsetzung und Heiligung im integralen Nationalismus und Faschismus und erst recht in dessen letzter und konsequentester Übersteigerung, dem deutschen Nationalsozialismus, wuchs auch der Feind ins Absolute und damit der Krieg, der seit 1939 aus allen Grenzen heraustrat, die die europäische Zivilisation bisher gezogen hatte.

Das war eine Erfahrung, die das bisher so erfolgreiche Konzept des Nationalstaates nach Kriegsende relativierte und die Suche nach überstaatlichen Alternativen beflügelte. Einschneidender war allerdings die Teilung Europas im Rahmen der amerikanischen und sowjetischen Welthegemonie. Der Druck der jeweiligen Gegenseite auf das eigene Lager ließ den Hang zur nationalstaatlichen Exklusivität schwinden, und es kam hinzu, daß nach der Explosion der Atombombe über Hiroshima am 6. August 1945 und der ersten sowjetischen Atombombe im August 1949 staatliche Souveränität neu definiert wurde – Handlungsfreiheit im Ernstfall schienen künftig nur noch die Nuklearmächte zu besitzen, während die Souveränität der Staaten Europas allenfalls von der jeweiligen Vormacht abgeleitet war, welche ihren Nuklearschirm über ihrer Interessensphäre aufspannte und die inneren politischen, ideologischen und wirtschaftlichen Verhältnisse diktierte, die unter diesem Schirm herrschen sollten. Der traditionelle Selbstbestimmungsanspruch der Nationalstaaten wurde von der bipolaren Politik überlagert, die militärisch, ideologisch und ökonomisch dominierte.

Innerhalb des sowjetischen Machtbereiches bis zu seinem Zusammenbruch Ende der achtziger Jahre galt »Nationalismus« als gefährliche politische »Rechtsabweichung«; die *pax sovietica* beruhte auf dem Prinzip des »proletarischen Internationalismus«, wie es in der Breschnew-Doktrin anläßlich des Einmarsches sowjetischer Truppen in die Tschechoslowakei 1968 definiert wurde. Für die Westeuropäer dagegen schien der Nationalstaat in der langen Nachkriegszeit schon fast überwunden. Die wirtschaftspolitische Integration vertiefte sich Schritt für Schritt, die Europäische Wirtschaftsgemeinschaft, ursprünglich ein Verein von sechs Staaten – Frankreich, Italien, Bundesrepublik Deutschland, Niederlande,

Belgien, Luxemburg – erweiterte sich um Großbritannien, Irland, Dänemark, Spanien, Portugal und Griechenland. Am Horizont winkte ein unklares politisches Gebilde namens »Vereinigte Staaten von Europa«, eine defensive Idee, entstanden aus Kommunismus-Furcht und Anschmiegsamkeit an die westliche Hegemonialmacht. Daß die Einigung Westeuropas auf völlig anderen Voraussetzungen beruhte als die der Vereinigten Staaten von Amerika zweihundert Jahre zuvor, wurde selten gesehen; de Gaulles »Europa der Vaterländer« besaß gerade wegen seines realistischen Ausgangspunktes außerhalb Frankreichs wenige Anhänger.

Die Einigung des freien Teiles des Kontinentes schien greifbar nahe zu sein, und es gehört zu den größten Enttäuschungen der Nachkriegszeit, daß trotz beachtlicher wirtschaftlicher und auch politischer Integrationserfolge das Prinzip des Nationalstaates unerschütterlich seine Rechte behauptet hat. Und dies um so mehr, als wir heute vor einer Wiederkehr Europas stehen, mit der auch manches wiederkehrt, was bisher mitsamt Alteuropa dem Untergang geweiht schien. Man muß weit in die Geschichte zurückblicken, um einen Moment zu finden, in dem die Lage Europas so ungewiß, die Zukunft des Kontinentes so offen schien wie heute. Fast über Nacht finden wir uns in einer dramatisch veränderten Welt, aus der jahrzehntealte Orientierungsgewißheiten geschwunden sind. Der Eiserne Vorhang, der fast ein halbes Jahrhundert lang den letzten Bezug aller europäischen Politik gebildet hat, ist gefallen, der Geist von Jalta hat sich aus Europa zurückgezogen. Übrig bleibt die Vielzahl der nationalen, regionalen, wirtschaftlichen und gesellschaftlichen Individualitäten, die mühsam aus den bequemen weltanschaulichen Gehäusen des Kalten Krieges herausgekrochen kommen und die jetzt lernen müssen, sich in der neuen Wirklichkeit zurechtzufinden und sich auf neue und vernünftige Weise miteinander zu arrangieren.

Kaum war der Druck der Sowjetarmee geschwunden, da stellte Weißrußland Gebietsansprüche an Litauen, zerfiel die kleine Moldau-Republik in Nationalitätenkämpfen, kam es in Siebenbürgen zu blutigen Kämpfen zwischen Rumänen und Ungarn, zerbrach der jugoslawische Vielvölkerstaat im Krieg zwischen Serben, Kroaten, Slowenen und Albanern. Schon vor einigen Jahren sagte Václav Havel voraus, daß die jugoslawische Tragödie im postkommunistischen Europa überall erneut geschehen könne. Nach Jahrzehnten einer fatalen Unterschätzung von Nation und Nationalbewußtsein trifft die atemberaubende Geschwindigkeit, mit der nationale und partikularistische Bewegungen auftreten, westliche Beobachter wie ein Kulturschock. Selbst eine der verbreitetsten westlichen Annahmen scheint widerlegt: daß der dringende Bedarf an westlichem Kapital und westlichen Investitionen ausreichenden Druck auf osteuropäische Staaten ausüben werde, um nationalistische Ambitionen zu schwächen und sich auf friedliche Weise westlichen Demokratiemodellen anzunähern. In Krisenzeiten können nationale Gefühle sogar stärker sein als ökonomische Interessen. Wir sehen das gleich in unserer Nachbarschaft, im Fall deutscher Investitionen in Tschechien oder in Polen. Tatsächlich hat die relativ starke deutsche Präsenz in beiden Staaten nationalistischen Argumenten Auftrieb gegeben, die sich schädlich auf den Aufbau einer Marktwirtschaft und sogar auf liberale politische Reformen auswirken. Es gibt starke und – angesichts historischer Erinnerungen – auch verständliche Befürchtungen in Polen und in Tschechien, daß Deutschland seine ökonomische Stärke nutzen könne, um zukünftig die nationalen Eigeninteressen dieser beiden Staaten zu beeinträchtigen. Dieses Argument wird namentlich von den Nachfolgern der alten kommunistischen Parteien ausgebeutet, und zwar als ziemlich erfolgreiches Kampfmittel gegen demokratischen und liberalen Wandel, wie sich in allen Wahlen erweist.

Francis Fukuyamas Prophetie vom »Ende der Geschichte« und vom Sieg der westlichen Demokratie über einen »zahnlosen und unbedeutenden europäischen Nationalismus«[13], wie er es nennt, ist offensichtlich überholt. Zur gleichen Zeit erwachen auch in Westeuropa nationale und regionale Ambitionen, die den Prozeß der europäischen Einigung bedrohen – wir haben das zuletzt in der dänischen Reaktion auf Maastricht erlebt. Wie sollte auch die Europäische Gemeinschaft ein gemeinsames politisches Konzept gegenüber Osteuropa entwickeln, wenn sich die alten westlichen zentralisierten Staatswesen selbst mit Unabhängigkeits- oder wenigstens Autonomieforderungen seitens ihrer nationalen Minderheiten konfrontiert sehen? Die gemeinsame europäische Antwort auf die Jugoslawienkatastrophe ist vor allem auch wegen der innenpolitischen Probleme ausgeblieben, die sich für Großbritannien, Frankreich, Spanien und Italien mit Irland, Korsika, Katalonien und Südtirol ergeben.

Gleichzeitig lockern sich die engen sicherheitspolitischen Verbindungen Westeuropas. Angesichts der deutschen Einheit und der unterschiedlichen nationalen Sicherheitsinteressen, wie sie bereits vor dem Hintergrund des Golf-Krieges sichtbar wurden, tauchen mögliche Bündniskonstellationen aus dem Abgrund der Geschichte unseres Kontinentes auf, die man längst für historisch überwunden gehalten hatte: Der polnische Ministerpräsident beschwört in Paris die alte Freundschaft Polens mit Frankreich, in Planspielen des Londoner Foreign Office feiert die britisch-französische *entente cordiale* gespenstische Auferstehung, und die Chimäre eines erneuten deutsch-russischen Bündnisses erschreckt die Leser westeuropäischer Feuilletons. Und die öffentlichen Reaktionen auf die Konferenz von Maastricht haben bewiesen, daß nicht nur die Eigeninteressen der beteiligten westeuropäischen Staaten, sondern auch in den Gesellschaften verwurzelte Traditionen und Instinkte immer noch stark genug sind, um den Prozeß der europäischen Integration nachhaltig zu verlangsamen.

Keine Frage: Das Gift des Massennationalismus, an dem Europa schon einmal fast zugrunde gegangen ist, wirkt immer noch nach. Aber es wäre falsch, dieses Ferment ausschließlich von seiner zerstörerischen Seite aus zu betrachten. Ohne die einigende und mobilisierende Kraft des Nationalismus in den osteuropäischen Ländern wäre die Befreiung vom Kommunismus kaum möglich gewesen. Nationale Selbstbestimmung und der Wechsel von der leninistischen Klassenkampf-Ideologie zum nationalen Grundkonsens stellten das einzige gemeinsame Band dar, das die vielen verschiedenen Gruppen und Interessen in diesen Ländern vereinigte. In einer Zeit, in der die traditionellen religiösen Glaubensformen ihre Wirkung verloren haben, gibt die Idee der Nation den Menschen im Kampf gegen fremde und despotische Herrschaft nach wie vor einen neuen Glauben und neue Ziele, die ihnen befriedigend, glaubwürdig und sinnvoll erscheinen.

Nicht die Teilung in Nationen gefährdet Europa, sondern der Drang zu Nationalstaaten für alle noch so kleinen Nationalitäten, in denen die unerfüllbare und chimärische Einheit von Nation, Sprache und Staatsgebiet herbeigeführt werden soll. Die Unmöglichkeit dieses Projektes in der Enge Europas wird zudem noch potenziert durch das Erbe der romantischen Nationalidee eines Herder oder Fichte, die sich nicht auf Institutionen und Verfassungen, auf Volkssouveränität und Menschenrechte berief, sondern auf die Geschichte, auf die Sprache, auf die Kultur und das gemeinsame Blut, das in den Adern eines Volkes seit Urzeiten fließe und seine Einheit über die Jahrtausende hinweg verbürge. Dieses Konzept von Nation, das in Mittel- und Osteuropa stärker als die einigende Kraft liberaler und demokratischer Überzeugungen war und noch ist, macht Nationalismus erst eigentlich zur zerstörerischen Gefahr für Europa; der Weg der deutschen Geschichte im 19. und in der ersten Hälfte des 20. Jahrhunderts, gebahnt von der Idee der mystischen Blutseinheit des deutschen Volkes, die den Zusammenschluß aller Deutschen in einem Staat gebiete, mußte deshalb unweigerlich 1945 im Höllensturz des ersten deutschen Nationalstaates enden. Wie recht hatte doch Ernest Renan gehabt, der 1870, nach der völkisch und historisch begründeten Annexion Elsaß-Lothringens durch das Deutsche Reich, einem deutschen Kollegen geschrieben hatte:

»An die Stelle von Maßstäben liberaler Politik habt ihr in der Welt solche ethnographischer und archäologischer Politik errichtet. Diese Politik wird euch zum Verhängnis werden [...] Was werdet ihr sagen, wenn eines Tages die Slawen kommen und das eigentliche Preußen, Pommern, Schlesien, Berlin beanspruchen, weil deren Namen slawisch sind, wenn sie an dem Oderufer tun, was ihr jetzt am Moselufer tut, wenn sie an Hand der Landkarte auf Dörfer hinweisen, die einst von slawischen Stämmen bevölkert waren? [...] Deutschland hat ein übermütiges Pferd bestiegen, das es hintragen wird, wohin es nicht will.«[14] Genau so mußte es kommen; aber trotz der Lektion von 1945 scheint es, als habe Europa nichts gelernt. Die Kriege und Konflikte Osteuropas werden nach wie vor historisch und ethnisch legitimiert, ob es um die Unterdrückung der albanischen Bevölkerung im Kosovo geht, wo die Schicksalsschlacht auf dem Amselfeld von 1389 angeblich unsterbliche serbische Rechte begründet hat, oder um die Blockade Mazedoniens durch Griechenland, weil Griechenland das Erbe des makedonischen Reiches Philipps II. und Alexanders des Großen für sich allein beansprucht – dabei ist selbst die kulturelle Kontinuität zwischen dem alten Hellas und dem modernen griechischen Staatswesen durchaus zweifelhaft.

Daß das zerstörerische Prinzip der Ethnokratie, des Primates des durch Blutsbande geeinten Volkes, die Demokratie immer noch bedrohen und Europa in neue, schwere Bewährungsproben stürzen kann, beweist der schaurige Massenmord im zerfallenen Jugoslawien. Nicht die Idee der Nation muß in Europa überwunden werden, sondern die Fiktion der schicksalhaften, objektiven und unentrinnbaren

Einheit von Volk, Nation, Geschichte, Sprache und Staat. Angesichts der Unmöglichkeit, dieses Vorhaben in der Enge Europas ohne Krieg und dauerhafte Unterdrückung, ohne »ethnische Säuberungen« und Massenmord zu verwirklichen, hat diese Fiktion immer wieder zu der Massenneurose des integralen Nationalismus geführt, zu dem Glauben, daß die Nation den höchsten Wert einer Gemeinschaft darstellen müsse, und daß diese Gemeinschaft sich im ethnisch einheitlichen Nationalstaat offenbaren müsse.

Der Blick auf die Wirklichkeit zumindest West-Europas macht im übrigen sichtbar, daß der Nationalstaat auf manchen Ebenen überholt ist. Von der Notwendigkeit weit ausgreifender Wirtschaftsräume über Fragen der Verteidigung und der Verbrechensbekämpfung, der Organisation der Verkehrs- und Kommunikationsnetze bis zu den Umweltproblemen haben staatliche Institutionen sich mittlerweile als zu begrenzt erwiesen. Der Nationalstaat, der im vergangenen Jahrhundert als Gehäuse der entstehenden Industriegesellschaft und als Regelmechanismus für deren Konflikte unvermeidlich war, der darüber hinaus den einzigen Rahmen für demokratische Institutionen und Verfassungen bildete, kann heute die Bedürfnisse der Menschen allein nicht mehr zufriedenstellen; andere, weiträumigere Ordnungen müssen hinzutreten.

Und welchen Zweck sollen Staatsgrenzen innerhalb Europas noch haben, wenn die Verfassungsordnungen und die Wirtschaftssysteme einander immer ähnlicher werden? Was bedeutet noch die deutsch-polnische Grenze, wenn Deutsche und Polen hüben wie drüben unter ähnlichen Umständen leben und arbeiten können? Was schon seit langem für die eidgenössischen, elsässischen und badischen Alemannen, was für die dänischen und deutschen Schleswiger gilt, kann auch Wirklichkeit für die deutschen und die polnischen Schlesier, die österreichischen und die slowenischen Kärntner, die griechischen und die jugoslawischen Makedonen, die spanischen und französischen Basken werden: Die kulturelle und wirtschaftliche Einheit der Region kann stärker sein als die trennende Staatsgrenze. Der Nationalstaat ist weniger wichtig geworden; er ist aber auch noch nicht überflüssig, denn viele seiner politischen und rechtlichen Einrichtungen, von den Verfassungs- und Rechtsordnungen bis zu den Verwaltungsorganisationen, sind einstweilen durch nichts ersetzt. Nur der nationalstaatliche Rahmen ist einstweilen imstande, eine schützende Hülle für demokratische und freiheitliche Institutionen zu sein.

Ebensowenig wie der Nationalstaat sind die Nationen selbst überwunden. Der Glaube überzeugter Europäer der vierziger und fünfziger Jahre, die Nationen seien lediglich Folge einer überholten Ideologie und könnten beliebig abgeschafft werden, zerschellte an der Realität der bestehenden politischen, mehr aber noch geistigen Strukturen Europas: Die europäischen Nationen, zu Anfang des 19. Jahrhunderts noch utopische Gebilde, erweisen sich in der Gegenwart als lebendige kulturelle und geistige Wesen, mehr noch, als Ausdruck jener Pluralität, ohne die Europa sein Wesen verlieren müßte. Robert Schuman, Lothringer von Geburt, Initiator der Montanunion und Vorkämpfer des europäischen Zusammenschlusses, hat bereits in den fünfziger Jahren deutlicher als viele andere seiner Generation gesehen, daß Europa sich nicht ohne weiteres von seiner Geschichte verabschieden kann: »Die politischen Grenzen waren das Ergebnis einer ehrwürdigen historischen und ethnischen Entwicklung, eines langen Strebens nach nationaler Einheit; sie abzuschaffen, käme gewiß niemand in den Sinn. Früher wurden sie durch gewaltsame Eroberungen oder einträgliche Heiraten verschoben. Heute genügt es, sie zu entwerten. Unsere europäischen Grenzen sollten den Austausch von Gedanken, Personen und Gütern immer weniger beschränken. Über den veralteten Nationalismen soll in Zukunft das Gefühl der Solidarität der Nationen stehen. Verdienst der Nationalismen war es, den Staaten eine Tradition und eine solide innere Struktur zu geben. Auf diesem alten Unterbau muß ein neues Stockwerk errichtet werden. Das Überstaatliche wird auf nationaler Grundlage beruhen. Somit wird die ruhmreiche Vergangenheit nicht verleugnet, die nationalen Energien werden sich aber durch ihre gemeinsame Verwendung im Dienst der überstaatlichen Gemeinschaft neu entfalten.«[15] Wenn es eine Lehre gibt, die sich aus den zahlreichen Rückschlägen der europäischen Einigungsbemühungen herauskristallisiert, so die, daß die europäische Einigung nur mit, nicht gegen die Nationen und ihre legitimen Eigenheiten vor sich gehen kann, wie auch die Nationen ihrerseits zu lernen beginnen, daß auch sie keineswegs »eins und unteilbar« sind, sondern daß sie sich aus einer Vielzahl von ethnischen, sprachlichen und regionalen Einheiten zusammensetzen. Als Stufe nach Europa ist der Nationalstaat noch nicht überwunden; wir brauchen ihn noch, doch Ziel und Zweck alles Politischen ist er längst nicht mehr.

Die dauerhafte Einheit der Vielfalt – das ist nicht durch einen zentralistischen, mit allen modernen Machtbefugnissen ausgestatteten Einheitsstaat zu verwirklichen, wie er in der heutigen Brüsseler Kommission mit ihren weitreichenden wirtschaftspolitischen Kompetenzen bereits vorgegeben zu sein scheint. Dauerhaft kann eine europäische Verfassung nur sein, wenn sie mit den Nationen, ihrer langen Geschichte, ihren Sprachen und ihren Staaten rechnet. Zudem sind da die Regionen und Länder, meist ebenfalls aus langen Traditionen erwachsen und zu Heimaten geworden, den Herzen der Menschen besonders nah. Und da sind die Gemeinden, in denen sich das überschaubare alltägliche Leben und die naheliegenden Entscheidungen abspielen.

All dies kann nur zu einem Ganzen zusammengefügt werden, wenn das künftige Europa im Geist der Subsidiarität errichtet wird, wie dies beispielsweise Joseph Rovan vorschlägt: Ein verhältnismäßig lockeres Staatengebilde aus mehreren politischen Etagen, »in dem nur das an die nächsthöhere Etage abgegeben werden darf, was auf den unteren nicht erledigt werden kann«[16]. Hier kann das Beispiel der deutschen Verfassungsgeschichte Vorbilder liefern, von der kommunalen Selbstverwaltung über das föderalistische Prinzip bis zu der Einrichtung des Staatsvertrages zwischen den Ländern, der in einem Vereinigten Europa sowohl zwischen den Nationalstaaten als auch zwischen den Regionen abgeschlossen werden könnte. Die europäischen Staats- und Regierungschefs als gemeinsames Oberhaupt, eine aus wenigen Ministern zusammengesetzte europäische Regierung, ein europäischer Bundesrat, in dem die Staaten, vielleicht auch die Regionen vertreten wären, und der das legislative Gegengewicht zum gesamteuropäischen Parlament bildete – alles Figuren, die hier nur knapp umrissen werden sollen, die aber dem Kenner der deutschen Verfassungsgeschichte vertraut sind: Erfahrungen der deutschen Vergangenheit, die Europa reicher machen könnten – wären da nicht die historischen Erfahrungen der übrigen europäischen Staaten, die es den Deutschen angeraten sein lassen, sich mit guten Ratschlägen zurückzuhalten.

Anmerkungen

1 Morin, Edgar: Penser L'Europe, Paris 1987, S. 29.
2 Siéyès, Emmanuel Joseph: Was ist der dritte Stand (1789), in: ders.: Politische Schriften 1788–1790, hrsg. v. Schmitt, Eberhard, und Rolf Reichardt, Darmstadt/Neuwied 1975, S. 166.
3 Zitiert nach Behschnitt, Wolf Dietrich: Nationalismus bei Serben und Kroaten 1830–1914, München 1980, S. 56 f.
4 Anderson, Benedict: Imagined Communities. Reflections on the Origins and Spread of Nationalism, London 1983.
5 Maurras, Charles: Au signe de Flore, Paris 1924, S. 81.
6 Vgl. Lemberg, Eugen: Nationalismus, Band 2: Soziologie und politische Pädagogik, Reinbek 1964.
7 Weber, Max: Wirtschaft und Gesellschaft, hrsg. von Johannes Winckelmann, Tübingen 1956, S. 313.
8 Milton, John: Milton's Prose, hrsg. v. Michael W. Wallace, Oxford 1925, S. 333, dt. Übersetzung v. Kohn, Hans: Die Idee des Nationalismus, Frankfurt 1962, S. 166.
9 Monypenny, William Flavelle, und George Earle Buckle: The Life of Benjamin Disraeli, Earl of Beaconsfield, Bd. II, London 1929, S. 473.
10 Bismarcks Runderlaß an die preußischen Missionen, 27. Mai 1866, in: Bismarck, Otto von: Die gesammelten Werke, Bd. 5, Berlin 1928, Nr. 359.
11 Bethmann Hollweg am 12. April 1912, in: Stenographische Berichte über die Verhandlungen des Deutschen Reichstages, Berlin 1912, Bd. 284, Sp. 1300.
12 »The lamps are going out all over Europe; we shall not see them lit again in our lifetime.«
13 Fukuyama, Francis: The End of History, New York 1992, S. 143.
14 Ernest Renan an David Friedrich Strauß, 13.9.1870, in: Strauß, David Friedrich: Krieg und Friede. Zwei Briefe an Ernest Renan nebst dessen Antwort auf den ersten, Leipzig 1870, S. 32 f.
15 Schuman, Robert: Für Europa. Vorwort von Konrad Adenauer, dt. Übersetzung v. Eva Rapsilber, Genf 1963, S. 219 ff.
16 Rovan, Joseph: Wo ist die vierte Etage?, in: Rheinischer Merkur/Christ und Welt, Nr. 25, v. 23. Juni 1989.

2.
Die Staatenwelt in Europa

Belgien, die Niederlande und Luxemburg

WICHARD WOYKE

1. Belgien

1.1 Politisch-kulturelle Ausgangslage

Ein eigenständiger belgischer Staat besteht seit 1831. Belgien wurde als konstitutionelle Monarchie konzipiert; die Verfassung ließ jedoch den Weg zu einer weiteren Parlamentarisierung des politischen Systems offen. In wichtigen Teilen konnte die Verfassung ihrer inneren Struktur nach fast als republikanisch bezeichnet werden. Diesen Charakterzug erhielt sie aus dem Bestreben, sich von der autokratischen Herrschaftspraxis des niederländischen Monarchen Wilhelm I. abzusetzen.

Mit zunehmender Verschärfung des Sprachen- und Kulturkonfliktes zwischen Flamen und Wallonen, insbesondere seit Anfang der sechziger Jahre, wurde das 1831 niedergelegte Einheitsprinzip der Verfassung in Frage gestellt. So kam es zu einem ersten Durchbruch föderalen Gedankengutes um 1960, als flämische Nationalisten und Teile des flämischen Flügels der katholischen Volkspartei (CVP) sich gegen den wirtschaftlich stärkeren, französischsprachigen Süden des Landes auflehnten, um so die Dominanz des Französischen zu reduzieren. Die Verfassungsreform von 1970 stellte einen Kompromiß zwischen den Anhängern des Einheitsstaates und denen des Föderalismus dar. Da sich jedoch die Konflikte in Belgien über das Verhältnis der verschiedenen Volksgruppen fortsetzten, kam es 1980 zu einer erneuten Staatsreform, die sich kompliziert gestaltete. Bedeutsam war vor allem, daß nun ein Wallonischer Regionalrat und ein Flämischer Rat geschaffen wurden. Auch erhielt die deutschsprachige Minderheit im Osten Belgiens eine eigene Gemeinschaft, wenn sie auch in wirtschaftlichen Fragen unter der Obhut des wallonischen Regionalrates blieb. Brüssel erhielt einen Sonderstatus und unterstand weiter der nationalen Regierung. Die Regionen erhielten zusätzliche Kompetenzen.

Die politische Kultur Belgiens zeichnete sich seit mehr als einem Jahrhundert durch die Existenz dreier großer »politischer Familien« aus: Katholiken, Sozialisten und Liberale. Bereits wenige Jahre nach der Gründung des belgischen Nationalstaates entwickelte sich ein fundamentaler Gegensatz zwischen katholischer Kirche und liberalem Staat, der den Unionismus, die Zusammenarbeit beider Kräfte in der Phase der Staatsgründung seit 1828 ablöste und zur ersten bestimmenden Konfliktlinie in der politischen Kultur Belgiens wurde. Die zweite große Konfliktlinie ergab sich aus den Folgen der industriellen Revolution und ihren sozioökonomischen Auswirkungen. Das seit Mitte des 19. Jahrhunderts in den Kohle- und Stahlrevieren Walloniens entstehende Industrieproletariat stand einem durch die Industrialisierung immer reicher werdenden Bürgertum gegenüber. Der Gegensatz zwischen Besitzenden und Habenichtsen führte zur Herausbildung der dritten politischen Familie, der sozialistischen Arbeiterbewegung. Die drei traditionellen Konfliktlinien bestimmten das politische Leben in Belgien bis in die sechziger Jahre des 20. Jahrhunderts. Der Konflikt zwischen den niederländischsprachigen Flamen und den frankophonen Wallonen bestand zwar schon länger, erhielt aber mit der Entschärfung der traditionellen Konfliktlinien in den sechziger Jahren eine neue Qualität. Er führte zur Auflösung des tradierten Parteiensystems.

1.2 Europapolitik

Nachdem die Neutralitätspolitik wie auch die Bündnispolitik Belgiens im 20. Jahrhundert dem Land nicht die erhoffte Sicherheit gebracht hatten, gab es nach dem Zweiten Weltkrieg die Neutralität auf und ging Bündnisse ein. Neben dem Atlantischen Bündnis sollte die Mitgliedschaft in den europäischen Organisationen zum wichtigsten Feld der belgischen Außenpolitik werden. Noch während des Krieges wurde 1944 das Abkommen über die Benelux-Wirtschaftsunion geschlossen, die 1948 in Kraft trat. Belgien war Gründungsmitglied des Europarates (1949), der EGKS (1951) wie auch der EWG und der EAG (1957). Belgien beharrte in den fünfziger und der ersten Hälfte der sechziger Jahre in seiner Europapolitik immer auf der Teilnahme Großbritanniens am westeuropäischen Integrationsprozeß, von der es sich erstens die Verhinderung einer deutsch-französischen Dominanz und zweitens eine größere Rolle Westeuropas in der Weltpolitik versprach.

Nachdem die Europäische Verteidigungsgemeinschaft 1954 gescheitert war, gingen die Initiativen für den weiteren europäischen Integrationsprozeß seit 1955 insbesondere vom belgischen Außenminister Spaak aus und führten schließlich 1957 zu den Römischen Verträgen. Als Anfang der sechziger Jahre der französische Staatspräsident de Gaulle neue europapolitische Vorstellungen einbrachte, die auf einen Abbau der bis zu diesem Zeitpunkt erreichten Integration zielten und den Nationalstaaten größere Kompetenzen zuweisen sollten, fand er in den Regierungsvertretern Belgiens und der Niederlande die schärfsten Widersacher. Spaak verfolgte noch in den frühen sechziger Jahren das Konzept der supranationalen Integration, mußte jedoch zunehmend erkennen, daß die Vorstellungen eines Europa der Vaterländer (de Gaulle) und des supranationalen Europa zu weit auseinander lagen, als daß sie vereinbar gewesen wären. Schließlich ging auch Belgien

Mitte der sechziger Jahre vom supranationalen Konzept der Europapolitik ab und schlug seinen Partnern in der Gemeinschaft eine verstärkte Zusammenarbeit auf intergouvernementaler Ebene vor. Kontinuität behielt jedoch die belgische Forderung nach einem britischen EWG-Beitritt, der zum 1. Januar 1973 auch erfolgte.

Auch in den siebziger Jahren zeichneten sich belgische Politiker durch europapolitische Vorschläge aus, deren bekanntester der Tindemans-Bericht ist. Der damalige Ministerpräsident schlug 1976 weitere vorsichtige Schritte im westeuropäischen Integrationsprozeß vor. Seine Vorstellungen berührten stark das Sicherheitsproblem und spiegelten somit die Kontinuität belgischer Europapolitik auch als Mittel der Allianzpolitik wider. Ende der achtziger Jahre diagnostizierte Ministerpräsident Dehaene eine zunehmende Orientierungslosigkeit der Gemeinschaft. Da aber die EG gerade durch ihre Anziehungskraft zu den Umwälzungen in Mittel- und Osteuropa beigetragen habe, müsse sie auf dem Weg der wirtschaftlichen und politischen Einigung weiter voranschreiten. Belgien forderte eine Bündelung der Kräfte und eine Vertiefung der Gemeinschaft vor einer Erweiterung.

1.3 Politisches System

Seit der 1993 in Kraft getretenen vierten Verfassungsreform ist aus dem Einheitsstaat Belgien ein föderaler Staat geworden. Die Entscheidungsbefugnisse sind zwischen dem nationalen Parlament und den regionalen Parlamenten geteilt. Belgien verbindet die Herrschaftsform der Demokratie und die Organisationsform der Monarchie in einer parlamentarischen Monarchie, in der das Prinzip der Gewaltentrennung mit dem der Gewaltenverschränkung verknüpft wird. »Die föderale gesetzgebende Gewalt wird vom König, von der Abgeordnetenkammer und dem Senat gemeinsam ausgeübt« (Art. 36 der Verfassung). Direktdemokratische Verfahren sieht die Verfassung nicht vor. Die verfassungsmäßige Gewalt des Königs sowie seine Rolle innerhalb der Exekutive sind von der Verfassung genau normiert. Die Regierung ist den beiden Kammern gegenüber verantwortlich. Sie kann beim König die Auflösung der Kammern beantragen. Die Verfassung enthält darüber hinaus einen Grundrechtskatalog, der den Bürgern Freiheitsrechte als Abwehrrechte gegen den Staat garantiert. Belgien versteht sich von der Verfassung her als Rechtsstaat, nicht aber unbedingt als Sozialstaat.

Das Parlament besteht auf Bundesebene aus zwei Kammern (Abgeordnetenhaus und Senat) mit unterschiedlichen Rechten. »Die Kammern treten von Rechts wegen jedes Jahr am zweiten Dienstag im Oktober zusammen, falls sie nicht schon vorher vom König einberufen worden sind« (Art. 70). Trotz der Verlagerung wichtiger politischer Prozesse in die Gesprächsrunden der Parteivorsitzenden (*tables rondes/ronde-tafel-gesprekken*) hat das Parlament weiterhin die Funktion der Kontrolle der Regierung durch das Interpellations-, Enquête- und Fragerecht. Seit der Wahl vom 21. Mai 1995 steht die Abgeordnetenkammer ganz eindeutig im Zentrum des politischen Entscheidungsprozesses auf Bundesebene, da sie zahlreiche Befugnisse ohne die Zustimmung des Senats ausüben kann. So stimmt sie allein ab über Vertrauens- bzw. Mißtrauensanträge gegen Regierungsmitglieder, Gesetze über die zivil- und strafrechtliche Verantwortlichkeit der Minister, die Haushaltspläne und Rechnungen des Staates, die Festlegung des Armeekontingentes und die Verleihung von Einbürgerungen (Naturalisierungen). Daneben gibt es aber auch Bestimmungen, für die Senat und Kammer gleichberechtigt zuständig sind: u. a. die Erklärung zur Verfassungsrevision sowie die Revision selbst, Verabschiedung von Sondergesetzen, Verabschiedung von Gesetzen, die die jeweiligen Zuständigkeiten der föderalen Behörde, der Gemeinschaften und Regionen festlegen und die Vorbeugung und Beilegung von Konflikten zwischen diesen Gliedstaaten zum Ziele haben, Gesetze zur Gewährleistung der internationalen und überstaatlichen Verpflichtungen, das Vorschlagsrecht für Kandidaten zum Schiedshof und dem Staatsrat. Diese gemeinsam auszuübenden Befugnisse sind also Angelegenheiten, die die Fundamente des belgischen Staates betreffen. Um die Effizienz der Beratungen zu erhöhen und Kosten einzusparen, wurde die Zahl der Abgeordneten durch die vierte Staatsreform von 212 auf 150 reduziert, so daß erstmals nach den Wahlen vom Mai 1995 eine deutlich verkleinerte Kammer gewählt wurde. Die Abgeordneten werden für vier Jahre gewählt. Allerdings wird die Wahlperiode kaum jemals ausgeschöpft, da aus parteipolitischen Zweckmäßigkeitserwägungen häufig das Parlament vorzeitig aufgelöst wird. Die Abgeordneten vertreten die Nation, nicht aber die Wähler ihres Wahlkreises (Art. 42). Die eigentlichen, das Votum des Parlamentes dominierenden Entscheidungsakteure sind das Kabinett, die die Regierung tragenden Parteien, d. h. deren Vorstände, sowie die mächtigen Interessengruppen und -verbände.

Die Parteien, nicht so sehr die Parlamentsfraktionen, wirken auch auf den Meinungsbildungsprozeß im Kabinett ein. Angesichts dieser Machtkonstellation, in der das Parlament zwischen den mächtigen Akteuren Kabinett einerseits und Parteien andererseits sowie drittens den auf diese beiden Akteure hinwirkenden Interessengruppen steht, verwundert es nicht, daß die Bedeutung des im engeren Sinne parlamentarischen Prozesses in Belgien nicht sehr hoch eingeschätzt wird. Die Durchdringung des politischen Systems ist in Belgien noch stärker als in Deutschland ausgeprägt. Es erfolgt eine Aushöhlung der ausführenden Regierungsgewalt und ihrer Verwaltung durch die Parteien. Die eigentliche politische Kontrolle erfolgt nicht so sehr im Parlament, als vielmehr durch die Parteien, deren Vorsitzende bewußt nicht Mitglieder der Regierung werden, um aus einer unabhängigeren Position heraus besser wirken zu können.

In der 1999 gewählten Kammer sind sieben Parteien, davon vier Fraktionen vertreten. Die Liberalen bilden die größte Fraktion (23 VLD, 18 PRL). Die zweitgrößte Fraktion stellen die Sozialisten (14 SP, 19 PS), gefolgt von den Christdemokraten. Viertgrößte Fraktion sind die Grünen (neun Agalev, 11 Ecolo). Der Vlaams Blok ist mit 15, die Volksunie mit acht Abgeordneten und die Front National mit einem Abgeordneten vertreten. Die Fraktionen bilden die einzige organisatorische Klammer der flämischen und wallonischen Parteien hinsichtlich einer nationalen Repräsentation.

1.4 Sozioökonomische Grundlagen

In Belgien leben 10,2 Mio. Einwohner, wodurch die Bevölkerungsdichte mit 333 Menschen pro km^2 eine der höchsten in Europa ist. Von den 904 000 Ausländern in Belgien stammt fast ein Viertel aus Italien. Belgien stützte sich nach dem Zweiten Weltkrieg zunächst auf seine bedeutende Eisen- und Stahlindustrie sowie den Kohlebergbau, nahm ab Mitte der fünfziger Jahre einen vollständigen Strukturwandel vor, der in Richtung moderner Industrien und Dienstleistungsbetriebe ging. Besonders wichtig für Umstrukturierung und Modernisierung der belgischen Wirtschaftsstruktur ist der Aufbau einer leistungsfähigen petrochemischen Industrie, der besonders Flandern zugute kam. Entscheidend waren hier die günstigen Standortbedingungen, besonders im Gebiet um Antwerpen mit seinem Hafen. Neben der Chemieindustrie zählen die Metallverarbeitung, auf die 30 Prozent der Arbeitsplätze entfallen, und die Elektroindustrie zu den wichtigen Industriezweigen.

1996 betrug das Bruttosozialprodukt 268,6 Mrd. US-Dollar. 1995 hatte die Landwirtschaft an der Erwirtschaftung des BSP einen Anteil von 2 Prozent, die Industrie 29 Prozent und der Dienstleistungssektor 69 Prozent. Die Zahlen der Erwerbstätigen weisen eine ähnliche Größenordnung auf. Belgien ist ein bedeutsamer Exporteur, der mit den beiden anderen Benelux-Staaten den viertgrößten Akteur im internationalen Wirtschaftssystem stellt. 1996 wurden Güter im Wert von 5 246 Mrd. bfrs. (ca. 262 Mrd. DM; inklusive Luxemburg) exportiert, während für 4 877 Mrd. bfrs (ca. 243 Mrd. DM) Güter importiert wurden. Die wichtigsten Exportgüter sind Transportmittel (15,3 Prozent), chemische Produkte (13 Prozent), Maschinen und Ausrüstung (12,8 Prozent) sowie Eisen- und Stahlprodukte (9,7 Prozent). Wichtige Exportpartner sind Deutschland (22 Prozent), Frankreich (18 Prozent), die Niederlande (13 Prozent), Großbritannien (8 Prozent), Italien (6 Prozent) und die USA (4 Prozent). Für den Import am wichtigsten sind Deutschland (21 Prozent), die Niederlande (17 Prozent), Frankreich (16 Prozent) und Großbritannien (9 Prozent). Die wichtigsten Importgüter waren Maschinen und Ausrüstung (17 Prozent), Transportmittel (12,9 Prozent), chemische Produkte (8,3 Prozent), Energie (7,5 Prozent) sowie Eisen- und Stahlprodukte (4,6 Prozent). Belgien hat mit 122,2 Prozent des BIP eine extrem hohe Staatsverschuldung, jedoch mit rückläufiger Tendenz, so daß es trotzdem zu den Gründungsmitgliedern der Europäischen Währungsunion gehört.

2. Die Niederlande

2.1 Politisch-kulturelle Ausgangslage

Ausgangspunkt des politischen Systems der Niederlande ist die Verfassung von 1814, die die Erbmonarchie einführte. Seit dieser Zeit sind zahlreiche Verfassungsänderungen vorgenommen worden, wobei die letzten aus diesem Jahrzehnt stammen. Die Verfassung enthält einen umfangreichen Grundrechtskatalog. An oberster Stelle steht das Verbot jeglicher Diskriminierung aufgrund der Religionszugehörigkeit, der politischen Überzeugung, der Rasse, des Geschlechts oder irgendeines anderen Grundes. Die Niederlande sind eine parlamentarische Monarchie, mit gleichberechtigter männlicher und weiblicher Erbfolge. Das Haus Oranien stellt seit den Freiheitskriegen die Monarchen, weshalb auch das Königshaus in den Niederlanden tief verwurzelt ist. Der Monarch gilt als Träger der obersten Staatsgewalt, kann sie aber nur gemeinsam und im Einvernehmen mit den verantwortlichen Ministern ausüben. Obwohl die Stellung der Königin heute im wesentlichen auf die Aufgaben eines Staatsoberhauptes reduziert ist, dürfte die Monarchin durchaus versuchen, Einfluß auf den politischen Entscheidungsprozeß zu nehmen. Beratungsorgan der Monarchin ist der Staatsrat, der aus bis zu 28 Mitgliedern besteht. Seit 1964 ist er auch oberste Berufungsinstanz in Rechtsstreitigkeiten zwischen Bürgern und Verwaltung. Die Niederlande sind seit 1814 ein dezentralisierter Einheitsstaat, aufgeteilt in elf Provinzen und mehrere tausend Gemeinden. Das politische System kennt keine Verfassungsgerichtsbarkeit. Oberstes Rechtsprechungsorgan in Verwaltungsgerichtsangelegenheiten ist die Rechtskammer des Staatsrates.

2.2 Die Europapolitik der Niederlande

Nachdem die Niederlande im Zweiten Weltkrieg mit ihrer Neutralitätspolitik gescheitert waren, begann eine Umorientierung, deren entscheidendes Datum das Jahr 1947 darstellte. Die Niederlande gingen nun Allianzen ein, in denen die atlantische Komponente zunächst Priorität erhielt. Anschließend gingen die politischen Führungen der Niederlande von der Prämisse aus, daß die europäische Integration nur innerhalb der atlantischen Partnerschaft entstehen und sich fortentwickeln könne. Niederländische Außenpolitik hatte also auf zwei sich gegenseitig bedingenden Säulen zu ruhen; eine These, die bis zum heutigen Tage Gültigkeit besitzt. 1948 wurden die Niederlande Mitglied der neugeschaffenen OEEC und 1949 ebenfalls Gründungsmitglied des neugeschaffenen Europarates. Allerdings waren diese Organisationen intergouvernemental, d. h. durch die Zusammenarbeit von Regierungen gekennzeichnet. Souveränität wurde nicht abgetreten. Erst der Schuman-Plan von 1950 (Gründung der EGKS) führte zur Abtretung von Souveränität und damit zum Prinzip der Supranationalität, das seit dieser Zeit von den Niederlanden als europapolitische Maxime vertreten wurde. Zwar beteiligten sich die Niederlande nicht sofort an den im Anschluß an die Vorstellung des Schuman-Planes aufgenommenen Verhandlungen über eine europäische Armee – sie nahmen nur als Beobachter teil, da sie die Integration von Armeen für verfrüht hielten –, aber bei zunehmender Konkretisierung dieses Projektes über die Europäische Verteidigungsgemeinschaft stiegen sie als gleichberechtigtes Verhandlungsmitglied ein, da sie erkannten, mit Hilfe der EVG einmal ihre Europakonzeption der Supranationalität besser verwirklichen und zum anderen gemeinsam mit Belgien und Luxemburg ihre Position im europäischen Mächtekonzert verbessern zu können.

Zusammen mit Belgien und Luxemburg ergriffen die Niederlande 1955 die Initiative und legten einen Plan zur weiteren europäischen Integration vor, der zur Schaffung der Europäischen Wirtschaftsgemeinschaft und der Europäischen Atomgemeinschaft (1957) führte. Während der Verhandlungen über diese beiden Gemeinschaften konzentrierte sich die niederländische Position dabei vor allem auf folgende Punkte: Erstens sollte die neu zu errichtende Gemeinschaft offen für potentielle Beitrittskandidaten sein; zweitens mußte es Supranationalität im Sinne von übernationalen Organen geben und drittens mußte eine demokratische Kontrolle der Organe der Gemeinschaft gewährleistet sein. Die Unterstützung von EWG und EAG war im Parlament genauso wenig umstritten wie die der EGKS oder der gescheiterten EVG.

Die Niederlande entwickelten sich zu einem aktiven EG-Partner, der sich insbesondere die Vertiefung der wirtschaftlichen Integration zum Ziel setzte. Besonders die Verkehrs- und Agrarpolitik waren Schwerpunkte niederländischer Europapolitik – war das Königreich doch von diesen Gemeinschaftspolitiken überproportional betroffen. So wandte man sich strikt gegen eine Renationalisierung der Agrarpolitik, die Mitte der achtziger Jahre diskutiert wurde. Die niederländische Agrarpolitik sah grundsätzlich eine Marktorientierung vor, so daß die Marktwirtschaft auch im Gartenbau zu gelten hatte. Die niederländische Regierung drängte Mitte der achtziger Jahre auf eine durchgreifende Reform der EG-Agrarpolitik, da sie nur durch eine Lösung dieser Frage weitere Fortschritte im Integrationsprozeß für möglich hielt.

Die Niederlande konnten 1973 endlich den britischen EG-Beitritt begrüßen, mußten jedoch sehr bald feststellen, daß sich die britische EG-Mitgliedschaft zu einem Problem im Entscheidungsprozeß der Gemeinschaft entwickelte. So wandten sich die Niederlande mehrfach gegen britische Vorschläge, wie z. B. einer Veränderung der Finanzierung der Gemeinschaft. Mitte der achtziger Jahre unterstützten die Niederlande aktiv den Plan zur Schaffung eines Europäischen Binnenmarktes. Die Einheitliche Europäische Akte wurde ohne jegliche Probleme im Parlament ratifiziert.

Die Europapolitik der Niederlande in den neunziger Jahren wird insbesondere durch die Problemkreise der Politischen Union und der Wirtschafts- und Währungsunion gekennzeichnet. Als ein den supranationalen Integrationsprozeß immer wieder fördernder Staat begrüßten die Niederlande die neuen Impulse im europäischen Einigungsprozeß. Gerade angesichts der Umwälzungen in Ost- und Mitteleuropa sowie der deutschen Einigung hielten sie die Beschleunigung des europäischen Integrationsprozesses für erforderlich. Niederländische Europapolitik beinhaltete und beinhaltet zum Teil auch noch heute vier zentrale Zielvorstellungen:
1. die Offenheit der Gemeinschaft;
2. die Kontrolle der großen Mitglieder;

3. die Errichtung einer supranationalen Gemeinschaft und
4. das Heraushalten Europas aus der Machtpolitik.

2.3 Politisches System

Im Zentrum des politischen Systems steht das Parlament, die »Generalstaaten«, die sich aus zwei Kammern zusammensetzen. Die Erste Kammer besteht aus 75 Mitgliedern (Senatoren), die von den Mitgliedern der Provinziallandtage (Provinzialstaaten) für vier Jahre gewählt werden. Der Zweiten Kammer gehören 150 Abgeordnete an, die nach dem Verhältniswahlrecht ohne Sperrklausel von den über achtzehnjährigen Wahlberechtigten gewählt werden. Die besondere verfassungsrechtliche Ausformung des parlamentarischen Regierungssystems in den Niederlanden hat, verbunden mit der historischen Tradition, zur Herausbildung eines eigenständigen Selbstbewußtseins des Parlamentes geführt, so daß sich zwei potentielle Konfliktlinien überlagern: Zum einen ist es eine wichtige, zentrale Aufgabe der Mitglieder der die Regierung tragenden Koalitionsfraktionen, die Regierung und ihre Gesetzesvorhaben zu unterstützen; zum anderen versteht sich das Parlament als Ganzes, einschließlich der Regierungsfraktionen, als eigenständiges, der Regierung gegenüberstehendes Verfassungsorgan.[1] Weder die Regierung noch der Regierungschef werden durch das Parlament ausdrücklich bestätigt. Auch gehören die Regierungsmitglieder dem Parlament aufgrund des Inkompatibilitätsgebotes nicht an, so daß sich die Zweite Kammer zu einem sehr selbstbewußten, unabhängigen Organ entwickeln konnte. Der Ministerpräsident ist *primus inter pares*, d. h. er besitzt keine Richtlinienkompetenz. Auch die ständige Notwendigkeit, mit mehreren Koalitionsparteien regieren zu müssen, beeinträchtigt seine Position als Chef der Regierung. Bis Ende der siebziger Jahre wurde von den führenden Parteipolitikern das Amt des Regierungschefs nicht als höchstes Ziel angestrebt. Ministerpräsident Ruud Lubbers gelang es aber in seiner Amtszeit (1982–1994), dem Amt durch seine Persönlichkeit ein Profil zu verleihen – gleiches gelang seinem Nachfolger Wim Kok.

Das niederländische Parteiensystem ist durch eine große Anzahl konkurrierender Parteien gekennzeichnet, die auf die fragmentierte politische Kultur des Landes wie auch auf das Fehlen einer Sperrklausel zurückzuführen sind. Ein Spezifikum niederländischer politischer Kultur dieses Jahrhunderts war die Versäulung. Damit ist gemeint, daß religiös und ideologisch voneinander geschiedene Gruppen in sogenannten Säulen nebeneinander existieren (Katholiken, Protestanten, Sozialisten und Liberale), ohne daß es zwischen ihnen ein hohes Maß an Kommunikation und Interaktion gibt. Dennoch stützten diese Säulen das gemeinsame Dach der Niederlande. Grundlage der traditionellen Versäulungsstruktur war die weitgehende Integration des einzelnen Bürgers in die weitgefächerte Gesamtstruktur »seiner Säule«, die sich über Parteien, Gewerkschaften, Rundfunk, Vereinsleben wie auch das Schul- und Bildungswesen erstreckte. Das auf Versäulung beruhende Parteiensystem erwies sich bis Mitte der sechziger Jahre als stabil. Fünf Versäulungsparteien dominierten das Parteiensystem: die sozialistisch/sozialdemokratische *Partij van de Arbeit* (PvdA), die *Katholieke Volkspartij* (KVP), die beiden protestantischen Parteien *Christelijk-Historische Unie* (CHU) und *Anti-revolutionaire Partij* (ARP) sowie die liberal-konservative *Vereeniging voor Vrijheid en Democratie* (VVD). Die christdemokratischen Parteien besaßen wegen ihrer Position in der Mitte und ihrer starken Wählerbasis eine Schlüsselposition im Parteiensystem. Die strikte Versäulungsstruktur wurde jedoch aufgelöst; Ursachen dafür waren die zunehmenden Partizipationsforderungen der Bürger, die weitere Durchdringung der Gesellschaft durch pluralistische Medien wie auch der Rückgang des Einflusses der Kirchen. So entstand in dieser Krisenphase des Parteiensystems mit den Demokraten 66 (D 66) eine neue linksliberale Erneuerungs- und Reformpartei, die sich mittlerweile mit einem Stimmenanteil von 10 bis 15 Prozent etabliert hat. Die Blockbildung der »progressiven Drei« – der PvdA, D 66 und der pazifistisch orientierten *Politieke Partij Radikalen* (PRP) – bei den Wahlen 1971 und 1972 stellte einen wichtigen Einschnitt in das Parteiensystem dar und beschleunigte den Zusammenschluß der drei christlichen Parteien KVP, CHU und ARP zum *Christen-demokratischen Appel* (CDA) im Jahre 1975 zunächst als Parteienföderation und 1980 als integrierte fusionierte Partei.

Die in den achtziger Jahren gegründete Partei Grün-Links konnte erst 1989 ihre ersten Parlamentssitze gewinnen, da die etablierten Parteien das Umweltthema weitgehend abgedeckt hatten. Wie auch in den anderen Beneluxstaaten entstanden in den neunziger Jahren neue Parteien wie die kleinen orthodox-calvinistischen Parteien *Gereformeerd Politiek Verbond* (PV) und *Staatkundig Gereformeerde Partij* (SGP) wie auch zwei Seniorenparteien AOV und 55 Plus, die einige Sitze im Parlament erringen konnten. Auch die rechtspopulistischen Centrumdemokraten konnten bei den Wahlen 1994 drei Sitze erringen. Bei den Parlamentswahlen im Mai 1998 ging die PvdA unter Ministerpräsident Kok als klare Siegerin hervor, auch der Koalitionspartner VVD konnte seinen Stimmenanteil verbessern, während die oppositionelle CDA Verluste hinnehmen mußte. Die Bindekraft der Volksparteien hatte nachgelassen.

2.4 Sozioökonomische Grundlagen

In den Niederlanden leben auf einer Fläche von 41 865 km^2 ca. 15,5 Mio. Einwohner. Mit einer Einwohnerzahl von 371 Einwohnern pro km^2 weisen die Niederlande die größte Bevölkerungsdichte aller Staaten in Europa auf. Die industrielle Entwicklung der Niederlande setzte im Verhältnis zu Großbritannien, Deutschland und Frankreich erst relativ spät gegen Ende des 19. Jahrhunderts ein. Zwischen den beiden Weltkriegen setzte die Umstrukturierung vom Agrarstaat zu einer Industrie- und Handelsnation ein, die nach dem Zweiten Weltkrieg fortgesetzt wurde. Mitte der neunziger Jahre sind 3 Prozent der Erwerbstätigen in der Landwirtschaft tätig.

Die Industrie beschäftigt 25 Prozent und der Dienstleistungssektor 71 Prozent. Die Werte hinsichtlich des Beitrages zum Sozialprodukt entsprechen den Beschäftigungszahlen. 1996 betrug das BSP 402,5 Mrd. US-Dollar. Die Niederlande betreiben einen intensiven Außenhandel. 1996 wurden Güter im Wert von 321 Mrd. hfl (ca. 284 Mrd. DM) importiert und im Wert von 288 Mrd. hfl (254 Mrd. DM) exportiert. Wichtigste Importgüter sind verarbeitete Güter (29 Prozent), Maschinen (23 Prozent), Nahrungsmittel (13 Prozent), chemische Produkte (14 Prozent), Verkehrsmittel (10 Prozent) und mineralische Brennstoffe (8 Prozent). Bedeutendste Exportprodukte sind verarbeitete Güter (23 Prozent), Nahrungsmittel (20 Prozent), Maschinen (20 Prozent), chemische Produkte (17 Prozent), mineralische Brennstoffe (8 Prozent), Grundstoffe, Öle und Fette (7 Prozent) sowie Verkehrsmittel (5 Prozent). Die meisten Exporte aus den Niederlanden erhalten Deutschland (28 Prozent), Belgien/Luxemburg (13 Prozent), Frankreich (11 Prozent), Großbritannien (10 Prozent) und Italien (5 Prozent). Wichtigste Einfuhrländer sind Deutschland (22 Prozent), Belgien/Luxemburg (11 Prozent), Großbritannien (10 Prozent), USA (8 Prozent) und Frankreich (7 Prozent). Die Niederlande haben die Konvergenzkriterien für die Wirtschafts- und Währungsunion erfüllt und gehören deshalb zu den Gründungsmitgliedern der WWU.

3. Luxemburg

3.1 Politisch-kulturelle Ausgangslage

Die Neuaufteilung Europas auf dem Wiener Kongreß 1815 brachte die Unabhängigkeit des neuen luxemburgischen Staates, des Großherzogtums Luxemburg. 1841 erhielt das Land seine erste Verfassung, die deutlich durch das belgische Vorbild geprägt war. Im Verlauf der Jahrzehnte erfuhr die Verfassung mehrere Änderungen. So war bedeutsam, daß Luxemburg 1867 unter dem Schutz der Unterzeichnerstaaten des Londoner Vertrages den Status immerwährender Neutralität erhielt. Zu den jüngeren Verfassungsreformen zählen u. a. die Herabsetzung des Wahlalters (1972), die Neuformulierung über den Status der Gemeinden (1979), die Festlegung der Abgeordnetenzahl auf 60 Deputierte (1988) sowie ein spezieller Artikel über den Staatsrat (1989). Die 1994 gewählte Abgeordnetenkammer erhielt von ihrer Vorgängerin den ausdrücklichen Auftrag, bis 1999 eine umfassende Verfassungsreform – etwa ein Drittel der Bestimmungen – vorzunehmen.

Luxemburg betrieb bis zum Zweiten Weltkrieg eine Neutralitätspolitik, war mit dieser jedoch wenig erfolgreich. Deutschland verletzte sowohl im Ersten als auch im Zweiten Weltkrieg die luxemburgische Neutralität, was dazu führte, daß das Großherzogtum die Sicherheit des Landes in Anlehnung an bzw. Mitgliedschaften in Bündnissen suchte. 1945 trat Luxemburg den Vereinten Nationen als Gründungsmitglied bei. 1949 wurde es Mitglied des Europarates und 1951 der neugegründeten Europäischen Gemeinschaft für Kohle und Stahl. Die Entscheidung, das Exekutivorgan der EGKS, die Hohe Behörde, in Luxemburg anzusiedeln, führte dazu, daß sich Luxemburg zu einer der »europäischen Hauptstädte« neben Brüssel und Straßburg entwickelte. 1957 trat Luxemburg der neugegründeten Europäischen Wirtschaftsgemeinschaft sowie der Europäischen Atomgemeinschaft bei, wodurch weitere europäische Einrichtungen ihren Sitz nach Luxemburg legten. Der europäische Integrationsprozeß bestimmte nachdrücklich die luxemburgische Nachkriegsgeschichte, wodurch auch die luxemburgische Bevölkerung offener für andere Nationalitäten wurde. Der Anteil der Ausländer, die insbesondere in den in Luxemburg arbeitenden europäischen Behörden und Banken erwerbstätig sind, schnellte von 10 Prozent im Jahre 1947 auf 26 Prozent im Jahre 1979 hoch und beträgt Mitte der neunziger Jahre fast 30 Prozent.

3.2 Politisches System

Das politische System des Großherzogtums Luxemburg ist eine parlamentarische Monarchie auf der Basis eines Einkammersystems. Es wird durch eine doppelte Exekutive gekennzeichnet, die vom Großherzog und seiner Regierung gebildet wird. Die Exekutive wird von den Regierungsmitgliedern unter der Leitung des Premierministers ausgeübt. Die in Art. 33 der Verfassung dem Großherzog garantierte Teilhabe an der Exekutive beschränkt sich vor allem auf die Bestätigung und Verkündung der Gesetze. Der Regierung steht die Legislative gegenüber, die aus der Abgeordnetenkammer besteht. Durch die Verfassungsreform von 1988 wurde die Abgeordnetenzahl auf 60 Deputierte begrenzt. In der 13. Legislaturperiode (1999–2004) sind die folgenden fünf Parteien vertreten: Christlich-Soziale Volkspartei (CSV), Luxemburger Sozialistische Arbeiterpartei (LSAP), Demokratische Partei (DP), die Grünen (Dei Gréng) und Aktionskomitee für Demokratie und Gerechtigkeit (ADR). Die Abgeordneten werden nach dem Verhältniswahlrecht gewählt, wobei die getrennte Mandatsberechnung in den vier bevölkerungsreichsten Wahlbezirken einen stark disproportionierenden Effekt zwischen Stimmen und Mandatsanteil verursacht. Das luxemburgische Wahlsystem begünstigt eine Konzentration des Parteiensystems. Luxemburg verfügt über einen Staatsrat, der aus 22 Staatsrechtlern besteht, die vom Großherzog auf Vorschlag des Staatsrates wie auch der Abgeordnetenkammer ernannt werden. Die Funktion des Staatsrates besteht in der Überprüfung der Kompatibilität neuer Gesetzesvorhaben mit dem geltenden Recht des Großherzogtums. Erst nach der Befassung durch den Staatsrat kann eine Gesetzesvorlage in Kraft treten.

Das luxemburgische Parteiensystem ist trotz einer nicht zu übersehenden Dynamik in den letzten 20 Jahren durch trigonale Konkurrenz zwischen CSV, LSAP und DP gekennzeichnet. Die CSV kann als Staatspartei bezeichnet werden, war sie doch seit 1919 an fast allen Regierungen beteiligt und bildet sie auch derzeit eine große Koalition mit der LSAP. Die CSV ist in allen Schichten der luxemburgischen Gesellschaft verankert und die bürgerliche Volkspartei des Landes. Die LSAP erfüllt die Funktion einer linken Volkspartei, ist aber gleichzeitig auch eine sozialreformerische Partei. Programmatisch setzt sie sich für die Überwindung der sozialen, weltanschaulichen und ökonomischen Konflikte in der Demokratie ein. Die dritte große Partei bildet die Demokratische Partei, die ihre Wähler vor allem in den freien Berufen, Unternehmern, höheren Angestellten und höheren Beamten findet. Die vierte Traditionspartei, die Kommunistische Partei Luxemburgs, hat nach dem Ende des Ost-West-Konfliktes vollkommen ihre Anziehungskraft für einen kleinen Teil der luxemburgischen Gesellschaft verloren und ist seit 1994 nicht mehr in der Abgeordnetenkammer vertreten. Wie auch in anderen europäischen Staaten hatte sich aus der ökologischen Bürgerbewegung in den achtziger Jahren eine grün-alternative Partei gebildet, die heute unter dem Namen »Die Grünen« etwa 10 Prozent der Wähler auf sich vereinigt. Besonders bedeutsam ist die Herausbildung der one-issue-Partei Aktionskomitee für Demokratie und Rentengerechtigkeit (ADR), die etwa 10 Prozent der Wähler an sich bindet und für die Einführung einer einheitlichen Rentenversicherung eintritt. Auch ist in den neunziger Jahren die Gründung von rechtsextremen Parteien zu bemerken, die mit Ressentiments gegen Ausländer und den Maastrichter Vertrag von sich reden machten, jedoch mit drei bis vier Prozent kein Mandat in der Abgeordnetenkammer erringen konnten.

3.3 Sozioökonomische Grundlagen

Luxemburg ist mit 2 586 km^2 und ca. 416 000 Einwohnern das kleinste Land der EU. Die Einwohnerdichte beträgt 161 pro km^2. In Luxemburg leben ca. 98 200 Ausländer, was Luxemburg zu dem Land mit der höchsten Ausländerquote in der EU macht. Das Großherzogtum liegt im Zentrum Westeuropas zwischen Frankreich und Deutschland und war daher durch die kriegerischen Auseinandersetzungen zwischen Deutschland und Frankreich immer unmittelbar betroffen. Wie auch andere westeuropäische Industriegesellschaften hat Luxemburg einen strukturellen Umwandlungsprozeß durchlaufen. Waren 1960 noch fast 22 Prozent der Beschäftigten in der Landwirtschaft tätig, so sind dies heute gerade noch 2,6 Prozent. 27 Prozent arbeiten in der Industrie und 70 Prozent der Beschäftigten sind im Dienstleistungssektor tätig. Noch höher ist der Anteil des Dienstleistungsgewerbes an der Erstellung des Sozialproduktes, wo mit 77 Prozent mehr als drei Viertel aller luxemburgischen Leistungen erwirtschaftet werden. Der Anteil der Industrie beträgt 25 Prozent, während die Landwirtschaft gerade 1 Prozent beisteuert. Luxemburg erwirtschaftete 1996 ein Bruttoinlandsprodukt von fast 19 Mrd. US-Dollar. Das Land ist sehr stark auf den Handel mit den Partnern der Europäischen Union ausgerichtet. 1996 wurden Waren im Wert von 285,1 Mrd. lfrs importiert und Waren in Höhe von 219 Mrd. lfrs (ca. 10,8 Mrd. DM) exportiert. Die wichtigsten Importgüter sind Metalle (18 Prozent), Maschinen und Apparate (16 Prozent),

Mineralstoffe (12 Prozent) und Transportmittel (10 Prozent). Wichtigste Importländer sind Belgien (40 Prozent), Deutschland (28 Prozent) und Frankreich (13 Prozent). Luxemburg exportiert besonders Metalle (36 Prozent), Maschinen und Apparate (15 Prozent) sowie Kunststoff und Gummierzeugnisse. Die wichtigsten Exportländer für Luxemburg sind Deutschland (28 Prozent), Frankreich (19 Prozent), Belgien (14 Prozent), Großbritannien (6 Prozent), die Niederlande (5 Prozent) und Italien (5 Prozent). Luxemburg hat sich zu einem bedeutenden Bankenplatz in Europa entwickelt, an dem 1998 mehr als 220 Institute angesiedelt waren. Das Land hat nach dem Zweiten Weltkrieg den europäischen Integrationsprozeß nachhaltig unterstützt, sieht es doch in der europäischen Integration den besten Weg zur Realisierung seiner Interessen. Luxemburg erfüllt die Konvergenzkriterien für die WWU und gehört somit zu ihren Gründungsmitgliedern.

Anmerkungen

1 Vgl. Lepszy, Norbert: Das politische System der Niederlande, in: Ismayr, Wolfgang (Hrsg.): Die westeuropäischen Demokratien, Opladen 1997, S. 323–356, hier: S. 326.

Bundesrepublik Deutschland

Jürgen Gros

1. Das politische System

Vier Jahre nach der Unterzeichnung der bedingungslosen Kapitulation aller deutschen Streitkräfte durch Vertreter des Oberkommandos der Wehrmacht im Hauptquartier der sowjetischen Armee in Berlin-Karlshorst am 8. Mai 1945 erfolgte mit der Verabschiedung des Grundgesetzes durch den Parlamentarischen Rat ein bedeutsamer Schritt auf dem Weg zur Gründung der Bundesrepublik Deutschland. In dritter Lesung stimmten am 8. Mai 1949 von den 65 Abgeordneten des Parlamentarischen Rates 53 für und zwölf gegen das Grundgesetz, das »dem staatlichen Leben für eine Übergangszeit eine neue Ordnung« geben sollte, wie es damals in der Präambel hieß.[1] Seine Gültigkeit sollte das Grundgesetz an dem Tag verlieren, »an dem eine Verfassung in Kraft tritt, die von dem deutschen Volk in freier Entscheidung beschlossen worden ist« (Art. 146).[2] Vor dem Hintergrund der sich abzeichnenden Spaltung Deutschlands hatten die Mitglieder des Parlamentarischen Rates bewußt provisorische Elemente in das Grundgesetz aufgenommen und damit nicht nur ihrem eigenen Anliegen entsprochen, sondern auch dem Auftrag der Westalliierten Rechnung getragen, eine Verfassung auszuarbeiten, die geeignet war, »die gegenwärtig zerrissene deutsche Einheit schließlich wiederherzustellen«[3]. Um den Provisoriumscharakter zu unterstreichen, hatte man trotz des Verfassungsranges der »neuen Ordnung« (Präambel) auf die Bezeichnung »Verfassung« verzichtet. Zudem wurde in der Präambel das deutschlandpolitische Kernziel des Grundgesetzes als Auftrag an »das gesamte Deutsche Volk« verankert, »in freier Selbstbestimmung die Einheit und Freiheit Deutschlands zu vollenden.« Nach der Genehmigung durch die Militärgouverneure der Westalliierten am 12. Mai 1949 und der Zustimmung von zehn der elf Landtage – nur Bayern machte eine Ausnahme – wurde das Grundgesetz am 23. Mai 1949 durch den Parlamentarischen Rat verkündet und trat einen Tag später in Kraft.

Mit dem Demokratie-, Sozialstaats-, Bundesstaats-, Gewaltenteilungs- und Rechtsstaatsprinzip werden in Art. 20 GG Wesensmerkmale und Verfassungsgrundsätze der staatlichen Ordnung der Bundesrepublik Deutschland definiert. Um eine Aushöhlung des Grundgesetzes zu verhindern, werden diese Kernelemente sowie die im Grundgesetz verankerten Grundrechte unter besonderen Schutz gestellt und ihre Veränderung durch die Legislative grundsätzlich ausgeschlossen. Auf die Aufnahme plebiszitärer Elemente in das Grundgesetz wurde mit Ausnahme von Art. 29 GG (Länderneugliederung) verzichtet.

Das Regierungssystem der Bundesrepublik Deutschland ist neben der klassischen horizontalen Gewaltenteilung zwischen Exekutive, Legislative und Judikative zusätzlich durch eine vertikale Gewaltenteilung zwischen Bundes- und Länderebene charakterisiert. Zu den Verfassungsorganen der Bundesrepublik Deutschland zählen nach dem Grundgesetz Bundestag, Bundesrat, Bundesregierung, Bundespräsident sowie das Bundesverfassungsgericht. Bei der Ausarbeitung des Grundgesetzes hatte man Konstruktionsfehler der Weimarer Verfassung bewußt zu vermeiden gesucht. So werden die Befugnisse des Bundespräsidenten, der von der Bundesversammlung im Fünfjahresrhythmus gewählt wird, im Vergleich zu denen des Reichspräsidenten stark eingeschränkt und repräsentative Aufgaben in den Vordergrund gestellt.

Dem Bundeskanzler, der auf Vorschlag des Bundespräsidenten vom Bundestag gewählt wird, räumt das Grundgesetz innerhalb der Regierung eine besondere Stellung ein. Sie wird zum einen durch das Recht, dem Bundespräsidenten die Ernennung und Entlassung der Minister vorzuschlagen, definiert. Zum anderen hebt Art. 65 GG die Position des Bundeskanzlers innerhalb der Bundesregierung hervor und legt es in seine Verantwortung, die Richtlinien der Politik zu bestimmen (Richtlinienkompetenz). Der Bundeskanzler leitet die Geschäfte der Bundesregierung »nach einer von der Bundesregierung beschlossenen und vom Bundespräsidenten genehmigten Geschäftsordnung« (Art. 65 GG). Dieses Kanzlerprinzip und das an gleicher Stelle formulierte Ressortprinzip, nach dem innerhalb der Richtlinien des Bundeskanzlers »jeder Bundesminister seinen Geschäftsbereich selbständig und unter eigener Verantwortung« leitet, bilden zusammen mit dem ebenfalls in Art. 65 GG angelegten Kollegialprinzip (Kabinettsprinzip), nach dem »über Meinungsverschiedenheiten zwischen den Bundesministern« die Bundesregierung entscheidet, zentrale Grundelemente der Regierungsorganisation.

Das Parlament kann den Bundeskanzler nur im Zuge eines konstruktiven Mißtrauensvotums abwählen, d. h. bei gleichzeitiger Wahl eines Nachfolgers. Für den Bundestag – seine Abgeordneten werden für vier Jahre gewählt – ist im Grundgesetz kein Selbstauflösungsrecht vorgesehen. Vor Ablauf der Amtsperiode kann der Bundespräsident ihn nur dann auf Vorschlag des Bundeskanzlers auflösen, wenn ein Antrag des Regierungschefs, ihm das Vertrauen auszusprechen, nicht die Zustimmung der Mehrheit der Mitglieder des Parlamentes findet (Art. 68 GG).

Im politischen System der Bundesrepublik Deutschland ist die Mitwirkung der Parteien an der politischen Willensbildung des Volkes in Art. 21 GG verfassungsrechtlich fixiert. Eine Präzisierung der Stellung der Parteien im politischen System findet sich im »Gesetz über die politischen Parteien (Parteiengesetz)« vom 24. Juli 1967. Entsprechend § 1 des Parteiengesetzes sind Parteien ein »verfassungsrechtlich notwendiger Bestandteil der freiheitlich demokratischen Grundordnung«. Nach der Interpretation des Bundesverfassungsgerichtes bekleiden sie »den Rang einer verfassungsrechtlichen Institution«[4]. Durch den übergeordneten Auftrag bei der politischen Willensbildung wird eine funktionale Verbindung zwischen Parteien- und Regierungssystem hergestellt.

Das politische System der Bundesrepublik Deutschland wurde durch den Beitritt der fünf ostdeutschen Länder zur Bundesrepublik am 3. Oktober 1990 nicht grundlegend verändert; seine Institutionen wurden auf die neuen Bundesländer übertragen. Das geeinte Deutschland erhielt, obgleich dies gemäß Art. 146 GG möglich gewesen wäre, keine neue Verfassung. Zwar nahm am 16. Januar 1992 – wie es im Einigungsvertrag zwischen der Bundesrepublik Deutschland und der DDR vorgesehen war – die »Gemeinsame Verfassungskommission von Bundestag und Bundesrat« ihre Arbeit auf, doch ihre Aufgabe war nicht die Totalrevision des Grundgesetzes oder die Erarbeitung einer neuen Verfassung. Vielmehr sollte das Grundgesetz auf Reformbedarf hin überprüft werden. Die Kommission beendete ihre Arbeit mit der Vorlage eines Abschlußberichtes am 28. Oktober 1992. Am 23. September 1994 verabschiedete der Bundesrat das zuvor vom Deutschen Bundestag am 6. September 1994 nach langer Diskussion gebilligte Gesetz zur Verfassungsreform. Neben der Berücksichtigung veränderter europapolitischer Rahmenbedingungen und der Stärkung der Ländergesetzgebung fanden u. a. folgende Staatszielbestimmungen Eingang in das Grundgesetz: Förderung der Gleichberechtigung von Frau und Mann (Art. 3 GG), Schutz der Behinderten (Art. 3 GG) und der Umweltschutz (Art. 20a GG).

2. Politische Entwicklungslinien

2.1 Staatsgründung: Aufbau und Konsolidierung

Nachdem am 12. September 1949 Theodor Heuss zum ersten Bundespräsidenten der jungen Republik gewählt worden war, erfolgte am 15. September 1949 mit der denkbar knappsten Mehrheit von einer Stimme die Wahl Konrad Adenauers zum ersten Bundeskanzler der Bundesrepublik Deutschland. In seiner Amtszeit wurden grundlegende innen- und außenpolitische Richtungsentscheidungen für die Entwicklung der jungen Republik getroffen. Gegen den zeitweiligen Widerstand der SPD zielte seine Politik außenpolitisch von Anfang an auf die feste Verankerung der Bundesrepublik Deutschland im westeuropäischen und atlantischen Staatenlager. Einen besonderen Stellenwert erhielt dabei die deutsch-französische Freundschaft, die 1963 mit dem Vertrag über die deutsch-französische Zusammenarbeit einen Höhepunkt erlebte.

Fortschreitende Integration der Bundesrepublik Deutschland in das westliche Bündnissystem und Souveränitätsgewinne gingen in Adenauers Kanzlerschaft

Hand in Hand. Nach der Aufnahme in den Europarat 1950/51 war die Bundesrepublik Deutschland Gründungsmitglied von EGKS (1951), EWG und EAG (1957). Mit dem Beitritt zu WEU und NATO (1955) wurde das bis dahin geltende Besatzungsstatut der Westalliierten vom 10. April 1949, das bereits 1951 in einigen Punkten revidiert worden war, abgelöst und die Souveränität der westdeutschen Republik weitgehend hergestellt. Die Zuständigkeit der Alliierten blieb auf Deutschland als Ganzes und Berlin begrenzt. Erst mit dem Inkrafttreten des »Vertrages über die abschließende Regelung in bezug auf Deutschland« 1991 wurden die Souveränitätsrechte dann vollständig freigegeben.

Innenpolitisch waren die ersten Jahre der westdeutschen Republik von der Integration der Heimatvertriebenen aus ehemals deutschen Ostgebieten und Flüchtlingen aus Ostdeutschland, der Bekämpfung der hohen Arbeitslosigkeit und der Ankurbelung der Wirtschaft geprägt. Erst nach deutlichen Anlaufschwierigkeiten sprang 1952 die Konjunktur an. Ein gleichmäßiger Wirtschaftsaufschwung setzte ein. Die wirtschaftliche Lage der Bundesrepublik Deutschland konsolidierte sich in der Folgezeit rasch. Bis Mitte der fünfziger Jahre konnten konjunkturelle und strukturelle Arbeitslosigkeit beseitigt werden.

2.2 Übergangszeit, Machtwechsel und sozial-liberale Koalition: Reformen und neue Akzente

In ihrer dritten Amtsperiode zeigte die Kanzlerschaft Adenauers deutliche Verschleißerscheinungen. Seine – allerdings kurzfristigen – Ambitionen auf das Amt des Bundespräsidenten und die Debatte um seine Nachfolge 1959, seine politische Zurückhaltung während des von der DDR-Führung begonnenen Mauerbaus in Berlin im August 1961 und die Regierungskrise in der Folge der Spiegel-Affäre warfen Schatten auf das Ansehen des ersten Bundeskanzlers. Auf Druck der Unionsfraktion im Deutschen Bundestag und des Koalitionspartners FDP mußte Adenauer 1963 sein Amt an Ludwig Erhard (CDU) übergeben. In dessen Amtszeit fiel die erste Rezession nach fast 15 Jahren ungebrochenem Wirtschaftsaufschwung. Zweifel vor allem an der wirtschaftspolitischen Kompetenz der Bundesregierung und regierungsinterne Differenzen über die Sanierung des Staatshaushaltes erzwangen schließlich den Rücktritt Erhards. Ein sich bereits länger andeutender Machtwechsel nach 17 Jahren CDU-Dominanz nahm nun sukzessive Gestalt an. Äußeres Zeichen waren die Bildung einer Großen Koalition unter Bundeskanzler Kurt Georg Kiesinger (CDU) 1966 und die Wahl Gustav Heinemanns (SPD) als Nachfolger Heinrich Lübkes zum Bundespräsidenten 1969.

Mit dem Eintritt in die von Kurt Georg Kiesinger geführte Regierung im Dezember 1966 erreichte die SPD-Führung das in der Zeit nach der Verabschiedung des Godesberger Programms von 1959 immer wieder angestrebte Ziel, ihre Regierungsfähigkeit unter Beweis zu stellen. Die Gestaltungsfähigkeit der Großen Koalition zeigte sich dabei weniger in außenpolitischen Belangen als vielmehr auf innen- und wirtschaftspolitischen Handlungsfeldern. Zu den zentralen innenpolitischen Gesetzgebungswerken dieser Zeit zählte die Realisierung der Notstandsverfassung und der Notstandsgesetze. Mit der Verabschiedung des Stabilitätsgesetzes, dem Beschluß über die Einführung einer mittelfristigen Finanzplanung der Bundes und der Finanzverfassungsreform hatte man nicht nur Konsequenzen aus der Haushaltskrise von 1966/67 gezogen, sondern auch eine Anpassung an veränderte wirtschaftliche und soziale Verhältnisse vorgenommen.

Nach der Bundestagswahl von 1969 kam es unter Bundeskanzler Willy Brandt (SPD) erstmals zu einer sozial-liberalen Regierungsbildung. Innenpolitisch wurde der Ausbau des sozialen Netzes vorangetrieben. Aktives Wahlalter und Volljährigkeit wurden von 21 auf 18 Jahre gesenkt sowie Liberalisierungen im Demonstrations- und Sexualstrafrecht vorgenommen und das Betriebsverfassungsgesetz novelliert. Prägendes Merkmal der Kanzlerschaft Brandts waren jedoch die Ergebnisse seiner Ost- und Deutschlandpolitik. Gegen zum Teil heftigen Widerstand der CDU/CSU im Deutschen Bundestag konnte die sozial-liberale Ost- und Entspannungspolitik durchgesetzt und der Moskauer Vertrag (1970), der Warschauer Vertrag (1970), der Grundlagenvertrag mit der DDR (1972) sowie der Prager Vertrag (1973) unterzeichnet werden.

Nach dem Rücktritt Brandts 1974 wurde Helmut Schmidt (SPD) in einer Zeit ökonomischer und innenpolitischer Krisensituationen (Ölkrisen, RAF-Terroranschläge) zu seinem Nachfolger als Bundeskanzler gewählt. Außenpolitisch setzte Schmidt den von Brandt eingeleiteten Entspannungskurs gegenüber Osteuropa fort. Deutlich wurde dies u. a. in der deutschen Position zum Abschluß der Konferenz über Sicherheit und Zusammenarbeit in Europa (KSZE) 1975 in Helsinki. Die von Bundeskanzler Schmidt geführte Regierung setzte aber auch eigene Akzente, so z. B. die von Schmidt und dem französischen Staatspräsidenten Giscard d'Estaing initiierten Treffen der G-7-Staaten im Rahmen des Weltwirtschaftsgipfels (erstmals 1975) oder die Gründung des Europäischen Währungssystems (1978).

2.3 Koalition der Mitte: Politik der Erneuerung

Zu Beginn der achtziger Jahre befand sich die Bundesrepublik Deutschland in einer tiefen Wirtschafts- und Finanzkrise. Die sozial-liberalen Regierungspartner konnten in den Politikbereichen der Wirtschafts- und Finanzpolitik keinen Handlungskonsens mehr herstellen. Zudem hatte Bundeskanzler Schmidt die außen- und sicherheitspolitische Unterstützung seiner eigenen Partei, der SPD, in der Nachrüstungsdebatte verloren. Nach dem Koalitionsaustritt der FDP kam es erstmals in der Geschichte der Bundesrepublik Deutschland zu einem Regierungswechsel durch ein konstruktives Mißtrauensvotum. Mit 256 Stimmen erhielt Helmut Kohl (CDU) am 1. Oktober 1982 die zur Kanzlerwahl notwendige Stimmenmehrheit im Bundestag und wurde damit zum neuen Regierungschef einer christlich-liberalen Koalition gewählt. Die von ihm geführte »Koalition der Mitte« (Helmut Kohl) machte die wirtschaftliche Krisenlage der Bundesrepublik Deutschland und deren Behebung zu einem zentralen Thema der Regierungspolitik. Bis 1989 konnte sie die Staatsfinanzen stabilisieren, die Steuerbelastungen für Unternehmen und private Haushalte senken und Preisstabilität auf niedrigem Niveau erreichen. Allerdings hatte die Erfolgsgeschichte der achtziger Jahre auch ihre Schattenseiten. Subventionsabbau und Strukturreformen unterblieben, die Sockelarbeitslosigkeit bewegte sich weiter auf hohem Niveau. Die sich seit Mitte der siebziger Jahre entwickelnde Kluft zwischen einem sozial abgesicherten Teil der Bevölkerung und den von Arbeitslosigkeit und sozialem Abstieg Betroffenen wuchs.

Außenpolitisch bekannte sich die von Kohl geführte christlich-liberale Regierungskoalition nachdrücklich zur atlantischen Partnerschaft. Der NATO-Doppelbeschluß wurde mit breiter parlamentarischer Unterstützung vollzogen. Gleichzeitig vertieften sich – nicht ohne skeptische Aufmerksamkeit der USA und Großbritanniens – die deutsch-französischen Beziehungen. Unter Kohl und dem französischen Staatspräsidenten Mitterrand entwickelte sich die Achse Paris-Bonn in den achtziger Jahren zur Hauptantriebswelle des europäischen Integrationsprozesses. Deutschlandpolitisch zeichnete die von CDU/CSU und FDP gebildete Regierungskoalition die von den Vorgängerregierungen angelegten Kontinuitätslinien im wesentlichen fort. Kernelemente der Bonner Deutschlandpolitik in den achtziger Jahren waren – bei gleichzeitiger Betonung des Systemgegensatzes zur DDR – die Anerkennung bestehender Verträge und die Bereitschaft zur Zusammenarbeit mit dem ostdeutschen Staat zwecks Milderung der Teilungsfolgen.

2.4 Zeitenwende: Vom geteilten zum vereinten Deutschland

Am 3. Oktober 1990 wurde die deutsche Einheit durch den Beitritt der DDR zur Bundesrepublik Deutschland nach Art. 23 GG staatsrechtlich vollendet. Mit diesem Tag fand das über 40 Jahre während Kapitel der deutschen Teilung seinen Abschluß. Ein entscheidender Meilenstein auf dem Weg zur deutschen Einheit in den Jahren 1989/90 war die friedliche Revolution der Menschen in der DDR vom Herbst 1989. Sie gipfelte in der Öffnung der Berliner Mauer am 9. November 1989. Die eindeutigen Forderungen der Mehrzahl der Ostdeutschen nach staatlicher Einheit Deutschlands und Zugang zur D-Mark, der sich beschleunigende Verfall ostdeutscher Wirtschaftsstrukturen und vor allem der auch nach dem Fall der Mauer anhaltende Übersiedlerstrom setzten in der Folgezeit die politischen Akteure in West- und Ostdeutschland genauso unter Handlungsdruck wie die für Deutschland als Ganzes und Berlin zuständigen alliierten Siegermächte Frankreich, Großbritannien, USA und Sowjetunion. Bis zum Oktober 1990 entstanden in zahllosen Verhandlungsrunden mit dem Staatsvertrag zur Währungs-, Wirtschafts- und Sozialunion, dem Wahlvertrag, dem Einigungsvertrag und schließlich dem sogenannten »Zwei-plus-Vier-Vertrag« die innerstaatlichen und völkerrechtlichen Voraussetzungen zur Vereinigung beider deutscher Staaten. Daß die dabei gewählten Strategien die mehrheitliche Zustimmung der Bürger in West- und Ostdeutschland fanden, zeigte das Ergebnis der ersten gesamtdeutschen Bundestagswahl vom 2. Dezember 1990, bei der die christlich-liberale Regierungskoalition unter der Führung von Bundeskanzler Kohl bestätigt wurde.

2.5 Politikwechsel: Ende der Ära Kohl und rot-grüne Koalitionsregierung

Trotz hoher Stimmenverluste konnte sich im »Superwahljahr« 1994 die Regierungskoalition von CDU/CSU und FDP bei der zweiten gesamtdeutschen Bundestagswahl behaupten. Helmut Kohl wurde am 15. November 1994 vom Deutschen Bundestag in seinem Amt als Bundeskanzler bestätigt. Allerdings erschwerte die nur knappe Mehrheit der Regierungskoalition von zehn Stimmen gegenüber der Opposition im Bundestag und die Mehrheit der SPD-regierten Länder im Bundesrat der Bundesregierung in den Folgejahren die Politikgestaltung. Zentrale und für die Zukunft Deutschlands wichtige Projekte – wie z. B. die Reform der Sozialversicherungssysteme oder des Steuersystems – konnten nicht oder nur in Ansätzen auf den Weg gebracht werden bzw. wurden auf die Zeit nach der Bundestagswahl 1998 vertagt. Bei dieser wurde die regierende Koalition aus Unionsparteien und FDP abgewählt. Mit deutlichem Stimmenvorsprung gewannen SPD und Bündnis 90/Die Grünen die Bundestagswahl vom 27. September 1998. Nach den kürzesten Koalitionsverhandlungen in der Geschichte der Bundesrepublik Deutschland legten Vertreter der bisherigen Oppositionsparteien am 20. Oktober eine Koalitionsvereinbarung mit dem zukunftweisenden Titel »Aufbruch und Erneuerung – Deutschlands Weg ins 21. Jahrhundert« als Basis für die künftige Regierungsarbeit vor. Der Abbau der Arbeitslosigkeit in Deutschland wurde darin zum obersten Ziel in der Arbeit der neuen Bundesregierung erklärt. Nachdem die Koalitionsvereinbarung von den Delegierten beider Parteien auf Sonderparteitagen am 24./25. Oktober 1998 angenommen worden war, war der Weg für das neue Regierungsbündnis frei. Die Abgeordneten des 14. Deutschen Bundestages wählten schließlich Gerhard Schröder (SPD) am 27. Oktober 1998 mit 351 zu 287 Stimmen bei 27 Enthaltungen zum ersten Bundeskanzler einer rot-grünen Koalitionsregierung.

3. Aspekte der politischen Kultur

Die Bundesrepublik Deutschland hat sich in den 50 Jahren ihres Bestehen zu einer stabilen Demokratie entwickelt.[5] Ihre Funktionsmechanismen sind akzeptiert. Das politische System hat seine Krisenfestigkeit mehrfach bewiesen. Die Zustimmung der Bürger zur politischen und wirtschaftlichen Ordnung, die Systemakzeptanz, hat sich insgesamt auf einem Niveau oberhalb der meisten anderen westeuropäischen Staaten eingependelt. Beruhte sie in den fünfziger und frühen sechziger Jahren noch vorwiegend auf den wirtschaftlichen Erfolgen der Anfangsphase, so läßt sich für die Folgezeit eine gewachsene affektive, zugleich aber auch pragmatisch-interessenorientierte Bindung der Deutschen an ihr politisches System beobachten. Die Folgen des Generationenwandels, die Erfahrungen mit einer funktionsfähigen, krisenfesten Demokratie, der Zugang weiter Kreise zum Bildungssystem, Veränderungen der Beschäftigungsstrukturen und die Ausbildung neuer politischer Beteiligungsformen haben die Entwicklung der politischen Kultur in der Bundesrepublik Deutschland seit Ende der sechziger Jahre geprägt.

Wenn auch insbesondere seit den achtziger Jahre ein zunehmender Vertrauensschwund der Bürger in die etablierten Parteien festgestellt werden konnte und die Kritik an Funktionsdefiziten des politischen und wirtschaftlichen Systems der Bundesrepublik Deutschland zugenommen hat, so kann dies doch nicht einfach mit einer neuen Form der Ablehnung des »Modells Bundesrepublik« durch seine Bürger gleichgesetzt werden. Vielmehr verharrt die Grundakzeptanz des demokratischen Systems weiterhin auf hohem Niveau. Gleichwohl beginnen sich die Bürger und Wähler stärker als in den Jahrzehnten zuvor zu emanzipieren. Neue Formen der politischen Beteiligung und des aktiven Engagements innerhalb und außerhalb der Parteien gewinnen an Bedeutung und finden ihren Ausdruck z. B. in der verstärkten Bildung von Bürgerinitiativen oder der Zunahme von Volksbegehren. Traditionelle, milieuorientierte Parteiloyalitäten verlieren deutlich an Bindewirkung. Wahlbeteiligung und Stimmvergabe werden verstärkt und bewußt zum (Un-) Zufriedenheitsausdruck gegenüber politischen Leistungen der Parteien. Ebenso wie in ihrem politischen Engagement orientieren sich die Bürger im Wahlverhalten vermehrt an individuellen und situativen Interessen. Dies zeigt sich nicht zuletzt in der Zahl der Wechselwähler, die in den letzten beiden Jahrzehnten deutlich angestiegen ist.

Mit dem 3. Oktober 1990 wurde zwar staatsrechtlich die deutsche Einheit vollzogen. Die in 40 Jahren deutscher Teilung gewachsenen Lebenswelten und Erfahrungshorizonte der Ost- und Westdeutschen konnten aber keinesfalls zu einem Stichtag vereint werden. Es ist nicht zu verkennen, daß die Unterstützung der demokratischen Grundordnung und des Wirtschaftssystems der Bundesrepublik Deutschland durch die Bürger der ostdeutschen Bundesländer nach wie vor deutlich geringer ist als durch die Westdeutschen.[6] Hier liegt ein Unterschied, der sich vor allem als ein Reflex auf die von den Ostdeutschen im Vergleich zu den Westdeutschen als unbefriedigend empfundenen Systemleistungen darstellt. Der nur langsam akzeptierte Wegfall gewohnter vor allem beruflicher Lebensmuster und sozialen Schutz suggerierender staatlicher Omnipräsenz sowie enttäuschte wirtschaftliche Hoffnungen wirken hier nach und beeinflussen die politische Unterstützung gegenüber dem noch immer ungewohnten neuen System. Ein von wirtschaftlichen Aufbauerfolgen ausgehender Akzeptanzschub, wie er in Westdeutschland insbesondere in den fünfziger Jahre beobachtet werden konnte, fehlt bislang. Allerdings hat das Leitbild der Sozialen Marktwirtschaft auch bei der Bevölkerung im Westen in den letzten Jahren an Strahlkraft eingebüßt.[7] Es ist dabei kein Zufall, daß die ansteigende Unzufriedenheit mit dem eigenen Wirtschaftssystem – ebenso wie im übrigen der Rückgang an Demokratiezufriedenheit – mit dem Wegfall des sozialistischen Gegenmodells zusammenfällt. Angesichts zunehmender wirtschaftlicher und sozialer Problemkonstellationen und Funktionsdefizite sowie dem Fehlen eines Referenzmodells, das diese relativieren könnte, werden neue Handlungs-, Politik- und Problemlösungskonzepte benötigt, die die Legitimation von Demokratie und Sozialer Marktwirtschaft und damit das Fundament des deutschen Gesellschaftssystems auch künftig sichern.

4. Wirtschaftliche Lage

Ein besonderer Leistungstest für das deutsche Wirtschaftssystem stellte in den neunziger Jahren der marktwirtschaftliche Um- und Aufbau der ehemaligen DDR-Staatswirtschaft dar. Diese Umstrukturierung ist Ausdruck einer einmaligen Solidarleistung. Zwischen 1991 und 1998 flossen aus den Kassen des Bundes, der westdeutschen Länder und Gemeinden sowie der Renten- und Sozialversicherung und der Europäischen Union Finanzmittel in Höhe von netto 1 031 Mrd. DM nach Ostdeutschland. Ein Ende dieser Wirtschaftshilfe ist noch nicht absehbar. Sie überflüssig zu machen stellt eine der zentralen Herausforderungen für die deutsche Volkswirtschaft in den nächsten Jahren dar.

4.1 Fragiler Aufschwung Ost

Trotz der gewaltigen Anschubfinanzierung aus westdeutschen Kassen ist die Wirtschaftsentwicklung in Ostdeutschland nach wie vor nicht selbsttragend. 1995 machten die öffentlichen West-Ost-Nettotransfers mit 140 Mrd. DM knapp 50 Prozent des ostdeutschen BIP aus, das bei 280,1 Mrd. DM (in Preisen von 1991) lag. 1997 betrug der Anteil der öffentlichen Transferleistungen am ostdeutschen BIP (in Preisen von 1991: 290,2 Mrd. DM) noch immer 46,8 Prozent. Weite Teile Ostdeutschlands bleiben nach wie vor auf sie angewiesen. Sie dienen zum einen einem notwendigen Maß der sozialen Sicherung der Menschen in den neuen Bundesländern und tragen dazu bei, einheitliche Lebensverhältnisse in Deutschland herzustellen. Zum anderen stellen sie das wesentliche Element eines regional- und strukturpolitischen Programms dar, das durch Infrastrukturmaßnahmen und Investitionsförderung in den zurückliegenden Jahren wesentlich zur Revitalisierung des ostdeutschen Wirtschaftsraumes beigetragen hat. Diese wäre mit ausschließlich privatwirtschaftlichem Kapitaleinsatz nicht zu leisten gewesen. Wenngleich ein großer Teil der Transfermittel konsumtiven und sozialen Verwendungszwecken zufloß und noch immer zufließt und damit auch zur Abmilderung sozialer Härten in Ostdeutschland beiträgt, ist es dennoch gelungen, mit diesen Leistungen die Konturen des ostdeutschen Kapitalstockes zu verändern. Beide, Staat und Privatwirtschaft, haben mit ihren Leistungen dazu beigetragen, daß sich im Zeitraum 1990-1997 in Ostdeutschland ein neues Anlagevermögen von rund 600 Mrd. DM gebildet hat. Vor allem die staatlichen Transferzahlungen setzten in den neuen Bundesländern die Rahmendaten, die für viele Unternehmen Investitionen erst attraktiv machten.

4.2 Arbeitslosigkeit

Belastet wird die gesamtdeutsche Wirtschaftslage durch die zunehmend verschärfte Lage am Arbeitsmarkt. Die Bekämpfung der Arbeitslosigkeit ist angesichts anhaltend hoher Arbeitslosenzahlen in der Bundesrepublik Deutschland zum dringendsten wirtschaftspolitischen Problem der neunziger Jahre geworden.

In Ostdeutschland war der Beschäftigungsabbau seit 1989 rasant. Waren im Umbruchjahr noch rund 9,7 Millionen Erwerbstätige zu verzeichnen, erreichte ihre Zahl 1997 mit 6,05 Millionen ihren absoluten Tiefststand. Zwischen 1993 und 1995 war die Zahl der Erwerbstätigen von 6,6 bis auf 6,8 Millionen angestiegen. Seit 1995 ist sie aber wieder stark rückläufig. Nachdem die Arbeitslosenquote[8] bis 1995 auf 14,9 Prozent in den ostdeutschen Bundesländern gesunken war, stieg sie bis 1997 auf fast 19,5 Prozent an. Ihren bisherigen Höchstpunkt erreichte sie im Februar 1998 mit 22,9 Prozent. Aufgrund nach wie vor ablaufender Rationalisierungsprozesse und der erst langsam überwundenen Wachstumsschwäche ist mit einer spürbaren Änderung der ostdeutschen Arbeitsmarktsituation in Ostdeutschland frühestens im Verlauf des Jahres 1999 zu rechnen.

In Westdeutschland hat sich seit den siebziger Jahren deutlich gezeigt, daß auch in Phasen der Hochkonjunktur die zuvor entstandene Unterbeschäftigung in immer geringerem Maße abnahm. Eine nach jeder Rezession ansteigende Sockelarbeitslosigkeit ist als Konsequenz zu verzeichnen. In den alten Bundesländern lag die Arbeitslosenquote 1997 im Jahresmittel bei 11 Prozent. Seit Mitte 1998 ist hier allerdings eine leichte Entspannung sichtbar. Die Arbeitslosigkeit in Westdeutschland hat in erster Linie strukturelle Ursachen. Obgleich im Bereich der Lohn- und Arbeitszeitentwicklung in den letzten Jahren Flexibilisierungstendenzen erkennbar waren, so behindern dennoch nach wie vor starre Regelungen auf den Arbeitsmärkten, hohe Abgaben und Arbeitskosten sowie der Reformstau im Bereich der Steuer- und Rentenpolitik eine positive Beschäftigungsentwicklung. In Westdeutschland gelang es in den zurückliegenden Jahren zudem nicht, Anschluß an einen internationalen Beschäftigungsaufschwung zu finden, wie er seit geraumer Zeit z. B. in Großbritannien, der Schweiz, den Niederlanden, vor allem aber in den USA zu beobachten ist. Im Vergleich zu den genannten Staaten war der Zuwachs an Beschäftigung in Westdeutschland in den letzten 25 Jahren unterdurchschnittlich. Während in den genannten Staaten gerade der Dienstleistungssektor boomte, erzielte Westdeutschland in diesem Wirtschaftsbereich nur relativ bescheidene Beschäftigungseffekte.

4.3 Staatsfinanzen

1996 hat die Verschuldung aller öffentlichen Haushalte in der Bundesrepublik Deutschland die Grenze von 2 Billionen DM überschritten. Ende 1997 lag sie bei fast 2,2 Billionen DM. Zwischen 1990 und März 1998 nahm allein die Nettoneuverschuldung des Bundes von 542,2 auf 932,3 Milliarden DM zu. Lag die Verschuldung aller Gebietskörperschaften in der Bundesrepublik Deutschland 1992 noch bei 44,1 Prozent des Bruttoinlandsproduktes, so war sie bis 1997 auf 60,4 Prozent angewachsen. Eine Rückführung der Staatsausgaben und damit die Absenkung der Staatsquote erscheint daher notwendig. Hier konnte 1997 – nicht zuletzt unter dem Disziplinierungsdruck der Maastricht-Kritierien – ein Anfangserfolg erzielt und die Staatsquote mit 48,8 Prozent erstmals unter das Niveau von 1991 gesenkt werden. Allerdings zeigt ihre differenzierte Betrachtung auch, daß zwischen 1991 und 1997 die staatlichen Investitionen vor allem im Bereich des Erhalts und Ausbaus von Infrastrukturmaßnahmen (z. B. im Bereich der Verkehrswege), die bisher ein Gütesiegel des Standorts Deutschlands waren, zurückgingen. Angestiegen sind dagegen die Staatsausgaben für Personal, Verwaltung, Transfers und Schuldendienst.[9]

4.4 Reform- und Anpassungsbedarf

Die internationalen Wirtschaftsverflechtungen werden enger. Deutschland muß sich im Hinblick sowohl auf Gütermärkte als auch Produktionsfaktoren zunehmend im globalen Standortwettbewerb bewähren. Die Europäische Währungsunion von elf EU-Mitgliedstaaten wird zudem den innereuropäischen Wettbewerb auf einem für die deutsche Wirtschaft zentralen Markt erhöhen. Der daraus resultierende Anpassungsdruck wird die Investitionsbedingungen in Deutschland weiter verschärfen und den Zwang zur Realisierung bisher nicht bewältigter wirtschaftspolitischer Reformen drastisch verstärken. Der Druck zu grundlegenden Strukturreformen im Bereich der Finanz- und Sozialpolitik nimmt genauso zu wie die Notwendigkeit zum Abbau staatlicher Eingriffe in Wirtschaftsmechanismen und zur Flexibilisierung der Strukturen am Arbeitsmarkt. Vor allem die bisher politisch nicht durchsetzbaren Reformen des Steuersystems und Neuordnungen des Sozialversicherungssystems zur Verminderung einer investitionshemmenden Abgabenlast und zur Stärkung der eigenverantwortlichen Zukunftsvorsorge des einzelnen werden in den nächsten Jahren die politische Agenda in Deutschland mitbestimmen.

5. Deutschland in Europa

Wenngleich Skepsis gegenüber einer Vertiefung der europäischen Integration, Vorbehalte gegen die Höhe des deutschen Finanzbeitrages oder auch Kritik an

Entscheidungen der Europäischen Kommission zur Normalität deutscher Politik zu werden scheinen, bildet die europäische Integration nach wie vor einen wichtigen Orientierungs- und Stabilitätsanker deutscher Außenpolitik. Der besondere Stellenwert der europäischen Integration in Deutschland wurde 1992 mit der Neufassung von Art. 23 GG nachhaltig unterstrichen. Mit ihr fand die Staatszielbestimmung, bei der »Entwicklung der Europäischen Union ... zur Verwirklichung eines vereinten Europas« mitzuwirken, Eingang in die Verfassung der Bundesrepublik Deutschland. Neben der verfassungsrechtlichen Definition der Kompetenzen von Bund und Ländern bei der Mitwirkung an Rechtsetzungsakten der Europäischen Union wurden zugleich Strukturprinzipien der Europäischen Union festgeschrieben: Diese soll nämlich »demokratischen, rechtsstaatlichen, sozialen und föderativen Grundsätzen und dem Grundsatz der Subsidiarität verpflichtet sein« und einen dem »Grundgesetz im wesentlichen vergleichbaren Grundrechtsschutz gewährleisten.« Der von der Bundesregierung bei den zentralen europapolitischen Herausforderungen der neunziger Jahre demonstrierte politische Wille zur Fortführung und Intensivierung der europäischen Integration kann dennoch nicht darüber hinwegtäuschen, daß die Europa-Skepsis der Deutschen in den vergangenen Jahren, insbesondere aber in der Maastricht-Nachfolgezeit zunahm. Wenngleich sich die Deutschen bewußt sind, daß der europäische Integrationsprozeß ohne Alternative ist, so ist – trotz einer nach wie vor europhilen Grundausrichtung – die Befürwortung weiterer politischer und wirtschaftlicher Integrationsprozesse dennoch rückläufig.[10] Symptomatisch war u. a. die Haltung der Deutschen zum Euro und damit zur Währungsunion. Nicht »eu(ro)phorisch«, sondern pragmatisch kühl tragen sie in ihrer Mehrheit die Ablösung der D-Mark durch die europäische Währung mit. Nicht europäisches Pathos oder die Einsicht in die währungspolitische Notwendigkeit bestimmten bislang ihre Haltung, sondern das nüchterne Bewußtsein, mit dem Schritt hin zur Währungsunion das Stabilitätsband der europäischen Integration zu festigen. Die Einstellung zur Europäischen Union und damit die Akzeptanz weiterer Integrationsschritte unterliegen insgesamt einem pragmatischen europapolitischen Kosten-Nutzen-Kalkül. Die deutsche Politik wird nicht umhin kommen, diese Akzentverschiebung bei der künftigen Interessendefinition und -artikulation im vereinten Europa zu berücksichtigen.

Weiterführende Literatur

Bracher, Karl Dietrich, und Theodor Eschenburg (Hrsg.): Geschichte der Bundesrepublik Deutschland, 5 Bände, Stuttgart/Mannheim 1981 ff.
Greiffenhagen, Martin, und Sylvia: Ein schwieriges Vaterland. Zur politischen Kultur im vereinten Deutschland, München/Leipzig 1993.
Gros, Jürgen: Entscheidung ohne Alternativen? Die Wirtschafts-, Finanz- und Sozialpolitik im deutschen Vereinigungsprozeß, Mainz 1994.

Ders.: Politikgestaltung im Machtdreieck Partei, Fraktion, Regierung. Zum Verhältnis von CDU-Parteiführungsgremien, Unionsfraktion und Bundesregierung 1982–1989 an den Beispielen der Finanz-, Deutschland- und Umweltpolitik, Berlin 1998.

Ders., und Manuela Glaab: Faktenlexikon Deutschland. Geschichte, Gesellschaft, Politik, Wirtschaft, Kultur, München 1999.

Grosser, Dieter, Stephan Bierling und Beate Neuss (Hrsg.): Bundesrepublik und DDR 1969–1990, Stuttgart 1996.

Kleßmann, Christoph: Die doppelte Staatsgründung. Deutsche Geschichte 1945–1955, 5. überarbeitete und erweiterte Auflage, Bonn 1991.

Ders.: Zwei Staaten, eine Nation. Deutsche Geschichte 1955–1979, 2. überarbeitete und erweiterte Auflage, Bonn 1997.

Korte, Karl-Rudolf: Deutschlandpolitik in Kohls Kanzlerschaft. Regierungsstil und Entscheidungsprozesse 1982–1989, Stuttgart 1998.

Lehmann, Hans Georg: Deutschland-Chronik 1945–1995, Bonn 1995.

Morsey, Rudolf: Die Bundesrepublik Deutschland. Entstehung und Entwicklung bis 1969, 2. Auflage, München 1990.

Niehuss, Merith, und Ulrike Lindner (Hrsg.): Besatzungszeit. Bundesrepublik und DDR 1945–1969, Stuttgart 1998.

Pfetsch, Frank R.: Die Außenpolitik der Bundesrepublik Deutschland 1949–1992, 2. erweiterte und verbesserte Auflage, München 1993.

Weidenfeld, Werner: Außenpolitik für die deutsche Einheit: Die Entscheidungsjahre 1989/90, Stuttgart 1998.

Ders., und Karl-Rudolf Korte: Die Deutschen. Profil einer Nation, Stuttgart 1991.

Dies. (Hrsg.): Handbuch zur deutschen Einheit. 1949 – 1989 – 1999, aktualisierte und erweiterte Neuausgabe, Frankfurt a. M./New York 1999.

Anmerkungen

1 Diese Formulierung wurde entsprechend den Regelungen des Vertrages über die Herstellung der Einheit Deutschlands zwischen der Bundesrepublik Deutschland und der DDR am 23. September 1990 aus der Präambel des Grundgesetzes gestrichen.
2 Auch dieser Artikel wurde mit Wirkung vom 23. September 1990 neugefaßt.
3 Vgl. »Frankfurter Dokumente« v. 1. Juli 1948, Dok. Nr. 1 (Verfassungsrechtliche Bestimmungen), abgedruckt in: Weber, Jürgen: Das Entscheidungsjahr 1948, 4. Auflage, München 1995, S. 102 f.
4 BVerfGE2, 1/73.
5 Zur Entwicklung vgl. auch Glaab, Manuela, und Karl-Rudolf Korte: Politische Kultur, in: Weidenfeld, Werner, und Karl-Rudolf Korte (Hrsg.): Handbuch zur deutschen Einheit. 1949 – 1989 – 1999, aktual. und erw. Neuausgabe, Frankfurt a. M./New York 1999, S. 642–650.
6 Vgl. dazu Fuchs, Dieter: Welche Demokratie wollen die Deutschen? Einstellungen zur Demokratie im vereinigten Deutschland, in: Gabriel, Oscar W. (Hrsg.): Politische Orientierungen und Verhaltensweisen im vereinigten Deutschland, Opladen 1997, S. 81–113.

7 Zur Datenlage z. B. Köcher, Renate: Das Sein unterliegt dem Bewußtsein, in: FAZ v. 17. Juni 1998.
8 Anteil der Arbeitslosen an den abhängig zivilen Erwerbspersonen.
9 Dazu die Berechnungen in: iwd v. 16. April 1998, S. 4 f.
10 Vertiefend dazu Glaab, Manuela, Jürgen Gros, Karl-Rudolf Korte und Peter M. Wagner: Wertgrundlagen und Belastungsgrenzen deutscher Europapolitik, in: Weidenfeld, Werner (Hrsg.): Deutsche Europapolitik. Optionen wirksamer Interessenvertretung, Bonn 1998, S. 167–208.

Frankreich

HENRI MÉNUDIER

Durch seine Lage, seine Geschichte, seine Kultur sowie die vielfältigen und intensiven Austauschbeziehungen mit seinen Nachbarländern ist Frankreich eng mit Europa verbunden. Um diesen nicht einfachen, aber wichtigen Partner zu verstehen, muß man sich über die Besonderheiten seines politischen Systems informieren. Frankreich war 1945 noch ein Agrar- und Kolonialstaat. Der Sprung in die Industrie- und Dienstleistungsgesellschaft ist ihm gelungen. Seine Gesellschaft hat sich mit der zunehmenden Verstädterung stark verändert, wobei die sozialen Ungleichheiten größer geworden sind. Von der IV. zur V. Republik, von de Gaulle bis François Mitterrand und Jacques Chirac, hat Frankreich viele Impulse gegeben, die Integrationsprozesse zugleich aber auch gebremst und behindert.

In seiner Geschichte hat Frankreich mit vielen politischen Regimen experimentiert, die ihrerseits wieder die Entwicklung Europas beeinflußt haben. Nach der französischen Revolution von 1789 dauerte die erste Republik zwölf Jahre (1792–1804) und die zweite nur vier Jahre (1848–1852). Im 19. Jahrhundert gab es auch drei Könige und zwei Kaiser. Mit der III. Republik (1870-1940) setzte sich endgültig das republikanische Regime durch, allerdings mit der Unterbrechung der Vichyzeit (*Etat français* mit Philippe Pétain 1940–1944). Die IV. Republik (1946–1958) erlebte 25 Regierungen in zwölf Jahren; sie konnte trotzdem eine positive Bilanz im Bereich der Europapolitik vorweisen. Wegen der Krise in Algerien kam General de Gaulle im Mai 1958 an die Macht zurück, nachdem er von August 1944 bis Januar 1946 die provisorische Regierung geleitet hatte.

1. Das politische System der V. Republik

Die Verfassung der V. Republik, die am 28. September 1958 durch eine Volksabstimmung angenommen worden war, verlagerte die Macht von der Nationalversammlung auf den Präsidenten der Republik. Den Regierungschef setzte sie zu einem Ausführungsorgan des Präsidenten herab. Charles de Gaulle wurde am 21. Dezember

1958 indirekt von etwa 80 000 Wahlmännern zum Präsidenten der Republik gewählt. Die siebenjährige Dauer seines Mandates und die Einführung der direkten Wahl des Präsidenten seit 1962 gaben ihm die demokratische Legitimität sowie eine verstärkte Führungsrolle. Neben den traditionellen Aufgaben eines Staatsoberhauptes ernennt und entläßt der Präsident der Republik den Premierminister, er führt den Vorsitz im Ministerrat und kann Volksentscheide durchführen. Es gab bereits zwei Referenden über Europafragen, 1972 zur ersten Erweiterung der EG und 1992 über den Vertrag von Maastricht. Der Präsident kann die Nationalversammlung auflösen und in Krisenzeiten außerordentliche Vollmachten erhalten. Dies geschah einmal unter de Gaulle während der Algerienkrise. Der Präsident übernahm auch wichtige Kompetenzen in der Außen- und Verteidigungspolitik.

Seit 1958 zählt Frankreich fünf Präsidenten der Republik (Charles de Gaulle: 1959–1969, Georges Pompidou: 1969–1974, Valéry Giscard d'Estaing: 1974–1981, François Mitterrand: 1981–1995 und Jacques Chirac: seit l995) mit einer durchschnittlichen Amtsdauer von acht Jahren. In derselben Zeit gab es 16 verschiedene Premierminister, die im Durchschnitt 2,5 Jahre im Amt blieben. Bundeskanzler Kohl hatte zwischen 1982 und 1998 das besondere Glück, mit neun verschiedenen Premierministern arbeiten zu dürfen. In der Verfassung steht, daß die Regierung die Politik der Nation bestimmt und der Premierminister die Arbeit der Regierung leitet. Diese Sätze erinnern an Art. 65 des deutschen Grundgesetzes über die Rolle des Bundeskanzlers. In Zeiten der *Kohabitation*, wenn unterschiedliche Mehrheiten den Präsidenten der Republik und den Premierminister unterstützen, verlagert sich ein Teil der Macht, besonders in der Sozial- und Wirtschaftspolitik, zugunsten des Premierministers. Seit 1997 erlebt Frankreich die dritte *Kohabitation*, die beiden ersten gab es von 1986 bis 1988 und von 1993 bis 1995.

Die kommunale und regionale Verwaltung wird in Frankreich von 36 400 Gemeinden, 3 714 Kantonen, 325 Arrondissements, 96 Départements und 22 Regionen getragen. Seit der Reform von 1982 haben die Regionen eine größere Autonomie erhalten, sie besitzen aber keine Weisungsbefugnisse den Gemeinden und Départements gegenüber. Auch wenn ihre politischen Organe direkt vom Volk gewählt werden, spielen sie keine so große Rolle wie in Deutschland. Die *Préfets* (die Vertreter des Staates in den Départements und in den Regionen) haben Macht verloren, sie koordinieren aber die Arbeit aller nachgeordneten Behörden. Weniger Gemeinden und Regionen wären notwendig, damit diese sich besser in der EU durchsetzen könnten.

Die französischen Parteien sind zersplittert und wechseln oft ihren Namen. Auf der rechten Seite haben die Neogaullisten (*Rassemblement pour la République*) ihre frühere Stärke verloren (Wahlen 1997: 16,8 Prozent). Mit den Liberalen (1997: 14,7 Prozent) bilden sie seit 1998 eine Sammlungsbewegung (*Alliance pour la France*), die die Zusammenarbeit mit dem rechtsextremen *Front National* (1997: 15,1 Prozent) ablehnt. Dessen Spaltung Ende 1998 bringt neue Perspektiven in die Parteienlandschaft. Links bilden die Sozialisten (1997: 25,5 Prozent) die stärkste Partei, weit vor Kommunisten (1997: 9,9 Prozent) und Grünen (1997: 3,6 Prozent).

2. Sozialer und wirtschaftlicher Wandel

Nach 1945 zählte Frankreich 45 Mio. Einwohner. Im Jahre 1998 waren es fast 59 Mio., darunter 3,6 Mio. Ausländer (etwa 6,5 Prozent). Die Einwohnerzahl umfaßt auch die 1,5 Mio. Bürger aus den verschiedenen Überseedépartements und -gebieten. Die Konzentration der Ausländer in bestimmten Regionen schafft soziale Probleme. Mit 107,1 Einwohnern pro km^2 ist das Land dünn besiedelt, verglichen vor allem mit Deutschland (229,3) oder mit Belgien (332,4), das eine Spitzenposition in der EU hält.

Frankreich war bis Anfang der fünfziger Jahre eine Agrar- und Kolonialmacht, die sich wenig um die Weltmärkte kümmerte. Es hat sich schnell modernisiert und industrialisiert. Die technologischen Innovationen, die Öffnung nach außen, die Europäisierung der Wirtschaft, der Druck der internationalen Konkurrenz und die Zwänge der Globalisierung haben Wirtschaft und Gesellschaft tief verändert. Heute zählt Frankreich zu den großen Wirtschaftsländern der Welt nach den USA, Deutschland und Japan, das Lebensniveau und die Einkommen sind im Vergleich zu vielen anderen Ländern relativ hoch. Der wirtschaftliche Strukturwandel nach 1945 hat einschneidende Veränderungen und einen hohen Anpassungsbedarf hervorgerufen. In den ersten dreißig Jahren (1945–1975) waren die Wachstumsraten hoch und die Arbeitslosigkeit unbedeutend. Seitdem haben sich die Relationen verändert: Die Wachstumsraten sind niedrig und die Arbeitslosigkeit hat 10 bis 11 Prozent erreicht. Die sozialen Probleme sind um so schwieriger geworden.

Das soziale Klima in Frankreich ist oft gespannt, weil das Land sich seit 1945 enorm, aber unregelmäßig verändert hat. Die Arbeitslosigkeit seit den siebziger Jahren hat die sozialen Ungleichheiten verstärkt, der Anteil der Bevölkerung in der Landwirtschaft ist stark zurückgegangen, dafür hat der Sektor der Dienstleistungen immens an Bedeutung gewonnen. Drei Viertel der Bevölkerung wohnen in den Städten, fast ein Fünftel lebt im Großraum Paris. Nach der Bevölkerungsexplosion von 1945 bis 1965 sind die Geburtenzahlen stark zurückgegangen. Familienplanung und die verstärkte Berufstätigkeit der Frauen erklären diese Entwicklung.

Die französischen Gewerkschaften sind zersplittert und ideologisch verfeindet, der Organisationsgrad (unter 10 Prozent) ist sehr schwach im Vergleich zu den anderen europäischen Staaten. Sie sind traditionell gegen das bestehende Gesellschaftssystem, lehnen Verhandlungen mit den Arbeitgebern ab und unterhalten ein schwieriges Verhältnis zur Regierung. Diese Elemente und die sozialen Spannungen erklären, daß die französischen Gewerkschaften die direkte Form der Aktion – den Streik – bevorzugen, auch wenn die Zahl der sozialen Konflikte, der beteiligten Arbeitnehmer und der verlorenen Arbeitstage in den neunziger Jahren zurückgegangen sind.

Anders als in Deutschland spielt der Staat eine wichtige Rolle in der Wirtschaftsentwicklung. Die *planification* (Wirtschaftsplanung) und die *nationalisations* (Verstaatlichungen) bilden zwei Besonderheiten. Die Wirtschaftsplanung »à la française« ist nicht so rigide wie früher in den sozialistischen Ländern. Außerdem hat sie seit den achtziger Jahren an Bedeutung verloren. Nach dem Krieg wurde ein wichtiger Teil der Wirtschaft unter die Kontrolle des Staates gebracht, damit er die *planification* besser realisieren konnte. François Mitterrand und die linken Regierungen haben den staatlichen Sektor erheblich erweitert. Die folgenden konservativen Regierungen haben wieder privatisiert. Entscheidend für die Zukunft ist, daß Frankreichs Wirtschaft sehr eng mit der EU verbunden ist. 1995 kamen 68,5 Prozent der französischen Einfuhren aus den EU-Ländern, 63 Prozent der französischen Ausfuhren gingen dorthin.

3. Anfänge der europäischen Integration

Der Beitrag Frankreichs zum Aufbau Europas ist zweischneidig. Einerseits hat es viele Initiativen und Vorschläge formuliert, die verwirklicht wurden, andererseits hielt es auch zahlreiche Entwicklungen auf und brachte wichtige Pläne zum Scheitern. Frankreich ist bestimmt reich an Ideen und gutem Willen, aber wegen seiner Auffassung der Souveränität und der Verteidigung seiner nationalen Interessen ist es auch ein unbequemer Partner für die anderen Mitglieder der Union.

Europapläne für die Zeit nach dem Krieg wurden schon vor 1945 in den Kreisen der französischen Widerstandsbewegung ausgearbeitet. Frankreich spielte von Anfang an eine aktive Rolle, weil es England das Feld nicht überlassen wollte und weil ein neuer Rahmen für das besiegte Deutschland zu schaffen war. Der Gedanke, daß Europa sich einigen mußte, wenn es sich den Vereinigten Staaten von Amerika und der Sowjetunion gegenüber behaupten wollte, hatte sich schnell durchgesetzt: Man konnte auf die Versuche Aristide Briands und Gustav Stresemanns zurückgreifen, und der kalte Krieg wirkte wie ein Katalysator. Es ist kein Zufall, daß die erste europäische Organisation, die Organisation für europäische wirtschaftliche Zusammenarbeit (OEEC), von zunächst 17 europäischen Staaten am 16. April 1948 in Paris gegründet wurde. Im Rahmen des Marshallplanes sollte die OEEC den Wiederaufbau Europas fördern und Handelshemmnisse, wie Kontingentierung und Devisenbewirtschaftung, abbauen. Nach Vollendung dieser Ziele wurde 1961 die Nachfolgeorganisation, die Organisation für wirtschaftliche Zusammenarbeit und Entwicklung (OECD), mit der Koordinierung der Wirtschaftspolitik der Mitgliedstaaten beauftragt; außerdem ist sie auf dem Gebiet der Entwicklungshilfe tätig. Die OECD, mit Sitz in Paris, gilt zu Recht als die bedeutendste wirtschaftliche Organisation der westlichen Industrieländer.

Die Franzosen und die Engländer bildeten die stärksten Gruppen bei dem Europakongreß in Den Haag vom 7. bis 10. Mai 1948. Frankreich verteidigte damals den Gedanken eines föderalen Europas, konnte sich aber gegen England nicht durchsetzen, das für die intergouvernementale Zusammenarbeit eintrat. So entstand der Europarat am 5. Mai 1949 in Straßburg, der politisch ziemlich machtlos blieb, obwohl seine Arbeit für Menschenrechte und Kultur nicht zu unterschätzen ist.

Der entscheidendste Anstoß kam aber am 9. Mai 1950 mit dem Schumanplan, den Jean Monnet schon im Sommer 1943 in Algier auf Wunsch de Gaulles vorbereitet hatte, der aber zunächst keine Anwendung fand. In den ersten Nachkriegsjahren war auch Robert Schuman für eine harte Politik gegenüber Deutschland eingetreten. In einer bemerkenswerten Rede vor der UN-Generalversammlung am 28. September 1948 kündigte er eine neue Politik an: keine Wiederholung der schweren Fehler von Versailles, Versöhnung und Zusammenarbeit mit Deutschland, Integration Deutschlands in die europäische Völkergemeinschaft.»Wir wollen uns aber nicht einer Politik anschließen, die die Fehler, die nach dem Ersten Weltkrieg gemacht wurden, wiederholen würde ... Das erneuerte Deutschland muß sich in das demokratische Europa einfügen.« Es war ein Glück für die deutsch-französischen Beziehungen sowie für die Integration, daß Schuman Außenminister in den Gründungsjahren Europas (1948–1952) wurde.

Der Schumanplan entwickelte zwei einfache, aber wichtige Gedanken: Erstens erkannte er die Notwendigkeit einer deutsch-französischen Versöhnung und Zusammenarbeit an, die in einem begrenzten Bereich beginnen sollte. Zweitens sollten andere Länder Europas aufgefordert werden, sich dieser Zusammenarbeit anzuschließen. So entstand die erste Europäische Gemeinschaft, nämlich die Europäische Gemeinschaft für Kohle und Stahl (Montanunion) auf der Grundlage des Vertrages vom 18. Mai 1951, der von den sechs Kernländern (neben Deutschland und Frankreich Italien und die Beneluxländer) unterzeichnet wurde. Der erste Präsident der Hohen Behörde der Montanunion wurde Jean Monnet (1952–1955). Der ehemalige stellvertretende Generalsekretär des Völkerbundes und Mitbegründer des französischen Befreiungskomitees in Algerien war von 1946 bis 1950 Leiter des Amtes für wirtschaftliche Planung (*Commissaire au Plan*) und in dieser Eigenschaft maßgeblich an der Ausarbeitung des großen Modernisierungsprogramms für die französische Wirtschaft beteiligt.

4. Die Auseinandersetzung um die EVG

Mit der Gründung der EGKS zeigte Frankreich, daß es bereit war, mit der Bundesrepublik Deutschland als gleichberechtigtem Partner in Europa zusammenzuarbeiten. Es war eine enorme Veränderung im Vergleich zu den Orientierungen der französischen Deutschlandpolitik gleich nach dem Krieg. Die Diskussionen über die Sicherheitspolitik zeigten sehr schnell das Dilemma dieser neuen Haltung. In der Tradition der Bündnisse gegen Deutschland unterzeichneten General de Gaulle und Stalin am 10. Dezember 1944 in Moskau den französisch-sowjetischen Pakt und dann Großbritannien und Frankreich am 4. März 1947 den Vertrag von Dünkirchen. Deutschland wurde immer noch als potentielle Gefahr behandelt, obwohl es total besetzt und entmilitarisiert war. Der zunehmende Druck des kalten Krieges änderte diese Sicht. Der Dünkirchen-Vertrag wurde am 17. März 1948 auf die

Beneluxländer ausgeweitet (Brüsseler Vertrag für die Westunion), die deutsche Gefahr wurde allerdings nur in der Absichtserklärung der Präambel erwähnt. Der Ausbruch des Koreakrieges am 25. Juni 1950 zeigte, daß die Sowjetunion für den Westen sehr gefährlich werden konnte, Berlin und Deutschland waren damals heiße Streitpunkte zwischen Ost und West. Die Frage nach einer verstärkten Sicherheit für Deutschland und eventuell nach einer deutschen Beteiligung stellte sich neu. Für Frankreich erschien die Remilitarisierung Deutschlands nur fünf Jahre nach Beendigung des Zweiten Weltkrieges unvorstellbar, und es suchte daher nach einem Ausweg über Europa. Der französische Premierminister René Pleven schlug darum die Gründung einer Europäischen Verteidigungsgemeinschaft (EVG) vor. So hätten die Westdeutschen Waffen und Soldaten bekommen, ohne eine deutsche Armee zu gründen. Der Vertrag über die EVG wurde am 27. Mai 1952 in Paris unterzeichnet. Zwei Jahre später, am 30. August 1954, lehnten die französischen Abgeordneten seine Ratifizierung ab. Das große Projekt für die militärische und politische Einigung Europas war gescheitert, und Europa hat sich von dieser Niederlage nur schwer erholt. Der Ersatz kam allerdings sehr schnell. Nach Verhandlungen in London unterzeichnete man in Paris am 24. Oktober 1954 Verträge, die zur Gründung der Bundeswehr und ihrer Integration in die NATO führten. Die Westunion von 1948 wurde um die Bundesrepublik Deutschland und Italien erweitert und nannte sich Westeuropäische Union (WEU). Es war eigentlich ein kollektiver Beistandspakt im Rahmen der NATO. Die WEU kontrollierte außerdem die deutsche militärische Aufrüstung.

Da es keine Aussichten mehr für die politische und militärische Gemeinschaft gab, konzentrierten sich die Europäer auf die Vertiefung der wirtschaftlichen Zusammenarbeit, die mit der EGKS einen guten Anfang gefunden hatte. Anfang 1955 fand die »relance européenne« in Messina (Italien) statt, die dann in die Römischen Verträge mündete. Bei der Ausarbeitung der Verträge und besonders bei der Gründung der EAG (für die friedliche Nutzung der Kernenergie und die Bildung und Entwicklung von Kernindustrien) spielte Frankreich eine wichtige Rolle.

5. De Gaulle – der eigenwillige Partner

Mit Präsident Charles de Gaulle (1959–1969) kam eine Zeit voller Widersprüche. Er war bereit, die deutsch-französische Zusammenarbeit zu vertiefen (Treffen mit Konrad Adenauer am 13. September 1958 in Colombey-les-deux-Eglises und deutsch-französischer Vertrag vom 22. Januar 1963) und die europäische Einigung fortzusetzen. Dabei verfolgte er aber eigene Vorstellungen, die die anderen Partner nicht teilten. So kam es zu Krisen. De Gaulle hinderte nicht den Prozeß der wirtschaftlichen Integration und setzte sogar die Gemeinsame Agrarpolitik durch – beide Punkte sind positiv zu bewerten. Auch hatte Frankreich einen wesentlichen Beitrag am Zustandekommen der Abkommen von Yaounde zwischen der EWG und Schwarzafrika (Juli 1963) geleistet, die ab 1975 in die Lomé-Abkommen übergingen. Dies war der Anfang einer engen Zusammenarbeit in der Entwicklungspolitik, die dann mit den Lomé-Abkommen die AKP-Staaten (Afrika, Karibik und Pazifik) umfaßte. De Gaulle lehnte jedoch den Gedanken der politischen Integration ab, er war für eine Zusammenarbeit der Regierungen, für das Europa der Vaterländer. Seine Partner in der EWG wandten sich gegen seine Fouchet-Pläne (nach dem Namen des damaligen französischen Botschafters in Den Haag) der Jahre 1961 und 1962, weil sie zu sehr auf die intergouvernementale Zusammenarbeit setzten und den schon erreichten Grad europäischer Integration in Frage stellten. Die Ablehnung der politischen Integration drückte sich in der französischen Politik des leeren Stuhles im zweiten Halbjahr 1965 (Paris boykottierte die europäischen Institutionen) und im Luxemburger Kompromiß vom 29. Januar 1966 aus, der das Vetorecht verlängerte. De Gaulle verhinderte zweimal den Beitritt Großbritanniens zur EWG (am 14. Januar 1963 und am 27. November 1967) und schaffte sich damit viele Feinde.

Auch in der Sicherheitspolitik verfolgte er eigene Ansichten. Ende September 1958 hatte er den Amerikanern ein Sonderbündnis in der NATO zwischen Paris, London und Washington vorgeschlagen. Die Amerikaner lehnten ab. Da er in den folgenden Jahren kein von den USA unabhängiges Europa gründen konnte, zog er 1967 Frankreichs Streitkräfte aus der NATO zurück, ohne allerdings die Atlantische Allianz zu verlassen. Am 13. Februar 1960 explodierte die erste französische Atombombe in Regane (Sahara). Da de Gaulles Politik andere Wege als die der fünf anderen Mitglieder der Gemeinschaft ging, konnte die Integration keine Fortschritte machen.

6. Ein normalisiertes Verhältnis zu Europa

Nach dem Rücktritt de Gaulles am 23. April 1969 normalisierte sich das Verhältnis Frankreichs zu Europa. Sein Nachfolger, Georges Pompidou, akzeptierte die erste Erweiterung der EWG, die am 1. Januar 1973 stattfand. Valéry Giscard d'Estaing (1974–1981) und sein Freund, Bundeskanzler Helmut Schmidt, bemühten sich gemeinsam um die europäische Integration. So kam es zur Gründung des Europäischen Rates und zur Direktwahl des Europäischen Parlamentes (Pariser Gipfel, 10. Dezember 1974). Am 13. März 1979 trat das Europäische Währungssystem in Kraft, das auf eine gemeinsame Initiative beider Staatsmänner zurückging. Auf Initiative des französischen Präsidenten kamen vom 13. bis 17. November 1975 in Rambouillet die Staats- oder Regierungschefs der sieben größten Industriestaaten zusammen – so entstand die G-7. Giscard scheiterte jedoch mit dem Versuch, einen *Trilogue* zwischen Europa, Afrika und den asiatischen Ländern zu gründen.

Der Beitrag des sozialistischen Präsidenten François Mitterrand (1981–1995) für die europäische Integration war ebenfalls beachtlich. In einer spektakulären Rede vor dem Deutschen Bundestag am 20. Januar 1983 sprach er sich für die Aufstellung neuer bodengestützter nuklearer Mittelstreckenwaffen aus und schuf damit ein festes Fundament für seine Zusammenarbeit mit Bundeskanzler Helmut Kohl. Beim Europäischen Rat von Fontainebleau (26. Juni 1984) bemühten sich Mitterrand und Kohl erfolgreich um eine Lösung für die Finanzierungsprobleme der EG. Von 1985 bis Ende 1994 spielte der französische Sozialist Jacques Delors (Wirtschafts- und Finanzminister von 1981 bis 1984) eine positive Rolle als Präsident der EG-Kommission, seine Vermittlungen zwischen Mitterrand und Kohl in der Zeit der deutschen Vereinigung waren sehr nützlich. François Mitterrand schlug im April 1985 eine europäische Initiative zur Verstärkung der Zusammenarbeit im Bereich Forschung und Technologie vor, um die Wettbewerbsfähigkeit Europas in Schlüsselbereichen der Zukunftsindustrien zu verbessern. So entstand EUREKA (*European Research Coordination Agency*). Der Vertrag von Maastricht und die Entscheidung für eine gemeinsame europäische Währung, die der Europäische Rat am 9./10. Dezember 1991 verabschiedete, gehen stark auf die gute Zusammenarbeit zwischen Paris und Bonn zurück. Am 20. September 1992 wurde der Vertrag von 51 Prozent der Franzosen in einem Referendum angenommen. François Mitterrand scheiterte mit seinem Vorschlag, eine Art Konföderation zwischen den EU-Ländern und den osteuropäischen Staaten zu gründen. Die Initiative zur Gründung der Europäischen Bank für Wiederaufbau und Entwicklung mit Sitz in London im Jahre 1990 stammt ebenfalls von ihm. Sein Mitarbeiter Jacques Attali wurde ihr erster Präsident.

7. Der unberechenbare Jacques Chirac

Der derzeitige Präsident der Republik, der Neogaullist Jacques Chirac (seit 1995), legt ebenfalls Wert auf die Einbindung Frankreichs in die Europäische Union. Er unterstreicht oft, daß Frankreich ohne die Europäische Union keinen internationalen Einfluß mehr ausüben könnte. Er erntete jedoch für einseitige Entscheidungen (Wiederaufnahme der Atomtests im Pazifik 1995 und Abschaffung des Militärdienstes 1996) viel Kritik. Seine Haltung zur Frage der Ernennung des ersten Präsidenten der Europäischen Zentralbank (Europäischer Rat in Brüssel, 1./2. Mai 1998) fand wenig Verständnis; er wollte den Gouverneur der Bank von Frankreich, Jean-Claude Trichet, statt des Niederländers Wim Duisenberg für diese Position durchsetzen. Viel wichtiger war die Tatsache, daß sich Frankreich mit zehn weiteren EU-Staaten für die Endstufe der Europäischen Wirtschafts- und Währungsunion qualifizierte. Am 22. April 1998 hatte die Nationalversammlung den Gesetzentwurf zur damit verbundenen Einführung des Euro gebilligt.

Zwei Wochen vor der Unterzeichnung des Vertrages von Amsterdam (17. Juni 1997) wurde Lionel Jospin zum Regierungschef einer linken Koalition ernannt. Er rückte den im Zusammenhang mit der WWU vorgesehenen Stabilitätspakt in den Mittelpunkt des französischen Interesses und verlangte die Einführung einer substantiellen europäischen Beschäftigungspolitik – die deutsche Seite lehnte aber neue Ausgaben für eine solche Politik ab. Am 20. und 21. November 1997 beschäftigte sich ein Sondergipfel der EU in Luxemburg mit Fragen der Beschäftigungspolitik. Diese Themen bekamen noch größere Bedeutung nach der Wahl Gerhard Schröders zum Bundeskanzler. In seiner Regierungserklärung vom 10. November 1998 unterstrich er diese neue Orientierung und behauptete: »Die deutsch-französische Freundschaft ist das Fundament unserer Europapolitik.«

Frankreich hat erst Anfang 1999 den Vertrag von Amsterdam ratifiziert. Er brachte zwar einige Parteien in Verlegenheit, weil sie nicht gern auf die nationale Souveränität verzichteten, eine parlamentarische Mehrheit mit Stimmen von links und rechts kam jedoch ohne Probleme zustande. Frankreich ist für eine Reform der europäischen Institutionen noch vor der Erweiterung der EU um die Staaten Osteuropas, die es grundsätzlich bejaht. In der Diskussion um die Agenda 2000 erkannte es die Legitimität einer Senkung des deutschen finanziellen Beitrages an, es lehnte aber eine »Renationalisierung« der Hilfen für die Landwirtschaft ab.

8. Eine zunehmende Integration

Ohne auf seine Identität und auf seine vielen politischen, sozialen und wirtschaftlichen Besonderheiten zu verzichten, kann Frankreich sein Schicksal nicht mehr von dem der Europäischen Union trennen. Mit der Einführung des Euro wird diese gegenseitige Interdependenz eher zunehmen. Die Anpassung im wirtschaftlichen Bereich ist beachtlich, wenn auch vieles noch zu leisten ist. Im sozialen Bereich wird der Prozeß der Integration zum Teil schmerzliche Veränderungen erfordern, eine weitere Zunahme der Ungleichheiten wäre hier aber sehr gefährlich. Mit der ständigen Verlagerung der Kompetenzen von der nationalen auf die europäische Ebene ist eine echte Komplementarität zwischen dem Nationalstaat und der EU entstanden. Die Dezentralisierung hat Frankreich zwar eingeführt, aber im europäischen Vergleich ist sein Verwaltungsaufbau zu kompliziert. Die Zahl der Regionen ist noch zu groß, um autonome und effiziente Akteure in der Europäischen Union zu haben. Das Gleichgewicht zwischen Regionen, Nationalstaat und Europäischer Union muß noch gefunden werden. Dafür wird eine europäische Verfassung mit föderaler Ordnung nötig sein. Eine zumutbare Perspektive für Frankreich?

Weiterführende Literatur

Deutsch-Französisches Institut Ludwigsburg (Hrsg.): Frankreich Jahrbuch 1998. Politik, Wirtschaft, Gesellschaft, Kultur, Opladen 1998 (seit 1988).
Grosse, Ernst Ulrich, und Heinz-Helmut Luger: Frankreich verstehen: Eine Einführung mit Vergleichen zu Deutschland, 4. Auflage, Darmstadt 1996.

Gruner, Wolf D., und Klaus-Jürgen Müller (Hrsg.): Über Frankreich nach Europa. Frankreich in Geschichte und Gegenwart, Hamburg 1996.
Kocher, Renate, und Joachim Schild (Hrsg.): Wertewandel in Deutschland und Frankreich. Nationale Unterschiede und Europäische Gemeinsamkeiten, Opladen 1993.
Lasserre, René, Joachim Schild und Henrik Uterwedde: Frankreich – Politik, Wirtschaft, Gesellschaft, Opladen 1997.
Lequesne, Christian: Paris-Bruxelles. Comment se fait la politique europénne de la France?, Paris 1993.
Weisenfeld, Ernst: Geschichte Frankreichs seit 1945. Von de Gaulle bis zur Gegenwart, 3. Auflage, München 1997.

Italien

CARLO MASALA

1. Die Selbstblockade der Demokratie

Die Männer und Frauen, die nach der Befreiung Italiens vom Faschismus 1946 in der *Consulta Nationale* zusammentraten, um der neu zu gründenden italienischen Republik eine Verfassung zu geben, gingen in ihrer Mehrheit von der Annahme aus, daß die von den Alliierten praktizierte Kooperation auch das dominierende Beziehungsmuster der Nachkriegszeit sein würde. Das neu zu gestaltende politische System Italiens mit seinen drei großen politischen Strömungen (Liberale, Christdemokraten und Kommunisten) müsse so konstruiert werden, daß ein quasi »institutioneller Zwang« zum Konsens vorherrschend sein solle, so war sich die Mehrheit in der Verfassunggebenden Versammlung einig.[1] Als die Verfassung am 1. Januar 1948 in Kraft trat, war die bei ihrer Ausarbeitung zugrunde liegende Annahme bereits überholt. Die kooperative Politik zwischen dem atlantischen Hegemon USA und der imperialen Macht UdSSR, die kennzeichnend für die unmittelbare Nachkriegszeit war, wich einer antagonistischen Konfrontation, die die internationale und damit auch die europäische Politik für die nächsten 40 Jahre zeitweise stärker (kalter Krieg) und zeiweise schwächer (Detente) bestimmen sollte.[2]

Für Italien hatte diese Entwicklung zur Folge, daß sich die weltpolitische Konfliktlinie in der Innenpolitik widerspiegelte. Der *Partito Communista Italiano* (PCI) stand – nachdem De Gasperi im Mai 1947 die Koalition zwischen *Democrazia Cristiana* (DC) und PCI aufkündigte – als Oppositionspartei einer DC-Regierung gegenüber, eingezwängt in eine institutionelle Struktur, die, um funktionsfähig zu sein, Kooperation voraussetzte. In der Situation einer »blockierten Demokratie« gewann die europäische Integration für die demokratischen Kräfte des Landes eine Bedeutung, die ein spezielles Verhältnis Italiens zum politischen Europa begründete.

Die europäische Integration wurde u. a. als ein Instrument betrachtet, die eigene nationalstaatliche Entwicklung unter Umgehung der internen Handlungsblockade voranzutreiben. Gleichzeitig war die feste Einbindung Italiens in die europäischen Strukturen (mit der sicherheitspolitischen Ergänzung NATO) der Versuch, die demokratische Entwicklung Italiens zu festigen und so einer kommunistischen Machtübernahme des PCI vorzubeugen.[3] In den folgenden Jahren wurde mit zunehmender Integration deutlich, daß die EWG (später EG) für die italienische Republik und ihre prowestlichen Eliten immer mehr zu einem externen *nation builder* wurde.[4] »Die Mitgliedschaft in der Gemeinschaft stellt einen starken Stimulus dar, um unsere administrativen und ökonomischen Strukturen effizienter zu gestalten.«[5]

2. Struktur und Anatomie einer »blockierten Demokratie«

War im ersten Abschnitt von der blockierten Demokratie als einem wesentlichen Impuls für die proeuropäische Politik aller italienischen Regierungen die Rede, so gilt es nun, die Struktur dieser Demokratie und deren Entwicklung in den letzten 50 Jahren zu analysieren. Das politische System Italiens war bis 1989 durch zwei wesentliche Charakteristika gekennzeichnet, die zu einer Blockade des politischen Prozesses und zur Instabilität der italienischen Regierungen (vom 21. Juni 1945 bis zum 19. Mai 1989 gab es 48 Regierungen in Italien)[6] beitrugen.

Erstens enthält das politische System Italiens Elemente, die seine Effizienz erheblich behindern. An erster Stelle wäre hier die – im Vergleich zu anderen westeuropäischen Demokratien – relativ schwache Stellung des Regierungschefs im parlamentarischen System zu erwähnen. Er verfügt – im Gegensatz zum deutschen Bundeskanzler – über keinerlei Richtlinienkompetenz.[7] Da in der Vergangenheit fast alle italienischen Regierungen Koalitionsregierungen waren (in den achtziger Jahren mit bis zu fünf Parteien), ist ein Regierungschef, der nicht über dieses Führungsinstrument verfügen kann, oftmals nicht mehr als ein »Moderator zur Eruierung des Minimalkonsenses«.

Ein weiterer essentieller Faktor ist die zweite Kammer des italienischen Parlamentes, der Senat. Dieser ist – hier unterscheidet sich Italien ebenfalls von den übrigen westeuropäischen Demokratien – mit exakt den gleichen legislativen Rechten ausgestattet wie das Abgeordnetenhaus, auch im Bereich der Einsetzung, Kontrolle und Abberufung der Regierung verfügt er über die gleichen Rechte wie die erste Kammer. Zwar beschloß die Verfassunggebende Versammlung, sowohl die Altersgrenze für die Kandidaten als auch für die Wahlberechtigten (Art. 56 und 58 der italienischen Verfassung) im Vergleich zum Abgeordnetenhaus zu differenzieren, doch die Parteizugehörigkeit der Senatoren macht dieses Korrektiv zunichte. Beide Kammern weisen annähernd dieselbe parteipolitische Zusammensetzung auf und besitzen die gleichen Rechte. Ein Beispiel dafür, wie diese Duplizierung von Rechten den politischen Prozeß verlangsamt, bietet der Gesetzgebungsprozeß. Er ist in Italien ohnehin kompliziert und langwierig (Art. 70–82 der italienischen Verfassung). Die Verabschiedung eines Gesetzes war in der Vergangenheit durch ein ständiges Hin- und Herüberweisen der Gesetzesvorlagen von der einen in die andere Kammer gekennzeichnet, so daß es oftmals mehr als sieben oder acht Monate dauern konnte, bis ein Gesetz verabschiedet wurde. Erschwerend für den politischen Prozeß kommt hinzu, daß jede italienische Regierung das Vertrauen beider Kammern braucht. Der Sturz einer Regierung kann jedoch durch das Mißtrauen nur einer Kammer herbeigeführt werden.[8]

Als zweites entscheidendes Charakteristikum schrieb die italienische Verfassung ein parlamentarisches System fest, dessen Funktionstüchtigkeit von der Kooperation der drei großen politischen Strömungen Italiens abhängig war. Da die politische Entwicklung mit dem Ausbruch des Ost-West-Konfliktes nicht mehr durch Kooperation, sondern durch Konfrontation zwischen den Großmächten bestimmt wurde, kam es im politischen System Italiens zu einem Auseinanderklaffen von *paese legale* (Verfassungsanspruch) und *paese reale* (Verfassungswirklichkeit). Die annähernd symmetrische Stimmverteilung bei Parlamentswahlen zwischen den beiden Polen im italienischen Parteiensystem (DC ca. 33–38 Prozent und PCI ca. 30–33 Prozent) zwang die DC dazu, möglichst breite antikommunistische Koalitionen zu bilden.

In dem System des polarisierten Pluralismus wurden sogar gegnerische Kräfte von der DC in die Regierungsverantwortung eingebunden. Zuerst die Sozialisten vom *Partito Socialista Italiano* (PSI) und später, als die Formel des *centro-sinistra* verbraucht war, folgte sogar die »Semi-Kooptation« (Hartmut Ullrich)[9] des PCI (1976-1978). Nach dem Scheitern des »historischen Kompromisses« blieb der *consociativismo*, die italienische Variante der Konkordanzdemokratie, jedoch bestimmend für das politische Leben Italiens. Realisiert wurde sie im *arco costituzionale*, dem Verfassungsbogen, der alle italienischen Parteien (mit Ausnahme des neofaschistischen MSI) einschloß. In einem solchen System der Parteienherrschaft, das durch die Abwesenheit von alternierenden Regierungsmehrheiten gekennzeichnet war, durchdrangen alle Parteien das gesellschaftliche und ökonomische Leben der Tiberrepublik. Es etablierte sich ein System der Korruption und des Klientelismus.

Luciano Pelliciani hat die Auswirkungen dieser Art konsortialer Parteienherrschaft für das politische System treffend zusammengefaßt: »Die Regierungen der Republik fühlten sich wie Belagerte und reagierten auf die unaufhörlichen Forderungen einer immer mehr verlangenden Gesellschaft, indem sie Konzessionen jeder Art machten. Aber die Konzessionen bedeuteten fast immer eine Überlast an Aufgaben, also ein weiteres Anwachsen der Staatsschulden. Auf ihrer Seite [der Regierung, C.M.] blieben die Einnahmen konstant, vor allem auch auf Grund des Phänomens der massiven Steuerhinterziehungen gewürzt mit einer hohen Korruptionsrate der Unternehmerklasse und der öffentlichen Verwaltung.«[10]

Solange zu befürchten war, daß Italien in den Einflußbereich der Sowjetunion gelangen könnte, konnte sich dieses System aufrechterhalten und wurde von der Mehrheit der Bevölkerung toleriert, ja sogar akzeptiert. Mit der Auflösung des machtpolitischen Gegensatzes zwischen Ost und West wurde dieser Partitokratie *a la italiana* jedoch die Ratio entzogen und das Parteiensystem Italiens, das sich über 40 Jahre als »stabil instabil« präsentiert hatte, stürzte in seine bisher schwerste Krise.

3. Blockierte Revolution: von der ersten zur zweiten Republik und zurück

In den Jahren von 1989 bis 1996 befanden sich das politische System Italiens und die es tragenden Parteien in einer »zone of turbulence« (J. Rosenau). Ausgelöst wurden diese eruptiven Prozesse durch die Ermittlungen der Mailänder Staatsanwaltschaft, die offenlegte, daß das politische System Italiens durch ein immenses Ausmaß an Korruption und Verbrechen gekennzeichnet war. Alle wichtigen Parteiführer mußten sich in der Folgezeit vor der Justiz wegen der Entgegennahme oder der Zahlung von Schmiergeld verantworten.

Die DC, einst hegemoniale Partei Italiens, zerfiel in zwei kleinere Parteien (PPI und CCD, später erfolgte die Spaltung des PPI in CDU und PPI). Sozialisten, Republikaner (PRI), Sozialdemokraten (PSDI) und Liberale (PLI) verschwanden fast vollständig von der politischen Bildfläche oder wurden in ihrer Bedeutung marginalisiert. Auch der PCI, die ewige Oppositionspartei Italiens, die in die Verwicklungen von *tangentopoli* in einem geringeren Ausmaß involviert war als die übrigen Parteien (dafür wurden Teile ihres Apparates bis 1989 von der KPdSU mitfinanziert), sah sich gezwungen, ihren Namen zu ändern. Auf seinem XX. Parteitag (1991) wurde der PCI in *Partito Democratico della Sinistra* (PDS) und 1998 in *Democratici di Sinistra* (DS) umbenannt. Außer einer kleinen Gruppe Neostalinisten, die sich zur kommunistischen Neugründung zusammenfanden (RC) und 1998 erneut spalteten, verlor die Partei Antonio Gramscis kaum an Mitgliedern. Von den »alten Parteien« bestand somit allein der PDS diesen Sturm unbeschadet und ist seitdem die stärkste politische Kraft am Tiber.[11]

Parallel zur Marginalisierung der traditionellen Parteien entstanden neue politische Bewegungen, die sich anschickten, in das Machtvakuum, das vor allem durch den Niedergang der DC entstanden war, vorzustoßen. Die *Forza Italia* – Bewegung des Mailänder Medienmoguls Silvio Berlusconi, die regionalistische *Lega Nord* sowie die – analog zum Wandel des PCI – transformierte *Alleanza Nationale* (Ex-MSI) sind die bekanntesten. Die Wahlen von 1994 markierten den Höhepunkt dieser Umbruchperiode. Sie bewirkten zum einen den fast kompletten Austausch des parlamentarischen Personals (71,3 Prozent der Abgeordneten wurden zum ersten Mal in das Parlament gewählt), und sie brachten zum anderen eine Koalition aus den neuen Parteien und Bewegungen (*Forza Italia, Alleanza Nationale, Lega Nord*) an die Regierung. Mit den Wahlen von 1996 verschob sich das Kräfteverhältnis jedoch zugunsten einer Mitte-Links-Regierung unter Romano Prodi und seit 1998 mit dem Ex-Kommunisten Massimo D'Alema als Regierungschef. Doch an der grundsätzlichen strukturellen Blockade des italienischen Systems ist bis in die jüngste Zeit nichts geändert worden. Selbst der jüngste Vorschlag der überparteilich besetzten *bicamerale* (ein aus beiden Häusern des Parlamentes zusammengesetzter Ausschuß, der über die Neustrukturierung des politischen Systems beraten sollte), der die Einführung eines präsidentiellen Systems französischer Prägung vorsieht, findet bei den Mitgliedern des Parlamentes keine Mehrheit. Die »Revolution« des politischen Systems in Italien blieb – so kann man heute urteilen – auf halbem Wege stecken. Zwar ist die Möglichkeit von Regierungswechseln heute – nachdem die kommunistische Gefahr nicht mehr vorhanden ist – gegeben, aber die strukturelle Blockade des politischen Systems ist nicht beseitigt worden.

4. Vom Agrarstaat zum geteilten Wirtschaftsraum

Der Wandel Italiens von einem Agrarstaat zu einer modernen, leistungsfähigen Volkswirtschaft wäre ohne die Einbindung in die Strukturen der europäischen Integration nur sehr schwer, vielleicht auch gar nicht, zu leisten gewesen. Die diversen Hilfsfonds, der gemeinsame Markt sowie die integrierten Mittelmeerprogramme haben die ökonomische Modernisierung Italiens in den Jahren 1958 bis 1980 maßgeblich unterstützt und ermöglicht. Der bemerkenswerte Anstieg des italienischen Pro-Kopf-Einkommens und des italienischen BSP bewirkten die Aufnahme Italiens in die G 7. Die italienische Wirtschaft ist seit Mitte der sechziger Jahre in einem hohen Maße mit den restlichen europäischen Volkswirtschaften verflochten. Doch diese Erfolgsdaten dürfen nicht darüber hinwegtäuschen, daß sich die italienische Wirtschaft seit den späten sechziger Jahren in einer permanenten Krise befand, die seit der zweiten Hälfte der achtziger Jahre eine Zweiteilung des italienischen Wirtschaftsraums bewirkte. Es sind vor allem vier Faktoren, die die italienische Krise ausmachten:
- die zunehmende Staatsverschuldung, die 1997 120 Prozent des BIP betrug[12];
- die hohe Inflationsrate und die hohen Zinssätze (bis zu 20 Prozent);
- die immense Steuerlastquote, die 1994 42 Prozent des BIP betrug;
- die Problematik des unterentwickelten Südens.

Während die ersten drei Punkte die wirtschaftliche Leistungsfähigkeit Italiens erheblich einschränkten und noch immer einschränken, enthält der letzte Aspekt enormen gesellschaftlichen Sprengstoff, der zeitweise sogar Italien als einheitlichen Staat ernsthaft in Frage stellte.

Der industriell unterentwickelte Süden absorbierte seit Mitte der fünfziger Jahre überdurchschnittlich viel an Staatsausgaben für Pensionen, Alters- und Invalidenrenten. Aus der *cassa per il mezzogiorno* flossen in den Jahren 1950 bis 1992 insgesamt 253 654,5 Milliarden Lire an staatlicher Wirtschaftsförderung in den Süden. Dies entspricht einer jährlichen Förderung von durchschnittlich 6 186,7 Milliarden Lire. Nach einer 1994 erstellten Studie der *Fondazione Agnelli* ergibt sich im Nord-Süd-Vergleich folgende groteske Situation: Die nördlichen Regionen Lombardei, Piemont, Venetien und das Latinum sind die Nettozahler Italiens. Alle anderen 15 Regionen empfangen Mittel von der öffentlichen Hand. Die Nettozahlerregionen sind auch die Heimat der mittelständischen, hochspezialisierten Industrie, die das Gros am italienischen Bruttosozialprodukt erwirtschaftet. Gemessen an ihrem BSP gehören diese vier Regionen zu den reichsten Wirtschaftsregionen innerhalb der Europäischen Union.[13] »Der Süden konsumiert, aber er produziert nicht« (Jens Petersen). Diese Diskrepanz zwischen Nord und Süd bot Anfang der neunziger Jahre einen fruchtbaren Nährboden für separatistische Parteien und Bewegungen. Vor allem die *Lega Nord* mit ihrem Führer Umberto Bossi verstand es, den Unmut der Bevölkerung des Nordens gegen den Süden zu artikulieren und so für seine separatistischen Vorstellungen Anhänger zu finden. Die Antwort der Regierungen, die eigentlich nur in einer stärkeren Föderalisierung Italiens liegen kann, blieb aus. Auch wenn Bossi und die *Lega Nord* sich gegenwärtig im politischen Abseits befinden, hat sich am Problem des Nord-Süd-Gefälles wenig geändert. Der soziale Sprengstoff, den es in sich birgt, ist nicht beseitigt.

Nach 1989 stürzte auch das italienische Finanzsystem in eine schwere Krise. Die eingangs erwähnten Phänomene der hohen Staatsverschuldung, der immensen Steuerlast sowie der hohen Zinssätze bewirkten eine schwere Haushalts- und Finanzkrise, an deren vorläufigem Höhepunkt 1992 der Ausschluß Italiens aus dem EWS stand. Die daraufhin einsetzende Abwertung der Lira kam jedoch der mittelständischen Industrie des Nordens zugute. Sie konnte große Exportgewinne verbuchen. Wie so oft in der Geschichte Italiens seit dem Beitritt zur Montanunion kam der Anstoß zur Sanierung des Haushaltes von der europäischen Integration. Die im Vertrag von Maastricht beschlossenen Kriterien zur Teilnahme an der dritten Stufe der Wirtschafts- und Währungsunion 1999, obgleich sie von der italienischen Regierung mitverabschiedet und vom italienischen Parlament ratifiziert worden waren, lösten in der italienischen Politik und Gesellschaft eine grundsätzliche Diskussion aus, ob Italien die haushaltspolitischen Anstrengungen unternehmen sollte, um an der Einführung einer gemeinsamen europäischen Währung von Beginn an beteiligt zu sein. Außer der mittelständischen Industrie des Nordens und einer kleinen Minderheit in den politischen Parteien (Teile von *Forza Italia* und die Neokommunisten) sprachen sich alle politischen Kräfte für die notwendigen Reformen aus. Damit könne zum einen eine dauerhafte Sanierung des italienischen Staatshaushaltes und der italienischen Finanzen erzielt werden, die die ökonomische Stabilität der Apenninenhalbinsel zukünftig stärken würde, zum anderen würde eine Teilnahme an der gemeinsamen europäischen Währung von Beginn an die Mitspracherechte Italiens im Bereich der Finanzpolitik der Union garantieren.[14]

Daß sich Italien von einem Nettoempfängerland zukünftig zu einem Nettozahler in der Gemeinschaft wandeln könnte, ist jedoch nicht abzusehen. Zu stark belastet der Süden die öffentlichen und europäischen Kassen[15], und es gibt gegenwärtig keine Ansätze zur dauerhaften Lösung des Problems. Wenn – wie zu erwarten ist – die Regionalfonds für den Süden gekürzt werden, um die Osterweiterung der Union zu finanzieren, ist mit einer Verschlechterung der Lage der südlichen Regionen Italiens zu rechnen. Dann müßte der italienische Staat noch mehr Gelder aufwenden, um die Zahlungsausfälle auszugleichen, was ohne zusätzliche Neuverschuldung nicht zu leisten wäre. Auch ist bis heute – mit Rücksicht auf den sozialen Frieden – die Reform der Pensionskassen kaum in Angriff genommen worden, die den größten Anteil an den Ausgaben der öffentlichen Hand ausmachen.

5. Die Italiener und Europa: Eine Liebesgeschichte

Es gibt kein anderes Land in Europa, in dem die Begeisterung für die europäische Idee von den Tagen der Montanunion an so groß war wie in Italien. Alle Umfragen, die in den letzten 50 Jahren zur europäischen Integration durchgeführt wurden, belegen deutlich, daß die Zustimmung der italienischen Bevölkerung zu immer neuen integrativen Schritten außergewöhnlich hoch war. Auch heutzutage sehen noch immer ungefähr 67 Prozent der Italiener in einem Bundesstaat Europa ein wünschens- und erstrebenswertes Ziel.[16] Es ist seitens der Kulturwissenschaftler und Historiker viel darüber debattiert worden, warum gerade in Italien die Europaeuphorie solche Ausmaße angenommen hat. Es mag daran liegen, daß den Italienern – wie viele Historiker, Publizisten oder auch Philosophen herausgearbeitet haben – nach dem Zweiten Weltkrieg die nationale Identität abhanden gekommen ist. Wer nicht teilnahm an der ideologischen Auseinandersetzung zwischen »Schwarz und Rot«[17], fand eine Art Ersatzidentität in Europa.[18] Anläßlich eines Referendums stimmten 1989 80 Prozent der Italiener für eine weitere Stärkung des Europäischen Parlamentes und den Ausbau Europas zu einem föderalen Bundesstaat. Doch die Europabegeisterung der Bevölkerung und auch der politischen Eliten des Landes wird dadurch relativiert, daß Italien seit ca. zehn Jahren das europäische Schlußlicht bei der Umsetzung von EG/EU-Verordnungen in nationales Recht bildet. Eine Untersuchung des italienischen Senates, die 1991 durchgeführt wurde, ergab, daß Italien nur 40,9 Prozent der Richtlinien für die Verwirklichung des Binnenmarktes in die nationale Gesetzgebung übernommen hat.[19] Die Akzeptanz der europäischen Idee stößt bei vielen Italienern dort an die Grenzen, wo persönliche Einschränkungen erforderlich sind.

6. Italien und Europa: Fazit und Ausblick

Die Einbindung Italiens in die Strukturen und Prozesse der Europäischen Union war für alle italienischen Regierungen ein zentrales Element der italienischen Staatsräson.
1. Die Einbindung ermöglichte die feste Verankerung Italiens in die Strukturen der westlichen Welt (mit der sicherheitspolitischen Ergänzung NATO) und die innenpolitische Stabilisierung des demokratischen Systems, das durch die kommunistischen Machtansprüche ständig gefährdet war.
2. Die supranationalen Elemente der europäischen Integration erlaubten allen Regierungen, unpopuläre Maßnahmen im Bereich der Wirtschafts- und Sozialpolitik durchzusetzen und auf die Begrenzung der nationalen Handlungsspielräume durch die Entscheidungen der Brüsseler Bürokratie zu verweisen. Insofern kann man – was im europäischen Vergleich nicht außergewöhnlich ist – von einem instrumentellen Verhältnis der italienischen Regierungen zu Europa sprechen.

3. Durch die Teilnahme am Prozeß der europäischen Integration und durch die innenpolitische Unterstützung dieser Politik gelang es Italien, seine internationalen Handlungsspielräume politisch wie ökonomisch erheblich zu erweitern. Deutlichstes Beispiel hierfür ist die Aufnahme Italiens in die G 7. Ohne die europäische Integration, die den wirtschaftlichen Aufschwung Italiens erst ermöglichte, wäre dies nicht denkbar gewesen. Die EU bot Italien die Möglichkeit zur Machtaggregation und sicherte Mitspracherechte in wichtigen Politikfeldern gegenüber den Führungsmächten in der Union, Frankreich, Deutschland und Großbritannien.

Während der erste Beweggrund für ein italienisches Engagement offensichtlich nicht mehr existiert, ist den beiden anderen Motiven italienischen Europaengagements auch heute – sieben Jahre nach dem Ende des Ost-West-Konfliktes – eine große Bedeutung beizumessen. Vor allem die Diskussion um die Teilnahme Italiens an der dritten Stufe einer gemeinsamen europäischen Währung von Anfang an zeigt deutlich, welche Bedeutung diese beiden Motive heute noch haben, und wie sie miteinander verknüpft sind. Gegenüber der italienischen Bevölkerung wurden die ökonomischen Sparmaßnahmen und Reformen, die zur Sanierung des italienischen Staatshaushaltes beitragen sollten, als notwendig und »von Brüssel gewollt« dargestellt, um die Konvergenzkriterien des Vertrages von Maastricht zu erfüllen. Folglich sei der Handlungsspielraum der Regierung in dieser Frage eingeschränkt. Die politische und wissenschaftliche Diskussion betonte, daß nur diejenigen Staaten über Mitspracherechte im Bereich der gemeinsamen Währung verfügen, die an ihrer Einführung teilnehmen. Es sei im italienischen Interesse, Mitspracherechte zu erhalten, um einer ökonomischen Bevormundung durch andere Staaten vorzubeugen.[20]

Federico Romero hat in einem 1996 veröffentlichten und in der Folge höchst kontrovers diskutierten Aufsatz die These aufgestellt, daß die europäische Integration für die italienischen Regierungen ein Instrument zum *nation-building* gewesen sei. Fortschritte im politischen, wirtschaftlichen und gesellschaftlichen Leben Italiens seien ohne dessen Einbindung in die Gemeinschaft und ohne die Stimuli, die von dieser Einbindung ausgegangen sind, nicht möglich gewesen. Auch David Hine kommt in seiner Studie über *Governing Italy* zu einem ähnlichen Fazit. Beide betonen zu Recht, daß die europäische Dimension in der italienischen Politik der letzten 50 Jahren einen prominenten Platz eingenommen hat und auch zukünftig einnehmen wird. Die Verflechtungen der italienischen Wirtschaft mit Europa sind so groß, daß eine Rückkehr zu einer protektionistischeren Wirtschaftspolitik enorme Verluste, vor allem bei der exportorientierten Industrie, nach sich ziehen würde. Eine solche Politik wird auch von niemandem in Italien ernsthaft in Erwägung gezogen. Doch auch die politischen Gewinne, die Italien aus der Integration zieht, sind Garanten dafür, daß es für Italien auch zukünftig keine Alternative zur Integration geben wird. Ohne die Einbindung würde Italien im Verhältnis zu den Hauptmächten Europas wichtige Mitspracherechte einbüßen und Handlungsspielräume in der internationalen Politik verlieren. Aus diesen machtpolitischen Motiven und nicht bedingt durch eine idealistische Europabegeisterung wird Italien auch zukünftig eine Politik betreiben und unterstützen, die auf eine Vertiefung der Union und den Ausbau ihrer Handlungsfähigkeit zielt. Die italienischen Regierungen werden sich aber gegen jede Politik wenden, die Italien in die zweite Liga der europäischen Staaten verweist und es der Mitsprache und Kontrollmöglichkeiten in bestimmten Politikbereichen beraubt. Formen der differenzierten Integration, wie sie gegenwärtig zwischen den Mitgliedstaaten diskutiert werden, sind für die italienische Regierung und für die italienische Politik nur dann akzeptabel, wenn sie Italien als Mitglied vorsehen bzw. wenn sie offen bleiben für spätere Beitritte.

Anmerkungen

1 Di Nolfo, Ennio: Problemi della politica estera italiana 1943–1950, in: Storia e Politica 4 (1975), S. 295–317.
2 Vgl. Link, Werner: Der Ost-West-Konflikt. Die Organisation der internationalen Beziehungen im 20. Jahrhundert, 2. Auflage, Stuttgart u. a. 1988.
3 Vgl. Pistone, Sergio: Die Europadiskussion in Italien, in: Loth, Wilfried (Hrsg.): Die Anfänge der europäischen Integration 1945–1950, Bonn 1990, S. 51–68. Zur Europadiskussion innerhalb des sozialistisch-kommunistischen Lagers vgl. in diesen Jahren vgl. Galante, Severino: Il Partito Communista Italiano e l'integrazione europea. Il decennio del rifiuto. 1947–1957, Padova 1988.
4 Vgl. Romero, Federico: L'Europa come strumento di nation-building, in: Passato e Presente 36 (1995).
5 So Antonio Giolitte, der von 1977–1985 italienischer EWG-Kommissar war. Lettere a Marta, Bologna 1993, S. 211.
6 Eine Übersicht findet sich bei: Braun, Michael: Italiens politische Zukunft, Frankfurt 1994, S. 183–184.
7 Pasquino, Gianfranco: I Governi, in: ders. (Hrsg.): La politica Italiana. Dizionario Critico, Roma-Bari 1995, S. 61–77.
8 Vgl. Manzella, Antonio: Il Parlamento, Bologna 1991; Cotta, Maurizio: Classe politica e parlamento, Bologna 1979.
9 Vgl. Ullrich, Hartmut: Politischer Wandel und gesellschaftliche Kontinuität, in: Ferraris, Luigi Vittorio, Günther Trautmann und Hartmut Ullrich (Hrsg.): Italien auf dem Weg zur »zweiten Republik«?, Frankfurt/Berlin/Bern/New York 1995, S. 19–32.
10 Zitiert nach: Pelliciani, Luciano: Eine Krise, die von weit her kommt, in: Ferraris, Trautmann, Ullrich (Anm. 9), S. 33–44 (hier: S. 38).
11 Zwei Studien beschreiben sehr anschaulich diese Jahre: Gundle, Stephen, und Simon Parker (Hrsg.): The new Italian Republic. From the Fall of the Berlin Wall to Berlusconi, London, New York 1996 und Petersen, Jens: Quo vadis, Italia? Ein Staat in der Krise, München 1995.
12 Verwunderung in Bonn, Bedenken in Rom, in: FAZ v. 12. August 1997.
13 Die Zahlen und Tabellen befinden sich bei Petersen (Anm. 11). Eine gute, knappe Analyse der Entwicklung der ökonomischen Krise findet sich bei: Sasoon, Donald: Contemporary Italy: Politics, Economy and Society since 1945, New York 1986, Kap 1.
14 Vgl. Masala, Carlo: Italienische Europapolitik 1994 bis 1997. Interessen, Widersprüche, Perspektiven SWP-AP 3019, Ebenhausen 1997, S. 22–26.

15 Wenngleich hinzugefügt werden muß, daß seit Jahren rund 50 Prozent der Fördermittel für Süditalien nicht aus Brüssel abgerufen werden, weil keine entsprechenden Anträge vorliegen.
16 Vgl. die Umfragen, die regelmäßig im Eurobarometer veröffentlicht werden.
17 So der Titel des Buches von Hinterhäuser, Helmut: Italien: Zwischen Schwarz und Rot, München 1960.
18 Die beste Analyse der gesellschaftlichen Entwicklung Italiens bietet bis heute: La Palombara, Joseph: Die Italiener oder Demokratie als Lebenskunst, München 1992.
19 Vgl. Rizzo, Aldo: L'Italia in Europa. Tra Maastricht e l'Africa, Bari 1996, S. 39.
20 Vgl. Masala (Anm. 14).

Großbritannien

ROGER MORGAN

1. Großbritanniens Rolle in Europa: Die Hintergründe

Bedenkt man die schwierige Beziehung Großbritanniens zum Prozeß der westeuropäischen Integration, so muß man sich immer der Tatsache bewußt sein, daß der »Aufbau Europas« schon seit zwei Jahrzehnten im Gange war, als das Vereinigte Königreich durch seinen Beitritt zur Europäischen Gemeinschaft im Jahre 1973 an ihm teilzunehmen begann. »Europa« hatte während dieser Zeit bestimmte rechtliche Charakteristika und institutionelle Vorgehensweisen eingeführt, an die sich die Briten in mancher Hinsicht nur schwer gewöhnen konnten.[1]

Es gab gute Gründe, warum die sechs Gründungsstaaten der Gemeinschaft ihr Projekt der europäischen Integration von der Montanunion der frühen fünfziger Jahre über die Römischen Verträge und darüber hinaus vorantrieben, ohne darauf zu warten, daß London seine ursprüngliche Absage an den Schuman-Plan von 1950 zurückzog. Gleichzeitig gab es aber auch wichtige Gründe, warum die britische Regierung die Idee ablehnte, an diesem großen Experiment teilzunehmen, und warum der Prozeß der Annäherung und Anpassung, der Großbritannien schließlich doch in die Gemeinschaft brachte, so lang und kompliziert war. Blickt man aus heutiger Sicht zurück, ist es schwierig, das Bewußtsein einzufangen, aus dem heraus die britische Bevölkerung und ihre Regierung nach 1945 ihre eigene Position in der Welt sahen.

Die politischen Führer aller Parteien wiederholten immer wieder eine Grundformel, nach der die Außenpolitik des Vereinigten Königreichs auf den Erhalt des Gleichgewichtes ihrer drei Wirkungskreise basierte: erstens der britischen Teilnahme an der westeuropäischen Kooperation, zweitens der zentralen Stellung Großbritanniens innerhalb des weltweiten *Commonwealth and Empire* und drittens der *special relationship* zwischen Großbritannien und den Vereinigten Staaten. Nicht nur Regierungen der *Labour Party*, sondern auch Regierungen der *Conservative Party* argumentierten[2], daß sich Großbritannien wegen der Existenz und Wichtigkeit der britischen Beziehungen mit dem *Commonwealth* und den Vereinigten Staaten im Gegensatz zu Frankreich, Italien oder der Bundesrepublik nicht vollkommen auf den Prozeß der europäischen Integration einlassen könnte.[3]

Zwar schwächte sich im Lauf der Zeit die Bedeutung dieses letzten Argumentes ab, während das *Commonwealth* seine Glaubwürdigkeit als weltpolitische Macht verlor und Washington immer weniger geneigt war, die speziellen Beziehungen mit Großbritannien aufrechtzuerhalten. Dennoch besaß diese geopolitische Betrachtung ein Gutteil an Substanz, wenn man Großbritanniens tatsächliche Position in der Welt nach 1945 betrachtet. Der Prozeß der Entkolonisierung des *British Empire* zwischen den vierziger und sechziger Jahren brachte eine neue Generation unabhängiger Staaten hervor: Indien, Pakistan, eine Zahl von Ex-Kolonien in Afrika und auf den karibischen Inseln; sie alle stießen zum *Commonwealth*, das bereits Australien, Kanada und andere Staaten umfaßte, die alle mit Großbritannien sowohl auf politischem, wirtschaftlichem oder strategischem Wege als auch kulturell und geschichtlich verbunden waren. Londons *special relationship* zu Washington war gleichfalls eine solide Realität, die ebenso auf der siegreichen Militärallianz des Zweiten Weltkrieges basierte wie auch auf der kontinuierlichen Zusammenarbeit beider Staaten in strategischen Angelegenheiten, der gemeinsamen Nutzung geheimdienstlicher Informationen und auch der engen politischen Abstimmung in weltpolitischen Problemen.

Diese außereuropäische Dimension von Großbritanniens internationaler Position hielt das Vereinigte Königreich aber nicht gänzlich von einer innereuropäischen Mitarbeit zurück. Tatsächlich entwickelte London den europäischen Wirkungskreis seiner Außenpolitik ebenso aktiv wie die Beziehungen zu den USA und zum *Commonwealth*. Auf dem wirtschaftlichen Sektor spielte Großbritannien eine führende Rolle bei der Gründung der Organisation für europäische wirtschaftliche Zusammenarbeit (OEEC), die ursprünglich 1948 dazu bestimmt worden war, Europas Wiederaufbau durch den Marshall-Plan zu koordinieren, und die sich 1959 zur weltweiten Organisation für wirtschaftliche Zusammenarbeit und Entwicklung (OECD) weiterentwickelte. Im Bereich der Förderung von Demokratie und Menschenrechten war das Vereinigte Königreich ein Gründungsmitglied des Europarates, der 1949 ins Leben gerufen wurde. Ebenso war Großbritannien an der Gründung der Europäischen Kommission für Menschenrechte des Europarates und der Errichtung des Gerichtshofes für Menschenrechte in Straßburg beteiligt. Vielleicht noch wichtiger war die Zusammenarbeit auf dem Feld der Verteidigungspolitik. Hier setzte sich Großbritannien stark für die Sicherheit Westeuropas ein, nicht nur durch das Nordatlantik-Abkommen von 1949, sondern auch durch das bilaterale Abkommen mit Frankreich von 1947, aus dem sich 1948 das multilaterale Brüsseler Abkommen und 1955 die Westeuropäische Union (WEU) entwickelte. In ihrem Rahmen wurde die Bundesrepublik wiederbewaffnet und ging das Vereinigte Königreich die bindende Verpflichtung ein, Streitkräfte zur Verteidigung Westeuropas zu stellen.[4]

Natürlich stehen all diese Elemente britischer Mitarbeit an innereuropäischen Belangen im Gegensatz zu dem Unwillen der Briten, darüber hinausgehende Verpflichtungen im Zusammenhang mit der europäischen Integration einzugehen, wie sie eine Mitgliedschaft in der Montanunion oder der EWG mit sich gebracht hätten. Die britische Entscheidung, sich für eine Mitgliedschaft in der Gemeinschaft zu bewerben, wurde erst nach 1960 gefällt, nachdem sich der Wirkungskreis des *Commonwealth* und der anglo-amerikanischen Beziehungen in der britischen Außenpolitik als unwesentlicher erwies, als es zunächst den Anschein hatte. Wichtig für Großbritanniens spätere Beziehungen zur Gemeinschaft war, daß der französische Präsident de Gaulle 1963 und nochmals 1967 den Beitritt Großbritanniens zur Gemeinschaft mit Hinweis auf die bestehenden britischen Verpflichtungen außerhalb Europas blockierte; erst im Jahre 1973, nachdem de Gaulle aus dem Amt geschieden war, wurde die Mitgliedschaft möglich.

In den Jahren, die auf den Beitritt folgten, verband sich Großbritanniens Einsatz für Europa als Mitglied der Europäischen Gemeinschaft weiterhin mit dem Wunsch der Briten, daß ihr Land auch zukünftig eine aktive Rolle in der Welt außerhalb Europas spielen solle. Großbritanniens Haltung zur Agrar- und Außenhandelspolitik Europas wurde von den Bindungen des Landes an das *Commonwealth* beeinflußt. Die britische Regierung unterstützte konsequent die Erweiterung der Gemeinschaft um neue Mitgliedstaaten, teilweise aus dem Glauben heraus, daß ein erweitertes Europa weniger leicht zu einer institutionell vertieften Gemeinschaft würde. Ebenso blieben die anhaltenden Verbindungen des Vereinigten Königreichs zu den USA von großer Bedeutung. Dies zeigte eine Anzahl von Entwicklungen deutlich, zu denen auch Premierministerin Margaret Thatchers offensichtlicher Wunsch gehörte, die spezielle Beziehung zwischen London und Washington wiederherzustellen, sowie auch Tony Blairs Weigerung beim Amsterdamer EU-Gipfel 1997, die Westeuropäische Union in eine Verteidigungsgemeinschaft der EU auszubauen, mit der Begründung, daß dies die NATO schwächen würde.[5] Diese Haltung Blairs gegenüber der westeuropäischen Zusammenarbeit hat sich im Laufe der Jahre 1998–1999 wesentlich geändert.

2. Die politisch-kulturelle Ausgangslage

In den späten neunziger Jahren, vor allem seit dem dramatischen Wahlsieg von Tony Blairs *New Labour Party* im Mai 1997, machen Beobachter der britischen Gesellschaft immer wieder auf eine Atmosphäre der Veränderung und Innovation in Großbritannien aufmerksam. Die Jugend des neuen Premierministers (43) und die Rekordgröße der parlamentarischen Mehrheit seiner Partei scheinen den Wunsch der britischen Bevölkerung zu symbolisieren, wenigstens ein paar radikale Veränderungen in ihren politischen Institutionen durchzusetzen, um sie auf diesem Weg repräsentativer für die soziokulturelle Einstellung des Landes am Ende des 20. Jahrhunderts zu machen. Das Wahlprogramm der *Labour Party* versprach in der Tat einige signifikante Reformen, beispielsweise das Ende des Stimmrechtes für die Mitglieder des *House of Lords*, die ihren Sitz ererbt hatten. Diese Rechte waren zwar bereits eingeschränkt, aber trotzdem noch bedeutsam. Weitere Reformversprechen waren unter anderem die Möglichkeit für die Bürger von Schottland und Wales, eigene repräsentative parlamentarische Vertretungen zu wählen, die sich um interne Belange dieser Länder kümmern sollen; und die Wiedereinführung des Rechtes für Londoner Bürger, ihr eigenes Stadtparlament zu wählen. Dies sollte die Abschaffung des *Greater London Council* durch die Regierung Thatcher von 1980 rückgängig machen. Zudem sind Reformen auf den Gebieten der Menschenrechte, der Transparenz des Regierungshandelns und der Informationsfreiheit angekündigt. Die Regierung Blair versprach zudem, nach Möglichkeiten zu suchen, Großbritanniens traditionelles Wahlsystem (einfaches Mehrheitswahlrecht) durch eine Form der proportionalen Vertretung zu ersetzen. Ein zu dieser Frage eingerichtetes Regierungskomitee unter dem Vorsitz des Liberaldemokraten Lord (Roy) Jenkins, einem politischen Weggefährten Tony Blairs, hat 1998 entsprechende Vorschläge präsentiert. Die Aussicht auf spezifische institutionelle Reformen in dieser Richtung ist nicht nur aufregend und erfrischend, sie ruft auch ein allgemeines Klima der Veränderung hervor, das sich unter anderem im Verhalten der Regierung Blair und ihrem internen Arbeitsstil ausdrückt. Dies wird sichtbar in der informellen Art Tony Blairs, der – Hand in Hand mit seiner Frau – zu Fuß zur Eröffnung des neuen Parlamentes durch die Königin ging, anstatt wie üblich im offiziellen Wagen vorzufahren. Die Veränderung wird auch in den wiederholten Erklärungen des Regierung spürbar, daß alte Vorgehensweisen radikal verändert und neue Wege gegangen werden müssen, z. B. auf Gebieten wie dem Schulsystem, dem Gesundheitswesen, den Rentenkassen und der Drogenproblematik. Diese Atmosphäre des Wandels und der Modernisierung enthält eine deutliche »europäische« Dimension. Die Regierung Blair hat nicht nur kurz nach der Regierungsübernahme die Ablehnung des Sozialprotokolls des Maastrichter Vertrages durch die Vorgängerregierung beendet, es wurde zudem angekündigt, daß die Europäische Menschenrechtskonvention direkt in das britische Rechtssystem eingebracht werden wird – eine Reform, die seit Jahren diskutiert, aber nie in die Tat umgesetzt wurde.

Großbritannien scheint so unter der neuen Regierung der *New Labour Party* auf dem Weg zu einer moderneren und anpassungsfähigeren Gesellschaft zu sein, die eine größere Offenheit für äußere Einflüsse besitzt, und hier vor allem für soziale und rechtliche Normen, die in den europäischen Nachbarstaaten gelten. Die Veränderungen spiegeln die heftige Reaktion der britischen Gesellschaft auf die Macht des Konservatismus und der Tradition wider, die ihre charakteristischsten Merkmale in den vergangenen Jahrzehnten waren. Das etwas theatralische Ritual der jährlichen Eröffnung der parlamentarischen Sitzungsperiode durch die Königin hat beispielsweise seine Form nicht mehr verändert, seit die englischen Monarchen des Mittelalters ihre Edelleute und die Vertreter der lokalen Körperschaften zur Teilnahme an den ersten parlamentarischen Versammlungen aufriefen. Obwohl das gewählte Unterhaus seit dem letzten Jahrhundert das bei weitem mächtigere Element des gesetzgebenden Ensembles der *Queen in Parliament* ist, und obwohl Tony Blairs Regierung, wie schon ihre Vorgängerinnen, absolut auf die Mehrheit im Unterhaus angewiesen ist, gibt es keinerlei Hinweis auf diese Tatsache in dem Ritual, das die Ankündigungen des Gesetzesprogrammes der Regierung begleitet. Die Königin verliest, nachdem sie vom Buckingham-Palast in einer 200 Jahre alten Kutsche nach Westminster gefahren ist, eine von der Regierung verfaßte Rede, in der sie ankündigt, was ihre Minister in den kommenden Monaten zu tun gedenken. Diese Rede wird von der Königin von ihrem traditionellen Thron im Oberhaus verlesen, und die Mitglieder des Unterhauses und der Regierung werden herbeigerufen, um ihrem Staatsoberhaupt im Oberhaus zu lauschen, wo sie im Eingangsbereich stehen müssen, weil alle Sitze für die Lords des Oberhauses reserviert sind.

Das britische Gesetzgebungsverfahren bewahrt auf ähnliche Weise in seiner äußeren Form die hierarchische Gesellschaftsordnung des Mittelalters: Einem neuen Gesetz muß durch eine Mehrheit im Unterhaus zugestimmt werden, und danach durch das Oberhaus (in dem Erbadelige ebenso wie einige Bischöfe der *Church of England* sitzen), es tritt erst in Kraft, nachdem ein Vertreter der Königin für jedes neue Gesetz die traditionelle normannisch-französische Formel gesprochen hat: »*La Reigne le veult.*« Theoretisch, nicht aber in der Praxis, könnte diese königliche Zustimmung auch verweigert werden. Auf gewisse Weise geben die äußeren Formen der britischen Institutionen also einen Eindruck von Kontinuität oder gar Stagnation. Viele Aspekte britischen Lebens haben sich jedoch im letzten halben Jahrhundert radikal verändert, das die Entwicklung des Wohlfahrtsstaates wie auch das Ende des Empire erlebte. Eine größere soziale Mobilität hat sich in solch traditionellen Gebieten wie dem Bankenwesen und dem gesamten Finanzstandort London entwickelt. Gleiches gilt für Universitäten, das Militär oder den parlamentarischen und administrativen Teil des politischen Systems selbst. Großbritannien ist jedoch immer noch weit von der »klassenlosen Gesellschaft« entfernt, die John Majors erklärtes Ziel war. Der Wohlstandsunterschied zwischen den reichsten und den ärmsten Mitgliedern der Gesellschaft hat sich seit den achtziger Jahren deutlich vergrößert – ebenso wie die Kluft zwischen den reicheren und den ärmeren Teilen des Landes. Obwohl sich die Regierung Blair um eine grundlegende Reform der politischen Institutionen des Landes bemüht, ist ihre Herangehensweise an die Fragen sozialer und wirtschaftlicher Ungleichheit nicht interventionistisch. Die Regierung beabsichtigt scheinbar weder Besserverdienende stärker zu besteuern noch Vermögen zugunsten der Ärmeren umzuverteilen.[6]

3. Das politische System

Wie bereits erwähnt stehen die politischen Institutionen Großbritanniens in den letzten Jahren mehr und mehr in der Kritik. Diese richtet sich im besonderen gegen das Wahlsystem, von dem die Kritiker sagen, es sei nicht repräsentativ, diskriminiere kleinere Parteien und lasse viele Wähler im Parlament ohne Repräsentation. Sich mehrende Kritik galt auch der extremen Zentralisierung des britischen Regierungssystems, welches nach Meinung der Kritiker die Eigenständigkeit von regionalen, lokalen und kommunalen Behörden weitgehend einschränkt. Zusätzlich dazu argumentierten die Kritiker, daß das Fehlen einer schriftlich niedergelegten Verfassung die Regierung in die Position einer »gewählten Diktatur« bringt, deren willkürliche Macht nicht durch einen effektiven Gesetzesrahmen oder ein System der Gewaltenkontrolle und -teilung eingeschränkt wird. Hinzu kommt die Kritik an der Heimlichkeit des britischen Regierungssystems, das in dem Ruf steht, jeglicher wirkungsvoller Bestimmung für ein transparentes Regierungshandeln oder Informationsfreiheit zu entbehren. Angriffe gelten auch der immer noch starken Rolle des Erblichkeitsprinzips, durch das erheblicher Einfluß auf die Gesetzgebung in den Händen der Mitglieder des Oberhauses verbleibt, die ihren Sitz im Parlament mit ihrem Titel erben. Dieses Prinzip ist natürlich auch dafür verantwortlich, daß die Erbmonarchie, die selbst in den letzten Jahren immer wieder Gegenstand von Kontroversen war, einen nicht unerheblichen politischen Einfluß in den Händen behält. Und selbst seit langer Zeit bestehende britische Rechtstraditionen, wie die Verfahrensordnung der Gerichtshöfe, gerieten zunehmend unter Beschuß.[7]

Auch Kritiker gestehen zu, daß in den vergangenen Jahrzehnten einige Schritte unternommen worden sind, die britischen Institutionen im Lichte dieser Vorwürfe zu reformieren. So wurde beispielsweise 1949 das Recht des Oberhauses beschnitten, Gesetzgebungsverfahren zu verzögern. Effektiv können die Lords jetzt ein Gesetz, dem vom Unterhaus zugestimmt wurde, für maximal ein Jahr verzögern, und ihren Einfluß auf Haushaltsfragen hatten sie schon zu Beginn des Jahrhunderts vollständig verloren. Auch die erblich bedingte Zusammensetzung des Oberhauses wurde in den sechziger Jahren durch die Einführung des Systems der *life peerage* modifiziert. Das bedeutet, daß die meisten der nun politisch aktiven Mitglieder des Oberhauses nicht mehr erbliche Adelstitel besitzen, sondern wichtige Persönlichkeiten sind, die, durch die politischen Parteien nominiert, auf Lebenszeit in den Adelsstand erhoben werden. Auch in bezug auf die Überzentralisierung der Macht in Großbritannien wurden Reformanstrengungen gemacht. So wurde den Bewohnern von Schottland und Wales die Möglichkeit gegeben, in einem Volksentscheid im Jahre 1979 für die Aufteilung bestimmter Kompetenzen zu stimmen, die in die Hände von gewählten Vertretungen gegeben worden wären, die in Edinburgh und in Cardiff entstehen sollten. Diese Reform wurde damals aus dem einfachen Grund, daß nicht die nötige Unterstützung in der Wählerschaft vorhanden war, nicht durchgeführt. Was die Kritik am Wahlsystem angeht, so wurde das traditionelle britische System des Mehrheitswahlrechtes (*first past the post*) bereits in den siebziger Jahren zumindest in Nordirland abgeschafft. Es wurde von einer Form der Proportionalrepräsentation abgelöst, die entwickelt worden war, um den verschiedenen religiös-politischen Gemeinschaften der Provinz besser gerecht zu werden.[8]

Es bleibt dennoch die Tatsache bestehen, daß solche spezifischen Reformen oder Reformabsichten nur sehr eingeschränkt geblieben waren im Vergleich zu dem wachsenden Gefühl, daß die traditionellen britischen Institutionen in vieler Hinsicht nicht mehr zeitgemäß und jetzt radikale Veränderungen notwendig sind. Dieses Gefühl wuchs in beträchtlichem Maße während der konservativen Regierungsperiode unter Premierministerin Margaret Thatcher (1979–1990) und Premierminister John Major (1990–1997), und es spielte eine große Rolle bei dem überwältigenden Wahlsieg der *Labour Party* (ebenso wie bei dem deutlichen Zuwachs der parlamentarischen Stärke der *Liberal Democrat Party*) im Mai 1997. Es wird nun größtenteils erwartet, daß die Regierung Blair ein drastisches institutionelles Reformprogramm durchführen wird, das viele, wenn nicht sogar alle der kontroversen Punkte abdeckt. So hat die Regierung während ihres ersten Amtsjahres (1997–1998) Referenden in Nordirland, Wales, Schottland und London abhalten lassen, die alle eine Mehrheit für tiefgreifende Reformen ergaben. Die neugewählte Exekutive für Nordirland, für die es mehrheitliche Unterstützung bei den Volksabstimmungen in der Provinz Ulster und der Republik Irland gab, hat ihre Arbeit 1998 provisorisch aufgenommen. Die gewählten parlamentarischen Versammlungen in Schottland und Wales beginnen ihre Arbeit im Sommer 1999.

Es muß dennoch immer wieder daran erinnert werden, wie tief verwurzelt viele der traditionellen britischen Institutionen tatsächlich sind. Dies erklärt auch, warum der Widerstand gegen Veränderungen bis zum heutigen Tag so stark gewesen ist.

Die Kontinuität und Widerstandsfähigkeit der politischen Institutionen des Landes sind tatsächlich zwei Gesichtspunkte von vielen, in denen die Erfahrung Großbritanniens erkennbar unterschiedlich von der anderer Länder auf dem Kontinent gewesen ist. Während der Zweite Weltkrieg das politische und institutionelle Leben aller Staaten des westeuropäischen Kontinentes (mit Ausnahme Spaniens und Portugals) drastisch unterbrach und zur Schöpfung völlig neuer Verfassungen für die Zukunft führte (in Frankreich 1946, in Italien 1947 und in der Bundesrepublik 1949), konnte das Vereinigte Königreich stolz darauf sein, daß seine Institutionen durchgehend intakt geblieben waren. Da Unter- und Oberhaus und die Monarchie den ganzen Krieg hindurch gute Dienste geleistet hatten, und die traditionelle Verwaltung der Ministerien in *Whitehall* durch einen Zustrom von Beamten auf Zeit aus den besten Universitäten verstärkt worden war, sahen die Briten nach dem Krieg kein Argument für eine ernstzunehmende Institutionenreform. Wieder, so schien es, stellte sich die Frage, welchen Grund es denn für das Vereinigte Königreich geben könnte, den gleichen Weg zu gehen wie weniger reiche Länder auf dem Kontinent, die die Notwendigkeit sehen mochten, ihre neuen und zerbrechlichen demokratischen Institutionen auf der Basis eines Bundesstaates zu stärken, indem sie die Vereinigten Staaten von Europa zu schaffen versuchten. Tatsächlich führte das politische und administrative System Großbritanniens die großen Reformen der Nachkriegszeit – die Schaffung des Wohlfahrtsstaates, die Nationalisierung der Basisindustrien und Dienstleistungen und die Entkolonisierung des *Empire* – mit dem gleichen hohen Niveau an Effektivität durch, den es bereits gezeigt hatte, als es während des Krieges für die Bedürfnisse der Menschen sorgte: Wieder schien keinerlei Notwendigkeit zu bestehen, an Reformen auch nur zu denken.[9]

Selbst die Elemente des Systems, die heutzutage am meisten kritisiert werden, könnten durch einige starke Argumente verteidigt werden. Das Mehrheitswahlrecht für die Parlamentswahlen sorgt für eine stabile Regierungsmehrheit, indem es den Parteien, die eine klare Mehrheit an Wählerstimmen erreichen, einen Bonus an Parlamentssitzen gewährt[10], obwohl es den kleineren Parteien nur eine unzureichende Vertretung einräumt. Diese Tatsache erlaubt es den Regierungen, effektive und langfristige Programme durchzuführen. In allen nationalen Wahlen von den vierziger bis zu den sechziger Jahren zeigten 90 Prozent aller Wähler ihr Vertrauen in das System, indem sie ihre Stimme einer der beiden großen Parteien gaben. Zur Verteidigung des Oberhauses läßt sich sagen, daß diese Kammer, selbst vor ihrer Modernisierung durch die Einführung von *life peers* in den sechziger Jahren, eine Praxis angenommen hatte, wonach sie ihre garantierte konservative Mehrheit nicht dazu verwendete, Gesetzesanträge einer *Labour*-Regierung zu blockieren, sofern diese Anträge durch das jeweils gültige relevante Wahlprogramm legitimiert waren, für das sich die Wählerschaft entschieden hatte. Die scheinbare Überzentralisierung des politischen Systems Großbritannien auf Kosten der lokalen oder regionalen Autonomie wurde oft nicht nur von den Konservativen verteidigt (die die Exzesse der kommunalen *Labour*-Behörden, die von den »extremen« Linken dominiert wurden, zu begrenzen wünschten), sondern auch von *Labour*-Regierungen (die manchmal bemüht waren, das hohe Niveau der öffentlichen Ausgaben für Bildung und staatliche Sozialleistungen überregional aufrechtzuerhalten). Nur langsam erreichte die Unzufriedenheit mit britischen Institutionen ernsthafte Ausmaße. Spätestens in den siebziger und achtziger Jahren ging der Prozentsatz der Wähler, die die *Labour* oder *Conservative Party* unterstützten, wesentlich zurück, und es wuchs die öffentliche Bereitschaft, an eine Reform des Wahlsystems zu denken. Ausschlaggebend war die Erkenntnis, daß die eine oder andere große Partei eine klare Parlamentsmehrheit allein dadurch gewinnen konnte, daß sie eine ausreichende Minderheit (manchmal unter 40 Prozent) der Gesamtstimmen der Wählerschaft erlangte. Es trat auch der Fall ein, daß es dem Wahlsystem nicht gelang, überhaupt eine klare Mehrheit hervorzubringen, die eine stabile Regierung möglich machte. Beispiele dafür waren die Regierungen unter James Callaghan in den späten siebziger Jahren und unter John Major Mitte der neunziger Jahre.[11]

Der entscheidende Sieg von Tony Blairs *Labour Party* 1997 (Anstieg der Zahl der erreichten Parlamentsmandate für die Partei von 40 auf 64 Prozent, auf der Basis einer Zunahme der Wählerstimmen von 34 auf 44 Prozent) könnte dem alten Wahlsystem wieder neue Vitalität geben, aber die Regierung Blair hat ihr Versprechen verwirklicht, die Wahlen für das Europaparlament im Jahre 1999 nach einem Verhältniswahlsystem durchzuführen, und gründliche Überlegungen anzustellen, das ganze britische Wahlsystem zu reformieren. Was den Vorwurf betrifft, daß die britische Regierung überzentralisiert sei, und sich zu viel Macht in London konzentriere, hat auch dieses Argument in den letzten Jahren zunehmende Unterstützung gewonnen – teilweise als Reaktion auf die extreme Machtzentralisierung, die von der konservativen Regierung von Thatcher und Major durchgeführt wurde. Die

Regierung Blair hat eine beträchtliche Dezentralisierung der Macht durchgeführt: So erhielt Nordirland – wie bereits erwähnt – 1998 eine eigene Regionalregierung, die einer gewählten parlamentarischen Versammlung verantwortlich ist. Ähnlich reformierte Strukturen wurden 1999 auch in Schottland und Wales eingeführt.

Man muß aber im Gedächtnis behalten, daß in allen britischen Debatten über die Institutionenreform seit den siebziger Jahren eines der stärksten Argumente für die Reform das Scheitern der politischen Institutionen des Landes war, die schwache wirtschaftliche Leistung des Landes zu verbessern.

4. Das sozioökonomische Fundament

Die britische Wirtschaftsleistung ist, gemessen an vielen wirtschaftlichen Indikatoren, seit Beginn der neunziger Jahre sehr zufriedenstellend. Die Wachstumsrate ist höher als in den meisten Mitgliedstaaten der EU. Beispielsweise sind die Exportzahlen vieler *High-Tech*-Güter (zum Beispiel Fernseher, Computer und Mikrochips) die höchsten im Vergleich zu den anderen europäischen Ländern. Das Vereinigte Königreich zieht ein Drittel aller ausländischen Investitionen in der EU an, einschließlich 40 Prozent der Investitionen aus den USA und Japan. Auch fällt seit mehreren Jahren die Arbeitslosigkeit, die im Vereinigten Königreich niedriger ist als in jedem anderen großen EU-Mitgliedstaat.[12] Diese günstigen statistischen Daten werden nichtsdestotrotz von vielen Beobachtern kritisiert, die darauf hinweisen, daß die reale Wirtschaftssituation Großbritanniens nicht so positiv sei. Es wurde zum Beispiel die Ansicht vertreten, daß die offizielle Arbeitslosenstatistik nicht den wahren Zustand zeige, da viele Jugendliche, die in Wirklichkeit arbeitslos waren, statt dessen als Teilnehmer eines Ausbildungsprogramms erfaßt wurden. Kritiker der offiziellen Zahlen argumentierten auch, daß viele der Arbeiter, die als beschäftigt registriert wurden, tatsächlich in Anstellungsverhältnissen mit inakzeptabel niedriger Bezahlung waren, in einigen Fällen auch nur auf Teilzeitbasis. Aber die vielleicht ernsthafteste Kritik an der scheinbar günstigen Statistik der späten neunziger Jahre ist, daß Großbritannien wirtschaftlich betrachtet immer noch das Defizit aus vielen Jahren der Stagnation seit der Nachkriegszeit und sogar davor ausgleichen muß, obwohl es nun schneller als viele seiner Partnerstaaten auf dem Kontinent voranschreitet. Das relativ langsame Wachstum der britischen Wirtschaft zeigen zum Beispiel Statistiken, die nachweisen, daß in der Zeit zwischen 1958 und 1995, in der das Bruttoinlandsprodukt Deutschlands um das Zehnfache gewachsen war – natürlich teilweise aufgrund der Wiedervereinigung – und das von Frankreich um das Dreifache, das BIP Großbritanniens sich nicht einmal verdoppelt hatte, sondern in den neunziger Jahren nur 50 Prozent höher lag als vierzig Jahre zuvor.[13]

Jahrzehnte schwächeren wirtschaftlichen Wachstums als bei den kontinentaleuropäischen Nachbarn plazierten Großbritannien Anfang der achtziger Jahre in eine wirtschaftlich schwächere Position als die Bundesrepublik, Frankreich und selbst Italien. Einen einfachen Vergleich ziehend, betrug das BIP Deutschlands 1995 mehr als das Doppelte dessen des Vereinigten Königreichs, obgleich letzteres zu diesem Zeitpunkt eine größere Wachstumsrate aufzeigte. Beobachter haben auf viele verschiedene Gründe für diesen relativen Abschwung des Landes hingewiesen, welches zuvor die führende Wirtschaftsmacht der Welt war. Die Theorien, die zur Erklärung dieses Rückgangs vorgeschlagen wurden, besagten, daß erstens das Klassensystem der britischen Gesellschaft seit dem 19. Jahrhundert dazu neigte, talentierte Personen davon abzuhalten, eine Karriere in der produzierenden Industrie anzustreben, weil diese ein geringeres Prestige hatte als der Finanzbereich, Jura und der zivile oder militärische öffentliche Dienst. Zweitens war das britische Bildungssystem nicht fähig, genügend Aufmerksamkeit auf die Ausbildung in den für die moderne Industrie relevanten Bereichen zu richten, besonders auf das Ingenieurwesen. Drittens gab die Existenz eines geschützten Marktes für vergleichsweise einfache Produkte der britischen Industrie keinen Anlaß zu Modernisierung oder Wettbewerbsfähigkeit, und der Verlust dieses Marktes vergrößerte das Problem nur. Viertens rief die Macht der britischen Gewerkschaftsbewegung, besonders zwischen den vierziger und achtziger Jahren, eine niedrige Produktivität, einen inflexiblen Arbeitsmarkt und große Verluste an Arbeitszeit durch Streiks und andere Konflikte hervor. Fünftens war die Organisationsstruktur der Finanzmärkte Großbritanniens, wegen der die *City of London* tendenziell kurzzeitigen Investitionen auf dem finanziellen Sektor den Vorzug vor langfristigen Investitionen in der Industrie gab, weniger konstruktiv, als Systeme wie das deutsche, in welchem die Verbindungen zwischen Banken und Industrie sehr viel enger sind. Schließlich wurde angeführt, daß die konfrontative britische Parteipolitik – in der die Wirtschafts- und Steuerpolitik einer Regierung manchmal das genaue Gegenteil der Politik der nachfolgenden Regierung ist – in bezug auf die Industrie zu wenig langfristige Strategien verfolgte.[14]

Einige dieser Hypothesen sind von Experten stark angegriffen worden. Andere wurden allgemein als Erklärung für Großbritanniens schwache wirtschaftliche Leistung akzeptiert und haben zum Wandel in Politik und Betrachtungsweise geführt. Es scheint beispielsweise, daß das schnellere Wachstum der letzten Jahre zumindest zum Teil der Gesetzgebung der Thatcherjahre zugeschrieben werden kann, durch welche die Macht der Gewerkschaften beschnitten wurde. Diese Gesetzgebung, wie auch viele andere Maßnahmen der Konservativen, die auf Deregulierung des Wirtschaftslebens gerichtet waren, werden von der neuen *Labour*-Regierung nicht umgekehrt. Die neue Regierung hat zusätzlich versprochen, die Besteuerung – als Stimulus für Investitionen und Wachstum – auf dem niedrigen Niveau zu halten, das von den Konservativen eingeführt wurde.

Obwohl viele argumentieren würden, daß die schnellere Wachstumsrate der letzten Jahre durch hohe soziale Kosten – durch die größer werdende Kluft zwischen Arm und Reich und die Entstehung einer von den Vorteilen des Wachstums ausgeschlossenen »Unterschicht« – erreicht wurde, ist die allgemeine Aussicht der britischen Wirtschaft und Gesellschaft am Ende des Jahrhunderts auf fortgesetzten dynamischen Wandel und auf breitere und reichere Lebenschancen für alle außer den ärmsten Mitgliedern der Gesellschaft ausgerichtet.[15] Eine wichtige Dimension dieser Gesellschaftsvorstellung, die offener, flexibler und weniger vom Gewicht der Tradition beeinflußt ist, ist die wachsende Beteiligung Großbritanniens am Prozeß der europäischen Einigung.

5. Großbritanniens künftige Beziehungen zur Europäischen Union

Tony Blairs *Labour*-Regierung, die seit Mai 1997 amtiert, hat eine sehr viel positivere Einstellung zum europäischen Zusammenschluß als das schwache, gespaltene und teilweise europhobe Kabinett John Majors. Ein frühes Anzeichen dieser Veränderung war die schnelle Abkehr vom *opt-out* aus dem Sozialprotokoll der EU durch die Regierung Blair. Diese hat auch sehr viel mehr positive Aussagen als ihre konservativen Vorgänger darüber gemacht, wie wünschenswert die Wirtschafts- und Währungsunion sei (Großbritanniens eventuelle Mitgliedschaft eingeschlossen).[16] Ebenso bemerkenswert ist die hohe Zahl von Ministern der Regierung Blair, die bereits einschlägige Erfahrungen mit der Arbeit in oder mit europäischen Institutionen haben: Vertreten sind zwei ehemalige EG-Kommissare (Lord Richard und Lord Clinton-Davies) und einige frühere Abgeordnete des Europäischen Parlamentes. Den neuen Posten des Staatsministers für Industrielle Zusammenarbeit in Europa nimmt Lord Simon ein, der frühere Vorstandsvorsitzende von *British Petroleum*, der ein führendes Mitglied des *European Round Table of Industrialists* (ERT)[17] war und ein starker Unterstützer der britischen Mitgliedschaft der Europäischen Währungsunion ist. Wenn man hinzufügt, daß eine große Mehrheit der *Labour*-Abgeordneten (einschließlich einer Mehrheit von Ministern) ihre Unterstützung für die europäische Integration ausdrücklich dargelegt haben, scheint es, daß die *New Labour Party* den antieuropäischen Standpunkt der *Labour Party* in den frühen achtziger Jahren entschieden ablehnt, und die Regierung Blair einen allgemein proeuropäischen Kurs einschlagen wird.

Die Aussagen, die von der Regierung zur Zeit des Amsterdamer Gipfels Mitte 1997 gemacht wurden, zeigen jedoch sehr deutlich, daß Londons europäische Politik sich konkret auf die spezifisch britischen nationalen Interessen konzentrieren wird. Die Prioritäten der Regierung während der britischen Präsidentschaft der EU in der ersten Hälfte des Jahres 1998 schlossen deshalb einige seit langem bestehende Ziele der britischen Politik ein. Zu diesen gehört die Senkung der Ausgaben für die Gemeinsame Agrarpolitik und die Vollendung des Binnenmarktes, besonders im Dienstleistungsbereich. Obwohl Premierminister Blair in Amsterdam zugestimmt hat, daß dem Vertrag über die Europäische Union ein Kapitel über die Beschäftigungspolitik hinzugefügt wurde, hat er für seine Regierung deutlich gemacht, daß die Förderung der Beschäftigung durch die marktorientierten

Maßnahmen Flexibilität und Deregulierung angestrebt werden sollten, anstatt durch neokeynesianische öffentliche Ausgabenprogramme.

In den britischen Positionen zur institutionellen Entwicklung der EU hat es einige scharfe Differenzen zwischen den Regierungen Major und Blair gegeben. London hat nun einer Ausweitung der qualifizierten Mehrheitsentscheidung im Rat und des Mitentscheidungsverfahrens zugunsten des Europäischen Parlamentes zugestimmt, ebenso einer größeren Rolle für das Parlament in der Gemeinsamen Außen- und Sicherheitspolitik (GASP) – alles Punkte, denen die Vorgängerregierung widersprochen hatte. Man sollte jedoch nicht der Illusion erliegen, daß die Regierung Blair willens sein wird, bei weiteren entscheidenden Schritten hin zu einem föderal organisierten Europa mitzuwirken, selbst wenn Großbritannien eines Tages der Wirtschafts- und Währungsunion beitritt. Die extreme Vorsicht der Regierung in dieser Hinsicht – zweifellos zum Teil verursacht durch ihre Angst, die höchst europaskeptischen Elemente, die gerade Einfluß auf die öffentliche Meinung in Großbritannien haben, gegen sich aufzubringen – wurde klar in einem Brief des Außenministers Robin Cook ausgedrückt, den dieser ein paar Tage nach dem Amsterdamer Gipfel des Europäischen Rates an die *Times* schickte:

»Wir haben britische Interessen auf Gebieten verteidigt, wo einige unserer Partner ursprünglich weiter gehen wollten, als wir es für weise erachteten, besonders im Verteidigungsbereich, wo das Abkommen bestätigt, daß unsere Verteidigungspolitik fest auf die NATO gestützt ist. Und wir haben das britische Veto in allen Schlüsselbereichen aufrechterhalten – einschließlich der Außenpolitik und in neueren flexiblen Arrangements, durch die kleinere Gruppen von Mitgliedstaaten zusammenarbeiten können. ... Was man in Amsterdam sehen konnte, waren die Föderalisten und die Integrationsbefürworter ... auf dem Rückzug. Die alte europäische Leidenschaft für institutionelle Mechanismen weicht einer neuen Agenda, die sich mit dem Leben unserer Bürger verbindet.«[18] In Inhalt und Ton weist die Aussage des Außenministers also darauf hin, daß die Europapolitik der neuen Regierung neben vielen Elementen des Wandels ein starkes Element der Kontinuität enthält. Diesen Eindruck bestätigte die eher passive und unverbindliche Wahlkampftaktik der *Labour Party* bei der Europawahl 1999.

Anmerkungen

Übersetzt aus dem Englischen von Beate Zeitler, freie Übersetzerin, und Samantha Hooten, Ludwig-Maximilians-Universität München.

1 Vgl. Beloff, Max: Britain and European Union. Dialogue of the Deaf, London 1996 und Morgan, Roger: Großbritannien und Europa, in: Aus Politik und Zeitgeschichte B 18/97, S. 22–30.
2 Die Rede ist von den *Labour*-Regierungen unter den Premierministern Clement Attlee, 1945–1951, und Harold Wilson, 1964–1970, sowie von den konservativen Regierungen

unter Winston Churchill, 1951–1955, Anthony Eden, 1955–1957 und Harold Macmillan, 1957–1963.

3 Vgl. Reynolds, David: Britannia Overruled. British Policy and World Power in the Twentieth Century, London 1992, vor allem S. 173–237.

4 Um einen nützlichen Überblick über die Geschichte und die Probleme der WEU zu bekommen, siehe: Deighton, Anne (Hrsg.): Western European Union 1954 – 1997. Defence, Security, Integration, Oxford 1997.

5 Vgl. Urban, George: Diplomacy and Disillusion at the Court of Margaret Thatcher, London 1996, und Sharp, Paul: Thatcher's Diplomacy, London 1997.

6 Vgl. zu diesen Fragen: Wright, Tony: Citizens and Subjects. An Essay on British Politics, London 1994, und Sampson, Anthony: The Essential Anatomy of Britain. Democracy in Crisis, London 1992.

7 Vgl. Mount, Ferdinand: The British Constitution Now, London 1993, und Bogdanor, Vernon: The Monarchy and the Constitution, Oxford 1995.

8 Zum Problem der geographischen Zentralisation von Macht vgl. Jenkins, Simon: Accountable to None. The Tory Nationalization of Britain, London 1995.

9 Vgl. Beloff (Anm. 1), vor allem Kapitel 11.

10 Beispielsweise für die *Labour Party* nach 1945, 1964 und 1997 und für die *Conservative Party* nach 1951.

11 Vgl. Harrison, Brian: The Transformation of British Politics 1860–1995, Oxford 1996, vor allem S. 349–384.

12 Zu den offiziellen Daten vgl. Conservative Research Department: The Campaign Guide 1997. A Comprehensive Survey of Conservative Policy, London 1997, S. 1–6.

13 Vgl. OECD, Economic Outlook und Eurostat.

14 Vgl. Krieger, Wolfgang: Die Britische Krise in historischer Perspektive, in: Historische Zeitschrift 247 (1988), S. 586–602 und einige der Beiträge in: Kastendiek, Hans, Karl Rohe und Angelika Volle (Hrsg.): Länderbericht Großbritannien. Geschichte, Politik, Wirtschaft, Gesellschaft, Bonn 1994, Neuauflage 1998.

15 Zum britischen Zeitgeist der neunziger Jahre vgl. Marquand, David: Moralists and Hedonists, in: Marquand, David, und Anthony Seldon (Hrsg.): The Ideas that shaped Postwar Britain, London 1996, S. 5–28.

16 Zu einer optimistischen Analyse der Position der Regierung Blair (von einem proeuropäischen Blickwinkel aus) vgl. Pinder, John: *New Labour – New Europe*? Chancen für eine stärkere und demokratischere EU, in: integration 2 (1997), S. 136–143.

17 Zu ERT vgl. Platzer, Hans-Wolfgang: Interessenverbände und europäischer Lobbyismus, in diesem Band.

18 Robin Cook (Leserbrief): Challenges of the Amsterdam Treaty, in: The Times v. 23. Juni 1997.

Irland

EVIN MCLOUGHLIN

In ihrer frühesten Erscheinungsform war die Europäische Wirtschaftsgemeinschaft (EWG) eine Institution, die sich ausdrücklich mit Wirtschaft, Handel und deren Rahmenbedingungen beschäftigte. Schon früh wurde jedoch klar, daß mit dem wirtschaftlichen Zusammenschluß unausweichlich eine politische Dimension einherging. In Irland führte die Mitgliedschaft wie vielleicht nirgendwo anders neue Normen politischen Parteiverhaltens ein, zwang dem politischen System Disziplin auf und brachte die Sozialpartner in eine produktive Arbeitsbeziehung.

1. Das politische System

1.1 Die Verfassung

Irlands politisches System ist eine konstitutionelle parlamentarische Demokratie. Seinen Rahmen definiert die Verfassung von Irland (*Bunreacht na hEireann*). Sie wurde durch einen Volksentscheid im Jahre 1937 ratifiziert und ist noch heute in Kraft. Sie ist oberstes Gesetz des Landes, der Standard, an dem die anderen Gesetze gemessen werden. Die Verfassung von 1937 sieht eine Kabinettsregierung vor, d. h. eine Regierungsform, in der der Präsident (*An tUachtaran*) als Staatsoberhaupt fungiert, während der Premierminister (*An Taoiseach*) das Regierungsoberhaupt und Chef des Ministerkabinettes ist. Ebenso schreibt sie ein Zweikammersystem fest, das seit Jahrhunderten zur irischen Parlamenttradition gehört. Die Verfassung bestimmt auch die Wahlsysteme für beide Kammern: für das Unterhaus eine Verhältniswahl, bei der der Wähler seine Stimme einem beliebigen Kandidaten auf der Liste einer Partei geben kann (*single transferable vote*), und für den Senat eine Mischung von Nominierung und Wahl seiner Mitglieder durch Berufsgruppen.

Gerichtliche Auseinandersetzungen um die Verfassungswidrigkeit von Gesetzen, Verordnungen oder Aktionen der Regierung oder Dritter sind eine regelmäßige Erscheinung in Irland. Veränderungen der Verfassung, so wie der Zusatz, der nötig geworden war, um das europäische Recht in das irische aufzunehmen, sind nur möglich, wenn die Mehrheit der Wähler ihnen in einem Volksentscheid zustimmt. Dennoch wurde in den neunziger Jahren die Funktionsfähigkeit des Verfassungssystems von einer Verfassungskommission genau überprüft. Ihr Befund befürwortet erhebliche Veränderungen, aber die Vorschläge würden mehr Wirkung auf die Arbeitsweise des politischen Systems haben als auf seine Ausgestaltung.

1.2 Das Parlament

Zentral für die Arbeit des politischen Systems ist die Verfassungsbestimmung, die das Parlament (*Oireachtais*) zum alleinigen Hüter der Exekutive macht. Das Parlament setzt sich gemäß der Verfassung aus drei Körperschaften zusammen. Die erste ist das Repräsentantenhaus (*Dail Eireann*), die zweite ist der Senat (*Seanad Eireann*), das letzte Element ist der Präsident (*An tUachtaran*).

1.2.1 Das Repräsentantenhaus
Das Repräsentantenhaus (*An Dail*) ist Irlands untere Kammer. Wahlen finden spätestens alle fünf Jahre statt und werden auf der Basis des Verhältniswahlrechtes durchgeführt. Über ganz Irland verteilt gibt es insgesamt 41 Wahlbezirke, die zusammen 166 Mitglieder in das Repräsentantenhaus entsenden. Einmal gewählt, wird das Mitglied des Repräsentantenhauses *Teachta Dala'* oder TD genannt (Abgeordneter des *Dail*). Alle Bürger über 21 Jahre können für die Wahl des *Dail* kandidieren und sich sogar selbst nominieren. Alle Bürger über 18 Jahre können an der Wahl des Repräsentantenhauses teilnehmen.

Die zwei Hauptfunktionen des *Dail* sind das Debattieren und Abstimmen über Gesetzesvorlagen sowie die Überprüfung – und wenn nötig die Kontrolle – der Aktivitäten der Regierung. Oft nehmen jedoch dringlichere Anforderungen die Zeit der Abgeordneten in Anspruch, worunter die Qualität der Gesetzgebung auf lange Sicht leidet. Dies ist einer der Anlässe, der die Verfassungskommission dazu bewegt hat, eine Reform des *Dail* zu fordern: Wenn ein TD nicht Regierungsmitglied ist, so ist seine Zeit üblicherweise damit ausgefüllt, im Repräsentantenhaus Themen und Vorschläge einzubringen, die vorwiegend im Interesse seines Wahlbezirkes liegen. Darüber hinaus hat eine wachsende Gruppe von Abgeordneten der Regierungspartei oder -parteien eine weitere Rolle zu spielen: Dies ist die Folge der Entstehung eines Systems der parlamentarischen Ausschüsse, die sich in den letzten Jahren als effiziente, demokratische und akzeptierte Form der Arbeitsbewältigung im Parlament durchgesetzt haben. Viele TDs arbeiten in solchen Ausschüssen mit, ebenso wie in den Gemeinsamen Ausschüssen, in denen Abgeordnete von *Dail* und *Seanad* zusammenarbeiten. Die Ausschüsse, die in der Regel parteiübergreifend sind und sich um Themen von besonderer Wichtigkeit kümmern, erlauben es den Kammern, ein sich ständig ausweitendes Arbeitsprogramm mit gewisser Beständigkeit zu bewältigen. Ein Beispiel für ihre Arbeitsweise und Wichtigkeit ist der Aufbau eines gemeinsamen parlamentarischen Ausschusses für Europaangelegenheiten 1995. Er setzt sich aus Mitgliedern der Regierung, der Opposition und des Senates zusammen und befaßt sich mit der gesamten Bandbreite der Themen, die Irlands EU-Mitgliedschaft betreffen. Insbesondere soll es das von der europäischen Gemeinschaft erlassene *Sekundärrecht* genauer prüfen.

1.2.2 Der Senat
Der Senat (*An Seanad*) ist Irlands Oberhaus. Die Wahl seiner 60 Mitglieder findet innerhalb von 90 Tagen nach der Auflösung des *Dail* statt. Ein einzigartiges Merkmal des *Seanad* ist, daß die Verfassung für die obere Kammer eine Zusammensetzung aus Mitgliedern von Berufsgruppen vorsieht, anstatt aus Vertretern geographischer Wahlkreise. 43 Senatsmitglieder werden von fünf Expertengremien gewählt, die Kultur und Bildung, Gewerkschaften, Industrie und Handel, Landwirtschaft und die Verwaltung repräsentieren. Weitere elf Mitglieder werden vom Premierminister benannt. Die verbleibenden sechs Mitglieder sind graduierte Studenten einer der Universitäten Irlands, die von ihren Kommilitonen gewählt werden.

Die gewöhnliche Rechtfertigung einer zweiten parlamentarischen Kammer in einem unitarischen Regierungssystem basiert auf dem Wunsch, einem möglichst breiten Spektrum politischer Interessen eine Stimme im Gesetzgebungsprozeß zu verleihen, sowie der Vorzug, damit eine Form »letzter Prüfung der Gesetzesvorschläge« zu erreichen.[1] In der Theorie verwirklichen die Vorgaben der Verfassung für den Senat diese Absichten, indem erstens die Gremien der Berufsgruppen Experten- und Spezialwissen in den Senat einbringen sollen, und zweitens der Senat das Recht erhält, Gesetze zu verzögern oder sie, in einigen Fällen, dem Präsidenten als Gegenstand eines Referendums vorzuschlagen. Der Senat spielt keine Rolle bei der Auswahl der Exekutive.

Soweit die Theorie; doch die Gesetze und Regeln, die über die Nominierung und die Wahl der Gremien der Berufsgruppen entscheiden, gestalten die Praxis anders. Während die Gruppen, die Kandidaten für die Gremien nominieren können, schon eingeschränkt sind, ist ihre tatsächliche Wählerschaft noch einmal kleiner und zählt nur selten über 1 000 Personen. Nur Mitglieder des Repräsentantenhauses, ausscheidende Senatsmitglieder und Mitglieder der regionalen Verwaltungen dürfen bei der Wahl der Senatsmitglieder aus den Berufsgruppen abstimmen. Da die meisten Mitglieder der Regionalverwaltungen aber gleichzeitig den großen politischen Parteien angehören, ist die Wahl der Gremienmitglieder zu einem höchst politischen Prozeß geworden. Wenn man diese Tatsache in Verbindung mit dem Recht des Premierministers sieht, elf weitere Senatsmitglieder zu ernennen, und hinzu nimmt, daß die meisten der Vertreter der Universitäten ebenfalls den Parteien verbunden sind, liegt es nahe, daß der Senat nur die politische Kräfteverteilung des Repräsentantenhauses widerspiegelt.

Diese Praxis beseitigt jegliche Gefahr, daß der Senat seine eingeschränkten Eingriffsrechte ernsthaft ausüben könnte. Sie unterminiert beide Beweggründe für seine Existenz. Ob der Senat eine sinnvolle Zukunft hat und wie diese aussehen könnte, ist unklar. Einige der brauchbaren Vorschläge für die Senatsreform beinhalten die Anregung, daß der Senat für sich selbst eine neue Rolle schaffen könnte, indem er die Verantwortung für die Implementation der europäischen Gesetzgebung in das irische Recht übernimmt. Diese eignet sich durch ihren Umfang nicht für die Überwachung durch den *Dail*. Andere Vorschläge fordern, die Senatsmitgliedschaft den Abgeordneten des Europäischen Parlamentes zu verleihen. Es ist jedoch klar, daß der Senat, wie er jetzt besteht, nicht in der Lage ist, ein Forum weitgefächerter politischer Interessen anzubieten, und darin versagt, als unabhängiges Kontrollorgan in der Gesetzgebung zu wirken.

1.2.3 Der Präsident

Die Verfassung von 1937 errichtete in Irland eine parlamentarische Demokratie, im Gegensatz zu einem Präsidialsystem. In der Praxis ist daher der Präsident (*An tUachtaran*) Irlands Staatsoberhaupt, der Premierminister (*Taoiseach*) jedoch Chef der Regierung. Kandidaten zur Präsidentschaftswahl können entweder von zwanzig amtierenden Mitgliedern beider Parlamentskammern oder vier Kreistagen nominiert werden. Der Präsident selbst darf weder Mitglied des Unter- noch des Oberhauses sein. Die Wählerschaft für die Präsidentschaftswahlen ist die gleiche wie für die Wahl des *Dail*, nur müssen die Kandidaten mindestens 35 Jahre alt sein. Laut Verfassung erfolgt die Präsidentschaftswahl nach dem Verhältniswahlrecht mit *single transferable vote*. Die Amtszeit des Präsidenten beträgt sieben Jahre, eine Wiederwahl ist möglich. Es gibt keinen Vizepräsidenten.

In Irland ist der *Dail* der alleinige Herr der Exekutive. Der Präsident hat keine entsprechenden Befugnisse, ist jedoch Hüter der Verfassung; eine Verantwortung, die einen gewissen Ermessensspielraum mit sich bringt. Die Freiheit von Exekutivfunktionen soll es dem Präsidenten erleichtern, als Personifikation des Staates zu wirken. Er hat die Funktionen auszuüben, die die Regierung ihm überträgt. In seinem Handeln soll er eine nicht-politische und unparteiische Haltung einnehmen und die Vertretung aller Iren und nicht nur die Interessen bestimmter Gruppen im Auge haben. Die Aufgaben, die dem Präsidenten bleiben, sind weitgehend zeremonieller oder symbolischer Natur, aber trotzdem nicht weniger von Bedeutung. Erstens ist es der Präsident, der auf Vorschlag des Repräsentantenhauses den *Taoiseach* und anschließend auf dessen Wunsch alle anderen Mitglieder der Regierung ernennt. Ebenso nimmt der Präsident Rücktrittserklärungen der Regierung entgegen und löst – falls nötig – den *Dail* auf. In seiner zweiten Funktion muß der Präsident alle Gesetze unterzeichnen, bevor sie in Kraft treten können. Er kann auch Gesetzesvorlagen an den *Dail* zurückschicken, wenn seiner Auffassung nach deren Verfassungsmäßigkeit in Frage gestellt werden kann.

Wenn eine Mehrheit des Senates und mindestens ein Drittel des Repräsentantenhauses eine Petition beim Präsidenten einreichen, kann er die Unterzeichnung einer Vorlage von der Zustimmung durch einen Volksentscheid abhängig machen. Bei der Entscheidung, einem solchen Ansuchen zuzustimmen, berät ihn der Staatsrat (*Council of State*). Dieser besteht unter anderem aus dem Premierminister, seinem Stellvertreter (dem *Tanaiste*), dem Obersten Richter, und allen, die diese Ämter zuvor innegehabt haben. Der Staatsrat umfaßt auch frühere Präsidenten und kann Präsidentschaftskandidaten enthalten. Er soll dem Präsidenten die breite Sachkenntnis und Erfahrung zur Verfügung stellen, die diese Gruppe repräsentiert.

1.3 Die Regierung

Nach ihrer Wahl nominieren die Abgeordneten des Repräsentantenhauses die Regierung. Die erste Nominierungsrunde gilt der Position des Premiers (*An Taoiseach*). Hat einer der Kandidaten die Mehrheit der Stimmen erreicht, wird er vom Präsidenten ernannt. Anschließend benennt der neue Regierungschef einen weiteren Abgeordneten als Stellvertreter und Assistenten (bekannt als der *Tanaiste*) und dann den Rest der Kabinettsmitglieder. Von diesen müssen der *Tanaiste*, der *Taoiseach* und der Finanzminister Mitglieder des Repräsentantenhauses sein, während zwei der anderen Kabinettsposten auch mit Senatsmitgliedern besetzt sein können. Gewöhnlich werden Senatoren jedoch sehr selten ins Kabinett berufen.

Die Verfassung legt die Kontrolle der Exekutive in die Hände des Parlamentes. Wichtiger für das politische System ist jedoch die Verfassungsbestimmung, nach der das alleinige Recht zur Ausübung der Exekutive die Regierung innehat. Dabei ist sie dem *Dail* verantwortlich. So kann die Regierung selbst über wesentliche politische Themen entscheiden, ihr Gesetzesprogramm durchführen und öffentliche Gelder nach ihrem Ermessen verwalten. Diese Freiheit wird nur durch die Auflage eingeschränkt, die Stimmenmehrheit im *Dail* zu erhalten.

1.4 Die politischen Parteien Irlands

Es gibt drei große und eine wachsende Anzahl kleinerer politischer Parteien in Irland. Die größte und bei den Wahlen erfolgreichste ist *Fianna Fail* (Soldaten des Schicksals). *Fianna Fail* (FF) vertritt die traditionellen Werte und Empfindlichkeiten des katholischen nationalen Irlands. Die Partei versteht sich als natürliche Regierungspartei, sie ist populistischer Natur und wie ihre größte Konkurrentin leicht rechts von der politischen Mitte angesiedelt. Die zweitgrößte Partei, *Fine Gael* (Stämme Irlands), steht für ein liberaleres Wirtschaftsprogramm im Vergleich zu dem eher interventionistischen Ethos der FF. Die FG präsentiert sich selbst als Partei der sozialen Reformen, des Pragmatismus und der Toleranz. Sie ist auch weniger nationalistisch als die FF. Während eine der beiden Parteien bisher in jeder irischen Regierung vertreten war, hat der Trend der letzten Jahre zu Koalitionsregierungen die drittgrößte Partei, *Labour*, mit an die Macht gebracht. Sie ist die älteste Partei Irlands und wurde 1912, vor der Unabhängigkeit, gegründet. Während sie als sozialdemokratisch anzusehen ist, gibt sie sich seit ihrem Einzug in die Regierung pragmatischer. Der Grund mag in der Erkenntnis liegen, daß alle großen Parteien vereint den Anstieg der Beschäftigung zu ihrem obersten Ziel erklärt haben. Die kleineren Parteien beinhalten die *Progressive Democrats*, die sich 1985 von der FF mit dem Ziel abgespalten hat, eine bessere Vertretung der Mittelklasse zu erreichen, die *Workers Party*, eine Partei des linken Flügels, die *Democratic Left*, ein Abkömmling der *Workers Party* links von der politischen Mitte, *Sinn Fein*, die linksorientiert und republikanisch ist, und die *Green Party*. Überraschend ist angesichts Irlands landwirtschaftlicher Prägung, daß es keine Bauern- oder Landpartei gibt oder je gegeben hat.

Innerhalb der irischen politischen Parteien existieren starke Parteiloyalitäten – neben einer stark auf Personen bezogenen und sehr klientelistischen politischen Kultur.[2] Diese seltsame Mixtur resultiert möglicherweise aus dem System der *single transferable votes* des irischen Wahlrechtes. Diese bewirken, daß die Wähler zwei unabhängige Wahlentscheidungen fällen. Die erste ist die Wahl einer Partei und wird in der Regel abhängig von nationalen Themen getroffen. In zweiter Linie entscheiden sich die Wähler für einen Kandidaten auf der Liste der entsprechenden Partei. Gerade dieser Teil des Wahlprozesses hängt von der Person des Kandidaten ab und bindet ihn an seine Wählerklientel. Der Effekt dieses Systems ist ein nicht zu unterschätzender Wettbewerb innerhalb der Parteien, bei dem opponierende Lager innerhalb einer Partei unterschiedliche Kandidaten unterstützen. Zusätzlich dazu, daß dies die Vorhersage von Wahlen kompliziert, erklärt dieses Verfahren auch teilweise, warum die Parteiorganisationen im Vergleich zum übrigen Europa nach wie vor so gut auf lokaler Ebene funktionieren: Aktive Parteien der lokalen Ebene garantieren in Irland starke Parteiloyalitäten und sichern so, daß langfristige Wechsel des Wählerverhaltens selten sind. Die Unterstützung für eine Partei selbst ist jedoch normalerweise zumindest abhängig von der Befriedigung der Interessen der ihr nahestehenden sozialen Gruppen. Auf parteipolitischer Ebene spielen in Irland soziale Unterschiede und Konflikte nur eine geringe Rolle. Vielmehr existieren Spaltungen auf anderen Ebenen, namentlich in bezug auf die Religion und die Irische See. Die großen Parteien erhalten ihre Unterstützung über die Grenzen der Gesellschaftsschichten hinweg, was die Stabilität des politischen Status quo erhöht.

2. Die politische Kultur

2.1 Lokalregierung in Irland

Eines der charakteristischen Merkmale des irischen politischen Systems ist die Schwäche der Lokalregierungen. Während die konstitutionelle Anerkennung lokaler Selbstverwaltung in Europa die Norm ist, schweigt die irische Verfassung zu diesem Thema. Die gegenwärtige Machtlosigkeit der Lokalregierungen wird weithin dieser Lücke in der Verfassung zugeschrieben. Schon vor deren Entwurf waren die Lokalregierungen diskreditiert und standen im Ruf der Günstlingswirtschaft. Diese üble Reputation war gemeinsam mit dem weitverbreiteten Wunsch nach einem Bruch mit dem ungeliebten britischen Regierungssystem der Grund dafür, daß mit der Verfassung ein stark zentralisierter Staat gegründet werden sollte und die lokale Selbstverwaltung keine Erwähnung fand.[3]

Das Machtvakuum auf lokaler Ebene macht Fragestellungen, denen ein lokales Forum fehlt, zu nationalen Themen. Diese Tendenz setzt die Abgeordneten des Repräsentantenhauses unter Druck und erhält die politische Kultur des Klientelismus am Leben: Die Abgeordneten müssen für ihre Wähler auf nationaler Ebene die Probleme lösen, die eigentlich von gänzlich lokaler Bedeutung sind und mit denen sich demzufolge eine effektive Selbstverwaltung besser befassen könnte.

Die Situation wird allmählich neu bewertet, nachdem man in Irland erkannt hat, daß das gegenwärtige System im Widerspruch zur europäischen Norm und der Verpflichtung auf das Subsidiaritätsprinzip aus dem Maastrichter Vertrag steht. Die irische Regierung unterstützt die Anerkennung der *European Charter of Local Self-Government* des Europarates, die ausdrücklich auf die verfassungsmäßige Anerkennung einer lokalen Selbstverwaltung drängt. Außerdem empfahl die parteiübergreifende Verfassungskommission in ihrem ersten Bericht vom April 1997, der Verfassung einen neuen Artikel hinzuzufügen, der die Grundlage für die allgemeine Anerkennung der Selbstverwaltung bildet. Genauere Bestimmungen betrachtete die Kommission als unangemessen.

2.2 Unterstützung für die EU

Vor dem Beitritt zur EWG 1973 war die irische Wirtschaft praktisch ein Ableger der britischen. Ihr Industrie-Sektor war schwach entwickelt, die meisten Exporte gingen in das Vereinigte Königreich, der Großteil der Importe stammte von dort. Es gab kaum geldpolitische Unabhängigkeit von Großbritannien; der Lebensstandard war relativ niedrig. Diese Umstände beschnitten die politische Souveränität Irlands bereits stark, als Irland Mitglied der EWG wurde. Deswegen betrachteten die Iren ihre Teilung, die mit der Mitgliedschaft in der EWG einherging, nie aus dem Blickwinkel anderer Staaten: Irland hatte keine Souveränität zu verlieren. Tatsächlich brachte die EG-Mitgliedschaft Irland die Ausdehnung seiner Selbstbestimmung und beendete die Abhängigkeit vom Vereinigten Königreich. Deshalb empfanden die Iren sie immer als einen Schritt nach vorn. Diese Erfahrung steht im Kontrast zu der des Vereinigten Königreichs, für das die Teilung seiner Souveränität einen Verlust bedeutete.

Das Maß der Unterstützung für die Europäische Union zeigte sich im Volksentscheid von 1972 über die EU-Mitgliedschaft Irlands. Dieses Referendum erbrachte eine Befürwortung von 83 Prozent der Bevölkerung, während das zum Maastrichter Vertrag die Zustimmung von 66 Prozent der Wählerschaft fand. Dieses Ergebnis beruhte teilweise darauf, daß alle großen Parteien die Fortsetzung der Integration Irlands in Europa unterstützten. Es zeigt aber auch, daß die irische Bevölkerung wahrnimmt, daß Irland durch seine Mitgliedschaft »ein gutes Geschäft« gemacht hat. Nicht nur die irische Wirtschaft profitierte immens vom freien Zugang zu einem großen und reichen europäischen Markt, Irland erhielt außerdem Transferzahlungen von der Union in unübertroffener Höhe. So hat sich Irland, immer auf der Seite des Zahlungsempfängers stehend, zu einem Mustermitgliedstaat entwickelt und fühlt sich als europäischer *Insider*. Die positive Einstellung zur europäischen Politik und Integration ist tief verwurzelt in der Politik und eine allgegenwärtige Facette des politischen Lebens.

Obwohl dies derzeit eine kooperative und pragmatische Einstellung irischer Politiker zur EU sichert, hat es auch eine negative Seite. Es ist klar, daß Irland durch sein hohes Wachstum und die EU-Erweiterung bald zu einem Nettozahler für die EU-Kasse wird. Gleichzeitig ist Irland, als Land mit einer Wirtschaft, die manchmal als asynchron zum Konjunkturzyklus der anderen Mitgliedstaaten eingestuft wird, Mitglied der Wirtschafts- und Währungsunion. Diese Entwicklungen bedürfen noch der Reifung der traditionellen irischen Einstellung zur EU und des Verständnisses für die weniger sichtbaren, aber ebenso wichtigen Vorteile, die sich aus der Mitgliedschaft ergeben. Es reicht nicht mehr aus, auf die Ausdehnung der irischen Souveränität zu verweisen. Dieser Lernprozeß gewinnt an Dringlichkeit, da es den Politikern unmöglich sein wird, die EU einfach als ewige Quelle der Unterstützung darzustellen. Vielmehr werden sie erklären müssen, warum es notwendig ist, mehr einzuzahlen, als Irland zurückerhält, und warum neue Mitgliedstaaten ein Recht auf Gelder von der EU erhalten, auf die man selbst keinen Anspruch mehr hat. Sollte die irische Wirtschaft während dieser Lernphase in Schwierigkeiten geraten, wäre es möglich, daß das Land einen Meinungsumschwung in bezug auf die EU durchmachen wird. Ob dieser Lernprozeß stattfinden wird, muß sich zeigen, aber derzeit scheinen die proeuropäischen Ideale der Iren in Gefahr zu sein.

3. Sozioökonomische Basis

3.1 Historischer Kontext 1973–1989

Irland wurde 1973 Mitglied der EWG – als kleine Inselnation am Rande Europas. Seine Wirtschaft war von den Verbindungen mit dem Vereinigten Königreich beherrscht. Mit knapp über drei Prozent der geographischen Gesamtgröße der EWG stellte Irland nicht ganz ein Prozent ihrer Bevölkerung. Zum damaligen Zeitpunkt war die Bevölkerung großteils sehr jung; laut Volkszählung von 1973 waren 31 Prozent unter 15 Jahre alt. Dieses relativ niedrige Durchschnittsalter ist ein Merkmal, das Irland auch heute noch prägt.[4] Es bewirkte mittelbar, daß eine hohe Zahl wirtschaftlich abhängiger Jugendlicher einer niedrigen wirtschaftlichen Aktivität gegenüberstand. Dies unterschied Irland vom Rest der Gemeinschaft.

Weitere Differenzen zum europäischen Festland gab es auch in der Beschäftigungsstruktur und dem absoluten Beschäftigungsniveau. Eine Studie über die Erwerbsbevölkerung von 1973 zeigte, daß mehr als 26 Prozent in der Landwirtschaft tätig waren und diese Arbeitsstellen meist auf kleinen Bauernhöfen in Familienbesitz bestanden. Nur 30 Prozent arbeiteten in der Industrie, die übrigen im Dienstleistungsgewerbe.[5] 1989 hatte der Dienstleistungssektor einen Anteil von 57 Prozent erreicht. Die Zahlen für den industriellen Sektor waren geringfügig auf 26 Prozent gefallen. Dieser wurde bis zu diesem Zeitpunkt bereits von großen multinationalen Konzernen dominiert. Die vielleicht bedeutendste Entwicklung war jedoch der Rückgang der Beschäftigungsverhältnisse im Agrarsektor auf 15 Prozent. Obwohl dieses Absinken groß erscheinen mag, muß man die Zahl dem Durchschnitt der EU gegenüberstellen, der für die Landwirtschaft damals sieben Prozent betrug.

Ebenso bemerkenswert und viel beunruhigender für die Öffentlichkeit waren die Unterschiede des absoluten Beschäftigungsniveaus Irlands im Vergleich zu seinen EG-Nachbarn. Von einem Tiefstand von 4,7 Prozent 1973 wuchs die Arbeitslosigkeit bis zum Frühling 1991 auf 18,1 Prozent an. Andere Bereiche der irischen Wirtschaft waren in einem ähnlich schlechten Zustand. Als das Land 1973 Mitglied der EWG wurde, belief sich sein Bruttoinlandsprodukt (BIP) auf 59 Prozent des Durchschnitts der EWG.[6] Bis 1991 hatte sich diese Zahl nur auf 69,2 Prozent verbessert. Dieser Fortschritt wirkt noch weniger beeindruckend, wenn man bedenkt, daß 12 Prozent des irischen BIP durch den Transfer der Gewinne ausländischer Unternehmen aus Irland abfließen.

Die Unfähigkeit, das BIP wesentlich zu steigern, läßt sich zumindest zum Teil auf das Versäumnis mehrerer aufeinanderfolgender Regierungen zurückführen, strategische wirtschaftliche Initiativen zu fördern. Statt dessen bemühten sie sich, ein Maximum von Geldern aus der Gemeinsamen Agrarpolitik und den Strukturfonds der EG nach Irland zu lotsen. Vielleicht durch die Erkenntnis bedingt, daß dies nicht als haltbare langfristige Strategie taugte, und unter dem Eindruck, daß das Wachstum Irlands zwischen 1980 und 1989 0,5 Prozent niedriger als im EU-Durchschnitt war, rief man 1988 einen Nationalen Entwicklungsplan (*National Development Plan*) ins Leben. Er lief von 1989 bis 1993 und betonte die Notwendigkeit eines fortdauernden überdurchschnittlichen Wachstumsniveaus, um die Kluft zwischen Irland und den reichen Mitgliedstaaten zu verkleinern. Vor allem aber war es der erste Versuch, einen strukturierten und strategischen Ansatz zu entwerfen, um den vielfältigen wirtschaftlichen Problemen zu begegnen, mit denen Irland konfrontiert war.

3.2 Die Entwicklungen seit 1990

Während Irland in der ersten Phase seiner EG-Mitgliedschaft unter mangelnder Entwicklung und schwachem Wachstum litt, kennzeichneten im Gegensatz dazu die

Schnelligkeit und das Ausmaß des Wandels der irischen Wirtschaft die anschließende Zeit. Am deutlichsten wahrnehmbar war die starke Unterstützung für den strategischen Ansatz der irischen Wirtschaftsentwicklung aus allen Bereichen. Diese Herangehensweise, die 1989 mit dem *National Development Plan* ihren Anfang genommen hatte, war darauf angelegt, den Fortschrittsgewinn aus den EU-Mitteln zu optimieren, indem sie Prioritäten für die Investitionen und Entwicklungen, die durch die Zuwendungen finanziert wurden, auf vier Jahre festlegte. Die Verhandlungen über einen zweiten *National Development Plan* (Laufzeit 1994–1999) bestätigten den Erfolg des ersten in der Stärkung des Wachstums, nahmen aber eine Veränderung der Gewichtung vor. Der zweite Plan konzentrierte sich hauptsächlich darauf, die EG-Mittel zur Bekämpfung der Arbeitslosigkeit einzusetzen.

Gleichzeitig mit dem ersten *National Development Plan* wurde die erste einer Serie von dreiseitigen Vereinbarungen zwischen der Regierung und den Sozialpartnern – das *Programme for National Recovery*, 1987–1990 – in die Tat umgesetzt. Mit einer mutigen Abkehr von dem auf Konfrontation basierenden Stil bisheriger Verhandlungen versuchten diese Vereinbarungen, durch Lohnzurückhaltung und koordinierte Aktionen von Arbeitgebern, Gewerkschaften und der Regierung, Beschäftigungsniveau und BIP zu steigern sowie das Staatsdefizit und die Inflation zu senken. Den Erfolg der ersten Vereinbarung bewiesen drei weitere, die ihr folgten: das *Programme for Economic and Social Progress* (1991–1993), das *Programme for Inclusion and Competitiveness* (1994–1996) und die aktuelle *Partnership 2000*.

Der erreichte Fortschritt des strategischen und kooperativen Ansatzes zeigt sich deutlich vor dem Hintergrund der Konvergenzkriterien des Maastrichter Vertrages. Dies gilt um so mehr, als die Aussichten auf eine irische Mitgliedschaft in der Wirtschafts- und Währungsunion ohne das Wachstum der vergangenen Jahre eher gering gewesen wären. Die Inflation in Irland fiel von einen Höchststand von 20,45 Prozent im Jahre 1981 auf knapp unter 1,35 Prozent 1993. Die Vorhersage für 1997 ging von einer Inflation von 2,5 Prozent aus, die tatsächliche Zahl von 1,2 Prozent war sogar noch niedriger. In gleicher Weise hat Irland eine deutliche Senkung des Niveaus seiner Verschuldung und seines Budgetdefizits erreicht. Von einem Höchststand im Jahre 1981 von 15,9 Prozent war das Defizitniveau bis 1995 auf 1,5 Prozent des BIP gefallen. Die Zahlen für 1997 zeigten einen Überschuß von 0,9 Prozent. Ebenso ist das Niveau der Gesamtverschuldung von 130 Prozent des BIP (1986) auf 52,1 Prozent (1998) gefallen.

Diese deutliche wirtschaftliche Kehrtwendung schlägt sich auch in der aktuellen Struktur und im Niveau der Beschäftigung nieder. Bis zum Frühjahr 1999 war die Arbeitslosigkeit in Irland drastisch auf 6,0 Prozent gesunken. Sie lag somit zwar viel niedriger als in früheren Jahren (Frühling 1991: 18,2 Prozent). Die irische Beschäftigungsstruktur bewegt sich gegenwärtig in eine ähnliche Richtung wie im restlichen Europa, doch obwohl der Anteil der Landwirtschaft bis 1997 auf 11,2 Prozent gesunken ist, liegt er immer noch weit über dem EU-Durchschnitt von 5,1 Prozent.

Das Verhältnis der Wachstumsrate Irlands zum EU-Durchschnitt kehrte sich um. Im Gegensatz zu den siebziger und achtziger Jahren war das irische Wachstum in den neunziger Jahren sehr hoch. Von 1994 bis 1996 wuchs das irische BIP um 24 Prozent[7], während gleichzeitig die wichtigsten europäischen Wirtschaften stagnierten. Die Ironie dieser Situation ist, daß der irische Erfolg die Fortsetzung der Finanzierung von Strukturverbesserungen und die weitere Unterstützung der Kohäsion durch die EU verhindern könnte, obwohl diese Finanzhilfen zum Teil für das Wachstum verantwortlich waren.

3.3 Zukünftige Entwicklungen

Die Wachstumsprognosen bis zum Jahre 2000 bleiben hoch. Von größerer Wichtigkeit erscheint jedoch die bessere Beschäftigungswirksamkeit, die Experten den Wachstumsraten in den nächsten Jahren zutrauen. Diese Theorie wird von einem geschätzten Zuwachs der Gesamtbeschäftigung um 65 000 Arbeitnehmer allein im Jahre 1997 gestützt.[8] Damit einher geht ein weiterer Wandel der Beschäftigungsstruktur vom landwirtschaftlichen zum Dienstleistungssektor. Wie in allen anderen europäischen Ländern wird der Erfolg oder Mißerfolg der Wirtschafts- und Währungsunion der Schlüssel zu Irlands Wirtschaftsentwicklung in den nächsten Jahren sein. Dabei sind jedoch wesentliche Unterschiede zwischen der irischen und anderen europäischen Wirtschaften zu beachten.

Ein prägendes Merkmal der irischen Wirtschaft ist ihre dualistische Struktur, die sich in den grundsätzlich unterschiedlichen Rollen und Kapazitäten der einheimischen und multinationalen Firmen zeigt. Obwohl letztere, auf dem Gebiet der *High-tech*-Industrie konzentriert, gut gerüstet in die Währungsunion starten, werden die irischen Firmen, die generell kleiner und zumeist im *Lower-tech*-Bereich tätig sind, stärker vom britischen Markt – zunächst außerhalb der Währungsunion – abhängig bleiben und deshalb vermutlich unter instabilen Wechselkursen zu leiden haben.

Eine zweite Folge der dualistischen Unternehmensstruktur ist, daß Irlands Bruttosozialprodukt bis zu 12 Prozent unter seinem Bruttoinlandsprodukt liegt. Diese auseinanderklaffenden Zahlen sind zu großen Teilen ein Resultat großangelegter Gewinnrückführungen multinationaler Firmen in ausländischer Hand, die sich in Irland angesiedelt haben.[9] Es gibt deshalb die Tendenz, den Wohlstand der irischen Wirtschaft zu überschätzen. Der mögliche Effekt davon wird besonders deutlich, wann man bedenkt, daß dieser unsichtbare Verlust der irischen Wirtschaft einem unsichtbaren Gewinn für andere europäische Wirtschaften gleichkommt.

Dies ist eine Anomalie mit breiteren Implikationen, da das Bruttoinlandsprodukt die Basis für die Bemessung der EU-Zuschüsse und der EU-Strukturförderung bildet. Da Irlands Wohlstand so jedoch überschätzt wird, ist es bei jedem dieser Bewerbungsverfahren benachteiligt. Deshalb wird sich, auch wenn das derzeitige Wachstum anhält, in gleichem Maße der Abstand zwischen Bruttoinlands- und

Bruttosozialprodukt vergrößern. Es besteht die Möglichkeit, daß Irland (auch im Zusammenhang mit der EU-Osterweiterung) akzeptieren muß, sich schon bald nicht mehr für Struktur- und Kohäsionshilfen in gewohnter Höhe zu qualifizieren, wenn das Wachstum mit ähnlichen Raten fortschreitet wie heute.

Ebenso große Besorgnis löst im Zusammenhang mit der Währungsunion die Steuerharmonisierung aus. Wenn sie – oder zumindest die Vermeidung von Steuerwettbewerb – eine notwendige Begleiterscheinung der gemeinsamen Währung ist, sieht sich die irische Wirtschaft einer weiteren Bedrohung gegenüber. Mit ihrem derzeitigen Unternehmenssteuersatz von 10 Prozent für die herstellende Industrie und verschiedene andere Geschäftsbereiche würde jede Harmonisierung, Standardisierung oder sonstige Änderung die irische Wirtschaft schwer treffen.

Angesichts der erwiesenermaßen ausschlaggebenden Wirkung der dreiseitigen Vereinbarungen zwischen den Sozialpartnern für den irischen Wirtschaftsaufschwung stimmt es bedenklich, daß ihre Aushandlung mit jedem Mal schwieriger und kontroverser verläuft. Bei einem anhaltend hohen Wachstum schwindet die Bereitschaft zur Lohnzurückhaltung, und deshalb gibt es keine Garantie, daß weitere Vereinbarungen möglich sein werden. Diese Sorge verschärft sich durch die höhere Flexibilität der Arbeitsmärkte, die die Währungsunion Irland abverlangen wird und die im klaren Gegensatz zu den Erwartungen der Beschäftigten steht. Deshalb besteht die Möglichkeit, daß die auf Konfrontation basierenden Arbeitnehmer-Arbeitgeber-Beziehungen der Vergangenheit wieder aufleben.

Insgesamt ist zwar offensichtlich, daß es die irische Wirtschaft seit dem Beitritt zur EWG weit gebracht hat, dennoch liegt eine gewisse Ironie darin, daß sich die gegenwärtigen hohen Wachstumsraten nun als durchaus nachteilig erweisen könnten. In der Rückschau wird klar, daß sich die Mitgliedschaft in der EWG, der EG und schließlich der EU alles in allem als sehr vorteilhaft für die irische Wirtschaft erwiesen hat und dies in absehbarer Zukunft auch so bleiben wird. Die Wolken am Horizont beziehen sich auf die Bedingungen der Mitgliedschaft in einem Club, der sich in den letzten 25 Jahren als enorm zuträglich für Irland erwiesen hat, und der, während er seine Mitgliederzahl erhöht, denjenigen neue Möglichkeiten bietet, die bereit sind, sie zu nutzen.

Anmerkungen

Übersetzt aus dem Englischen von Beate Zeitler, freie Übersetzerin, und Samantha Hooten, Ludwig-Maximilians-Universität München.

1 Vgl. Constitution Review Group: Report of the Constitution Review Group, Dublin 1996.
2 Vgl. Carby, R. Kenneth: Party and Parish Pump. Electoral Politics in Ireland, Ontario 1981.
3 Vgl. Barrington, T.: Local Government – Reorganisation and Reform. Report of the Expert Advisory Committee, Dublin 1991.
4 Vgl. Agence Europe – Selected Statistics, v. 1. September 1997. Hier wird festgestellt, daß knapp 25 Prozent der Iren jünger als 15 Jahre sind.

5 Vgl. Central Statistics Office: Labour Force Survey 1973.
6 Europäische Kommission: The Economic and Financial Situation in Ireland in the Transition to EMU, European Economy 1 (1996).
7 Vgl. Task Force des Europäischen Parlaments zur Europäischen Wirtschafts- und Währungsunion: EMU and Ireland, 10. Juli 1997.
8 Vgl. Irish Times v. 31. Oktober 1997.
9 Vgl. The Economist v. 17. Mai 1997.

Griechenland

HEINZ-JÜRGEN AXT

1. Politische Kultur

Die politische Kultur Griechenlands ähnelt in vielfacher Hinsicht der anderer mediterraner Länder. Erinnert sei an den Klientelismus, Personalismus, »politischen Handel« und an die verbreitete Erwartung, von charismatischen Führern regiert zu werden.[1] In Griechenland machen sich allerdings auch Besonderheiten bemerkbar, die aus drei historischen Daten resultieren: erstens der langwährenden Abhängigkeit von ausländischen Mächten mit der spät errungenen nationalen Unabhängigkeit; zweitens dem von 1946 bis 1949 tobenden Bürgerkrieg; und drittens der Herrschaft der Militärjunta von 1967 bis 1974.[2]

Die langwährende Beherrschung durch die Türken hat Griechenlands politische und gesellschaftliche Entwicklung geprägt. Durch die vierhundertjährige Osmanenherrschaft wurde Griechenland von der westeuropäischen Kultur abgeschnitten. Die für Zentraleuropa herausragenden Entwicklungen der Renaissance, der Reformation, der Aufklärung und der bürgerlichen Revolutionen hat es in Griechenland nicht gegeben. Nicht zuletzt deshalb sucht man die nationale Identität unter Negierung der Osmanenherrschaft direkt im Anschluß an das byzantinische Reich. Was sich nach der nationalen Befreiung 1821 an »Hellenismus« herausbildete, war eher eine Imitation klassischer Vorbilder aus der Antike und wenig am zeitgenössischen Leben orientiert.

Die Einmischungen ausländischer Mächte in die inneren Angelegenheiten wurden in Griechenland als so gravierend empfunden, daß sich daraus eine Art »Volkstradition« entwickeln konnte, dank derer Parteien mit Zuspruch rechnen konnten, die die Kritik an der Auslandsabhängigkeit zu ihrem Programm erhoben. Das erklärt neben anderen Faktoren den Wahlerfolg der Sozialisten unter Andreas Papandreou im Jahre 1981. Nach dem Zweiten Weltkrieg waren es zunächst die Engländer und dann die Amerikaner, die in der Rolle der Schutzmacht die inneren Geschicke des Landes bestimmt haben.

Der Bürgerkrieg hat in Griechenland die Konfrontation zwischen »nationalen« und »kommunistischen« Kräften in einer Weise gefestigt, daß davon das politische

Leben auch noch in den fünfziger und sechziger Jahren geprägt war. Bis in die Familien wurden die politischen Trennlinien spürbar. Nach ihrer Niederlage im Bürgerkrieg waren die linken politischen Kräfte für lange Zeit aus dem politischen Leben ausgeschlossen, selbst zaghafte liberale Reformversuche wurden häufig mit dem Kommunismus-Verdacht belegt und damit politisch ins Abseits gedrängt. Ein »Grundkonsens« in der Politik hat so nicht entstehen können; eine »Partei der Mitte« gibt es nicht.

Die Könige haben in Griechenland wenig dazu beigetragen, Stabilität und nationale Einheit zu stiften. Zu sehr haben sie sich dazu verleiten lassen, in tagespolitische Auseinandersetzungen einzugreifen. So wurde z. B. die Ablösung von Georgios Papandreou 1965 als Ministerpräsident aktiv vom Königshaus gefördert, wodurch wiederum den Militärs die Machtübernahme 1967 erleichtert wurde. Nach 1945 verstand sich die Armee nicht nur als Wächter gegen den äußeren, sondern auch gegen den inneren Feind in Form der Kommunisten. Die Armee spielte neben Parlament und Königshaus eine aktive politische Rolle. Mit der Militärjunta erreichte die Auslandsabhängigkeit in den Augen ihrer Kritiker einen neuen Höhepunkt, konnten sie sich die Junta doch bloß als von den USA und der NATO gestützt, zumindest aber geduldet vorstellen. Nach der türkischen Zyperninvasion von 1974, der das griechische Militär nichts entgegenzusetzen hatte, verlor das Militär allerdings seine politische Rolle.

So wie in anderen Mittelmeerländern hat der Klientelismus auch in Griechenland starke Wurzeln. Wollte man eine Baugenehmigung, eine Konzession, einen Kredit oder eine Arbeitsstelle für einen Familienangehörigen erhalten, dann wandte man sich an einen einflußreichen Politiker und nicht direkt an die Verwaltung. Abgeordnete setzten sich für die Erfüllung persönlicher Wünsche ein, um bei den nächsten Wahlen wiedergewählt zu werden. Für diese Art von politischem Handel hat sich in Griechenland der Begriff »*Rousfeti*« eingebürgert. Allerdings darf nicht übersehen werden, daß die Industrialisierung und die Urbanisierung den klassischen Klientelismus modifiziert haben: Mit der Entwicklung von Massenparteien, besonders seit dem Entstehen der PASOK (Panhellenische Sozialistische Bewegung) im Jahre 1974 wird der Klientelismus von den Parteien überlagert, so daß es in Griechenland heute angemessen erscheint, von »Partei-Klientelismus« zu sprechen.[3] Dabei müssen die Abgeordneten einen Teil ihrer Autonomie an die jeweiligen Parteiführer abgeben. Nationale Angelegenheiten spielen gegenüber den Wünschen lokaler Klientele eine größere Rolle.

Doch auch unter den so geänderten Verhältnissen leben der Personalismus und der Wunsch nach charismatischen Parteiführern weiter. Personalistische Elemente äußern sich darin, daß Parteien, ihre Ideologien und ihre Politik ganz auf die Person des jeweiligen Parteiführers zugeschnitten sind. Mag darin ein säkularer Trend moderner Parteiendemokratien gesehen werden, so muß hervorgehoben werden, daß der Personalismus in Griechenland langwährende historische Traditionen hat: Parteien waren in einem Maße von ihren Parteiführern dominiert, daß sie in der Regel mit deren Abtritt von der politischen Bühne zu existieren aufhörten. Charisma wird von der griechischen Wahlbevölkerung seit langem besonders geschätzt und als nahezu unverzichtbares Attribut eines politischen Führers angesehen. Daß Andreas Papandreou die vielen Skandale gegen Ende seiner Dienstzeit fast unbeschadet überstehen konnte und erst dann das Amt des Ministerpräsidenten räumen mußte, als ihn Alter und Krankheit dazu zwangen, hatte viel mit seiner charismatischen Ausstrahlung zu tun. Daß angesichts dieser Tatsachen ein so pragmatisch denkender Politiker wie Konstantin Simitis Ministerpräsident werden und sich bei den Wahlen von 1996 auch eindrucksvoll behaupten konnte, mußte überraschen. Ob sich damit in Griechenland eine generelle Trendwende weg vom Wunsch nach charismatischen Politikern anbahnt, kann derzeit noch nicht beurteilt werden. Es könnte sein, daß Andreas Papandreou die populistische Karte überreizt hat, weshalb man jetzt zumindest für eine gewisse Zeit nach nüchterner Politik verlangt. Das würde der Trendwende entsprechen, die seit Beginn der neunziger Jahre im Verhalten gegenüber dem Ausland und insbesondere gegenüber der Europäischen Union zu beobachten war: Zählte Griechenlands PASOK-Regierung früher zu den eurokritischen Kräften, so ist heute die Zustimmung der Bevölkerung zur EG besonders hoch.

2. Politisches System

Nach der Volkszählung von 1994 hat Griechenland 10,4 Millionen Einwohner. Die Bevölkerungsdichte ist mit 79 Einwohnern pro km^2 eher gering (Deutschland 228 je km^2). Kleine Minderheiten wie slawischen Makedoniern, Türken, Albanern und Bulgaren machen nur einen geringen Prozentsatz der Bevölkerung Griechenlands aus. Die Balkankriege zu Beginn des Jahrhunderts haben die ethnische Homogenität durch Bevölkerungsaustausch gefördert. Minderheitenprobleme bestehen nur mit der muslimischen Population in West-Thrakien und mit slawischen Bevölkerungsteilen, die sich selbst als »Makedonier« bezeichnen. Die orthodoxe Kirche nimmt als Staatskirche eine herausragende Rolle ein, die auch in der Verfassung verankert ist. Obgleich Griechenland noch immer ein stark agrarwirtschaftlich geprägtes Land ist, hat die Verstädterung rasant zugenommen – mit nachhaltigen Folgen für die politische Kultur, aber auch für die Familie, die in den Städten ihre traditionell starke Rolle allmählich verliert. Über ein Drittel aller Griechen lebt in Athen.[4]

Seitdem in einer Volksabstimmung der Monarchie 1974 ein Ende bereitet wurde, ist Griechenland eine parlamentarische Republik mit einem Staatspräsidenten als Staatsoberhaupt und einem Ministerpräsidenten als Chef der Regierung. Administrativ ist das Land in zehn Regionen (*Nomoi*) aufgeteilt, die Mönchsrepublik Athos hat einen autonomen Status. Das Parlament setzt sich aus 300 Abgeordneten zusammen. 288 von ihnen werden direkt in den Wahlkreisen und zwölf über die Liste der »Reichsabgeordneten« gewählt. Die Verfassung sichert den Abgeordneten Immunität, Indemnität und Diäten zu. In der politischen Praxis zeigt sich, daß sich die Abgeordneten der Fraktionsdisziplin unterwerfen müssen. Die Legislaturperiode beträgt vier Jahre.

Der Staatspräsident nimmt unter den Verfassungsorganen die erste Stelle ein. Er wird vom Parlament mit Zweidrittelmehrheit auf fünf Jahre gewählt. Die Machtbefugnisse des Präsidenten waren nach 1974 weitreichend, sind aber bei der Verfassungsreform von 1985 unter dem Einfluß der PASOK deutlich beschnitten worden. Konnte der Präsident früher nach Art. 41 der Verfassung das Parlament auflösen, wenn es »mit der Stimmung im Volk offensichtlich nicht übereinstimmt«, so kann er dies nunmehr nur noch auf Verlangen der Regierung tun. Nach Art. 38 kann er die Regierung entlassen und nach Art. 44 und Art. 48 – allerdings im Einvernehmen mit der Regierung – Gesetze im Eil- oder Notfall erlassen. Das Recht zur Verfügung einer Volksabstimmung obliegt dem Präsidenten im Einvernehmen mit der Regierung.

Die Regierung besteht aus dem Ministerpräsidenten und den Ministern, die zusammen den Ministerrat bilden. »Der Ministerpräsident stellt die Einheitlichkeit der Regierung sicher ...« Inwieweit diese Verfassungsnorm (Art. 82) auch in die Realität umgesetzt wird, hängt vom jeweiligen Regierungschef ab. Bei dem von 1974 bis 1980 regierenden Konstantin Karamanlis traf das Verfassungsgebot ebenso zu, wie bei dem von 1981 bis 1986 amtierenden Andreas Papandreou. Bei Georgios Rallis von der Neuen Demokratie war dies weit weniger der Fall. Er regierte auch nur von 1980 bis 1981. Die griechischen Regierungschefs haben von der Möglichkeit, neue Ministerien zu schaffen oder Kompetenzen neu festzulegen, regen Gebrauch gemacht. Damit wurden dichte Patronagebeziehungen aufgebaut. Kabinettsumbildungen haben insbesondere unter Papandreou sehr häufig stattgefunden. Dabei mußten die verschiedenen Strömungen in seiner Partei angemessen berücksichtigt werden.

Die Verwaltung ist wegen ihrer geringen Produktivität und den hohen Betriebskosten als die »große Kranke des Systems« und als eine Anhäufung von Beamten bezeichnet worden, deren Berufung in den öffentlichen Dienst mehr der Protektion und dem politischen Handel (Rousfeti) als der Qualifikation zuzuschreiben ist.[5] Unter diesen Bedingungen mußte die Effektivität der Verwaltung zwangsläufig leiden, was viele Griechen dazu veranlaßt, Verwaltungsangelegenheiten nicht über die eigentlich zuständigen, aber entscheidungsunwilligen untergeordneten Beamten, sondern über hochgestellte Politiker oder Beamte zu regeln, zu denen man im Rahmen klientelistischer Netze Zugang erhält. Von den Parteien wird die Verwaltung traditionell als parteipolitische Pfründe angesehen, mit der man die eigenen Parteigänger nach Wahlsiegen versorgen kann. Man schätzt, daß die PASOK-Regierung von 1981 bis 1989 zwischen 300 000 und 400 000 Beschäftigte im öffentlichen Dienst neu eingestellt hat.[6] Nachteilig macht sich auch der Umstand bemerkbar, daß die Verwaltung sehr stark zentralisiert ist. Trotz entsprechender Reformversprechen ist die Dezentralisierung der Administration kaum vorangekommen, und bis heute sind die lokalen Verwaltungen von Athen abhängig.

3. Politische Parteien und Wahlen

Nach 1974 hat sich in Griechenland ein »Zweieinhalb-Parteiensystem« etabliert – gebildet von den beiden großen Parteien, der sozialdemokratisch-sozialistischen PASOK und der konservativ-liberalen Neuen Demokratie (ND), sowie einer kommunistischen Partei (KKE), die mit deutlichem Abstand auf die großen Parteien rund 10 Prozent der Wähler in der Vergangenheit auf sich vereinigen konnte. In den letzten Jahren wird allerdings den orthodoxen Kommunisten der Rang durch nicht-dogmatische Linksgruppen und bürgerliche Kleinparteien streitig gemacht. Eng mit der industriellen Unterentwicklung ist der Umstand verbunden, daß es in Griechenland keine Tradition sozialistischer Massenbewegungen gibt. Wo sich Arbeiter politisch zusammengefunden haben, führte dies zur Gründung der Kommunistischen Partei, die seit 1920 das Linksspektrum bestimmt. Erst am 3. September 1974 kam es durch Papandreou zur Gründung einer sozialistischen Massenpartei, der PASOK. Die PASOK gab sich in ihrer Anfangsphase besonders radikal: EG und NATO wurden abgelehnt und die USA zur Aufgabe ihrer Militärbasen in Griechenland aufgefordert. Sieben Jahre nach ihrer Gründung konnte die PASOK 1981 die Regierung übernehmen. Vorteilhaft war für die PASOK, daß sie über eine gut ausgebaute Organisation, eine straffe Führung und eine eingängige Programmatik verfügte. Die Parteiführung war zwar effektiv, stand dafür aber anfänglich mit den Normen innerparteilicher Demokratie auf dem Kriegsfuß. So wurde der Parteichef per Akklamation gewählt, und der erste ordentliche Parteitag trat erst zehn Jahre nach Gründung zusammen. Papandreou regierte seine Partei mit eiserner Hand. Ohne Rücksicht auf die Parteistatuten schloß er Opponenten persönlich aus. Kennzeichnend für die PASOK ist der Umstand, daß sie trotz ihrer anfänglichen Radikalität ihre Herkunft von der bürgerlichen Zentrumspartei vor 1967 nicht verleugnen kann. Viele führende PASOK-Politiker stammen aus dieser Partei, ebenso ein großer Anteil der Wähler.[7] Eine genauere Analyse der PASOK offenbart sieben verschiedene Strömungen, die sich in der Partei zusammengefunden haben.[8] Dazu gehören Wähler mit politischer »Lagermentalität«, die wegen der politischen Polarisierung stets einer Partei treu bleiben. Ähnlich motiviert sind die konsequenten »Anti-Rechten«, die untereinander eine heterogene Gruppe darstellen. Die Bauern haben sich nicht zuletzt wegen vieler Vergünstigungen (Subventionen, Steuervergünstigungen) als treue PASOK-Wähler erwiesen. In Folge des verbreiteten Klientelismus ist die Schar der »Günstlinge des PASOK-Regimes« besonders groß. In der Papandreou-Zeit fanden viele persönliche Gefolgsleute des Parteiführers, die sogenannten »Andreisten« zur PASOK. Der populistische Kurs der PASOK hat in den achtziger Jahren viele »Hörige des Populismus« zur Partei geführt. Und schließlich kann die PASOK als der »Nukleus der linken Mitte« betrachtet werden – eine Strömung, die unter Papandreou oft kleingehalten wurde, die sich aber unter Simitis voll entfalten kann.

Stellt die PASOK wegen ihres raschen politischen Aufschwungs seit 1974 ein besonders dynamisches Element des politischen Systems Griechenlands dar, so kann gleiches von ihrer großen Widersacherin, der Neuen Demokratie, nicht gesagt werden. Die Partei, 1974 von dem aus dem Pariser Exil zurückgekehrten Karamanlis gegründet, steht in der Tradition griechischer Rechtsparteien, insbesondere der »Nationalen Radikalen Union« (ERE), deren Vorsitzender Karamanlis von 1956 bis 1963 war. Die von Karamanlis versprochene und bis heute in der Partei hochgehaltene »liberale Wendung« konnte nur unvollständig vollzogen werden. Unbestreitbar ist, daß nach 1974 auf die massiven staatlichen Repressionen gegen Oppositionelle verzichtet wurde und daß die Beschwerden über Wahlfälschungen verstummten, die vor 1967 immer wieder für Unruhe gesorgt hatten. Die Programmatik der ND, von Karamanlis persönlich formuliert, beinhaltet ein Bekenntnis zur pluralistischen parlamentarischen Demokratie, zu einem »milden politischen Klima« und zur Marktwirtschaft. Die Haltung zur Europäischen Gemeinschaft und zur NATO war stets positiv. »Griechenland gehört zum Westen« war die Parole, mit der die ND die Wahlkämpfe der siebziger und frühen achtziger Jahre geführt hatte. Im Unterschied zur PASOK haben aber Ideologie und Programmatik bei der ND nie eine große Rolle gespielt. Die ND erweist sich bis heute als eine noch stark dem klassischen Parteientypus Griechenlands verhaftete Organisation. Nachdem Karamanlis sich aus der aktiven Politik zurückgezogen hatte, kämpfte die ND mit einem Führungsproblem, das gegen Ende der achtziger und zu Beginn der neunziger Jahre nur kurzfristig durch Konstantin Mitsotakis überbrückt werden konnte.

Die Kommunisten (KKE), die 1981 zur drittstärksten Partei aufgestiegen waren, gehörten in Europa immer zu den moskautreuen und orthodoxen Parteien. Auch nach dem Ende des Realsozialismus hält die Partei an der Diktatur des Proletariates fest. Innerhalb der Gewerkschaften ist der Einfluß der Kommunisten bedeutend. 1968 hat sich von der KKE die eurokommunistisch orientierte KKE-Inland abgespaltet, die sich zwar als innovatives und belebendes Element des politischen Systems hervortat, die bei Wahlen aber deutlich gegenüber der KKE zurückblieb. Aus der KKE-Inland ging die Linke Allianz (*Synaspismos*) hervor und von der ND spaltete sich 1993 der »Politische Frühling« (POLA) unter Führung des nationalistischen früheren ND-Außenministers Antonis Samaras ab.

In Griechenland kam von 1974 bis 1981 ein sogenanntes verstärktes Verhältniswahlrecht zur Anwendung, das die Parteien mit den größeren Wahlanteilen begünstigte.[9] Das PASOK-Versprechen, die einfache Verhältniswahl einzuführen, wurde nicht gehalten, so daß die immer wieder leicht modifizierten Wahlsysteme bis heute die Starken noch stärker machen. Erst dieser Umstand erklärt, weshalb Parteien ohne Wahlstimmen-Mehrheit sehr wohl die Majorität der Parlamentssitze erreichen. Wie *Tabelle 1* zu entnehmen ist, hat die PASOK von 1974 bis 1981 einen unvergleichlichen Aufstieg vollzogen, konnte sie doch bei jeder Wahl ihre Stimmen verdoppeln. 1981 konnte die Partei dann die Regierung übernehmen, um bis 1989 allein zu regieren. Nach einer Allparteienkoalition und einem nachfolgenden Bündnis von Konservativen und Kommunisten konnte die ND 1990 die Regierung antreten. Doch schon 1993 kehrte die PASOK unter Papandreou an die Macht zurück. Nachdem Papandreou abgedankt hatte, konnte Simitis 1996 einen überzeugenden Wahlsieg für sich verbuchen.

Tabelle 1: Wahlergebnisse von 1974 bis 1996 für die drei stärksten Parteien[a]

	PASOK	ND	KKE
1974	13,6% (12)	54,4% (220)	9,5% (8)
1977	25,3% (92)	41,8% (173)	9,4% (11)
1981	48,1% (172)	35,9% (115)	10,9% (13)
1985	45,8% (161)	40,8% (126)	11,7% (13)
Jun. 1989	39,2% (125)	44,3% (145)	13,1% (28)
Nov. 1989	40,7% (128)	46,2% (148)	11,0% (21)
1990	38,6% (123)	46,9% (150)	10,3% (19)[b]
1993	46,9% (170)	39,3% (111)	4,5% (9)
1996	41,5% (171)	38,1% (110)	5,6% (9)

a in Klammern Anzahl der Parlamentssitze
b Wert für Wahlbündnis *Synaspismos*

4. Strukturmerkmale der griechischen Volkswirtschaft

Im Vergleich zu den übrigen EU-Staaten ist Griechenland kein fortgeschrittenes Industrieland.[10] Die volkswirtschaftliche Leistungsfähigkeit ist gering. Das Bruttoinlandsprodukt erreicht pro Kopf der Bevölkerung gerade die Hälfte des EU-Durchschnitts. Trotz zunehmender Industrialisierung ist Griechenland noch ein weitgehend agrarwirtschaftlich geprägtes Land: Knapp 22 Prozent der Erwerbstätigen waren 1993 in der Landwirtschaft beschäftigt, im EU-Durchschnitt waren es nur 5,8 Prozent. Zum Bruttoinlandsprodukt (BIP) trug die Landwirtschaft in Griechenland 11 Prozent bei, während es im Durchschnitt der EU 2,6 Prozent waren. Die Bedeutung der Landwirtschaft geht allerdings zurück: 1980 waren dort noch 30 Prozent der Erwerbstätigen beschäftigt.[11] Dabei sind die landwirtschaftlichen Produktionsbedingungen unzulänglich. Die Durchschnittsgröße eines griechischen Betriebes lag 1989/90 bei vier Hektar, im EG-Durchschnitt wurde fast der vierfache Wert erreicht. Griechenland weist in der EU die kleinsten Betriebsgrößen auf. In Italien erreicht ein Durchschnittsbetrieb sechs und in Portugal sieben Hektar.

Die ackerbauliche Nutzfläche nimmt lediglich ein Drittel der Gesamtfläche ein, denn das Gebirgsland bietet wenig vorteilhafte Standortbedingungen für die Agrarwirtschaft. Sie leidet unter geringen Niederschlägen, die zudem im wasserdurchlässigen Kalkgestein versickern. Auf terrassierten und oft künstlich bewässerten Feldern werden vor allem Weizen, Obst, Südfrüchte und Frühgemüse neben Tabak und Baumwolle angebaut. Wein und Oliven prägen die griechischen Agrarausfuhren. Die Viehwirtschaft ist wenig entwickelt, sie wird vornehmlich als extensive Weidewirtschaft betrieben. Oft ist wegen des mageren Bewuchses nur Ziegen- und Schafhaltung möglich. Für die Kleinbauern spielt die Selbstversorgung noch eine bedeutende Rolle. Die Fischerei hat in Griechenland an Bedeutung verloren, das ständige Überfischen hat zu dieser Entwicklung beigetragen.

Die industrielle Entwicklung krankt an mangelnden Rohstoffen. Die Bodenschätze sind zwar vielfältig, aber wenig ergiebig. Gefördert werden vor allem Braunkohle, Bauxit zur Aluminiumherstellung, Eisenerze, Mangan, Magnesit und Marmor. Dabei stellt das Fehlen der Hauptenergieträger Erdöl, Erdgas und Steinkohle eines der größten Probleme dar. In der nördlichen Ägäis wurden zwar Erdöl- und Erdgasvorkommen entdeckt, ihre Ausbeutung stößt jedoch neben technischen und finanziellen auch auf politische Probleme, da die Türkei aufgrund der (aus ihrer Sicht) ungeklärten Hoheitsrechte ebenfalls Ansprüche auf die Vorkommen erhebt. Zur Deckung des ständig steigenden Energiebedarfes muß Erdöl in großen Mengen importiert werden.

25,4 Prozent aller Erwerbstätigen waren 1992 in der Industrie beschäftigt, in der EU waren es 32,6 Prozent. Die Industrie konzentriert sich auf das verarbeitende Gewerbe. Nahrungs- und Genußmittel, Textilien, Metallverarbeitung und Schiffbau bestimmen die Produktpalette. Wie in der Landwirtschaft prägen auch in der Industrie familiäre Klein- und Mittelbetriebe das Bild. 99 Prozent aller Betriebe beschäftigen weniger als 50 Personen. Die Produktivität ist gering, und fehlendes Kapital verhindert notwendige Modernisierungsmaßnahmen. Die hohe Importabhängigkeit von Brennstoffen und hochwertigen Industriegütern sowie ein hohes Defizit in der Handelsbilanz kennzeichnen die griechische Wirtschaft. Bei den Einfuhren dominieren mit 40 Prozent industrielle Konsumgüter und mit 24 Prozent Kapitalgüter. Bei den Ausfuhren nehmen Industrieerzeugnisse mit 46 Prozent zwar den ersten Rang ein, doch erreichen Nahrungsmittel und Getränke noch immer einen Anteil von 27 Prozent. Die wichtigsten Handelspartner Griechenlands sind Deutschland mit 18 Prozent der Einfuhren und 26 Prozent der Ausfuhren, Italien (15 und 11 Prozent), USA (9 und 17 Prozent) sowie Frankreich (8 und 7 Prozent).

Neben dem Tourismus ist die Schiffahrt ein wichtiger Devisenbeschaffer. Mit 25,7 Mio. Bruttoregistertonnen (1997) verfügt Griechenland über die bedeutendste Handelsflotte der EU (EU 15: 71,5 Bruttoregistertonnen im Jahre 1992). Allerdings ist die Krise der internationalen Seeschiffahrt nicht spurlos an Griechenland vorbeigegangen. Die vielen in der Bucht von Eleusis stillgelegten Schiffe sind dafür der Beweis. Ein weiterer wichtiger Devisenbringer ist der Fremdenverkehr. 1994 kamen 11,1 Mio. Auslandsgäste nach Griechenland, die der Tourismusbranche Einnahmen in Höhe von 335 Mio. US-Dollar bescherten. Schon Mitte der siebziger Jahre hatten die Einnahmen aus dem Tourismus die Summe der von griechischen Gastarbeitern in die Heimat überwiesenen Gelder überflügelt. Der Ausbau der Kapazitäten für den Tourismus stößt in Griechenland derzeit allerdings auf erhöhte Kosten in Form von vermehrten Umweltbelastungen.

So wie andere Länder hat auch Griechenland mit schwerwiegenden ökonomischen Problemen zu kämpfen.[12] Das Wirtschaftswachstum betrug 1997 knapp 3,5

Prozent, mit einer Inflationsrate von 5,2 Prozent hielt Griechenland 1997 den Rekord in der EU, und die Arbeitslosigkeit ist in den vergangenen Jahren stetig angestiegen. Sie betrug 1997 9 Prozent. Bei einer öffentlichen Verschuldung von 108,7 Prozent des BIP und einem Haushaltsdefizit von 4,0 Prozent war Griechenland 1996 noch weit von der Erreichung der Konvergenzziele für die Europäische Währungsunion entfernt. Allerdings unternimmt der seit 1996 im Amt befindliche Ministerpräsident Konstantin Simitis ernsthafte Anstrengungen, um die Wirtschaftslage zu bessern. Erste durchschlagende Erfolge sind erkennbar. Die Inflation betrug z. B. in den achtziger Jahren noch durchschnittlich 19 Prozent. 1999 soll sich nach Schätzungen das Defizit auf 2 Prozent verringern, die Inflation soll 3,6 Prozent und die langfristen Zinsen sollen 9,8 Prozent betragen. Gravierende strukturelle Probleme müssen gelöst werden. Dazu gehört die überproportionale Beschäftigung im öffentlichen Sektor ebenso wie die Rückführung des Staatseinflusses auf die Wirtschaft. Das Steuersystem muß vereinfacht und vor allem die Einnahmebasis verbessert werden. Die Deregulierung ist weiter voranzutreiben.[13]

5. Griechenland und Europa – Entwicklungen und Perspektiven

Nach scharfen innenpolitischen Auseinandersetzungen ist Griechenland 1981 Mitglied der Europäischen Gemeinschaft geworden. Stellte Papandreou zu Anfang der achtziger Jahre die Zugehörigkeit zur EG noch in Frage und erwies sich als ein schwieriger Partner für die Gemeinschaft, so trat spätestens seit Mitte der achtziger Jahre eine Wende ein, indem an Griechenlands EG-Mitgliedschaft nicht mehr gerüttelt wurde. Gegen Ende der achtziger Jahre war dann mit anti-europäischer Politik bei den griechischen Wählern überhaupt keine Resonanz mehr zu finden. Die EG erfreute sich überdurchschnittlicher Beliebtheit in Griechenland, wie die Meinungsumfragen des »Eurobarometers« bestätigen.[14] Nach dem pro-europäischen Interregnum von Mitsotakis in den Jahren 1990 bis 1993 und der dreijährigen Rückkehr Papandreous an die Regierungsmacht hat Simitis seiner Politik eine deutliche Ausrichtung auf Europa gegeben. Mit dem Motto, daß Griechenland »in der zweiten Runde« Mitglied der Währungsunion werden müsse, verordnet Simitis dem Land durchgreifende Restrukturierungsmaßnahmen.

In erster Linie sind zwei Faktoren dafür verantwortlich, daß sich die Haltung gegenüber der EG/EU in Griechenland deutlich verbessert hat: Zum einen gewährt die EU-Mitgliedschaft Griechenland Vorteile und auch eine gewisse Sicherheit in der Auseinandersetzung mit der Türkei, die in Griechenland noch immer als das herausragende außen- und sicherheitspolitische Problem, ja als »Bedrohung aus dem Osten« gesehen wird.[15] Griechenland läßt nicht locker, um die »Solidarität der EU« einzufordern, wenn es um Streitigkeiten mit der Türkei wegen der Ägäis oder Zypern geht.[16] Zum anderen hat man hier erkannt, daß die Mitgliedschaft in der EU umfangreiche finanzielle Vergünstigungen mit sich gebracht hat.[17] 1992 erreichten die Strukturfondsinterventionen der EU einen Anteil von 3,1 Prozent des BIP und 17,5 Prozent der Investitionen in Griechenland. 1999 wird die EU-Förderung einen Anteil von 4,8 Prozent des BIP erreichen.[18] Nach Portugal ist Griechenland der am meisten von der Strukturpolitik begünstigte Mitgliedstaat der EU. Nachdem Griechenland die Auseinandersetzungen mit seinen nördlichen Nachbarn – die »Mazedonienfrage« hatte viele Jahre die Außenpolitik paralysiert und nationalistischen Stimmen in Griechenland Auftrieb gegeben – in moderate Bahnen gelenkt hat, stellen sich aus seiner Perspektive drei entscheidende Zukunftsprobleme: Erstens will man in Griechenland den territorialen Status quo gegenüber Ansprüchen der Türkei gewahrt sehen. Zweitens will man verhindern, daß über die Osterweiterung der EU deren südliche Mitgliedsländer zurückfallen, gerade auch bezüglich der Strukturfondsförderung. Und drittens bemühen sich zumindest der jetzige Ministerpräsident und die ihn tragenden politischen Kräfte darum, die pro-europäische Stimmung im Lande dazu zu nutzen, überfällige Strukturreformen in der Wirtschaft, der Verwaltung und dem sozialen Sicherungssystem durchzusetzen. Griechenland will die Position eines »Schlußlichtes in der EU« überwinden, auf die es in den achtziger Jahren zurückgefallen war. Will man es auf eine kurze Formel bringen, dann strebt die politische Führung Griechenlands derzeit danach, sich von einem reinen »Kohäsionsland« zu einem Mitgliedstaat zu entwickeln, der die Ziele Kohäsion und Konvergenz gleichermaßen verfolgt.

Anmerkungen

1 Vgl. Richter, Heinz: Zwischen Tradition und Moderne: Die politische Kultur Griechenlands, in: Reichel, Peter (Hrsg.): Politische Kultur in Westeuropa, Frankfurt u. New York 1984, S. 145–166; Ganslandt, Herbert R.: Politische Kultur und politisches System in Griechenland, in: Aus Politik und Zeitgeschichte 51/90, S. 29–38.
2 Eine konzise Darstellung der Geschichte Griechenlands findet sich bei Tzermias, Pavlos: Neugriechische Geschichte. Eine Einführung, Tübingen 1986.
3 Vgl. ausführlich Axt, Heinz-Jürgen: Die PASOK. Aufstieg und Wandel des verspäteten Sozialismus in Griechenland, Bonn 1985, S. 30–50.
4 Zu den Grundzügen des politischen Systems vgl. Hering, Gunnar, und Georg Demetriou: Politisches System, in: Grothusen, Klaus-Detlev (Hrsg.): Griechenland. Südosteuropa-Handbuch, Bd. III, Göttingen 1980, S. 54–121; Korisis, Hariton: Das politische System Griechenlands, Hersbruck 1981; Wenturis, Nikolaus: Das politische System Griechenlands, Stuttgart u. a. 1984; Featherstone, Kevin, und Dimitrios K. Katsoudas (Hrsg.): Political Change in Greece: before and after the Colonels, London/Sydney 1987.
5 Korisis (Anm. 4), S. 74 f.
6 Vgl. Axt, Heinz-Jürgen: Die Wahlen in Griechenland 1989. Warum 40% der Wähler noch immer für Papandreou stimmten (Stiftung Wissenschaft und Politik, IP 2627), Ebenhausen 1989, S. 19.
7 Vgl. im Detail Axt (Anm. 3), S. 121–158.
8 Vgl. hierzu ausführlich Axt (Anm. 6), S. 11–24.
9 Vgl. Clogg, Richard: Parties and Elections in Greece, London 1987.

10 Stärken und Schwächen der griechischen Volkswirtschaft werden analysiert bei Giannitsis, Tassos: The Implications of the Single Market for Weaker Economies – The Case of Greece, in: Axt, Heinz-Jürgen (Hrsg.): Greece and the European Union: Stranger among Partners?, Baden-Baden 1997, S. 45–98; vgl. auch Katseli, Louka T.: Economic Integration in the Enlarged European Community: Structural Adjustment of the Greek Economy, in: Bliss, Christopher, und Jorge Braga de Macedo (Hrsg.): Unity with Diversity in the European Economy: The Community's Southern Frontier, Cambridge 1990, S. 235–309.

11 Zur Landwirtschaft vgl. Montari, Armando (Hrsg.): Growth and Perspectives of the Agrarian Sector in Portugal, Italy, Greece and Turkey, Napoli 1991; Lambos, Kostas D.: Abhängigkeit und fortgeschrittene Unterentwicklung dargestellt am Beispiel der Landwirtschaft Griechenlands, Frankfurt a. M. 1981.

12 Vgl. OECD, Greece 1995–1996, Economic Surveys, Paris 1996.

13 Vgl. Axt, Heinz-Jürgen: Griechenland in ruhigerem Fahrwasser. Politische und ökonomische Perspektiven, FES-Analyse, Friedrich-Ebert-Stiftung, Bonn 1997.

14 Vgl. u. a. Wenturis, Nikolaus: Griechenland und die EG. Die soziopolitischen Rahmenbedingungen griechischer Europapolitiken, Tübingen 1990; Tsonis, Ioannis G.: Die griechischen Parteien und die Europäische Gemeinschaft, München 1987; Axt, Heinz-Jürgen: Griechenlands Außenpolitik und Europa: Verpaßte Chancen und neue Herausforderungen, Baden-Baden 1992.

15 Vgl. Valinakis, Yannis: Greek Security Policy in the Perspective of CFSP, in: Axt (Anm. 10), S. 199–240; Axt, Heinz-Jürgen: National Interests on Top of the Agenda – Greece's Role in Common Foreign and Security Policy, in: ders. (Anm. 10), S. 153–198.

16 Vgl. Meinardus, Ronald: Die Türkei-Politik Griechenlands, Frankfurt a. M. u. a. 1985; Richter, Heinz: Friede in der Ägäis? Zypern-Ägäis-Minderheiten, Köln 1989; Axt, Heinz-Jürgen, und Heinz Kramer: Entspannung im Ägäiskonflikt? Griechisch-türkische Beziehungen nach Davos, Baden-Baden 1990.

17 Axt, Heinz-Jürgen: Financial Transfers and Security: Why Greece favoured the Maastricht Treaty on European Union, in: ders. (Anm. 10), S. 99–134.

18 Vgl. Heinemann, Friedrich: Kohäsion: vertikal oder horizontal?, in: EG-Magazin 10 (1993), S. 11–14, hier S. 13.

Portugal

ÁLVARO DE VASCONCELOS

Portugal hat die Ziele nun beinahe erreicht, die ihm jene demokratischen Kräfte setzten, die 1974/75 friedlich die Diktatur (sowie die anschließende Tendenz der neuen Führung zum Sozialismus) überwunden und seitdem die Regierungen gestellt haben[1]: Die Festigung der Demokratie und der Wiedereintritt in die Gemeinschaft der demokratischen europäischen Nationen sind gelungen. Entscheidende Wegmarken dieses Prozesses waren der Beitritt zur Europäischen Gemeinschaft 1986, gefolgt von zehn Jahren ökonomischer Reformen und stetigem Wirtschaftswachstum: Ausgehend von einem Szenario mit überaus kläglichen wirtschaftlichen Leistungen hat sich Portugal unter die Länder vorgearbeitet, die 1999 der Währungsunion angehören werden. 1992 war Portugal weit von der Erfüllung jedes einzelnen Konvergenzkriteriums entfernt; heute erfüllt es alle Kriterien für die Teilnahme an der Währungsunion, mit Ausnahme der öffentlichen Verschuldung, die aber dennoch unter dem EU-Durchschnitt liegt.

Paradoxerweise wird nun, als Ergebnis des wirtschaftlichen Erfolges, das politische Modell in Frage gestellt, das aus dem Sieg der demokratischen Parteien über die autoritären Vorhaben der Kommunistischen Partei und des linken Flügels des Militärs hervorging. Der Höhepunkt des Erfolges dieses Modells, d. h. der weitgehenden Vorherrschaft der Sieger der Krise von 1974/75 im politischen Leben des Landes, lag in der zweiten Mehrheit in Folge für die Sozialdemokratische Partei (PSD) bei den Parlamentswahlen 1991. Die Niederlage der PSD von 1995, dicht gefolgt von der Niederlage ihres früheren Parteiführers Cavaco Silva in der Präsidentenwahl 1996, kann als das Ende eines Zyklus gelten, in dem Zentralismus und Mißtrauen gegen die politische Partizipation der Öffentlichkeit dominierten.

1. Die Wiederherstellung demokratischen Lebens

Die politischen Parteien blieben seit der Gründung der Dritten Republik im April 1974 der Hauptpfeiler des politischen Systems in Portugal. Sie waren in der Lage, die Demokratie zu stabilisieren und legten Portugal auf eine Vision fest, die von der Gesellschaft als Ganzes gebilligt wurde, da sie innovativ war und sowohl in sozialer als auch in entwicklungstechnischer Hinsicht Fortschritte versprach. Der politische Übergang von der Diktatur zur Demokratie begann am 25. April 1974 und endete 1982 formal mit der Abschaffung des Revolutionsrates. Dessen Auflösung war bereits 1976 in der portugiesischen Verfassung niedergelegt worden, die vorsah, daß 1982 jegliche direkte Einmischung des Militärs in das politische Leben enden solle. Ein wichtiger Faktor für die Stabilisierung des Übergangs war die Mitgliedschaft in der Europäischen Gemeinschaft im Januar 1986. Der Verfassungstext von 1986, aus dem die Erwähnung eines »Übergangs zum Sozialismus« und die Unmöglichkeit der Privatisierung oder Reprivatisierung verstaatlichter Firmen gestrichen wurden, spiegelt ein voll entwickeltes, gefestigtes demokratisches System wider.

Das politische System Portugals ist weiterhin fast ausschließlich auf die politischen Parteien gegründet, die gegenwärtig weitgehend unabhängig von wirtschaftlichen Gruppierungen sind. Dennoch hat der Privatisierungs- bzw. Reprivatisierungsprozeß, der in den späten achtziger Jahren unter Premierminister Cavaco Silva begann und unter Premierminister António Guterres fortgesetzt wird, das Auftauchen und in manchen Fällen Wiederauftauchen mächtiger und einflußreicher (wenigstens nach portugiesischen Maßstäben) wirtschaftlicher Gruppierungen ermöglicht. In den langen Jahren des diktatorischen Salazar-Regimes waren die politischen Parteien praktisch verschwunden, inklusive der União Nacional, welche nominell die regierende Partei war. Die einzige Ausnahme stellte die 1921 gegründete Kommunistische Partei dar, der es einige Jahre nach ihrem Verbot gelungen war, sich weiterhin zu organisieren und ihre Untergrundtätigkeit trotz schwerer Verfolgung aufrechtzuerhalten. Keine der Parteien der Ersten Republik überstand die Jahre der Diktatur (1926 bis 1974). Die Sozialistische Partei wurde 1973 in Deutschland gegründet, aber sie bestand vorwiegend aus Exilpolitikern, wie z. B. ihrem legendären Führer Mário Soares, und hatte wenig oder keine Struktur innerhalb Portugals. In den ersten Monaten, die auf den Militärputsch im April 1974 folgten, wurden sechzehn politische Parteien registriert, was eine Situation extremer Zersplitterung schuf. Die meisten dieser Parteien verschwanden einfach, und seit der ersten allgemeinen Wahl im April 1975 sind nur vier Parteien im Parlament vertreten, plus eine der Splitterparteien mit selten mehr als einem Abgeordneten. Einige kleinere Parteien nehmen noch an Wahlen teil, auf nationaler, lokaler und, in Ausnahmefällen, auf regionaler Ebene. Die Tatsache, daß regionale Parteien von der portugiesischen Verfassung explizit verboten sind, hält jedoch die PSD-Madeira, die in der Regierung der Autonomen Region Madeira seit 1974 sitzt, nicht davon ab, von der nationalen PSD autonom zu sein und einen vorwiegend regionalen Charakter zu haben. Die Bildung und die Stabilisierung der großen demokratischen Parteien war ein wichtiges Mittel, um ein demokratisches Regime zu festigen. Ihre wichtigsten Führer waren sich der unersetzlichen Rolle bewußt, die die politischen Parteien spielen mußten. Dies wurde auch von den meisten westlichen Ländern gewürdigt, vor allem von Deutschland, das durch eine Reihe von Stiftungen die Konsolidierung der demokratischen Parteien direkt unterstützte. Trotz des unbestrittenen Gewichtes und Einflusses der katholischen Kirche in der portugiesischen Gesellschaft ist Portugal ein säkularer Staat. Religiöse Parteien sind in der portugiesischen Verfassung ausdrücklich verboten. Sowohl Mário Soares (der zwei Legislaturperioden im Amt war, 1986–1996) als auch Jorge Sampaio, der derzeitige Präsident (1996–2001), bestanden auf dem weltlichen und republikanischen Charakter ihrer Wahlprogramme und unterstrichen die Tatsache, daß Demokratie auch Religionsfreiheit bedeutet, inklusive der Freiheit, überhaupt keine Religion zu haben. Dieses Konzept demokratischer Freiheit wurde von Demokraten in Mitteleuropa gelobt, vor allem von polnischen Intellektuellen wie Adam Michnic und Bronislaw Geremék.

Nachdem die Krise von 1974/75 vorüber war und die langsame, aber stetige Normalisierung des demokratischen Lebens begann, forderten wirtschaftliche und soziale Belange ihr Recht. Eine Periode ausgesprochenen Pessimismus folgte, ausgelöst durch politische Instabilität mit praktisch einer neuen Regierung pro Jahr bis 1986 und ernsthaften ökonomischen Problemen. Die Beitrittsverhandlungen mit der EG schleppten sich über acht Jahre hin, was vor allem daran lag, daß Portugals Mitgliedschaft an die Spaniens gekoppelt war, obwohl die portugiesische Seite wiederholt erfolglos versuchte, beide Anträge zu entkoppeln. Nach europäischen Maßstäben war Portugal noch immer ein armes Land: Das Pro-Kopf-Einkommen war niedriger als das spanische und lag näher am türkischen als am griechischen.[2] Die Inflationsrate stand 1984 bei 29 Prozent, das Bruttoinlandsprodukt fiel 1983 und 1984, die Auslandsverschuldung stieg an und Portugal mußte sich mit der Bitte um Hilfe an den Internationalen Währungsfonds (IWF) wenden.

2. Die Europäische Währungsunion und der Euro: In der ersten Mannschaft mitspielen

In den frühen Tagen der Demokratie waren die Hauptanliegen der Regierungen politische Themen, Wirtschaftsfragen blieben hintangestellt. Als die erste politische Konsolidierungsphase vorbei war, konzentrierten sich die Regierungen Cavaco Silvas (1985-95) auf die Ökonomie. Heute scheint die portugiesische Gesellschaft vor allem mit sozialen Themen befaßt.

Die Mehrheitsregierung, die Cavaco Silva nach den Parlamentswahlen 1987 bilden konnte, entsprach dem Wunsch des Volkes, das politische System an seine wahren Bedürfnisse anzupassen. Die Wähler stimmten für das Programm, das die wirtschaftliche Entwicklung an die erste Stelle setzte, und schufen trotz des Wahlsystems[3] stabile Mehrheitsverhältnisse. Tatsächlich ging es der Wirtschaft besser, als die ersten Vorzüge der EG-Mitgliedschaft spürbar wurden. Das Bruttoinlandsprodukt stieg im Zeitraum von 1985 bis 1991 durchschnittlich um 4 Prozent pro

Jahr, die Auslandsverschuldung verringerte sich merklich, Investitionsmittel aus dem Aus- und Inland fingen an, zügiger zu fließen. Die Inflation wurde kontinuierlich zurückgeschraubt, und obwohl sie 1990 noch bei 13,4 Prozent lag, war sie 1996 auf 3,1 Prozent gesunken. Die öffentliche Verschuldung wurde konsequent reduziert, ebenso das Budgetdefizit. Während letzteres 1990 5,6 Prozent des Bruttoinlandsproduktes betrug, war es 1996 auf 3,2 Prozent und 1997 auf 2,9 Prozent gesunken. Die Kaufkraft, die noch 1985 die Hälfte des europäischen Durchschnittes erreichte, stand 1996 bei etwa 70 Prozent des Durchschnittswertes.

Die selbstauferlegte Disziplin, den Escudo ab 1992 in den Wechselkursmechanismus des Europäischen Währungssystems (EWS) zu integrieren und dort zu halten, hatte ebenso wie die nachfolgenden Maßnahmen zur Erfüllung der Konvergenzkriterien der Währungsunion eine enorme Hebelwirkung auf Portugals deutlich verbesserte Wirtschaftsleistung. Die Unterstützung der EG war für Portugals wirtschaftlichen Sprung nach vorne hilfreich. Zwischen 1989 und 1993 machte der Zufluß von EG-Geldern insgesamt 7 500 Mio. ECU aus. Die Wirkung der EG-Hilfen war in vielen Bereichen spürbar: Ungefähr die Hälfte dieser Gelder dienten der Verbesserung der Wirtschaftsstruktur, etwa 30 Prozent gingen in den Bereich Schul- und Berufsausbildung und die verbliebenen 20 Prozent in die regionale und lokale Entwicklung. Trotz häufiger Kritik an der Verwendung von EG-Geldern, besonders bezüglich Berufsausbildung und Landwirtschaft, wird Portugal als »ein guter europäischer Schüler« angesehen. Ein sinnvoller Einsatz von EG-Geldern ist hier der allgemeine Eindruck. In den Worten von Jacques Delors: »Portugals Leistung, seit es ein Mitglied der Europäischen Union geworden ist, ist überaus erstaunlich. Die Teilnahme an der Europäischen Währungsunion, besonders von Beginn an, ist unzweifelhaft eine Errungenschaft für ein Land, das einen langen und sehr beeindruckenden Weg gegangen ist, seitdem es der Europäischen Gemeinschaft beigetreten ist.«[4]

Eines der Vermächtnisse des sozialistischen Zwischenspiels von 1974/75 war die Verstaatlichung großer Teile der Wirtschaft: Betroffen waren das gesamte Banken- und Versicherungswesen und die Presse ebenso wie viele industrielle Betriebe in den sogenannten strategischen Bereichen. Einige Sektoren, die sich bereits in staatlicher Hand befanden – so wie das Fernsehen und weite Teile des Rundfunks – waren bis vor kurzem durch die Verfassung von privater Eigentümerschaft ausgeschlossen. Der Privatisierungsprozeß begann in der zweiten Hälfte der achtziger Jahre und wurde in den neunziger Jahren noch schneller vorangetrieben. Ein dynamischer Privatsektor schoß aus dem Boden, namentlich im Dienstleistungsbereich. Das Staatsmonopol über Fernsehen und Radio endete ebenfalls – ein großer Schritt zur vollständigen Demokratisierung der portugiesischen Gesellschaft und zur Stärkung der Zivilgesellschaft.

Die gesellschaftliche Krise, die die Massenarbeitslosigkeit derzeit in den höher entwickelten Industriestaaten Europas ausgelöst hat, hat Portugal bislang noch nicht erreicht. Trotz steigender Tendenz und des abrupten Sinkens des Anteils der Beschäftigten in der Landwirtschaft betrug die Arbeitslosenquote 1995 7 Prozent.

Das Ausmaß der Armut ist unter den Mitgliedern der Europäischen Union immer noch am größten, und der Anteil von Schülern, die eine Sekundarstufe absolvieren, lag 1994 trotz starker Zunahmen noch nicht über 74 Prozent. Im Bereich der höheren Bildung beträgt der korrespondierende Wert 19 Prozent. Das Pro-Kopf-Einkommen (1994: 12 326 US-Dollar) ist das niedrigste in der Europäischen Union nach Griechenland (1994: 11 265 US-Dollar). Die derzeitige Regierung war die erste, die nach 1974 die Bekämpfung der Armut zu ihrer Priorität erklärte. Ein Ministerium für Soziale Stabilität wurde geschaffen und das Konzept eines garantierten Mindesteinkommens eingeführt. Premierminister António Guterres hatte seine politischen Aktivitäten als Gegner des Caetano-Regimes in den Reihen katholischer Jugendorganisationen begonnen. Innerhalb seiner Sichtweise, die man als »christlichen Sozialismus« bezeichnen kann, gilt seine erste und vordergründigste Sorge sozialen Belangen. In öffentlichen Statements hat er sich oft auf das Thema Bildung als sein leidenschaftlichstes Anliegen berufen.

3. Europäischer Konsens und partizipatorische Demokratie

Sowohl bezüglich der Gestaltung des politischen Systems als auch in europapolitischen und internationalen Fragen bestand gleich von Beginn an Konsens zwischen den demokratischen Parteien, die sich aus der Krise der Jahre 1974/75 entwickelten, das heißt der PS, der PSD und der CDS. Dieses Konsenssystem basierte auf den politischen Parteien als praktisch alleinigen Akteuren im demokratischen System. Direkte Demokratie, selbst in ihrer mildesten Form (beispielsweise die Möglichkeit für Bürgervereinigungen oder unabhängige Kandidaten, sich bei Kommunalwahlen zur Wahl zu stellen), war nicht erlaubt. Besonders Volksabstimmungen, mit den Gefahren des Populismus gleichgesetzt, waren bis 1992 per Verfassung verboten.

Der Konsens zwischen der sozialistischen PS und der sozialdemokratischen PSD fand zwischen 1983 und 1985 seinen faktischen Ausdruck in der Regierungskoalition, die als »Zentraler Block« bekannt war, einer Zeitspanne, die mit dem Abschluß der Verhandlungen über den EG-Beitritt zusammenfiel. Obwohl sie nicht zur Koalition gehörte, unterstützte die CDS das Bündnis. Sie war dennoch die erste Partei, die den breiten europäischen und innenpolitischen Konsens brach. Ihre Namensänderung in »Volkspartei« (CDS-PP) fiel zusammen mit einer politischen Richtungsänderung und dem Wechsel der Parteiführung, die von einer Gruppe junger, antieuropäisch gesinnter Politiker unter der Führung von Manuel Monteiro übernommen wurde. Deren Gesinnung war in der Tat so extrem ausgeprägt, daß sie aus der Europäischen Volkspartei des Europäischen Parlamentes ausgeschlossen wurden. Manuel Monteiro und die CDS-PP kamen in ihrer Europolitik dem anti-europäischen Standpunkt der Kommunistischen Partei immer näher; und sie erlangten zweifelhafte Bekanntheit durch ihre Opposition gegen den Vertrag von

Maastricht und die Währungsunion, während sie einen demagogischen Ton in innenpolitischen Fragen anschlugen. Ihre Bedeutung nimmt jedoch ab, verursacht durch interne Zwistigkeiten und schlechte Wahlergebnisse. Sie erreichten 9 Prozent bei den Wahlen von 1995. Die Führung der CDS-PP wechselte 1998 erneut und vertritt nun eine moderatere Einstellung gegenüber der Europäischen Union. Es sollte auch angemerkt werden, daß man davon ausgeht, daß Rassismus und Fremdenfeindlichkeit von der portugiesischen Öffentlichkeit so stark abgelehnt werden, daß ausnahmslos jede Partei, inklusive der PP, besonderen Wert auf Multikulturalismus und Diversität legt. Einige schwerwiegende Fälle von Diskriminierung gegen Zigeuner aus den letzten Jahren, welche von gewählten Lokalbehörden gutgeheißen und sogar unterstützt wurden, weisen jedoch darauf hin, daß die portugiesische Gesellschaft doch nicht ganz so immun gegen die Welle von Rassismus und Fremdenfeindlichkeit, die Europa plagt, sein könnte, wie es die Politiker anzunehmen scheinen.

Die Kräfte in der Mitte des politischen Spektrums (PS und PSD) haben zunehmend Boden gutgemacht – zum Nachteil der konventionellen Rechten und der Linken. Die Resultate sowohl der Parlamentswahlen im Oktober 1995 als auch der Kommunalwahlen im November 1997 verdeutlichen dies: Die kombinierte Wählerkraft der PS und der PSD betrug über 75 Prozent der Gesamtstimmenzahl. Die Kommunalwahlen bestätigten nur noch den kontinuierlichen Abstieg der Kommunistischen Partei (deren Stimmenzahl seit 1975 auf nationaler, europäischer und kommunaler Ebene ständig fiel) und die sich verstärkende Schwäche der PP. Seit 1991 ist das politische Spektrum stark »polarisiert auf das Zentrum hin«[5], und PS und PSD teilen sich einen wachsenden Anteil an Wählerstimmen fast gleichmäßig untereinander auf. Während der Konsens in der Außen- und Europapolitik zwischen diesen beiden Parteien, die fast das gleiche Wirtschaftsprogramm vertreten, stark ausgeprägt ist, sind es Fragen des Regierungssystems (z. B. Devolution) und kontroverse soziale Fragen (z. B. Abtreibung), bei denen sich ein Bruch abzeichnet. Das politische System steht deshalb erstmals seit 1982 vor einem Reformprozeß.

Die Zusätze zur Verfassung aus dem Jahre 1997 schaffen die Voraussetzungen dafür, daß Portugal in den Devolutionsprozeß eintreten kann, der bereits seit 1976 als verpflichtendes Prinzip in der Verfassung vorgesehen ist. Gleichzeitig erweiterten die Zusätze den Bereich der Fragestellungen, die Objekte einer Volksabstimmung werden können. Auch die Debatte um die Revision des Wahlrechtes ist wieder aufgeflammt. Die Reformvorschläge haben zum Ziel, die Verbindung der Mandatsträger zu ihren Wahlbezirken zu stärken, um damit eine größere Partizipation der Bürger im politischen Prozeß zu ermöglichen.

Wie Dieter Nohlen 1997 in Lissabon feststellte[6], erlaubt das portugiesische Wahlsystem, das auf proportionaler Vertretung beruht, keine echte Beziehung zwischen Wählern und Gewählten. »Wähler kennen die Parteiführer, aber nicht diejenigen, die sie direkt als Parlamentsmitglieder wählen. Parlamentsmitglieder wiederum interessieren sich nicht für die, von denen sie gewählt wurden. Das einzige, worum sie sich sorgen, ist, in den oberen Positionen der Wahllisten zu stehen, wo sie sich sicher sein können, gewählt zu werden.«

Cavaco Silvas zehnjährige Amtszeit als Regierungschef war von einer Wirtschaftspolitik charakterisiert, die Portugal näher an die europäischen Standards brachte; sie trug aber auch zu dem Bild einer Regierung bei, die den Dialog scheute und auf ihre Art taub war für den Kummer der Wähler. Vor allem in seiner zweiten Amtsperiode unterstrich und ermutigte in gewissem Maße Präsident Mário Soares die negative öffentliche Reaktion auf den »Dirigismus« des Premierministers und seiner Regierung. Die »offenen Präsidentschaften« von Soares sprachen die öffentliche Meinung direkt an und kontrastierten in der Tat stark mit der öffentlichen Wahrnehmung eines in Lissabon »eingesperrten« Kabinettes. Soares verlegte für einen Monat seine Amtsführung in einen bestimmten Teil des Landes und konzentrierte sich auf die besonderen Fragen, die das Gebiet betrafen; in anderen Fällen wurde ein Thema gewählt und der Präsident reiste, Erkundigungen einziehend, durch das Land und sprach über bestimmte Themen – Umwelt, Erziehung und Bildung, Gesundheit, Obdachlosigkeit etc.

Das Motto des Führers der Sozialistischen Partei (PS) und derzeitigen Premierministers António Guterres im Wahlkampf 1995 war vor dem Hintergrund der öffentlichen Unzufriedenheit gerade die Forderung nach mehr Dialog. Und sein Sieg scheint zu bestätigen, daß die Öffentlichkeit die Art, in der Politik gemacht wird, dahingehend geändert sehen möchte, daß dem Wort »partizipatorische Demokratie« eine größere Bedeutung beigemessen wird. Das sollen die Änderung des Wahlrechtes und die vorsichtigen Veränderungen bei der Auswahl der Kandidaten für das Parlament bewirken.

Was das Wahlrecht betrifft, hat die PS ein dreigeteiltes System vorgeschlagen: Über die lokalen Wahlbezirke soll nach dem System der einfachen Mehrheit entschieden werden, während auf nationaler und regionaler Ebene ein proportionales System basierend auf Parteilisten gelten soll. Dadurch soll gleichzeitig die lokale Vertretung gestärkt werden, während kleineren Parteien die größtmögliche Vertretung gewährt wird. Die Sozialdemokratische Partei hat einen Vorschlag in ganz ähnlicher Richtung eingebracht. Es ist allerdings noch sehr unsicher, ob das neue Gesetz rechtzeitig für die nächsten Parlamentswahlen, die 1999 anstehen, in Kraft treten wird.

Das Thema Devolution verspricht hitzige und kontroverse Debatten. Während die Regierung und die Sozialistische Partei für die Devolution eintreten, kommen viele ihrer bedeutenden Kritiker (nicht zuletzt der frühere Präsident Mário Soares) aus den eigenen Reihen der PS. Die Sozialdemokratische Partei und ihr Führer Marcelo Rebelo de Sousa sind Gegner der Devolution – oder zumindest der vorliegenden Vorschläge dafür. Dennoch gehören ihr viele der heftigsten Devolutionsbefürworter an. Die Kommunistische Partei befürwortet die Devolution und es gelang dank ihrer Zustimmung, daß der Gesetzesvorschlag der PS angenommen wurde, mit dem die neuen Regionen geschaffen wurden. Die Volkspartei PP ist gegen Devolution und führt ihren Wahlkampf mit dem Argument, daß eine Dezentralisierung »das Land in Stücke brechen wird«. Manche sprechen sich mit der Begründung gegen eine Devolution Portugals aus, daß durch sie einer ohnehin schon zu großen Bürokratie nur noch eine weitere bürokratische Ebene hinzugefügt würde. Ferner schaffe die Einführung der Regionen nur eine weitere Möglichkeit für Korruption, und die Schwächung der zentralen Gewalt erhöhe die Wahrscheinlichkeit, daß Grenzregionen in die Einflußsphäre ihrer spanischen Nachbarregionen geraten könnten. Ihre Befürworter sehen in der Devolution einen fundamentalen Schritt dahin, die wachsende Asymmetrie zwischen dem immer verlasseneren und armen Inland und den immer stärker bevölkerten und reichen Küstenregionen zu reduzieren. Ebenso biete die Devolution eine Möglichkeit der verstärkten Teilnahme von Bürgern am politischen Prozeß.

Die Debatte um die Ratifikation des Maastrichter Vertrages fand während der zweiten Amtszeit von Mário Soares statt. Die Idee, ein Referendum abzuhalten (obwohl es damals noch gegen die Verfassung verstoßen hätte), wurde zu dieser Zeit von den politischen Parteien unterstützt, die den Vertrag öffentlich angriffen, der PP und PCP. Auch der Präsident äußerte sich in der Öffentlichkeit positiv über ein Referendum zu Europa, während die PSD (zu dem Zeitpunkt an der Regierung) und die PS (als Opposition) diese Idee heftig ablehnten. Gleichwohl fand der Vorschlag einer Volksabstimmung den Meinungsumfragen zufolge große öffentliche Unterstützung. Daraufhin befürworteten alle Parteien, sowohl die Gegner als auch die Befürworter des Amsterdamer Vertrages, die Idee eines Referendums zu Europa, das 1998 abgehalten werden sollte.

Das Europareferendum fand schließlich doch nicht im Jahre 1998 statt und wird voraussichtlich auch nie durchgeführt werden. Im Juni 1998 kam es zu einer Volksabstimmung über das kontroverse Thema Abtreibung, die Teil eines »Paketes« von Referenden war, auf das sich die beiden großen Parteien geeinigt hatten, und das außerdem noch die Themen Europa und Devolution enthalten sollte. Das ablehnende Lager trug einen knappen Sieg davon (50,92 Prozent gegen 49,08 Prozent). Die Wahlbeteiligung (31,94 Prozent) war jedoch so niedrig, daß niemand, nicht einmal der Präsident, das Risiko eingehen wollte, Portugals Zustimmung zu Europa mit einem vergleichbar niedrigen Ergebnis zu dokumentieren. Damit scheiterte der Plan der Sozialistischen Partei, die gehofft hatte, die politische Diskussion um Europa und die Devolution verbinden zu können, um so für letzteres Thema eine von der positiven Europastimmung getragene günstige Atmosphäre zu erzeugen. Die Debatte um die Devolution oder »Regionalisierung«, wie sie in Portugal auch genannt wird, kennzeichnet eine unverhohlen nationalistische Rhetorik, wie sie nur von den entschiedensten Anti-Europäern gebraucht wird. Das Referendum fand am 8. November 1998 statt, die Devolutionsgegner, die von der PSD und der CDS-PP angeführt wurden, siegten mit 63,5 Prozent. Mit einer Wahlbeteiligung von 48,3 Prozent verfehlten sie jedoch das erforderliche Quorum der Wahlbeteiligten: 50 Prozent der registrierten Wähler plus einer wären erforderlich gewesen, um dem Ergebnis rechtliche Verbindlichkeit zu verleihen. Die Situatuion bleibt somit offen.

Die weitreichenden Vollmachten der Verwaltungsregionen legt ein Gesetz aus dem Jahre 1991 fest, dem das portugiesische Parlament seinerzeit einhellig zustimmte – inklusive der Parteien, die sich nun so heftig gegen die tatsächliche Einrichtung jener Regionen wehren. Obwohl die PS einräumen muß, daß sie großes Interesse gezeigt hatte, die Zustimmung der Wähler für die drei genannten wichtigen Themen bestätigt zu erhalten, waren es letztlich doch eher Parteipolitik und Zögerlichkeit aufgrund interner Meinungsverschiedenheiten, die sie zwangen, sich auf die Volksabstimmungen einzulassen. Sowohl im Falle der Abtreibung als auch der Devolution waren die Referenden in der Tat ihre letzte Waffe, um Gesetze zu stoppen, die das Parlament ansonsten verabschiedet hätte. (Ein Abtreibungsgesetz hatte sogar schon eine Mehrheit erreicht.) Andererseits hatte sich die PS bei der Einrichtung der Verwaltungsregionen weit vorgewagt, ohne sich vorher der Zustimmung der PSD zu versichern. Dieser Bruch der Konsensregel, die die portugiesische Politik so lange beherrschte, scheint das Land seine Chance zur Devolution gekostet zu haben, zumindest auf absehbare Zeit.

Das Demokratiedefizit im europäischen Entscheidungsprozeß, der Bedarf einer steigenden Bürgerbeteiligung sowohl auf nationaler wie europäischer Ebene – all diese Themen bringen die Portugiesen der gegenwärtigen Debatte über die Krise der Demokratie näher. In diesem Sinne, wie auch in vielen anderen, ist Portugal jetzt stärker ein Teil Europas als je zuvor.

Anmerkungen

Übersetzt aus dem Englischen von Susanne Klein und Beate Zeitler, freie Übersetzerinnen, München.

1 Gemeint sind die Sozialistische Partei PS unter der Führung von Mário Soares, die Sozialdemokratische Partei PSD (gegründet unter dem Namen Demokratische Partei des Volkes PPD) unter der Führung von Francisco Sá Carneiro und das Demokratische und Soziale Zentrum CDS unter der Führung von Diogo Freitas do Amaral.
2 Die Zahlen des Bruttoinlandsproduktes pro Kopf von 1985 sprechen für sich: Spanien 4 192 US-Dollar; Griechenland 3 380 US-Dollar; Portugal 1 905 US-Dollar; Türkei 1 108 US-Dollar.
3 Das Wahlrecht sieht ein reines Proportionalsystem vor: Die Wahlkreise korrespondieren mit den Distrikten und entsenden nach dem d'Hondtschen Verfahren eine feste Anzahl von Abgeordneten ins Parlament. Dies macht die Bildung von Regierungen mit klaren Mehrheiten vergleichsweise schwierig.
4 Delors spart nicht mit Lob für Portugals Leistungen in seiner Einführung zu: Cavaco Silva, Aníbal: Portugal e a Moeda Unica, Lissabon 1997.
5 Eine Beschreibung, die der politische Kolumnist und Herausgeber der Zeitschrift »Público« geprägt hat.
6 In einem Interview mit »Público«, 17. Dezember 1997.

Spanien

MARC CARRILLO

1. Die politische Kultur einer jungen Demokratie

Mit dem Tode General Francos begann Mitte der siebziger Jahre in Spanien die historische Transformation von der Diktatur zu einer konstitutionellen Monarchie. Mit den freien Wahlen vom 15. Juni 1977, der ersten demokratischen Wahl seit der II. Republik (1931-1939), äußerte die spanische Gesellschaft prägnant ihren Bruch mit dem *Franquismus*. Die demokratischen Parteien erhielten mehr als 95 Prozent der abgegebenen Stimmen. Den Parteien, die weiterhin Affinitäten zu der Diktatur erkennen ließen, gelang es demgegenüber nicht, ein parlamentarisches Mandat zu erhalten. Die Folgen von mehr als 40 Jahren Diktatur, des sogenannten *Soziologischen Franquismus*, haben sich in der politischen Kultur der jungen Demokratie aber dennoch bemerkbar gemacht.

Der Übergang zur Demokratie wurde von seiten der franquistischen Institutionen selbst mit herbeigeführt. Im Herbst 1976 gelang es dem damaligen Premierminister Adolfo Suárez, von dem bisherigen Ständeparlament (*Cortes*) das »Gesetz über die politische Reform« verabschieden zu lassen. Dieses Gesetz sah vor, das Ständeparlament durch ein allgemein und geheim gewähltes Zweikammersystem aus Abgeordnetenhaus und Senat zu ersetzen. Damit stimmten die *Cortes* für ihre eigene Auflösung und die Wiederanknüpfung des spanischen Verfassungsrechtes an liberal-pluralistische Konzeptionen.

Nach den Wahlen von 1977 war jedoch das einzige neue demokratische Element das Parlament. Die restlichen Institutionen, die die Diktatur Francos unterstützt hatten (Gemeinden, Gerichtshöfe, Streitkräfte, Berufsgenossenschaften, katholische Kirche usw.) waren nach wie vor dieselben. Trotz des mißlungenen Putsches von 1981 und des ETA-Terrorismus, beide eine Bedrohung für die junge Demokratie, war die Konsolidierung des demokratischen Systems bereits zu Anfang der achtziger Jahre unumkehrbar. Der Eintritt der sozialistischen Partei in die Regierung mit ihrem überragenden Sieg 1982, der nachfolgende Beitritt zur EG (1986) und zuletzt der demokratische Machtwechsel mit dem Wahlsieg der *Partido Popular* als Repräsentant der Rechten sind Faktoren, die die kontinuierliche Verankerung der demokratischen Werte in der spanischen Gesellschaft eindrucksvoll demonstrieren.

Das Verhältnis zu Politik und Demokratie spiegelt sich demgegenüber in den öffentlichen Meinungsumfragen äußerst ambivalent wider. Die politische Kultur, geprägt durch religiöse Einstellungen, politische Verhaltensweisen, Werte, Ideale und Gefühle, die bei den Spaniern in den neunziger Jahren vorherrschen, liegt vielfach auf einem Niveau, das unter dem Durchschnitt der europäischen Demokratien liegt. Im Vergleich zu den europäischen Staaten[1] sind nur 39 Prozent der spanischen Bevölkerung allgemein »sehr« oder »ziemlich« an Politik interessiert, während demgegenüber 60,9 Prozent »gar nicht« oder nur »wenig« Interesse an Politik äußern. In Dänemark zum Beispiel zeigen sich 71,9 Prozent »sehr« oder »ziemlich« und nur 28,1 Prozent »gar nicht« oder nur »wenig« interessiert.

Der Grad des Interesses für europäische Politik ist demgegenüber höher, gleichzeitig jedoch auch negativer geprägt. Während 53,7 Prozent der Spanier »gar nicht« oder »wenig« speziell an europäischer Politik interessiert sind, sind 44,3 Prozent »dagegen«. Diese Ablehnung übertrifft die negativen Einstellungen in anderen Ländern wie zum Beispiel Belgien, Deutschland, Italien oder Frankreich.

Die Statistik zeigt darüber hinaus, daß das Interesse für Politik bei Männern (57,3 Prozent) höher ist als bei Frauen (42,7 Prozent). Hierbei zeigt sich auch, daß das Interesse bei Menschen zwischen 25 und 40 Jahren am größten ist. Weiterhin ist das Interesse für Politik in der städtischen Mittelschicht ausgeprägter als auf dem Land. Das Maß der Zufriedenheit mit der Demokratie ist insgesamt niedrig. Nur 39,2 Prozent der spanischen Bevölkerung sind »sehr« oder »ziemlich« zufrieden mit der Demokratie im Land. Relativiert wird dieser Befund jedoch durch die ähnlich niedrigen Werte in den anderen südeuropäischen Ländern. Die Korrelation zwischen Politikinteresse und Demokratiezufriedenheit weist in einem europäischen Vergleich einen mittelmäßigen Wert auf. Schließlich ist der Anteil der Mitgliedschaft in den politischen Parteien (17,1 Prozent) oder der Sympathie für die politischen Parteien (39,8 Prozent) niedrig. Noch geringer ist der Grad der Mitgliedschaft in den Gewerkschaften (5,6 Prozent).

2. Das politische System

Das politische System Spaniens knüpfte an die konstitutionelle Monarchie der II. Republik an. Insgesamt orientierte sich die neue Verfassung von 1978 stark an dem Vorbild der demokratischen Organisation westeuropäischer Staaten. Vorbild waren hierbei besonders die Bundesrepublik Deutschland, Frankreich, Italien und die skandinavischen Monarchien. Spanien ist mit seiner Verfassung der Volkssouveränität, dem Pluralismus und der politischen Partizipation verpflichtet. Eine besondere Note erhält die spanische Demokratie durch die Autonomie der Regionen.

2.1 Die Transition von der Diktatur zur Demokratie

Die Etablierung eines demokratischen Regimes war nicht das Ergebnis eines revolutionären Prozesses. Nach dem Tod General Francos 1975 und dem Scheitern, ein autoritäres Regime beizubehalten, haben reformistische Teile des ehemaligen *Franquismo* und die Gesamtheit der demokratischen Opposition den Bruch mit der Diktatur gemeinsam vereinbart. Dieser Prozeß wurde im Rahmen der franquistischen Legalität und unter dem demokratischen Druck der Opposition durchgeführt, die bis dahin im Untergrund operierte (insbesondere die *Partido Comunista Español* und der *Partit Socialista Unificat de Catalunya*). Unmittelbar nach den ersten demokratischen Wahlen am 15. Juni 1977 begann die konstituierende Periode[2], die mit der Zustimmung zu der Verfassung von 1978 per Referendum vollendet wurde. Bei einer Beteiligung von 67,11 Prozent stimmten 87,8 Prozent der Bevölkerung für die neue Verfassung, 7,8 Prozent dagegen.[3]

2.2 Die Verfassung von 1978

Die Wiederherstellung der Demokratie in Spanien wurde mit der Verfassung von 1978 bewirkt.[4] Das Verschwinden der franquistischen Diktatur und die Gestaltung eines neuen demokratischen Regimes verlangten die Anerkennung der Bürgerrechte, die Trennung zwischen Staat und Kirche, die Unterordnung der Streitkräfte unter die zivile Macht sowie die Anerkennung der politischen Autonomie für die unterschiedlichen Volksgruppen, die den spanischen Staat bilden. Die Autonomie stellte in Spanien eine der wichtigsten Voraussetzungen für die Konsolidierung der Demokratie dar. Dies galt besonders für ein Land, das trotz seiner innerlichen Vielfalt eine große zentralistische Tradition besaß. Es wurde deshalb erforderlich, daß die Verfassung die Regelung von regionalen Angelegenheiten mit gesamtstaatlichen Belangen konstruktiv verknüpfte. Das galt insbesondere für Katalonien und das Baskenland, wenn man die Rechte dieser Provinzen zur Selbstregierung wirklich anerkennen wollte. Dieses Recht basiert auf der historischen Tradition und der eigenen politischen Persönlichkeit. Während der II. Republik verfügten beide Nationalitäten über einen Autonomiestatus. So war die Verfassung von 1978 eine angemessene politische und juristische Antwort zur Lösung dieser historisch begründeten Konflikte.

Die Verfassung von 1978 ist eine normative[5] Verfassung, und als solche bringt sie staatliche und eigentliche Macht in eine enge Verbindung. Sie wurde von den europäischen Verfassungen nach 1945 inspiriert. Das Verfassungssystem definiert Spanien als einen sozialen und demokratischen Rechtsstaat[6] und realisiert eine konstitutionelle Monarchie als Regierungsform. Wie im Fall Englands oder Schwedens hat der Monarch keine exekutiven Befugnisse. Die Exekutive liegt in der Hand der Regierung, die von der Legislative kontrolliert wird. Seit der Konstitution der Demokratie hat sich der König eine repräsentative und mäßigende Haltung zu eigen gemacht, obgleich manche seiner Verhaltensweisen und Aussagen manchmal die Kompetenzen überstiegen, die ihm zustanden, so zum Beispiel bei dem Referendum über die NATO 1986.

Der Rechtsstaat ist im Rahmen der Gewaltenteilung und der Gesetze organisiert. Die Souveränität des Volkes drückt sich im allgemeinen Wahlrecht aus. Die institutionelle Organisation der Staatsgewalt balanciert die Bedeutung der Regierung gegenüber dem Parlament aus. König und Regierung sind in vielen Fragen vom Votum des Parlamentes abhängig. Das Parlament hat die Kontrolle bei der Verabschiedung des Haushaltes. Ähnlich wie in Deutschland besteht die politische Kontrolle über die Exekutive im Rahmen eines konstruktiven Mißtrauensvotums, mit dem es möglich ist, die Regierung abzuwählen. Dennoch hat der Staatschef in Spanien eine starke Rolle. Er verfügt in ähnlicher Weise wie der britische Premierminister oder der deutsche Bundeskanzler in der Regierung und im Ministerrat über einen beträchtlichen Einfluß.

Die aus Richtern und Gerichtshöfen bestehende Judikative sorgt dafür, daß die Gesetze vollzogen und eingehalten werden. Der *Generalrat der richterlichen Gewalt* (*Consejo General del Poder Judicial*) ist das autonome Verwaltungsorgan der Judikative. Das Verfassungsgericht prüft die Verfassungsmäßigkeit der Gesetze, löst die Konflikte zwischen Staat und autonomen Regionen und garantiert die Rechte und persönlichen Freiheiten durch ein außerordentlich schützendes Beschwerderecht. Auf diesem Wege werden den Staatsbürgern individuelle, politische und soziale Rechte zugesichert, eine Gesamtheit von Rechten, die die zweifache Tradition des Liberalismus und des demokratischen Sozialismus zusammenfaßt.

Der demokratische Staat strukturiert sich nach drei Prinzipien: der Volkssouveränität, dem Pluralismus und der politischen Partizipation. Die Souveränität steht ungeteilt dem Gesamtstaat zu; die autonomen Regionen üben ihr Recht zur Selbstbestimmung aus, jedoch in nicht gleichwertiger Weise zur Hoheitsmacht des Staates.

Der politische Pluralismus sichert den Wechsel in der Ausübung der politischen Macht. Die manifestiert sich durch die politischen Parteien, aber auch durch die Gewerkschaften und durch die Arbeitgeberverbände sowie durch andere gesellschaftliche Gruppen. Eine besondere Rolle spielt hierbei in Spanien die katholische Kirche.

Die politische Partizipation drückt sich in den Wahlen auf ihren unterschiedlichen Ebenen (lokal, autonom, staatlich, europäisch) aus. Die politische Teilnahme zeigt sich auch im Rahmen direkter demokratischer Formen, wie z. B. dem Referendum oder dem Volksbegehren. Verglichen mit Italien oder der Schweiz werden diese Formen aber aus zwei Gründen selten mobilisiert: erstens aufgrund der dafür notwendigen komplexen Voraussetzungen und zweitens aufgrund der Angst vor Manipulation oder Demagogie. Demgegenüber gibt es in Spanien ausgeprägte bürgerschaftliche oder gemeinschaftliche Organisationen. Besonders aktiv sind Bürger- bzw. Nachbarschaftsvereine auf Stadtteilebene (*Asociaciones de Vecinos*), die in den sechziger Jahren in allen größeren Städten Spaniens entstanden sind und von ca. einer Million Bürgern aktiv unterstützt werden. Es handelt sich um spontan gebildete Basisgruppen, in denen sich die Einwohner eines Stadtteiles organisieren, um Verbesserungen auf sozialer, ökonomischer oder kommunaler Ebene zu erreichen oder um urbane, kulturelle oder ökologische Mängel zu beseitigen.

Die Wahlen werden in Spanien nach dem Verhältniswahlrecht mit Sitzverteilung gemäß dem d'Hondt-System organisiert, das allerdings die großen Parteien begünstigt. Die Kandidatenlisten sind geschlossen und blockiert. Dies bewirkt, daß die Parteien eine absolute Kontrolle über die Kandidaten ausüben.[7]

Gegenüber der demokratischen Staatsorganisation zeigt sich die Organisation des Sozialstaates in zwei unterschiedlichen Formen:
- durch die Anerkennung eines breiten Kataloges an sozialen und kulturellen Rechten;
- durch die Anerkennung von Instrumenten für die Interventionen des Staates in der Wirtschaft (z. B. in bezug auf Initiativen der Öffentlichkeit in wirtschaftlichen Aktivitäten, die Wahrung von gesellschaftlichen Interessen in Bereichen der öffentlichen Grundversorgung, die mit wesentlichen Dienstleistungen der Kommunen verbunden sind, oder die Befugnis zu Interventionen bei Unternehmen).[8]

Die Tendenz in der grundsätzlichen Ausrichtung der Wirtschaftspolitik bei Teilen der früheren wie bei der gegenwärtigen Regierung war und ist es, den öffentlichen Sektor zu reduzieren und den Prozeß der Privatisierung zu fördern. Seit der Amtsübernahme der *Partido Popular* 1996 hat sich dieser Prozeß noch verstärkt.

Die politische Dezentralisierung des Staates hat es begünstigt, daß die heute bestehenden 17 autonomen Regionen und zwei zusätzliche autonome Städte in Afrika (Ceuta und Melilla) geschaffen werden konnten. All diese autonomen Regionen verfügen neben anderen Institutionen der autonomen Selbstbestimmung wie dem Rechnungshof und dem Ombudsman über eigene Parlamente und Regierungen. Trotz der hohen Bedeutung der Autonomie in Spanien stellte der Verfassungsgeber mehrdeutige Kriterien für die Abgrenzung der Kompetenzen auf. Dies bewirkt, daß der gesamtstaatliche Gesetzgeber Gestaltungsspielräume bei der Bestimmung des Maßes der Selbstregierung nutzen kann. Demgegenüber hat der Staat die ausschließliche Kompetenz auf Gebieten, die traditionell auf der Ebene des Bundes oder der Zentralregierung angesiedelt sind: Nationalität, Internationale Beziehungen, Verteidigung und Streitkräfte, Währungssystem oder Gerichtsbarkeit.

Das Verhältnis von Zentralstaat und autonomer Region wird im Rahmen von drei Kompetenzen geregelt:
- der *ausschließlichen Kompetenz*;
- der *geteilten Kompetenz*;
- der *kulturellen Eigenständigkeit*.

Der Titel VIII der Verfassung erkennt den autonomen Regionen Kompetenzen zu, die ausschließlich sind. Beispiele dafür sind die institutionelle Organisation, die Raumordnung und der Städtebau, die Agrarwirtschaft, die Viehwirtschaft und der Tourismus.

Insgesamt aber wird ein großer Teil der Kompetenzen zwischen Staat und autonomer Region geteilt. Deswegen hängt das Maß der Autonomie in hohem Maße von dem Einfluß der Legislative ab. In Übereinstimmung mit der Legislative regeln die sogenannten Entwicklungsgesetze alle Kompetenzfragen, die zwischen Staat und autonomer Region zu entscheiden sind. Beispiele dafür sind Verkehr, Gesundheitswesen, Bildung, Wirtschaft oder etwa die Telekommunikation. Zu diesen zwei Kompetenzarten kommt eine dritte hinzu, die sich auf die kulturellen Angelegenheiten in der Region oder Stadt bezieht.

2.3 Das Parteiensystem

Seit der Wiederherstellung der Demokratie kann man von einem unvollendeten Zweiparteiensystem sprechen.[9] Das System der Verhältniswahl hat die Bildung der beiden Mehrheitsparteien beeinflußt, obwohl auch andere Eigenheiten des politischen Systems das Parteiengefüge prägen. Es handelt sich hier um die politische Dezentralisierung des Staates. Die Existenz der autonomen Regionen mit ihrer eigenen regionalen bzw. nationalen Identität, besonders ausgeprägt in Katalonien und im Baskenland, hat bewirkt, daß nationalistische Parteien geschaffen worden sind. Diese Parteien nehmen auch an den allgemeinen Parlamentswahlen teil und beeinflussen nicht selten die Bildung von parlamentarischen Mehrheiten, um dann eine stabile Regierung zu unterstützen.

Das Spektrum der Mitte und der Rechten wurde seit 1977 von einigen politischen Formationen besetzt. Am Anfang stellte die UCD (*Unión de Centro Democrático*) die Regierung, die die beiden ersten Wahlen gewann (1977 mit 36,6 Prozent und 1979 mit 35 Prozent). Ihr Führer und Regierungschef war Adolfo Suárez, der trotz seiner franquistischen Herkunft eine entscheidende Rolle während des Übergangsprozesses zur Demokratie spielte. Zu seiner Rechten bildete sich die Partei *Alianza Popular*. Diese Partei war ein Sammelbecken derjenigen, die noch stark dem *Franquismus* verbunden waren. Die Partei erlangte Ende der siebziger Jahre aber nur bescheidene parlamentarische Bedeutung (1977 8,3 Prozent und 1979 nur noch 6 Prozent). Beide Parteien sind im Laufe der Zeit aus der politischen Arena verschwunden, die UCD nach dem sozialistischen Sieg 1982.

Obwohl eine neue Partei CDS (*Centro Democrático y Social*) mit dem Exregierungschef Adolfo Suárez als Bindeglied den politischen Raum der UCD übernahm, erzielte diese Partei nur geringe Erfolge (1986 9,2 Prozent und 1989 nur 8 Prozent). Die *Alianza Popular* (AP) verwandelte sich nachträglich in die *Partido Popular* (PP). Diese Partei hat den politischen Raum der AP und große Teile des verschwundenen Einflußbereiches der UCD und CDS besetzt (1989 erreichte die *Partido Popular* 26 Prozent, 1993 waren es 34,8 Prozent und 1996 38,8 Prozent).

Das Spektrum der Linken wurde seit 1977 durch die Vorherrschaft der *Partido Socialista Obrero Español* (PSOE) gekennzeichnet (1977 mit 29,3 Prozent, 1979 mit 30,5 Prozent, 1982 mit 48,4 Prozent und 1996 mit 37,4 Prozent). Ihr Eintritt in die

Regierung erfolgte 1982, und die Partei hatte die absolute Mehrheit von 1982 bis 1993. Weit entfernt von diesen Prozentanteilen blieb die *Partido Comunista de Espana – Partit Socialista Unificat de Catalunya* (PCE-PSUC) mit folgenden Anteilen: 1977 mit 9,4 Prozent, 1979 mit 10,8 Prozent, 1982 mit 3,9 Prozent. Derzeit befinden sich die Kommunisten in eine Koalition von Parteien, die links von der PSOE stehen, unter dem Namen *Izquierda Unida-Iniciativa per Catalunya* (IU-IC). Sie konnte ähnlich bescheidene Wahlergebnisse wie die PCE-PSUC erringen (1989 mit 9,1 Prozent, 1993 mit 9,6 Prozent, 1996 mit 10,5 Prozent). 1999 hat sich die *Iniciativa per Catalunya* von dieser ex-kommunistischen Koalition getrennt.

Die nationalistischen Parteien aus dem Baskenland und Katalonien erscheinen zunächst nur bei den Wahlen in den autonomen Regionen. Beide stehen nuanciert für das Mitte-Rechts-Spektrum. Der Nationalismus ist die politische Variante, die diese Parteien von der Rechten und der Linken auf gesamtstaatlicher Ebene unterscheidet, und den diese Parteien geschickt in den Wahlen als Programm einsetzen. Die baskische *Partido Nacionalista Vasco* (PNV) mit ihrer christdemokratischen Ideologie ist im Baskenland die politische Kraft, die aus historischer Perspektive mit anderen baskischen nationalistischen Parteien bei Wahlen vorherrschte. Das zeigte sich in der II. Republik (1931-1939) wie auch in der konstitutionellen Monarchie (1977 mit 1,7 Prozent, 1979 mit 1,5 Prozent, 1989 mit 1,2 Prozent, 1993 mit 1,24 Prozent, 1996 mit 1,28 Prozent).[10] Andere nationalistische Parteien sind heute die *Eusko Alkartasuna*, die aus der Spaltung der PNV entstand, und die Partei *Herri Batasuna*, die der politische Arm der Terrorgruppe ETA ist. Die ETA sucht die Unabhängigkeit des Baskenlandes durch den bewaffneten Kampf.[11]

In Katalonien hat immer die Parteiallianz *Convergència i Unió*[12] (CiU) regiert.[13] Bei den staatlichen Wahlen hat die Partei jeweils solche Ergebnisse erzielt (1977 mit 2,8 Prozent, 1979 mit 2,29 Prozent, 1993 mit 4,94 Prozent, 1996 mit 4,61 Prozent), daß es ihr möglich gemacht wurde, auf entscheidende Art und Weise bei der Gestaltung der parlamentarischen Mehrheiten mitzuwirken. Obwohl die Partei nicht an der Exekutive teilnimmt, konnte sie trotzdem immer die Regierung unterstützen (Paktschließung mit der PSOE 1993 und mit der PP 1996).

Weil keine der staatlichen Parteien die absolute Mehrheit erreicht hat, sind die kleinen nationalistischen Parteien rechts oder links der Mitte zu »Scharnier-Parteien«[14] geworden. Ihre Unterstützung ist unerläßlich für eine stabile Exekutive. Obwohl diese Parteien also nicht gesamtstaatlich, sondern nationalistisch sind, haben sie einen indirekten Anteil an der Staatsregierung. Dieser eröffnet ihnen einen größeren Spielraum in der öffentlichen Politik und in den eigenen autonomen Regionen.

2.4 Die Tarifparteien und die katholische Kirche

Großen Einfluß auf Staat und Gesellschaft haben in Spanien auch die Tarifparteien, vor allem jedoch die katholische Kirche. Die maßgebenden Gewerkschaftsorganisationen sind staatlich. Die älteste Gewerkschaft ist die *Unión General de Trabajadores* (UGT), die Ende des 19. Jahrhunderts entstanden war. Die Gewerkschaft mit der größten Verbreitung ist jedoch die *Comisiones Obreras* (CC.OO), die während der franquistischen Diktatur im Untergrund entstanden war. In der Vergangenheit haben beide Gewerkschaften eine intensive Beziehung zu den Parteien der parlamentarischen Linken, PSOE und PCE-PSUC, unterhalten. Heute jedoch genießen diese Gewerkschaften eine größere Unabhängigkeit. Darüber hinaus ist die *Solidaridad de Trabajadores Vascos* (ELA-STV) im Baskenland eine sehr repräsentative nationalistische Gewerkschaft. Die Gewerkschaftsbewegung hat während der letzten Jahre starke Veränderungen in ihrer Strategie vorgenommen. Diese basiert auf den Säulen der Syndikatsunion und der Philosophie der Konzertierten Aktion, die gemeinsam mit den Arbeitgeberverbänden und staatlichen Institutionen erfolgreiche Anpassungen bei wirtschaftlichen Problemen initiieren soll. Die Kooperation im Rahmen der Konzertierten Aktionen bezieht sich auf Unternehmerverbände wie *La Confederación Española de Organizaciones Empresariales* (CEOE) oder *La Confederación Española de la Pequeña y Mediana Empresa* (CEPYME) wie auch auf die Regierung selbst. Ein Beispiel dafür sind die Pakte über die Rentenreform (Pakt von Toledo 1994) und andere Aktionen, z. B. zur Beschäftigungsstimulation.

Der Katholizismus repräsentiert in Spanien die absolut dominierende Religionszugehörigkeit. Über 90 Prozent der Spanier gehören der katholischen Kirche an. Die enge Verknüpfung von Kirche und Staat als sogenannter Nationalkatholizismus gehörte zu den besonderen Charakteristika des *Franquismus* und lastete nach der Demokratisierung als schwere Hypothek auf der spanischen Kirche. Die spanische Verfassung hat dementsprechend die Religionsfreiheit anerkannt, jedoch die Trennung zwischen Staat und Kirche festgelegt. Artikel 3 der Verfassung erklärt, daß keine Konfession staatlichen Charakter hat. Dieser während der Verfassungsdiskussion besonders umstrittene Passus stellt die Trennung von Kirche und Staat fest, die außer in der kurzen Phase der II. Republik bislang im Verlauf der spanischen Geschichte seit der *Reconquista* nicht gegeben war. Das klare Postulat der Trennung von Kirche und Staat wird jedoch in Art. 16 Abs. 3 relativiert. Dort heißt es, daß der Staat den religiösen Überzeugungen in der Gesellschaft Rechnung zu tragen und »dementsprechende Beziehungen mit der katholischen Kirche und den anderen Konfessionen« zu unterhalten habe.

3. Die Sozialstruktur zwischen Tradition und Modernisierung

Die Volkswirtschaft Spaniens hat trotz einer bemerkenswerten wirtschaftlichen Entwicklung seit Anfang der achtziger Jahre mit Strukturdefiziten zu kämpfen. Spanien war in der Zeit des Bürgerkrieges ein Agrarland. Während der sechziger Jahre modernisierte der *Franquismus* das Wirtschaftssystem durch einen spezifischen Industrialisierungsprozeß, am meisten aber durch die Entwicklung des Dienstleistungssektors im Rahmen der Öffnung des Landes. Nach der Wiederherstellung der Demokratie und nach den ersten Jahren mit hoher Inflation und Arbeitslosigkeit näherte sich das Land trotz struktureller Probleme langsam an das Niveau der europäischen Industriestaaten an. 1978 wurden überfällige und wichtige Steuerreformen durchgeführt: Einführung einer umfassenden personenbezogenen Einkommensteuer, Neubegründung einer Vermögens- und Erbschaftssteuer sowie die Verlagerung von der Körperschaftssteuer für Unternehmen hin zur Einkommensteuer für natürliche Personen. Der Beitritt zu den Europäischen Gemeinschaften in den achtziger Jahren bedeutete einen Modernisierungsschub, den das Land mit öffentlichen Fördermitteln, den Einnahmen aus der seit 1986 eingeführten einheitlichen Mehrwertsteuer und hohen Erträgen aus dem Tourismus geschickt für die Errichtung moderner Infrastrukturen zu nutzen wußte. 1992 rückte Spanien mit der Weltausstellung *Expo '92* in Sevilla, den Olympischen Sommerspielen in Barcelona und der Kulturhauptstadt Madrid in das Blickfeld der internationalen Öffentlichkeit. Mit einem wirtschaftlichen Reformprogramm versuchte die Regierung von Ministerpräsident Gonzáles, die Bedingungen der EU für eine Teilnahme an der in Maastricht vereinbarten Wirtschafts- und Währungsunion zu erfüllen. Mit dem Vertragswerk von Maastricht wurden somit die Weichen für die Wirtschafts- und Währungsunion bereits 1992 auch in Spanien gestellt. In diesem Zusammenhang avancierten die dafür notwendige Stabilitätskultur sowie die Erfüllung der Konvergenzkriterien zu wichtigen Richtungslinien der spanischen Wirtschaftspolitik.

Auch in Spanien hat sich wie in allen Industriestaaten der westlichen Welt die Sozialstruktur im Laufe der letzten 50 Jahre erheblich gewandelt. Heute überwiegt der Sektor Dienstleistungen mit 64,6 Prozent, gefolgt von der Industrie mit 32,3 Prozent und der Agrarwirtschaft mit jetzt nur noch 3,1 Prozent.[15] Die traditionellen Ungleichgewichte der spanischen Wirtschaft sind die Arbeitslosigkeit, die Inflation und das öffentliche Defizit gewesen. Wirtschaftliche Schwächen und das öffentliche Defizit konnten aber in den letzten Jahren verbessert werden.[16] Dies führte dazu, daß das Land nach dem Konvergenzprozeß des Maastrichter Vertrages 1998 die Beitrittskriterien zur Wirtschafts- und Währungsunion erfüllte. Das Wirtschaftswachstum erreichte 1996 ca. 2 Prozent und 1997 ca. 3 Prozent. Die Arbeitslosigkeit bleibt trotz zurückgegangener Zahlen Ende der neunziger Jahre das große Problem der spanischen Wirtschaft. Es muß jedoch hervorgehoben werden, daß die Arbeitslosenquote 1996 mit 13,8 Prozent die niedrigste Quote seit 1982 war.[17] Gekrönt wurde die Wirtschaftspolitik durch eine niedrige Inflation von nur 3,2 Prozent 1996 und dem Rekordwert von 1,8 Prozent 1998. Im Rahmen einer Angebotspolitik wurde die Senkung der Inflation besonders durch Mäßigungen der Tarifparteien möglich. Die betraf auch die Angestellten des öffentlichen Dienstes, deren Lohn in den letzten Jahren bereits drei Mal eingefroren wurde. Darüber hinaus wurden, wie in anderen europäischen Staaten auch, weitere öffentliche Ausgaben gekürzt.

Das öffentliche Defizit wurde dabei signifikant gesenkt (6,6 Prozent 1995; 4,4 Prozent 1996; 2 Prozent 1998). Ebenfalls entwickelte sich der Außenhandel 1996 mit einem Exportwachstum von 8,2 Prozent im Vergleich zu einem Importwachstum von 6,5 Prozent[18] positiv. Die Gesamtheit dieser Faktoren hat in den letzten drei Jahren die Senkung der Zinsen begünstigt. Der Satz von ca. 7,5 Prozent 1996 wurde sukzessive um einen bis 1,5 Punkte gesenkt. Im Frühjahr 1999 erreichte er 3 Prozent

Somit hat sich die spanische Wirtschaft erfolgreich der Konvergenzphilosophie des Maastrichter Vertrages angepaßt und bemerkenswerte Erfolge erzielt. Mit der Mitgliedschaft in der Wirtschafts- und Währungsunion hat sich das große Ziel, die Zugehörigkeit zu den Kernländern der Währungsunion, erfüllt. Mit dem Eintritt in die Währungsunion 1999 stellt sich für das Land in Zukunft verstärkt die Herausforderung, im europäischen Rahmen wirtschaftlich wettbewerbsfähig zu bleiben. Konnte Spanien in der Vergangenheit ökonomische Schwächen durch Wechselkursschwankungen ausgleichen, besteht diese Möglichkeit nun nicht mehr. Wie in allen anderen europäischen Staaten steht damit auch in Spanien der direkte Vergleich der Wirtschafts- und Sozialstruktur auf dem Prüfstand einer erfolgreichen Volkswirtschaft. Angesichts bestehender Strukturmängel und einer nach wie vor hohen Arbeitslosigkeit ist dies die künftig zentrale Herausforderung, die Spaniens Wirtschaft zu bewältigen hat. Ein weiteres zentrales Anliegen Spaniens ist es zu vermeiden, daß die Erweiterung der EU um die mittelosteuropäischen Staaten das Kohäsionsland benachteiligt. Diese Position wird einmütig von den großen Parteien formuliert und drückt damit die konfliktträchtige Haltung des Landes auf dem Weg der europäischen Integration in das 21. Jahrhundert aus.

Anmerkungen

Übersetzt aus dem Spanischen von Luisa Morillas Pérez, freie Übersetzerin, München.

1 Vgl. del Castillo, Pilar, und Ismael Crespo: Elementos de cultura política en la Unión Europea, in: dies. (Hrsg.): Cultura Política, Valencia 1997, S. 63–87.
2 Juli 1977 bis Dezember 1978.
3 Vgl. de la Cuadra, Bonifacio, und Soledad Gallego Díaz (Hrsg.): Crónica secreta de la Constitución, Madrid 1989.
4 Vgl. Garcia de Enterría, Eduardo, und Alberto Predieri (Hrsg.): La Constitución Espanola de 1978, 2. Auflage, Madrid 1988.
5 Vgl. Rubio Llorente, Francisco: La forma del poder, Madrid 1993.
6 Vgl. Garrorena, Angel: El Estado español como estado social y democrático de derecho, 1. Auflage, Madrid 1984.
7 Vgl. Botella, Joan, und Montserrat Baras: El sistema electoral, Madrid 1996.
8 Vgl. Garcia Pelayo, Manuel (Hrsg.): Las transformaciones del Estado contemporáneo, Madrid 1977.
9 Vgl. de Esteban, Jorge, und Luis López Guerra (Hrsg.): Los partidos políticos en la Espana actual, Barcelona 1982.

10 Diese Prozente beziehen sich auf die allgemeinen Parlamentswahlen.
11 In den baskischen Parlamentswahlen (Autonomiewahlen) hat die Partei PNV, die immer allein oder in Koalition mit der PSOE, EA und EE regierte, folgende Ergebnisse erzielt: 1986 23,6 Prozent; 1990 28,4 Prozent; 1994 29,8 Prozent. In allen diesen Fällen war die PSOE die am meisten gewählte politische Kraft. Die Unterstützung für *Herri Batasuna*, den politischen Arm der ETA, war folgende: 1986 17,5 Prozent; 1990 19,9 Prozent (186 410 Stimmen); 1994 16 Prozent (165 808 Stimmen).
12 Diese Allianz besteht aus zwei Parteien: *Convergéncia Democràtica de Catalunya* (CDC) und *Unió Democràtica de Catalunya* (UDC). Die erste integriert die Liberalen, die zweite die Christdemokraten.
13 Bei den Parlamentswahlen der autonomen Region, die seit 1980 stattgefunden haben, hat diese Koalition immer gewonnen. Ihr Anführer, Jordi Pujol, hat dabei die Exekutive angeführt. Beim ersten Mal reichte eine relative Mehrheit, die von der linksnationalistischen *Esquerra Republicana de Catalunya* und der UCD mitgetragen wurde. Bei den nächsten drei Wahlen konnte die CiU allein und mit absoluter Mehrheit regieren (1984 mit 46,6 Prozent; 1988 mit 45,7 Prozent; 1992 mit 46,2 Prozent). Bei den letzten Wahlen hatte die Partei mit 41 Prozent die absolute Mehrheit verloren, was aber nicht verhinderte, daß die CiU mit der parlamentarischen Unterstützung der *Partido Popular* weiter allein regierte. Die CiU unterstützt ihrerseits die *Partido Popular* im zentralstaatlichen Parlament.
14 Abgesehen von bestimmten Unterschieden besteht bei diesen Parteien eine Ähnlichkeit mit der F.D.P. in Deutschland und ihren Koalitionsmöglichkeiten im Hinblick auf SPD und CDU/CSU.
15 Diese Daten beziehen sich auf das Jahr 1995 und sind dokumentiert in: L'Etat du Monde (Annuaire économique et géopolitique mondial), Paris 1997, S. 255.
16 Vgl. Navarro, Manuel: Preparados para Maastricht, in: Jahrbuch El País 1997, S. 382–400.
17 Vgl. Barber, Esther: Spanien, in: Weidenfeld, Werner, und Wolfgang Wessels (Hrsg.): Jahrbuch der Europäischen Integration 1996/97, Bonn 1997, S. 361–368, hier S. 363.
18 Die Hauptlieferanten für Spanien sind in dieser Reihenfolge: Frankreich, Deutschland, Italien, Großbritannien und die Vereinigten Staaten. Spaniens Hauptkunden sind: Frankreich, Deutschland, Italien, Portugal, Großbritannien und die Vereinigten Staaten.

Österreich

PAUL LUIF

1. Vorgeschichte

Österreich in seinen Grenzen am Ende des 20. Jahrhunderts ist historisch der »Rest« der multinationalen Donaumonarchie, die sich bis 1918 über weite Teile Mitteleuropas erstreckte. Dem überwiegend deutschsprachigen Reststaat verboten die Siegermächte des Ersten Weltkrieges die von vielen politischen Kräften geforderte Anbindung an Deutschland. In »Deutschösterreich« gab es aber auch Strömungen, die nach einer »Donaukonföderation« strebten. Die Mehrheit der Bevölkerung im westlichsten Bundesland, Vorarlberg, sprach sich hingegen in einem Referendum für den Anschluß an die Schweiz aus, den diese ablehnte.[1]

Die demokratische Verfassung der Ersten Republik aus dem Jahre 1920 überlebte den Konflikt zwischen rechten Regierungen und linker Opposition nur gut ein Jahrzehnt. Nach der Ausschaltung des Parlamentes 1933 und dem Bürgerkrieg 1934 kam es zur Errichtung des austrofaschistischen Regimes (des »Ständestaates«), das sich erfolglos gegen den Terror illegaler nationalsozialistischer Gruppen zu wehren versuchte. Nach dem Einmarsch deutscher Truppen im März 1938 und dem »Anschluß« wurde Österreich in das nationalsozialistische Herrschaftsgebiet eingebunden, seine (männliche) Bevölkerung beteiligte sich in der deutschen Wehrmacht an Hitlers Aggressionskriegen. Im März und April 1945 befreiten sowjetische Truppen den Osten Österreichs. Daraufhin proklamierte in Wien am 27. April 1945 die Provisorische Regierung unter Staatskanzler Karl Renner die Unabhängigkeit Österreichs. Die westlichen Alliierten, die im April/Mai 1945 die restlichen Gebiete Österreichs befreiten, erkannten die neue Regierung aber vorerst nicht an.

2. Die Anfänge der Zweiten Republik

Durch Einbeziehung von Vertretern aus den westlichen Bundesländern konnte die Provisorische Regierung schließlich auch die Anerkennung von den westlichen

Alliierten erlangen.[2] Die gesamtösterreichischen Wahlen für den Nationalrat am 25. November 1945 brachten eine überraschende Niederlage für die Kommunistische Partei (KPÖ) – sie erhielt nur einen Stimmenanteil von 5,2 Prozent. Die christlich-soziale, konservative Österreichische Volkspartei (ÖVP) erzielte die absolute Mandatsmehrheit. Sie bildete eine Große Koalition mit der Sozialistischen Partei (SPÖ) unter Einbeziehung eines kommunistischen Ministers, der aber 1947 aus Protest gegen die Währungsreform ausschied (vgl. dazu *Tabelle 1*).[3] Erst bei den zweiten Wahlen im Oktober 1949 durfte sich auch eine in der Tradition des liberalen deutschnationalen Lagers stehende Gruppierung (der Verband der Unabhängigen) beteiligen. Sie konnte von ÖVP und SPÖ erhebliche Stimmen gewinnen, wurde jedoch durch internen Streit geschwächt. 1955 trat die Freiheitliche Partei Österreichs (FPÖ) ihre Nachfolge an, hatte aber vorerst keinen Einfluß auf die Politik.

Mit der Regierungsbildung 1945 erhielt Österreich, im Gegensatz zu Deutschland, eine von allen Besatzungsmächten anerkannte, demokratisch legitimierte Regierung für sein gesamtes Territorium.[4] Neben der Sicherung der Ernährung und dem Aufbau der Wirtschaft war nun die primäre Aufgabe der österreichischen Politik die Erlangung der vollen Unabhängigkeit. Zunächst versuchte man, sich aus dem beginnenden Kalten Krieg und den sich bildenden antagonistischen Blöcken herauszuhalten; in einigen Fällen sprach man schon von »neutraler« Politik.[5]

Mit der Entscheidung für den Beitritt zum Marshall-Plan im Juni/Juli 1947 entschloß sich die österreichische Bundesregierung für eine »Westorientierung« zumindest in der Wirtschaftspolitik, die sich auch im verstärkten Außenhandel mit Westeuropa ausdrückte, während die Wirtschaftsbeziehungen zu Mittel- und Osteuropa immer unbedeutender wurden. Damit gab es aber gleichzeitig einen Zwang zur Öffnung der Wirtschaft gegenüber Westeuropa, war doch auf Anregung der USA die umfassende Liberalisierung des westeuropäischen Handels- und Zahlungsverkehrs das zentrale außenwirtschaftliche Anliegen des Ausführungsorgans des Marshall-Planes, der OEEC (*Organization for European Economic Cooperation*). Wegen der Lenkung wichtiger Industriezweige durch die sowjetische Besatzungsmacht in der Ost-Zone konnte Österreich bei der OEEC eine Stellung als »Sonderfall« erreichen und die Importliberalisierung und den Abbau von Devisenkontrollen in langsameren Etappen durchführen. Als sich in Österreich die Zahlungsbilanz aber besser als erwartet entwickelte, hob der OEEC-Rat die Ausnahmebestimmungen für Österreich im Dezember 1953 auf.[6]

An der Gründung der Europäischen Gemeinschaft für Kohle und Stahl (EGKS) beteiligte sich Österreich nicht, aber schon bald strebte es nach einer »nichtinstitutionalisierten Sonderstellung«, denn zur EGKS gehörten seine wichtigsten Handelspartner. Die nötige Zustimmung des GATT wurde aber nicht gewährt. Schließlich kam es zu Zollverhandlungen, die aber im Juli 1954 erfolglos abgebrochen wurden. Die Hohe Behörde der EGKS wollte Österreich nicht zu weit entgegenkommen, damit für die bedeutenderen Verhandlungen (etwa mit Großbritannien) kein Präzedenzfall entstand. Die Betonung des österreichischen »Sonderfalls« seitens der Wiener Regierung konnte die EGKS-Verhandler nicht beeindrucken.

Tabelle 1: Ergebnisse der Nationalratswahlen in Österreich 1945–1995 (Mandate)

Jahr	SPÖ	ÖVP	FPÖ	KPÖ	Grüne	Liberales Forum	Regierung
1945	76	85	–	4	–	–	ÖVP - SPÖ (- KPÖ)
1949	67	77	16	5	–	–	ÖVP - SPÖ
1953	73	74	14	4	–	–	ÖVP - SPÖ
1956	74	82	6	3	–	–	ÖVP - SPÖ
1959	78	79	8	–	–	–	ÖVP - SPÖ
1962	76	81	8	–	–	–	ÖVP - SPÖ
1966	74	85	6	–	–	–	ÖVP
1970	81	78	6	–	–	–	SPÖ
1971	93	80	10	–	–	–	SPÖ
1975	93	80	10	–	–	–	SPÖ
1979	95	77	11	–	–	–	SPÖ
1983	90	81	12	–	–	–	SPÖ - FPÖ
1986	80	77	18	–	8	–	SPÖ - ÖVP
1990	80	60	33	–	10	–	SPÖ - ÖVP
1994	65	52	42	–	13	11	SPÖ - ÖVP
1995	71	52	41	–	9	10	SPÖ - ÖVP

Anmerkung: Die Daten schließen die Wahlergebnisse etwaiger Nachwahlen mit ein. Sie beinhalten aber nicht den Wechsel von Abgeordneten zu anderen Parteien während der Legislaturperiode.
Quelle: Österreichischer Amtskalender, verschiedene Ausgaben

Da die politische Anlehnung an den Westen kein Ende des Besatzungsregimes brachte, wurde 1952/53 in den Bemühungen um den Staatsvertrag[7] wieder verstärkt der Neutralitätsstatus, vor allem in den Beziehungen zur Sowjetunion, eingebracht. Aber erst im Frühjahr 1955 waren diese Bemühungen von Erfolg gekrönt. Im Februar 1955 gab die Sowjetunion ihr Junktim zwischen österreichischer und deutscher Frage endgültig auf. Damit war der Weg zur Unterzeichnung des Staatsvertrages frei, ohne auf eine Lösung der deutschen Frage warten zu müssen. So wurde der Staatsvertrag, die völkerrechtliche Grundlage für den Abzug der Besatzungstruppen, von den Außenministern der vier Alliierten sowie vom österreichischen Außenminister am 15. Mai 1955 unterzeichnet. Wegen des österreichischen Widerstandes verzichtete die Sowjetunion auf eine Neutralitätsklausel im Staatsvertrag. Diese hätte der Sowjetunion die Möglichkeit der Interpretation dieser Klausel und damit ein »droit de regard« bezüglich der österreichischen Außenpolitik gegeben.

Österreich erklärte sich aber bereit, am Tage nach dem Abzug des letzten fremden Soldaten »aus freien Stücken« ein Bundesverfassungsgesetz über die Neutralität Österreichs zu verabschieden; dies geschah dann am 26. Oktober 1955.[8] Dieses Bundesverfassungsgesetz wurde allen Staaten, mit denen Österreich damals diplomatische Beziehungen hatte, mit der Bitte um Anerkennung der »immerwährenden Neutralität« notifiziert. Diesem Ersuchen haben alle Staaten dadurch entsprochen, daß sie den Status entweder teils ausdrücklich anerkannten, teils widerspruchslos zur Kenntnis nahmen.[9] Aus dieser Anerkennung oder Hinnahme konstruierten dann Völkerrechtler ein »Quasi-Vertragsverhältnis« zwischen Österreich und der Staatenwelt, an das beide gebunden wären und das einen einseitigen Verzicht Österreichs auf die dauernde Neutralität unmöglich machen würde. Von dieser dann auch von der Regierung übernommenen Interpretation wurde erst nach Ende des kalten Krieges abgegangen. Seither ist es Linie der österreichischen Regierungen, daß Österreich seine Neutralität auch einseitig beenden kann.

3. Österreichs Entwicklung zu einem korporatistischen System

Erst durch den Staatsvertrag konnte auch der Osten Österreichs an die rasante Entwicklung der Wirtschaft im Westen anschließen, wurden doch bis 1955 in der sowjetischen Besatzungszone wichtige Betriebe (das sogenannte »Deutsche Eigentum«) von der Besatzungsmacht geleitet; westliche Firmen hingegen investierten in diesem Gebiet kaum. Die politischen Erfahrungen der Zwischenkriegszeit, des Nationalsozialismus und der Besatzungszeit führten zu einer engen Kooperation der beiden wichtigsten politischen Parteien (ÖVP und SPÖ) in der Großen Koalition, die die Besatzungszeit überdauerte. Auf wirtschaftlicher Ebene wurde diese Kooperation im Laufe der fünfziger Jahre durch die »Sozialpartnerschaft«, d. h. die Zusammenarbeit von Unternehmen und Gewerkschaften unter Einbeziehung der Regierung, dupliziert. Noch mehr als in vergleichbaren westeuropäischen Staaten entwickelte sich diese Gesellschaft und Politik verschränkende Struktur zu einem ausgeprägten »korporatistischen« System. Die Sozialpartnerschaft erreichte einen weit über den wirtschaftspolitischen Bereich gehenden Einfluß auf die Politik.

Durch ihre Zusammenarbeit konnten die wirtschaftlichen Großverbände den Kostendruck verringern, die Gefahr einer Inflation entschärfen und damit ein stetiges Wirtschaftswachstum ohne ausgeprägte Überhitzungen und Austeritätsphasen erreichen. Dieses System wurde von einer sehr früh einsetzenden keynesianischen Wirtschaftspolitik unterstützt. Zum Zwecke der Globalsteuerung wurde ein rasches Ansteigen des Budgetdefizites akzeptiert (etwa 1957/58, 1967/68) und so mit dem »deficit spending« bewußt Rezessionen entgegengetreten. In Zeiten der Hochkonjunktur sollten die Budgetdefizite rasch reduziert und damit die Staatsschuld wieder eingedämmt werden, was bis Mitte der siebziger Jahre auch einigermaßen gelang.[10] Zusätzlich waren die verstaatlichte Industrie (vor allem Grundstoffindustrien wie Kohle und Stahl) und die verstaatlichten größten Banken des Landes (damit indirekt auch die Unternehmen, die diesen Banken gehörten) von Nutzen für die auf Vollbeschäftigung basierende Wirtschaftspolitik. Viele dieser Unternehmen bauten in Rezessionsphasen ihre Beschäftigung nicht so drastisch ab wie die Privatwirtschaft und trugen dazu bei, die Arbeitslosenzahlen niedrig zu halten. Angemerkt sei auch, daß die Stabilisierung der innenpolitischen Situation nach den

Konflikten der Zwischenkriegszeit auch mit dem Rückzug der katholischen Kirche aus der unmittelbaren Parteipolitik nach 1945 zusammenhängt.

Im Bereich der Kultur wurde die Wiedereröffnung der im Zweiten Weltkrieg zerstörten großen Häuser am Ring in Wien, des Burgtheaters im Oktober 1955 und der Staatsoper wenige Wochen darauf im November, von der Öffentlichkeit als Symbol der neuen Souveränität Österreichs empfunden. In weiten Bereichen der Kultur konnte jedoch nicht an die bedeutende Stellung Österreichs und insbesondere Wiens in den ersten Jahrzehnten des 20. Jahrhunderts angeknüpft werden. Viele Künstler und Wissenschaftler hatten Österreich zwischen 1934 und 1938 aus Gründen politischer und rassistischer Verfolgung verlassen müssen, nachdem schon die wirtschaftliche Situation nach 1918 manche hervorragende Begabung zur Auswanderung veranlaßt hatte. Die meisten von ihnen kehrten nach 1945 nicht zurück.

In der Literatur dominierten typischerweise in den Anfängen nach 1945 die Traditionalisten, die weiterführten, was sie in der Ersten Republik, im Ständestaat und unter dem nationalsozialistischen Regime geschrieben hatten. Demgegenüber formierte sich ab 1952 die avantgardistische, experimentelle »Wiener Gruppe«, die von der offiziellen Kulturpolitik heftig abgelehnt und als anarchistische Attacke auf die durch die Sozialpartnerschaft unterstützten Harmoniebestrebungen angesehen wurde.[11] Der zweite Schub der Avantgarde begann dann in den sechziger Jahren etwa mit Peter Handke und Ingeborg Bachmann, deren Werke auch in die Bundesrepublik Deutschland ausstrahlten.

4. Neutralität und Integration

In den ersten Jahren nach 1955 wurde die Neutralität von der ÖVP eher positiv gesehen, in vielen Kreisen der SPÖ wurde sie weniger geschätzt. Die SPÖ war nach 1945 besonders intensiv für eine Westbindung Österreichs eingetreten und befürchtete durch die Neutralität Schwierigkeiten für diese Ausrichtung. Die »Abweichung« Österreichs von der strikten Interpretation des Neutralitätsrechtes im Sinne des Schweizer Modells klang schon im Beitritt zur UNO (Dezember 1955) an; jedoch war dieser Beitritt mit den vier Partnern des Staatsvertrages abgesprochen worden. Sensibler war die Mitgliedschaft beim Europarat in Straßburg, der nur westeuropäische Staaten umfaßte und dem die Schweiz aus diesem Grunde ferngeblieben war. Auf ÖVP-Seite stand insbesondere Bundeskanzler Julius Raab einem (frühzeitigen) Beitritt zum Europarat kritisch gegenüber. Auf Drängen der SPÖ kam es aber schon im April 1956 zum Beitritt Österreichs zum Europarat.

Im Mai 1956 gelang schließlich der Abschluß eines Zolltarifabkommens mit der EGKS. Im Vergleich zu einem zur selben Zeit abgeschlossenen Vertrag der Schweiz mit der EGKS zeigten sich Mängel im Abkommen mit Österreich. So überrascht es nicht, daß am 23. Oktober 1956 Außenminister Leopold Figl und einen Tag später Bundeskanzler Raab bekanntgaben, daß Österreich den Beitritt zur EGKS erwäge.[12] Dieser Beitritt hätte aller Wahrscheinlichkeit nach auch ein Mitwirken Österreichs bei der sich in Gründung befindlichen Europäischen Wirtschaftsgemeinschaft (EWG) bedeutet.[13] Die Diskussion über einen EGKS-Beitritt erübrigte sich jedoch rasch. Die scharfe Kritik der österreichischen Politiker an der blutigen Niederschlagung des ungarischen Aufstandes (November 1956) brachte eine Verschlechterung der Beziehungen zur Sowjetunion. Gerade die Sowjetunion war ein vehementer Kritiker der westeuropäischen Integration. Daher schien nun ein Verzicht auf integrationspolitische Experimente ratsam.

Trotzdem wurde weiter an eine Annäherung an die eben gegründete EWG gedacht. So überraschte es, daß der Parteivorsitzende der SPÖ, Bruno Pittermann, im Kontrast zu früheren Meinungen in der SPÖ im Juni 1959 die EWG plötzlich als »Bürgerblock« bezeichnet und von der »Ausbeutung durch den Kartellkapitalismus« sprach.[14] Schließlich beteiligte sich Österreich an der Gründung der Europäischen Freihandelsassoziation (EFTA). Auch in der bürgerlichen ÖVP, die vor allem kleine und mittlere Unternehmer vertrat, sahen nun viele die EFTA als bessere Alternative an, da die EWG zu starke Konkurrenz für kleine Betriebe bringe.

Bei diesen vorsichtigen Integrationsschritten spielte die Neutralität als Schutz des korporatistischen Systems nach außen eine wichtige Rolle. Mit dem Argument »Neutralität« konnte man Kritikern an der Zurückhaltung in der Integrationsfrage (im In- und Ausland) leicht begegnen. Die Mehrzahl der Völkerrechtler sah nämlich eine Mitgliedschaft in der EWG als neutralitätsrechtswidrig an; der dauernd neutrale Staat müsse ein großes Maß an ökonomischer und politischer Unabhängigkeit besitzen. Damit konnte man sich in den internationalen Wirtschaftsbeziehungen allzu weitgehenden Liberalisierungsschritten entziehen. Jedoch gewannen in der ÖVP bald »Reformer« die Oberhand, welche die Liberalisierung der österreichischen Wirtschaft forcierten. Dies wollten sie mit einer engen Anbindung an die EWG erreichen. Dies wiederum wollte die SPÖ verhindern, weil sie eine Schwächung der Gewerkschaften sowie der verstaatlichten Betriebe erwartete und damit eine Verminderung ihres politischen und wirtschaftlichen Einflusses befürchtete.

5. Das Ende der Großen Koalition und die Ära Kreisky[15]

Die Nationalratswahlen von 1966 brachten der ÖVP, wie schon die Wahlen 1945, die absolute Mehrheit an Mandaten. Diesmal kam es jedoch nicht zu einer Großen Koalition. Trotz anfänglichen Reformeifers war die ÖVP-Alleinregierung rasch großen innen- und außenpolitischen Problemen ausgesetzt. 1967/68 kam es zu einem ökonomischen Abschwung, der eine unpopuläre Änderung der Wirtschaftspolitik erforderte. Im außenpolitischen Bereich war der Alleingang Österreichs[16] um eine EWG-Assoziierung nicht erfolgreich, denn Italien hatte wegen des Konfliktes mit Österreich über Südtirol ein Veto gegen die österreichischen Bemühungen eingelegt. Das Südtirolproblem hatte schon Ende der fünfziger Jahre, als Gruppen mit Anschlägen zuerst gegen Einrichtungen des italienischen Staates, dann aber auch gegen Personen, eine Loslösung Südtirols von Italien erzwingen wollten, die Beziehungen zu Italien verschlechtert. Die Verhandlungen um eine Lösung des Problems erwiesen sich in den sechziger Jahren als schwierig. Erst Ende 1969 wurde durch den »Operationskalender« als Alternative zu einem internationalen Vertrag und durch das »Südtirolpaket« als Bündel von italienischen Autonomiemaßnahmen eine längerfristige Klärung des Problems herbeigeführt.

Die Nationalratswahlen 1970 brachten der SPÖ erstmals die (relative) Mehrheit an Mandaten. Durch geschickte Kooperation mit der FPÖ konnte unter Bundeskanzler Bruno Kreisky eine SPÖ-Minderheitsregierung etabliert werden. 1971 gewann dann die SPÖ die absolute Mehrheit, die bis 1983 bestehen sollte.

Die ökonomische Spaltung Westeuropas in EG und EFTA hatte natürlich Auswirkungen auf den österreichischen Außenhandel. So verringerte sich der Anteil der Exporte in die EG an den Gesamtexporten von 49,5 Prozent im Jahre 1959 auf 38,7 Prozent im Jahre 1972. Hingegen stieg der Anteil der EFTA-Exporte im selben Zeitraum von 12,1 Prozent auf 29,0 Prozent.[17] Ende 1969, nach der Einigung mit Österreich über Südtirol, zog Italien sein Veto gegenüber den österreichischen EG-Annäherungsbemühungen zurück. Im Zuge des Beitrittes Großbritanniens, Irlands und Dänemarks zur EG erlangte Österreich wie die anderen Staaten der Rest-EFTA Freihandelsverträge mit der EG (Unterzeichnung am 22. Juli 1972).

Mit der Bewältigung des Südtirolproblems und den auf Dauer angelegten Freihandelsbeziehungen mit der EG wurden zwei Probleme zu Beginn der siebziger Jahre einer Lösung zugeführt, die seit Ende der fünfziger Jahre die österreichische Innen- und Außenpolitik belastet hatten. So konnte Bruno Kreisky, gestützt auf seine Popularität im Inland und auf sein großes Ansehen im Ausland, über die Grenzen eines Kleinstaates hinaus in der Weltpolitik aktiv sein. Kennzeichnend dafür waren etwa die Aktivitäten im Rahmen der UNO (Kurt Waldheim wurde mit Hilfe Kreiskys UN-Generalsekretär) und die Unterstützung des KSZE-Prozesses. Gemeinsam mit der Gruppe der »like-minded countries« forcierte Österreich den Nord-Süd-Dialog. Kritik wurde nicht nur an der östlichen Supermacht, sondern vor allem an den USA (Vietnam, Dritte-Welt-Politik) geübt. Besonders bekannt wurden die Aktivitäten Bruno Kreiskys im Nahen Osten, wo er im Konflikt zwischen Israel und den Palästinensern vermitteln wollte. Mit seiner frühen Anerkennung der PLO und Yassir Arafats war Kreisky der Entwicklung um Jahrzehnte voraus. Erst lange nach seinem Weggang aus der Politik entwickelte sich der von ihm vorgezeichnete Dialog zwischen Israelis und Palästinensern.

Innenpolitisch kam es in vielen Bereichen zu einem Modernisierungsschub; so etwa zu einer Strafrechtsreform und zur mit der Abtreibungsfrage zusammenhängenden Einführung der Fristenlösung trotz massiven Widerstandes auch der katholischen Kirche. Andere wichtige Reformen bezogen sich auf das Familienrecht und die Neuordnung der Universitäten. Rückblickend kann diese Modernisierung unter dem Schlagwort »Demokratisierung aller Lebensbereiche« auch als eine Ablösung der herrschenden konservativen Eliten durch Vertreter liberaler und linker Weltanschauungen angesehen werden. In Kunst und Kultur kamen österreichische Schöpfungen wieder zu internationalem Ansehen. Die Werke eines Thomas Bernhard wurden nicht nur im deutschen Sprachraum weit verbreitet. Gleichzeitig trat dieser Autor – ähnlich, aber vielleicht pointierter als manche seiner Zeitgenossen – mit einer vehementen Kritik an den österreichischen Zuständen an die Öffentlichkeit. Gegen Ende der siebziger Jahre wird das Wien der Jahrhundertwende zu einem Anziehungspunkt internationalen Kunstverständnisses.

Österreich überstand den ersten »Ölpreisschock« 1973/74 viel besser als andere Staaten – vor allem die Arbeitslosigkeit blieb im Vergleich zu der anderer OECD-Staaten gering. Dabei spielte die sozialpartnerschaftliche Einkommenspolitik (Senkung des Lohnanstieges unter die Inflationsrate im Interesse der Beschäftigungssicherung) eine besondere Rolle. Über das Budget (Aufeinanderfolge von Defiziten) erfolgten ebenfalls Beschäftigungs- und Wachstumsimpulse.[18] Der »Austro-Keynesianismus« und die Sozialpartnerschaft wurden von Politikern und Theoretikern in der ganzen Welt als Elemente einer vorbildlichen Wirtschaftspolitik angesehen.[19] Die Defizite im Staatsbudget wurden jedoch nicht wieder abgebaut. Die breite Expansion der Nachfrage und der Förderungen (vor allem der verstaatlichten Industrie) konservierte überholte Strukturen und behinderte die rechtzeitige Anpassung der Wirtschaft. Nach dem zweiten Ölpreisschock 1980 wurden diese Mängel deutlich, obwohl durch den »harten Schilling« (die Anbindung der österreichischen Währung an die D-Mark) seit Mitte der siebziger Jahre zumindest die exportorientierte Wirtschaft zu ständigen Strukturanpassungen gezwungen worden war.

6. Der Weg zur Mitgliedschaft in der Europäischen Union

Die Nationalratswahlen 1983 brachten der SPÖ eine Niederlage. Bruno Kreisky trat ab, die SPÖ ging eine Koalition mit der nun vom liberalen Flügel dominierten FPÖ ein. Schon gegen Ende der Regierung Kreisky, während des neuen kalten Krieges, zeigten sich Probleme mit der »aktiven Neutralitätspolitik«. Die Konflikte mit den USA über den Export von westlicher Hochtechnologie in den kommunistischen Osten deuteten den geringer werdenden Spielraum der neutralen Staaten an. Das internationale Ansehen Österreichs, viele Jahre als »Insel der Seligen« gepriesen, erhielt im Januar 1985 einen ersten Knick, als der österreichische Verteidigungsminister einen aus italienischer Haft entlassenen Kriegsverbrecher mit einem Handschlag auf österreichischem Boden begrüßte.[20] Ebenso fand der »Weinskandal« vom Juli 1985 großes internationales Echo.[21] Schließlich bereitete die im März 1986 aufbrechende Diskussion um die Kriegsvergangenheit des ÖVP-Präsidentschaftskandidaten Kurt Waldheim (UNO-Generalsekretär von 1971 bis 1981) und seine Wahl zum Staatsoberhaupt im Juni 1986 erhebliche Schwierigkeiten für die österreichische Außenpolitik. Innenpolitisch kam es im November 1985 zu einer dramatischen finanziellen Krise in der verstaatlichten Industrie, die ein Ausdruck der wirtschaftlichen Probleme Österreichs Mitte der achtziger Jahre war und ein endgültiges Abgehen von der keynesianisch geprägten Vollbeschäftigungspolitik bedeutete. Damit war aber auch das österreichische Selbstbewußtsein, eine bessere Politik als andere Staaten zu betreiben, endgültig geschwunden. Zur selben Zeit schlossen Vertreter von SPÖ und ÖVP einen Beitritt zur EG nicht mehr aus, der frischen Wind in die österreichische Wirtschaft bringen sollte.

Mit dem Amtsantritt von Franz Vranitzky als Bundeskanzler im Juni 1986 kam es zu einer weiteren Verstärkung der Hinwendung zu Europa. Bundeskanzler Vranitzky meinte, daß Österreich eine »Quasi-Mitgliedschaft« bei der EG anstreben müsse, eine Vollmitgliedschaft sei aber wegen des Neutralitätsstatus nicht möglich. Als Jörg Haider im selben Jahr zum neuen Parteiobmann der FPÖ gewählt wurde und seine Partei in eine nationalistisch-populistische Richtung führte, beendete Vranitzky die Koalition mit der FPÖ.

Die nach den Nationalratswahlen im November 1986 gebildete neue Große Koalition zwischen SPÖ und ÖVP erklärte im Januar 1987 die »Ausgestaltung und [den] Ausbau des Verhältnisses zur Europäischen Gemeinschaft« zu einem »zentrale[n] Anliegen der österreichischen Außen- und Außenwirtschaftspolitik.«[22] Als erste wichtige Interessenvertretung trat die Vereinigung Österreichischer Industrieller, die Vertreterin der großen, international ausgerichteten Industriebetriebe, im Mai 1987 offiziell für eine Mitgliedschaft bei der EG ein.[23] Wie in der Wirtschaft gab es auch im Gewerkschaftsbund einen Gegensatz zwischen export- und inlandsorientierten Branchengewerkschaften. Im Juli 1988 wurde vom Österreichischen Gewerkschaftsbund doch eine vorsichtig-befürwortende Stellungnahme abgegeben. Schon im Januar 1988 hatte sich die ÖVP offiziell für einen EG-Beitritt ausgesprochen, um sich damit auch als »Europapartei« zu profilieren. Die SPÖ folgte erst im April 1989 und stellte dabei unverzichtbare Bedingungen auf: Aufrechterhaltung der dauernden Neutralität, der bestehenden sozialen und umweltpolitischen Standards, Vermeidung ökonomischer Nachteile für die Landwirtschaft und Lösung des Transitproblems.[24] Am 17. Juli 1989 konnte schließlich Außenminister Alois Mock (ÖVP) den Beitrittsantrag in Brüssel überreichen; dieser enthielt eine Neutralitätsklausel.

Österreich hatte somit schon vor dem Fall der Berliner Mauer einen Antrag um Mitgliedschaft in der EG gestellt. Innenpolitische und insbesondere wirtschaftspolitische Überlegungen hatten hier Vorrang vor eventuellen außenpolitischen Bedenken. Das Ende des kalten Krieges machte diese Bedenken dann weitgehend irrelevant. In den Verhandlungen mit der EU über den Beitritt, die erst im Februar 1993 begannen, konnten die Problembereiche (etwa Beibehaltung der Neutralität unter Akzeptierung der Gemeinsamen Außen- und Sicherheitspolitik und Beschränkung des Transitverkehrs durch »Ökopunkte«) zur Zufriedenheit der österreichischen Verhandler gelöst werden.

Zum 1. Januar 1995 wurde der Beitritt zur EU (gemeinsam mit Finnland und Schweden) verwirklicht, nachdem knapp zwei Drittel der Österreicher beim EU-

Referendum am 12. Juni 1994 für einen Beitritt votiert hatten. Von den politischen Parteien sprachen sich die beiden Regierungsparteien, SPÖ und ÖVP, sowie das Liberale Forum, eine Abspaltung liberaler Kräfte von der FPÖ, für einen Beitritt aus. Die FPÖ und die Grünen waren gegenteiliger Meinung. Die Niederlage der FPÖ bei diesem Referendum hatte aber keine Auswirkungen auf die Nationalratswahlen im Oktober 1994. Wie bei allen Wahlen, seit Jörg Haider die Führung der Partei übernommen hatte, gewann die FPÖ wieder erheblich an Stimmen und Mandaten. Erst bei den Nationalratswahlen im Dezember 1995, die wegen des ungenügenden Sparwillens der SPÖ von der ÖVP vom Zaun gebrochen wurden, endete der steile Anstieg der Popularität Jörg Haiders. Zwar konnte die FPÖ bei den Wahlen zum Europäischen Parlament im Oktober 1996 wieder ihren Stimmenanteil vergrößern; mit 27,5 Prozent erreichte sie fast die Anteile von ÖVP (29,6 Prozent) und SPÖ (29,1 Prozent). Dieser Erfolg wurde bei den zweiten Wahlen zum Europäischen Parlament (Juni 1999) nicht wiederholt. Die FPÖ verlor Stimmanteile (23,4 Prozent), während SPÖ (31,7 Prozent) und ÖVP (30,7 Prozent) zulegen konnten.

7. Österreich an der Schwelle zum nächsten Jahrtausend

Der Beitritt zur EU brachte neue Herausforderungen für Österreich. Die geschützten Bereiche der Wirtschaft, wie die Dienstleistungen (vor allem Banken und Versicherungen), die Landwirtschaft, die staatsnahen Betriebe wie die Post und die Bundesbahn sowie verschiedene Industriezweige werden sukzessive der internationalen Konkurrenz ausgesetzt, sei es durch den EU-Binnenmarkt, sei es durch die ökonomische Transformation im Osten des Kontinentes. Die Arbeitslosigkeit, die mit etwa 5 Prozent zu den niedrigsten im EU-Raum zählt, steigt weiter. Zwischen 1993 und 1997 war das Wirtschaftswachstum geringer als in den meisten anderen EU-Staaten. Dies ist ohne Zweifel ein Hinweis auf den noch nicht ausreichend durchgeführten Strukturwandel. Die notwendigen Reformen, insbesondere die Einsparungen in den öffentlichen Haushalten, die sowohl durch die Teilnahme an der dritten Stufe der Wirtschafts- und Währungsunion als auch durch die Notwendigkeit, die Staatsschulden und damit die Tilgungen zu reduzieren, induziert werden, können nur gegen großen Widerstand und dann nur in kleinen, fast homöopathischen Dosen durchgeführt werden.

In den nächsten Jahren wird es weitere Herausforderungen geben. Für die österreichische Politik wird die EU-Osterweiterung größere Probleme bringen. Die Erweiterung wird Österreich – geographisch am nächsten zu den wahrscheinlichen Beitrittskandidaten liegend – kurzfristig erhöhte Konkurrenz sowohl im Warenwie im Dienstleistungsbereich bringen. Auch auf dem Arbeitsmarkt wird es mit dem Beitritt Ungarns und der Tschechischen Republik zur EU mehr Wettbewerb geben. Langfristig, da sind sich die meisten Ökonomen einig, wird der Beitritt dieser Staaten mehr Vorteile als Nachteile bringen. Auch in Österreich hat Politik aber meist nur einen Horizont bis zu den nächsten Wahlen; zusätzlich nützt Jörg Haider mit seiner auf Populismus ausgerichteten Politik die Ängste der Österreicher zielstrebig aus. Deshalb steht die österreichische Regierung zwar einer EU-Osterweiterung grundsätzlich positiv gegenüber, aber viele politische und ökonomische Interessengruppen möchten den Beitritt hinauszögern oder zumindest lange Übergangsfristen erreichen.

Die NATO-Erweiterung macht die Frage nach der sicherheitspolitischen Stellung Österreichs aktuell. Es ist jetzt allgemein akzeptiert, daß Österreich einseitig seinen Neutralitätsstatus beenden kann. Aber um das Bundesverfassungsgesetz über die Neutralität Österreichs aufzuheben, bedarf es einer Zweidrittelmehrheit im Nationalrat. Von den politischen Parteien sprechen sich die ÖVP, die FPÖ und das Liberale Forum für eine Beendigung der Neutralität aus. Da aber SPÖ und Grüne die Neutralität (noch) beibehalten wollen, ergibt sich nur eine einfache Mehrheit, die für eine Beendigung der Neutralität eintritt. Weitgehend akzeptiert ist jedoch die nun sehr enge Definition von »Neutralität« als Nichtteilnahme an militärischen Bündnissen und die Nicht-Stationierung fremder Truppen auf österreichischem Territorium. Die »aktive Neutralitätspolitik« gehört längst der Vergangenheit an. Auch wird die Teilnahme an einer erweiterten Partnerschaft für den Frieden, die eine sehr enge Kooperation mit der NATO vorsieht, von den Regierungsparteien akzeptiert. Nach einigem Zögern beteiligte sich Österreich auch an IFOR und SFOR in Bosnien, obwohl die Truppen dort unter NATO-Kommando stehen. Längerfristig wird sich daher die intensive Diskussion eines NATO-Beitrittes nicht vermeiden lassen.[25] Eine besondere Herausforderung für die österreichische Außen- wie auch Innenpolitik (sofern diese Bereiche noch zu trennen sind) war die EU-Präsidentschaft in der zweiten Jahreshälfte 1998. Als wichtigste Vorhaben von österreichischer Seite wurden die Bekämpfung der Arbeitslosigkeit, Angleichungen bei den Steuern, der Umweltschutz und die Reformerfordernisse im Zusammenhang mit der *Agenda 2000* angesehen. Die technisch-organisatorische Durchführung der Präsidentschaft wurde allgemein gelobt. Kritisiert wurde das »Harmoniebedürfnis« der Österreicher, die weitgehend Konflikte (etwa über die Finanzierung der Agenda 2000) vermieden und hier die Entscheidungen der folgenden Präsidentschaft (Deutschland) überlassen haben. Überraschenderweise ergab sich während der österreichischen EU-Präsidentschaft gerade im Bereich der Sicherheitspolitik eine neue Dynamik. Dazu trug das von Österreich als Premiere organisierte Treffen der Verteidigungsminister der EU-Staaten bei. Die Präsidentschaft veranschaulichte der Öffentlichkeit die Bedeutung der EU-Mitgliedschaft für die österreichische Politik.

Anmerkungen

1 Siehe dazu Haas, Hanns: Staats- und Landesbewußtsein in der Ersten Republik, in: Tálos, Emmerich, u. a. (Hrsg.): Handbuch des politischen Systems Österreichs. Erste Republik 1918–1933, Wien 1995, S. 472–487.
2 Österreich wurde 1945 so wie Deutschland in vier Zonen geteilt. Ebenso wie Berlin war Wien in vier Sektoren gegliedert; im Unterschied zu Berlin wurde in Wien das Stadtzentrum (Erster Bezirk) mit seinem Regierungsviertel von den vier Alliierten (unter monatlicher Rotation) gemeinsam regiert.
3 Vgl. Ableitinger, Alfred: Die innenpolitische Entwicklung, in: Mantl, Wolfgang (Hrsg.): Politik in Österreich. Die Zweite Republik: Bestand und Wandel, Wien 1992, S. 119–203.
4 Dem Alliierten Rat stand jedoch die Oberhoheit zu, welche die einzelnen Alliierten in ihrer jeweiligen Zone zum Teil sehr weit ausnutzten.
5 Dabei diente schon damals die Schweiz als Vorbild; siehe Stourzh, Gerald: Um Einheit und Freiheit. Staatsvertrag, Neutralität und das Ende der Ost-West-Besetzung Österreichs 1945–1955, 4. Auflage, Wien/Köln/Graz 1998 (Studien zu Politik und Verwaltung, Band 62), S. 252–282.
6 Vgl. Weiß, Florian: Gesamtverhalten: Nicht sich in den Vordergrund stellen, in: Gehler, Michael, und Rolf Steininger (Hrsg.): Österreich und die europäische Integration 1945–1993. Aspekte einer wechselvollen Entwicklung, Wien u. a. 1993, S. 21–54, hier S. 31; siehe dazu und zum Folgenden Luif, Paul: Der Weg zum 12. Juni: 1955, 1957, 1962, 1972/73, in: Pelinka, Anton (Hrsg.): EU-Referendum. Zur Praxis direkter Demokratie in Österreich, Wien 1994, S. 23–48.
7 »Staatsvertrag« und nicht »Friedensvertrag«, denn nach Auffassung der österreichischen Regierung war Österreich keine kriegführende Macht im Zweiten Weltkrieg.
8 Österreichisches Bundesgesetzblatt Nr. 211/1955; die Worte »aus freien Stücken« finden sich in Artikel I Abs. 1.
9 Vgl. Verdross, Alfred: Die immerwährende Neutralität Österreichs, 2. Auflage, Wien 1980, zuerst 1977 (= Sonderheft der Schriftenreihe »Politische Bildung«), S. 30.
10 Lauber, Volkmar: Wirtschafts- und Finanzpolitik, in: Dachs, Herbert, u. a. (Hrsg.): Handbuch des politischen Systems Österreichs, 3., erweiterte Auflage, Wien 1997, S. 546–556, hier S. 550.
11 Vgl. Weiss, Walter: Dichtung und politisches System in Österreich seit 1945, in: Mantl, Wolfgang (Hrsg.): Politik in Österreich. Die Zweite Republik: Bestand und Wandel, Wien 1992 (= Studien zu Politik und Verwaltung, Band 10), S. 884–891, hier S. 887.
12 Siehe Weiß (Anm. 6), S. 51.
13 Von seiten der sechs EGKS-Staaten gab es Hinweise, daß an eine EWG-Mitgliedschaft Österreichs gedacht wurde: »Somewhat surprisingly in view of its later position that joining the Common Market was inconsistent with her neutrality, Austria was apparently felt by some to be a potential member of the Community. M. Spaak was reported to have felt at one time that if the French were unable, in the end, to join the Common Market the other five should go ahead and that in this event Austria would be a useful ›land-bridge‹ between Italy and the rest. About this same time, the possible accession of Austria to the ECSC was under consideration.«, aus: Camps, Miriam: Britain and the European Community. 1955–1963, Princeton 1964, S. 59.
14 10 Jahre österreichische Integrationspolitik 1956–1966. Eine Dokumentation des Bundesministeriums für Handel und Wiederaufbau, Wien 1966, S. 55/56.

15 Siehe dazu u. a. Bielka, Erich, u. a. (Hrsg.): Die Ära Kreisky. Schwerpunkte der österreichischen Außenpolitik, Wien u. a. 1983, sowie Bischof, Günter, und Anton Pelinka (Hrsg.): The Kreisky Era in Austria, New Brunswick/London 1994 (= Contemporary Austrian Studies, Volume 2).
16 Als die Verhandlungen Großbritanniens, des wichtigsten EFTA-Staates, mit der EWG um eine Mitgliedschaft 1963 scheiterten, verfolgten Schweden und die Schweiz ihre Ansuchen um Assoziierung bei der EWG im Gegensatz zu Österreich nicht weiter.
17 Daten aus Luif, Paul: Neutrale in die EG? Die westeuropäische Integration und die neutralen Staaten, Wien 1988 (= Informationen zur Weltpolitik, Nr. 11), S. 161.
18 Vgl. Lauber (Anm. 10), S. 551.
19 Vergleiche dazu etwa Katzenstein, Peter J.: Corporatism and Change: Austria, Switzerland, and the Politics of Industry, Ithaca/London 1984.
20 Zur internationalen Reaktion siehe etwa »Austria: Red Faces and Reder«, in: The Economist v. 2. Februar 1985, S. 54.
21 Vgl. »Le scandale des vins autrichiens«, in: Le Monde v. 14./15. Juli 1985, S. 13, und »In vino venenum«, in: The Economist v. 20. Juli 1985, S. 59.
22 Erklärung der Bundesregierung vor dem Nationalrat von Bundeskanzler Dr. Franz Vranitzky, 28. Januar 1987, Bundespressedienst, Wien 1987, S. 32/33.
23 Zur Integrationspolitik Österreichs siehe mit weiteren Nachweisen Luif (Anm. 17), und ders.: On the Road to Brussels: The Political Dimension of Austria's, Finland's and Sweden's Accession to the European Union, Wien 1995 (= Laxenburg Papers, No. 11).
24 Österreich in Europa. Bericht des Parteivorsitzenden an das Parteipräsidium und den Bundesparteivorstand am 3. April 1989. Sozialistische Partei Österreichs, Wien 1989, Manuskript.
25 Dazu ausführlicher Luif, Paul: Der Wandel der österreichischen Neutralität. Ist Österreich ein sicherheitspolitischer »Trittbrettfahrer«?, 2., ergänzte Version, Österreichisches Institut für Internationale Politik, Laxenburg, April 1998 (= Arbeitspapier, AP 18).

Skandinavien

JAN SUNDBERG

1. Das »skandinavische Modell« als Grundlage des politischen Systems

Untersuchungen zeigen, daß sich die skandinavischen Demokratien in vieler Hinsicht von den übrigen der westlichen Welt unterscheiden. Um diese Unterschiede herauszustellen, bedarf es einiger Verallgemeinerungen – jedoch im Bewußtsein der individuellen Charakteristika der skandinavischen Demokratien. Ihre politischen Parteien sind von einem machtvollen Klassenerbe geprägt. Der Klassenkonflikt ist in der politischen Geschichte Skandinaviens nicht nur als Aggregation der Interessen von Arbeit und Kapital zu verstehen, sondern auch als Gegensatz zwischen Stadt und Land, zwischen Zentrum und Peripherie. Stein Rokkan hat diese Konfliktlinien am Beispiel Norwegens mit Hilfe eines Dreiecks illustriert (vgl. *Abbildung 1*), das sich auf die anderen Staaten Skandinaviens übertragen läßt.
Die meisten der drei Konfliktfronten sind heute Geschichte; als Pfeiler des skandinavischen Demokratiemodells tragen sie jedoch noch heute zu seinem Verständnis bei. Große Massenorganisationen bildeten sich um jede der drei Fronten, und noch heute ist ein hoher Grad gewerkschaftlicher Organisation charakteristisch für Skandinavien. Das System der Konfrontation brachte starke Gewerkschaften und Parteien hervor. Ihnen gelang in den dreißiger Jahren die Einigung mit den mächtigen Agrarparteien und Bauernverbänden, die die Interessen der unabhängigen landwirtschaftlichen Familienbetriebe verteidigten. Im Zeitraum von 1933 bis 1937 erreichten die Arbeiter und Bauern in allen vier skandinavischen Staaten (Norwegen, Dänemark, Schweden und Finnland) Übereinkommen. Sie eröffneten den Sozialdemokraten den Zugang zur Regierung und sicherten den Landwirten Subventionen und Preisbindungen.[1]

Dieses Arrangement bewahrte Skandinavien vor der faschistischen Bedrohung, die in West- und Mitteleuropa vor dem Zweiten Weltkrieg schnell erstarkte. Durch den Einfluß der Interessengruppen auf die skandinavische Politik gewann der Korporatismus kurz nach dem Krieg an Bedeutung. Je nach angelegten Kriterien führten Schweden und Norwegen die Rangliste der am stärksten korporatistisch beeinflußten Staaten der Welt an, gefolgt von Dänemark und Finnland[2]: Je mehr

Abbildung 1: Rokkans drei Fronten politischer und ökonomischer Interessen

Pol A: Interessen der Arbeiterschaft: Löhne, Pensionen Organisationen: Gewerkschaften Vorherrschende Parteien: Arbeiterparteien		Pol W: Interessen der Wirtschaft: Prozesse, Steuern Organisationen: Wirtschaftsverbände Vorherrschende Parteien: Konservative Parteien
	Pol L: Interessen der Landwirtschaft: Preise, Subventionen Organisationen: Liga der Landwirte Vorherrschende Parteien: (Landwirtschaftliches) Zentrum	

politische Macht die Verbände erlangten, desto stärker wurden sie von den ihnen verbundenen Parteien als unabhängige Akteure in die staatlich kontrollierten Lohnverhandlungen einbezogen. Die Arbeitgeber waren dadurch gezwungen, sich zu Wirtschaftsverbänden zusammenzuschließen. Aus dieser Konstellation entwickelte sich ein ausgefeiltes System institutionalisierter kollektiver Verhandlungen. In der Folgezeit wurde neben den Lohnverhandlungen ein breites Spektrum anderer Themen in dieses System einbezogen, wie z. B. die soziale Sicherung, das Steuer- und das Arbeitsrecht. In dem Maße, wie der Korporatismus an Einfluß gewann, verloren die Parteien Elemente ihrer parlamentarischen Macht an die Gewerkschaften und Wirtschaftsverbände. So ist in Skandinavien im europäischen Vergleich der korporatistische Einfluß auf die Regierung so hoch wie nirgends sonst und deshalb die Effizienz der Regierungsarbeit vergleichsweise gering.[3]

Im Gegensatz zu Mitteleuropa spielten die Parteien – wie christliche, ethnische oder regionale Parteien – außerhalb des korporatistischen Systems nach der Wende zur Massendemokratie Anfang dieses Jahrhunderts nur eine geringe Rolle in der skandinavischen Politik.[4] Darüber hinaus unterscheidet sich Skandinavien auch durch die bessere horizontale Organisation der Lokal- und Regionalverwaltungen vom Rest Europas. Lokale Regierungen halten in den zentralisierten Nationalstaaten Skandinaviens historisch eine starke Stellung. Mit Einführung der Demokratie in Lokal- und Regionalverwaltungen politisierten die Parteien in Folge deren Wahlen, bis sie sie völlig dominierten.[5] So kompensierten sie die Schwächung ihres Einflusses auf der vertikalen Ebene durch ausgeprägte horizontale Beteiligung in lokalen und regionalen Regierungen.

Die Gestaltung politischer Inhalte in institutionalisierten Vereinbarungen zwischen den drei Fronten war Vorbedingung für die Entwicklung des als »Skandinavisches Modell« bekannten Wohlfahrtsstaates. Trotz der häufigen Referenz ist das Skandinavische Modell nie klar definiert worden. Zentrale Charakteristika sind folgende: Der öffentliche Sektor in Skandinavien ist größer, umfassender, und die öffentliche Verantwortung erstreckt sich untypisch weit auf das Privatleben und private Märkte. Staatliche Wohlfahrt wird über alle Bevölkerungsgruppen hinweg einheitlich verteilt und organisiert. Ihre Zielsetzung ist die Reduktion ökonomischer und sozialer Gefälle, um eine Gleichbehandlung zwischen Stadt- und Landbevölkerung, sozialen Klassen und Geschlechtern zu erreichen.[6]

2. Die politische Kultur im Wandel sozialer Strukturen

Das skandinavische Modell genoß breite Akzeptanz bei allen Parteien und Interessengruppen des Drei-Fronten-Dreiecks. Es arbeitete sehr effizient, solange die sozialen Grundlagen der drei Fronten stabil waren, und bot ihnen eine simple und gut verhandelbare Struktur zur Konsensbildung. Es gab wenige, große und zentralisierte organisierte Interessen. Die ersten Schwierigkeiten zeigten sich jedoch in den frühen siebziger Jahren, als die goldenen Jahre der Sozialdemokratie durch den Mangel ihres natürlichen »Treibstoffes« endeten: Die Erosion des Parteifundamentes, der Arbeiterklasse, erschwerte die zentralisierte Kontrolle der Mitglieder, da die persönliche Abhängigkeit der Wähler vom Wohlfahrtsstaat fehlte.[7] Die sozialdemokratische Partei war ein organischer Bestandteil der Arbeiterklasse, aber Wohlfahrtsleistungen waren universal und wurden durch einen Konsens über das Parteienspektrum hinweg gestützt. Dadurch waren die Sozialdemokraten nicht in der Lage, den Wohlfahrtsstaat zur Erfüllung ihrer Wahlzwecke zu nutzen.

Abstimmung nach Klassenzugehörigkeit ist nach wie vor verbreitet in Skandinavien, aber, wie in anderen Ländern, mit sinkender Tendenz. Dieser Trend ist bei den sozialistischen Parteien am stärksten ausgeprägt. Heutzutage sind es die nichtsozialistischen Parteien, deren Wählerschaft am stärksten durch Klassenzugehörigkeit geprägt ist, da sich der Anteil der Mittelklasse durch den Wandel zur Informationsgesellschaft stark erhöht hat. Der Begriff der Klasse in seiner originalen Bedeutung einer erkennbaren sozialen Kategorie paßt nicht zur heutigen Mittelschicht. Klassengrenzen sind niedriger, und die Klassenzugehörigen sind individualistischer in ihren Werten und Verhaltensweisen. Dadurch sind die Wähler mehr als früher geneigt, bei den Wahlen die Partei zu wechseln, und Wahlkämpfe gewinnen an Bedeutung.[8]

Die Parteien haben inzwischen fast alle Wählergruppen als ihre Zielgruppe definiert: Vom rechten zum linken Spektrum bemühen sich die Parteien nun um denselben Typ Wähler. Um Wähler zu erreichen, tendieren die Wahlprogramme der konkurrierenden Parteien stark zur Konvergenz. Diese Tendenz wurde genährt durch einen Aufstieg der unabhängigen Medien in den sechziger Jahren. Die Parteien wurden durch den Verlust der Kontrolle über die vormals wichtige Parteipresse geschwächt, ebenso wie durch staatlich kontrollierte Radiosendungen und rapide zunehmende Fernsehsendungen. Die Medien wurden unabhängige Akteure in den Wahlen, an die sich die Parteien anpassen mußten wie der Markt an Kundenbedürfnisse.[9]

Als sich das soziale Fundament der drei Parteifronten lockerte, wurden die Parteiorganisation und die verbundenen Interessenorganisationen geschwächt. Über viele Jahre hin gestaltete sich die enge Beziehung zwischen der sozialdemokratischen Partei und der Gewerkschaft problematisch. Das Klassenprofil der Gewerkschaft ist nach wie vor homogener als in den sozialdemokratischen Parteien, wo der Einfluß der Mittelklasse stark ist. Dadurch spricht die Partei, wie oben diskutiert, ein weites Spektrum von Arbeitern und Angestellten an, während die Gewerkschaft die wirtschaftlichen Interessen einer engeren Kategorie von Arbeitern verteidigt.[10] Die Interessen überschnitten sich nicht wie zuvor, und offene Spannungen zwischen den beiden Organisationen wurden deutlich. Ermutigt durch starke korporatistische Macht haben die Gewerkschaften ihre Beteiligung auf die meisten Politikfelder ausgedehnt. Mögliche Konfliktfelder zwischen Partei und Gewerkschaft haben sich durch diese Entwicklung deutlich erweitert.[11] Aufgrund der Verschärfung der schweren wirtschaftlichen Rezession der frühen neunziger Jahre waren die sozialdemokratischen Regierungskabinette zu bedeutenden Haushaltsbeschränkungen gegen heftige Angriffe der Gewerkschaft gezwungen. In Schweden, wo Gewerkschaft und Partei seit Jahrzehnten in Symbiose gelebt hatten, war die Abschaffung der kollektiven Parteimitgliedschaft 1990 das erkennbare Symbol der gelockerten Bande zwischen Gewerkschaft und Partei.

Korporatismus war ein effizientes Machtsystem für die organisierte Arbeit, aber seine goldenen Jahre sind definitiv vorüber, und Anzeichen dieses Niedergangs sind in den neunziger Jahren häufig kommentiert worden.[12] Die gelockerten Klassenbindungen und die fragmentierte Komplexität der heutigen organisierten Interessen passen nicht in das Dreieck der Fronten. Die große Armee der Arbeitslosen in Dänemark, Finnland und Schweden gehört zudem zur passiven Arbeitskraft, die in keiner Gewerkschaft eine kollektive Vertretung hat. Neue Strukturen der Interessenallokation und Konfliktlösung ersetzen die alten, da weniger Menschen durch korporative Hierarchien repräsentiert werden, und eine wachsende Zahl gesellschaftlicher Konflikte paßt nicht mehr in die Arena der »drei Fronten«.

3. Der Wandel der sozioökonomischen Struktur

Trotz des Rückgangs der politischen Bindung an die Klasse sind wirtschaftliche Kluften immer noch weit wichtiger als andere Arten von Konfliktlinien. Im Gegensatz zu der Situation im restlichen Westeuropa haben während des 20. Jahrhunderts weder religiöse noch kulturelle Gegensätze ihre Dominanz in Frage gestellt. Die Beschäftigung nach Sektoren hat sich in Folge der technologischen Entwicklung und der staatlichen Wohlfahrtspolitik über die Zeit verschoben. Durch die rapide Industrialisierung des späten 19. und frühen 20. Jahrhunderts begann die große Bauernklasse zu schrumpfen. In Finnland war in den fünfziger und sechziger Jahren eine starke Landflucht zu beobachten. Noch während des Krieges war ungefähr die Hälfte der Bevölkerung von Land- und Forstwirtschaft abhängig. Das Wachstum der industriellen Arbeitskraft erreichte seinen Höhepunkt in den sechziger Jahren und sank dann wieder zunächst in Schweden, dem das weniger industrialisierte Dänemark, Norwegen und in den achtziger Jahren Finnland folgten.[13]

Inzwischen sind öffentliche und private Dienstleistungen der wichtigste Wirtschaftszweig. Ihre Bedeutung ist vergleichbar mit der der Landwirtschaft im 19. Jahrhundert. Die Erwerbsbevölkerung ist durch den Zustrom von Frauen in den Dienstleistungssektor rasch angewachsen. Mittlerweile stellen Frauen und Männer nahezu gleiche Anteile an der berufstätigen Bevölkerung. Mehr als 70 Prozent der Frauen zwischen 16 und 64 sind heute berufstätig. Zudem ist die Mehrzahl der Angestellten im öffentlichen Dienst weiblich. Das Wachstum der Erwerbsbevölkerung und ihre veränderte Zusammensetzung unterstützen die Bildung neuer politischer Allianzen. In der folgenden Tabelle ist die Beschäftigung auf die drei Wirtschaftssektoren verteilt dargestellt, die jeweils folgende Bereiche enthalten:
1. Primärsektor: Landwirtschaft, Fischerei, Forstwirtschaft;
2. Sekundärsektor: Industrie und Bauwirtschaft;
3. Tertiärsektor: Handel, Gastronomie, Transport und Lagerung, Kommunikation, Finanzwirtschaft, Immobilien, Wirtschaftsdienstleistungen und öffentliche Verwaltung.

Tabelle 1: Beschäftigte nach Sektoren in Skandinavien 1976–1995 (in Prozent)

	1976			1995		
	Primär	Sekundär	Tertiär	Primär	Sekundär	Tertiär
Dänemark	8	33	58	4	25	71
Finnland	16	35	48	8	26	63
Norwegen	9	33	57	5	23	72
Schweden	6	35	58	3	26	71

Quelle: Yearbook of Nordic Statistics Vol. 16–35

Nach Jahren der Expansion schrumpfte in Folge der Rezession die Erwerbsbevölkerung in Finnland und Schweden während der frühen neunziger Jahre. Das starke Wachstum des Dienstleistungssektors wäre ohne substantielle Regierungsinvestitionen in den öffentlichen Dienst nicht möglich gewesen. Heute stellt er einen beträchtlichen Teil der Beschäftigten im Dienstleistungssektor. Beschäftigung im öffentlichen Bereich steht in enger Verbindung zum skandinavischen Modell und der Sozialdemokratie. Es ist deswegen nicht überraschend, daß die Sozialdemokraten bei diesen Angestellten gewöhnlich viele Wählerstimmen gewinnen.

Wie in einer dänischen Studie nachgewiesen, unterstützen Staatsangestellte und Arbeitslose bei Wahlen konsequent die Sozialdemokraten und andere linke sozialistische Parteien. In der Privatwirtschaft Tätige – Arbeitgeber wie Arbeitnehmer – neigen geringfügig stärker dazu, nicht-sozialistische Parteien zu wählen.[14] Diese Tendenz hat sich über die Zeit und bei den Arbeitern im Dienstleistungssektor verstärkt. So war 1994 der Anteil der sozialistischen Wähler bei den Arbeitern im öffentlichen Bereich um zwei Drittel höher als bei denen in der Privatwirtschaft.[15] Ähnliche Trends sind, wenn auch in geringerem Ausmaß, in Norwegen und Schweden erkennbar.[16]

4. Rückwirkungen auf das Parteiensystem

Die drei Frontparteien haben seit Beginn des 20. Jahrhunderts den Kern des skandinavischen Parteiensystems konstituiert. Dementsprechend eng ist ihre Geschichte mit der der parlamentarischen Demokratie verknüpft. Jedoch sind natürlich auch andere Parteien ins Parteiensystem eingeschlossen. In der Konzeptionierung durch Sten Berglund und Ulf Lindström ist Skandinavien von Fünf-Parteien-Systemen charakterisiert.[17] Diese Fünf-Parteien-Systeme umfassen die drei Frontparteien, die liberalen Parteien und die kommunistische Partei. Die Wahlergebnisse für diese beiden Parteientypen haben sich jedoch verschlechtert. Andere Parteien, neue wie alte, haben an Bedeutung gewonnen und die Fünf-Parteien-Konzeption ist auf das gegenwärtige Parteiensystem nicht mehr anwendbar. In der folgenden Tabelle werden die Parteien nach drei Kategorien gruppiert: die drei Frontparteien, die verbleibenden zwei Typen des Fünf-Parteien-Modells und die anderen Parteien.

Tabelle 2: Wahlergebnisse der skandinavischen Parteien 1945–1997
(Mittlerer Stimmenanteil und Veränderung in Prozent)

		Frontparteien				Lib. und Kom.			Andere	
		S	L	K	Ges.	Lib.	Kom.	Ges.	%	Anz.
Dänemark	Mittel	35,9	18,2	16,1	70,2	7,3	2,8	10,1	19,7	
	Verän.	+1,8	-0,4	-3,2	-1,5	-3,6	-12,4	-16,0	+17,5	+3
Finnland	Mittel	24,9	20,6	17,4	62,9	3,8	17,8	21,6	15,5	
	Verän.	+3,1	-1,6	+2,9	+4,4	-3,3	-12,3	-11,7	+7,3	+10
Norwegen	Mittel	41,4	8,0	20,3	69,7	6,8	2,3	9,1	21,2	
	Verän.	-6,0	-0,1	-2,7	-8,8	-9,3	-11,9	-21,2	+30,0	+4
Schweden	Mittel	45,0	14,4	17,2	76,6	14,6	5,0	19,6	3,8	
	Verän.	+0,8	-4,8	+10,1	+4,5	-15,5	-0,1	-15,6	+11,1	+3

S: Sozialdemokraten, L: Landwirtschaftliche Parteien, K: Konservative, Lib.: Liberale, Kom.: Kommunisten; Quelle: Berechnung des Verfassers

Die drei Frontparteien haben ihre Stellung als dominante politische Kraft seit der Einrichtung der Demokratie im frühen 20. Jahrhundert erfolgreich behauptet. Über

50 Jahre struktureller Wandel in der Erwerbsbevölkerung seit dem Zweiten Weltkrieg haben die Bindungen der Wähler nicht verändern können. Mit Ausnahme Norwegens 1997 haben die drei Frontparteien ihre Wahlergebnisse im Vergleich zum durchschnittlichen Wahlergebnis oder auch der ersten Nachkriegswahl halten oder verbessern können. Auch in Norwegen haben sich die drei Frontparteien gut gehalten, aber, ähnlich wie in Dänemark seit 1973, haben die Verschiebungen von einer Wahl zur nächsten die Sprunghaftigkeit erhöht. Die Wahl 1973 grenzte für die etablierten drei Frontparteien Dänemarks, die 22,7 Prozent ihrer Wählerstimmen verloren, an eine Katastrophe. Eine ähnlich starke Reaktion gegen die etablierten Parteien war auch in Norwegen zu beobachten. In beiden Fällen lagen die starken Reaktionen im Mißtrauen gegen den Gemeinsamen Markt der EG begründet.

Die drei Frontparteien Dänemarks haben sich von dem Rückschlag erholt, und ihre Wahlergebnisse haben das Niveau der späten sechziger Jahre erreicht. Nach einer raschen Erholung von der Wahl 1973 erlitten die drei Frontparteien in Norwegen 1989 einen weiteren Rückgang, dem wiederum eine Erholung und 1997 ein noch schwererer Rückgang folgten. In Finnland und Schweden gestalteten sich die Verschiebungen gemäßigt. Die drei Frontparteien haben sich in Finnland als bemerkenswert stabil erwiesen. In Schweden erreichten sie in den siebziger und frühen achtziger Jahren Spitzenwerte, als die drei Parteien zusammen mehr als 80 Prozent der Stimmen auf sich vereinten.

Die verbleibende Restkategorie des Fünf-Parteien-Systems teilt ein Schicksal: Ihre Erfolge nach dem Zweiten Weltkrieg haben sich zu einem starken Rückgang entwickelt. In Finnland und Schweden halbierte sich ihre Wählerbasis. Der Rückgang in Dänemark und Norwegen ist noch ausgeprägter. Ihre einst wichtige politische Rolle existiert nahezu nicht mehr. In Dänemark und in Norwegen sind die Wahlaktionen der Kommunistischen Partei vor Jahren eingestellt worden. Nur in Finnland und Schweden hat sich die kommunistische Tradition in einem gewissen Maß erhalten, obwohl die heutigen Organisationen wenig gemeinsam haben mit den früheren Organisationen leninistischer Prägung. Nach dem Kollaps der Sowjetunion sind diese Parteien vielleicht passender als linkssozialistische Parteien zu kategorisieren. Sozialistische Parteien links der Sozialdemokraten sind im dänischen Parlament seit 1960 und im norwegischen seit 1961 vertreten. Aufgrund der Entwicklung der Mittelklasse zur dominanten Gesellschaftsgruppe sollten die Aussichten der Liberalen besser sein, als sie es tatsächlich sind, doch ist es den Liberalen nicht gelungen, dieses Potential zu nutzen: Sie sind in allen skandinavischen Demokratien klein geblieben. Die Konservativen haben sich die Mittelschicht erfolgreicher zu Nutzen gemacht und dabei viele der früher liberalen Werte übernommen. Der dramatische Stimmenverlust der verbleibenden zwei Parteien des früheren Fünf-Parteien-Systems wurde durch die Kategorie »Übrige« kompensiert. In Dänemark und Norwegen begann der Erfolg der »anderen Parteien« mit den Wahlen von 1973. In Finnland hatte sich dieser Erfolg bereits drei Jahre zuvor in Form der populistischen Ländlichen Partei eingestellt, während der Durchbruch in Schweden erst 1988 durch das Überschreiten der Vier-Prozent-Hürde zuerst durch die Ökologische Partei sowie später durch die Christliche Partei und die populistische Neue Demokratie erreicht wurde. Die Wahlergebnisse dieser Parteiengruppe bewegten sich in der Mitte der neunziger Jahre zwischen 11 Prozent in Schweden und 38 Prozent in Norwegen (mit jeweils 22 Prozent sowohl in Dänemark als auch in Finnland). Es hat sich jedoch aus der wachsenden Zahl der Parteien keine dominante Partei herausgebildet. Die erfolgreichsten Parteien – die populistischen – haben sich als instabil erwiesen. Erfolge bei den Wahlen waren gewöhnlich gefolgt von deutlichen Verlusten in den nachfolgenden Wahlen.

Im Ergebnis dominieren nach mehr als 80 Jahren immer noch die ursprünglichen drei Frontparteien. Dies bedeutete jedoch nicht, daß die drei Frontparteien ihre Wählerschaft auf die Wähler der früheren kommunistischen und liberalen Parteien ausdehnen konnten. Deren Stimmenverluste kommen fast ausschließlich den »anderen Parteien« zugute. Dementsprechend stellen diese Gruppierungen eine Bedrohung für die drei etablierten Parteien dar. Im Ergebnis sehen sich die drei Frontparteien mit einer weniger loyalen Wählerschaft und einem kompetitiveren Parteiensystem als je zuvor konfrontiert.

5. Wahlbeteiligung und Zivilgesellschaft

Die Wahlbeteiligung in Dänemark und Schweden liegt über dem westeuropäischen Durchschnitt.[18] In Dänemark ist dies seit Mitte der vierziger Jahre nachweisbar, während die schwedische Wahlbeteiligung, ebenso wie die norwegische, in den sechziger Jahren anstieg. In Finnland hingegen orientierte sich die Wahlbeteiligung nur bis zu den frühen siebziger Jahren am skandinavischen Trend und nahm dann ab. Heute sind die finnischen Wähler passiver als in den anderen drei skandinavischen Demokratien, und die Beteiligung liegt deutlich unter dem westeuropäischen Durchschnitt. Im Fall Finnlands stieg die Anzahl der bei Wahlen konkurrierenden Parteien parallel zur zurückgehenden Wahlbeteiligung.

Es zeigt sich, daß eine hohe Wahlbeteiligung stark mit den drei Frontparteien korreliert, die es offensichtlich geschafft haben, das hohe Niveau der Wahlbeteiligung in Skandinavien zu ihren Gunsten zu nutzen. Ein dramatischer Rückgang der Wahlbeteiligung würde die Dominanz der drei Frontparteien wahrscheinlich ernsthaft gefährden. Gleichzeitig hindert die hohe Wahlbeteiligung Liberale und Kommunisten daran, bei Wahlen erfolgreicher zu sein. Im Fall eines drastischen Rückgangs der Wahlbeteiligung, bei dem die drei Frontparteien wahrscheinlich deutliche Verluste erlitten, würde die Kategorie der »anderen« Parteien davon profitieren. Genau das war der Fall bei den Wahlen zum Europäischen Parlament in Schweden 1995. Die Wahlbeteiligung war mit nur 41 Prozent gültiger Stimmen verheerend im Vergleich zu den bis zu 90 Prozent bei nationalen Wahlen. Dies resultierte in einer Verdoppelung der Stimmenanteile der »anderen« und schweren Verlusten für die drei Frontparteien.[19] Es bleibt abzuwarten, ob die schwedischen

Wähler die Wahlen zum Europäischen Parlament auch in Zukunft vernachlässigen werden. Die bisherigen Erfahrungen bei anderen EU-Mitgliedern sind allerdings nicht sehr vielversprechend.

Darüber hinaus beschränkt sich politische Beteiligung nicht auf Wahlen. Ein großer Teil politischer Aktivitäten findet in der Zivilgesellschaft statt, deren aktive Bürgergruppen zu Beginn des 20. Jahrhunderts von den drei Frontparteien organisiert wurden. Dem Trend zufolge scheint starker Korporatismus eine umfassendere Bandbreite von Basisinitiativen hervorzubringen. In Skandinavien umfaßten diese relativ stark ausgeprägten Bürgerinitiativen eine Vielzahl von Themen vom Umweltschutz bis zum Weltfrieden.[20] Die Beteiligten waren in den siebziger und frühen achtziger Jahren hauptsächlich jung und gut gebildet, oft waren es auch Frauen, deren Präferenzen durch die Werte des Drei-Fronten-Modells nicht repräsentiert wurden.[21] Mittlerweile hat sich der Charakter dieser Aktivitäten jedoch von stark politischen Inhalten zu greifbareren Themen, wie z. B. Forderungen an Kommunalverwaltungen, gewandelt. Die männlichen Aktivisten von damals haben sich traditionelleren Formen der Politik zugewandt und nutzen die Basisinitiativen nur zur Ergänzung »gewöhnlichen« politischen Engagements, während die weiblichen Aktivisten immer noch neue Gruppen bisher passiver Frauen mobilisieren.[22] In Finnland haben diese Aktivitäten allerdings einen deutlich geringeren Umfang als in Dänemark, Norwegen und Schweden.[23] Basisinitiativen sind eine akzeptierte Form der Beteiligung, die tief in der Gesellschaft verwurzelt ist. Da viele politische Aktivitäten in diesem Umfeld stattfinden, betrachten die Parteien Verbindungen dorthin als wichtig. Dabei befinden sich die etablierten und nicht etablierten Formen politischer Aktivität weder im Konflikt noch konkurrieren sie.

6. Die Europapolitik der skandinavischen EU-Mitglieder

Das Verhältnis der skandinavischen EU-Mitglieder Dänemark, Schweden und Finnland zur europäischen Integration ist traditionell eher kompliziert. Sowohl Dänen als auch Schweden und Finnen legen großen Wert auf ihre nationale Souveränität und betrachten Bemühungen um die Vertiefung der Integration gewöhnlich mit einem gewissen Mißtrauen. Ein lebhaftes Beispiel für diese Tendenz ist die Ablehnung des Maastrichter Vertrages über die Europäische Union in dem zur Ratifizierung notwendigen Referendum in Dänemark 1992, als nur 49,3 Prozent der Wahlberechtigten für das Abkommen stimmten. Erst nachdem die Gemeinschaft Dänemark wichtige Ausnahmeregelungen zugestand – namentlich das »Opt-out« aus der Währungsunion –, erzielte der Unionsvertrag in einem zweiten Referendum 1993 eine Mehrheit von 56,7 Prozent.

Auch in Schweden und Finnland konnte sich die Teilnahme an der Europäischen Union bei ihrem Beitritt zum 1. Januar 1995 nur auf eine knappe Mehrheit der Wähler stützen: Beim schwedischen Beitrittsreferendum stimmten 1994 nur 52 Prozent für dem Beitritt, 47 Prozent dagegen. Unter den Finnen sprachen sich immerhin 56,9 Prozent für einen Beitritt aus. Ein gemeinsamer Faktor der Europapolitik der drei skandinavischen Staaten ist ihre Sorge, sich als kleine nördliche Länder in den EU-Entscheidungsprozessen nicht ausreichend Gehör verschaffen zu können.[24] Dieses Grundproblem wurde auch in ihrer Haltung zum Amsterdamer Vertrag deutlich. Besonders Finnland sprach sich für einen Erhalt der bestehenden Machtbalance zwischen kleinen und großen Staaten in den Institutionen der EU aus.

Auch der Währungsunion stehen die skandinavischen Staaten zurückhaltend gegenüber. Unter den Gründungsmitgliedern wird nur Finnland sein, dessen Parlament sich am 17. April 1998 mit einer breiten Mehrheit von 135 zu 61 Stimmen für einen Beitritt entschied. Der schwedische Reichstag hatte bereits im Dezember 1997 beschlossen, das Land nicht ab 1. Januar 1999 an der WWU teilnehmen zu lassen, obwohl es nicht wie Dänemark über ein vertragliches Recht dazu (Opt-out) verfügt. Die schwedische Haltung wurde allerdings nachträglich von der Beurteilung der Kommission zur Beitrittsfähigkeit gerechtfertigt, die bemängelte, daß Schweden nicht das Konvergenzkriterium einer zweijährigen Teilnahme am Wechselkursmechanismus erfülle. Inzwischen zeichnet sich allerdings ein schwedisches Umdenken bezüglich der Währungsunion ab; dabei spielt die Sorge eine große Rolle, künftig als Nicht-Mitglied von wichtigen wirtschaftspolitischen Entscheidungen ausgeschlossen zu sein. Diese Möglichkeit bereitet auch der dänischen Regierung Kopfzerbrechen. Sie befindet sich in einer besonderen Zwickmühle: Trotz der wirtschaftlichen Eignung Dänemarks als WWU-Mitglied müßte vor dem Beitritt erneut ein Referendum abgehalten werden – nach den Erfahrungen mit dem Maastrichter Vertrag ein Risiko, das alle Parteien gegenwärtig scheuen.

Schwierigkeiten bereitet den skandinavischen Mitgliedstaaten auch die Zusammenarbeit in der Innen- und Justizpolitik sowie die Übernahme des sogenannten Schengen-Besitzstandes zur Öffnung der Binnengrenzen. Dänemark bestand auf diesem Feld in den Verhandlungen zum Amsterdamer Vertrag wiederum auf Ausnahmeregelungen. Einig sind sich die drei nordischen Mitglieder in ihrem Wunsch nach einer zügigen Osterweiterung der Union. Ihre besondere Unterstützung gilt dabei den baltischen Staaten. Schweden sprach sich dafür aus, die Erweiterung auch dann sobald wie möglich durchzuführen, wenn sich die EU zuvor nicht auf Reformen ihrer Entscheidungsstrukturen einigen kann. Dänemark befürwortet es auch, solchen Kandidaten, die bislang nicht an der ersten Erweiterungsrunde teilnehmen sollen, nachträglich Vortritt zu gewähren, wenn sie entsprechend Fortschritte machen. Finnland hat in der zweiten Jahreshälfte 1999 die EU-Ratspräsidentschaft übernommen. Schon während der Amsterdamer Verhandlungen hat das nördlichste Mitgliedsland mit zwei Positionspapieren deutlich gemacht, daß sein besonderes Interesse der Weiterentwicklung einer europäischen Sicherheitspolitik und einer Kooperation mit dem Norden und Nordosten Europas (sogenannte »nördliche Dimension«) gilt. Es ist – insbesondere durch unveränderte Mehrheitsverhältnisse nach den finnischen Parlamentswahlen – zu erwarten, daß diese beiden Themen die erste finnische Ratspräsidentschaft prägen werden.

Anmerkungen

1 Vgl. Karvonen, Lauri, und Jan Sundberg (Hrsg.): Social Democracy in Transition, Aldershot 1991; Alestalo, Matti, und Stein Kuhnle: The Skandinavian Route: Economic, Social, and Political Developments in Denmark, Finland, Norway, and Sweden, in: Erikson, Robert, u. a. (Hrsg.): The Scandinavian Model, London 1987, S. 3–38; Elvander, Nils: Skandinavisk arbetarrörelse, Stockholm 1980; Berglund, Sten, und Ulf Lindström: The Scandinavian Party System(s), Lund 1978.
2 Vgl. Wilson, Frank: Neo-corporatism and the Rise of Social Movements, in: Dalton, Russel, und Manfred Kuechler (Hrsg.): Challenging the Political Order, Oxford 1990, S. 67–83.
3 Lane, Jan-Erik, und Svante Ersson: Politics and Society in Western Europe, London 1994, S. 264–266.
4 Rokkan, Stein: Stat, nasjon, klasse, Oslo 1981, S. 53–79.
5 Sundberg, Jan: Participation in Local Government: A Source of Social Democratic Deradicalization in Scandinavia, in: Karvonen/Sundberg (Anm. 1), S. 122–129; ders.: Politiseringen av kommunalvalen i Norden, in: Statsvetenskaplig Tidskrift 92 (1989), S. 25–40.
6 Esping-Andersen, Gosta, und Walter Korpi: From Poor Relief to Institutional Welfare States: The Development of Scandinavian Social Policy, in: Erikson u. a. (Anm. 1), S. 39–74.
7 Vgl. Lindström, Ulf: From Cadres to Citizens to Clients. Toward a Theory of the Electoral Coalitions of Social Democracy, in: Karvonen/Sundberg (Anm. 1), S. 161–188.
8 Borre, Ole, und Jorgen Goul Andersen: Voting and Political Attitudes in Denmark, Århus 1997, S. 162–165; Sänkiaho, Risto: The Social Basis for Party Support, in: ders., und Sami Borg (Hrsg.): The Finnish Voter, Helsinki 1995, S. 66–87; Aardal, Bernt, und Henry Valen: The Storting Elections of 1989 and 1993: Norwegian Politics in Perspective, in: Strom, Kaare, u. a. (Hrsg.): Challenges to Political Parties. The Case of Norway, Ann Arbor 1997, S. 69; Gilljam, Mikael, und Sören Holmberg: Väljarnas val, Stockholm 1995, S. 31–36.
9 Bille, Lars: The 1988 Election Campaign in Denmark, in: Scandinavian Political Studies 14 (1991), S. 205–218; Karvonen, Lauri, und Axel Rappe: Social Structure and Campaign Style: Finland 1954–1987, in: Scandinavian Political Studies 14 (1991), S. 241–259; Rappe, Axel: Party Propaganda in Motion: Finland 1954–1991, in: Scandinavian Political Studies 19 (1996), S. 329–358; Bjorklund, Tor: Election Campaigns in Postwar Norway (1945–1989): From Party-Controlled to Media-Driven Campaigns, in: Scandinavian Political Studies 14 (1991), S. 279–302; Esaiasson, Peter: 120 Years of Swedish Election Campaigns, in: Scandinavian Political Studies 14 (1991), S. 261–278; ders.: Svenska valkampanjer 1866–1990, Stockholm 1990.
10 Petersson, Olof, Anders Westholm und Göran Blomberg: Medborgarnas makt, Stockholm 1989, S. 219–222; Gilljam, Mikael, und Sören Holmberg: Väljarna inför 90-talet, Stockholm 1992, S. 196–205.
11 Elvander (Anm. 1), S. 162–190; Petersson, Olof: Svensk politik, Stockholm 1993, S. 86–96.
12 Petersson, Olof: Nordisk politik, Stockholm 1995, S. 30–36.
13 Alestalo und Kuhnle (Anm. 1), S. 26–29.
14 Goul Andersen, Jorgen: Social klasse og parti, in: Elklit, Jorgen, und Ole Tonsgaard (Hrsg.): To Folketingsvalg, Århus 1989, S. 176–207.
15 Borre und Goul Andersen (Anm. 8), S. 125–128.
16 Aardal, Bernt, Henry Valen und Frode Berglund: Valgundersokelsen. Dokumentasjonrapport, Oslo 1995, S. 9; Gilljam und Holmberg (Anm. 8), S. 105.

17 Berglund und Lindström (Anm. 1), S. 16–25.
18 Lane und Ersson (Anm. 3), S. 181–182.
19 Pierre, Jon, und Anders Widfeldt: Sweden. Political Data Yearbook 1996, European Journal of Political Research 30 (1996), S. 463–468.
20 Togeby, Lise: Ens og forskellig. Graesrodsdeltagelse i Norden, Århus 1989.
21 Svensson, Palle, und Lise Togeby: Politisk Opbrud. De nye medlemslags graesrodsdeltagelse, Århus 1986; Olson, Johan, und Harald Saetren: Askjoner og demokrati, Oslo 1980; Peterson, Westholm und Blomberg (Anm. 10).
22 Svensson Palle, und Lise Togeby: Graesrodsdeltagelse mellem politisk mobilisering og interessevaretagelse, in: Elklit/Tonsgaard (Anm. 14), S. 328–356; Togeby, Lise: Frau tilskuere til deltagere, Århus 1994.
23 Togeby (Anm. 20).
24 Bei Abstimmungen mit qualifizierter Mehrheit im Rat der Europäischen Union verfügen Dänemark und Finnland nur über je drei, Schweden über vier Stimmen. Zum Vergleich: Unter dem Mittelmeeranrainern haben allein Portugal und Spanien gemeinsam 13 Stimmen. Vgl. Wessels, Wolfgang: Das politische System der EU, in diesem Band.

Schweiz

HEINRICH CHRISTEN

Die Geschichte der Schweiz im europäischen Integrationsprozeß nach 1945 ist die Geschichte eines gesellig-ungeselligen Außenseiters. Dieses wirtschaftlich hochentwickelte und stark in Europa integrierte Land ist bis heute infolge eines Volksentscheides von 1992 dem politischen Integrationsprozeß ferngeblieben und wird es – aller Voraussicht nach – auch noch einige Zeit bleiben. Denn obwohl die Schweizer Regierung bereits 1992 ein Beitrittsgesuch an die EU gerichtet hat, wird das kleine Land auch in der nächsten Erweiterungsrunde gemäß den Beschlüssen des Europäischen Rates vom 12./13. Dezember 1997 und gemäß dem Willen der Schweizer Regierung fehlen. Wie ist es dazu gekommen?

1. Sonderfall Schweiz?

Es ist ein gängiger politischer Topos (speziell der helvetischen Integrationsgegner), von einem »Sonderfall Schweiz« zu sprechen. Das kleine rohstoffarme Land emanzipierte sich seit dem Westfälischen Frieden schrittweise von allen europäischen Zusammenschlüssen. Es ist seit dem Durchmarsch der napoleonischen Truppen von keinem Krieg mehr erfaßt worden – sieht man vom Mini-Bürgerkrieg 1847 ab – und ist eine der ältesten Republiken in Kontinentaleuropa, worauf seine Bürger stolz sind. Die Schweiz hat die Diktaturen des Faschismus, Nationalsozialismus und Kommunismus nie im Lande selber erleben und erleiden müssen. Aufgrund eines global wettbewerbsfähigen Industrie- und Dienstleistungssektors hat sie eines der höchsten Pro-Kopf-Einkommen der Welt[1] und – allerdings mit stark negativer Dynamik – eine der niedrigsten Defizit- und Arbeitslosenquoten.[2] Ferner hat das Stimmvolk ein fast exzessives Mitbestimmungsrecht auf drei staatlichen Ebenen (Gemeinde, Kanton und Bund), was sich in einem ausgeprägten politischen und kulturellen Föderalismus widerspiegelt. Dies hat auch zur Folge, daß die nationale Regierungskoalition[3] die drei größten und eine kleinere Partei umfaßt und kollegial geführt wird: Die sieben Mitglieder der Bundesregierung sind absolut gleichgestellt, für ein Jahr übernimmt jeweils im Rotationsprinzip ein Mitglied den Vorsitz. Schließlich und endlich definiert sich dieses Land – auch nach dem Ende des kalten Krieges – noch immer als neutral. Es gehört weder der UNO noch der NATO, der WEU oder der EU an.

Zum Sonderfall Schweiz gehört wohl auch die ausgeprägt dualistische Wirtschaftsstruktur: Auf der einen Seite entwickelten sich dank der liberalen Rahmenbedingungen, des hohen Arbeitsethos und Bildungsstandes der Bevölkerung, guter Infrastruktur sowie einer intakten, auf friedliche Konfliktlösung ausgelegten Sozialpartnerschaft wettbewerbsorientierte, weltmarktoffene und deshalb äußerst leistungsfähige Industrie- (Maschinen, Elektro und Metall, Chemie, Pharma) und Dienstleistungssektoren (Banken, Versicherungen).[4] Auf der anderen Seite stehen noch heute stark geschützte und staatlich geförderte Binnensektoren (Landwirtschaft, Bau, Gewerbe), deren politische Interessen mit einem Abseitsstehen vom europäischen Integrationsprozeß vermeintlich besser vertreten werden, da dieser ja *sui generis* ein Marktöffnungsprozeß ist. Zu all diesen polit-ökonomischen Faktoren kommt die Besonderheit von vier unterschiedlich großen Sprach- und Kulturgruppen: Gut 64 Prozent gehören zur Deutschschweizer Mehrheit, ca. 19 Prozent zur französischsprachigen, acht Prozent zur italienischsprachigen und 0,6 Prozent zur romanischsprachigen Minderheit. Erwähnenswert ist auch, daß der Anteil der ausländischen Wohnbevölkerung mit 19,3 Prozent (von insgesamt sieben Millionen Einwohnern) eine Rekordhöhe erreicht hat. Dies alles führt zu einer eher fragilen nationalen Identität, die immer dann am unbestrittensten war, wenn das Land von außen wirklich bedroht wurde (so z. B. während des Zweiten Weltkrieges). Die Schweiz hat nicht, wie homogene europäische Nationalstaaten, eine gemeinsame, identitätsstiftende Sprache und Geschichte und definiert sich deshalb selbst als »Willensnation«, welche Freiheit in der Vielfalt sichert.

Die Schweizer Stimmbürgerinnen und Stimmbürger werten ihre weitgefaßten Partizipationsmöglichkeiten auf allen drei staatlichen Ebenen sehr hoch, obwohl die durchschnittliche Beteiligungsquote eher niedrig ist.[5] Alle Versuche, die direktdemokratischen Mitwirkungsmöglichkeiten auch nur leicht zu beschneiden, scheiterten. Es ist gegenwärtig gar ein Trend feststellbar, die direktdemokratischen Instrumente des Referendums (gegen Gesetzesprojekte) und der Initiative (für Verfassungsänderungen) auszubauen. So spielte und spielt in der Debatte um die europäische Integration die Beschneidung der Mitspracherechte des Volkes eine zentrale Rolle, denn der Schweizer hat in dieser Hinsicht mehr zu verlieren als die Bürger anderer europäischer Staaten, die fast ausschließlich über die Wahl von Repräsentanten am politischen Prozeß teilnehmen. Politisch-historischen Argumenten für die Integration (»Mitwirkung am Einigungswerk Europas«) begegnet die Deutschschweizer Mehrheit mit großer Skepsis, utilitaristische Abschätzungen stehen bei der Mehrheit im Vordergrund. So läßt sich denn auch erklären, daß der Souverän etwa dem Beitritt zum Internationalen Währungsfonds und zur Weltbankgruppe 1992 deutlich zugestimmt hat; das aktive Mitwirken der Schweiz in Organisationen wie WTO, OECD, EFTA oder in den wirtschaftlich und humanitär orientierten Spezialorganisationen der UNO ist ebenso unbestritten. Einzig bei der Abstimmung über den Europäischen Wirtschaftsraum (EWR) 1992 vermochte die wirtschaftlich geprägte Argumentation der Befürworter wohl deshalb nicht ganz zu überzeugen, weil die Ängste vor Fremdbestimmung und dem Abbau der direktdemokratischen Mitbestimmungsmöglichkeiten, die durch das EU-Beitrittsgesuch verstärkt worden sind, nicht aufgefangen werden konnten.

2. Geschichte Schweiz-EU 1952 bis 1990

Es ist heute, aus der Sicht der Nachgeborenen, wohl unbestritten, daß die Schweizer Regierung und Diplomatie die Dynamik des europäischen Einigungsprozesses sehr lange unterschätzt hat. Dies steht sicher im engen Zusammenhang mit der großen Bedeutung der Neutralität, mit deren Hilfe die Schweiz unbeschadet durch die Schrecken des Zweiten Weltkrieges gelangt ist. Die Angriffe der USA und der UdSSR nach Zerschlagung des Nationalsozialismus auf die Schweizer Neutralität mögen ein übriges getan haben, die Wertschätzung für die Neutralität in der Schweiz zu festigen. Leider wurde damit auch eine selbstkritische breite Diskussion bis in die jüngste Gegenwart hinein weitgehend unterbunden.

Der Bundesrat stützte sich bei seinen Entscheiden, den Gründungsarbeiten sowohl für den Europarat wie für die Europäische Gemeinschaft für Kohle und Stahl (EGKS) fernzubleiben, auf einen breiten innenpolitischen Konsens.[6] In der rein wirtschaftlich orientierten OEEC (später: OECD) machte man hingegen von Anfang an mit. Da man den funktionalistischen Ansatz der EG mit ihrem unmittelbar anwendbaren, autonomen Recht und ihrer politischen Finalität nicht akzeptieren konnte, versuchte die Schweiz, gegenzusteuern. So gehörte die Schweiz 1958 zu den aktiven Gründungsmitgliedern der European Free Trade Association (EFTA), der sie – zusammen mit Norwegen, Island und dem Fürstentum Liechtenstein – noch heute angehört.[7] Als 1961 Großbritannien, Dänemark und Norwegen die Mitgliedschaft in der EWG beantragten, betrieb die Schweiz eine aktive Gegenstrategie mit ihrem Vorschlag einer weitgehenden, dem späteren EWR ähnelnden Assoziierung. Als sich diese Bemühungen 1962 definitiv zerschlugen, kehrte der Bundesrat zu einer Politik der pragmatischen, sektoriellen Annäherung zurück. 1970 schlug die EG der EFTA Verhandlungen über ein umfassendes Freihandelsabkommen vor, was die Schweiz positiv aufnahm. Schon damals – und nicht erst während der EWR-Verhandlungen – verfolgten die Schweizer Verhandlungsführer teilweise unrealistische Ziele, nämlich eine weitgehende Partizipation an EG-internen Entscheidungsmechanismen.[8] Obwohl diese unrealistischen Erwartungen sich nicht erfüllen ließen, war das Verhandlungsresultat für die Schweiz per saldo positiv, da sämtliche Industriezölle im Handel mit der Europäischen Gemeinschaft beseitigt wurden und mit der Entwicklungsklausel die Möglichkeit für weitere Liberalisierungsschritte ausgehandelt werden konnte. Der Bundesrat ging aus diesem Grund das Risiko einer – rechtlich nicht zwingend vorgeschriebenen – Volksabstimmung ein, die im Jahre 1972 mit 72,5 Prozent Ja-Stimmen deutlich positiv ausging.

Der Schweiz gelang es in der Folge dank ihrer aktiven und sachkundigen Wirtschaftsdiplomatie, die Entwicklungsklausel voll auszunutzen und weit über 100 Einzelabkommen mit der EG abzuschließen. Mit allen mehr politisch orientierten Zusammenarbeitsformen tut sich die Schweiz hingegen bis heute schwer. So überwand sie ihre neutralitätspolitischen Bedenken gegenüber dem Europarat erst zu Beginn der sechziger Jahre (Beitritt 1963). Den Beitritt zur UNO schob der Bundesrat lange vor sich her und legte ihn erst Mitte der achtziger Jahre – als sich die Weltorganisation in einer unattraktiven Verfassung präsentierte – dem Volk zur Entscheidung vor. Das Resultat dieser Volksabstimmung vom 16. März 1986 war dann auch vernichtend: Obwohl die meisten Parteien und besonders die Medien dem Anliegen positiv gegenüberstanden, stimmte nur ein knappes Viertel des Souveräns für den Beitritt, in der französischsprachigen Schweiz deutlich mehr als in der Deutschschweiz.[9] Die fast ausschließlich neutralitätspolitisch argumentierenden Gegner triumphierten und legten mit der Umwandlung ihres Komitees in eine »Aktionsgemeinschaft für eine unabhängige und neutrale Schweiz (AUNS)« den Grundstein für ihre spätere Kampagne gegen die EWR- und EU-Mitgliedschaft.

Nach dem Debakel der UNO-Abstimmung ist die Neigung, außenpolitisch kontroverse Fragen aufzugreifen, in der Regierungskoalition begreiflicherweise gering. Die stark nach Europa ausgerichtete Exportwirtschaft nimmt aber die Veränderung des Umfeldes, die durch das ehrgeizige Programm zur Vollendung des EG-Binnenmarktes bis 1992 ausgelöst wurde, sehr ernst. Sie reagiert darauf einerseits mit einer Verstärkung der Direktinvestitionen in den EG-Staaten, um damit eventuellen Diskriminierungen zuvorzukommen, anderseits aber mit verstärktem Druck auf die Bundesbehörden, mögliche Diskriminierungen durch das Binnenmarktprogramm abzuwenden. Ein Mittel dazu ist die einseitige Vermeidung von unterschiedlicher Rechtsetzung, weshalb ab 1988 gemäß dem ersten Integrationsbericht alle eidgenössischen Gesetzgebungsprojekte auf ihre »Europakompatibilität« geprüft werden müssen.[10] Ein weiteres Mittel sieht der Bundesrat in der Erhöhung der Schweizer Wettbewerbsfähigkeit. Doch es bedurfte erst des Schocks der EWR-Ablehnung 1992, bis die Schweiz von sich aus ernsthafte Maßnahmen zur Deregulierung ihres Binnensektors einleitete.

Der 1988 erschienene Integrationsbericht bestätigte im übrigen die bekannten Gründe, die seit 1957 als Begründung für die Unmöglichkeit (nicht für die »Nicht-Wünschbarkeit«) eines Schweizer EU-Beitrittes angeführt wurden. Erst zu Beginn des Jahres 1989 debattierte das Parlament diesen Bericht[11] und stimmte seiner Substanz zu, niemand forderte ein EG-Beitrittsgesuch. Doch der Bericht war inzwischen bereits überholt, denn am 17. Januar 1989 hatte EG-Kommissionspräsident Delors vor dem Europäischen Parlament die Idee eines »Europäischen Wirtschaftsraumes EWR« konkretisiert und mit einem Verhandlungsangebot an die EFTA verbunden.

3. Die Auseinandersetzung um den EWR

3.1 Die Verhandlungen über den EWR

Der Bundesrat mußte – allein schon mangels Alternativen – positiv auf das Verhandlungsangebot der EG reagieren, obwohl die vorgesehene Stärkung des EFTA-Pfeilers und die EG-Forderung an die EFTA nach »Sprechen mit einer Stimme« mit der traditionellen Schweizer Vorstellung über deren Rolle kaum vereinbar waren. Die folgenden Verhandlungen waren für die Schweiz besonders schwierig, da sie mit weitgehenden Forderungen nach Mitbestimmung im EG-Gesetzgebungsprozeß ihre Position innerhalb der EFTA schwächte. Dazu kam, daß im Laufe der Verhandlungen Schweden und Österreich ein EG-Beitrittsgesuch stellten und so ihre Interessen mit einer anderen Strategie als die Schweiz wahrnehmen wollten. Die EG lehnte jede formelle Mitbestimmung der EFTA an ihrem Rechtsetzungsprozeß ab, gestand jedoch ein komplexes Konsultationsverfahren und einen EWR-Gerichtshof sowie lange Übergangsfristen und das kollektive *Opting-Out* der EFTA zu. Im Gegenzug erhielten die EFTA-Staaten den uneingeschränkten, diskriminierungsfreien Zugang zum EG-Binnenmarkt; ein Ziel, wofür sich die EFTA seit 1985 ergebnislos eingesetzt hatte. Dieses positive Verhandlungsresultat konnte aber noch nicht in die innenpolitische Diskussion einfließen, da am 14. Dezember 1991 der Europäische Gerichtshof sein Veto gegen den Vertragsentwurf einlegte und die Kommission zu Nachbesserungen aufforderte. Er schützte damit nur die ihm aus den Römischen Verträgen erwachsenen Rechte[12], was aber in der Schweizer Öffentlichkeit, wo das Bundesgericht keine Kompetenzen als Verfassungsgericht hat, kaum auf Verständnis traf. Nach einigen Nachverhandlungen gelang der Durchbruch, und der Vertrag wurde am 2. Mai 1992 in Porto unterzeichnet, in der Absicht, ihn zeitgleich mit dem EG-Binnenmarkt am 1. Januar 1993 in Kraft treten zu lassen. Dies setzte die Schweizer Behörden unter Zeitdruck. Galt es doch, ein umfangreiches Umsetzungsprogramm durch das Parlament und die anschließende Volksabstimmung zu bringen. Dabei hatten die Informationsarbeit über den EWR-Vertrag und die öffentliche Diskussion kaum begonnen. Und diese wurde wesentlich komplizierter, als im Oktober 1991, kurz nach den Parlamentswahlen, der Bundesrat eine Kehrtwendung vollzog und überraschend den EU-Beitritt als neues Ziel der Schweizer Integrationspolitik verkündete.

3.2 Das Schweizer EG-Beitrittsgesuch

Wie bereits erwähnt, hatte der Bundesrat einen EG-Beitritt bis zu jenem Zeitpunkt immer abgelehnt.[13] Es war ihm klar, daß ein Beitritt der Schweiz zur EG namhafte Umgestaltungen des föderalistischen und direktdemokratischen Staatssystems zur Folge hätte: Die nationale Exekutive würde auf Kosten der Kantonsrechte gestärkt werden, und in allen durch das EU-Recht geregelten Fragen wären die direktdemokratischen Mitbestimmungsrechte des Volkes außer Kraft gesetzt oder zumindest relativiert. Allgemein wurde auch angenommen, daß ein Beitritt zur EG nur unter Relativierung der Neutralität zu erreichen wäre, da ein allgemeiner Neutralitätsvorbehalt angesichts der politischen Finalität der EG nicht denkbar war. Gerade die Neutralitätsfrage hatte sich aber in der UNO-Abstimmung von 1986 als sehr sensitiv erwiesen, weshalb der Bundesrat noch 1988 einen EG-Beitritt abhängig machte von einer »glaubwürdigen Grundwelle für den Beitritt, die aus dem Willen zur politischen Mitgestaltung Europas erfolgt«.[14] Was die wirtschaftlichen Nachteile des Nichtbeitrittes anging, so fand die Strategie der möglichst weitgehenden Teilnahme am Binnenmarkt mittels Verträgen unterhalb der Beitrittsschwelle breite Zustimmung. Da aber die Exekutive zu Beginn der EWR-Verhandlungen sehr hohe Erwartungen an die Mitbestimmungsrechte im fertigen Vertrag geweckt hatte, suchte sie im Verlaufe der Verhandlungen – als sich diese Erwartungen als illusionär erwiesen – nach anderen Wegen zur Mitbestimmung. Sie machte erstmals im November 1990 den fatalen Fehler einer inneren Verbindung von EWR-Vertrag und EU-Beitritt: Da ersterer die schweizerischen Erwartungen an eine Mitbestimmung nicht erfüllen könne, rücke nun ein EG-Beitritt in den Vordergrund.[15] Diese Argumentationslinie taucht in der Folge vor allem in den Äußerungen der Bundesräte Felber und Cotti auf, die sich in der Öffentlichkeit ab 1990/91 mehr oder weniger deutlich als Anhänger eines EU-Beitrittes zu erkennen gaben. Ebenso deutlich wurde den Stimmbürgern in dieser Phase auch, daß der sozialdemokratische Bundesrat Stich sowohl gegen den EWR-Vertrag als auch gegen einen EU-Beitritt[16] war und die restlichen Bundesräte den EWR-Vertrag mehr oder weniger deutlich befürworteten. Dazu kam, daß die Landesregierung wenig tat, um die Bürger auf die Notwendigkeit einer tieferen Kooperation mit der EU hinzuweisen. Im Gegenteil wurden noch Kontrapunkte von höchster Stelle gesetzt: 1989 wurde in einer umstrittenen nationalen Großaktion des Beginns des Zweiten Weltkrieges gedacht und damit die Rhetorik des Widerstandes und der Abschottung in Europa zwangsläufig revitalisiert. Und 1991 feierte man mit noch größerem staatlichen Aufwand »700 Jahre Schweizerische Eidgenossenschaft«. Während sich einzelne Festredner ehrlich bemühten, den Souverän sanft auf die kommenden Europa-Entscheide einzustimmen, dominierte im öffentlichen Bewußtsein eine rückwärtsgewandte, das Einzigartige der Schweiz betonende »Sonderfall-Optik«.

Obwohl bereits 1991 von einigen Printmedien und Europa-Organisationen eine Pro-EU-Volksinitiative gestartet wurde[17], war von einer mehrheitlichen »Grundwelle für den EG-Beitritt« nichts zu spüren. Trotzdem favorisierten die Mehrzahl der Printmedien in der Deutschschweiz und der Romandie zunehmend einen EG-Beitritt, wobei der EWR als Zwischenschritt ebenfalls unterstützt wurde. Das geringe Interesse am Thema »Europa« – und am EU-Beitritt im speziellen – zeigte sich ebenfalls deutlich in der Wahlkampagne für die Nationalratswahlen vom 20. Oktober 1991. Von einer breiten Europadiskussion war nichts zu vernehmen, innenpolitische und ökologische Themen dominierten bei allen Parteien den Wahlkampf. Doch unmittelbar nach dem Wahlwochenende kam es in Luxemburg zum finalen Durchbruch bei den EWR-Verhandlungen. In den frühen Morgenstunden des 22. Oktober 1991 erklärten die beiden Bundesräte Felber und Delamuraz, die als Vorsteher des Außen- bzw. des Wirtschaftsministeriums die EWR-Verhandlungen führten, den erstaunten Schweizer Journalisten[18], daß der EWR-Vertrag aufgrund der geringen Mitbestimmungsmöglichkeiten unausgewogen und damit nur als Übergangslösung zu einem EG-Beitritt tauglich sei. Der Bundesrat habe deshalb den EG-Beitritt als neues Ziel definiert, ohne sich aber auf ein Datum zur Einreichung des Gesuches festzulegen. Nach der Rückkehr Felbers und Delamuraz' aus Luxemburg blieb dem Kollegium nur die Wahl, die beiden Kollegen öffentlich zu desavouieren oder ihre Position mit einem formellen Entscheid zu bestätigen. Es entschied sich – ohne Begeisterung, ohne lange Diskussion, ohne Konsultation der relevanten gesellschaftlichen Kräfte und ohne Einstimmigkeit – für letzteres.

In den folgenden sechs Monaten blieben sowohl die Frage nach dem Zeitpunkt der Einreichung des EG-Beitrittsgesuches wie auch die genaue Form des EWR-Vertrages in der Schwebe. Die Bevölkerung war verunsichert, und die zum Teil widersprüchlichen Äußerungen der Bundesräte häuften sich. Bundesrat Felber wollte das Gesuch möglichst bald einreichen, Bundesrat Koller erst nach der EWR-Abstimmung und Bundesrat Stich möglichst nie. Obwohl EG-Kommissar Andriessen glaubhaft versicherte, »es gebe keinen Schlußtermin für die Einreichung eines EG-Beitrittsgesuches«[19], entstand doch eine vermeintliche Zwangssituation, das Gesuch bald einzureichen. Am 17. Mai 1992 stimmte das Volk – für viele eher überraschend – einem Beitritt der Schweiz zur Weltbankgruppe und zum Internationalen Währungsfonds zu. Obwohl die Opposition gegen die Vorlage relativ schwach war und andere Vorlagen an diesem Abstimmungswochenende die Stimmbürger mehr bewegten, deutete der Bundesrat diesen wirtschaftlich motivierten Entscheid als ein Signal für eine generelle Öffnung und beschloß nun, das Gesuch bald einzureichen. Nach einer peinlichen Informationspanne[20] begründete er am 20. Mai in einem ausführlichen Bericht sowohl seine Haltung zum EWR wie auch zum EG-Beitritt.[21] Als hätte die Regierung schon damals geahnt, wie viele Nachteile ihr die Umstände des Beitrittsgesuches und seine innere Verknüpfung mit dem EWR-Vertrag noch einbringen würde, überreichte der Schweizer EG-Botschafter das Gesuch am 27. Mai 1992 fast verschämt und ohne jede Zeremonie in Brüssel. Seither ruht es dort.

3.3 Die Volksabstimmung über den EWR

In der Endphase der Verhandlungen war aber der Bundesrat nicht die einzige Stimme, die sich widersprüchlich zum EWR äußerte. Auch der Dachverband der Wirtschaft, Gewerkschaftsfunktionäre und die Parteien ließen sich vielstimmig vernehmen.[22] Ohne hier in die Details gehen zu können, kann man festhalten, daß von einer geschlossenen Unterstützung durch die Elite wenig zu sehen war. Trotzdem waren die Umfrageergebnisse nicht schlecht, eine Basis für eine überzeugende Aufklärungsarbeit wäre vorhanden gewesen. Tatsache war aber auch, daß das EG-Beitrittsgesuch nun für viele EWR-Befürworter (so vor allem in Bauern- und Gewerbekreisen) ein willkommener Vorwand war, ihre Unterstützung aufzukündigen und ins gegnerische Lager zu wechseln. Dessenungeachtet hatte der Bundesrat ein modernes und umfassendes Informationskonzept für die EWR-Abstimmung vorbereiten und – mit Einschränkungen – auch umsetzen lassen.[23] Allerdings konnte diese sachliche Informationsarbeit eine von privater Seite ausgehende emotionale Überzeugungsarbeit nicht ersetzen. Und diese von Parteien, Wirtschaftsverbänden und anderen Institutionen getragene Überzeugungsarbeit kam nur zögerlich in Gang. Zu Beginn versuchte man gar noch, die Informationsschriften der Regierung an Nüchternheit zu übertreffen. Somit stand man im vollen Gegensatz zur kraftvollen, auf Emotionales und Identitätsfragen zielenden Nein-Kampagne, die vom Unternehmer und SVP-Nationalrat Christoph Blocher nicht nur inspiriert, sondern regelrecht dominiert wurde. Er und seine Mitstreiter zogen seit dem Frühsommer (also bevor noch das Parlament in einer Sondersession im August zum EWR Stellung nehmen konnte) durch die ganze Deutschschweiz[24], sprachen in unzähligen Versammlungen zahllose Getreue und Unentschlossene an und lancierten ab Mitte August eine kontinuierliche, geschickt orchestrierte Inseratenkampagne, für die beträchtliche Mittel aus verschiedenen Quellen zur Verfügung standen.[25] Ihre Schwerpunkt-Argumente waren einerseits politisch (Nein zu EG-Beitritt, deshalb Nein zum EWR; EWR als »Kolonialvertrag«; Angst vor Identitätsverlust), andererseits wirtschaftlich (Angst vor Marktöffnung, Lohnabbau und Angleichung des tieferen schweizerischen Zinsniveaus an das europäische usw.). Demgegenüber blieb die Pro-Seite lange abstinent, sowohl im Inseratebereich wie bei Veranstaltungen. Als im Sommer die gegnerische Kampagne voll in Fahrt geraten war, waren die bürgerlichen Befürworter dabei, »die Kampagne langsam zu Faden zu schlagen«.[26] Es gelang auch nicht, ein ebenso aussagekräftiges Kampagnesymbol wie die gegnerische »EWR/EG-Beißzange«[27] zu kreieren. In defensiver Grundhaltung wollte man zuerst die Volksabstimmung über die Neuen Eisenbahnalpentransversalen (NEAT), zu deren Bau sich die Schweiz in einem Vertrag mit der EG verpflichtet hatte, abwarten. Erst gegen Mitte November traten die Befürworter in einem an Panik erinnernden Eifer wieder verstärkt an die Öffentlichkeit, doch die meisten Unentschiedenen hatten sich ihre Meinung bereits gebildet oder gar schon ihre Stimme abgegeben, da man in der Schweiz bereits drei Wochen vor dem eigentlichen Urnengang schriftlich abstimmen kann.

Bei einer rekordverdächtigen Beteiligung von 78,7 Prozent sagte am 6. Dezember 1992 eine knappe Volksmehrheit von 50,3 Prozent Nein zum EWR, bei den ebenfalls nötigen Ständestimmen[28] war die Mehrheit allerdings mit 16 zu sieben Kantonen deutlich, da nur die französischsprachigen und die beiden Basler Kantone zustimmten. Was waren die Gründe für diesen Entscheid? Darüber ist viel geschrieben und spekuliert worden. Folgende Erklärungsmuster sind tauglich:

1. Der Bundesrat selbst sorgte mit seiner Vermengung des EWR mit der Beitrittsproblematik für große Verwirrung. Der Fehler war nicht so sehr das Beitrittsgesuch an sich, sondern dessen Begründung: Der Bundesrat selbst bezeichnete den EWR-Vertrag als unbefriedigend, weshalb ein EG-Beitritt zur Kompensation der Vertragsmängel nötig sei. Damit lieferte er die Vorlage den Gegnern ans Messer. Zudem setzte der Bundesrat – um sich nicht weiteren Vorwürfen der europäischen Partner wegen Verzögerungen aussetzen zu müssen – die Abstimmung auf den 6. Dezember 1992 fest und nicht auf den nächstmöglichen Termin Anfang März 1993. Dies hätte Zeitdruck vom Stimmbürger weggenommen und wäre zudem ein innenpolitisch wohlverstandenes Zeichen der Souveränität gewesen. Und schließlich ist es dem Bundesrat in dieser entscheidenden Frage nicht gelungen, Geschlossenheit herzustellen und zu demonstrieren.
2. Die Pro-Kampagne startete viel zu spät und war zu zaghaft und zu nüchtern. Es gelang den Befürwortern vor dem Hintergrund einer relativ guten Wirtschaftslage und einer im Vergleich zum übrigen Europa geringen Arbeitslosenrate nicht, die ökonomischen Vorteile der EWR-Lösung glaubhaft zu vermitteln. Hingegen gelang es den Gegnern konsequent, Ängste vor einer Marktöffnung zu schüren und diese als Bedrohung für den Schweizer Wohlstand darzustellen.
3. Auf der Ebene der Werte operierten die Gegner ebenfalls erfolgreicher: Es gelang ihnen, die Angst vor »Identitätsverlust« zu schüren. Demgegenüber vernachlässigten die Befürworter die Diskussion um »schweizerische Werte« und um notwendige Anpassungen der Schweizer Institutionen und Modelle an die Realität der EU. Diese Diskussion wird auch heute noch kaum geführt, geschweige denn sind Entscheidungen in die richtige Richtung vorbereitet oder gar getroffen worden. Der allgemeine Trend geht eher in die Gegenrichtung, d. h. zu einem Ausbau der direkten Demokratie im Rahmen der laufenden Totalrevision der Bundesverfassung und damit zu einer weiteren Hemmung der außenpolitischen Handlungsfreiheit der Schweiz.[29]

4. Ausblick: EU-Beitritt, EWR II oder Alleingang?

Die EWR-Abstimmung vom 6. Dezember 1992 ist wohl die deutlichste Zäsur der helvetischen Integrationspolitik seit ihrem Beginn. Zum ersten Mal wurde ein Integrationsschritt, den die Gemeinschaft gemacht hatte, nicht adäquat nachvollzogen, d. h. das Vertragswerk der Schweiz mit der EU konnte nicht den neuen Verhältnissen angepaßt werden. Das knappe Verdikt des Volkes limitiert nun die Handlungsmöglichkeiten auf längere Zeit hinaus. Im Folgeprogramm nach der Ablehnung des EWR-Abkommens schlug der Bundesrat eine Doppelstrategie zur Schadensbegrenzung vor[30]: Mittels bilateraler Verhandlungen mit der EU soll versucht werden, die Nachteile aus dem Abseitsstehen vom EWR möglichst zu verringern. Und mit einem nationalen Deregulierungsprogramm sollte der überregulierte Binnensektor aufgebrochen werden. Die zwei bedeutendsten Vorlagen sind die inzwischen abgeschlossene Totalrevision des Kartellrechtes und ein neues »Binnenmarktgesetz«, welches die Handelshemmnisse zwischen den Kantonen beseitigen soll.

Die bilateralen Verhandlungen mit der EU haben im Dezember 1994 begonnen und umfassen die folgenden sieben Dossiers: Straßenverkehr, Luftverkehr, technische Handelshemmnisse, Forschungskooperation, öffentliches Beschaffungswesen, Landwirtschaft und Personenfreizügigkeit. Heute kann man feststellen, daß nach mühseligen Verhandlungen die sieben Dossiers zwischen der EU-Kommission und der Schweiz praktisch bereinigt sind. Es besteht (vor allem wegen des Resultates der deutschen Bundestagswahlen) auch eine gewisse Hoffnung, daß der fragile Kompromiß beim Kernproblem des Straßenverkehrs auch die Zustimmung der EU-Mitgliedstaaten finden wird. Nach einem formellen Verhandlungsabschluß unterläge das ganze Verhandlungspaket zuerst einem parlamentarischen Ratifizierungsprozedere in der Schweiz und einer eventuellen Volksabstimmung[31] und erst danach der Ratifizierung durch das Europäische Parlament und alle Parlamente der EU-Mitgliedstaaten, so daß ein Inkrafttreten noch in diesem Jahrhundert als wenig wahrscheinlich gilt. Dies zeigt eindrücklich, daß wegen des großen Aufwandes und des relativ bescheidenen Ertrages (alle Lösungen bleiben unter dem EWR-Niveau) der bilaterale Weg langfristig für beide Seiten keine gute Lösung sein kann. Bleibt also als weitere Möglichkeit ein nachträglicher Beitritt zum EWR, der immer wieder Befürworter in der Schweiz findet.[32] Auch aus Sicht der EU ist ein nachträglicher Beitritt zum EWR möglich, doch können erst formelle Verhandlungen zeigen, wie z. B. der Nachvollzug des seit 1992 geschaffenen EWR-Rechtes geschehen kann.

Die Integrationsgegner setzen ganz auf einen »Alleingang« der Schweiz in Europa, wobei sie von der Erwartung ausgehen, daß die EU bald auseinanderbrechen wird. Dieser langfristig konzipierte Alleingang würde wirtschaftlich nur machbar sein, wenn
1. Gewißheit bestünde, daß die EU ihr Diskriminierungspotential gegenüber der Schweiz nie ausschöpfen würde;
2. sich die Schweiz zu radikalen marktwirtschaftlichen Reformen entschließen könnte.

Zieht man aber den Widerstand der Integrationsgegner selbst gegen die moderaten Liberalisierungsbemühungen des Bundesrates im Bereich der Kartell- und Binnenmarktgesetzgebung in Betracht, so erweist sich deren Position als wenig glaubwürdig. Dazu kommt, daß mit Vertiefung der Integration deren Diskriminierungspotential wächst. Zum EU-Beitritt schließlich führt für die Schweiz noch ein weiter und beschwerlicher Weg. Zweifellos wird auch die Schweiz eines Tages Mitglied der Europäischen Union sein, zumal die Entwicklung innerhalb der Union hin zu mehr Heterogenität, zu mehr Flexibilität und Subsidiarität der Schweizer Befindlichkeit entgegenkommt. Bis der Beitritt allerdings die Zustimmung von Volk und Ständen finden wird, müssen die Strukturen des Landes den Erfordernissen an eine aktive EU-Mitgliedschaft angepaßt werden, d. h.:

- Reform des Regierungsapparates mit einer klaren Führungskompetenz eines Regierungschefs und einer homogeneren Regierungskoalition;
- Modifizierung der direktdemokratischen Mitspracherechte des Volkes und Neudefinition des föderalen Zusammenspieles Bund-Kantone unter besonderer Berücksichtigung der Steuerordnung[33];
- Klärung der sicherheitspolitischen Rolle der Neutralität.

All dies sind Fragen, die das helvetische Selbstverständnis tief berühren. Die nötigen Entscheidungen können nur als Folge einer tiefgreifenden politischen Bewußtseinsveränderung der Bevölkerung getroffen werden. Diese Debatte steht erst am Anfang und wird noch einige Jahre in Anspruch nehmen, wobei der laufende Generationenwechsel hilfreich sein dürfte. Eine große, aber relevante Unbekannte ist schließlich die Entwicklung der Wirtschafts- und Währungsunion (WWU): Eine stabile WWU dürfte langfristig in der Schweiz nicht als Bedrohung empfunden werden, während eine instabile WWU einen Aufwertungsdruck auf den Schweizer Franken auslösen könnte, mit entsprechend negativen Konsequenzen für den Tourismus und die Exportindustrie.

Schließlich läge ein EU-Beitritt der Schweiz gewiß im Interesse der ganzen Union: Einmal abgesehen davon, daß die Schweiz als Nettozahler eintreten würde, brächte sie auch bedeutende Erfahrungen im Zusammenleben unterschiedlicher Sprachgruppen und Kulturen, bezüglich Föderalismus, Subsidiarität und direkter Demokratie in die Gemeinschaft ein. Auch würde sie tendenziell den nichtprotektionistischen und regulierungskritischen Block stärken. Es liegt also auch im wohlverstandenen Interesse der EU, den Reifungsprozeß in der Schweiz mit Wohlwollen und etwas Geduld zu verfolgen. Auch wenn das Alpenland letztlich nur beschränkt ein Sonderfall ist, funktionieren die Mechanismen seiner Uhren doch etwas anders.

Anmerkungen

1 Dieses ist allerdings ein Zeichen des beispiellosen wirtschaftlichen Aufschwungs der Nachkriegszeit. Noch vor dem Zweiten Weltkrieg war die Schweiz ein armes Land mit hohen Auswanderungsraten. 1994 (neueste verfügbare Zahlen) war das Bruttoinlandsprodukt mit 36 790 US-Dollar (USD) pro Kopf das höchste der Welt, in Kaufkraftparitäten berechnet das zweithöchste (nach USA): vgl. Bundesamt für Statistik: Statistisches Jahrbuch der Schweiz, Zürich 1996, S. 145.
2 Diese betrug 1994 3,8 Prozent im Gegensatz zum EU-Durchschnitt von 11,2 Prozent. Vgl. Statistisches Jahrbuch der Schweiz (Anm. 1), S. 121. Demgegenüber – mitverantwortlich für die geringe Arbeitslosenrate, da produktivitätsfördernd – hat die Schweiz mit 42,1 Stunden pro Woche die höchste durchschnittliche Arbeitszeit in Europa. 1997 betrug die Arbeitslosenrate durchschnittlich knapp 5 Prozent.
3 Sie besteht seit 1957 in unveränderter Form und wird »Zauberformel« genannt.
4 So haben Industriebetriebe von Weltrang wie z. B. ABB, Bobst, Bühler, Georg Fischer, Novartis, Roche, Sulzer, Nestlé u.v.a.m. ihren Sitz und oft auch noch ihre Wertschöp-

fungsschwerpunkte in der Schweiz. Entsprechende Namen wären im Dienstleistungssektor z. B. der Bankgigant UBS, die Credit Suisse Group, die Schweizer Rück oder die Zürich Financial Services.
5 Zur Bedeutung und zum Funktionieren der Direkten Demokratie vgl. Neidhart, Leonhard: Plebiszit und pluralitäre Demokratie – eine Analyse des schweizerischen Gesetzesreferendums, Bern 1970.
6 Zur Thematik vgl. Du Bois, Pierre: Die Schweiz und die europäische Herausforderung 1945–1992, Zürich 1990.
7 Allerdings als einziges Nicht-EWR-Land, was natürlich die Bedeutung dieser Organisation für die Schweiz zusätzlich schwächt.
8 Vgl. dazu: Schenker, Mark: EG als Chance – die Schweiz am europäischen Scheideweg, Zürich 1991, S. 285 ff.
9 Vgl. Gilg, Peter, u. a. (Hrsg.): Schweizerische Politik im Jahre 1986, 22. Jg., Bern 1987, S. 43–46.
10 Vgl. dazu den (ersten) Integrationsbericht des Bundesrates vom 24. August 1988, in: Bundesblatt 1988, Dok. Nr. 88.045, Bern 1988.
11 Diese große zeitliche Verzögerung sagt einiges aus über die Prioritätensetzung des Parlamentes: Innenpolitische Fragen wurden als dringender erachtet.
12 Zu den Details vgl. Goetschel, Laurent: Zwischen Effizienz und Akzeptanz. Die Information der Schweizer Behörden im Hinblick auf die Volksabstimmung über den EWR-Vertrag vom 6. Dezember 1992, Bern 1994, S. 121 ff.
13 Für eine detaillerte Darstellung vgl. Huth-Spiess, Petra: Europäisierung oder »Entschweizerung«? Der Abstimmungskampf der Schweiz um den Beitritt zum Europäischen Wirtschaftsraum, Bern 1996.
14 Integrationsbericht des Bundesrates (Anm. 10), S. 134.
15 Dazu Goetschel (Anm. 12), S. 124 f.
16 Dies ist eine weitere Besonderheit des helvetischen Regierungssystems, profilierte sich die Partei von Bundesrat Stich doch seit 1990 als Befürworterin sowohl des EWR wie auch des EU-Beitrittes. Das umgekehrte trifft auf Bundesrat Ogi zu, der ein Integrationsbefürworer ist, während seine Partei (SVP) jeden weiteren Integrationsschritt klar ablehnt.
17 Deren Unterschriftensammlung kam allerdings nur schleppend voran und konnte bei der Einreichung des Beitrittsgesuches ohne Gesichtsverlust abgebrochen werden.
18 Noch mehr erstaunt als die Journalisten waren die anwesenden Diplomaten.
19 Zitiert nach Huth-Spiess (Anm. 13), S. 147.
20 Die Regierung wollte diesen wichtigen Entschluß zwei Tage geheim halten, doch schon eine Stunde nach Sitzungsschluß berichtete das Radio darüber.
21 Bericht über einen Beitritt der Schweiz zur Europäischen Gemeinschaft und Botschaft zur Genehmigung des Abkommens über den Europäischen Wirtschaftsraum vom 18. Mai 1992.
22 Vgl. dazu Goetschel (Anm. 12), S. 115 ff.
23 Der Informationsarbeit des Bundesrates ist der Hauptteil der umfassenden Studie von Goetschel gewidmet.
24 Die Romandie ließ man aus, da man dort auf keine große Resonanz zählen konnte.
25 Für den Verlauf der Kampagne vgl. Goetschel (Anm. 12), besonders S. 177–275.
26 So der Direktor des verantwortlichen Wirtschaftsverbandes »Wirtschaftsförderung wf«. Zitiert nach Goetschel (Anm. 12), S. 207.
27 Diese zeigt anschaulich, wie EWR und EG die kleine Schweiz in die Zange nehmen und war an Autos und an anderen geeigneten Objekten durchs ganze Land hindurch zu sehen. Doch die Drucksachen der Pro-Seite blieben seltsam bieder und unansprechend, während

es der betont unintellektuellen AUNS immer wieder gelang, kräftige Bilder und Symbole zu schaffen, so z. B. auch bei der Abstimmung über ein Schweizer UNO-Blauhelmkontingent.

28 Die Mehrheit der Abstimmenden in einem Kanton gibt die sogenannte Ständestimme. Bei der EWR-Abstimmung war – da die Behörden ihr ohne zwingende juristische Gründe Verfassungscharakter zuschrieben – auch die Mehrheit der Ständestimmen nötig.

29 Vgl. dazu Friedrich, Rudolf (Bundesrat von 1982–1984): Das Land noch mehr blockieren? Bemerkungen mit Blick auf die Sondersession, in: Neue Zürcher Zeitung v. 27./28. Dezember 1997, S. 12.

30 Botschaft (des Bundesrates) über das Folgeprogramm nach der Ablehnung des EWR-Abkommens vom 24. Februar 1993, in: Bundesblatt 1993, Dok. Nr. 93.100.

31 Deren Chancen stehen nicht schlecht. So hat das Schweizer Volk in der Abstimmung vom 27. September 1998 eine Straßenschwerverkehrsabgabe als notwendige Voraussetzung für ein bilaterales Vertragspaket gegen den Widerstand der Integrationsgegner überraschend deutlich angenommen.

32 Dazu: EWR – was ist das schon wieder?, in: CASH v. 21. November 1997, S. 98 f.

33 Ein EU-Beitritt hätte zwingend eine massive Erhöhung der Mehrwertsteuer und damit der Steuererträge des Bundes – auf Kosten der Kantone – zur Folge.

Polen

CORNELIUS OCHMANN

Die Ziele der polnischen Außen- und Außenwirtschaftspolitik der postkommunistischen Ära sind bereits erreicht worden. Sowohl bei der NATO- als auch der EU-Osterweiterung zählt Polen zu den Kandidaten der ersten Beitrittsrunde. Während die formelle NATO-Aufnahme Polens im Frühjahr 1999 erfolgte, wird der EU-Beitritt Polens noch mehrere Jahre in Anspruch nehmen. Es ist kaum vorstellbar, daß der größte Staat Ostmitteleuropas nicht zu den ersten EU-Beitrittsländern aus dieser Region zählen wird.[1] Die Grundlage für die historischen Entscheidungen von EU und NATO, sich nach Osten zu öffnen und damit die Ordnung Gesamteuropas maßgeblich zu verändern, wurde in Polen im Jahre 1980 mit der Gründung des Gewerkschaftsverbandes *Solidarność* in Danzig/Gdansk gelegt.

1. Politik

Die politische Entwicklung Polens wurde von zwei Faktoren entscheidend geprägt: einerseits vom innenpolitischen Konflikt um die durch das Kriegsrecht (1981–1983) geschwächte *Solidarność*-Bewegung und andererseits von der *Glasnost*- und *Perestrojka*-Bewegung innerhalb der Kommunistischen Parteien des ehemaligen Ostblocks, die 1985 vom damaligen KPdSU-Generalsekretär Gorbatschow eingeleitet wurde. Angesichts der sich zuspitzenden gesellschaftlichen und wirtschaftlichen Krise entlud sich der schwelende Konflikt in Polen 1989 in den Verhandlungen des *Runden Tisches* zwischen der Regierung und der Opposition. Im nachhinein erwies sich dieser Schritt als Durchbruch für den Prozeß der Demokratisierung in Polen und allen anderen Ostblockstaaten. Bei den ersten »halbfreien« Wahlen im Jahre 1989 erlitten die Kommunisten eine Niederlage. Ihre Versuche, eine Regierung zu bilden, scheiterten an der Weigerung der Blockparteien. Daraufhin entschloß sich die Opposition, selbst eine Regierung aufzustellen. Zwar blieben die sogenannten Machtministerien, Inneres und Verteidigung, weiterhin mit Kommunisten besetzt, doch mit Ministerpräsident Tadeusz Mazowiecki stand im August 1989 erstmals in der Nachkriegsgeschichte der Ostblockländer ein nichtkommunistischer Politiker an der Regierungsspitze.

Die Folge des politischen Umbruches war ein vollständiger Zerfall der politischen Strukturen des kommunistischen Systems. Da sich die Opposition jedoch nur im Kampf gegen den Kommunismus und die Vorherrschaft der Sowjetunion einig war, gestaltete sich der Aufbau neuer demokratischer Institutionen in Polen langsam und schwierig.

1.1 Politische Institutionen der Übergangsphase

Die ersten halbfreien Wahlen vom Juni 1989, die am Runden Tisch vereinbart worden waren, enthielten eine Sperrklausel, die den kommunistischen Regierungsparteien eine Mehrheit von 65 Prozent im *Sejm*, dem polnischen Parlament, garantierte. Das war der Preis für Zugeständnisse an die Opposition, wie beispielsweise die Wiedereinrichtung der frei wählbaren zweiten Parlamentskammer, des Senates. Bei den Wahlen gewannen die Kandidaten der *Solidarność* sämtliche der für den freien Wettbewerb zugelassenen Sitze des *Sejms* sowie 99 der 100 Sitze des Senates. Der überraschende Wahlausgang führte dazu, daß die Kompromisse des *Runden Tisches* nur teilweise eingelöst wurden. So wählte der *Sejm* zwar den Reformkommunisten General Wojciech Jaruzelski, der die polnische Politik in den achtziger Jahren dominierte und wesentlich zum friedlichen Machtübergang beigetragen hatte, zum Staatspräsidenten.[2] Allerdings setzte sich bei der Wahl des Ministerpräsidenten der *Solidarność*-Kandidat Tadeusz Mazowiecki durch.

Nach der Machtübernahme der Opposition kam es nicht zu einer Reform des politischen Institutionensystems. Trotz fehlender demokratischer Legitimität verschleppte der *Sejm* über zwei Jahre die immer lauter werdenden Forderungen nach vorgezogenen Neuwahlen. Dies war ein wesentlicher Grund für die späte Aufnahme Polens in den Europarat, die erst im November 1991 nach den ersten freien Parlamentswahlen erfolgte.[3] Die Kräfteverhältnisse im *Sejm* waren in diesem Zeitraum aufgrund vieler Spaltungen und Umgruppierungen der Fraktionen kaum zu durchschauen. Die Abgeordneten tolerierten zwar die *Solidarność*-Regierung, blockierten indes viele Gesetzesinitiativen.

In der Übergangszeit von 1989 bis 1991 wurde die Position des Präsidenten durch mehrere Verfassungsrevisionen gestärkt. Durch allgemeine freie Wahlen wurde im Dezember 1990 der Gewerkschaftsführer Lech Wałęsa, die Symbolfigur des Umbruchs in Polen und Osteuropa, von der polnischen Bevölkerung zu ihrem ersten demokratisch legitimierten Präsidenten gewählt.[4] Angesichts der sozialen Härten der Transformationsphase sank in der Folge die Popularität der Reformer in Polen. Hinzu kamen permanente institutionelle Konflikte zwischen Präsident, Regierung und Parlament infolge der unklaren Kompetenzverteilung zwischen den Staatsorganen. Auch die Verabschiedung der sogenannten »Kleinen Verfassung« im Jahre 1992, die die Beziehungen zwischen Legislative und Exekutive vorläufig regeln sollte, löste dieses Problem nicht. Unterschiedliche Interpretationen waren weiterhin bei der Besetzung von Ministerämtern sowie in zentralen Politikfeldern (Außen- und Sicherheitspolitik) möglich. Eine präzise Ausgestaltung der demokratischen Verfassungsordnung erfolgte in Polen erst mit der Verabschiedung der neuen Verfassung im Mai 1997. Präsident Wałęsa bemühte sich dennoch, die Reformpolitik voranzutreiben. Allerdings erschwerten die Zersplitterung des Parteiensystems und die schwachen und oft wechselnden Regierungen seine Bemühungen.

Im November 1995 verlor Wałęsa sein Amt an Aleksander Kwaśniewski, den Kandidaten des sozialdemokratischen, postkommunistischen Bündnisses der Demokratischen Linken (SLD). Im Gegensatz zu Wałęsa, dessen Amtszeit durch Machtkämpfe mit der Regierung und dem Parlament geprägt war, ist Kwaśniewski ein auf Ausgleich bedachter Politiker. So verzichtete er auf direkte Eingriffe bei der Besetzung der Schlüsselministerien. Seine politische Herkunft und sein Anspruch, die parlamentarische Demokratie zu festigen, begünstigten diese Entwicklung. Die nach den Wahlen im September 1997 gebildete Mitte-Rechts-Regierung – bestehend aus der Wahlaktion Solidarität (AWS) und der liberalen Freiheitsunion (UW) – hat den von einigen rechtsorientierten Politikern vorgeschlagenen Weg einer »Nachbesserung« der Verfassung nicht verfolgt, obwohl die Rechtsparteien beim Referendum im Mai 1997 gegen die Annahme der Verfassung votierten. Mit Inkrafttreten der neuen Verfassung am 21. Oktober 1997 wurde der achtjährige Verfassungskonflikt in Polen beendet.

1.2 Die Konsolidierung des Parteiensystems

Aufgrund der 40jährigen Dominanz der Kommunistischen Partei, die in Polen als Polnische Vereinigte Arbeiterpartei (PZPR) agierte, gab es nach 1989 kein Fundament breitgefächerter gesellschaftlich-politischer Organisationen. Aufbauend auf ihre Untergrundtätigkeit in den achtziger Jahren nahm daher die *Solidarność* zunächst die zentrale Stellung im politischen Leben ein. Sie hatte jedoch mit zwei unüberwindbaren Problemen zu kämpfen. Zum einen wies sie keinen starken inneren Zusammenhalt auf, da ihre einzelnen Bewegungen und Gruppierungen nur im Widerstand zum Kommunismus vereint waren.

Zum anderen befürchteten einige Oppositionsführer und nicht zuletzt Gewerkschafter selbst, daß eine Umwandlung der *Solidarność* in eine politische Partei die gerade erst entstehende Pluralisierung des politischen Lebens gefährden könnte. Da auch Staatspräsident Wałęsa den Spaltungsprozeß vorantrieb, brach die *Solidarność*-Bewegung schließlich auseinander. Auf ihrer Grundlage formierten sich 1992–1993 mehrere Nachfolgeparteien. Da jedoch keine von ihnen effiziente Organisationsstrukturen besaß, spielten sie im politischen Leben zunächst keine bedeutende Rolle.

Die ehemaligen kommunistischen Regierungsparteien konnten hingegen auf ihre alten Strukturen zurückgreifen. Nach einer Phase der Neuformierung kehrten sie 1993 auf die politische Bühne zurück. Besonders erfolgreich war die Vereinigte

Bauernpartei (ZSL), eine ehemalige Blockpartei. Als Polnische Bauernpartei (PSL) stellte sie nach vorgezogenen Parlamentswahlen im September 1993 als kleinerer Koalitionspartner des Bündnisses der Demokratischen Linken (SLD) mit Waldemar Pawlak den Ministerpräsidenten. Hintergrund ihres Erfolges war die spezifisch polnische Struktur der Landwirtschaft. Als einziges Land der sowjetischen Einflußsphäre konnte Polen das Privateigentum in der Landwirtschaft bewahren. Dies führte zur Zersplitterung der Agrarstruktur, so daß sich die reformierte Bauernpartei binnen kurzem als Anwalt der polnischen Landwirte profilieren konnte. Die Machtbesessenheit der führenden Partei-Elite und Fehler in der Landwirtschaftspolitik führten jedoch zu einer Wahlniederlage bei den Herbstwahlen 1997.[5]

Auch der Nachfolgepartei der Vereinigten Arbeiterpartei (PZPR) gelang der Weg zurück zur Macht. Die Postkommunisten schufen ein sogenanntes Bündnis der Demokratischen Linken (SLD) mit »sozialdemokratischem« Anstrich, das die Parlamentswahlen im September 1993 gewann und zusammen mit der PSL bis zu den Wahlen im Herbst 1997 regierte. Der Erfolg der postkommunistischen Parteien bei den Parlamentswahlen 1993 war vor allem auf die geringe Wahlbeteiligung sowie die Zersplitterung des rechten Parteienspektrums zurückzuführen. Gemeinsam mit den Abgeordneten der Union der Arbeit (UP) verfügten sie über eine Zweidrittelmehrheit im Parlament. Dies hatte jedoch auch zur Folge, daß eine Opposition der »Reformbremser« in der Regierung entstand. Die Auseinandersetzungen über die Regierungspolitik verlagerten sich somit vom eigentlichen Austragungsort, dem Parlament, in die Regierungsparteien selbst.

Von den Nachfolgeparteien der *Solidarność* gelang 1993 lediglich der Freiheitsunion (UW) der Einzug ins Parlament. Die für Parteien bei 5 Prozent und für Wahlbündnisse bei 8 Prozent liegende Sperrklausel konnten viele der zersplitterten rechten Bewegungen nicht überwinden. Das Fehlen rechter Parteien im Parlament verlagerte die politische Auseinandersetzung teilweise auf die Straße. Sie erzeugte jedoch auch einen starken Druck, der die zerstrittene Rechte zur Einigung zwang. Im Rahmen einer gemeinsamen Allianz mit dem Namen Wahlaktion Solidarität (*Akcja Wyborcza Solidarność* – AWS) kehrte die Gewerkschaft *Solidarność* 1996 in die politische Arena zurück. Die Wahlaktion Solidarität bildete eine Brücke zwischen der Freiheitsunion (UW) und der auf dem rechten Flügel des politischen Spektrums entstandenen Bewegung für den Wiederaufbau Polens (*Ruch Odbudowy Polski* – ROP). Bei den Parlamentswahlen im September 1997 blieb wiederum der Großteil der polnischen Bevölkerung der Wahlurne fern. Die Mitte-Rechts-Parteien konnten jedoch diesmal die Synergieeffekte eines gemeinsamen Vorgehens nutzen und gewannen eine deutliche Mehrheit der Mandate.[6]

Der Konsolidierung des Parteiensystems scheint mittlerweile abgeschlossen zu sein. Auch die Protestpartei der Rentner, die in den letzten Monaten des Wahlkampfes 1997 auftauchte, konnte diese Entwicklung nicht mehr nachhaltig beeinflussen. Die 1997 abgehaltenen Parlamentswahlen, die erstmals seit dem Umbruch 1989 planmäßig stattfanden, sind ein Beweis für die politische Stabilität, die Polen inzwischen erlangt hat.

1.3 Das politische System der Verfassung von 1997

Im Gegensatz zur »Kleinen Verfassung« von 1992 regelte die neue Verfassung Polens, die im Mai 1997 in einem Referendum angenommen wurde[7], die Machtverteilung zwischen den Staatsorganen. Dabei wurden die Rechte des Staatspräsidenten stark eingeschränkt. So hat er nun keinen Einfluß mehr auf die Besetzung von Schlüsselressorts in der Regierung. Außerdem verlor er sein Recht, die Außen- oder die Verteidigungspolitik zu bestimmen, und sein Einspruchsrecht bei der Haushaltsgesetzgebung. Mit der Festlegung auf eine parlamentarische Demokratie ging damit die seit 1989 andauernde Übergangsphase, in der in Polen eine Mischform aus parlamentarischer und präsidialer Demokratie existierte, zu Ende.

Ob die neue Verfassung die Rolle der Parteien stärken wird, bleibt indes fraglich. Staatspräsident Aleksander Kwaśniewski hat seine Parteiämter nach seiner Wahl niedergelegt und mehrmals betont, er »möchte Präsident aller Polen sein«. Auch der ehemalige Premierminister Wlodzimierz Cimoszewicz, der das Land von Februar 1996 bis September 1997 regierte, gehörte keiner Partei an. Als er nach einer Spionageaffäre das Amt von Jozef Oleksy übernahm, wurden ihm aufgrund fehlender Hausmacht keine großen Chancen auf eine starke Regierung eingeräumt. Dennoch gelang es ihm, wichtige Reformen im Rahmen der Exekutivgewalt umzusetzen. So stärkte er die Kompetenzen des Premierministers durch die Schaffung eines Kabinettes nach deutschem Muster. Ferner ließ er politische und verwaltungstechnische Funktionen voneinander trennen, deren Verflechtung bis dato ein großes Problem für viele Regierungen dargestellt hatte. Alle Ministerien mußten fortan die von der Regierung getroffenen Entscheidungen uneingeschränkt umsetzen. Zugleich wurden die Minister verpflichtet, die Entscheidungen der Regierungen nach außen zu vertreten, und zwar unabhängig vom Parteiinteresse. Als Folge der Oleksy-Affäre, in der ein Minister gegen den eigenen Premierminister ermittelt hatte, wurden dem Premier auch die Geheimdienste unterstellt.

Die Reform der Exekutive wurde auch von der Opposition als Schritt in Richtung einer effizienteren Regierungsarbeit begrüßt. Weniger Erfolg war der Regierung hingegen bei der Territorialreform Polens beschieden. Vorgesehen war die Schaffung von zwölf *Woiwodschaften*, die anstelle der bisherigen 49 eine effiziente dezentrale Struktur bilden sollten. Als Vorbild diente die Bundesrepublik Deutschland mit ihren Ländern. Sowohl die Regierung Cimoszewicz als auch die Mehrheit der polnischen Bevölkerung war der Ansicht, daß eine föderale Landesstruktur besser mit der EU-Mitgliedschaft zu vereinbaren sei. Doch der Widerstand der Bauernpartei führte zur Verschiebung dieser – auch für die wirtschaftliche Entwicklung Polens – sehr wichtigen Reform. Die Diskussion über die Regionalisierung des Landes wurde jedoch nach den Überschwemmungen in Süd- und Südwestpolen im Sommer 1997 aufgrund der katastrophalen Fehler, die die Zentralverwaltung bei den Hilfsleistungen für die Bevölkerung beging, neu entfacht. Die AWS-UW-Regierung setzte sie schließlich 1999 um.

2. Wirtschaft

Der Begriff »polnische Wirtschaft« hat in der jüngsten Vergangenheit einen grundlegenden Bedeutungswandel erfahren. Noch in den achtziger Jahren als Schimpfwort benutzt, gilt er heute als ein Markenzeichen für erfolgreiche Wirtschaftstransformation. Polen war das erste Land Mittel- und Osteuropas, in dem nach 1989 mit einem grundlegenden Umbau des politischen und wirtschaftlichen Systems begonnen wurde. Der polnische Ansatz, die Probleme der Transformation zu lösen, diente als Vorbild für alle Transformationsländer der Region (mit Ausnahme Ostdeutschlands und Ungarns). Polen ist auch das erste postkommunistische Land, das die Transformationskrise überwunden hat und mittlerweile hohe wirtschaftliche Wachstumsraten aufweist.[8]

Ausgangspunkt dieser positiven Entwicklung war der sogenannte *Balcerowicz-Plan*. Leszek Balcerowicz, von manchen als »polnischer Ludwig Ehrhard« bezeichnet, war 1989 in der ersten nicht-kommunistischen Regierung für die Wirtschaftsreformen zuständig. Um die Wirtschaftsverfassung des Landes neu zu gestalten und zugleich die Wirtschaft zu stabilisieren sowie auf einen Wachstumskurs zurückzuführen, unterzog er sein Land einer sogenannten Schocktherapie. Diese umfaßte folgende Maßnahmen: Liberalisierung der Preise und Abbau staatlicher Subventionen; strikte Kontrolle der Geld, Kredit- und Einkommensentwicklung; Gewerbefreiheit und Privatisierung staatlichen Produktivvermögens; Deregulierung und Liberalisierung des Außenhandels; Abwertung der polnischen Landeswährung (*Złoty*) sowie Einführung der gesetzlichen Grundlagen für den Aufbau marktwirtschaftlicher Institutionen. Nach dem Wahlsieg des Mitte-Rechts-Bündnisses im Herbst 1997 kehrte Balcerowicz auf den Posten des Finanzministers und stellvertretenden Premierministers, den er 1991 verlassen mußte, zurück. Gemeinsam mit dem neuen Premierminister Jerzy Buzek treibt er die bislang aufgeschobenen Strukturreformen voran.

Bis 1993 hatten alle Regierungen versucht, den von Balcerowicz eingeleiteten Reformplan umzusetzen. Allerdings gelangte die postkommunistische Regierungskoalition – bestehend aus SLD und PSL – 1993 auch an die Macht, weil sie den Reformplan heftig kritisiert und den Wählern versprochen hatte, die sozialen Härten der Transformation zu mildern. In der Praxis führte jedoch auch die postkommunistische Regierung die Stabilitätspolitik ihrer Vorgänger fort. Ganz oben auf der Agenda standen die Bekämpfung der Inflation, der Abbau des Staatsdefizites und die Verringerung der öffentlichen Verschuldung. Als Ergebnis beschleunigte sich das Wirtschaftswachstum, die Arbeitslosigkeit ging leicht zurück und die Einkommen der privaten Haushalte stiegen. Die Einkommen waren zu Beginn der neunziger Jahre um fast 30 Prozent gesunken und erst 1994 wieder real gestiegen, zuletzt sogar schneller als die gesamtwirtschaftliche Produktion. Die private Nachfrage, größtenteils kreditfinanziert, und die Investitionsnachfrage der Privatwirtschaft bilden heute den Wachstumsmotor der polnischen Wirtschaft. Dieser Motor lief in der zweiten Hälfte des Jahres 1997 so kräftig, daß er die Wirtschaft aus dem

Gleichgewicht zu bringen drohte. Ein Anzeichen dafür war das schnell wachsende Defizit der Handels- und Leistungsbilanz.

Die postkommunistische Regierung hat zwar in weiten Bereichen eine gut funktionierende marktwirtschaftliche Ordnung geschaffen. Aufgrund koalitionsinterner Zerwürfnisse verschleppte die Regierung jedoch wichtige strukturelle Reformen. So verlangsamte sich das Tempo der Privatisierung dramatisch und wurde sogar durch die Aufrechterhaltung monopolistischer Staatsholdings teilweise konterkariert. Als Folge ist die polnische Wirtschaft gespalten: Auf der einen Seite prägen private Unternehmen die polnische Wirtschaftsentwicklung. Nach offiziellen Angaben waren Ende 1995 rund 95 Prozent aller wirtschaftlichen Betriebe in privater Hand. Der private Sektor erwirtschaftete 1996 gut 60 Prozent des Bruttoinlandsproduktes. Auf der anderen Seite existiert weiterhin ein gewichtiger Staatssektor (in Bereichen wie Steinkohlebergbau, Energiewirtschaft, Stahl- und Rüstungsindustrie). Er übt nach wie vor großen Einfluß auf die Wirtschaft aus, muß aus dem Staatshaushalt finanziert werden und belastet somit den Steuerzahler. Hinzu kommt die Schattenwirtschaft, die nach unterschiedlichen Schätzungen zwischen 18 und 25 Prozent des BIP erwirtschaftet und über eine Million Menschen beschäftigt.

Zu den negativen Punkten der wirtschaftspolitischen Bilanz der Jahre 1993 bis 1997 zählen ferner die zögerlichen Reformen des landwirtschaftlichen Sektors, der Sozialversicherungssysteme, des Gesundheitswesens sowie im infrastrukturellen Bereich. Aufgrund dieses Reformstaus nahm die neue Mitte-Rechts-Regierung weitere tiefgreifende Strukturreformen in Angriff, um die nötigen Rahmenbedingungen für ein dauerhaftes Wirtschaftswachstum sicherzustellen.

3. Gesellschaft

3.1 Die Fragmentierung der ehemaligen Opposition

In den ersten Jahren nach der politischen Wende entstanden in der polnischen Gesellschaft mehrere Trennlinien, die die Übergangsphase charakterisierten. 1989 galt auf allen Ebenen noch das Schema »wir« – d. h. die Opposition mit *Solidarność* an der Spitze – sowie »die da oben« – d. h. die Kommunisten und die Blockparteien. Im Laufe der Zeit kam es zu einer Differenzierung dieses einfachen Freund-Feind-Schemas. Die antikommunistische Opposition stand nun den postkommunistischen Gruppierungen gegenüber. Die Schocktherapie nach dem *Balcerowicz-Plan* war in vielen Bevölkerungsschichten unpopulär, so daß sich die Gesellschaft in Befürworter und Gegner der Wirtschaftsreformen aufspaltete. Damit stimmte die zweite Trennlinie nicht mehr mit der ersten überein. Heftige Dissonanzen entstanden auch bei der Frage, ob die Verflechtung der politischen Eliten mit dem Staatssicherheitsdienst in der kommunistischen Ära untersucht (sogenannte *Lustracja*) und eine Art Aufarbeitungsbehörde geschaffen werden sollte. Die historische Wende belebte auch viele Muster aus der Zwischenkriegszeit, unter anderem den Nationalismus katholischer Prägung, der im Gegensatz zum säkularen und europäisch orientierten Modernismus stand.

Diese Trennlinien in der polnischen Gesellschaft trugen wesentlich dazu bei, daß sich die verschiedenen Regierungen in der Zeit zwischen 1989 und 1993 mehr dem Streit um die Verstrickung politischer Akteure in der kommunistischen Vergangenheit widmeten als um anstehende Reformen. Die rückwärtsgewandte Orientierung der politischen Diskussion verhinderte bisher eine breite öffentliche Debatte über die Auswirkungen der künftigen EU-Mitgliedschaft Polens. Sie kommt lediglich in der internen Auseinandersetzung der neuen Mitte-Rechts-Regierung um die Gestaltung der EU-Politik zum Ausdruck.

3.2 Der Konflikt zwischen Konservativen und Modernisierern

Die Wirtschaftsreformen in den Jahren 1990–1993 zeichneten sich durch tiefe Rezession, Inflation, Einbruch der Steuereinnahmen sowie die Kürzung der Sozialausgaben des Staates aus. Diese »Nebenwirkungen« der Transformation wirkten sich negativ auf Bereiche wie das Bildungssystem, das Gesundheitswesen und die Kultur aus. Besonders betroffen vom Strukturwandel war und ist die Landbevölkerung, da im Rahmen der EU-Beitrittsvorbereitungen Anpassungen im Agrarbereich unumgänglich sind. Dies wird zu einem Niedergang kleiner Bauernhöfe führen und damit die Tradition polnischer Landwirtschaftsstruktur tiefgreifend verändern. Daher ist es nicht verwunderlich, daß die PSL eine reine Klientelpartei geworden ist und vor allem um den Erhalt ihrer Wählerschaft – die Kleinbauern – kämpft.

Die Präsidentschaftswahl 1995 hat gezeigt, daß sich die Trennlinien in der Gesellschaft weiter verlagert haben. Die Bewältigung der kommunistischen Vergangenheit steht nicht mehr an erster Stelle der politischen Debatte. Mittlerweile wird die Politik daran gemessen, ob sie bei der Bewältigung von Zukunftsproblemen glaubwürdig erscheint. Der Großteil der Polen, vor allem der jungen Generation, hat mit dieser Aufgabe den ehemaligen Jugendfunktionär der kommunistischen Partei, Aleksander Kwaśniewski, beauftragt.[9] Nach Meinung der Bevölkerungsmehrheit hat er bisher seine Aufgaben als Präsident besser bewältigt als sein Vorgänger Lech Wałęsa.[10]

Das Referendum über die neue Verfassung, das symbolisch die Periode des Übergangs beenden sollte, bestätigte die Tendenz der Verlagerung der politischen Diskussion auf Zukunftsthemen. Trotz Boykottaufrufen seitens konservativer Teile der Opposition und der Kritik einiger Kirchenvertreter[11] wurde die Verfassung angenommen. Die niedrige Wahlbeteiligung ist jedoch ein Warnsignal an die politische Klasse Polens, daß das Verfassungsbewußtsein der Bevölkerung nicht besonders ausgeprägt ist.

Die Parlamentswahl, vor allem aber die Wahlkampagne 1997 hat die Verlagerung der entscheidenden Trennlinie in der Gesellschaft auf den Konflikt zwischen

Modernisierern und Konservativen bestätigt. Die SLD stellte sich vor den Wahlen vornehmlich als Partei der Modernisierer dar, auch wenn dies nur teilweise der Realität entsprach. Ihr Koalitionspartner PSL gab sich dagegen konservativ und klientelistisch. Die UW und UP präsentierten sich als Garanten der Europäisierung und Modernisierung des Landes. Die AWS setzte ebenfalls auf zukunftsorientierte Themen, schürte am Rande aber auch die Bedenken vor einer weiteren Regierungsperiode der Postkommunisten. Die Bewegung ROP trat konservativ, im Vergleich zur AWS sogar anti-europäisch auf. Kurz vor den Wahlen im Frühjahr 1997 bildete sich zudem eine Protestwählerpartei, die die Verlierer der Transformation wie Rentner und unqualifizierte Arbeiter vereinte und überaus konservativ auftrat. Zwar war ihr kein Erfolg beschieden, doch die negativen Auswirkungen der Transformation blieben nicht ohne Einfluß auf das Wahlverhalten der Bevölkerung. Sie spiegelten sich vor allem in Form einer niedrigen Wahlbeteiligung bei den Parlamentswahlen 1993 und 1997 wider.[12]

3.3 Die Rolle der katholischen Kirche

Polen ist ein katholisch geprägtes Land, in dem die Kirche in der gesamten Geschichte, aber insbesondere nach 1945 ein wichtige politische Rolle spielte. Den Höhepunkt ihrer Popularität und ihres Einflusses erreichte die katholische Kirche in den achtziger Jahren während und nach Verhängung des Kriegsrechtes, als sie die Rolle der politischen Opposition übernahm. Die katholische Kirche ist vom Transformationsprozeß vielleicht noch stärker betroffen als die Gesellschaft. Die Erschütterungen der Wende von 1989 haben die Kirche in zuvor unbekannte Anpassungsnöte gebracht. Sie muß sich in erster Linie selbst reformieren, aber auch ihr Verhältnis zu den politischen Institutionen, den Parteien, den Medien und zum »Westen« neu definieren.[13]

Die Kirche hat seit der politischen Wende, für die sie durch ihre Politik mitverantwortlich war[14], in allen wichtigen Fragen des öffentlichen Lebens Stellung bezogen. Bei der ersten Präsidentschaftswahl 1990 unterstützte sie Lech Wałęsa, bei der zweiten 1995 lehnte sie in offiziellen Stellungnahmen den SLD-Kandidaten Kwaśniewski ab. Anläßlich der Parlamentswahlen von 1993 richteten sich ihre Wahlempfehlungen gegen die postkommunistische SLD und die »liberale« UW. Allerdings wurden die Empfehlungen des Klerus sowohl bei den Präsidentschaftswahlen 1995 als auch bei den Parlamentswahlen 1993 nur von einer Minderheit befolgt. Bei den Wahlen im Herbst 1997 hielt sich die katholische Kirche deshalb erstmals mit Wahlaussagen zurück. Eine Kontroverse zwischen der SLD und der katholischen Kirche entstand auch im Vorfeld der Referendums über die Verfassung im Frühjahr 1997. Da dem Klerus die Verfassung »nicht christlich genug« war, unterstützte er die Verfassungsgegner. Doch der Versuch der politischen Einflußnahme scheiterte, was eine letzte heilsame Lehre für die katholische Kirche gewesen sein dürfte.

Konflikte zwischen Kirche, Staat und Gesellschaft traten jedoch auch in anderen Bereichen des öffentlichen Lebens auf. Dabei setzte die Kirche einige ihrer Forderungen durch, obwohl sie vom Großteil der Bevölkerung nicht mitgetragen wurden. Zum einen führte sie die Einführung des Religionsunterrichtes in den Schulen herbei, zum anderen erzwang sie ein Gesetz über »Familienplanung, den Schutz der menschlichen Leibesfrucht und die Zulässigkeit des Schwangerschaftsabbruchs«, das einem Abtreibungsverbot gleichkam. Darüber hinaus engagierte sich der Klerus für die Ratifizierung des Konkordates, das von der Regierung Suchocka 1993 zwar im Schnellverfahren verabschiedet, aber erst 1998 ratifiziert werden konnte. Grund hierfür war, daß der regierenden SLD die Privilegien der Kirche zu weit gingen. Daher versuchte sie durch mehrere Einzelgesetze, den Einfluß des Klerus zu beschränken und die Ratifizierung des Konkordates zu verzögern.

4. Auf dem Weg nach Europa

Nach der Überzeugung der Bevölkerungsmehrheit befindet sich Polen schon deswegen nicht auf dem Weg nach Europa, weil sich die Polen immer als Teil des alten Kontinentes verstanden. Dennoch sind alle Reformen im größten östlichen Nachbarland Deutschlands auf die künftige EU-Mitgliedschaft ausgerichtet. Die Zustimmung für eine EU-Mitgliedschaft ist ungebrochen hoch. So befürworteten Ende 1996 ca. 70 Prozent einen EU-Beitritt ihres Landes.[15] Von der EU-Mitgliedschaft erwartet sich die Bevölkerung vor allem eine Verbesserung der materiellen Lebensbedingungen. Hier könnte es indes nach der Aufnahme, wie im Falle Österreichs, zu Enttäuschungen kommen.

Doch auf dem Weg in die EU muß Polen noch einige Herausforderungen meistern: Das größte Problem ist nach wie vor die Modernisierung und Anpassung der Landwirtschaft an die EU-Strukturen. Die Regierungsbeteiligung der Bauernpartei von 1993 bis 1997 hat den Reformprozeß in der Landwirtschaft eher gebremst. So arbeiteten 1995 noch immer über 26 Prozent der Erwerbstätigen im Agrarsektor, während es im EU-Durchschnitt lediglich 5 Prozent waren.[16] Außerdem hemmen die stark zersplitterten Eigentumsstrukturen die Produktivität des Agrarsektors infolge der ungünstigen Betriebsgröße der Bauernhöfe. Schwierigkeiten bereitet auch der Prozeß der Rechtsangleichung. So ist es dem polnischen Parlament noch immer möglich, Gesetze zu verabschieden, die mit dem EU-Recht nicht vereinbar sind. Zu bemängeln ist auch die geringe Leistungsfähigkeit von Verwaltung und Justiz, die auch die Umsetzung neuer Rechtsnormen beeinträchtigt.

Ein weiteres dringliches Problem ist die Verbesserung der Infrastruktur. Die bisherigen Transportwege können die gestiegenen Handelsströme kaum verkraften. Trotz Unterstützung seitens der Europäischen Union, der Osteuropabank wie auch der Europäischen Investitionsbank sind die in den letzten Jahren vollzogenen Verbesserungen im Straßen- und Eisenbahnnetz minimal. Der Zustand der Infrastruktur ist für eine EU-Mitgliedschaft unzureichend.[17] Eine weitere Steigerung des Warenaustausches ist angesichts der derzeit vorhandenen Infrastruktur fast nicht möglich. Die gemeinsame Öffnung einer neuen Brücke in Frankfurt/Oder durch Bundeskanzler Kohl und Premierminister Buzek im Dezember 1997 hatte daher weit mehr als nur symbolische Bedeutung.[18]

Eine große Herausforderung für die Regierung und Gesellschaft Polens bildet schließlich die Reform der Sozialversicherung und des Gesundheitswesens. Angesichts der Entbehrungen, die die polnische Bevölkerung infolge der Systemtransformation auf sich nehmen mußte, ist die gleichzeitige Umsetzung von vier Reformvorhaben – Verwaltungs-, Renten-, Sozialversicherungs- und Schulreform – eine mutige Vorgehensweise der AWS/UW-Regierung. Die Widerstände in der Bevölkerung zeigen, daß die wegweisenden transformationspolitischen Entscheidungen selten eine Unterstützung der Bevölkerungsmehrheit finden. Es sollte jedoch darauf hingewiesen werden, daß Polen das erste Transformationsland ist, in dem so tiefgreifende Reformen in die Wege geleitet wurden. Die künftigen Generationen werden sicherlich besser die Vorteile dieser schmerzlichen Reformen genießen können, als diejenigen, die sie durchgeführt haben.

5. Polen als Vorreiter eine EU-Ostpolitik

Nach zehn Jahren politischer und wirtschaftlicher Transformation ist Polen, und besonders Präsident Kwaśniewski, zum Motor einer künftigen EU-Ostpolitik geworden. Angesichts der russischen Wirtschaftskrise im Jahre 1998 und der Nebenwirkungen der Kosovo-Krise für die NATO-Rußland-Beziehungen hat die EU die Gestaltung der Beziehungen zur Ukraine, zu Weißrußland und zu Molova weitgehend Polen überlassen. Die Ergebnisse des Kölner Gipfels, bei dem nur Rußland in entsprechender Form berücksichtigt wurde, deuten darauf hin, daß der künftige Mitgliedstaat Polen bei der Gestaltung der Beziehungen zu den direkten Nachbarn im Osten Europas eine wichtige Rolle spielen wird.

Anmerkungen

1 Vgl. Kwaśniewski, Aleksander: Ein Bewußtsein der Gemeinsamkeit, in: Frankfurter Allgemeine Zeitung v. 5. November 1997, S. 12.
2 Zur Person Jaruzelskis vgl. Jaruzelski, Wojciech: Hinter den Türen der Macht, Leipzig 1996.
3 Palm-Risse, Martina: Der Europarat und die Europäische Menschenrechtskonvention, in: Weidenfeld, Werner, und Wolfgang Wessels (Hrsg.): Jahrbuch der Europäischen Integration 1991/92, Bonn 1992, S. 409 ff.

4 Lech Wałęsa wurde am 9. Dezember 1990 im zweiten Wahlgang gewählt und am 22. Dezember 1990 als Präsident vereidigt. Vgl. Holzer, Jerzy: Polen, in: Weidenfeld, Werner (Hrsg.): Demokratie und Marktwirtschaft in Osteuropa, Gütersloh 1995, S. 130.

5 Die Bauernpartei erreichte bei den Herbstwahlen 1997 nur 7,3 Prozent der Stimmen im Vergleich zu 15,4 Prozent bei den Wahlen 1993, s. auch nächste Fußnote.

6 Von den 460 Mandaten des Sejm erlangte die Wahlaktion Solidarität 201 Sitze. Gemeinsam mit der Freiheitsunion bildete sie eine Mitte-Rechts-Regierungskoalition, die über 261 Mandate verfügte. Größte Oppositionspartei wurde das bis dahin regierende Bündnis der Demokratischen Linken mit 164 Mandaten. Vgl. Wahlergebnisse, in: Politikinformation Osteuropa 73/Oktober 1997 (FES).

7 Die Mehrheit für die Verfassung lag bei 52,71 Prozent bei einer Wahlbeteiligung von nur 42,86 Prozent. Vgl. Rzeczpospolita v. 28. Mai 1997.

8 Vgl. Kler, Jerzy: Die zweite Etappe der Transformation, Working Paper No. 169, Warsaw School of Economics, Juli 1997. Das BIP-Wachstum Polens betrug 1995 7 Prozent, 1996 6,1 Prozent und 1997 6,9 Prozent. Vgl. Handelsblatt v. 3. Februar 1998, S. 9.

9 Zur Analyse der Wahlen vgl. Rulkowski, Jacek: Die Präsidentenwahlen in Polen – Hintergründe und Folgen. Aktuelle Kurzanalysen (der DGAP) Nr. 19/Dezember 1995.

10 Ow, Barbara von: Polen, Slowakei, Tschechien, Ungarn, in: Weidenfeld, Werner, und Wolfgang Wessels (Hrsg.): Jahrbuch der Europäischen Integration 1995/96, Bonn 1996, S. 407 f.

11 Bingen, Dieter: Katholische Kirche und Demokratie in Polen 1990–1995, BIOst Bericht 1 (1996), S. 29 ff.

12 Die Wahlbeteiligung lag 1993 lediglich bei 52 Prozent, 1997 bei 47,9 Prozent. Vgl.: Ziemer, Klaus: Die Konsolidierung der polnischen Demokratie in den neunziger Jahren, Aus Politik und Zeitgeschichte B 6-7/98, S. 31.

13 Bingen (Anm. 11).

14 So trug die Kirche beispielsweise entscheidend zum Zustandekommen und zum Erfolg des Runden Tisches im Jahre 1989 bei.

15 Europäische Kommission: Central and Eastern Eurobarometer Nr. 7, März 1997, Brüssel, S. 34.

16 Vgl. EU-Nachrichten Nr. 50/51 v. 17. Dezember 1997, S. 4.

17 Bingen, Dieter, Zbigniew Czachor und Heinrich Machowski: Polen, in: Weidenfeld, Werner (Hrsg.): Mittel- und Osteuropa auf dem Weg in die EU, Gütersloh 1996, S. 136.

18 FAZ v. 5. Dezember 1997, S. 10.

Tschechien und Slowakei

JOSEFINE WALLAT

Kurz nach dem Fall der Berliner Mauer wurde im November 1989 in der Tschechoslowakei das kommunistische Regime durch Studentenproteste gestürzt. Die friedliche Weise dieses Umbruches führte zu der Bezeichnung *samtene Revolution*. Tschechen und Slowaken hatten damit zum ersten Mal seit der traumatischen Erfahrung des gescheiterten Reformversuches von 1968 die Chance, die politische, wirtschaftliche und gesellschaftliche Entwicklung ihres Landes sowie seine Rolle in der Welt selbst zu bestimmen. Diese Chance wurde von der zumeist aus Dissidenten zusammengestellten Regierung genutzt[1], die eine umfassende Transformation und eine aktive Außenpolitik betrieb, welche das Verhältnis der Tschechoslowakei zu Europa neu ordnete. Die junge Regierung versuchte, die durch den Ost-West-Konflikt gekappten Bindungen an Westeuropa und seine Strukturen, vornehmlich die Europäischen Gemeinschaften und die NATO, wieder zu knüpfen. Am 1. Januar 1993 zerfiel der Föderalstaat Tschechoslowakei. Die beiden entstehenden Nachfolgestaaten Tschechische Republik und Slowakische Republik waren damit gezwungen, innerhalb kürzester Zeit zum zweiten Mal von neuem zu beginnen.

1. Tschechoslowakei (ČSFR)

1.1 Die politische Entwicklung

Die Tschechoslowakei gehörte bis 1989 zusammen mit der DDR und Rumänien zu den »konservativsten« kommunistischen Regierungen. Die politische Führung unter Präsident Gustav Husák, die 1968 von Moskau etabliert wurde, tolerierte selbst jene Reformen nicht, die unter Michail Gorbatschow in der Sowjetunion seit 1985 praktiziert wurden. Die Studentenproteste, die relativ spät im November 1989 die alte Führung zu Fall brachten, trafen die tschechoslowakische Regierung daher unvorbereitet. Der »revolutionäre« Charakter des Umbruches ermöglichte jedoch einen kompletten Austausch der politischen Elite, die sich danach zumeist aus den

Dissidentenkreisen um die Bürgerrechtsbewegung Charta 77 rekrutierte und stark von ihrem Kampf um die Menschen- und Bürgerrechte während der Oppositionszeit geprägt war.[2] Diese breite Koalition unterschiedlichster politischer Richtungen errang als Bürgerforum OF/VPN (*Občanské fórum/Verejnost' proti násiliu*) in den Wahlen am 8. und 9. Juni 1990 eine überwältigende Mehrheit.

Zu den Prioritäten der neuen Regierung gehörten die Wiedereinführung einer pluralistischen Demokratie und eine gesellschaftliche Erneuerung, die Wiederherstellung der vollen Souveränität und Unabhängigkeit, die wirtschaftliche Transformation zu einer funktionierenden Marktwirtschaft westlichen Typs und eine Neubestimmung der Außenbeziehungen der Tschechoslowakei. Außerdem wurde das Zusammenleben der beiden Staatsnationen von Tschechen und Slowaken auf eine neue rechtliche Grundlage gestellt. Das Parlament verabschiedete eine Föderalisierung, die sich auch im Staatsnamen niederschlug: Tschechische und Slowakische Föderative Republik (ČSFR). Dazu wurden neben der gemeinsamen föderalen tschechoslowakischen zwei nationale, d. h. tschechische bzw. slowakische Regierungen und die entsprechenden Parlamente geschaffen.

Die ersten Schritte zu einer Etablierung demokratischer Strukturen erfolgten rasch. Seit den ersten Wahlen zum Föderalparlament vom Juni 1990 handelte es sich unzweifelhaft immer um freie und gerechte demokratische Wahlen. Im Parlament begann die Arbeit an einer neuen Verfassung, welche alle grundsätzlichen Freiheiten garantierte, und aus dem Staatsapparat wurden schrittweise die am stärksten diskreditierten Persönlichkeiten durch das sogenannte *Lustrationsgesetz* entfernt.

Das Ende des Ost-West-Konfliktes und der fortschreitende Zerfall des sowjetischen Blockes ermöglichten nach 1989 eine Neuordnung Europas. Das Hauptziel der ČSFR-Außenpolitik dieser Zeit war es, ihre internationalen Beziehungen neu zu organisieren und sich aus ihrer jahrzehntelangen außenpolitischen Isolation zu befreien. Die staatliche Souveränität, d. h. vor allem die Unabhängigkeit von der Sowjetunion und dem restriktiven System des Warschauer Paktes, stellte die größte Priorität der Außenpolitik dar und wurde durch den Abzug der sowjetischen Truppen vom Boden der Tschechoslowakei symbolisiert. Der Abzug zum Juni 1991 war einer der ersten großen Verhandlungserfolge der jungen Diplomatie und der Versuch, die belasteten Beziehungen zur Sowjetunion/Rußland auf eine neue und stärker gleichberechtigte Ebene zu stellen.

Die geopolitische Lage der Tschechoslowakei in der Mitte Europas, zwischen den traditionellen Großmächten Deutschland und Rußland, hat das Land häufig zu einer Manövriermasse zwischen beiden Ländern gemacht. Diese Erfahrung bestärkte die junge ČSFR-Regierung darin, keinesfalls erneut einen *cordon sanitaire* zwischen einem stabilen, sich integrierenden Westeuropa und einem sich destabilisierenden Osteuropa bilden zu wollen. Die neue Orientierung hieß daher: fort vom ehemals kommunistischen Osteuropa und hin zum Westen, häufig auch als »Zurück nach Europa« bezeichnet. In der wissenschaftlichen Debatte wehrten sich tschechoslowakische Vertreter zwischen 1990 und 1991 gegen den Begriff »Mittelosteuropa« (der in Deutschland vorherrschende Begriff), da sie sich als Mittel- oder besser Zentraleuropa, d. h. als Teil der westeuropäischen Kultur begriffen.[3] Dieses Zugehörigkeitsgefühl hatte mehrere Ebenen, die sich in der praktischen Politik widerspiegelten. Zum einen erfolgte eine Rückbesinnung auf Mitteleuropa, die ihre praktische Ausprägung in der Visegrád-Kooperation fand.[4] Zum anderen symbolisierte sich die Rückkehr nach Europa in dem Wunsch der Bevölkerung, den »Strukturen der normalen und zivilisierten Welt«[5] beizutreten, d. h. in erster Linie den Europäischen Gemeinschaften.[6] Zum dritten führte dies zu dem Versuch der Regierung, zusammen mit dem Westen an der Mitgestaltung des neuen Europas mitzuwirken. Diese aktive und anfangs äußerst idealistische Außenpolitik zeigte sich in einer engagierten Unterstützung des KSZE-Prozesses, zu dessen Entwicklung die ČSFR mit zwei diplomatischen Initiativen beitrug.[7] Nach dem Versagen der KSZE in Jugoslawien, dem kraftvollen Auftreten der USA im Golfkrieg und der sowjetischen Intervention im Baltikum änderte die tschechoslowakische Außenpolitik im Winter 1990/91 jedoch ihre Orientierung. Die Regierung begann einen NATO-Beitritt ihres Landes anzustreben[8], da ihrer Meinung nach die NATO die »einzige funktionierende Sicherheitsinstitution«[9] darstellte und nur sie fähig sei, die ČSFR aus dem gefährlichen »sicherheitspolitischen Vakuum«[10] zu befreien.

Etwa zur gleichen Zeit begann sich Anfang 1991 die Parteienlandschaft zu entwickeln. Das Bürgerforum mit seinem breiten Spektrum politischer Meinungen zerfiel; es bildete sich die Bürgerlich Demokratische Partei ODS unter Wirtschaftsminister Václav Klaus als stärkste Gruppe heraus. Der liberale mittlere Flügel wurde durch die Bürgerlich Demokratische Allianz (ODA) und die Bürgerliche Bewegung (OH) unter Außenminister Jiří Dienstbier sowie die Volkspartei KDU-ČSL besetzt. Die Sozialdemokraten (ČSSD) und die ehemaligen Kommunisten bildeten die Opposition.

1.2 Die wirtschaftliche Entwicklung

Wirtschaftlich befand sich die Tschechoslowakei 1989 trotz der restriktiven Politik der Vorjahre in einer vergleichsweise günstigen Ausgangslage. Die Tschechoslowakei war bis 1948 industriell hoch entwickelt gewesen, ihre Bevölkerung besaß ein hohes Bildungsniveau und sie gehörte innerhalb der Warschauer Vertragsorganisation zu den wirtschaftlich führenden Ländern. Zudem ermöglichte die geringe Auslandsverschuldung 1989 einen unvorbelasteten Beginn des Wirtschaftsumbaus. Dennoch stellte die Transformation der kommunistischen Wirtschaft eine schwierige Aufgabe dar. Der Umbau der traditionellen verarbeitenden Industrie zu einer Schwerindustrie stalinistischen Typs in den fünfziger Jahren hatte die Tschechoslowakei hart getroffen. Erschwerend kam hinzu, daß es in der Tschechoslowakei im Gegensatz zu Polen vor 1989 so gut wie keinen Privatsektor gab.

Wirtschaftsminister Václav Klaus hatte bereits vor 1989 am Prognostischen Institut zu möglichen Wirtschaftsreformen geforscht und konnte 1989 mit einem konsistenten Wirtschaftsprogramm aufwarten. Seine Marktwirtschaft »ohne Adjektiv« setzte auf die Privatisierung der Staatsbetriebe, die Liberalisierung der Preise und eine strenge Fiskalpolitik. Seinem deklarierten extremen Marktliberalismus stand in der Praxis jedoch eine weit weniger radikale Politik gegenüber. In der sogenannten »kleinen Privatisierung« versteigerte der Staat erfolgreich kleinere Betriebe im Handels- und Dienstleistungsbereich, während die »große Privatisierung« von großen Staatsbetrieben weit problematischer war. Als anfänglich wirksam erwies sich die Kuponprivatisierung, bei der Anteilscheine an Großbetrieben für eine Verwaltungsgebühr an die Bevölkerung verteilt wurden. Als problematisch stellte sich jedoch heraus, daß diese Anteile rasch in großen Investitionsfonds konzentriert wurden, die häufig staatlichen Banken gehörten und es daher zu keiner wirklichen Privatisierung kam. Im Außenhandel mußte sich die ČSFR völlig umorientieren. Die traditionellen Absatzmärkte in Osteuropa brachen zusammen, während die EU-Staaten schrittweise zum stärksten Handelspartner wurden. Insgesamt hatte die ČSFR wirtschaftliche Erfolge aufzuweisen: So konnten die Inflation und die Arbeitslosenquote niedrig gehalten werden, und der soziale Frieden blieb gewahrt. Die Tschechoslowakei stand zusammen mit Ungarn und Polen wirtschaftlich an der Spitze der ehemaligen RGW-Staaten und wurde häufig als der Musterknabe der politischen und wirtschaftlichen Entwicklung bezeichnet.[11]

1.3 Die Innenpolitik

Die innenpolitische Entwicklung wurde seit 1991 jedoch zunehmend vom Streit um die Kompetenzverteilung zwischen Föderal- und Nationalregierungen belastet. Auf slowakischer Seite wurde das Konzept einer lediglich losen Föderation oder Konföderation diskutiert. Der slowakische Premier Čarnogurský forderte, die Slowakei solle ein eigenes Subjekt der internationalen Politik werden, er wollte z. B. das »eigene Sternchen auf dem EU-Banner«.[12] In Tschechien hingegen war Václav Klaus an einer »funktionierenden Föderation« mit einer größeren Macht für den Föderalstaat (Außen-, Verteidigungs- und Währungspolitik) interessiert. Die Entwicklung spitzte sich im Juni 1992 bei den Wahlen zu, die praktisch unvereinbare politische Vorstellungen der Regierungen in beiden Landesteilen ergaben. In der Tschechischen Republik wurde eine Mitte-Rechts-Regierung gewählt, die sich dem wirtschaftlichen Liberalismus verschrieben hatte, während in der Slowakischen Republik eine eher linksorientierte Regierung gebildet wurde, welche die sozialen Konsequenzen der Wirtschaftsreform berücksichtigte. Die fehlende Einigung auf eine gemeinsame Verfassung und den künftigen Status beider Teilrepubliken im Föderalstaat besiegelte die Teilung. Die Trennung beider Landesteile erfolgte jedoch ohne Mitwirkung der Bevölkerung, in der es keine Mehrheit für eine Teilung gab.[13] Beide Regierungen vereinbarten, auch weiterhin enge politische und wirtschaftliche Beziehungen aufrechtzuerhalten.

2. Tschechische Republik

2.1 Die politische Entwicklung

Die Teilung der ČSFR war für die Tschechische Republik zunächst vorteilhaft. Das Land wurde geopolitisch in Richtung Westen verschoben. Es grenzt nun an keinen der potentiell instabilen Nachfolgestaaten der UdSSR und ist nur noch von vier Nachbarn umgeben (Slowakische Republik, Polen, Bundesrepublik Deutschland und Österreich). Dies trägt sowohl zur Stabilität als auch zum psychologischen Gefühl bei, noch näher an den Westen gerückt zu sein und viele der wirtschaftlichen und politischen Probleme der Slowakei hinter sich gelassen zu haben.

Der wirtschaftlich erfolgreichere Landesteil mit seiner stärkeren Industrialisierung erschien anfangs auch politisch stärker gefestigt. Das Bild des Musterknaben begann sich mit den Wahlen im Juni 1996 zu ändern.[14] Die Regierungskoalition aus ODS, ODA und KDU-ČSL errang entgegen den Erwartungen keine ausreichende Mehrheit und war mit ihrer Minderheitsregierung auf eine Tolerierung durch die oppositionellen Sozialdemokraten (ČSSD) angewiesen. Staatspräsident Václav Havel erhielt nach den Wahlen eine wichtige Vermittlungsfunktion zwischen den Regierungsparteien und der Opposition. Nach dem Sturz des Premierministers Václav Klaus im November 1997 wurde diese konservativ-bürgerliche Regierung durch eine Übergangsregierung ersetzt. Der Nationalbankpräsident Josef Tošovsky führte bis zum Juni 1998 eine Regierung von Fachleuten an, die innerhalb von sechs Monaten eine Reihe von Fortschritten in der Vorbereitung auf die Integration in die NATO und die EU machte. Auch die vorgezogenen Neuwahlen im Juni 1998 haben nicht zu einer Beendigung der politischen Instabilität geführt. Die ČSSD ging zwar als stärkste Partei aus den Wahlen hervor, doch selbst eine Reihe von Skandalen im bürgerlichen Lager haben ein überraschend gutes Abschneiden der ODS nicht verhindern können.[15] Nach äußerst schwierigen Koalitionsverhandlungen kam es zu einer Kooperation der beiden größten Parteien ODS und ČSSD zu Lasten der kleineren Parteien. Die Sozialdemokraten bilden nun eine Minderheitsregierung und werden von der ODS toleriert, wobei die genauen Bedingungen in einem »Oppositionsvertrag« festgelegt sind. Die höchsten Staatsämter wurden zwischen beiden Parteichefs getauscht. So ist der vormalige Parlamentspräsident Miloš Zeman nun Premierminister, während Václav Klaus den Vorsitz im Parlament hat. Die Situation hat sich jedoch keinesfalls gefestigt, und es ist unwahrscheinlich, daß dieses ungewöhnliche Arrangement eine ganze Legislaturperiode hindurch funktionieren wird. Zudem befindet sich das bisherige Element der Kontinuität, der im Februar 1998 wiedergewählte Staatspräsident Havel, in einem äußerst schlechten Gesundheitszustand.

Nach den Kriterien der EU-Kommission, die als »Kopenhagener Kriterien« im Juni 1993 auf dem Gipfeltreffen der Europäischen Union für die Beurteilung der Beitrittsfähigkeit der Beitrittskandidaten beschlossen wurden, handelt es sich bei der Tschechischen Republik um eine Demokratie mit funktionierenden politischen

Institutionen: »The Czech Republic presents the characteristics of a democracy, with stable institutions guaranteeing the rule of law, human rights, and respect for and protection of minorities.«[16] Tschechische Wahlen wurden niemals beanstandet, Rechtsstaatlichkeit, die lediglich durch die langsame Arbeit der Gerichte herabgesetzt wird, wird gewährleistet und Menschenrechte werden nicht in größerem Maße verletzt. Dennoch sind politische Spielregeln und demokratische Mechanismen nicht vollständig gefestigt: So haben wiederholt besonders Fragen des Koalitionszwanges, der Legitimität extrem knapper Mehrheiten und der Immunität von Abgeordneten öffentliche Diskussionen hervorgerufen. Die Verfassungswirklichkeit ist der Verfassungstheorie durch die Etablierung der zweiten Parlamentskammer (Senat) einen Schritt näher gerückt. Die größte verbleibende Aufgabe ist nun die in der Verfassung vorgesehene Errichtung von Regionen, die jedoch von einem Großteil der Bevölkerung als unwichtig erachtet werden.[17]

Ein auch international beachtetes Thema ist die Minderheitenpolitik der Tschechischen Republik. So werden die staatliche Behandlung der Roma-Bevölkerung und das Auftreten individueller tätlicher Übergriffe von Menschenrechtsorganisationen kritisiert. Dies ist auch ein Ergebnis der Teilung der ČSFR: Roma, die häufig aus dem slowakischen Landesteil kamen, haben besondere Schwierigkeiten, die tschechische Staatsangehörigkeit zu erlangen, was plötzlich zur Existenz einer größeren Zahl von Staatenlosen führte.[18] Andere Minderheiten, z. B. die in Tschechien lebenden Slowaken, Deutschen und Polen, haben solche Probleme kaum. Zu der mangelnden Durchsetzung von Minderheiteninteressen mag jedoch auch beitragen, daß der Bereich der Nicht-Regierungsorganisationen (NGO) bisher gering entwickelt ist und kaum politischen Einfluß besitzt.

2.2 Die wirtschaftliche Entwicklung

Nach bald acht Jahren Transformation und beachtlichen Erfolgen (Tschechien wurde als erster Staat Mittel- und Osteuropas im Dezember 1995 OECD-Mitglied) befindet sich die Wirtschaft seit 1997 in der Krise. Regierung und Premierminister Klaus hatten lange verkündet, die Transformation sei beendet, doch das Haushaltsdefizit, die Verschlechterung der Handelsbilanz sowie das geringe Wirtschaftswachstum und die niedrige Produktivität erforderten 1997 die Verabschiedung von zwei Sparpaketen. Die Wirtschafts- und Finanzkrise hatte das Vertrauen in die politische Elite, das sich maßgeblich auf wirtschaftliche Kompetenz stützte, stark erschüttert und zum Wahlerfolg der ČSSD beigetragen. Die Bevölkerung wurde nach einer Phase relativer Prosperität von den nötigen Sparmaßnahmen völlig überrascht. Die lange Zeit fehlende Arbeitslosigkeit[19] hatte in den letzten Jahren zu Lohnsteigerungen über dem Produktivitätsanstieg vornehmlich in der Hauptstadt und den Grenzregionen geführt.[20] Der oft gescholtene überhöhte Lebensstandard, der sich in einem auf Konsumnachfrage orientierten Wirtschaftswachstum niederschlug, ist jedoch nicht homogen verteilt. Angestellte im staatlichen Sektor werden überaus schlecht bezahlt, und es ist ein starker *brain drain* in die Privatwirtschaft zu beobachten. Dies trifft in dramatischem Maße für die tschechische Armee zu, gilt jedoch ebenso für das Schul- und Gesundheitswesen und selbst für qualifizierte NATO- und EU-Experten. Große Probleme bestehen in der Finanzierung des verlustreichen Gesundheits-, Schul- und Transportwesens. Dennoch ist es bisher nur vereinzelt zu Streiks im staatlichen Sektor gekommen, und die bürgerlich-konservative Regierung versuchte, trotz ihrer marktwirtschaftlichen Rhetorik den sozialen Frieden zu wahren. Die neue ČSSD-Regierung hat bereits angekündigt, die Lage im öffentlichen Dienst, insbesondere im Gesundheits-, Erziehungs- und Sozialwesen zu verbessern, und legte im September 1998 einen Defizithaushalt zur Finanzierung dieser Ausgaben vor. Im Privatsektor kam es 1997 zu einigen aufsehenerregenden Bankrotten, bei denen Banken, Versicherungen, Investmentfonds und Reiseveranstalter Konkurs anmelden mußten. Oftmals verschwand vorhandenes Kapital auf zweifelhaftem Wege, weshalb für diese betrügerischen Konkurse die Medien den Begriff »Untertunnelung« prägten.

Zur Bekämpfung der negativen Handelsbilanz hat die Tschechische Republik ein Importdeposit von 20 Prozent des Importpreises eingeführt, das im Juli 1997 mit der faktischen Abwertung der tschechischen Krone zu einem Rückgang der Einfuhr durch die größten Handelspartner um mehr als 10 Prozent führte. Die EU bezeichnet die Einführung des Deposits als diskriminierend, da ca. 60 Prozent des Außenhandels Tschechiens mit EU-Ländern abgewickelt wird. Ein Viertel des Handels erfolgt mit den CEFTA-Ländern[21], davon ca. 14 Prozent mit der Slowakei.

Sintflutartige Überschwemmungen im Juli 1997 haben die Finanzlage weiter erschwert und große Mengen Wohnraum vernichtet. Ein Drittel des Landes wurde überschwemmt, ein Nachtragshaushalt zur Beseitigung der größten Schäden wurde erforderlich, und staatliche Schuldverschreibungen zur Kreditaufnahme mußten eingeführt werden. Die geschätzten Schäden von 60 Milliarden Kronen bedeuteten eine enorme Belastung des Staatshaushaltes, die ca. einem Zehntel des geplanten Gesamthaushaltes für 1997 entsprach.

Zu den schweren Überschwemmungen hatte neben den Regenfällen auch die Vernachlässigung ökologischer Fragen beigetragen. Vor 1989 sind Flußläufe begradigt, Wälder abgeholzt und eine Vielzahl an Staudämmen errichtet worden, die die Wassermassen nicht bewältigen konnten. Zu den überregionalen ökologischen Problemen zählen auch die Luftverschmutzung in Nordböhmen, die durch Braunkohletagebau hervorgerufen wird und bisher kaum abgenommen hat, sowie der Bau des Atomkraftwerkes Temelín. Eine stärkere Berücksichtigung des Umweltschutzes ist ein erklärtes Ziel der ČSSD-Regierung.

2.3 Die Außenpolitik und der Integrationsprozeß

Die Integration in die Europäische Union und die NATO bilden die zwei vorrangigen Ziele tschechischer Außenpolitik. Durch die Spaltung der Tschechoslowakei mußte das Assoziierungsabkommen mit der EU (*Europa-Abkommen*) neu verhandelt werden. Es trat am 1. Februar 1995 in Kraft. Ein Jahr später übergab Premierminister Václav Klaus in Brüssel den offiziellen Antrag auf Mitgliedschaft in der EU. Am 16. Juli 1997 empfahl die EU-Kommission in ihrer Beurteilung der Integrationsfähigkeit der Kandidaten, Beitrittsverhandlungen mit sechs Staaten, u. a. der Tschechischen Republik, aufzunehmen. Diese Verhandlungen wurden im Frühjahr 1998 begonnen. Die Tschechische Republik erfüllt nach Kommissionsmeinung die politischen Kriterien von Kopenhagen. Kritik der EU richtet sich jedoch gegen das veraltete Pressegesetz, das *Lustrationsgesetz* über den Ausschluß von staatssicherheitsdienstlich belasteten Personen aus öffentlichen Ämtern und die Diskriminierung von Roma. Der Bericht erklärt, daß die Tschechische Republik als eine funktionierende Marktwirtschaft betrachtet werden kann[22], die ungefähr 55 Prozent des Bruttoinlandsproduktes des EU-Durchschnittes erwirtschaftet. Die Umsetzung des *Europa-Abkommens* mit der Europäischen Union wird als erfolgreich bezeichnet, doch habe es wiederholt Spannungen in Handelsfragen (z. B. das Importdeposit), Probleme bei der Angleichung des tschechischen Rechtes und bei der Rekrutierung einer ausreichenden Anzahl von tschechischen EU-Experten gegeben. Die Beziehungen der Tschechischen Republik zur EU waren, wie der Bericht vermerkt, zum Teil von einer übertriebenen tschechischen Selbstsicherheit gekennzeichnet[23], wobei paradoxerweise der Informationsstand der Bevölkerung über Fragen der EU relativ gering war, da die lang angekündigte Informationskampagne der Regierung stark verzögert wurde. Die offizielle Haltung zur Europäischen Union wird höchstwahrscheinlich unter der sozialdemokratischen Regierung eine Besserung erfahren, da die ČSSD im Gegensatz zu Václav Klaus seit langem ihre pro-europäische Haltung betont und intensive Beziehungen zu anderen sozialdemokratischen europäischen Regierungen pflegt.

Die Integration in die Nordatlantische Vertragsorganisation (NATO) war durch das Gipfeltreffen in Madrid am 8. und 9. Juli 1997 in greifbare Nähe gerückt, bei dem Tschechien in die erste Runde der Erweiterungsstaaten eingereiht wurde. Der Beitritt Polens, Ungarns und Tschechiens erfolgte Anfang 1999 zum 50. Gründungstag der NATO. Trotz der zeitlichen Nähe des Beitrittes ist die öffentliche Debatte über die Vor- und Nachteile einer NATO-Mitgliedschaft erst im Winter 1997/98 in Gang gekommen. Im Zuge dieser Debatte mußten die damals noch oppositionellen Sozialdemokraten von ihrer ursprünglichen Forderung, eine Volksbefragung zum NATO-Beitritt durchzuführen, abrücken. Meinungsumfragen der letzten Jahre haben anders als in Polen nur eine geringe Zustimmung für den NATO-Beitritt ergeben.[24] Zu den wichtigsten noch ausstehenden Aufgaben gehört, die tschechische Armee (AČR) auf ihre künftigen Verpflichtungen als NATO-Armee vorzubereiten. Obgleich die AČR bereits viele notwendige Schritte zur Reduzierung ihres während des Ost-West-Konfliktes überdimensionierten Heeres unternommen hat, müssen vor allem die sprachlichen Fähigkeiten der Offiziere, die Modernisierung[25], die Gesetzgebung[26] und die Stärkung der Interoperabilität verbessert werden. Das geringe Prestige der AČR in der Bevölkerung hat es dem

Verteidigungsminister erschwert, ausreichende Mittel für sein Ressort zu erkämpfen. Andererseits hat der geringe Verteidigungshaushalt Kritik bei den NATO-Mitgliedsländern hervorgerufen. Der Haushalt ist daraufhin auf 1,9 Prozent des Bruttosozialproduktes angehoben worden, und es wurde eine jährliche Steigerung von 0,1 Prozent beschlossen.

Die Beziehungen zu Deutschland, dem größten Nachbarn, wichtigsten Handelspartner und Investor sind für die Tschechische Republik von vitaler Bedeutung. Das Verhältnis wurde jedoch lange Zeit von dem Thema der deutschen Besetzung und der darauf folgenden Vertreibung der deutschsprachigen Bevölkerung beherrscht. Durch die Verabschiedung einer gemeinsamen Willenserklärung beider Parlamente und Regierungen im Frühjahr 1997 sollten die bilateralen Beziehungen in Zukunft nicht mehr durch diese Problematik belastet werden. Die Bundesrepublik verpflichtete sich in der Erklärung zudem, den NATO- und EU-Beitritt Tschechiens zu unterstützen.[27] Die Beziehungen zu Rußland, der zweiten Großmacht in der Region, sind von dem Versuch Tschechiens geprägt, jegliche wirtschaftliche und politische Abhängigkeit von Rußland, selbst um den Preis wirtschaftlicher Nachteile, zu vermeiden. Dies war das entscheidende Kriterium für den Bau der Erdölpipeline aus Ingolstadt, den Einkauf norwegischen Erdgases sowie der Entscheidung, auf die Lieferung russischer Militärtechnik als Kompensation für russische Schuldentilgung zu verzichten.

3. Slowakische Republik

3.1 Die politische Entwicklung

Die Slowakische Republik stand nach der Auflösung der ČSFR vor einer schwierigeren Ausgangsposition als der tschechische Landesteil, da sie auf eine geringere Tradition eigener Staatlichkeit zurückblickte[28] und vor der Notwendigkeit stand, sowohl ihre eigene Identität finden als auch völlig neue Verwaltungsstrukturen aufbauen zu müssen. Geopolitisch bedeutete die Teilung eine Ostverschiebung, welche die Slowakei geographisch von Westeuropa stärker abschnitt (Nachbarländer: Polen, Ukraine, Ungarn, Tschechische Republik und Österreich).

Auch in der Slowakei zerfiel die breite Front des Bürgerforums/VPN, aus der u. a. die wichtigste Regierungspartei Bewegung für eine Demokratische Slowakei (HZDS unter Vladimír Mečiar) und die wichtigste Oppositionspartei Christlich Demokratische Bewegung (KDH unter Ján Čarnogurský) hervorgingen. Die KDH errang in den Wahlen 1992 keine Mehrheit und Vladimír Mečiar wurde daraufhin erneut Premierminister.[29] Nach den ersten vorgezogenen, rein slowakischen Wahlen 1994[30] bildete Mečiar eine Koalition mit der Arbeiterpartei ZRS und der Slowakischen Nationalpartei SNS, die trotz ihres extrem-rechten und extrem-linken Flügels bis zu den Wahlen im September 1998 Bestand hatte. Die politische Situation in der Slowakei war jedoch von Beginn an von einer starken Polarisierung des politischen Spektrums geprägt. Die Spaltung verlief nicht zwischen den linken und rechten Parteien, sondern zwischen der Regierung und der Opposition auf der einen Seite und zwischen dem Premierminister und dem Präsidenten auf der anderen.[31] Dieser Konflikt führte zu einer innenpolitischen Isolation von Präsident Michal Kováč. Seine Ansichten wurden im staatlichen Fernsehen wenig präsentiert, die Regierung boykottierte seine Parlamentsreden und versuchte mehrfach erfolglos, Kováč seines Amtes zu entheben. Die Situation verschärfte sich seit Anfang 1998 noch. Nach Ablauf der Amtszeit des Präsidenten am 1. März konnten sich Opposition und Regierung trotz mehrfacher Versuche nicht auf eine mehrheitliche Wahl eines neuen Präsidenten einigen. Premierminister Mečiar übernahm daraufhin laut Verfassung einen Großteil der Vollmachten des Präsidenten, was im Sinne einer effektiven Teilung der Gewalten bedenklich erschien. Die Opposition hatte daher bereits vor dem Ende von Kovačs Amtszeit mehrfach vergeblich versucht, eine Direktwahl des Präsidenten durchsetzen.[32] Premier Mečiar berief zur Einigung einen runden Tisch mit der Opposition und dem Präsidenten ein. Die Gespräche scheiterten jedoch am 4. Juli 1997, da sich beide Seiten nicht über die notwendigen Schritte zur Demokratisierung und zur Erfüllung der NATO- und EU-Beitrittskriterien einigen konnten.

Die Opposition selbst war lange Zeit zersplittert und hat sich erst 1997 zur Slowakisch Demokratischen Koalition (SDK), zusammengesetzt aus fünf Parteien, zusammengefunden (KDH, DS-Demokratische Partei, DU-Demokratische Union, SZS-Partei der Grünen in der Slowakei, SDSS-Sozialdemokratische Partei). Sie lag 1997 und 1998 in Meinungsumfragen mehrfach vor der Regierung.[33] Mečiar versuchte daraufhin, die Slowakisch Demokratische Koalition von den Wahlen 1998 auszuschließen, scheiterte jedoch im August 1998 vor dem Obersten Slowakischen Gericht. Weitere bedeutende Parteien sind die Slowakisch Ungarische Koalition (SMK), die aus der Ungarischen Bürgerpartei (MOS), der Ungarischen Christdemokratischen Bewegung (MKDH) und der Bewegung Zusammenleben (Spolužitie) besteht, sowie die Partei der demokratischen Linken (SDL), die Ex-Kommunisten, welche eine eigenständige Oppositionspolitik jedoch in einem Dialog mit der Regierung betrieb. Erstmals trat in den Wahlen 1998 die neue Partei Slowakisches Bürgerliches Verstehen (SOP) an, deren Orientierung eher links im politischen Spektrum anzusiedeln ist.

In den Parlamentswahlen am 25. und 26. September 1998 gelang es Mečiars HZDS zwar erneut, zur knapp stärksten Partei zu werden, doch hat sie sich durch ihre Politik der letzten Jahre derart isoliert, daß alle Oppositionsparteien nach der Wahl eine Zusammenarbeit mit der HZDS ausschlossen. Der Opposition hingegen gelang es, mehr als zwei Drittel der Stimmen auf sich zu vereinigen.[34] Sollte es tatsächlich gelingen, eine funktionierende Koalition aus allen vier Oppositionsparteien (SDK, SDL, SOP und SMK) zu bilden, so verfügt diese über eine verfassungsändernde Mehrheit.

Premierminister Mečiar besetzte bis zu dem Wahlen 1998 die Mehrheit der staatlichen Machtpositionen mit seinen Anhängern und versuchte mehrfach, auch die Medien, die kulturellen Institutionen und den NGO-Sektor unter seine Kontrolle zu bringen.[35] Als Reaktion auf den Eingriff in die Autonomie der Kulturinstitutionen gründeten Künstler die Bürgerinitiative »Retten wir die Kultur« und besetzten am 10. März 1997 das Kultusministerium. Die fehlende Beteiligung der Opposition an wichtigen Parlamentsausschüssen und die abnehmende Bedeutung des Parlamentes wurden auch von den USA kritisiert. So war es z. B. der Opposition bis zu den Wahlen 1998 nicht gelungen, in den staatlichen Medien, im Privatisierungsfonds und im Parlamentsausschuß zur Kontrolle der Geheimdienste vertreten zu sein. Zur Beunruhigung hatte auch der Versuch der Regierung geführt, die politischen Freiheiten durch einen Zusatz zum Strafgesetz einzuschränken, sowie der Fall des Abgeordneten František Gaulieder, der im Dezember 1997 unrechtmäßig sein Mandat verlor.

Ein weiteres innen- und außenpolitisches Thema ist die slowakische Minderheitenpolitik (Ungarn, Tschechen, Ruthenen, Roma, Polen, etc.). Die Behandlung der großen ungarischen Minderheit im Süden des Landes (ca. 600 000 bzw. 11,5 Prozent der Bevölkerung) ist ein langjähriges Konfliktthema zwischen Ungarn und der Slowakei.[36] So wurden jegliche Bestrebungen der slowakischen Ungarn, eine Selbstverwaltung zu erhalten und ihre kulturelle und sprachliche Identität zu schützen, von der Regierung als Separatismus abgetan. Das Gesetz über die Staatssprache hat seit Januar 1996 Slowakisch als einzige Amtssprache festgeschrieben. Ein Gesetz über die Verwendung von Minderheitensprachen wurde bis zum September 1998 nicht verabschiedet. Eine neue Verwaltungsstruktur hatte zu Befürchtungen in der ungarischen Minderheit geführt, daß mit der Einführung neuer Distrikte ihr politischer Einfluß verwässert werde. Auch in der Slowakei kommt es zur Diskriminierung von Roma durch Behörden und Übergriffe durch Individuen. Durch die Wahlen 1998 kann jedoch mit einer Besserung der Minderheitenpolitik gerechnet werden, insbesondere falls die Slowakisch Ungarische Koalition tatsächlich an der Regierung beteiligt sein wird.

Die geschilderten Verletzungen von Grundrechten sind alarmierend, doch eine pauschale Verurteilung der Slowakei wäre vereinfachend. Trotz der versuchten Einflußnahme der Mečiar-Regierung, besonders während des Wahlkampfes 1998, gibt es in der Slowakischen Republik noch immer unabhängige Medien, die kritische Beiträge verbreiten, vor allem Printmedien. Die Verfassung der Slowakei legt trotz einiger Mängel (z. B. Unklarheiten in den Beziehungen zwischen den Verfassungsorganen) die Grundfreiheiten und -rechte der Bürger nieder und sichert die theoretische und tatsächliche Unabhängigkeit des Verfassungsgerichtes. Die Mečiar-Regierung entstand aus freien, demokratischen Wahlen, und es wurde eine pluralistische Demokratie geschaffen, in der die Oppositionsparteien legal bestehen konnten und in den Wahlen im September 1998 angetreten sind. Es handelte sich demnach nicht um ein vollständig autoritäres System, sondern um ein Land, welches laut EU eine Vielzahl von Problemen bei der Ausübung demokratischer Mechanismen hat.[37] Die gescheiterte Wahl eines neuen Staatspräsidenten und der Versuch der Mečiar-Regierung, auf die Wahlen in September 1998 Einfluß zu nehmen[38], hat die Demokratie in der Slowakei weiter erschüttert. Doch die Parlamentswahlen im September 1998 haben gezeigt, daß die Schwelle zu einem vollständig autoritären System nicht überschritten wurde. Die regierende HZDS hat trotz großer Befürchtungen eine freie Wahl ermöglicht, die von der OSZE nicht in größerem Maße beanstandet wurde, und sie hat das Wahlergebnis und damit implizit ihre eigene Niederlage akzeptiert. Unter der bisher größten slowakischen Wahlbeteiligung entschieden sich zwei Drittel der Bevölkerung gegen die bisherige Regierung. Die Opposition errang 93 der 150 Parlamentssitze und bildete eine Regierung unter Mikuláš Dzurinda. Auch bei den Präsidentschaftswahlen am 30. Mai 1999 mußte Vladimír Mečiar, der sich um das Amt beworben hatte, eine Niederlage hinnehmen. Neuer Präsident der Slowakischen Republik wurde Rudolf Schuster, der sich zuvor als Bürgermeister der Stadt Košice großes Ansehen bei den Wählern erworben hatte.[39]

3.2 Die wirtschaftliche Entwicklung

Die Slowakische Republik startete von einer weit schlechteren wirtschaftlichen Ausgangsposition als Tschechien. Sie war stärker agrarisch geprägt und besaß einen größeren Anteil an der Schwerindustrie stalinistischen Typs, die energieintensiv, unproduktiv und veraltet war und keine marktgerechten Produkte mehr herstellte. Die wirtschaftliche Transformation in der ČSFR hatte die Slowakische Republik weit stärker getroffen. Die Arbeitslosigkeit lag weit höher als in Tschechien, u. a. aufgrund des tschechoslowakischen Versuches 1989/90, eine Konversion von der Waffenproduktion zu zivilen Produkten durchzusetzen.

In der Slowakei entschied sich die Regierung aufgrund dieser Ausgangslage für eine weniger radikale und sozialverträglichere Transformationsstrategie. Sie führte eine geringere Privatisierung durch und verkaufte attraktive Betriebe häufig direkt an vorher festgelegte Investoren. Die Kuponprivatisierung wurde von der Regierung verschleppt und schließlich durch die Verteilung von Schuldverschreibungen in Höhe von 10 000 Kronen ersetzt. Die regierende HZDS äußerte sich in Wirtschaftsfragen, anders als der tschechische Premier Klaus, meist populistisch, doch praktizierte auch sie eine restriktive Geldpolitik.

Dennoch wies die Slowakische Republik 1996 beeindruckende makroökonomische Daten auf. Sie erreichte das zweithöchste Wirtschaftswachstum in Europa (6,4 Prozent) bei einer Inflation von lediglich 6 Prozent. Die OECD, deren Mitglied die Slowakei noch nicht ist, bezeichnete diese wirtschaftliche Leistung als eine der besten in der Region.[40]

1997 verschlechterten sich die Wirtschaftsdaten jedoch und die ökonomischen Probleme begannen, stark denen in der Tschechischen Republik zu ähneln: Die Löhne wuchsen um 2 Prozent schneller als die Produktivität, und die Handelsbilanz war negativ. Die Arbeitslosigkeit stieg 1997 auf gut 13 Prozent und 1998 auf 14,1 Prozent.[41] Während Tschechien zur Bekämpfung dieses Trends die Einführung eines

Importdeposits wählte, reagierte die Slowakische Republik im Juli 1997 mit Importzuschlägen in Höhe von 7 Prozent für ca. 80 Prozent der Einfuhren (Halbfertigprodukte und Rohstoffe ausgenommen). Flankierende makroökonomische Maßnahmen, welche die Ursachen der Wirtschaftsprobleme angehen würden, blieben jedoch aus.[42] Diese Maßnahme komplizierte die tschechisch-slowakische Zollunion, da tschechische Produkte auf dem slowakischen Markt teurer wurden.[43] Die Europäische Union hat die Maßnahmen zur Begrenzung der Einfuhren in der Tschechischen Republik und in der Slowakischen Republik gleichermaßen kritisiert.

Die slowakische Regierung reagierte 1997 mit Sparmaßnahmen und einer wachsenden Verschuldung. Trotz restriktiver Geldpolitik stieg die Inflation 1997 auf 6,1 Prozent an.[44] Im August 1998 erreichte das Handelsdefizit eine Höhe von 51,261 Milliarden Kronen.[45] Dazu trug u. a. der Handel mit Rußland bei. Die Slowakische Republik scheute sich, anders als Tschechien, nicht vor dem Handel mit und einer möglichen Rohstoffabhängigkeit von Rußland; so wurde z. B. ein gemeinsames Unternehmen zwischen Gazprom und den Slowakischen Gaswerken geschlossen, in dem Gazprom dominiert. Die damalige Opposition kritisierte diese Fusion im Juni 1997 als russisches Diktat. Die Slowakei ist beim Import von Rohstoffen nicht nur einseitig von Rußland abhängig (möglicherweise stärker als vor 1989), der Import russischen Erdgases und -öls trug 1997 außerdem zu 77 Prozent des Handelsdefizites bei und verhinderte die Modernisierung der veralteten energie- und rohstoffintensiven Produktion. Der Versuch, eine russisch-slowakische Freihandelszone einzuführen, wurde 1996 auf Anraten der EU fallengelassen. Die Slowakei versucht, neue Märkte in China, Südamerika und im Mittleren Osten zu erschließen, auch, weil der Export nach Rußland stetig abnimmt und die russische Seite ihren Verpflichtungen nicht immer nachkommt.

Auf die Oppositionsregierung kam sofort nach ihrem Amtsantritt eine Vielzahl von Problemen und unpopulären Maßnahmen zu, da die Mečiar-Regierung ihr nur leere Kassen hinterlassen hatte. Im Januar 1999 beschloß sie ein umfangreiches Sparprogramm, das Steuererhöhungen, das Einfrieren der Gehälter im öffentlichen Sektor sowie weitere Importzuschläge vorsah.

3.3 Die Außenpolitik und der Integrationsprozeß

Der autokratische Regierungsstil hat dem Ruf der Slowakei im Ausland stark geschadet und die erklärten außenpolitischen Ziele der Regierung, den NATO- und EU-Beitritt in der ersten Runde, vereitelt. Dazu beigetragen haben auch die politischen Skandale und Ungereimtheiten, wie z. B. die Entführung des Präsidentensohnes nach Österreich und der ungeklärte Tod eines Zeugen. Dies veranlaßte die EU zur Übersendung einer Demarche, in der sie am 25. Oktober 1995 ihrer Sorge um die innenpolitische Situation in der Slowakei Ausdruck verlieh. Auch EU-Kommissar Hans van den Broek kritisierte wiederholt die Nichterfüllung der politischen Beitrittskriterien und wies auf mögliche Konsequenzen hin. Premiermister Mečiar lehnte solch ein Ultimatum jedoch ab. Der Konflikt vertiefte sich kurz danach durch die Publikation eines Geschichtsbuches, welches den unabhängigen faschistischen slowakischen Staat während des Zweiten Weltkrieges idealisiert, die Deportation der Juden in der Slowakei beschönigt und das aus EU-Mitteln finanziert wurde. Jüdische und protestantische Gruppen protestierten und die Regierung mußte das Buch zurückziehen. Dies ist nicht nur ein Beispiel für den Konflikt mit der EU, sondern auch für die schwierige Suche nach der eigenen Identität dieses jungen Staates.

Die EU-Kommission empfahl am 16. Juli 1997, die Beitrittsverhandlungen mit sechs Ländern aufzunehmen; die Slowakische Republik war nicht darunter. Die Slowakei erfüllt laut EU-Kommissionsbericht die politischen Kriterien nicht, obwohl sie sich in wirtschaftlicher Hinsicht mittelfristig durchaus qualifizieren würde. Insbesondere Länder wie Österreich und die drei mittelosteuropäischen Nachbarn (Polen, Tschechien und Ungarn) haben vor einer Isolierung der Slowakei gewarnt und sich für Beitrittsverhandlungen mit der EU und der NATO eingesetzt – allerdings vergebens.[46]

Ähnlich sieht es in bezug auf den NATO-Beitritt aus. Die Slowakei ist Mitglied des Nordatlantischen Kooperationsrates (NACC) und der Partnerschaft für den Frieden (PfP) und nimmt an gemeinsamen Übungen teil. Ihre Armee befindet sich in einem besserem Zustand als die tschechische, doch wurde auch sie Opfer der innenpolitischen Konflikte. So versuchte die Regierung durch eine Gesetzesänderung, den Oberbefehl vom Präsidenten zur Regierung zu verlagern, um dann im September 1998 den Chef des Generalstabes Jozef Tuchyňa unrechtmäßig abzuberufen. Der NATO-Beitrittswunsch der Regierung scheint jedoch eher deklaratorischer Natur zu sein. Das gescheiterte Referendum am 23. und 24. Mai 1997 hat die Situation weiter kompliziert, da es eindeutig zu einer Manipulation der Fragebögen durch den Innenminister kam.[47] Außenminister Pavol Hamžík trat nach dem Referendum zurück, da er sich nicht in der Lage sah, den NATO-Beitritt zu verwirklichen. Dieser eindeutige Fall undemokratischen Vorgehens der Regierung führte dazu, daß die Slowakei auf dem Madrider NATO-Gipfel am 8. Juli 1997 nicht zum Beitritt eingeladen wurde und auch im Abschlußkommuniqué nicht als Kandidat für die mögliche zweite Erweiterungswelle erwähnt wird.[48] Selbst die baltischen Staaten haben nach dem Gipfel bessere Aussichten auf einen NATO-Beitritt als die Slowakei.

Die Ablehnung für die erste Runde der NATO- und EU-Erweiterung hat die innenpolitische Spaltung noch verschärft. Sowohl Präsident Kováč als auch die Opposition haben die Regierungspolitik des Kabinetts Mečiar für den Mißerfolg in Madrid verantwortlich gemacht. Die Opposition sprach von einem »völligen Versagen«[49] und forderte den Rücktritt des Premiers. Hingegen sah Premier Mečiar die Slowakei als Opfer einer Politik, bei der mit zweierlei Maß gemessen wird (*double standards*). Der Botschafter der USA, Ralph Johnson, erklärte am 14. Juli in Bratislava, die USA hätten den NATO-Beitritt aufgrund der beunruhigenden undemokratischen Entwicklung nicht unterstützen können. Die Türen zur NATO blieben für die Slowakische Republik jedoch weiterhin offen.[50] Ein NATO- oder EU-Beitritt in der ersten Welle war damit ausgeschlossen. Damit entfernt sich die Slowakei wieder ein Stück vom europäischen Integrationsprozeß, und die Westorientierung des Landes, die ohnehin weniger eindeutig und ausschließlich als in Tschechien war, wird in Frage gestellt. Zu den westeuropäischen Befürchtungen, die Slowakei könnte sich zu stark an Rußland orientieren, tragen auch die wirtschaftliche Abhängigkeit von Rußland und die militärischen Beziehungen zwischen beiden Ländern bei. Durch den Regierungswechsel in der Slowakei 1998 haben sich die Chancen für den NATO- und EU-Beitritt jedoch stark verbessert. Da es der bisherigen Opposition trotz ihrer vielen unterschiedlichen Parteirichtungen gelang, schnell eine funktionierende und stabile Regierung zu bilden, verbesserte sich die Beurteilung durch das Ausland rasch. In einer ersten Einschätzung im Dezember 1998 ließ die Europäische Kommission erkennen, daß die Chancen der Slowakischen Republik gestiegen seien, unter die Kandidaten einer zweiten Runde der EU-Osterweiterung vorzurücken. Dieser Trend setzte sich 1999 fort.

4. Die tschechisch-slowakischen Beziehungen

Die Teilung der Tschechoslowakei hat einen Verlust für beide Landesteile bedeutet. Obwohl viele Tschechen behaupten, die Probleme des slowakischen Landesteiles gerne »losgeworden« zu sein, so ist doch zweifellos die Bedeutung und das Machtpotential der ohnehin kleinen Tschechoslowakei durch die Spaltung in zwei noch kleinere Einheiten (Tschechische Republik ca. zehn Millionen Einwohner, Slowakei ca. fünf Millionen) international gesunken. Es wurden wirtschaftliche Zusammenhänge auseinandergerissen, die seit 1918 gewachsen sind und für beide Länder Bedeutung haben. Der Zerfall der multi-ethnischen ČSFR hat in Tschechien zudem die unzutreffende Perzeption eines ethnisch homogenen Staates, die Tendenz zu einem zentralistischen Staatsaufbau und den Hang zum Isolationismus gestärkt.[51] Die bei der Trennung vereinbarte enge bilaterale Politik ist faktisch gescheitert: Zu unterschiedlich waren die politischen und wirtschaftlichen Strategien, und das Verhältnis war nach 1993 eher von Konkurrenz als von Kooperation gekennzeichnet. So war das Projekt einer gemeinsamen Währungsunion von Beginn an wenig realistisch und selbst die noch bestehende Zollunion ist ständigen Belastungsproben ausgesetzt. Die Beziehungen zwischen Premier Mečiar und Präsident Havel, als auch zwischen Mečiar und den tschechischen Premierministern Klaus und Zeman waren schwierig, und bilaterale Treffen fanden überaus selten und dann meist in multilateralen Zusammenhängen statt.

Zu den positiven Seiten gehört neben der »Sanftheit« der Trennung auch, daß viele bilaterale Probleme gelöst werden konnten. Am 25. Juli 1997 trat der neue Grenzvertrag in Kraft, mit dem nun alle Territorialfragen gelöst sind. Zu den verbleibenden Problemen gehört der Finanzausgleich zwischen den Staatskassen.

Bratislava drohte bereits mit einer Beschwerde in Brüssel, falls ihre Forderungen nicht erfüllt würden. Für den eigentlichen Finanzausgleich erscheint eine Nulllösung, bei der beide Seiten auf ihre Ansprüche verzichten, am wahrscheinlichsten.[52] Die tschechische Seite hat ihrer Überzeugung Ausdruck verliehen, mit einer neuen slowakischen Regierung eine Lösung finden zu können.

Die Beziehungen zur Slowakischen Republik besitzen für Tschechien indes keine Priorität mehr, da die Slowakei zum instabilsten und unattraktivsten Nachbarn geworden ist. Dennoch oder gerade deshalb unterstützt die Tschechische Republik den EU- und NATO-Beitritt der Slowakei.[53] Das sich bis zu den Wahlen 1998 abzeichnende Szenario der künftigen tschechischen NATO- und EU-Mitgliedschaft und des Ausschlusses der Slowakei vom Integrationsprozeß der ehemaligen Visegrádstaaten hätte die gemeinsamen Beziehungen kompliziert und Mitteleuropa horizontal gespalten. So wäre Ungarn von den anderen NATO- und EU-Staaten abgeschnitten worden. Mitten durch das früher geeinte Land würden, an der slowakisch-tschechischen Grenze, künftig die Außengrenzen der EU und der NATO verlaufen. Die engeren Beziehungen (der kleine Grenzverkehr, die noch verbleibenden Wirtschaftsbeziehungen und die Zollunion) würden dadurch einer schweren Belastungsprobe ausgesetzt. Ein Aufrechterhalten der engen slowakisch-tschechischen Bindungen, auch durch mögliche Sonderregelungen, liegt im beiderseitigen Interesse. Weder Tschechien noch die EU- und NATO-Mitglieder können sich einen Herd der Instabilität in ihrer direkten Nachbarschaft und in diesem Geflecht ethnischer Minderheiten leisten. Tschechien wird einen schwierigen Weg gehen müssen: Wegbereiter der Slowakei für die Westintegration zu sein, ohne paternalistisch zu wirken, und den demokratischen Pluralismus in der Slowakei zu fördern, ohne sich zu sehr in die slowakische Innenpolitik einzumischen. Doch nur durch kontinuierlich enge Beziehungen kann vermieden werden, daß sich die Slowakische Republik aus einem Gefühl der Umschließung heraus noch stärker vom Westen weg orientiert.

Auch in den zwischenmenschlichen Beziehungen wird es zu Änderungen kommen. Noch gibt es eine kulturelle Verflechtung: So verstehen und lesen aufgrund der langjährigen Gewohnheit die Bewohner die jeweils andere Sprache, und es besteht ein gemeinsamer kultureller Markt. Doch wird es zunehmend attraktiver, sich für die westeuropäische oder amerikanische Kultur zu interessieren, als die Filme und Bücher des Nachbarn zu verfolgen. Die Entfremdung geschieht schleichend. Bisher besteht trotz der beschriebenen Konflikte auf politischer Ebene noch ein Zusammengehörigkeitsgefühl zwischen den Bürgern beider Länder, was sich bei der immensen Flutkatastrophe in Tschechien im Sommer 1997 und einer ähnlichen Flut in der Slowakei im folgenden Jahr zeigte, als sich Bürger auf beiden Seiten spontan mit Hilfen für die betroffenen Nachbargebiete meldeten. Doch wird bereits jetzt deutlich, daß das sprachliche und kulturelle Verständnis für den Nachbarn in den nachwachsenden Generationen verlorengeht.

Anmerkungen

1 Zur samtenen Revolution, der anschließenden Regierungsbildung und der neugestalteten Außenpolitik vgl. Otáhal, Milan: Der rauhe Weg zur »samtenen Revolution«. Vorgeschichte, Verlauf und Akteure der antitotalitären Wende in der Tschechoslowakei, Bericht des Bundesinstituts für ostwissenschaftliche Studien (BIOst) Nr. 25, Köln 1992, und Břach, Radko: Die Außenpolitik der Tschechoslowakei zur Zeit der »Regierung der nationalen Verständigung«, Baden-Baden 1992.
2 Eines der bekanntesten Beispiele ist Václav Havel, Dramatiker und Führer des Bürgerforums, der am 29. Dezember 1989 zum Präsidenten gewählt und am 5. Juli 1990 vom neu gewählten Parlament in seinem Amt bestätigt wurde.
3 Zur Mitteleuropadiskussion vgl. Břach (Anm. 1), S. 92–109.
4 Die Kooperation von Polen, Ungarn und der ČSFR (von 1993 an der Slowakei und Tschechiens) beginnt im Frühjahr 1990 und wird am 15. Februar 1991 in Visegrád/Ungarn durch eine gemeinsame Erklärung besiegelt. Die Kooperation erreicht ihren Höhepunkt 1991/92 bei der Zusammenarbeit zur Auflösung des Warschauer Paktes und im gemeinsamen Memorandum der Partner an die EU. Sie führt jedoch nicht zu einer Block- oder Allianzbildung und hat nach dem Zerfall der ČSFR kontinuierlich abgenommen.
5 Rozhovor deníku Metropolitan s místropředsedou vlády a ministrem zahraničních věcí ČSFR Jiřím Dienstbierem, in: Československa zahraniční politika (im folgenden ČZP), Dokumenty 2 (1992), S. 157, eigene Übersetzung der Autorin aus dem Tschechischen.
6 Bereits im Dezember 1989 bat der tschechoslowakische Premier Marian Čalfa in einem Brief an Jaques Delors um Aufnahme. Nach einjährigen Verhandlungen wurde am 16. Dezember 1991 das »Europa-Abkommen« über eine Assoziation unterzeichnet.
7 Vgl. Memorandum on the European Security Commission, Prag, 6. April 1990, in: Europe. Equal Security for All. Proposal to establish a European Security Commission, Ohne Ort und Jahr, und Memorandum České a Slovenské Federativní Republiky o Evropské bezpečnosti. 9. dubna 1991, in: ČZP, Dokumenty 4 (1991), S. 268–272.
8 Vgl. die Rede Präsident Havels vor der NATO in Brüssel am 21. März 1991: Projev prezidenta ČSFR Václava Havla v sídle NATO, in: ČZP. Dokumenty 3 (1991), S. 179–186.
9 Vgl. Břach, Radko (Hrsg.): Die Tschechoslowakei und Europa. Konferenz in Köln am 9. und 10. Januar 1992 (BIOst und Ústav mezinárodních vztahů), S. 18.
10 Vgl. die Rede Präsident Havels (Anm. 8), S. 183. Eigene Übersetzung der Autorin aus dem Tschechischen.
11 Zur Wirtschaftspolitik vgl. Kosta, Jiří: Tschechische Republik, in: Weidenfeld, Werner (Hrsg.): Demokratie und Marktwirtschaft in Osteuropa. Strategien für Europa. Gütersloh 1995, S. 143–156.
12 Z rozhovoru předsedy vlády SR Jána Čarnogurského pro Rudé Právo. 23. září 1991, in: ČZP. Dokumenty 8/9 (1991), S. 967–968, hier: S. 967.
13 Im Gegenteil, Ende 1991 wurden ca. 2,5 Millionen Unterschriften für die Abhaltung eines Referendums über die Zukunft der Föderation gesammelt, das dazu dienen sollte, den gemeinsamen Staat zu retten. Vgl. Pithart, Petr: Český pohled: Slovensko má stále ještě šanci stát se politickým národodem, in: Mezinárodní politika 7 (1997), S. 9–11.
14 Die ODS gewinnt in den Wahlen knapp 30%, die ČSSD gute 26%, die KSČM ca. 10%, KDU–ČSL 8%, ebenso die Republikaner und die ODA 6%. Die Regierungskoalition hat damit nur 99 der 200 Sitze im Abgeordnetenhaus für sich gesichert. Vgl. Mladá Fronta dnes (im Folgenden: MFD) v. 3. Juni 1996.

15 ČSSD 32,3%, ODS 27,7%, KDU–ČSL 9,0%, die neugegründete ODS-Splitterpartei Unie svobody erhielt 8,6%, die kommunistische KSČM 11,0%. Die rechtsextremen Republikaner sind nicht mehr im Parlament vertreten. Die ODA trat bei den Wahlen nicht mehr an. Zahlen entnommen: The Prague Post v. 24.–30. Juni 1998, S. A10.
16 Europäische Kommission: Commission Opinion on the Czech Republic's Application for Membership of the European Union, KOM(97) 2009 endg., S. 16.
17 Laut einer Juni-Umfrage des Meinungsforschungsinstitutes IVVM halten nur 18% der Bevölkerung die Errichtung von Regionen für ein dringendes Problem, vor fünf Jahren glaubten dies noch 45%. Vgl. Zastánců vzniku regionů je čim dál méně, in: MFD v. 8. Juli 1997.
18 Eine der Bedingungen zur Erteilung der Staatsbürgerschaft lautet, fünf Jahre nicht bei der Polizei auffällig gewesen zu sein und zwei Jahre polizeilich in Tschechien gemeldet zu sein. Diese Bedingungen treffen insbesondere die Roma. Vgl. International Helsinki Federation for Human Rights: Annual Report 1997. Human Rights Developments in 1996, Wien 1997, S. 83–94, hier S. 87–91.
19 1998 stieg die Arbeitslosigkeit in Tschechien auf fast 7%, den bisher höchsten Wert. Výhledy hospodářství jsou temné, in: MFD v. 4. August 1998.
20 Ein wichtiger Wirtschaftsfaktor ist der Tourismus, der in Prag und in den Grenzregionen viele Menschen beschäftigt. Die Gehälter steigen seit längerer Zeit weit schneller, als die Produktivität zunimmt. Vladislav Flek aus dem Wirtschaftsinstitut der Tschechischen Nationalbank ČNB meint sogar, daß insbesondere Unternehmen, die noch nicht voll privatisiert wurden und eine weitgehende Monopolstellung auf dem Markt haben (z. B. im Energiesektor), noch nicht gezwungen waren, das Lohnwachstum an die Produktivität anzupassen. Vgl. »Produktivita práce nedrží krok se mzdami«, in: MFD v. 30. Juni 1997.
21 Die CEFTA ist die mitteleuropäische Freihandelszone. Die Angabe wurde entnommen aus: Jennewein, Marga, und Kristina Larischová: Czech Republic, in: Central and Eastern Europe on the Way into the European Union. Gütersloh 1996, S. 56.
22 Vgl. Europäische Kommission: Agenda 2000 – Volume 1 – For a Stronger and Wider Union, KOM(97) 2000 endg., S. 57.
23 Vgl. Europäische Kommission (Anm. 16), S. 8.
24 Die Werte schwanken zwischen 30 und 50 Prozent für den NATO-Beitritt.
25 Die größte Diskussion und das stärkste Lobbying hat dabei die Modernisierung bzw. der Neuerwerb von Flugzeugen hervorgerufen.
26 Die Überschwemmungen im Sommer 1997 haben die Unzulänglichkeit der bestehenden Notstandsplanung und Gesetzgebung für den Krisen- und Kriegsfall aufgedeckt.
27 Vgl. Deutsch-tschechische Erklärung über die gegenseitigen Beziehungen und deren künftige Entwicklung v. 21. Januar 1997 (Deutscher Bundestag, 13. Wahlperiode, Drucksache 13/6787).
28 In der modernen Geschichte besaßen die Slowaken nur während des Zweiten Weltkrieges einen eigenen Staat.
29 Vladimír Mečiar wurde bereits zweimal »gestürzt«: das erste Mal noch während der Föderationszeit am 23. April 1991, als Ján Čarnogurský sein Nachfolger wurde, das zweite Mal am 11. März 1994, als Jozef Moravčik, bis dahin Außenminister, ihn ersetzte. Durch vorgezogene Wahlen am 30. September und 11. Oktober 1994 feierte Mečiar sein Comeback.
30 Die Wahlergebnisse: HZDS 40,6%, ZRS 8,7%, SNS 6,0%, SDL 12,0%, KDH 11,3%, DU 11,3%, MK 10%. Die Angaben wurden dem Anhang entnommen aus: Europäische Kommission: Commission Opinion on Slovakia's Application for Membership of the European Union, KOM(97) 2004 endg.

31 Der Konflikt zwischen Präsident Kováč und Premier Mečiar gründet sich darauf, daß Kováč zu Mečiars Sturz 1994 beigetragen hat. Vgl. auch: Kusý, Miroslav: Slovensko '97, in: Mezinárodní politika 7 (1997), S. 4–7, hier: S. 4.
32 Zuletzt durch die Sammlung von ca. 500 000 Unterschriften zur Abhaltung eines Referendums. Es sollte im Mai 1997 zusammen mit dem NATO-Referendum stattfinden, doch wurde die entsprechende vierte Frage vom Innenminister im letzten Augenblick zurückgezogen, was zum Scheitern der gesamten Befragung führte.
33 In einer von der Agentur Factum am 13. Juli veröffentlichten Umfrage errang Mečiars HZDS 27%, seine Koalitionspartner, die Slowakische Nationalpartei und die Slowakische Arbeiterpartei erhielten 8,2 bzw. 4%. Die Opposition erreichte folgende Ergebnisse: KDH 12,1%, die Demokratische Union 11,8%, die Ungarische Allianz (zusammengesetzt aus drei Parteien) 11,8% und die ex-kommunistische Demokratische Linkspartei 10,5%. Vgl. RFE/RL Newsline, Nr. 72, Teil II, 14. Juli 1997.
34 HZDS 27,0%, SDK 26,33%, SDL 14,66%, SMK 9,12%, SNS 9,07%, SOP 8,01%, Zahlen wurden entnommen aus: Hospodárske noviny, 28. September 1998, S. 1.
35 Dazu gehört auch die Anweisung des Kultusministeriums, die Dienste der unabhängigen Nachrichtenagentur SITA, welche am 15. Juni ihre Dienste begann, zu meiden, da sie als oppositionell eingestuft wurde. Ein weiteres Element in diesem Prozeß war der Versuch, den zweiten Kanal des slowakischen Fernsehens bei seiner Privatisierung HZDS-nahen Eigentümern zuzuspielen. Das Unterfangen scheiterte im Parlament an der fehlenden Zustimmung der kleineren Regierungsparteien. Vgl. Wolf, Karol: Lidé z HZDS nebudou mít privátní televizní kanál, in: MFD v. 27. Juni 1997, S. 10.
36 Ein weiterer bilateraler Konflikt hat beide Staaten bereits vor den Internationalen Gerichtshof in Den Haag geführt, der über den strittigen Bau des ursprünglich gemeinsam geplanten Donaukraftwerkes Gabčikovo-Nagymaros entscheiden muß.
37 Die Europäische Kommission schreibt:»The constitution adopted in September 1992 at the same time as the declaration of independence and national sovereignty, established Slovakia as a parliamentary democracy. However, the operation of institutions in Slovakia has encountered a number of difficulties.« Europäische Kommission (Anm. 30), S. 10.
38 Die HZDS hat nach Schätzungen eine halbe Milliarde Kronen in den Wahlkampf investiert, wobei sie gleichzeitig versuchte, den Zugang der Opposition zu den Medien zu erschweren, den privaten Fernsehsender Markíza zu verbieten und die Zulassung der Opposition zu den Wahlen zu verhindern.
39 Dieser Beitrag wurde kurz nach den Wahlen Ende September 1998 von der Autorin aktualisiert und im August 1999 redaktionell überarbeitet.
40 Die Angaben wurden entnommen: Evtuhovici, Adrian: Slovakia Courts the European Club, in: Transition 2 (1997), S. 72–74, hier: S. 73.
41 Vgl. ČTK v. 21. August 1998.
42 Vgl. Mikloš, Ivan: Celkový ekonomický vývoj, in: Bútora, Martin; Ivantyšyn, Michal (Hrsg.): Slovensko 1997. Súhrnná správa o stave spoločnosti a trendoch na rok 1998. Bratislava 1998 (Inštitút pre verejné otázky), S. 345 ff.
43 Vgl. dazu Lavička, Václav: Slovenská přirážka bude mít široký dopad, in: MFD v. 17. Juli 1997.
44 Vgl. Mikloš (Anm. 42), S. 331.
45 Die Zahlen wurden entnommen: Nezodpovedné a zbytočne vyhlasenie, in: Hospodárske noviny v. 28. September 1998, S. 2.
46 Zu der Erklärung der drei Außenminister Polens, Ungarns und der ČR in Prag am 18. Juli 1997 vgl. Central European Support for Slovak Membership in NATO, EU, in:

RFE/RL Newsline, Nr. 77, Teil II, 21. Juli 1997. Zur Reaktion Österreichs vgl. Buchert, Viliam: Slovensko se pomalu ocitá na okraji Evropy, in: MFD v. 17. Juli 1997.
47 Das Referendum über einen Beitritt zur NATO enthielt ursprünglich eine vierte Frage über die Einführung einer Direktwahl des Präsidenten, die jedoch auf vielen Fragebögen fehlte. Diese Manipulation durch den Innenminister, die von der Wahlkommission verurteilt wurde, stellt auch den freien und gerechten Charakter der Wahlvorgänge in Frage.
48 Die Slowakei wird weder in der Erklärung der Staats- und Regierungschefs noch in den Presseerklärungen des Generalsekretärs Solana namentlich erwähnt. Vgl. Madrid Declaration on Euro-Atlantic Security and Cooperation v. 8. Juli 1997, Presse-Kommuniqué M-1 (97) 81, NATO Integrated Data Services.
49 Vgl. RFE/RL Newsline, Nr. 70, Teil II, 10. Juli 1997.
50 Vgl. Velvyslanec USA ostře káral Slovensko, in: MFD v. 15. Juli 1997.
51 Vgl. Pithart (Anm. 13), S. 9–11.
52 Nach tschechischen Angaben stehen ca. 20 Mrd. Kronen tschechischer Schulden etwa 30 Mrd. slowakischer Schulden entgegen. Vgl. Praha dluží Bratislavě miliardy, in: MFD v. 10. Juni 1997.
53 So z. B. vom tschechischen Außenminister Josef Zieleniec am 10. Juli 1997 vor dem Auswärtigen Ausschuß des tschechischen Abgeordnetenhauses erneut als das Ziel tschechischer Außenpolitik formuliert. Vgl. RFE/RL Newsline, Nr. 71, Teil II, 11. Juli 1997.

Ungarn

ANDRÁS INOTAI

1. Politisches System

Ungeachtet der grundlegenden Transformationen und der historisch beispiellos kurzen Zeit des Übergangs auf marktwirtschaftliche Verhältnisse unter schwersten Bedingungen (Zusammenbruch des RGW, Schrumpfung der Inlandsnachfrage und für viele Menschen drastische wirtschaftliche Konsolidierung) zeichnet sich Ungarn durch ein hohes Maß an innenpolitischer Stabilität aus. Die Bevölkerung hat in den letzten Jahren sowohl ihre materiellen wie psychologischen Reserven mobilisiert und die wirtschaftlichen Programme der Regierung nicht nur »erlitten«, sondern auch aktiv mitgestaltet. Wie von der Kommission der Europäischen Union in der *Agenda 2000* anerkannt, hat Ungarn seit Beginn des Systemwandels die politischen Maßnahmen getroffen, die die Institutionen der Demokratie und des Rechtsstaates installiert haben. Dieser Prozeß geht jedoch in Ungarn auf eine längere Periode der graduellen Demokratisierung seit den späten sechziger Jahren zurück. Die Liquidierung der Staatssicherheitspolizei als Erfolg der Revolution von 1956, die Ausbreitung der Basisdemokratie zunächst auf dem Lande (in den landwirtschaftlichen Genossenschaften), später aber auch im Wahlsystem (alternative Kandidaten im Einparteiensystem) haben die unterschiedlichen Etappen dieser graduellen Demokratisierung ebenso gekennzeichnet wie die außenpolitische und wirtschaftliche Öffnung Ungarns in den letzten 20 Jahren.

Die Ausarbeitung einer neuen Verfassung befindet sich seit längerer Zeit im Gange, doch konnte diejenige aus dem Jahre 1949 immer noch nicht ersetzt werden. Trotzdem haben die inzwischen vorgenommenen wesentlichen Änderungen in der Verfassung, und noch mehr, der fortgeschrittene Prozeß des Mentalitäts- und Verhaltenswandels in der Gesellschaft und den Institutionen einen vergleichsweise reibungslosen Übergang zur parlamentarischen Demokratie und zum Mehrparteiensystem gesichert, ohne dabei das wirksame Funktionieren und die Zusammenarbeit der Behörden zu gefährden.

Das ungarische Parlament besteht aus einem Haus (Landtag). Insgesamt 386 Parlamentsmitglieder werden vom Volk für vier Jahre gewählt. Das Wahlsystem ist eine recht komplizierte Kombination von Parteilisten und individuellen Wahlbezirken. Das Parlament besitzt die Kompetenz zur Gesetzgebung und kann, ebenso wie der Präsident der Republik und die Regierung, neue Gesetzesinitiativen unterbreiten. Die meisten Kompetenzen liegen bei der Regierung, während der Wirkungsbereich des Staatspräsidenten begrenzt ist. Doch kontrolliert letzterer die Streitkräfte und kann das Parlament auflösen, wenn es viermal in einem Jahr der amtierenden Regierung sein Vertrauen entzieht, oder aber, wenn das neu zusammengetretene Parlament nicht innerhalb von 40 Tagen den neuen Ministerpräsidenten bestimmen kann. Nach Auflösung des Parlamentes sind neue Wahlen innerhalb von drei Monaten abzuhalten. Im Falle einer Notstandssituation kann das Parlament jedoch nicht aufgelöst werden.

Dem Parlament kommt eine wichtige Rolle in der Auswahl und Kontrolle der Leiter der Exekutive zu. Der Staatspräsident wird vom Parlament auf eine Dauer von fünf Jahren gewählt und kann einmal wiedergewählt werden. Das Mandat des jetzigen und schon wiedergewählten Präsidenten endet im Jahre 2000.

Seit dem Systemwandel gab es drei demokratische Wahlen in Ungarn (1990, 1994 und 1998), die immer unter Beachtung der demokratischen Spielregeln abgehalten wurden. Alle Wahlen haben die zuvor gegebenen Kräfteverhältnisse maßgebend umgestaltet. Zwar haben die »Reformkommunisten« Ungarn für den demokratischen Übergang vorbereitet und das Land dem Westen geöffnet, dennoch wurden sie 1990 von einer durch das Ungarische Demokratische Forum geführten konservativen Koalition in die Opposition gezwungen. Gegen diese Koalition hat die reformierte Sozialistische Partei 1994 die Wahlen mit absoluter Mehrheit gewonnen und in Koalition mit den liberalen Freidemokraten eine qualifizierte Zweidrittelmehrheit von 72 Prozent im Parlament erzielt. 1998 wurde diese Koalition – überraschenderweise – durch eine neue liberal-konservative Regierung abgelöst, die durch die Jungen Demokraten geführt wird. Als Ergebnis der Wahlen im Mai 1998 ergaben sich folgende Sitzverhältnisse im Parlament: Allianz der Jungen Demokraten-Ungarische Bürgerpartei (FIDESZ-MPP) 148 Sitze (38,3 Prozent), Sozialistische Partei (MSZP) 134 Sitze (34,7 Prozent), Unabhängige Partei der Kleinlandwirte (FKGP) 48 Sitze (12,4 Prozent), Allianz der Freidemokraten (SZDSZ) 24 Sitze (6,2 Prozent), Ungarisches Demokratisches Forum (MDF) 17 Sitze (4,4 Prozent) und Partei der Ungarischen Wahrheit und des Lebens (MIÉP) 14 Sitze (3,6 Prozent). Es gibt weiterhin ein unabhängiges Mitglied des neuen Parlamentes (0,3 Prozent). Die Regierungskoalition besteht aus FIDESZ-MPP und FKGP, mit aktiver Einbeziehung des MDF und der stillschweigenden Unterstützung der MIÉP. Die gegenwärtige Regierungskoalition muß sich mit einer starken Opposition zurechtfinden, denn zu Gesetzen, die einer qualifizierten Mehrheit bedürfen, braucht sie auch die Unterstützung der MSZP.

Trotz der anscheinend fundamentalen Änderungen alle vier Jahre kann man von einer großen Stabilität des politischen Systems in Ungarn sprechen. Erstens haben alle bisher demokratisch gewählten Regierungen ihre verfassungsgemäße Amtsperiode ausgefüllt. Zweitens gab es wenig Änderungen in der bestimmenden Parteienlandschaft. Parteien wechseln sich in Regierung und Opposition ab, jedoch ist es schwer, mit einer neuen Partei ins Parlament zu gelangen.[1] Während der Wechsel im Jahre

1994 weder die Natur noch die Zahl der im Parlament vertretenen sechs Parteien geändert hat, gab es 1998 einige Veränderungen. Zwei konservative Parteien (Ungarisches Demokratisches Forum und Christdemokratische Volkspartei) sind praktisch verschwunden oder im Sammelbecken der FIDESZ-MPP aufgegangen. Dagegen zog eine rechtsextreme Partei mit 5,5 Prozent der Stimmen ins Parlament ein. Trotzdem kann man drittens behaupten, daß das ungarische demokratische System keine politikbildende Einflußmöglichkeit für extremistische Parteien gewährt. In dieser Hinsicht ist Ungarn zu den Beitrittsanforderungen der EU stärker konform als manche Mitgliedstaaten der EU. Viertens gab es im letzten Jahrzehnt immer einen breiten Konsens unter den parlamentarischen Parteien über die grundlegenden sicherheits- und außenpolitischen Ziele Ungarns, vor allem hinsichtlich einer Mitgliedschaft in der NATO und in der EU. Fünftens sollte noch erwähnt werden, daß die interne Organisationsstärke der einzelnen Parteien immer noch recht unterschiedlich ist. Organische innere Strukturen haben vor allem die Sozialistische Partei, die SZDSZ und die FKGP, während FIDESZ-MPP erst jetzt die Arbeitsweise einer modernen westeuropäischen Partei erlernen muß.

Im politisch-administrativen Leben Ungarns kommt den insgesamt 3 147 Selbstverwaltungen eine Schlüsselrolle zu. Ihre Vertreter werden im gleichen Jahr wie das Parlament, jedoch nach diesem gewählt. Im Oktober 1998 fanden diese Wahlen statt. Sie bekräftigten die starke demokratische Grundlage des ungarischen Systems, indem über 2 900 Bürgermeister als parteiunabhängige Repräsentanten gewählt wurden. In Budapest setzte sich der Amtsinhaber von der SZDSZ erneut durch, während seine Partei in die Oppositionsrolle geriet. Neben diesen Selbstverwaltungen existieren in vielen Wahlbezirken Selbstverwaltungen der Minderheiten. Den Wirkungsbereich der Selbstverwaltungen kontrolliert das Verfassungsgericht.

Das Verfassungsgericht besitzt in Ungarn eine auch im internationalen Vergleich große Kompetenzausstattung. Es kann Gesetze außer Kraft setzen und hat dies in der Praxis schon mehrmals getan. Die ungarische Verfassung garantiert die Unabhängigkeit der Gerichte. Die Richter werden auf Vorschlag des Justizministers, der bereits auf einer Vereinbarung mit dem Richterausschuß der Komitatsgerichte basiert, durch den Staatspräsidenten auf eine Dauer von zwei Jahren bis auf unbestimmte Zeit ernannt. Der Präsident des Obersten Gerichtes wird auf Vorschlag des Staatspräsidenten durch das Parlament ernannt, während die obersten Richter auf der Grundlage eines gemeinsamen Vorschlages des Justizministers und des Präsidenten des Obersten Gerichtes vom Staatspräsidenten ernannt werden. Die Richter dürfen keine politische Tätigkeit ausüben und keiner Partei angehören.

Im außenpolitischen Bereich wurden die wichtigsten Ziele erreicht: Ungarn ist der NATO beigetreten; die Beitrittsverhandlungen mit der EU haben im März 1998 mit dem *acquis-screening* begonnen und im November 1998 mit der Aufnahme konkreter Gespräche einen neuen Schub erhalten. Die Beziehungen zu den Nachbarländern sind vertraglich gesichert. Die ungarischen Minderheiten in Rumänien und auch in der Slowakei wurden zum Koalitionspartner in den dortigen Regierungen. Selbstverständlich gibt es noch ungelöste Probleme, wie die Beachtung aller Rechte der Minderheiten, die Zukunft des Staudammes Gabcikovo-Nagymaros oder die Beteiligung der ungarischen Minderheit in Jugoslawien an den militärischen Aktionen in Kosovo. Wie schon in der Vergangenheit kann man damit rechnen, daß die zunehmende regionale Verflechtung und die Zusammenarbeit mit der internationalen Gemeinschaft ihren Beitrag zur zufriedenstellenden Lösung dieser Probleme leisten.

2. Das soziale Umfeld

Die Bevölkerung Ungarns weist eine recht homogene Zusammensetzung auf. Die offizielle Sprache ist ungarisch, weitere gesprochene Sprachen sind deutsch, slowakisch, serbisch, kroatisch und rumänisch. Nach Angaben von 1996 sind 96,6 Prozent der Bevölkerung Ungarn, die deutsche Minderheit beträgt 1,6 Prozent, die slowakische 1,1 Prozent, die rumänische 0,2 Prozent der Bevölkerung. Andere Minderheitengruppen bilden ein weiteres halbes Prozent. Nach Religionszugehörigkeit der Bevölkerung sind 61,5 Prozent römisch-katholisch, 19,4 Prozent reformiert, 4,2 Prozent evangelisch und 14,9 Prozent sonstigen Konfessionen zugehörig. Ein drückendes soziales, wirtschaftliches, aber auch sicherheits- und bildungspolitisches Problem bildet die ethnische Gruppe der Zigeuner, die etwa 6 Prozent der Gesamtbevölkerung ausmacht, aber eine relativ hohe geographische Konzentration in Ost- und Nordostungarn, überdurchschnittliche Arbeitslosigkeit und unterdurchschnittliche Integrations- und Aufholchancen aufweist.

Beinahe bis zum Systemwechsel wurde die ungarische Gesellschaft durch ein hohes Maß an Homogenität der Einkommensverteilung geprägt. Das sozialistische System hat die Ausgestaltung großer Einkommensunterschiede im allgemeinen nicht ermöglicht oder toleriert. Infolge des Übergangs auf die Marktwirtschaft sind die Einkommensunterschiede sprunghaft angestiegen. Die gegenwärtige Einkommensstruktur weist eine große Polarisierung auf. Immer stärker lassen sich die Gewinner und Verlierer der Marktwirtschaft nach Sektoren oder nach den einzelnen Regionen unterscheiden.

Die zunehmende Polarisierung und die Marginalisierung bestimmter Schichten haben zwar die sozialen Spannungen erhöht, diesen konnte jedoch bisher erfolgreich entgegengetreten werden. Im Zusammenhang mit der weiteren Modernisierung Ungarns und angesichts des zukünftigen EU-Beitrittes stellt sich nun die Frage, inwieweit die weitere Polarisierung hilfreich ist bzw. gestoppt werden sollte. Es ist zunehmend klar, daß die Lage der Bevölkerungsschichten mit unterdurchschnittlichem Einkommen abgefedert werden sollte. Dies sollte jedoch nur in sehr berechtigten Fällen durch zunehmende soziale Unterstützung geschehen. Im Vordergrund werden höheres Wachstum, Schaffung neuer Arbeitsplätze, regionale Entwicklung, Aus- und Fortbildung sowie bessere Bedingungen für eine höhere soziale Mobilität stehen. Ein besonderes Problem stellt die Lage der Rentner dar. In der letzten Zeit wurden mehrere Maßnahmen getroffen, um ihre Situation zu

verbessern (Rentenerhöhungen, Regelung der Witwenrente, kostenlose Reisemöglichkeit für Rentner über 65 Jahre usw.).
Die Finanzierbarkeit der berechtigten sozialen Ansprüche setzt sowohl eine bereits begonnene umfassende Reform der Sozialpolitik wie die Erhöhung des Anteiles der erwerbstätigen Bevölkerung im Vergleich zum Anteil der Unterhaltenen voraus.[2] Die auch im gesamteuropäischen Maßstab führende Reform des Rentensystems (ab Januar 1998) und die in Angriff genommene Reform der Sozialversicherung sind die wichtigsten Pfeiler der längerfristigen Umgestaltung. Es gilt jedoch weiterhin als Grundprinzip, daß soziale Probleme vorwiegend durch höhere wirtschaftliche Leistung gelöst bzw. gemildert werden können. Da es hier um langfristige Problemlösungen geht und fast jeder Staatsbürger von den Maßnahmen betroffen ist oder sein wird, scheinen sogenannte »intergenerationelle Verträge« unabdingbar.

3. Wirtschaftliche Situation und Aufgaben

Die zweifellosen Erfolge der Umgestaltung haben die verschiedenen Akteure der ungarischen Wirtschaft und Gesellschaft unterschiedlich betroffen. Der Ausbauprozeß der Marktwirtschaft war nicht frei von Unterbrechungen. Anfang der neunziger Jahre erfolgte ein beispielloser Rückgang des Bruttoinlandsproduktes (BIP) und der wichtigsten Absatzmärkte. Sowohl das Realeinkommen breiter sozialer Schichten wie auch die Investitionen wurden beeinträchtigt. Während aber die »Transformationsrezession« ungünstige makroökonomische Zahlen produzierte, setzte sich in der Mikrostruktur der Wirtschaft (und teilweise auch der Gesellschaft) ein einmaliger Wandel durch.

In den kritischsten Jahren stieg die Arbeitslosigkeit auf über 12 Prozent, zahlreiche Unternehmen wurden geschlossen, ganze Regionen blieben ohne Beschäftigungsmöglichkeit. Dauerhaft zweistellige, wenn auch ständig kontrollierte Inflationsraten prägten diese Periode. Sowohl die qualitativen Weichenstellungen wie die Konsequenzen einer verfehlten Wirtschaftspolitik in den Jahren 1993 und 1994 haben den harten Konsolidierungskurs der Regierung unter Gyula Horn unvermeidlich gemacht. Nach einem wiederholten Einbruch des Wachstums und des Realeinkommens konnte man jedoch der ungarischen Wirtschaft in zwei Jahren nicht nur auf die Beine helfen, sondern einen aufrechterhaltbaren Wachstumspfad einschlagen.

Dank der graduellen Vorbereitung auf die Marktwirtschaft seit den sechziger Jahren, der nach 1989 getroffenen wirtschaftsstrategischen Weichenstellungen und der erfolgreichen Konsolidierung im Jahre 1995 befindet sich Ungarn gegenwärtig in der zweiten Phase des Transformationsprozesses, die man als umfangreiche wirtschaftliche Modernisierung beschreiben kann. Gekennzeichnet ist diese Periode durch beschleunigtes und aufrechterhaltbares Wachstum (4 bis 6 Prozent pro Jahr), export- und investitionsorientierte Wirtschaftspolitik[3], moderne und wettbewerbsfähige Produktions- und Exportstruktur mit klarer Spezialisierung auf zukunftsorientierte Produktgruppen sowie eine organische Eingliederung in das Produktions- und Verteilernetz multinationaler Unternehmer.

Gemessen am BIP pro Kopf liegt der ungarische Wert von 8 900 US-Dollar zu Kaufkraftparität (Preise von 1997) immer noch bei nur 47 Prozent des EU-Durchschnittes. Der Aufholprozeß hat aber begonnen, denn höhere Wachstumsraten werden von einer mäßigen Realaufwertung der ungarischen Währung begleitet, die auf einem zweistelligen Produktivitätswachstum der verarbeitenden Industrie beruht. Dagegen ist die Produktionsstruktur der Wirtschaft den neuen Herausforderungen schon gewachsen. Fast 70 Prozent des BIP stammt aus unterschiedlichen Dienstleistungen, während der Anteil der verarbeitenden Industrie 23 Prozent und der der Landwirtschaft nur noch 7 Prozent des BIP beträgt. Fast die gleiche Verteilung charakterisiert die Beschäftigungsstruktur. Noch wichtiger sind jedoch die strukturellen Veränderungen innerhalb der einzelnen Hauptbereiche, nicht zuletzt in der Industrie. Eine Reihe von neuen, technologieintensiven Industriezweigen haben sich in den letzten Jahren in Ungarn niedergelassen (Pkw-Herstellung, Computerindustrie, neue Zweige der Telekommunikation und der Elektronik). Der Anteil der Landwirtschaft ist immer noch höher als der EU-Durchschnitt, doch niedriger als in manchen EU-Ländern. Ein weiterer Strukturwandel wird nur noch mit gemäßigten Auswirkungen auf die Beschäftigung einhergehen.

Dieser auch im Vergleich zu anderen Transformationsländern einmalige Strukturwandel wurde durch die lange Vorbereitungsperiode vor 1989, die gewählte und marktgerechte Art der Privatisierung, den massiven Zufluß ausländischen Direktkapitals und die ungarischen Standortvorteile ermöglicht. Ihre erfolgreiche Kombination wurde durch eine stabilitäts- und exportorientierte Wirtschaftspolitik sichergestellt.

Binnen eines Jahrzehnts fanden dramatische Veränderungen in den Eigentumsverhältnissen statt. Etwa 80 Prozent des BIP werden heute vom Privatsektor mit echten Eigentümern hergestellt. Damit ist der Privatisierungsprozeß beinahe abgeschlossen. In Zukunft werden noch einige Großbetriebe sowie weitere Beteiligungsanteile des Staates in bereits privatisierten Unternehmen angeboten. Auch der Kreis des dauerhaft staatlichen Eigentums wurde bestimmt. In strategisch wichtigen Unternehmen wird der Staat die sogenannte »Goldaktie« behalten, wodurch er die betreffende Geschäftspolitik entsprechend überwachen und beeinflussen kann. Im Privatisierungsprozeß kam zunächst dem ausländischen Kapital eine hervorragende Rolle zu, denn eine marktkonforme Privatisierung hätte man mit dem potentiell zur Verfügung stehenden Kapitalangebot ungarischer Unternehmen und Staatsbürger nicht verwirklichen können. Besonders wichtig, auch wenn nicht unumstritten, sind die umfangreichen Privatisierungen in einigen strategisch wichtigen Versorgungsbereichen (Energie, Wasserwerke, Telekommunikation), aber auch bei den Handelsbanken und Versicherungsanstalten. Damit konnte man die Unebenheiten der Marktverhältnisse (z. B. zwischen Produktion und Bankensektor) beseitigen, das Umfeld für weitere ungarische und ausländische Investitionen verbessern und große, die gegenwärtige ungarische Wirtschaftskraft übersteigende Investitionen im Energie- und Ban-

kensektor ermöglichen. Die Wirtschaftspolitik hat die Aufgabe, die stabilen Rahmenbedingungen auch im Laufe verständlicher Prioritätenverschiebungen zu beachten.
  Der Bestand des ausländischen Direktkapitals erreichte Mitte 1998 18,5 Mrd. US-Dollar (ohne Re-Investitionen, die nach vorsichtigen Schätzungen weitere 3 Mrd. US-Dollar ausmachen). Mehr als die Hälfte dieser Summe war mit der Privatisierung verbunden. Zwar kamen die meisten Investoren anfangs, um den einheimischen Markt zu erobern, in den letzten Jahren haben sich die Prioritäten des Auslandskapitals aber eindeutig in Richtung auf die Ausnutzung der ungarischen Standortvorteile und auf die Eingliederung Ungarns in das weltweite Produktionsnetz verschoben. Das bisherige Muster des Zuflusses von Auslandskapital unterliegt jedoch in den kommenden Jahren einigen wichtigen Veränderungen. Der Akzent wird von der Privatisierung eindeutig auf die Neuinvestitionen »auf der grünen Wiese« verlegt. Ausländische Unternehmen haben bereits erhebliche Gewinne in Ungarn erzielt, so daß sich die Frage stellt, wie man die Eigentümer dazu bewegen kann, daß sie einen Großteil dieses Gewinnes in Ungarn (oder in der ostmitteleuropäischen Region mit Drehscheibe Ungarn) re-investieren. Eine weitere Aufgabe bildet die Verstärkung des einheimischen Zuliefernetzes durch ungarische und in Ungarn tätige ausländische Klein- und Mittelbetriebe, die frühere Importe ersetzen und das Wachstumspotential der ungarischen Wirtschaft erhöhen können. Mit dem zunehmenden Inlandsverbrauch werden auch die ungarischen Unternehmen bessere Entwicklungschancen bekommen, die vorwiegend auf den einheimischen Markt ausgerichtet sind.
  Ein wichtiger Wandel hat sich in der Beurteilung der ungarischen Standortqualität vollzogen. Immer mehr interessiert sich das ausländische Kapital für die gut oder sogar hoch ausgebildeten ungarischen Arbeitskräfte. Daraus folgt eine doppelte Hausaufgabe: einerseits die Sicherung des kontinuierlichen Strukturwandels[4], andererseits die Deckung des rasch steigenden Bedarfes an qualifizierten Arbeitskräften durch eine strategisch orientierte Bildungspolitik.
  Die institutionelle Liberalisierung der ungarischen Wirtschaft, die mit dem Beitritt zur OECD ihren bisherigen Höhepunkt erreichte, wurde durch eine strukturelle Liberalisierung begleitet, die in der Eingliederung in das internationale Produktionsnetz multinationaler Unternehmen zum Ausdruck kam. Im Außenhandel erfolgte einerseits eine rasche geographische Umorientierung von den östlichen auf die OECD-Märkte, so daß die letzteren heute 80 Prozent der ungarischen Ausfuhr aufnehmen und 75 Prozent der Einfuhren liefern. Zweitens wurde der geographische Richtungswechsel mit einem Zugewinn an Marktanteilen auf den wichtigsten Auslandsmärkten Ungarns (EU, Deutschland, Österreich) verbunden. Drittens hat sich die Warenstruktur der Ausfuhr grundlegend geändert. Mehr als die Hälfte der Gesamtausfuhr besteht aus Maschinen, Investitionsgütern und Transportmitteln. Diese Produkte bilden das Rückgrat der ungarischen Spezialisierung, die sich immer mehr auch von der wirtschaftlichen Ausrichtung der von der Transformation betroffenen Nachbarländer unterscheidet. Schließlich muß noch erwähnt werden, daß die Auslandsverschuldung Ungarns, die noch vor vier Jahren eine erhebliche Belastung und ein wichtiger Unsicherheitsfaktor war, erheblich abgebaut werden konnte. Die Netto-

verschuldung beträgt etwa 10 Mrd. US-Dollar, wovon die Verpflichtungen der Regierung und der Nationalbank ein Drittel ausmachen.

Die wirtschaftlichen Aussichten sind für die nächste Periode der Vorbereitung Ungarns auf die Vollmitgliedschaft in der EU günstig. Man rechnet mit einem jährlichen Wirtschaftswachstum von 4 bis 6 Prozent, wobei die Investitionen jährlich um 8 bis 10 Prozent wachsen werden. Der private Konsum kann um etwa 2 bis 3 Prozent pro Jahr real zunehmen. Die Arbeitslosigkeit ist bereits einstellig (etwa 8 Prozent) und wird in den kommenden Jahren ein zusätzliches mäßiges Sinken erfahren. Die Inflation, wahrscheinlich der hartnäckigste Gegner, wird graduell zurückgehen und nach 14 Prozent im Jahre 1998 um 2000 einstellig werden. Das Haushaltsdefizit (gegenwärtig 4,6 Prozent des BIP) sowie die Staatsverschuldung (etwa 65 Prozent des BIP) werden noch vor dem EU-Beitritt die Maastrichter Konvergenzkriterien erfüllen können.

Um diese Ziele zu erreichen, muß die Wirtschaftspolitik auch künftig bestimmte Grundprinzipien beachten. Erstens kann der private Verbrauch trotz höheren Wachstums weiterhin nur begrenzt steigen und die investitionsorientierte Wirtschaftspolitik muß beibehalten werden. Zweitens soll eine Lohnpolitik betrieben werden, die das erzielte Gleichgewicht nicht stört und die mäßige Realaufwertung der ungarischen Währung – dank des raschen Produktivitätsanstieges – wenigstens bis zum EU-Beitritt garantiert. Drittens müssen weitere entscheidende Schritte in der Reform des Staatshaushaltes unternommen werden (teilweise in Vorbereitung auf die effiziente Aufnahme potentieller EU-Transfers). Schließlich und zusammenfassend muß die Wirtschaftspolitik klar, berechenbar, vertrauensbildend und zukunftsorientiert bleiben und jegliche willkürliche Ausbrüche (seien es künstliche Inflationsbekämpfung oder ebenso künstliche Wachstumsbeschleunigung) sowie ideologisch orientierte Ausschweifungen vermeiden.

4. Grundfragen der euro-atlantischen Integration

Ungarn hegte vom Anfang der Transformation an ein vitales Interesse, mit den beiden euro-atlantischen »Ankern« organisch verbunden zu sein: der NATO als dem sicherheitspolitischen Anker und der EU als dem Anker der wirtschaftlichen Modernisierung.

Die NATO bedeutet die notwendige Sicherheitsgarantie für Ungarn angesichts der sich ändernden globalen und europäischen Machtverhältnisse. Die ungarische Bevölkerung hat ihre Entschlossenheit für eine NATO-Mitgliedschaft auch im Rahmen eines Referendums im November 1997 bekundet. Im März 1999 erfolgte dann Ungarns Aufnahme, zusammen mit Polen und der Tschechischen Republik, in das nordatlantische Bündnis, wo das Land dem südlichen Flügel der NATO angehört. Kurz nach dem Beitritt wurde die ungarische NATO-Politik auf eine harte Probe gestellt. Der Luftkrieg gegen Jugoslawien hatte die volle Unterstützung der ungarischen Regierung genossen, obwohl sich keine ungarischen Kampfeinheiten an den Kriegshandlungen beteiligt hatten. Doch waren Ungarns Luftraum und die Militärflughäfen, schließlich aber auch teilweise der größte Zivilflughafen in Budapest wichtige Faktoren der NATO-Strategie. Die ungarische Politik war nicht zuletzt durch die Tatsache herausgefordert, daß Ungarn das einzige NATO-Nachbarland zu Jugoslawien ist, und in der Wojwodina, der die NATO-Luftangriffe zum Teil schwere Schäden zugefügt haben, etwa 3 250 000 Ungarn leben. Die Bündnistreue Ungarns mit den spezifischen Beziehungen zur ungarischen Minderheit in Jugoslawien in Einklang zu bringen und Befürchtungen entgegenzutreten, die Ungarn in der Wojwodina könnten die nächsten Opfer der ethnischen Säuberungen Miloševićs sein, erforderte ein äußerst geschicktes, manchmal auf Messers Schneide stehendes Verhalten und diplomatisches Zusammenspiel.

Ungarns Eingliederung in die NATO-Strukturen, die Erhöhung des technischen Niveaus des ungarischen Militärs sowie die Verwirklichung der NATO-Kompatibilität auf allen Gebieten erfordern erhebliche Finanzmittel. Die finanziellen Aufwendungen wären jedoch viel größer, wenn Ungarn seine Sicherheit und Integrität allein gewährleisten müßte. Die Mitgliedschaft in der NATO bietet Möglichkeiten zur Lastenverteilung und sichert Garantien zu, die ein kleines Land allein nicht schaffen kann. Darüber hinaus hofft man auf weitere strategische Investoren, die Ungarn eben aufgrund dieser Sicherheitsgarantie für einen interessanten und zuverlässigen Standort halten.

Der Beitritt zur EU ist und bleibt in den nächsten Jahren die oberste Priorität der ungarischen Politik. Im letzten Jahrzehnt erfolgte eine rasche Heranführung Ungarns an die EU-Strukturen, aus politischer, wirtschaftlicher und institutioneller Hinsicht gleichermaßen. Darüber hinaus konnte sich Ungarn an mehreren Ausbildungs- und Forschungsprogrammen der EU beteiligen. Aufgrund der Entscheidung des Europäischen Rates im Dezember 1997 in Luxemburg hat Ungarn die offiziellen Verhandlungen mit der Kommission – zusammen mit vier anderen Transformationsländern und Zypern – Ende März 1998 aufgenommen. Die zunehmende Dichte institutioneller und politischer Beziehungen beruht auf einem engen Netz mikrowirtschaftlicher Kontakte, die sich in den letzten Jahren herausgebildet haben. Gegenwärtig führt Ungarn 72 Prozent seines Gesamtexportes in die EU aus, während 64 Prozent des Gesamtimportes aus der EU kommen. Unternehmen aus vielen EU-Ländern haben einen bestimmenden Anteil an den ausländischen Investitionen in Ungarn. Sie haben bereits maßgeblich zur rechtlichen und technologischen Anpassung der ungarischen Wirtschaft an die EU-Vorschriften beigetragen.

Die Übernahme dieses *acquis communautaire* hat in vielen Bereichen gute Fortschritte gemacht. Gestärkt werden muß aber die Implementierung und Kontrolle der vom Parlament verabschiedeten und EU-konformen Gesetze. Die jetzt laufende Überprüfung beweist, daß Ungarn sich in einem relativ fortgeschrittenen Stadium der Vorbereitung auf die Vollmitgliedschaft befindet. Sie macht aber auch klar, wo noch Anpassungsdefizite bestehen, die größtenteils noch vor dem Beitritt aufgehoben werden müssen.

Hinsichtlich eines gut vorbereiteten, aber gleichzeitig raschen Beitrittes ist es unumgänglich, daß Ungarn eine relativ begrenzte Anzahl sorgfältig ausgewähltter Wünsche für Übergangsregelungen formuliert. Als Vollmitglied wird Ungarn alle Rechte und Verpflichtungen der Mitgliedschaft übernehmen. Irgendeine »Zweiklassen-Mitgliedschaft« wäre weder politisch noch juristisch akzeptabel. Der harte Kern der Beitrittsverhandlungen werden die Landwirtschaft, die Umwelt, die Freizügigkeit der Arbeitskräfte, der Zugang zu den Haushaltsmitteln der EU sowie das Schengen-Abkommen sein. Viele Kompromisse hängen von der internen Entwicklung der EU ab. Es ist jedoch eine vorrangige ungarische Aufgabe, die Wirtschaft, die Gesellschaft, die öffentliche Meinung sowie den einzelnen Bürger auf die Vollmitgliedschaft vielseitig vorzubereiten. Dabei wird den folgenden Gebieten die größte Aufmerksamkeit gewidmet: der Verbesserung der staatlichen Administration; dem Ausbau einer effizienten regionalen und lokalen administrativen Struktur; der Vorbereitung des Staatshaushaltes und der finanziellen Infrastruktur zur Aufnahme und effizienter Verwendung zukünftiger EU-Transfers; dem regelmäßigen Dialog mit den am meisten interessierten und betroffenen Gruppen; der Minimierung der Anpassungskosten für mögliche Verlierer; der öffentlichen Meinungsbildung.

Die im November 1998 begonnene entscheidende Phase der Beitrittsverhandlungen und die in die Nähe rückende Mitgliedschaft in der EU erschließen Ungarn beispiellose historische Entwicklungsmöglichkeiten. Gleichzeitig erlegen sie aber der ungarischen Regierung und der ganzen Gesellschaft eine nicht weniger wichtige historische Verantwortung auf, um die regionale Stabilität durch ausgezeichnete Nachbarschaftsbeziehungen weiter zu festigen und an der Zusammenführung des historisch geteilten Kontinentes mit aller Kraft mitzuwirken.

Anmerkungen

Der Autor dankt für die hilfreiche Unterstützung von Tamás Szemlér, wissenschaftlicher Mitarbeiter des Instituts für Weltwirtschaft, Budapest, der wichtige Unterlagen für diesen Aufsatz zur Verfügung stellte.

1 Wenigstens 5 Prozent der Stimmen sind erforderlich.
2 Heute unterhält ein Erwerbstätiger drei Personen: sich selbst und zwei weitere.
3 Der Anteil der Investitionen liegt heute bei 23 Prozent, er soll bis zum EU-Beitritt auf 27 Prozent steigen.
4 Einige lohnintensive Tätigkeiten sind bereits in andere Staaten verlagert worden.

Das Baltikum

PEER H. LANGE

1. Historische und politische Vorbedingungen des staatlichen Neubeginns 1991

Der europäischen Einigungspolitik bietet sich das Baltikum als geopolitischer Schlüsselraum dar, weil es hier die Folgen einer entarteten europäischen Großmachtpolitik unter Hitler und Stalin zu überwinden gilt, der die baltischen Nationen exemplarisch zum Opfer fielen. Im Ergebnis ist für nahezu ein halbes Jahrhundert diese europäische Subregion mit ihren eigenständigen staatlichen Akteuren in die Qualität eines kolonialen und strategischen Vorfeldes des Sowjetimperiums zurückgeworfen worden. Die destruktiven Folgen hiervon bilden eine vorrangige Herausforderung für die neue Gestaltung Europas, verkörpern doch die wiedererstandenen Nationalstaaten ein jahrhundertealtes westeuropäisches Kulturerbe, das ihre Integrationseignung begründet. Sie erscheinen für eine Schlüsselfunktion prädestiniert, um als Katalysatoren oder Transmittenten okzidentale Entwicklungsbefähigung in den eurasischen Nachbarraum hineinzutragen. Macht und Kraft hierzu liegen allerdings bei Europa und nicht bei den durch die Sowjetherrschaft bis zur Existenzgefährdung geschwächten baltischen Nationen.

Die drei baltischen Staaten unterscheiden sich von anderen ehemaligen Sowjetrepubliken darin, daß sie auf die Erfahrung einer erfolgreichen Eigenstaatlichkeit von 1919 bis 1940 zurückgreifen konnten. Von den ehemaligen sogenannten »Volksdemokratien« des Ostblocks unterscheiden sie sich dadurch, daß diese doch bei aller Subordination unter das Sowjetregime ihre Eigenstaatlichkeit mit allen dafür erforderlichen Infrastrukturen im Gegensatz zu den baltischen Staaten erhalten konnten.[1] Jedoch hat selbst die Gemeinsamkeit dieses schweren historischen Schicksals die ethnische, sprachliche, religiöse, kulturelle wie historische und sozioökonomische Individualität und ausgeprägte Verschiedenartigkeit der drei baltischen Nationen der Esten, Letten und Litauer nicht verwischen können. Damit erhält der dialektische Spannungsbezug von Separation und Integration, der im ausgehenden 20. Jahrhundert immer deutlicher als europäisches politisches Problem in den Vordergrund rückt, in diesem Raum perspektivisches Profil: Ein überaus deutlicher Wille zur nationalen Eigenwertigkeit verbindet sich hier deutlich mit einer sich rasch entwickelnden Bereitschaft zu konstruktiver Integrierung in die westliche Wertegemeinschaft.

Die Verschiedenheit der drei baltischen Nationen prägte bis zu einem gewissen Grad auch die Unterschiedlichkeit ihrer historischen Schicksale. Daraus ergaben sich für sie, als sie 1991 wieder als staatliche Akteure auf die europäische Bühne zurückkehrten, voneinander verschiedene Ausgangslagen bei der Bewältigung anstehender politischer Herausforderungen. Litauen hatte im 19. Jahrhundert keine vergleichbare städtische Entwicklung erlebt wie die großen, nach deutschem Städterecht organisierten urbanen Zentren im nachmaligen Lettland und in Estland. Es hatte auch nicht Anteil an deren industrieller Entwicklung in der Spätphase des russischen Zarenreiches und während der ersten Souveränität zwischen den Weltkriegen. Die Selbstverwaltungsrechte des überwiegend deutschstämmigen Adels in den beiden nördlichen baltischen Provinzen des russischen Reiches erlaubten dort im 18. und 19. Jahrhundert eine frühe Reformentwicklung und Aufgeklärtheit, die im katholischen und nach polnischem Muster strukturierten Litauen nicht in vergleichbarem Maße hervortraten. Daneben konnte die deutsch-protestantische Kirche in Estland und Lettland im 17. und 18. Jahrhundert einen entscheidenden Beitrag zur Grundschulbildung und hiermit mittelbar auch für die Bewußtwerdung nationaler Literaturen und Sprachen leisten. Infolgedessen war und ist in beiden nördlichen Nationen eine geschichtlich motivierte Offenheit gegenüber der jahrhundertelang prägenden deutschen Kultur – und mittelbar auch gegenüber deutscher Politik – sichtbar geworden. Sie führte im Zweiten Weltkrieg zu starker Parteinahme auf deutscher Seite, wie sie in Litauen nicht in gleichem Maße erfolgte. Das zog wiederum eine in ihren Auswirkungen radikalere Sowjetisierung in Estland und Lettland zwischen 1939 und 1941 sowie 1945 und 1991 nach sich als in Litauen. So bedeutete die sowjetische Industrialisierung für Litauen eine geringere Ruinierung überkommener eigenständiger marktwirtschaftlicher Strukturen als in den industriell zuvor weiter entwickelten beiden nördlichen baltischen Staaten. Schließlich wurden Lettland und Estland im Vergleich zu Litauen sowohl von einer ausgeprägteren sowjetrussischen Siedlungspolitik überzogen als auch von einer gewichtigeren militärstrategischen Präsenz mit den entsprechenden Dislokationen.

Litauens tiefreligiöser Katholizismus verstärkte die Bande dieses Landes zu Polen erheblich – auch wenn die polnische Besetzung des Gebietes um Wilna (Vilnius), der eigentlichen Hauptstadt des Landes, von 1919 bis 1939 die litauischpolnischen Beziehungen nachhaltig bis in die Gegenwart hinein beeinträchtigt hat. Demgegenüber bewirkte der Protestantismus vor allem in Estland eine klare Unterscheidung zum Russentum und zur russischen Orthodoxie, während der lettische Nationalismus der Zwischenkriegszeit der Versuchung nachgab, durch eine Förderung des Katholizismus den deutschen Einfluß einengen zu wollen.

Allen drei baltischen Nationen hatte die Russifizierungsperiode des Zarenreiches am Ende des 19. Jahrhunderts die Chance geboten, an den russischen Universitäten autochthone Intelligenzschichten heranzubilden. Hiermit wurde der

Grundstein für eigene staatsbildende Eliten gelegt, die dann – nach dem Zusammenbruch des Zarenreiches und nach der Abwehr der bolschewistischen Revolution mit der Hilfe Deutschlands und später der Ententemächte – den Auf- und Ausbau eigener Staatswesen ermöglichten. Doch wurden während der Okkupationszeit von 1940 bis 1991 und durch den Zweiten Weltkrieg gerade diese Eliten vor allem durch die stalinistische Repression vergleichsweise stärker dezimiert als in anderen Sowjetrepubliken und Volksdemokratien. Das erschwerte den Neuaufbau funktionierender Staatswesen mit europäischer Integrationsakzeptanz erheblich.

2. Die Last des uneuropäischen Sowjeterbes

Bei der Neugewinnung ihrer Staatlichkeit seit 1991 hatten die baltischen Staaten tiefgreifende Deformationen durch das sowjetische Okkupationsregime zu überwinden. An erster Stelle sind die demographischen Veränderungen zu nennen, die vor allem Lettland und Estland trafen. Am Beispiel Lettlands wird klar, daß der dortige Anteil ethnisch Fremdstämmiger alle westlichen gesetzlichen und politischen Lösungsansätze für Minderheitenverhältnisse überfordern muß, die auf Gegebenheiten zugeschnitten sind, die sich mit den lettischen nicht vergleichen lassen. Das betrifft sowohl die rein quantitativen Maßstäbe als auch die kulturelle Verschiedenheit, die eine gesellschaftliche Homogenisierung (Integrierung und erst recht Assimilierung) erschwert, und die internationalen Auswirkungen.

Samuel Huntington hat in seiner Vision der widerstreitenden Zivilisationen wohlbegründet eine Grenze zwischen Orthodoxie und Abendland gezogen. Beide geistigen Räume lassen sich heute als nur schwerlich kompatible Bereiche verschiedengearteten zivilisatorischen Know-hows deuten. Unter diesem Aspekt muß auch die Auswirkung des Sowjetsozialismus auf die Modernisierungsfähigkeit der baltischen Gesellschaften an der Schwelle zum 21. Jahrhundert erörtert werden. Hierbei ist zunächst darauf hinzuweisen, daß über Jahrhunderte hin in den baltischen Staaten eine mit dem Westen Europas verbundene, mit ihm vergleichbare und kompatible geistige Entwicklung stattgefunden hatte. Diese ist auch von der zweihundertjährigen russischen Herrschaft nicht grundsätzlich unterbrochen worden, weil Sonderrechte in Verwaltung und gesellschaftlicher Organisation erhalten blieben, die zudem von den ethnischen Bezügen vor allem der Eliten abgestützt wurden. Das änderte sich nacheinander mit dem Abzug der baltischen Deutschen 1939 bis 1941, der Judenvernichtung 1941 bis 1944 und der gezielten Verfolgung der indigenen Eliten in mehreren Terrorwellen des stalinistischen Okkupationsregimes 1940/41 und 1945 bis 1956. Die Deutschen hatten einen hohen Prozentsatz vor allem der Intelligenz und Geschäftswelt gestellt, was zu großen Teilen auch für die Juden gilt. Mit dem Beginn der Sowjetherrschaft begann dann sofort zunächst die physische Dezimierung nicht nur des Offizierskorps, sondern auch der politischen Führungsschicht der drei Länder. Dieser Elitenverlust ist durch die ihn begleitenden und verstärkenden ethnischen Verluste durch Flucht und aufeinanderfolgende Deportationswellen verstärkt worden. Erst vor diesem Hintergrund wird verständlich, daß die gegenüber 1939 erhöhte Einwohnerzahl der drei Länder nicht lediglich nur eine langsame Bevölkerungszunahme bedeutet, sondern vielmehr eine selbst im historischen Vergleich seltene, schwerwiegende sozial-kulturelle Umschichtung zum Zweck einer besonders tiefreichenden Ersetzung der lokalen Zivilisation durch die sowjetische. Das betrifft zunächst das politische System, in dem die aus der Vorkriegszeit tradierte Ausrichtung am Demokratiemodell durch die sowjetische Version des Führer- oder Kommandosystems (totalitäre Einparteienherrschaft) mit allen Auswirkungen auf Bildung, Informationsfreiheit und Verwaltungsgestaltung ersetzt wurde. Zweitens erfolgte eine grundlegende und ebenfalls von ethnischen Umschichtungen begleitete Umgestaltung der Wirtschaft wie auch der sozialen Verhältnisse. Die planwirtschaftliche Industrialisierung nach sowjetischem Muster wurde auf die Landwirtschaft und Industrie der baltischen Länder übertragen – ungeachtet eines teilweise erstaunlich lang währenden baltischen Widerstandes hiergegen. Damit wurde zum einen die in der Zwischenkriegszeit etablierte bäuerliche Struktur der ländlichen Gesellschaft nahezu vollständig ruiniert, zum anderen die in den urbanen Zentren seit der Industrialisierung des späten 19. Jahrhunderts entstandene industrielle Zivilisation samt ihren überwiegend nach Westen ausgerichteten Handels- und Entwicklungsverbindungen. An ihre Stelle trat die Sowjetwirtschaft. Sie war sowjetunionweit arbeitsteilig strukturiert, an Quantität statt Qualität bis hin zu weitgehendem Verzicht auf Erhaltungsinvestitionen ausgerichtet und bevorzugte die Entwicklung von Schwer- und Rüstungsindustrie gegenüber der Konsumgüterindustrie, welche traditionell als Stärke der baltischen industriellen Entwicklung gegolten hatte. Die neuen Bevölkerungsteile, die nach 1945 in den baltischen Sowjetrepubliken angesiedelt wurden, waren seit 1917 Teil dieser wirtschaftlich-sozialen Zivilisation, während die verlorengegangenen nationalen Bevölkerungsteile als Träger einer westlich-kapitalistischen Zivilisation gelten müssen. Nicht minder wichtig wurde die sprachliche Russifizierung in Verbindung mit dem sich von der Außenwelt abschließenden klassenkampfbestimmten Gesellschaftsmodell. Dies hat insbesondere in den urbanen und akademischen Zentren der baltischen Länder zu einer weitreichenden Benachteiligung der Balten und zu einer Bevorrechtung der neu angesiedelten Bevölkerungsteile geführt. Die aus dieser Sowjetisierung folgenden zivilisatorischen Umstellungen galt es nach der Wiedererlangung staatlicher Souveränität 1991 zu überwinden oder rückgängig zu machen.

3. Verwestlichung oder Europäisierung?

Die Wiedererlangung staatlicher Souveränität im Zuge der Auflösung des Sowjetimperiums unter Gorbatschow beinhaltete für die baltischen Nationen vor allem eine nationale Selbstbefreiung von Fremdherrschaft. Hiermit verband sich die Vorstellung eines Frontenwechsels von Ost nach West. Das jedoch lief dem Grundgedanken des Entspannungsprozesses zuwider, der der Reformentwicklung in Osteuropa zugrunde lag: nämlich einer Abkehr von konfrontativen, antagonistischen Zielbestimmungen zugunsten eines Bewußtseins von Bedrohungen und Herausforderungen, die Ost wie West gleichermaßen betreffen. Daß die Intensität dieses inneren Widerspruches baltischer Westwendung um so mehr zutage trat, je widersprüchlicher die Abkehr Rußlands von imperialen oder hegemonialen Traditionen verlief, liegt in der geopolitischen Natur der Sache. Es hätte von vornherein klar sein müssen, daß die Baltikumpolitik der europäischen Mächte diese Subregion als vorrangigen Schlüsselpunkt für das Verhältnis zu Rußland hätte erfassen und behandeln müssen. Die Alternative, sie als störende und marginale Gegebenheit zu ignorieren, mußte zu Komplikationen führen. Das Maß der Unklarheit westlicher Politik würde den Intensitätsgrad der baltisch-russischen Spannungen bestimmen.

Zu dieser in sich mehrschichtig widersprüchlichen Entwicklung hat nachhaltig beigetragen, wie sich die sowjetische, später russische Führung gegenüber wegbestimmenden Problemlagen verhielt: Noch unter Gorbatschow wurde der gewaltsame Versuch unternommen, die Ablösung der baltischen Republiken von der Sowjetunion zu verhindern. Danach ließ sich die sowjetische wie später die russische Führung nur überaus zögerlich von der internationalen Gemeinschaft zum Abzug der sowjetischen, dann russischen Truppen drängen. Dann unternahm sie den Versuch, mit wirtschaftlichen Sanktionen die neugegründeten Staaten unter Druck zu setzen. Schließlich verzögerte sie über Jahre hinweg den Abschluß allfälliger Grenz- und Grundlagenverträge. In diesem Zusammenhang weigerte sie sich ebenso renitent, die fortwährende staats- und völkerrechtliche Bedeutung der die Souveränität der baltischen Nationen »für ewige Zeiten« begründenden Friedensverträge von 1919 anzuerkennen. Bis heute mochte die russische Führung des weiteren die Völkerrechtswidrigkeit der erzwungenen Einverleibung der drei baltischen Staaten in die UdSSR 1940 nicht zugestehen. Schließlich hat Moskau die Problematik der im Zuge einer stalinistischen Siedlungspolitik geschaffenen sogenannten »russischsprachigen Minderheiten« kontinuierlich dafür instrumentalisiert, russischen Einfluß in dieser »Einflußsphäre« zu sichern. Dabei setzte diese Siedlungspolitik sowohl Estland wie insbesondere Lettland der Gefahr einer ethnischen Fremdbestimmung oder eines Untergangs der ethnologisch begründeten Staatlichkeit aus, die die Gründungsintention ihrer Staatenbildungen war.

Auf seiten der baltischen Politik wurden hierdurch Irritationen unvermeidlich. Sowohl die wirtschaftliche Ausgangslage wie auch das Entspannungsinteresse der westlichen Politik drängten ursprünglich dazu, die Märkte für baltische Erzeugnisse im Osten zu suchen. Durch die frühe Wirtschaftsblockade 1991 erwies sich dieser Ansatz als illusorisch. Die Blockade demonstrierte den Zwang, zu einer balancierten Energieversorgung für die baltischen Staaten zu finden. Gleichermaßen überlebten sich anfängliche neutralistische Vorstellungen auf dem Gebiet der

Sicherheitspolitik. Der ursprüngliche Ansatz nationaler »Selbstverwirklichung« nach fast einem halben Jahrhundert sowjetischer Fremdherrschaft wich viel früher als erwartet einer stürmischen Hinwendung zur westeuropäischen und atlantischen Integration, sobald sich diese ab 1993 als Möglichkeit abzuzeichnen begann.

Dabei erwies sich allerdings, daß Wünsche und realisierbare Möglichkeiten auseinanderklafften. Wettbewerbs- und Leistungsfähigkeit auf nahezu allen Gebieten hatten sich in vier Jahrzehnten sowjetischer Entwicklung weit von westlichen wie von ehemaligen eigenen Standards entfernt und ließen erhebliche Transformationsschwierigkeiten offenkundig werden. Das mußte auf westlicher Seite politisch wirksame Skepsis am baltischen Begehren begründen, mit dem erklärten und bewiesenen Bekenntnis zu westlichen Werten auch vollberechtigte Mitgliedschaften in den westlichen Bündnissen und Integrationsinstitutionen beanspruchen zu können.

Die mit der ersten NATO-Erweiterungsrunde verbundene unlimitierte Vertröstung baltischer Mitgliedschaftswünsche wie auch die nur mühsam und letztlich politisch motivierte alleinige Einladung Estlands zu EU-Beitrittsverhandlungen 1997 müssen im Zusammenhang mit dieser idealisierenden baltischen Selbsteinschätzung erklärt werden. Die damit verbundene Perspektive einer längerwährenden Annäherung an die fortschreitende westeuropäische Integration bedeutet zugleich, daß das politische Bewußtsein in den drei baltischen Republiken sich darauf einstellen muß, die politische Entwicklung als längerfristigen Prozeß zu verstehen, anstatt Festschreibungen und garantierte Sicherheiten einzufordern.

4. Sicherheit oder Entspannung?

Die sicherheitspolitische Entwicklung im baltischen Raum gebietet es, ihn als Schlüsselelement europäischer Sicherheitstransformation zu behandeln. Die nur scheinbare Marginalität kleinräumiger und bevölkerungsschwacher Staaten in Randlage hatte Fehleinschätzungen zur Folge, während sich in dieser »Wetterecke« europäischer Geschichte zunehmend neue Konfliktelemente herauszubilden drohen. Sie haben ihre Ursache nicht in den Staaten der Subregion, sondern in den auseinanderdriftenden Interessenlagen der in diesem Raum agierenden Mächte.

Während des kalten Krieges waren im baltischen Raum die 2. strategische Staffel des sowjetischen Angriffsdispositivs für den sogenannten »nordöstlichen Kriegsschauplatz«, die strategische Luft- und Raumverteidigung und essentielle Teile der Ostseeflotte disloziert. In dem Maß, in dem Rußland sich der Problematik eines neuen, vom sowjetischen grundlegend verschiedenen militärischen Dispositivs stellen mußte, gewann der baltische Raum – entsprechend tradierter russischer Denkmuster – neuerlich Bedeutung als unbesetztes Vorfeld. Durch die Möglichkeit der NATO-Erweiterung auch in diesen Raum hinein wurde diese Frage seit 1993 zusätzlich aktualisiert.

Insgesamt hat sich die Sicherheit der drei baltischen Staaten ohne spektakuläre Vorgänge stetig konsolidiert. Dazu trug besonders das NATO-Programm »Partnerschaft für den Frieden« mit fünf auf die baltische Situation zugeschnittenen Initiativen bei.[2] Insgesamt verweist dies vor dem Hintergrund der zwar verheißenen, doch kaum rasch zu verwirklichenden formalen Erweiterung der NATO auf ein funktional stetig wachsendes Wirksamwerden des Bündnisses im Ostseeraum.

5. Die Konsolidierung der politischen Systeme

Die Wiedergewinnung staatlicher Souveränität 1991 erforderte von den baltischen Nationen eine neue Positionsnahme in einem gewandelten und weltweit neue Bedingungen schaffenden Geflecht staatlicher, wirtschaftlicher und gesellschaftlicher Beziehungen. Diese Positionsnahme würde auch weitgehend vom Erfolg der innenpolitischen Rekonsolidierung abhängen.

1991 erwiesen sich die staatlichen und gesellschaftlichen Strukturen, die vor der fünfzigjährigen Sowjetisierung bestanden hatten, samt ihrem Humanpotential als weitestgehend zerstört. Die neuen Staatswesen konnten sich zwar in einer Grundorientierung an den legislativen Ordnungen der zwanziger und dreißiger Jahre ausrichten, mußten jedoch nun bei ihrem Neuaufbau von völlig anderen verfügbaren Potentialen wie auch von veränderten außenpolitischen Erfordernissen ausgehen.

Ein Anknüpfen an die (allerdings von Süd nach Nord abgestuft geringer ausgeprägten) autoritären Präsidialverfassungen der dreißiger Jahre verbot sich. Die neuen Verfassungen ergaben – wiederum in unterschiedlicher Ausprägung – relativ starke Präsidentschaften in Ausrichtung an den amerikanischen, französischen und russischen Staatsordnungen. Die Parlamente entwickelten sich in Übergängen aus den Obersten Sowjets der Sowjetrepubliken nach westeuropäischem Vorbild –allerdings ohne die Einführung von Zweikammersystemen. Die Entwicklung des Parteienwesens aus den Volksbewegungen, wie sie sich während der Befreiungszeit in den meisten von Einheitsparteien regierten Volksdemokratien herausgebildet haben, wurde auch hier charakteristisch. Die für Westeuropa typischen, an weltanschaulichen Ordnungsvorstellungen ausgerichteten Parteien konnten sich allerdings in den drei baltischen Ländern nicht oder nur als protegierte Splittergruppen herausbilden. Auch die Parteienbildung entwickelte sich in den drei Nationen jeweils unterschiedlich: In Litauen entstanden mit einer sozialistisch-sozialdemokratisch ausgerichteten Linken und einer aus der (stark aufsplitternden) Volksbewegung hervorgegangenen konservativen Parteiengruppe zwei große Gruppierungen mit den beiden Exponenten Brasauskas und Landsbergis. In Lettland zeigte sich die größte Parteienfluktuation ohne prägende Führungspersönlichkeiten. In Estland konsolidierte sich ein insgesamt nationalkonservatives Parteienspektrum ohne nennenswerte sozialistische Anteile, jedoch mit der herausragenden und für das internationale Ansehen Estlands entscheidenden Präsidentschaft Lennart Meris.

Alle drei Staaten hatten – wie alle anderen ehemaligen sozialistischen Staaten auch – Schwierigkeiten mit kompromittierten und akzeptanzgefährdenden Persönlichkeiten zu überwinden.[3] Die Akzeptanz der politischen Vertretungen leidet in allen drei Staaten unter dem latenten und gelegentlich begründeten Verdacht von Korruption und Bereicherung.[4] Doch handelt es sich auch hierbei wiederum nicht um außergewöhnliche Entwicklungen in ehemals sozialistischen Ländern und unter den gegebenen Umständen. Die Parlamente aller drei Staaten haben in strittigen und die nationale Identität betreffenden Fragen – wie den Territorialverlusten Estlands und Lettlands während der Sowjetherrschaft und in der Minderheitenfrage – eine härtere Linie als die Exekutive vertreten. Somit verlief insgesamt die Konsolidierung der politischen Strukturen erfolgreich.[5]

Neben die Herausforderungen des Aufbaus neuer staatlicher und politischer Institutionen traten diejenigen der Verwaltung. Diese mußten die kleinen und durch die Sowjetisierung nachhaltig geschwächten Reservoirs an befähigten Eliten überfordern. Wie zu erwarten, konnte die Europäische Kommission zu diesem Punkt die Mitgliedschaftsanträge der drei baltischen Staaten am deutlichsten nur mit Desideraten bewerten. Dennoch vermerkte sie in ihrer Bewertung die anerkennungswürdige Geschwindigkeit, mit der angesichts der enormen Erschwernisse innerhalb von nur sechs Jahren das Baltikum eine erstaunliche Rekonsolidierung vollbracht hatte. Die drei Nationen gewannen vor allem hinsichtlich der politischen und staatlichen Strukturen in der Gemeinschaft der europäischen Völker gefestigte Plätze zurück.

Ein freies Medienwesen – einschließlich einer breiten Versorgung der Minderheiten durch Presse, Funk und Fernsehen – hat sich gleichermaßen rasch entwickeln und festigen können.[6] Weder Presse noch Funkmedien mögen der überregionalen Presse anderer westlicher Kleinstaaten vergleichbare internationale Beachtung verdienen. Das ist vorwiegend auf die andere und schwerlich vergleichbare Nachfrage zurückzuführen, die in Bildungsstand und Interessenniveau wurzelt. Auch hier sind Folgen des in diesen Staaten nicht nur meinungsverengenden, sondern im Fall des Baltikums auch benachteiligenden Sowjetregimes zu überwinden.

6. Wirtschaftliche Transformationserfolge

Die wirtschaftliche Rekonsolidierung war nicht weniger anspruchsvoll als die politische und gesellschaftliche: Die Nationalökonomie der drei baltischen Nationen mußte aus den Strukturen der arbeitsteiligen Planwirtschaft der Sowjetunion und des Warschauer Paktes zunächst herausgelöst und neustrukturiert werden. Grundlegend hierfür waren Finanzreformen, die in allen drei Ländern nach unterschiedlichen Maßgaben und in unterschiedlichem Tempo – in Estland mit der beeindruckendsten Konsequenz – durchgeführt wurden. Dem folgte der Aufbau eines eigenen Bankenwesens aus dem Nichts, was verständlicherweise in allen drei

Staaten auch zu vorübergehenden Bankenkrisen in den Jahren 1995/96 führte. Sehr bald wurde es auch erforderlich, die gegebene wirtschaftliche Abhängigkeit von der Sowjetunion und später von Rußland zu überwinden – mit existentieller Bedeutung vor allem im Energiesektor. Die anfänglich einseitig nach Osten ausgerichtete Außenhandelsbindung mußte gleichfalls früh in eine ausgewogene Beziehungsbalance zurückgeführt werden, was in Estland am frühesten, in Litauen am bedächtigsten, jedoch mit einer spezifischen politischen Konsequenz gelang.

Binnenwirtschaftlich ging damit zwischen 1993 und 1997 die Reprivatisierung sowohl in der Landwirtschaft wie auch in der Industrie und im Privatvermögen einher. Dieser Prozeß ging in den drei Ländern mit unterschiedlicher Intensität, Konsequenz und Geschwindigkeit vonstatten. Auch hier schritt Estland voran, was seine Bevorzugung bei der Bewertung der Anwartschaft zu den Beitrittsverhandlungen durch die Europäische Kommission verständlich machte. Die Privatisierung bildete die Voraussetzung für eine intensivere Verkoppelung der baltischen Nationalökonomien mit den marktwirtschaftlich organisierten Staaten und Wirtschaftsbünden. Nur auf dieser Grundlage ließ sich eine Intensivierung von Investitionen und mit diesen die unabdingbare Modernisierung der Industrien und Dienstleistungen erreichen. Von der Privatisierung waren auch die Hilfszuwendungen über die verschiedenen Hilfprogramme sowohl der Europäischen Union wie anderer Organisationen und Staaten abhängig. Dabei standen alle drei Staaten vor der Herausforderung, die einseitig und unter sträflicher Vernachlässigung der Dienstleistungsfähigkeit auf industrielle Produktion ausgerichtete sowjetische Wirtschaftsform zu transformieren – und dies sowohl binnen- wie außenwirtschaftlich.

Diese wirtschaftliche Transformation beinhaltete zudem die Aufgabe, das von der zentral gelenkten und plangebundenen Sowjetwirtschaft geerbte Know-how durch freie Managementfähigkeit zu ersetzen – eine Aufgabe, die wiederum nur mit internationaler Unterstützung und Öffnung zu erreichen war. Hier erwies sich insbesondere die politisch wie handelstraditionell motivierte Affinität der Staaten der Ostseeregion untereinander als besonders hilfreich. Die global als exemplarisch anerkannte Organisiertheit der Kooperation in der Ostseeregion ist nicht nur aus der Befreiung aus den Fesseln des *Mare Sovieticum* zu verstehen, sondern in ganz besonderem Maße ein Ergebnis des übereinstimmenden und kumulierenden Gestaltungswillens der Anrainer gegenüber der baltischen Subregion.

7. Sozialpolitische Gefährdungen

Die politisch bis heute noch als ethnische und minderheitenrechtliche behandelten Probleme, die die baltischen Staaten von der Siedlungs- und Gleichschaltungspolitik des Sowjetsystems geerbt haben, erweisen sich in ihren künftigen Konsequenzen zunehmend als sozial- und bildungspolitische Herausforderung, vor die eine gesamteuropäische Modernisierung gestellt werden wird.

Rußlands heute noch immer geopolitisch fehlgeleitetes Streben nach bestimmendem Einfluß in einem als Interessensphäre verstandenen Vorfeld eigener Macht läßt die russischsprachigen Minderheiten zum Spielball unvereinbarer Gestaltungsziele werden: Das Konzept der »Machträume« kollidiert mit dem der »Modernisierungsterrains«. Bei der von der westlichen Politik zu verfolgenden Gestaltung des künftigen Europas können Transformationsgesellschaften wie diejenige der baltischen Subregion nicht, wie in noch wirksamen russischen Leitvorstellungen, als machtpolitische Glacis oder Grenzzonen verstanden werden. In westlichen Konzepten finden sie einen sinnvollen Platz nur als Transmissionsräume einer modernisierenden, zukunftsfähigen Gestaltung der Beziehungen zum benachbarten euroasiatischen Kompositum. Die Überwindung dieses Verständnisgegensatzes erscheint nur möglich, wenn Konzepte übereinstimmender und entwicklungsgleicher Interessenlagen politisch vorgetragen werden, wie sie von der finnischen Politik im Vorlauf zu ihrer Präsidentschaft der Europäischen Union mit dem Programm einer »Nördlichen Dimension« vorlegt wurden. Dieses Programm sucht die russischen wirtschaftlichen Interessen in Kooperationsprojekte zu binden. Diese würden dann eine Modernisierung und marktwirtschaftliche Kompatibilität zwingend nach sich ziehen. Eine solche Entwicklung wiederum müßte den fehlgeleiteten, gegenwärtig noch dominierenden geopolitischen Ansatz russischer Politik entschärfen und den Weg zu einer zukunftsgerichteten Modernisierung ebnen, die den europäischen und eurasischen Raum zusammenführen könnte. Unter einem solchen Aspekt bieten weder eine eng ethnisch aufgefaßte nationalstaatlich ausgerichtete *Containment-Politik* lettischer oder estnischer politischer Gruppierungen gegenüber den russischsprechenden Ansiedlern noch die machtpolitische Instrumentierung dieser Gruppen durch die Moskauer Führung eine zukunftsweisende Perspektive. Vielmehr bietet sich als Ausweg umgekehrt eine Nutzung des in diesen Minderheiten angelegten Entwicklungspotentials für eine moderne, an freiheitlicher Offenheit ausgerichtete Identität der baltischen Vielvölkergesellschaften. Bisher setzen allerdings weder die westliche noch die russische Baltikumpolitik diese innovativen Konzepte konstruktiv ein.

Dieses Versäumnis bringt potentielle Gefährdungen mit sich. Vor allem in Lettland verschärfen sich die innergesellschaftlichen Spannungen, während auf russischen wie westlichen Druck nicht problemgerechte Regelungen der Minderheitenfrage verfolgt werden. Eine Entwicklung zu einer »Zweigruppengesellschaft« mit auseinanderdriftenden Entwicklungsbedingungen und -zielen wird hier mit Sorge diskutiert und ist nicht von der Hand zu weisen. Diese Entwicklung wird dadurch kompliziert, daß die Schwierigkeiten der wirtschaftlichen und sozialen Konsolidierung nur zu leicht aus ethnischen in politischen Spannungen umschlagen – und zu ihrer mißbräuchlichen Instrumentierung verleiten können. Dieser Mißbrauch muß um so attraktiver erscheinen, je weniger überzeugend sich die westliche Ostpolitik darstellt. Besonders die Baltikumpolitik sorgt für den Eindruck, daß amerikanische, europäische und nationale politische Ansätze nicht nur mangelhaft koordiniert, sondern gelegentlich kontrovers erscheinen.

Die Problematik der Identitätsfindung in Staaten mit überwiegend zerstörter gesellschaftlicher Homogenität und Stabilität wie Lettland darf nicht mehr den geschwächten Möglichkeiten dieser Gesellschaften allein zugeschoben werden. Sie ist als Aufgabe gesamteuropäischer Gestaltungspolitik zu begreifen und zu leisten. Hier ist die europäische Gemeinsame Außen- und Sicherheitspolitik gefordert – und zwar bereits im Rahmen der Heranführungspolitik an die EU-Mitgliedschaft. Europa hat bei der Konsolidierung im Baltikum nicht nur sein Verhältnis zu Rußland zu gestalten, sondern damit zugleich dasjenige zu den hier gelegentlich mit erkennbar abweichender Orientierung agierenden USA.

8. Potenz und Potentiale, Rolle und Vision

Das Baltikum ist in der Politik vor allem Deutschlands zu lange als zu vernachlässigende Größe bei der Ausrichtung am scheinbar prädominanten Potential Rußlands hintangestellt worden. Dabei wurde verkannt, daß diese Subregion einen unvergleichlich vielversprechenden Ansatzpunkt bietet, um das politische Verhalten Rußlands an die Erfordernisse einer auf Modernisierung gerichteten Gestaltungspolitik für den europäischen und den eurasischen Raum zu gewöhnen. Hierfür eignet sich das Baltikum besonders deshalb, weil es für das russische Denken traditionell eine gewichtige Bedeutung als Glacis hat.

Außerdem resultierte die langsame und verspätete deutsche Anpassung an die Modernisierungserfordernisse in Industrie und Gesellschaft, die von anderen europäischen Ländern wie Schweden, den Niederlanden und Finnland mit Erfolg weit früher in Angriff genommen wurde, in einer Schwerpunktsetzung der nationalen Baltikumpolitik auf herkömmliche Entwicklungsstützung wie Verwaltungshilfe, Know-how-Vermittlung und Handelsausbau. Hingegen blieb eine perspektivische Zielsetzung für eine künftige Funktion der baltischen Gesellschaften in einem integrierten Europa undeutlich. Auch dies mag Rußland dazu verleitet haben, hier ein von ihm machtpolitisch zu beeinflussendes Konzeptionsvakuum zu vermuten.

Estland ist damit vorangegangen – und dies ist von der Europäischen Kommission entsprechend gewürdigt worden –, für sich selbst eine Modernisierungsperspektive zu entwerfen, es durch den »Tigersprung«-Plan des Außenministers Ilves an die Wettbewerbserfordernisse des Computerzeitalters heranzuführen. Dieser Plan knüpft an die während der ersten Phase der baltischen Selbständigkeit erwiesene Fähigkeit zu industriellen Spitzenleistungen an und ergänzt damit den vielversprechenden Eindruck, den die relativ hohe Geschwindigkeit der Rekonsolidierung in den drei baltischen Staaten hinterließ.

Hieraus und aus dem nicht hoch genug zu veranschlagenden Faktum, daß die Wiedergewinnung der Souveränität von seiten der baltischen Völker mit einem hohen Bewußtsein notwendiger De-Eskalation vorangetragen wurde, läßt sich für diese Völker eine verantwortliche Übertragungsrolle an der Nahtstelle zu Eurasien im Prozeß einer umwälzenden Modernisierung Europas ableiten und konzipieren. Dazu allerdings müßten diese Völker instand gesetzt werden, damit sie nicht länger (wie im Falle Lettlands) in ihrer nationalökonomischen Existenz von Holzexport und Öltransit abhängen, und ihre ingeniösen Anlagen mit europäischer Hilfe entwickeln und mit dafür geeigneten Institutionen einen Erneuerungstransfer nach Osten wahrnehmen können. Schon einmal, in der Zwischenkriegszeit, konnten sich diese »neuen Nationen« Europas unter friedlichen Bedingungen als effizient und kämpferisch erweisen. Es liegt allein am Gestaltungswillen einer zukunftsbewußten europäischen Politik, die diesmal anders gelagerten Potentiale dieser Subregion neuerlich im gesamten Interesse nutzbar und effizient zu machen.

Anmerkungen

1 Die Scheinstaatlichkeit, die den drei baltischen Sowjetrepubliken ebenso wie Weißrußland und der Ukraine innerhalb des sowjetischen Staatsverbandes zum Zweck einer Stimmenvermehrung in den Vereinten Nationen zugesprochen war und sich u. a. im Vorhandensein sogenannter eigener Außenministerien (im Fall Lettlands 15 Personen) niederschlug, steht dieser Aussage nicht entgegen. Auch die anderen Ministerien waren eigentlich Verwaltungs- und nicht Entscheidungseinrichtungen. Wohl aber haben diese Institutionen in gewissem Maße nationale Interessen, am erfolgreichsten in bezug auf die völkischen oder doch zumindest folkloristischen Kulturen, vertreten können. Ohne dies wäre die »singende Revolution« von 1989–1991 undenkbar gewesen.
2 Dabei handelt es sich um erstens ein Baltisches Friedenswahrungs-Bataillon (»BALTBAT« = BALTic BATtalion; Hauptquartier in Riga), zweitens ein subregionales System für die Kontrolle des Luftraumes (»BALTNET« = BALTic Air Surveillance NETwork; HQ in Wilna), drittens eine Baltische Marineflottille (»BALTRON« = BALTic SquadRON; HQ in Reval), viertens eine koordinierende Dach-Institution (»BALTSEA« = BALTic SEcurity Assistance) und schließlich eine Baltische Verteidigungsakademie (Baltic Defense College »BALTDEFCOL«, in Dorpat/Tartu).
3 So etwa Savisaar 1996 und Siim Kallas 1998 in Estland, in Lettland der ehemalige, verurteilte und mehrjährig inhaftierte Parteichef Rubiks, in Litauen die durch Kollaboration mit dem KGB belastete zeitweilige Ministerpräsidentin Prunskiene.
4 Das namhafteste Beispiel hierfür bildet der begabte und durchaus verdiente erste litauische Verteidigungsminister Butkevicius.
5 Hierzu und zu den folgenden Bewertungen ist auf die Bewertung durch die Europäische Union in der Agenda 2000 zu verweisen.
6 Es darf nicht unerwähnt bleiben, daß hierbei auch das westliche Ausland Hilfe geleistet hat. Das namhafteste Beispiel hierfür bietet die schwedische Unterstützung für die bekannteste lettische zweisprachige Tageszeitung »DIENA«.

Albanien

FABIAN SCHMIDT

Albaniens Position auf der Europäischen Landkarte ist von einem Paradox gekennzeichnet: Einerseits ist es mit der Via Egnatia in seiner Mitte seit der Antike bis zum Ende des Osmanischen Reiches ein bedeutendes Transitland für den Ost-West-Warenverkehr gewesen, andererseits war es bis in die neunziger Jahre hinein das wohl am wenigsten regional und international integrierte Land Europas.

Seit der Staatsgründung 1913 bis zur Besetzung durch die Achsenmächte zielten Entwicklungsinitiativen vor allem auf eine Anbindung an Italien ab. Während Italien so vor allem die Häfen von Durres und Vlora und Straßen im Flachland ausbaute, wurde in den zwanziger und dreißiger Jahren Albaniens Transitcharakter nach Osten vor allem aufgrund politischer Instabilität und mangelnder Sicherheit vernachlässigt. Nach Ende des Zweiten Weltkrieges bis zu seinem Tode 1985 zementierte der stalinistische Diktator Enver Hoxha diese Position weiter und führte Albanien mit seiner eigentümlich nationalistischen Politik zudem in eine vollkommene Isolation. Integrationsansätze mit anderen Balkanstaaten endeten nach dem Bruch mit Tito 1948 ebenso wie die Integration mit den Warschauer Vertragsstaaten nach dem Bruch mit der Sowjetunion 1960 und letztendlich mit China 1978.

Mit wachsenden wirtschaftlichen Problemen konfrontiert, sah sich Hoxhas Nachfolger Ramiz Alia gezwungen, neue Wirtschaftspartner, nun auch im westlichen Ausland, zu suchen. Die wirtschaftliche bilaterale Zusammenarbeit mit EU-Staaten wuchs nach einem Besuch von Hans Dietrich Genscher, des ersten westlichen Außenministers seit dem Zweiten Weltkrieg, 1987 langsam an. Jedoch waren die Wirtschaftsbeziehungen zu Beginn noch stark durch das weiterbestehende Dogma der wirtschaftlichen Unabhängigkeit beschränkt. Die Verfassung verbot ausländische Investitionen und eine Kreditaufnahme seitens Albaniens, eine Politik, von der die Partei der Arbeit Albaniens (PPSH) bis 1991 nicht abrückte.

Weitere Schritte der Öffnung des Landes folgten mit der Unterzeichnung eines Kulturabkommens mit Jugoslawien 1988 sowie der Abhaltung eines Außenministertreffens aller Balkanstaaten im darauffolgenden Jahr. Noch im selben Jahr wurde der Nobelpreisträgerin Mutter Teresa gestattet, Albanien zu besuchen, wo sie von Außenminister Reis Malile und der Hoxha-Witwe Nexhmije empfangen wurde. Im Mai 1990 führte Alia anläßlich des Besuches von UN-Generalsekretär Perez de Cuellar drei wichtige Reformen durch. Er führte das Justizministerium, das unter Hoxha abgeschafft worden war, wieder ein, hob das Religionsverbot von 1967 auf und beendete das Verbot von Auslandsreisen. Im selben Jahr stellte Albanien die diplomatischen Beziehungen zu den USA und zur Sowjetunion wieder her.

Eine durchgreifende Wende kam jedoch erst mit den antikommunistischen Studentenprotesten im Dezember 1990, der Zulassung von Oppositionsparteien und der Abhaltung der ersten Mehrparteien-Wahlen am 31. März 1991. Die PPSH gewann diese Wahlen, vor allem aufgrund des Wahlsystems, welches ausschließlich Direktkandidaten vorsah. Dadurch begünstigte es das konservative Wahlverhalten in den ländlichen Wahlkreisen. Schon vor der zweiten Wahlrunde kam es jedoch zu massiven Protesten, während derer die Polizei in der nördlichen Stadt Shkoder zwei Menschen erschoß. Daraufhin weigerte sich die Demokratische Partei (PD), die aus den Wahlen als zweitstärkste Partei hervorgegangen war, ins Parlament einzuziehen. Ein Generalstreik zwang die Sozialistische Alleinregierung von Premierminister Fatos Nano, einem Reformer, zum Rücktritt, und die PPSH stimmte im Juni der Bildung einer Koalitionsregierung mit der PD und einigen kleineren Parteien zu. Doch auch diese Regierung überdauerte nur wenige Monate. Nach einer Koalitionskrise Anfang Dezember 1991 wurde eine Interimsregierung aus parteilosen Fachleuten mit der Organisation von Neuwahlen betraut.

Keine der drei postkommunistischen Regierungen hatte es bis dahin geschafft, die dringenden sozialen und wirtschaftlichen Probleme Albaniens zu lösen. Das Land wurde Zeuge eines Massenexodus von mehreren zehntausend Flüchtlingen, die Albanien per Schiff nach Italien oder auf dem Landwege nach Griechenland verließen. Auch brach eine Hungersnot aus, die vor allem die nördlichen Landesteile hart traf. Aufgrund der dramatischen Entwicklungen im Jahre 1991 waren auch die Beziehungen zum Westen nach Ende des Kommunismus vor allem durch Anstrengungen zur Überwindung der Krise gekennzeichnet. Am Anfang stand die Notwendigkeit im Mittelpunkt, humanitäre Hilfslieferungen nach Albanien zu bringen. Bereits 1991 hatten die verschiedenen Regierungen erste Kontakte zur internationalen Gemeinschaft geknüpft, allerdings entwickelten sich diese erst richtig nach den Neuwahlen vom 22. März 1992, bei denen die Demokraten die Mehrheit der Stimmen gewannen und der PD-Vorsitzende Sali Berisha zum Präsidenten gewählt wurde.

Seitdem verfolgt Albanien konsequent eine Außenpolitik, die auf EU- und NATO-Integration abzielt. Die albanische Regierung hatte ihre ersten Kontakte mit der NATO im Juli 1991 durch die italienische Armee hergestellt, die damals mit der humanitären Hilfsmaßnahme »Operation Pelikan« begonnen hatte, die bis zum Herbst 1992 andauerte. Bereits im Spätsommer 1991 knüpfte die Regierung Kontakte zur NATO, und die ersten albanischen Offiziere wurden zum NATO-Manöver in Deutschland im September eingeladen. Im Oktober traf Generalstabschef Kostas Karolli seine NATO-Amtskollegen. Auch begann die Armee mit einer internen Reform: Die Lehrpläne wurden geändert, Verweise auf den Marxismus-Leninismus gestrichen, der Geheimdienst Sigurimi aus dem Militärsystem ausgegliedert und durch einen Militärischen Nachrichtendienst ersetzt.

Während sich die Zusammenarbeit mit der NATO 1991 noch in der Anfangsphase befand, änderte sich das grundlegend mit der Wahl der Demokraten. Die neue Regierung legte den Grundstein für Albaniens Integration ins Nordatlantische Verteidigungssystem. Albanien war das erste osteuropäische Land, welches bereits 1992 formell die Vollmitgliedschaft in der NATO beantragte. Seitdem hat Albanien zahlreiche bilaterale Militärkooperationsabkommen unterzeichnet und 1993 die Aufnahme ins *Partnership for Peace* (PfP)-Programm beantragt, welche im Januar 1994 besiegelt wurde, und von zahlreichen NATO-Mitgliedstaaten grundlegende Hilfestellung in der Reform und Erneuerung seines Militärs erhalten. Im Jahre 1995 hielt Albanien neun gemeinsame PfP-Militärmanöver ab, an welchen unter anderem türkische, griechische, italienische sowie Truppen verschiedener anderer PfP-Staaten teilnahmen. Die US-Armee bildete im September des Jahres 1995 ihre Marines in Albanien für Einsätze in Bosnien aus, während albanische Soldaten in den USA für friedenserhaltende Einsätze geschult wurden. Auch stellte Albanien zwischen Juli und November einen Flughafen für unbemannte US-Aufklärungsflugzeuge zur Verfügung, nachdem Italien zuvor eine derartige Bitte abgelehnt hatte.

Berisha hatte sich seit 1992 auch für die EU-Integration stark gemacht und erhielt bis zum Ausbruch der Krise im Februar 1997 dafür erheblichen Zuspruch aus Deutschland, Frankreich und Italien. Albanien hatte von allen osteuropäischen Ländern die höchsten Pro-Kopf-Zuschüsse von der EU erhalten und konnte bis Ende 1996 deutliche Wachstumsraten verzeichnen. Albanien und die EU unterzeichneten 1995 ein Sui-generis-Abkommen, allerdings wurden die meisten EU-Projekte bilateral mit den verschiedenen Nachbarstaaten Albaniens abgewickelt, vor allem mit Italien und Griechenland. Eine wichtige Voraussetzung für dieses Abkommen war Albaniens Aufnahme in den Europarat am 29. Juni 1995, welche von zahlreichen politischen Konflikten begleitet war.

1. Die Aufnahme in den Europarat: ein Wendepunkt

Das Parlament hatte bis 1995 eine Anzahl von Reformen in der albanischen Gesetzgebung durchgeführt, welche darauf abzielten, die Gewaltenteilung und Rechtsstaatlichkeit zu garantieren sowie Menschenrechte zu sichern. Jedoch konnte ein Konflikt zwischen der Opposition und der PD über die Rolle des Präsidenten in der Verfassung nicht gelöst werden. Berisha hatte dem Parlament eine Verfassung vorgelegt, die ähnlich dem französischen Modell umfangreiche Befugnisse in den Händen des Präsidenten konzentrierte. Dies lehnten sowohl die Opposition als auch einige Koalitionspartner der PD ab, die daraufhin die Koalition verließen. Nachdem die PD dadurch ihre Zweidrittelmehrheit verloren hatte und die Verfassung nicht im Parlament verabschieden konnte, legte Berisha sie in einem Referendum im Dezember 1994 vor, das jedoch keine Mehrheit fand. Dieser

Mangel war jedoch kein Hinderungsgrund für die Aufnahme in den Europarat. Die Straßburger Experten schlossen, daß das Paket von Verfassungsgesetzen des Jahres 1992 eine ausreichende verfassungsrechtliche Grundlage bot und Gewaltenteilung und Rechtsstaatlichkeit garantierte. Allerdings machte der Europarat deutlich, daß er die Verabschiedung einer neuen Verfassung zu einem späteren Zeitpunkt erwarte.

Jedoch war die Aufnahme von einer steigenden Besorgnis des Europarates über die Unabhängigkeit der Justiz überschattet. Die Regierung und das Parlament hatten zahlreiche Maßnahmen ergriffen, die die Gewaltenteilung in Frage stellten. Diese beinhalteten Fragen der Kontrolle des Justizhaushaltes ebenso wie die drohende Entlassung des Vorsitzenden Richters am Obersten Gericht, Zef Brozi. Bereits wenige Wochen nach der Aufnahme in den Europarat setzte das Parlament Brozi in einer offensichtlichen Verletzung der Verfassungsgesetze ab. Auch die Verhaftung des Oppositionsführers Fatos Nano gab dem Europarat Grund zur Besorgnis; er hatte die Aufnahme an die Bedingung geknüpft, daß Nanos Prozeß wiederholt würde. Er war angeklagt, einer italienischen Firma Beihilfe zur Veruntreuung von Hilfsgeldern geleistet zu haben. Nanos Prozeß wurde nie wiederholt.

Einen ernsteren Rückschlag für das Ansehen der Regierung stellten die nächsten Präsidial- und Parlamentswahlen am 26. Mai 1996 dar. Die Opposition warf der Regierung und der PD vor, sie massiv im Wahlkampf behindert zu haben, unter anderem unter Anwendung von Gewalt gegen Oppositionspolitiker und Journalisten, aber auch durch die Kontrolle der staatlichen Medien und Polizeimaßnahmen gegen die unabhängige Presse. Gleichzeitig deuteten die Wahlen ein Auseinanderdriften zwischen der Politik der USA und verschiedenen europäischen Staaten an. Während kurz nach den Wahlen Wahlbeobachter des Europarates erklärten, ihnen seien keine besonderen Unregelmäßigkeiten während der Wahlen aufgefallen, so kam die OSZE, die Wahlbeobachter auch in entlegene Wahlbezirke entsandt hatte, zu dem Schluß, daß erhebliche Einschüchterungen und Gesetzesverletzungen die Gültigkeit der Wahlen in Frage stellten. Auch beklagte die OSZE, daß die Regierung nur unzureichend mit den Wahlbeobachtern zusammengearbeitet hätte.

Nach den Wahlen setzten die meisten EU-Staaten ihre Unterstützung für Berishas Regierung fort, davon ausgehend, daß sie das kleinere Übel im Vergleich zu einer möglichen Rückkehr der Reformsozialisten sei. Außerdem genoß Berisha Vertrauen, da seine Kosovo-Politik die friedliche Strategie des Kosovo-Schattenstaatspräsidenten Rugova unterstützte und dazu beigetragen hatte, den Ausbruch eines Konfliktes in der Nachbarregion zu vermeiden. Das State Department war jedoch deutlicher in seiner Kritik und verlangte Neuwahlen, eher früher als später. Daraufhin verschlechterten sich die albanisch-amerikanischen Beziehungen. Die nächste Probe für Albaniens auswärtige Beziehungen wurden daher die Lokalwahlen am 20. Oktober 1996. Die Sozialisten und einige andere Oppositionsparteien hatten gedroht, die Wahlen zu boykottieren, während die USA, der Europarat und die OSZE versuchten, Druck auf die PD auszuüben, um den Wahlprozeß zu reformieren. Nachdem die Verhandlungen zwischen Opposition und

Regierung für Monate in einer Sackgasse steckenzubleiben drohten, führte letztlich ein von den USA vermittelter runder Tisch zu einem Durchbruch. Die Parteien einigten sich auf ein Bündel von Gesetzesreformen, die freie und gerechte Wahlen garantieren sollten sowie ausgewogenen Zugang aller Parteien zu Radio und Fernsehen. Obwohl ein Hauptstreitpunkt nicht bewältigt werden konnte, nahmen doch alle Parteien an den Lokalwahlen teil. Die Opposition hatte verlangt, daß die OSZE die Wahlen mittels ihres Büros für Demokratische Institutionen und Menschenrechte (ODIHR) beobachten solle. Aber nur wenige Tage vor der Wahl lehnte das Außenministerium es ab, verschiedene ODIHR-Beobachter zu akkreditieren. Daraufhin zog sich die OSZE völlig aus der Wahlbeobachtung zurück, die nun der Europarat übernahm.

Trotz politischer Spannungen zwischen den USA und Albanien über die Wahlen setzten beide Seiten ihre Zusammenarbeit auf militärischem Gebiet bis Anfang 1997 fort. Albanien avancierte zum aktivsten PfP-Mitglied in Südosteuropa durch weitere Manöver unter Einbeziehung zahlreicher Nachbarstaaten, wie Rumänien und Mazedonien. Die Regierung organisierte außerdem eine Konferenz von Balkan- und Mittelmeer-Verteidigungsministern, und die USA eröffneten ein militärisches Übungsgelände in den Martanesh-Bergen östlich von Tirana als Bestandteil eines militärischen Hilfsprojektes im Werte von 100 Mio. US-Dollar. Auch nahm im selben Jahr das erste 40 Soldaten starke albanische Kontingent im Rahmen der deutschen IFOR-Truppen an Operationen in Kroatien und Bosnien teil. Bis dahin unterstützten sogar Italien und Griechenland die Aufnahme Albaniens als Vollmitglied in der ersten NATO-Erweiterungsrunde. Im selben Jahr stimmte die EU Infrastrukturhilfen in Höhe von 212 Mio. ECU für Projekte bis zum Jahre 2000 zu. Die aufwendigsten Projekte, anfangs auch unterstützt von der Weltbank, beinhalten die Erneuerung und den teilweisen Neubau des Straßensystems, der Strom- und Wasserversorgung, der Häfen von Durres und Vlora sowie des Passagierflughafens Rinas bei Tirana.

2. Der Zusammenbruch der Pyramiden

Die Weltbank hatte allerdings seit Sommer 1996 ihre Unterstützung unterbrochen, nachdem die Regierung auf mehrfache Warnungen nicht reagiert hatte, die Tätigkeiten von Pyramiden-Anlagegesellschaften zu stoppen. Ein Dutzend derartiger Firmen hatte über mehrere Jahre in Albanien existiert und stetig die Anzahl ihrer Klienten erhöht. Das war möglich, da es in Albanien anfangs kein vollständig entwickeltes privates Bankensystem gab. Erst 1996 änderte sich das mit der Eröffnung von Zweigstellen der Malaysianischen Bank (International Commercial Bank) sowie der Griechischen Nationalbank und einer Börse, die allerdings seitdem nur geringen Umsatz verzeichnet. Unerfahrene Sparer bevorzugten es indessen, in Pyramiden-Anlagefirmen zu investieren, die astronomische Zinsraten versprachen und bis Ende 1996 in der Tat auch auszahlten. Die albanischen Medien feierten diese Firmen Ende 1995 als Symbole des wirtschaftlichen Aufschwunges, und die Regierung war abgeneigt, dagegen vorzugehen, da sie den scheinbaren Erfolg im Wahlkampf nutzen konnte. Italienische Mafia-Staatsanwälte äußerten die Vermutung, daß diese Firmen so lange operieren konnten, da sie teilweise zur Geldwäsche benutzt wurden. Auch Ermittlungen der albanischen Staatsanwaltschaft seit Herbst 1997 deuten in diese Richtung. Gelder aus illegalen Geschäften überschwemmten Albanien in den Jahren 1993 bis 1995, als der Ölschmuggel nach Montenegro während des internationalen Embargos gegen Restjugoslawien florierte, sowie aus dem Schmuggel von Flüchtlingen mit Schnellbooten nach Italien. Andere Quellen von Schwarzgeld waren vermutlich Waffenhandel mit Ruanda, Afghanistan und Bosnien. Derartige Einnahmen erklären, wie es diese Firmen geschafft haben, über mehrere Jahre zu überleben.

Nach dem Friedensabkommen von Dayton änderte sich die Position der Anlagegesellschaften jedoch. Einerseits versiegten die Einnahmen aus dem Ölgeschäft, andererseits legten die meisten privaten Kleinanleger ihr Geld Ende 1995 und Anfang 1996 an, also in einer Zeit, als die Pyramiden-Firmen ihre angeblichen Erfolge gut vermarkten konnten und der Wahlkampf in vollem Gange war. Auch sponsorten verschiedene dieser Firmen den Wahlkampf der PD. Das erlaubte den Firmen, noch bis Ende des Jahres weiterzuarbeiten. Auf diese Weise halfen die Pyramiden-Firmen dabei, die wirtschaftlichen Probleme Albaniens zu verdecken. Ein erheblicher Teil des Wachstums, welches Albanien noch 1995 offiziell verzeichnete, entsprang nicht seiner wirklichen wirtschaftlichen Leistungsfähigkeit. Albanien lebt zum Großteil von Importen, während die lokale Produktion seit Ende des Kommunismus trotz weitgefächerter Privatisierung erheblich abnahm. Statt dessen erlaubten Transferzahlungen der 400 000 bis 500 000 albanischen Arbeitsmigranten, vor allem in Griechenland und Italien, sowie der Export geschmuggelter Waren Albanien, mit einem erheblichen Außenhandelsdefizit zu wirtschaften. Gleichzeitig führte die erhebliche Arbeitsmigration, gekoppelt mit geringen Arbeitslosenhilfezahlungen, zu einer vergleichsweise geringen Arbeitslosenstatistik. Selbst in der Landwirtschaft blieb die Produktivität gering, da die Bauern während der Privatisierung von 1992 nur kleine Landparzellen erhalten hatten, die sie nicht industriell bewirtschaften konnten. Zudem ist die Abneigung, größere Genossenschaften zu gründen, aufgrund schlechter Erfahrungen im Kommunismus weit verbreitet. Es gibt derzeit nur etwa 200 landwirtschaftliche Genossenschaften in ganz Albanien, von denen nur 20 in einem Dachverband organisiert sind.

3. Anarchie

Vor diesem Hintergrund traf der Zusammenbruch der Pyramiden die Masse der ärmeren Albaner besonders hart. Viele der mehreren hunderttausend Gläubiger hatten ihren Grund und Boden oder ihr Vieh verkauft, um investieren zu können. Um so stärker war die Reaktion der geprellten Anleger. Die Ereignisse überraschten viele Beobachter in ihrer Heftigkeit und schnellen Ausbreitung. Während einer allgemeinen Revolte, die den Protesten wegen der Pyramidenfirmen folgte, wurden bis zu 1 600 Menschen getötet, viele mehr verwundet, Banken geplündert, Gefängnisse geöffnet und zahlreiche Regierungsgebäude zerstört. Es zeigte sich, daß Albanien bei weitem noch nicht so weit entwickelt war, wie es die Regierung behauptete. Alle EU-Projekte wurden im März 1997 bis zur Wiederherstellung der staatlichen Ordnung auf Eis gelegt und auch der Traum der frühen NATO-Mitgliedschaft zerschlug sich, da die Armee in einer Desertationswelle zerbrach, die meisten Waffenlager geplündert wurden und fast alle der wenigen Kriegsschiffe von Flüchtlingen zur Überfahrt nach Italien benutzt wurden.

Zur gleichen Zeit nutzten organisierte Kriminelle die Gunst der Stunde, um illegale Aktivitäten in Albanien auszuweiten, von Waffen- über Drogen- und Menschenschmuggel. So wie nach dem Ende des Kommunismus 1991 flohen Zehntausende wieder über die Adria nach Italien oder auf dem Landwege nach Griechenland. Bei einem der dramatischsten Vorfälle starben über 80 Menschen, als ein Flüchtlingsschiff nach einer Kollision mit einem Schiff der italienischen Küstenwache sank. Menschenschmuggel mit kleinen Schnellbooten gibt es allerdings auch weiterhin, wobei zunehmend kurdische Flüchtlinge aus der Türkei die Kundenschicht der albanischen Fährleute darstellen. Dies ist ein lukrativer Markt, da türkische Staatsbürger visafrei nach Albanien einreisen können.

Letztendlich war jedoch die Märzkrise mehr als nur die Reaktion auf den Zusammenbruch der Pyramiden. Es war das Ergebnis des Scheiterns der Einführung funktionierender unabhängiger demokratischer Institutionen, die in der Lage gewesen wären, mit solch einer Situation in rechtsstaatlicher Weise umzugehen. Ein anderer Faktor ist die demokratische Erfahrung. Albanien hatte in seiner Geschichte vor 1991 eine bürgerliche, demokratisch gewählte Regierung nur für wenige Monate im Jahre 1924 unter Premierminister Fan Noli, der danach vom späteren König Ahmed Zogu in einem Staatsstreich abgesetzt wurde. Diese Erfahrung war kürzer als in jedem anderen Balkanstaat, in denen konstitutionelle Monarchien mehr Zeit hatten, entsprechende Institutionen zu bilden. Gleichfalls hat in keinem anderen Land die kommunistische Herrschaft ihre Bürger in dem Maße von der Außenwelt abgeschnitten wie in Albanien.

Obwohl es auch in anderen osteuropäischen Staaten – in Bulgarien, Mazedonien, Rußland und Restjugoslawien – Pyramiden-Anlagegesellschaften gab, so hatten sie doch nicht den tiefgreifenden gesellschaftlichen Einfluß und ihr Entstehen und Zusammenbruch nicht solche Auswirkungen. Zudem hat sich in Albanien nach Ende des kommunistischen Kollektivismus noch keine couragierte Zivilgesellschaft entwickelt. Wenige Menschen sind bereit, sich in Interessengruppen auf verschiedenen Ebenen zu organisieren. Das führt einerseits zu einer Erwartungshaltung gegenüber dem Staat, andererseits jedoch zu einem zurückgezogenen und nicht emanzipierten Individualismus. Auf der politischen Ebene wurde bereits

1994 deutlich, daß Berisha autoritäre Tendenzen zeigte. Die politische Klasse Albaniens erwies sich damals unfähig, auf diese Herausforderung adäquat zu reagieren. Der politische Konflikt zwischen Regierung und Opposition hatte sich zugespitzt, worauf die Regierung mit einer Stagnation der institutionellen Reformen antwortete.

4. Ein neuer Anlauf

Die Beendigung der Krise erforderte internationale Vermittlung. Am 2. März 1997 kam OSZE-Vermittler Franz Vranitzky nach Tirana, um zwischen der Regierung und der Opposition einen Kompromiß auszuhandeln. Beide Seiten einigten sich eine Woche später darauf, eine Regierung der nationalen Versöhnung zu gründen. Als Premierminister wurde der Sozialist Bashkim Fino, ehemaliger Bürgermeister von Gjirokastra, ernannt und sofort beauftragt, Neuwahlen zu organisieren. Diese Regierung bat daraufhin die internationale Gemeinschaft um die Entsendung einer multinationalen Stabilisierungstruppe nach Albanien. Sowohl die NATO als auch die Westeuropäische Union (WEU) lehnten es ab, die volle Verantwortung für einen derartigen Einsatz zu übernehmen. Statt dessen blieb es an Italien hängen, die 2 000 Soldaten starke Truppe zu leiten, nachdem Rom dafür ein UN-Mandat erhalten hatte. Die OSZE übernahm die Schirmherrschaft des Unternehmens. Allerdings erklärten sich auch zahlreiche weitere europäische Staaten bereit, an der Operation teilzunehmen, unter anderem Frankreich, Griechenland, die Türkei, Spanien, Rumänien, Österreich und Dänemark. Die ersten italienischen Truppen landeten am 15. April 1997 ohne Schwierigkeiten in Durres. In der Folgezeit sicherten die multinationalen Truppen in erster Linie Transporte und leisteten logistische Unterstützung für internationale Institutionen. Die OSZE lieferte der albanischen Regierung in einem erheblichen Maße technische Beratung und vermittelte in Konflikten zwischen den politischen Blöcken.

Die Parlamentswahlen am 29. Juni und 6. Juli 1997 verliefen trotz der problematischen Ausgangslage ohne erhebliche Probleme oder Ausbrüche von Gewalt, obwohl die Regierung kaum zwei Monate Zeit hatte, die Wahlen zu organisieren. Die OSZE-Beobachtermission war etwa zehnmal so groß wie 1996 und umfaßte insgesamt 500 Beobachter, inklusive denen anderer Organisationen. Trotz der weitverbreiteten Furcht, daß sie scheitern würden, haben die Wahlen wiederum zur Stabilisierung Albaniens beigetragen. Im August übernahm die neue sozialistisch dominierte Regierung unter Fatos Nano die Amtsgeschäfte. Die Sozialisten hatten über zwei Drittel der Parlamentssitze gewonnen, jedoch eine Koalition mit mehreren kleineren Mitte-Links-Parteien gebildet. Berisha trat zurück und machte den Weg frei zur Ernennung des Sozialisten Rexhep Meidani, eines Physikers, der erst kurz zuvor in die Sozialistische Partei eingetreten war. Meidani schöpfte, im Gegensatz zu Berisha, seine Präsidentialkompetenzen nur vorsichtig aus und nahm vor allem repräsentative Funktionen wahr. In einigen Fällen widersprach er Fatos Nano in politischen Tagesfragen und wies Gesetzentwürfe an das Parlament zurück, was von Beobachtern als Anzeichen gedeutet wurde, daß es mittlerweile eine funktionierende Gewaltenteilung zwischen Präsident, Regierung und Parlament gebe. Meidani versuchte außerdem, eine versöhnliche Rolle zwischen den Sozialisten und Demokraten zu spielen und trat als vermittelnde Kraft zwischen beiden politischen Blöcken in Erscheinung.

Auch die OSZE blieb in Albanien aktiv und engagiert sich in der Vermittlung bei politischen Konflikten sowie im Bereich der Stärkung demokratischer Institutionen. Die Regierung selbst hat intensive Beratung von europäischen Institutionen, wie dem Europarat und der OSZE, in ihren erneuten Reformbemühungen in Anspruch genommen. Diese Beratung betrifft vor allem den Bereich der Gesetzgebung, insbesondere die Erarbeitung einer neuen Verfassung sowie eines pluralistischen Medien- und Rundfunkrechtes.

Das Hauptproblem der Regierung bleibt indes dasselbe ihrer Vorgänger: Das Land ist unterentwickelt, hat ein erhebliches Haushaltsdefizit, und niedrige Gehälter in der Verwaltung machen es anfällig für Korruption. Die Zukunft der Regierung wird vor allem davon abhängen, ob sie eine Antwort auf die Frage findet, wie sie einen wirtschaftlichen Aufschwung erreichen und Arbeit schaffen kann. Mittlerweile wurden die EU-finanzierten Infrastrukturprojekte wieder in Angriff genommen. Sie beinhalten die Modernisierung des Hafens von Durres sowie von Teilen der Nord-Süd-Straßenverbindung. Diese Projekte, finanziert durch das PHARE-Programm der EU, haben 1998 begonnen. Allerdings werden sie allein nicht reichen, um einen Aufschwung zu bewirken.

Ein weiteres Problem stellen nach wie vor Investitionsrisiken für ausländische Unternehmer dar, wie z. B. eine hohe Kriminalitätsrate. Nach offiziellen Schätzungen befinden sich noch etwa 500 000 Waffen in privaten Händen. Es gibt derzeit etwa 300 italienische mittelständische Betriebe in Albanien, allerdings nur wenige griechische oder andere ausländische Firmen. Mit erheblicher italienischer, griechischer und türkischer Hilfe hat es die Regierung geschafft, die Armee wieder aufzubauen. Alle drei Länder behielten nach dem Abzug der multinationalen Truppen im August 1997 Kontingente von bis zu 200 Soldaten in Albanien. Weitere internationale Unterstützung leistet ein internationales WEU-Polizeikontingent von 60 Beamten, die sowohl Ausbildung als auch Beratung bei der Polizeireform anbieten. Damit sollen die Arbeitsorganisation verbessert und die ethischen Standards gehoben werden. Auch der italienische Zoll hat 40 Berater in Albanien, die bei der Ausbildung und Ausrüstung des albanischen Zolles helfen.

Die neue Regierung behielt ihre strategische Zielvorgabe der NATO- und EU-Mitgliedschaft bei. Sie entwickelte daher auch ihre Politik gegenüber den Nachbarstaaten Mazedonien und Restjugoslawien in enger Kooperation mit ihren westlichen Partnern, inklusive der Kosovo-Politik, in der sie sehr moderat auftritt. Langfristige Entwicklungsperspektiven beinhalten den Bau eines Ost-West-Korridors, der Durres mit Mazedonien, Bulgarien und der Türkei verbinden und damit der regionalen Integration einen Anstoß geben soll. Auch die Verbesserung der Anbindung an Griechenland ist eine der Prioritäten. Zur Verbesserung der Situation in Nordalbanien hatte Fatos Nano bei einem Treffen mit dem Präsidenten von Restjugoslawien, Slobodan Milošević, in Kreta am 3. November 1997 eine Initiative zur regionalen Integration vorgeschlagen, jedoch liegt dieses Projekt aufgrund der gespannten Lage im Kosovo derzeit auf Eis. Zusammenfassend kann gesagt werden, daß Albanien versucht, sich im europäischen Geiste zu präsentieren, da es existentielle Probleme hat, die es nur durch europäische Integration lösen kann.

Fatos Nano trat als Premierminister am 28. September 1998 zurück. Dieser Rücktritt folgte nach schweren Unruhen in Tirana anläßlich der Beerdigung des kurz zuvor ermordeten Demokraten Azem Hajdari. Nano bestritt, daß sein Rücktritt mit dem Mord zu tun habe und warf statt dessen seiner Partei und Koalition vor, ihn als Premier nicht genügend unterstützt zu haben. Sein Nachfolger wurde der 31jährige Pandeli Majko, welcher seitdem die Amtsgeschäfte leitet. Majko war nicht Mitglied der Partei der Arbeit Albaniens und ist Hoffnungsträger vieler Beobachter, die erwarten, daß er eine neue, visionäre Generation vertrete und zu einer Entschärfung der politischen Polarisation beitragen könne. Die internationalen Reaktionen auf seine Ernennung waren durchweg positiv. Allerdings setzte die Demokratische Partei ihre harsche Polemik gegen die Regierung fort. Majko führte am 22. November ein Referendum für eine neue Verfassung durch, für die 93,5 Prozent der Wähler stimmten. Jedoch lag die Wahlbeteiligung bei nur 50,75 Prozent. Die Demokraten hatten zum Boykott des Referendums aufgerufen. Allerdings muß berücksichtigt werden, daß schlechte Wetterbedingungen, insbesondere starker Schneefall in den Bergen, für die geringe Wahlbeteiligung verantwortlich waren. Die Demokraten haben es abgelehnt, das Ergebnis des Referendums anzuerkennen. Jedoch gestattet das Ergebnis der Regierung, ihren Reformkurs fortzusetzen.

Im Jahre 1999 verdrängte der Kosovo-Konflikt die innenpolitischen Probleme von Albaniens politischer Tagesordnung. Als Opfer der systematischen jugoslawischen Vertreibungspolitik flohen zwischen März und April über eine halbe Million Kosovoalbaner nach Albanien, die meisten kehrten jedoch nach dem Einmarsch der internationalen Friedenstruppe bald zurück. Dieser plötzliche Flüchtlingsstrom stellte die Regierung und internationale Hilfsorganisationen vor erhebliche Probleme. Gleichzeitig nutzte jedoch die albanische Führung die Situation, um sich außenpolitisch als verläßlicher Partner der NATO und der westlichen Staatengemeinschaft zu profilieren. Nach Ende des Kosovo-Konfliktes hofft Albanien nun, die aufgeschobenen regionalen Integrationsprojekte wieder in Gang bringen zu können. Die Nachkriegssituation bietet dazu Möglichkeiten, die vorher nicht bestanden. Montenegro hat sich seinen Nachbarn geöffnet und verfolgt eine systematische Reformpolitik, von der auch Albanien im Handelsbereich profitieren kann. Die mazedonisch-albanischen Beziehungen haben sich erheblich verbessert, da die albanische Minderheit dort keine Schritte zur Destabilisierung Mazedoniens unternommen hat. Die regionalen Integrationspläne haben zudem durch den EU-initiierten Balkan-Stabilitätspakt zum ersten Mal auch finanzstarke Partner erhalten.

Rumänien und Bulgarien

WIM VAN MEURS

1. Institutionalisierung der Demokratie

Rumänien (23 Millionen Einwohner) ist der zweitgrößte Flächenstaat Osteuropas. Fast 90 Prozent der Bevölkerung sind ethnische Rumänen, neben den Ungarn mit 7 Prozent bilden Deutsche und Roma kleinere Minderheiten. Gleichermaßen sind 87 Prozent der Einwohner orthodoxen Glaubens, 5 Prozent katholisch und weitere 5 Prozent griechisch-orthodox oder reformiert. Bulgarien ist halb so groß wie Rumänien und hat 8,5 Millionen Einwohner: 85 Prozent Bulgaren, 9 Prozent Türken sowie Pomaken und Roma als kleinere Minderheiten. Die Einwohner werden zu 87 Prozent dem orthodoxen Glauben zugerechnet, 13 Prozent gehören dem Islam an.

In der westlichen Öffentlichkeit werden die Errungenschaften Bukarests und Sofias im Transformationsprozeß deutlich geringer eingeschätzt als die der Visegrád-Länder. Anderseits drohten in beiden Staaten in den postsozialistischen Jahren nie Bürgerkrieg, explosive ethnische Konflikte oder Staatszerfall, die das westliche Bild von Albanien und Jugoslawien prägten. Auch die historische Entwicklung der beiden Staaten weist auf den ersten Blick viele Ähnlichkeiten auf: Als in manchen osteuropäischen Staaten Reformen nach dem Modell von Gorbatschows *Perestrojka* einsetzten, konnten sich die beiden am längsten regierenden Parteiführer Osteuropas, Todor Živkov in Bulgarien und Nicolae Ceaușescu in Rumänien, mit einer Politik der Scheinreformen behaupten.[1] In keinem der beiden Staaten gab es eine nennenswerte Dissidentenbewegung, die die Bevölkerung mobilisieren konnte, um die Beseitigung der kommunistischen Herrschaft zu forcieren, und die als Grundlage für eine Zivilgesellschaft diente. Dementsprechend begann die Wende hier nicht als gradueller Reformprozeß oder Massenbewegung, sondern als innerparteilicher Elitenwechsel: Einen Tag nach der Maueröffnung, am 10. November 1989, zwangen Parteigenossen Živkov zum Rücktritt und stellten ihn später unter Hausarrest. Mit der Abschaffung der führenden Rolle der Kommunistischen Partei und ihrer Umbenennung in Bulgarische Sozialistische Partei (BSP) schien Anfang 1990 die »sanfte« Revolution in Bulgarien vorerst abgeschlossen zu sein. In Rumänien waren es Parteiveteranen der ältesten Generation und jüngere Parteikader, die gegen den Parteiführer paktierten. Ihnen gelang es, den im Dezember 1989 in Timişoara provozierten Volksaufruhr auszunutzen. Sobald Ceauşescu am 22. Dezember nach einem letzten Versuch, die aufgebrachten Volksmassen in den Griff zu bekommen, geflüchtet war, etablierte sich eine von Ion Iliescu geleitete Front der Nationalen Rettung (FNR) als Führer im blutigen Kampf gegen die Ceauşescu-treue Geheimpolizei *Securitate*.[2] Nach der Verhaftung und Hinrichtung des Diktators übernahm die FNR die Aufgabe, das Land bis zu den ersten freien Wahlen zu regieren.

In Rumänien verabschiedete die am 20. Mai 1990 gewählte Verfassungsgebende Versammlung am 21. November eine neue Verfassung. Der Präsident, nach dem französischen Modell mit größeren Befugnissen ausgestattet, wird alle vier Jahre direkt gewählt. Er kann das Parlament auflösen und ernennt die Regierung. Die Regierung muß sich jedoch nur einer Parlamentsmehrheit gegenüber verantworten. Das Wahlgesetz von 1991 schafft ein proportional-repräsentatives System nach Wahldistrikten. Jede Minderheit erhält ungeachtet des Wahlergebnisses einen Parlamentssitz. 1992 wurde eine Dreiprozentklausel eingeführt, um die Zahl der im Parlament vertretenen Parteien zu reduzieren. Die Legislaturperiode des Zweikammerparlamentes mit gleichberechtigten Kammern – einem Senat mit 143 und einem Abgeordnetenhaus mit 341 Sitzen – dauert vier Jahre.

In Bulgarien wurde dagegen bei den ersten demokratischen Wahlen (Juni 1990) nach deutschem Modell ein Teil der Sitze im für vier Jahre gewählten Einkammerparlament (240 Sitze) nach dem Mehrheitsprinzip und ein Teil nach dem Proportionalitätsprinzip vergeben. 1991 wurden die Mehrheitssitze abgeschafft. Das Parlament kennt eine Vierprozentklausel, im Gegensatz zu Rumänien sind ethnische und religiöse Parteien verboten. Nach der Verfassung vom 12. Juli 1991 ist die Macht des direkt gewählten Präsidenten mit einer Amtszeit von fünf Jahren überwiegend formal und repräsentativ.

2. Parteien, Wahlen und politische Kultur

Es ist typisch für beide postkommunistischen Staaten, daß Politik und politische Kultur auch heute noch als Gegensatz zwischen »Neokommunisten« und »Demokraten« angelegt sind: Nach der »Revolution« von 1989 ging die Macht nicht an die Opposition über. Die Nachfolgeparteien FNR und BSP konnten sich im Machtzentrum halten und ihre Dominanz auch in demokratischen Wahlen bestätigen lassen. Erst nach einigen Jahren setzten Machterosion und Anhängerverlust ein, die 1996/97 in beiden Staaten fast gleichzeitig zur endgültigen Machtablösung durch die demokratische Opposition führten. Während das Auseinandergehen der Vorstellungen über Ausmaß und Tempo der Reformen nach und nach zu Spannungen innerhalb der FNR und der BSP führte, weigerte sich die Opposition generell, sich mitverantwortlich machen zu lassen und den Machthabern das »Dilemma der

Gleichzeitigkeit« abzunehmen. Dieses postsozialistische Transformationsdilemma besteht in der Notwendigkeit, zeitgleich eine Plan- in eine Marktwirtschaft und eine Diktatur in eine Demokratie umzuwandeln. Die Wirtschaftsreform erfordert unpopuläre Maßnahmen, deren Durchführung mit Popularitätsverlust bestraft wird. Langfristig zahlte sich jedoch auch die Zurückhaltung der BSP und der FNR bei den Reformen nicht aus.[3]

Nach der Revolution hatte die rumänische FNR entscheidende Vorteile gegenüber den Oppositionsparteien: Nur sie verfügte als Nachfolgepartei der Kommunisten über ein Netzwerk im ganzen Land, eine loyale, in den Staatsstrukturen etablierte Anhängerschaft und erfahrene Politiker. Zudem war die Front der Nationalen Rettung auch Held der blutigen rumänischen Revolution, und es gelang ihr einige Jahre lang, diesen Revolutionsmythos auszunutzen.[4] Außerdem appellierte ihre Propaganda an die Ängste der Bevölkerung und versprach bei den ersten Parlamentswahlen im Mai 1990 einen Übergang zur Marktwirtschaft ohne soziale Härten. Im Parlament erhielt die FNR eine Zweidrittelmehrheit, Iliescu wurde mit 86 Prozent der Stimmen zum Präsidenten gewählt. Als der Revolutionsmythos verblaßte und sich herausstellte, daß den Rumänen trotz Reformverzögerung die soziale und wirtschaftliche Transformationsmalaise nicht erspart blieb, ging die Popularität der FNR merklich zurück. Dies führte innerhalb der Partei zum Konflikt zwischen den Reformern um Premierminister Petru Roman und den Konservativen um Präsident Iliescu und damit zum Sturz der Regierung Roman (September 1991). Bei der Regierungsbildung rächte sich dann die Politik der FNR, die nie einen politischen Neuanfang gemacht oder ernsthaft eine Machtteilung mit der Opposition erwogen hatte. Der neue Premierminister Teodor Stolojan gehörte sicherlich nicht zu den Reformgegnern, was zeigt, daß angesichts der Kreditabhängigkeit vom Westen und wirtschaftlicher Krise auch die Konservativen der FNR die Entwicklung zur Marktwirtschaft nicht blockieren konnten.

Da Rumänien keine Blockparteien kannte, entwickelte sich eine Parteienpluralität erst ab 1990 durch Neu- und Wiedergründungen. Die niedrigen Anforderungen für eine Parteigründung führten zu einer Überzahl an Splitter- und Phantomparteien. Erst nach und nach ist eine Parteienlandschaft aus profilierten Parteien mit eigener Anhängerschaft entstanden. Vier extremistische Parteien beanspruchen Teile der nationalkommunistischen Erbschaft des Ceauşescu-Regimes: die Nationalisten in der Partei Großrumänien und der Partei der Nationalen Einheit Rumäniens sowie die Kommunisten in der Sozialistischen Partei der Arbeit und in der Demokratischen Partei der Agrarier Rumäniens. Diesen gegenüber entstand eine demokratische Opposition, die sich lange Zeit in der übergreifenden Demokratischen Konvention Rumäniens (DKR) vereinigen konnte. Nicht unwichtig blieb in diesem Oppositionsbündnis der Unterschied zwischen den drei wiedergegründeten Parteien der Vorkriegszeit – (National) Liberale Partei, Christlich-Demokratische Nationale Bauernpartei und Sozialdemokratische Partei Rumäniens – einerseits und den neuen Parteien andererseits. Wichtigste Neugründungen waren die zur DKR gehörende Partei der Bürgerallianz und der Ungarische Demokratische Verbund in Rumänien (UDVR), selbst ein Bündnis von Parteien und Bewegungen der ungarischen Minderheit. Bei der Gründung im Februar 1992 umfaßte die Demokratische Konvention 18 Parteien und Bürgerbewegungen sozialdemokratischer, christlich-demokratischer und liberaler Orientierung.[5]

Tabelle 1: Parlamentswahlen in Rumänien (Stimmenanteil in Prozent)

	1990	1992	1996
Front der Nationalen Rettung	66,3	–	–
Demokr. Partei – FNR / Sozialdemokratische Union	–	10,2	21,5
Demokratische FNR / Partei der Sozialen Demokratie Rumäniens	–	27,7	12,9
Ungarischer Demokratischer Verband in Rumänien	7,2	7,5	6,6
Demokratische Konvention Rumäniens	–	20,0	30,2
Partei Großrumänien	–	3,9	4,5
National-Liberale Partei	6,4	–	–
Partei der Nationalen Einheit Rumäniens	–	7,7	4,4
Sozialistische Partei der Arbeit	–	3,0	2,2
Andere Parteien	20,0	20,0	17,8

Bei den Lokalwahlen Anfang 1992 wurde nicht nur klar, daß die FNR erhebliche Popularitätseinbußen hatte hinnehmen müssen, sondern auch, daß ihre Stärke nach wie vor auf dem Lande lag, während die DKR vor allem in den Großstädten, bei Jugendlichen und Intellektuellen beliebt war. Die FNR konnte sich politisch nicht eindeutig positionieren, da ihre Wählerschaft gegensätzliche Interessengruppen wie Rentner, Kolchosbauern und neureiche Nomenklatura umfaßte. Nach der Wahlniederlage spaltete sich die Front in die von Roman auf die westliche Sozialdemokratie orientierte Demokratische Partei – Front der Nationalen Rettung (DP-FNR) und Iliescus konservative Partei der Sozialen Demokratie in Rumänien (PSDR). Zusammen mit den nicht eingelösten Wahlversprechen von 1990 und dem öffentlich ausgetragenen Machtkampf zwischen Roman und Iliescu führte dies dazu, daß sich das Ergebnis für Iliescus Partei bei den Parlamentswahlen im September 1992 halbierte, obwohl Iliescu selbst mit 61,4 Prozent wiedergewählt wurde. Wo die Opposition in Bulgarien bei den zweiten Wahlen einen hauchdünnen Sieg erringen konnte, scheiterte die DKR. Danach brauchte die Regierung von Nicolae Văcăroiu jedoch für ihre Parlamentsmehrheit die Unterstützung der extremistischen Parteien, die sich als instabil erwies und außerdem Rumäniens Reputation im Westen schadete.

Der endgültige Machtwechsel in Bukarest kam 1996 demokratisch zustande: Am 3. November 1996 gewann die Opposition die Parlamentswahlen, und zwei Wochen später schlug DKR-Kandidat Emil Constantinescu den Amtsinhaber Iliescu überzeugend bei den Präsidentenwahlen. Die neue Regierung von Victor Ciorbea hat mit der Koalition aus DKR, Sozialdemokratischer Union (zusammengesetzt aus DP-FNR und Sozialdemokratischer Partei) und dem Ungarischen Demokratischen Verbund (UDVR) eine sichere Mehrheit im Parlament, die bei der Beschleunigung der Wirtschaftsreformen Ernst zu machen scheint, um ihr Programm »Abmachung mit Rumänien« zu verwirklichen.[6] Dennoch führte bereits im Frühjahr 1998 eine von Romans Demokratischer Partei verursachte Regierungskrise zur Umbildung der Regierung, wobei Ciorbea als Premier durch Radu Vasile ersetzt wurde.

Ähnlich wie in Rumänien gelang es auch in Bulgarien der in Bulgarische Sozialistische Partei (BSP) umbenannten KP, sich mit einem großen Wahlsieg im Juni 1990 den Machterhalt zu sichern. Auch sie nutzte dabei die Unerfahrenheit und geringe Konsolidierung der Opposition sowie die Transformationsängste der Bürger. Neben der BSP kamen ins Parlament nur die Union der Demokratischen Kräfte (UDK), ein heterogenes Bündnis von demokratischen Parteien, die nur ihren Antikommunismus teilten, und die türkische Bewegung für Rechte und Freiheiten (BRF), die sich aufgrund der harten antitürkischen Assimilierungspolitik der bulgarischen KP in den achtziger Jahren ebenfalls dem Antikommunismus verschrieben hatte. Über die Jahre hat dieser Gegensatz im Parlament den politischen Prozeß mehrmals für längere Zeit gelähmt. Der offensichtliche Reformunwillen der BSP-Regierung von Andre Lukanov und der Kontrast zu den anderen Transformationsländern führten dazu, daß die Bulgaren im Jahre 1990 die Demonstrationen und Streiks der anderen Osteuropäer von 1989 nachholten. Um die Massen auf der Straße und die Opposition zu besänftigen, akzeptierte die BSP erst den UDK-Vorsitzenden und ehemaligen Dissidenten Želju Želev als Staatspräsidenten, nach einem Generalstreik auch eine Allparteienregierung unter Dimitar Popov (November 1990) und letztendlich Neuwahlen im Oktober 1991. Trotzdem gelang es Popov, eine neue Verfassung und das Bodengesetz durch das Parlament zu bringen.

Tabelle 2: Parlamentswahlen in Bulgarien (Stimmenanteil in Prozent)

	1990	1991	1994	1997
Bulgarische Sozialistische Partei	47,2	33,1	43,5	22,0
Union der Demokratischen Kräfte / Vereinigte Demokratische Kräfte	36,2	34,4	24,2	52,3
Volksunion	–	–	6,5	–
Bewegung für Rechte und Freiheiten / Union für Nationale Rettung	6,0	7,6	5,4	7,6
Bulgarischer Business Block	–	1,3	4,7	4,9
Euro-Linke	–	–	–	5,5
Bauernbund	8,0	–	–	–
Andere Parteien	2,6	25,0	15,6	8,1

Die Neuwahlen konnten das politische Patt nicht aufheben: Die Union der Demokratischen Kräfte erzielte mit 34,3 Prozent zwar einen moralischen Sieg und wurde stärkste Partei, die UDK-Regierung unter der Leitung von Philip Dimitrov hatte mit Unterstützung der BRF jedoch nur eine knappe Mehrheit im Parlament. Die Zielrichtung von Dimitrovs Gesetzesinitiativen war eher antikommunistisch als pragmatisch: Er enteignete das Vermögen der BKP, initiierte Prozesse gegen Altpolitiker, ergänzte das Bodengesetz, um die Dekollektivierung in die Wege zu leiten, und regelte die Eigentumsrestitution, verzögerte aber die Privatisierung der Staatsbetriebe, um der Umwandlung der alten Nomenklatura in eine neue Wirtschaftselite vorzubeugen. Die Dekollektivierung trieb die Bauern in die Arme der BSP. Die türkische BRF stellte fest, daß beide Maßnahmen zum Nachteil ihres Anhanges gingen. Außerdem zeigten sich die Meinungsunterschiede innerhalb der UDK, sobald konkrete politische und wirtschaftliche Reformen statt antikommunistischer Rhetorik gefragt waren: Die UDK umfaßte 15 Parteien von sozialdemokratischer bis zu monarchistischer Prägung. Als die Regierung Dimitrov im Oktober 1992 von der BRF gestürzt wurde, formierte sich ohne Neuwahlen mit Unterstützung der BSP und BRF – jedoch ohne Parteibasis – eine Regierung unter Ljuben Berov. Während BRF und UDK wegen der zu erwartenden größeren Verluste Neuwahlen scheuten, befürchtete die BSP, durch eine absolute Mehrheit zur Regierungsbildung gezwungen zu werden. Der vorsichtige Reformkurs der Expertenregierung Berov war insofern erfolgreich, als die rigide Geldpolitik zur Währungsstabilität und Verbesserung des internationalen Ansehens führte; in vielen Bereichen aber bremste die Ohnmacht des Gesetzgebers den Reformprozeß.

Nach zwei Jahren des politischen Stillstandes gewann die BSP bei den Wahlen im Dezember 1994 52 Prozent der Sitze und mußte *nolens volens* mit dem Kabinett von Žan Videnov die Regierungsverantwortung übernehmen. Der Wahlsieg erklärt sich aus der Parteidisziplin der BSP, die ihren Anhang stärker noch als die FNR in Rumänien unter den Dorf- und älteren Stadtbewohnern fand, und aus der Wahlkampagne, in der die BSP einerseits den 1994 besonders spürbaren wirtschaftlichen Niedergang der UDK anlastete, obwohl diese nur ein Jahr regiert hatte, und andererseits nationalistische Slogans einsetzte.[7] Dagegen wurde bei der UDK der übliche Zerfall der antikommunistischen Bewegung in einzelne Parteien zu einem permanenten Spaltungsprozeß. Verschiedene Parteien, die die Idee einer Fundamentalopposition ablehnten, traten noch vor den Wahlen aus der UDK aus. Wie die DKR in Rumänien, versuchte sich die UDK von einem losen Bündnis in eine Partei zu transformieren. Neu im Parlament waren die von der UDK abgespaltene Volksunion und der von Auslandsbulgaren gegründete Bulgarische Business Block.

Um dem Dilemma des mit der Wirtschaftsreform einhergehenden Legitimationsentzuges zu entkommen, setzte auch die Regierung Videnov auf eine sozial verträgliche Umstrukturierung. Trotz regelmäßiger Kabinettsänderungen konnte Videnov auf Dauer jedoch weder seine politischen Gegner noch die Talfahrt der Wirtschaftsindikatoren in den Griff bekommen. Auch in der BSP wurden Debatten laut: Der Reformflügel drohte mit Spaltung und zwang Videnov im Dezember 1996 zum Rücktritt. Die Opposition stellte sich hinter den UDK-Vorsitzenden Petăr Stojanov, der damit die Präsidentschaftswahlen (November 1996) gewann. Seinem Sieg folgten der Rücktritt Videnovs und Großdemonstrationen nach serbischem Muster, die im April 1997 Neuwahlen erzwangen, aus denen die von der UDK dominierten Vereinigten Demokratischen Kräfte siegreich hervorgingen. Das neue Kabinett Kostov hat den Bulgaren tiefgreifende Wirtschaftsreformen in Aussicht gestellt.[8]

3. Wirtschaftspolitische Dilemmata und Reformen

Die Wirtschaft beider Staaten war bis zum Zweiten Weltkrieg weitgehend auf die Landwirtschaft orientiert und richtete sich seitdem auf Industrieproduktion aus, während der Agrarsektor systematisch vernachlässigt wurde. Was nach dem Zerfall des Ostblocks blieb, waren überalterte und umweltschädliche Industriekonglomerate, die sich kaum umstrukturieren oder privatisieren ließen. Weder Bulgarien noch Rumänien verfügten über die Rohstoffe und Energie für diese im RGW-Rahmen entstandene Industrie. Die von Ceauşescu in den achtziger Jahren mittels irrationaler Austeritätspolitik errungene Schuldenfreiheit hatte nachher wenig Wert, da internationale Kreditwürdigkeit eher vom gegenwärtigen Reformtempo abhing. Gleichwohl kämpft Bulgarien noch immer gegen die Folgen der hohen Auslandsschulden, die Živkov dem Land in seinen letzten Jahren eingehandelt hatte. Nach Wirtschaftskriterien nehmen Bulgarien und Rumänien eine Zwischenposition zwischen Ostmitteleuropa und den GUS-Staaten ein. Die neuen Regierungen in Sofia und Bukarest stellen fest, daß beim Übergang zur Marktwirtschaft seit 1989 viel Zeit sowie Kredit beim Westen und bei der Bevölkerung verlorengegangen ist. Die vielen Versprechen haben bei Bulgaren und Rumänen Skepsis gegenüber der Marktwirtschaft und Unverständnis über die oft kaum erläuterten Privatisierungsmaßnahmen hervorgerufen. Insgesamt war der wirtschaftliche Reformprozeß für jede Regierung ein Balanceakt zwischen den Zwängen des Gleichzeitigkeitsdilemmas und den Maßgaben, die mit der unverzichtbaren westlichen Finanzhilfe einhergehen. Nach der »zweiten Wende« 1996/97 wurde in der bulgarischen und rumänischen Öffentlichkeit das tschechische Modell hoch gehandelt, wobei kaum berücksichtigt wurde, daß seit 1989 neue Rückstände im osteuropäischen Vergleich entstanden und die damalige offene Ausgangssituation verspielt waren.[9]

Bei näherer Betrachtung der rumänischen Wirtschaftstransformation fällt eher die Vielzahl der gesetzlichen Regelungen und optimistischen Programme ins Auge als das wirtschaftliche Ergebnis. Die FNR wollte anfangs, um ihr Wahlversprechen der sozial verträglichen Transformation zu erfüllen, erst nach Abschluß der Umstrukturierung der Eigentumsrechte Preise, Handel und Kapitalströme liberalisieren. Nachdem sich dies in der Praxis als unrealistisch erwiesen hatte, legte die FNR im Herbst 1990 ein Programm vor, das einen schnellen Übergang zur Marktwirtschaft in zwei Jahren mit Privatisierung, Bankenreform, Liberalisierung des Außenhandels, Dezentralisierung, Währungskonvertibilität und Preisliberalisierung vorsah. Von der ersten Preisliberalisierung am 1. November 1990 waren Grundbedarfsgüter ausgenommen. Dennoch führten weitere Preiserhöhungen und –freigaben 1991 zu Protesten, und nach Aktionen der Bergarbeiter sah sich die Regierung trotz Inflationsgefahr gezwungen, Löhne und Preissubventionen zu erhöhen. Was den gesetzlich-institutionellen Rahmen der Marktwirtschaft anbelangt, hatte sie aber in den ersten Jahren mit Hilfe des Internationalen Währungsfonds (IWF) und der Weltbank viel erreicht.

Die Wirtschaftsindikatoren entwickelten sich in Rumänien Mitte der neunziger Jahre günstiger als in Bulgarien: 1993 stieg die Industrieproduktion wieder, und 1994 flachte die Inflationsrate ab, obwohl die Regierung dazu einige Lebensmittelpreise einfrieren mußte. Der Schwerpunkt des Handels verschob sich unter anderem durch das Assoziierungsabkommen mit der EU von Ost nach West. Dagegen stieg die Arbeitslosenquote, da der private Sektor nicht in der Lage war, den Stellenabbau durch Umstrukturierung in der Industrie zu kompensieren. Problematisch blieb nach wie vor die schleppende Privatisierung. Die FNR tat sich insgesamt schwer, sich von der Staatskontrolle über die Wirtschaft zu verabschieden. Seit 1997 bemühten sich die vom IWF kritisch begleiteten Regierungen Ciorbea und Vasile, günstigere Bedingungen für Auslandsinvestoren zu schaffen und eine härtere Haushaltspolitik zu führen, ohne den sozialen Frieden zu gefährden.

Die rumänische Privatisierung war von mangelnder Expertise und politischem Unwillen gekennzeichnet. So wurde ihr bislang erfolgreichster Teil, die Neugründung von Kleinbetrieben im Handels- und Dienstleistungsbereich, vom Staat kaum gefördert: Anfangs (Februar 1990) wurde eine maximale Betriebsgröße von 20 Mitarbeitern festgelegt. Das Gesetz Nr. 58 vom August 1991 regelte die Privatisierung von mehr als 6 000 Staatsbetrieben (mit Ausnahme des Agrarsektors und 330 strategischer Betriebe im Energie- und Rüstungsbereich). Diese Staatsbetriebe waren bereits ein Jahr früher in Kapitalgesellschaften umgewandelt worden. 30 Prozent des Kapitals gingen an fünf regionale Privateigentumsfonds, die es ab 1. Juni 1992 in Form von dividendentragenden und handelbaren Eigentumszertifikaten an die Bevölkerung verteilten. 70 Prozent erhielt der Staatseigentumsfonds, der jährlich 10 Prozent seines Gesamtkapitals veräußern sollte. Diese Umstrukturierung hätte Staatsbürokratie und Betriebsmanagement entzerren müssen. Die Regierung Stolojan unterließ aber die dazu notwendigen unpopulären Maßnahmen: Nach 1990 folgte 1992 ein neuer Schuldenerlaß für unrentable Betriebe, um Schließungen und höhere Arbeitslosigkeit zu vermeiden. Die Staatssubventionen wurden nur langfristig abgebaut, obwohl sich die Produktionszahlen rapide senkten. Angesichts des Geldmangels der rumänischen Bürger und der schlechten Rentabilitätsprognosen lief der experimentelle Verkauf einiger Staatsbetriebe 1992 (z. B. durch Verkauf an Management und Angestellte) nur schleppend an. Nach zwei Jahren waren weniger als 5 Prozent (statt der geplanten 20 Prozent) der 1992 dafür vorgesehenen Betriebe privatisiert. Die Bevölkerung schien ohnehin eher daran interessiert zu sein, zu verhindern, daß Ausländer und die alte Nomenklatura von der Privatisierung profitieren konnten, als selbst in die Marktwirtschaft einzusteigen.[10] Nachteil dieser Form der Privatisierung, die das Mißtrauen der Bevölkerung gegen die Marktwirtschaft hätte aufheben müssen, war, daß die Kleinaktionäre sich kaum in der Lage sahen, die neuen Betriebsführer zu kontrollieren. Ein hemmender Faktor war auch der Kompetenzstreit der verschiedenen Behörden im Privatisierungsbereich. Ab März 1995 folgte eine zweite Runde der Privatisierung: Die Bürger konnten mit ihren alten umgewerteten Zertifikaten von 1992 und den neu verteilten Kupons Anteile erwerben.

Die Skepsis der Bevölkerung zeigte sich bei der Landwirtschaftsprivatisierung. Vom Bodengesetz (Februar 1991) waren nur die Genossenschaften betroffen, nicht die Staatsbetriebe, deren Privatisierung erst 1995 begann. Ähnlich wie in Bulgarien wurde der Boden nicht an diejenigen verteilt, die auf ihm lebten und ihn bearbeitet hatten: Die Regierung versuchte statt dessen, die Eigentumsverhältnisse aus der Zeit vor der Kollektivierung wiederherzustellen. Diese Restitution von Bauernhöfen und Agrarland an enteignete Alteigentümer hatte Nachteile für die wirtschaftliche Entwicklung: Einerseits entstanden ineffiziente Betriebsgrößen, andererseits ist auch 1998 in manchen Gebieten die konfliktreiche Beurteilung von Restitutionsansprüchen noch im Gange. Ausländer blieben vom Erwerb von Grund und Boden ausgeschlossen. Obwohl mittlerweile die Anbaufläche weitgehend in Privathand ist, haben viele Landwirte nur vorläufige Eigentumstitel erhalten und sind bei der Verteilung der Produkte noch auf Staatsorganisationen angewiesen.[11]

In Bulgarien stand die Regierung unter der Leitung von Ivan Kostov vor der Aufgabe, die von ihren Vorgängern verschuldete wirtschaftliche Talfahrt zu bremsen: Auch 1997 ging das Bruttosozialprodukt noch zurück, bei einer hemmungslos zunehmenden Jahresinflationsrate und weiterhin steigender Arbeitslosigkeit, was angesichts der kaum in Gang gekommenen Industriesanierung eine gravierende Gefahr für die soziale Stabilität bedeutete. Nicht überzeugt vom Reformwillen Bulgariens, das 1990 ein einseitiges Schuldendienstmoratorium erließ, hatte der IWF seit Antritt der Regierung Videnov neue Kredite verweigert. Die Regierung Dimitrov hatte vorher zwar den notwendigen Rahmen für Wirtschaftsreformen und Privatisierung gesetzt, ließ sich aber von mächtigen Gewerkschaften und der BRF in der praktischen Ausführung zurückhalten.

Die nachfolgenden Regierungen, die die Unterstützung der sozialistischen BSP genossen, bedienten mit ihrer Verzögerungspolitik deren Anhängerschaft, Rentner (ein Drittel der Wahlberechtigten) und neureiche Nomenklatura, auf Kosten der Mittelklasse und eines umfassenden Reformkurses. Die Regierung Berov, die versuchte, sich mit möglichst vielen politischen und gesellschaftlichen Kräften zu arrangieren, schien zwar bei der Währungsstabilisierung anfangs Erfolg zu haben, die Privatisierung kam aber fast zum Erliegen. Außerdem blieb Bulgarien, was westliche Investitionen anbelangte, das Schlußlicht der Transformationsländer, während der russische Anteil am ständig schrumpfenden Außenhandelsvolumen stieg. 1994 nahm die Inflation wieder schneller zu, und der Lebensstandard ging entsprechend zurück. Nach einer relativen Stabilisierung 1995 folgte 1996 ein neues Tief: Durch die geringen Auslandsinvestitionen und die hohen Verluste der Staatsbetriebe war die bulgarische Regierung besonders abhängig von Krediten aus dem Westen. Mit diesem Hebel zwang der IWF die BSP zu Preiserhöhungen, die ihre Stammwähler verprellten.[12]

Die »kleine Privatisierung« fand aufgrund des Restitutionsgesetzes (Februar 1992) statt. Erst im Mai 1992 wurde ein Gesetz für die »große Privatisierung« verabschiedet und eine Privatisierungsagentur gegründet. Beim Verkauf der Staatsbetriebe waren Vorzugsaktien für Management und Belegschaft vorgesehen, die jedoch nicht mehr als 20 Prozent vom Aktienkapital ausmachen durften. Ein Teil des Kapitals ging an einen staatlichen Gemeinschaftsfonds. Auch in Bulgarien wurden 1992 als Pilotprojekt einige Erfolgsbetriebe aus dem Dienstleistungssektor veräußert.[13] Insgesamt kam die Privatisierung der Staatsindustrie jedoch nur schleppend voran, u. a. weil Staatsbetriebe weiterhin mit weichen Budgetschranken rechnen konnten. Mitte der neunziger Jahre trugen im Industriebereich Privatfirmen weniger als 20 Prozent zum Bruttosozialprodukt bei, im Einzelhandel bereits mehr als die Hälfte. Die bereits 1993 geplante Voucher-Privatisierung wurde 1996 unter dem Druck von IWF und Weltbank verwirklicht: Nach der Verteilung der Vouchers können seit Herbst 1996 Privatpersonen und Privatisierungsfonds mittels Auktionen Anteile von über tausend Betrieben erwerben.

Auch in der bulgarischen Landwirtschaftsprivatisierung Anfang der neunziger Jahre waren gesamtwirtschaftliche Überlegungen zweitrangig. Grund und Boden wurden nach den Bodengesetzen vom Februar 1991 und März 1993 weitgehend privatisiert, aber durch ungeklärte Besitzverhältnisse, Zerstückelung der Parzellen sowie Mangel an Kapital und Maschinen gingen die Agrarproduktion und damit die Exporterlöse stark zurück.

4. Territoriale und ethnische Konfliktpotentiale

Umstrittene Grenzen und ethnische Minderheiten spielten im rumänischen Transformationsprozeß eine weitaus größere Rolle als im bulgarischen. Im Gegensatz zu Rumänien haben es die chauvinistischen Parteien in Bulgarien nie bis ins Parlament geschafft. Beide Länder tun sich schwer bei der Behandlung der Sinti und Roma, das Verhältnis zwischen Staatsnation und größter Minderheit (Ungarn bzw. Türken) erscheint aber in Rumänien wesentlich explosiver als beim südlichen Nachbarn. Außerdem ruht die makedonische Frage, der traditionelle ethnisch-territoriale Konflikt Bulgariens, während die rumänischen Ansprüche auf die 1940 verlorenen Ostgebiete die Beziehungen zu Rußland, zur Ukraine und zu Moldova weiterhin belasten. Unvermeidlich wurden Minderheitenfragen in dieser Umbruchzeit innenpolitisch instrumentalisiert, nicht nur von Reformgegnern: Minderheitenfragen lenkten von den notwendigen politischen und sozialwirtschaftlichen Reformen ab und führten zu einer Verzerrung der politischen Verhältnisse. Dagegen ist der Beitrag der ethnischen Parteien (der ungarischen UDVR in Rumänien und der türkischen BRF in Bulgarien) zum Demokratisierungsprozeß eher positiv zu bewerten.[14] Insgesamt gewann der Grundsatz, daß nur die Staaten auf Aufnahme in die euro-atlantischen Strukturen hoffen dürfen, die gewisse Minimalstandards bei der gesellschaftlichen und politischen Integration ihrer ethnischen Minderheiten respektieren und die Nachkriegsgrenzen Europas anerkennen, in Bukarest und Sofia mit dem Wunsch nach Teilnahme an der europäischen Integration an Bedeutung.

Direkt nach der Revolution garantierte die FNR die Rechte der Minderheiten; die neue Verfassung definierte Rumänien jedoch als »souveränen, unabhängigen, einheitlichen und unteilbaren Nationalstaat« der Rumänen, obwohl sie gleichzeitig den Minderheiten die Entwicklung ihrer nationalen Identität garantierte. Seitdem haben auch internationale Organisationen und Nichtregierungsorganisationen (NGOs) regelmäßig den Einsatz der Regierung für die Rechte der Minderheiten und gegen Diskriminierung bemängelt. Das Minderheitengesetz, zu dem Rumänien sich 1993 bei der Aufnahme in den Europarat verpflichtet hatte, verzögerte sich, und bestimmte Gesetze untergruben die Verfassungsgarantien unter Hinweis auf »nationale Interessen«.[15] Die Sinti und Roma befinden sich besonders in der Gefahrenzone, da sie anders als die Ungarn keinen internationalen Fürsprecher haben.[16]

Seit den achtziger Jahren beansprucht die ungarische Regierung eine besondere Verantwortung für ihre Landsleute im Ausland, vor allem im rumänischen Siebenbürgen. Auch nach der Wende blieb dies lange eine Barriere für eine rumänisch-ungarische Annäherung. Die rumänische Seite betrachtete die ungarische Fürsprecherrolle als »Einmischung«, und rechtsextremistische Parteien warben mit der imaginären Gefahr eines ungarischen Irredentismus, während auch Iliescus PSDR mit zunehmendem Popularitätsverlust versuchte, der Demokratischen Konvention Rumäniens die Zusammenarbeit mit der ungarischen UDVR anzukreiden.[17] Die Anhängerschaft der UDVR war fast deckungsgleich mit der ungarischen Minderheit, und sie steigerte ihre Forderungen zu Personal- und Kulturautonomie oder Selbstverwaltung, als erste gemäßigte Ansprüche von den rumänischen Parteien einhellig abgelehnt wurden. Dennoch ist die UDVR nicht zu einer *One-issue*-Partei geworden: Sie zieht in ökonomischen und politischen Fragen mit der DKR an einem Strang und ist seit 1996 sogar Teil der Regierungskoalition. Die Minderheitensituation hat das internationale Prestige Rumäniens jahrelang negativ beeinflußt. Doch internationaler Druck war wenig effektiv, bis die Aufnahmeentscheidungen von NATO und EU anstanden. Seit 1992 stockten die Verhandlungen über einen Grundlagenvertrag: Ungarn verweigerte eine explizite Anerkennung der Grenze und Rumänien jegliche Bestimmungen über die Behandlung der Minderheit. Die Diplomatie kam erst 1995 in Bewegung, als die USA eine Verbindung zwischen Vertrag und Beitrittschancen anklingen ließen: Im September 1996 wurde der Grundlagenvertrag unterschrieben, in dem für diese Fragen ein Kompromiß gefunden wurde und beide Staaten versprachen, die Beitrittsanträge zu den euroatlantischen Institutionen gegenseitig zu unterstützen.

Es sind jedoch die 1940 an die Sowjetunion verlorenen und nie restituierten Ostgebiete Bessarabien und Nordbukowina, die die rumänische Öffentlichkeit und Außenpolitik am meisten beschäftigen. Die mit dem Ende der Sowjetunion unabhängig gewordene, mehrheitlich von Rumänen bewohnte Republik Moldova (Bessarabien) griff nach anfänglichen Bestrebungen zur Wiedervereinigung mit Rumänien aus den verschiedensten Gründen bald auf die zu Sowjetzeiten geschaffene Idee einer selbständigen moldawischen Nation zurück. Seit den Wahlen von 1994 ist die Idee der Wiedervereinigung in der sich zunehmend auf Moskau und GUS ausrichtenden Republik politisch ad acta gelegt.[18] Die bessarabische Frage erhielt 1992 eine neue Dimension, als die separatistische Bewegung der Russophonen auf dem zu Moldova gehörenden linken Ufer des Djnestr zum Bürgerkrieg eskalierte. Mittlerweile wehren sich die Ukraine und Moldova gemeinsam sowohl gegen die offensichtliche Einmischung Moskaus im Djnestrkonflikt als auch gegen Rumäniens Ansprüche auf seit 1940 zu Ukraine und Moldova gehörende Territorien. In Rumänien werden die politischen Entwicklungen an der Ostgrenze meist als russischer Imperialismus oder neokommunistische Politik gesehen.

An diesem Fall zeigt sich auch besonders deutlich, daß Nationalismus kein Monopol der FNR und der extremistischen RKP-Nachfolgeparteien ist. Gerade weil die eigenen Ansprüche auf Bessarabien in Rumänien traditionell als Präzedenzfall für ungarische Ansprüche auf Siebenbürgen gesehen werden, konzentrierten sich die extremistischen Parteien auf »die ungarische Gefahr« und überließen Bessarabien den Demokraten, die sich mit der pro-rumänischen Volksfront in Moldova verbunden fühlen.[19] Die Demokraten forderten ohne Rücksicht auf das Selbstbestimmungsrecht der Bevölkerung Moldovas oder die außenpolitischen Konsequenzen die Annullierung des Vertrages von 1939 und die Rückgabe der Territorien. Dementsprechend blieben die bilateralen Beziehungen mit Moldova, der Ukraine und Rußland gespannt. Die Verhandlungen mit Kiew wurden erst mit dem Machtwechsel 1996 reaktiviert. Im Mai 1997 war dann der Grundlagenvertrag perfekt, als sich Rumänien bereit erklärte, die Gebietsverluste von 1940 zu akzeptieren, um damit seine Chance auf eine baldige NATO-Mitgliedschaft zu wahren. Die Frage der von beiden beanspruchten Schlangeninsel vor der Küste (1,5 km^2 Insel, aber 7 000 km^2 Meeresboden mit Gas- und Erdölvorkommen) wurde aus dem Vertrag ausgeklammert. Um die guten Nachbarschaftsbeziehungen zu unterstreichen, wurde gleichzeitig von rumänischer Seite vorgeschlagen, »Euroregionen« im ukrainisch-moldawisch-rumänischen Grenzgebiet einzurichten.

Bulgariens Grenzen sind allesamt völkerrechtlich unstrittig und anerkannt. Zuletzt akzeptierte Bulgarien Anfang 1992 die Grenze mit Makedonien. Trotz postkommunistischer Nationalismuswelle und ethnischer Konflikte im Balkanraum hat es in den neunziger Jahren keine größere Nationalbewegung im bulgarischen Pirin-Makedonien gegeben. Nachdem die bulgarische Regierung die Existenz einer über Griechenland, Jugoslawien und Bulgarien verteilten makedonischen Nation bis 1958 gefördert und ab 1966 aus politischen Gründen verneint hatte, stellt diese Minderheit vorerst kein größeres Konfliktpotential dar.[20]

In Bulgarien stellen die Türken mit mehr als 9 Prozent die größte Minderheit, die Zahl der Sinti und Roma ist mit 3,7 Prozent in der Volkszählung von 1992 sicherlich unterschätzt. Angesichts der Zahl der Türken, islamistischer Roma und Bulgaren islamischen Glaubens (Pomaken), leitete die BKP 1984 den »Wiedergeburtsprozeß« ein, eine Bulgarisierungskampagne, die u. a. die Türken zwang, bulgarische Namen anzunehmen. Hunderttausende flüchteten bis 1989 in die Türkei. Trotz einer Verbesserung der Lage der türkischen Minderheit seit 1989 betrachten die meisten Parteien Bulgarien primär als Nationalstaat der Bulgaren und »Vormauer des christlichen Abendlandes«. Ethnische Parteien sind verboten, die Rechte der Minderheiten sind kaum institutionalisiert, und ihre Organisationen erhalten keine staatliche Unterstützung.[21] Auch die Verfassung von 1991 bietet den Minderheiten mehr Pflichten als Rechte. Obwohl gerade sie von Bodenrestitution und wachsender Arbeitslosigkeit besonders hart getroffen werden, sind Roma, Muslime und Türken während der Transformationszeit beliebte Sündenböcke. Die weitverbreiteten nationalen Gefühle und Vorurteile wurden besonders von der BSP, die im Wahlkampf 1994 mit nationalistischen Themen und Splitterparteien kokettierte, aber nicht nur von ihr, instrumentalisiert. Der Strafprozeß gegen die Schuldigen der Wiedergeburtskampagne der achtziger Jahre versandete, und 1990 erklärte man den 3. März, den Tag, an dem 1878 ein nie realisiertes Großbulgarien ausgerufen wurde, zum Nationalfeiertag.

5. Außen- und Sicherheitspolitik, die Europa-Debatte

Außenpolitisch gesehen war im Ostblock kein größerer Gegensatz denkbar als der zwischen Rumänien und Bulgarien. Bulgarien mit seiner traditionellen Freundschaft zum »großen slawischen Bruder« Rußland entwickelte sich nach dem Zweiten Weltkrieg zum loyalsten Blockpartner der Sowjetunion. Rumänien verfolgte in der Außenpolitik seit den sechziger Jahren einen an die nationale antirussische Tradition anknüpfenden »autonomen Kurs«, der sich dem Westen wirtschaftlich und außenpolitisch anzunähern versuchte. Ceaușescus Ablehnung der *Perestrojka*-Politik, die Minimalisierung des Westhandels im Rahmen der Schuldenrückzahlung und die Menschenrechtssituation hatten Rumänien jedoch 1989 vom Osten und Westen isoliert. Angesichts der antirussischen Stimmung der rumänischen Bevölkerung war Iliescus Zustimmung zum Freundschaftsvertrag mit der Sowjetunion im April 1991, in dem Rumänien nicht nur bei der Wahl seiner Verbündeten eingeschränkt wurde, sondern auch die Ansprüche auf Bessarabien aufgab, ein politischer Fehler. Seitdem wird ergebnislos über einen Grundlagenvertrag verhandelt. In Bulgarien und Rumänien setzte die demokratische Opposition von Anfang an auf Einbindung in euro-atlantische Strukturen, um Demokratisierung und Wirtschaftstransformation voranzutreiben. Die bulgarisch-russische Freundschaft erlaubte es aber der BSP, Kooperation mit Rußland als Ergänzung zur EU-Integration und Alternative zur NATO-Osterweiterung zu präsentieren, während in Rumänien besonders seit 1993/94 auch die FNR für die Teilnahme an NATO und EU plädiert.

Bulgarien und Rumänien durchliefen weitgehend parallel die Stufen der Integration in die Strukturen Europas: Bulgarien wurde im Mai 1992 Vollmitglied des Europarates, Rumänien folgte im Oktober 1993. Die 1993 geschlossenen Europa-Abkommen machten beide zu assoziierten Mitgliedern der EG. Beide sind außerdem Mitglied von UN, IWF, OSZE, WEU (assoziiert), der Partnerschaft für den Frieden und des NATO-Kooperationsrates. Mit der im Juni 1992 in Istanbul gegründeten Schwarzmeer-Wirtschaftskooperation entstand außerdem eine Initiative für multinationale regionale Kooperation, die alle elf Uferstaaten des Schwarzen Meeres umfaßt. Auf Dauer könnte dieser wirtschaftlichen Kooperation auch eine politisch-konsultative Komponente hinzugefügt werden.

Die Parameter der Europadebatte in Bulgarien und Rumänien sind unterschiedlich. Weil in Rumänien alle wichtigen politischen Parteien die »Rückkehr nach Europa« im Programm führen, konzentriert sich die Debatte auf den Erhalt der nationalen Werte und Identität, auf die Frage der richtigen Balance von Anpassung und Selbstbehauptung. In Sofia stehen auf der praktisch-politischen Ebene aber zwei konträre Optionen zur Debatte: die traditionellen Bande mit Rußland oder die neuen Beziehungen mit dem Westen. Dazu kommt, daß eine Beitrittseinladung von seiten der NATO oder der EU für Bulgarien erst längerfristig zu erwarten ist.

Um ihren Anspruch auf Aufnahme in die euro-atlantischen Strukturen zu bekräftigen, haben bulgarische und rumänische Politiker auf den besonderen Beitrag ihrer Länder zu »Europa« in Vergangenheit und Gegenwart hingewiesen. Außerdem schien ein Aufnahmekriterium die Zugehörigkeit zu Ostmitteleuropa zu sein. Rumänische Politiker betonten, daß ihr Land nicht Südosteuropa oder dem Balkan, Inbegriff der europäischen Peripherie und Krisenregion, zuzurechnen sei: Rumänien sei »ein mitteleuropäisches Land am Rande des Balkans«[22]. In den ersten Jahren nach der Wende wurden, besonders in Rumänien, »die Rückkehr« nach Europa und der damit zusammenhängende Aufbau von Zivilgesellschaft, Marktwirtschaft und Demokratie als Selbstverständlichkeit und mechanischer Prozeß dargestellt. Bei einer Umfrage 1996 sprachen sich 95 Prozent der Rumänen für eine NATO-Mitgliedschaft aus, für die EU-Mitgliedschaft sogar 97 Prozent.[23] Von bulgarischer Seite ist die Argumentation der Europa-Tauglichkeit eher defensiv: Bulgarien gehöre historisch gesehen zu Europa und spiele heute durch gute Beziehungen zu allen Nachbarstaaten eine stabilisierende Rolle in der Balkanregion. In der Bevölkerung halten sich die Befürworter und Gegner des NATO-Beitrittes die Waage, während das Vertrauen in die EU abnimmt, da viele Bulgaren sich als Europäer zweiter Klasse behandelt fühlen.[24]

Im Militärbereich zeichnen sich zwischen beiden ehemaligen Warschauer-Pakt-Staaten größere Unterschiede ab. Die Regierung Videnov setzte auf Wiederbelebung der Kooperation mit Rußland und seiner Waffenindustrie: Bulgarien könne sich die Kosten der Anpassung der Armee an NATO-Standards nicht leisten. Während Videnov sich in Moskau Anfang 1996 gegen die NATO-Osterweiterung aussprach, betonte die Opposition, angeführt von Staatspräsident Želev, dem Westen gegenüber Bulgariens Interesse an einer Aufnahme. Nichtsdestotrotz akzeptierte Bulgarien seit 1994 die Teilnahme der Streitkräfte an multinationalen Übungen im Rahmen der Partnerschaft für den Frieden. In Rumänien plädierte auch die FNR (allerdings vorsichtiger als die Opposition) für die NATO-Osterweiterung. Annäherung an Rußland mit der Gefahr, in eine Grauzone zwischen Ost und West zu geraten, war und ist keine politische Option in Bukarest. Die beiden neuen Regierungen haben 1997 die Integration in EU und NATO hoch auf die Agenda gestellt. Die neue bulgarische Regierung stellte sofort den Beitrittsantrag bei der NATO. Rumäniens Außenministerium unterstrich die Rolle Rumäniens als geostrategischer Stabilitätsfaktor in Europa, startete eine diplomatische Initiative, um im Juli 1997 zur NATO zugelassen zu werden, und schloß Grundlagenverträge mit Ungarn und der Ukraine. Die französische und italienische Zustimmung (eher aus innereuropäischer Konkurrenz als aus »lateinischer Bruderschaft«) wurde jedoch von den amerikanischen und deutschen Bedenken übertönt.[25] Bulgarien hat keine solchen Fürsprecher in Europa und sieht sich auch eher als Vermittler zwischen russischen Sicherheitsinteressen und euro-atlantischen Strukturen.

Dagegen ist die Aufnahme in die EU als politisches Ziel in Rumänien und Bulgarien in Politik und Öffentlichkeit konsensfähig, wobei die Beitrittsfrage oft als ein Orakelspruch über die Qualität und Identität der eigenen Nation und gleichzeitig als Allheilmittel für die wirtschaftlichen Probleme des Landes gehandelt wird. Andererseits werden die damit verbundenen Anpassungs- und Liberalisierungskosten selten in aller Offenheit angesprochen. Insgesamt haben die neuen demokratischen Machthaber in Bukarest und Sofia übertriebene Erwartungen geschürt, gerade weil sie wissen, daß innenpolitisch und wirtschaftlich noch eine Durststrecke wartet.[26] Bulgarien hat im Dezember 1995 formell den Antrag gestellt, obwohl Videnov Bulgarien frühestens im Jahre 2010 als EU-Vollmitglied sieht. Die neue rumänische Regierung hatte nach dem Verfehlen der ersten NATO-Beitrittsrunde alles auf die EU-Karte gesetzt, bis die EU-Kommission im Juli 1997 beschloß, vorläufig mit Rumänien keine Verhandlungen zu diesem Thema zu eröffnen.

Weiterführende Literatur

Altmann, Franz-Lothar und Elmar Hösch (Hrsg.): Reformen und Reformer in Osteuropa, Regensburg 1994.

Bundesinstitut für Ostwissenschaftliche und Internationale Studien (Hrsg.): Aufbruch im Osten Europas, München 1993.

Bundesinstitut für Ostwissenschaftliche und Internationale Studien (Hrsg.): Zwischen Krise und Konsolidierung, München 1995.

Gabanyi, Annelie Ute: Das Parteiensystem in Rumänien, in: Geschichte und Gesellschaft 18 (1992) 3, S. 352-370.

Dies.: Die unvollendete Revolution. Rumänien zwischen Diktatur und Demokratie, München 1990.

Hatschikjan, Magarditsch A., u. a. (Hrsg.): Parteienlandschaften in Osteuropa, Paderborn 1994.

Höpken, Wolfgang (Hrsg.): Revolution auf Raten – Bulgarien seit dem Ende der Ära Živkov, München 1997.

King, Robert R.: Minorities under Communism. Nationalities as a Source of Tension among Balkan Communist States, Cambridge (Mass.) 1973.
Offe, Claus: Das Dilemma der Gleichzeitigkeit. Demokratisierung und Marktwirtschaft in Osteuropa, in: Merkur 45 (1991) 4, S. 279-291.
Rose, Richard: What is Europe? A Dynamic Perspective, New York 1996.
Shafir, Michael: Romania. Politics, Economics and Society. Political Stagnation and Simulated Change, London 1985.
Weidenfeld, Werner (Hrsg.): Demokratie und Marktwirtschaft in Osteuropa. Strategien für Europa, 2. Auflage, Bonn 1996.

Anmerkungen

1 Vgl. Höpken, Wolfgang: Bulgarien, in: Weidenfeld, Werner (Hrsg.): Demokratie und Marktwirtschaft in Osteuropa. Strategien für Europa, 2. Auflage, Gütersloh 1996, S. 197–198; Shafir, Michael: Romania. Politics, Economics and Society. Political Stagnation and Simulated Change, London 1985.
2 Vgl. Gabanyi, Anneli Ute: Die unvollendete Revolution. Rumänien zwischen Diktatur und Demokratie, München 1990; Brucan, Silviu: The Wasted Generation. Memoirs of the Romanian Journey from Capitalism to Socialism and Back, Boulder (Colo.) 1993, S. 167–187.
3 Vgl. Offe, Claus: Das Dilemma der Gleichzeitigkeit. Demokratisierung und Marktwirtschaft in Osteuropa, in: Merkur 4 (1991), S. 279–291; Tismaneanu, Victor: Tenuous Pluralism in the Post-Ceausescu Era, in: Transition 2 (1996), S. 6–11.
4 Vgl. Gabanyi, Anneli Ute: Rumänien, in: Weidenfeld (Anm. 1), S. 218.
5 Vgl. Gabanyi, Anneli Ute: Das Parteiensystem in Rumänien, in: Geschichte und Gesellschaft 3 (1992), S. 352–370; dies.: Politische Parteien in Rumänien nach der Wende, in: Südosteuropa 1-2 (1995), S. 1–50; Roper, Steven: The Romanian Party System and the Catch-All Party Phenomenon, in: East European Quarterly 4 (1994), S. 519–532.
6 Vgl. Shafir, Michael: Opting for Political Change, in: Transition 2 (1996), S. 12–16; Burger, Ulrich: Sechs Monate nach dem Machtwechsel in Bukarest, in: Osteuropa 8 (1997), S. 810–821; Maner, Hans-Christian: Rumänien nach den Novemberwahlen 1996, in: Südosteuropa Mitteilungen 2 (1997), S. 101–124.
7 Vgl. Creed, Gerald: The Politics of Agriculture: Identity and Socialist Sentiment in Bulgaria, in: Slavic Review 4 (1995), S. 843–850; ders.: Rural-Urban Oppositions in the Bulgarian Political Transition, in: Südosteuropa 6 (1993), S. 369–382.
8 Vgl. Georgiev; Ivo: Indecisive Socialist Party Stumbles into Crisis, Transition 2 (1996), S. 26–28; ders.: Alles noch einmal von vorn? Bulgarien nach dem Machtwechsel, in: Berliner Osteuropa Info 9 (1997), S. 30–31.
9 Vgl. Höpken, Wolfgang: Bulgarien, in: Weidenfeld (Anm. 1), S. 212.
10 Vgl. Beyme, Klaus von: Systemwechsel in Osteuropa, Frankfurt a. M. 1994, S. 209–210.
11 Vgl. Verdery, Katherine: The Elasticity of Land: Problems of Property Restitution in Transsylvania, in: Slavic Review 4 (1994), S. 1071–1109; Rumänien: Produktionsbelebung bei verschleppter Privatisierung, in: DIW Wochenbericht 22 (1995), S. 393–400.
12 Vgl. Wyzan, Michael: Renewed Economic Crisis May End Foot-Dragging on Reforms, in: Transition 2 (1996), S. 40–44; ders.: Why is Bulgaria a Land of Failed Reforms?, in: Transition 4 (1997), S. 86–89.
13 Vgl. Altmann, Franz-Lothar: Das Problem der Privatisierung im Transformationsprozeß der Staaten Ostmittel- und Südosteuropas, in: Bundesinstitut für Ostwissenschaftliche

und Internationale Studien (BIOst) (Hrsg.): Aufbruch im Osten Europas, München 1993, S. 240–244.
14 Vgl. Sterbling, Anton: Ethnische Strukturen und ethnische Parteien in Südosteuropa, in: Südosteuropa 8 (1996), S. 549–566; Riedel, Sabine: Die türkische Minderheit im parlamentarischen System Bulgariens, in: Südosteuropa 2 (1993), S. 100–124.
15 Vgl. Kolar, Otto: Rumänien und seine Minderheiten 1989–1995, in: Ethnos-Nation 2 (1995), S. 57–70. Aus diesem Grund wurde das Unterrichtsgesetz am 13. Juli 1995 vom Europarat kritisiert; Klein, Günther: Rumäniens Minderheitenpolitik im Kontext internationaler Beziehungen und der Empfehlungen des Europarats, in: Südosteuropa 11-12 (1996), S. 815–839.
16 Vgl. International Helsinki Federation of Human Rights: Annual Report of Activities 1991, Wien 1992, S. 13–16; Oltay, Edith: Minority Rights Still an Issue in Hungarian-Romanian Relations, in: RFE/RL Research Report 12 (1992), S. 16–20.
17 Szegedi, Edith: Ansätze zum interethnischen Dialog in Rumänien 1918–1940 und 1990, in: Gerhard Seewann (Hrsg.): Minderheitenfragen in Südosteuropa, München 1992, S. 309–326.
18 Vgl. Meurs, Wim van: The Bessarabian Question in Communist Historiography. Nationalist and Communist Politics and History-Writing, Boulder (Col.) 1994.
19 Vgl. Gabanyi, Anneli Ute: Nationalismus in Rumänien. Vom Revolutionspatriotismus zur chauvinistischen Restauration, in: Südosteuropa 5 (1992), S. 143–167; Meurs, Wim van: Romania: Democracy and Historical Rights, in: Proceedings of the Third International Congress of Romanian Studies, Cluj 1998; Hausleitner, Marianna: Die Moldaurepublik und die Rußländische Föderation, in: Südosteuropa Mitteilungen 4 (1996), S. 344–352.
20 Vgl. Brunner, Georg: Nationalitätenprobleme und Minderheitenkonflikte in Osteuropa, Gütersloh 1993, S. 48–49, S. 176–177; Vatchkov, Veselin: Divided by a Mutual Tongue, in: Transition 4 (1997), S. 76–81; Troebst, Stephan.: Makedonische Antworten auf die »Makedonische Frage« 1944–1992, in: Südosteuropa 7-8 (1992), S. 423–442.
21 Vgl. Riedel, Sabine: Das Konzept des bulgarischen Nationalstaats in Vergangenheit und Gegenwart, in: Südosteuropa 1 (1996), S. 55–62; Karpat, Kemal: The Turks of Bulgaria, in: Nationalities Papers 4 (1995), S. 725–749.
22 Meleşcanu, Teodor: Security in Central Europa, in: NATO Review 5 (1993); ders.: Romania's Option for the European and Atlantic Integration, in: Südosteuropa 11-12 (1996), S. 773–780; Hösch, Edgar: Europa und der Balkan, in: Elvert, Jürgen (Hrsg.): Der Balkan. Eine europäische Krisenregion in Geschichte und Gegenwart, Stuttgart 1997, S. 37–48.
23 Vgl. Gabanyi, Anneli Ute, und Elena Zamfirescu: Rumänien, in: Weidenfeld, Werner (Hrsg.): Mittel- und Osteuropa auf dem Weg in die Europäische Union. Gütersloh 1996, S. 143–166.
24 Vgl. Deimel, Johanna, und Rumen Dimitrov: Bulgarien, in: Weidenfeld (Anm. 23), S. 31–53, hier: S. 51.
25 Vgl. Gabanyi, Anneli Ute: Rumänien und die NATO, in: Berichte des BIOst 20 (1997), S. 26–37.
26 Vgl. Axt, Heinz-Jürgen: Der Balkan: Herausforderung für Europäische Gemeinschaft und politische Zusammenarbeit, in: Südosteuropa 7-8 (1990), S. 458–483; ders.: Beitrag der EU zur Modernisierung südosteuropäischer Staaten, in. Südosteuropa 2 (1995), S. 95–106.

Slowenien, Kroatien und Serbien

JENS REUTER

1. Tito-Jugoslawien und die Europäische Gemeinschaft

Solange Slowenien, Kroatien und Serbien Teilrepubliken des sozialistischen Jugoslawiens (SFRJ) waren, bildeten sie das wirtschaftliche Herzstück dieses Staates. Es handelte sich nicht nur um die höchstentwickelten Republiken; das Dreieck Ljubljana-Zagreb-Belgrad zeichnete auch für mehr als zwei Drittel des innerjugoslawischen Handels verantwortlich.

Da das sozialistische Jugoslawien der außenpolitischen Doktrin der Blockfreiheit verpflichtet war, lag eine Assoziierung mit der Europäischen Gemeinschaft in der Tito-Ära nicht im Bereich des Möglichen. Doch 1980 wurde ein Kooperationsabkommen mit der EG geschlossen, das der SFRJ alle Vergünstigungen einräumte, die Brüssel den Mittelmeer- und den Entwicklungsländern gewährte. 1987 waren ein Handelsabkommen mit der EG, ein Finanzprotokoll sowie die Gründung einer Arbeitsgruppe zur Förderung der Zusammenarbeit zwischen EG und SFRJ die nächsten Stationen. Jetzt setzte in Jugoslawien eine öffentliche Diskussion über den außenpolitischen Kurs des Landes ein. Die offiziell noch immer gültige Doktrin der Blockfreiheit geriet in die Schußlinie. Zahlreiche Presseartikel stellten die Frage, ob es für Jugoslawien noch sinnvoll sei, die enge politische und wirtschaftliche Kooperation mit der Dritten Welt fortzusetzen, oder ob die SFRJ den Schwerpunkt ihrer Aktivitäten nicht nach Europa verlagern müsse. Bald hatte sich diese Meinung durchgesetzt. Außenminister Lončar richtete im November 1989 ein Schreiben an den Europarat und suchte um die Mitgliedschaft seines Landes in diesem Gremium nach. Schon im Frühjahr 1989 hatte die SFRJ den Status eines »speziellen Gastes« in der Parlamentarischen Versammlung des Europarates erhalten. Fünf Konventionen des Europarates hatte Belgrad bereits akzeptiert und seine Bereitschaft erklärt, 42 weiteren Konventionen zuzustimmen. Ende November 1989 bemühte sich Jugoslawien um die assoziierte Mitgliedschaft in der EG und äußerte gleichzeitig den Wunsch nach Vollmitgliedschaft in der EFTA und in der OECD. Diese Willenserklärung wurde durch zwei Deklarationen von Bundesregierung und Parlament noch einmal nachdrücklich bestätigt.

Auch das Staatspräsidium der SFRJ wollte den Eindruck erwecken, das Land sei mit vollen Segeln auf Europakurs. Es verabschiedete Mitte Februar 1990 eine Deklaration, in der es hieß, Jugoslawien habe sich mit all seinen Republiken und autonomen Provinzen für den politischen Pluralismus und die moderne Marktwirtschaft entschieden. Dies sei der logische Ausgangspunkt für die Einbeziehung der SFRJ in den europäischen Integrationsprozeß. Eine baldigst zu verabschiedende Verfassung werde das Mehrparteiensystem installieren.

Bundesregierung, Bundesparlament und jugoslawisches Staatspräsidium waren 1990 voll auf Europakurs, doch das sollte sich als nicht ausreichend erweisen. Denn mit Recht sprach man seinerzeit von der »Ohnmacht auf Bundesebene«. Die politische Macht hatte sich zwischen 1980 und 1990 vom Zentrum in Belgrad auf die Republiken verlagert. Und hier stand man den initiierten Systemveränderungen, die das Land näher an die EG heranführen sollten, kritisch gegenüber. Die kommunistischen Führungen in Serbien, Montenegro, Makedonien und Bosnien-Herzegowina waren eindeutig gegen die von der politisch schwachen Zentralgewalt initiierten Reformen. Doch auch die »Reformkommunisten« in Slowenien und Kroatien waren beileibe nicht so reformfreudig, wie man hätte vermuten können. Anfang Dezember 1989 befragte das Zentrum für Soziologische Forschungen 5 000 Parteimitglieder aus allen jugoslawischen Landesteilen nach ihrer Meinung zum Mehrparteiensystem. Dafür stimmten in den einzelnen Landesteilen zwischen 6 Prozent (Montenegro) und 36 Prozent (Slowenien) der Parteimitglieder.[1]

Ein stärkerer Reformwille war zu diesem Zeitpunkt nur bei den slowenischen Kommunisten zu verzeichnen, die auch zum Motor der weiteren Entwicklung werden sollten. Praktisch war der Bund der Kommunisten Jugoslawiens in acht höchst unterschiedliche und rivalisierende Parteien zerfallen. Im Januar 1990 fand der XIV. und letzte Parteitag statt, der mit dem Auszug der Reformkommunisten endete und ergebnislos blieb. Die regionalen Parteiführungen orientierten sich nur noch an dem, was sie als die nationalen Interessen ihrer jeweiligen Republik oder Provinz ansahen. Zu einem waren diese Führungen mehrheitlich nicht bereit, den ungeliebten jugoslawischen Gesamtstaat so zu reformieren, daß er eine Chance zur assoziierten Mitgliedschaft in der EG gehabt hätte. Gesamtjugoslawische Wahlen fanden niemals statt, obwohl sie für das Jahr 1990 angesetzt waren. Die Unreformierbarkeit Jugoslawiens war das entscheidende Motiv für die slowenische und kroatische Führung, ihren eigenen Weg zu gehen und die Herauslösung aus dem jugoslawischen Staatsverband anzustreben. Für Brüssel entstand so eine schwierige Situation. Man begrüßte die Tatsache, daß der Pluralismus in Jugoslawien mehr und mehr an Boden gewann, und war gleichzeitig besorgt darüber, daß sich »zentrifugale und nationalistische Kräfte« regten. Die damalige Generalsekretärin des Europarates, Cathérine Lalumière, kleidete diese Gefühle in folgende Worte:

»Jugoslawien muß begreifen, daß es nicht danach streben kann, sich der europäischen Integration anzuschließen, wenn es zur selben Zeit das Hauptbeispiel abgibt für ein Land, das zum Spielzeug in den Händen separatistischer und zentrifugaler Kräfte wird. Das sind zwei miteinander unvereinbare Tendenzen.«[2]

2. Slowenien – Spitzenreiter unter den Reformstaaten

Nachdem Slowenien seine Unabhängigkeit 1991 proklamiert und mit Erfolg verteidigt hatte, stand das Land vor einer doppelt schwierigen Aufgabe. Nicht nur der Übergang vom Sozialismus zur Marktwirtschaft war zu bewältigen, gleichzeitig mußte eine regionale in eine nationale Volkswirtschaft umgebaut werden. Bei der Anpassung an die Erfordernisse des EG-Marktes kam den Slowenen zugute, daß sie diesen Markt seit vielen Jahren kannten und sich in seiner unmittelbaren geographischen Nähe befanden. Man suchte von Anfang an zielstrebig den Kontakt zu den internationalen Institutionen. Slowenien trat 1992 der Europäischen Bank für Wiederaufbau und Entwicklung bei. 1993 wurde das Land in den Internationalen Währungsfonds und in die Weltbank sowie in den Europarat aufgenommen. Im gleichen Jahr schloß man ein Kooperationsabkommen mit der Europäischen Gemeinschaft und unterzeichnete ein Finanzprotokoll und ein Transportabkommen. Im September 1994 ratifizierte Slowenien den GATT-Vertrag.

Einer assoziierten Mitgliedschaft in der Europäischen Union schien zunächst nichts im Wege zu stehen. Doch Streitigkeiten mit Rom sorgten dafür, daß die Aufnahme von Assoziierungsverhandlungen wiederholt am italienischen Veto scheiterte. Erst Mitte 1996 konnte das Assoziierungsabkommen unterzeichnet werden. Doch die Ratifizierung stieß im slowenischen Parlament zunächst auf Schwierigkeiten, da gleichzeitig Art. 68 der slowenischen Verfassung geändert werden mußte. Dieser Artikel bestimmte, daß es Ausländern nicht erlaubt war, Grund und Boden zu erwerben. Im Juli 1997 gelang es endlich, diese Hürde zu überwinden, und zwar mit überwältigender Mehrheit. Art. 68 wurde geändert, das Assoziierungsabkommen selbst wurde mit 70 gegen drei Stimmen ratifiziert. Den Befürchtungen zahlreicher Abgeordneter, es werde zu einem »Ausverkauf der Heimat« kommen, trug man durch den Einbau entsprechender gesetzlicher Barrieren Rechnung. Ausländer müssen ihren ständigen Wohnsitz acht Jahre lang in Slowenien haben, wenn sie Land kaufen wollen, das in landschaftlich besonders schöner Umgebung liegt. Bei bestimmten Immobilien haben die staatlichen Behörden zudem ein Vorkaufsrecht.[3] Im März 1998 hat Brüssel konkrete Verhandlungen mit Slowenien über dessen EU-Beitritt aufgenommen. Eine Enttäuschung für Ljubljana war es, daß Slowenien nicht für die erste Runde der NATO-Osterweiterung auserkoren wurde. Da bisher kein Zeitplan für eine zweite Erweiterungsrunde festgelegt worden ist, steht die NATO-Mitgliedschaft Sloweniens einstweilen in den Sternen.

Das Assoziierungsabkommen mit der EU sieht unter anderem eine nachhaltige Unterstützung für die marktwirtschaftliche Transformation des slowenischen Wirtschaftssystems vor. Die Vorbereitungsperiode für den Beitritt soll maximal sechs Jahre dauern und ist in zwei Phasen unterteilt. Die erste Phase, die mit der Ratifizierung begonnen hat, beträgt vier Jahre, die zweite Phase könnte zwei Jahre umfassen. In diesem relativ kurzen Zeitraum sind die schwierigen Probleme der Rechtsangleichung zu lösen. Reformiert werden muß der gesamte Bankensektor, die Verwaltung sowie das Steuer- und Rentensystem. Wesentliche Bereiche des Rechtes müssen gänzlich neue Formen erhalten.

Einstweilen gilt zwischen Slowenien und der EU das im November 1996 unterzeichnete vorläufige Abkommen, das die Zusammenarbeit im Bereich Handel und Wirtschaft regelt, bis das Assoziierungsabkommen von allen Parlamenten der EU-Staaten unterzeichnet ist. Mit diesem Abkommen hat sich Slowenien zur stufenweisen völligen Abschaffung von Zöllen auf EU-Industriewaren verpflichtet. Die damit einhergehenden Zollmindereinnahmen werden auf 50 Mrd. Tolar (550 Mio. DM) geschätzt.[4]

Sloweniens erklärtes Ziel ist es, bis zum Jahre 2002 Vollmitglied der Europäischen Union zu werden. Die von der Regierung in Ljubljana veröffentlichte »Beitrittsstrategie« umfaßt nicht weniger als 117 Druckseiten. Und als Beitrittskandidat hat Slowenien einiges vorzuweisen. Zwei Drittel des Außenhandels werden mit der Europäischen Union abgewickelt. Das Bruttoinlandsprodukt pro Kopf ging zwar von 9 477 US-Dollar (1996) auf 8 558 US-Dollar (1997) zurück, liegt jedoch beinahe so hoch wie das Griechenlands oder Portugals. Zudem besitzt Slowenien die beste Kreditwürdigkeit aller Reformländer. Die Zeitschrift Euromoney (London), die regelmäßig eine Weltrangliste aller Länder nach Investitionsrisiken aufstellt, setzte Slowenien im März 1997 auf den 38. Platz. Die kleine Alpenrepublik erfüllt schon jetzt die Maastricht-Kriterien für eine Teilnahme an der Währungsunion. Sie kann einen ausgeglichenen Haushalt vorweisen, während die Außenverschuldung 1997 nur 25,1 Prozent des Bruttoinlandsproduktes betrug.[5] Viele EU-Anwärter und sogar Mitglieder erreichen diese Marge nicht.

Die schleppende Privatisierung und hohe Lohnkosten sind Negativfaktoren, die das ansonsten strahlende Bild des Beitrittskandidaten mit dunklen Punkten versehen. Noch immer kontrolliert der Staat 30 Prozent der slowenischen Wirtschaft. Die Löhne im Land sind leistungsfeindlich hoch. Die Lohnnebenkosten betragen nicht weniger als 83 Prozent. In D-Mark umgerechnet ist der slowenische Durchschnittslohn doppelt so hoch wie in den anderen vier Partnerländern der CEFTA, der Slowenien seit 1996 angehört.

Die Inflationsrate lag 1995 bei nicht weniger als 12,6 Prozent, 1996 betrug sie immerhin 9,6 Prozent und 1997 verzeichnete sie mit 9,1 Prozent einen leichten Rückgang. Von 1998 an wird die Inflationsrate nicht mehr anhand der Entwicklung der Verbraucherpreise berechnet, sondern entsprechend dem EU-Standard anhand der Indizes der Lebenshaltungskosten.

Die nach ILO-Norm errechnete Arbeitslosenquote stieg 1997 auf 14,4 Prozent, auch für 1998 ist nicht mit einer Besserung zu rechnen.[6] Die OECD und der Internationale Währungsfonds (IWF) bezeichnen das slowenische Rentenversicherungs- und Pensionssystem als nicht mehr finanzierbar und raten zur schnellstmöglichen Reform. Zudem haben Brüssel und Straßburg mehrfach kritisiert, daß die Anpassung von Gesetzen und Verordnungen an die EU-Normen nur zögerlich erfolgt. Bemängelt wird auch, daß es noch immer keinen freien Kapitalmarkt gibt. Man hat Angst vor ausländischem Kapital und schirmt sich auf vielfache Weise ab.

Ähnlich wie in anderen postsozialistischen Ländern haben sich auch in Slowenien die sozialen Unterschiede verstärkt. Ende 1993 lebten 13,6 Prozent der slowenischen Familien in Armut, was im Vergleich zur gesamteuropäischen Situation nicht einmal als ein schlechter Wert bezeichnet werden muß. Innerhalb der EU weisen nur vier Länder (Niederland, Belgien, Luxemburg und Deutschland) eine niedrigere Armutsrate auf. Doch in Slowenien hat sich die Kluft zwischen Arm und Reich drastisch vertieft. 1983 verfügte die ärmere Hälfte der Bevölkerung über 33,6 Prozent aller finanziellen Einnahmen (Geldquellen), während die reichere Hälfte 66,4 Prozent für sich hatte. Innerhalb von zehn Jahren hat sich diese Relation stark verändert. Die ärmere Bevölkerungshälfte verfügte nur noch über 29,9 Prozent, während 70,1 Prozent auf die reichere Bevölkerungshälfte entfielen. Gestiegen ist auch die Zahl der Einwohner, deren Lohn so niedrig ist, daß er ihnen kein normales Leben ermöglicht. 1992 galt das für 11 Prozent aller Beschäftigten, 1995 waren es 24 Prozent.

In den Jahren seit 1990 hat sich in Slowenien ein stabiles parlamentarisches System mit konsolidiertem Parteienpluralismus herausgebildet. Sozialdemokraten, Christdemokraten, Liberale und Grüne bilden ein Parteienspektrum, wie es uns aus den meisten europäischen Demokratien vertraut ist. Die Alliierte Liste der Sozialdemokraten verkörpert die Linke, in der Mitte steht die starke Liberaldemokratische Partei, während konservative Positionen von den Slowenischen Christdemokraten und der Slowenischen Volkspartei vertreten werden. Extrem rechte Parteien (Slowenische Nationalpartei und Slowenische Nationale Rechtspartei) konkurrieren um die Wählergunst, allerdings mit geringem Erfolg.

Trotz der Parteienvielfalt gelang es seit dem Jahresende 1992, eine Regierung auf breitem Fundament zu installieren. Eine Mitte-Links-Rechts-Koalition war nicht nur einmalig in Europa, sondern zudem erfolgreich. Nach den Wahlen vom Dezember 1996, aus denen die Liberaldemokraten als erfolgreichste Partei hervorgingen, fiel eine Regierungsbildung zunächst schwer. Nach langen vergeblichen Versuchen, erneut eine Regierung auf breiter parlamentarischer Grundlage zu bilden, sollte eine Mitte-Links-Rechts-Koalition aus Liberaldemokraten, der Alliierten Liste der Sozialdemokraten und der Demokratischen Partei der Pensionäre sowie der rechtsgerichteten Slowenischen Nationalpartei das Problem lösen. Doch dieser Versuch scheiterte am 6. Februar 1997 an einer fehlenden Stimme.

Am 17. Februar verkündete Ministerpräsident Drnovšek, er habe die bisher oppositionelle Slowenische Volkspartei für die Regierungsbildung gewonnen. In der neuen Koalition von Liberaldemokraten, Volkspartei und der Demokratischen Partei der Pensionäre fehlen die Sozialdemokraten. Sie wurden ebenso ausgebootet wie die Nationalpartei, obwohl Drnovšek erst mit ihren Stimmen zum Ministerpräsidenten gewählt worden war. In der neuen Regierung haben die Liberaldemokraten die Schlüsselressorts Äußeres, Inneres, Wirtschaft und Finanzen inne. Doch ihre parlamentarische Mehrheit ist mit 52 von 90 Stimmen knapp bemessen.

Am 24. November 1997 wurde Staatspräsident Kučan mit 55,5 Prozent der Wählerstimmen in seinem Amt bestätigt. Damit schlug er seine sieben Konkurrenten klar aus dem Felde. Der Sieg von Kučan, der als überparteilicher Kandidat auftrat, ist ein Indikator für Kontinuität und politische Stabilität in einem kleinen Land, das ansonsten an Kontroversen einiges zu bieten hat.

Insgesamt gesehen läßt sich sagen, daß die acht Jahre seit 1990 eine Erfolgsstory für Slowenien waren. Es ist gelungen, in einem relativ kurzen Zeitraum ein parlamentarisches System, eine funktionierende Marktwirtschaft und eine pluralistische Medienlandschaft zu installieren. Diese Leistung ist um so höher zu bewerten, wenn man berücksichtigt, daß Slowenien nur in geringem Maße auf eine parlamentarisch-demokratische Tradition zurückgreifen konnte.

3. Kroatien – trotz aller Bekenntnisse zu Europa fern von der EU

Seit den ersten freien Wahlen im Jahre 1990 wird Kroatien von der Kroatischen Demokratischen Gemeinschaft (HDZ) regiert. Einziger bisheriger Staatspräsident ist der im Juni 1997 wiedergewählte Franjo Tudjman, der sich gern als »Vater der Nation« titulieren läßt. Die HDZ bezeichnet sich bewußt nicht als Partei, sondern als Gemeinschaft. Damit will sie zum Ausdruck bringen, daß sie nicht nur für einen Teil der Nation, sondern für das gesamte kroatische Volk verantwortlich sein möchte. Die symbiotische Beziehung zwischen der HDZ und dem kroatischen Staat erinnert in struktureller Hinsicht an die Herrschaft der Kommunisten. Die Herrschaft der Regierungspartei wird nicht allein durch die Gleichschaltung der Medien gesichert, sondern auch durch ein Wahlgesetz, das die HDZ als stärkste Partei extrem begünstigt. Mit einer parlamentarischen Demokratie im westlichen Sinne hat all das nicht viel gemeinsam. Als »mildernde Umstände« können der Krieg in Kroatien und die weitgehend fehlende demokratische Tradition ins Feld geführt werden.

Die HDZ ist ein Sammelbecken nationalistisch gesinnter Exkommunisten, Christdemokraten und den Faschisten nahestehender Rechtsextremisten. Diese heterogenen, ja einander ausschließenden Kräfte fühlten sich zunächst einem gemeinsamen Ziel verbunden: der staatlichen Unabhängigkeit Kroatiens. Der »tausendjährige Wunsch der Nation nach Selbständigkeit« sollte endlich erfüllt werden. Man verherrlichte den mittelalterlichen kroatischen Staat unter König Tomislav und unterstrich die Zugehörigkeit der Kroaten zur abendländischen Kultur und katholischen Kirche. Nachdem die »Herstellung Kroatiens in seinen historischen Grenzen« annähernd gelungen war, kamen die divergierenden politischen Auffassungen naturgemäß stärker zum Tragen.

Nur der starken Führungspersönlichkeit Franjo Tudjmans – früher Kommunist und Direktor einer Parteihochschule, heute zum erzkonservativen Nationalisten gewandelt – ist es zu verdanken, daß die HDZ von größeren Spaltungen verschont blieb. Wie weit die Polarisierung in der Partei geht, zeigt folgendes Beispiel. Vor wenigen Jahren faßten die Exkommunisten in der Partei den Plan, die Gebeine des

»großen Kroaten« Tito aus Belgrad heimzuholen und sie im Rahmen einer prunkvollen Feier in heimischer Erde zu bestatten. Der faschistische Flügel der Partei wollte etwa zur gleichen Zeit die Gebeine des Ustaša-Führers Ante Pavelić aus Madrid heimholen, damit sie in kroatischer Erde ruhen sollten. Franjo Tudjman mußte zwischen diesen Bestrebungen »vermitteln«. Er tat das, indem er beide Projekte verhinderte. Christdemokraten und Konservative, die die Mitte der HDZ bilden, unterstützten ihren Parteichef nach Kräften.

Nachdem Kroatien im Juni 1991 seine Unabhängigkeit proklamiert hatte, wurde es bald darauf von serbischen Freischärlern und der jugoslawischen Bundesarmee mit Krieg überzogen. Präsident Tudjman rief im August 1991 eine aus allen Parteien zusammengesetzte Notstandsregierung ins Leben. So sollte nationale Geschlossenheit angesichts der tödlichen Bedrohung des neuen Staates demonstriert werden. Diese verständliche Maßnahme sollte weitreichende Folgen für die Opposition haben. Solange in Kroatien Krieg geführt wurde, konnte sich die politische Opposition naturgemäß nicht entfalten. Als die Kriegshandlungen zum Jahresende 1992 eingestellt waren, herrschte kein Friede, sondern ein angespannter Waffenstillstand voll ungelöster Probleme. Wer jetzt die Regierung kritisierte, konnte leicht als »Verräter an der nationalen Sache« angeprangert werden. »Antinationales Element« oder »aus dem Ausland ferngesteuertes Element« waren die anderen Epitheta, die sich die Vertreter oppositioneller Parteien oder regierungskritischer Medien gefallen lassen mußten. Angesichts ständiger Kriegsgefahr, die praktisch bis zum Herbst 1995 andauerte, hatte die Opposition im Lande alles andere als normale Entfaltungsmöglichkeiten.

Hinzu kam, daß die Opposition in viele Parteien aufgesplittert war und sich als völlig unfähig erwies, eine breite und dauerhafte Koalition zustandezubringen. Seit 1989 wurden 60 politische Parteien gegründet, von denen heute ca. 30 übriggeblieben sind. Doch nur zehn von ihnen können sagen, daß sie einen Einfluß auf das politische Leben haben. Die wichtigsten sind: die Sozial-Demokratische Partei, die demokratisch gewendete Nachfolgeorganisation des Bundes der Kommunisten; die Kroatische Sozial-Liberale Partei, die deutlich nationalliberale Züge aufweist und als Partei der Mitte bezeichnet werden kann; die Kroatische Bauernpartei, deren Tradition in die Zeit zwischen den Weltkriegen zurückreicht, ist konservativ und katholisch geprägt; die Kroatische Partei des Rechtes knüpft ohne Scheu an die faschistische Ustaša-Tradition an und hat damit Gemeinsamkeiten zum äußersten rechten Flügel der Regierungspartei HDZ.

Erschwert wird der Opposition das Leben dadurch, daß sie praktisch kaum Zugang zu Fernsehen und Rundfunk hat. Doch auch die wichtigsten Printmedien standen und stehen – mit Ausnahme einer Tages- und weniger Wochenzeitungen – unter der Kontrolle der Regierung.[7] Politische Achtungserfolge konnte die Opposition nur in Istrien und Dalmatien erzielen, wo die zentralistische HDZ unpopulär ist und regionale Themen und Probleme dominieren. Ein Kernproblem der Opposition liegt auch im personellen Bereich: Sie hat keinen Politiker hervorgebracht, der auch nur annähernd als Alternative zu Tudjman gelten könnte. Ein Exkommunist wie Zdravko Tomac, ein Exdissident wie Vlado Gotovac sind zu alt und zu verbraucht, um noch Begeisterung hervorrufen zu können. Auch Dražen Budiša, der mit Gotovac um die Führung der Sozialliberalen Partei konkurriert, ist vergleichsweise blaß und farblos. Angehörige der jüngeren Generation haben sich in den Oppositionsparteien überhaupt noch nicht profilieren können.[8] Folglich bleibt die Opposition schwach, die HDZ dominiert das politische Leben und kontrolliert die Medien – ein Zustand, der der Regierungspartei durchaus zusagt, ihr aber immer wieder Kritik aus dem Ausland eingetragen hat.

Neben der Erringung der staatlichen Unabhängigkeit war die Hinwendung zu Europa das zweitwichtigste Ziel, das die HDZ immer wieder proklamierte. Nachdem die Europäische Gemeinschaft Kroatien zu Jahresbeginn 1992 anerkannt hatte, erfolgte als eine Art Kettenreaktion die Aufnahme in internationale Organisationen und Institutionen: die KSZE, die Europäische Investitionsbank, die Vereinten Nationen, die Weltbank und den Internationalen Währungsfonds (IWF). Ein Wermutstropfen war allerdings dabei: Auf die Aufnahme in den Europarat mußte Kroatien bis zum November 1996 warten.

1994 erhielt das Land einen Stand-by-Kredit vom IWF, Abkommen mit dem Pariser Club (1995) und dem Londoner Club (1996) folgten. Die Auslandsverschuldung ist noch relativ niedrig, sie beträgt 25 Prozent des Bruttoinlandsproduktes. Besorgniserregend aber ist das Tempo der Verschuldung, das höher liegt als seinerzeit in der SFRJ (1982) auf dem Höhepunkt der Verschuldungskrise.[9] Der Antrag auf Mitgliedschaft in der World Trade Organization (WTO) ist gestellt, die Vollmitgliedschaft in der CEFTA wird von Zagreb angestrebt. Doch vom letztgenannten Ziel ist Kroatien noch weit entfernt, weil hierzu nicht nur die Mitgliedschaft in der WTO und bilaterale Abkommen mit den CEFTA-Mitgliedsländern erforderlich sind, sondern auch ein Assoziierungsabkommen mit der EU.

Die Normalisierung der Beziehungen zwischen Kroatien und der Bundesrepublik Jugoslawien hat die internationale Position Kroatiens gefestigt. Besonders von der EU wurde dieser Schritt begrüßt. Doch einstweilen besitzt Kroatien in seinen Beziehungen zur EU noch nicht den Status, den das sozialistische Jugoslawien aufgrund des Kooperationsabkommens von 1980 genoß. Erst im Juni 1995 begannen Verhandlungen mit der EU, die in die Unterzeichnung eines Kooperationsabkommens einmünden sollten. Doch nach der kroatischen Krajina-Offensive im August desselben Jahres wurden die Verhandlungen vertagt. Am PHARE-Programm konnte Kroatien nicht partizipieren, weil dies vom Europaparlament im Sommer 1992 abgelehnt wurde. Den kroatischen Behörden wurde seinerzeit die häufige Verletzung der Menschenrechte, insbesondere der Minderheitenrechte vorgeworfen, wobei die Lage der Serben im Mittelpunkt stand. Weitere Vorwürfe betrafen die Gleichschaltung der Medien und Kroatiens Rolle beim Krieg in Bosnien.[10] Im Juni 1995 wurde Kroatien in das PHARE-Programm aufgenommen, doch im August desselben Jahres wegen der Krajina-Offensive schon wieder ausgeschlossen.

Die Strategie Kroatiens in bezug auf die EU ist klar. Zunächst möchte man ein Kooperationsabkommen schließen, dem dann die assoziierte Mitgliedschaft folgen soll. Doch auf diesem Weg liegt man sogar hinter Albanien und Makedonien zurück. Albanien schloß 1992 ein nichtpräferentielles Handels- und Kooperationsabkommen mit der EU, gefolgt von einem Textilabkommen (1993). Makedonien erreichte im Juni 1996 ein präferentielles Kooperationsabkommen mit der EU. Kroatien möchte ein Abkommen mit der EU schließen, das an dem 1993 mit Slowenien vereinbarten Kooperationsabkommen orientiert ist und die Möglichkeit zu einem Assoziierungsabkommen eröffnet, wenn die entsprechenden Vorbedingungen erfüllt sind.[11]

Brüssel hat angekündigt, das Kooperationsabkommen mit Zagreb werde ein *sui generis Abkommen* sein, d. h. maßgeschneidert anhand der besonderen Gegebenheiten und Bedürfnisse Zagrebs. Doch das danach angestrebte Assoziierungsabkommen liegt einstweilen in weiter Ferne, weil Kroatien die notwendigen Vorbedingungen noch nicht erfüllt. Unter anderem geht es hier um die Herstellung einer Marktwirtschaft westlichen Stils, den freien Transfer von Waren, Dienstleistungen, und Menschen – nicht nur zwischen Kroatien und der EU, sondern auch zwischen Kroatien und seinen Nachbarn.

Wie alle Volkswirtschaften in den ehemals sozialistischen Ländern Osteuropas hatte auch Kroatien eine Transformationskrise beim Übergang vom sozialistischen zum kapitalistischen Wirtschaftssystem zu durchlaufen. Bis zum Jahre 1993 waren die typischen Merkmale dieser Krise deutlich präsent: drastischer Rückgang der industriellen Produktion, erhebliches Ansteigen der Arbeitslosigkeit, Absinken der Produktivität und der Konkurrenzfähigkeit im Exportbereich. Weitere Begleiterscheinungen waren ein deutlich sinkender Lebensstandard, Inflation und eine breite Skala sozialer Spannungen und Probleme. Potenziert wurden die genannten Probleme durch den Krieg und die damit verbundenen Zerstörungen. Nach offiziellen Angaben belaufen sich die direkten und indirekten Kriegsschäden auf 23 Mrd. US-Dollar. Eine erhebliche Belastung stellten auch die Vertriebenen und Kriegsflüchtlinge dar, für die der kroatische Staat zeitweise 20 Mio. US-Dollar monatlich aufzubringen hatte.

Das Problem Ostslawonien ist weitgehend gelöst. Dieser Landesteil wurde Anfang 1998 wieder in Kroatien eingegliedert. Die ehemals 5 000 Mann starke Blauhelmtruppe und das zivile UN-Personal wurden abgebaut. Die in dieser Region traditionell ansässigen Serben trauen den Versprechungen der kroatischen Regierung in puncto Respektierung ihrer Menschen- und Bürgerrechte vielfach noch nicht. Der häufig prognostizierte Exodus der Serben aus Ostslawonien hat bisher nicht stattgefunden.

Der Rückkehr der aus der Krajina geflüchteten und vertriebenen Serben standen bisher große Hindernisse entgegen. Viele serbische Häuser sind zerstört. Die kroatische Regierung plant, denjenigen Serben, die nicht zurückkehren, materielle Entschädigungen zu zahlen. Ob diese Zahlungen tatsächlich in der versprochenen Höhe erfolgen, bleibt abzuwarten. Bisher sind wenig mehr als 1 Prozent aller vertriebenen Serben nach Kroatien zurückgekehrt. Das war zweifellos von der kroatischen Regierung nicht anders gewollt. Erst im Mai 1997 versprach Präsident Tudjman unter internationalem Druck, allen vertriebenen Serben die Rückkehr zu erlauben. Im Juni 1998 verabschiedete die Regierung in Zagreb ein Rückkehrprogramm für die kroatischen Serben, das in Brüssel und Washington nachdrücklich begrüßt wurde. Bundesaußenminister Kinkel bezeichnete dieses Programm als einen »entscheidenden Schritt Kroatiens in Richtung auf die europäischen Integrationen«.[12] Der Eingliederung Kroatiens in das PHARE-Programm und Verhandlungen über ein Kooperationsabkommen mit der EU scheint kaum mehr etwas entgegenzustehen.

Problematisch bleibt allerdings die Bosnienpolitik Kroatiens. Zagreb ist verpflichtet, das Dayton-Abkommen zu respektieren und sich für die Einheit des Staates Bosnien-Herzegowina einzusetzen. Gleichzeitig sind jedoch die Interessen der mächtigen Herzegowina-Lobby in der kroatischen Politik zu berücksichtigen. Diese Gruppe, die bis zu dessen Tod im Mai 1998 unter Führung des Verteidigungsministers Gojko Šušak stand, betrachtet die Herzegowina als integralen Bestandteil Kroatiens. Sie hat auch durchgesetzt, daß die bosnischen Kroaten Pässe der Republik Kroatien erhalten und bei den kroatischen Wahlen stimmberechtigt sind.

Das wirtschaftliche Stabilisierungsprogramm Kroatiens ist generell erfolgreich, aber die beeindruckenden Leistungen werden durch eine beträchtliche Lücke in der Zahlungsbilanz gefährdet. 1996 erzielte Kroatien im Außenhandel ein Defizit von 4,5 Mrd. US-Dollar, das durch die Einnahmen aus dem Nichtwarenverkehr nur zum Teil gedeckt werden konnte. Es blieb ein Loch von 1,452 Mrd. US-Dollar in der Zahlungsbilanz, das durch Kredite ausgeglichen werden mußte. 1997 wies die Leistungsbilanz eine Lücke von 2,1 Mrd. US-Dollar auf, das sind alarmierende 11,5 Prozent des Bruttoinlandsproduktes. Die kroatische Auslandsverschuldung lag Ende Oktober 1997 bei 5,9 Mrd. US-Dollar und verzeichnete damit einen kontinuierlichen Anstieg.[13] Kroatien möchte in den kommenden Jahren Kredite in Höhe von 500 Mio. US-Dollar jährlich aufnehmen. Das allein ist noch nicht besorgniserregend. Die umfangreichen Kredite jedoch, die kroatische Unternehmen im Ausland aufnehmen, geben zu ernsten Bedenken Anlaß.

Im Bereich der Politik ist die Nachfolge des krebskranken Präsidenten Tudjman, der im Juni 1997 für fünf weitere Jahre in seinem Amt bestätigt wurde, das wichtigste Problem. Tudjman war immer weitaus populärer als die von ihm geführte Regierungspartei HDZ. Er gilt nicht nur als der »Vater der Nation«, sondern auch als der einzige Mann, der die aus divergierenden Kräften bestehende Regierungspartei zusammenhalten kann. Sollte Tudjman von der politischen Bühne abtreten müssen, erscheinen Spaltungen der HDZ unvermeidlich. Auf der anderen Seite ist das Lager der Opposition so zerstritten, daß eine Machtübernahme durch die Opposition wenig wahrscheinlich ist. Die nächsten Parlamentswahlen finden 1999 statt. Ihr Ausgang wird wesentlich davon abhängen, ob Präsident Tudjman politisch noch handlungsfähig sein wird.

4. Serbien – politische Veränderungen, aber keine Transformation

Seit zehn Jahren gibt es eine Kontinuität des politischen Regimes in Serbien, die durch die Herrschaft von Slobodan Milošević und seiner einflußreichen Gattin Mirjana Marković verkörpert wird. Die personelle Kontinuität bedeutet, daß Ansätze zu politischen und ökonomischen Reformen, wie sie in anderen postkommunistischen Staaten stattfanden, im wesentlichen abgeblockt wurden. Veränderungen fanden nur in dem Maße statt, wie sie die politische Führung für unausweichlich ansah. Der Bund der Kommunisten wandelte sich zur Sozialistischen Partei, ohne jedoch etwa sozialdemokratische Züge anzunehmen. Allerdings machte man gewisse Konzessionen an die geänderten Zeitumstände. Die Regierungspartei ließ die Bildung oppositioneller Parteien zu und stellte sich ihnen in Wahlen, die – was ihren freien und geheimen Charakter anbelangt – von Beobachtern als einigermaßen zufriedenstellend bezeichnet wurden. Die serbische Verfassung und auch die Verfassung des jugoslawischen Bundesstaates wurden zwar immer wieder im Sinne der Regierung uminterpretiert, jedoch nicht gebrochen. Milošević respektierte die Bestimmung der serbischen Verfassung, nach der er als Präsident nicht mehr als zwei Amtszeiten absolvieren durfte und ließ sich zum jugoslawischen Präsidenten wählen.[14] Durch diesen Schritt ist seine Machtposition nicht mehr so unangefochten wie bisher. Auch die von ihm geleitete Regierungspartei ist nicht mehr mehrheitsfähig und muß sich im Gegensatz zu früheren Zeiten einen »ungeliebten« Partner zur Regierungsbildung suchen. Im Frühjahr 1998 schloß sie eine Koalition mit der Radikalen Partei des Faschisten Vojislav Šešelj, was einen deutlichen Rechtsruck bedeutete. Auch die Kosovo-Politik der Regierung wurde durch den neuen Koalitionspartner offenkundig mitgeprägt.

Die Opposition in Serbien ist nicht als notwendiger Bestandteil des politischen Systems anerkannt. Man toleriert sie widerwillig und gibt ihr gerade genügend Spielraum, um den Vorwurf entkräften zu können, Serbien sei eine Diktatur. Um die Jahreswende 1996/97 hatte es den Anschein, als könne die im Bündnis Zajedno (»Gemeinsam«) zusammengeschlossene Opposition einen Machtwechsel herbeiführen. Dieses Bündnis bestand aus fünf heterogenen Gruppierungen, von denen die folgenden drei den eigentlichen Kern bildeten: die Partei der serbischen Erneuerung, die Demokratische Partei und die Bürgerallianz. Die Partei der serbischen Erneuerung unter Vuk Drašković ist ein Sammelbecken monarchistisch angehauchter Nationalisten mit recht wirren politischen Vorstellungen. Eindeutig ist lediglich ihre Gegnerschaft zu Sozialisten und Kommunisten; unklar bleibt, ob sie tatsächlich für Marktwirtschaft und Rechtsstaatlichkeit eintreten bzw. mit diesen Begriffen wirklich etwas anzufangen weiß.

Die Demokratische Partei unter Zoran Djindjić bekennt sich eindeutig zu den Menschenrechten und zur parlamentarischen Demokratie. Djindjić selbst hat nicht nur eine linientreue kommunistische Vergangenheit, er hat hin und wieder auch versucht, Milošević rechts zu überholen, d. h. noch nationalistischere Töne als der damalige serbische Präsident anzuschlagen. Vorwürfe gegen Djindjić wurden auch im Zusammenhang mit seiner Unterstützung des als Kriegsverbrecher angeklagten bosnischen Serbenführers Radovan Karadžić laut. Der Betroffene leugnet diese Vorwürfe nicht. Er weist allerdings darauf hin, daß jeder Politiker in Serbien gezwungen ist, auf dem nationalistischen Klavier zu spielen, will er nicht Chef einer unbedeutenden Splitterpartei bleiben.

Die Bürgerallianz unter Vesna Pešić ist gleichsam eine Illustration der obigen Aussage. Die Partei tritt seit eh und je für die auch im Westen favorisierten politischen Ordnungsvorstellungen ein und wurde dafür vom Wähler nicht belohnt. Frau Pešić als integre Persönlichkeit und Gegnerin des serbischen Nationalismus konnte die Herzen ihrer Landsleute nicht erobern. Man respektiert sie, kann sich aber nicht für sie begeistern.

Das Bündnis Zajedno hatte die serbischen Kommunalwahlen 1996 gewonnen, wurde aber um die Früchte seines Sieges betrogen, da sich die Regierung in Belgrad weigerte, die Wahlergebnisse anzuerkennen. In monatelangen Protestaktionen mobilisierte Zajedno täglich zwischen 80 000 und 150 000 Demonstranten, die durch Belgrad zogen und die Anerkennung des Wahlsieges sowie den Rücktritt von Präsident Milošević forderten. Nachdem die unter Druck geratene Regierung schließlich nachgab, so daß die Politiker der Opposition ihre kommunalen Ämter antreten durften – Djindjić wurde Bürgermeister von Belgrad –, fiel das Zajedno-Bündnis auseinander. Äußerer Anlaß waren die Parlaments- und Präsidentschaftswahlen in Serbien, die im Herbst 1997 stattfanden. Vuk Drašković als Vorsitzender der stärksten Oppositionspartei forderte die Unterstützung der beiden kleineren Parteien im Bündnis für seine Kandidatur als serbischer Präsident. Demokratische Partei und Bürgerallianz verweigerten ihm die Gefolgschaft und entschlossen sich, die anstehenden Wahlen zu boykottieren. Drašković kandidierte lediglich gestützt auf seine eigene Partei und belegte nur den dritten Platz hinter Zoran Lilić (Sozialistische Partei) und dem Erznationalisten Vojislav Šešelj (Radikale Partei). Die Präsidentschaftswahlen blieben ergebnislos, da die Wahlbeteiligung im entscheidenden zweiten Wahlgang unter den von der Verfassung vorgeschriebenen 50 Prozent blieb. Bei den Parlamentswahlen verfehlten die Regierungspartei und die mit ihr verbündete Jugoslawische Linke die absolute Mehrheit. Insgesamt gesehen bedeuteten die Wahlen und die Ereignisse in ihrem Vorfeld eine schwere Niederlage für die Opposition. Sie hat sich selbst zerfleischt und dadurch die Position von Slobodan Milošević enorm gestärkt, ohne daß dieser irgend etwas dazu tun mußte.

Wenn man sich fragt, weshalb ein erheblicher Teil der Serben noch immer zu Milošević und seinen regierenden Sozialisten steht, obwohl deren Politik aus einer einzigen Kette von Mißerfolgen besteht, so gibt es folgende Erklärung. Viele Menschen in Serbien haben sich während der zehn Jahre dauernden Milošević-Ära offen als seine Anhänger zu erkennen gegeben. Wenn sie auch nach allen Enttäuschungen und Niederlagen noch immer die Regierungspartei wählen, so vor allem deshalb, weil sie persönliche Nachteile nach einem Machtwechsel befürchten. Mit anderen Worten, sie haben Angst, daß man sich an ihnen persönlich rächt, daß sie ihre berufliche Stellung und möglicherweise damit verbundene Privilegien verlieren. Der Opposition ist es nicht gelungen, diese Befürchtungen zu zerstreuen.

In der Wirtschaft beharrt die serbische Regierung im Bereich der Industrie auf dem anachronistisch anmutenden und völlig ineffizienten Selbstverwaltungssystem. Hier wählt der Arbeiterrat (jetzt »Versammlung« – skupština – genannt) nach wie vor den Betriebsdirektor und stimmt über die Grundlinien der Geschäftspolitik ab. Doch das sind eher Formalien, an die sich die Betriebsleitung zu halten hat. In der Realität genießt das Management fast völlige Gestaltungsfreiheit und auch ein sehr viel größeres Maß an Unabhängigkeit gegenüber der politischen Sphäre, als dies in der Tito-Ära der Fall war.

1991 verabschiedete die Republik Serbien ein Privatisierungsgesetz, das u. a. vorsah, daß eine staatliche Agentur den Wert der zu privatisierenden Unternehmen schätzte. Diese Schätzpreise lagen vielfach extrem niedrig. Zur Bezahlung von vier Fünfteln der Aktien wurde dem Käufer ein Zeitraum von fünf Jahren eingeräumt. Unter den Bedingungen der Hyperinflation führte diese Bestimmung häufig dazu, daß der Käufer, der den Zuschlag zumeist aufgrund von »Beziehungen« erhielt, die Aktien für inzwischen wertlos gewordenes Papiergeld erwerben konnte. Natürlich wurde vielfach der Vorwurf der ungerechtfertigten Bereicherung laut und gefordert, den gesamten Privatisierungsprozeß rückgängig zu machen. Doch das wäre kompliziert, denn auch die Arbeiterschaft hat Aktien zumeist des eigenen Unternehmens erworben. Nicht weniger als achtzig Prozent der berechtigten Arbeitnehmer (660 000) machten von dieser Möglichkeit Gebrauch. Drei Viertel aller Unternehmen waren bereits bis zum Frühjahr 1994 privatisiert, doch noch immer haben staatliche Unternehmen einen Anteil von 40 Prozent am Gesamtkapital der Wirtschaft.[15]

Seit 1991 durchlief die serbische Wirtschaft eine Phase der Rezession, die zusehends in die Depression einmündete. Die Ursachen waren vielfältig: Das Auseinanderbrechen des Marktes der SFR Jugoslawien hatte dramatische Folgen für viele Unternehmen in Serbien. Sie konnten ihre Produkte nicht mehr absetzen und verloren ihre Bezugsquellen für Rohstoffe und wichtige Ersatzteile. Ende November 1991 verhängte die Europäische Gemeinschaft ein Wirtschaftsembargo gegen Serbien und Montenegro, im Mai 1992 beschloß der Sicherheitsrat der Vereinten Nationen ebenfalls Sanktionen, die im April 1993 drastisch verschärft wurden.

Die Sanktionen waren ein Appell an die Vernunft der politischen Führung in Belgrad. Präsident Milošević sollte vor Augen geführt werden, daß er die Unterstützung des Krieges in Bosnien aufgeben mußte, wollte er sich nicht ins eigene Fleisch schneiden. Da Milošević unnachgiebig blieb und erklärte, Serbien könne die Sanktionen tausend Jahre lang ertragen, waren internationale Isolierung und eine immer rascher voranschreitende Zerrüttung der Wirtschaft die unvermeidlichen Folgen. Zur Finanzierung des Krieges, an dem man nach eigenem Bekunden nicht beteiligt war, brachten Serbien und Montenegro nicht weniger als 10 Mrd. US-Dollar auf, d. h. 20 Prozent des Bruttoinlandsproduktes.[16]

Belgrad stellte jährlich 2 Mrd. US-Dollar bereit, um die Serben in der kroatischen Krajina und in Bosnien zu unterstützen. Ein derart kräftiger Aderlaß wurde einer Wirtschaft zugemutet, die ohnehin am Boden lag. Die so entstehenden riesigen Haushaltslöcher wurden auf dem Weg der Primäremission gestopft, d. h. die Druckerpressen produzierten unablässig neues Geld. Hier lag die primäre Ursache für die nun einsetzende Hyperinflation. Das hemmungslose Drucken von Geld bedeutete auch, daß der Staat seine Bürger ausplünderte. Ende Mai 1992 lag der Durchschnittslohn bei umgerechnet 145 DM monatlich, Ende September 1993 war er auf 15 Mark gesunken.[17] Mitte Januar 1994 lag die monatliche Inflationsrate bei 350 Millionen Prozent, die Preise stiegen täglich um 65 Prozent. Die Jahresinflationsrate erreichte 1993 die astronomische Zahl von 116 Trillionen und 545 Milliarden Prozent.[18] Der Niedergang der Wirtschaft sorgte auch für einen dramatischen Anstieg der Arbeitslosigkeit, trotz aller Versuche, diese Tatsache zu verschleiern. Die Anzahl der effektiv Beschäftigten sank zwischen Mai 1993 und Mai 1994 von 2,26 Millionen auf 1,36 Millionen. 900 000 Arbeitnehmer befanden sich im Zwangsurlaub, d. h. sie hatten keine Arbeit, wurden aber nicht als Arbeitslose geführt. Auch heute hat sich diese Situation nicht durchgreifend gebessert. Man schätzt, daß von den insgesamt 2,1 Millionen Beschäftigten – unter Einschluß des öffentlichen Dienstes – nicht weniger als 700 000 Arbeitnehmer technologischer Überschuß sind. Sie erhalten zwar den gesetzlich garantierten Minimallohn, sind aber de facto ohne Arbeit. Eine weitere Konsequenz der Wirtschaftsmisere war der sogenannte *brain drain*. Man vermutet, daß mehr als 200 000 junge und gutausgebildete Fachleute Serbien und Montenegro in den neunziger Jahren verlassen haben, weil sie nur noch im Ausland eine berufliche Perspektive für sich sahen.

Im Januar 1994 trat ein wirtschaftliches Stabilisierungsprogramm in Kraft, das jedoch lediglich auf dem monetären Sektor erfolgreich war. Es gelang, die Inflation zu stoppen und Vertrauen in den neuen Dinar zu schaffen, der auch Superdinar genannt wurde. Doch die angestrebte »Rückkehr in die Weltwirtschaft« mußte wegen der UN-Sanktionen eine Illusion bleiben. Der reguläre Außenhandel konnte nicht mehr stattfinden, Schmuggeltransaktionen konnten ihn nur zu etwa 50 Prozent ersetzen. Und so sorgten gravierende Rohstoff- und Ersatzteilmängel dafür, daß die industriellen Kapazitäten in Serbien und Montenegro nur zu 30 Prozent genutzt werden konnten. Soziologen stuften nicht weniger als zwei Drittel der Bevölkerung in die Kategorie der »Armen« ein. Breite Schichten der Bevölkerung mußten Armenküchen aufsuchen, um wenigstens eine Mahlzeit pro Tag zu erhalten. Die Zahl der Selbstmorde stieg besonders unter den Rentnern dramatisch an.[19]

Als nach dem Abschluß des Abkommens von Dayton die Wirtschaftssanktionen gegen Serbien und Montenegro suspendiert wurden, brachte das nicht den erhofften großen Aufschwung. 1996 sollte eine Art Wirtschaftswunderjahr werden, blieb jedoch weit hinter den Erwartungen zurück. Hierfür gab es gewichtige Gründe. Es gelang nicht, die Beziehungen zu den internationalen Finanzinstitutionen zu normalisieren. Dragoslav Avramović, Gouverneur der Nationalbank und langjähriger Mitarbeiter der Weltbank, wäre der richtige Mann für diese Aufgabe gewesen. Ihm war es gelungen, die Hyperinflation zu stoppen. Und er wäre aufgrund persönlicher Beziehungen zu den führenden Köpfen der internationalen Finanzinstitutionen auch in der Lage gewesen, Belgrads Isolierung zu durchbrechen und für die Rückkehr seines Landes auf den internationalen Kapitalmarkt zu sorgen. Doch die entsprechenden Verhandlungen wurden von Präsident Milošević torpediert. Nicht genug damit, Avramović wurde als Gouverneur der Nationalbank entlassen. In einem verzweifelten Schritt wandte er sich an die Öffentlichkeit und sagte, in einer Zeit, da die Währungsreserven Serbiens und Montenegros beim kümmerlichen Betrag von 315 Mio. Dollar angelangt seien, müsse man unverzüglich die Beziehungen zum Internationalen Währungsfonds (IWF) normalisieren. Gleichzeitig müsse man mit den übrigen Nachfolgestaaten Jugoslawiens eine Einigung über die Gold- und Devisenreserven der Nationalbank der SFRJ und über die Aufteilung der Schulden des alten Jugoslawiens erzielen.

Die Stimme des greisen Gouverneurs verhallte ungehört. Die Beziehungen zum Internationalen Währungsfonds und zur Weltbank blieben ungeregelt. Ende Oktober 1997 ließ die Belgrader Regierung Gespräche mit dem Londoner Club scheitern, deren Gegenstand die Schulden des alten Jugoslawiens waren. Der Anteil Serbiens und Montenegros an diesen Außenständen beträgt unter Einschluß der aufgelaufenen Zinsen 2,4 Mrd. US-Dollar. Belgrad verlangte schon im Sommer 1996 einen Erlaß der Schulden in Höhe von 80 Prozent, drang damit aber ebenso wenig durch wie bei den jüngsten Verhandlungen. Solange das Problem dieser Altschulden nicht geregelt ist, wird Belgrad praktisch keine Möglichkeit haben, auf den internationalen Finanzmärkten Kredite zu erhalten.[20]

Hier zeigt sich, daß die politische Führung in Belgrad lieber massive ökonomische Nachteile in Kauf nimmt, als die notwendige tiefgreifende Reform des Wirtschaftssystems wirklich in Angriff zu nehmen. Man gibt sich lieber mit scheinbar systemstabilisierenden kosmetischen Eingriffen zufrieden. Natürlich vermuten die Hardliner um Milošević mit Recht, daß Kredite vom IWF und der Weltbank ohne reale Schritte in Richtung Marktwirtschaft und Privatisierung nicht zu haben sind. Doch gerade eine konsequente Privatisierung würde die Machtpositionen und Privilegien der herrschenden Elite in Frage stellen. Viele Angehörige der serbischen Nomenklatura stehen an der Spitze von völlig unrentablen Großbetrieben im gesellschaftlichen Eigentum. Diese Betriebe machen nichts als Verluste, die von der öffentlichen Hand abgedeckt werden müssen. Gleichzeitig zahlen sie ihren Direktoren und Managern fürstliche Gehälter. Zudem haben diese Staatsbetriebe oftmals die Funktion einer Kuh, die von Privatbetrieben kräftig gemolken wird. Natürlich sind diese Privatbetriebe ebenfalls im Besitz der Nomenklatura.

Es bleibt festzuhalten, daß Serbien die neunziger Jahre weder zur Transformation des Wirtschaftssystems noch zu tiefgreifenden Veränderungen des politischen Systems genutzt hat. Es sind aber die Ressourcen verbraucht worden, die zu einer Wirtschaftsreform notwendig gewesen wären. Wie weit der wirtschaftliche Abstieg gediehen ist, zeigt auch eine von der Londoner Zeitschrift »*Institutional Investor*« veröffentlichte Rangliste, die die internationale Kreditwürdigkeit der Länder widerspiegelt. Unter 137 Staaten wurden Serbien und Montenegro auf Platz 129 eingestuft, gefolgt von Libyen, dem Sudan, Zaire und Afghanistan.[21]

Die Beziehungen zwischen Belgrad und Brüssel erreichten Anfang Juni 1998 einen neuen Tiefpunkt. Anlaß war das brutale Vorgehen serbischer Sicherheitskräfte in der zu 90 Prozent von Albanern bewohnten Provinz Kosovo, das einem Krieg gegen die Zivilbevölkerung gleichkam. Die Europäische Union forderte zwar auch die »Befreiungsarmee Kosovos« zur Einstellung der Kämpfe auf, wies jedoch Präsident Milošević persönlich die Hauptschuld an den Ereignissen zu. Nur gegen Serbien – ausdrücklich nicht gegen Montenegro – verhängte die EU einen Investitionsstop. Darüber hinaus wurden die notwendigen Schritte zum Einfrieren serbischer Guthaben in der EU eingeleitet sowie ein Start- und Landeverbot gegen die jugoslawische Fluggesellschaft JAT ausgesprochen, an das sich jedoch nicht alle EU-Mitglieder hielten. Zur scharfen Konfrontation zwischen Jugoslawien und der internationalen Gemeinschaft kam es im Oktober 1998, als den mehr als 200 000 Flüchtlingen im Kosovo, von denen mehr als 50 000 obdachlos waren, eine humanitäre Katastrophe drohte. Die NATO bereitete Luftschläge gegen Jugoslawien vor und stellte Belgrad ein Ultimatum. Der Rückzug der jugoslawischen Armee und der Sondertruppen sowie eine Rückkehrgarantie für alle Flüchtlinge und die Zulassung internationaler Hilfsmaßnahmen waren die wichtigsten Bestandteile des Ultimatums.

Durch das Abkommen zwischen dem amerikanischen Sondergesandten Holbrooke und Präsident Milošević vom Oktober 1998 wurden die von der NATO angedrohten Luftschläge gegen Serbien in letzter Minute abgewendet. Nachdem im Frühjahr 1999 die Friedenskonferenz von Rambouillet ebenso gescheitert war wie die Pariser Nachfolgekonferenz, begann die NATO am 24. März 1999 ihren Luftkrieg gegen das neue Jugoslawien. Erst nach 77 Tagen ständiger intensiver Bombardements, die die Infrastruktur seines Landes weitgehend zerstörten, gab Milošević auf und stimmte der Entsendung einer internationalen Friedenstruppe ins Kosovo zu. Bereits am 1. April 1994 war der jugoslawische Präsident vom internationalen Tribunal in Den Haag als Kriegsverbrecher angeklagt worden. Damit ist er zu einem international geächteten Politiker geworden, der allein dadurch, daß er noch immer die Macht ausübt, alle Wege zur potentiell möglichen politischen und wirtschaftlichen Reintegration Serbiens in Europa blockiert.

Serbien ist heute das Land in Europa, das den weitesten Abstand zur Europäischen Union aufweist. Kurzfristig besteht keine Hoffnung, Belgrad in den europäischen Integrationsprozeß einbeziehen zu können. Erst wenn das Milošević-Regime beseitigt und durch eine westlichen Werten verpflichtete Führung abgelöst ist, wird der Weg nach Europa wieder frei. Es steht jedoch völlig außer Zweifel, daß dieser Weg dornig und langwierig sein wird.

Anmerkungen

1 Die Ergebnisse im einzelnen: Montenegro: 6 Prozent der Parteimitglieder, Serbien: 9 Prozent, Vojvodina: 10 Prozent, Bosnien-Herzegowina: 12 Prozent, Makedonien: 14 Prozent, Kosovo: 16 Prozent, Kroatien: 19 Prozent, Slowenien: 36 Prozent; laut TANJUG v. 11. Dezember 1989.
2 Vgl. Borba v. 12.–13. Mai 1990.
3 Vgl. Financial Times v. 16. Juli 1997.
4 Vgl. Ekonomska Politika v. 30. Juni 1997.
5 Vgl. Slovenija za Biznismene (Sonderveröffentlichung der Ekonomska Politika), Belgrad 1997, S. 11 ff.; FAZ Informationsdienste: Slowenien/ Kroatien, Frankfurt, März 1998.
6 Vgl. Clement, Hermann: Slowenien, in: Clement, Hermann, u. a. (Hrsg.): Wirtschaftsentwicklung in ausgewählten mittel- und osteuropäischen Ländern, München 1997, S. 33–42; FAZ Informationsdienste (Anm. 5).
7 Vgl. hierzu: Reljić, Dušan: Medien im ehemaligen Jugoslawien, in: Südosteuropa 8-9 (1994), S. 509–516.
8 Vgl. Moore, Patrick: All is Well in »TUDJMANISTAN«, in: Transition 5 (1997), S. 28–33.
9 Vgl. Križan, Mojmir: Kroatien unter Tudjman: Die mißverstandene Europäisierung, in: Osteuropa, 10–11 (1997), S. 959–974.
10 Vgl. Buvac, Drago: Nacionaletatizam [Nationaletatismus], Zagreb 1994, S. 87 f.
11 Vgl. Samardžija, Višnja: Croatia Between Two Strategies for the Integration into the European Union, in: TKI Working Papers on European Integration and Regime Formation. The Thorkil Christensen Institute of the South Jutland University Centre (SUC), Esbjerg (Dänemark) 1998.
12 Vjesnik v. 26. Juni 1998.
13 Vgl. FAZ Informationsdienste (Anm. 5), S. 19.
14 Dieser Beitrag konzentriert sich ausschließlich auf Serbien und läßt den zweiten jugoslawischen Teilstaat Montenegro außer acht. Dies empfiehlt sich aus zwei Gründen. Zum einen trägt Montenegro mit seinen 600 000 Einwohnern lediglich 5 Prozent zum Bruttoinlandsprodukt der BR Jugoslawien (zehn Millionen Einwohner) bei, zum anderen sind die Verhältnisse in Montenegro gerade in Politik und Wirtschaft so andersartig, daß sie eine eigene Darstellung erfordern würden.
15 Vgl. Ekonomska Politika v. 13. Juni 1994.
16 Vgl. The WEFA Group – Planned Economies in Transition, April 1993, S. 87.
17 Vgl. Neue Zürcher Zeitung v. 30. Oktober 1993.
18 Vgl. Focus (Belgrad), Nr. 2-3 v. 10. Februar 1994, S. 29.
19 Vgl. The Economist v. 2. Juli 1994, S. 9.
20 Vgl. Neue Zürcher Zeitung v. 29. Oktober 1997.
21 Vgl. Ekonomska Politika v. 29. Juli 1996.

Malta und Zypern

PAVLOS TZERMIAS

1. Gemeinsamkeiten und Unterschiede in der Ausgangslage

Malta (315,6 km^2) und Zypern (9251 km^2) bewarben sich im selben Jahr um die Aufnahme in die EG. Zypern stellte den Beitrittsantrag am 4. Juli 1990, Malta am 16. Juli 1990. Die Ausgangslage war damals in mancher Hinsicht vergleichbar.

Die Maltesischen Inseln (Malta, Gozo, Comino) und die Insel Zypern wurden im Laufe ihrer bewegten Geschichte wegen ihrer geopolitischen Exponiertheit weitgehend von fremden Kräften geprägt. Doch ihr Eigenleben erlosch nicht.[1] Dies gilt vor allem für Zypern, die »Insel der Aphrodite«, die schon früh im Wirkungskreis hellenischer Kultur stand.[2] Auch das Eigenleben Maltas blieb trotz des Mit- und Gegeneinanders vieler Kulturen in manchem Punkt erhalten. Die Tatsache, daß die maltesische Bevölkerung (1994: 364 000) oft als Mischung von Nachkommen zahlreicher Eroberer bezeichnet wird, darf nicht zur Leugnung einer eigenen Identität verleiten. Versteht man unter Nation ein »plébiscite de tous les jours« (Ernest Renan), so kann ein maltesisches ethnisches Gemeinsamkeitsgefühl nicht bestritten werden. Hier entscheidet letztlich nicht das Blut, sondern das Bewußtsein, mag sich dieses unter Umständen auch aus den sogenannten objektiven Kriterien (Abstammung, Sprache etc.) ergeben.[3]

Das romanische Element stellt einen wesentlichen Bestandteil maltesischer Identität dar. Sichtbar ist außerdem das alte arabische Element, so z. B. im Maltesischen, das allerdings italienische Einflüsse aufweist. Als Umgangssprache wird auch Italienisch benutzt. Staatssprachen sind Maltesisch und Englisch. Die Merkmale maltesischer Eigenart unterscheiden sich vielfach von der politisch-kulturellen Ausgangslage Zyperns. Die Begegnung verschiedener Kulturen auf Zypern (bei Entstehung der Republik: 77 Prozent Griechischzyprioten, 18,3 Prozent Türkischzyprioten; ferner Maroniten, Latiner, Armenier u. a.) führte nicht zu einer gemeinsamen Identität, jedenfalls nicht im gleichen Ausmaß wie bei Malta.

»Verbindende« Momente in der Ausgangslage ergaben sich aus der langjährigen, v. a. britischen Fremdherrschaft. Das de facto seit 1800 von Großbritannien dominierte Malta (Protektoratsverhältnis)[4] wurde 1814 britische Kronkolonie; das

1878 von der osmanischen Regierung an Großbritannien unter Beibehaltung des Hoheitsrechtes des Sultans abgetretene Zypern wurde 1914 von London annektiert und erhielt 1925 den Status einer Kronkolonie. Der britische Kolonialismus prägte in beiden Fällen die sozioökonomischen und politischen Entwicklungen. Malta und Zypern waren wirtschaftlich nahezu vollständig auf die Erfordernisse der Kolonialmacht ausgerichtet. In beiden Fällen stand im Mittelpunkt der britischen Kolonialpolitik die Sicherung einer militärisch-strategischen Position.

Der Selbstbestimmungskampf Maltas und Zyperns hatte eine gemeinsame antikoloniale Dimension. Die seinerzeitigen maltesischen Verfechter der Italianità erinnern gewissermaßen an die einstigen griechisch-zypriotischen Befürworter der Enosis, der Vereinigung Zyperns mit dem hellenischen »Mutterland«. Der Kampf des linksgerichteten Maltesers Manwel Dimech wiederum, der 1892 für ein »Malta maltia« (maltesisches Malta) Stellung bezog, ließe sich zum Teil mit den anfänglichen politischen Vorstellungen der 1926 gegründeten Kommunistischen Partei (KP) Zyperns vergleichen, die alle Zyprioten aufrief, sich für die Autonomie einzusetzen.

Andererseits lassen sich wesentliche Unterschiede nicht verkennen. Der Italianismus konnte nicht die Tiefenwirkung der Enosis-Bewegung erlangen. Die Ereignisse des Zweiten Weltkrieges waren den Sympathien für Italien nicht gerade förderlich. So wurde auch die Stellung der traditionell sehr einflußreichen katholischen Kirche, wenn auch zum Teil nur vorübergehend, geschwächt. Auf Zypern hingegen wurde der orthodoxe Klerus zu einem der Protagonisten der Enosis-Bewegung, wobei der Erzbischof von Zypern, der zugleich als Nationalführer (Ethnarch) galt, eine große Rolle spielte. Die Kluft zwischen dem Kolonialregime und dem Volk war auf Zypern tiefer als auf Malta. Die »Konstitutionalisten«, d. h. diejenigen, die in der Verfassungsfrage gemäßigtere Positionen einnahmen, blieben auf Zypern am Rande der Entwicklungen, während sie auf Malta die Entwicklungen weitgehend beeinflußten.

Auf Malta vollzog sich der Übergang zur Unabhängigkeit trotz mancher Unruhen und Rückschläge etappenweise und somit schmerzloser als auf Zypern. Nach verschiedenen Selbstverwaltungsphasen kam es am 21. September 1964 zur Unabhängigkeit, am 13. Dezember 1974 zur Ausrufung der Republik und am 31. März 1979 zum Abzug der letzten britischen Truppen. Auf Zypern hingegen kam es erst nach dem bewaffneten Kampf (1955–1959) der griechisch-zypriotischen Untergrundorganisation EOKA (Ethniki Organosis Kyprion Agoniston; Nationale Organisation zypriotischer Kämpfer) 1960 zur Unabhängigkeit. London machte sich die Gegensätze zwischen Griechisch- und Türkischzyprioten bzw. zwischen Athen und Ankara zunutze. Die Zyprioten wurden verfassungsrechtlich schlechter behandelt als etliche andere Völker des britischen Imperiums.

Wegen der Erfahrungen mit dem Kolonialismus legten Malta und Zypern lange auf Blockfreiheit Gewicht. Dieser Neutralismus, der vom maltesischen Sozialistenführer Dominic (Dom) Mintoff (geb. 1916) und vom zypriotischen Ethnarchen Makarios (1913-1977), zwei streitbaren und umstrittenen Charismatikern, verkörpert wurde, bleibt trotz mancher politischen Änderung ein Faktor, der auf das Verhältnis der beiden Republiken zu Europa seinen Schatten wirft. Zu den gemeinsamen Charakteristika Maltas und Zyperns zählen ferner der Inselstatus, die geringe Größe und die Zugehörigkeit zum Mittelmeerraum.

Nicht von ungefähr wurden die zwei Inselrepubliken im Zusammenhang mit den europäischen Integrationsbestrebungen oft zusammen erwähnt.[5] Das Gemeinsame in der Ausgangslage machte sich zunächst auch im Verhalten Brüssels gegenüber den beiden Kandidaten bemerkbar. Doch rechtlich bestand kein Zusammenhang zwischen den zwei Fällen. Das wurde offensichtlich, als Malta 1996 zu Brüssel auf Distanz ging.

2. Maltas zwiespältiges Verhältnis zu Europa

Das politische System der Inselrepublik Malta zeichnet sich durch starke Polarisierung aus. Diese geht u. a. auf die Malta von den britischen Kolonialherren aufoktroyierte Sprach- und Erziehungsreform (Förderung des Englischen, Alphabetisierung des nur oral tradierten Maltesischen) zurück. Die 1880 gegründeten ersten Parteien (Reform Party und Partito Anti-Riformista) spiegelten zwei gegensätzliche Strömungen wider. Die mit der Kolonialmacht kooperierenden Reformisten erhofften sich von der Britannisierung eine sozioökonomische Modernisierung. Die Antireformisten plädierten im Namen der Italianità für das Italienische als maltesische Hochsprache. 1926 ging aus dem Zusammenschluß zweier Parteien die *Nationalist Party* (NP, maltesischer Name: *Partit Nazzjonalista*) hervor, die großteils in der Tradition der Antireformisten oder des pro-italienischen klerikalkonservativen Lagers stand. Die 1921 gegründete *Malta Labour Party* (MLP, *Partit tal-Haddiema*) kann insofern als Repräsentantin des alten Reformistenlagers bezeichnet werden, als sie 1927 eine Koalitionsregierung mit dem Konstitutionalisten Gerald Stickland bildete, der eine strikte Anglisierungspolitik vertrat.

Eine Verabsolutierung des Gegensatzes von Reformisten und Antireformisten wäre freilich verfehlt. Die beiden Lager machten Wandlungen durch. Auch gab es parteiinterne Antagonismen, z. B. jene zwischen dem gemäßigt-klerikal orientierten Paul Boffa und dem antiklerikalen Sozialreformer Dom Mintoff, die 1949 zur MLP-Spaltung führten. Unter diesen Einschränkungen kann man von einem maltesischen Zweiparteiensystem sprechen. Das politische Geschehen wird heute vom Gegensatz zwischen der MLP und der NP bestimmt. Die marxistisch-leninistische Kommunistische Partei, die *Malta Democratic Party* (*Partit Demokratiku Malti*) und die Ökologen der Demokratischen Alternative fallen nicht stark ins Gewicht.

Die Polarisierung hängt zum Teil mit dem Regierungs- und Wahlsystem zusammen.[6] Das Abgeordnetenhaus (Einkammersystem mit 69 Sitzen im Jahre 1997) wird nach dem Verhältniswahlrecht auf fünf Jahre gewählt. Gemäß einer Verfassungsänderung von 1987 erhält eine Partei, welche die absolute Mehrheit der Stimmen erreicht, gegebenenfalls die notwendigen Zusatzmandate (Bonussitze), damit sie auch im Parlament die Mehrheit hat. Der Präsident der Republik wird vom Parlament auf fünf Jahre gewählt. Dieses Amt trat Ugo Misfad Bonnici, ein NP-Politiker, am 4. April 1994 an. Der Präsident ernennt das die Unterstützung der Parlamentsmehrheit genießende Mitglied des Abgeordnetenhauses zum Premier. Die Begünstigung der stärksten Partei und die knappen Mehrheitsverhältnisse im Parlament tragen zur Stärkung des politischen Engagements der Bürger bzw. der Abgeordneten bei. In einem Berichtsentwurf des Europäischen Parlamentes war 1988 von einer »übermäßigen Polarisierung und Cliquenwirtschaft in der maltesischen Politik« die Rede.[7]

Obschon die Bedeutung des Patrons im Zuge der Bildung moderner Parteiorganisationen abgenommen hat[8], wird das politische Leben nach wie vor vom Klientelismus geprägt. Dies hängt u. a. mit der räumlichen Begrenztheit und dem Inselstatus der Republik sowie mit der Bindung der Malteser an die Familie zusammen. Das Verhältnis von Patron bzw. von dessen Mittelsmann (Canvasser) und Klient, das auf frühe sozioökonomische Strukturen zurückgeht, ist nicht immer als Korruptionssymptom zu deuten. In manchem Fall »heilt« die Patronage die Ineffizienz der Wirtschaft oder des Verwaltungsapparates. Korruption ist nicht ein fester Bestandteil der Kultur von Entwicklungsländern.[9]

Die Parlamentswahlen vom 26. Oktober 1996 bestätigten den Polarisierungstrend. Bei einer Rekordbeteiligung von 97,1 Prozent errang die MLP 50,7 Prozent der Stimmen und 35 Sitze gegenüber 47,8 Prozent und 34 Sitzen der NP. Die fast zehnjährige Regierungsära der NP (vom 12. Mai 1987 bis 28. Oktober 1996) ging zu Ende. Der bisherige Premier Edward (Eddie) Fenech Adami wurde von Oppositionsführer Alfred Sant abgelöst, der ein Kabinett der MLP bildete. Es war die Regierung der NP, die am 16. Juli 1990 den EG-Beitrittsantrag stellte. Malta hatte am 5. Dezember 1970 zwar ein Assoziierungsabkommen mit der EWG geschlossen, aber während der (zweiten) Mintoff-Ära (Juni 1971 bis Dezember 1984) dominierte in der Außenpolitik die blockfreie Tendenz. Schon in einer Resolution vom 16. Februar 1979 hatte die NP ihren EG-freundlichen Kurs klar festgelegt. 1988 sprach Premier Fenech Adami in einer Rede von der »europäischen Identität der maltesischen Inseln« und davon, daß eine Vereinigung mit Europa mit Maltas Mittelmeer-Identität zu vereinbaren sei.

Bei den Wahlen von 1996 spielte die Frage des EU-Beitrittes eine wichtige Rolle. Die NP war dafür, die MLP dagegen. Alfred Sant hatte im Wahlkampf zudem versprochen, aus dem NATO-Programm »Partnerschaft für den Frieden«, das Malta als 26. Mitgliedstaat unterzeichnet hatte, auszusteigen. Zum Sieg der MLP trug aber auch bei, daß sie gegen bestimmte Vorschriften zum Schutz der Vögel Stellung bezog.[10] Die Labour-Regierung fror das EU-Beitrittsgesuch ein und verzichtete auf die Teilnahme an der »Partnerschaft für den Frieden«. Laut der Regierung steht diese Partnerschaft im Widerspruch zur Neutralitätspflicht, die 1987 in der Verfassung verankert wurde.[11] Zwar erlangte die »Äquidistanz zu den Blökken« nach Aufhebung der Militärblöcke eine neue politische Dimension, doch die Labour-Regierung verstand die Neutralität anders als etwa die Schweiz.

Der Urnengang von 1996 brachte Maltas zwiespältiges Verhältnis zu Europa erneut zum Vorschein. Das Schwanken zwischen europäischer und mediterran-außereuropäischer Identität darf jedoch nicht überspannt werden. Während ihrer Regierungszeit trat die NP zwar für Europa ein, strebte aber, zumindest zeitweilig, auch gute Beziehungen zu den arabischen Ländern an. Zudem nahm der Italianismus dieser Partei infolge ihrer Europapolitik ab, so daß ihr Name heute antiquiert anmutet. Die Beziehungen der »Nationalisten« zum Vatikan, zum katholischen Italien und zur maltesischen Kirche, deren Einfluß je nach politischer Konstellation variiert[12], verbinden sich mit dem Europagedanken. Andererseits gilt der jetzige Labour-Führer Alfred Sant als moderater Politiker, als »linker Technokrat«. Sein Sozialismus unterscheidet sich von der seinerzeitigen politischen Linie Mintoffs, der übrigens erst nach dem Scheitern seiner Bemühungen um die Integration Maltas in die Kolonialmacht zum Verfechter des Neutralismus wurde.

Die Absage der Regierung der MLP an Brüssel bedeutete denn auch keinen völligen Bruch mit der EU. »Erklärtes Ziel von Außenminister George Vella sind nun ›möglichst enge Beziehungen in allen Sektoren potentieller Kooperation mit Ausnahme der vollen Mitgliedschaft‹. Als kleines Land mit verwundbarer Wirtschaft könne Malta die Vollmitgliedschaft nicht verdauen, insbesondere nicht die EU-Normen für Landwirtschaft und Fischerei. In den Sektoren Tourismus und Schiffsreparaturen brauchte Malta so viele Ausnahmen von den EU-Normen, daß kein faires Verhältnis entstehen könnte. Der Weg nach Europa führe in erster Linie über die Schaffung einer industriellen Freihandelszone«.[13] Selbst im Rahmen der EG-freundlichen Argumentation der NP nahm bezeichnenderweise der politische (und nicht der wirtschaftliche) Aspekt den ersten Rang ein. Außerdem zeigte Brüssel gegenüber dem Beitrittsantrag Maltas zunächst Zurückhaltung. Erst am 4. Oktober 1993 wurde Malta der Beitritt in Aussicht gestellt. Der Europäische Rat bescheinigte am 10. April 1995 immerhin, daß das wirtschaftliche Reformprogramm des Inselstaates die Voraussetzungen für den Beitritt verbessert habe.[14] Faktisch wurde Maltas Gesuch in gewissem Sinne auf die gleiche Stufe mit der Kandidatur Zyperns gestellt. Wegen der politischen Schwierigkeiten in der Zypernfrage mag sich dies gewissermaßen als Nachteil für Malta ausgewirkt haben. Andererseits führten die griechischen und griechisch-zypriotischen Bemühungen um Zyperns EU-Vollmitgliedschaft zur Festlegung eines konkreten Verhandlungszeitplanes auch für Malta.

Am ersten Wochenende im September 1998 mußten in Malta vorgezogene Parlamentswahlen durchgeführt werden, nachdem der frühere Ministerpräsident und MLP-Abgeordnete Dom Mintoff mehrmals für die Opposition gestimmt und die Regierung Sant dadurch in die Minderheit versetzt hatte. Am 7. September 1998 wurde das amtliche Endergebnis mitgeteilt. Danach erhielten die »Nationalisten« 51,8 Prozent, die MLP 46,9 Prozent der Stimmen. Es kam somit zu einem »Comeback« Edward (Eddie) Fenech Adamis. Damit wurde auch die Frage einer Reaktivierung des Gesuches Maltas um einen Beitritt zur Europäischen Union wieder aktuell.

3. Das de facto zweigeteilte Zypern

Obschon die Griechisch- und die Türkischzyprioten während ihres Zusammenlebens manchen gemeinsamen »Charakterzug« entwickelten, kam es bis zur in der Nacht vom 15. zum 16. August 1960 erfolgten Ausrufung der Republik Zypern nicht zur Bildung einer beide Volksteile umfassenden zypriotischen Nation im üblichen Sinne dieses Wortes. Der Begriff »zypriotische Nation« widersprach sowohl dem griechisch-zypriotischen Enosis-Postulat als auch der türkischzypriotischen Teilungslosung (Taksim). So wurde die Differenzierung zwischen Nation und Volk gar nicht angegangen. Gerade diese Differenzierung erlangte indes mit der Gründung der Republik Zypern erhebliche Relevanz, beruhte doch der neue Staat weitgehend auf dem Gedanken eines aus zwei nationalen Gemeinschaften bestehenden Volkes.

Obschon die Losungen des türkischen Nationalismus (Zypern ist türkisch, Taksim) angesichts der demographischen Lage mit der Selbstbestimmungsdoktrin unvereinbar waren[15], wurde ihnen seitens des britischen Kolonialismus im Zuge der Taktik des »divide et impera« große Beachtung geschenkt. Die für die Griechischzyprioten ungünstige machtpolitische Situation führte zu den Vereinbarungen von Zürich und London, d. h. zur Rechtsgrundlage der Inselrepublik, deren Existenz und Struktur Großbritannien, Griechenland und die Türkei in einem Vertrag garantierten.[16] Die Vereinbarungen sahen u. a. das Verbot der Vereinigung Zyperns mit irgendeinem anderen Staat sowie die Untersagung der Teilung in zwei unabhängige Staaten vor. Die Absage an das Taksim-Postulat wurde durch eine Privilegierung der Türkischzyprioten (im Verhältnis zum Mehrheitsvolk, aber auch zu den kleineren Minoritäten) erkauft.[17]

Der liquidierte Zypern-Irredentismus wurde nicht durch ein gemeinsames Freiheitsideal beider Volksteile ersetzt. Für die Architekten des Zypernarrangements von 1959/60 gab es keine Zyprioten, sondern Griechen und Türken auf Zypern. Als Feststellung des Sachverhaltes war dies nicht falsch. Die Terminologie der dem Inselstaat aufoktroyierten Verfassung ging aber an Gemeinsamkeiten vorbei, welche die beiden Gemeinschaften bei allen Unterschieden und Gegensätzen doch verbanden und verbinden. Der Kommunaldualismus beruhte sozusagen a priori auf der Bejahung des griechischen und des türkischen Nationalismus. Das komplizierte Verfassungssystem war in vielfacher Hinsicht nicht funktionsfähig. Im Zweikampf zweier Nationen war das turbulente Leben der Republik Zypern geradezu vorprogrammiert. Es kam Ende 1963 zum blutigen Konflikt zwischen Griechisch- und Türkischzyprioten. 1964 wurden die UN-Friedenstruppen nach Zypern entsandt.

Die Regelung von 1959/60 sah neben der Militärpräsenz Großbritanniens die Sicherung gewichtiger Positionen der »Mutterländer« (Griechenland und Türkei) vor. Der Garantievertrag eröffnete die Möglichkeit von Einmischungen der drei Garantiemächte in die inneren Angelegenheiten der Republik. Besonders bedenklich war die – nach einem vertraulichen UNO-Rechtsgutachten vom 12. Mai 1959 nicht auch die Gewaltanwendung einschließende – Bestimmung, nach welcher unter bestimmten Voraussetzungen jeder der drei Garantiemächte ein Interventionsrecht zustand.

Der verbrecherische Putsch des Athener Diktators Dimitrios Ioannidis gegen den zypriotischen Präsidenten Makarios vom 15. Juli 1974 gab Ankara die willkommene Gelegenheit, unter dem Vorwand der Anwendung des Garantievertrages 37 Prozent des zypriotischen Territoriums (3 355 km^2) zu besetzen. Infolge des völkerrechtswidrigen Aktes der Türkei verloren ca. 180 000 Griechischzyprioten ihre Heimat. Mit der Besiedlung des besetzten Gebietes durch Festlandtürken kam es zur Änderung des demographischen Charakters der Insel.[18]

Die in zwei Etappen (20. Juli 1974 und 14. August 1974) erfolgte Invasion Ankaras gab der türkischen Teilungsdoktrin Auftrieb. Der Sezessionismus erfuhr durch die einseitige Proklamation zunächst eines türkischzypriotischen »Föderativstaates« (13. Februar 1975) und dann der nur von Ankara anerkannten »Türkischen Republik Nordzypern« (15. November 1983) eine bedenkliche Verschärfung. Die vom türkischzypriotischen Führer Rauf Denktasch vertretene Theorie von der Existenz zweier Völker widerspricht der Konzeption einer gesamtzypriotischen Identität. Im türkisch besetzten Norden der de facto geteilten Insel stehen jene Türkischzyprioten, die gegen den Separatismus Denktaschs eingestellt sind, unter dem durch die Präsenz der Armee Ankaras (schätzungsweise 30 000 Mann) akzentuierten Türkisierungsdruck.[19] Dies prägt das politische Leben nördlich der Demarkationslinie weitgehend und führt zu Erschütterungen. So kam es im Juli 1993 zu offenen Differenzen zwischen »Staatschef« Denktasch und Dervisch Eroglu, der »Premier« und Führer der Nationalen Einheitspartei (*Ulusal Birlik Partisi*, UBP) war. Nach dem vorzeitigen Urnengang vom 12. Dezember 1993 wurde ein »Koalitionskabinett« unter dem Chef der Demokratischen Partei (*Demokratik Partisi*, DP), Hakki Atun, gebildet, an dem auch die linksgerichtete Republikanische Türkische Partei (*Cumhuriyetçi Türk Partisi*, CTP) beteiligt war. Nach monatelanger Koalitionskrise ging dieses Bündnis indes in die Brüche. Später erlebte Eroglu als »Premier« ein Comeback.

Die Republik Zypern mit Präsident Glafkos Klerides an der Spitze wird von der Völkergemeinschaft als alleiniger zypriotischer Staat anerkannt. Aus den Parlamentswahlen vom 26. Mai 1996 gingen die Regierungsparteien, nämlich die Demokratische Sammlung (*Dimokratikos Synagermos*, DISY) mit 34,47 Prozent der Stimmen und 20 Sitzen und die Demokratische Partei (*Dimokratiko Komma*, DIKO) mit 16,43 Prozent der Stimmen und zehn Sitzen, etwas geschwächt hervor. Klerides verfügte aber weiterhin über die absolute Parlamentsmehrheit (30 von 56 Sitzen; 24 Sitze bleiben für die Türkischzyprioten vakant). Im übrigen ergab sich aus dem Urnengang folgende Konstellation: die prokommunistische Wiederaufbaupartei des arbeitenden Volkes (*Anorthotiko Komma Tou Ergazomenou Laou*, AKEL) erhielt 33 Prozent der Stimmen und 19 Sitze; die Sozialistische Partei Einheitliche Demokratische Zentrumsunion (*Eniaia Dimokratiki Enosis Kentrou*, EDEK) 8,13 Prozent der Stimmen und fünf Sitze. Die vom früheren Staatschef Giorgos Vasiliou neu gegründete Partei Bewegung Freier Demokraten (*Kinima Eleftheron Dimokraton*, KED) erhielt 3,69 Prozent der Stimmen und zwei Sitze. Bei der Präsidentenwahl vom 8. Februar 1998 (erste Runde) und vom 15. Februar 1998 (zweite Runde) machte sich eine Zersplitterung bzw. eine Polarisierung der griechisch-zypriotischen politischen Kräfte bemerkbar. Beim zweiten Urnengang wurde Klerides mit einem Stimmenanteil von 50,82 Prozent in seinem Amt bestätigt. Sein Herausforderer Giorgos Iakovou kam auf 49,18 Prozent der Stimmen. Die Republik Zypern ist gemäß der in vielen Teilen noch geltenden Verfassung von 1960 eine Präsidialrepublik, während im besetzten Norden 1985 einseitig eine »Verfassung« verabschiedet wurde.

Der pro-türkische ethnozentrische Sezessionismus des Nordens bewirkt entsprechende Reaktionen im Süden. Die griechisch-zypriotischen Ethnozentristen träumen zwar nicht mehr von der *Enosis*, sie unterstreichen aber die Notwendigkeit der größeren Verbundenheit mit dem hellenischen »Mutterland«, so z. B. im Schulwesen und in der Verteidigungspolitik. Es gibt indes nicht zu unterschätzende politische Kräfte, die sich bewußt und konsequent für das Zypriotentum, für den Schulterschluß der zwei Volksgemeinschaften im Rahmen eines einheitlichen Staates einsetzen.[20] Bei näherem Hinsehen erweist sich der Gegensatz zwischen den Ethnozentristen und den Anhängern des Zypriotentums, die manchmal als Kyprozentristen bezeichnet werden[21], als Pseudodilemma, denn man kann sich mit der Kultur des »Mutterlandes« verbunden fühlen und gleichzeitig die Identität des Anderen respektieren.

Das sozioökonomische Gefälle zwischen dem Süden und dem Norden ist groß. Im Gegensatz zum türkisch besetzten Teil der Insel erlebte der griechische Süden nach der Invasion Ankaras einen ökonomischen Aufstieg, der als »Wirtschaftswunder« qualifiziert wurde.[22] Das Pro-Kopf-Einkommen war in den neunziger Jahren mindestens viermal höher als in der »Türkischen Republik Nordzypern«. Frappant waren auch die Unterschiede in den Zuwachsraten des Bruttoinlandsproduktes.[23] 1997 wies der Süden ein gutes Wirtschaftswachstum (5 Prozent), wenig Teuerung (2,6 Prozent) und eine niedrige Arbeitslosenquote (2,6 Prozent) auf. Der türkischzypriotische Norden beklagt sich über eine hohe Inflationsrate (1994: 241,5 Prozent), das Fehlen ausländischer Devisen und über Arbeitslosigkeit. Die Hauptursache dafür liegt in der sezessionistischen Abkapselung, welche die volle Ausschöpfung der Ressourcen der Insel verhindert.

Die Republik Zypern schloß am 19. Dezember 1972 ein Assoziierungsabkommen mit der EG, das am 1. Juni 1973 in Kraft trat. Die normale Abwicklung der Beziehungen wurde durch die türkische Invasion beeinträchtigt. Am 19. Oktober 1987 kam es in Luxemburg zur Unterzeichnung des Abkommens über die Zollunion zwischen Zypern und der EG. Das Abkommen trat am 1. Januar 1988 in Kraft. Der nächste Schritt, die Einreichung des Gesuches um die volle EG-Mitgliedschaft, erfolgte – u. a. wegen der Opposition der AKEL-Führung, auf deren Unterstützung Giorgos Vasiliou bei der Präsidentenwahl von 1988 angewiesen war – mit einiger Verspätung. Zum am 4. Juli 1990 eingereichten Gesuch wurde Nikosia nicht zuletzt durch eine für die Griechen günstige Erklärung des Europäischen Rates in Dublin (26. Juni 1990) ermutigt. Denktasch reagierte auf die Einreichung des Gesuches geharnischt.[24] Die Regierung des aus der Wahl vom 14. Februar 1993 hervorgegangenen neuen Präsidenten Klerides intensivierte die Bemühungen für den EU-Beitritt. Die Brüsseler Kommission gab am 30. Juni 1993 ein den Beitrittsantrag Zyperns grundsätzlich unterstützendes Avis ab. Darin wurde u. a. hervorgehoben, daß die

Wirtschaft des Südteiles der Insel ihre Anpassungsfähigkeit schon bewiesen habe und daß sich bei einer Integration in die Gemeinschaft das Entwicklungsgefälle zwischen dem Norden und dem Süden verringern würde.

Während der EU-Gipfel von Korfu (24./25. Juni 1994) und Essen (9. Dezember 1994) wurde auf Anregung Athens beschlossen, daß Zypern und Malta in die nächste EU-Erweiterung einbezogen werden sollten. Positiv für Nikosia fiel auch ein Urteil des Europäischen Gerichtshofes zur Verletzung der Vorschriften der Inselrepublik bei Exporten aus dem okkupierten Norden aus. Der EU-Außenministerrat beschloß am 6. März 1995, daß die Beitrittsverhandlungen mit Nikosia sechs Monate nach Abschluß der EU-Regierungskonferenz von 1996 unter Berücksichtigung von deren Ergebnissen beginnen werden. Der Beschluß vom 6. März 1995 wurde dadurch ermöglicht, daß Griechenland sein Veto gegen die EU-Zollunion mit der Türkei zurückzog. Der Assoziierungsrat EU-Zypern präzisierte am 12. Juni 1995, »daß zwischen der Zollunion mit der Türkei und dem Beitritt Zyperns kein Junktim besteht und daß beim strukturierten Dialog die Republik Zypern der alleinige Verhandlungspartner ist«.[25] Die Staats- und Regierungschefs bestätigten in Cannes (26./27. Juni 1995) und in Madrid (15./16. Dezember 1995) bezüglich der Beitrittsverhandlungen Zyperns und Maltas die erwähnte Terminierung. Nach Abschluß der Regierungskonferenz stellte die Brüsseler Kommission am 15. Juli 1997 dem EU-Parlament ihre *Agenda 2000* vor. Darin wurde die Bereitschaft bekräftigt, mit Zypern Verhandlungen aufzunehmen. Wegen des Einfrierens des maltesischen Beitrittsgesuches blieb Valletta außerhalb der Kandidatengruppe der *Agenda 2000*. Beim Luxemburger EU-Gipfel (12./13. Dezember 1997) wurde der formelle Startbeschluß für die Beitrittsverhandlungen mit fünf mittel- und osteuropäischen Ländern (Estland, Polen, Slowenien, der Tschechischen Republik und Ungarn) sowie mit Zypern gefällt. Präsident Klerides lud die türkisch-zypriotische Volksgemeinschaft offiziell ein, als »full member« an der zypriotischen Verhandlungsgruppe teilzunehmen, doch die türkisch-zypriotische Führung lehnte dieses Angebot ab. Am 30. März 1998 lancierten die EU und die Kandidatenländer in London feierlich den Erweiterungsprozeß. Am 31. März 1998 begannen dort die parallelen, aber getrennten Verhandlungen mit Zypern und den übrigen Kandidaten des ersten Beitrittszuges.

4. Entwicklungsperspektiven

Für Maltas EU-Integrierung fehlt vorerst der nötige innenpolitische Konsens. Doch dies heißt nicht, daß der Kurs Vallettas »anti-europäisch« oder »EU-feindlich« sein wird. Nach dem Machtwechsel vom September 1998 schwenkte Malta wieder das EU-Fähnchen. Ob und wie der Zwergstaat an den Beitrittszug angedockt werden könnte, läßt sich noch nicht mit Sicherheit beurteilen. Ein Arrangement mit Brüssel ist jedenfalls nicht von vornherein auszuschließen. Was Zypern anbelangt, ist bei den griechischen Zyprioten der Integrationswunsch stark, zumal die AKEL-

Führung, die früher gegen den EG-Beitritt war, auf dem 18. Partei-Kongreß (16.-19. November 1995) – wenn auch etwas verklausuliert – ihren Kurs änderte.[26] Sozusagen die gesamte griechisch-zypriotische Bevölkerung sieht im EU-Beitritt nicht zuletzt ein Instrument zur Lösung des Zypernproblems.

Die Tatsache, daß die Türkei und Denktasch vehement gegen das Beitrittsgesuch der Republik Zypern reagieren (Abschluß eines Assoziierungsvertrages zwischen Ankara und der selbsternannten »Türkischen Republik Nordzypern« am 6. August 1997, Drohungen über Eingliederung der besetzten Gebiete in die Türkei usw.), wirft Schatten auf die kommenden Entwicklungen. Die Republik Zypern erfüllt alle wirtschaftlichen Kriterien für eine EU-Mitgliedschaft. Das Problem liegt in der faktischen Teilung der Insel. Die UNO-Vermittlungsbemühungen (Gespräche von Klerides und Denktasch in Troutbeck bei New York und in Glion-sur-Montreux 1997) blieben vorerst erfolglos. Auch die Zypernmission Richard C. Holbrookes und andere Bemühungen um eine Überwindung der Gegensätze brachten bisher keine Ergebnisse.»Sollte Ankara die Zypern-Initiative tatsächlich zum Scheitern bringen, würde es damit nur den griechischen Zyprioten in die Hände arbeiten. Denn die Regierung in Südnikosia könnte dann einmal mehr argumentieren, daß die Türken nicht an einer Lösung interessiert seien, und daß die EU Zypern deshalb auch ohne vorherige Konfliktregelung aufnehmen müsse.«[27]

Anmerkungen

1 Zur Geschichte s. etwa: Blouet, Brian: The Story of Malta, Valletta 1984; Hill, George Francis: A History of Cyprus, 4 Bde., Cambridge 1940–1952.
2 Vgl. Tzermias, Pavlos: Geschichte der Republik Zypern. Mit Berücksichtigung der historischen Entwicklung der Insel während der Jahrtausende, 3. aktualisierte Auflage, Tübingen 1998, S. 1 ff. Vgl. auch Maier, Franz Georg: Cypern. Insel am Kreuzweg der Geschichte, 2. Auflage, München 1982, S. 21. Laut Maier »wäre nichts falscher, als in Cypern nur ein Spiegelbild fremder Kräfte zu sehen.«
3 Vgl. Heller, Hermann: Gesammelte Schriften, 3. Bd., Leiden 1971, S. 258 ff.; Tzermias, Pavlos: Am Kreuzweg der Geschichte. Nationalismus oder Humanismus?, Athen 1996 (griechisch), S. 15 ff.
4 Grossjohann, Wilfried: Malta. Ein politisches Reisebuch, Hamburg 1989, S. 99.
5 Bartholy, Heike: Malta und die Europäische Gemeinschaft. Sozioökonomische Aspekte eines EG-Beitritts, Augsburg 1989, S. 29.
6 Dazu Frendo, Henry: Party Politics in a Fortress Colony. The Maltese Experience, Malta 1979.
7 Bartholy: Malta und die Europäische Gemeinschaft (Anm. 5), S. 45.
8 Vgl. Boissevain, Jeremy: When the Saints go Marching out: Reflections on the Decline of Patronage in Malta, in: Gellner, Ernst, und John Waterburg (Hrsg.): Patrons and Clients in Mediterranean Societies, London 1977, S. 81 ff.
9 Vgl. »Ein Index gegen die Korruption«, in: Neue Zürcher Zeitung (NZZ) v. 6. August 1997.

10 Vgl. Franzetti, Dante Andrea: Malta will eine Insel bleiben, in: Tages-Anzeiger v. 30. Oktober 1996.
11 Bartholy (Anm. 5), S. 72 ff.
12 Dazu Vassalo, Mario: From Lordship to Stewardship, Den Haag 1979, S. 93 ff. u. S. 196.
13 Vgl. »Europa von Malta aus – so weit, so nah«, in: NZZ v. 14. Februar 1997. Zur sozioökonomischen Problematik: Bonanno, Nicolas S.: Capital, Accumulation and Economic Growth. In theory and as they relate in the Maltese Paradigm, Freiburg (Schweiz) 1989.
14 Vgl. Axt, Heinz-Jürgen: Malta, Türkei, Zypern, in: Weidenfeld, Werner, und Wolfgang Wessels (Hrsg.): Jahrbuch der Europäischen Integration 1995/96, Bonn 1996, S. 393–398, insbes. S. 396.
15 Vgl. Tzermias, Pavlos: Das Selbstbestimmungsrecht der Cyprioten, in: Österreichische Zeitschrift für öffentliches Recht IX (1958), Heft 2, S. 190–212.
16 Vgl. Tzermias, Pavlos: Der neue Status Cyperns, in: Archiv des öffentlichen Rechts N.F. 45 (1959), Heft 4, S. 459–489; derselbe: Die Entstehung der Republik Cypern, in: Jahrbuch des öffentlichen Rechts der Gegenwart N.F. 9 (1960), S. 245–295; derselbe: Die Verfassung der Republik Cypern, in: Jahrbuch des öffentlichen Rechts der Gegenwart N.F. 10 (1961), S. 485–525.
17 Vgl. Crouzet, François: Le Conflit de Cypre, 1946–1959, Brüssel 1973, 2. Bd., S. 1145 ff. Crouzet spricht von »exorbitanten Vorteilen« der türkischen Seite.
18 Auf Zypern haben sich die Fronten in Jahrzehnten verhärtet, vgl. Artikel von Wolfgang Günter Lerch in: Frankfurter Allgemeine Zeitung v. 17. August 1996.
19 Vgl. Kizilyürek, Niyazi: Unter der Illusion der Nation, in: Peristianis, Nikos, und Giorgos Tsangaras (Hrsg.): Anatomie einer Umgestaltung. Zypern nach 1974 (Gesellschaft, Wirtschaft, Politik, Kultur), Nikosia 1995 (griechisch), S. 401–417.
20 Zum Zypriotentum s. etwa Salih, Halil Ibrahim: Cyprus. The Impact of Diverse Nationalism on a State, University of Alabama 1978.
21 Vgl. Tzermias, Pavlos: Zweigeteiltes und zwiespältiges Zypern, in: NZZ v. 4./5. November 1996.
22 Vgl. »Zyperns fast vergessenes Wirtschaftswunder«, in: NZZ v. 2. Dezember 1982. Näheres bei Theophanous, Andreas: The Political Economy of a Federal Cyprus, Nikosia 1996, S. 13–31.
23 Vgl. Theophanous (Anm. 22), S. 18.
24 Vgl. Redmond, John: The Next Mediterranean Enlargement of the European Community: Turkey, Cyprus, Malta?, Aldershot-Brookfield u. a. 1993, S. 73.
25 Axt (Anm. 14), S. 395 f.
26 Vgl. 18. AKEL-Kongreß: Material und andere Dokumente, Nikosia 1995 (griechisch), S. 41–44, insbes. S. 44.
27 »Verärgerung Ankaras über die Erweiterungspläne der Europäischen Union«, in: NZZ v. 24. Juli 1997. Zu juristischen Aspekten (Souveränität, Föderation usw.) vgl. Tzermias, Pavlos: Zyperns steiniger »Weg nach Europa«, in: Europäische Rundschau 3 (1998), S. 79 ff., insb. S. 85. Zur Interdependenz von Außen- und Innenpolitik vgl. ders.: Politik im neuen Hellas. Strukturen, Theorien und Parteien im Wandel, Tübingen 1997, S. 13 ff. und S. 223 ff.

3.
Die Einigung Europas

Das politische System der EU

WOLFGANG WESSELS

1. Die EU als politisches System

Trotz aller Kontroversen um die Europäische Union ist eine Erkenntnis Allgemeingut[1]: Diese unkonventionelle Konstruktion ist für die Staaten wie die Bürger Europas von wachsender tagtäglicher Bedeutung. Die Organe der EU treffen in steigendem Umfang verbindliche Entscheidungen, die imn zunehmendem Maße wesentliche Bereiche des wirtschaftlichen und sozialen Lebens regeln: Qualitätsnormen für Nahrungsmittel und Einfuhrregeln für Bananen sind ebenso wie die Freizügigkeit von Studierenden und die Förderung des landwirtschaftlichen Sektors Gegenstand gemeinschaftlicher Rechtsakte. Eine gemeinsame Währung steht an der Spitze der Tagesordnung wie in Zukunft wahrscheinlich auch eine europäische Einwanderungspolitik. In internationalen Organisationen wie bei Krisen im regionalen Umfeld Europas sprechen Vertreter der Union im Namen der 15 Mitgliedstaaten und der 370 Millionen Unionsbürger; auch gegenüber der internationalen Kriminalität werden gemeinsame Bemühungen unternommen. »Brüssel« wird entsprechend zu einem wesentlichen Teil des politischen Lebens, der zunehmend Aufmerksamkeit verlangt und auch erhält.

Dieses Integrationswerk hat insbesondere in den letzten Jahrzehnten erheblich an Gewicht gewonnen. Seit Mitte der achtziger Jahre haben die Regierungschefs und Parlamente der Mitgliedstaaten in der Einheitlichen Europäischen Akte (1987 in Kraft getreten), im Maastrichter Vertrag über die Europäische Union (1993 in Kraft getreten) und im Amsterdamer Vertrag (1999 in Kraft getreten) zentrale Sektoren staatlichen Handelns als Aufgabe der Union definiert: Die Tagesordnung der EU-Organe entspricht so zunehmend derjenigen der nationalen Politik.

Diese Aufgabenzuordnung und die entsprechenden Verfahren werden häufig mit dem Bild eines Tempels mit drei Säulen erfaßt (siehe *Schaubild 1*). Sie sind durch den Amsterdamer Vertrag modifiziert, aber nicht grundsätzlich verändert worden.

Die Union kennt jedoch nicht nur den Vertiefungsprozeß; dieses politische System wird auch für eine wachsende Zahl von Europäern bestimmt: Die Träger der Integrationskonstruktion sind von sechs Gründungsstaaten auf 15 Mitglieder angewachsen; elf weitere haben einen Antrag auf Beitritt gestellt. Die Zahl der Unionsbürger lag 1995 bei 371 Millionen und würde mit den weiteren elf Beitrittskandidaten auf 478 Millionen ansteigen.

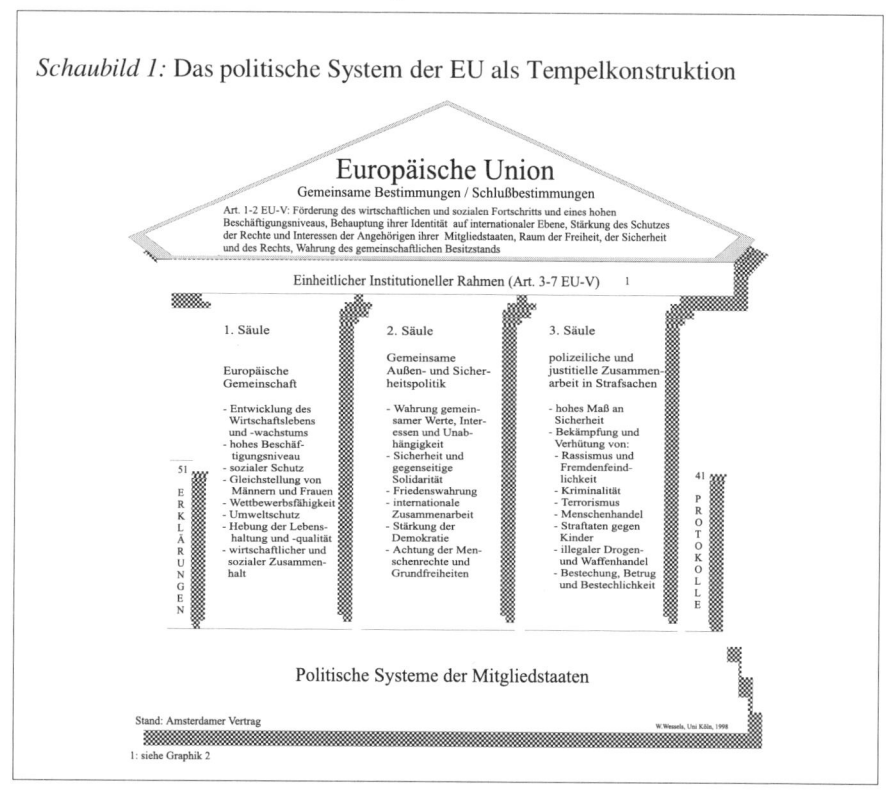

Schaubild 1: Das politische System der EU als Tempelkonstruktion

Europäische Union
Gemeinsame Bestimmungen / Schlußbestimmungen
Art. 1-2 EU-V: Förderung des wirtschaftlichen und sozialen Fortschritts und eines hohen Beschäftigungsniveaus, Behauptung ihrer Identität auf internationaler Ebene, Stärkung des Schutzes der Rechte und Interessen der Angehörigen ihrer Mitgliedstaaten, Raum der Freiheit, der Sicherheit und des Rechts, Wahrung des gemeinschaftlichen Besitzstands

Einheitlicher Institutioneller Rahmen (Art. 3-7 EU-V) 1

1. Säule	2. Säule	3. Säule
Europäische Gemeinschaft	Gemeinsame Außen- und Sicherheitspolitik	polizeiliche und justitielle Zusammenarbeit in Strafsachen
- Entwicklung des Wirtschaftslebens und -wachstums - hohes Beschäftigungsniveau - sozialer Schutz - Gleichstellung von Männern und Frauen - Wettbewerbsfähigkeit - Umweltschutz - Hebung der Lebenshaltung und -qualität - wirtschaftlicher und sozialer Zusammenhalt	- Wahrung gemeinsamer Werte, Interessen und Unabhängigkeit - Sicherheit und gegenseitige Solidarität - Friedenswahrung - internationale Zusammenarbeit - Stärkung der Demokratie - Achtung der Menschenrechte und Grundfreiheiten	- hohes Maß an Sicherheit - Bekämpfung und Verhütung von: - Rassismus und Fremdenfeindlichkeit - Kriminalität - Terrorismus - Menschenhandel - Straftaten gegen Kinder - illegaler Drogen- und Waffenhandel - Bestechung, Betrug und Bestechlichkeit

51 ERKLÄRUNGEN   41 PROTOKOLLE

Politische Systeme der Mitgliedstaaten

Stand: Amsterdamer Vertrag   W. Wessels, Uni Köln, 1998

1: siehe Graphik 2

Die Beschreibung der Europäischen Union wird nicht nur notwendiger, sie wird auch immer schwieriger. Der wachsenden Bedeutung des EU-Systems steht leider gleichzeitig eine Zunahme an Komplexität gegenüber, die diese Aufgabe zu einer beträchtlichen Herausforderung für die politische Bildung werden läßt.

Mit der Ausdehnung der gemeinsam behandelten Politikfelder haben die Vertragsarchitekten auch die Rolle der Institutionen und die Verfahren erheblich ausgebaut und weiter differenziert. Die Kompetenzverteilung zwischen der nationalen und der europäischen Ebene ist nicht eindeutig geregelt. Horizontal zwischen den EU-Organen wie vertikal zwischen den Mitgliedstaaten und der Union werden politische Zuständigkeiten vermischt, ja in einer Weise *fusioniert*[2], die schwierig nachvollziehbar ist und häufig keine eindeutige Zurechnung von politischer Verantwortung zuläßt.

Auch in der EU bilden die Organe die zentralen Bausteine des politischen Systems.[3] Sie sind die *Arenen* eines Politikzyklus, in dem Akteure mehrerer Ebenen verbindliche Entscheidungen über den Einsatz (quasi-)staatlicher Handlungsinstrumente vorbereiten, treffen, durchführen und kontrollieren. Die *Institutionen- und Verfahrenslehre* der EU – häufig als technisch-legalistisch gescholten – ist deshalb eine zentrale Voraussetzung für das Verständnis der EU. Hilfreich und notwendig sind deshalb sowohl ein grundlegendes Verständnis der Aufgaben und Funktionen sowie des »Innenlebens« des jeweiligen Organs als auch die Kenntnis wesentlicher Verfahren zwischen den EU-Institutionen. Die institutionelle und prozedurale Konfiguration (siehe *Schaubild 2*) ist dabei nicht einfach darzustellen und mit bestehenden nationalen Systemen zu vergleichen.[4]

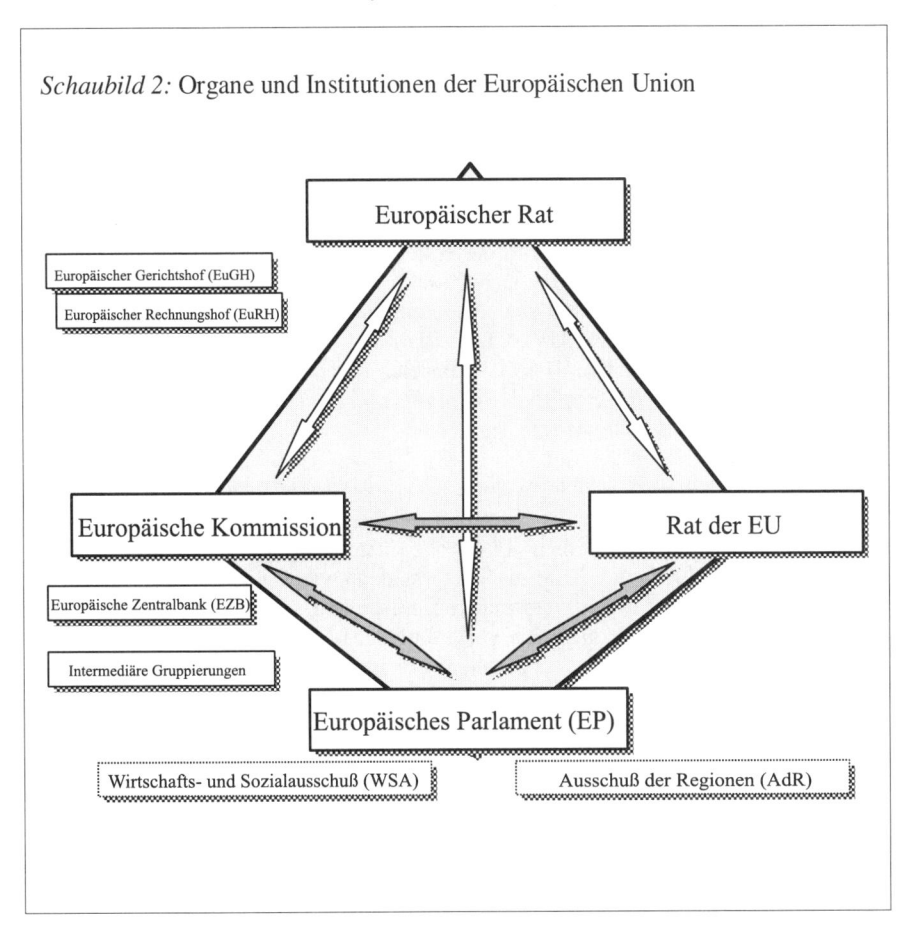

Schaubild 2: Organe und Institutionen der Europäischen Union

- Europäischer Rat
- Europäischer Gerichtshof (EuGH)
- Europäischer Rechnungshof (EuRH)
- Europäische Kommission
- Rat der EU
- Europäische Zentralbank (EZB)
- Intermediäre Gruppierungen
- Europäisches Parlament (EP)
- Wirtschafts- und Sozialausschuß (WSA)
- Ausschuß der Regionen (AdR)

2. Die Organe der EG/EU

2.1 Die Europäische Kommission

2.1.1 Aufgaben und Funktionen

Die Europäische Kommission ist ein zentrales Organ bei der Vorbereitung, Herstellung, Durchführung und Kontrolle von verbindlichen Entscheidungen der Europäischen Gemeinschaft. Ihre Rechte und Pflichten werden in mehreren Vertragsgrundlagen festgeschrieben. Im EG-Vertrag (Erste Säule) übernimmt die Kommission neben anderen Aufgaben drei wesentliche Funktionen[5]:
– Zum *Motor* der Integration wird die Kommission durch ihr Initiativmonopol. Rat und Europäisches Parlament können in der Regel Rechtsakte nur auf Vorschlag der Kommission beschließen.
– Als *Exekutive* trifft die Kommission im Rahmen ihrer Befugnisse verbindliche Durchführungsbeschlüsse und verhandelt internationale Abkommen.
– Als *Hüterin* der Verträge überwacht die Kommission die Anwendung des Vertragsrechtes.

Die Mitwirkungsrechte der Europäischen Kommission im Bereich der Gemeinsamen Außen- und Sicherheitspolitik (GASP) und der polizeilichen und justitiellen Zusammenarbeit sind geringer als in der ersten Säule. Im Bereich der GASP kann die Kommission den Rat mit Fragen befassen und Vorschläge an ihn richten. Ansonsten ist sie an den Arbeiten der Außenminister und Diplomaten »in vollem Umfang beteiligt« (Art. 27 EUV-A/J.17 EUV-M).[6] Noch schwächer ausgeprägt sind die Befugnisse der Kommission im Bereich der Dritten Säule. Der Amsterdamer Vertrag hat jedoch die Rechte der Kommission im »Raum für Freiheit, Sicherheit und Recht« wesentlich gestärkt.

2.1.2 Zum Innenleben: Zusammensetzung, Organisation und Willensbildung

Die Willensbildung innerhalb der Kommission spielt sich generell auf drei Ebenen ab. Das Entscheidungsgremium ist das *Kollegium*, das gegenwärtig aus 20 Kommissaren einschließlich des Kommissionspräsidenten besteht. Je zwei Mitglieder werden von den größeren Mitgliedstaaten Deutschland, Frankreich, Italien, Spanien und dem Vereinigten Königreich vorgeschlagen. Für die anderen Mitgliedstaaten ist jeweils eine Benennung vorgesehen. Präsident und Kollegium werden, nach einem mehrstufigen Verfahren, von den Mitgliedstaaten nach Zustimmung des Europäischen Parlamentes für eine Amtszeit von fünf Jahren ernannt (Art. 214 EGV-A/158 EGV-M). Nur das Europäische Parlament (EP) kann die Kommission als Ganzes (Kollegialorgan) durch ein Mißtrauensvotum mit der Mehrheit von zwei Dritteln der abgegebenen Stimmen und der Mehrheit der Mitglieder entlassen (Art. 201 EGV-A/144 EGV-M); bisher haben die Parlamentarier diese Möglichkeit trotz einiger Anläufe noch nicht genutzt. Der Amsterdamer Vertrag brachte einen Ausbau der Rechte des EP bei der Wahl des Kommissionspräsidenten und andere Möglichkeiten zur Stärkung des Kommissionspräsidenten mit sich.

Das Kollegium der Kommission tagt unter dem Vorsitz des Kommissionspräsidenten und trifft Entscheidungen mit einfacher Mehrheit, in der Praxis jedoch meistens, nachdem ein Konsens hergestellt wurde. Der Präsident hat als *primus inter pares* nur wenige besondere Rechte und Aufgaben; seine Stellung ist besonders im Außenverhältnis herausgehoben; so ist er Mitglied des Europäischen Rates. Der Amsterdamer Vertrag hat dem Präsidenten eine besondere Rolle bei der »politischen Führung« zugesprochen.

Der Verwaltungsapparat der Kommission mit Hauptsitz in Brüssel besteht (1996) aus 24 Generaldirektionen und anderen Diensten (Generalsekretariat, Juristischer Dienst, Amt für Veröffentlichungen der EG, Statistisches Amt, Dolmetscherkonferenzdienst u. a.). Die Generaldirektionen sind – vergleichbar mit nationalen Ressorts – funktional-hierarchisch strukturiert, so z. B. die Generaldirektionen für Agrarpolitik oder für Sozialpolitik. Der internen Willensbildung der Kommission liegt in der Regel ein Entwurf der zuständigen Generaldirektion zugrunde, den sie mit den anderen, ebenfalls interessierten (General-)Direktionen und dem Juristischen Dienst koordiniert.

Den Kommissaren direkt unterstellt sind die *Kabinette*, die aus einer kleinen Gruppe politischer Vertrauter bestehen. Die Kabinettchefs legen in ihren wöchentlichen Treffen unter Vorsitz des für die interne Koordination zuständigen Generalsekretärs der Kommission fest, über welche Vorlagen Einigkeit besteht (*A-Punkte*), und welche der weiteren Diskussion und Entscheidung durch das Kommissionskollegium bedürfen (*B-Punkte*).

Weit verbreitet ist ein negatives Verständnis der Kommission als »Eurokratie« oder als »supranationale Megabürokratie«.[7] Skandale verstärken dieses Bild immer wieder. Aufschlußreicher scheint dagegen die Charakterisierung der Kommission als wesentlicher Bestandteil einer *Mehrebenenverwaltung*[8], die durch eine enge Verflechtung mit nationalen Administrationen, Regionen und Verbänden bedingt ist.

2.2 Intermediäre Gruppierungen und Gremien

Zur Analyse politischer Systeme gehört die Untersuchung von Parteien, Verbänden und anderen sogenannten *intermediären Gruppierungen*, zu denen zunehmend auch Medien und – im EU-Kontext – über 100 Einrichtungen von Regionen bzw. Ländern und 180 diplomatische Vertretungen von Drittstaaten gerechnet werden können. Diese Akteure drängen – wenn auch in unterschiedlicher Form und Intensität – auf einen umfassenden Einfluß im EU-System.

Besonders intensiv versuchen sie auf die Vorbereitung und Herstellung verbindlicher Entscheidungen einzuwirken. Die Landschaft derartiger *Netzwerke*[9] zeigt einen beträchtlichen Wachstums- und Differenzierungstrend.[10] 1995 werden über 630 wirtschaftliche Interessenvertretungen und knapp 190 allgemeinnützige Interessengruppen gezählt.[11] Als Dachverbände sind insbesondere der Europäische Gewerkschaftsbund (EGB), die Union der Industrie- und Arbeitgeberverbände

Europas (UNICE) und die Agrarlobby, das *Comité des Producteurs Agricoles* (COPA), zu nennen.

Ein formalisierter Ansatz, Interessen intermediärer Gruppierungen zu bündeln, ist der *Wirtschafts- und Sozialausschuß* (WSA; Art. 257-262 EGV-A/193-198 EGV-M). Die 222 Mitglieder des WSA sind in drei Gruppen organisiert: Arbeitnehmer, Arbeitgeber und verschiedene Interessen – z. B. freie Berufe, Landwirtschaft, Genossenschaften, Handelskammern und Verbraucherverbände. Die Aktivitäten des WSA erstrecken sich über viele Politikfelder der EG, zu denen Wirtschafts-, Finanz- und Sozialfragen gehören. Das eigentliche Instrument des WSA – die Stellungnahme – ist aufgrund des beratenden Charakters und der heterogenen Zusammensetzung des Ausschusses für die Durchsetzung der häufig gegensätzlichen Interessen vielfältiger wirtschaftlicher und sozialer Gruppen nur begrenzt wirksam. So suchen einzelne Verbände und häufiger noch Unternehmen den direkten Weg zur Europäischen Kommission und zu den nationalen Regierungen.

Eine weitere – mit dem Maastrichter Vertrag gegründete – Form der Vertretung spezifischer Interessen ist der *Ausschuß der Regionen* (AdR; Art. 263-265 EGV-A/ 198a-c EGV-M). Er setzt sich aus 222 nicht weisungsgebundenen Repräsentanten der regionalen und lokalen Gebietskörperschaften und einer gleichen Zahl von Stellvertretern zusammen, die auf Vorschlag der Mitgliedstaaten vom Rat der Europäischen Union einstimmig für vier Jahre ernannt werden. Dem Ausschuß der Regionen kommt – wie auch dem WSA – in der Organisationsstruktur der EU eine nebengeordnete Stellung als Beratungsorgan zu. Der Ausschuß reklamiert dabei für sich eine größere Bürger- und Problemnähe. Zur Erfüllung seiner Aufgaben muß er in einer Anzahl »typisch« regionaler Politikfelder konsultiert werden, z. B. in den Sektoren Bildung und Kultur, Gesundheitswesen, transeuropäische Netze und Industrie. Die Willensbildung im Ausschuß der Regionen vollzieht sich formell im Rahmen von politischen Fraktionen. Wie bereits am Verhalten der Verbände im Verhältnis zum WSA beobachtet, verfolgen auch die Bundesländer und andere Regionen differenzierte Strategien, die sich gleichzeitig an mehrere Adressaten auf der nationalen und europäischen Ebene richten. Länderregierungen und -verwaltungen nutzen intensiv den Bundesrat und dessen Rechte (Art. 23 GG) während der Bonner Vorbereitung von EG-Beschlüssen sowie den Rat und die Rats- und Kommissionsausschüsse während der Entscheidungsprozesse in Brüssel.

Im Unterschied zur Ausdehnung und Spezialisierung von Verbänden, die primär Interessen artikulieren, sind *europäische Parteien* als Strukturen zur Interessenaggregation weniger ausgeprägt. Die europäischen Parteien (Sozialdemokratische Partei Europas, SPE; Europäische Volkspartei, EVP; Liberale und Demokratische Partei Europas und Grüne) bieten nützliche Foren für die Meinungsbildung unter den beteiligten Parteien[12]; so erlauben die Treffen der jeweiligen Parteiführer und Parteiführerinnen vor Sitzungen des Europäischen Rates wichtige Vorabklärungen politischer Positionen. In den Alltagsverfahren des EU-Politikzyklus ist die Rolle der Parteienbünde ansonsten jedoch gering.

Auch *Medien* sind zum Teil des politischen Systems der EU geworden. 48 Presseagenturen und über 350 spezialisierte Journalisten (1996) verfolgen und kommentieren die Aktivitäten der EU-Organe. Besondere Informationsdienste, z. B. »Agence Europe«, und einige englischsprachige Zeitungen stellen eine europäische Öffentlichkeit her, die aber auf relativ kleine Kreise von Beteiligten und Experten beschränkt bleibt. Eine wirkliche *Kommunikationsgemeinschaft*[13], die den »politischen Arenen« der Mitgliedstaaten entsprechen würde, ist bisher nicht entstanden.

2.3 Das Europäische Parlament

2.3.1 Aufgaben und Funktionen

Das Europäische Parlament (EP)[14] ist nicht einfach zu charakterisieren und in bekannte Typologien einzuordnen. Häufig wird dieses parlamentarische Organ des EU-Systems von *Vollparlamenten* abgegrenzt.[15] Der damit unterstellten Irrelevanz des Organs steht die Forderung nach einer konstitutionellen Stärkung des EP gegenüber, die mit der Notwendigkeit einer verbesserten demokratischen Legitimation der verbindlichen EU-Entscheidungen begründet wird. Vor dem Hintergrund dieser unterschiedlichen Leitbilder ist für die Realanalyse des Europäischen Parlamentes ein Katalog parlamentarischer Funktionen zu nutzen, der die spezifischen Bedingungen des EU-Systems berücksichtigt.[16]

Mit einer möglichen *Politikgestaltungsfunktion* von Parlamenten soll dabei der Einfluß des Europäischen Parlamentes in einem typischen Politikzyklus erfaßt werden; bei der *Systemgestaltungsfunktion* wird geprüft, ob und wie das EP eine Rolle als Vertragsarchitekt übernimmt. Mit der *Interaktionsfunktion* werden die Beziehungen zwischen Abgeordneten, Bürgern und intermediären Gruppierungen beschrieben – nicht zuletzt, um die Frage der Legitimität des EP und damit der gesamten EU zu thematisieren.

Geht man nach dem Inkrafttreten des Maastrichter Vertrages (1993) und unter Berücksichtigung des Amsterdamer Vertrages (1999) von einer derartigen Funktionenanalyse aus, so enthält die Bilanz des Europäischen Parlamentes eine Reihe von überraschenden Elementen. Sowohl die Einheitliche Europäische Akte als auch der Maastrichter und der Amsterdamer Vertrag haben die Rechte des Europäischen Parlamentes bei der Entscheidung und Kontrolle verbindlicher Akte der EG gestärkt und auf zusätzliche Regelungsbereiche ausgedehnt. Von der Anhörung und dem suspensiven Veto beim Verfahren der Zusammenarbeit (Art. 252 EGV-A/189c EGV-M) über eine fast gleichberechtigte Mitgestaltung beim Verfahren der Mitentscheidung (Art. 251 EGV-A/189b EGV-M) bis zur Notwendigkeit einer positiven Zustimmung mit der absoluten Mehrheit der Abgeordneten (Art. 300 EGV-A/228 EGV-M und Art. 49 EUV-A/O EUV-M) reicht der Katalog parlamentarischer Beteiligungsmöglichkeiten bei legislativen oder quasi-legislativen Akten der EG. In bezug auf den traditionellen Katalog parlamentarischer Funktionen[17] sind die mit dem Maastrichter Vertrag eingeführten und im Amsterdamer

Vertrag gestärkten Mitwirkungsrechte bei der Ernennung der Europäischen Kommission und des Präsidenten (Art. 214 EGV-A/158 EGV-M) als Einstieg und Stärkung der Wahlfunktion zu werten. Mit dem Ausbau der parlamentarischen Beteiligungsrechte im Amsterdamer Vertrag wird die Entwicklung zu einem Zwei-Kammersystem nach parlamentarisch-föderalen Mustern deutlich: Zumindest in zentralen Wahl- und Legislativverfahren bei wichtigen Politikfeldern der Europäischen Gemeinschaft wird das EP zu einem dem Rat weitgehend gleichgestellten Organ.

Im Hinblick auf die Systemgestaltungsfunktion ist nur bei der Zustimmungspflicht zum Beitritt neuer Staaten (Art. 49 EUV-A/O EUV-M) eine Zunahme an Rechten festzustellen. Bei Vertragsänderungen bleiben die Mitgliedstaaten die ausschließlichen »Herren der Verträge«.[18] Der von einer direkten Wahl erwartete Legitimationsschub hat das EP nicht zu einem konstitutionellen Mitgestalter des politischen Systems werden lassen.

Ein blasses Profil ist der dominierende Eindruck im Hinblick auf die Interaktionsfunktionen: Wenn auch das Medienecho zunimmt und die Bemühungen seitens nationaler Verwaltungen und Verbände um Kontakte mit Parlamentariern nachhaltig gestiegen sind, so waren und sind doch in den europäischen und noch mehr in den nationalen Debatten um zentrale Vorgänge in der EU die Stimmen der europäischen Abgeordneten selten von nachhaltiger Bedeutung. Wie andere Wahlen – so zu Landtagen – gilt die Europawahl als *Sekundärwahl*[19], deren politische Bedeutung und Themen sich aus dem Kontext der nationalen Politik ableiten und bei der die Wahlbeteiligung erheblich niedriger ist.

2.3.2 Zum Innenleben: Zusammensetzung, Organisation und Willensbildung

Auch das Innenleben des EP bedarf zusätzlicher Aufmerksamkeit. Die 626 Abgeordneten spiegeln – wenn auch gebrochen – die Vielfalt der europäischen Parteienlandschaft wider; die Wahlverfahren variieren beträchtlich zwischen den Mitgliedstaaten, die in der Regel ihre nationalen Wahlsysteme für die Europawahlen fortschreiben und geringfügig anpassen. Die Sitzverteilung auf die Mitgliedstaaten ist nur begrenzt proportional zur Einwohnerzahl (aus der Bundesrepublik Deutschland kommen 99 Abgeordnete, aus Luxemburg sechs).

Die Beschlüsse des Parlamentes werden in den 13 oder 14 Plenarsitzungen getroffen, deren Arbeit in 20 Ausschüssen vorbereitet wird. Die Abgeordneten werden in der Regel zu *Vollzeit-Europäern*, die auch im Wettbewerb mit nationalen und europäischen Politikern und Beamten über ein beträchtliches Fach- und Verfahrenswissen sowie europapolitisches Gespür verfügen. Das EP wählt aus seiner Mitte den Präsidenten und sein Präsidium (Art. 197 EGV-A/140 EGV-M). Ein wichtiges Gremium der internen Willensbildung ist die Konferenz der Präsidenten, in die auch die Fraktionsvorsitzenden ihr politisches Gewicht einbringen.

Das EP stimmt grundsätzlich mit einfacher Mehrheit ab; bei wichtigen Entscheidungen gibt es nach den Bestimmungen des EG-Vertrages jedoch festgelegte Quoren. Diese konstitutionellen Vorgaben des Vertrages wirken sich nachhaltig auf Verhaltensmuster der Abgeordneten aus. Aufgrund der Notwendigkeit, bei einigen wesentlichen Verfahren (*Zusammenarbeit, Mitentscheidung, Zustimmung*) die absolute Mehrheit erreichen zu müssen, hat sich seit Inkrafttreten der Einheitlichen Europäischen Akte in zentralen Fragen eine große Koalition zwischen den Sozialdemokraten (SPE) und der Europäischen Volkspartei (EVP-CD, Zusammenschluß der europäischen Christdemokraten) eingespielt, die auch bei der – nun nur noch zwischen beiden Fraktionen rotierenden – Besetzung des Präsidentenamtes zum Tragen kommt.

2.4 Der Europäische Rat

2.4.1 Aufgaben und Funktionen

Keine andere Institution hat die westeuropäische Politik seit den siebziger Jahren so nachhaltig geprägt wie der Europäische Rat.[20] Gestützt auf eine Regierungsvereinbarung der Gipfelkonferenz von Paris 1974 wurde der Europäische Rat erstmals in Art. 2 der EEA – aber weiterhin außerhalb des EWG-Vertrages – in einem rechtlich verbindlichen Text erwähnt. Auch im Maastrichter Vertrag wird dieses Gremium in dem Abschnitt zu den »Gemeinsamen Bestimmungen« (Art. 4 EUV-A/D EUV-M) *oberhalb* der Europäischen Gemeinschaft und damit außerhalb der konstitutionellen *checks and balances* durch Parlament und EuGH angesiedelt. Nach Art. 4 EUV-A/D EUV-M »gibt der Europäische Rat der Union die für ihre Entwicklung erforderlichen Impulse und legt die allgemeinen politischen Zielvorstellungen für diese Entwicklung fest«. Der Umfang und die Intensität der tatsächlichen Aktivitäten und Funktionen sind – gegenüber dieser offiziellen Aufgabenzuweisung – erheblich breiter und differenzierter. Erfaßt werden können diese Aktivitäten des Europäischen Rates mit drei Grundfunktionen: als konstitutioneller Architekt, als Leitliniengeber und als oberstes Entscheidungsgremium.

Im Blick auf die Gesamtbedeutung für die Union ist zunächst die Rolle des Europäischen Rates als *konstitutioneller Architekt* zu nennen. Mit seinen Entscheidungen hat der Europäische Rat die Union in wesentlichen Grundzügen gestaltet. Von der Gipfelkonferenz 1969 in Den Haag, die zur Gründung der Europäischen Politischen Zusammenarbeit führte, bis hin zur Verabschiedung der wesentlichen Elemente des Amsterdamer Vertrages, der erneut Politikbereiche explizit in die Gemeinschaftsverträge oder weitere *Säulen* der Union integrierte, haben die Staats- und Regierungschefs immer wieder Probleme Westeuropas als gemeinsame Aufgaben für die EG/EU definiert und die Art und Weise ihrer Behandlung festgelegt.

Eine zweite Grundfunktion des Europäischen Rates liegt in der Verabschiedung von allgemeinen Leitlinien in wirtschaftlichen und sozialpolitischen Fragen sowie bei außenpolitisch als besonders wichtig eingestuften Erklärungen. Zu fast allen Entwicklungen in der internationalen Politik in den siebziger, achtziger und neunziger Jahren – so zu Südafrika, dem Nahen Osten, zur Auflösung der Sowjetunion und zu den Krisen im Raum des ehemaligen Jugoslawien – liegen Stellungnahmen des Europäischen Rates vor. Auch zur Zusammenarbeit in der Justiz- und Innenpolitik haben die Regierungschefs Leitlinien vorgegeben.

Von zentraler Bedeutung für die Entwicklung der EG war eine Funktion, die in Eigendefinitionen des Europäischen Rates nicht oder nur als nachgeordnet behandelt wird, nämlich wesentliche Entscheidungen als *oberste Appellationsinstanz* zumindest de facto selbst zu treffen: Der Europäische Rat ist insbesondere bei strittigen finanziellen und institutionellen Fragen zum zentralen Entscheidungsgremium der Gemeinschaft geworden, auch wenn er in keinem Fall rechtsverbindliche Beschlüsse für die EG selbst verabschiedet hat. Die Verabschiedung der *Agenda 2000* auf dem Berliner Gipfel im Frühjahr 1999 hat diese Funktion erneut bestätigt. Diese Rolle ist im Amsterdamer Vertrag durch die Selbstzuweisung als Berufungsinstanz bzw. sogar als Schiedsgericht bei nationalen Vetos im Verfahren der verstärkten Zusammenarbeit (Art. 40 Abs. 2 EUV-A/K.12 EUV-M bzw. Art 11. Abs. 2 EGV-A/5a EGV-M) und bei Mehrheitsentscheidungen in der GASP (Art. 23 Abs. 2 EUV-A/J.13 EUV-M) nochmals verstärkt bzw. nuanciert worden.

2.4.2 Zum Innenleben: Zusammensetzung, Organisation und Willensbildung

Die Mitglieder des Europäischen Rates (Art. 4 EUV-A/D EUV-M) rekrutieren sich aus den – nach dem jeweiligen nationalen Verfassungsverständnis – obersten politischen Entscheidungsträgern der Mitgliedstaaten: Neben Regierungschefs, Ministerpräsidenten, Kanzler und Premierminister treten im französischen und finnischen Fall die Staatspräsidenten in diesem Gremium auf. Zu den Mitgliedern des Europäischen Rates gehört auch der Präsident der Europäischen Kommission; unterstützt werden sie ferner von den Außenministern und einem Mitglied der Kommission.

Die Entscheidungsprozesse innerhalb des Europäischen Rates sind von mehreren durchgängig beobachtbaren Charakteristika geprägt. Ein wesentliches Element ist das *Schnüren von Verhandlungspaketen*. Nur die Staats- und Regierungschefs können die Forderungen und Konzessionen der Mitgliedstaaten aus mehreren Politikbereichen gegenseitig »verrechnen«. Die Regierungschefs brauchen jeweils erhebliche Zeit und Mühe, aber die Fortentwicklung der Europäischen Union hängt wesentlich von derartigen Gipfelverhandlungen ab, wie der teilweise dramatische Ablauf der Maastrichter und der Amsterdamer Sitzungen des Europäischen Rates erneut belegen. Dabei müssen sich die Regierungschefs – entgegen dem ursprünglichen Selbstverständnis des Europäischen Rates – intensiv mit konkreten Formulierungen auseinandersetzen. Die Versuche der Staats- und Regierungschefs, nur allgemeine politische Richtlinien vorzugeben, erwiesen sich als nicht tragfähig. Erst im technischen Detail kommt die politische Kontroverse voll zum Tragen, und erst auf dieser Grundlage können die wirklich »harten« Entscheidungen getroffen werden.

Stärker als im Rat der Europäischen Union (s. u.) werden die Debatten im Europäischen Rat von den Regierungschefs der größeren Staaten geprägt. Je nach Thema spielen aber auch der Präsident der Europäischen Kommission oder einzelne

Regierungschefs kleinerer Staaten eine erhebliche Rolle. Der Verhandlungsstil ist direkter und persönlicher als im Rat der EU.

2.5 Der Rat der Europäischen Union

2.5.1 Aufgaben und Funktionen

Der Rat der Europäischen Union[21] weist wie andere EU-Organe ebenfalls spezifische Charakteristika auf (vgl. Art. 202-210 EGV-A/145-154 EGV-M; Art. 18 EUV-A/J.8 EUV-M, Art. 34 EUV-A/K.6 EUV-M und Art. 36 EUV-A/K.8 EUV-M), die keine einfachen Beschreibungen in Analogie zu einem *Bundesrat* eines föderalen Gebildes oder zu einem bei internationalen Organisationen üblichen *Ministerkomitee* zulassen. Geprägt ist dieses Organ durch eine Zwitterstellung: Als Organ der EG/EU verfügt es über eine allgemeine Entscheidungsgewalt, seine politische Funktion liegt aber insbesondere darin, die Interessen der Mitgliedstaaten zu vertreten.

Innerhalb der ersten Säule verfügt der Rat in der Regel über die endgültige Beschlußbefugnis. Modifiziert wird die weiterhin dominante Stellung des Rates durch mehrere Faktoren: Von unwesentlichen Ausnahmen abgesehen kann der Rat in der EG nur auf der Grundlage eines Vorschlages der Kommission tätig werden und bei wesentlichen EG-Zuständigkeiten teilt der Rat – in zunehmendem Maße – seine Entscheidungsrechte mit dem Europäischen Parlament. Seit Inkrafttreten des Vertrages von Maastricht ist der Rat als Teil des »einheitlichen institutionellen Rahmens« (Art. 3 EUV-A/C EUV-M) auch für die zweite und dritte Säule zuständig, in denen er – aufgrund des intergouvernementalen Charakters dieses Politikfeldes – über ausschließliche Entscheidungsbefugnisse verfügt.

2.5.2 Zum Innenleben: Zusammensetzung, Organisation und Willensbildung

Die Willensbildung im Rat ist auf drei Ebenen angesiedelt. Sektor- bzw. themenbezogene Arbeitsgruppen nationaler Beamter – in der ersten Hälfte der neunziger Jahre ungefähr 300 – diskutieren die technischen Aspekte der von der Kommission erarbeiteten Vorschläge, wobei sie bereits häufig in diesem Stadium wesentliche Elemente des späteren Beschlusses festschreiben. Der Ausschuß der Ständigen Vertreter (ASTV/COREPER) versucht, die noch offenen Differenzen zwischen den Mitgliedstaaten zu klären und eine einvernehmliche Beschlußlage herzustellen, die dann als *A-Punkt* vom Rat nur noch formal bestätigt wird. Der Rat – als dritte Ebene – setzt sich je nach Politikbereich aus den jeweils zuständigen Ressortministern zusammen. Bis auf die Verteidigungsministerien haben alle wichtigen Ressorts »ihren« Rat. Besonders häufig tagen die Außenminister im *Allgemeinen Rat*; auch die Agrarminister treffen sich im Durchschnitt einmal monatlich. In seinen unterschiedlichen Zusammensetzungen versammelt sich dieses EU-Organ durchschnittlich an zwei Tagen pro Woche.

Tabelle 1: Stimmengewichtung im Rat

Belgien	5	Frankreich	10	Österreich	4
Dänemark	3	Irland	3	Portugal	5
Deutschland	10	Italien	10	Finnland	3
Spanien	8	Luxemburg	2	Schweden	4
Griechenland	5	Niederlande	5	Großbritannien	10

Die Entscheidungsregeln des Rates und damit auch die Formen seiner Willensbildung weisen eine beträchtliche Variationsbreite auf. Die einzelnen Verfahren sind dabei in den jeweiligen Vertragsartikeln geregelt. Eine Beschlußfassung im Rat mit einfacher Stimmenmehrheit, das heißt mit einer Stimme pro Mitgliedstaat, ist immer dann vorgesehen, wenn nichts anderes bestimmt ist. Diese Fälle sind jedoch angesichts der Risikoscheu der Mitgliedstaaten selten. Abstimmungen mit einer besonderen Mehrheitsanforderung (qualifizierte Mehrheit), gegebenenfalls auch mit einem Quorum an Mitgliedstaaten (z. B. Art. 23 EUV-A/J.13 EUV-M) sind in vielen zentralen Politikfeldern möglich. Das Einstimmigkeitserfordernis regelt Bereiche, die als besonders wichtig gelten. Bei bestimmten Entscheidungen von konstitutioneller Bedeutung – z. B. Beitrittsabkommen, Eigeneinnahmen und Vertragsänderung – ist neben der einstimmigen Beschlußfassung im Rat auch eine Ratifizierung durch die Mitgliedstaaten gemäß der jeweiligen verfassungsrechtlichen Vorschriften erforderlich.

Bei Abstimmungen mit qualifizierter Mehrheit werden die Stimmen der Mitgliedstaaten gewichtet (Art. 205 Abs. 2 EGV-A/148 EGV-M, siehe *Tabelle 1*). Eine qualifizierte Mehrheit ist dann erreicht, wenn mindestens 62 der insgesamt 87 Stimmen, das heißt ungefähr 71 Prozent, zustimmen. Der Konsensbedarf ist damit auch bei einer derartigen Mehrheitsabstimmung erheblich. Wesentlich für den Entscheidungsstil des Rates ist dabei weniger die tatsächliche Anzahl formal vorgenommener Abstimmungen als das permanente Risiko für jeden Mitgliedstaat, überstimmt zu werden: Nationale Minister und Beamte müssen so ihr Verhalten frühzeitig auf eine Kompromißposition ausrichten. Bei Abstimmungen im Rat gibt es sektorübergreifende Koalitionen von Mitgliedstaaten. Bei einer derartigen Konsenssuche spielt der halbjährlich wechselnde Vorsitz des Rates eine zentrale Rolle als »ehrlicher Makler«.

Im Hinblick auf das Abstimmungsverhalten im Rat ist auch der sogenannte *Luxemburger Kompromiß* vom 18. Januar 1966 zu erwähnen. Nach dieser Formel soll in Fragen, bei denen ein Mitgliedstaat ein vitales nationales Interesse geltend macht, so lange nach einem Kompromiß gesucht werden, bis der betreffende Mitgliedstaat dem gemeinsamen Beschluß zustimmen kann. Bei den Verfahren der *verstärkten Zusammenarbeit* (Art. 40 Abs. 2 EUV-A/K.12 EUV-M und Art. 11 Abs. 2 EGV-A/5a EGV-M) und bei Mehrheitsabstimmungen in der GASP-Säule (Art. 23 Abs. 2 EUV-A/J.13 EUV-M) hat der Amsterdamer Vertrag ein nationales Veto – wenn auch in einer modifizierten Form – nun auch in den EU-Vertrag eingefügt.

2.6 Der Europäische Gerichtshof (EuGH)

Der Europäische Gerichtshof (vgl. Art. 220-245 EGV-A/164-188 EGV-M und Art. 46 EUV-A/L EUV-M) spielt eine zentrale Rolle für die EG, da er die verbindlichen Entscheidungen nach rechtsstaatlichen Prinzipien überprüft.[22] Häufig wird behauptet, daß der Europäische Gerichtshof zugunsten der supranationalen Ebene (*in dubio pro communitate*) entscheidet und dadurch zu einem *Integrationsfaktor erster Ordnung* wird. Jedoch wird auch angesichts dieser Stellung als letzte Instanz der Vertragsinterpretation befürchtet, daß sich die EG zu einem *L'Europe des juges* entwickelt; grundsätzlich wird diskutiert, ob die Legitimation der Richter für grundlegende Entscheidungen ausreicht.[23]

Die Kompetenzen des Gerichtshofes werden nach Art. 46 EUV-A/L EUV-M der Schlußbestimmungen ausdrücklich nur auf eindeutig ausgewiesene Bereiche der EU beschränkt, sie betreffen nicht die Politikbereiche GASP und der ZJIP. Der Amsterdamer Vertrag erweitert den Zuständigkeitsbereich des EuGH in den *Raum der Freiheit, der Sicherheit und des Rechts*, einschließlich bestimmter Regelungen bei der polizeilichen und justitiellen Zusammenarbeit in Strafsachen, wobei die rechtlichen Befugnisse dieses Organs teilweise eingeschränkt wurden. Es sind derzeit folgende Klage- und Verfahrensarten vor dem EuGH möglich:

- Vertragsverletzungsverfahren: In der Form einer Feststellungsklage, angestrebt in der Regel durch die Kommission, zielt dieses Verfahren auf Verstöße von Mitgliedstaaten gegen Verpflichtungen aus dem EG-Vertrag, den gesetzten Rechtsakten (Art. 226, 227 EGV-A/169-170 EGV-M) oder aus den von der EU geschlossenen Verträgen mit Dritten (z. B. Art. 300 EGV-A/228 EGV-M).
- Nichtigkeitsklagen: Bei dieser Verfahrensart ist der Gerichtshof für Klagen zuständig, die wegen Unzuständigkeit, Verletzung wesentlicher Formvorschriften, Verletzung des EG-Vertrages bzw. einer bei seiner Durchführung anzuwendenden Rechtsnorm oder wegen Ermessensmißbrauchs (Art. 230 EGV-A/173 EGV-M) erhoben werden. Klageberechtigt sind die EG-Organe, die Mitgliedstaaten und auch jede natürliche oder juristische Person, die unmittelbar und individuell betroffen ist.
- Untätigkeitsklagen: »Unterläßt es das Europäische Parlament, der Rat oder die Kommission unter Verletzung dieses Vertrags, einen Beschluß zu fassen, so können die Mitgliedstaaten und die anderen Organe der Gemeinschaft beim Gerichtshof Klage auf Feststellung dieser Vertragsverletzung erheben« (Art. 232 EGV-A/175 EGV-M).
- Vorabentscheidung: Zur einheitlichen Auslegung des Vertrages und des sekundären Rechtes (Art. 234 EGV-A/177 EGV-M) dient das Instrument der Vorabentscheidung. Dabei legt ein nationales Gericht eines Mitgliedstaates Fragen über die Auslegung und Gültigkeit des Gemeinschaftsrechtes vor, sofern es eine Entscheidung des EuGH für erforderlich hält. Die Entscheidung des EuGH bindet dabei das nationale Gericht und bildet somit eine enge Verbindung zwischen nationaler und europäischer Gerichtsbarkeit.

– Die Kompetenz des Gerichtes erster Instanz ist auf die Behandlung von Beamtenklagen der Gemeinschaftsbediensteten, Nichtigkeits- und Untätigkeitsklagen und seit dem Maastrichter Vertrag auch auf Klagen natürlicher oder juristischer Personen auf Schadensersatz beschränkt.
Die gefällten Urteile binden die Verfahrensbeteiligten. Urteile, die Zahlungsverpflichtungen enthalten, sind auch vollstreckungsfähig. War die Durchsetzung der Urteile bis Maastricht an die Freiwilligkeit der Mitgliedstaaten gebunden, so kann der EuGH seit dem Maastrichter Vertrag bei Nicht-Nachkommen auch Zwangsgelder verhängen (Art. 228 EGV-A/171 EGV-M). Die Sanktionsmittel des EuGH bleiben jedoch begrenzt – die Wirkung der Urteile ist auf die grundsätzliche Akzeptanz der EuGH-Rechtsprechung durch die Mitgliedstaaten und deren (Verfassungs-)Gerichte angewiesen.

Der EuGH besteht aus 15 Richtern, die von den Regierungen der Mitgliedstaaten in gegenseitigem Einvernehmen auf jeweils sechs Jahre ernannt werden; aus ihrer Mitte wählen die Richter den Präsidenten des EuGH. Daneben unterstützen acht Generalanwälte die Arbeit des EuGH. Die Bestellung und Amtsdauer des Gerichtes erster Instanz entsprechen denen des EuGH. Generalanwälte – eine in Deutschland nicht bekannte Einrichtung – bereiten die anhängigen Streitsachen auf, geben in der mündlichen Verhandlung eine unabhängige Stellungnahme ab und stellen dort auch Schlußanträge in Form von Rechtsgutachten mit konkretem Entscheidungsvorschlag.

2.7 Der Europäische Rechnungshof (EuRH)

Der Europäische Rechnungshof (EuRH)[24] (vgl. Art. 246-248 EGV-A/188a-c EGV-M) ist eine jener Einrichtungen, die die institutionell-organisatorische Verfestigung des politischen Systems der EU dokumentieren. Dem EuRH fällt die Überprüfung des Haushaltsgebarens der EG zu. Wichtigstes Instrument sind dabei die Jahresberichte über die Haushaltsführung der Kommission. Der EuRH setzt sich aus 15 Mitgliedern zusammen, die vom Rat nach Anhörung des Europäischen Parlamentes einstimmig auf sechs Jahre ernannt werden. Er ist ein Kollegialorgan und beschließt in der Regel mit der Mehrheit seiner Mitglieder.

2.8 Die Europäische Zentralbank (EZB)

Verbindliche Entscheidungen mit beträchtlicher Wirkung kann seit 1. Januar 1999 auch die Europäische Zentralbank[25] fassen. Ihre Struktur und Aufgaben sind weitgehend von deutschen Erfahrungen geprägt, wenn auch einige zentrale Elemente anders geformt sind. Der EZB-Rat besteht aus den Präsidenten der nationalen Zentralbanken und dem Direktorium, das sich aus dem Präsidenten, einem Vize-Präsidenten und vier weiteren Mitgliedern zusammensetzt (Art. 112 EGV-A/109a EGV-M). Diese werden auf Empfehlung des Rates von den Staats- und Regierungschefs einvernehmlich bestimmt. Bis auf einige Ausnahmeregelungen hat jedes Mitglied des EZB-Rates eine Stimme. Der Rat kann in der Regel mit einfacher Mehrheit entscheiden. Mehrere Vorschriften sollen die Unabhängigkeit der EZB sichern. So besteht gegenüber anderen Organen nur eine Berichtspflicht.

3. Verfahren

3.1 Supranationale Legislativverfahren

Wesentliches Charakteristikum der Europäischen Union ist die Fähigkeit, auf einem breiten Spektrum an Politikfeldern (quasi-)staatliche Handlungs- und Steuerungsinstrumente einzusetzen. Je nach Säule der Europäischen Union, aber auch innerhalb der einzelnen dieser drei Regelwerke, gestalten die EU-Organe in vielfältiger und unterschiedlicher Weise die Vorbereitung, Herstellung, Durchführung und Kontrolle ihrer Entscheidungen.[26] Trotz des Beschwörens eines »einheitlichen institutionellen Rahmens« haben die Schöpfer des Maastrichter und des Amsterdamer Vertrages die Vielfalt der Prozeduren weiter erhöht, wenn sie auch in letzterem die Anzahl der Gesetzgebungsverfahren um eines verringert haben. Im Zentrum der Aufmerksamkeit stehen in der Regel die Entscheidungsverfahren der EG, die für die Mitgliedstaaten und die Unionsbürger verbindliches Recht setzen. Instrumente der Rechtsetzung sind vor allem Verordnungen und Richtlinien (*sekundäres Gemeinschaftsrecht*) nach Art. 249 EGV-A/189 EGV-M. Diese Art Gesetzgebung wird nach vier Verfahren vorgenommen. Das einfache Verfahren, das heißt die Entscheidung des Rates ohne jegliche Beteiligung des Europäischen Parlamentes, spielt in der Praxis, z. B. in der Handelspolitik, weiterhin eine große Rolle.

Das Konsultativverfahren (*Anhörung*) bildet die erste Form der Einbeziehung des Europäischen Parlamentes in die EG-Gesetzgebung. In der Regel läuft das Anhörungsverfahren nach folgender Prozedur ab: Der Vorschlag der Kommission wird dem EP zur Stellungnahme zugeleitet (Art. 253 EGV-A/190 EGV-M). Der Präsident des EP überweist den Vorschlag zur Beratung in den entsprechenden Parlamentsausschuß, der einen Bericht anfertigt. In einer Lesung wird der Bericht im Plenum diskutiert, angenommen oder durch Änderungen modifiziert. Der Rat ist aber bei seinen Beschlüssen (Art. 205 Abs. 2 EGV-A/148 EGV-M) nicht an die Änderungsvorschläge des EP gebunden.

Das *Verfahren der Zusammenarbeit* von Rat und EP (Art. 252 EGV-A/189c EGV-M) ordnet dem Europäischen Parlament einen aufschiebenden Einspruch zu. Dieses Verfahren wird vom Amsterdamer Vertrag weitgehend durch das *Mitentscheidungsverfahren* (Art. 251 EGV-A/189b EGV-M) ersetzt, das damit zu einer der prägenden und zentralen Beschlußfassungsregeln der EG wird. Die erste Phase des Mitentscheidungsverfahrens ist wie bei der Anhörung gestaltet. Bedeutsam sind die darauf folgenden Prozeduren. Bei Abänderungsvorschlägen des EP, die den Regelfall darstellen, können die Änderungen durch den Rat mit qualifizierter Mehrheit gebilligt werden; bei einer derartigen Konstellation wird der Rechtsakt entsprechend erlassen; andererseits können die Präsidenten des Rates und des EP zu den Änderungswünschen des EP den Vermittlungsausschuß einberufen. Kommt dort kein gemeinsamer Entwurf zustande, so ist das Vorhaben ebenfalls gescheitert. Billigt der Vermittlungsausschuß einen gemeinsamen Entwurf und stimmen der Rat mit qualifizierter Mehrheit und das EP mit absoluter Mehrheit zu, so ist der Rechtsakt erlassen.

Bei einigen quasi-konstitutionellen Rechtsakten der EG findet das Verfahren der *Zustimmung* Anwendung. Darunter fallen Beitritte, Assoziierungen und wichtige internationale Abkommen der EG und die Festlegung eines einheitlichen Wahlverfahrens zum EP. Ohne Zustimmung des Parlamentes, teils mit absoluter, teils mit relativer Mehrheit seiner Mitglieder, ist hier ein Beschluß des Rates unwirksam.

Der Amsterdamer Vertrag hat im Bereich der Entscheidungsverfahren einige wesentliche Änderungen und Ausweitungen vorgenommen. Wesentlich für das Europäische Parlament ist, daß die Verfahren der Mitentscheidung auf acht neue und auf 14 alte Vertragsbestimmungen ausgedehnt wurden. Zudem ist das Verfahren durch den Wegfall einer bisher möglichen dritten Lesung und eines ersten Anrufens des Vermittlungsauschusses vereinfacht worden. Nach dem Vertragstext sind Rat und EP nun gleichberechtigt.

3.2 Verfahren in zentralen Politikfeldern

Angesichts der weitgehenden Kompetenzzuweisungen an die EG in der Außenhandels- und Wirtschaftspolitik sind besonders die entsprechenden innergemeinschaftlichen Verfahren heranzuziehen. Vertragliche Beziehungen zu Drittstaaten und internationalen Organisationen werden in Art. 133 EGV-A/113 EGV-M (Handelspolitik) und Art. 300 EGV-A/228 EGV-M (Abkommen mit Drittstaaten und Organisationen) geregelt. Danach spielt die Europäische Kommission eine zentrale Rolle bei der Vorbereitung der vom Rat beschlossenen Richtlinien, nach denen die Kommission mit den Regierungen von Drittstaaten bzw. mit internationalen Organisationen Verhandlungen bis zur Paraphierung führt. Der Rat schließt die Abkommen ab.

Bei Verordnungen für Marktordnungen der Agrarpolitik kann der Rat auf Vorschlag der Kommission und nach Anhörung des Parlamentes mit qualifizierter Mehrheit entscheiden (Art. 37 EGV-A/43 EGV-M). Für Entscheidungen zum Binnenmarkt, dem Kern der innergemeinschaftlichen Wirtschaftsordnung, wird besonders das Mitentscheidungsverfahren nach Art. 251 EGV-A/189b EGV-M genutzt.

Von zunehmender Bedeutung sind auch die Regeln für die Wirtschafts- und Währungsunion. Für die Währungsunion ist ein Zentralbanksystem konzipiert (Art. 99 ff. EGV-A/103 ff EGV-M und Protokoll über die Satzung des Europäischen Systems der Zentralbanken und der Europäischen Zentralbank). Für die Wirtschaftsunion sind Regeln für die Überwachung der nationalen Haushaltspolitik vorgegeben (Art. 104 EGV-A/104c EGV-M), nach denen der Rat auf der Grundlage einer Stellungnahme der Kommission mit qualifizierter Mehrheit über *Empfehlungen* an den betreffenden Mitgliedstaat entscheidet. Durch den Stabilitäts- und Wachstumspakt werden Abweichungen von den Zielgrößen mit Geldbußen bestraft.[27]

Für das Wirtschaftsleben von teilweise erheblicher Bedeutung sind auch Entscheidungen, die die Kommission in eigener Verantwortung trifft. Zu diesen Bereichen gehören unter anderem Beschlüsse zu Anti-Dumping-Verfahren, zu Wettbewerbsverstößen von Unternehmen, zu staatlichen Beihilfen und über Anträge zu Regional-, Forschungs- und Entwicklungshilfeprojekten.[28]

3.3 Weitere bedeutsame Verfahren

Besondere Komplexität prägt das *(Haushalts-)Verfahren* zur Aufstellung des EG-Budgets, bei dem der Rat und das Parlament die gemeinsame Haushaltsbehörde bilden. Je nach Ausgabenart, aufgeteilt in obligatorische und nicht-obligatorische, verfügen entweder der Rat oder das Parlament über ein relatives Übergewicht. Über die Einnahmen entscheiden nur die Mitgliedstaaten.

Die zweite wie auch die dritte Säule sind institutionell und prozedural intergouvernemental angelegt. Oberstes Gremium ist der Europäische Rat. Entscheidungen werden im Rat einstimmig getroffen; eine Ausnahme dazu bildet eine in einem mehrstufigen Verfahren schwierig zu erreichende Mehrheitsabstimmung bei der Durchführung von *gemeinsamen Aktionen* bzw. nach dem Amsterdamer Vertrag von *gemeinsamen Strategien*. Kommission und Parlament spielen dabei eine untergeordnete Rolle. Analoge Verfahren galten bei der Zusammenarbeit in der Justiz- und Innenpolitik (ZJIP).[29] Gegenüber den Vorgaben, die eine Zusammenarbeit in zentralen Bereichen der inneren Ordnung und Sicherheit vorsahen, sind Ergebnisse trotz beträchtlichen Arbeitsaufwandes der beteiligten Beamten nach den Verfahren des Maastrichter Vertrages wenig sichtbar. Aufgrund dieser negativen Erfahrungen hat der Amsterdamer Vertrag diese Politikfelder grundsätzlich neu strukturiert: Teilweise werden sie mit einigen Modifikationen direkt vergemeinschaftet oder – soweit sie in der dritten Säule bleiben – »quasi«-vergemeinschaftet.[30]

Besondere Verfahren gelten für *Vertragsänderungen* (Art. 48 EUV-A/N EUV-M) und Erweiterungen (Art. 49 EUV-A/O EUV-M). Diese bedürfen neben eines einstimmigen Beschlusses seitens des Rates auch einer nationaler Ratifizierung. Im Falle des Beitrittes eines weiteren europäischen Staates muß auch das Europäische Parlament mit absoluter Mehrheit zustimmen. Neu eingeführt wurden im Amsterdamer Vertrag das Verfahren der *verstärkten Zusammenarbeit* (Art. 11 EGV-A/ 5a EGV-M und Art. 40 und 43-45 EUV-A/K.12, K.15-17 EUV-M), das nach einem mehrstufigen Verfahren ein vertragskonformes Vorgehen einer Mehrheit der Mitgliedstaaten ermöglichen soll. Bei Abwägung der vielfältigen Voraussetzungen und der komplexen Verfahren scheint die geplante Flexibilität durch einen hohen Grad an Schwerfälligkeit geprägt zu sein.[31]

4. Das EU-System in der Perspektive

Mit der Verwirklichung der Währungsunion und einer Osterweiterung wird die EU noch mehr ins Zentrum des politischen Lebens rücken. Die politischen Systeme der Mitgliedstaaten sind ohne ihre Einbettung in das EU-System nicht mehr ausreichend zu verstehen. Wer zum Ende des 20. Jahrhunderts die politischen Realitäten Europas verstehen will, muß einen beträchtlichen Teil seiner Aufmerksamkeit dem politischen System der EU widmen: Die Art und Weise, nach welchen Verfahren die Organe der EU im Namen der und für die Unionsbürger tätig werden, gehört zum Pflichtcurriculum jeglicher Analyse nationaler und europäischer Politik.

Die Kernelemente dieser EU-Institutionen- und Verfahrenslehre geben jedoch nur ein notwendiges Gerüst für das Verständnis, wie und durch wen verbindliche Entscheidungen für und im Namen des EU-Bürgers vorbereitet, getroffen, durchgeführt und kontrolliert werden, aber diese Elemente sind nicht hinreichend für eine realitätsnahe Beschreibung des EU-Geschehens. Nähere Untersuchungen, so z. B. zu einzelnen Politikfeldern der europäischen Politik, sind geboten. Darüber hinaus stellen sich in wachsendem Maße Grundfragen, die an den Kern jedes politischen Systems gehen. Die EG/EU wird so verstärkt im Mittelpunkt einer intensiven Debatte stehen, die von zentralen Begriffen wie *Legitimität*, *Demokratie* und *Staat* geprägt ist.

Anmerkungen

1 Wie häufig greift dieser Beitrag auf vorangegangene Arbeiten zurück, überarbeitet und aktualisiert sie. Berücksichtigt werden nunmehr auch die Vorschriften des Amsterdamer Vertrages. Vgl. zu diesen Vorarbeiten insbesondere Wessels, Wolfgang: Das politische System der Europäischen Union, in: Ismayr, Wolfgang (Hrsg.): Die politischen Systeme Westeuropas, 2. Auflage, Opladen 1999, S. 713–745; sowie die Beiträge in: Weidenfeld, Werner, und Wolfgang Wessels (Hrsg.): Europa von A–Z, 6. Auflage, Bonn 1997, insbesondere Entscheidungsverfahren (zusammen mit Thorsten Müller, S. 111–117), Europäische Union (zus. mit Udo Diedrichs, S. 160–166), Europäischer Gerichtshof (zus. mit Thorsten Müller, S. 171–174) und Europäischer Rat (S. 175–179). Für die vielfältige Hilfe bei dieser Überarbeitung sei Ingo Linsenmann gedankt.
2 Vgl. Wessels, Wolfgang: Die Fusionsthese. Die Europäische Union der Zukunft – immer enger, weiter ... und komplexer?, in: Jäger, Thomas, und Melanie Piepenschneider (Hrsg.): Europa 2020, Szenarien politischer Entwicklungen, Opladen 1997, S. 43–79, hier S. 55 f.
3 Vgl. Göhler, Gerhard: Einleitung. Politische Ideengeschichte – institutionentheoretisch gelesen, in: Göhler, Gerhard, u. a. (Hrsg.): Politische Institutionen im gesellschaftlichen

Umbruch. Ideengeschichtliche Beiträge zur Theorie politischen Institutionen, Opladen 1990, S. 7–19, hier S. 12; vgl. Wallace, Helen: Die Dynamik des EU-Institutionengefüges, in: Jachtenfuchs, Markus, und Beate Kohler-Koch (Hrsg.): Europäische Integration, Opladen 1996, S. 141–163.

4 Die Reihenfolge der folgenden Darstellung ergibt sich aus der Position eines Organs in einem typischen Politikzyklus oder Ablaufmuster der EU als zentraler Pfeiler der EU-Konstruktion.

5 Vgl. generell Rometsch, Dietrich: Europäische Kommission, in: Weidenfeld/Wessels (Anm. 1), S. 149–155 und die Modelle in Rometsch, Dietrich, und Wolfgang Wessels: The Commission and the Council of the Union, in: Edwards, Geoffrey, und David Spence (Hrsg.): The European Commission, 2. Auflage, London 1997, S. 213–238.

6 Durch den Amsterdamer Vertrag vom 2. Oktober 1997 sind die Verträge konsolidiert worden. Im folgenden wird der neue Vertragstext und die Artikelnumerierung der konsolidierten Fassung verwendet (die Amsterdamer Fassungen: EUV-A=Vertrag über die Europäische Union vom 7. Februar 1992 in der Fassung vom 2. Oktober 1997; EGV-A=Vertrag zur Gründung der Europäischen Gemeinschaft vom 7. Februar 1992 i. d. F. v. 2. Oktober 1992), die alten Artikelnumerierungen der Maastrichter Verträge (EUV-M/EGV-M) werden jedoch hinzugesetzt.

7 Wessels, Wolfgang: Verwaltung im EG-Mehrebenensystem: Auf dem Weg zur Megabürokratie? in: Jachtenfuchs, Markus, und Beate Kohler-Koch (Hrsg.): Europäische Integration, Opladen 1996, S. 165–192, hier S. 167.

8 Vgl. Wessels (Anm. 7), S. 169.

9 Vgl. Héritier, Adrienne: Policy-Analyse. Elemente der Kritik und Perspektiven der Neuorientierung, in: Héritier, Adrienne (Hrsg.): Policy-Analyse. Kritik und Neuorientierung, PVS-Sonderheft 24, Opladen 1993, S. 9–38.

10 Kohler-Koch, Beate: Die Gestaltungsmacht organisierter Interessen, in: Jachtenfuchs, Markus, und Beate Kohler-Koch (Hrsg.): Europäische Integration, Opladen 1996, S. 193–222, hier S. 215.

11 Vgl. Fallik, Alain: The European Public Affairs Directory, Brüssel 1996.

12 Vgl. Jansen, Thomas: Die Europäischen Parteien, in: Weidenfeld, Werner, und Wolfgang Wessels (Hrsg.): Jahrbuch der europäischen Integration 1994/95, Bonn 1995, S. 255–260.

13 Kielmansegg, Peter Graf: Läßt sich die Europäische Union demokratisch verfassen?, in: Weidenfeld, Werner (Hrsg): Reform der Europäischen Union. Materialien zur Revision des Maastrichter Vertrages, Gütersloh 1995, S. 229–242, hier S. 235–237.

14 Vgl. Schmuck, Otto, Europäisches Parlament, in: Weidenfeld/Wessels (Anm. 1), S. 183–190, Francis, Jacobs, Richard Corbett und Michael Shackelton: The European Parliament, 2. Auflage, Harlow 1995.

15 Lübbe, Hermann: Abschied vom Superstaat. Vereinigte Staaten von Europa wird es nicht geben, Berlin 1994, S. 150.

16 Vgl. Grabitz, Eberhard, u. a. (Hrsg.): Direktwahl und Demokratisierung. Eine Funktionenbilanz des Europäischen Parlaments nach der ersten Wahlperiode, Bonn 1988; Wessels, Wolfgang: Wird das Europäische Parlament zum Parlament? Ein dynamischer Funktionenansatz, in: Randelzhofer, Albrecht, Rupert Scholz und Dieter Wilke (Hrsg.): Gedächtnisschrift für Eberhard Grabitz, München 1995, S. 879–904.

17 Vgl. Bagehot, Walter: Die englische Verfassung, hrsg. v. Klaus Streifthau, Neuwied/Berlin 1971, S. 47–49; Steffani, Winfried: Parlamentarische und präsidentielle Demokratie, Opladen 1979, S. 112–118.

18 Vgl. zum Begriff: Urteil des Bundesverfassungsgerichts über die Verfassungsbeschwerde gegen den Vertrag von Maastricht, abgedruckt in: Entscheidungen des Bundesverfas-

sungsgerichts, 89. Band, hrsg. von den Mitgliedern des Bundesverfassungsgerichts, Tübingen 1994; vgl. Ipsen, Hans-Peter: Zehn Glossen zum Maastricht-Urteil, in: Europarecht 1 (1994), S. 1–21.
19 Klein, Michael, und Jürgen Hofrichter: Vierte Direktwahl zum Europäischen Parlament. Oppositionelle im Aufwind, in: integration 2 (1994), S. 79–91, hier S. 81 f.
20 Vgl. Donat, Marcell von: Das ist der Gipfel, Baden-Baden 1987; Westlake, Martin: The Council of the European Union, London 1995; Hayes-Renshaw, Fiona, und Helen Wallace: The Council of Ministers of the European Union, London 1996.
21 Vgl. Hayes-Renshaw (Anm. 20), Westlake (Anm. 20), Engel, Christian: Rat der Europäischen Union, in: Weidenfeld/ Wessels (Anm. 1), S. 284–289.
22 Vgl. Wessels/Müller (Anm. 1).
23 Bundesverfassungsgericht über die Verfassungsbeschwerde gegen den Vertrag von Maastricht (Anm. 18).
24 Vgl. Müller, Thorsten: Europäischer Rechnungshof, in: Weidenfeld/Wessels (Anm. 1), S. 180–182.
25 Vgl. Becker, Werner: Europäische Zentralbank, in: Weidenfeld/Wessels (Anm. 1), S. 167–170.
26 Vgl. Wessels/Müller (Anm. 1).
27 Vgl. Becker, Werner, und Eckart Gaddum: Europäisches Währungsinstitut, in: Weidenfeld/Wessels (Anm. 1), S. 191–192; und dies.: Europäisches Währungssystem, in: ebd., S. 193–197.
28 Vgl. Monar, Jörg: Außenbeziehungen, in: Weidenfeld/Wessels (Anm. 1), S. 77–83.
29 Vgl. Bieber, Roland, und Jörg Monar (Hrsg.): Justice and Home Affairs in the European Union, Brüssel 1995.
30 Vgl. Wessels, Wolfgang: Der Amsterdamer Vertrag – Durch Stückwerksreformen zu einer effizienteren, erweiterten und föderalen Union?, in: integration 3 (1997), S. 117–135, hier S. 124 f.; vgl. Müller-Graf, Peter-Christian: Justiz und Inneres nach Amsterdam – die Neuerungen in erster und dritter Säule, in: integration 4 (1997), S. 271–284, hier S. 282.
31 Vgl. Wessels, Wolfgang: Verstärkte Zusammenarbeit: Inflexible Flexibilität, in: Jopp, Mathias, Andreas Maurer und Otto Schmuck (Hrsg.): Die Europäische Union nach Amsterdam. Ergebnisse der Regierungskonferenz, Bonn 1998; Müller-Brandeck-Bocquet, Gisela: Flexible Integration – Eine Chance für die europäische Umweltpolitik, in: integration 4 (1997), S. 292–305.

Föderalismus in Europa

ROLAND BIEBER

Der Begriff Föderalismus bezieht sich auf die Organisation von Hoheitsgewalt. Er wird zumeist – jedoch nicht ausschließlich – im Zusammenhang mit dem Aufbau von Staaten verwandt. Dabei bezeichnet er das Verhältnis von fortbestehenden Teileinheiten (z. B. Gliedstaaten, Bundesländer, Kantone) zu einem sie umgreifenden Gesamtverband (z. B. Bundesstaat, supranationale Organisation).

Typische Umschreibungen dieses Verhältnisses sind die Kategorien *Autonomie* sowie *Teilhabe, Einheit* und *Vielfalt*.[1] Eine eindeutige rechtliche Aussage enthält der Begriff jedoch nicht.[2] Dieses beruht zum einen darauf, daß sein Gehalt aus konkreten, aber höchst unterschiedlichen Ausgestaltungen des Föderalismusprinzips abgeleitet wird. Außerdem dient der Begriff Föderalismus vielfach auch der Umschreibung politischer Ziele, die auf die Neu- oder Umgestaltung des Verhältnisses kollektiver Organisationen gerichtet sind.

Dabei liegt dem Begriff des Föderalismus meist ein bestimmtes Vorverständnis zugrunde. Entsprechend der amerikanischen Tradition verbindet sich im angloamerikanischen Sprachgebrauch mit der Kategorie des Föderalismus zumeist der Gedanke einer Stärkung der jeweiligen Zentralgewalt (nicht zuletzt zum Schutze des einzelnen), während z. B. in Deutschland mit dem Gedanken des Föderalismus eher die Wahrung der Länderrechte gemeint ist. Eine erste verfassungsrechtliche Ausprägung erfuhr der Föderalismusgedanke bei der Schaffung der Vereinigten Staaten von Amerika 1787.[3]

Die Begriffe »Föderalismus« und »Europa« sind in doppeltem Sinne verknüpft: Als Idee ist das Konzept des Föderalismus ein Ergebnis der Aufklärung, also des Versuches, menschliches Zusammenleben nach rationalen Grundsätzen zu gestalten. Insoweit ist es Bestandteil der europäischen Geistesgeschichte. Konsequent gelten die europäischen Staaten – sowohl einzeln als auch im Verband – schon früh als mögliche Objekte zur praktischen Erprobung der föderalistischen Idee.

Als Zielbeschreibung der Vorschläge zur europäischen Einigung und für die konzeptionelle Erfassung der Europäischen Integration erlangte das Föderalismusprinzip erhebliche Bedeutung. Die verfassungsrechtliche Entwicklung der Europäischen Union war orientiert an dem föderalistischen Leitgedanken der gemeinsamen Ausübung von Hoheitsgewalt bei gleichzeitiger Wahrung weitgehender Autonomie ihrer Mitgliedstaaten. Doch entspricht die Union keinem der bundesstaatlichen Vorbilder, die das Konzept des Föderalismus prägten.

Im positiven Recht der Union findet sich der Begriff des Föderalismus nicht. Zwar hatte eine Mehrheit der Regierungen im Vorfeld des Unionsvertrages von Maastricht 1992 einer Formulierung in Art. A EUV-M zugestimmt, die als Ziel des Einigungsprozesses eine »föderale Union« bezeichnete, doch scheiterte die vertragliche Aufnahme am Widerstand Großbritanniens.[4]

Die gegenüber den traditionellen Kategorien des Staates und der Staatenverbindungen durchaus eigenständige Form der europäischen Einigung im Rahmen der Union mit ihrer in verschiedenen Bereichen unterschiedlich intensiven Zentralgewalt kann mit einem so offenkundig schillernden Begriff wie Föderalismus jedenfalls besser erfaßt werden als durch die – nur scheinbar – aussagekräftigen Kategorien des Bundesstaates oder des Staatenbundes. Da aber bis in die Gegenwart der Föderalismus-Begriff mit einem bestimmten Modell des Bundesstaates gleichgesetzt wird, muß stets eine genaue Begriffsklärung der Verwendung des Terminus Föderalismus vorausgehen.

In einem richtig verstandenen Föderalismus herrschen gleichwohl genau jene Schwebezustände, wie sie für die Europäische Integration charakteristisch sind und notwendigerweise bei der Austarierung des Werte-Bündels von Vielfalt, Autonomie, Solidarität, gemeinsamer Verantwortung und der Anerkennung des Rechtes entstehen.

1. Föderalismus als Organisationsprinzip europäischer Staaten

Der Gedanke des Föderalismus beeinflußte die Organisation zahlreicher europäischer Staaten. Seine älteste praktische Ausformung bildet die Schweiz, deren Bundesstaatlichkeit 1848 aus dem Zusammenschluß ursprünglich selbständiger Kantone hervorging. Lange Zeit blieb dies das einzige Bundesstaatsmodell in Europa. Erst nach der Revolution 1917 entwickelte sich 1922 die Russische Föderation. Anders als die Schweiz entstand sie jedoch nicht aus selbständigen Teilen, sondern durch innere Differenzierung, die schließlich sogar nach 1990 zur Auflösung führte. Aus Teilen der ehemaligen habsburgischen Monarchie gingen drei Bundesstaaten, Österreich, die Tschechoslowakei und Jugoslawien hervor. Während die Bundesstaatlichkeit Österreichs auf einer Stärkung ihrer Teilkomponenten beruhte, entstanden die Tschechoslowakei und Jugoslawien aus Einheiten, die zuvor ein größeres Maß an Selbständigkeit besessen hatten. Diese beiden Staaten zerfielen – ähnlich wie die Sowjetunion – mit dem Ende der kommunistischen Herrschaft.

Die Bundesstaatlichkeit Deutschlands geht auf die Verfassung von 1871 zurück. Weniger deutlich ausgeprägt in der Weimarer Verfassung von 1919 und aufgegeben während der nationalsozialistischen Herrschaft (1933–1945), erfuhr sie ihre volle Ausformung im Grundgesetz von 1949.

Über die jüngste föderalistische Verfassung verfügt Belgien seit 1994. Auch dieser Bundesstaat ging aus einem unitarischen Staat hervor. Tendenzen zur Dezentralisierung lassen sich auch in Großbritannien und Spanien beobachten. Über Europa hinaus wurde die Idee des Föderalismus in allen Teilen der Welt in konkrete Formen der Staatsorganisation umgesetzt (neben den USA z. B. in Kanada und Indien). Auch dort kehren die zwei Entstehungsmuster – Dezentralisierung von Einheitsstaaten oder Zusammenschluß ursprünglich selbständiger Teile – wieder.

Weiterhin zeigt eine vergleichende Betrachtung, daß die dem Föderalismus eigene Dynamik, seine fortwährend nötige Balance zwischen zentrifugalen und zentripetalen Tendenzen unter bestimmten Bedingungen besonders stabile Organisationen hervorbringt (z. B. USA, Schweiz), während andererseits föderalistische Strukturen den Zerfall von Staatswesen begünstigen können.[5]

2. Föderalismus und europäische Integration

2.1 Historische Grundlagen[6]

Montesquieu definierte im Jahre 1748 als »föderative Republik«: »une convention, par laquelle plusieurs corps politiques consentent à devenir citoyens d'un Etat plus grand qu'ils veulent former. C'est une société de sociétés, qui en font une nouvelle, qui peut s'agrandir par de nouveaux associés qui se sont unis«.[7]

Der hier erstmals in abstrakter Form artikulierte Gedanke eines freien Zusammenschlusses mehrerer Teileinheiten, dem eine besondere friedenstiftende Wirkung zugeschrieben wurde, greift das nahezu gleichzeitig entwickelte Konzept des individuellen Gesellschaftsvertrages auf, wie es etwa von John Locke entwickelt worden war.[8] Wegen ihrer Allgemeinheit eigneten sich diese Kategorien zur begrifflichen Erfassung vorhandener oder gedachter Organisationen.

Philosophische Vertiefung und konkrete Anwendung auf das Verhältnis der europäischen Staaten erfuhr dieser Gedanke durch Immanuel Kant in seiner Schrift »Zum ewigen Frieden« (1785). Danach bildet »der freie Föderalismus ... das Surrogat des bürgerlichen Gesellschaftsbundes«. Kant schlug die Föderation der europäischen Staaten als Mittel der Friedenssicherung vor. Er stützte seine Überlegungen auch auf die Beobachtung der Herausbildung des amerikanischen Bundesstaates. Doch führten die in der Folgezeit verfaßten Entwürfe zur europäischen Einigung den speziellen föderalen Aspekt nicht weiter. So widmeten z. B. Saint-Simon und Thierry in ihrer Schrift »von dem Wiederaufbau der europäischen Staaten-Gesellschaft«[9] ihre Aufmerksamkeit vor allem der Schaffung eines europäischen Parlamentes. Das Verhältnis zwischen den Teileinheiten und dem Ganzen blieb unbeachtet. Der bedeutendste Denker des Föderalismus im 19. Jahrhundert, J. P. Proudhon, entwickelte sein Konzept des Föderalismus allgemein aus der

Stellung des Individuums, in jeder Art von sozialer Organisation, von der Gemeinde bis zu einer Weltregierung. Er zweifelte jedoch an der Möglichkeit, Europa eine föderale Verfassung zu geben.[10]

Nach dem Ersten Weltkrieg gewann die Idee einer politischen Einigung Europas an Boden. Erstrebt wurde zunächst eine engere Zusammenarbeit im Rahmen des Völkerbundes. Aristide Briand, der französische Außenminister, legte 1929 der Völkerbund-Versammlung ein Memorandum vor, in dem er die Errichtung eines »régime d'union fédérale européenne« vorschlug. Die Beschreibung der Eigenschaften dieser Union war aber in sich widersprüchlich. Gleichzeitig forderten Graf Coudenhove-Kalergi und die von ihm gegründete Paneuropäische Bewegung die Schaffung der *Vereinigten Staaten von Europa*. Dieser Gedanke wurde in der Folgezeit von zahlreichen Verbänden, unter ihnen z. B. die Union der Europäischen Föderalisten und das *Mouvement socialiste pour les Etats Unis de l'Europe*, weitergetragen. Alle diese Verbände schlossen sich im Oktober 1948 in der Dachorganisation der Europäischen Bewegung zusammen.

Innerhalb dieser Gruppen kristallisierten sich zwei Tendenzen heraus: Die eine Richtung entwickelte das Proudhon'sche Föderalismuskonzept weiter und entfaltete vor allem im Rahmen von Regionalisierungs- und Autonomiebewegungen unterhalb der staatlichen Ebene ihre Wirkungen. Die andere, nach Alexander Hamilton[11] benannte Richtung forcierte vor allem den Aufbau eines europäischen Bundesstaates. Hauptvertreter der ersten Linie war Alexandre Marc[12], die zweite Richtung wurde angeführt von Altiero Spinelli[13], der insbesondere den Verfassungsentwurf des Europäischen Parlamentes aus dem Jahre 1984 initiierte.[14]

Die Forderungen nach einer europäischen Bundesverfassung wurden nicht erfüllt. Die Europäische Union ist kein Bundesstaat. Dagegen ging aus den sie begründenden Rechtstexten eine Organisation eigener Art hervor, die einem gemeinsamen Wertesystem verpflichtet ist, das seinerseits die Verpflichtung zur Wahrung der Identität der Staaten umfaßt. Insofern bildet die Union eine föderale Organisation.

2.2 Föderalismus und EG-Verträge

Die mit dem Vertrag zur Errichtung der Europäischen Gemeinschaft für Kohle und Stahl (EGKS) von 1951 eingeleiteten normativen Entwicklungsschritte zur Europäischen Union unterscheiden sich grundlegend von den theoretischen Entwürfen einer europäischen Föderation: Sie umfaßten weder die Gesamtheit der Beziehungen zwischen den beteiligten Staaten, noch schufen sie eine endgültige Verfassungsstruktur für den Verband. Vielmehr bestand das in der Präambel des EGKS-Vertrages hervorgehobene Ziel darin, »Europa nur durch konkrete Leistungen, die zunächst eine tatsächliche Verbundenheit schaffen, und durch die Errichtung gemeinsamer Grundlagen für die wirtschaftliche Entwicklung« aufzubauen.

Der föderalistische Gedanke war dabei durchaus präsent, wenn auch verkürzt auf die Perspektive der möglichen Bundesstaatlichkeit. Der französische Außenminister Robert Schuman erklärte dazu: »Wenn wir mit der Frage, ob Föderation oder Nichtföderation angefangen hätten, so hätten wir uns in eine uferlose Diskussion eingelassen, nun aber haben wir dieser Aussprache durch die Schaffung der Montanunion eine feste Grundlage geschaffen und bereits eine Vorstufe erreicht.«

Als Ziel dieser Stufenfolge benannte Schuman in seiner berühmten Erklärung vom 9. Mai 1950 eine »europäische Föderation«.[15] Entsprechend erstrebte Walter Hallstein noch im Jahre 1969 »die Gründung der *Vereinigten Staaten von Europa*«.[16] Daß zwischen den beteiligten Politikern gleichwohl kein Einvernehmen über die Gestalt der zukünftigen Organisation bestand, illustriert der Entwurf eines Vertrages über die Europäische Verteidigungsgemeinschaft (1952). Dessen Art. 38 sah die Ausarbeitung eines Verfassungsentwurfes für die zukünftige Gemeinschaft vor. Sie wurde wie folgt skizziert: »Die endgültige Organisation, die an die Stelle der vorläufigen Organisation treten wird, soll so beschaffen sein, daß sie den Bestandteil eines späteren bundesstaatlichen oder staatenbündischen Gemeinwesens bilden kann.«[17] Diese Meinungsverschiedenheit erklärt die Kontroverse um die Benennung der Europäischen Union im Rahmen der *Fouchet-Pläne* des Jahres 1962. Während die französische Regierung den Begriff »Staatenunion« vorschlug, plädierten die übrigen Regierungen für die Bezeichnung »Union europäischer Staaten und Völker«.[18] Auch in der Diskussion um die Aufnahme des Begriffes »föderal« in den Unionsvertrag von 1992[19] spiegelt sich diese Meinungsverschiedenheit.

2.3 Föderalismus als Strukturprinzip der europäischen Verträge

Auch wenn bis heute den EU-Verträgen eine ausdrückliche föderalistische Zielvorgabe oder Inhaltsbeschreibung fehlt, so belegt die Geschichte der Verträge doch, daß zumindest einige Gründer der für funktional beschränkte Aufgaben konzipierten Gemeinschaften eindeutige föderale Ziele anstrebten oder den Weg dazu offenhalten wollten. Insofern ist es unzutreffend, wenn mitunter die Methode der funktionalen Integration in einen Gegensatz zum föderalen Prinzip gebracht wird.[20] Ein Gegensatz besteht lediglich insoweit, als im einfachen föderalistischen Modell die Gesamtheit der Aufgaben zwischen den einzelnen Ebenen verteilt wird. Das die Integration mit funktionalen Erwägungen fördernde oder erklärende Konzept steht der Idee des Föderalismus insofern sogar besonders nahe, als es das Prozeßhafte im Verhältnis zwischen den Teileinheiten und dem Gesamtverband als eigenständiges Qualitätsmerkmal erkennt. Gerade diese Eigenart zeichnet den wohlverstandenen Föderalismus aus. Er schafft nicht nur Strukturen, sondern ermöglicht auch Prozesse, in denen sich – je nach konkretem Bedarf – die Beziehungen zwischen den Teilen und dem Ganzen immer neu ausbalancieren. Allerdings kann diese Balance nicht ohne rechtlichen Rahmen, nicht ohne Verpflichtung auf ein gemeinsames Interesse (»allgemeines Wohl«) und nicht ohne demokratische Legitimation gefunden werden.

Andererseits erfordert dieses Gleichgewicht aber nicht, daß die Föderation ihrerseits traditionelle staatliche Eigenarten – wie etwa eine ausschließliche Bindung der Bürger oder eine theoretisch unbeschränkte Zuständigkeitsfülle – besitzen muß. Ebensowenig gehört ein gleichmäßig hohes Niveau der föderalen Durchdringung zu den notwendigen Merkmalen des Föderalismus. Mit dem Föderalismusgedanken unvereinbar wären lediglich Modelle, die eine Konzentration und exklusive Zuweisung von Hoheitsgewalt und ihrer Legitimität vertreten.

Eine präzise Umschreibung des Integrationszieles hätte daher zwar den Vorteil, die föderalistische Grundströmung der Verträge begrifflich zu verfestigen und damit als Maßstab und Antrieb der weiteren Entwicklung zu wirken. Gleichzeitig wüchse jedoch die Gefahr, daß die Chance der Entdeckung und Erprobung eigenständiger Formen der gemeinsamen Ausübung von Hoheitsgewalt von vorschnellen Fixierungen auf bekannte Leitbilder, z. B. des (deutschen) Bundesstaates, behindert würde.[21] Die Verpflichtung der Union auf »föderative Grundsätze«, wie sie Art. 23 Abs. 1 GG vornimmt, beinhaltet keine weitergehenden Festlegungen.[22]

Nur eine Analyse einzelner Vertragsmerkmale erlaubt daher Aussagen zur föderalen Qualität der EG/EU-Verträge.[23] Diese Merkmale können aus verschiedenen Perspektiven ermittelt werden:
– Verfassungsprinzipien, Institutionen und Verfahren,
– Funktionen (Gesetzgebung, Rechtsprechung, Verwaltung und Kontrolle),
– Stellung des Bürgers,
– Aufgabenzuweisungen.
In ihrer Zusammenschau ergeben diese Perspektiven ein Netzwerk, in dem sich unitarisierende und dezentralisierende Kräfte ausgleichen, wobei dieser Ausgleich durch einige »Scharniere« beweglich gehalten wird.

2.3.1 Verfassungsprinzipien, Institutionen und Verfahren

Der Verfassungsordnung der Union liegen einige zentrale Rechtsregeln zugrunde, die insbesondere für das Verhältnis zwischen Mitgliedstaaten und Union gelten. Nur ein Teil ist ausdrücklich in den Verträgen erwähnt, andere wurden von der Rechtsprechung entwickelt. Einzeln genommen betonen sie die unitarische oder die föderale Komponente der Union. Gemeinsam konkretisieren sie jenes für die Union charakteristische Gleichgewicht aus Machtteilung und Machtverbindung. Zu den die Machtverbindung bezeichnenden Grundsätzen gehören:
– die Verpflichtung auf die Bewahrung und Pflege gemeinsamer Werte, wie z. B. den Schutz der Grundrechte[24], Freiheit, Demokratie und Rechtsstaatlichkeit[25], auf Solidarität[26], auf die Verwirklichung gemeinsamer Politiken[27] und auf die Autonomie der Union[28];
– die Verpflichtung auf einen gemeinsamen Rechtsraum mit allgemeiner Geltung des Rechtes der Union[29];
– die Anerkennung des Vorranges des Gemeinschaftsrechtes vor entgegenstehendem staatlichen Recht[30];

- die unmittelbare Wirkung zahlreicher Bestimmungen des Unionsrechtes für die Bürger.[31]

Zu den die Machtteilung bestätigenden und gewährleistenden Rechtsprinzipien der Union gehören insbesondere
- die vorausgesetzte fortdauernde Existenz von Mitgliedstaaten[32];
- die Verpflichtung der Union zur »Wahrung der nationalen Identität ihrer Mitgliedstaaten«[33];
- die Verpflichtung der Union zur Wahrung des Grundsatzes der *Subsidiarität*[34];
- das Prinzip der *begrenzten Einzelermächtigung*[35];
- der Grundsatz der institutionellen und verfahrensmäßigen Autonomie der Mitgliedstaaten bei der Umsetzung und Anwendung des Rechtes der Union.[36]

Zu den Besonderheiten des föderalen Prinzips gehört, wie eingangs schon verdeutlicht, seine Fähigkeit zum Ausgleich zentrifugaler und zentripetaler Tendenzen. Dieser Ausgleich kann in sozialen Systemen mit Hilfe schematischer oder statischer Aufgabenzuweisungen nie dauerhaft erfüllt werden. Die eigentliche föderale Qualität einer aus mehreren Komponenten gebildeten Organisation läßt sich daher an jenen Regelungen und Prinzipien messen, die dem Interessenausgleich und der Entwicklungsfähigkeit des Gesamtsystems und seiner Teile zu dienen bestimmt sind. Im Recht der Union gehören dazu:
- das Prinzip des immer engeren Zusammenschlusses der Völker, der – mangels Definition des abschließenden Zieles – logischerweise nur einen Prozeß, einen Vorgang bezeichnet[37];
- das Prinzip der Demokratie, welches die Definition eines gemeinsamen Interesses und eines gemeinsamen Willens der beteiligten Völker voraussetzt, doch gleichzeitig das Prinzip der Selbstbestimmung einzelner Gruppen garantiert[38];
- die Verpflichtung zur loyalen Zusammenarbeit, die sich gleichermaßen an die Mitgliedstaaten, ihre Organe und Teilgliederungen wie auch an die Union und ihre Organe richtet[39];
- die Gewährleistung des Rechtes einzelner Mitgliedstaaten, im Rahmen der Union und mit Hilfe ihrer Institutionen untereinander eine »verstärkte Zusammenarbeit« zu begründen[40];
- die Entscheidungsbefugnis der (gemeinsam handelnden) Mitgliedstaaten über Änderungen der Verträge und Erweiterungen des Kreises der Mitglieder.[41]

Da die Union aus der Beschränkung oder Übertragung staatlicher Zuständigkeiten entstanden ist, beeinflußt und verändert ihre Existenz notwendigerweise das zuvor bestehende Verfassungsgefüge ihrer Mitgliedstaaten, also auch – soweit vorhanden – deren föderale Struktur. Derartige Wandlungen sind zwangsläufige Folgen der Mitgliedschaft in der Union. In Deutschland werden sie ausdrücklich vom Grundgesetz ermöglicht[42], sie liegen innerhalb des Spektrums des jeweiligen staatlich verfaßten föderalistischen Prinzips. Ein notwendiger Gegensatz zwischen europäischer Integration und (nationalstaatlichem) Föderalismus besteht jedenfalls nicht. Je differenzierter die föderalistische Gestalt der Union wird, desto leichter kann sie selbst die föderalen Elemente ihrer Mitgliedstaaten stärken.[43]

Auch bei der Ausgestaltung des Institutionensystems der Union verbinden sich dezentrale und unitarische Elemente zu einem originellen Gefüge. Dies zeigt sich bei der Zusammensetzung und Funktion der Organe. Einerseits ist jeder Mitgliedstaat in allen Institutionen vertreten[44], andererseits besteht die Funktion sämtlicher Organe in der Bildung eines gemeinsamen Willens. Für die Mitglieder einiger Institutionen betonen die Verträge darüber hinaus die Verpflichtung zur Unabhängigkeit und das Gebot zur Wahrung des »allgemeinen Wohls« der Gemeinschaft.[45]

In diesem Rahmen und in diesen Grenzen läßt sich der Rat als das »föderative Organ« im Entscheidungsprozeß der Union bezeichnen. In ihm äußern sich die Positionen der Regierungen der Mitgliedstaaten. Solche die Teile der Union repräsentierenden Qualitäten besitzt aber auch das Europäische Parlament in seiner Eigenschaft als Vertretung der Völker der in der Gemeinschaft zusammengeschlossenen Staaten. Entsprechende Wirkungen in anderen Dimensionen erbringt die Vertretung der verschiedenen Gruppen des wirtschaftlichen und sozialen Lebens im Wirtschafts- und Sozialausschuß (WSA) sowie die Vertretung der regionalen und lokalen Gebietskörperschaften im Ausschuß der Regionen (AdR). Als unitarische Organe lassen sich die Kommission, der Gerichtshof und der Rechnungshof bezeichnen. Eine Zwischenstellung nimmt der Europäische Zentralbankrat ein, in dem das unitarisch konzipierte Direktorium und die Präsidenten der Zentralbanken der Mitgliedstaaten vertreten sind.

In den Verfahren der Rechtsetzung der Union zeigen sich gleichzeitig unitarische und dezentrale Elemente. Diese Gleichzeitigkeit besteht zum einen in dem Umstand, daß es kein einheitliches Rechtsetzungsverfahren gibt, bei dem mit Wirkung für alle Rechtsakte das Zusammenspiel von Staaten und EU-Institutionen festgelegt wäre. Vielmehr besteht eine Vielzahl von Verfahren, deren Unterschiede gerade in dem Ausmaß des einzelstaatlichen Einflusses auf den jeweiligen Rechtsakt bestehen. Auch innerhalb aller Verfahren sind unitarische und dezentrale Elemente zusammengefügt. Einzelne Verfahren, insbesondere jene von verfassungsrechtlicher Tragweite, sind stärker staatlich geprägt und enthalten nur wenige unitarische Elemente. Auf den unteren Stufen der Normenhierarchie treten die unitarischen Elemente dagegen deutlicher hervor.

Die Verfahren zur Vertragsänderung, zur Aufnahme neuer Mitglieder, zur Beschaffung neuer Einnahmen, zur Einführung eines einheitlichen Wahlverfahrens für das Europäische Parlament umfassen sämtlich eine Phase der notwendigen innerstaatlichen Zustimmung. Ein Inkrafttreten derartiger Akte ohne die Zustimmung aller Regierungen und Parlamente der Mitgliedstaaten ist nicht vorgesehen. Im Bereich der einfachen EG-Gesetzgebung ist eine Zustimmung der Mitgliedstaaten dagegen nicht erforderlich. In einzelnen Fällen bedarf es der Einstimmigkeit im Rat, doch kann diese auch durch Stimmenthaltung erreicht werden.

Im Regelfall müssen bei der Rechtsetzung Kommission, Rat und Parlament zusammenwirken, wobei jedes Organ mit Mehrheit entscheidet. Außerdem sind an den wesentlichen Entscheidungen WSA und AdR beratend beteiligt. Die föderale Balance zwischen den Interessen der einzelnen Staaten und dem Allgemeininteresse wird durch die obligatorische Beteiligung der verschiedenen Institutionen und durch die Verpflichtung auf ihre loyale Zusammenarbeit[46] erzielt.

2.3.2 Funktionen (Gesetzgebung, Rechtsprechung, Verwaltung, Kontrolle)

Die föderale Besonderheit der Wahrnehmung hoheitlicher Funktionen durch die EU besteht in ihrer vertikalen Schichtung. Anders als im föderalen System der USA werden diese Funktionen also nicht selbständig neben jenen der Gliedstaaten ausgeübt, sondern bedürfen, wenn auch in unterschiedlichem Ausmaß, der Ergänzung bzw. Ausführung durch die Staaten. Im Bereich der Gesetzgebung sind Verordnungen zwar geeignet, unmittelbare Rechte und Pflichten für die Bürger zu begründen, bilden also das stärkste unitarische Instrument, doch erfordern sie in zahlreichen Fällen ein ergänzendes Tätigwerden der Mitgliedstaaten. Besonders deutlich wird das Zusammenspiel von (unitarischer) Rahmengesetzgebung und (dezentraler) Ausführungsregelung in Gestalt der Richtlinien, die gemäß Art. 249 EGV die Mitgliedstaaten nur zur Erreichung des darin bestimmten Zieles verpflichten.

Die Ausführung des Gemeinschaftsrechtes ist, von wenigen Ausnahmen abgesehen[47], Angelegenheit der Mitgliedstaaten.[48] Dabei sind diese verpflichtet, für die Effizienz und die nicht-diskriminierende Anwendung des EG-Rechtes zu sorgen[49], wofür die EG selbst auch Rahmenbestimmungen setzen darf. Die gerichtliche Kontrolle der Ausführung des Gemeinschaftsrechtes obliegt in erster Linie den Gerichten der Mitgliedstaaten und nur ausnahmsweise dem Europäischen Gerichtshof (EuGH). Das besondere Verfahren der Vorabentscheidung gemäß Art. 234 EGV verknüpft die staatliche Justiz mit dem EuGH zum Zweck der Gewährleistung einer einheitlichen Auslegung.

Die Kontrolle des EuGH über das Verhalten der EG-Institutionen kann auch von den Mitgliedstaaten ausgelöst werden. Über die sonstigen gemeinschaftsinternen Kontrollinstrumente können die Staaten allerdings nur im Rahmen ihrer Mitgliedschaft im Rat verfügen.

2.3.3 Stellung der Bürger

Die Funktionsfähigkeit und Stabilität jeder Organisation hängt von der Bereitschaft der jeweiligen Bürger ab, die Entscheidungen der Institutionen dieser Organisation oder/und die Beschlüsse der Mehrheit der jeweiligen Bürger zu akzeptieren und zu befolgen. Diese Bereitschaft ist um so leichter zu erlangen, als die einzelnen ihre Identität gewahrt und ihre Bedürfnisse gedeckt sehen und die Verwirklichung ihrer Hoffnungen als möglich wahrnehmen. Die Vielfalt der Individuen und der Gesellschaften, der Geschichte und Geographie führt dazu, daß geschlossene Organisationen nur unter außergewöhnlichen Umständen und selten auf Dauer in der Lage sind, die Gesamtheit der Bedürfnisse zu erfüllen und die Vielfalt der Individuen zu repräsentieren. Eine Organisation, die nicht die Exklusivität der individuellen Loyalitäten beansprucht, sondern mehrfache Loyalitäten ermöglicht, hat größere Chancen auf Stabilität, sofern sie gleichzeitig demokratisch verfaßt und bestimmten grundlegenden Werten wie Grundrechtsschutz und Rechtsstaatlichkeit verpflichtet ist. Klassischer Vertreter einer solchen Organisation ist die Föderation.[50]

Vor diesem Hintergrund lassen sich die föderalen Merkmale der Europäischen Union auch daran ermessen, inwieweit die Bürger der einzelnen Staaten eigenständige Beziehungen zur Union eingegangen sind oder eingehen können, so daß die Union als Teil eines Systems gestufter Loyalitäten verstanden werden darf. Derartige Beziehungen können sich auf zahlreichen Ebenen entfalten, sie können u. a. auf reinen Nützlichkeitserwägungen beruhen, sie können in Tradition, Religion, gemeinsamen Werten usw. begründet sein. Ein System gestufter Loyalitäten muß definitionsgemäß nicht die Gesamtheit der loyalitätsbegründenden Elemente umfassen. Die föderale Qualität der Union ermißt sich daher nicht daran, daß die Bürger ihr sämtliche zuvor den Staaten oder anderen Einheiten entgegengebrachten Loyalitäten übertragen haben. Es genügt der Nachweis, daß mehrfache Loyalitäten grundsätzlich Anerkennung finden und sich artikulieren können, und daß bestimmte grundlegende Gemeinsamkeiten anerkannt werden.

Das Prinzip der mehrfachen Loyalität zeigt sich in der Union am deutlichsten in der Anerkennung des Europäischen Bürgerrechtes. Nach der Formulierung des Vertrages von Amsterdam (Art. 17 EGV-A) ergänzt sie die nationale Staatsbürgerschaft, »ersetzt sie aber nicht«. Die besondere Stellung der Bürger innerhalb der Union wird an den garantierten individuellen Werten, beginnend mit dem Recht auf nicht-diskriminierende Behandlung und auf Freizügigkeit bis hin zu den Grundrechtsgarantien verdeutlicht.[51] Die spezifisch europäische Rechtsposition der Bürger gewährleistet ihren Trägern – unabhängig vom Aufenthaltsstaat – ein Wahlrecht bei kommunalen Wahlen und bei Europawahlen. Ein ausdrücklicher Europäischer Grundrechtekatalog könnte diese Gemeinsamkeit der Werte und deren Gewährleistung noch zusätzlich verdeutlichen.[52] Die Gemeinsamkeit der Werte entwickelte sich allerdings nicht erst durch die Union. Sie ging vielmehr aus der langen gemeinsamen Geschichte der europäischen Völker hervor: Kultur, Konflikte und Ideen, Wirtschaft, Verkehr und Geographie, Religionen verbanden und trennten die Bürger in jeweils unterschiedliche Gruppen. Wenn europäische Geschichte daher eines belegt, dann die Unmöglichkeit, die verschiedenen Gruppen und Völker isoliert von den anderen Bewohnern des Kontinentes zu beschreiben. Andererseits läßt sich ihre Vielfalt auch nie auf einen einzigen Nenner, einen Staat oder ein Volk reduzieren. Insoweit sind in der europäischen Geschichte die für den Föderalismus charakteristischen Elemente der Individualität und der Gemeinsamkeit stets präsent.

2.3.4 Aufgabenzuweisungen

Zu den traditionellen Kriterien der Definition föderaler Systeme gehört die Aufteilung der Zuständigkeiten für die Erfüllung hoheitlicher Aufgaben zwischen mehreren Handlungsebenen. Dazu können verschiedene Techniken benutzt werden. Sie reichen von der katalogartigen Aufteilung aller zu einem bestimmten Zeitpunkt vorgestellten Aufgaben[53] über die Zuweisung nur bestimmter Aufgaben an eine Ebene⁵⁴ bis zur Begründung von Vermutungen für die Zuständigkeiten der einen oder anderen Ebene.⁵⁵

In der Europäischen Union verbinden sich auf originelle Weise alle diese Elemente. So gilt einerseits die Vermutung, daß die Union nur jene Aufgaben erfüllen darf, die ihr ausdrücklich zugewiesen sind.⁵⁶ Doch sind diese Aufgaben auf unterschiedliche Weise definiert: einige anhand ihres Gegenstandes (z. B. Landwirtschaft, Verkehr), andere durch eine Zielbeschreibung (z. B. Herstellung eines Binnenmarktes, Art. 3 und Art. 4 EGV). Letztere können eine unbestimmte Zahl von Bereichen betreffen – sofern diese der Zielverwirklichung dienen.

Hinter einzelnen Zuständigkeiten stehen außerdem unterschiedlich intensive und unterschiedlich breite Wahrnehmungsmöglichkeiten der Union bzw. der Staaten. So sind das Ausmaß⁵⁷, die normative Intensität⁵⁸ und die Art der rechtlichen Verbindlichkeit⁵⁹ des Handelns der EG/EU je nach Bereich unterschiedlich ausgestaltet, also in unterschiedlicher Weise mit dem Handeln der Staaten verzahnt. Hinzu kommt die bereits erwähnte, nach Gegenstand unterschiedliche Aufteilung von Gesetzgebungs- und Verwaltungszuständigkeit.

Im Ergebnis entstand dadurch ein vielfach abgestuftes System der Zuständigkeitszuweisungen, das noch durch die Art der Inanspruchnahme zusätzlich nuanciert wird, und das in seiner Gesamtheit alle Merkmale des föderalen Konzeptes trägt.⁶⁰ Die Einfügung des *Subsidiaritätsprinzips* in die Verträge verdeutlicht diese föderale Qualität. Es findet sich ausdrücklich oder implizit in zahlreichen Bundesverfassungen. Allerdings entfaltet es weder dort noch im Rahmen der Union selbst zuständigkeitsabgrenzende Wirkung. Das Prinzip ist zu allgemein, als daß es Steuerungsfunktionen in einem derart nuancierten System erfüllen könnte.

3. Schlußbemerkung

Die föderative Idee ist dem Demokratieprinzip eng verwandt. Denn Selbstbestimmung – auf der das Demokratieprinzip beruht – verwirklicht sich, je nach Thema, im Rahmen von Gruppen verschiedenster Größe. Es ist daher kein Zufall, daß frühe Ausprägungen der Demokratie (in den USA und der Schweiz) föderale Formen annahmen. Im Rahmen der Europäischen Union führt der Anspruch auf demokratisch legitimierte Machtausübung zwangsläufig zu einem Verfassungssystem, das sich um eine Balance zwischen Autonomie und Gemeinsamkeit bemüht. Die Verträge zur Errichtung der Europäischen Union und der Europäischen Gemeinschaft verflechten die zuvor staatlich organisierte Form der Machtausübung zu einem höchst differenzierten System gemeinsamer und autonomer Machtwahrnehmung, das gleichzeitig dynamisch und balanciert angelegt ist. Bei der Einzigartigkeit der Organisation liegt es auf der Hand, daß sie nicht in Begriffsschablonen wie »Bundesstaat«, »Staatenbund« oder »Staatenverbund« paßt. Diese Art der Machtverflechtung erfüllt jedoch alle Merkmale der föderalen Idee. 250 Jahre nach

Montesquieus Entwürfen und 200 Jahre nach Kants Analyse der Bedingungen für einen »ewigen Frieden« hat der Föderalismus in der Europäischen Union eine der Gemeinsamkeit und Individualität der Europäer angemessene Form erlangt.

Anmerkungen

1 Grundlegend Wheare, Kenneth: Federal Government, 4. Auflage, Oxford 1961; Burdeau, Georges: Traité de Science Politique, Bd. II, 3. Auflage, Paris 1980, S. 493; Centre d'etude du fédéralisme (Hrsg.): Le fédéralisme, Brüssel 1994, S. 12 ff.; s. a. Mazan, Stephan: Das föderative Prinzip in der Europäischen Union, Zürich 1996, S. 3 ff.
2 Vgl. Herzog, Roman: Stichwort »Föderalismus«, in: Herzog, Roman, u. a. (Hrsg.): Ev. Staatslexikon, 3. Auflage, Stuttgart 1987.
3 Die praktisch-politischen Grundlagen dieser Entwicklung legten Alexander Hamilton, James Madison und John Jay in ihren »Federalist Papers« aus dem Jahre 1787 (dt. »Der Föderalist«, Wien 1958). Zur Verfassungspraxis grundlegend: Cappelletti/Seccombe/ Weiler, Joseph H. H. (Hrsg.): Integration through Law. Europe and the American Federal Experience, Vol. I, Book 1, A Political, Legal and Economic overview, Berlin 1986; siehe auch Trute, Hans-Heinrich: Zur Entwicklung des Föderalismus in den Vereinigten Staaten, Zeitschrift für ausländisches öffentliches Recht und Völkerrecht (ZaöRV) Bd. 49 (1989), S. 191–256.
4 Dazu näher Cloos, Jim u. a. (Hrsg.): Le Traité de Maastricht, 2. Auflage, Brüssel 1994, S. 115.
5 Dazu näher Knop, Karen u. a. (Hrsg.): Rethinking Federalism, Vancouver 1995.
6 Ausführlich zur Ideengeschichte der Europäischen Einigung: Schneider, Heinrich: Leitbilder der Europapolitik, Bonn 1977; allgemein zur Geschichte: Deuerlein, Ernst: Föderalismus. Die historischen und philosophischen Grundlagen des föderativen Prinzips, München 1972.
7 Montesquieu: De l'esprit des lois, Vol. I, Livre IX, Paris 1979, S. 265.
8 Locke, John: Two Treatises of Government 1690 (Neuausgabe Cambridge 1960). Teil II, Kapitel 8.
9 De Saint-Simon, Claude-Henri, und Augustin Thierry: De la réorganisation de la société européenne ou de la nécessité et des moyens de rassembler les peuples de l'Europe en un seul corps politique en conservant à chacun son indépendance nationale, Paris 1814.
10 Proudhon, Pierre Joseph: Du principe fédératif et oeuvres diverses sur les problèmes politiques européens, Paris 1959.
11 Vgl. Hamilton (Anm. 3).
12 Vgl. Aron, Robert, und Alexandre Marc: Principes du fédéralisme, Paris 1948; s. a. Kinsky, Ferdinand, und Franz Knipping (Hrsg.): Der personalistische Föderalismus und die Zukunft Europas, Festschrift für Alexandre Marc, Baden-Baden 1996.
13 Z. B. in Spinelli, Altiero: Agenda pour l'Europe, Paris 1972. Zur Kontroverse zwischen beiden Richtungen vgl. Pinder, John: Hamilton und Proudhon: Das Ende einer föderalistischen Kontroverse?, in: integration 4 (1987), S. 165–174.
14 Dazu Capotorti, Francesco, u. a. (Hrsg.): Der Vertrag zur Gründung der Europäischen Union: Kommentar zu dem vom Europäischen Parlament am 14. Februar 1984 verabschiedeten Entwurf, Baden-Baden 1986.
15 Erklärung vom 9. Mai 1950, abgedruckt bei Schwarze, Jürgen, und Roland Bieber (Hrsg.): Eine Verfassung für Europa, Baden-Baden 1984, S. 394.
16 Hallstein, Walter: Der unvollendete Bundesstaat, Düsseldorf 1969, S. 11.

17 Abgedruckt bei Schwarze/Bieber (Anm. 15), S. 66.
18 Abgedruckt in Europäisches Parlament (Hrsg.): Dokumentensammlung »Die politische Union«, Luxemburg 1964.
19 Vgl. oben und Cloos (Anm. 4).
20 So z. B. Mazan (Anm. 1), S. 64.
21 So bereits Ipsen, Hans-Peter: Europäisches Gemeinschaftsrecht, Tübingen 1972, S. 984.
22 Vgl. Schmalenbach, Kirsten: Der neue Europaartikel 23 des Grundgesetzes im Lichte der Arbeit der gemeinsamen Verfassungskommission, Berlin 1996, S. 68–73.
23 So bereits Everling, Ulrich: Zur föderalen Struktur der Europäischen Gemeinschaft, in: Hailbronner, Kai, u. a. (Hrsg.): Staat und Völkerrechtsordnung, Festschrift für Karl Doehring, Berlin/Heidelberg 1989, S. 179–197.
24 So z. B. unter Betonung der »gemeinsamen Verfassungsüberlieferung«, Art. 6 Abs. 2 EUV.
25 Vgl. Art. 6 Abs. 1 EUV.
26 Art. 1 EUV.
27 Art. 2 und Art. 3 EGV.
28 Art. 6 Abs. 3 EUV, s. a. Art. 11 Abs. 1 EUV (»Wahrung der ... Unabhängigkeit und Unversehrtheit der Union«).
29 Vgl. Art. 61, Art. 220, Art. 234 und Art. 249 EGV sowie Gerichtshof der Europäischen Gemeinschaften: Sammlung der Rechtsprechung des Gerichtshofes und des Gerichtes erster Instanz (im folgenden abgekürzt mit Slg.), Luxemburg 1991, Gutachten 1/91, 1991, S. I-6079 (Ziff. 21: »Rechtsgemeinschaft«).
30 Rechtssache (Rs.) 6/64 (Costa/Enel), Slg. 1964, S. 1251. Dazu Beutler, Bengt, Roland Bieber u. a.: Die Europäische Union, 4. Auflage, Baden-Baden 1993, S. 94 ff.
31 Vgl. Art. 249 EGV sowie Rs. 26/62 (van Gend u. Loos), Slg. 1963, S. 1.
32 Vgl. Art. 1 EUV.
33 Art. 6 Abs. 3 EUV.
34 Vgl. Art. 2 EUV und Art. 5 EGV. Dazu im einzelnen: Bieber, Roland: Subsidiarität im Sinne des Vertrages über die Europäische Union, in: Nörr, Knut Wolfgang, und Thomas Oppermann (Hrsg.): Subsidiarität. Idee und Wirklichkeit, Tübingen 1997, S. 165–183.
35 Vgl. Art. 5 EGV.
36 Dazu näher Beutler (Anm. 29), S. 223 ff. und Iglesias, Carlos Rodriguez: Zu den Grenzen der verfahrensrechtlichen Autonomie der Mitgliedstaaten bei der Anwendung des Gemeinschaftsrechts, in: Europäische Grundrechte Zeitschrift 1997, Nr. 14–16, S. 289–295.
37 Vgl. Art. 1 EUV und Präambel EGV.
38 Vgl. Art. 6 EUV.
39 Vgl. Art. 10 EGV und Rs. C-2/88 (Zwartveld), Slg. 1990, S. I-3365, dazu Bleckmann, Albert: Europarecht, 6. Auflage 1997, S. 251–257.
40 Titel VII EUV.
41 Art. 48 und Art. 49 EUV.
42 Vgl. Art. 23 GG. In dessen Abs. 6 wird davon ausgegangen, daß »ausschließliche Gesetzgebungsbefugnisse der Länder« von der Tätigkeit der Union betroffen sind.
43 Z. B. im Rahmen des erst mit dem Maastrichter Vertrag 1992 geschaffenen Ausschusses der Regionen, vgl. Art. 263 EGV.
44 Dies wird z. T. durch die Verträge ausdrücklich vorgeschrieben (Kommission, Art. 213 EGV; Rat, Art. 203 EGV; EZB-Rat, Art. 112 EGV), z. T. durch die Mitwirkung der Regierungen der Mitgliedstaaten an der Ernennung gewährleistet (Gerichtshof, Art. 223 EGV; Rechnungshof, Art. 247 EGV; WSA, Art. 259 EGV; AdR, Art. 263 EGV), und z. T. durch die Praxis des Wahlverfahrens bewirkt (EP, Art. 190 EGV-A).

45 Kommission: Art. 213 EGV; EuGH, Art. 223 EGV; Rechnungshof: Art. 247 EGV; WSA, Art. 258 EGV; AdR, Art. 263 EGV; EP, Art. 4 Direktwahlakt; EZB, Art. 108 EGV.
46 Dazu Bieber, Roland: Kommentar zu Art. 4 EGV, in: Groeben u. a.: Kommentar zum EU/EG-Vertrag, 5. Auflage, Baden-Baden 1997, Ziff. 63–65.
47 Insbesondere das EG-Wettbewerbsrecht, Art. 81 ff. EGV.
48 Vgl. Erklärung Nr. 19 zum EUV und Erklärung Nr. 43 zum Protokoll über die Anwendung der Grundsätze der Subsidiarität im Vertrag von Amsterdam »Die hohen Vertragsparteien bekräftigen [...] die Schlußfolgerung des Europäischen Rats von Essen, wonach die administrative Durchführung des Gemeinschaftsrechts grundsätzlich Sache der Mitgliedstaaten gemäß ihren verfassungsrechtlichen Vorschriften bleibt«.
49 Zu den Grenzen der mitgliedstaatlichen Autonomie s. insbesondere den Aufsatz von Rodriguez Iglesias (Anm. 36).
50 Grundlegend dazu Guetzkow, Harald: Multiple Loyalities: Theoretical Approach to a Problem in International Organization, Princeton 1955, siehe auch Breton, Raymond: Identification in Transnational Political Communities, in: Knop (Anm. 5), S. 40–58.
51 Vgl. Art. 12 EGV (Verbot der Diskriminierung aus Gründen der Staatsangehörigkeit), Art. 18 EGV (Freizügigkeit), Art. 6 Abs. 2 EUV (Grundrechtsgarantie).
52 Dazu insbesondere Bieber, Roland u. a. (Hrsg.): Au nom des peuples européens – In the Name of the Peoples of Europe, Baden-Baden 1996.
53 Vgl. Art. 73 und Art. 74 GG.
54 Vgl. Art. 15 der Bundesverfassung Österreichs; vgl. auch Art. 3 der schweizerischen Bundesverfassung.
55 Vgl. Art. 3 der schweizerischen Bundesverfassung.
56 Vgl. Art. 5 EGV.
57 Vgl. Art. 151 EGV (Kultur: » Die Gemeinschaft leistet einen Beitrag...«) einerseits und Art. 71 EGV (Gemeinsame Verkehrspolitik »... alle sonstigen zweckdienlichen Vorschriften«) andererseits.
58 Vgl. Art. 139 EGV (»Die Kommission bemüht sich darum...«) einerseits und Art. 110 EGV und Art. 19.1 Protokoll über die Europäische Zentralbank (»...die EZB kann verlangen...«) andererseits.
59 Vgl. Art. 34 EUV (»Gemeinsame Standpunkte«) einerseits und Art. 81 EGV (»unvereinbar und verboten sind ...«) andererseits.
60 Zum speziellen Bereich des Finanzföderalismus vgl. die Beiträge von Padoa-Schioppa, Tommaso: Economic Federalism and the European Union, und Pelkmans, Jacques: Governing European Union: From Pre-Federal to Federal Economic Integration?, in: Knop (Anm. 5), S. 154 ff., 166 ff.

Frieden in Europa

JOSEF JANNING

Die Geschichte Europas ist eine Geschichte von Konflikten und Kriegen – die gegenwärtige Realität der Weltpolitik ist eine Fortsetzung dieser Geschichte mit den Mitteln unserer Tage. Frieden bleibt mithin auch an der Schwelle des 21. Jahrhunderts ein kostbares, weil eher knappes Gut, auch wenn seine Beständigkeit im Lebensgefühl der Westeuropäer schon zur unbefragten Selbstverständlichkeit gehört. Daß der Kontinent über Jahrzehnte unter der Drohung eines nuklearen Infernos lebte und – recht besehen – noch immer lebt, bestimmt den Pulsschlag des öffentlichen Lebens kaum. Nur in wenigen Stationen der Nachkriegsentwicklung trafen nukleares Risikokalkül der Planer und apokalyptische Schreckensvisionen in Teilen der Öffentlichkeit aufeinander: im Korea-Krieg zu Anfang und nach dem Sputnik-Schock gegen Ende der fünfziger Jahre, in der Kuba-Krise in den sechziger und dem Afghanistan-Krieg an der Schwelle der achtziger Jahre sowie in der nachfolgenden Debatte um die sowjetischen SS-20-Mittelstreckenraketen und die NATO-Nachrüstung. Mit dem Ende des Ost-West-Konfliktes erlebte Europa eine neue Phase der historischen Gleichzeitigkeit von Krieg und Frieden: den weitgehenden Wegfall der alten Bedrohung nach der Auflösung des Warschauer Paktes und der Sowjetunion und zugleich die Wiederkehr alter Konfliktlinien und archaischer Konfliktmuster in der unmittelbaren Nähe Mittel- und Osteuropas, auf die Spitze gebracht in den Kriegen um Bosnien-Herzegowina und Kosovo. In diesen Jahren erlangte die These John Mearsheimers, in der unmittelbaren Anschauung des Umbruches in Europa formuliert, eine traurige Plausibilität: Europa bewegte sich »vorwärts in die Vergangenheit«, seine Zukunft erschien als Wiederkehr der Konflikte der Zwischenkriegszeit und des späten 19. Jahrhunderts.[1]

1. *Si vis pacem, para bellum?*

Bei allem Leid und der immensen Vernichtungskraft moderner Kriegsführung scheint es, als gehöre der Krieg, die Abwehr eines Krieges sowie die Verarbeitung der Kriegsfolgen zum unveränderlichen kulturgeschichtlichen Besitzstand der

Europäer. Nur für einige Dekaden, angesichts des Risikos völliger Vernichtung im atomaren Weltkrieg, schien diese Gefahr partiell aufgehoben worden zu sein. »Frieden machen« folgt, wie der Friedensforscher Dieter Senghaas resümiert, noch immer der antiken Logik des »*si vis pacem, para bellum*«.[2] Angemessener wäre es, so Senghaas, den Frieden vorzubereiten, das heißt die Bedingungen und Verfahren zu entwickeln, die Kriege verhindern und den gewaltfreien Interessenausgleich regeln.

Das Wissen um Konfliktprävention und friedliche Streitbeilegung dürfte in der Tat zu keiner Zeit größer gewesen sein als zum Ende dieses Jahrhunderts, das mit einer idealistischen Friedensvision, den »14 Punkten« des amerikanischen Präsidenten Woodrow Wilson 1918, begann. Das Scheitern seiner Vision im Versagen des Völkerbundes markiert zugleich ein Paradox moderner westlicher Demokratien: Für sich selbst haben sie ein Regelwerk geschaffen, das den Bürgerkrieg und die gewaltsame Konfliktlösung im Innern so lange kontrolliert, wie das Gewaltmonopol des Staates greift. In ihren Beziehungen untereinander verhindert das Nutzenkalkül von Eliten und Öffentlichkeit den Ausbruch von Kriegen, doch im Umgang mit Diktaturen und entschlossener Aggression neigen sie, aus ihrer eigenen normativen Disposition und Prioritätenskala heraus, zum *Appeasement*.

Das Wechselspiel von Eliten und Öffentlichkeit, die rationale Scheu vor kriegerischem Engagement und die Fairneß-Normen westlicher öffentlicher Diplomatie sind kein wirksames Instrument zur Abschreckung oder Abhaltung von Aggressoren, deren politische Legitimation und Herrschaftsanspruch nicht auf diesen Faktoren beruht. Die serbische Kriegsführungsstrategie in Bosnien-Herzegowina wie im Kosovo in den neunziger Jahren liefert dutzendfache Belege für den Erfolg derartigen Taktierens – wird der Druck der westlichen Demokratien gegen die Agressionspolitik zu stark, genügen kleinere Gesten des Einlenkens, um Politik und Öffentlichkeit in Westeuropa und Nordamerika zu einer Abschwächung ihres Druckes, zur Hinauszögerung von Sanktionen oder Interventionen zu bewegen. Diktatoren mißbrauchen immer wieder die tiefsitzende westliche Vorstellung, Schritte in die richtige Richtung unmittelbar »belohnen« zu müssen. Diese Mechanismen wirken so lange, wie eine unmittelbare Bedrohung der Demokratien nicht erkennbar ist – auch das ist eine Folge der Grenznutzenkalküle demokratischer Gesellschaften. Aggressoren an den Rändern des demokratischen Europa scheinen die Geschichte Chamberlains und Hitlers gründlicher studiert zu haben als die Akteure und Meinungsmacher in den Hauptstädten des Westens. Es gibt also, das lehrt die kurze Geschichte der Zwischenzeit Europas nach dem Fall der Berliner Mauer, noch gute Gründe, auf den Krieg vorbereitet zu sein um des Friedens willen. Gleichzeitig spricht die Einsicht in Konfliktursachen und Friedensbedingungen dafür, sie dem Primat des *para pacem* unterzuordnen, Krieg nicht, wie in dem berühmten Diktum von Clausewitz, als Fortsetzung der Politik mit anderen Mitteln zu sehen, sondern ihn als Teil einer Friedensstrategie zu verstehen: Keine der militärischen Interventionen der neunziger Jahre kann im Rückblick als erfolgreich gelten, wenn sie nicht im Kontext von Friedenszielen und Friedensressourcen stand.[3]

Eine der wesentlichen Ursachen für die Dichte europäischer Konfliktgeschichte ist sicherlich in der Eigentümlichkeit der europäischen Staatenentwicklung zu finden. Sie erscheint geprägt vom Nebeneinander, Miteinander und Gegeneinander einer vergleichsweise großen Zahl verschiedener Akteure auf kleinem Raum. Seit der Spätphase des Römischen Reiches sind Kooperations- und Konfliktmuster Europas aufeinander bezogen. Europa wurde zu den meisten Zeiten durch konkurrierende Machtkonstellationen geprägt, in denen stets mehr als ein oder zwei Akteure Vormachtpotential besaßen. Das Gleichgewicht blieb selten über lange Zeit stabil, auch wenn einzelne Konfliktmuster – wie der Gegensatz zwischen Spanien und England, zwischen England und Frankreich, zwischen Frankreich und Preußen/Deutschland – Jahrzehnte oder Jahrhunderte überdauerten. Koalitionswechsel und eine phasenverschobene Modernisierung ließen keine eindeutige Machtkonfiguration entstehen. Die Konfliktgeschichte Europas ist zugleich die Geschichte vom Aufstieg und Fall der Mächte. In der Dichte der europäischen Staaten- und Gesellschaftswelt geriet jeder Machtzuwachs des einen leicht zum Nullsummenspiel, denn er erfolgte zu Lasten anderer, wenn nicht real, dann doch in der Wahrnehmung der Nachbarn.

Die Eigentümlichkeit der europäischen Konfliktgeschichte erschließt sich dennoch nicht allein aus diesen Mustern. Nicht weniger prägend als die Konkurrenz der Mächte erscheint im Rückblick das Netz der Kooperation, des Austausches, der Nachahmung und des wechselseitigen Lernens – bis hin zu frühen Formen der Integration.[4] Die Künste der Europäer, ob in der Malerei, der bildenden Kunst, der Architektur, Musik oder Literatur, sind ohne einander kaum denk- und erklärbar, so reichhaltig sind die wechselseitigen Bezüge. Anpassung und Übernahme prägten das Rechtswesen und die Organisation der Verwaltung. Handwerk und Wirtschaft, Militärtechnik und Kriegshandwerk waren nicht weniger europäisch oder transnational als die Kunst – kein Gewinn oder Vorteil durch Innovation, der nicht bald anderenorts übernommen, seinerseits weiterentwickelt oder durch Neuentwicklung abgelöst wurde. Die Dichte der Kommunikation über Grenzen hinweg, die für Karl W. Deutsch das wesentliche Indiz für Integration ausmacht, bildet für viele der heutigen europäischen Staaten ein Merkmal ihrer Entwicklungsgeschichte.[5] Der Machterfolg europäischer Staaten im globalen Maßstab dürfte in diesem Sinne zwei Väter besitzen: die Modernisierungskonkurrenz des Krieges wie die des Friedens.

Die Dialektik dieser Konkurrenz findet ihren Niederschlag auch in den Friedenskonzepten der europäischen Geschichte: von den imperialen Friedenskonstruktionen, von der 200 Jahre währenden *pax romana* bis zu den Dekaden der *pax americana*, von den ethisch geprägten Friedensmodellen der großen christlichen Denkschulen bis zur Denkfigur des »ewigen Friedens« bei Immanuel Kant, von den Gleichgewichtskalkülen europäischer Diplomatie bis zur wirtschaftlichen und politischen Integration in der zweiten Hälfte des 20. Jahrhunderts.[6]

2. Die Gleichzeitigkeit der Friedenszeiten

Nach den Jahrzehnten eines »kalten Friedens« im strategischen Patt der antagonistischen Blöcke leben die Europäer heute in der Gleichzeitigkeit dreier unterschiedlicher »Friedenszeiten«: Im Westen des Kontinentes hat sich der Krieg als Mittel der Politik des Nationalstaates erschöpft. Die europäische Integration prägt als System des Interessenausgleiches, der Machtkontrolle wie der Versicherung gegen Regression die Staatenbeziehungen innerhalb der Europäischen Union. In ihrem Innenverhältnis hat der Grundsatz des *para pacem* das Kalkül des *para bellum* abgelöst; negativer Frieden, die Abwesenheit des Krieges, gehört zum impliziten *acquis communautaire*. Der Versuch des positiven Friedens, gewaltfreier Konfliktverarbeitung und friedlichen Interessenausgleichs kennzeichnen die Entwicklung von Institutionen und Verfahren der Europäischen Union. Ein Gutteil der Gemeinschaftspolitik befaßt sich mit klassischen Staatsaufgaben, der Wahrung und Mehrung von Wohlfahrt und Sicherheit – öffentliche Güter, die den inneren Frieden tragen.

In den neuen marktwirtschaftlichen Demokratien Mittel- und Osteuropas hat die überwältigende historisch-politische Erfahrung des friedlichen Systemwechsels die Sorge um den äußeren Frieden nicht vollends verdrängt. Der Winter 1989 hat zwar die hegemonialen Interventionen von 1956 in Ungarn und 1968 in der Tschechoslowakei, die Symbole der *pax sovietica*, überwunden, doch halten die Schwäche der Demokratie und die soziale Instabilität Rußlands Risikoperzeptionen wach.[7] Die neuen Demokratien suchen nach Sicherheit vor äußerem Druck – und dies um so hartnäckiger, je mehr die Politik des Westens ihnen nahelegt, daß die befürchteten Risiken nicht bestünden. Die größte Herausforderung für den Frieden in diesen Staaten bilden heute innergesellschaftliche Brüche und damit die Sicherung des inneren Friedens: der Ausgleich der zahlreichen Minderheitenkonflikte, vom Baltikum bis nach Bulgarien, die Befriedung der neuen sozialen Frage, die aus der wachsenden Differenzierung der Einkommen und dem Rückbau sozialistischer Staatsfürsorge entstanden ist, und schließlich die mentale Öffnung zu Europa hin, die Überwindung der Überbetonung der Nation und nationalen Identität, ohne die der Integrationsprozeß in der EU auf Dauer nicht gelingen wird. Rußland, Weißrußland, die Ukraine und die benachbarten Staaten der Gemeinschaft Unabhängiger Staaten (GUS) scheinen von diesem Prozeß bereits abgekoppelt zu sein und sich auf einem anderen Weg zu befinden. Ihre Demokratie ist eindeutig weniger konsolidiert oder der Umbau zur Marktwirtschaft ist bisher nicht gelungen, das soziale Konfliktpotential ist größer und die Machtrivalitäten schärfer als in ihrer westlichen Nachbarschaft.

In einer dritten, wieder anderen Friedenszeit leben die Menschen auf dem Balkan, das heißt im ehemaligen Jugoslawien, vor allem in Bosnien-Herzegowina und im Kosovo, aber auch in Albanien und Mazedonien. Für sie ist weder der äußere noch der innere Frieden eine stabile Bezugsgröße; Bürgerkrieg und Krieg, der Zerfall staatlicher und moralischer Autorität oder die Zerstörung der individuellen

Lebensgrundlagen bilden eine reale Gefahr. Es kennzeichnet die Friedenszeit des Balkans, daß die Kontrolle der Gewalt im Grunde nur durch Intervention von außen erfolgen kann – diese bewahrt den Status quo und kann bis zu einem gewissen Grad massives Unrecht zurechtrücken, doch eine im Sinne der betroffenen Menschen gerechte Ordnung wird wohl von außen nicht zu schaffen sein, sondern von den Ethnien und Gesellschaften selbst entwickelt werden müssen.

Das Europa der Nachkriegszeit wurde durch zwei aufeinander bezogene Friedensmodelle geprägt: den äußeren Frieden durch Abschreckung, durch die gesicherte wechselseitige Vernichtungsfähigkeit; den inneren Frieden, im Westen durch die Entwicklung einer sozialen Marktwirtschaft, im Osten durch die soziale Nivellierung sozialistischer Herrschaft. Beide Friedenskonzepte sind, wie gezeigt, durch den Umbruch Europas betroffen. Wachsende Heterogenität und zunehmende Verteilungskonflikte in einer größeren EU sowie Differenzierungsdruck durch wirtschaftliche Globalisierung fordern die Fähigkeit zu einem neuen friedlichen Ausgleich von innen heraus. Nach außen bleibt der Friede durch Abschreckung als Residualgröße im strategischen Kalkül erhalten, doch ist diese Abschreckung als Friedenskonzept für die akuten Konflikte, die Bürgerkriege und die Folgen des Staatsversagens nicht geeignet. Was der Begriff des Friedens in diesem neuen europäischen Kontext künftig bedeutet, wird sich im wesentlichen an der Friedensleistung der Demokratien in der Europäischen Union entscheiden.

3. Die Friedensbilanz der europäischen Integration

Am Beginn der europäischen Integration stehen drei Erfahrungen, die drei Lektionen europäischer Geschichte widerspiegeln. Zuerst ist es die Erfahrung des Krieges, der ungebremsten Machtkonkurrenz und des zerstörerischen Herrschaftsanspruches, im Zweiten Weltkrieg noch einmal gesteigert um die Dimension des Völkermordes und eine »totale« Kriegsführung, die in völliger Zerstörung endete. Eine zweite, nicht minder konstitutive Erfahrung war die der Vergeblichkeit des Krieges als Fundament einer europäischen Ordnung: Keine der großen Eroberungen in Europa hat auf Dauer bestehen können, und auch die bis dahin unbekannte technische Machtentfaltung der nationalsozialistischen Diktatur hat diese Lektion nicht widerlegt. Die dritte – für den Durchbruch des Konzeptes der Integration, dessen konkrete Anfänge Jahrzehnte zurück reichen, vielleicht wichtigste – Erfahrung wurde die des Zwanges zum Miteinander: Da keiner der großen Staaten durch äußeren Druck auf Dauer unterhalb seiner Möglichkeiten zu halten war, lag in vielen der Kriegsausgänge der europäischen Geschichte zugleich der Keim zur Vorbereitung des nächsten. Vor diesem Hintergrund konnte sich das Konzept der Integration entfalten: als Strategie der Verflechtung zuvor kriegswichtiger Machtressourcen, als System der Einbindung früherer Gegner, ja sogar Aggressoren, über die Bündelung von Souveränität statt ihres Entzuges, als Programm der Wohlstandsentwicklung über den Aufbau eines Gemeinsamen Marktes. Von Anfang an brach der Integrationsprozeß zudem mit einer weiteren Lektion europäischer Geschichte – daß kleine Staaten Objekte der Machtpolitik ihrer größeren Nachbarn seien. Im Aufbau Europas wurden sie zu Subjekten der Integrationspolitik. Das Engagement und das Profil der Niederlande, Belgiens und Luxemburgs bieten dazu reiche Anschauung.[8]

Europäische Integration hat sich in diesem Sinne als eine Sicherheitsgemeinschaft entwickelt, die ihren Mitgliedern Schutz vor Bevormundung und Unterwerfung durch die unmittelbaren Nachbarn versprach. Was Anfang der fünfziger Jahre kaum mehr als eine Erwartung sein konnte, erscheint wenige Jahrzehnte später

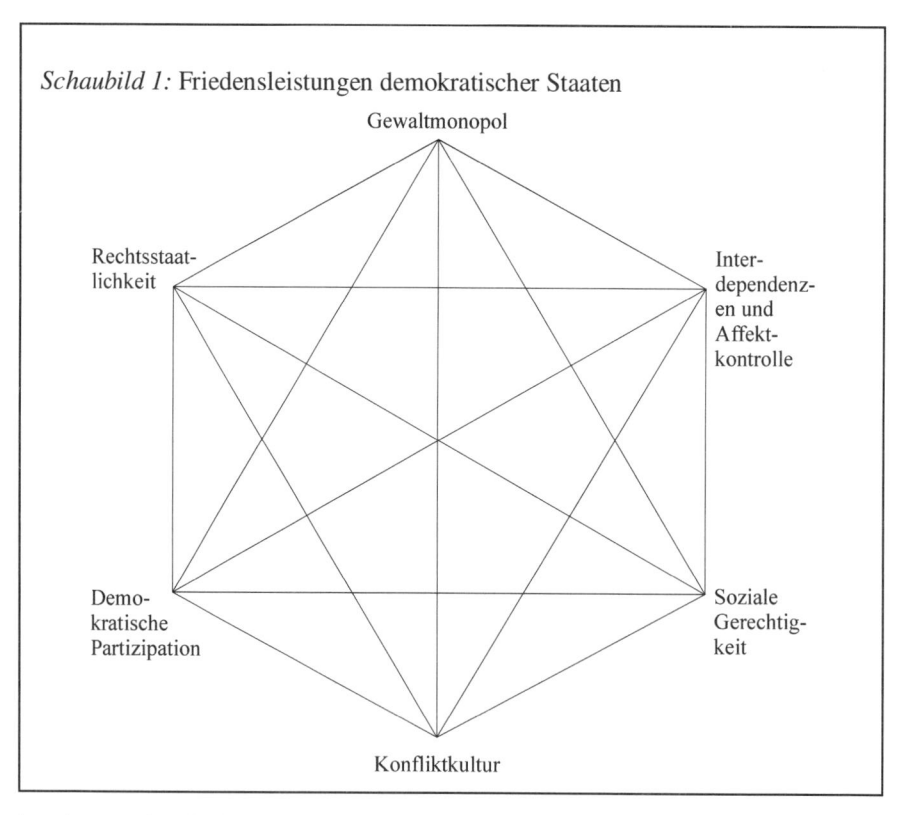

Schaubild 1: Friedensleistungen demokratischer Staaten

- Gewaltmonopol
- Rechtsstaatlichkeit
- Interdependenzen und Affektkontrolle
- Demokratische Partizipation
- Soziale Gerechtigkeit
- Konfliktkultur

bereits so sehr als Selbstverständlichkeit, daß es in kaum einer Bilanz noch eigens genannt wird. Und dort, wo man, wie vor Jahren Helmut Kohl mit seinem Bild von der Einigung Europas als einer Frage von Krieg und Frieden, an diese Friedensleistung erinnert, besteht schon die Gefahr des Mißverständnisses, als handele es sich um eine Drohung.

Die Selbstbeschränkung der Europapolitik auf die Wahrung der Sicherheit voreinander war indessen keine bewußte Strategie, sondern vielmehr Ergebnis der historischen Entwicklung. Die Europäische Verteidigungsgemeinschaft (EVG), über die Europäische Politische Gemeinschaft verklammert mit der Montanunion, sollte kollektive Verteidigung nach außen organisieren und auch hier ein Prinzip der Integration, die partielle Auflösung nationaler Autonomie, realisieren. Dieser Plan kam in einer Zeit zustande, in der die Furcht vor einem baldigen Ausgreifen der Sowjetunion auf Westeuropa dominant war; das nationale Kalkül überwog in dem Augenblick, in dem nach dem Ende des Korea-Krieges die Kriegsgefahr abflaute. Möglicherweise liegt im Scheitern der EVG eine der Wurzeln des Erfolges der Integration: Abgesehen davon, daß Westeuropa als sicherheits- und verteidigungspolitischer Machtfaktor und Akteur das pragmatisch-experimentelle Entwicklungsmuster von der EWG zur EU kaum hätte »ausleben« können, die Handlungs- und Entscheidungszwänge des Ost-West-Konfliktes hätten wahrscheinlich die zentrale innere Friedensleistung der Integration nicht zu der Entfaltung kommen lassen, die den Weg der Europäer vom konzertierten Mißtrauen zu kooperativem Föderalismus ausmacht.

Nicht nur in ihrem Erscheinungsbild und Leistungsumfang, sondern auch von ihrem inneren Selbstverständnis her hat sich die europäische Integration von der Analogie einer Allianz weit entfernt. Sie als System kollektiver Sicherheit anzusehen, verfehlte den Kern dessen, was Europa heute ausmacht. Allenfalls wäre die Europäische Union als ein System »kollektiven Friedens« zu fassen: Sie ist der Versuch, die zivilisatorische Leistung des »inneren Friedens«, den die meisten der westlichen Demokratien über die Zeit erreicht haben, auf die Beziehungen zwischen Staaten zu übertragen bzw. über die Grenzen des demokratischen Staates hinaus in ein definiertes Feld supranationaler Zusammenarbeit auszudehnen. Dieter Senghaas hat, die Ergebnisse der Friedens- und Konfliktforschung bündelnd, die zivilisatorische Leistung befriedeter Gesellschaften als aufeinander bezogenes Sechseck der wesentlichen Bestimmungsgrößen beschrieben. *(Schaubild 1)*[9]

Was Senghaas hier für die Friedensleistung moderner demokratischer Staaten als kennzeichnend ansieht, trifft in vielerlei Hinsicht auch auf die Europäische Union zu. Ihre Friedensleistung läßt sich – und dies unterscheidet sie von den meisten der traditionellen Bündnisse – anhand dieser Faktoren recht präzise umreißen.

4. Interdependenz

Die Integration hat in Europa ein Maß an wirtschaftlicher und politischer Verflechtung geschaffen, das weltweit ohne Beispiel ist. Unter dem Gesichtspunkt des Friedens bewirkt Interdependenz ein Primat der Zusammenarbeit, da die Nachteile eines Ausscherens die möglichen Vorteile deutlich überwiegen. Zwar standen die Wirtschaften der europäischen Staaten auch schon vor der Bildung eines Gemeinsamen Marktes in wechselseitiger Abhängigkeit, doch trägt die Entwicklung seither nicht nur quantitativ, sondern auch qualitativ neue Züge: Die Staaten der Europäischen Union sind nicht nur die größten Lieferanten und Abnehmer füreinander; ein Gutteil ihrer wirtschaftlichen Leistung beruht darüber hinaus auf der gemeinsamen Marktordnung.

Dies wird am sichtbarsten in den Bereichen der Wirtschaft, in denen gemeinschaftliche Subventionsregime den Verdrängungswettbewerb zähmen sollen – im Bergbau und bei der Stahlerzeugung sowie in der Landwirtschaft. Man mag zu Recht argumentieren, daß die Europäisierung in diesen Bereichen innovationshemmend oder strukturkonservierend gewirkt habe, doch bleibt festzuhalten, daß in diesen zu Beginn der Integrationsgeschichte beschäftigungsintensiven Bereichen Konkurrenzkonflikte der Beteiligten weitgehend ausgeblieben sind. Vergemeinschaftung in diesen Bereichen bedeutete die Festschreibung eines allseitigen Vorteiles durch die gemeinsame Regelsetzung. An diesen Bereichen werden sich zugleich die Grenzen dieser Integrationslogik zeigen, wenn im Zuge der Erweiterung der Europäischen Union nach Osten die Summe der Ansprüche nicht mehr finanzierbar sein wird. Dieser Aspekt der Friedensleistung von Integration wird dann nicht mehr wirken, sofern es nicht gelingt, die Gemeinsame Agrarpolitik auf eine neue Basis zu stellen, die zugleich die Kehrseite des alten Systems berücksichtigt: Mit der Süderweiterung hatte die EG Staaten aufgenommen, die zum Teil über beträchtliche komparative Vorteile in der Landwirtschaft verfügten. Die Gemeinsame Agrarpolitik wirkte hier wie ein Schutz der Besitzstände der Altmitglieder; vorenthaltene Markt- und Entwicklungschancen wurden durch die Entwicklung der europäischen Strukturpolitik kompensiert. Eine Folge dieser Kompensationslogik war 1988 die Verdopplung der Strukturfonds als Ausgleich für die erwarteten Gewinne der wirtschaftlich starken Regionen durch Vollendung des Gemeinsamen Marktes.

Die konsequenteste Form der Gestaltung von Interdependenz bildet zweifelsohne der europäische Binnenmarkt. Nach dem Wegfall der Zollschranken und mengenmäßigen Beschränkungen kontrolliert die Binnenmarktgesetzgebung den Bereich staatlichen Handelns, der der Förderung der nationalen Wirtschaft zu Lasten ihrer ausländischen Konkurrenz gilt – vom Beförderungsprivileg einheimischer Fluggesellschaften für den öffentlichen Dienst über die staatlichen Auflagen bei der Erbringung oder Vermarktung von Dienstleistungen bis zum Ausschreibungswesen soll der Binnenmarkt die Diskriminierung von nicht-inländischen Wirtschaftsakteuren aufheben. Friedenspolitisch betrachtet, bildet der Binnenmarkt den sichtbarsten Ausdruck der Entnationalisierung der Entwicklungskonkurrenz in Europa. Der Wettbewerb zwischen den Staaten und ihren Nationalökonomien wird durch den Wettbewerb der Unternehmen auf einem einheitlichen Markt ersetzt; die stille Allianz zwischen nationaler Wirtschaft und nationaler Verwaltung endet an den Grundsätzen der gegenseitigen Anerkennung. Die auf diese Marktlage gerichtete Reorganisation von Unternehmen, transnationale Unternehmenszusammenschlüsse, Übernahmen und Fusionen verstärken einen Prozeß, der Wohlstandsgewinne immer weniger national zurechenbar macht. Die Mobilität von Kapital, Gütern und Dienstleistungen sowie die Freizügigkeit für Personen entgrenzen den Innenraum der Europäischen Union, indem sie die Zurechenbarkeit wie die Bindung von Produktionsfaktoren an ein national definiertes Territorium aufheben – diesen Stand hat der Prozeß der Globalisierung im größeren Raum der OECD noch längst nicht erreicht. Andere Bereiche hinken nach und schaffen mögliche neue Konfliktlagen in Europa. Die Wahrnehmung von Öffentlichkeit und Politik hat diese Entwicklung der Bezugsrahmen häufig noch nicht nachvollzogen.

Die Einführung der gemeinsamen Währung bedeutet für die teilnehmenden Staaten einen weiteren Qualitätssprung der Interdependenz. Sie schließt kompetitive Abwertungen der Landeswährung aus, die zur Erzielung kurzfristiger Konjunkturbelebung über die Verbilligung der eigenen Exporte und Verteuerung der Importe aus anderen Staaten auch in Europa vor dem Vertrag von Maastricht von einigen Staaten immer wieder vorgenommen wurden. Zugleich dürfte die Währungsunion weitere Belastungsproben für die innergemeinschaftliche Solidarität mit sich bringen, da die Lohnkostenkonkurrenz der Standorte im europäischen Binnenmarkt nun anders bewertet werden wird: Aus einer Nullsummenperspektive heraus bedeuten Arbeitskämpfe und streikbedingte Verluste eine Schwächung des konkurrierenden Standortes und damit einen Zuwachs an Attraktivität des eigenen Landes – nach Einführung des Euro dagegen könnten derartige Belastungen auf die Stabilität der gemeinsamen Währung durchschlagen; Inflationswirkungen wären dann überall spürbar.

5. Soziale Gerechtigkeit

Zu einer Zivilisation des Friedens gehört neben der Verflechtung der Interessen zugleich der Ausgleich der Lasten. In der Friedensbilanz der europäischen Integration bedeutet dies, daß sich Integration nicht allein als Marktmechanismus definieren kann. Die Europäische Union hat sich in diesem Sinne seit den ersten Schritten der Gemeinschaftsbildung als Solidargemeinschaft verstanden, selbst wenn die 1972 von Willy Brandt zum Ziel erhobene »Sozialunion« bisher nicht verwirklicht worden ist.[10] Der soziale Ausgleich, die Überwindung von Chancenungleichheit und struktureller Benachteiligung gehört zu den Grundzielen der Europapolitik. In der aktuellen Fassung des Vertrages über die Gründung der Europäischen Gemeinschaft nach dem Vertrag von Amsterdam (EGV-A) definiert die Präambel[11] den Rahmen supra- und transnationaler Gerechtigkeit so:

»... ENTSCHLOSSEN, durch gemeinsames Handeln den wirtschaftlichen und sozialen Fortschritt ihrer Länder zu sichern, indem sie die Europa trennenden Schranken beseitigen,

IN DEM VORSATZ, die stetige Besserung der Lebens- und Beschäftigungsbedingungen ihrer Völker als wesentliches Ziel anzustreben,

...IN DEM BESTREBEN, ihre Volkswirtschaften zu einigen und deren harmonische Entwicklung zu fördern, indem sie den Abstand zwischen einzelnen Gebieten und den Rückstand weniger begünstigter Gebiete verringern, ...« Aufgabe der Gemeinschaftsbildung ist daher nach Art. 2 EGV-A, »durch die Errichtung eines Gemeinsamen Marktes und einer Wirtschafts- und Währungsunion sowie durch die Durchführung der in den Artikeln 3 und 4 genannten gemeinsamen Politiken und Maßnahmen in der ganzen Gemeinschaft eine harmonische, ausgewogene und nachhaltige Entwicklung des Wirtschaftslebens, ein hohes Beschäftigungsniveau und ein hohes Maß an sozialem Schutz, die Gleichstellung von Männern und Frauen, beständiges, nichtinflationäres Wachstum, einen hohen Grad von Wettbewerbsfähigkeit und Konvergenz der Wirtschaftsleistungen, ein hohes Maß an Umweltschutz und Verbesserung der Umweltqualität, die Hebung der Lebenshaltung und der Lebensqualität, den wirtschaftlichen und sozialen Zusammenhalt und die Solidarität zwischen den Mitgliedstaaten zu fördern.«

Seit den frühen sechziger Jahren flankierte die Integrationspolitik so die Sozialpolitik der Mitgliedstaaten, vorrangig im Bereich der Beschäftigungsförderung, der Berufsqualifizierung, der Chancengleichheit und der Überwindung von Benachteiligungen auf dem Arbeitsmarkt.[12] In den achtziger Jahren kam die Bekämpfung der Jugendarbeitslosigkeit hinzu, verbunden mit Mittelumschichtungen zugunsten der weniger entwickelten peripheren Mitgliedstaaten. Erste Schritte in Richtung auf eine Sozialunion zeigt die Sozialpolitik der neunziger Jahre mit dem Versuch, in einer Sozialcharta einen gemeinsamen Grundbestand sozialer Rechte zu definieren.

Deutlicher als in der Sozialpolitik zeigt sich die Verteilungswirkung der Integrationspolitik im Bereich der Regional- und Strukturpolitik. Zwar folgt auch sie in weiten Teilen dem in der Agrarpolitik dominanten Grundsatz des allseitigen Nutzens – so leben bisher gut 50 Prozent der deutschen Bevölkerung in Gebieten mit Strukturförderung –, doch wird die Wirkung der Fonds in den ärmeren Regionen der EU ungleich sichtbarer: Die Zuflüsse aus Mitteln der Gemeinschaft belaufen sich zum Teil auf 3 bis 4 Prozent des nationalen Bruttoinlandsproduktes. Ansatzpunkt der Förderung sind die besonders seit der Süderweiterung der EG gravierenden Entwicklungsunterschiede der Regionen, in deren schwächstem Viertel das Pro-Kopf-Einkommen nur 55 Prozent des Gemeinschaftsdurchschnittes beträgt. 1997 flossen gut 35 Prozent des EU-Haushaltes in diese Politikbereiche, nach den Ansätzen der *Agenda 2000* sollen bis zum Jahre 2006 gut 275 Mrd. ECU für die regionale Strukturpolitik ausgegeben werden. Solange unter den Mitgliedern kein Konsens über einen horizontalen Finanzausgleich besteht, bleibt dieser Politikbereich das Zentrum innergemeinschaftlicher Solidarität zwischen den einkommensstarken und den schwachen Regionen.

Struktur- und Sozialpolitik auf europäischer Ebene sind damit als funktionales Äquivalent einer Politik der sozialen Gerechtigkeit zu betrachten, nicht zuletzt deshalb, weil sie auf einer gemeinsamen Rechtsgrundlage beruhen, deren Ausgestaltung gemeinsame Aufgabe aller Mitgliedstaaten ist. Sie kann nicht mit einseitig definierten Programmen, etwa im Bereich der Entwicklungshilfe, verglichen werden. Die Bilanz zeigt jedoch auch Risse und mögliche Bruchstellen der »Kohäsion«. Die Konfliktlinien zwischen Nettozahlern und Empfängern scheinen schärfer gezogen als in früheren Phasen, die Beschäftigungskrise verstärkt die Binnenorientierung der einzelstaatlichen Politik, die oft geringe Effizienz des Mitteleinsatzes in den Strukturfonds belastet das Verhältnis unter den Mitgliedstaaten ebenso wie die Anpassungserfordernisse in der Vorbereitung auf die Währungsunion, die in einzelnen Staaten phasenweise weniger als gemeinsame Herausforderung denn als Bevormundung empfunden wurden. Über allem hängt die Vorahnung künftiger Konflikte: im Wettbewerbseffekt und angesichts der Kostentransparenz des Euro genauso wie in der Konkurrenz um Marktanteile, Standorte und Subventionen im Prozeß der Erweiterung. Europäische Politiker und Interessenvertreter spüren, daß die Zeit der allseitig vorteilhaften Kompromißpakete schon bald abgelaufen sein könnte.[13]

Im doppelten Systemwandel, der aus der Einführung der gemeinsamen Währung und aus der Transformation Mittel- und Osteuropas entsteht, wird eine Neubestimmung des europäischen Solidarkonzeptes erforderlich werden, um die neue Gewichtung von Leistungsfähigkeit und Bedürfnissen, von Interessen und Zielen europapolitisch zu verarbeiten. Die einfache Verlängerung der bisherigen Solidarstrukturen und ihrer Entscheidungsverfahren wird an der Frustration der Nettozahler und der Konkurrenz der Empfängerregionen scheitern.

Mit dem Beitritt mittel- und osteuropäischer Staaten nimmt das wirtschaftliche Gefälle weiter zu; die EU steht vor der Alternative, entweder erheblich mehr Mittel aufzuwenden oder aber die Förderung auf die bedürftigsten und einkommensschwächsten Regionen zu konzentrieren. Ein Verteilungskonflikt zwischen dem Süden der heutigen EU und dem Osten der künftigen Union ist bereits erkennbar – der Süden beharrt auf der Bewahrung des heutigen Besitzstandes auch zu Lasten der künftigen Mitglieder, während der Osten auf uneingeschränkte Mitgliedschaft drängt, die auch die volle Teilnahme an den innergemeinschaftlichen Transfers einschließt. Die Friedensleistung der Integration wird sich in diesen anstehenden Entscheidungen auch nach innen neu bewähren müssen, da in der öffentlichen Meinung der heutigen Unionsbürger keine eindeutige Befürwortung der Hinzunahme weiterer Mitglieder vorherrscht. Gelingt kein Ausgleich, so wird die Solidargemeinschaft der Europäer erodieren; Europa wird in kleine Solidarräume zerfallen und einen Hauptbestandteil seiner Identität in Frage stellen. Das Risiko eines Solidarbruches und der Identitätskrise erfordert mehr als die Reform von Politiken und Finanzausstattung nach dem Muster gradueller Anpassungen. Notwendig wird deshalb die Rekonstruktion europäischer Solidarität im Anpassungs- und Reformprozeß der kommenden Jahre werden – je grundsätzlicher die bisherigen Politiken, Programme und Verfahren zu überdenken sind, desto grundsätzlicher wird auch die Neukonzeption des Solidargedankens in der Europäischen Union ausfallen müssen.

6. Rechtsstaatlichkeit, demokratische Partizipation und Konfliktkultur

Nicht minder wichtig als die materielle Seite der Friedensbilanz der Integration erscheint die normativ-institutionelle Dimension der Europäischen Union: Sicher wäre der Zusammenhalt unter den Mitgliedern ohne den gemeinsamen Nutzen des Marktes und die Verteilungswirkungen der EU-Politiken nicht hinreichend, wenn er sich allein auf gemeinsame Normen und Werte stützen müßte. Ebenso sicher erscheint jedoch, daß der friedliche Interessenausgleich ohne die normativ-institutionelle Basis der Integration als Staatenverbund erheblich störanfälliger wäre – und vielleicht bereits dann zerfallen wäre, als die ursprünglichen Antriebskräfte der Integration, die Erfahrung von Machtrivalität, Hegemoniestreben und Krieg, ihre einigende Wirkung eingebüßt hatten.

Die Europäische Union, speziell ihr erster Pfeiler, die Europäische Gemeinschaft, hebt sich durch einen wesentlichen Unterschied von anderen internationalen Organisationen ab. Die EG ist als Rechtsgemeinschaft angelegt[14], ihre Vertragsbasis gilt unbefristet und sieht nur den Beitritt, nicht aber ein Ausscheiden vor. Sie besitzt eigene Rechtspersönlichkeit, und ihr politischer Prozeß wird von genuin eigenen Institutionen mit vertraglich begründeter Zuständigkeit mitgetragen. Die Rechtsetzung unterliegt der Kontrolle einer unabhängigen Gerichtsbarkeit, und das gemeinschaftliche Sekundärrecht genießt – wenn auch nicht gänzlich unbestritten – Vorrang vor dem nationalen Recht der Mitgliedstaaten. Bis heute beläuft sich dieser rechtliche »Besitzstand« der Integration, ihr *acquis communautaire*, auf die im Rahmen der Erweiterung nach Osten immer wieder zitierten 12 000 Rechtsakte, d. h. viele Tausend Seiten von Richtlinien, Verordnungen und anderen Rechtsdokumenten, deren Übernahme, Umsetzung und Einhaltung jeder neu hinzukommende Staat zusichern muß. Die Europapolitik der Staaten hat damit den Bereich der Außenpolitik verlassen, dessen prinzipielle Anarchie nur durch die Machtbeziehungen formal gleichrangiger Akteure sowie durch das in Verträgen geschaffene Völkerrecht bzw. »Völkergewohnheitsrecht« geordnet ist. Europapolitik im Rahmen der EU bildet heute vielmehr eine besondere Form der Innen- wie Außenpolitik: Innenpolitik, da in den Zuständigkeitsbereich der EU wichtige klassische Felder der Innenpolitik fallen, von Fragen der Wirtschaftspolitik über die Währungspolitik bis zur Inneren Sicherheit; Außenpolitik, da die Union nicht nur über die Kompetenz in Außenhandelsfragen verfügt, sondern mit der Gemeinsamen Außen- und Sicherheitspolitik einen Koordinierungsrahmen für die Außenbeziehungen der Mitgliedstaaten geschaffen hat. Greifbar wird der Qualitätsunterschied von Integration im Bereich der bilateralen Beziehungen der EU-Staaten zueinander, denn der größte Teil ihrer früheren außenpolitischen Kommunikation findet heute im Rechtsrahmen und institutionellen Gefüge der EU statt.

Die Konfliktkultur der europäischen Integration zeigt sich in ihrem institutionellen Gefüge, in den Beratungs- und Entscheidungsprozessen. Seit den ersten Stufen der Integrationsentwicklung sichert das System allen Mitgliedern weitgehend gleichrangige Mitwirkungschancen und Entscheidungsrechte zu: Alle Mitgliedstaaten waren – und sind es bis heute – mit eigenen Staatsangehörigen in der Führung der Kommission vertreten. Obwohl die Kommissare laut Vertrag von Weisungen »ihrer Staaten« unabhängig sind, hat es in der praktischen Politik zumeist eine besondere Nähe der Staaten zu den von ihnen entsandten Kommissaren gegeben. Die Besetzung der Verwaltungspositionen der Kommission folgt einem proportionalen Schlüssel, so daß auch auf den nachgeordneten Ebenen alle Mitgliedstaaten durch »eigene« Staatsangehörige verwaltet werden. Der Ministerrat, das Entscheidungszentrum im Integrationsprozeß, behandelte bis zur Einführung von Mehrheitsentscheidungen alle Staaten gleichrangig; mit dem Übergang zu Mehrheitsentscheidungen wurde die qualifizierte Mehrheit geschaffen, deren Stimmgewichtung von zwei Stimmen für die bevölkerungsschwächsten und zehn Stimmen für die größten Staaten den kleineren ein überproportionales Gewicht sicherte. Diese Machtbalance – der Faktor Bevölkerung ist weniger als demokratische Größe denn als Chiffre für Machtrelationen zu sehen – blieb in den verschiedenen Erweiterungsstufen bis heute erhalten, obgleich damit das relative Gewicht der kleineren Staaten immer weiter zugenommen hat. Ein erster Korrekturmechanismus im System wurde bereits 1966 verankert, nachdem Frankreich sich durch seine »Politik des leeren Stuhls« gegen die Möglichkeit, im Rat überstimmt zu werden, gewehrt hatte. Der *Luxemburger Kompromiß*, eine außervertragliche Übereinkunft der Regierungen, sah vor, in diesen Fällen die Entscheidung bis zur Klärung des Dissenses auszusetzen. Mit dem Vertrag von Amsterdam hat diese Formel im Bereich der Flexibilität erstmals formell Aufnahme in den Vertrag selbst gefunden – ein Zeichen dafür, daß in der Konfliktkultur der EU eine in Fällen besonderen nationalen Interesses anwendbare Notbremse für erforderlich gehalten wird, wahrscheinlich um so eher, je größer und je heterogener die Union wird.

Mehrheitsentscheidungen haben vor diesem Hintergrund in der europäischen Politik lange eine besondere Wirkung besessen: Ihr erster Effekt war weniger die Suche nach hinreichenden Mehrheiten, sondern vielmehr ein verstärktes Bemühen um Konsens und damit um Einstimmigkeit. Der Grund dafür dürfte in der Doppelrolle der Regierungen zu finden sein, die sie einerseits als oberste Exekutive souveräner Staaten interagieren läßt und andererseits als Entscheidungsgremium und Legislativorgan eines in Teilen supranationalen Gebildes zusammenführt. In der Interaktion von Staaten spielen die Grundsätze der Gesichtswahrung und die Überlagerung von Positionsdifferenzen noch immer eine wichtige Rolle. Aus denselben Gründen haben Überlegungen, die Sitzungen des Ministerrates in seiner legislativen Funktion öffentlich zu halten, unter den Regierungen bis heute keine allgemeine Unterstützung gefunden.

Die Betonung der formalen Gleichrangigkeit der EU-Mitglieder als Staaten findet sich an vielen anderen Stellen des Integrationsgefüges wieder. Zwei Ansatzpunkte sind für die Ausprägung der innereuropäischen Konfliktkultur besonders kennzeichnend, weil sie nicht nur besonders sichtbar sind, sondern auch, weil ihre Anwendung beinahe die Grenze der Dysfunktionalität erreicht hat: Zum einen ist dies das Instrument der Regierungskonferenz als das wesentliche Institut der Integrationsfortschreibung, das mit zunehmender Größe der EU wachsende Schwierigkeit hat, die Gemeinschaft an veränderte Rahmenbedingungen anzupassen. Regierungskonferenzen haben das Vertragswerk der EU zu einem kaum noch durchschaubaren Dickicht wachsen lassen, das von der Eindeutigkeit und Lesbarkeit einer Verfassung weit entfernt ist, obgleich dort verfassungsäquivalente Materien geregelt werden. Innovative Elemente des Integrationsprozesses wie die Europäische Politische Zusammenarbeit, das Europäische Währungssystem oder das Schengener Abkommen sind daher zunächst außerhalb der Verträge entstanden und erst später herangeführt bzw. integriert worden. Der zweite Fall an der Grenze zur Dysfunktionalität ist die Präsidentschaft im Rat der Europäischen Union. Sie rotierte lange im Sechs-Monats-Rhythmus unter den Mitgliedstaaten entsprechend dem diplomatischen Alphabet. Erst später wurde ein Tausch innerhalb der Zweiergruppen eines Jahres vereinbart, damit nicht ein Mitgliedstaat stets in derselben Jahreshälfte das Amt übernahm. In den neunziger Jahren erfolgte angesichts der Effizienzverluste im Management der Integrationsgeschäfte eine vorsichtige Korrektur, die unter Beibehaltung des Grundsatzes die Reihenfolge so modifizierte, daß stets ein großer oder ein »besonders erfahrener« Mitgliedstaat (gemeint sind die Niederlande) in der »Troika« der aktuellen, der vorangehenden und der folgenden Präsidentschaft vertreten war.[15]

Die demokratische Kontrolle von Entscheidungen ist erst mit zunehmender Dichte der Integration zu einem Gestaltungsproblem der Europapolitik geworden. Bis zu seiner ersten Direktwahl 1979 war das Europäische Parlament eine Versammlung nationaler Parlamentarierdelegationen, deren Mitwirkungsrechte begrenzt blieben. In den achtziger und neunziger Jahren erhielt es schrittweise zunehmende Kontroll- und Legitimationsfunktionen im Gesetzgebungsprozeß der Integration. Die mit den Verträgen von Maastricht und Amsterdam eingeschlagene Entwicklungsrichtung zielt auf die Herausbildung eines Zwei-Kammer-Systems ab, in dem in den Kernbereichen der Unionstätigkeit Rat und Parlament gleichermaßen und nahezu gleichberechtigt an der Gesetzgebung der EU beteiligt sind.[16] Als Pendant der Parlamentarisierung sind auch die Bindungen und Schranken anzusehen, die die Rechte der Bürger Europas anerkennen und schützen sollen. Die Einführung einer Unionsbürgerschaft, die wie im Fall des im Vertrag von Maastricht eingeführten kommunalen Wahlrechtes für EU-Bürger auch die Mitgliedstaaten bindet, die sich abzeichnende Ergänzung des Vertrages um einen Grundrechtskatalog, der mit Maastricht etablierte Grundsatz der *Subsidiarität* und die seit dem Vertrag von Amsterdam entstandene Debatte um die Bürgernähe der EU-Politik kompensieren in gewisser Weise das Partizipationsdefizit der Integration.[17]

Neben der Begründung genuiner Zuständigkeiten für die Union und der Einführung von Mehrheitsentscheidungen bildet diese Form der doppelten Legitimation europäischen Handelns – einerseits durch demokratisch gewählte und parlamentarisch verantwortliche Regierungen, andererseits durch ein direkt gewähltes Parlament auf europäischer Ebene – den dritten Baustein supranationaler Konfliktkultur der Integration. Der Interessenausgleich im Rahmen der EU ist damit verbindlicher und stetiger verfaßt als in anderen Formen zwischenstaatlicher Kooperation. Die Kompliziertheit und, in funktionaler Sicht, die Schwerfälligkeit, die den Integrationsprozeß dabei häufig kennzeichnen, resultieren aus der Rücksichtnahme auf mögliche Überforderungen der Akteure: Die Vertagung von Entscheidungen, das Schnüren von oftmals teuren oder sachlich nur schwer begründbaren Entscheidungspaketen und die Langlebigkeit außervertraglicher Vereinbarungen wie dem *Luxemburger Kompromiß* sind Instrumente der Rückversicherung gegen die Regression, gegen einen Zerfall der Kultur des innergemeinschaftlichen Interessenausgleiches der Europäer, der so lange eine Möglichkeit bleibt, wie die Union als Staatenverbund auf der Kontinuität der Souveränität ihrer Mitglieder beruht. Die Dynamik der Integration ist andererseits nur zu einem Teil aus Sachzwängen erklärbar, etwa aus der zunehmenden Internationalisierung der Problembestände, auf die Politik zu reagieren hat. Aus der Perspektive der Integration als Friedenskultur resultieren Integrationsfortschritte auch aus dem Motiv der Rückversicherung der wechselseitigen Bindung – hier als Versuch, die Ambitionen und weiterreichenden Statusinteressen einzelner Staaten, ob real oder perzipiert, über die Weiterentwicklung der Gemeinschaft einzubinden. Zuletzt ließ sich dieses Muster in der von Frankreich forcierten Intensivierung der Integration nach dem Fall der Mauer beobachten; die Analyse griffe jedoch zu kurz, wollte man sie nur auf den fortdauernden Versuch der Einbindung Deutschlands beschränken.[18]

7. Europas »äußerer Frieden«: Sicherheit und Verteidigung

Einem nur auf die Entwicklung der Europäischen Union fixierten Betrachter müßte diese Friedensbilanz Europas paradox erscheinen: Dem geschilderten Maß an innerem und positivem Frieden steht die weitgehende Unfähigkeit zur äußeren Friedenswahrung gegenüber, und dies, obgleich die in der EU zusammengeschlossenen Staaten über vergleichsweise starke konventionelle Armeen, hochentwickelte Rüstungstechnologie und mit Großbritannien und Frankreich sogar über zwei Nuklearmächte verfügen. Ebenso paradox müßte erscheinen, daß diese Lage zum Ende der neunziger Jahre fortbesteht, obgleich die Debatten über eine stärkere Verantwortung der Europäer für ihre Sicherheit, über die »Selbstbehauptung Europas« oder über eine europäische sicherheits- und verteidigungspolitische Identität bereits seit den achtziger Jahren intensiv geführt werden.[19] Aus der Logik zwischenstaatlicher Kooperation und Integration wäre eine umgekehrte Entwicklung zu erwarten gewesen – die gemeinsame Gefahrenabwehr nach außen ist grundsätzlich leichter zu organisieren und impliziert geringere Bindungen für die Teilnehmer.

Die Ursachen für die spezifisch andere europäische Entwicklung sind in drei Konstellationen zu finden, deren Organisationsfolgen ihre Entstehungsbedingungen überdauert haben. Ein erster Grund liegt in der Verschiebung der Konfliktachse europäischer Politik nach dem Zweiten Weltkrieg. In der Übergangsphase von der Anti-Hitler-Koalition zum kalten Krieg hatte die Sicherheitspolitik westeuropäischer Staaten auf zwei Konfliktlinien zu reagieren: einerseits auf die Verhinderung eines neuen »zweiten« Weltkrieges, d. h. auf die Kontrolle des Machtpotentials Deutschlands, und andererseits auf die Verhinderung eines »dritten Weltkrieges« zwischen West und Ost. Näher lag den Westeuropäern zunächst das Gefahrenpotential Deutschlands. Die Unterzeichnung des Brüsseler Paktes, des Vorläufers der Westeuropäischen Union, im März 1948[20] – noch vor der Berlin-Blockade Stalins – steht eindeutig im Kontext der alten Konfliktachse und war nicht auf die sich abzeichnende Konfrontation mit der Sowjetunion bezogen. Diese Prioritätensetzung zeigte sich auch noch 1954, als der Brüsseler Pakt zur Westeuropäischen Union umgebildet wurde und als europäische Hülse der Reintegration Deutschlands diejenigen Sonderbedingungen und Rückversicherungen der Westeuropäer bündelte, die im NATO-Vertrag nicht geregelt waren – vor allem Auflagen und Rüstungsbeschränkungen für die Bundesrepublik Deutschland.

Die zweite Ursache liegt in der Geschichte europäischer Machtkonstellationen selbst begründet. Den Erfahrungsschatz der Neuzeit prägt die Unfähigkeit der europäischen Staaten, den Aufstieg einer hegemonialen Macht zu verhindern. Seit der Mobilisierung von Volksheeren in der französischen Revolution und der Expansion Napoleons hat zwar kein europäischer Hegemon seine Macht auf Dauer behaupten können, doch ebensowenig haben sich politisch-institutionelle Vorkehrungen gegen die Vorherrschaft eines Staates als dauerhaft stabil erwiesen – weder die Allianzpolitik Metternichs noch die Gleichgewichtspolitik Castlereaghs, weder der Völkerbund noch die *Appeasement*-Politik Chamberlains. Je größer die wirtschaftliche Basis und je moderner und technologischer die Kriegsführung, desto stärker wuchs die Abhängigkeit Europas von der Unterstützung durch die Flügelmächte: Hegemoniale Aggression in Europa war, so lautet die historische Lektion, nur durch das Eingreifen äußerer Mächte zu brechen. Auf dieser Grundlage stiegen zuerst die Vereinigten Staaten, dann – nach dem Zweiten Weltkrieg – auch die Sowjetunion zu europäischen Vormächten auf. Daß mit dem kalten Krieg ein Macht- und Ordnungskonflikt zwischen den Vormächten selbst zur zentralen Konfliktachse Europas wurde, hat diese Logik nicht außer Kraft gesetzt, sondern eher bestärkt. Unter den Staaten Westeuropas wurde infolgedessen die strategische Führungsrolle der Vereinigten Staaten nicht in Frage gestellt – außer von Frankreich, dessen ordnungspolitische Ambitionen in dieser Machtkonstellation keinen hinreichenden Handlungsspielraum fanden.[21] Die nie offen, häufig aber latent präsente Konkurrenz zwischen europäischer und atlantischer Integrationspolitik beruht auf diesem Begründungskontext und reicht bis in die Verhandlungen zum Vertrag von Amsterdam, ablesbar am Dissens der Unterhändler über einen Stufenplan zur Verschmelzung von EU und WEU.[22]

Der dritte ursächliche Faktor steht gewissermaßen in der Konsequenz der beiden erstgenannten. Während die WEU und die ersten Schritte der wirtschaftlichen Integration die Konfliktachse um Deutschland kontrollierten, wurde die Herausforderung der zweiten Konfliktachse zum Kern der militärischen Integration im Rahmen der NATO. So ließen sich zugleich der regionale Führungsanspruch Frankreichs und die globale Führungsrolle der Vereinigten Staaten institutionell abbilden und Führungskonflikte – zumindest vorübergehend – moderieren. Arbeitsteilung kennzeichnet das Verhältnis zwischen wirtschaftlicher und militärischer Integration jedoch auch in anderer Hinsicht: Der Ost-West-Konflikt war nicht allein ein Machtkonflikt, sondern wurde zum Systemkonflikt, zur Konkurrenz der Gesellschaftsentwürfe und -ordnungen. In diesem Sinne waren der Marshall-Plan, die Gründung der OEEC, der Vorläuferorganisation der OECD, wie auch die Gründung der Montanunion und der Europäischen Wirtschaftsgemeinschaft Bausteine der Systemkonkurrenz. Daß die Sowjetunion diese institutionelle Auffächerung in ihrem Block mit Warschauer Pakt und dem Rat für Gegenseitige Wirtschaftshilfe (RGW) fast spiegelbildlich nachvollzog, ist dafür nur ein weiteres Indiz. Im Kern diente die wirtschaftliche Kooperation und Integration im Westen der Festigung von Demokratie und Marktwirtschaft und damit der Stärkung der Legitimität der westlichen Ordnung, der Schaufensterfunktion westeuropäischer Wirtschaften gegenüber dem Osten und, nicht zuletzt, der Kontrolle des Potentials kommunistischer Parteien in Westeuropa. Integration im Rahmen der EU besaß in diesem Sinne eine eindeutige Funktion im strategischen Konzept der NATO – und dies um so mehr, je mehr die wirtschaftlichen und politischen Elemente des NATO-Vertrages zugunsten der militärischen Aufgaben in den Hintergrund traten.

7.1 Frieden durch Abschreckung

Den Frieden in Europa hat das auf diesen Grundlagen errichtete System europäischer Sicherheit insgesamt mit Erfolg behauptet, doch es war ein »kalter Frieden«[23] und in Zeiten der Spannung auch ein prekärer Frieden, dessen militärische und vor allem nuklearstrategische Aspekte Dilemmata der Sicherheitspolitik erzeugten.

Grundlage des Friedens durch Abschreckung und Abhaltung bildete die Verknüpfung von konventioneller Stärke, amerikanischer militärischer Präsenz mit Bodentruppen – deren Geiselfunktion in der in West-Berlin stationierten Berlin-Brigade ihren sichtbarsten Ausdruck fand – und nuklearer Abschreckung, d. h. der glaubwürdigen Fähigkeit des Bündnisses, auch einen nuklearen Erstschlag der Sowjetunion mit einem für diese vernichtenden Zweitschlag beantworten zu können.[24] Da die Sowjetunion ihrerseits über starke konventionelle Kräfte verfügte und die Ressourcen ihrer Verbündeten weitgehend nach eigenen Vorgaben in ihr Militärpotential integrieren konnte, ergab sich für den Westen die Notwendigkeit der strategischen Integration auf der Kommando-, Kontroll- und Kommunikationsebene sowie ein andauernder Bedarf an technisch fortgeschrittener Ausrüstung, um so die Nachteile aus den Kräfterelationen, vor allem aber aus der geostrategischen Lage und aus den erwarteten Kriegsführungsszenarien auszugleichen. Seit die Sowjetunion im nuklearen Wettrüsten der Supermächte eine strategische Parität erreicht hatte und das Territorium der USA selbst zerstören konnte, stellte sich zudem die Frage der Glaubwürdigkeit der amerikanischen Drohung einer »massiven Vergeltung« – ein nuklearer Schlag als Antwort auf einen Angriff der Sowjetunion auf Westeuropa, der die Vernichtung der Vereinigten Staaten riskiert hätte, war unglaubwürdig geworden. Die Antwort der NATO auf die strategische Parität bestand in der Strategie der »flexiblen Antwort«, einer abgestuften militärischen Reaktion mit konventionellen wie mit nuklearen Waffensystemen auf einen Angriff von seiten des Ostens. Die strategische Herausforderung dieses Konzeptes lag in der Breite der verfügbaren Optionen – glaubwürdig konnte eine derartige Strategie nur sein, wenn sie *Eskalationsdominanz* sicherte, d. h. so angelegt war, daß jeder begrenzte Einsatz militärischer Mittel eine passende Antwort erhalten konnte und nicht zur Aufgabe oder zu ungewollter Eskalation zwang.

Konsequenz dieser strategischen Grunddispositionen war eine hohe Rüstungsdynamik, eine Modernisierungs- und Dislozierungsspirale, in der auf jede Innovation der einen Seite entsprechende Modernisierungen der anderen zu erfolgen hatten, um die Abhaltung von militärischen Optionen plausibel zu erhalten. Angesichts der technologischen Dynamik wurde Sicherheit durch Rüstung somit zugleich zu einem ständigen Unsicherheitsfaktor: Rüstungskontrolle, mehr noch als Abrüstung, war vor diesem Hintergrund nicht allein und nicht einmal primär ein Thema von Oppositions- und Friedensbewegungen, sondern Teil des strategischen Kalküls. Seit Mitte der sechziger Jahre verhandelten die Supermächte über eine Kontrolle ihrer interkontinentalen Nuklearwaffen und schufen Instrumente der Krisenkommunikation, wobei jede Seite stets versuchte, ihre jüngsten technologischen Innovationen auszuklammern. Seit 1973 erstreckte sich dieser Ansatz auch auf die in Europa stationierten konventionellen Kräfte und ihre Ausrüstung.

Es liegt in der Natur der Kriegsverhinderung durch militärische Sicherheitsvorsorge, daß ihre Wirkung sich nicht positiv, sondern allenfalls in ihrem Scheitern nachweisen läßt – eine Unsicherheit, die verteidigungspolitische Debatten in Westeuropa immer wieder belastet hat. Mit Öffnung verschiedener sowjetischer Quellen nach dem staatlichen Zerfall der östlichen Supermacht wird erkennbar, daß manche Risikoperzeptionen westlicher Militärplanung übertrieben und der Vorbereitungsstand der Roten Armee schlechter als erwartet war; andererseits bestätigen die Quellen das strategische Kalkül der Sowjetführung zur Führung von Angriffskriegen gegen Ziele in Westeuropa.[25] Insofern stellt sich die Anfang der achtziger Jahre im politischen Dissens von Regierungen und Friedensbewegungen durchgesetzte »Nachrüstung« der NATO auch im Rückblick als berechtigt dar. Sie hatte zudem zwei kaum weniger wichtige Folgewirkungen: Einerseits sprechen manche Äußerungen früherer sowjetischer Politiker für die These, daß der Westen den Osten in die Knie gerüstet habe; andererseits erschloß der Protest gegen die Nachrüstung für die zumeist außerparlamentarische Linke und die Umweltbewegungen ein Verhältnis zu Nation und Staat (»Dies Land ist mein Land«), dessen Wirkungen für die politische Kultur in den neunziger Jahren vor allem für die Bundesrepublik nicht gering zu schätzen sind.[26]

Ein mit der Frage der Glaubwürdigkeit eng verbundenes Dilemma des Friedens durch Abschreckung blieb über die Jahrzehnte des Ost-West-Konfliktes die Frage der Kopplung Amerikas an Europa. Ohne sie war Europa unter den damaligen Prämissen der Militärstrategie nicht zu verteidigen. Die Bewahrung dieser Bindung wurde damit zu einem strategischen Imperativ, der auch die kontroversen Debatten der europäischen Sicherheitspolitik bestimmte: Würde Europas Beitrag zu seiner Verteidigung – im militärischen wie im politischen Sinne – zu schwach, konnte das Risiko einer strategischen Kopplung für die USA zu groß werden; würde Europas Beitrag dagegen zu stark, konnte dies den Rückzug der Vereinigten Staaten aus der Präsenz auf dem europäischen Kontinent bewirken.

Ein besonderes Dilemma ihrer Sicherheitsstrategie stellte sich daneben für die Frontstaaten des Ost-West-Konfliktes, vor allem für die Bundesrepublik Deutschland. Die Kriegsszenarien in Europa gingen von einem massiven, mit großer Feuerkraft und schnell vorgetragenen Angriff über die innerdeutsche Grenze nach Westen aus; Deutschland war mithin das Schlachtfeld dieser Szenarien eines dritten Weltkrieges. Im Westen Deutschlands fehlte die strategische Tiefe, zumal die sowjetischen Truppen die innere und somit kürzere Linie besetzten – selbst ein konventioneller Krieg hätte deshalb die Zerstörung weiter Teile des Landes bedeutet.

Die Konsequenz dieser Lage war zunächst die »Vorneverteidigung« der NATO, eine Konzentration von Truppen entlang der innerdeutschen Grenze und den anderen Frontlinien zwischen Ost und West, und dann die »Vorwärtsverteidigung«, das Konzept der Verlagerung der Kriegshandlungen auf das Territorium des Gegners, in den späten siebziger Jahren ergänzt durch die FOFA-Strategie[27], die einen raschen Angriff auf die zweite, im strategischen Rückraum dislozierte Welle eines Aggressors vorsah. In diesen Fällen hätten das Gebiet des anderen deutschen Staates und Territorien Mitteleuropas die Hauptlast der Kriegszerstörung getragen. Ähnlich zwiespältige Wirkungen ergaben sich im Bereich der nuklearen Kurzstreckensysteme: Die bodengestützten französischen Systeme, deren Zweck die Abschreckung eines Durchmarsches aus dem Osten nach Frankreich war, hätten nur Ziele in West- und Ostdeutschland erreichen können; die nuklearen Kurzstreckensysteme der NATO hätten vor allem Mitteleuropa, aber auch Ostdeutschland betroffen.

7.2 Frieden durch Entspannung

Die Bilanz des Friedens durch Abschreckung belegt den monozentrischen Charakter des Konzeptes: Die Abschreckung hat den Ausbruch eines großen Krieges zwischen Ost und West in und über Europa verhindert – und verhindert ihn noch heute, obgleich ihn scheinbar niemand mehr führen will, gleichsam als Rückversicherung gegen das Scheitern der Transformation in Rußland und das Risiko einer gegen den Westen gerichteten Aggression. Andere Krisen und Kriege hat die Abschreckung nicht verhindert, wenngleich die Zahl der militärischen Konflikte in Europa selten so gering war wie in den Jahrzehnten des Ost-West-Konfliktes. Die Machtrivalität der Supermächte und Blöcke ließ keine militärischen Konflikte im Bereich der Zentralfront zu, wohl jedoch Stellvertreterkriege in anderen Teilen der Welt, vor allem in Asien und Afrika.

Das *containment*, die Eindämmung der Sowjetunion, deren ursprüngliche strategische Teilstücke neben der NATO der Bagdad-Pakt, die Südostasiatische Vertragsorganisation (SEATO) und der amerikanisch-japanische Vertrag waren, hat jedoch die gewaltsame Kontrolle politischer Konflikte innerhalb des Ostblocks nicht verhindern können. Die militärische Intervention in Ungarn 1956 und in der ČSSR 1968 wie die möglicherweise präventive Verhängung des Kriegsrechtes in Polen durch den damaligen Präsidenten Jaruzelski 1981 stehen für die »Teilbarkeit« dieses Friedens im Ost-West-Konflikt.

Die Zivilisierung des Konfliktes und damit die Auslotung politischer Optionen des Wandels hatte im Konzept der Abschreckung selbst keinen Platz. Beides war Aufgabe der Entspannungspolitik, die nach dem *Harmel-Bericht* der NATO von 1967 zur zweiten Säule der Friedenssicherung der alten Ordnung Europas wurde. Auf der Grundlage des strategischen Pattes zwischen den Blöcken zielte Entspannung auf die Aushandlung eines *Modus vivendi*, der politische Bewegung unter Ausklammerung des fortbestehenden Systemgegensatzes erlauben sollte. Im Mittelpunkt der Entspannungspolitik stand der KSZE-Prozeß, der an einer alten Forderung der Sowjetunion auf Anerkennung als gleichwertiger Sicherheitspartner und an der Aushandlung gesamteuropäischer Sicherheitsstrukturen ansetzte, diesen Bereich aber mit zwei anderen Körben, Wirtschaft und Handel einerseits und humanitären Fragen andererseits, verknüpfte.[28] Die 1975 in Helsinki verabschiedete Schlußakte der KSZE intensivierte den Wirtschaftsaustausch zwischen Ost und West und begründete damit eines von zwei für die spätere Überwindung des Konfliktes entscheidenden Kooperationsmustern: die Ankopplung der Planwirtschaften an die Wirtschaften des Westens – auf ihrer Basis suchten die kommunistischen Regime des RGW in den Krisen der Planwirtschaft der achtziger und neunziger Jahre tendenziell nicht die Abgrenzung, sondern eine größere Nähe zum Westen, durch Kredite wie durch Wirtschaftskooperation.

Das zweite für die allmähliche Öffnung der Gesellschaften wesentliche Muster resultierte aus den Verpflichtungen der KSZE-Schlußakte auf die Einhaltung grundlegender Menschenrechte, verbunden mit der Öffnung des Ostblocks für westliche Medien. In der Folge gründeten sich in nahezu allen Staaten Helsinki-Komitees bzw. Bürgerrechtsgruppen, für deren Arbeit die durch die Präsenz westlicher Medien geschaffene Öffentlichkeit unerläßlich wurde. Die Ausdehnung der »menschlichen Kontakte« zwischen Ost und West wurde vor diesem Hintergrund zur Keimzelle des Umbruches in Mittel- und Osteuropa – sicher keine hinreichende Bedingung für den Zusammenbruch der Regime 1989, vielleicht aber eine notwendige Bedingung für den raschen Aufbau neuer und demokratischer politischer Eliten und Parteien.[29]

7.3 Die »Europäisierung Europas«

Absehbar war diese Schlüsselrolle des KSZE-Prozesses noch nicht, als zum Jahreswechsel 1979/80 mit der sowjetischen Invasion in Afghanistan das Ende der Entspannung gekommen schien. Vor allem in der amerikanischen Politik gegenüber der Sowjetunion begann eine Periode neuer Abgrenzungen und Verhärtungen; der amerikanische Senat setzte den Ratifikationsprozeß des SALT II-Abkommens zur strategischen Rüstungskontrolle aus und entzog damit zugleich der Entspannungspolitik symbolisch ihre strategische Grundlage. In Westeuropa, wo die Gewinne der *Détente* in wirtschaftlicher wie gesellschaftlicher Hinsicht klarer zutage getreten waren, wurde über die »Teilbarkeit« von Entspannung debattiert mit dem Ziel, Handlungsspielräume der Ostpolitik für die europäischen Staaten zu erhalten, ohne die Solidarität im Rahmen der Atlantischen Allianz in Frage zu stellen. Die Wiederaufnahme des offenen strategischen Wettrüstens zwischen der Sowjetunion unter Breschnew und den Vereinigten Staaten in der Präsidentschaft Reagans beförderte nicht nur die Entstehung zumeist außerparlamentarisch agierender Friedensbewegungen, sondern gab auch Anstoß zur Neuauflage der alten Debatte um die Rolle Europas im Ost-West-Konflikt.

Die Fähigkeit der Vereinigten Staaten, deren technologische Überlegenheit im militärischen Bereich immer offensichtlicher wurde, durch einen Politikwechsel die Qualität der Ost-West-Beziehungen unilateral zu definieren, stieß in Europa, vor allem in Frankreich, auf Kritik. Zwar konnte sich die französische Strategie nicht durchsetzen, über eine Wiederbelebung der Westeuropäischen Union eine »sicherheits- und verteidigungspolitische Identität« Europas außerhalb der NATO und in gedachter Konkurrenz zu ihr zu entwickeln, doch bestand weitgehender Konsens unter den westeuropäischen Regierungen, daß zur Interessenvertretung ein »europäischer Pfeiler« in der Allianz, der die Bindung Amerikas an Europa jedoch nicht schwächen dürfe, nützlich sein würde. Im Blick auf die immer wieder aufflackernde transatlantische Debatte um den Stand des politischen wie militärischen *burden-sharing* (Lastenteilung) sprach für die Pfeilerkonzepte auch die größere Sichtbarkeit europäischer Verteidigungsanstrengungen sowie ihre politische Steuerung – ein europäischer Pfeiler bedeutete die Bündelung der Sicherheits- und Verteidigungspolitik der Europäer und damit auch eine Bündelung ihrer Interessenvertretung im Rahmen der NATO.[30]

In der Sicherheitspolitik der achtziger Jahre sind diese Überlegungen in zahlreiche Initiativen im Rahmen der WEU und der NATO sowie im bilateralen Bereich – in diesen Kontext fällt auch die Gründung der deutsch-französischen Brigade, der Keimzelle des Eurocorps – eingegangen, doch eine Verselbständigung europäischer Verteidigung hat sich daraus nicht ergeben: In der Summe haben die Europäer stets dem Kostenvorteil und dem geringeren politischen Aufwand der Beibehaltung der alten Struktur den Vorzug gegeben, nicht zuletzt aufgrund ihrer alten Sorge einer Abkopplung der Verteidigung Europas von der Sicherheit der Vereinigten Staaten.

7.4 Die Rückkehr des Krieges nach Europa

Das Ende des Ost-West-Konfliktes hat die Sicherheitslage Europas zugleich erleichtert und beschwert. Die Gefahr eines großen nuklearen Schlagabtausches ist weitestgehend entfallen, Zielplanung und Bereitschaftsstatus der Interkontinentalraketen wurden den neuen politischen Verhältnissen angepaßt. Zugleich haben sich die Kräfteverhältnisse im konventionellen Bereich deutlich zugunsten der NATO verschoben. Im Vergleich zur Lage 1988, als die Überlegenheit des Warschauer Paktes je nach Kategorie den Experten eindeutig erschien, hat sich die Relation zwischen der NATO und Rußland 1997 umgekehrt: So blieben von den 51 800 Kampfpanzern des Warschauer Paktes 1997 noch 5 541, von 7 700 Kampfflugzeugen im Jahre 1988 sank die Zahl auf 2 891.[31] Ein zentrales Sicherheitsproblem und gravierendes Risiko für den Frieden bleibt jedoch die Kontrolle und Beseitigung der militärischen Hinterlassenschaften des Konfliktes in Osteuropa sowie die Verhinderung der Weiterverbreitung von ABC-Waffen und ihrer Technologie. Gleichzeitig sind neue Konflikte zu konventionellen Kriegen eskaliert. Drei Krisenzonen schaffen auch künftig Unsicherheit: der Balkan, Transkaukasien und der Mittelmeerraum. Den Frieden für Europa zu wahren, ist zu einer dringenden und zugleich komplizierteren Aufgabe geworden. Parallel dazu stellt sich das Problem des Umbaus der Institutionen – zerfällt mit der Bedrohung auch die integrierte Verteidigung im Westen?

Nach 1989, insbesondere mit Beginn der gewaltsamen Auflösung der früheren Bundesrepublik Jugoslawien, wurde deutlich, daß das System des Friedens durch Abschreckung und Entspannung für die Bewältigung der neuen Risiken weitgehend ungeeignet war. Die Kriegs- und Krisenkonzepte der alten Ordnung paßten nicht auf die mit »geringer Intensität«, was ihre kontinentale oder internationale Dimension anbetraf, aber dafür mit Ausbrüchen archaischer Gewalt ausgetragenen Bürgerkriege, Emanzipationsbestrebungen und ethnischen Konflikte in Südosteuropa und im Raum der ehemaligen Sowjetunion. Was in den achtziger Jahren für die Krisenbewältigung der NATO als »out of area« galt – Nordafrika, der Nahe Osten, Mittel- und Südamerika sowie Asien und Afrika – lag nun im erweiterten strategischen Raum des Westens, nachdem die Sowjetunion sich auf ihr eigenes Territorium zurückgezogen hatte. Die Fähigkeit, Frieden auf dem europäischen Kontinent zu bewahren und auch gegen Aggressoren wiederherzustellen, ist seit 1989 zum Maßstab der gesamteuropäischen Ordnungsrolle der westlichen Integrationsorganisationen und damit zum Testfall ihrer Legitimität geworden.[32]

Die Beendigung des Krieges um Slowenien, dann um Kroatien, um Bosnien-Herzegowina und – schließlich – um Kosovo wurde nicht zur »Stunde Europas«, wie der luxemburgische Außenminister Jacques Poos anfangs vorlaut bemerkt hatte: Die Interessen des Westens, darunter die der großen europäischen Staaten, stimmten nicht überein, ihre Fähigkeiten reichten nicht aus, und Konsens bestand vielleicht nur in der Schwächung der gemeinsamen Institutionen. Wenn der zweite Golfkrieg die amerikanische Vorstellung von der Durchsetzbarkeit einer neuen

Weltordnung erschüttert hatte, so stellte der Verlauf der Jugoslawienkriege klar, daß Europa nicht imstande war, seine Friedensinteressen aus eigenen Mitteln politisch und deshalb auch militärisch selbst in seiner näheren Umgebung allein durchzusetzen.[33]

Bei aller Ernüchterung über die anfängliche Unzulänglichkeit der europäischen Krisenpolitik belegen die neuen Konflikte der letzten Jahre die gewachsene internationale Verantwortung der EU-Staaten. Die humanitären und ethnischen Tragödien in Bosnien und Kosovo lehren, daß die Wahrnehmung von Verantwortung nicht ohne Einfluß und ohne die Ausübung von Macht Erfolg haben kann. Manche der jetzigen wie der künftigen EU- und WEU-Mitglieder wird dieser Zuwachs an Verantwortung und Macht überfordern, und kaum eine der Sicherheitsinstitutionen ist auf die gemeinsame, sichtbare und glaubwürdige Wahrnehmung dieser Rolle durch einen Kreis europäischer Staaten ausgerichtet. Im Gegenteil, das Ausmaß der Renationalisierung in den letzten Jahren übersteigt die Erwartungen. In allen neuen Bereichen der Sicherheit fällt die Bilanz der NATO bislang eher dürftig aus. Vieles wird über *ad hoc*-Koalitionen und nachträglich ins Werk gesetzt, so daß präventive Diplomatie sich kaum wirksam entfalten kann. Die wirkliche Verbindung europäischer Verteidigungsanstrengungen zu den verschiedenen institutionellen Bezugspunkten bleibt unscharf. Vielmehr tasten sich die Europäer zwischen Renationalisierung, NATO-Reform, EU/WEU-Verknüpfung und OSZE-Rhetorik in einer Art und Weise zu neuen Strukturen voran, die alle Optionen offen und damit vieles in der Schwebe hält.[34]

8. Europa: Der unvollendete Frieden

Die Betrachtung der europäischen Integration nach Kriterien, die für die Friedensfähigkeit von Gesellschaften oder Zivilisationsräumen entwickelt worden sind, hat ein komplexes System erkennbar werden lassen, in dem Frieden nicht nur in einem negativen Sinne die Abwesenheit des Krieges meint, sondern in dem »positiver Frieden« möglich geworden ist. Das politische System der europäischen Integration hat nicht nur einen stetigen Prozeß des Interessenausgleiches etabliert, sondern – zumindest in ihrem Kern – auch die Konvergenz der Interessenlagen selbst befördert: Die Entwicklung zur Währungsunion veranschaulicht diesen Prozeß in exemplarischer Weise. Integration hat die wechselseitige Abhängigkeit nicht nur intensiviert, sondern die Interdependenz in fast schicksalhafter Dichte organisiert – eine Leistung, die sonst nur mit der Entwicklung kollektiver Verteidigung im Rahmen der NATO – und dort wohl nur aufgrund der nuklearen Vernichtungsdrohung des kalten Krieges – zu vergleichen wäre. Integration hat schließlich nicht nur Völker in einem System verbunden, die noch vor drei Generationen in der Geschichte der großen Kriege Europas standen, sondern sie hat die Grenzen zwischen ihnen, vor allem unter den Gründungsmitgliedern, auch physisch verschwinden lassen.

Gleichzeitig sind jedoch die Eigenarten der politischen Kultur und die Eigentümlichkeiten der nationalen und regionalen Identität erhalten geblieben, vielleicht sogar nicht einmal »trotz Europa«, sondern wegen der Integration. Am Ende des 20. Jahrhunderts erlaubt die Integration der historisch gewachsenen Staatenwelt des kleinen Kontinentes, in einer internationalisierten und interdependenten Welt zu bestehen – politisch, kulturell und ethnisch in kleine Räume parzelliert und doch der größte einheitliche Markt der Weltwirtschaft.

Dabei hat die europäische Integration manches nicht erreicht und womöglich auch nicht erreichen können. Die Überwindung des Entwicklungsgefälles ist insgesamt nicht gelungen, die Umverteilung hat Wachstumschancen eröffnet, eine Nivellierung dagegen ist ausgeblieben. Wahrscheinlich fiele diese Bilanz ohne die Erweiterungsdynamik des Integrationsprozesses anders aus. Im Rückblick erscheint diese Schwäche deutlich weniger gravierend: Ein Mehr an Entwicklung wäre wohl nur durch erhebliche Autonomieverluste der nationalen und regionalen Akteure zu erreichen gewesen.

Es ist auch nicht gelungen, die schärfsten innergesellschaftlichen bzw. innerstaatlichen Konflikte in einigen der Mitgliedstaaten über die Mitwirkung in der Integration zu lösen: Autonomiebestrebungen im Baskenland und auf Korsika führen noch immer zu Gewalt, und der Frieden in Nordirland steht erst am Anfang einer konstruktiven Verarbeitung der Gegensätze. Dennoch sind positive Effekte der Integration nicht zu verkennen: Hoffnungen auf eine wachsende Regionalisierung haben das Autonomiestreben der Katalanen bis jetzt gemäßigt; aus dem gleichen Grund findet sich die größte Zahl der Europa-Befürworter im Vereinigten Königreich in Schottland. Die gleichzeitige Mitgliedschaft Großbritanniens und Irlands in der EG, die Anerkennung der irischen Gleichrangigkeit im Rahmen der Integration wie auch das irische Wirtschaftswunder der neunziger Jahre könnten mehr zur Überwindung der anglo-irischen Konflikte auch im Norden der Insel beigetragen haben, als allgemein angenommen wird. Manche Regionalisten mögen zu sehr auf eine schleichende Entmachtung der jeweiligen Zentralregierung gesetzt haben – die Einbettung der Zentralen in einen größeren politischen Handlungsrahmen hat jedoch die Entwicklung subnationaler Ebenen zumindest begünstigt, und der wirtschaftliche Nutzen der Integration dürfte einige der sozioökonomischen Ursachen von Regional- und Minderheitenkonflikten entschärft haben. Diese Grenzen der Friedensleistung von Integration bleiben auch für die Zukunft relevant: Ethnopolitische Konflikte in Mittel- und Osteuropa müssen vor dem Beitritt zur EU geregelt werden, innerhalb der EU lassen sich ihre Folgen nurmehr mildern.

Durch die Gemeinschaftsbildung hat das integrierte Europa ein Maß an innerem Frieden erreicht, das seinerseits zum Instrument der Befriedung wurde. Die Aufnahme der jungen Demokratien Spaniens, Portugals und Griechenlands gilt als Beispiel derartiger Friedensprojektion; die Mitgliedschaft in der EG hat nicht nur das demokratische politische System stabilisiert und die politische Kultur dieser Staaten modernisiert; die Wohlstandsgewinne aus dem Beitritt haben zugleich auch die Output-Legitimation der neuen Ordnung gestärkt. Mit der Projektion der Integration nach Mittel- und Osteuropa verbinden sich dieselben Erwartungen; zugleich sind, wie im Rahmen der Bilanz bereits angerissen, mit diesem Prozeß Veränderungen in Politik und Struktur der Integration verbunden, die das bisherige Friedenssystem der Integration auf eine qualitativ neue Probe stellen. Eine Neudefinition der Verteilungsschlüssel, eine Reform der Stimmgewichtung zur Wiederherstellung der Machtbalance, eine Ausdehnung von Mehrheitsentscheidungen, eine Straffung der Führungsstruktur der EU oder die Differenzierung der Integration als Entwicklungsmethode – jede dieser Reformoptionen greift in die bisherigen Sicherungsmechanismen der europäischen Konfliktkultur ein.

Ein anderes Europa agiert heute in einer anderen Welt, in der das Ende des großen Systemkonfliktes den Europäern nicht nur mehr Sicherheit und Einheit erlaubt, sondern neue Risiken und neue Handlungsfelder mit sich gebracht hat. Die politisch-strategische Nische, in der sich die Integration im Windschatten der Nachkriegsallianzen entwickeln konnte, existiert nicht mehr, und die Welt nach dem Ost-West-Konflikt ist, was viele bedauern mögen, kein Spielplatz für Zivilmächte; ihre Gefahren sind nicht einmal allein mit den zweifellos gewichtigen Instrumenten des „Handelsstaates" beherrschbar. Die Risiken der Lage Europas und die Folgen der neuen Ordnung Europas für die Binnenebene europäischer Sicherheits- und Verteidigungspolitik stellen die alte Frage nach der sicherheitspolitischen Identität der Europäer neu. Die Europäische Union liegt in unruhiger Nachbarschaft – sie grenzt an zwei der hochsensiblen Zonen der Weltpolitik. Nach Osten reicht sie schon heute an den von Rußland dominierten Raum heran, dessen Entwicklungspfad auf viele Jahre nicht mit dem seiner westlichen Nachbarn übereinstimmen wird. Mit der Vollendung der Integration durch die Erweiterung wird diese EU von der Barents-See im hohen Norden bis zum Schwarzen Meer im Süden ohne Puffer oder neutrale Zonen an diesen Raum grenzen, und alle grenzüberschreitenden Aktivitäten, Konflikte und Entwicklungsunterschiede werden als Friedensrisiken zu Themen der Europapolitik werden.

Im Süden spricht vieles für eine weitere Verdichtung der politisch-sozialen Krise im nordafrikanischen Raum, da die Konfliktspirale aus Bevölkerungswachstum, Landflucht und Verstädterung, Erosion der schmalen fruchtbaren Küstenstreifen und einer verfehlten Industrialisierungspolitik von den meisten Staaten nicht umgedreht, sondern bestenfalls in ihren Auswirkungen begrenzt werden kann. Die offene bzw. schleichende Radikalisierung von Teilen der Bevölkerung (die Hälfte der Nordafrikaner ist jünger als 20 Jahre, und viele von ihnen besitzen keine klare Zukunftsperspektive) wirkt vor allem zugunsten eines islamischen Fundamentalismus, zu dessen Programmatik die bewußte Abkehr vom Westen, seinen Normen und Systemen gehört. Instabilität kennzeichnet auch das östliche Mittelmeer, die Türkei und, nicht zuletzt, den Nahen Osten. Eine Strategie der Abschottung scheidet für Europa aus – zu vielfältig sind die Bezüge und Wechselbeziehungen, zu lang und zu offen sind die geographischen Grenzräume der Europäischen Union nach Süden und nach Osten.

Der Krieg um Bosnien-Herzegowina hat schließlich auch die Annahme widerlegt, Konflikte seien durch die Isolierung und Erschöpfung der Kriegsparteien regelbar: Die wirtschaftlichen und demographischen Externalitäten für Europa und die anhaltende Vergiftung der politischen Kultur sind angesichts der Nähe der Konfliktregion und der Dichte der Verflechtung europapolitisch nicht zu neutralisieren. Die Defizite im Wiederaufbau in Bosnien, in der Reintegration der Flüchtlinge sowie die Schwächen in der demokratischen Transformation in Bosnien, in Serbien wie in Kroatien belegen die Notwendigkeit präventiver Schritte, militärischer Abschreckung und, im Krisenfall, der Durchsetzung des Friedens. Die Schwierigkeiten und Dilemmata der militärischen Durchsetzung des Rambouillet-Abkommens durch die NATO weisen darauf hin, daß eine Politik und eine Struktur für diese Herausforderung europäischer Politik noch nicht gefunden ist.[35]

Die Europäer müssen also handeln, wenn sie die zweite Friedensepoche nach dem »kalten Frieden« des Ost-West-Konfliktes nach ihren Maßstäben gestalten wollen. Die bisherigen Schritte der NATO-Erweiterung und Reform sowie die Erneuerung der Gemeinsamen Außen- und Sicherheitspolitik von EU und WEU sind dazu erst ein Anfang. Krieg als Mittel der Politik ist zurückgekehrt nach Europa und wird mit dem Mittel der nuklearen Vernichtungsdrohung nicht wieder aufgehoben werden. Positiven Frieden, wie er im System der Europäischen Integration über Jahrzehnte erprobt und schrittweise institutionalisiert worden ist, für Gesamteuropa zu erlangen, wird damit zur Aufgabe der kommende Jahrzehnte.

Anmerkungen

1 Vgl. Mearsheimer, John J.: Back to the Future. Instability in Europe after the Cold War, in: International Security 1 (1990) S. 5–56.
2 Senghaas, Dieter: Vorwort, in: ders. (Hrsg.): Frieden machen, Frankfurt a. M. 1997, S. 9–27.
3 Vgl. Crefeld, Martin van: Die Zukunft des Krieges, München 1998.
4 Die noch immer umfassendste und wortgewaltigste Schilderung dieser Verflechtung stammt von Friedell, Egon: Kulturgeschichte der Neuzeit. Die Krisis der europäischen Seele von der Schwarzen Pest bis zum Ersten Weltkrieg, München 1969.
5 Vgl. Deutsch, Karl W.: Politische Kybernetik. Modelle und Perspektiven, Freiburg i. Br. 1969.
6 Vgl. dazu anschaulich Craig, Gordon A., und Alexander L. George: Zwischen Krieg und Frieden. Konfliktlösungen in Geschichte und Gegenwart, München 1984.
7 Vgl. zur Entwicklung der mitteleuropäischen Mentalitäten Garton Ash, Timothy: Ein Jahrhundert wird abgewählt. Aus den Zentren Mitteleuropas 1980–1990, München 1990.
8 Vgl. Woyke, Wichard: Belgien, die Niederlande und Luxemburg, in diesem Band.
9 Hier wiedergegeben nach Senghaas, Dieter: Frieden – ein mehrfaches Komplexprogramm, in: ders. (Anm. 2), S. 560–575, hier S. 573.
10 Initiative der deutschen Bundesregierung zur Verwirklichung einer europäischen Sozial- und Gesellschaftspolitik, abgedruckt in: Schwarz, Jürgen (Hrsg.): Der Aufbau Europas. Pläne und Dokumente 1945–1980, Bonn 1980, hier S. 479–484.

11 Alle Zitierungen des EG-Vertrages nach: Konsolidierte Fassung des Vertrags zur Gründung der Europäischen Gemeinschaft; CONF/4007/97.
12 Zu den Daten und Einschätzungen vgl. anschaulich die entsprechenden Beiträge in: Weidenfeld, Werner, und Wolfgang Wessels (Hrsg.): Europa von A–Z, Bonn, 6. Auflage 1997; Weidenfeld, Werner, und Wolfgang Wessels (Hrsg.): Jahrbuch der europäischen Integration 1980 ff, Bonn 1981 ff.
13 Vgl. Weidenfeld, Werner, und Josef Janning: Europa vor der Vollendung. Der Qualitätssprung der Integration macht strategische Entscheidungen unausweichlich, in: Frankfurter Allgemeine Zeitung, 3. Juli 1998, S. 8.
14 Vgl. dazu Beutler, Bengt, u. a.: Die Europäische Union. Rechtsordnung und Politik, Baden-Baden 1993.
15 Vgl. zu den institutionellen Fragen der erweiterten EU: Janning, Josef: Am Ende der Regierbarkeit? Gefährliche Folgen der Erweiterung der Europäischen Union, in: Europa-Archiv 22 (1993), S. 645–652.
16 Vgl. dazu Weidenfeld, Werner (Hrsg.): Reform der Europäischen Union. Materialien zur Revision des Maastrichter Vertrages 1996, Gütersloh 1995.
17 Zum Problemfeld Demokratie und Legitimation siehe Steffani, Winfried, und Uwe Thaysen (Hrsg.): Demokratie in Europa: Zur Rolle der Parlamente (Sonderband der Zeitschrift für Parlamentsfragen), Opladen 1995.
18 Zu den Verschiebungen der Balance und ihren Wirkungen auf das europäische politische Gefüge siehe grundlegend Niedhart, Gottfried, Detlev Junker und Michael W. Richter (Hrsg.): Deutschland in Europa. Nationale Interessen und internationale Ordnung im 20. Jahrhundert, Mannheim 1997; Schwarz, Hans-Peter: Die Zentralmacht Europas. Deutschlands Rückkehr auf die Weltbühne, Berlin 1994.
19 Vgl. dazu die Aufarbeitung dieser Debatte in: Forschungsgruppe Europa: Europäische Defizite, europäische Perspektiven – eine Bestandsaufnahme für morgen, Gütersloh 1988.
20 Vgl. zu den Daten, Einordnungen und Quellen hier und im folgenden Gasteyger, Curt: Europa zwischen Spaltung und Einigung 1945–1990, Köln 1990.
21 Siehe dazu das seinerzeit vielgelesene Plädoyer von Servan-Schreiber, Jean-Jacques: Die amerikanische Herausforderung, Hamburg 1968.
22 Siehe dazu Algieri, Franco: Die Reform der GASP – Anleitung zu begrenztem gemeinsamen Handeln, in: Weidenfeld, Werner (Hrsg.): Amsterdam in der Analyse, Gütersloh 1998, S. 89–120; zu den Positionsdifferenzen in der Regierungskonferenz siehe die Dokumente im Abschnitt »Gemeinsame Außen- und Sicherheitspolitik« auf der dem Band beigegebenen CD-ROM.
23 Siehe Garten, Jeffrey E.: Cold Peace. America, Japan, Germany, and the Struggle for Supremacy, New York 1993.
24 Siehe dazu grundlegend Nerlich, Uwe, und Trutz Rendtorff (Hrsg.): Nukleare Abschreckung – Politische und ethische Interpretationen einer neuen Realität, Baden-Baden 1989.
25 Vgl. dazu Lewis Gaddis, John: We Now Know: Rethinking Cold War History, New York 1997.
26 Vgl. zur Gesamtthematik der Friedensbewegungen in Europa Janning, Josef, Hans-Josef Legrand und Helmut Zander (Hrsg.): Friedensbewegungen. Entwicklung und Folgen in der Bundesrepublik Deutschland, Europa und den USA, Köln 1987.
27 FOFA = Follow on Forces-Attack.
28 Siehe zur Entspannungspolitik grundlegend, wenn auch primär bezogen auf die Bundesrepublik Deutschland Haftendorn, Helga: Sicherheit und Entspannung. Zur Außenpolitik der Bundesrepublik Deutschland 1955–1982, Baden-Baden 1983.

29 Vgl. dazu anschaulich die Begegnungen und Beschreibungen der Dissidentenbewegungen bei Garton Ash (Anm. 6).
30 Vgl. das Resümee dieser Debatte bei: Weidenfeld, Werner, Walther Stützle, Curt Gasteyger und Josef Janning: Die Architektur europäischer Sicherheit. Probleme, Kriterien, Perspektiven, Gütersloh 1989.
31 Siehe dazu die Aufstellungen des IISS: The Military Balance 1997–98, London 1998; bzw. des SIPRI Jahrbuches: World Armaments and Disarmament, Stockholm 1997.
32 Vgl. dazu überzeugend Bertram, Christoph: Europe in the Balance. Securing the Peace Won in the Cold War, Washington D.C. 1995.
33 Vgl. dazu aus der Fülle der Literatur Holbrooke, Richard: Meine Mission. Vom Krieg zum Frieden in Bosnien, München 1998; Calic, Marie-Janine: Der Krieg in Bosnien-Hercegovina. Ursachen – Konfliktstrukturen – Internationale Lösungsversuche, Frankfurt a. M. 1995.
34 Vgl. zur Bilanz ausführlicher Weidenfeld, Werner, und Josef Janning: Das neue Europa. Strategien differenzierter Integration, in: Bertelsmann Stiftung (Hrsg.): Das neue Europa. Strategien differenzierter Integration, International Bertelsmann Forum, Gütersloh 1997, S. 139–168.
35 Vgl. dazu die Überlegungen zur Bildung einer Sicherheits- und Verteidigungsunion bei Janning, Josef: Das »große Europa« als Chance. Auswirkungen der EU-Erweiterung auf Solidarität, Regierbarkeit und Sicherheit in Europa, in: Reiter, Erich (Hrsg.): Jahrbuch für internationale Sicherheitspolitik 1999, Hamburg/ Berlin/Bonn 1999, S. 174–303.

Europäische Parteien

THOMAS JANSEN

Europäische Parteien sind föderative Vereinigungen nationaler Parteien aus mehreren Mitgliedstaaten der Europäischen Union, die in ihren Orientierungen und Zielsetzungen übereinstimmen. Ihr Aktionsfeld ist das politische System der Union; im Europäischen Parlament sind sie durch entsprechende Fraktionen vertreten. In Art. 191 EGV-A (Art. 138a EGV-M) heißt es: »Politische Parteien auf europäischer Ebene sind wichtig als Faktor der Integration in der Union. Sie tragen dazu bei, ein europäisches Bewußtsein herauszubilden und den politischen Willen der Bürger der Union zum Ausdruck zu bringen.« Als Europäische Parteien lassen sich vorläufig nur die auf Unionsebene organisierten Verbände der klassischen politischen Familien der Sozialdemokraten, der Christlichen Demokraten und der Liberaldemokraten qualifizieren. Sie sind sowohl nach ihrer Struktur und Wirkungsweise wie nach ihrem Anspruch und Aktionsbereich transnational; ihr Selbstverständnis, aber auch ihr Handeln, weist sie als wichtige Akteure im politischen System der Union aus, für dessen Gestaltung und Entwicklung sie Verantwortung übernehmen. Mit Einschränkungen gilt das neuerdings auch für die Grünen. Alle anderen politischen Kräfte, die im Europäischen Parlament vertreten sind – Radikale, Rechte, Gaullisten, Kommunisten etc. –, waren bisher nicht in der Lage, sich entsprechend zu organisieren, da sie in der Regel auf eine nationale Situation fixiert sind, oder weil sie sich aus ideologisch-politischen Gründen nicht übernational einbinden lassen wollen.

1. Zusammenschluß von Parteien auf europäischer Ebene

Schon frühzeitig haben die wichtigsten Parteien der Staaten, die sich nach dem Zweiten Weltkrieg am europäischen Einigungsprozeß beteiligten, damit begonnen, mit ihren gleichgesinnten Schwesterparteien in den Mitgliedstaaten der Europäischen Gemeinschaft zu kooperieren.

Seit Ende der vierziger und während der fünfziger Jahre entstanden europäische Parteifamilien, in denen man sich untereinander abstimmte. Mehr und mehr kam es auch zu gemeinsamen Initiativen. Als Ergebnis der zunehmend sich verdichtenden Integration wurden daraus um die Mitte der siebziger Jahre, im Vorfeld der ersten Direktwahl des Europäischen Parlamentes, die 1979 stattfand, regelrechte Parteienbünde: Sowohl bei den Liberalen wie bei den Sozialdemokraten und den Christlichen Demokraten war damals das Bedürfnis entstanden, sich auf die Herausforderung der Europawahl durch die Errichtung europäischer Organisationsstrukturen vorzubereiten.[1] Dieses Bedürfnis hatten vor allem die Europaabgeordneten zum Ausdruck gebracht. Diese hatten bereits 1952 in der parlamentarischen Versammlung der Europäischen Gemeinschaft für Kohle und Stahl (EGKS) und 1958 – nach Gründung der Europäischen Wirtschaftsgemeinschaft (EWG) und der Europäischen Atomgemeinschaft (EAG) – im Europäischen Parlament gemeinsame Fraktionen gebildet und zunehmend die Notwendigkeit verspürt, sich auf »europäische Parteien« stützen zu können.[2]

Mit dem Herannahen der ersten Europawahl kam das Interesse der nationalen Parteien hinzu, einen im europäischen Rahmen koordinierten Wahlkampf zu führen. Dabei spielte die Hoffnung eine Rolle, vom Werbeeffekt zu profitieren, der mit der Zugehörigkeit zu einer übernationalen Organisation möglicherweise verbunden war. Sie sahen aber auch schon die Chancen, die ein solcher Verbund für die Verbesserung der politisch-operativen Möglichkeiten im Hinblick auf die Gemeinschaftspolitik bot.

Die intensive programmatische Arbeit der Parteiföderationen im Vorfeld der ersten Europawahl[3] fand in der Folgezeit, also jeweils wiederum zur Vorbereitung der alle fünf Jahre anstehenden Wahlgänge, ihre Fortsetzung und Verdichtung. Die Abgeordneten des Europäischen Parlamentes in den einzelnen Fraktionen, die mit den Parteienbünden personell und organisatorisch verbunden waren, stützten sich seitdem in ihrer Zusammenarbeit mehr und mehr auf gemeinsam entwickelte Programme. Der damit einhergehende Angleichungsprozeß zwischen den jeweiligen Mitgliedsparteien hatte Folgen für das Selbstverständnis und die Selbstdarstellung der nationalen Parteien. Zum Beispiel kam es 1977 in den Niederlanden, angeregt und beschleunigt durch die gemeinsame Mitgliedschaft ihrer Abgeordneten in der CD-Fraktion des Europäischen Parlamentes, zu einer Fusion der drei traditionellen, miteinander konkurrierenden »christlichen« Parteien (Katholische Volkspartei, Christlich-Humanistische Union und Anti-Revolutionäre Partei): Es entstand der Christlich-Demokratische Appell (CDA).

Zunehmend sahen sich die nationalen Parteiführungen vor die Notwendigkeit gestellt, mit ihren Partnern über die Grenzen hinweg allgemeine politische Fragen zu beraten, um zu gemeinsamen Auffassungen und Haltungen zu gelangen; zum Beispiel über anstehende Grundsatzentscheidungen im Zusammenhang mit dem Fortgang der europäischen Integration, über außen- und sicherheitspolitische Weichenstellungen, über gesellschaftspolitische Entwicklungen und deren Auswirkungen auf ihre Programmatik, über die Organisation ihrer transnationalen Zusammenarbeit, also über Fragen, die im Rahmen der jeweiligen Fraktion des Europäischen Parlamentes nicht abschließend beantwortet werden konnten.

2. Die Entstehung Europäischer Parteien

Die mehr oder weniger systematische Kooperation zwischen den Parteien gleicher Orientierung zog auch allmählich wachsende Organisations- und Kommunikationsstrukturen nach sich. Der Logik dieser Entwicklung entsprach es, daß zu Beginn der neunziger Jahre in den Maastrichter Vertrag ein Artikel aufgenommen wurde, der den »politischen Parteien auf europäischer Ebene« eine besondere Rolle im Integrationsprozeß zuweist. Damit wurde der Erkenntnis ein verfassungsrechtlicher Ausdruck gegeben, daß für den Fortgang der Einigung Europas und für ein funktionierendes transnationales politisches System die Entwicklung europäischer Parteienstrukturen von großer Bedeutung ist.

In Erwartung des Wirksamwerdens der Europäischen Union als einer »politischen« Union hat die Entwicklung der Parteibünde zur Entstehung Europäischer Parteien[4] geführt:
- Der Bund der Sozialdemokratischen Parteien in der Europäischen Gemeinschaft, 1974 entstanden, konstituierte sich im Herbst 1992 auf der Grundlage eines neuen Statutes als Sozialdemokratische Partei Europas (SPE).[5]
- Die Europäische Volkspartei (EVP), die ihren Anspruch, eine Europäische Partei werden zu wollen, schon 1976 bei ihrer Gründung angemeldet hatte, hat sich im November 1990 eine neue Satzung gegeben, die diesen Anspruch deutlich unterstreicht.[6]
- Die Föderation der Europäischen Liberalen und Demokraten, 1976 gegründet, wurde im Dezember 1993 zur Europäischen Liberalen und Demokratischen Reform-Partei (ELDR).
- Die Europäische Föderation Grüner Parteien formierte sich im Sommer 1993, allerdings als paneuropäischer Verband, in dessen Rahmen aber auch ein Zusammenschluß auf Unionsebene möglich ist.[7]

Gleichzeitig entwickelten sich neue Zugehörigkeiten: Die konservativen Parteien Großbritanniens und Skandinaviens fühlten sich mehr und mehr von der christlich-demokratisch inspirierten EVP angezogen und verbanden sich schließlich mit ihr[8]; die italienischen Eurokommunisten fanden ihren Weg zur sozialdemokratisch orientierten SPE. Reformer und Radikale suchten Anschluß bei der liberal-demokratischen ELDR.

3. Parteien im politischen System der Union

Der Umstand, daß die Tätigkeit dieser Europäischen Parteien nicht – oder noch nicht – in dem Maße wirksam ist wie die der nationalen Parteien in den Mitgliedstaaten, liegt darin begründet, daß die Quelle der Macht, die in der Union ausgeübt wird, nicht (oder noch nicht) im Europäischen Parlament liegt, sondern nach wie vor bei den nationalen Regierungen, die ihrerseits von den nationalen Parlamenten legitimiert werden und von dort auch ihre Macht beziehen. Dies bedeutet, daß im transnational-europäischen Rahmen die Möglichkeiten der Parteien, die Verfassungs- und Rechtsentwicklung zu beeinflussen, bis auf weiteres erheblich geringer bleiben als im nationalen Rahmen. Denn die nationalen Regierungen, die in der Europäischen Union über den Rat als Verfassungs- und Gesetzgeber fungieren, haben es bis jetzt verstanden, den Einfluß und die Kontrollmöglichkeiten des Europäischen Parlamentes weitgehend einzudämmen, wobei sie sich den Umstand zunutze gemacht haben, daß die Federführung für die europäischen Angelegenheiten den Außenministerien anvertraut blieb und daß Europapolitik dementsprechend immer noch als Außenpolitik betrieben wird.

Nun folgen aber die politischen Parteien beim Aufbau ihrer Strukturen und beim Einsatz ihrer Mittel der Verfassungsentwicklung. Das heißt, daß ihre Bemühungen beim Aufbau ihrer eigenen gemeinschaftlichen, transnationalen Strukturen und bei der Herausbildung ihrer eigenen Aktionsfähigkeit auf europäischer Ebene sich im Rahmen dessen halten, was ihnen der Fortschritt des Einigungsprozesses und seine Institutionalisierung nach und nach abverlangen. Dennoch wird man im Rückblick auf den Prozeß der Europäisierung, dem die politischen Parteien aus den Mitgliedstaaten der Europäischen Union während der letzten Jahrzehnte unterworfen waren, sagen können, daß über den Rhythmus und das Ergebnis ihrer eigenen Entwicklung auch die einzelnen Parteien oder Parteiformationen selbst entscheiden: vor allem durch das Maß an Einverständnis mit dem stattfindenden Prozeß, woraus sich das Maß ihrer Fähigkeit ergibt, mitgestaltend in ihn einzugreifen; sodann durch die Rolle ihrer Fraktionen im Europäischen Parlament, in der sich der gemeinsame politische Wille stärker oder auch schwächer artikulieren kann; und schließlich durch ihre Programmatik und die damit verbundene Fähigkeit zur Stiftung eines übernationalen Konsenses unter Einbeziehung der nationalen gesellschaftlichen Kräfte.

4. Struktur und Organisation der Europäischen Parteien

Die allmähliche Herausbildung einer europapolitischen Kultur und eines entsprechenden Bewußtseins hat im Zuge dieses Prozesses nachweisbar Impulse vermittelt, die sich zugunsten einer Europäisierung des Parteiensystems ausgewirkt und damit auch die Integration innerhalb der Europäischen Union gefördert haben. Hierzu gehört auch die nicht zu unterschätzende Wirkung der in den Europäischen Parteien institutionalisierten transnationalen Zusammenarbeit auf die Einstellung und das Verhalten der Führungsgruppen der nationalen Parteien. Ihnen wird es nach und nach zur Selbstverständlichkeit, daß in der Perspektive der Realisierung einer Europäischen Union, die alle Elemente der Ordnung einer Föderation aufweist, auch die politischen Parteien auf dieser Ebene präsent sein müssen, um hier ihre Interessen zu wahren, Einfluß zu nehmen und mitgestaltend tätig werden zu können.[9]

Das geschieht durch den Zusammenschluß und das Tätigwerden von ehemals ausschließlich im nationalen Rahmen organisierten Parteien als Europäische Parteien. Sie geben sich dabei eine Organstruktur, die nach dem Vorbild der meisten ihrer Mitgliedsparteien funktioniert: Ein Delegiertenkongreß entscheidet über das politische Programm, ein Vorstand befaßt sich mit aktuellen Fragen und den laufenden Geschäften, ein Vorsitzender (gestützt auf ein Präsidium) spricht für die Partei und stellt sie nach außen dar, ein Generalsekretär (gestützt auf eine Geschäftsstelle) ist verantwortlich für die interne Kommunikation und sichert die technisch-organisatorischen Voraussetzungen für die Arbeit der Gremien sowie die Umsetzung ihrer Ergebnisse.[10] In Anlehnung an ähnliche Strukturen in einigen Mitgliedsparteien sind die Europäischen Parteien auch dazu übergegangen, transnationale Kooperationsverbände für bestimmte Kategorien von Mitgliedern zu gründen: So sind u. a. europäische Vereinigungen von sozialdemokratischen beziehungsweise christlich-demokratischen Jugendlichen, Frauen und Arbeitnehmern entstanden. Sie sollen die Europäischen Parteien auf eine breitere gesellschaftliche Grundlage stellen und in der jeweiligen Mitgliedschaft verankern, indem sie zugleich dazu beitragen, die vereinbarte Programmatik in die verschiedenen Milieus der nationalen Parteien zu vermitteln.

Die Europäischen Parteien verfügen nicht nur im Europäischen Parlament über Fraktionen. Auch im Ausschuß der Regionen und in der Parlamentarischen Versammlung des Europarates bestehen Fraktionen, die sich darum bemühen, im Rahmen ihrer Versammlungen die Programme der jeweiligen Partei zur Geltung zu bringen. Darüber hinaus führen alle Europäischen Parteien regelmäßig die Parteiführer der Mitgliedsparteien und die ihnen angehörenden Regierungschefs oder Außenminister zusammen, um ihnen Gelegenheit zur Beratung der Tagesordnung des Europäischen Rates und weiterer Punkte zu geben, die eine Diskussion und Beschlußfassung auf höchster Ebene erforderlich machen. Diese Treffen haben im Laufe der neunziger Jahre zunehmend an Wichtigkeit gewonnen und belegen damit den Bedeutungszuwachs der Europäischen Parteien, welche mehr und mehr in der Lage sind, die Aktionseinheit ihrer Mitglieder zu organisieren.

5. Charakter der Europäischen Parteien

Dabei können und wollen die Europäischen Parteien nicht Parteien nach einem bestimmten nationalen Vorbild sein, denn sie sind nicht, wie die nationalen Parteien, auf allen Ebenen (Staat, Region, Gemeinde) nach einem einheitlichen Schema organisiert. Sie respektieren die bestehenden, gewachsenen und bewährten Strukturen ihrer Mitgliedsparteien, auf denen sie aufbauen und auf die sie sich stützen. Also handelt es sich um föderative Parteien, welche die Aktionseinheit ihrer Mitglieder auf europäischer Ebene organisieren und politisch zum Tragen bringen wollen. In der Satzung der Europäischen Volkspartei zum Beispiel kommt dies in der

Bestimmung zum Ausdruck, daß die Mitgliedsparteien »ihren Namen, ihre Identität und ihre Aktionsfreiheit im Rahmen ihrer nationalen Verantwortlichkeiten« (Art. 2) behalten.

Welchem Organisationsmodell die Europäischen Parteien im weiteren Fortgang dieser Entwicklung folgen werden, hängt weitgehend von der Verfassungsentwicklung der Europäischen Union ab. Die bisherige Erfahrung legt die Vermutung nahe, daß – falls man bei zukünftigen Entscheidungen über die Strukturen überhaupt auf Modelle zurückgreifen sollte – jene Modelle aus der europäischen Parteiengeschichte und Parteienwirklichkeit bevorzugt werden, die mit einer föderalen Staatsordnung korrespondieren. Die vorgeschlagene Definition der Europäischen Parteien als »föderative Vereinigungen von nationalen Parteien« entspricht der bisherigen Entwicklung. Tatsächlich handelt es sich bei den heutigen Europäischen Parteien um Föderationen, deren Mitglieder sich zu einer ständigen Zusammenarbeit auf der Grundlage einer vereinbarten Satzung und eines von den zuständigen Organen verabschiedeten Programms zur Verwirklichung ihrer gemeinsamen Politik verpflichten. Man kann wohl davon ausgehen, daß auch andere Gruppierungen, die möglicherweise in Zukunft eine Organisation auf europäischer Ebene planen oder aufbauen, entsprechend der Gliederung der Union hierfür die föderative Form wählen werden. Denn es erscheint ganz ausgeschlossen, daß eine Europäische Partei auf Dauer lebensfähig sein und ihre Rolle spielen kann, wenn sie nicht auch in den Subsystemen, insbesondere in den die Union konstituierenden Mitgliedstaaten, mit eigenständigen Verbänden existiert und wirksam wird.

Auch die anderen Elemente der vorgeschlagenen Definition entsprechen der tatsächlichen Entwicklung, aber ebenso einem theoretischen Erfordernis: Eine Europäische Partei, die sich nicht in mehreren Mitgliedstaaten auf nationale Organisationen mit »gleichen Orientierungen und Zielsetzungen« stützen könnte und die nicht in der Lage wäre, die Vertreter ihrer Mitgliedsparteien in einer einzigen Fraktion zusammenzufassen, würde ihren Namen nicht verdienen; die Aufnahme als Beobachter oder Assoziierte von Parteien aus Ländern, die ihr (noch nicht) angehören, ändert nichts an dem Umstand, daß das politische System der Europäischen Union das Aktionsfeld der Europäischen Parteien bleibt.

6. Verfassungsrechtliche Stellung der Europäischen Parteien

Bei Art. 191 EGV-A handelt es sich um eine »Rahmenregelung, die mehrere Konkretisierungsmöglichkeiten zuläßt.«[11] Bei den Diskussionen über die Frage, was zu tun sei, um diesen Artikel mit Leben zu erfüllen, standen zwei Problemkomplexe im Vordergrund: die Ausfüllung des gegebenen Rahmens durch ein »Parteiengesetz« oder ein »Parteienstatut« sowie die durch die neue Vertragslage eventuell gegebene Möglichkeit einer Finanzierung der Europäischen Parteien aus dem Haushalt der Gemeinschaft.

Aus Gründen der Rechtssicherheit, aber ebenso aus Gründen der politischen Kultur konnte die Finanzierungsfrage nicht gestellt werden, bevor nicht eine eindeutige, rechtlich verbindliche Regelung für die Organisation, für die Tätigkeit, für das Verhalten (einschließlich des Finanzgebahrens) der Europäischen Parteien bestehen würde. Eine Regelung dieser Art schien aber auch aus integrationspolitischen Gründen dringend geboten. In einem solchen europäischen Parteienstatut müßte definiert werden, was unter den Begriffen »Europäische Parteien« oder »Politische Parteien auf europäischer Ebene« zu verstehen ist, welche Aufgaben sie im einzelnen haben und welche Regeln für ihre Struktur, Arbeitsweise und Finanzierung gelten, und schließlich, welche Elemente vorliegen müssen, um die Anerkennung als »Politische Partei auf europäischer Ebene« gemäß Art. 191 EGV-A zu erreichen – und durch welche Instanz?

Die Bemühungen, diese Fragen unter Berufung auf Art. 138a EGV-M im Rahmen der mit der Unterzeichnung des Amsterdamer Vertrages abgeschlossenen Regierungskonferenz 1996/97 voranzubringen, sind ohne Ergebnis geblieben. Zwar hatte im September 1996 die griechische Regierung einen Vorschlag unterbreitet, der eine Vervollständigung des Art. 138a EGV-M durch folgenden Satz vorschlug: »Zur Klärung ihrer (der Europäischen Parteien, d. Verf.) rechtlichen Stellung und zur Verbesserung der tatsächlichen Voraussetzungen für die Erfüllung ihres Auftrages können Rechtsvorschriften nach dem Verfahren der Mitentscheidung erlassen werden.«[12] Und wenig später hatten die italienische und österreichische Delegation in einem gemeinsamen Memorandum vorgeschlagen, im Vertragskapitel über die Unionsbürgerschaft folgenden Satz vorzusehen: »Unionsbürger haben das Recht, sich auf europäischer Ebene in Form von politischen Parteien frei zusammenzuschließen, die auf den Grundsätzen der Freiheit, der Demokratie, der Achtung der Menschenrechte und der Grundfreiheiten und der Rechtsstaatlichkeit beruhen. Solche Parteien tragen auf demokratische Weise dazu bei, ein europäisches Bewußtsein herauszubilden und den politischen Willen der Bürger der Union zum Ausdruck zu bringen.«[13] Diese Vorschläge fanden jedoch wenig Unterstützung bei den Vertretern der anderen Regierungen. Gründe für die Zurückhaltung gab es wohl mehrere: Den einen wird die Sache nicht besonders dringlich erschienen sein; die anderen mögen Bedenken wegen möglicher finanzieller Auswirkungen gehabt haben; und den Dritten werden die Vorschläge wegen der damit verbundenen Elemente einer Konstitutionalisierung des Vertrages nicht gepaßt haben. Das Europäische Parlament bleibt in dieser Sache gefordert. Im Mai 1996 hat sein Institutioneller Ausschuß den sozialdemokratischen Abgeordneten Dimitros Th. Tsatsos beauftragt, einen Bericht zu diesem Problemkreis anzufertigen; er legte seinen Bericht im Sommer 1996 vor. Nach Diskussion und Amendierung im Ausschuß wurde er am 10. Dezember im Plenum zur Debatte gestellt und mit 336 zu 63 Stimmen bei 19 Enthaltungen verabschiedet. Die den Bericht begleitende Entschließung fordert – »unabhängig vom Ergebnis der Regierungskonferenz« – Verordnungen sowohl über »die Rechtsstellung« wie über »die finanziellen Verhältnisse« der Europäischen Parteien.[14]

7. Mitgliedsparteien und ihre europäische Organisation

Zustand und Entwicklung einer Europäischen Partei sind wesentlich abhängig von der Fähigkeit ihrer nationalen (oder regionalen) Mitgliedsparteien, einen gemeinsamen Willen zu artikulieren, und von ihrer Bereitschaft, gemeinsam zu handeln. Tatsächlich kann eine Europäische Partei nicht mehr sein als das, was ihre Mitgliedsparteien gemeinschaftlich aus ihr machen, und das entspricht nicht unbedingt dem, was einzelnen Mitgliedsparteien vorschwebt. Es ist das Ergebnis von Kompromissen und Zwängen. Nicht alle Beteiligten haben immer zur selben Zeit die gleiche Einsicht. Die Vorstellungen über das, was eine Europäische Partei sein und leisten soll, gehen in den Mitgliedsparteien auseinander. Man orientiert sich normalerweise an dem, was in der eigenen Partei im eigenen Land an Leitbildern und an europäischem oder transnationalem Bewußtsein vorhanden ist.

Unter einer Partei versteht man hier und dort Verschiedenes. Die interne Organisation der Mitgliedsparteien spiegelt einerseits ihre jeweilige Geschichte, andererseits aber auch die Verfassung des Staates wider, in dem sie tätig ist. Zum Beispiel ist es für die Einstellung der Vertreter einer Mitgliedspartei gegenüber der Europäischen Partei relevant, ob sie zu Hause über eine föderale Tradition und Kultur verfügt.

Für die Rolle des Vorsitzenden der Partei gibt es ein breites Spektrum an Möglichkeiten: Er kann Geschäftsführer, Moderator, Animateur, Präsident oder Parteichef sein. Und auch die Rolle des Generalsekretärs wird unterschiedlich verstanden: In einigen Parteien ist er ein Funktionär, ein Administrator oder Organisator, während er in anderen eine politische Führungsaufgabe wahrnimmt. Aus diesen Gründen können die »real existierenden« Europäischen Parteien nicht dem Bild entsprechen, das man sich in den einzelnen Mitgliedstaaten von ihnen macht. Sie entwickeln sich in einem offenen Kräftefeld unter der Einwirkung sehr unterschiedlicher Impulse. Es ist deshalb abwegig, in ihnen die Ebenbilder der nationalen Parteien zu suchen, die man von zu Hause her kennt. Zwar geht von all diesen Vorbildern etwas in die Europäischen Parteien ein, jedoch muß das, was sie charakterisiert, etwas anderes sein.

Die Tendenz, zu erwarten, daß die Europäischen Parteien nach den jeweils eigenen, aus der nationalen Erfahrung übernommenen Vorstellungen gestaltet werden müssen, bleibt in den Mitgliedsparteien mehr oder weniger stark spürbar. Dementsprechend besteht auch vielfach die Neigung, ihre Selbstdarstellung und Leistung nach den heimischen Kriterien zu beurteilen.

Damit einher geht die Neigung, die Europäischen Parteien im Sinne der jeweils aktuellen nationalen Parteiinteressen zu instrumentalisieren, oder aber ihren Wert an dem zu messen (und das eigene Engagement entsprechend zu dosieren), was sie an unmittelbarem Nutzen in bestimmten Situationen versprechen. Das sind Reflexe, die typisch sind für eine Phase des Übergangs in ein neues politisches System, in der die neuen Verhaltensweisen noch nicht eingeübt sind und nur die alten Erfahrungen zur Verfügung stehen.

8. Kommunikationsprobleme zwischen nationaler und europäischer Ebene

Eines der Hauptprobleme der Europäischen Parteien – und zwar sowohl bei ihren Bemühungen, sich durchzusetzen und ihre Rolle zu spielen, wie auch bei der Entwicklung ihrer Strukturen – liegt in der mangelhaften Kommunikation zwischen europäischer und nationaler Ebene und den Schwierigkeiten, sie zu organisieren. Die Zahl der Politiker und Funktionäre, die auf der europäischen Ebene tätig werden, ist relativ gering, ebenso die Zahl der Journalisten, die über das berichten, was dort geschieht. Die nationalen Parteizentralen sind mit Personal, Instrumenten und finanziellen Mitteln um ein Vielfaches besser ausgestattet als die Sekretariate der Europäischen Parteien. Ähnlich verhält es sich mit den Korrespondentenbüros der Funkanstalten und der Presseorgane in den nationalen Hauptstädten einerseits und den europäischen Hauptstädten (Brüssel, Straßburg und Luxemburg) andererseits.

Die Vorgänge auf der politischen Bühne der Europäischen Union sind außerordentlich komplex. Um zu verstehen und urteilen zu können, braucht man Kenntnisse und Erfahrungen, die normalerweise ein im nationalen Rahmen engagierter Politiker nicht erwirbt. Hinzu kommt, daß die Politiker und Funktionäre auf der europäischen Ebene notwendigerweise andere Prioritäten entwickeln als diejenigen, die ihren Verantwortungsbereich im nationalen oder regionalen Rahmen haben. Aus europäischem Verantwortungsbewußtsein, das die Situationen in mehreren Ländern berücksichtigen muß, werden von den Europapolitikern oft Positionen eingenommen, die sie in einen scheinbaren oder tatsächlichen Gegensatz zu dem bringen, was von den Parteifreunden im eigenen Lande vertreten wird. Auch die für eine sachgerechte und erfolgreiche europapolitische Arbeit notwendige Kompromißbereitschaft stößt zu Hause oft auf Unverständnis. Und nur ganz allmählich wird es aufgrund der zunehmenden Verschränkung von nationaler und europäischer Politik, auch für nationale Parlamentarier und Parteipolitiker zur Selbstverständlichkeit, die europäische Dimension ihrer Bemühungen und Entscheidungen mitzubedenken.

In den Gremien der Europäischen Parteien wiederum fühlt man sich von den Mitgliedsparteien oft im Stich gelassen. Das geringe Echo in den nationalen Medien führt dazu, daß die Relevanz der »Europäer« im nationalen Kontext oft nicht erkannt, also auch nicht anerkannt wird. Das fördert bei manchen Nationalpolitikern eine Neigung, die europäischen Aktivitäten der eigenen Europäischen Partei für Luxus zu halten und transnationale Parteistrukturen als dekorative Elemente zu betrachten.

9. Parteien im Europäischen Parlament

Der Verlauf der Kampagne zur Europawahl vom 9. bis 12. Juni 1994 bestätigte diesen Befund. Wieder einmal konnten die nationalen (und/oder regionalen) Parteiführungen in den Mitgliedstaaten der Versuchung nicht widerstehen, diese europäische Gelegenheit im Sinne ihrer aktuellen, lokalen Bedürfnisse zu instrumentalisieren. Dadurch blieb wenig Raum für eine Selbstdarstellung der Europäischen Parteien, die sich als Akteure kaum bemerkbar machten und sich deshalb auch nicht profilieren konnten. Die wahlkämpfenden Mitgliedsparteien der einzelnen Parteiföderationen verfügten zwar über gemeinsam erarbeitete und beschlossene Programme, die durchweg loyal vertreten wurden. Die Europapolitik wurde jedoch nur in geringem Maße thematisiert.

Die Ergebnisse der Europawahl und der Nachwahlen zum Europäischen Parlament, die im Jahre 1996 in den neuen Mitgliedstaaten (Österreich, Schweden und Finnland) stattgefunden haben, bestätigten die dominierende Position der auf europäischer Ebene organisierten Parteienfamilien, vor allem der SPE und der EVP, auch wenn sie, beziehungsweise einzelne ihrer Komponenten, in einigen Ländern aus nationalen Gründen erhebliche Verluste hinnehmen mußten, wie zum Beispiel die SPE in Frankreich und Spanien oder die EVP in Italien und Großbritannien. Die drei Fraktionen, die sich auf die klassischen Europäischen Parteien stützen können (SPE, EVP, ELDR), verfügten nach Konstituierung des neugewählten Europäischen Parlamentes zusammen über 398 Abgeordnete, während auf die restlichen sieben Fraktionen nur insgesamt 169 Mandate entfielen. Damit verstärkte sich noch einmal der Trend zur Konzentration auf die traditionellen politischen Kräfte. Die Kehrseite der Konzentration um die Mitte des Parlamentes war eine gewisse Fragmentierung an der Peripherie, wodurch rechts von der EVP und links von der SPE eine gewisse Unübersichtlichkeit entstand, deren wichtigste Gründe in den innenpolitischen Umständen einiger Mitgliedstaaten zu finden sind.

Daraus ist zweierlei abzulesen: Erstens übt die Europapolitik nach Abschluß des Maastrichter Vertrages, also in einer Phase, die von der Auseinandersetzung um die zukünftige Gestalt der Union und um die Rolle des Nationalstaates geprägt ist, innenpolitisch starke Wirkungen aus, die bis in die Parteien- und Koalitionsbildung hineinreichen. Zweitens wurde deutlich, daß die in verschiedenen Ländern sich formierenden anti-europäischen Gruppen auf Unionsebene keine besondere Rolle zu spielen vermögen: Wegen ihrer Befangenheit im Nationalen und wegen ihrer Fixiertheit auf die Innenpolitik ihrer Länder sind sie zur Zusammenfassung ihrer Kräfte und daher zur Gründung Europäischer Parteien unfähig.

Die Fraktionen der beiden großen Parteien verfügen im Europäischen Parlament nach der Wahl wiederum über eine Zweidrittelmehrheit, die nötig ist, um dem Parlament im Gesetzgebungsverfahren gegenüber dem Ministerrat Respekt zu verschaffen. Da weder die SPE noch die EVP über eine solche Mehrheit mit anderen möglichen Partnern verfügen, hängt die Funktionsfähigkeit des Parlamentes tatsächlich von ihrem Zusammenspiel ab. Die damit verbundene Verantwortung veranlaßte die Führungen beider Fraktionen, auf der Grundlage der insgesamt positiven Erfahrungen aus der vorhergehenden Legislaturperiode, ihre Vereinbarung über eine konstruktive Zusammenarbeit zu erneuern. Darin eingeschlossen wurde die fast schon traditionelle Absprache über die Wahl des Parlamentspräsidenten. Auf den deutschen EVP-Politiker Egon Klepsch folgte der deutsche SPE-Politiker Klaus Hänsch, woraus sich unter anderem ablesen läßt, daß auch für die besonders sensiblen Personalentscheidungen die nationalpolitischen Kriterien hinter die (auf die europäische Ebene bezogenen) parteipolitischen Kriterien zurücktreten.

10. Verhältnis von Partei und Fraktion auf europäischer Ebene

In jedem parlamentarisch-demokratischen Regierungssystem, das die Existenz und die Tätigkeit von Parteien voraussetzt, ist im Verhältnis zwischen den Parteien und den Fraktionen, durch die sie im Parlament wirksam werden, ein Antagonismus zu beobachten. Daraus entsteht eine Spannung, deren Intensität von vielen Faktoren abhängig ist. Vor allem die personelle Konstellation spielt dabei eine Rolle, aber auch die Stellung der Fraktion im Oppositions- oder Regierungslager, und schließlich institutionelle Voraussetzungen und Bedingungen der politischen Kultur. Normalerweise steht hinter einer starken Fraktion eine ebenso starke Partei, da einerseits die Fraktion ein Ausdruck der Partei ist und andererseits die Partei von der Fraktion geprägt wird. Eine Spannung zwischen den Parteien und ihren Fraktionen existiert auch auf europäischer Ebene. Jedoch sind hier die Gewichte deutlich zugunsten der Fraktion verschoben. Denn bei der Auslese der Kandidaten und bei der Wahl zum Europäischen Parlament spielen die Europäischen Parteien nach wie vor keine Rolle. Solange das Wahlrecht für die Europawahl nationalisiert ist, bleibt es Sache der Parteien in den Mitgliedstaaten, die Kandidaten aufzustellen und den Wahlkampf zu organisieren.

Hinzu kommt die organisatorische Schwäche der Europäischen Parteien, die, solange ihre rechtliche Situation im politischen System der Union ungeklärt ist, in finanzieller Hinsicht von ihren nationalen Komponenten abhängig bleiben. Diese Abhängigkeit ist an sich unproblematisch, da die nationalen Parteien schließlich die Europäischen Parteien konstituieren. Verbunden jedoch mit einer notorischen Zurückhaltung der Mitgliedsparteien, den Europäischen Parteien die für eine wirkungsvolle Arbeit erforderlichen finanziellen Mittel zur Verfügung zu stellen, bleibt letzteren nur der Ausweg, sich an ihre Fraktionen im Europäischen Parlament zu halten, die mehr Verständnis und Bereitschaft aufbringen.

Die besondere Rolle der Fraktionen in und gegenüber den Europäischen Parteien ist nicht zuletzt historisch bedingt. In den Fraktionen versammelten sich frühzeitig die Persönlichkeiten, die über die notwendigen Kenntnisse der europäischen Zusammenhänge verfügten; sie waren es, die ihre Parteiführungen zu Hause von der Bedeutung einer engeren Zusammenarbeit mit den Partnern in den Nachbarländern überzeugten; die Initiative zur Gründung der europäischen Parteiformationen ist von ihnen ausgegangen. Von Beginn an – zu einem Zeitpunkt, als die nationalen Parteien noch kaum die Notwendigkeit erkannten – stellten die Fraktionen die Mittel und die Strukturen zur Verfügung, um die ersten Schritte zum organisatorischen Zusammenschluß zu ermöglichen. Ihr Beitrag an finanziellen Mitteln und an Sachleistungen blieb immer vergleichsweise bedeutend größer als derjenige der einzelnen Mitgliedsparteien. Die Europäischen Parteien waren also zunächst einmal Kinder der Fraktionen des Europäischen Parlamentes. Diese Elternschaft hat den Fraktionen von Anfang an einen starken Einfluß auf das Leben ihrer Parteien gesichert. Als Mitbegründer sind sie auch – neben den Mitgliedsparteien – konstitutive Mitglieder der Europäischen Parteien, was nicht zuletzt in der starken Stellung zum Ausdruck kommt, die ihnen die Satzungen einräumen: Vor allem ihre Vertretungs- und Mitwirkungsrechte sind großzügig bemessen. Die Bedeutung dieser formalen Seite des Verhältnisses zwischen Partei und Fraktion liegt vor allem darin, daß sie die aus der faktischen Seite dieses Verhältnisses sich ergebenden Beziehungen untermauert und rechtfertigt. Zu diesen faktischen Beziehungen gehört, daß die Europäischen Parteien bei der Realisierung aller ihrer Projekte wesentlich auf die materielle und politische Unterstützung ihrer Fraktionen angewiesen sind.

Die durch die Leistungen der Fraktionen begründete Abhängigkeit der Europäischen Parteien bringt es auf der anderen Seite mit sich, daß insbesondere dann, wenn die Prioritäten nicht übereinstimmen oder wenn unterschiedliche Interessen verfolgt werden, Probleme und Spannungen entstehen. Das kommt immer wieder vor, und muß vorkommen, da Parteien und Fraktionen ihrem jeweiligen Auftrag und Wesen nach verschieden sind und verschiedene Funktionen wahrnehmen. Problematisch kann die Abhängigkeit der Europäischen Parteien von ihren Fraktionen werden, wenn damit eine Instrumentalisierung im Sinne von parlamentarischen oder fraktionellen Bedürfnissen verbunden wird.

11. Entwicklungsperspektiven

Im Zuge der Europäisierung des politischen Lebens, insbesondere auch innerhalb der nationalen und selbst der regionalen Ordnungen, wird die – sowohl in den Mitgliedsparteien wie in den Fraktionen feststellbare – Tendenz der Unterbewertung des Potentials, über das die Europäischen Parteien verfügen, gewiß abnehmen. Mehr und mehr werden in bezug auf schwerwiegende, die Innen- und Gesellschaftspolitik der Mitgliedstaaten belastende Probleme Erwartungen in europäische Lösungen gesetzt. Damit wird sich auch die Einschätzung von Rolle und Bedeutung der Institutionen der Union verändern. Dadurch wandelt sich auch die Einstellung zum Europäischen Parlament, welches nicht nur die Sorgen der Bürger unmittelbar aufnimmt und zum Ausdruck bringt, sondern auch in der Lage ist, eine deutliche Sprache zu sprechen und sich – jenseits der Diplomatie – auf konkrete Maßnahmen zu verständigen, da es mit Mehrheit beschließt.

Hinreichende Antworten auf die Arbeitslosigkeit, auf den Einwanderungsdruck, auf die Erfordernisse des Umweltschutzes, auf das organisierte Verbrechen oder auf den internationalen Drogenhandel und andere grenzüberschreitende Probleme können nur gemeinschaftlich, das heißt im Rahmen des politischen Systems und mit Hilfe des Instrumentariums der Europäischen Union gegeben werden. Mit dem

Bewußtsein dafür wächst auch in der politischen Klasse, vor allem in den nationalen Parlamenten und den nationalen Parteien, und schließlich auch in der Öffentlichkeit der Mitgliedstaaten, die Einsicht in Sinn und Bedeutung der Europäischen Parteien. Die Europäisierung des Parteiensystems wird dabei im Rhythmus der Verfassungsentwicklung der Union fortschreiten. Die beiden großen Lager, das sozialdemokratisch orientierte und das christlich-demokratische, werden auf die ihnen jeweils nahestehenden Kräfte weiterhin eine erhebliche Attraktion ausüben. Die gemäßigten Kräfte, die von links her zur Mitte tendieren, werden nach und nach in der SPE zusammengefaßt werden und die gemäßigten Kräfte, die von rechts her zur Mitte tendieren, in der EVP. Das entspricht den Notwendigkeiten der Europapolitik, die eines breiten supranationalen Konsenses bedarf, den nur Parteien oder Fraktionen organisieren können, die über eine breite gesellschaftliche und kulturelle Verankerung verfügen. Es entspricht auch dem Interesse der nationalen Parteien, deren Wähler sich in den von EVP und SPE abgedeckten Meinungs- oder Interessenbereichen befinden: Wenn sie auf europäischer Ebene etwas bewirken wollen, müssen sie einer multinationalen, möglichst supranationalen Fraktion angehören, die groß genug ist, etwas durchzusetzen.

Die Konvergenz zur Mitte hin entspricht schließlich der neuen politischen Befindlichkeit. Das ideologische Zeitalter ist zu Ende gegangen. Die Entwicklung von Volksparteien unter weitgehend entideologisierten Vorzeichen steht auf der Tagesordnung. Maßgeblich für das Profil der Parteien sind nicht mehr die Ideologien der Führungseliten, sondern das wirtschaftlich-soziale Interesse oder die politisch-kulturellen Bedürfnisse ihrer Wählerschaft. Links versus rechts, konservativ versus progressiv, sozialdemokratisch versus christdemokratisch, liberal versus sozialistisch: Diese Paarungen verlieren in der europäischen Dimension unter den neuen Bedingungen als Gegensätze ihre ideologische Schärfe. Sie werden mehr und mehr als verschiedene politisch-kulturelle Angebote auf dem Markt der Möglichkeiten verstanden. In dieser Perspektive verlieren sich dann auch die Unterschiede zwischen den Abstufungen und Richtungen innerhalb des »linkskulturellen« wie auch innerhalb des »rechtskulturellen« Lagers, also zum Beispiel zwischen liberal und konservativ oder zwischen sozialistisch und kommunistisch. All dies erklärt, warum die Sozialdemokraten nicht daran vorbeikamen, postkommunistische und andere Kräfte mit linker Tradition in ihre europäischen Organisationen aufzunehmen, und warum die EVP die Einbeziehung von konservativen, liberalen und anderen »bürgerlichen« Kräften betrieben hat.

Vor diesem Hintergrund ist es verständlich, daß es, als Folge einer Arrondierung des Einflußbereiches der beiden großen Europäischen Parteien, während der vierten Legislaturperiode des Europäischen Parlamentes (1994–1999) zu weiteren Veränderungen gekommen ist: Ein erstes Anzeichen für die Bewegung in Richtung auf eine zunehmende Zusammenfassung der Kräfte war die im Sommer 1995 vollzogene Fusion zwischen zwei Kandidaten für eine Aufnahme in die EVP, nämlich der französisch-irischen »gaullistischen« Fraktion und der mononationalen italienischen Fraktion *Forza Europa* in der *Union pour l'Europe*; und im November 1996 wechselte die portugiesische *Partido Democratico Social* (PDS) von der ELDR zur EVP. Nach und nach wächst zusammen, was unter den neuen Gegebenheiten der post-ideologischen Politik und im europäischen Kontext zusammengehört.

Als Folge der Einführung einer gemeinsamen Währung und als Voraussetzung der Erweiterung der Union um eine große Zahl neuer Mitgliedstaaten sind im Laufe der kommenden Jahre erhebliche Veränderungen des politischen Systems der Europäischen Union zu erwarten, die für das Europäische Parlament und also auch für die Europäischen Parteien mehr Einfluß und Macht mit sich bringen werden. Wenn auch der Amsterdamer Vertrag keine Fortschritte im Hinblick auf die rechtlichen Grundlagen und die Stellung der europäischen Parteien im politischen System der Union gebracht hat, so sind doch eine Reihe der neuen Bestimmungen für die diesbezügliche Entwicklung relevant: Zum Beispiel wird durch die Verpflichtung der Union auf die Demokratie, die Menschen- und Freiheitsrechte und die Respektierung rechtsstaatlicher Prinzipien (Art. 6 EUV-A; Art. F EUV-M) der mit dem Maastrichter Vertrag beschrittene Weg von der Staaten-Union zur Bürger-Union ein gutes Stück weitergegangen. Auch die neuen Bestimmungen über die Freizügigkeit, das Asylrecht und die Einwanderung gehen in diese Richtung. In Verbindung mit dem Konzept der Gewährleistung der inneren Sicherheit im Rahmen der Union bilden sie ein weiteres wichtiges Element der Verwirklichung einer Unionsbürgerschaft.

Entsprechendes kann man auch von den (auf mehr parlamentarische Mitbestimmung abzielenden) Bestimmungen sagen, von der (mehr Transparenz versprechenden) Vereinfachung der Entscheidungsverfahren und schließlich auch von der (mehr *Subsidiarität* garantierenden) Präzisierung der Regeln für die Zuweisung der Aufgaben und der Verantwortung an die verschiedenen Ebenen innerhalb der Union. All diese Elemente werden zu einer zusätzlichen Politisierung – und das heißt auch: zu einer stärkeren Demokratisierung und Transnationalisierung – der Debatte in der Union führen. Es ist klar, daß dadurch die Rolle der Europäischen Parteien wächst, da diese Debatte auf die Strukturen, die die Europäischen Parteien zur Verfügung stellen, angewiesen ist.

Anmerkungen

1 Siehe u. a. Zusammenarbeit der Parteien in Westeuropa. Auf dem Wege zu einer neuen politischen Infrastruktur? (Band 43/44 der Schriften des Instituts für Europäische Politik), Bonn 1976; Stammen, Theo: Parteien in Europa. Nationale Parteiensysteme. Transnationale Parteienbeziehungen. Konturen eines europäischen Parteiensystems. Mit Beiträgen von Dirk Berg-Schlosser u. a., München 1977.
2 Vgl. Gresch, Norbert: Transnationale Parteienzusammenarbeit in der EG, Baden-Baden 1978.
3 Siehe Bangemann, Martin u. a: Programme für Europa. Die Programme der europäischen Parteienbünde zur Europawahl 1979 (Band 51 der Schriften des Instituts für Europäische Politik), Bonn 1978; Karnofski, Eva-Rose: Parteienbünde vor der Europawahl 1979. In-

tegration durch gemeinsame Wahlaussagen (Band 59 der Schriften des Instituts für Europäische Politik), Bonn 1982.
4 Siehe Jansen, Thomas: Zur Entwicklung supranationaler Europäischer Parteien, in: Gabriel, Oscar W., u. a. (Hrsg.): Der demokratische Verfassungsstaat. Theorie, Geschichte, Probleme. Festschrift für Hans Buchheim, München 1992, S. 241 ff.; Jansen, Thomas: Zur Entwicklung eines europäischen Parteiensystems, in: integration 3 (1995), S. 157–165.
5 Vgl. Delwit, Pascal: Les partis socialistes et l'intégration européenne, Brüssel 1995.
6 Vgl. Jansen, Thomas: Die Entstehung einer europäischen Partei. Vorgeschichte, Gründung und Entwicklung der EVP, Bonn 1996.
7 Vgl. Dietz, Thomas: Die grenzüberschreitende Interaktion grüner Parteien in Europa, Köln 1997.
8 Siehe Johansson, Karl Magnus: Transnational Party Alliances. Analysing the Hard-won Alliance between Conservatives and Christian Democrats in the European Parliament, Lund 1997.
9 Vgl. Niedermayer, Oscar: Europäische Parteien? Zur grenzüberschreitenden Interaktion politischer Parteien im Rahmen der Europäischen Gemeinschaft, Frankfurt/New York 1983.
10 Zur Tätigkeit und Entwicklung der Europäischen Parteien siehe die seit 1980 regelmäßig erschienenen Beiträge »Europäische Parteienzusammenschlüsse« von Hrbek, Rudolf (bis 1989/90), Piepenschneider, Melanie (1990/91), Henschel, Thomas (bis 1993/94) bzw. »Europäische Parteien« von Jansen, Thomas (bis 1996/97) und Wagner, Peter (bis 1997/98) in Weidenfeld, Werner, und Wolfgang Wessels (Hrsg.): Jahrbuch der Europäischen Integration, Bonn 1980 ff.
11 Vgl. Tsatsos, Dimitros Th.: Europäische politische Parteien? Erste Überlegungen zur Auslegung des Parteienartikels des Maastrichter Vertrages – Art. 138a EGV, in: Europäische Grundrechte-Zeitschrift (EuGRZ) 3-4 (1994), S. 45–53.
12 Zitiert in Tsatsos-Bericht, abgedruckt in: EuGRZ 3-4 (1997), S. 77–82.
13 Vgl. Tsatsos-Bericht (Anm. 12).
14 Vgl. Tsatsos-Bericht (Anm. 12).

Interessenverbände und europäischer Lobbyismus

HANS-WOLFGANG PLATZER

Der europäische Integrationsprozeß hat von Beginn an die Interessensphären organisierter gesellschaftlicher Kräfte berührt und Verbände in die gemeinschaftlichen Entscheidungs- und Entwicklungszusammenhänge einbezogen. Mit der voranschreitenden wirtschaftlichen Integration, der Vergemeinschaftung von Politikfeldern sowie dem Wandel und der besonderen Ausprägung des politischinstitutionellen Entscheidungsgefüges der EG/EU ging und geht auch ein Wandel der Strukturen, Ebenen und Strategien verbandlicher Interessenvermittlung einher. Die Europäisierung der Organisationsformen und Politiken gesellschaftlicher Akteure, die sich im Sog der Integrationsentwicklung sukzessive, wenngleich nach Politik- und Verbandsbereichen diskontinuierlich vollzog, kommt in mehreren Dimensionen zum Ausdruck: der zunehmenden Einbeziehung integrationsbedingter Materien und europäischer Aufgabenstellungen in die nationale Verbandsarbeit, dem Auf- und Ausbau eigenständiger, grenzüberschreitender und überstaatlicher Informations- und Handlungsressourcen durch die nationalen Akteure sowie der europäisch-überstaatlichen Organisation und Interessenvermittlung im Rahmen und mittels europäischer Verbände. Gegenwärtig ist nahezu das gesamte Spektrum nationaler Interessenorganisationen, von den Fach-, Branchen- und Dachverbänden der Wirtschaft, über die Agrar-, Umweltschutz- und Verbraucherverbände bis zu den Gewerkschafts- und Wohlfahrtsverbänden im Rahmen von europäischen Verbänden organisiert. Darüber hinaus unterhalten zahlreiche nationale Verbände eigene Vertretungen am Sitz der Gemeinschaftsorgane; im Falle der Bundesrepublik beispielsweise der Bundesverband der Deutschen Industrie (BDI) und der Deutsche Industrie- und Handelstag (DIHT) seit Ende der fünfziger Jahre, der Deutsche Raiffeisenverband (DRV) seit 1968 und der Deutsche Gewerkschaftsbund (DGB) seit 1997. Neben Verbänden sind – mit steigender Tendenz – inzwischen über 200 multinationale Konzerne mit Verbindungsbüros in Brüssel vertreten, deren Ressourcenausstattung und Aktivitätenradius vielfach ihren Vertretungen am jeweils nationalen Regierungssitz der Muttergesellschaft entspricht. Bei wichtigen industrie- und technologiepolitischen Gemeinschaftsentscheidungen erfolgt die Einflußnahme durch Konzerne vermehrt mittels Firmenkonsortien und »Produzentenclubs« oder nationaler Koordinierungskreise, wie etwa der *Associati-*

on de Grandes Entreprises Françaises. Hinzu kommt eine mit dem Binnenmarktprozeß seit Mitte der achtziger Jahre signifikant steigende Zahl kommerzieller Lobbyagenturen, wie EU-Rechts- und Unternehmensberatungen (*consultant offices*), die Klienteninteressen verschiedenster Art vermitteln und vertreten. Diese auf EU-Fragen spezialisierten, rund 250 Kanzleien und Beratungsbüros verkörpern eine jüngere Tendenz des Euro-Lobbyismus. Ihre Dienste werden in wachsendem Maße von seiten der Wirtschaft, etwa US-amerikanischen und japanischen Konzernen, aber auch europäischen Unternehmen in Anspruch genommen, die kein eigenes, EU-bezogenes *in-house-Lobbying* betreiben bzw. spezifische Interessen und Anliegen verfolgen, die nicht im Rahmen von Verbänden vermittelbar sind.[1] Bei schwankenden Schätzungen[2] kann gegenwärtig von insgesamt über 1 500 europäischen Interessenorganisationen und Lobbyagenturen ausgegangen werden, deren Ziel es ist, auf »Brüsseler Ebene« die gemeinschaftliche Politik zu begleiten und zu beeinflussen, sei es die Gesetzgebung, die Programmentwicklung (z. B. *Weiß-* und *Grünbücher*), die Koordinationspolitiken oder die Mittelverteilung (Strukturfonds, Forschungsprogramme, Gemeinschaftsinitiativen usw.). Ein auch nur annähernd vergleichbar dichtes Netz transnationaler gesellschaftlicher Interessenvertretungen hat sich weder im Rahmen anderer regionaler wirtschaftlicher oder politischer Zusammenschlüsse von Staaten noch im Umfeld internationaler Organisationen, etwa der UNO oder der OECD, herausgebildet. Die Herausbildung einer europäischen Ebene der Interessenvertretung[3] und die zunehmenden grenzüberschreitenden Aktivitäten (sub-)nationaler gesellschaftlicher Akteure sind ebenso Reflex wie konstitutiver Bestandteil der besonderen Systemeigenschaften der EU: darunter die wachsende Vergemeinschaftung und Interdependenz von Politikfeldern, die »vertikale« Verflechtung und gegenseitige Durchdringung politischer Entscheidungsebenen – Region bzw. Bundesland, nationalstaatliche Ebene, supranationales Institutionengefüge – und die dichten, »horizontalen« zwischenstaatlichen und -gesellschaftlichen Beziehungen innerhalb des Integrationsraumes. Neben den jeweils sektorspezifischen Integrationsentwicklungen finden die außen(wirtschafts)politischen Beziehungen und Aktivitäten der EU – etwa die Assoziierungs- und Kooperationspolitiken mit Drittstaaten – in verstärktem Maße ihren Niederschlag im Interessen-, Organisations- und Aufgabenspektrum der Verbände. Die komplexen Wechselwirkungen zwischen der europäischen Interessenvermittlung gesellschaftlicher Akteure im Mehrebenengefüge der EU und der Effizienz und Legitimation gemeinschaftlicher Politik wie der Gesamtentwicklung des Integrationssystems sind seit je Gegenstände politischer Auseinandersetzungen und Themen der Verbands- und Integrationsforschung. Die einschlägige, keineswegs dichtgesäte Forschungsliteratur zum Themenfeld »organisierte Interessen und europäische Integration« bietet noch immer bestenfalls »ein Kaleidoskop von Momentaufnahmen aus wechselnder theoretischer Perspektive«.[4] Zum einen betonen (Fall-)Studien und Politikfeldanalysen die Problematik eines beschleunigten, nach gesellschaftlichen Interessenbereichen ungleichgewichtigen Wachstums des Eurolobbyismus: die Bevorzugung wirtschaftlicher Interessen und die Beförderung klientelbezogener Verteilungskoalitionen in einem durch die diffuse hoheitliche Struktur der EU begünstigten, intransparenten und demokratisch-parlamentarisch nicht hinreichend kontrollierten Entscheidungssystem. In anderen, zumal integrationsgeschichtlich orientierten Analysen erscheint die Europapolitik von Verbänden als Teil einer Elitenkooperation, die Integrationsfortschritte erst ermöglichte. Durch die europäische Formierung und Vermittlung heterogener gesellschaftlicher Interessen, den Transfer von Erwartungen, Unterstützungsleistungen und Loyalitäten auf die überstaatlichen Integrationsebenen tragen Verbände demnach zum Entstehen eines transnationalen gesellschaftlichen Raumes bei, in dem sich Ansätze einer »europäischen Öffentlichkeit« entfalten können, welche den sich herausbildenden neuen Formen supranationaler Politikorganisation Rückhalt und Dynamik verleihen.

1. Entwicklung und Wachstum europäischer Interessengruppen

Bereits seit Mitte des 19. Jahrhunderts führte die sich intensivierende internationale Arbeitsteilung und Handelsverflechtung zu internationalen Zusammenschlüssen von Verbänden, vor allem im Bereich der gewerblichen Wirtschaft. Dieser durch die beiden Weltkriege unterbrochene Prozeß transnationaler Verbändekooperation erhielt nach 1945 durch den Marshall-Plan und die OEEC-Gründung (1948) neue Impulse. Allein zwischen 1945 und 1950 wurden rund 30 internationale und westeuropäische Verbandszusammenschlüsse etabliert, darunter beispielsweise der 1950 als Zusammenschluß 25 industrieller Spitzenverbände aus 17 europäischen Ländern gegründete Rat der europäischen Industrien (REI).[5] Die Errichtung der EGKS 1951 führte zum Zusammenschluß der betroffenen Verbände des Montansektors: Noch im selben Jahr gründeten die nationalen Stahlverbände der sechs EGKS-Staaten den Club der Stahlhersteller, 1953 schlossen sich die bergbaulichen Verbände im Studienausschuß des westeuropäischen Kohlebergbaus mit Sitz in Brüssel zusammen. Auch die industriellen Dachverbände formalisierten ihre Zusammenarbeit in der Union der Industrien der sechs Schuman-Plan-Länder. Mit dem Inkrafttreten der Römischen Verträge ging ein erster großer Wachstumsschub europäischer Verbandsgründungen in den Bereichen Industrie, Landwirtschaft[6], Handel, produzierendes Gewerbe sowie – in Antizipation eines erwarteten Bedeutungszuwachses der EWG – im Dienstleistungssektor einher. Von den gegenwärtig über 400 Euroverbänden der Privatwirtschaft, den Fach-, Branchen- und Dachverbänden der verschiedenen Sektoren, wurden allein 255 im Zeitraum zwischen 1958 und 1968 gegründet, davon über die Hälfte in den beiden ersten Jahren nach Schaffung des Gemeinsamen Marktes. Bei der Mehrzahl dieser Verbände handelt es sich um originäre Neugründungen; andere entwickelten sich als EWG-bezogene Suborganisationen aus bestehenden Welt- oder Kontinentalorganisationen heraus. Rund 120 wirtschaftliche Euroverbände formierten sich im Zeitraum 1968 bis 1978. Der

Mitgliederkreis ging und geht bei einem guten Drittel der europäischen Verbände über den EWG/EG-Rahmen hinaus. Die Verbände der (ehemaligen) EFTA-Staaten waren in vielen Fällen assoziierte Mitglieder. Im Zuge der EG-Erweiterungen, die bei verschiedenen Euroverbänden mit Organisationsreformen einhergingen, erlangten sie den Status von Vollmitgliedern. Auch die Gewerkschaften[7] etablierten bereits 1950 die europäische Regionalorganisation des Internationalen Bundes freier Gewerkschaften, der 20 Gewerkschaftsdachverbände aus 17 europäischen Ländern angehörten. Auf die Errichtung der EGKS reagierten sie 1952 mit der Gründung eines Koordinierungsausschusses (sogenannter *Einundzwanziger-Ausschuß*), der sektorale Gewerkschaften des Montanbereiches und die Dachorganisationen der EGKS-Staaten umfaßte. Die EWG-Gründung bewirkte im Bereich aller drei auf internationaler Ebene konkurrierenden richtungsgewerkschaftlichen Bünde (der kommunistisch, christlich, sozialdemokratisch orientierten, »freien« Gewerkschaften) eine funktional auf die EWG bezogene Reorganisation ihrer Sekretariate. Die Gründung der EFTA führte ihrerseits zum (losen) Zusammenschluß der entsprechenden nationalen Gewerkschaften im Rahmen des *EFTA-Trade Union Congress*. Erst die integrationspolitischen Weichenstellungen Anfang der siebziger Jahre, vor allem die Norderweiterung der EG, setzten im Gewerkschaftslager jene Dynamik in Gang, die in mehreren Etappen zur Fusion der territorial getrennten (EWG/EFTA-Organisationen) wie der ideologisch-richtungsgewerkschaftlich gespaltenen Euro-Bünde unter dem gemeinsamen Dach des Europäischen Gewerkschaftsbundes (EGB) im Jahre 1972 führte. Die Organisationsentwicklung im Bereich der Branchen- und Industriegewerkschaften führte bis Mitte der sechziger Jahre zur europäischen Reorganisation bereits bestehender internationaler Kooperationsstrukturen bzw. zur Neugründung von neun europäischen Gewerkschaftsausschüssen, deren Zahl bis Ende der siebziger Jahre auf 13 anwuchs. Erst Mitte der achtziger Jahre fanden diese Formierungsprozesse im sektoralen Gewerkschaftsbereich ihren Abschluß. Inzwischen verfügen die nunmehr 16 europäischen Gewerkschaftsausschüsse über eigenständige europäische Organisationsformen und Handlungsressourcen und sind seit 1992 als »zweite Säule« im EGB integriert. Die Erweiterung gemeinschaftlicher Tätigkeitsfelder und die Politisierung gesellschaftlicher Problemfelder, wie etwa im Bereich des Verbraucher- und Umweltschutzes, führten in den siebziger Jahren zur Etablierung weiterer Euro-Organisationen. Neben einzelnen Produzentenverbänden wurden in dieser Periode beispielsweise der Europäische Verbraucherverband BEUC und 1974 das Europäische Umweltbüro EEB[8] gegründet. Die mit dem Binnenmarktprozeß und der Vertragsreform der Einheitlichen Europäischen Akte in der zweiten Hälfte der achtziger Jahre einsetzende ökonomisch-politische Integrationsdynamik bewirkte im Bereich bestehender Euroverbände zum Teil organisatorische Veränderungen und die Aufstockung der Ressourcen. Sie führte aber vor allem zu einem zweiten großen Wachstumsschub des Eurolobbyismus in neuer Ausprägung: der Etablierung von Brüsseler Verbindungsbüros durch größere nationale Verbände und bislang nicht vertretener Körperschaften (z. B. das 1990 etablierte Europabüro der deutschen kommunalen Selbstverwaltung[9]) sowie zahlreicher multinationaler Konzerne und dem sprunghaften Wachstum von *consultant offices*.

2. Europäische Verbändeformierung im Prozeß der Integration

Der Zusammenhang zwischen der Entstehung und Entwicklung übernationaler Verbände und dem allgemeinen Integrationsprozeß läßt historisch und funktional ein Grundmuster erkennen: Die Entstehung und Entwicklung transnationaler Verbände folgt primär politischen Integrationsvorgaben – und dies gilt für Unternehmensverbände ebenso wie für Gewerkschaften und andere organisierte Gruppeninteressen. Diese politische Determinierung läßt sich, wie gezeigt, entlang der europapolitischen Weichenstellungen vom Marshall-Plan (1949) über die EGKS- und EWG-Gründung (1951/1957), die EG-Erweiterungen bis zur Einheitlichen Europäischen Akte von 1987 und dem Maastrichter Vertrag nachvollziehen. Das bedeutet, die Verbände passen ihre europäischen Organisationsstrukturen der jeweiligen Kompetenzausstattung und Entscheidungsweise der suprastaatlichen Ebene an. Die grenzüberschreitende Zusammenarbeit bleibt in der Regel funktional eng begrenzt, also auf die Regierungszusammenarbeit und supranationale Rechtsetzung bezogen, wobei die Dominanz der nationalen Orientierung und Einbettung der Mitglieder eines Euroverbandes gewahrt bleibt. Die Internationalisierung der Märkte und die relative Dichte der ökonomischen und technologischen Verflechtungen im Zuge der europäischen Marktintegration spielen gegenüber den institutionellen Determinanten eine gleichfalls wichtige, aber sekundäre Rolle. Die durch die Binnenmarktvollendung ausgelöste Wachstums- und Veränderungsdynamik europäischer Interessenvermittlung zeigt: Die Akteure reagieren auf die voranschreitende Integration der Märkte und die neuen europäischen Wettbewerbsverhältnisse, die zugleich Teil einer zunehmenden globalen Modernisierungskonkurrenz der Industriegesellschaften sind. Entscheidend bleiben aber die Veränderungen der Kompetenzen und Entscheidungsverfahren der Gemeinschaft im Zuge der Vertragsreform der Einheitlichen Europäischen Akte: die vermehrten Mehrheitsentscheidungen im Rat und die Mitentscheidung des EP sowie die politischen Auseinandersetzungen um die rechtliche, technische und materielle Ausgestaltung des Binnenmarktes und seiner sozial-, regional-, umwelt- und verbraucherpolitischen Dimension.

Eine transnationale Eigendynamik, wonach Euroverbände ihrerseits dem politisch-institutionellen Integrationsprozeß Struktur und Richtung verleihen, ist dagegen nur in Ansätzen zu beobachten. Als Beispiel eines strukturbildenden Impulses durch Euroverbände kann das im Maastrichter Abkommen zur Sozialpolitik enthaltene Verfahren zum neuen »Sozialen Dialog« genannt werden. Dieses wurde von den europäischen Dachorganisationen der privaten und öffentlichen Arbeitgeber, UNICE und CEEP, und dem Europäischen Gewerkschaftsbund EGB erarbeitet und der Maastrichter Regierungskonferenz vorgeschlagen, die es im wesentlichen unverändert übernommen hat. Als Beispiel für eine die Programmentwicklung und Agenda der Gemeinschaft unmittelbar und nachhaltig beeinflussende Rolle gesellschaftlicher Akteure kann die Binnenmarktstrategie des *European Round Table of Industrialists* (ERT) genannt werden: Diese Gruppe von gegenwärtig 44 Vorstandsvorsitzenden der größten europäischen Konzerne, die zugleich ein ständiges Brüsseler Sekretariat unterhält, hatte 1985 eine »Agenda for Action – Europe 1990« vorgelegt, die das Binnenmarktprogramm (»Weißbuch«) der damals neu ins Amt gekommenen EU-Kommission unter Jacques Delors nachhaltig prägte. Auch der Umsetzungsprozeß wurde durch ein eigens eingerichtetes ERT-Gremium kontinuierlich begleitet und systematisch beeinflußt, das sich halbjährlich mit führenden Regierungsvertretern aller Mitgliedstaaten traf.

Im entwicklungsgeschichtlichen Gesamtzusammenhang betrachtet, ist in zahlreichen verbandlichen Vertretungsbereichen eine Entwicklungslinie zu erkennen, die stufenförmig zu jeweils höheren Kooperations- und Integrationsgraden führt und wie folgt kategorisiert werden kann: Vom Typus des in den fünfziger und sechziger Jahren vorherrschenden, freilich auch noch heute einzelne Euroverbände kennzeichnenden »round table«, der im wesentlichen bei einem multilateralen Informationsaustausch verbleibt, führt die Entwicklung zur »Allianz« (Typus II), die Aufgaben der Koordination und Kooperation erfüllt und vielfach die euroverbandliche Wirklichkeit in den siebziger und frühen achtziger Jahren kennzeichnet. Ein drittes Stadium europäischer Verbandsentwicklung wird bei einzelnen Verbänden im Zuge des Binnenmarktprozesses mit der Formierung zur »transnationalen pressure-group« (Typus III) erreicht, die (ausgewählte, konsensfähige) gemeinsame Interessen auf europäischer Ebene bündelt und vermittelt und durch gleichlaufende Aktivitäten der nationalen Mitglieder gegenüber ihren jeweiligen Regierungen vertritt.

Als Szenario und (noch) nicht als reale gesellschaftliche Größe wäre schließlich ein Typus IV, die »transnationale intermediäre Organisation« zu nennen. Diese wäre ein weitgehend autonomer, transnationaler Akteur, mit Führungs- und Kontrollkompetenzen gegenüber den nationalen Mitgliedern.

3. Organisations- und Aufgabenprofile europäischer Interessengruppen

Um ein umfassendes und differenziertes Bild europäischer Verbandswirklichkeit zu gewinnen, müßte dieses entwicklungsgeschichtliche und typologische Raster mittels verschiedener quantitativer und qualitativer Meßgrößen eingehender bestimmt werden; darunter die Entwicklung der fachlichen und räumlichen Zuständigkeiten der europäischen Verbände, ihre personellen und materiellen Ressourcen, verbandsinterne Organisationsstrukturen, Willensbildungsprozesse und Dienstleistungsprofile.

Ferner bedürfte es einer detaillierten Analyse der jeweiligen »inneren Verbandsumwelt« (Eigenschaften der vertretenen Gruppe, Zahl, Struktur und Interessenlage der Verbandsmitglieder usw.) sowie der »äußeren Verbandsumwelt« (Vergemeinschaftungsgrad des vertretenen Politikbereiches, Struktur der Einflußadressaten, konkurrierende Verbände usw.), um die Handlungsgrenzen und Einflußmöglichkeiten eines Euroverbandes, also dessen »Akteursqualität«, adäquat zu bewerten. Dies kann hier nur in Grundzügen und beispielhaft geleistet werden: Die Variationsbreite der Organisations- und Rollenprofile europäischer Verbände ist enorm. Sie reicht, was die Größenverhältnisse anbetrifft, vom Brüsseler Ein-Mann-Betrieb der Kugelschreiberhersteller bis zum organisatorisch tiefgestaffelten, ressourcenstarken Verband der europäischen Chemiewirtschaft, CEFIC, mit rund 40 Sekretariatsmitarbeitern. In der Regel sind die Euro-Verbände Föderationen nationaler Verbände mit eigener Rechtspersönlichkeit und Organisationsstatuten, mit einer europäischen Geschäftsstelle, Beratungsgremien, in denen haupt- oder ehrenamtliche Vertreter der nationalen Mitgliedsorganisationen mitarbeiten, und Entscheidungsgremien, die in der Regel aus den Geschäftsführern oder Präsidenten der nationalen Mitgliedsverbände bestehen. In den europäischen Zusammenschlüssen gesellschaftlicher Massenorganisationen, wie beispielsweise dem Europäischen Gewerkschaftsbund, bilden Delegiertenkongresse, die im Mehrjahresrhythmus tagen, das formal höchste Entscheidungsgremium. In einzelnen europäischen Unternehmensverbänden gewinnt die Direktmitgliedschaft von (Groß-)Unternehmen an Bedeutung. So erhielt beispielsweise der europäische Chemieverband CEFIC Ende der achtziger Jahre eine duale Finanzierungs-, Arbeits- und Entscheidungsstruktur, die auf der einen Seite aus derzeit 18 nationalen Chemieverbänden, auf der anderen aus über 40 Chemiekonzernen besteht.[10]

Auch die UNICE, die Union der Industrie- und Arbeitgeberverbände Europas, ist als Verband von (nationalen) Dachverbänden bestrebt, die »unternehmerische Basis« verstärkt in die Willensbildung und Finanzierung der europäischen Verbandsarbeit einzubeziehen. Mehrjährige organisationspolitische Kontroversen führten 1991 zur Einrichtung einer *UNICE advisory and support group*, der Unternehmen als Direktmitglieder angehören und eigene Finanzierungsbeiträge leisten, deren Summe allerdings auf 25 Prozent des UNICE-Gesamtbudgets begrenzt bleibt, um die Vorrangstellung der Verbände zu wahren.[11] Die Kernaufgaben der europäischen Interessengruppen liegen in der Information der nationalen Mitglieder über »das Brüsseler Geschehen«, der Vertiefung des gegenseitigen Erfahrungsaustausches, der Formulierung gemeinsamer europäischer Positionen und Forderungen und deren Vertretung gegenüber den EU-Entscheidungsinstanzen. Entscheidungen werden meist konsensual getroffen. Einige wenige Verbände haben im Laufe der Zeit differenzierte Entscheidungsverfahren entwickelt, so z. B. der EGB (qualifizierte Mehrheiten bei bestimmten Programm- und Statutenfragen) und die UNICE. Diese hat seit Anfang der neunziger Jahre folgende Verfahren eingeführt: Entscheidungen können durch das Votum von mindestens drei Mitgliedsverbänden blockiert werden; bei Budgetfragen sind die Stimmanteile nach den Beitragsleistungen der Mitgliedsverbände gewichtet, wobei 20 Prozent der Stimmen als Sperrminorität gelten. Um bei essentiellen ordnungs- und integrationspolitischen Fragen, die gewöhnlich weiterhin im Konsens entschieden werden, andauernde Blockaden zu vermeiden, wird das Prinzip der *dissenting votes* angewandt. In der Mehrzahl der Fälle bewegen sich die Organisationseigenschaften und Handlungsfähigkeiten der Euroverbände zwischen dem oben beschriebenen Typus II und III: Sie sind somit Foren oder Allianzen der Kooperation und Koordination mit Ansätzen zur europäischen Interessenbündelung und transnational abgestimmten Einflußnahme. Die Interessenvermittlungsfähigkeit eines Verbandes variiert dabei wiederum häufig nach den jeweiligen Regelungsmaterien. So sind z. B. euroindustrielle Verbände zur Mitgestaltung vielfältiger technischer und wettbewerbsneutraler EU-Regelungen fähig, während ihre Rolle in sensiblen Bereichen der Industrie- und Handelspolitik begrenzt bleibt, wo unterschiedliche Interessen und Ordnungstraditionen der nationalen Mitgliedsverbände aufeinandertreffen. In einzelnen europäischen Verbandsbereichen, etwa im Chemie- und Pharmasektor, kommen schließlich Elemente des Typus IV dergestalt zum Tragen, daß mittels der europäischen Verbände Verhaltenskodices und verbandliche »Selbstregulative« entwickelt und durchgesetzt werden.[12] Auch die europäischen Dachverbände der Arbeitgeber und Gewerkschaften, UNICE und EGB, erhielten in jüngster Zeit das Mandat ihrer nationalen Mitglieder, im Rahmen der Maastrichter Verfahren des »Sozialen Dialoges« über Regelungen, etwa zum Elternurlaub und zur Teilzeitarbeit zu verhandeln und verbindliche Vereinbarungen zu treffen.

Ein Charakteristikum der jüngeren Entwicklung zahlreicher europäischer Verbände ist die sachliche und räumliche Ausdifferenzierung und Ausweitung von Netzwerkstrukturen der Information, Beratung und Kooperation: Eine »vertikale« Netzwerkstruktur gewinnt insbesondere bei jenen Verbänden an Bedeutung, die auf europäischer Ebene eine Vielzahl nationaler, regionaler und lokaler Mitgliedsorganisationen vertreten und deren Interessen- und Aufgabenfelder von den Struktur- und Regionalpolitiken der EU stark berührt sind: darunter die europäischen Kammer-, Gewerkschafts-, Umwelt- und Verbraucherorganisationen. Parallel dazu weiten sich bei allen größeren europäischen Dach- und Branchenverbänden auch die *horizontalen* Netzwerke dergestalt aus, daß die Euroverbände – über ihre EU- bzw. EFTA-Kernmitglieder hinaus – verstärkt Partnerorganisationen aus den Ländern Mittel- und Osteuropas und des südöstlichen Mittelmeerraumes einbinden. Vor allem Verbände aus jenen Ländern, die zu den Beitrittsaspiranten der ersten Erweiterungsrunde zählen, sind in zahlreichen Euro-Verbänden der Wirtschaft und Gewerkschaften seit Mitte der neunziger Jahre mit dem Status von Vollmitgliedern integriert. Schließlich gewinnt vielfach der systematische Ausbau von transregionalen Kommunikations- und Kooperationsbeziehungen mit US-amerikanischen und asiatischen Partnerorganisationen an Bedeutung. Beispiele solcher Netzwerkstrukturen und -strategien, bei denen die europäische Verbandsebene (neben ihrer Funktion als Einflußträger gegenüber den EU-Organen) als Kommunikations-, Koordinations- und Dienstleistungszentrale gegenüber einem weitgespannten Netz dezentraler Organisations- und Aktionseinheiten fungiert, finden sich in zahlreichen Sektoren und Verbandsbereichen: *EUROCHAMBRES*, die 1958 gegründete europäische Dachorganisation der Industrie- und Handelskammern, bildet das zahlenmäßig größte multinationale *business network*. Über ihre Mitgliedsorganisationen in zwischenzeitlich 32 Ländern vernetzt und repräsentiert sie europaweit 1 200 regionale Kammern. Im Rahmen eines 1996 beschlossenen »strategischen Aktionsplanes« baut *EUROCHAMBRES* einen elektronischen Datenverbund auf, der spezifische Informationsdienstleistungen 14 Millionen Unternehmen in Europa zugänglich macht. Auch der EGB koordiniert und unterstützt die Aktivitäten von insgesamt 29 »Interregionalen Gewerkschaftsräten« innerhalb und außerhalb der EU, die in Grenzregionen (Wander-)Arbeitnehmerinteressen vertreten und in die Umsetzung regionaler EU-Programme einbezogen sind. Einer explizit ausformulierten Netzwerkphilosophie, welche in einer Phase »offener ökonomischer und politischer Systeme« über die Qualität der Verbandsarbeit entscheidet[13], folgt auch das Europäische Umweltbüro (EEB), das über seine nationalen Mitgliedsorganisationen (z. B. den BUND) 500 regionale, 800 lokale und 260 assoziierte Gruppen und Initiativen im gesamten europäischen Raum informatorisch und koordinierend verbindet und als europäisches Sprachrohr vertritt.

4. Lobbyismus und verbandliche Interessenvermittlung im EU-Entscheidungsprozeß

Die institutionellen Strukturen der EU und die mehrphasigen, nach Materien variierenden Entscheidungsprozesse, die sich oft über längere Zeiträume erstrecken, ermöglichen bzw. bedingen ein breites Spektrum lobbyistischer Aktivitäten und höchst variable Muster verbandlicher Interessenartikulation. Im EU-Politikzyklus können prinzipiell folgende Einflußstrategien zum Tragen kommen: Autonomdirekte Aktionen nationaler gesellschaftlicher Organisationen gegenüber ihren Regierungen (mithin die mittelbare Einflußnahme auf die Entscheidungen des Rates); direkte Einwirkungsversuche nationaler Interessengruppen auf der europäischen Organebene (insbesondere gegenüber Kommission und Europäischem Parlament, aber auch gegenüber den Ständigen Vertretungen der Mitgliedstaaten sowie dem Wirtschafts- und Sozialausschuß und dem Ausschuß der Regionen); bi- bzw. multilateral abgestimmte Einflußstrategien nationaler Akteure gegenüber ihren jeweiligen Regierungen und den EU-Organen und schließlich die Interessenartikulation im Rahmen und mittels der europäischen Verbände, die vorrangig auf die supranationalen Organe ausgerichtet ist.

Diese Palette informeller nationaler und transnationaler Interessenvermittlung wird ergänzt durch die formelle, institutionalisierte Mitwirkung gesellschaftlicher Kräfte im Rahmen eines umfangreichen Systems beratender Ausschüsse der

Kommission (z. B. der Verkehrsausschuß) und des Rates (z. B. der Ständige Ausschuß für Beschäftigungsfragen). Zum erweiterten Adressatenkreis spezifischer (informeller) Interessenartikulation zählt die Vielzahl der wissenschaftlichen Ausschüsse, die die Kommission zu ihrer Beratung unterhält (z. B. der Veterinärausschuß, der im Zusammenhang der BSE-Problematik in die öffentliche Aufmerksamkeit rückte). Das gleiche gilt für die aus Vertretern der nationalen Ministerien zusammengesetzten Komitologieausschüsse, auch wenn sie offiziell »von Verbandseinflüssen abgeschirmt« arbeiten. Die EU-Kommission ist als Initiativorgan und Prozeßmanager der Gemeinschaftspolitik der primäre supranationale Einflußadressat der Verbände und Lobbyisten. Um eine durch die Euro-Verbände gefilterte Auffassung der jeweiligen Interessenten zu erhalten und den ihr fehlenden intermediären Unterbau zu kompensieren, hatte sie bereits frühzeitig die Bildung europäischer Verbände angeregt und gefördert. Sie sieht in ihnen ihre »natürlichen Verbündeten«, deren Arbeit sie sogar fallweise materiell unterstützt, bleibt aber dennoch für nationale Verbände, für Unternehmen usw. offen. Kommissionsentscheidungen basieren auf dem Kollegialprinzip. Gleichwohl öffnet die starke funktionale Segmentierung der Aufgabenfelder den einzelnen Generaldirektionen beträchtliche Gestaltungsspielräume. Die engen, oftmals als Routine ablaufenden Informations- und Konsultationsprozesse zwischen den Generaldirektionen und dem jeweiligen Interessentenkreis und Verbandsklientel eines Sektors begünstigen die Herausbildung von »Verbandsherzogtümern« entlang der Verantwortungsbereiche der Generaldirektionen (Landwirtschaft, Soziales, Binnenmarkt usw.).

Das Europäische Parlament hat im Zuge seiner nach und nach erweiterten Mitentscheidungskompetenzen als Ort und Adressat gesellschaftlicher Interessenvermittlung und lobbyistischen Wirkens signifikant an Bedeutung gewonnen. Der nationalen Parlamentspraxis vergleichbar, umfaßt das Spektrum der Austauschbeziehungen förmliche EP-Anhörungsverfahren von Verbänden und vielfältige, sowohl von nationalen wie europäischen Interessengruppen getragene informelle Lobbyaktivitäten. Dazu zählen »Parlamentarische Abende«, zu denen Verbände einladen, gezielte Kontakte zu Ausschußvorsitzenden und Berichterstattern des EP sowie die Interessenvertretung über »eingebaute Lobbyisten«, d. h. über Abgeordnete, die zugleich Mitglied oder Funktionsträger einer Interessenorganisation sind. Unter den beratenden Ausschüssen der EU stellt der Wirtschafts- und Sozialausschuß (WSA) das wichtigste Organ einer institutionalisierten, drittelparitätischen Interessenrepräsentation dar. Auch wenn seine auf Vorschlag der nationalen Regierungen ernannten Mitglieder formal an keine Weisungen der Gruppen des wirtschaftlichen und sozialen Lebens gebunden sind, agieren sie aufgrund ihres Sachverstandes und sozioprofessionellen Hintergrundes in der Praxis der Beratungsvorgänge des Ausschusses und seiner Studiengruppen als Statthalter ihrer nationalen Berufs- und Interessenverbände (und soweit diese auf EU-Ebene vertreten sind, auch als Mittler der Euro-Verbände). In seinem strategischen Stellenwert als Arena verbandlicher Interessenvermittlung rangiert der WSA deutlich hinter Kommission und EP; eine weitere Relativierung seiner Bedeutung ist seit

Maastricht mit der Einrichtung des Ausschusses der Regionen und der institutionellen Aufwertung des »Sozialen Dialoges« der europäischen Sozialpartner verbunden.

Der Rat der Europäischen Union bzw. die europäischen Fachministerräte sind im Entscheidungsstadium, nicht zuletzt aufgrund ihrer komplizierten Verfahren aus intergouvernementalem *bargaining* und administrativer Kooperation, gegenüber einer unmittelbaren Verbandseinflußnahme weitgehend abgeschirmt. Eine punktuelle Möglichkeit euroverbandlicher Interessenartikulation bieten dagegen die Tagungen des Europäischen Rates der Staats- und Regierungschefs. Hier hat sich die Praxis herausgebildet, wonach der amtierende Ratspräsident am Vorabend einer Ratstagung Delegationen repräsentativer europäischer Dachverbände (EGB, UNICE) zu einem bilateralen informellen Meinungsaustausch empfängt.

5. Trends und Perspektiven des Euro-Lobbyismus und der Verbändepolitik auf europäischer Ebene

Die weitreichenden europapolitischen Weichenstellungen der achtziger und neunziger Jahre – Einheitliche Europäische Akte, Binnenmarkt, Maastrichter und Amsterdamer Vertrag – und die ökonomischen und institutionellen Dynamiken des Integrationsprozesses haben auch die Strukturen der Interessenvermittlung in der EU verändert. Dabei sind die Reichweite und künftige Entwicklungsrichtung dieser Transformationsprozesse im intermediären Bereich gesellschaftlicher Organisationen und Kräfte nur ansatzweise zu bestimmen. Mehrere Trends charakterisieren die aktuelle Entwicklung: Mit dem jüngsten Wachstumsschub europäischer Lobbyagenturen seit Mitte der achtziger Jahre geht eine weitere Pluralisierung und »Zerfaserung«[14] der Einflußträger auf europäischer Ebene einher, gleichzeitig bemühen Verbände sich aber auch, ihr multilaterales Auftreten zu effektivieren.

Ein strukturelles, die Frage der Transparenz und Legitimation der EU-Politik tangierendes Problem besteht darin, daß nur ein Teil der Brüsseler Interessenvertretungen Euro-Verbände sind und damit zu einer sektoralen oder horizontalen europäischen Interessenaggregation beitragen und gesellschaftliche Vermittlungs- und Akzeptanzleistungen erbringen können. Um den mit diesen heterogenen Lobbystrukturen verbundenen Problemen einer zunehmend unkontrollierbaren, sich partikularisierenden Interessendurchsetzung zu begegnen, werden inzwischen innerhalb des EP und der Kommission verschiedene Maßnahmen erwogen und teilweise umgesetzt, darunter die Steuerung der Kriterien für die »Repräsentativität« von Interessenten in den formellen und informellen Anhörungs- und Beratungsprozessen der beiden EU-Organe, die Reorganisation und Straffung eines ausufernden Systems beratender Ausschüsse und die Festlegung eindeutiger Zugangs- und Verhaltensregeln für Lobbyisten. Da die meisten Parlamente der EU-Mitgliedstaaten keine derartigen Registrierungspflichten und Verhaltensregeln kennen, gestaltet sich dieser Prozeß schwierig. Die derzeitige Strategie der Kommission, die *lobbying community* zur Selbstregulierung durch freiwillig vereinbarte »codes of conduct« zu bewegen, dürfte sich – wie erste vorliegende Verpflichtungserklärungen zeigen – als nur begrenzt wirksam erweisen.[15] Ein weiterer Trend, der die Entwicklung in zahlreichen Verbandsbereichen der Industrie, des Handels und Dienstleistungssektors, aber auch der Gewerkschaften kennzeichnet und den Bedeutungszuwachs der europäischen Handlungsebene unterstreicht, kommt in der Stärkung dualer Vertretungsstrukturen zum Ausdruck: Zum einen sind die Verbände bestrebt, ihre multilaterale Interessenvermittlung im Rahmen der europäischen Zusammenschlüsse zu effektivieren; vielfach werden deren Ressourcen gestärkt und Aufgabenfelder und Kompetenzen ausgeweitet. Zum anderen bauen die nationalen Verbände ihre eigenen Informations- und Einflußkanäle auf europäischer Ebene aus; zahlreiche nationale Dachorganisationen und größere industrielle Branchenverbände unterhalten oder etablieren Brüsseler Verbindungsbüros. Schließlich gewinnt seit der Ausgestaltung des Binnenmarktes in einzelnen Feldern des Arbeits-, Verbraucher- und Umweltschutzes und in den Bereichen der technischen Normierung die »partizipative Steuerung« durch Euro-Verbände an Bedeutung und führt in der Tendenz zu einer *Ko-Evolution* politisch-administrativer und verbandlicher Strukturen auf europäischer Ebene.[16] Mit dem Inkrafttreten des Maastrichter Vertrages haben – aufgrund partiell erweiterter sozialpolitischer Kompetenzen und der Aufwertung des »Sozialen Dialoges« – auch die Interaktionen zwischen den europäischen Sozialpartnern eine neue Qualität angenommen.

Im Vergleich zu dem in den siebziger Jahren nur schwach ausgeprägten »europäischen Tripartismus« (dreigliedrige Konferenzen zwischen Sozialpartnern und Kommission bzw. Rat) und dem zunächst rein konsultativen »Sozialen Dialog«, der Mitte der achtziger Jahre begann, wurde mit dem Sozialpolitischen Abkommen des Maastrichter Vertrages, das nunmehr auch von Großbritannien übernommen und in den Amsterdamer Vertrag eingefügt wurde, eine institutionell erweiterte Handlungsgrundlage geschaffen: Waren die europäischen Verbände der Sozialpartner bis dahin reine »Einflußträger«, die durch (in-)formelles Lobbying und mit lediglich beratender Funktion agierten, so steht ihnen nunmehr die Option autonomer Kollektivverhandlungen und die Möglichkeit offen, als »Entscheidungsträger« in bestimmten, vertraglich definierten Bereichen der EU-Sozial- und Arbeitspolitik Vereinbarungen zu treffen, die in die gemeinschaftliche Sozialgesetzgebung übergehen.

Nach letzterem Verfahren wurden seit 1994 mehrere Materien verhandelt. Während die Verhandlungen über die Einrichtung europäischer Betriebsräte scheiterten, wurden Vereinbarungen zum Elternurlaub (1996) und zur Teilzeitarbeit (1997) erfolgreich abgeschlossen. Es wird nicht zuletzt davon abhängen, wie die durch den Amsterdamer Vertrag partiell erweiterten Handlungsgrundlagen in den Bereichen der Sozial- und Beschäftigungspolitik von den Regierungen und der Kommission aufgegriffen werden und welche tarifpolitischen Konzertierungserfordernisse auf europäischer Ebene eine künftige Währungsunion hervorrufen wird, ob solche Ansätze weitertragen und die subsidiäre Delegation an die europäischen Sozialpartner sich ausweitet. Bestrebungen der Kommission und der europäischen Branchengewerkschaften, auch »sektorale Sozialdialoge« weiterzuentwickeln, kommen nur langsam voran und scheitern oft an der defensiven, teilweise ablehnenden Haltung der unternehmerischen Sektorenverbände. Gemeinsam verabschiedete Stellungnahmen bewegen sich vielfach auf der Ebene »symbolischer Politik«. Nur in wenigen Sektoren (Baugewerbe, Seeschiffahrt) sind erste europäische Vereinbarungen abgeschlossen worden. Im europäischen Arbeitgeberlager haben die veränderten politischen Konstellationen, Vertrags- und Verhandlungsgrundlagen seit Mitte der neunziger Jahre insgesamt zu intensiveren Formen der Strategie- und Verhaltenskoordination geführt. Beispielsweise wurde unter der Federführung der UNICE ein *European Employer Network* aufgebaut, dem inzwischen rund 60 europäische Branchenverbände der Privatwirtschaft angehören. Auch im europäischen Gewerkschaftslager ist bereits seit Mitte der achtziger Jahre eine Entwicklung zu beobachten, die – trotz des Fortbestehens heterogener nationaler Gewerkschaftsstrukturen und Handlungstraditionen – zur Angleichung europäischer Zielorientierungen in Programmatik und Praxis geführt hat. Ohne diesen Trend wären die Entwicklungen im Bereich des »Sozialen Dialoges« oder der nunmehr richtliniengestützten Einrichtung europäischer Betriebsräte schwerlich möglich gewesen. In ersten Umrissen zeichnen sich europäisch-transnationale Arbeitsbeziehungsmuster ab[17], deren integrationspolitische Potentiale und Entwicklungsperspektiven freilich unter den Vorzeichen sich wandelnder nationaler Tariflandschaften nur schwer einzuschätzen sind. Die weitere Entwicklung grenzüberschreitender *industrial relations* in Europa, wie des Gesamtsystems europäischer Interessenvermittlung, wird durch den Fortgang der sozial-ökonomischen und politisch-institutionellen Integrationsprozesse im Spannungsfeld von Vertiefung und Erweiterung geprägt sein, wobei in verstärktem Maße räumlich und sachlich abgestufte und variable Formen europäischer Verbandspolitik zum Tragen kommen dürften.

Anmerkungen

1 Recherchen und Erhebungen durch den Verfasser.
2 Die Zahl aller in Brüssel residierenden Verbände und Lobby-Agenturen wird unter Berufung auf Kommissionsangaben auf ca. 3 000 und die der bei ihnen beschäftigten Personen auf 10 000 geschätzt. Diese oft zitierte Zahl wird von anderen Beobachtern unter Verweis auf einschlägige Brüsseler Adressenverzeichnisse als zu hoch bewertet und mit etwa der Hälfte veranschlagt. Vgl. Marc, S. Clerens: Eurolobbying, in: EU-Magazin 9 (1995), S. 8 ff. Allein die Zahl der auf europäischer Ebene zusammengeschlossenen und vertretenen Verbände, also ohne das pluralistische Geflecht von Verbindungsbüros nationaler Organisationen, Großunternehmen usw., betrug 1990 über 500. Vgl. EU-

Kommission (Hrsg.): Verzeichnis der europäischen Verbände in der EG, 4. Auflage, Luxemburg 1990.
3 Siehe dazu die Sammelbände: Eichner, Volker, und Helmut Voelzkow (Hrsg.): Europäische Integration und verbandliche Interessenvermittlung, Marburg 1994; Greenwood, Justin, Jürgen Grote und Karsten Ronit (Hrsg.): Organized Interests in the European Community, London 1992; Mazey, Sonia, und Jeremy Richardson (Hrsg.): Lobbying in the European Community, Oxford 1993.
4 Kohler-Koch, Beate: Interessen und Integration. Die Rolle organisierter Interessen im Integrationsprozeß, in: Kreile, Michael (Hrsg.): Die Integration Europas, PVS Sonderband 23 (1992), S. 81. Dieser Beitrag gibt einen systematischen Überblick über den Stand der relevanten wissenschaftlichen Debatte.
5 Zur historischen Entwicklung und Politik europäischer Unternehmensverbände siehe: Platzer, Hans-Wolfgang: Unternehmensverbände in der EG. Ihre nationale und transnationale Organisation und Politik, Kehl /Straßburg 1984.
6 Burkhardt-Reich, Barbara, und Wolfgang Schumann: Agrarverbände in der EG, Kehl/Straßburg 1983.
7 Zur Entwicklung der europäischen Gewerkschaftszusammenarbeit und zur transnationalen Politik der Dach- und Branchengewerkschaften vgl. Platzer, Hans-Wolfgang: Gewerkschaftspolitik ohne Grenzen. Die transnationale Politik der Gewerkschaften im Europa der neunziger Jahre, Bonn 1991.
8 Vgl. Hey, Christian, und Uwe Brendle: Umweltverbände und EG. Strategien, politische Kulturen und Organisationsformen, Opladen 1994.
9 Vgl. Nutzenberger, Klaus: Die deutsche kommunale Selbstverwaltung und die EU. Positionen, Informationsvermittlung, Einflußnahme, in: Platzer, Hans-Wolfgang (Hrsg.): Europa als kommunale Aufgabe, Frankfurt a. M. 1997.
10 Platzer, Hans-Wolfgang: Die Europäisierung von Unternehmen und Unternehmensverbänden, in: Maurer, Andreas, und Burkhard Thiele (Hrsg.): Legitimationsprobleme und Demokratisierung der Europäischen Union, Marburg 1996.
11 Tyskiewicz, Zygmunt: UNICE. The Voice of European Business and Industry in Brussels. A Programmatic Self-presentation, in: Sadowski, Dieter, und Otto Jacobi (Hrsg.): Employers Associations in Europe: Policy and Organization, Baden-Baden 1991.
12 Greenwood, Justin, und Karsten Ronit: Interest Groups in the European Community: Newly Emerging Dynamics and Forms, in: West European Politics 17 (1994), S. 31–52.
13 Vgl. Platzer, Hans-Wolfgang: Europäische Interessenverbände, in: Weidenfeld, Werner, und Wolfgang Wessels: Jahrbuch der europäischen Integration 1996/97, Bonn 1997, S. 273–276.
14 Eisig, Rainer, und Beate Kohler-Koch: Inflation und Zerfaserung. Trends der Interessenvermittlung in der Europäischen Gemeinschaft, in: Streeck, Wolfgang (Hrsg.): Staat und Verbände, PVS-Sonderheft 25, Opladen 1994.
15 Platzer, Hans-Wolfgang: Europäische Interessenverbände, in: Weidenfeld, Werner, und Wolfgang Wessels: Jahrbuch der Europäischen Integration 1994/95, Bonn 1995, S. 261ff.
16 Eichner, Volker, und Helmut Voelzkow: Ko-Evolution politisch-administrativer und verbandlicher Strukturen. Am Beispiel der technischen Harmonisierung des europäischen Arbeits-, Verbraucher- und Umweltschutzes, in: Streeck (Anm. 14), S. 256 ff.
17 Platzer, Hans-Wolfgang: Industrial Relations and European Integration. Patterns, Dynamics and Limits of Transnationalization, in: ders., und Wolfgang Lecher (Hrsg.): European Union – European Industrial Relations? Global Challenges, National Developments and Transnational Dynamics, London 1997.

Reform der Europäischen Union

CLAUS GIERING UND CHRISTIAN JUNG

Die europäische Integration ist ein dynamischer Prozeß, der sich seit seinen Anfängen in verschiedenen kleineren und größeren Reformschüben weiterentwickelt hat. Nach der Einheitlichen Europäischen Akte (EEA) von 1986 und dem Maastrichter Vertrag über die Europäische Union von 1992 ist der am 1. Mai 1999 in Kraft getretene Vertrag von Amsterdam die dritte große Reform der europäischen Gemeinschaftsverträge.[1]

Auf der Tagung des Europäischen Rates vom 16.-18. Juni 1997 in Amsterdam hatten die Staats- und Regierungschefs der Europäischen Union die Grundzüge des neuen Vertrages festgelegt. Dies bildete zugleich den Abschluß der am 29. März 1996 eröffneten Regierungskonferenz zur Revision des Maastrichter Vertrages, die ihrerseits durch fünfzehnmonatige Beratungen einer Reflexionsgruppe sowie durch zahlreiche Berichte und Stellungnahmen der Institutionen der Europäischen Union vorbereitet worden war.[2]

Formal war die Revisionsklausel des Art. B Abs. 1 EUV-M des Maastrichter Vertrages über die Europäische Union der Anlaß zur Regierungskonferenz. Dort wurden in einem inhaltlich eng gefaßten Katalog jene Punkte aufgelistet, die mit der neuerlichen Regierungskonferenz überprüft und gegebenenfalls korrigiert werden sollten. Doch vor dem Hintergrund der Ratifikationserfahrungen mit dem Maastrichter Vertrag, in denen sich die Unzufriedenheit weiter Bevölkerungsteile mit dem Vertragswerk niederschlug, und vor allem mit Blick auf die vorgesehene Osterweiterung der Union, hatte sich sowohl in der Öffentlichkeit wie auch bei den maßgeblichen politischen Akteuren die Auffassung durchgesetzt, daß die Regierungskonferenz mehr darstellen müsse als eine bloße technische Überprüfung des Vertrages. So hatte auch in diesem Sinne der Europäische Rat vom 5. Oktober 1996 in Dublin die institutionelle Reform der Europäischen Union zur zentralen Voraussetzung für die Aufnahme von Beitrittsverhandlungen erhoben. Ferner bestand Einvernehmen, daß in der Regierungskonferenz auch jene Problempunkte Berücksichtigung finden sollten, die in der Post-Maastricht-Debatte deutlich wurden – insbesondere die Fragen der Transparenz, der Demokratie und der Bürgernähe.[3]

Nimmt man diese Zielsetzungen zum Ausgangspunkt einer Bewertung des neuen Vertrages, so drängt sich der Eindruck auf, daß die wichtigsten Ziele, um derentwillen die Regierungskonferenz einberufen wurde, mit dem neuen Vertrag nicht erreicht werden konnten. Bei einer Gesamtbeurteilung des neuen Vertrages dürfen aber die im Vorfeld der Regierungskonferenz weit auseinander liegenden Interessen der Mitgliedstaaten nicht unberücksichtigt bleiben, vor deren Hintergrund bereits das Zustandekommen eines tragfähigen Kompromisses als ein Erfolg gewertet werden kann.

Die vom Europäischen Rat gefällten Beschlüsse wurden nach einer juristischen Überarbeitung am 2. Oktober 1997 in Amsterdam förmlich unterzeichnet. Bevor der neue Vertrag jedoch in Kraft treten konnte, mußte er in allen Mitgliedstaaten durch deren nationale Parlamente und verfassungsmäßig dafür vorgesehene Organe bestätigt werden. Darüber hinaus haben in einigen Ländern – wie bereits beim Maastrichter Vertrag – Plebiszite stattgefunden.[4]

1. Reformgeschichte

Es entspricht dem Prozeßcharakter der europäischen Integration, daß sie von Anfang an Gegenstand unterschiedlicher Reformdiskussionen war und noch immer ist. Ausgangspunkt der europäischen Integration bildete die Nachkriegsdebatte über die Gründung der »Vereinigten Staaten von Europa« einerseits und der Einrichtung einer institutionalisierten intergouvernementalen Kooperation andererseits.[5] Aufgrund dieser unterschiedlichen Zielvorstellungen und der damit verbundenen Integrationsbereitschaft kam es zu einer Zweiteilung des Integrationsprozesses. Zum einen wurde 1949 der Europarat mit dem Ziel der Schaffung eines gesamteuropäischen Diskussions- und Kooperationsforums eingerichtet. Zum anderen gründete 1951 eine kleine Gruppe von Staaten – Deutschland, Frankreich, Italien und die Benelux-Staaten – die supranationale Europäische Gemeinschaft für Kohle und Stahl (EGKS) zur gemeinsamen Gestaltung dieser für die Friedenssicherung bedeutsamen Politikbereiche.

Bereits kurze Zeit nach der Gründung der EGKS folgten 1952 die Initiativen zur Schaffung einer Europäischen Verteidigungsgemeinschaft (EVG) und einer Europäischen Politischen Gemeinschaft (EPG). Diese beiden politischen Projekte scheiterten jedoch 1954 an der französischen Nationalversammlung. Nachdem ein europäischer Staat daher weder durch einen einmaligen Verfassungssprung noch durch die Begründung staatsähnlicher politischer Gemeinschaften geschaffen werden konnte, wurde der Umweg über die wirtschaftliche Integration beschritten. In diesem Sinne wurden 1957 mit der Unterzeichnung der Römischen Verträge die Europäische Wirtschaftsgemeinschaft (EWG) zur Schaffung einer Zollunion und zur Vergemeinschaftung der Agrar- und Wettbewerbspolitik sowie die Europäische Atomgemeinschaft (EAG) gegründet.

Eine weitere Verfassungsinitiative erfolgte 1962 durch die vom französischen Staatspräsidenten Charles de Gaulle forcierten *Fouchet-Pläne*. Ihre intergouvernementale Ausrichtung wurde aber von den anderen, integrationsfreudigeren Gründerstaaten als Rückschritt betrachtet – die Pläne wurden daher nicht weiter verfolgt. Frankreich versuchte unter de Gaulle ab 1965 das Modell eines *Europas der Vaterländer* durch die sogenannte »Politik des leeren Stuhles« durchzusetzen, indem es für mehrere Monate die Mitarbeit im Rat boykottierte. Dieser Konflikt konnte durch den *Luxemburger Kompromiß* von 1966 beigelegt werden, nach dem eine mehrheitliche Entscheidung bei entgegenstehenden wichtigen nationalen Interessen vermieden werden sollte.

Als erste institutionelle Reform der Gründungsverträge erfolgte 1967 die Fusion der Organe der drei Gemeinschaften EWG, EGKS und EAG. Damit stand das institutionelle System der Europäischen Gemeinschaft (EG) – wie sie seitdem genannt wurde – in den Grundzügen fest. In den drei Verträgen waren auch alle Kompetenzen, die auf die europäische Ebene verlagert worden waren, enthalten. Es stellte sich jedoch bald heraus, daß die bereits übertragenen Politikbereiche eine intensivere Zusammenarbeit auch in anderen Feldern nötig machten. Vor allem über die Generalklausel des Art. 235 EGV wurden im Laufe der siebziger Jahre zunehmend mehr Politiken auf europäischer Ebene behandelt.[6] Zu nennen sind hier u. a. die Technologie- und Forschungspolitik, der Außenhandel, die Umwelt-, Gesundheits-, Verbraucher-, Sozial- oder Regionalpolitik.

Im Währungsbereich erfolgte nach dem Scheitern einer stufenweise einzuführenden Wirtschafts- und Währungsunion, wie sie der *Werner-Plan* von 1970 vorsah, zu Beginn der siebziger Jahre die Gründung des Europäischen Währungssystems (EWS). Zur Koordinierung der nationalen Außenpolitiken wurde 1970 die Europäische Politische Zusammenarbeit (EPZ) eingerichtet. Die Staats- und Regierungschefs vereinbarten 1973 nach dem Beitritt von Dänemark, Irland und dem Vereinigten Königreich, regelmäßig auf intergouvernementalen Gipfeltreffen als Europäischer Rat zusammenzukommen, um das durch die Kompetenzübertragungen inzwischen weite Tätigkeitsfeld der Gemeinschaft besser koordinieren zu können. Eine der ersten Entscheidungen des Europäischen Rates war der Ausbau des institutionellen Gefüges – diesmal in Richtung Supranationalität – durch die Einführung der Direktwahl zum Europäischen Parlament. Diese wurde 1979 erstmals durchgeführt.

Zu Beginn der achtziger Jahre zeichnete sich erneut ein erheblicher Reformbedarf ab: Das institutionelle Gefüge der mit Griechenland inzwischen auf zehn Mitglieder angewachsenen und kurz vor der Erweiterung um Spanien und Portugal stehenden Gemeinschaft mußte angepaßt und die gemeinsamen Entscheidungsverfahren weiterentwickelt werden. Eine Reform der Agrarpolitik stand an, die teilweise immensen regionalen Strukturunterschiede in der Gemeinschaft sollten abgebaut und die Haushaltskompetenzen des Europäischen Parlamentes sowie die Finanzierung des Gemeinschaftshaushaltes insgesamt mußten geregelt werden. Darüber hinaus galt es, die im Laufe der siebziger Jahre über die Einfallpforte des Art. 235 EGV-M geradezu wildwüchsig vergemeinschafteten Kompetenzbereiche auf eine solide vertragliche Grundlage zu stellen.[7]

Zur Aufarbeitung des Reformbedarfes wurden eine Reihe nationaler und gemeinschaftlicher Vorschläge vorgelegt. Nach einer ersten Initiative zur Schaffung einer Europäischen Union durch den *Tindemans-Bericht* von 1975 folgte 1983 auf dem Gipfel in Stuttgart die »Feierliche Deklaration zur Europäischen Union« durch die Staats- und Regierungschefs.[8] Zur Verwirklichung einer Politischen Union brachte das Europäische Parlament mit dem *Spinelli-Entwurf* 1984 seine wohl bedeutendste Verfassungsinitiative in den Reformprozeß ein.[9] Der Gipfel von Fontainebleau beauftragte im Juni 1984 zwei Reform-Kommissionen mit der Erarbeitung von Lösungen für zwei besonders kritische Bereiche: den *Dooge-Ausschuß* für institutionelle Fragen und den *Adonnino-Ausschuß* für ein Europa der Bürger.[10]

In seinem Abschlußbericht empfahl der *Dooge-Ausschuß* im März 1985 die Einsetzung einer Regierungskonferenz zur Verwirklichung einer Europäischen Union, die in Anlehnung an den Verfassungsentwurf des Europäischen Parlamentes ausgestaltet sein und diesem wesentlich mehr Rechte zugestehen sollte. Im Juni legte die Europäische Kommission unter ihrem neuen Präsidenten Jacques Delors das Weißbuch zur Vollendung des Binnenmarktes vor, das in den folgenden Jahren die zentrale Grundlage für eine Vielzahl von wirtschaftlichen, technischen und sozialen Vorschriften zur Realisierung eines funktionierenden Gemeinsamen Marktes bildete.

Wesentlicher Motor der europäischen Einigung war und ist die deutsch-französische Zusammenarbeit in Fragen gemeinsamen Interesses. Die Regierungen beider Länder machten immer wieder deutlich, daß sie den Weg zur Politischen Union auch dann fortsetzen würden, wenn nicht alle Mitgliedstaaten folgen sollten. So beschloß 1985 die Mehrheit der EU-Staaten unter Führung des deutsch-französischen Tandems – und gegen den Willen dreier Mitgliedstaaten – die Einberufung einer Regierungskonferenz, die ein Reformpaket zur Weiterentwicklung der Römischen Verträge präzisieren und entscheidungsreif verhandeln sollte. Damit rückte die Gefahr einer Aufspaltung des bis dahin einheitlichen Integrationsprozesses in ein Europa der zwei Geschwindigkeiten in den Bereich des Möglichen.[11]

Dank des Beharrens der integrationsbereiten Mitglieder wurden die Ergebnisse der Regierungskonferenz am Ende doch von allen zwölf Mitgliedstaaten mitgetragen und unter dem »wenig inspirativen, bürokratischen« Kürzel Einheitliche Europäische Akte (EEA) auf dem Luxemburger Gipfel im Dezember 1985 verabschiedet.[12] Wesentlicher Bestandteil der EEA war das Ziel, den Binnenmarkt bis 1992 zu vollenden und als Leitbild für die Vertiefung der wirtschaftlichen Integration zu fixieren. Zur Umsetzung dieses ambitionierten Zieles wurde ein neues Entscheidungsverfahren mit qualifizierten Mehrheitsentscheidungen im Ministerrat eingeführt. Der Europäische Rat wurde explizit in die Reihe der gemeinsamen Institutionen aufgenommen, das Europäische Parlament erhielt durch das Verfahren der Zusammenarbeit größere Einflußmöglichkeiten auf die Beschlüsse des Ministerrates, insbesondere bei der Schaffung des Binnenmarktes. Ein echtes Zustimmungsrecht hat das Parlament aber nur bei Assoziierungen und Neubeitritten erhalten.

Durch die EEA wurden darüber hinaus einige neue Politikbereiche in den gemeinsamen Kompetenzbereich übertragen und dort vertraglich fixiert. So wurde in der gemeinsamen Umwelt-, Forschungs- und Technologiepolitik den supranationalen Institutionen ein größeres Mitspracherecht eingeräumt. Nach Abschluß des Ratifizierungsverfahrens konnte die EEA am 1. Juli 1987 in Kraft treten.

Die Umsetzung des geschilderten Reformbedarfes erfolgte also nicht durch die Gründung einer staatsähnlichen Europäischen Union, sondern durch ein umfangreiches Verhandlungspaket zur Reform und Weiterentwicklung der Gemeinschaftsverträge. Die EEA war der erste große Reformschritt seit der Unterzeichnung der Römischen Verträge 1957 und hat durch ihre zielgerichteten und pragmatischen Korrekturen den Boden für weitere Integrationsschritte bereitet.

In der Folge wurde der Binnenmarkt und seine Umsetzung bis ins Jahr 1992 das beherrschende Leitbild der europäischen Integration, das die Skepsis der vergangenen Jahrzehnte durch eine optimistischere Haltung ersetzen sollte.[13] Die Kommission unterstützte diesen Meinungsumschwung, indem sie mit der Vorlage des sogenannten *Cecchini-Berichtes* im März 1988 die »Kosten des Nicht-Europa« den Vorteilen eines Ausbaus des Gemeinsamen Marktes gegenüberstellte. Der Bericht ging von einem Gesamtnutzen der Binnenmarktvollendung von 200 Mrd. ECU durch steigendes Wirtschaftswachstum, sinkende Preise und die Schaffung neuer Arbeitsplätze aus. Weitere Fortschritte erzielten die Staats- und Regierungschefs auf dem Brüsseler Sondergipfel am 11./12. Februar 1988. Im Rahmen der Verabschiedung des *Delors-Paketes* konnten unter anderem die Reform des Finanzierungssystems und der gemeinsamen Agrarpolitik sowie eine Verdoppelung des EG-Strukturfonds beschlossen werden.[14]

Der Durchbruch beim Brüsseler Sondergipfel hatte einmal mehr ein grundlegendes Strukturprinzip der europäischen Einigung bestätigt: Probleme, die mit der Aufgabe nationaler Besitzstände oder einer Steigerung des finanziellen Einsatzes verbunden sind, konnten stets am ehesten durch das Schnüren umfassender Paketlösungen, sogenannter *package deals*, gelöst werden, die die unterschiedlichen Interessen der Mitgliedstaaten ausgleichen.

2. Der Vertrag von Maastricht

In den Jahren nach der Einheitlichen Europäischen Akte hatte sich die regionale wie globale Situation durch den Umbruch im Osten grundsätzlich verändert, so daß die möglichen *Spill-over-Effekte* des Binnenmarktprojektes zunächst in den Hintergrund traten. Aber die Schaffung einer Währungsunion blieb auf der Tagesordnung. Im Juni 1989 beschloß der Europäische Rat in Madrid die Einsetzung einer Regierungskonferenz zur Vorbereitung einer Wirtschafts- und Währungsunion entsprechend dem Delors-Plan. Auf deutsch-französische Initiative wurde auf dem Dubliner Gipfel des Europäischen Rates im Juni 1990 beschlossen, parallel zu der

Regierungskonferenz zur Verwirklichung der Wirtschafts- und Währungsunion auch eine Regierungskonferenz zur Politischen Union einzusetzen.[15] Die beiden Regierungskonferenzen wurden noch im selben Jahre, im Dezember 1990, auf dem Gipfel in Rom eröffnet. Ihre Ergebnisse wurden am 9./10. Dezember 1991 dem Europäischen Rat in Maastricht vorgelegt. Auf diesem Gipfel einigten sich die Staats- und Regierungschefs auf den daraus hervorgegangenen Maastrichter Vertrag über die Europäische Union (im folgenden als EUV-M bzw. EGV-M zitiert). Nach seiner Unterzeichnung am 7. Februar 1992 und der Ratifikation durch die Parlamente und zuständigen Gremien der Mitgliedstaaten trat der neue Vertrag am 1. November 1993 in Kraft.[16]

Als »eine neue Stufe bei der Verwirklichung einer immer engeren Union der Völker Europas« (Art. A EUV-M) zielte der Vertrag auf eine wirtschaftliche und politische Verdichtung der Beziehungen der Mitgliedstaaten. Er gründete eine Europäische Union, die aus drei Säulen besteht: der reformierten Europäischen Gemeinschaft, der Gemeinsamen Außen- und Sicherheitspolitik (GASP) sowie der Zusammenarbeit in der Innen- und Justizpolitik, wobei die »erste Säule« auf den drei Gründungsverträgen der EG und die »zweite« sowie die »dritte Säule« auf den entsprechenden Titeln zur GASP (Titel V EUV-M) und zur Innen- und Justizpolitik (Titel VI EUV-M) basiert. Die weitreichendste Neuerung des Vertrages bestand in der Verankerung der Wirtschafts- und Währungsunion (WWU) mit der Zielsetzung einer gemeinsamen europäischen Währung bis spätestens 1999.

Die Ratifikationsdebatten in den Mitgliedstaaten waren vielfach von heftigen innenpolitischen Auseinandersetzungen über den im Vertrag vorgezeichneten Weg begleitet. In Dänemark, Frankreich und Irland fanden Volksabstimmungen statt, wobei das irische Referendum eine deutliche, das französische Referendum eine knappe Bestätigung des Vertrages erbrachten. Ein erstes dänisches Referendum scheiterte. In einer Gratwanderung zwischen Vermeidung einer Neuverhandlung des Vertrages auf der einen Seite und politischen Zugeständnissen der EG und ihrer Mitgliedstaaten auf der anderen Seite konnte schließlich ein Modus gefunden werden, der Dänemark für bestimmte Vertragsbereiche Ausnahmeregelungen ermöglichte. Auf dieser Grundlage gelang es in einem zweiten Anlauf, die notwendige Zustimmung der dänischen Bevölkerung zu erhalten. Doch erst im Oktober 1993 wurde mit dem Urteil des deutschen Bundesverfassungsgerichtes[17], das über mehrere Verfassungsbeschwerden gegen den Vertrag zu entscheiden hatte, die letzte Hürde genommen, und der Vertrag trat am 1. November 1993 in Kraft.

2.1 Wirtschafts- und Währungsunion

Zu den wichtigsten Festlegungen des Maastrichter Vertrages gehörte der Entschluß, bis spätestens 1999 eine gemeinsame Währung einzuführen und bis zu diesem Zieldatum vertraglich festgelegte ökonomische und fiskalische Voraussetzungen, die sogenannten Konvergenzkriterien, zu erfüllen. Für die Übergangszeit wurde 1994 das Europäische Währungsinstitut (EWI) gegründet, das als Vorläufer der Europäischen Zentralbank (EZB) die entsprechenden Vorarbeiten leisten sollte. Am 1. Juli 1998 löste dann vertragsgemäß die neu entstandene Europäische Zentralbank das EWI ab.[18]

2.2 Neue Kompetenzbereiche und Subsidiarität

Neben den wirtschafts- und währungspolitischen Kompetenzen erhielt die EU durch den Maastrichter Vertrag weitere neue materielle Zuständigkeiten, unter anderem in den Bereichen Umwelt, Sozial-, Industrie-, Forschungs- und Technologiepolitik sowie Gesundheitswesen, Verbraucherschutz, Bildung und Kultur.[19] Mit Ausnahme Großbritanniens haben die anderen elf Vertragsparteien – und nach deren Beitritt 1995 auch die neuen Mitgliedstaaten Österreich, Schweden und Finnland – dem »Abkommen über die Sozialpolitik« zugestimmt, das im Rahmen eines Zusatzprotokolls dem Unionsvertrag beigefügt ist. Es ermöglicht über den EG-Vertrag hinausgehende sozialpolitische Maßnahmen, insbesondere zu Fragen der Arbeitsbedingungen, der Arbeitnehmerrechte, der Chancengleichheit von Männern und Frauen sowie der beruflichen Eingliederung in den Arbeitsmarkt.

Der faktischen Ausweitung der Handlungsfelder stand die Verankerung des *Subsidiaritätsprinzips* in Art. 3b Abs. 2 EGV-M gegenüber. Danach sollte die Europäische Gemeinschaft »in den Bereichen, die nicht in ihre ausschließliche Zuständigkeit fallen, nur tätig (werden), sofern und soweit die Ziele der in Betracht gezogenen Maßnahmen auf Ebene der Mitgliedstaaten nicht ausreichend erreicht werden können und daher wegen ihres Umfangs oder ihrer Wirkungen besser auf Gemeinschaftsebene erreicht werden können«. Allerdings gibt es zwei unterschiedliche Interpretationen über die Wirkungsrichtung des Prinzips. Für einige Staaten, wie Großbritannien und Dänemark – aber auch die deutschen Bundesländer – ist das *Subsidiaritätsprinzip* ein Mittel der Dezentralisierung und Renationalisierung, andere fürchten eine extensive Auslegung der Besser-Klausel durch die Kommission.[20]

2.3 Institutionelle Reformen

Die Rechte des Europäischen Parlamentes wurden insbesondere mit der Einführung des sogenannten Mitentscheidungsverfahrens nach Art. 189b EGV-M gestärkt. Es fand seither auf 15 Gebieten, insbesondere bei den Binnenmarktmaterien sowie im Bereich von Forschung und Technologie, Gesundheit, Kultur und Verbraucherschutz Anwendung. Das Mitentscheidungsverfahren umfaßt neben der Möglichkeit, im Falle von Meinungsverschiedenheiten zwischen Parlament und Rat einen Vermittlungsausschuß einzuberufen, auch ein generelles Vetorecht des Europäischen Parlamentes. Dadurch kann das Parlament mit einer absoluten Mehrheit alle Gesetzesinitiativen in den vom Mitentscheidungsverfahren erfaßten Sachgebieten blockieren.

Durch Maastricht hat das Europäische Parlament bei der Einsetzung der Europäischen Kommission ein Bestätigungsrecht für die Kommission als Ganzes erhalten. Zusammen mit der zeitlichen Angleichung und Abstimmung der Amtsperiode der Kommission mit der Legislaturperiode des Europäischen Parlamentes verbesserte sich damit die Kontrollfunktion des Parlamentes gegenüber der Kommission.

Das institutionelle Gefüge der Europäischen Gemeinschaft wurde durch den Ausschuß der Regionen (AdR) erweitert, der die Interessen der regionalen Untergliederungen der Mitgliedstaaten auf EG-Ebene vertritt. Er setzt sich aus Vertretern der Länder und Regionen sowie der Kommunen zusammen und wirkt im Legislativverfahren bei den die Regionen betreffenden Materien beratend mit.

Mit dem Vertrag neu geschaffen wurde auch die Europäische Unionsbürgerschaft, die jedem EU-Bürger in jedem Mitgliedsland bei Kommunal- und Europawahlen das aktive und passive Wahlrecht garantiert. Darüber hinaus werden mit der Unionsbürgerschaft das Freizügigkeits- und Aufenthaltsrecht aller EU-Bürger in der Europäischen Gemeinschaft anerkannt sowie deren diplomatischer und konsularischer Schutz auch im EU-Ausland gewährt, wenn es dort keine Vertretung des jeweiligen Heimatstaates geben sollte.

2.4 Gemeinsame Außen- und Sicherheitspolitik

Der Vertrag von Maastricht begründete eine Gemeinsame Außen- und Sicherheitspolitik (GASP), welche die bis dahin praktizierte lockere außenpolitische Koordinierung im Rahmen der Europäischen Politischen Zusammenarbeit (EPZ) ablöste. Als neues Handlungsinstrument wurde dabei die sogenannte *Gemeinsame Aktion* eingeführt, in deren Rahmen Leitlinien und Grundsatzentscheidungen einstimmig beschlossen werden können. Die Art der Durchführung bereits beschlossener Aktionen kann hingegen mit Mehrheit festgelegt werden. Doch wie die EPZ zuvor, wurde auch die mit Maastricht begründete GASP bald als unzureichendes Mittel einer wirklich gemeinsamen Außenpolitik empfunden. Die Uneinigkeit und Handlungsschwäche der Europäischen Union, wie sie sich im Jugoslawien-Konflikt offenbarte, machte sehr schnell deutlich, daß auch die GASP einer baldigen Reform bedurfte. Der Maastrichter Vertrag sah in Ansätzen auch eine europäische Sicherheitspolitik vor. Hierzu wurde die Westeuropäische Union (WEU) als sicherheitspolitisches Instrument institutionell an die Europäische Union angebunden und sollte schrittweise für eine eigenständige europäische Verteidigungspolitik ausgebaut werden.

2.5 Innen- und Justizpolitik

Der Vertrag von Maastricht hat erstmals im Rahmen seiner Drei-Säulen-Struktur bei den Materien der Innen- und Justizpolitik Felder »gemeinsamen Interesses«

festgelegt, auf denen die Mitgliedstaaten verstärkt zusammenarbeiten sollten. Die in den Artikeln K.1 bis K.9 EUV-M genannten Sachgebiete Asylpolitik, Kontrolle der Außengrenzen, Einwanderungspolitik, Drogenpolitik, Kooperation bei Justiz, Zoll und Polizei waren somit Bestandteil einer intergouvernementalen Zusammenarbeit; nur für die gemeinsame Visapolitik wurde mit Art. 100c EGV-M eine supranationale Gemeinschaftskompetenz geschaffen. Eine *Evolutivklausel* (Art. K.9 EUV-M) sah die spätere Vergemeinschaftung weiterer Bereiche der Innen- und Rechtspolitik und damit deren Überführung in die erste Säule der Union als Möglichkeit vor – eine Option, die aber erst mit dem Vertrag von Amsterdam umgesetzt wurde.

2.6 Reformbilanz von Maastricht

Der Maastrichter Vertrag hatte nicht zu jener Stärkung der Integration geführt, wie dies im Vorfeld erwartet worden war. Weite Teile des Vertrages kamen unter den Bedingungen eines politischen Kompromisses der damals zwölf Verhandlungspartner zustande. In vielen Fällen konnte nur der kleinste gemeinsame Nenner festgeschrieben werden. Wo selbst dies nicht gelang, mußten als letztes Mittel für eine einvernehmliche Lösung einzelnen Mitgliedstaaten Ausnahmeregelungen, sogenannte *Opting-outs*, gewährt werden. So scherte mit dem sozialpolitischen *Opting-out* Großbritanniens erstmals ein Mitgliedstaat aus einem Kernbereich der Gemeinschaftspolitik aus, was allerdings durch den Vertrag von Amsterdam wieder korrigiert wurde.

Der Maastrichter Vertrag folgte keinem einheitlichen Ordnungsmodell. In ihm spiegelten sich vielmehr die unterschiedlichen Leitbilder der Mitgliedstaaten wider. Im ersten Pfeiler wurde im wesentlichen der seit 1957 eingeschlagene Integrationsweg fortgesetzt, im zweiten und dritten Pfeiler hingegen vorwiegend auf eine in dieser Form neue zwischenstaatliche Kooperation gesetzt. Insgesamt ließ der Vertrag damit alle Optionen für die weitere Entwicklung offen.[21]

Neben dem *Opting-out* trug auch die erneute Vermehrung der Entscheidungsverfahren sowie die Schaffung einer Reihe neuer Institutionen zu einer weiteren Komplizierung der Strukturen und Verfahren der Europäischen Union bei. Daß das politische System der Union mit dem Maastrichter Vertrag noch komplexer und undurchschaubarer geworden ist, hat zu der in der Maastricht-Debatte deutlich gewordenen Akzeptanzkrise der europäischen Integration ebenso beigetragen wie das Empfinden vieler Bürger, die Europäische Union entwickele sich zunehmend zu einem bürokratischen »Superstaat«, der weitgehend unkontrolliert immer mehr Zuständigkeiten an sich ziehe.

Diese Probleme und die Erfahrungen mit dem Maastrichter Vertrag standen daher im Mittelpunkt der Überlegungen und Vorschläge zur Reform des Maastrichter Vertrages.[22] Vor allem die Vereinfachung der Strukturen und Entscheidungsverfahren, Wege zu einer klareren Kompetenzverteilung zwischen der Europäischen

Union und den Mitgliedstaaten sowie die Stärkung der demokratischen Legitimation europäischer Entscheidungen standen im Zentrum der Regierungskonferenz 1996/97 zur Revision des Maastrichter Vertrages, deren Ergebnisse im Juni 1997 zum Vertrag von Amsterdam führten.

3. Der Vertrag von Amsterdam

Durch den Vertrag von Maastricht konnten nicht alle geplanten Neuregelungen zur Zufriedenheit der Mitglieder umgesetzt werden. So einigten sich die Staats- und Regierungschefs bereits 1991 auf die Einberufung einer Nachfolgekonferenz zur Revision des Vertrages im Jahre 1996. In deren Vordergrund stand nach Art. B Abs. 1 EUV-M die Überprüfung der durch den Vertrag von Maastricht eingeführten Politiken und Formen der Zusammenarbeit mit dem Ziel, »die Wirksamkeit der Mechanismen und Organe der Gemeinschaft sicherzustellen«. Die Wahrung der institutionellen Handlungsfähigkeit wurde mit Blick auf die bevorstehende (Ost-) Erweiterung zu einem zentralen Ziel der Regierungskonferenz.

Zudem sollte die Vertragsreform die Europäische Union durch eine Stärkung des außenpolitischen Gestaltungsspielraumes auf die globalen Herausforderungen vorbereiten und durch eine Vergemeinschaftung der Innen- und Justizpolitik helfen, die innere Sicherheit zu gewährleisten. Weitere Anforderungen – auf mehreren Gipfeltreffen des Europäischen Rates formuliert – waren die Erhöhung der demokratischen Legitimation, die Steigerung der Transparenz und Bürgernähe und die Ermöglichung flexibler Integrationsschritte einiger Mitgliedstaaten bei gleichzeitiger Erhaltung des gemeinsamen Besitzstandes für alle Mitgliedstaaten.[23]

3.1 Vorgeschichte und Verlauf der Regierungskonferenz

Zur Vorbereitung der Revision des Maastrichter Vertrages wurden Stellungnahmen der europäischen Institutionen über dessen Funktionsfähigkeit eingefordert.[24] Sie dienten als Grundlage für den Arbeitsauftrag an eine Reflexionsgruppe zur inhaltlichen Vorbereitung der Regierungskonferenz. Diese setzte sich aus den persönlichen Beauftragten der Außenminister, einem Vertreter der Kommission und zwei Repräsentanten des Europäischen Parlamentes zusammen. Die EU-Außenminister setzten während ihres Treffens am 2. Juni 1995 in Messina die Arbeitsgruppe formell ein, die bis Dezember 1995 einen Bericht über die wichtigsten Grundsätze und Ziele der Regierungskonferenz erarbeitete. Dieser Bericht bildete die Basis für die Regierungskonferenz, die am 29. März 1996 in Turin unter italienischem Ratsvorsitz eröffnet wurde.[25] Während des Gipfels am 13./14. Dezember 1996 in Dublin legte die irische Präsidentschaft einen ersten Textentwurf des neuen Vertrages vor, der die weitere Arbeitsgrundlage bildete. Der Gipfel brachte ferner auf Initiative Deutschlands den Stabilitätspakt auf den Weg, der die finanz- und wirtschaftspolitische Stabilitätspolitik der Mitgliedstaaten nach dem Eintritt in die WWU gewährleisten soll. Damit war eine direkte Verbindung der Regierungskonferenz mit der Wirtschafts- und Währungsunion geschaffen. Im Mai 1997 wurden auf dem Sondergipfel des Europäischen Rates in Noordwijk die noch strittigen Fragen, vor allem im institutionellen Bereich, teilweise vorgeklärt. Unter dem Eindruck dieses Gipfels und des Regierungswechsels in Großbritannien Anfang Mai 1997 schien eine weitreichende Reform der Institutionen, eine Vergemeinschaftung des dritten Pfeilers und die Einführung einer Klausel zur verstärkten Zusammenarbeit einiger Mitgliedstaaten im Rahmen der Gemeinschaft in den Vertrag möglich.

Ein weiteres Schlüsselereignis für den Verlauf der Regierungskonferenz war die Wahl in Frankreich Anfang Juni 1997. Die neue französische Regierung hatte kurz vor dem für den 16./17. Juni geplanten Gipfel in Amsterdam den im Zusammenhang mit der Wirtschafts- und Währungsunion vorgesehenen Stabilitätspakt in den Mittelpunkt gerückt und seine Annahme mit der Einführung einer substantiellen europäischen Beschäftigungspolitik verknüpft. Ein pünktlicher Vertragsabschluß in Amsterdam war nur möglich, indem Frankreich Zugeständnisse in diesem Bereich gemacht wurden. Diese durften aber auf deutsches Drängen nicht mit einer Steigerung der Ausgaben der Union verbunden sein. Hier stießen unterschiedliche ordnungspolitische Vorstellungen beider Staaten aufeinander. Ihre im Verlauf der Integration oftmals beobachtete Motorfunktion geriet so zumindest ins Stocken.

Damit beherrschten der Stabilitätspakt und die Beschäftigungspolitik die ersten eineinhalb Tage des Gipfels von Amsterdam. Es verblieb nur wenig Zeit, um die strittigen Punkte der institutionellen Reformen zu verhandeln. Zu viele Fragen waren aber noch offen oder brachen in letzter Minute wieder auf und verhinderten so, daß ein für alle akzeptables Reformpaket geschnürt werden konnte. Angesichts der großen, letztlich unüberbrückbaren Meinungsunterschiede der Mitgliedstaaten konnten die Kernfragen der institutionellen Reform nicht beschlossen werden und wurden von den Staats- und Regierungschefs auf einen späteren, im Vorfeld der Erweiterung liegenden Zeitpunkt vertagt. Der Europäische Rat konnte sich aber trotz der schwierigen Endphase der Verhandlungen auf einen Vertragsentwurf einigen, der eine Vielzahl von Änderungen für das gesamte Vertragswerk der Europäischen Union mit sich brachte und seit dem 1. Mai 1999 in Kraft getreten ist.

3.2 Grundsätze und Gemeinschaftspolitiken

Der Vertrag von Amsterdam (im folgenden als EUV-A bzw. EGV-A zitiert) bestätigt die Grundprinzipien, auf denen die Union beruhen soll: Freiheit, Demokratie, Menschenrechte und Rechtsstaatlichkeit. Er enthält zwar keinen Grundrechtskatalog, dafür aber eine Bekräftigung der Achtung der Grundrechte, wie sie in der Europäischen Konvention zum Schutze der Menschenrechte und Grundfreiheiten festgelegt sind, sowie eine Bestätigung der sozialen Grundrechte nach der 1989 verabschiedeten Sozialcharta. Die Einhaltung der allgemeinen Grundsätze wird auch zur Voraussetzung für eine Mitgliedschaft in der EU gemacht. Durch den neuen Art. 7 EUV-A wird erstmals ein Verfahren eingeführt, nach dem bei schwerwiegenden und anhaltenden Verletzungen der genannten Prinzipien durch einen Mitgliedstaat der Rat mit qualifizierter Mehrheit bestimmte Rechte dieses Mitgliedstaates, einschließlich des Stimmrechtes im Rat, aussetzen kann.

Das *Diskriminierungsverbot* in Art. 13 EGV-A gibt dem Rat die Möglichkeit zu Maßnahmen gegen »Diskriminierung aus Gründen des Geschlechts, der Rasse, der ethnischen Zugehörigkeit, der Religion und des Glaubens, einer Behinderung, des Alters oder der sexuellen Ausrichtung«. Dies bedeutet aber keine einklagbare Garantie der Nicht-Diskriminierung. Neu im Vertrag wurde zudem der Datenschutz verankert.

Ein Titel zur Beschäftigung wird ebenfalls neu in den EU-Vertrag aufgenommen. Zur Erreichung eines hohen Beschäftigungsniveaus soll die Union mit Hilfe eines Beschäftigungsausschusses die Kooperation und den Informationsaustausch zwischen den Mitgliedstaaten fördern und vergleichende Analysen und Pilotprojekte initiieren. Zwar verbleiben die wesentlichen inhaltlichen Zuständigkeiten zur Beschäftigung bei den Mitgliedstaaten, der neue Vertrag gibt den Organen der Union jedoch die Möglichkeit, gegenüber den Mitgliedstaaten koordinierend, beratend und kontrollierend einzugreifen. So kann der Rat auf Vorschlag der Kommission Leitlinien erlassen, die in ihren Zielen verbindlich sind. Die Mitgliedstaaten ihrerseits werden verpflichtet, Rat und Kommission jährlich einen Bericht über ihre beschäftigungswirksamen Maßnahmen vorzulegen. Ferner kann der Rat mit qualifizierter Mehrheit Anreize für beschäftigungswirksame Maßnahmen verabschieden. Mit der gemeinsamen Beschäftigungspolitik sollen keinerlei Harmonisierungen oder zusätzliche Ausgaben verbunden sein. Die bisherige Erfahrung hat aber gezeigt, daß mit einer vertraglichen Regelung meist der Grundstein für eine weitere Vergemeinschaftung gelegt ist und weitere Integrationsschritte in diesem Bereich damit wahrscheinlich sind.

Der Regierungswechsel in Großbritannien Anfang Mai 1997 bewirkte einige grundsätzliche Änderungen der britischen Europapolitik, und so konnte das Abkommen über die Sozialpolitik in die Artikel 136–145 EGV-A eingearbeitet werden. Für einige Bereiche der Sozialpolitik werden nun die qualifizierte Mehrheitsentscheidung und das Mitentscheidungsverfahren angewendet. Neue Kompetenzen sowie die Ausweitung der qualifizierten Mehrheit und eine stärkere Beteiligung des Parlamentes wurden unter anderem auch für die Umweltpolitik, die Gesundheitspolitik, den Verbraucherschutz und die Betrugsbekämpfung beschlossen.[26]

Durch neue Artikel, Protokolle und Erklärungen wurde die thematische Bandbreite der Verträge auch auf Bereiche wie den Sport, öffentlich-rechtliche Rundfunkanstalten bzw. Kreditinstitute, den Tierschutz und die Erstellung von Statistiken ausgeweitet. Damit dürfte nahezu jeder Bereich öffentlicher Verwaltungskompetenzen im Vertragswerk erwähnt sein. Dies weckt jedoch Erwartungen an die Union, die diese mit ihren gegenwärtigen Ressourcen nicht erfüllen kann.

3.3 Gemeinsame Außen- und Sicherheitspolitik

Ein weiteres Ziel der Regierungskonferenz war die Stärkung einer effizienten und kohärenten Außenpolitik. Dazu wurde die Außenvertretung der Union, die sogenannte Troika, verändert. Diese bestand bis dahin aus der jeweils aktuellen, der vorherigen sowie der folgenden Ratspräsidentschaft. Nun sollen die jeweilige Ratspräsidentschaft, ein Vertreter der Kommission und der Generalsekretär des Rates als Hoher Vertreter der GASP ein außenpolitisches Gesicht sowie mehr Kontinuität verleihen. Unterstützt wird die Troika durch eine neu einzurichtende Strategieplanungs- und Frühwarneinheit. Die institutionellen Beziehungen zwischen EU und WEU sollen weiter verstärkt werden. Auch kann die EU die operativen Kapazitäten der WEU nutzen, um die neu im Vertrag verankerten *Petersberg-Aufgaben* – humanitäre Aufgaben, Rettungseinsätze, friedenserhaltende Aufgaben sowie Kampfeinsätze bei der Krisenbewältigung einschließlich friedenschaffender Maßnahmen – durchführen zu können.

Die allgemeinen Leitlinien und gemeinsamen Strategien der GASP werden auch weiterhin einstimmig festgelegt; entsprechende Durchführungsmaßnahmen können jedoch mit Mehrheit beschlossen werden. Ist Einstimmigkeit erforderlich, können Mitgliedstaaten durch eine konstruktive Enthaltung Entscheidungen ermöglichen, ohne sich aber an deren Durchführung beteiligen zu müssen. Andererseits wurde bei Entscheidungen, die mit qualifizierter Mehrheit getroffen werden, die Sperre eingebaut, daß ein Mitgliedstaat aus »wichtigen Gründen der nationalen Politik« eine Abstimmung verhindern kann. Es besteht dann die Möglichkeit, die Entscheidung zur einstimmigen Beschlußfassung an den Europäischen Rat zu verweisen. Die Regelung entspricht damit einem Veto-Recht, ähnlich dem *Luxemburger Kompromiß* aus dem Jahre 1966. Durch die vorgenommenen institutionellen und strukturellen Veränderungen (Titel V EUV-A) ist keine substantielle Verbesserung der außenpolitischen Handlungsfähigkeit erreicht worden[27], denn Fortschritte in der Gemeinsamen Außen- und Sicherheitspolitik sind schon bisher nicht einem Mangel an Institutionen und Instrumenten zuzuschreiben, sondern an den unterschiedlichen Interessen der Mitgliedstaaten gescheitert.

3.4 Innen- und Justizpolitik

Zur schrittweisen Errichtung eines »Raums der Freiheit, der Sicherheit und des Rechts« wurden große Teile des sogenannten *Schengen-Besitzstandes*[28] und der dritten Säule in die erste Säule des EU-Vertrages übertragen (neuer Titel IV EGV-A). Damit werden bei den Materien der Innen- und Rechtspolitik im Bereich der Asyl- und Visapolitik, der Einwanderungspolitik, der Kontrolle an den Außengrenzen und der justitiellen Zusammenarbeit in Zivilsachen künftig gemeinschaftliche Verfahren angewandt. Allerdings soll dort – nicht zuletzt auf deutsches Drängen – zunächst nur mit Einstimmigkeit entschieden werden. Fünf Jahre nach Inkrafttreten des Vertrages wird noch einmal geprüft, ob nicht doch generell Mehrheitsentscheidungen für diese Sachbereiche vorzusehen sind. Dann kann der Rat einstimmig »alle Bereiche oder Teile der Bereiche« benennen, auf die das Mitentscheidungsverfahren anzuwenden ist. Komplizierte Ausnahmeregelungen gelten für Großbritannien und Irland, die sich vorerst nicht an diesen Politiken beteiligen, aber von Fall zu Fall entscheiden können, ob sie sich einzelnen Maßnahmen anschließen wollen. Für Dänemark gilt diese Regelung nur für Maßnahmen, die aufgrund der neuen Artikel erlassen werden.[29] Durch diese Sonderregeln eröffnet sich aber hier die Möglichkeit eines »Europa à la carte«, in dem sich die Mitgliedstaaten ihr eigenes »Integrationsmenü« zusammenstellen können. Die verbliebenen Teile der dritten Säule werden in den neuen bzw. revidierten Art. 29 bis 42 (bisher bisher K.1 bis K.9 EUV-M) des Titels VI EUV-A zusammengefaßt. Die Umsetzung der Innen- und Justizpolitik soll durch eine engere Zusammenarbeit von Polizei, Zoll und Justizbehörden sowie einen Ausbau der europäischen Verbrechensbekämpfungseinheit Europol und der Schaffung operativer Möglichkeiten erfolgen.[30]

3.5 Institutionelle Reformen

Als institutionelle Änderung ist vor allem die Stärkung des Kommissionspräsidenten hervorzuheben. Dieser wird nun an der Auswahl der Kommissare beteiligt. Er erhält eine politische Leitlinien-Kompetenz und einen weiten Ermessensspielraum bei der Aufteilung und Zuweisung der Aufgaben innerhalb des Kollegiums. Eine Stärkung seiner demokratischen Legitimation erfährt der Kommissionspräsident dadurch, daß er zwar weiterhin vom Rat vorgeschlagen, aber danach noch vom Europäischen Parlament bestätigt werden muß. Die Anzahl der Kommissare soll auf 20 beschränkt werden. Als Junktim gilt, daß die großen Mitgliedstaaten im Zuge einer ersten Erweiterungsrunde um bis zu fünf neue Mitgliedstaaten auf einen ihrer beiden Kommissare verzichten, dies aber nur, wenn vorher eine Neuregelung der Stimmgewichtung im Rat einstimmig beschlossen worden ist. Dazu wird eine weitere Regierungskonferenz vor der ersten Erweiterungsrunde um die mittel- und osteuropäischen Beitrittskandidaten notwendig sein. Sollten insgesamt mehr als fünf Staaten beitreten, so ein Protokoll zum Vertrag, muß zudem eine grundlegende Reform des institutionellen Gefüges mindestens ein Jahr vor dem Beitritt des sechsten Staates durchgeführt werden.

Die Zahl der Sitze im Europäischen Parlament wurde auf 700 begrenzt, ohne allerdings eine weitere Festlegung im Falle der Erweiterung zu treffen. Das Parlament wird durch das neue Zustimmungsrecht bei der Auswahl des Kommissionspräsidenten und bei der Feststellung einer anhaltenden Verletzung von Grundrechten durch einen Mitgliedstaat nach Art. 7 EUV-A gestärkt; vor allem aber die Ausweitung des Mitentscheidungsverfahrens auf über 20 zusätzliche Anwendungsfälle bedeutet eine erhebliche Aufwertung der parlamentarischen Mitwirkung. Dies betrifft insbesondere die neuen und bestehenden Vertragsbestimmungen, die in die qualifizierte Mehrheit überführt worden sind. Profitiert hat das Parlament auch von der weitgehenden Abschaffung des Verfahrens der Zusammenarbeit, da die entsprechenden Artikel in das Mitentscheidungsverfahren übertragen wurden. Eine Ausdehnung des Anhörungsrechtes auf Politikbereiche wie Beschäftigung, Sozialpolitik und Gesundheitswesen wurde auch für den Ausschuß der Regionen und den Wirtschafts- und Sozialausschuß (WSA) beschlossen. Die Zuständigkeit des Europäischen Gerichtshofes (EuGH) wurde durch die Vergemeinschaftung weiter Teile der Innen- und Justizpolitik ausgedehnt.

3.6 Flexibilisierung und verstärkte Zusammenarbeit

Die neu in den Verträgen verankerte Flexibilisierung der Integration soll helfen, mögliche Blockaden durch integrationsunfähige oder -unwillige Mitgliedstaaten zu vermeiden.[31] Danach können die Mitgliedstaaten künftig auch dann enger zusammenarbeiten und gemeinsame Projekte unternehmen, wenn daran nicht alle Mitgliedstaaten von Anfang an teilnehmen. Dazu wurde eine Generalklausel mit den grundlegenden Bedingungen einer Flexibilisierung und zwei Spezialklauseln, die die zusätzlichen Voraussetzungen für die erste und die dritte Säule des EUV benennen, in den Vertrag aufgenommen.[32] Die auf deutsch-französische Initiative eingeführte Möglichkeit, daß eine Gruppe in der Integration voranschreiten kann, ist aber an das qualifizierte Mehrheitsvotum aller Mitgliedstaaten gebunden; darüber hinaus kann eine Regierung ihr nationales, »vitales« Interesse vorbringen und das Vorhaben damit – ähnlich einem Veto – vorerst blockieren. Dies ist ein Zugeständnis an Großbritannien, das in der Regierungskonferenz bis zuletzt die flexible Integration an die Einstimmigkeit gebunden wissen wollte. Dennoch handelt es sich bei der Flexibilität um einen zukunftsträchtigen Neuansatz, dessen Wert vor allem in seiner formalen Anerkennung durch alle Mitgliedstaaten liegt.

Für die GASP wurde allerdings keine eigene Klausel festgelegt. Durch die »konstruktive Enthaltung« und die Möglichkeit einer engeren Zusammenarbeit im Rahmen der WEU sind aber auch hier Flexibilisierungsmöglichkeiten vorhanden.

3.7 Bilanz und Reformperspektive

Durch den Vertrag von Amsterdam wurde ein umfangreiches Reformpaket geschnürt, das eine Vielzahl von Verbesserungen und Neuerungen in allen Vertragsteilen sowie eine Ausweitung der gemeinschaftlichen Kompetenzen und Verfahren beinhaltet.[33] Diesen Fortschritten steht aber ein kaum mehr nachvollziehbares Maß an Ausnahmeregelungen und Absicherungsmöglichkeiten gegenüber.[34] Der Vertrag von Amsterdam hat damit erneut – wie bereits der Maastrichter Vertrag zuvor – das Transparenzziel verfehlt. Von der beabsichtigten Vereinfachung der Entscheidungsverfahren ist im wesentlichen nur die Streichung eines einzigen Verfahrenstyps – des Kooperationsverfahrens – übriggeblieben.[35] Und auch mit Blick auf die Entscheidungsfähigkeit der EU bleibt die Reform bei den Entscheidungsstrukturen erneut deutlich hinter den Erwartungen zurück. Das Mitentscheidungsverfahren ist weiterhin nicht einmal in den Bereichen, in denen mit Mehrheit entschieden wird, das Regelverfahren. Die Einstimmigkeit gilt unvermindert in einer erheblichen Zahl von Politikbereichen.

In der GASP setzt der Vertrag von Amsterdam auf eine langsame Herausbildung gemeinsamer Einschätzungen und Handlungsweisen, die mit einer behutsamen institutionellen Verankerung verbunden ist. Der nun als »Hoher Vertreter« für Außenpolitik zuständige Generalsekretär des Rates – mit dem bisherigen NATO-Generalsekretär, Javier Solana, wurde hierfür eine starke und renommierte Persönlichkeit benannt – kann der Außenpolitik durchaus mehr Kontinuität verleihen und auch die Koordination verbessern, das grundlegende Defizit der GASP konnte jedoch nicht behoben werden: Weiterhin müssen strategische Entscheidungen einstimmig getroffen werden, und bei den mit Mehrheit zu beschließenden Durchführungsmaßnahmen können einzelne Mitgliedstaaten »nationale Interessen« geltend machen. Damit besteht für den gesamten Bereich der GASP *de facto* ein Vetorecht. Trotz eines neuen außenpolitischen Gesichtes und partieller Fortschritte bleiben die zentralen Hindernisse für eine effektivere Außenpolitik auf absehbare Zeit bestehen.

Einige Fortschritte sind im Bereich der Innen- und Rechtspolitik zu verzeichnen, selbst wenn die grundlegenden Veränderungen erst nach langjährigen Übergangsfristen greifen werden. Durch die weitgehende Vergemeinschaftung der dritten Säule des Maastrichter Vertrages und den Einbezug des Schengener Abkommens in den Vertragsrahmen kann die Union nun im Bereich der inneren Sicherheit – ein Politikfeld, das die Bürger Europas besonders bewegt – effektiver tätig werden. Die Verlagerung von Kompetenzen auf die europäische Ebene hätte aber ohne Übergangsfristen größere Wirksamkeit entfalten können. Darüber hinaus wäre es sinnvoll gewesen, die Kompetenzausübung durch entsprechende Kontrollrechte des Europäischen Parlamentes demokratisch abzufedern. Die Ausnahmeregelungen für Großbritannien, Irland und Dänemark werden zudem die Effektivität und Transparenz europäischer Zuständigkeiten im Bereich der Innen- und Justizpolitik beeinträchtigen.

Trotz zahlreicher Verbesserungen im Detail bleibt die institutionelle Reform der Union mit Blick auf die Erweiterung Stückwerk. Die Beschränkung auf 20 Kommissare tritt nur in Kraft, wenn vorher die Stimmgewichtung neu geregelt ist. Die Zahl der Sitze im Parlament wurde zwar begrenzt, die Überrepräsentation der kleinen Mitgliedstaaten läßt aber auch hier keine konfliktfreie Anpassung erwarten. Auch die personelle Besetzung der übrigen Gemeinschaftsorgane und -ausschüsse nach einer Erweiterung bleibt offen. Will die Union tatsächlich neue Mitgliedstaaten aufnehmen, dann ist eine weitere Reformrunde mit substantiellen Anpassungen unumgänglich. Diese wird aber erst unter dem direkten Druck der Osterweiterung gelingen können.[36]

Gemessen an den divergierenden Ausgangsvorstellungen der Mitgliedstaaten in nahezu allen konkreten Fragen, ist der in Amsterdam erzielte Kompromiß zumindest eine solide Basis, von der aus weitere Überlegungen für die Zukunft der EU angestellt werden können. Der Vertrag von Amsterdam stellt aber keinen Sprung hin zu einer europäischen Verfassung dar. Er bietet supranationale Vertiefung bei gleichzeitiger Verstärkung intergouvernementaler Mechanismen.[37] Die *Spill-over*-Logik im Sinne der funktionalistischen Integrationstheorie hat sich erneut in einer Reihe ergänzender Politikbereiche durchgesetzt. Das institutionelle Gefüge wurde einer weiteren Föderalisierung – Stärkung der EU-Organe einerseits, bei gleichzeitiger Betonung der nationalen Rolle und des *Subsidiaritätsprinzips* andererseits – unterzogen. Einmal mehr wird dabei das Wesen des Kompromisses deutlich, das bereits andere weitreichende europäische Entscheidungen in der Vergangenheit prägte.

4. Ausblick

Neben der weiterhin unbefriedigenden außenpolitischen Handlungsfähigkeit und der durch Amsterdam wohl kaum beendeten Vertrauenskrise der Europäischen Union bei ihren Bürgern – wie dies mit der niedrigen Beteiligung von 49 Prozent bei der Wahl zum EP am 10.–13. Juni 1999 eindrucksvoll verdeutlicht wurde – bestimmen zwei wichtige Ereignisse den weiteren Fahrplan der Union:
- Am 1. Januar 1999 wurde der Euro als Zahlungsmittel eingeführt, zunächst als eine Rechengröße, ab dem Jahre 2002 auch als Bargeld. An der dritten Stufe der WWU nehmen zunächst elf Mitgliedstaaten teil. Die anderen – zumindest Großbritannien und Griechenland (in ihrem Gefolge aber auch Schweden und Dänemark) – werden wohl bald nachziehen. Bereits heute sind daher mögliche Folgefragen zu diskutieren, da ein zusätzlicher gemeinsamer Handlungsbedarf in der Wirtschafts-, Steuer- oder Sozialpolitik und damit eine Vertiefung bzw. Reform der bestehenden Kompetenzen immer wahrscheinlicher wird.
- Seit März 1998 laufen zudem die Beitrittsverhandlungen mit zunächst sechs Staaten – Estland, Polen, Slowenien, Tschechien, Ungarn und Zypern. Mit den anderen fünf Beitrittskandidaten – Bulgarien, Lettland, Litauen, Rumänien und Slowakei – wurden Ende März 1998 bereits Beitrittspartnerschaften abgeschlossen, so daß sich diese in absehbarer Zeit dem offiziellen Beitrittsprozeß anschließen werden. Zudem hat Malta nach einem Regierungswechsel die Wiederaufnahme des – auf eigenen Wunsch – ruhenden Beitrittsgesuches erbeten. Mit dem auf dem Kölner Gipfel vom 3./4. Juni 1999 beschlossenen Stabilitätspakt wurde auch den vom Kosovo-Krieg betroffenen südosteuropäischen Staaten eine langfristige Beitrittsperspektive eröffnet.

Die Erweiterung darf aber nicht zum Sprengsatz für die europäische Integration werden. Dies kann nur vermieden werden, wenn es den bisherigen Mitgliedstaaten gelingt, die Strukturen der Europäischen Union auf eine Verdoppelung der Anzahl von Mitgliedstaaten vorzubereiten. Dazu wurde mit dem Abschluß der Verhandlungen über die *Agenda 2000* auf dem Berliner Gipfel am 24./25. März 1999 ein erster Schritt gemacht. Durch die im »Berliner Paket« beschlossene – zwar nicht sehr weitreichende, aber immerhin korrigierend eingreifende – Reform der Agrar- und Strukturpolitik, die Aufstellung eines Finanzrahmens für die Jahre 2000–2006 sowie die Bereitstellung von Finanzmitteln in Höhe von 22 Mrd. Euro für die Heranführung der Beitrittskandidaten und 58 Mrd. Euro für die zusätzlichen Aufwendungen nach ihrem Beitritt konnte die erste Hürde auf dem Weg zur Erweiterung genommen werden.

Auf dem Kölner Gipfel vom 3./4. Juni 1999 einigten sich die Staats- und Regierungschefs zudem auf die Einsetzung einer Regierungskonferenz Anfang 2000, die die sogenannten institutionellen *left-overs* von Amsterdam – Zusammensetzung der Kommission, neue Stimmwägung im Rat und Ausweitung der Mehrheitsentscheidung – bearbeiten und unter französischer Präsidentschaft Ende 2000 zum Abschluß bringen soll. Dies deutet darauf hin, daß eher mit einer Anpassung der bestehenden Strukturen zur Aufnahme der ersten Kandidaten und nicht mit einer grundsätzlichen Revision des politischen Systems der Europäischen Union zu rechnen ist. Eine substantielle Reform für eine »EU-20-plus-x« ist dann erst in einer weiteren Revisionsrunde zu erwarten. Schließlich hat die EU in ihrer Geschichte bislang immer erst dann wirklich reagiert, wenn der aufgestaute Reformbedarf den Mitgliedstaaten keine andere Wahl ließ.

Die Mitgliedstaaten der Europäischen Union haben sich mit dem Euro und der Erweiterung hohe Ziele gesetzt und damit bei den Bürgern wie den Beitrittskandidaten eine entsprechende Erwartungshaltung ausgelöst. Je höher jedoch die Meßlatte gelegt wird, desto größer ist auch die Gefahr, daß angesichts der begrenzten Reformfähigkeit in einem System, in dem trotz gegensätzlicher Interessen alle grundlegenden Entscheidungen einstimmig getroffen werden müssen, die einmal geweckten Erwartungen enttäuscht werden. Dies gleicht einem *circulus vitiosus*, aus dem nur schwer zu entrinnen ist: Die an Mitgliedern und Kompetenzen stetig wachsende Union lebt bereits seit Jahren in einem immer größer werdenden Spannungsverhältnis zwischen Anspruch und Realisierungsvermögen.

Weiterführende Literatur:

Gasteyger, Curt: Europa zwischen Spaltung und Einigung 1945 bis 1993. Darstellung und Dokumentation, Bonn 1994.

Giering, Claus: Zwischen Zweckverband und Superstaat. Die Entwicklung der politikwissenschaftlichen Integrationstheorie im Prozeß der europäischen Integration, Bonn 1997.

Jopp, Mathias, und Otto Schmuck (Hrsg.): Die Reform der Europäischen Union. Analysen – Positionen – Dokumente zur Regierungskonferenz 1996/97, Bonn 1996.

Lipgens, Walter: 45 Jahre Ringen um die Europäische Verfassung. Dokumente 1939-1984. Von den Schriften der Widerstandsbewegung bis zum Vertragsentwurf des Europäischen Parlaments, Bonn 1986.

Weidenfeld, Werner (Hrsg.): Amsterdam in der Analyse, Gütersloh 1998.

Weidenfeld, Werner (Hrsg.): Nur verpaßte Chancen? Die Reformberichte der EG. Mainzer Beiträge zur Europäischen Einigung Band 2, Bonn 1983.

Anmerkungen

1 Beschlossen wurde die EEA bereits am 2./3. Dezember 1985 in Luxemburg, unterzeichnet wurde sie am 17. und 28. Februar 1986, in Kraft getreten ist sie am 1. Juli 1987. Der Vertrag von Maastricht wurde am 9./10. Dezember 1991 in Maastricht beschlossen, am 7. Februar 1992 ebenfalls in Maastricht unterzeichnet und ist dann erst am 1. November 1993 nach dem zweiten Referendum in Dänemark und der positiven Entscheidung des deutschen Bundesverfassungsgerichtes in Kraft getreten. Aus diesem Grund finden sich oft unterschiedliche Daten für diese Verträge, abhängig davon, auf welches Ereignis sich die Autoren beziehen.

2 Vgl. hierzu die Dokumentensammlung auf CD-ROM bei Weidenfeld, Werner (Hrsg.): Amsterdam in der Analyse, Gütersloh 1998.

3 Vgl. Weidenfeld, Werner, und Christian Jung: Lehren aus Maastricht: Transparenz, Demokratie und Effizienz in der Europäischen Union, in: integration 3 (1993), S. 138–146.

4 Referenden fanden am 22. Mai 1998 in Irland und am 28. Mai 1998 in Dänemark statt.

5 Vgl. Giering, Claus: Zwischen Zweckverband und Superstaat. Die Entwicklung der politikwissenschaftlichen Integrationstheorie im Prozeß der europäischen Integration, Bonn 1997, hier vor allem S. 32 ff.

6 Nach der Generalermächtigung des Art. 235 EGV kann der Rat einstimmig nach Anhörung des Europäischen Parlamentes Vorschriften erlassen, wenn ein Tätigwerden der Gemeinschaft in einem Politikbereich erforderlich erscheint, um ein Ziel im Rahmen des Gemeinsamen Marktes zu verwirklichen, und die erforderlichen Befugnisse im Vertrag nicht vorgesehen sind.

7 Vgl. Neuss, Beate: Europa mit der linken Hand? Die deutschen Personalentscheidungen für die Kommission der Europäischen Gemeinschaften, München 1988, hier S. 110 f.; Weidenfeld, Werner: Europäische Einigung im historischen Überblick, in: Weidenfeld, Werner, und Wolfgang Wessels (Hrsg.): Europa von A–Z. Taschenbuch der europäischen Integration, Bonn 1995, S. 11–62, hier S. 32.

8 Vgl. Weidenfeld, Werner (Hrsg.): Nur verpaßte Chancen? Die Reformberichte der EG. Mainzer Beiträge zur Europäischen Einigung Band 2, Bonn 1983.

9 Europäisches Parlament: Entwurf eines Vertrages zur Gründung der Europäischen Union vom 14. Februar 1984; abgedruckt in: Lipgens, Walter: 45 Jahre Ringen um die Europäische Verfassung. Dokumente 1939–1984. Von den Schriften der Widerstandsbewegung bis zum Vertragsentwurf des Europäischen Parlaments, Bonn 1986, S. 712–736.

10 Vgl. Hrbek, Rudolf: Welches Europa? Zum Zwischenbericht des Ad-Hoc-Ausschusses für institutionelle Fragen (»Dooge-Committee«), in: integration 8 (1985), S. 3–10; Jannsen, Bernd: Das Europa der Bürger – Der ›kleine Bruder‹ im Abseits. Zur Arbeit des Adonnino-Ausschusses, in: integration 8 (1985), S. 165–173.

11 Hrbek, Rudolf, und Thomas Läufer: Die EEA. Das Luxemburger Reformpaket: eine neue Etappe im Integrationsprozeß, in: Europa-Archiv 41 (1986), S. 173–184.

12 So Neuss (Anm. 7), S. 115.
13 Vgl. auch Tranholm-Mikkelsen, Jeppe: Neo-functionalism: Obstinate or Obsolete? A Reappraisal in the Ligth of the New Dynamism of the EC, in: Millennium 1 (1991), S. 1–22.
14 Vgl. Biehl, Dieter: Ein substantielles, aber begrenztes Reformpaket – Zum Brüsseler Reformgipfel, in: integration 2 (1988).
15 Corbett, Richard: The Intergovernmental Conference on Political Union, in: Journal of Common Market Studies 30 (1992), S. 271–298, hier S. 271 f., gibt einen guten Überblick über die Entstehung, die Aufstellung der Agenda, die Prozeduren und die konkreten Verhandlungen einer intergouvernementalen Regierungskonferenz am Beispiel der Konferenz zur Politischen Union.
16 Zum Vertrag von Maastricht vgl. u. a. Schmuck, Otto: Der Maastrichter Vertrag zur Europäischen Union. Fortschritt und Ausdifferenzierung der Europäischen Einigung, in: Europa-Archiv 47 (1992), S. 97–106; Weidenfeld, Werner (Hrsg.): Maastricht in der Analyse, Gütersloh 1994; Wessels, Wolfgang: Maastricht: Ergebnisse, Bewertungen und Langzeittrends, in: integration 1 (1992), S. 2–16.
17 Urteil des Zweiten Senats des BVerfG zum Vertrag von Maastricht, vom 12. Oktober 1993, abgedruckt in Europäische Grundrechte-Zeitschrift (EuGRZ) 20, S. 429–446.
18 Vgl. ausführlich Hillenbrand, Olaf: Europa als Wirtschafts- und Währungsunion, in diesem Band; vgl. außerdem vertiefend u. a. Collignon, Stefan: Geldwertstabilität für Europa. Die Währungsunion auf dem Prüfstand, Gütersloh 1996; Schröder, Ulrich: Währungspolitik, in: Weidenfeld, Werner, und Wolfgang Wessels (Hrsg.): Jahrbuch der Europäischen Integration 1996/97, Bonn 1997, S. 111–118.
19 Hierbei handelte es sich wiederum teilweise um Bereiche, die durch Art. 235 EGV bereits durch die Gemeinschaft behandelt wurden, bzw. um Politiken, auf die die Gemeinschaft durch den mit der EEA eingeführten Art. 100a zugegriffen hat. Denn nach Art. 100a EGV (Art. 95 EGV-A) kann der Rat Maßnahmen zur Angleichung der Rechts- und Verwaltungsvorschriften der Mitgliedstaaten erlassen, welche die Errichtung und das Funktionieren des Binnenmarktes zum Gegenstand haben.
20 Vertiefend zum *Subsidiaritätsprinzip* siehe u. a. Bieber, Roland: Verbreiterung und Vertiefung. Das Subsidiaritätsprinzip im Europäischen Gemeinschaftsrecht, in: Evers, Tilmann (Hrsg.): Chancen des Föderalismus in Deutschland und Europa, Baden-Baden 1994, S. 161–171; Lecheler, Helmut: Das Subsidiaritätsprinzip: Strukturprinzip einer Europäischen Union, Berlin 1993; Laufer, Heinz, und Thomas Fischer: Föderalismus als Strukturprinzip für die Europäische Union, Gütersloh 1996.
21 Vgl. zur theoretischen Einordnung von Maastricht Giering (Anm. 5), S. 147 ff.
22 Vgl. u. a. Hrbek, Rudolf (Hrsg.): Der Vertrag von Maastricht in der wissenschaftlichen Kontroverse, Baden-Baden 1993, S. 65–75; Weidenfeld, Werner, und Christian Jung: Lehren aus Maastricht: Transparenz, Demokratie und Effizienz in der Europäischen Union, in: integration 3 (1993), S. 138–146.
23 Vgl. zu den Anforderungen an die Revision u. a. Jopp, Mathias und Otto Schmuck (Hrsg.): Die Reform der Europäischen Union. Analysen – Positionen – Dokumente zur Regierungskonferenz 1996/97, Bonn 1996; Weidenfeld, Werner (Hrsg.): Reform der Europäischen Union: Materialien zur Revision des Maastrichter Vertrags 1996, Gütersloh 1995.
24 Bericht des Rats über das Funktionieren des Vertrags über die Europäische Union vom 10. April 1995; Regierungskonferenz 1996. Bericht der Kommission an die Reflexionsgruppe, Luxemburg 1995; Entschließung des Europäischen Parlaments zur Funktionsweise des Vertrags über die Europäische Union im Hinblick auf die Regierungskonfe-

renz 1996, verabschiedet am 17. Mai 1995, als gekürzte Version abgedruckt in: Internationale Politik 9 (1995), S. 93–100.

25 Die wichtigsten Dokumente zur Vorbereitung und zum Beginn der Regierungskonferenz finden sich in Internationale Politik 8 (1996), S. 77 ff.; Jopp/Schmuck (Anm. 24); sowie auf der CD-ROM zu Weidenfeld (Anm. 2).

26 Vgl. vertiefend zur Sozial- und Beschäftigungspolitik Meinert, Sascha: Die Europäische Union als Werte- und Sozialgemeinschaft, in: Weidenfeld (Anm. 2).

27 Vgl. zu den Reformen der GASP: Algieri, Franco: Die Reform der GASP – Anleitung zum begrenzten gemeinsamen Handeln, in: Weidenfeld (Anm. 2); Regelsberger, Elfriede, und Mathias Jopp: Und sie bewegt sich doch! Die Gemeinsame Außen- und Sicherheitspolitik nach den Bestimmungen des Amsterdamer Vertrages, in: integration 4 (1997), S. 255–263.

28 Der *Schengen-Besitzstand* setzt sich aus den Regeln der beiden Schengener Abkommen von 1985 und 1990, den Beitrittsprotokollen und -übereinkommen sowie den Beschlüssen und Erklärungen des Exekutivauschusses zusammen.

29 So beteiligen sich Großbritannien und Irland nicht sofort an diesen Politiken. Sie können aber innerhalb von drei Monaten nach der Vorlage eines Vorschlages schriftlich mitteilen, ob sie sich an diesem Vorhaben beteiligen wollen. Für Dänemark gilt, daß alle Regelungen des jetzigen Schengen-Besitzstandes sowie die bereits getroffenen Maßnahmen der Bereiche, die aus der dritten Säule in Titel VI EUV-A überführt werden, wie bisher angewandt werden, daß es sich aber an allen Regelungen, die unter dem neuen Titel beschlossen werden, nicht beteiligen muß. Dänemark kann dann innerhalb von sechs Monaten, nachdem der Rat eine Ergänzung des Schengen-Besitzstandes beschlossen hat, entscheiden, ob es die entsprechenden Maßnahmen in einzelstaatliches Recht umsetzt.

30 Vgl. zur Reform der Innen- und Justizpolitik: Gimbal, Anke: Die Innen- und Justizpolitik der EU nach Amsterdam, in: Weidenfeld (Anm. 2); Müller-Graff, Peter-Christian: Justiz und Inneres nach Amsterdam – Die Neuerungen in erster und dritter Säule, in: integration 4 (1997), S. 271–284, hier S. 276.

31 Zu Ziel und Konzeption unterschiedlicher Flexibilisierungskonzepte siehe Giering, Claus: Vertiefung durch Differenzierung – Flexibilisierungskonzepte in der aktuellen Reformdebatte, in: integration 2 (1997), S. 72–83; zu den Ergebnissen vgl. vertiefend Janning, Josef: Dynamik in der Zwangsjacke – Flexibilität in der Europäischen Union nach Amsterdam, in: integration 4 (1997), S. 285–291.

32 Die generellen Regelungen finden sich in einem eigenem Titel VII des EUV–A (Art. 43–45). Für die dritte Säule wurden die speziellen Regelungen in Art. 40 EUV-A und für die erste Säule in Art. 11 EGV-A festgeschrieben.

33 Einen ausführlichen Überblick über die Ergebnisse und deren Reichweite bieten Weidenfeld, Werner und Claus Giering: Die Europäische Union nach Amsterdam – Bilanz und Perspektive, in: Weidenfeld (Anm. 2), S. 19–87.

34 Vgl. Wessels, Wolfgang: Der Amsterdamer Vertrag – Durch Stückwerksreform zu einer effizienteren, erweiterten und föderalen Union?, in: integration 3 (1997), S. 117–135.

35 Und selbst hier verbleiben Teile der Rechtsgrundlagen zur Wirtschafts- und Währungsunion im Verfahren der Zusammenarbeit, damit diese Vertragspassagen keiner erneuten Ratifikation – vor allem in Dänemark – ausgesetzt sind.

36 Vgl. Giering, Claus: Institutionelle Reformchancen, in: Weidenfeld, Werner (Hrsg.): Kosten, Nutzen und Chancen der Osterweiterung für die Europäische Union, Gütersloh 1998, S. 55–68.

37 Vgl. Wessels (Anm. 34).

Agrarmarkt und Struktur des ländlichen Raumes in Europa

WINFRIED VON URFF

1. Grundlagen und Entwicklung der Gemeinsamen Agrarpolitik

Als 1957 der Vertrag zur Gründung der Europäischen Wirtschaftsgemeinschaft verhandelt wurde, erwies sich die Einbeziehung der Landwirtschaft einerseits als unabdingbar, andererseits als äußerst schwierig. In den Gründerstaaten hatten sich – nicht zuletzt unter dem Einfluß der Weltwirtschaftskrise – Systeme herausgebildet, durch die der Agrarsektor zum Teil sehr weitgehenden staatlichen Eingriffen zum Schutz der Inlandsproduktion unterworfen wurde. Bei der zunächst ungesicherten Ernährungslage nach dem Krieg erschien eine Liberalisierung zu risikoreich. So knüpfte man nach dem Ende der Zwangswirtschaft wieder an diese Systeme an und nutzte sie zunehmend zur Stützung der Erzeugereinkommen. Durch diese weitgehende Herausnahme der Landwirtschaft aus dem Steuerungssystem einer Marktwirtschaft war eine Situation entstanden, die es notwendig machte, neben den Regelungen für den freien Warenverkehr Sonderregelungen für die Landwirtschaft in den EWG-Vertrag aufzunehmen.

Der Art. 38 EGV-M stellt grundsätzlich fest, daß der Gemeinsame Markt auch die Landwirtschaft und den Handel mit landwirtschaftlichen Erzeugnissen umfaßt. Art. 39 EGV-M präzisiert die Ziele der Gemeinsamen Agrarpolitik, wobei insbesondere genannt werden: (a) Steigerung der Produktivität durch technischen Fortschritt sowie den bestmöglichen Einsatz der Produktionsfaktoren und dadurch (b) Erhöhung des Pro-Kopf-Einkommens für die in der Landwirtschaft tätigen Personen und Gewährleistung einer angemessenen Lebenshaltung, (c) Stabilisierung der Märkte, (d) Sicherung der Versorgung, (e) Belieferung der Verbraucher zu angemessenen Preisen. Art. 40 EGV-M schreibt die schrittweise Entwicklung einer gemeinsamen Agrarpolitik vor und nennt für die Organisation der Agrarmärkte mehrere Optionen, von denen sich nur die Einführung gemeinsamer Marktordnungen als praktikabel erwies. Dadurch nahmen in der EG die Agrarpolitik und der Agrarmarkt eine Sonderstellung ein, die auch durch den Vertrag über die Europäische Union unverändert weiterbesteht. Infolge der hohen Regelungsdichte betrifft in der gemeinschaftlichen Rechtsetzung die Mehrzahl der Vorschriften den Agrarmarkt. Der Versuch, die Gewährleistung einer angemessenen Lebenshaltung der Landwirte primär durch Stützung der Preise zu erreichen, brachte der Gemeinschaft den Vorwurf des Protektionismus ein und führte zu zunehmenden Überschüssen. Trotz steigender öffentlicher Ausgaben wurde das Ziel der Einkommenssicherung für die Landwirte verfehlt. Hohe Kosten und unterschiedliche nationale Interessen haben die Gemeinsame Agrarpolitik immer wieder zu einem Krisenherd der Gemeinschaft werden lassen. Konzeption und Umsetzung des EWG-Vertrages waren maßgeblich durch einen Interessengegensatz zwischen Frankreich und Deutschland beeinflußt. Frankreich, in dessen Wirtschaft der Agrarsektor noch eine größere Rolle spielte, war vor allem an der Verwirklichung eines gemeinsamen Agrarmarktes interessiert, während die stärker industrialisierte Bundesrepublik dem Abbau von Handelsschranken im Industriesektor höchste Priorität beimaß.

Am 14. Januar 1962 einigte sich der Ministerrat auf erste gemeinsame Marktordnungen, weitere folgten bis 1969. Eine Einigung auf gemeinsame Preise erfolgte am 15. Dezember 1964. Sie wurden ab 1. Juli 1967 angewandt. Mit den ersten Marktordnungen war eine zunächst auf drei Jahre befristete Finanzierungsverordnung verabschiedet worden. Der Vorschlag der Kommission für eine Anschlußregelung, der die Gemeinschaft stärker mit Eigenmitteln ausgestattet hätte, scheiterte am Widerstand Frankreichs. In der anschließenden »Politik des leeren Stuhles« entzog sich Frankreich Grundsatzentscheidungen der Gemeinschaft und kehrte erst wieder zurück, nachdem durch den *Luxemburger Kompromiß* des Europäischen Rates vom Januar 1966 die Formel gefunden worden war, daß kein Mitgliedstaat in einer wichtigen Angelegenheit überstimmt werden dürfe.[1]

2. Die Funktionsweise der Markt- und Preispolitik

Die im Mittelpunkt der Markt- und Preispolitik stehenden Agrarmarktordnungen bewirken eine Abgrenzung des innergemeinschaftlichen Marktes gegenüber dem Weltmarkt und eine Stabilisierung der Preise. Erstere erfolgte bis zum Wirksamwerden der Beschlüsse der Uruguay-Runde des GATT (1995) vor allem durch Abschöpfungen, d. h. bei der Einfuhr zu entrichtende Abgaben, die der Differenz zwischen dem in der Regel niedrigeren Weltmarktpreis und dem höheren innergemeinschaftlichen Preis für ein Agrarprodukt entsprachen. Exporterstattungen, die europäische Exporteure bei der Ausfuhr erhielten, errechneten sich in analoger Weise. Der Ministerrat legt alle in der Gemeinsamen Agrarpolitik anzuwendenden Preise jährlich neu fest.

Grundsätzlich unterschieden sich bis zu einer umfassenden Reform von 1992 die insgesamt 21 Marktordnungen nach drei Organisationsprinzipien:

1. Marktordnungen mit Preisstützung: Für etwa 70 Prozent der landwirtschaftlichen Produkte wird in den Marktordnungen neben dem Außenschutz eine Absatz- und Preisgarantie gewährt. Darunter fallen die wichtigsten Getreidearten, Zucker, Milcherzeugnisse, Fleisch, bestimmte Obst- und Gemüsearten sowie Tafelwein. Waren, die zu einem bestimmten Preis, dem *Interventionspreis*, nicht abgesetzt werden können, werden durch staatliche Interventionsstellen aufgekauft. Der Interventionsmechanismus ist inzwischen in vielen Marktordnungen dadurch gelockert worden, daß die Interventionsstellen nur dann aufkaufen, wenn der Marktpreis bestimmte Auslöseschwellen unterschreitet, und dabei auch nicht mehr der volle Interventionspreis gezahlt wird. Die Marktordnungen für Milch und Zucker enthalten außerdem noch Quotenregelungen, d. h. die Preisstützung wird nur für eine auf betrieblicher Ebene festgelegte Produktionsmenge gewährt.
2. Marktordnungen mit gemeinsamem Außenschutz: Etwa ein Viertel der Agrarprodukte werden nur vor der Konkurrenz aus Drittländern geschützt, ohne daß für den Binnenmarkt eine Preisgarantie besteht. Darunter fallen Eier, Geflügel, einige Obst- und Gemüsearten (soweit sie nicht zur Gruppe 1 gehören), Zierpflanzen und andere Weinarten als Tafelwein. In der Regel erfolgt der Außenschutz durch Zölle. Unterschreiten die Angebotspreise bestimmte Schwellen, wird zusätzlich eine Abschöpfung erhoben.
3. Marktordnungen mit direkten Beihilfen: Bis zur Reform der Gemeinsamen Agrarpolitik wurde zwischen Ergänzungs- und Pauschalbeihilfen unterschieden. Erstere sollten ohne Erhöhung der Verbraucherpreise den Erzeugern ausreichende Erlöse sichern. Ölsaaten und Hülsenfrüchte werden zollfrei eingeführt; die Erzeuger erhalten Beihilfen. Bei Oliven, Tabak und Hartweizen werden Beihilfen zusätzlich zu den durch den Außenschutz und Interventionsmaßnahmen gestützten Marktpreisen gezahlt. Pauschalbeihilfen erhalten Hersteller für Erzeugnisse, die in der Gemeinschaft nur in geringen Mengen hergestellt werden, wie Flachs, Hanf, Baumwolle, Seidenraupen, Hopfen, Saatgut und Trockenfutter.

Ein Grundproblem ergab sich aus unterschiedlichen Entwicklungen der Währungen. Da die Marktordnungspreise in Europäischen Währungseinheiten (ECU) festgelegt werden, müßten sie in der Inlandswährung bei einer Aufwertung gesenkt und bei einer Abwertung erhöht werden. Um die Nachteile solcher sprunghaften Änderungen zu vermeiden, wurden im Rahmen des sogenannten *agrimonetären Systems* innerhalb der Agrarmarktordnungen von den Leitkursen des Europäischen Währungssystems oder den Kassakursen abweichende Umrechnungskurse (sogenannte *Grüne Paritäten*) verwendet. In Aufwertungsländern lagen diese Paritäten über, in den Abwertungsländern unter den regulären Kursen. Dies hatte zur Folge, daß in Aufwertungsländern bei der Einfuhr Abgaben erhoben und bei der Ausfuhr Erstattungen gewährt wurden. In Abwertungsländern war das Verfahren umgekehrt. 1984 wurde das System so geändert, daß die Aufwertung einer Währung zu negativen Währungsausgleichsbeträgen in den übrigen Ländern führte (*switch over*).

Mit dem Eintritt in den Binnenmarkt 1993 wurden Abgaben und Erstattungen an der Grenze unmöglich. Nach der am 2. August 1993 beschlossenen Erweiterung der Bandbreiten im Europäischen Währungssystem auf 15 Prozent wurde die Regelung eingeführt, daß sich die Währungsabstände zwischen zwei Ländern auf nicht mehr als fünf Prozentpunkte addieren durften. Beim Erreichen dieser Grenze mußten sie abgebaut werden, zunächst in dem Land, in dem der Abstand negativ war. Wenn dort ein vollständiger Abbau erreicht war, mußte der Abbau in dem Land mit positivem Abstand erfolgen. Die daraus entstehenden Einkommensverluste konnten – unter fünfzigprozentiger Beteiligung der EU – im ersten Jahr voll, im zweiten Jahr zu zwei Dritteln und im dritten Jahr zu einem Drittel ausgeglichen werden.[2]

Die neue Regelung wurde im Frühjahr 1995 einer harten Bewährungsprobe unterworfen, als mehrere Währungen die Grenze eines positiven Währungsabstandes von 5 Prozent erreichten und Anpassungen mit Preissenkungen in diesen Ländern notwendig wurden. Der Agrarumrechnungskurs der D-Mark wurde am 1. Juli 1995 um 2,23 Prozent aufgewertet, woraus sich für die deutsche Landwirtschaft im ersten Jahr ein Einkommensausgleich von 212 Mio. ECU (415 Mio. DM) ergab.[3] Der *switch over* wurde zum 31. Januar 1996 außer Kraft gesetzt. Mit der Einführung des Euro zum 1. Januar 1999 kann es für die an der Währungsunion teilnehmenden Länder keine währungsbedingten Änderungen der Agrarpreise mehr geben. Für sie verliert das *agrimonetäre System* seine Funktion.

3. Die Finanzierung der Gemeinsamen Agrarpolitik

Zur Finanzierung der mit der Gemeinsamen Agrarpolitik verbundenen Kosten wurde bereits 1962 der Europäische Ausrichtungs- und Garantiefonds für die Landwirtschaft (EAGFL) geschaffen. Aus der Abteilung Garantie werden die Kosten der Markt- und Preispolitik getragen, aus der Abteilung Ausrichtung die Kosten der Agrarstrukturpolitik; 1993 kam das Finanzierungsinstrument für die Ausrichtung der Fischerei hinzu. Auf die Abteilung Garantie entfielen 1997 41,8 Mrd. ECU, auf die Abteilung Ausrichtung 3,7 Mrd. ECU. Insgesamt flossen in die Agrarpolitik 55,1 Prozent der Haushaltsausgaben der EU.[4]

Um ein Ausufern der Agrarausgaben zu verhindern, war im Zuge der Ratsbeschlüsse von 1988 mit der sogenannten *Agrarleitlinie* eine Obergrenze für die Entwicklung der Ausgaben der Abteilung Garantie eingeführt worden. Sie wird mit 74 Prozent der Steigerungsrate des Bruttosozialproduktes der Gemeinschaft fortgeschrieben. Damit wird erreicht, daß die Ausgaben für die Agrarmarktordnungen unterproportional wachsen und somit mehr Mittel für die Strukturpolitik zur Verfügung stehen.

Über die Finanzierung der Gemeinsamen Agrarpolitik vollziehen sich erhebliche Finanztransfers. Aus den Einnahmen, die der EU aufgrund der Finanzierungsregelungen aus Deutschland zufließen, und dem Anteil der Abteilung Garantie des EAGFL ergaben sich 1996 »Einzahlungen« in Höhe von 11,38 Mrd. ECU, denen Rückflüsse von 6,05 Mrd. ECU gegenüberstanden. Damit ergab sich für Deutschland die Position eines »Nettozahlers« im Umfang von 5,53 Mrd. ECU. Weitere »Nettozahler« waren das Vereinigte Königreich mit 1,03 Mrd. ECU, Italien mit 0,75 Mrd. ECU, Belgien mit 0,38 Mrd. ECU und Schweden mit 0,47 Mrd. ECU. Bedeutende »Nettoempfänger« waren Spanien mit 1,54 Mrd. ECU, Frankreich mit 2,20 Mrd. ECU, Griechenland mit 2,19 Mrd. ECU und Irland mit 1,31 Mrd. ECU.[5] Die Position eines »Nettoempfängers« ist um so ausgeprägter, je geringer die Einnahmen der Gemeinschaft in einem Land sind und je stärker das Land an der Produktion von landwirtschaftlichen Erzeugnissen beteiligt ist, deren Marktordnungen hohe Kosten verursachen. Für »Nettozahler« gilt das Gegenteil.[6] Diese Transfers werden zunehmend kritisiert, da sie willkürlich sind und dem Grundsatz eines Finanzausgleiches widersprechen, nach dem wohlhabende Länder ärmere unterstützen.

4. Impulse für die Umgestaltung der Gemeinsamen Agrarpolitik

4.1 Die Reform der Gemeinsamen Agrarpolitik von 1992

Die Preisfestsetzung im Rahmen der gemeinsamen Agrarmarktordnungen erfolgte lange Zeit weitgehend im Interesse der Erzeuger. Als die mit den Produktionsüberschüssen verbundenen Marktordnungskosten an finanzielle Grenzen stießen, wurden Kursänderungen unvermeidlich. Als erster Schritt erfolgte 1984 die Einführung der Milchgarantiemengenregelung. Für die übrigen Erzeugnisse erhöhte die Gemeinschaft die Marktordnungspreise entweder nicht mehr oder nur noch geringfügig und lockerte das Interventionssystem.

Beschlüssen des Europäischen Rates auf dem Brüsseler Sondergipfel vom Februar 1988 folgend, wurden für Getreide und Ölsaaten Garantiemengen festgesetzt, deren Überschreiten eine automatische Senkung der Interventionspreise auslöste. Ein freiwilliges Flächenstillegungsprogramm, das alle Mitgliedstaaten anbieten mußten, war nur begrenzt erfolgreich, ein freiwilliges Extensivierungsprogramm noch weniger. Ein Vorruhestandsprogramm, nach dem Landwirte ab 55 Jahren bei Betriebsaufgabe eine vorgezogene Altersrente erhalten konnten, nahmen die Betroffenen nur zögerlich an.

Aufgrund der geringen Wirkung dieser Maßnahmen sah sich der Ministerrat 1992 zu einer grundlegenden Reform veranlaßt. Die Kommission leitete sie durch ein im Februar 1991 vorgelegtes Grundsatzpapier mit einer kritischen Beurteilung der bisherigen Agrarpolitik ein: Deren entscheidender Fehler liege darin, daß sie für die Situation eines Nettoimporteurs konzipiert worden war und damit für diejenige eines Nettoexporteurs ungeeignet sei. Sie habe Anreize zur Intensivierung der

Produktion geboten, die zu einer zunehmenden Belastung der Umwelt führten. Da die Einkommensstützung über subventionierte Preise den Betrieben in Abhängigkeit von ihrer Produktionsmenge zugute kam, seien 80 Prozent der Mittel für die Marktordnungen an nur 20 Prozent der Betriebe geflossen. Trotz massiven Anstieges der Marktordnungskosten und Abnahme der Zahl der in der Landwirtschaft Beschäftigten sei es zu keiner Einkommenssteigerung gekommen.

Im Mittelpunkt der im Mai 1992 beschlossenen Reform[7] stand eine Rücknahme der Preisstützung, deren Wirkung auf die Einkommen durch direkte Zahlungen ausgeglichen wird. Bei Getreide wurde der Interventionspreis zwischen 1992/93 und 1995/96 in drei Schritten um 33 Prozent gesenkt. Dafür erhalten die Erzeuger eine Beihilfe, die entsprechend der Preissenkung auf durchschnittlich 256 ECU/ha anstieg, mit Ausnahme von Kleinerzeugern aber nur, wenn sie einen Teil ihrer bisher mit Getreide- und Ölsaaten bestellten Flächen stillegen. Das Ausmaß dieser »konjunkturellen Stillegung« variierte bisher zwischen 5 und 15 Prozent in Abhängigkeit von der Lage auf dem Weltmarkt. Die dafür gewährte Prämie wurde inzwischen auf 324 ECU/ha erhöht. Für Ölsaaten erhalten die Erzeuger nur noch den Weltmarktpreis zuzüglich einer Flächenbeihilfe von durchschnittlich 474 ECU/ha. Für Rindfleisch wurde der Interventionspreis in drei Jahresraten um insgesamt 15 Prozent gesenkt. Für die ersten 90 Mastrinder pro Betrieb wird eine Prämie von je 135 ECU gewährt. (Diese Grenze gilt nicht für die neuen Bundesländer.)

Ergänzend zur Reform der Markt- und Preispolitik traten »flankierende Maßnahmen« in Kraft. Dazu zählt eine Verordnung über umweltverträgliche und den natürlichen Lebensraum schützende landwirtschaftliche Produktionsverfahren, die die Einführung oder Beibehaltung solcher Verfahren sowie die Umwidmung von landwirtschaftlichen Flächen für Zwecke des Umweltschutzes für einen Zeitraum von 20 Jahren fördert. Für eine Vorruhestandsregelung für Landwirte ab 55 Jahren, die ihre landwirtschaftliche Tätigkeit aufgeben und ihre Flächen anderen Betrieben übertragen, erhöhte die Gemeinschaft ihre Beteiligung. Die Förderung der Aufforstung gewann durch Erhöhung der von der Gemeinschaft mitfinanzierten Förderungsbeträge an Attraktivität. Die EU-Kommission betrachtet die 1992 eingeleitete Reform als Erfolg, weil es damit gelungen sei, die Exportüberschüsse bei Getreide von über 40 Mio. Tonnen auf etwa 15 Mio. Tonnen zurückzuführen.

4.2 Der Abschluß der Uruguay-Runde des GATT

Nach siebenjährigen Verhandlungen kam 1993 die Uruguay-Runde des Allgemeinen Zoll- und Handelsabkommens (GATT) zum Abschluß. Die Ergebnisse traten am 1. Juli 1995 in Kraft. In den Verhandlungen hatte sich der Agrarbereich vor allem wegen Interessengegensätzen zwischen der EU und den USA als besonders schwierig erwiesen. Erst im November 1992 gelang im sogenannten *Blair-House-*

Abkommen eine Einigung, die mit geringfügigen Änderungen in die Schlußakte übernommen wurde. Diese enthält folgende Bestandteile:
- Die interne Marktstützung soll um 20 Prozent gegenüber der Basis 1986–1988 gekürzt werden, wobei seit 1986 erfolgte Kürzungen anzurechnen sind. Die von der EU im Rahmen der Reform der Gemeinsamen Agrarpolitik gewährten Ausgleichszahlungen fallen nicht unter diesen Abbau.
- Alle Maßnahmen des Außenschutzes sind in Zölle umzuwandeln und diese bis zum Jahre 2000 im Durchschnitt um 36 Prozent, mindestens aber um 15 Prozent je Produkt zu kürzen.
- Die Ausgaben für Exporterstattungen müssen bis zum Jahre 2000 gegenüber der Basis 1986–1990 um 36 Prozent gekürzt werden, die mit Erstattungen exportierten Mengen um 21 Prozent.
- Ab 1995 ist ein Mindestmarktzugang in Höhe von drei Prozent des Inlandsverbrauches auf der Basis 1986–1988 zu gewähren, der bis 2000 auf 5 Prozent des Inlandsverbrauches zu erhöhen ist. In Höhe des Mindestmarktzugangs sind ausreichende Zollermäßigungen zu gewähren.
- Die EU verpflichtet sich, für Ölsaaten eine Basisfläche von 5,128 Mio. Hektar einzuführen (Anbaufläche 1989–1991), von der derselbe Prozentsatz wie bei Getreide, mindestens jedoch 10 Prozent stillzulegen sind.
- Erhöhen sich die Einfuhren der EU an Getreidesubstituten auf mehr als 19,2 Mio. t und an Futtermitteln auf mehr als 40,5 Mio. t (Einfuhren der Jahre 1990-92), so sind zwischen der EU und den USA Verhandlungen aufzunehmen, um einen weiteren Anstieg zu begrenzen.

Die Ergebnisse der Uruguay-Runde werden auf einigen Märkten (Zucker, Rindfleisch, Käse) über die Reform der Gemeinsamen Agrarpolitik hinausgehende Restriktionen zur Folge haben.[8]

5. Agrarstrukturpolitik und die Politik für den ländlichen Raum

Ein Konzept für eine gemeinsame Agrarstrukturpolitik lag erstmals im Dezember 1968 unter dem Titel »Memorandum zur Reform der Landwirtschaft in der Europäischen Gemeinschaft« vor und wurde unter dem Namen *Mansholt-Plan* bekannt. Es lief darauf hinaus, die investive Förderung auf »entwicklungsfähige« Betriebe zu beschränken und die Zahl der in der Landwirtschaft Beschäftigten in einem Zehnjahreszeitraum um etwa die Hälfte zu vermindern. Mit den *Strukturrichtlinien* von 1972, insbesondere mit der Richtlinie über die Modernisierung landwirtschaftlicher Betriebe, setzte die Gemeinschaft die vorgeschlagene Beschränkung der investiven Förderung um. Einer Beschleunigung des Strukturwandels dienten außerdem eine Richtlinie über die Förderung der Einstellung der landwirtschaftlichen Erwerbstätigkeit und die Verwendung landwirtschaftlich genutzter Flächen für Zwecke der Strukturverbesserung sowie eine Richtlinie über die sozioökonomische

Information und berufliche Qualifikation der in der Landwirtschaft tätigen Personen. Die im April 1975 verabschiedete Richtlinie über die Landwirtschaft in Berggebieten und bestimmten benachteiligten Gebieten verfolgt das Ziel, die Landbewirtschaftung auch unter ungünstigen Standortbedingungen im Interesse der Wirtschaftskraft ländlicher Regionen und einer Verhinderung der Abwanderung aufrechtzuerhalten. Wichtigstes Instrument ist eine Ausgleichszulage, die je Hektar bzw. je Großvieheinheit gewährt wird.

In den achtziger Jahren verstärkte die EG ihren Einsatz zur Förderung der Strukturverbesserung. Mit der Verordnung zur Verbesserung der Effizienz der Agrarstruktur (Effizienzverordnung) von 1985 lockerte sie die Beschränkung der Investitionsförderung auf entwicklungsfähige Betriebe und führte eine spezielle Förderung für Junglandwirte ein. Die Mitgliedstaaten erhielten die Ermächtigung, Beihilfen an Landwirte zu zahlen, die sich zu einer die Umwelt erhaltenden oder verbessernden Wirtschaftsweise verpflichteten. Im Rahmen einer 1988 beschlossenen Reform der Strukturfonds erfolgte eine Koordination des Mitteleinsatzes der Abteilung Ausrichtung des EAGFL mit dem Europäischen Fonds für Regionale Entwicklung und dem Europäischen Sozialfonds für Ziel 1 (»Förderung der Entwicklung und der strukturellen Anpassung der Regionen mit Entwicklungsrückstand«) und Ziel 5b (»Förderung der Entwicklung des ländlichen Raumes«). Ziel 5a (»Anpassung der Erzeugungs- und Verarbeitungsstrukturen in Land- und Forstwirtschaft«) ist eine Querschnittsaufgabe, durch die Maßnahmen der Effizienzverordnung aus der Abteilung Ausrichtung des EAGFL finanziert werden. Für Ziel 5b erfolgte eine eigene Gebietsabgrenzung, die weite Gebiete in Frankreich, Großbritannien und in der Bundesrepublik umfaßt. Von den für die Strukturförderung bereitgestellten Mitteln, die zwischen 1989 und 1993 verdoppelt wurden und insgesamt 60 Mrd. ECU umfaßten, entfielen 63,5 Prozent auf Ziel 1, 5,7 Prozent auf Ziel 5a und 4,7 Prozent auf Ziel 5b.[9]

Noch vor Auslaufen des Förderungszeitraumes beschloß der Ministerrat eine Anschlußregelung für die Jahre 1994 bis 1999, die wieder eine Verdoppelung der Mittel für strukturpolitische Maßnahmen vorsah. Insgesamt stehen für diesen Zeitraum 153 Mrd. ECU (in Preisen von 1994) zur Verfügung. Davon entfallen 94 Mrd. ECU auf Ziel 1, je 15 Mrd. ECU auf Ziel 2 sowie die Ziele 3 und 4 zusammen, je 7 Mrd. ECU auf die Ziele 5a und 5b sowie 14 Mrd. ECU auf die Gemeinschaftsinitiativen. Die für Ziel 5b bereitgestellten Mittel wurden um 40 Prozent aufgestockt und die Fördergebiete um 75 Prozent erweitert. Sie müssen ein niedriges Pro-Kopf-Bruttoinlandsprodukt aufweisen und mindestens zwei der folgenden Kriterien erfüllen: hoher landwirtschaftlicher Erwerbsanteil, niedriges Agrareinkommen, geringere Bevölkerungsdichte und/oder starke Tendenz zur Abwanderung.

Mit der zunehmenden Verlagerung der Mittel der Gemeinschaft auf die Strukturfonds wird auch die Agrarpolitik stärker als Politik für den ländlichen Raum gesehen.[10] Dies zeigte sich deutlich auf der Europäischen Konferenz über ländliche Entwicklung »Ländliches Europa – Perspektiven für die Zukunft«, die vom 7. bis

9. November 1996 auf Einladung der Kommission in Cork/Irland stattfand. Dort betonte Kommissar Franz Fischler die vielfältigen ökonomischen, sozialen, kulturellen und ökologischen Funktionen ländlicher Räume, denen die bisherige Förderung nicht voll gerecht geworden sei. Die verschiedenen Politikbereiche, die sich auf ländliche Räume beziehen, hätten sich, geleitet von jeweils eigenen Mechanismen, relativ unabhängig voneinander entwickelt, wobei es zu Ungereimtheiten und Konflikten gekommen sei. Für die nächste Programmgeneration forderte er größere Integration, mehr Kohärenz und bessere Effizienz. Da alle ländlichen Gebiete Bedrohungen ausgesetzt seien und die Gesellschaft Leistungen von ihnen erwarte, solle die Förderung alle Gebiete einschließen, wobei die Programme den jeweiligen Bedingungen (ein Programm pro Region) anzupassen seien. Durch regionale Schwerpunkte in Verbindung mit differenzierten Kofinanzierungssätzen müsse eine Konzentration der Gemeinschaftsmittel erreicht werden.[11] Die Konferenz verabschiedete eine Erklärung (*The Cork-Declaration: A Living Countryside*), welche die Bedeutung der ländlichen Räume und der Landwirtschaft herausstellte, gleichzeitig aber auch auf die abnehmende wirtschaftliche Bedeutung der Landwirtschaft hinwies. Ihre zukünftige Bedeutung wird im Kontext einer nachhaltigen Entwicklung ländlicher Räume und ihrer vielfältigen Funktionen gesehen. Daraus abgeleitete Forderungen konzentrieren sich auf eine höhere Priorität für die Entwicklung ländlicher Räume in den Gemeinschaftspolitiken, auf einen integrierten und multisektoralen Ansatz, auf die Forderung nach Diversifikation und Nachhaltigkeit der Entwicklung, auf die Einhaltung des *Subsidiaritätsprinzips*, auf radikale Vereinfachungen bei Förderprogrammen sowie Transparenz und Partnerschaft bei deren Konzeption und Umsetzung.[12] Eine etwas andere Konzeption verfolgte das »Europäische Kohäsionsforum«, das vom 28. bis 30. April 1997 auf Einladung der Kommission in Brüssel stattfand.[13] Auf dieser Veranstaltung zeichneten sich für die Zukunft der Strukturpolitik bereits die Grundlinien ab, die später in die *Agenda 2000* eingingen.

6. Die Erweiterungen der EU als Herausforderungen für die Agrarpolitik

6.1 Die Erweiterung um Österreich, Schweden und Finnland

Für den Beitritt Österreichs, Schwedens und Finnlands erwies sich der Agrarbereich als besonders schwierig, weil die Beitrittsländer ihre Landwirtschaft nicht zuletzt aus regionalpolitischen Gründen relativ stark gestützt hatten. Grundsätzlich verpflichteten sie sich zur Übernahme der Marktordnungen einschließlich des Systems der gemeinsamen Finanzierung und zur Aufgabe nationaler Marktregelungen. Damit waren erhebliche Schwierigkeiten verbunden, weil die Preise in den Beitrittsländern teilweise doppelt so hoch waren wie in der Gemeinschaft. Ein Hauptproblem war die Aufrechterhaltung der Landwirtschaft in den arktischen und subarktischen Regionen Skandinaviens und in den Berggebieten Österreichs.

Dem Wunsch der Beitrittsländer nach Übergangsregelungen wurde nicht entsprochen, da sie an Grenzkontrollen gebunden und diese mit den Prinzipien des Binnenmarktes unvereinbar gewesen wären. Die statt dessen beschlossene sofortige Anpassung der Agrarpreise milderte eine Schutzklausel ab. Den regionalpolitischen Anliegen kam die Gemeinschaft durch die Zusage umfangreicher Ausgleichszahlungen entgegen. In Österreich konnten Einkommenseinbußen durch degressiv ausgestaltete Kompensationszahlungen ausgeglichen werden. In Berggebieten kann kleinen Betrieben, wenn die Ausgleichszahlung nach der Gemeinschaftsregelung geringer ist als die bisherige, die Differenz bis 2004 aus nationalen Mitteln gezahlt werden. In den skandinavischen Ländern wurden als neue Förderkategorie der Strukturfonds Ziel-6-Gebiete allein nach der Bevölkerungsdichte (weniger als acht Einwohner je km^2) ausgewiesen. Schweden erhielt die Zusage, daß große Waldregionen in Süd- und Zentralschweden als benachteiligte Gebiete anerkannt würden. Finnland darf außerdem allen Landwirten nördlich des 62. Breitengrades unbefristete Ausgleichszahlungen und in den südlichen Landesteilen befristete Übergangshilfen aus nationalen Mitteln gewähren. Als Unterstützung für die Anpassung der Landwirtschaft an die Bedingungen der gemeinsamen Agrarpolitik gewährt die Gemeinschaft den neuen Mitgliedern für den Zeitraum 1995–1998 Ausgleichszahlungen in Höhe von 2,97 Mrd. ECU. Für Strukturausgaben wurde bis 1999 ein Haushaltsrahmen von insgesamt 8,89 Mrd. ECU festgelegt.[14]

6.2 Die Vorbereitung der Osterweiterung

Bereits 1993 beschloß der Europäische Rat von Kopenhagen die Heranführung Mittel- und Osteuropas an die Gemeinschaft mit dem Ziel einer späteren Mitgliedschaft. Mit Polen, Tschechien, der Slowakischen Republik, Ungarn, Slowenien, Bulgarien und Rumänien wurden 1991 und 1992, mit den baltischen Staaten 1995 Assoziierungsverträge abgeschlossen, die ihnen für landwirtschaftliche Produkte begrenzte Zugangsmöglichkeiten zum Markt der Gemeinschaft eröffnen. Aus ihrer späteren Mitgliedschaft ergeben sich für die Agrarpolitik erhebliche Probleme, da sie über ein hohes Produktionspotential verfügen, das sie aufgrund gravierender Struktur-, Finanz- und Managementdefizite nur unzureichend nutzen. Durch eine Erweiterung um die genannten Länder würde sich die Bevölkerung der EU-15 um 29 Prozent erhöhen, die landwirtschaftliche Fläche um 44 Prozent und die Ackerfläche um 55 Prozent. Mit 9,5 Millionen übertrifft die Zahl ihrer landwirtschaftlichen Arbeitskräfte sogar die der EU-15 von 8,2 Millionen. Das Bruttoinlandsprodukt der mittel- und osteuropäischen Länder liegt – wenn man Wechselkurse für die Umrechnung verwendet – nur bei 3 Prozent desjenigen der EU-15. Zwischen 28 und 60 Prozent der Haushaltseinkommen entfallen auf Nahrungsmittelausgaben.[15]

Im Dezember 1995 legte die EU-Kommission ihre Vorstellungen zur Weiterentwicklung der Gemeinsamen Agrarpolitik im Hinblick auf die Osterweiterung dar.[16] In diesem Strategiepapier lehnte sie eine Beibehaltung des Status quo ab, da unter anderem die Einbeziehung der Länder Mittel- und Osteuropas in die bestehenden Marktordnungen bei unveränderten Preisen zu einer unvertretbar hohen finanziellen Belastung der Gemeinschaft führen würde. Eine radikale Reform im Sinne eines weitgehenden Verzichtes auf Marktinterventionen und einen von der Produktion völlig entkoppelten, schrittweise abzubauenden Einkommensausgleich für Landwirte lehnte die Kommission ebenfalls ab. Befürwortet wird ein mittlerer Weg durch Weiterentwicklung der Reform von 1992, insbesondere durch: (1) Verbesserung der internationalen Wettbewerbsfähigkeit der europäischen Landwirtschaft durch weitere Preissenkungen und Ausweitung der Reform auf bisher noch nicht betroffene Sektoren, vor allem Zucker und Milch, (2) eine integrierte ländliche Entwicklungspolitik und (3) eine Vereinfachung und teilweise Verlagerung der Agrarpolitik in die Verantwortung der Mitgliedstaaten. Die Fortsetzung der Reform bei gleichzeitiger Unterstützung der Landwirtschaft in den mittel- und osteuropäischen Ländern werde dazu beitragen, den Preisabstand allmählich zu reduzieren. Für die Einführung von Ausgleichszahlungen in den Beitrittsländern sah die Kommission keine Notwendigkeit, da die Agrarpreise dort mit dem Beitritt tendenziell ansteigen würden. Durch ein groß angelegtes Programm zur Strukturverbesserung sollen die mittel- und osteuropäischen Länder auf den Beitritt vorbereitet werden.

7. Die Zukunft der Agrarpolitik

7.1 Vorstellungen zur Weiterentwicklung der Gemeinsamen Agrar- und Strukturpolitik

Über die Weiterentwicklung der Gemeinsamen Agrar- und Strukturpolitik ist es inzwischen zu einer lebhaften Diskussion gekommen. Handlungsbedarf geht nicht nur von der Osterweiterung aus, sondern auch von der Notwendigkeit, die Verpflichtungen aus der Uruguay-Runde einzuhalten, für die durch die 1999 beginnende WTO-Runde Anschlußregelungen für die Zeit nach 2001 gefunden werden müssen. Hinzu kommen die für 1999 anstehende Neuregelung der EU-Finanzen sowie im Vollzug deutlich gewordene Mängel der Reform von 1992, insbesondere ein hoher Verwaltungs- und Kontrollaufwand sowie problematische Verteilungswirkungen zwischen Betrieben und Mitgliedstaaten.[17]

An der Diskussion beteiligen sich zahlreiche unterschiedliche Gruppen. Vom Wissenschaftlichen Beirat beim Bundesministerium für Ernährung, Landwirtschaft und Forsten wurden im Januar 1997 zwei Gutachten veröffentlicht.[18] Bereits 1995 wurden Gutachten im Auftrag der schwedischen[19] und der britischen[20] Regierung angefertigt. Die niederländische Regierung legte im Jahre 1996 ein ausführliches Diskussionspapier vor.[21] Die Bayerische Staatsregierung veröffentlichte im November 1995 ein Memorandum zur Neuausrichtung der Agrarpolitik der Europäischen Union[22]; bald darauf folgte Niedersachsens Minister für Ernährung, Landwirtschaft und Forsten mit einem Konzept zur Europäischen Agrarpolitik 2000.[23]

In den von Wissenschaftlern verfaßten Gutachten wird langfristig für ein liberales System mit einem mäßigen, möglichst wenig verzerrenden Außenschutz, den Verzicht auf mengenregulierende Eingriffe und einen Abbau der Ausgleichszahlungen plädiert, wobei Leistungen der Landwirtschaft für die Umwelt und den ländlichen Raum gesondert honoriert werden sollten. Kurz- bis mittelfristig sollten die durch Quoten geregelten Marktordnungen für Milch und Zucker in Analogie zu den Ackerkulturen unter Einführung von Preisausgleichszahlungen reformiert werden. Grundsätzlich sollen Preisausgleichszahlungen von der Produktion bestimmter Erzeugnisse entkoppelt werden. Die Bundesländer sprechen sich für eine Beibehaltung der Quotenregelungen bei Milch und Zucker und eine Liberalisierung nur in dem in der Uruguay-Runde vereinbarten Umfang aus. Die jüngsten Vorschläge der Kommission schließen eine Beibehaltung der Quotenregelungen bis zum Jahre 2006 ein.

Eine zentrale Stelle nehmen in allen Gutachten die Ausgleichszahlungen ein. Es überwiegt die Auffassung, daß durch eine Preissenkung ausgelöste und damit vergangenheitsorientierte Ausgleichszahlungen, die sich im wesentlichen nur durch einen Anspruch der Landwirte auf Vertrauensschutz begründen lassen, auf eine im Laufe der Zeit abnehmende Akzeptanz stoßen. Die Konsequenzen daraus sind unterschiedlich. Sie reichen von der Forderung, Ausgleichszahlungen dieser Art langfristig auslaufen zu lassen und davon zu trennende Zahlungen für Leistungen der Landwirtschaft für die Umwelt und den ländlichen Raum zu verstärken, bis zu dem Vorschlag, die sinkende Akzeptanz durch Einbezug einer ökologischen und sozialen Komponente (Degression mit zunehmender Betriebsgröße) zu erhöhen.

Es besteht weitgehende Übereinstimmung, daß die Kompetenz für die Gemeinsame Markt- und Preispolitik und damit auch deren Finanzierung bei der Gemeinschaft bleiben müsse. Die Kompetenz für Ausgleichszahlungen, die eine Folge preispolitischer Beschlüsse sind, sollten nach überwiegender Auffassung ebenfalls bei der Gemeinschaft liegen und die Finanzierung aus dem EU-Haushalt erfolgen. Für die Honorierung von Leistungen der Landwirtschaft für die Umwelt und den ländlichen Raum sollten nach dem *Subsidiaritätsprinzip* und dem Grundsatz der fiskalischen Äquivalenz die Mitgliedstaaten bzw. Regionen zuständig sein. Die EU hätte darüber zu wachen, daß solche Zahlungen nicht das Verbot wettbewerbsverzerrender nationaler Beihilfen verletzen. Die aus Rückführung der Marktordnungskosten und der damit in unmittelbarem Zusammenhang stehenden Ausgleichszahlungen resultierenden Einsparungen im EU-Haushalt setzten Mittel für die Mitgliedstaaten bzw. Regionen frei. Zugunsten wirtschaftlich schwacher Regionen sei ein gezielter Finanzausgleich einzuführen.

Bei der Agrarstrukturpolitik und der Agrarumweltpolitik geht die überwiegende Meinung dahin, daß die EU in zu starkem Maße Kompetenzen mit der Konsequenz zu vieler und zu weitgehender Reglementierungen an sich gezogen habe. Hier sei im Sinne des *Subsidiaritätsprinzips* eine Rückverlagerung auf die Mitgliedstaaten dringend geboten, wobei die Pflicht zur Überwachung der Einhaltung der Verträge bei der Gemeinschaft verbliebe.

7.2 Die Agenda 2000

Die am 16. Juli 1997 verabschiedete Mitteilung »*Agenda 2000*: Eine stärkere und erweiterte Union« beschäftigt sich schwerpunktmäßig mit dem Finanzrahmen der Gemeinschaft für den Zeitraum 2000 bis 2006, der Herausforderung durch die anstehende Osterweiterung, der Zukunft der Strukturpolitik der Gemeinschaft und der Weiterentwicklung der Gemeinsamen Agrarpolitik. Diese Schwerpunktthemen sind eng miteinander verflochten. Den ursprünglichen Vorschlägen, die der Entwicklung einer Strategie gewidmet waren, folgten inzwischen zahlreiche die Umsetzung betreffende Verordnungsvorschläge, in denen die ursprüngliche Konzeption weiterentwickelt und zum Teil modifiziert wurde.

Eine zentrale Stellung innerhalb des Finanzierungsrahmens für den Zeitraum 2000 bis 2006 nimmt der Vorschlag ein, die Mittel der Gemeinschaft – auch bei einer Erweiterung um Staaten Mittel- und Osteuropas – bei 1,27 Prozent des Bruttosozialproduktes der Mitgliedstaaten festzuschreiben. Daraus ergeben sich Konsequenzen sowohl für die Agrar- als auch für die Strukturpolitik. Für erstere bedeutet dies, daß die *Agrarleitlinie* beibehalten werden soll, für letztere, daß die Mittel der Strukturfonds mit 0,46 Prozent des BSP der Mitgliedstaaten festgeschrieben werden.

In dem der Agrarpolitik gewidmeten Teil der *Agenda 2000* schlägt die EU-Kommission eine Vertiefung und Erweiterung der Reform von 1992 durch weitere Verlagerungen von der Preisstützung zu Direktzahlungen vor. So sollte der Interventionspreis für Getreide im Jahre 2000 gegenüber dem Stand von 1997 noch einmal um etwa 20 Prozent gesenkt und dafür die je Tonne Durchschnittsertrag gewährte Ausgleichszahlung von 54 ECU auf 66 ECU angehoben werden. Für Ölsaaten sollte die gleiche Ausgleichszahlung gewährt werden wie für Getreide, für Eiweißpflanzen sollte sie um 6,5 ECU/t höher sein. Für Rindfleisch wurde eine Senkung des Stützungsniveaus um 30 Prozent zwischen den Jahren 2000 und 2002 vorgesehen. Dafür würden die tierbezogenen Ausgleichszahlungen deutlich erhöht. Für Milch schlug die Kommission vor, die Quotenregelung in unveränderter Höhe bis zum Jahre 2006 weiterzuführen, die Interventionspreise für Butter und Magermilchpulver um 10 Prozent zu senken und zum Ausgleich eine Jahresprämie von 215 ECU je Kuh einzuführen.[24]

In den im März 1998 vorgelegten Verordnungsvorschlägen wurde das ursprüngliche Konzept bei den pflanzlichen Erzeugnissen weitgehend beibehalten. Bei Rindfleisch wurden die maximalen Prämienhöhen für die einzelnen Produktionsformen teilweise abgeändert. Einen völlig neuen Weg beschritt die Kommission jedoch mit ihrem Vorschlag, nur bestimmte Mindestprämien einheitlich direkt durch die EU zu zahlen. Die Differenz zu den ursprünglich vorgeschlagenen Tierprämien soll den Mitgliedstaaten als Pauschalbeträge zugewiesen und diesen freigestellt werden, sie zur Aufstockung der Prämien im Rahmen gewisser Obergrenzen oder aber für die Gewährung einer Grünlandprämie zu verwenden. Für Milch sieht der neuere Vorschlag eine Rücknahme der Preisstützung um 15 Prozent vor. Neu in den Verordnungsvorschlägen ist auch der Vorschlag, Direktzahlungen nur bis zu 100 000 ECU in voller Höhe zu gewähren, für den Betrag zwischen 100 000 und 200 000 ECU eine Kürzung um 20 Prozent und für darüber hinausgehende Beträge eine Kürzung um 25 Prozent vorzunehmen. Darüber hinaus soll den Mitgliedstaaten freigestellt werden, die Prämienzahlung an Umweltauflagen zu binden oder zusätzliche Kürzungen der Direktzahlungen auf der Basis des Arbeitseinsatzes vorzunehmen und die dadurch eingesparten Mittel für die Aufstockung von Agrarumweltprogrammen zu verwenden.[25]

Die Vorschläge der Kommission haben eine kontroverse Aufnahme durch den Ministerrat gefunden und eine breite öffentliche Diskussion ausgelöst. Die Landwirte und die Regierungen mehrerer Mitgliedstaaten kritisieren, daß durch die Direktzahlungen nur ein Teil der Preissenkungen ausgeglichen wird, wenn die vorgeschlagenen Senkungen der Marktordnungspreise voll auf die Erzeugerpreise durchschlagen. Außerdem würde bei Verwirklichung der Vorschläge für viele Betriebsformen der überwiegende Teil der landwirtschaftlichen Einkommen aus Direktzahlungen stammen. Zu den einzelnen Vorschlägen schwanken die Positionen der Mitgliedstaaten zwischen nahezu völliger Ablehnung durch Deutschland und – mit geringen Abweichungen – Frankreich bis zu weitgehender Zustimmung bzw. der Forderung nach noch drastischeren Reformschritten durch Großbritannien und Schweden.

Für die Weiterentwicklung der Strukturfonds hat sich der Grundsatz, die Mittel stärker als bisher auf die bedürftigsten Gebiete zu konzentrieren, weitgehend durchgesetzt. Aus den Vorschlägen zum Finanzrahmen folgt, daß für den Zeitraum 2000–2006 für die Strukturfonds 275 Mrd. ECU (zu Preisen von 1997) zur Verfügung stehen werden, verglichen mit 200 Mrd. ECU für den Zeitraum 1993–1999. Eine größere Konzentration, Effizienz und Vereinfachung der Strukturmaßnahmen soll durch Verminderung der Zahl der Ziele von sieben auf drei erreicht werden. Der größte Teil der Mittel soll auf Ziel 1 »Entwicklung von Regionen mit Entwicklungsrückstand« entfallen, bei deren Abgrenzung streng darauf geachtet werden soll, daß das Bruttoinlandsprodukt je Einwohner 75 Prozent des EU-Durchschnittes nicht überschreitet. Ziel 2 »Förderung von Regionen mit bedeutendem ökonomischem und sozialem Umstrukturierungsbedarf« soll Gebiete einschließen, die von den Änderungen im Industrie-, Dienstleistungs- und Fischereisektor betroffen sind, einschließlich ländlicher Gebiete in ernsthaftem Niedergang wegen fehlender wirtschaftlicher Aktivitäten. Die Ziel-1- und Ziel-2-Gebiete sollen insgesamt 35 bis 40 Prozent der Bevölkerung umfassen (gegenüber derzeit 51

Prozent). Ziel 3 »Entwicklung der Humanressourcen« ist eine Querschnittsaufgabe. Insbesondere sollen durch Maßnahmen des Europäischen Sozialfonds Mitgliedstaaten Hilfen für die Anpassung und Modernisierung ihrer Ausbildungs-, Berufs- und Beschäftigungssysteme erhalten.

Ländliche Regionen partizipieren an der Ziel-3-Förderung und werden gefördert, soweit sie unter die Definition der Ziel-2-Regionen fallen. Interventionen der Strukturfonds sollen beendet werden, sobald ihre Ziele erreicht sind. Auf diese Weise könnte die EU über zunehmende Mittel für die beitretenden Länder Mittel- und Osteuropas verfügen (während des Gesamtzeitraumes 45 Mrd. ECU).[26]

Die bisher als Ziel 5a definierte »Beschleunigte Anpassung der Agrarstrukturen« soll nach den Vorstellungen der Kommission aus der Abteilung Garantie des EAGFL gefördert werden. Gleiches gilt für Maßnahmen zur Entwicklung ländlicher Räume, die bisher unter dem Ziel 5b zusammengefaßt wurden, außerhalb der neuen Gebietsabgrenzung für Ziel 1. Aus der Abteilung Garantie sollen weiterhin die Maßnahmen gefördert werden, die als sogenannte »flankierende Maßnahmen« durch die Reform von 1992 eingeführt wurden.

Auch diese Vorschläge haben eine unterschiedliche Aufnahme gefunden. Trotz weitgehender Anerkennung des Grundsatzes einer stärkeren Konzentration der Mittel und der Notwendigkeit einer Vereinfachung der Programme wird der Wegfall der ländlichen Entwicklung als eigenständiges Ziel der Förderung aus den Strukturfonds von fast allen Mitgliedstaaten bedauert. Die vorgeschlagene Einbeziehung dieser Maßnahmen in die Finanzierung aus der Abteilung Garantie des EAGFL empfinden sie als unzureichend. Diese Änderung erlaubt zwar eine Förderung in allen ländlichen Räumen, unabhängig von einer Gebietskulisse, aber die dafür verfügbaren Mittel werden als zu gering angesehen.

Da mit der *Agenda 2000* grundlegende Weichenstellungen verbunden sind, kann die Heftigkeit der Reaktion darauf und die Hartnäckigkeit, mit der im Ministerrat darüber verhandelt wird, nicht überraschen. Kompromißlösungen zeichnen sich erst zu einigen Punkten ab. Da die gültigen Finanzierungsregelungen zum Jahresende 1999 auslaufen, die vorgesehenen Verhandlungen im Rahmen der Welthandelsorganisation über die zukünftige Gestaltung der Weltagrarmärkte bereits vorher beginnen werden und die Verhandlungen mit der ersten Runde von Beitrittsländern aus Mittel- und Osteuropa bereits aufgenommen wurden, drängt die Zeit. Während der ersten Jahreshälfte 1999 muß – unter deutscher Ratspräsidentschaft – im Grundsatz entschieden sein, wie die Agrar- und Strukturpolitik der Gemeinschaft in Zukunft aussehen soll.

Anmerkungen

Das Manuskript zu diesem Beitrag wurde im August 1997 abgeschlossen. Die hier veröffentlichte Fassung ist das Ergebnis einer im September 1998 vorgenommenen Aktualisierung.

1 Vgl. Priebe, Hermann, Wilhelm Scheper und Winfried von Urff: Agrarpolitik in der EG: Probleme und Perspektiven, Baden-Baden 1984.
2 Manegold, Dirk: Das gegenwärtige Agrimonetäre System der EU, Institut für landwirtschaftliche Marktforschung der Bundesforschungsanstalt für Landwirtschaft, Braunschweig-Völkenrode, Arbeitsbericht 95/3 (1995).
3 Vgl. Manegold, Dirk: Aspekte Gemeinsamer Agrarpolitik 1995, in: Agrarwirtschaft 1 (1996), S. 1–7.
4 Europäische Kommission: Die Lage der Landwirtschaft in der Europäischen Union, Bericht 1996, Brüssel-Luxemburg 1997, S. T/103.
5 Agrarbericht der Bundesregierung 1998, Materialband S. 86.
6 Vgl. Koester, Ulrich: EG-Agrarpolitik in der Sackgasse. Divergierende nationale Interessen bei der Verwirklichung der EWG-Agrarpolitik, Baden-Baden 1977.
7 Vgl. Bulletin der EG 5 (1992), S. 56 ff.; Agra-Europe 22 (1992), Sonderbeilage.
8 Tangermann, Stefan: Wird die erhoffte Marktentlastung erreicht?, in: Die Landwirtschaft in der Agrarreform, DLG-Archiv 88 (1994), S. 18–38; Koester, Ulrich: Konsequenzen des GATT und der Agrarreform, Agra-Europe 51 (1994), Sonderbeilage; Das GATT und die europäische Landwirtschaft, Agra-Europe 18 (1996), Dokumentation.
9 Kommission der EG: Die Landwirtschaft und die Reform der Strukturfonds – Vademecum, Grünes Europa 5 (1990).
10 Vgl. Akademie für Raumforschung und Landesplanung: Regional Aspects of Common Agricultural Policy; New Roles for Rural Areas, Hannover 1996.
11 Europa und seine ländlichen Gebiete im Jahr 2000: Integrierte ländliche Entwicklung als Herausforderung für die Politik, Eröffnungsrede von Dr. Franz Fischler, Europäischer Kommissar für Landwirtschaft und ländliche Entwicklung, Cork, 7. November 1996.
12 Vgl. Agra-Europe 47 (1996), Europa-Nachrichten, S. 1–5.
13 Vgl. Agra-Europe 18 (1997), Europa-Nachrichten, S. 1–2.
14 Vgl. Agrarbericht der Bundesregierung 1994, S. 143 ff.; Agra-Europe 48 (1993), Sonderbeilage.
15 Europäische Kommission – Generaldirektion für Landwirtschaft: Agricultural Situation in the Central and Eastern European Countries: Summary Report, Brüssel 1995.
16 Europäische Kommission: Alternative Strategien für die Entwicklung der Beziehungen im Bereich Landwirtschaft zwischen der EU und den assoziierten Ländern im Hinblick auf deren künftigen Beitritt (Strategiepapier Landwirtschaft), Agra-Europe 49 (1995), Dokumentation.
17 Vgl. Urff, Winfried von: Reform der Agrarpolitik, in: Hrbek, Rudolf (Hrsg): Die Reform der Europäischen Union, Schriftenreihe des Arbeitskreises Europäische Integration e.V. 41 (1997), S. 309–319.
18 Wissenschaftlicher Beirat beim Bundesministerium für Ernährung, Landwirtschaft und Forsten: Die Entwicklung der Landwirtschaft in Mitteleuropa und mögliche Folgen für die Agrarpolitik der EU, Schriftenreihe des Bundesministeriums für Ernährung, Landwirtschaft und Forsten, Reihe A: Angewandte Wissenschaft, Heft 458, Bonn 1997; ders.: Zur Weiterentwicklung der EU-Agrarreform, Schriftenreihe des Bundesministeriums für Ernährung, Landwirtschaft und Forsten, Reihe A: Angewandte Wissenschaft, Heft 459, Bonn 1997.
19 Swedish Ministry of Foreign Affairs – Trade Department: A Possible Improvement of CAP. Report to the Swedish Cabinet by Mr. Sture Aström, Stockholm 1995.
20 Europäische Landwirtschaft. Argumente für radikale Reformen. Schlußfolgerungen der vom Minister für Landwirtschaft, Fischerei und Ernährung eingesetzten Gruppe zur Überprüfung der Gemeinsamen Agrarpolitik, London 1995.

21 Ministerium für Landwirtschaft, Naturschutz und Fischerei: Diskussionspapier zur künftigen GAP, Den Haag, Februar 1996.
22 Bayerisches Staatsministerium für Ernährung, Landwirtschaft und Forsten: Neuausrichtung der Agrarpolitik der Europäischen Union, Memorandum der Bayerischen Staatsregierung vom 29. November 1995.
23 Karl-Heinz Funke, Niedersachsens Minister für Ernährung, Landwirtschaft und Forsten: Konzept zur Europäischen Agrarpolitik 2000, Hannover, 23. Mai 1996.
24 Europäische Kommission – Dienst des Sprechers: Die Europäische Kommission legt ihre Mitteilung »*Agenda 2000* – Eine stärkere und erweiterte Union« vor, Straßburg/Brüssel, 16. Juli 1997; Reformpläne für die gemeinsame Agrarpolitik, Agra-Europe 29 (1997), Sonderbeilage.
25 Agra-Europe 13 (1998), Dokumentation.
26 Europäische Kommission (Anm. 24).

Standort Europa

JÜRGEN TUREK

1. Der Kern der Standortdebatten in Europa

Mit der Industrialisierung im 19. und 20. Jahrhundert sind die europäischen Staaten trotz zweier Weltkriege attraktive und wohlhabende Wirtschaftsstandorte geworden. Die internationale Arbeitsteilung und der zunehmende Welthandel haben ihre Position neben den USA und Japan in der zweiten Hälfte des 20. Jahrhunderts konsolidiert. Das Ende des alles dominierenden Ost-West-Konfliktes, die Ausbreitung der Marktwirtschaft, wirtschaftliche Prosperität in anderen Regionen der Welt und die Liberalisierung des Welthandels konfrontieren die alten Industriestaaten seit den neunziger Jahren jedoch mit einer ungewohnten weltweiten Konkurrenz. Hinzu kommt, daß der Wandel von der Industrie- zur Informationsgesellschaft alle Länder zwingt, gravierende Strukturveränderungen durchzuführen, um als Wirtschaftsstandorte in Zukunft bestehen zu können. Die Schwierigkeiten, die damit verbunden sind, kennzeichnen im Kern die Standortdebatten in den westeuropäischen Industriestaaten. Da dieser Strukturwandel die gleiche Qualität hat wie die industrielle Revolution, hebt sich die Standortdebatte von graduellen Strukturbereinigungen in der jüngeren Vergangenheit deutlich ab.

»Standort Europa« ist eine Chiffre für die Attraktivität des Produzierens, der Arbeit, des Konsums und Wirtschaftslebens auf dem alten Kontinent. Die europäische Standortdebatte ist dabei nur teilweise eine »europäische«, vielfach jedoch die Summe von zeitlich versetzten nationalstaatlichen Kontroversen. Haben Staaten wie Großbritannien und Schweden eine wirtschafts- und sozialpolitische Roßkur bereits ab Mitte der achtziger Jahre hinter sich gebracht, so tobt der Kampf um die Verteilung von Wohlstand und Arbeit in Deutschland oder Frankreich seit Anfang der neunziger Jahre heftig. Drei Aspekte sind zur Einordnung der Debatte wichtig:
- Es ist notwendig, die europäische Standortdebatte aus ihrer ökonomischen Problematik heraus zu erklären.
- Zum Ausklang des Jahrhunderts ist es sinnvoll, die Standortdebatten in den europäischen Nationalstaaten mit einer europäischen Standortdebatte zu verbinden. Hintergrund dafür ist das Phänomen der Globalisierung der Weltwirtschaft.

– Angesichts der Globalisierung wird Europa mit politischen und ökonomischen Gefahren einer Schwächung des eigenen Standortes konfrontiert, die eine neue Qualität der europäischen Integration erfordern.

Die Standortdebatte in Europa umfaßt in einem allgemeinen Sinn die wirtschaftliche Wertschöpfung im Bereich der Europäischen Union, der Standortbegriff die Bedingungen und Ergebnisse der Wirtschaftstätigkeit in Westeuropa. Im Gegensatz zum Beispiel zu den USA und Japan aber ist die Europäische Union ein heterogener Wirtschaftsraum, der wirtschaftlich starke und schwache Staaten integriert. Darüber hinaus hat sie Ende der neunziger Jahre weder den Binnenmarkt noch die Wirtschafts- und Währungsunion (WWU) völlig vollendet, geschweige denn eine Sozialunion mit einer einheitlichen Sozialpolitik. Nationalstaatliche Ordnungspolitiken konkurrieren in Europa untereinander und mit den Konzepten der Europäischen Kommission. Charakteristisch für die Union ist ein großes Gefälle der wirtschaftlichen Leistungsfähigkeit. So betrug das Bruttoinlandsprodukt in Deutschland 1994 fast 1,6 Bio. ECU, in Griechenland nur rund 72 Mrd.[1]

Die Standortdebatte wird besonders dann auf der Unionsebene ausgetragen, wenn es um den Binnenmarkt, europäische Initiativen einer steuerlichen Harmonisierung, einer gemeinsame Arbeitsmarkt-, Wettbewerbs-, Industrie-, Technologie- oder auch Sozialpolitik geht. Sie bildet aber auch vielfach die Summe von nationalstaatlichen Auseinandersetzungen um die Ausgestaltung des eigenen Wirtschafts- und Wohlfahrtsstaates in den Bereichen, die in der eigenen Souveränität verbleiben. Dies bezieht sich in herausragender Weise auf die im Nationalstaat angesiedelte Steuerhoheit. Insofern ist zwischen regionalen, nationalstaatlichen oder supranationalen Bemühungen zu trennen, um Standortqualitäten zu verbessern. Eine wirklich europäische Standortdebatte aber macht Sinn angesichts des Phänomens der Globalisierung, das in Wirklichkeit so neu nicht ist, aber aufgrund neuer Umstände gravierende Auswirkungen auf die Wettbewerbsfähigkeit von Unternehmen, die Standortqualitäten einzelner Staaten oder regionaler wirtschaftlicher Zusammenschlüsse hat. Sie resultiert aus der weltweit leichteren Verfügbarkeit von Arbeit und Kapital sowie der informationstechnologischen Revolution und konfrontiert alle Staaten Europas mit Anpassungsproblemen, die aus der weltweiten Konkurrenz auf einem liberalisierten Weltmarkt resultieren. Ihr Effekt ist nicht nur eine Konkurrenz der Produkte und Dienstleistungen, sondern auch eine wirtschaftliche und soziale Systemkonkurrenz. Unweigerlich erhöht das Angebot dynamisch wachsender Volkswirtschaften so den globalen Wettbewerb um Produkte, Arbeitskosten und Standorte.

2. Im Zeichen des Regionalismus

Zu Beginn des dritten Jahrtausends wird weltweit ein Trend zur Regionalisierung wirtschaftlicher und politischer Aktivitäten sichtbar. Aufgrund der Globalisierung entwickelt sich der Weltmarkt zu einem System aneinandergrenzender Binnenmärkte mit Reibungs- und Kooperationspotentialen. In den vergangenen fünfzehn Jahren haben neben den alten *Global Players* neue Akteure die weltwirtschaftliche Bühne betreten, die den westlichen Konkurrenten mit qualitativ konkurrenzfähigen und preiswerten Produkten sowie Dienstleistungen zunehmend Paroli bieten. Dabei prägte in den letzten zwei Dekaden eine starke Wachstumsdynamik die weltwirtschaftliche Entwicklung. 1992 war das Weltbruttosozialprodukt, also der Wert aller auf der Welt produzierten Güter und Dienstleistungen, gegenüber 1970 in US-Dollar mehr als achtmal größer. Für 1992 weist der *World Development Report 1994* ein Weltbruttosozialprodukt von 20 253 Mrd. US-Dollar aus, gegenüber 2 808 Mrd. US-Dollar 1970.[2] Japan, China und die asiatischen Schwellenländer nehmen hierbei eine herausragende Stellung ein.

Die zunehmende globale Verflechtung der Weltwirtschaft zeigt sich auf beeindruckende Weise auch in der Zunahme des Welthandels zwischen den entwickelten und den sich entwickelnden Industrieländern, die zwischen 1981 und 1992 im Durchschnitt jährlich 5,2 Prozentpunkte betragen hat. Auffallend hierbei ist, daß die Zunahme des Handels zwischen den asiatischen Industriestaaten und Schwellenländern überdurchschnittlich verlief. Sie betrug in diesem Zeitraum im Durchschnitt fast 15 Prozent. Auch in den lateinamerikanischen Schwellenländern hat im Zuge der Reformpolitiken seit 1990 eine signifikante Steigerung des gegenseitigen Handelsaustausches stattgefunden. Das Volumen des regionalen Handels wuchs hier 1992 um 7 Prozentpunkte und 1993 um 9,5 Prozentpunkte.[3]

Asien gilt trotz der Krise im Finanzsektor der Jahre 1997/98 als Wachstumszone.[4] Die Perspektiven Asiens resultieren auch aus dem voraussichtlich überproportionalen Bevölkerungswachstum im Gegensatz zu Europa und den USA. Zu Anfang des 19. Jahrhunderts zählte Asien 925 Millionen Einwohner, Europa 296 Millionen und die Vereinigten Staaten 82 Millionen Menschen. Europas Anteil an der Weltbevölkerung betrug damals 18 Prozent, Asiens Anteil 56 Prozent. Zum Ende des Jahrtausends liegt Europas Anteil nun bei 9 Prozent, derjenige Asiens bei 60 Prozent.[5]

Die weltwirtschaftlich bedeutsamen Akteure lassen sich auf drei Ebenen differenzieren:
- der unternehmerischen Ebene;
- der staatlichen und supranationalen Ebene;
- der institutionellen Ebene multilateraler Kooperation.

Zum einen agieren nationale und multinationale Unternehmen auf dem Weltmarkt. Zum anderen prägen die Staaten und supranationalen Zusammenschlüsse die wirtschaftspolitischen Grundlagen für die Unternehmen durch ordnungs- oder wettbewerbspolitische Konzeptionen, oder sie behindern ihr freies Agieren durch protektionistische Maßnahmen. Multilaterale Organisationen wie das GATT, die WTO, die OECD, die Weltbank, die G 8 oder der Internationale Währungsfonds repräsentieren Institutionen, welche die internationalen Rahmenbedingungen der Weltwirtschaft und des Welthandels durch das Handelsregime, währungspolitische

Abkommen, Kreditvergaben und ordnungs- oder stabilitätspolitische Vorgaben prägen und beeinflussen können. Sie formulieren Regeln für Wirtschaftsprozesse und den Handelsaustausch sehr unterschiedlicher Akteure mit zum Teil widerstreitenden Interessen. In dem hier behandelten Zusammenhang interessieren besonders die Akteure der beiden letztgenannten Ebenen.

Die weltweit entstehenden regionalen Zusammenschlüsse bündeln immer mehr die wirtschaftliche Potenz von Staaten und Unternehmen. Dies sind für den amerikanischen Raum die Länder des Freihandelsraumes NAFTA, also die USA, Kanada und Mexiko. In der NAFTA schließen sich diese drei Länder mit einer gemeinsamen Bevölkerung von 368 Millionen Menschen und einem kombinierten Bruttosozialprodukt von 6,4 Bio. US-Dollar zusammen. Der Außenhandel mit Ländern außerhalb der NAFTA hat ein Volumen von 389 Mrd. US-Dollar.[6] Im innergemeinschaftlichen Handel sollen die Zölle innerhalb von 15 Jahren vollständig abgebaut werden. Die USA und Kanada sind bereits seit Ende 1988 in einer Freihandelszone verbunden, die eine Eliminierung der Zölle bis 1999 vorsieht.[7] Nachdem das Wirtschaftsbündnis der NAFTA in Kraft getreten ist, haben sich die wirtschaftlichen Aktivitäten in der Region erheblich ausgeweitet; so sind zum Beispiel die Exporte nach Mexiko um fast 20 Prozent gestiegen. Die mexikanischen Ausfuhren stiegen um 22 Prozent auf 40 Mrd. US-Dollar. Nach Angaben des amerikanischen Arbeitsministeriums soll die Freihandelszone in den USA bis Ende 1994 die Bereitstellung von etwa 100 000 neuen Arbeitsplätzen ermöglicht haben.[8]

Prognosen und Modellrechnungen gehen davon aus, daß auch das kombinierte ökonomische Gewicht Asiens in der Weltwirtschaft in Zukunft erheblich wachsen wird. Besonders Japan hat in den drei vergangenen Jahrzehnten einen beispiellosen wirtschaftlichen Aufschwung vollzogen. Von 1960 bis 1992 konnte es seinen Anteil am Bruttoinlandsprodukt in der Triade (USA, Europa und Japan) mehr als verdoppeln.[9] Japan bezieht in seine wirtschaftliche Entwicklungsdynamik den südostasiatischen Raum mit ein. Wenngleich die japanische Wirtschaft seit 1993/94 von einer schweren Rezession und strukturellen Verkrustungen geschüttelt wird, ist das Entwicklungs- und Wachstumspotential des Landes weiter beachtlich.

Darüber hinaus gelten die drei »Tigerstaaten« Hongkong, Singapur und Taiwan weiterhin als chancenreiche Produktions- und Wachstumsmärkte. Pro Einwohner gerechnet exportierte zum Beispiel Hongkong 1970 Waren und Dienste für 635 US-Dollar. 1993 erzielte der Export bereits 23 000 US-Dollar. Diese Volkswirtschaften schöpften ihr Wachstumspotential bis in die zweite Hälfte der neunziger Jahre nahezu vollständig aus, wobei die Wachstumsimpulse in erster Linie von der anhaltenden Inlandsnachfrage und hier von den Unternehmens- und Infrastrukturinvestitionen herrührten. Auch wuchs der Handels- und Investitionsaustausch zwischen den Ländern dieser Region. Hinzu kamen schließlich noch Investitionszuflüsse aus nicht-asiatischen Ländern, die oftmals moderne Technologien und Managementmethoden importierten. Japan spielte nach der Einschätzung der OECD für die Tigerstaaten eine ähnliche Rolle wie die Vereinigten Staaten für Europa in den sechziger Jahren.[10] Trotz mancher historisch bedingter Vorbehalte gegenüber

Japan waren die Investitionsbedingungen und Auslagerungsmöglichkeiten für lohnintensive Produktionsbereiche günstig. Nippon nutzte den Entwicklungsabstand zwischen sich und seinen Nachbarländern qualitativ aus. Die südostasiatischen Schwellenländer brachten Märkte, Rohstoffe und billige Arbeitskräfte in die Kooperation mit Japan ein, während das Land der aufgehenden Sonne Technologie, Organisations- und Finanzkraft bereitstellte.[11] Diese Form der Kooperation wird mit dem Begriff des *Flying wild geese*-Modells[12] umschrieben, in dem ein Leittier (Japan) die Richtung angibt, der die anderen (Japans asiatische Partner) auf einer festgelegten Route folgen. In Japan nehmen Entwicklungen und Innovationen ihren Anfang, die dann in den südostasiatischen Schwellenländern günstig umgesetzt und produziert werden können.[13] Das Modell der Fluggänse ist zum Sinnbild des dynamischen Entwicklungsprozesses in Asien geworden. Die »im Fluggänseschwarm mitfliegenden« Länder verdrängen auf der einen Seite fortgeschrittenere Volkswirtschaften aus angestammten Sektoren, während sie selbst auf der anderen Seite auch eigene angestammte Positionen an Verfolger abgeben. Je nach dem Stand der wirtschaftlichen Entwicklung weisen die Länder sektorspezifische Wettbewerbsvor- und -nachteile auf, die entsprechende Exporte und Importe zur Folge haben und damit zunehmend zu einer entwickelten volkswirtschaftlichen Arbeitsteilung führen.[14] Diese Entwicklung entspricht dabei einer allgemeinen Beobachtung der OECD, nach der beim Handel mit Produkten – besonders mit hoher Forschungs- und Entwicklungsintensität – allmählich um die führenden Volkswirtschaften herum große regionale Gruppierungen entstehen, die arbeitsteilig und im Rahmen eines intensiven Technologietransfers miteinander verbunden sind. In diesem Zusammenhang bleibt Südostasien für japanische Produktions- und Exportstrategien sowie für die Handelspolitik wichtig, wenn auch die Asienkrise die Investitionskraft des Landes erheblich geschwächt hat. In den neunziger Jahren hat sich das Volumen des Warenaustausches mit Ostasien derart vergrößert, daß es erstmals das Handelsvolumen mit den USA übertraf.[15]

Nach den ersten Tigerstaaten entwickelten sich so auch die Schwellenländer der zweiten Generation, Malaysia, Indonesien und Thailand, zu immer stärkeren Volkswirtschaften. Der panikartige Rückzug ausländischer Investoren aus Anlaß der spektakulären Währungsturbulenzen 1997 hat allerdings die Wachstumsimpulse vor allem in den drei südostasiatischen Ländern nachhaltig gestört. Dies betrifft besonders Indonesien. In einer Prognose geht der *World Prognos*-Bericht 1998 davon aus, daß die Asienkrise deutliche Spuren im Wachstum der Entwicklungs- und Schwellenländer hinterlassen wird. Verzeichneten sie im Zeitraum zwischen 1986 und 1996 noch eine durchschnittliche jährliche Wachstumsrate von 6,8 Prozentpunkten, wird sich dieser Wert bis 2002 auf etwa 4,3 Prozent verringern.

Der ökonomische *Shooting Star* der Region bleibt aber China. Eine Analyse der Dresdner Bank hat China bereits Anfang der neunziger Jahre als »Super-Tiger auf dem Sprung« charakterisiert. Für das bevölkerungsreichste Land der Erde werden auf dem Weg zu einem dynamischen Schwellenland in dieser Dekade immer noch hohe Wachstumsraten prognostiziert.[16] Im Durchschnitt der Jahre 1986 bis 1996 erzielte das Reich der Mitte ein reales Wachstumsplus von 8,7 Prozent im Gegensatz zu den Industrieländern, deren durchschnittliches Wachstum nur 2,4 Prozent betrug.[17] Für den Zeitraum von 1996 bis 2002 rechnet der *World Prognos*-Bericht immer noch mit einem durchschnittlichen jährlichen Wachstum von etwa 6,5 Prozent. Heute hat China mit Problemen eines maroden Finanzsektors und einer sich dramatisch verbreiternden Kluft zwischen Stadt und Land zu kämpfen. Es stellt sich zunehmend das Problem, wie das Land den Wachstumsprozeß wirtschafts- und sozialpolitisch moderieren kann.

Trotz des relativen Entwicklungsstadiums sehen Analysten China langfristig schon als Kern eines großchinesischen Handelsblockes. So kann das Land, falls es seine Politik der offenen Tür weiter fortsetzt und politisch stabil bleibt, vom sogenannten *Chinese Network* profitieren, das Asien und den Westen der USA überzieht. Es basiert auf den Fundamenten von familiären, geschäftlichen, kulturellen und ethnischen Bindungen. Bereits heute gelten Hongkong, das Mitte 1997 an die Volksrepublik China zurückgefallen ist, und Singapur als die Nervenzentren dieses Netzwerkes. Betrachtet man die vielfältigen ökonomischen Verbindungen zwischen diesen Ländern, läßt sich feststellen, daß zwischen China, Hongkong, der portugiesischen Kolonie Macao und Singapur ein funktionierendes Netz von »kommunizierenden Röhren« besteht, das in Umfang und Wirkung anderen internationalen Handels- und Wirtschaftsorganisationen in nichts nachstehen soll.[18]

Die geplante Liberalisierung des Handels in der asiatisch-pazifischen Region durch den Aufbau einer Freihandelszone zwischen den Staaten der 1989 gegründeten *Asia-Pacific Economic Cooperation* (APEC)[19] lassen die wirtschaftlichen Entwicklungsperspektiven in der Region trotz der Finanzkrise mittelfristig vielversprechend erscheinen.[20] 2,2 Milliarden Menschen, das sind 40 Prozent der Weltbevölkerung, leben heute im Bereich der APEC und erwirtschaften 50 Prozent des weltweiten Bruttosozialproduktes. Die Beschlüsse der APEC-Konferenz im November 1994 in Bogor, Indonesien, weisen in die Richtung einer wirtschaftlichen Integration. Demnach sollen ab sofort alle protektionistischen Maßnahmen und zusätzlich bis zum Jahre 2010 alle Investitions- und Handelshemmnisse zwischen den Mitgliedstaaten abgebaut werden. Im Ergebnis soll die größte Freihandelszone der Welt entstehen.[21] Bei der Bewertung dieser Beschlüsse ist aber die große politische Heterogenität des südostasiatischen Wirtschaftsraumes zu beachten. Die APEC muß sehr verschiedene Interessen auf einen Nenner bringen. Darüber hinaus ist ein hohes Entwicklungsgefälle zwischen den einzelnen Staaten festzustellen. Die politischen Systeme variieren zwischen autoritären und demokratischen Konstruktionen. Darüber hinaus ist der Raum heterogen bezüglich der Klimazonen, Bodenschätze, der ethnischen Zusammensetzung, Bevölkerung, Religion und Kultur. Außerdem bestehen zwischen den Ländern erhebliche machtpolitische und geostrategische Gegensätze, die sich vereinzelt in antiamerikanischen Strömungen oder Ressentiments gegenüber Japan und China ausdrücken.

Während die USA und Australien als »westliche« Anrainerstaaten eine vertiefte wirtschaftliche Integration im Rahmen der APEC befürworten, stehen einige asiatische Staaten solchen Versuchen reserviert gegenüber. An der Spitze der Skeptiker rangiert Malaysia, das für eine rein asiatische Vereinigung unter der Bezeichnung *East Asian Economic Caucas* (EAEC) geworben hat. Auch haben China, Südkorea und Japan Vorbehalte gegenüber den Bemühungen zu erkennen gegeben, den bisherigen lockeren Zusammenschluß der APEC-Staaten jetzt schon mit verbindlicheren Strukturen wie zum Beispiel einer Freihandelszone auszustatten.[22] Dennoch haben sich die Staaten der APEC aber bei ihrem Treffen in Bogor schließlich zum Aufbau einer solchen Freihandelszone bis zum Jahre 2010 verständigen können. Darüber hinaus sind Anzeichen politischer Entspannung feststellbar, die etwa das Verhältnis zwischen den »Erbfeinden« China und Taiwan seit 1988 zunehmend in normalere Gleise gelenkt haben, wenn die Spannungen über die Wiedervereinigung beider Länder auch 1999 wieder angewachsen sind.

Wenngleich für Europa eine derartige politische und soziokulturelle Heterogenität nicht festzustellen ist, so hat die Europäische Union doch mit Koordinationsproblemen des Binnenmarktes zu tun. Den USA und Japan bzw. den von ihnen repräsentierten Regionen steht mit den Staaten der Europäischen Union und des Europäischen Wirtschaftsraumes ein in 17 Einzelakteuren untergliederter Staatenbund mit stark differenzierter Handlungskompetenz gegenüber. Durch die Wirtschafts- und Währungsunion soll der Binnenmarkt vervollständigt und das wirtschaftliche Gefälle zwischen den Mitgliedstaaten der EU abgebaut werden. Die Pläne für eine Politische Union zielen auf die Herstellung einer politisch handlungsfähigen Gemeinschaft, die Anfang des nächsten Jahrhunderts auch die mittelosteuropäischen Staaten Ungarn, Polen, Tschechien, Estland und Slowenien integrieren soll. Einschließlich der Staaten des Europäischen Wirtschaftsraumes (EWR) repräsentiert das integrierte Westeuropa bereits einen Markt mit rund 372 Millionen Einwohnern und einem kombinierten Bruttosozialprodukt von rund 6,3 Bio. US-Dollar.[23] Die Bevölkerung der Europäischen Union und des EWR repräsentiert dabei nur etwa 7 Prozent der Weltbevölkerung; sie erbringt aber 31 Prozent der Weltwirtschaftsleistung und mit 2,7 Bio. US-Dollar 43 Prozent des Welthandels. Das Volumen des Außenhandels mit Ländern außerhalb des EWR beträgt 493 Mrd. US-Dollar.[24] Damit bilden die 15 Staaten der EG und die zwei EWR-Länder gegenwärtig einen der größten und am weitesten wirtschaftlich und ökonomisch integrierten Märkte der Welt.

Die USA haben mit der NAFTA einen wachstumsstarken Wirtschaftsraum erschlossen. Wenngleich die NAFTA keine politische Integration im Sinne eines supranationalen Zusammenschlusses anstrebt, so sind die erwarteten Effekte der Freihandelszone auch politischer Art.[25] Das weitere Entwicklungspotential Mittel- und Südamerikas erscheint beachtlich, gerade auch wenn man Chile und die Mercosurgruppe und ihre wirtschaftlichen Zielsetzungen berücksichtigt. Die Chancen sind beträchtlich, daß sich die Staaten Südamerikas vom »unterschätzten Kontinent«[26] zu einer integrierten Region mit einem weltwirtschaftlich überproportionalen Wirtschaftswachstum entwickeln werden. Mit Ausnahme von Kuba haben auch die Staaten Mittel- und Lateinamerikas ihre totalitären oder autoritären Fesseln abgestreift und sind auf dem Weg zu demokratischen und marktwirtschaftlichen Verhältnissen. Chile gilt aufgrund seiner fortgeschrittenen ökonomischen Entwicklung als aussichtsreicher Kandidat für einen Beitritt zur NAFTA noch vor Ende des 20. Jahrhunderts. Trotz der Peso-Krise zu Beginn des Jahres 1995 darf die zukünftige wirtschaftliche Kraft der Staaten Südamerikas langfristig nicht unterschätzt werden.[27] Mit der Interamerikanischen Entwicklungsbank steht den Ländern der Region darüber hinaus ein finanzpolitisches Instrument zur Verfügung, um solche Währungsturbulenzen abzufedern. Hierfür erhielt Mexiko 1995 ein Kreditprogramm in Höhe von 1,25 Mrd. US-Dollar, mit dem es die finanziellen Schwierigkeiten überwinden konnte. Darüber hinaus hatten sich die USA verpflichtet, die Währung des angeschlagenen Nachbarlandes mit einem Finanzpaket von 40 Mrd. US-Dollar zu stützen, um ein weiteres Absacken des mexikanischen Pesos und somit die Zahlungsunfähigkeit des Landes zu verhindern, was jedoch im Ergebnis den Wert der amerikanischen Währung in Mitleidenschaft gezogen hat.

Regionale Kooperation und Integration werden auch in Südamerika als geeignete politische Instrumente angesehen, um die Wachstumsentwicklung nachhaltig zu fördern. Im Dezember 1994 haben die Präsidenten Brasiliens, Argentiniens, Uruguays und Paraguays das Protokoll von Ouro Preto gebilligt, mit dem das Projekt eines Gemeinsamen Marktes vorangetrieben werden soll.[28] So ist Anfang 1995 eine »unvollkommene« Zollunion etabliert worden. Für etwa 85 Prozent der Produkte des Vertragsgebietes mit seinen 190 Millionen Einwohnern und einem gemeinsamen Bruttoinlandsprodukt von 711 Mrd. US-Dollar, von dem allerdings Brasilien und Argentinien zusammen bereits 95 Prozent erwirtschaften, gilt ein gemeinsamer Außenzoll, der zwischen Null und 20 Prozent schwankt und im Durchschnitt 12 Prozent beträgt. Wenig mehr als Zukunftsmusik scheinen derzeit Bestrebungen zu sein, Nord- und Südamerika, bisher in sechs Wirtschaftsblöcken organisiert[29], in einen freien Markt von Feuerland bis Alaska zu überführen. Dennoch, das Treffen der Staats- und Regierungschefs aus 34 nord-, mittel- und südamerikanischen Staaten im Dezember 1994 hat gezeigt, daß die Idee der regionalen wirtschaftlichen Integration in den neunziger Jahren immer mehr an Attraktivität gewonnen hat.

Die Industriestaaten haben mit dem *General Agreement on Tariffs and Trade* (GATT) ein Instrument kreiert, um zwischen allen Beteiligten ein nachvollziehbares und handhabbares Handelsregime zu etablieren. Ihm folgte 1995 die *World Trade Organization* (WTO) nach. Ziele dieser neuen Institution sind, entsprechend der Schlußakte vom 15. April 1994, die Schaffung weltwirtschaftlicher Konvergenz, die Bereitstellung eines umfassenden handelspolitischen Überwachungssystems, das auch umweltpolitische Aspekte zunehmend berücksichtigt, die Gewährleistung einer integrierten Streitschlichtung und die besondere Berücksichtigung von Maßnahmen zugunsten der ärmsten Entwicklungsländer. Außerdem geht das Regime der WTO über die Regelungen des alten GATT hinaus, indem es das bisher auf den Warenhandel beschränkte *Agreement* auf den grenzüberschreitenden Verkehr mit Dienstleistungen und mit geistigen Eigentumsrechten ausweitet. Unter dem gemeinsamen WTO-Dach werden nun die drei Vertragspfeiler Warenhandel (*General Agreement on Tariffs and Trade*, GATT), Dienstleistungen (*General Agreement on Services*, GATS) und geistige Eigentumsrechte (*General Agreement on Trade-Related Aspects of Intellectual Property Rights*, TRIP) getrennt behandelt. Mit dem GATT-Rat, dem GATS-Rat und dem TRIP-Rat sollen Institutionen für die sachspezifischen Probleme des alltäglichen Geschäftes verantwortlich sein. Diese Gremien beschließen im wesentlichen nach dem Konsensprinzip, haben aber damit keine wirklich wirksamen Sanktionsinstrumente in der Hand, um regelwidriges Abweichen effektiv zu bestrafen. Eine in ihren Kompetenzen und Fähigkeiten gestärkte WTO soll zukünftig als Akteur der Weltwirtschaft die Regeln eines liberalisierten Welthandels anwenden und ihre Einhaltung kontrollieren. Sie ist mit weitergehenden Machtbefugnissen ausgestattet und insofern ein neuer wichtiger Faktor auf dem Weltmarkt der Zukunft. Dennoch haben diese Befugnisse ihre Grenzen, ebenso wie das neue GATT-Regelwerk vielfältige Ausnahmen zuläßt. Der Abschluß der Uruguay-Runde ist ein Kompromißergebnis, das ambivalente Halblösungen mit der Suspendierung ungeklärter Fragen verknüpft. Darüber hinaus muß erkannt werden, daß sehr unterschiedliche Sozial- und Umweltstandards Sozial- und Ökodumping zur Folge haben können, was nach dem Abschluß der Verhandlungen schon zu der Forderung geführt hat, solche sozialen und umweltpolitischen Gesichtspunkte bei der Wahl der Handelspartner berücksichtigen zu dürfen.[30]

3. Europas Wettbewerbsfähigkeit im internationalen Vergleich

Die neue Konkurrenz der südostasiatischen Staaten und regionalen Zusammenschlüsse läßt sich nicht nur anhand des Wirtschaftswachstums und der Zunahme des intraregionalen Handels, sondern auch an der Spitzenstellung von Unternehmen belegen. Dieser Befund zeigt deutlich: Die Asiaten holen in der internationalen Wettbewerbsfähigkeit auf. Europa steht im Zeichen einer neuen Mobilität von Kapital und Arbeit. Angesichts der Globalisierung der Märkte, ihrer zunehmenden Liberalisierung und Deregulierung gewinnt eine neue Organisation von Wirtschaft und Politik in Europa immer mehr an Bedeutung. Dies ist im Kern die Konsequenz der Globalisierung für Europa.

Die ökonomischen Standortdaten zeigen, daß die Wettbewerbsfähigkeit europäischer Unternehmen und die Standortqualitäten in den europäischen Nationalstaaten zurückgegangen ist. Die Position europäischer Firmen hat gelitten, sofern sie nicht durch Rationalisierung, Diversifikation und globale Auslagerung auf die neuen Weltmarktbedingungen reagiert haben. Auslagerungen sind aufgrund der Globalisierung möglich und wegen der Standortbedingungen aus Sicht der Unternehmen notwendig. Was hat diese Verschlechterung der Standortqualität und der

Wettbewerbsfähigkeit nun eigentlich verursacht, und welche Konsequenzen ergeben sich daraus?

Die Stellung europäischer Unternehmen im weltweiten Wettbewerb wird durch fünf zentrale Entwicklungen fundamental berührt:
1. den weitestgehenden Wegfall der ideologischen Grenzen;
2. beschleunigten technologischen Wandel;
3. die intensivierte Entwicklung der Informationsgesellschaft;
4. die weltweite Liberalisierung und Deregulierung im Rahmen des GATT;
5. das Auftreten neuer Konkurrenten auf dem Weltmarkt in den Wachstumsregionen China, Südostasien oder Lateinamerika.

In der Konsequenz werden dadurch gerade die hochindustrialisierten Staaten Europas mit gravierenden Problemen konfrontiert.[31] Durch die Internationalisierung der Wirtschaft eröffnen sich neue ungesättigte Märkte für den Absatz und die Produktion von Waren und Diensten. Preiswerte und gute Arbeit gibt es nun sowohl in Ostmitteleuropa wie auch in den Ländern Südostasiens; kräftige Konkurrenz, auch auf High-Tech-Märkten, entsteht so vor der eigenen Haustür Europas wie in Übersee. Indische Software-Ingenieure liefern zum Beispiel hochqualifizierte Dienstleistungen zu etwa einem Zehntel der europäischen Kosten per elektronischem Datenaustausch ohne Zeitverlust nach Europa. Modernste Telekommunikation und Computertechnik erlauben die Übertragung von Informationen in Sekundenschnelle rund um die Uhr und rund um die Welt. Aufwendige Logistik und Organisation können so durch den Einsatz der Technik reduziert und optimiert werden nach dem Motto: »Die Schnellen fressen die Langsamen.« Viele Konzerne produzieren zunehmend dort, wo die Produktionsfaktoren am billigsten und somit die Kosten am geringsten sind: im Ausland. Das deutsche Unternehmen Bosch hat zum Beispiel 1995 in Deutschland 2 300 Arbeitsplätze gestrichen. Gefertigt wird nun in der Türkei. Ein anderes Beispiel ist die Deutsche Lufthansa AG, die seit Juli 1992 einen Teil des Buchungssystems in Indien betreiben läßt. Unternehmen in anderen Staaten Europas folgen diesem Beispiel. Die Attraktivität europäischer Staaten zur Produktion schwindet also immer mehr. Dies ist auch ein Resultat der wirtschaftspolitischen Rahmenbedingungen dort.

Dies läßt sich an zwei extremen Beispielen in Europa pointiert darstellen, nämlich der Bundesrepublik Deutschland, die die Folgen der Vereinigung zu tragen hat, und Großbritannien. Deutschland gehört zu den europäischen Staaten, die Ende der neunziger Jahre besonders große Standortprobleme haben. Innerhalb der EU und im internationalen Vergleich ist Deutschland das Land mit den geringsten Jahresarbeitszeiten (Deutschland 1 602; USA fast 1 900 Stunden), den höchsten Arbeitskosten (45 DM in Deutschland; ca. 33 DM in den USA) und Unternehmenssteuern. Die Gesamtsteuerlast hat sich in Westdeutschland zum Beispiel nach der Einführung des Solidaritätszuschlages auf 65 Prozent auf den einbehaltenen Gewinn einer Kapitalgesellschaft erhöht. Das ist im internationalen Vergleich die höchste Steuerlast überhaupt. Mit rund 59 Prozent liegt die Steuerlast in Japan ebenfalls hoch, aber darunter. Die USA erreichen ca. 45 Prozent. Deutschland zieht relativ wenige Auslandsinvestitionen an; seine Unternehmen rationalisieren im Inland und investieren zunehmend im Ausland. Insgesamt zeigt der Saldo der Direktinvestitionen in Deutschland zwischen 1988 und 1993, daß die deutschen Direktinvestitionen im Ausland gegenüber den ausländischen Direktinvestitionen in Deutschland wesentlich höher sind. 1996 hat dieses Verhältnis erneut zu einem Rekorddefizit geführt. So hat die Deutsche Bundesbank 1997 ermittelt, daß per Saldo 1996 auf diesem Weg fast 47 Mrd. DM Kapital ins Ausland abflossen. Ausländische Unternehmen haben nach Auskunft des Institutes 1996 sogar per Saldo 5 Mrd. DM aus Deutschland abgezogen. Die Arbeitslosigkeit stagniert auf relativ hohem Niveau, wie in vielen anderen Staaten Europas auch. Die Investitionstätigkeit im Inland ist gering, der private Konsum durch Abschöpfungen des Staates und der Sozialsysteme bei geringen Einkommenszuwächsen oder realen Kaufkraftverlusten schwach. Die Verschuldung ist hoch, der Sozialstaat mit der Erfüllung seiner Aufgaben in den Bereichen Gesundheit und Altersversorgung finanziell immer mehr überfordert. Die Schere zwischen öffentlichen Ausgaben und Einnahmen öffnet sich immer mehr.

Großbritannien hat bereits sehr früh, Anfang und Mitte der achtziger Jahre, wirtschaftliche Strukturveränderungen durchgesetzt, dabei jedoch sozialstaatliche Bereiche wie das Ausbildungs- und Gesundheitswesen sowie die Arbeitsmarkt- und Rentenpolitik vernachlässigt. Der prinzipielle Ansatz der britischen Regierung zielte auf Privatisierung staatlicher Aktivitäten und Leistungen sowie auf eine Deregulierung der Wirtschaft insgesamt. Bereits in den achtziger Jahren liberalisierten die Briten die Märkte für Telekommunikation, Gas, Wasser und öffneten ihre Wirtschaft weit für ausländische Unternehmen und Investitionen. Vormals marode Staatsunternehmen wurden privatisiert und saniert. Die lukrative britische Fluggesellschaft British Airways gilt heute als Musterbeispiel einer gelungenen Privatisierung. Die Macht der Gewerkschaften schwand, und die Aushandlung von Flächen- oder Branchentarifen wurde abgeschafft. Ausländisches Engagement schuf dabei zusätzlichen Wettbewerb zugunsten der Verbraucher, technischen Fortschritt und zusätzliche Arbeitsplätze. Das Renten- und Gesundheitssystem erhielt eine neue Struktur, wobei auch hier die Verantwortung des einzelnen wuchs und die Verpflichtungen des Staates zurückgingen. Die relativ niedrigen Renten sanken weiter, ihr Wachstum wurde an die Inflationsrate gekoppelt. Ziel war es, das Rentensystem bis zum Jahre 2040 auf das Kapitalstockverfahren umzustellen und das auch in Deutschland praktizierte Umlageverfahren einzustellen.

Wenngleich die Sanierung des Staatshaushaltes und die Liberalisierung der Wirtschaft die Wettbewerbsfähigkeit Großbritanniens zum Beispiel gegenüber Deutschland erhöht hat, so hinterließ sie doch auch Spuren. Allgemein gilt das Ausbildungs- und Gesundheitssystem als stark verbesserungswürdig, die soziale Sicherheit und auch der soziale Zusammenhalt als schwach. Das Gefühl der Unsicherheit über den Bestand des Arbeitsplatzes ist weit verbreitet. Darüber hinaus klafft die Einkommenschere zwischen Gut- und Schlechtverdienenden weiter auseinander. Hat Großbritannien im Rahmen seiner Strukturreformen zwar einen kräftigen Wirtschaftsaufschwung erzielen können, so gingen ökonomischer Erfolg und soziale Spannung auf der Insel dabei Hand in Hand[32], was nicht unwesentlich zur Abwahl der konservativen Regierung Major beigetragen hat.

Gemeinsames Merkmal der schwierigen Standortbedingungen in Europa ist: In Europa mangelt es an zukunftssicheren Arbeitsplätzen, unterschiedlich zwar in den einzelnen Staaten der Union, aber unübersehbar. Um die 18 Millionen Arbeitslose 1997 könnten dabei nach Szenarien der Europäischen Kommission leicht auf über 20 Millionen zur Jahrtausendwende anwachsen. Die Arbeitslosigkeit in der EU hat dabei zum Beispiel 1993 rund 210 Mrd. ECU pro Jahr an Kompensationsmitteln verschlungen.[33] Aus dieser Lage resultieren fünf politische Gefahren:

1. Der stille Machtverlust der Politik: Durch den Wegfall von staatlichen Einnahmen fehlen Alimentationspotentiale. Immer mehr verlieren staatliche Instanzen Regulierungs- und Eingriffsmöglichkeiten. Eine Verelendungsspirale fängt an, sich zu drehen, und stellt die Finanzierung gesamter Sozialmodelle in Frage. Das Staatsziel »Wohlstand« gerät aufgrund immer höherer Aufwendungen für das Gemeinwesen in Gefahr. Dabei lassen industrielle Auslagerungen die traditionellen fiskalischen Einnahmequellen des Staates versiegen. Angesichts schwindender Einnahmen und hoher Staatsverschuldung wird es schwieriger, die nationalen Wohlfahrtssysteme zu organisieren. Real schrumpfende Einkommen strapazieren darüber hinaus die Fähigkeit des Individuums zur privaten Daseins- und Altersvorsorge. So kommt es zu einem bedeutenden Souveränitätsverlust. In dem Maße, wie äußere Einwirkungen den Wirtschaftsprozeß beeinflussen, verlieren die Regierungen die Kontrolle über die volkswirtschaftliche Entwicklung ihres Landes. Der staatsrechtliche Souveränitätsbegriff, der unter Souveränität die Fähigkeit zur Ausübung der Staatsgewalt im Inneren und weitgehende Unabhängigkeit von politischen und ökonomischen Prozessen in anderen Staaten versteht, verliert wichtige ökonomische Voraussetzungen.[34] In einer globalisierten Welt erfüllt der Nationalstaat immer weniger die an ihn gerichteten Erwartungen. Das betrifft zum Beispiel grenzüberschreitende Kriminalität oder die Bereitstellung von Arbeit und die damit verbundenen Konsequenzen für den Sozialstaat westeuropäischer Prägung.

2. Die demokratie-unzufriedene Bevölkerung: Die Staaten der EU haben in der Konsequenz ein Demokratieproblem zu erwarten. Pragmatische Demokratiezufriedenheit basiert im wesentlichen auf ökonomischem Wohlstand, individueller Sicherheit und berechenbarer sozialer Ordnung. Zunehmende wirtschaftliche Probleme und soziale Not können die Demokratiezufriedenheit unterminieren, extreme politische Kräfte an Popularität gewinnen. In der jüngsten Vergangenheit haben rechtsextreme Parteien in Europa bereits antieuropäische Stimmungen für ihre Positionen instrumentalisiert und daraus politisches Kapital geschlagen.

3. Gefahr der Entsolidarisierung: Neben der Tendenz zur Entindustrialisierung besteht die Gefahr der Entsolidarisierung (»Zwei-Drittel-Gesellschaft«). Der Wettbewerb um Arbeit und Wohlstand kann die europäischen Gesellschaften polarisieren: Arbeitsplatzbesitzer gegen Arbeitslose, Sozialhilfeempfänger gegen solche ohne Anspruch, Reiche gegen Arme, Wohnraumberechtigte gegen Obdachlose.

Angesichts leerer Kassen sind soziale Lösungen auf staatlicher Seite immer schwieriger zu bezahlen. Mit dramatischen Szenarien werden in diesem Zusammenhang die Entwicklungsperspektiven der industrialisierten Welt beschrieben. So wird die Zukunft der »20:80-Gesellschaft« entworfen[35], in der 20 Prozent der Bevölkerung in der Lage seien, 100 Prozent des Bruttoinlandsproduktes herzustellen.

4. Scheitern der politischen Integration: In der Konsequenz einer ökonomischen Frustration Europas liegt das Scheitern der politischen Integration und damit das Scheitern eines in Europa einzigartigen Friedenswerkes. Das Projekt der Integration, das an Wohlstand und Wachstum geknüpft war, gerät in Gefahr. In Europa war die politische Integration zweitrangig. Ein Sog, der Arbeit und Kapital abwandern läßt und damit die soziale und politische Einheit des Kontinentes in Frage stellt, gefährdet die weitere Integration. Für die Nationalstaaten entsteht immer mehr die Versuchung des nationalen Alleingangs und der nationalen Protektion.

5. Die regionalen Wirtschaftsfestungen im Wirtschaftskrieg? In dem neuen ökonomischen Koordinatensystem der Weltwirtschaft sind die Unternehmen sowohl durch intensive internationale Arbeitsteilung, gegenseitige Abhängigkeit und Verflechtung als auch durch harte Konkurrenz miteinander verbunden. Es bestehen strategische Allianzen zwischen den Konzerngiganten sowie ein erbitterter Verdrängungswettbewerb der gleichen Unternehmen auf dem Weltmarkt. In dieser Konkurrenz sind in den letzten 15 Jahren vor allem japanische und amerikanische Konzerne erfolgreich gewesen und haben europäische Unternehmen zunehmend in Bedrängnis gebracht oder sogar vom Weltmarkt gedrängt. Als Konsequenz kann man befürchten, daß sich das wirtschaftliche, später auch das politische Gravitationszentrum aus dem atlantischen in den pazifischen Raum verlagert. Angesichts des Wettbewerbes der Industriegesellschaften entsteht so die Gefahr, daß sich die regionalen Subsysteme abschotten und wirtschaftliche Konflikte ausbrechen.

In diesem Zusammenhang gilt es, Optionen strategischen Handelns für die Staaten der Europäischen Union zu erarbeiten. Europa wird mit einer Wachstumsschwäche konfrontiert, die auch in starkem Maße auf externe Einflüsse zurückzuführen ist. Seit Anfang der neunziger Jahre haben die Unternehmen die Herausforderungen des neuen Weltmarktes angenommen und mit Rationalisierungen und Auslagerungen reagiert. Die nationalen Mitgliedstaaten haben jene strukturellen Probleme selbst bewältigt oder zu bewältigen, deren Lösungen in ihre nationalstaatliche Souveränität fallen. Dies betrifft in herausragender Weise die Gestaltung des Steuer- und Abgabensystems. Darüber hinaus lassen sich weitere Handlungsfelder für Europa identifizieren, die Lösungen für die Standortproblematik bündeln.

4. Europa als Standort konsolidieren

Der Umgang mit der Globalisierung stellt die Staaten der Europäischen Union vor ein zweifaches Dilemma. Protektionismus – als eine mögliche Antwort – verhindert Wettbewerb, Wachstum und Beschäftigung, benachteiligt den europäischen Verbraucher und reizt nicht durch den Marktmechanismus, die eigenen Industrien wettbewerbsfähig zu gestalten, schützt aber die heimischen Unternehmen. Doch kein europäischer Staat ist bereit, Wohlstandsverluste hinzunehmen, was den Hang zum Protektionismus vermindert. Demgegenüber bedeutet die Alternative der weiteren Liberalisierung und Globalisierung eine Gefährdung des Standortes Europa durch Auslagerungsdruck, erhöhte Standortkonkurrenz und Rationalisierungsnotwendigkeiten, was den Hang zum Protektionismus wiederum verstärkt. Aber auch hier drohen im Ergebnis Wohlstandsverluste. Dieses Dilemma ist vor dem Hintergrund von zwei weiteren wesentlichen weltwirtschaftlichen Entwicklungen zu analysieren, die sich durch die Begriffe der Deindustrialisierung und der zweiten industriellen Revolution abbilden lassen. Deindustrialisierung kennzeichnet den Weg zur Informationsgesellschaft, der sich immer deutlicher abzeichnet; die zweite industrielle Revolution ist jenes Phänomen, das durch neue Technologien Quantensprünge in der Produktion von Dienstleistungen und Gütern ermöglicht, was gravierende sozioökonomische Auswirkungen hat.

Die Prämissen einer möglichen Strategie lassen sich anhand europäischer Interessen und Ziele identifizieren. Die Ziele sind:
– die Integration Europas erfolgreich fortzuführen;
– Wohlstand zu erhalten und auszubauen;
– Demokratie und Marktwirtschaft zu behaupten;
– Arbeit und sozialen Frieden in Europa zu wahren;
– globale Kooperation in der Triade herzustellen.

In der Konsequenz stehen der Europäischen Union grundsätzlich zwei Optionen offen: die eigene politische Reform, welche die Modernisierung der europäischen Wirtschaft mit der Vertiefung der europäischen Integration verbindet, und die Intensivierung der multilateralen Wirtschaftskooperation auf der Ebene der internationalen Steuerungsinstitutionen (UNO, WTO, Weltbank, G 8 oder Internationaler Währungsfonds).[36]

Wenngleich Fortschritte erzielt worden sind, ist eine weitgehende institutionelle und strukturelle Reform der Union nach den Revisionsverhandlungen mit dem unzureichenden Vertrag von Amsterdam gescheitert. Die Agenda der ungelösten Standortprobleme in Europa reicht weit: ein unvollendeter Binnenmarkt; Unklarheiten über die nachhaltige finanzpolitische Konvergenz in der Währungsunion; Sorgen über einen ressourcenverschlingenden Finanzausgleich im gemeinsamen Währungsraum; Meinungsunterschiede über den richtigen *policy-mix* einer kombinierten Technologie-, Forschungs-, Bildungs-, Arbeitsmarkt-, Sozial- und Wettbewerbspolitik auf europäischer Ebene; Streit über die Beitragszahlungen an die Union und Zweifel über die Aufnahme der Staaten Mittel- und Osteuropas sowie die Finanzierung ihrer vollen Mitgliedschaft. Dies sind die wesentlichen europäischen Handlungsfelder, welche nationalstaatlichen Bemühungen ergänzend zur Seite stehen und die europäische Wettbewerbsfähigkeit gegenüber den konkurrierenden Standorten im globalen Maßstab beeinflussen werden. Angesichts einer weitergehenden Integration und angesichts der zunehmenden Bedeutung globaler Maßstäbe erhält die europäische Integration gegenüber einzelstaatlichen Maßnahmen eine immer höhere Bedeutung.

Um die europäische Wettbewerbsfähigkeit nachhaltig zu stärken, ist die Verbesserung der multilateralen Kooperation erforderlich. Sie muß auf Reform, Optimierung und Durchsetzbarkeit im multilateralen Konzert abzielen. Die Felder der Kooperation liegen besonders im handels- und währungspolitischen Bereich, um über einen funktionierenden Wettbewerb Wohlstandsgewinne für alle zu realisieren. Die wirtschaftlich stärksten Staaten und Regionen der Triade tragen dabei die Hauptverantwortung für die globale wirtschaftliche Stabilität, als konjunkturpolitische »Lokomotiven« wie auch als Leitwährungsländer. Die zunehmende wirtschaftliche Verflechtung führt in diesem Zusammenhang zu einem immer größeren Koordinationsbedarf. Verschiedene Gremien und Institutionen haben in diesem Zusammenhang bisher schon der Organisation des Weltwirtschaftssystems und des Welthandels gedient, so das GATT, die OECD, der IWF, die G 7, die Weltbank und die UNO.

Innerhalb der bestehenden multilateralen Institutionen kann der Dialog über die Grundformen und -regeln der wirtschaftlichen Austauschbeziehungen intensiviert werden, der als Positivsummenspiel die Interessen aller Akteure durch Kompromisse fördern kann. Eine solche Kooperation orientiert sich idealtypisch an dem liberalen Szenario einer zunehmenden wirtschaftlichen Integration durch wachsende Handels- und Kapitalverflechtung in der Triade. Die Alternativen sind Abschottung und Wirtschaftskrieg. Eine Voraussetzung für triadische Kooperation ist, daß der Reformbedarf des multilateralen Konzertes umgesetzt wird, wie es mit dem Abschluß der Uruguay-Runde des GATT schon teilweise geschehen ist. Das neue Regime der WTO greift nicht mehr nur in handelsrelevante Vorgänge an Grenzen, sondern in die Wirtschaftspolitik von Staaten oder regionalen Zusammenschlüssen ein. Insofern definiert das Regelwerk des neuen GATT verbindlicher als bisher allgemeingültige Spielregeln für den zwischenstaatlichen Standortwettbewerb. Wenngleich auch die Vorstellungen der asiatischen und euroamerikanischen Akteure teilweise noch weit auseinanderliegen, bestehen hier wesentliche Steuerungs- und Koordinationskapazitäten der Weltwirtschaft, die einen gegenseitigen Prozeß struktureller Anpassung innerhalb geeigneter institutioneller Rahmenbedingungen ermöglichen können, der über langfristigen Ausgleich eine Mischung aus Liberalisierung und Lenkung in sich vereint.

Der Abschluß der Uruguay-Runde des GATT hat die Liberalisierung des Welthandels vorangetrieben; die WTO wird diese Liberalisierung durch ein entsprechend eingerichtetes Regelwerk zu überwachen und ihre Instrumente zu optimieren haben. Im Rahmen der Abschlußverhandlungen der Uruguay-Runde sind dann aber bereits Arbeits- und Umweltstandards in die Diskussion eingebracht worden, die in der Konsequenz als neue protektionistische Instrumente verstanden werden können, da viele hergebrachte Schutzinstrumente durch das GATT-Abkommen nunmehr obsolet geworden sind. Die entwickelten Staaten, die diese Instrumente in die

Diskussion eingebracht haben, markieren damit ihre vitalen Interessen. Unter der Prämisse des eigenen sozioökonomischen Überlebens werden diese Instrumente auch eingesetzt werden, vor allem in Bereichen mit strategischer Bedeutung. Im Ergebnis wird es mittel- und langfristig Freihandel in den Regionen sowie gelenkten Handel oder koordinierte Liberalisierung zwischen den Wirtschaftszentren der Welt geben. Für die Erwartung koordinierter Liberalisierung sprechen auch die in der Uruguay-Runde offen gelassenen Schlupflöcher nationaler oder regionaler Protektion, wie sie etwa durch die in den einzelnen Wirtschaftsregionen eingerichteten Präferenzabkommen und -zonen bestehen, die es den Mitgliedstaaten gestatten, die im GATT/WTO vereinbarte weltweite Meistbegünstigungsklausel zu unterlaufen. Unklare Antidumping-Aktionen sowie der legale Abschluß freiwilliger Import- und Exportbeschränkungen stehen hier beispielhaft als protektionistische Maßnahmen. Wenngleich diese Instrumente der Liberalisierungspflicht des GATT und der WTO unterliegen, bleibt es dennoch den Mitgliedstaaten des internationalen Handelsregimes überlassen, diese Pflicht zu erfüllen.

Die Standortdebatte in Europa wird ohne Zweifel an Intensität gewinnen, ebenso wie die wirtschaftliche Konkurrenz der sich integrierenden Wirtschaftsräume. Der Handlungszwang spitzt sich angesichts der unbewältigten Strukturreformen zu. Angesichts eines Wirtschaftswachstums ohne nennenswerte Beschäftigungseffekte erhebt sich die Frage des strukturellen Wandels zur Zukunftsaufgabe ersten Ranges. Der politische Druck, sich intern zu modernisieren und extern den Dialog über weltwirtschaftliche Regeln zu führen, kann dazu beitragen, daß Europa auch im nächsten Jahrtausend als attraktiver Standort besteht. Das Scheitern der Bemühungen, die Standortqualitäten durch eine weitreichende wirtschaftliche und gesellschaftliche Modernisierung zu verbessern, wird den alten Kontinent hingegen in den Schatten einer sich dynamisch entwickelnden Weltwirtschaft führen.

Weiterführende Literatur

Die Gruppe von Lissabon (Hrsg.): Grenzen des Wettbewerbs. Die Globalisierung der Wirtschaft und die Zukunft der Menschheit. Mit einem Vorwort von Ernst Ulrich von Weizsäcker, München 1997.
Rifkin, Jeremy: Das Ende der Arbeit und ihre Zukunft, 2. Auflage, Frankfurt a. M./ New York 1996.
Thurow, Lester: Die Zukunft des Kapitalismus, Düsseldorf/München 1996.
Weidenfeld, Werner, und Jürgen Turek: Standort Europa, 2. Auflage, Gütersloh 1996.

Anmerkungen

1 Vgl. Europäische Kommission (Hrsg.): Panorama der EU-Industrie 97, Bd. 1, Brüssel/Luxemburg 1997, S. 27.
2 Vgl. Afheldt, Heik: Dornröschen im Drachenkleid, in: Wirtschaftswoche 4 (1993).

3 Daten nach Wolf, Martin: New Agenda for World Trade, in: Financial Times v. 5. Oktober 1994.
4 So hat etwa das geschäftsführende Vorstandsmitglied der Weltbank, Gautam Kaji, darauf hingewiesen, daß die Turbulenzen auf den Märkten Ostasiens nicht das Ende des ostasiatischen Wirtschaftswunders bedeuten. Vgl. Kaji, Gautam: Ostasiens Wirtschaftsboom ist nicht vorbei, in: Frankfurter Allgemeine Zeitung v. 23. September 1997.
5 Vgl. Wolf (Anm. 3).
6 Statistische Angaben OECD, IMF, New York Times.
7 Vgl. dazu: Nordamerika ebnet den Weg für einen Binnenmarkt, in: Handelsblatt v. 13. August 1992.
8 Vgl. Welthandel. Flagge zeigen, in: Wirtschaftswoche 51 (1994).
9 Vgl. Wettlauf der Giganten, in: Handelsblatt v. 31. Dezember 1992.
10 Vgl. Die kleinen Tiger werden noch munterer, in: Süddeutsche Zeitung v. 24. Februar 1995.
11 Vgl. Vondran, Ruprecht: Konsens statt Konflikt zwischen den drei großen Handelsblökken, in: Handelsblatt v. 22. März 1993.
12 Übersetzt das »Modell der fliegenden Wildgänse«.
13 Vgl. Vondran (Anm. 11).
14 Vgl. Laumer, Helmut: Wachstumsmarkt Asien-Pazifik – Deutsche Wirtschaft im Abseits?, in: ifo-Schnelldienst 22 (1994).
15 Vgl. Für die japanische Handelspolitik gewinnt Ostasien an Bedeutung, in: FAZ v. 8. November 1994.
16 Vgl. Handel: Chinas West-Integration hat begonnen, in: vwd v. 14. August 1992, S. 11; sowie Dornröschen im Drachenkleid (Anm. 4), S. 36.
17 Vgl. iwd 42 (1994), S. 7; sowie Europäisches Zentrum für Wirtschaftsforschung und Strategieberatung: Prognos World Report 1998, Basel, Berlin und Köln 1998.
18 Vgl. Laumer (Anm. 14), S. 36; vgl. auch Gälli, Anton: Konturen eines großchinesischen Wirtschaftsblocks, in: ifo-Schnelldienst 8 (1992).
19 Der Apec gehören 21 Staaten im asiatisch-pazifischen Raum an, unter anderem die USA, Japan und Australien. Neu aufgenommen wurden 1998 Peru, Vietnam und Rußland.
20 Vgl. auch Südostasien. Der ferne Osten hat sich zur Wachstumsinsel entwickelt, in: Handelsblatt v. 30. Dezember 1994.
21 Vgl. Handelsblatt v. 17. November 1994.
22 Vgl. die Analyse der einzelnen Positionen in den Mitgliedstaaten der Apec bei Geiger, Heinrich: AZI 12 (1994).
23 Nach der Schweizer Volksabstimmung gegen den Beitritt zum EWR. Rechnet man die Schweiz dennoch hinzu, ergibt sich eine Bevölkerungszahl von 377 Millionen und ein Bruttoinlandsprodukt von 7,1 Bio. US-Dollar.
24 Statistische Angaben OECD, IMF, New York Times.
25 So liegt zum Beispiel ein wesentliches Motiv der NAFTA auf amerikanischer Seite sicher auch in der Kalkulation sich stabilisierender Migrationsströme mexikanischer illegaler Einwanderer und einer politisch beruhigten Nachbarschaft mit Mexiko.
26 So der Vorstand der Dresdner Bank Ernst-Moritz Lipp auf einer Tagung der Bertelsmann Stiftung im Berliner Sitz des Bundespräsidenten, Schloß Bellevue im Dezember 1994, zitiert nach: Rutz, Michael: Der Zukunft fehlt das Ordnungsmuster, in: Rheinischer Merkur v. 6. Januar 1995.
27 Vgl. Die Chronik einer schnell eskalierenden Krise, in: Handelsblatt v. 1. Februar 1995.
28 Die Staaten des Mercosur einigen sich auf gemeinsamen Außenzoll, in: FAZ v. 19. Dezember 1994.

29 Nordamerikanische Freihandelszone (NAFTA); Zentralamerikanischer Gemeinsamer Markt (CACM); Karibischer Gemeinsamer Markt (CARICOM); Anden-Pakt; Lateinamerikanischer Markt (LAIA); Südamerikanischer Markt (Mercosur).
30 Eine Forderung, die besonders von US-amerikanischer Seite vorgebracht worden ist und insofern der neuen amerikanischen Handelspolitik des *Managed Trade* entspricht.
31 Vgl. grundlegend Weidenfeld, Werner, und Jürgen Turek: Standort Europa, 2. Auflage Gütersloh 1996; Die Gruppe von Lissabon (Hrsg.): Grenzen des Wettbewerbs. Die Globalisierung der Wirtschaft und die Zukunft der Menschheit. Mit einem Vorwort von Ernst Ulrich von Weizsäcker, München 1997.
32 Vgl. Schulz, Bettina: Wendemanöver ohne Kurswechsel. Was die Briten wollen, in: FAZ v. 3. April 1997.
33 Ungefähr 4 Prozent des Bruttoinlandsproduktes der Union.
34 Vgl. Stykow, Petra, und Helmut Wiesenthal: Globalisierung ökonomischen Handelns und ihre Folgen für politische Steuerung, Berlin 1996, S. 7.
35 Vgl. Martin, Hans-Peter, und Harald Schuhmann: Die Globalisierungsfalle, Hamburg 1996, S. 13.
36 Vgl. weiterführend Weidenfeld/Turek (Anm. 31).

Der Europäische Binnenmarkt

HUGO DICKE

Im Juni 1985 hatte die Kommission der Europäischen Gemeinschaften das Programm zur Vollendung des Binnenmarktes dem Europäischen Rat in Form eines Weißbuches vorgelegt.[1] Das vom Rat angenommene Programm sollte bis zum 31. Dezember 1992 ausgeführt werden. Im Rahmen von fast 300 Einzelmaßnahmen sah es den Abbau materieller, technischer und steuerlicher Hemmnisse zur Liberalisierung des Wirtschaftsaustausches im Gemeinsamen Markt vor. In dem künftigen Wirtschaftsraum sollte das Kaufen, Verkaufen, Investieren, Reisen und Arbeiten ohne Kontrollen an den Binnengrenzen möglich sein, so wie innerhalb der Grenzen eines Staates. Dieses Vorhaben hat – wie kaum ein anderes Thema in der Zeit nach der Vollendung des Gemeinsamen Marktes im Jahre 1972 – die Aufmerksamkeit der Öffentlichkeit und insbesondere der Wissenschaft gefunden. Vier Träger des Nobelpreises für die Wirtschaftswissenschaften haben sich zu diesem Thema geäußert: Maurice Allais[2], Lawrene R. Klein[3], James E. Meade[4] und Paul A. Samuelson[5]. Eine große Zahl von Ökonomen hat sich mit dem Binnenmarkt auseinandergesetzt. Für den Bereich »Volkswirtschaft« verzeichnete die Zentralbibliothek der Wirtschaftswissenschaften in Kiel 3 629 Eintragungen (Monographien, Beiträge zu Büchern, Aufsätzen) zum Thema Binnenmarkt im Zeitraum von Januar 1986 bis Oktober 1997. Die Zahl der jährlichen Publikationen nahm von 15 im Jahre 1986 auf 698 im Jahre 1989 zu und sank allmählich auf 107 im Jahre 1996. In anderen Disziplinen – Betriebswirtschaft, Juristische und Politische Wissenschaften – dürfte das Thema »Binnenmarkt« kaum weniger Aufmerksamkeit als unter Nationalökonomen gefunden haben.

Die Diskussion ist jedoch nicht zu Ende. Sie wird so lange am Leben bleiben, wie zwischen dem Binnenmarkt als Vorstellung und dem Binnenmarkt als Realität eine Lücke klafft. Worin diese Lücke gegenwärtig gesehen wird, geht aus dem Aktionsplan für den Binnenmarkt[6] hervor, der von der Kommission dem Europäischen Rat auf seinem Treffen in Amsterdam am 16./17. Juni 1997 vorgelegt worden war. In diesem Plan ist vom Binnenmarkt als einer »fortdauernden Schöpfung« die Rede. Sie müsse ständig ergänzt und verbessert werden.

Der Binnenmarkt ist dem Sachverhalt nach nichts anderes als der Gemeinsame Markt, der nach dem EWG-Vertrag vom 25. März 1957 bis zum Jahre 1972 geschaffen werden sollte. Konstitutives Merkmal dieses Marktes war das Recht auf freie wirtschaftliche Betätigung über die Staatsgrenzen hinweg. Nach dem EWG-Vertrag von 1957 gehörten zu diesem Recht im Gemeinsamen Markt die Waren-, Dienstleistungs- und Kapitalverkehrsfreiheit sowie die Niederlassungsfreiheit und die Freizügigkeit von abhängig Beschäftigten (die sogenannten »fünf Freiheiten«). Allerdings stießen Wirtschaftsbürger bei der Ausübung ihrer Rechte auf materielle, technische und steuerliche Hindernisse im grenzüberschreitenden Wirtschaftsaustausch, die durch nationale Rechtsnormen und Standards verursacht wurden. Nicht jedes Hindernis war als ein Verstoß gegen das Recht des Gemeinsamen Marktes zu betrachten. Solche Hindernisse können mit dem Vertragsrecht konform sein, beispielsweise, wenn sie gemäß Art. 30 EGV-A (Art. 36 EGV-M)[7] aus Gründen »...der öffentlichen Sittlichkeit, Ordnung und Sicherheit, zum Schutz der Gesundheit und des Lebens von Menschen, Tieren oder Pflanzen, des nationalen Kulturgutes von künstlerischem, geschichtlichem oder archäologischem Wert oder des gewerblichen und kommerziellen Eigentums gerechtfertigt sind«. Jedoch dürfen nach Art. 30 EGV-A solche Beschränkungen durch nationale Rechtsnormen »...weder ein Mittel zur willkürlichen Diskriminierung noch eine verschleierte Beschränkung des Handels zwischen den Mitgliedstaaten darstellen«.

1. Vollendung des Binnenmarktes – die Gründe für das Programm

Nach der rechtswirksamen Vollendung des Gemeinsamen Marktes im Jahre 1972 erwies sich der Abbau nationaler Rechtsvorschriften, die den fünf Freiheiten entgegenstanden, als äußerst langwierig.[8] Die Gründe hierfür waren konzeptioneller und politischer Natur. In konzeptioneller Hinsicht war die Langsamkeit beim Abbau von Beschränkungen der Marktrechte in einer Vorliebe der EG-Organe für eine Rechtsharmonisierung begründet. Hierbei neigte der europäische Gesetzgeber dazu, nicht nur die Ziele des gemeinsamen Rechtes zu definieren, sondern auch die Mittel zur Erreichung der Ziele im Detail zu beschreiben. Dieses Harmonisierungskonzept verlangt, daß selbst technische Eigenschaften von Waren wie z. B. eines Kraftfahrzeugspiegels reguliert werden. Als wichtigster politischer Grund für das Festhalten an nationalen Rechtsnormen, die zu Einschränkungen der fünf Freiheiten führten, kann die weitverbreitete Neigung von Regierungen angeführt werden, dem Produzentenschutz Vorrang vor den Konsumenteninteressen einzuräumen.[9]

Es kann daher nicht verwundern, daß es vornehmlich »Konsumenten« waren, die ihr Recht auf Ausübung der fünf Freiheiten durch Klagen vor dem Europäischen Gerichtshof durchzusetzen suchten. Der Europäische Gerichtshof stellte in der berühmt gewordenen Entscheidung in der Rechtssache 120/78[10] das Kriterium des zwingenden Erfordernisses für die Vereinbarkeit nationaler Vorschriften mit dem Recht auf freien Handel im Gemeinsamen Markt auf. Es wurde bald klar, daß viele nationale Vorschriften nach Art. 36 »Maßnahmen gleicher Wirkung« (wie mengenmäßige Beschränkungen des freien Warenverkehrs) waren und vom Verbot durch den Europäischen Gerichtshof bedroht waren.

Die Rechtsprechung des Europäischen Gerichtshofes in Rechtssachen des Gemeinsamen Marktes drohte die Zuständigkeiten von Ministerrat und Kommission für die institutionelle Ausgestaltung des Gemeinsamen Marktes auszuhöhlen. Es liegt die Vermutung nahe, daß die beiden Organe mit ihrer Initiative zur Vollendung des Binnenmarktes ihre Führungsrolle im Einigungsprozeß Europas wiederzugewinnen trachteten. Darüber hinaus dürften für das Binnenmarktprogramm folgende Gründe wichtig gewesen sein:

– Unzufriedenheit mit dem Fortgang der europäischen Integration; neben der dezentralen Integration durch Ausübung der Marktrechte stockte auch die politische Integration[11];
– Unzufriedenheit mit den wirtschaftlichen Ergebnissen des Gemeinsamen Marktes. So forderte der Europäische Rat bereits in seiner Deklaration zur Europäischen Union im Jahre 1983, daß die Gemeinschaft ihre Dynamik wiedererlangen müsse.[12]

Die Vollendung des Binnenmarktes wurde von allen Mitgliedstaaten als eine lohnende integrationspolitische Aufgabe betrachtet. Die Aussicht auf einen Wirtschaftsraum ohne Binnengrenzen, der an Größe (gemessen an der Zahl der Konsumenten) die japanische und nordamerikanische Wirtschaft übertrifft, weckte große Hoffnungen auf eine Revitalisierung der Volkswirtschaften in der EG.

2. Der EG-Wirtschaftsraum vor der Vollendung des Binnenmarktes im internationalen Vergleich

Die Neubesinnung der EG auf die Vorteile eines Gemeinsamen Marktes kam nicht von ungefähr. Die wirtschaftliche Entwicklung innerhalb der EG hatte an Dynamik eingebüßt, obwohl im Jahre 1973 der Gemeinsame Markt um das Vereinigte Königreich, Irland und Dänemark erweitert worden war. Als eine Ursache der geringen Dynamik wurden Hemmnisse im Wirtschaftsaustausch zwischen den Mitgliedstaaten der EG identifiziert. In den siebziger Jahren sei es unterlassen worden, die nach 1972 noch verbliebenen Hemmnisse abzubauen; es seien sogar neue eingeführt worden.[13] Industrieländer außerhalb der EG wiesen durchweg eine größere Wachstumsdynamik auf.[14] Die Wachstumsverlangsamung in der EG hatte sich auch auf die internationalen Handelsströme ausgewirkt. Der Handel zwischen den EG-Mitgliedstaaten nahm nach 1972 nicht mehr stärker zu als der Handel der EG mit Drittländern; in den Jahren 1980 bis 1985 expandierte der Handel mit Drittländern sogar stärker als der Intra-EG-Handel.[15]

Die Frage, worin die Abschwächung des Wirtschaftswachstums in den Mitgliedstaaten der EG ihre Ursache hatte und wie sie überwunden werden könne, stellte sich Anfang der achtziger Jahre vor dem Hintergrund der Rezession mit besonderer Dringlichkeit. Sie hat nationale und europäische Antworten in Politik und Wissenschaft gefunden. Das Wort von der Eurosklerosis[16], das Mitte der achtziger Jahre die Runde machte, deutet an, was viele Wirtschaftswissenschaftler als die Ursache der unbefriedigenden wirtschaftlichen Entwicklung ansahen: institutionelle Verkrustungen, die die Angebotsseite der Volkswirtschaft (Arbeitnehmer, Unternehmer, Kapitalbesitzer) lähmten und sie hinderten, elastisch auf veränderte Knappheiten der Ressourcen und Änderungen der Nachfrage im In- und Ausland zu reagieren.[17] Der Vollendung des Binnenmarktes wurde instrumentelle Bedeutung für das Aufbrechen solcher Verkrustungen beigemessen.

3. Erwartungen an das Binnenmarktprogramm als Teil einer neuen Integrationspolitik

Das Programm zur Vollendung des Binnenmarktes trug nicht allein die Hoffnungen auf eine Revitalisierung des Gemeinsamen Marktes. Es war vielmehr Teil eines umfassenden Konzeptes, mit dem die wirtschaftliche und politische Position der in der EG zusammengeschlossenen Staaten verbessert werden sollte. Zu diesem Konzept, das in der Einheitlichen Europäischen Akte (EEA)[18] verankert wurde, gehörten neben einer Neudefinition der Zuständigkeiten der Organe und der Abstimmungsverfahren unter anderem auch die Gründung einer Technologiegemeinschaft, eine Vertiefung der währungspolitischen Zusammenarbeit sowie Maßnahmen zur Stärkung des wirtschaftlichen und sozialen Zusammenhaltes. Binnenmarktvollendung und flankierende Politikmaßnahmen sollten im Zusammenwirken zu einem größeren wirtschaftlichen und sozialen Fortschritt beitragen. Die Reform der EG-Verträge durch die EEA mag als ein kleiner Schritt in Richtung einer Vertiefung der europäischen Integration einzustufen sein.[19] Ihm sind jedoch nach kurzer Zeit mit dem Maastrichter Vertrag von 1991 und dem Amsterdamer Vertrag von 1997 größere Schritte in die gleiche Richtung gefolgt. Der Maastrichter Vertrag ermöglichte die Einführung des Euro zum 1. Januar 1999. Hierauf sind große Hoffnungen gerichtet: Die gemeinsame Währung soll es den Unionsbürgern ermöglichen, die Vorteile des Binnenmarktes noch besser wahrzunehmen.

Vom Binnenmarkt wurde (und wird) erhofft, daß er einen intensiveren Wettbewerb als national segmentierte Märkte ermöglicht. Dieser Wettbewerb wiederum soll die Effizienz der Wirtschaft zum Nutzen der Konsumenten steigern und die Wettbewerbsfähigkeit der Wirtschaft gegenüber Drittländern verbessern. Das Binnenmarktprogramm fand Zustimmung bei nahezu allen politischen Entscheidungsträgern. Kein Mitgliedstaat stellte das Ziel, den Binnenmarkt zu vollenden, in Frage. Untersuchungen über die Höhe des Beitrages, den das Binnenmarktprogramm zur Stärkung der Investitionsbereitschaft und der Wachstumskräfte leisten kann, waren ein wichtiger Punkt für diese positive Haltung.[20] Im Cecchini-Bericht[21] wurden stimulierende Wirkungen auf Wachstum und Beschäftigung im EG-Raum in Höhe von mindestens 4,5 Prozent des Bruttoinlandsproduktes (BIP) für wahrscheinlich gehalten.[22] Es gab nur wenige Kommentatoren, die die hohen Erwartungen nicht teilten und dem Binnenmarktprogramm einen geringeren Einfluß auf die wirtschaftliche Entwicklung im EG-Raum beimaßen als etwa die Kommission.[23] Die Auswirkungen des Binnenmarktprogramms auf die einzelnen Mitgliedstaaten würden nach den im Cecchini-Bericht getroffenen Vorhersagen unterschiedlich stark ausfallen.[24] Für die Bundesrepublik Deutschland wurde auf der Basis der makroökonomischen Modellsimulationen der EG-Kommission ermittelt, daß die gesamtwirtschaftlichen Effekte geringer als im Durchschnitt der übrigen Länder sind.[25]

Es ist bemerkenswert, daß die Erwartungswerte für den gesamtwirtschaftlichen Effekt der Marktvollendung weit über den Schätzwerten lagen, die in den sechziger Jahren für den Integrationseffekt aus der Vollendung des Gemeinsamen Marktes errechnet wurden.[26] Es hing mit dem für die Wirkungsprognose verwandten Modell zusammen, daß der Effekt des Binnenmarktprogramms als einmaliger Anstieg des BIP ausgewiesen wurde. Es war aber klar, daß dieser sich nicht zu irgendeinem Stichtag einstellen, sondern in einem Zeitraum von mehreren Jahren auftreten würde. Die Zuwachsrate des Sozialproduktes in der Bundesrepublik, die in den Jahren 1972 bis 1985 bei 2 Prozent lag, hätte den damaligen Erwartungen nach durch die Vollendung des Binnenmarktes in den neunziger Jahren auf 2,4 Prozent steigen können.[27]

4. Zur institutionellen Ausgestaltung des Binnenmarktes nach dem Vertragsrecht und dem Binnenmarktprogramm

Die Einheitliche Europäische Akte (EEA) definiert den Binnenmarkt als einen Raum ohne Binnengrenzen, in dem der freie Verkehr von Waren, Personen, Dienstleistungen und Kapital gemäß den Bestimmungen des Vertrages gewährleistet ist. Was der Vertrag hinsichtlich der institutionellen Ausgestaltung des Marktes bestimmt und wie die Bestimmungen durch die Organe angewendet werden, ist von entscheidender Bedeutung. Gemeinsame institutionelle Regelungen können, wie auch nationale Regelungen, die Marktkräfte stärken. Sie können sie aber ebenso auch schwächen, z. B. Agrarmarktregelungen, die einen Wirtschaftsbereich von der allgemeinen Gültigkeit der Wettbewerbsregeln ausnehmen.

Die Marktkräfte zu zügeln war der Kommission durch die Bestimmung in Art. 18 Abs. 3 EEA aufgegeben, wonach sie in ihren Vorschlägen für die Harmonisierung der nationalen Rechts- und Verwaltungsvorschriften in den Bereichen Gesundheit, Sicherheit, Umweltschutz und Verbraucherschutz von einem hohen Schutzniveau auszugehen habe. Grenzen wurden einer bedingungslosen Liberalisierung im Vertrag auch dadurch gesetzt, daß ein Mitgliedstaat mit qualifizierter

Mehrheit beschlossenes Gemeinschaftsrecht ablehnen und abweichende Bestimmungen erlassen kann, soweit diese durch wichtige Erfordernisse im Sinne des Art. 30 EGV-A oder in bezug auf den Schutz der Arbeitsumwelt oder den Umweltschutz gerechtfertigt sind. Für die institutionelle Ausgestaltung des Binnenmarktes waren weiterhin die Abstimmungsmodalitäten im Ministerrat von Bedeutung. Für Beschlüsse über die Steuern, die Freizügigkeit und die Rechte und Interessen der Arbeitnehmer war nach der EEA Einstimmigkeit im Rat erforderlich. Für andere Bestimmungen genügte die qualifizierte Mehrheit.

Die Kommission der EG hatte in dem Programm zur Vollendung des Binnenmarktes die Absicht bekundet, bei den technischen Handelshemmnissen vom Konzept der Rechtsangleichung durch Ministerratsbeschlüsse wegzukommen und verstärkt den Wettbewerb als Instrument zur Angleichung nationaler Regelungen zu nutzen. Sie nahm damit auf einen Grundsatz Bezug, der von Herbert Giersch[28] im Jahre 1962 in die Diskussion um die Vollendung des Stahlmarktes gebracht worden war. Dieser als Ursprungslandprinzip bezeichnete Grundsatz besagt, daß die Regierungen ihre unterschiedlichen Rechtsvorschriften, Normensysteme sowie Prüfungs- und Zulassungsverfahren wechselseitig anerkennen und daß ein Erzeugnis (sei es eine Ware oder eine Dienstleistung) überall in der Gemeinschaft ungehindert verkauft werden kann, wenn es in einem Mitgliedstaat rechtmäßig hergestellt und in den Verkehr gebracht wurde.

Da das Ursprungslandprinzip im Gemeinsamen Markt nach 1972 nicht durchgesetzt werden konnte, gab es weiterhin Grenzkontrollen. Mitgliedstaaten hielten ihre Grenzkontrollen zu unterschiedlichen Zwecken aufrecht. Kontrollen zur Durchsetzung nationaler Rechtsvorschriften wurden überwiegend damit begründet, daß die Bürger und die Umwelt des kontrollierenden Landes vor Gefahren geschützt werden müßten, die von nach ausländischem Recht produzierten Gütern drohten. Jedoch zeigten Rechtsanalysen, daß oftmals auch solche Gefahren abgewehrt werden sollten, die nur auf die vertragschließenden Parteien beschränkt sind und über die Informationen vorliegen oder leicht beschafft werden können, z. B. Informationen über die Zusammensetzung von Likören, Wein oder Bier.[29] Der Europäische Gerichtshof (EuGH) hat in verschiedenen Urteilen einen Schutzbedarf der Allgemeinheit in solchen Fällen verneint. Die Kommission bekundete daraufhin in ihrem Weißbuch von 1985 die Absicht, darauf zu drängen, daß das Prinzip der gegenseitigen Anerkennung von Rechtsnormen verstärkt angewendet wird. Soweit eine Harmonisierung von Rechtsunterschieden gemäß Art. 100 EGV-M unumgänglich sei, sollte sie darauf beschränkt werden, im Gemeinschaftsrecht die Ziele, z. B. den Schutz der öffentlichen Gesundheit, festzulegen, nicht aber die Details der Mittel zur Erreichung der Ziele.[30]

Diesem Vorsatz ist der europäische Gesetzgeber nur zum Teil gefolgt. Wie eine Analyse der vom Rat bis 31. Dezember 1988 verabschiedeten Richtlinienvorschläge der Kommission gemäß dem Fahrplan des Weißbuches ergab, bezogen sich mehr als zwei Drittel der 127 vom Rat angenommenen Vorschläge auf eine Harmonisierung rechtlicher Regelungen, bei denen es genügt hätte, für Transparenz über die Qualitätsunterschiede (aufgrund unterschiedlicher nationaler Regelungen) zu sorgen und ansonsten auf den Wettbewerb als Koordinationsmechanismus zu vertrauen.[31] Nur ein sehr kleiner Teil der anfänglich verabschiedeten Kommissionsvorschläge diente präventiven Zwecken oder der Verbesserung des Informationsaustausches oder zielte auf einen Abbau von Wettbewerbsbeschränkungen. In der ordnungspolitischen Debatte um das neue Konzept der Kommission für die Beseitigung der Hemmnisse für den freien Wirtschaftsverkehr wurde Kritik an der mangelnden Bereitschaft zu einer stärkeren Nutzung der Wettbewerbskräfte für die Angleichung der nationalen Rechtsordnungen und Steuersysteme geübt.[32]

Anfang der neunziger Jahre gab es jedoch eine Neuausrichtung der Binnenmarktpolitik. Deregulierung, d. h. der Abbau materieller Schranken ohne vorherige Rechtsharmonisierung, erhielt Priorität vor Re-Regulierung. Hierzu dürften Ereignisse jenseits der Grenzen der Europäischen Gemeinschaft beigetragen haben. Der Zerfall der Sowjetunion und im Gefolge davon die Wiedervereinigung Deutschlands im Jahre 1990, der Krieg am Golf zu Anfang des Jahres 1991, die politische und wirtschaftliche Transformation der mittel- und osteuropäischen Länder forderten die Gemeinschaft heraus, neue Prioritäten zu setzen. Von der EG wurde außerdem ein konstruktiver Beitrag zum erfolgreichen Abschluß der um ein Jahr verlängerten Uruguay-Runde des GATT erwartet. All diese externen Faktoren ließen die Integrationspläne der Kommission der EG nicht unberührt. Sie räumte den Marktkräften als Instrument der Förderung von sozialem und wirtschaftlichem Fortschritt einen höheren Stellenwert ein. Jedoch wirkte sich dies auf die Entscheidungen des Ministerrates erst nach dem 1. Januar 1993 aus.

Die Gesetzgebung zur Vollendung des Binnenmarktes sollte nach dem Terminplan bis Ende 1992 beendet sein. Die Kommission hatte Mitte 1990 die Entwürfe der letzten von rund 280 Rechtsakten Parlament und Ministerrat zur Verabschiedung zugeleitet.[33] Zuvor hatte sie das Rechtsetzungsprogramm, das sie mit dem Weißbuch (1985) vorgelegt hatte, verschiedentlich revidiert. Das Tempo, mit dem der Ministerrat in den Jahren 1985 bis 1990 die Entwürfe aufgriff und Rechtsvorschriften erließ, nahm seit Herbst 1990 aber deutlich ab. Bis Mitte 1991 wurden lediglich elf neue Maßnahmen vom Rat verabschiedet. Über 89 Rechtsakte mußte bis Ende 1992 noch entschieden werden. Am 1. Januar 1993 war – so die Kommission[34] – der Startschuß für den Raum ohne Grenzen im Inneren gefallen.

Zu fragen ist, ob und wieweit der europäische Gesetzgeber bei der Schaffung der institutionellen Rahmenbedingungen des Binnenmarktes dem Grundsatz »Wettbewerb der nationalen Rechtsvorschriften, Normen, Standards und Zulassungsbedingungen geht vor Absprache« gefolgt ist. Die Berichte der Kommission über den Stand der Arbeiten gemäß dem im Weißbuch niedergelegten Plan können allenfalls Teilantworten hierauf liefern. Die Statistik über den Zielerreichungsgrad des Gesetzgebungsprogramms läßt für sich genommen noch keinen Rückschluß darauf zu, was an Marktöffnung erreicht wurde. Die einzelnen Maßnahmen sind von ganz unterschiedlicher Bedeutung.[35] Eine Analyse der einzelnen Sektoren ergibt folgendes Bild:

4.1 Warenverkehr

Die Kommission hob als Erfolg des neuen Harmonisierungskonzeptes hervor[36], daß es der Gemeinschaft über 1 000 EG-Richtlinien, die nach der alten Binnenmarktstrategie der Detail-Harmonisierung notwendig gewesen wären, erspart hat. Außerdem konnte vermutlich darüber hinaus auf eine Vielzahl von Richtlinien zur Anpassung an den technischen Fortschritt (bei Kraftfahrzeugrückspiegeln, Leuchten etc.) verzichtet werden. Es hat also der neue Ansatz offensichtlich die Wirtschaftlichkeit der Europäischen Gesetzgebung erhöht.

Nach dem neuen Harmonisierungskonzept sollten die Produzenten mit der Aufgabe betraut werden, die technischen Mittel festzulegen, mit denen die vom EG-Gesetzgeber vorgegebenen zwingenden Erfordernisse des Schutzes der Sicherheit, Gesundheit, Umwelt etc. erfüllt werden können. Einzelheiten technischer Ausführungen wurden bislang von Normeninstituten der nationalen Industrieverbände in Normen festgelegt. Nationale Normen wurden aber von der Kommission der EG[37] als Handelshemmnisse bezeichnet, die verhinderten, daß der neue Ansatz der Rechtsangleichung funktioniere. Sie hielt es für erforderlich, daß sich die Vertreter der nationalen Normungsorganisationen von EG und EFTA an einen Tisch setzen und auf gemeinsame Normen einigen, die die gesetzlich vorgeschriebenen Erfordernisse erfüllen. Nur so ließe sich mehr Rationalisierung und Wettbewerb im Binnenmarkt erreichen. Die Kommission erteilte laufend Normungsaufträge an die europäischen Normungsgremien und finanzierte deren Arbeiten mit jährlich steigenden Geldbeträgen. Die Arbeitsleistung dieser Organisationen erhöhte sich in den Jahren nach 1985 sehr stark. Die EG begünstigte die Schaffung europäischer Normen auch auf der Nachfrageseite.[38] Für den Bereich des Warenverkehrs ist die Angleichung der Rechtsvorschriften, Normen und Standards im wesentlichen durch Absprachen von Entscheidungsträgern auf europäischer Ebene erfolgt.

4.2 Dienstleistungsverkehr

Die EG-Gesetzgebung zur Abschaffung der Binnengrenzen in den Dienstleistungssektoren hinkte hinter dem gesetzten Zeitplan stärker hinterher als im Bereich des Warenverkehrs. Ein wesentlicher Grund hierfür war, daß die EG-Kommission und wichtige Mitgliedstaaten für die gemeinsamen Mindestanforderungen im Kapital-, Personen- und Dienstleistungsverkehr ein niedrigeres »Verbraucherschutzniveau« anstrebten als die Länder mit hoher Regulierungsdichte, wie z. B. die Bundesrepublik Deutschland. Am langsamsten kam die Gesetzgebung im Verkehrswesen voran. Im Bereich der Finanzdienstleistungen wurden dagegen größere Schritte in Richtung eines Raumes ohne Binnengrenzen unternommen.[39] Obwohl im Versicherungswesen die nationalen Regulierungssysteme komplexer als im Bankensektor waren, wurde – gefördert von der Rechtsprechung des EuGH – früh eine Übereinkunft im Sinne einer weitgehenden gegenseitigen Anerkennung der Aufsichtssysteme erzielt. Auch im Kapitalverkehr kam das Prinzip der gegenseitigen Anerkennung der Rechtsvorschriften zum Zuge. Nationale Eingriffe in den Kapitalverkehr wurden abgeschafft. Im Fernmeldewesen gab es drei bedeutende Schritte: Es wurden die Voraussetzungen für einen europaweiten Mobilfunkdienst, einen unbeschränkten Zugang zu den Fernmeldenetzen sowie die uneingeschränkte Verwendung von Fernmeldeendgeräten in allen Mitgliedstaaten geschaffen.

4.3 Freizügigkeit

Hemmnisse gegen die Freizügigkeit abhängig Beschäftigter und Selbständiger wurden abgebaut. Eine Vielzahl von Hochschulabschlüssen wurde nunmehr gegenseitig anerkannt und abhängig Beschäftigten der Nachweis erleichtert, daß ihre Ausbildung mit der im Aufnahmeland vergleichbar ist. Auch im Personenverkehr gab es Erleichterungen. Die Gesetzgebung im Bereich des Kapital- und Dienstleistungsverkehrs sowie der Freizügigkeit und Niederlassungsfreiheit hat besonders auf den Wettbewerb der Systeme als Instrument zur Rechtsangleichung gesetzt.

5. Defizite der Binnenmarktpolitik im Jahre 1993

Schwer einigen konnte sich der Ministerrat überwiegend bei Kommissionsvorschlägen zu Rechtsfragen, über die nach dem Einstimmigkeitsprinzip abgestimmt werden mußte. Im Bereich des öffentlichen Auftragswesens stand die Annahme von Vorlagen der Kommission aus, die eine nicht-diskriminierende Vergabe öffentlicher Aufträge nicht nur für Warenlieferung und Bauten, sondern auch für Dienstleistungen intendierten. Im Bankensektor sollten noch gemeinsame Standards für die Kapitalausstattung, die Bankenaufsicht, die Vergabe von Großkrediten und den Verkauf von Wertpapierdienstleistungen festgelegt werden. Die nationalen Märkte für Lebens- und Schadensversicherungen sollten noch weiter geöffnet werden. Die Richtlinienentwürfe zielten darauf ab, die Dienstleistungsfreiheit durch Beseitigung von nationalen Tarifvorschriften und mengenmäßigen Marktzugangsbeschränkungen herzustellen. Im Fernmeldebereich sollte die Zusammenschaltbarkeit der Fernmeldenetze erreicht werden. Dies wurde als eine weitere wichtige technische Voraussetzung für die Herstellung der Dienstleistungsfreiheit betrachtet. Die Vorhaben zur Harmonisierung des Gesellschaftsrechtes lagen auf Eis, und auch im Marken- und Patentrecht war das Ende des Weges zu einem gemeinsamen Recht noch nicht in Sicht.

Im Bereich des Rechtes für die Unternehmensbesteuerung und die Umsatz- und Verbrauchssteuern stießen die mehrfach geänderten Vorschläge der Kommission immer wieder auf Ablehnung im Ministerrat, zum Teil deshalb, weil er den Harmonisierungsbedarf, den die Kommission erkannte, in Abrede stellte. Im Bereich der indirekten Steuern wurde gegen die Harmonisierung eingewendet, daß es nicht zu Wettbewerbsverzerrungen käme, wenn nur am bestehenden Bestimmungslandprinzip bei der Besteuerung festgehalten würde. Unter dieser Bedingung sei kein Harmonisierungsbedarf gegeben.[40] Die Übergangsregelung, die die Kommission schließlich vorschlug, hielt am Prinzip der Besteuerung im Bestimmungsland fest. Die Kontrollen der Aus- und Einfuhrumsätze sollten allerdings von der Grenze weg in das jeweilige Inland verlegt werden. Zugleich schlug die Kommission vor, Mindest- und Höchstsätze für Mehrwert- und Verbrauchssteuern einzuführen, um den Weg für die Anwendung des Prinzips der Besteuerung durch das Sitzland (Ursprungsland) – und nicht durch das Bestimmungsland – in naher Zukunft durchzusetzen. Die Besteuerung im Sitzland des Exporteurs würde gesonderte Kontrollen für grenzüberschreitende Umsatzvorgänge überflüssig machen. Einem Wettbewerb der Steuersätze und Steuersysteme wäre durch die gemeinsamen Mindest- und Höchstsätze eine Grenze gesetzt. Solange die Erhebung von indirekten Steuern nur eine finanztechnische Funktion hat, ist Wettbewerb eigentlich unbedenklich. Sollen aber durch Steuern Höhe und Struktur des Verbrauches beeinflußt werden, um negative Auswirkungen des Konsums (z. B. von Brenn- und Treibstoffen, Alkohol etc.) auf die Gesundheit oder die natürliche Umwelt oder die Sicherheit zu reduzieren, so wäre Wettbewerb diesen Zielen abträglich.[41] Sind unerwünschte Nebenwirkungen von Land zu Land in unterschiedlicher Höhe mit dem Konsum verbunden und sollen sie durch Besteuerung des Konsums reduziert werden, so wäre eine Harmonisierung von solchen Verbrauchssteuern ebenfalls nicht sinnvoll. Als Ausweg böte sich eine nationale Kennzeichnung der betreffenden Waren (z. B. Farbzusätze, Plomben, Aufkleber) an. Diese ermöglichte es jedem Mitgliedstaat, die aus seiner Sicht richtige Steuer festzulegen und die Steuerkontrollen selbst innerhalb der Grenzen seines Staatsgebietes durchzuführen.

Es zeigte sich bei der Diskussion über den Abbau der steuerlichen Handelshemmnisse, daß die Staaten, mit Ausnahme des Vereinigten Königreiches, im Grunde nicht bereit sind, Wettbewerb zuzulassen, der ihre fiskalpolitische Autonomie gefährdet und sie zur Anpassung von Steuersätzen zwingt. Eine Ausnahme bildet der Kapitalverkehr. Hier gibt es eine (widerwillige) Bereitschaft, einen freien Kapitalverkehr trotz unterschiedlicher Steuern auf Kapitaleinkünfte (Zinsen und Dividenden) zuzulassen. Das Ziel der Harmonisierung von Steuern wird auf der Wunschliste derjenigen Länder bleiben, die im Wettbewerb der Standorte aufgrund zu hoher Steuersätze das Nachsehen haben.

6. Binnenmarktpolitische Chronik: 1993 und danach

Gemessen an der Anzahl der nach 1993 erlassenen Rechtsvorschriften lag das Schwergewicht der Gesetzgebung beim Warenverkehr. Überwiegend ging es um das Warenrecht sowie um Normen, Standards, Zertifizierung und Zulassung.[42] Ziel der Gesetzgebung für den Warenverkehr war es in erster Linie, den Bestand gemeinsamer Rechtsvorschriften für die Beschaffenheit von Waren und für die Verfahren zu deren Kontrolle auszuweiten. Die Rechte auf Freizügigkeit im Binnenmarkt wurden auf einen größeren Kreis von Wirtschaftsbürgern ausgedehnt.

Im Bereich des Dienstleistungs- und Kapitalverkehrs wurde die Politik der Marktöffnung unter Erlaß von Mindeststandards fortgeführt. Hervorzuheben ist, daß es gelang, (1) das gemeinsame Recht des öffentlichen Auftragswesens auf die volkswirtschaftlich wichtigen Wasser-, Energie-, Verkehrs- und Fernmeldesektoren[43] auszudehnen, (2) gemeinsames Recht für den Schutz des Urheberrechtes und diesem verwandte Rechte zu schaffen, (3) den Rechtsschutz von Mustern zu regeln, (4) den Binnenmarkt für die Lebens- und Schadensversicherungen am 1. Juli 1994[44] zu vollenden, (5) den Markt für Finanzdienstleistungen weiter zu öffnen, und zwar mit der Richtlinie über Einlagensicherungssysteme im Finanzwesen der Mitgliedstaaten, (6) noch bestehende Beschränkungen des freien Kapitalverkehrs weiter abzubauen, nachdem die Kommission Vertragsverletzungsverfahren gegen Mitgliedstaaten eingeleitet und der Gerichtshof die Rechtsauffassung der Kommission in seinen 1995 erlassenen Urteilen weitgehend bestätigt hatte, und (7) im Rahmen des GATT ein Übereinkommen mit wichtigen Ländern, wie den USA, Japan, Israel und den EFTA-Staaten, über einen offenen Zugang zu den Märkten für öffentliche Aufträge der Vertragspartner zu treffen.[45] In der Binnenmarktpolitik rückte nach und nach das Ziel in den Vordergrund, das im Binnenmarkt liegende Potential für mehr Wachstum und Beschäftigung auszuschöpfen.[46] Dazu sollten die Umsetzung der Binnenmarktvorschriften in nationales Recht beschleunigt und flankierende Politikmaßnahmen[47] verstärkt werden.

7. Zur Umsetzung des Binnenmarktrechtes in nationales Recht

Die Wirksamkeit des Binnenmarktrechtes bleibt eingeschränkt, wenn Mitgliedstaaten verabschiedete Richtlinien nicht in ihr nationales Recht einfügen oder sie nach der Umsetzung in nationales Recht nicht gemäß den Zielen des europäischen Gesetzgebers anwenden. Von den Binnenmarktrichtlinien, die der gemeinsame Gesetzgeber in Kraft gesetzt hatte, waren Ende des Jahres 1997 im Durchschnitt der Europäischen Union rund 93 Prozent in nationale Gesetze umgesetzt worden.[48] Generell liegt die Umsetzungsquote im Bereich des öffentlichen Auftragswesens, des Eigentumsrechtes, der Versicherungen, der Wertpapierdienstleistungen oder der Mehrwertsteuer unter der durchschnittlichen Umsetzungsquote aller Richtlinien.

Die Kommission als Wächterin über das Gemeinschaftsrecht sah sich genötigt, aufgrund von Beschwerden über Mitgliedstaaten wegen Nichtbeachtung von Grundsätzen des freien Warenverkehrs neue Verfahren aufzunehmen.[49] Noch immer hat es den Anschein, als versuchten Mitgliedstaaten technische Handelshemmnisse durch neue Normen oder neue technische Vorschriften zu errichten. Da aber seit Einführung des Informationsverfahrens bereits die Entwürfe neuer Normen und Vorschriften der Kommission bekanntgegeben werden müssen, kann die Kommission auf die Mitgliedstaaten frühzeitig einwirken. In 102 Fällen teilte die Kommission im Jahre 1997 den Mitgliedstaaten mit, daß deren Entwürfe gegen Gemeinschaftsrecht verstoßen könnten.[50] Die Kommission hat beim Gerichtshof eine Vielzahl von Klagen gegen Mitgliedstaaten wegen Nichterfüllung von Verpflichtungen angestrengt. Die Anzahl der Verfahren ist von Jahr zu Jahr gestiegen. In einer großen Zahl von Urteilen wurden Mitgliedstaaten wegen Verstoßes gegen ihre Verpflichtungen verurteilt.

Um die Anzahl der Verfahren wegen Verletzung des Gemeinschaftsrechtes zu verringern, hat es folgende Initiativen gegeben: Förderung von Informationen über das Binnenmarktrecht, Förderung des Dialoges und der Zusammenarbeit mit den nationalen Verwaltungen sowie Vereinfachung der Binnenmarktvorschriften.[51]

8. Der Binnenmarkt im Spiegel der Rechtsprechung

Bei der Anwendung des Binnenmarktrechtes kommt es – wie bei der Anwendung des Gemeinschaftsrechtes im allgemeinen – immer wieder zu Streitigkeiten zwischen der Kommission, einzelnen Mitgliedstaaten und wirtschaftlichen Akteuren. Der Europäische Gerichtshof hat viele Rechtssachen entscheiden müssen und durch seine Urteile einen Beitrag zum besseren Verständnis des Rechtes geleistet. Von grundsätzlicher Bedeutung erscheinen die folgenden Urteile: In einer Rechtssache[52] hat der EuGH klargestellt, daß Richtlinien für jeden Mitgliedstaat, an den sie gerichtet sind – und nur für diesen –, verbindlich sind. In der Rechtssache C-41/93 Frankreich/Kommission hat der Gerichtshof unter anderem festgestellt, daß ein Mitgliedstaat, der sich auf Art. 95 Abs. 4 EGV-A (Art. 100a Abs. 4 EGV-M) berufen will, eine einzelstaatliche Regelung, die von einer gemeinsamen (harmonisierten) Regelung abweicht, erst anwenden darf, wenn er dafür die Bestätigung durch die Kommission der EG erhalten hat.

In mehreren Urteilen hat der Gerichtshof bestätigt, daß ein Mitgliedstaat bei einem Verstoß gegen das Gemeinschaftsrecht auch dann verpflichtet ist, dem einzelnen den durch diesen Verstoß entstandenen Schaden zu ersetzen, wenn die Verstöße durch den nationalen Gesetzgeber verursacht wurden. In einem anderen Rechtsstreit[53] entschied der Gerichtshof, daß in einem Mitgliedstaat ansässige Unternehmen, die Angehörige von Drittstaaten ordnungsgemäß und dauerhaft beschäftigen, in einem anderen Mitgliedstaat Dienstleistungen erbringen dürfen, ohne verpflichtet zu sein, für die Arbeitnehmer (aus den Drittstaaten) eine Arbeitserlaubnis einzuholen. In einem Urteil zur Niederlassungsfreiheit von Personen aus Drittstaaten vom 9. Februar 1994[54] stellte der Gerichtshof fest, daß das gemeinsame Marktprinzip im Falle des Rechtes auf Niederlassungsfreiheit von Personen aus Drittstaaten nicht uneingeschränkt gilt.

9. Der Binnenmarkt – auf immer unvollendet?

Die große Anzahl von nach dem 31. Dezember 1992 noch auf den Weg gebrachten Binnenmarktmaßnahmen ist ein Indiz dafür, daß die Schaffung der institutionellen Rahmenbedingungen des Binnenmarktes eine Herausforderung ist, die sich aufgrund des Wandels in Wirtschaft und Technik sowie aufgrund von autonomen Änderungen des nationalen Rechtes und der nationalen Rechtspraxis dauerhaft stellt.[55] Hinweise auf Verbesserungsmöglichkeiten der Rahmenbedingungen kommen vor allem von den vielen Akteuren, die im Alltag des Europäischen Binnenmarktes grenzüberschreitende Geschäfte abschließen wollen. Die Zahl der Beschwerden, die der Kommission von Unternehmen vorgetragen werden, weil sie auf Behinderungen stießen, die mit dem Binnenmarktrecht für nicht vereinbar gehalten werden, ist nach wie vor hoch.[56] Eine große Zahl von Beschwerden wegen Behinderungen grenzüberschreitender Geschäfte wurde im Dienstleistungsverkehr registriert. Sie sind besonders häufig in den Dienstleistungssektoren, für die kein sektorspezifischer gemeinsamer Rechtsrahmen geschaffen wurde, sondern für die Art. 49 EGV-A (Art. 59 EGV-M), der die Freiheit des Dienstleistungsverkehrs postuliert, nach der Rechtsprechung des EuGH unmittelbar gilt. Grund der Beschwerden der Unternehmen waren in aller Regel Weigerungen von Mitgliedstaaten, ausländische Anbieter von Dienstleistungen – mit rechtmäßiger Niederlassung in einem Staat der EU – auf ihrem Staatsgebiet tätig werden zu lassen.

Der Aktionsplan der Kommission für den Binnenmarkt vom 12. Juni 1997 stellt einen Versuch dar, den Binnenmarkt weiter zu vervollkommnen. Die Kommission nennt in ihrem Plan vier strategische Ziele: (1) die wirksame Durchsetzung der für den Binnenmarkt geltenden gemeinsamen Regeln, (2) die Beseitigung von Marktverzerrungen aufgrund von Steuerschranken und nationalen Regelungen, die im Widerspruch zum gemeinsamen Wettbewerbsrecht stehen, (3) den Abbau sektorspezifischer Schranken gegen die Marktintegration und (4) die Stärkung der Binnenmarktrechte der Unionsbürger. Diese vier Ziele standen von Anfang an im Mittelpunkt der europäischen Integration. Nicht mehr um ihre Gültigkeit wird heute gerungen, sondern um ihre Konkretisierung.

10. Bewertung der Binnenmarktpolitik aus gesamtwirtschaftlicher Sicht

Zunächst einmal ist hervorzuheben, daß protektionistische Strömungen, die sich in Phasen konjunkturellen Abschwungs erfahrungsgemäß verstärken, im Unterschied zu den Krisenjahren 1981 und 1982 nicht viel bewirken konnten. Die Mitgliedstaaten bewiesen weitgehend normale Vertragstreue und waren nicht bereit, die gewonnenen Freiheiten im innergemeinschaftlichen Wirtschaftsaustausch einzuschränken. Staus von Lastkraftwagen vor den Binnengrenzen aufgrund von Grenzkontrollen hat es nach 1992 nicht gegeben. Der Binnenmarkt hat insoweit seine

Bewährungsprobe bestanden. Der Beitrag der EU zum Abschluß der Uruguay-Runde des Allgemeinen Zoll- und Handelsabkommens (GATT)[57], die Hilfe bei der Vorbereitung der assoziierten Staaten Mittel- und Osteuropas auf die Integration in den Binnenmarkt der Union sowie die Bereitschaft der EU, in bilateralen Verhandlungen mit wichtigen Handelspartnern den Binnenmarkt im Bereich des Beschaffungswesens (Bau- und Dienstleistungsaufträge sowie elektrische Anlagen) zu öffnen[58] und bei der Normung und Standardisierung verstärkt die Abstimmung mit anderen Normenorganisationen zu suchen[59], sind Belege dafür, daß die externe Marktöffnung neben der Binnenmarktpolitik ein wichtiges Ziel ist. Haben sich nun aber die Erwartungen auf eine Revitalisierung der Europäischen Wirtschaft, die an die Marktöffnung geknüpft wurden, auch erfüllt?

Die Europäische Kommission kommt in ihren Bewertungen des Binnenmarktprogrammes zu einer eindeutig positiven Bilanz. In ihrer ersten Bilanz vom 5. Dezember 1993 weist sie unter anderem aus, daß die Vollendung des Binnenmarktes in der Zeit von 1986 bis 1990 neun Millionen Arbeitsplätze entstehen ließ, das Bruttoinlandsprodukt (BIP) um 0,5 Prozentpunkte zusätzlich erhöht und eine Zunahme der Investitionen um 33,3 Prozent bewirkt hat.[60] Die in der Kommissionsbilanz aufgeführten Erfolgsindikatoren beruhen allerdings auf wenig plausibel erscheinenden Annahmen über die Referenzentwicklung, die ohne Vollendung des Binnenmarktes stattgefunden hätte. So hat es den Anschein, daß die Kommission die Effekte des Binnenmarktes aus einem Vergleich der Entwicklung im Zeitraum 1985/1986 bis 1990 mit dem Zustand der Wirtschaft von vor 1985/1986 ableitet. Es ist jedoch anzunehmen, daß sich die europäische Wirtschaft auch ohne Binnenmarktprogramm weiter entwickelt hätte und nicht auf dem Stand von 1985/86 stehengeblieben wäre.

In ihrer zweiten Bilanz vom 30. Oktober 1996 wendet sie ein anderes Konzept an.[61] Sie leitet die makroökonomischen Wirkungen aus mikroökonomischen Prozessen ab, die ihrer Einschätzung nach durch die Binnenmarktmaßnahmen ausgelöst wurden. Auch teilt sie mit, daß ihre Bewertung nicht abschließend sei, weil die Wirkungen der Binnenmarktpolitik nur schwer von den Wirkungen anderer Ereignisse zu isolieren seien. Ausgangspunkt der Analyse der Kommission sind die Veränderungen der Produktions- und Handelsstrukturen, die die Binnenmarktmaßnahmen innerhalb der EU hervorgerufen haben. Es seien Spezialisierungsgewinne aufgrund besserer Nutzung komparativer Kostenvorteile und Kostensenkungen durch Wahrnehmung der Kostenvorteile großer Betriebe realisiert worden. Der Handel habe signifikant zugenommen, und die Direktinvestitionen aus Drittländern seien kräftig gestiegen. Die gesamte Investitionstätigkeit habe sich im Vergleich zu einer Entwicklung ohne die Binnenmarktmaßnahmen um 1 bis 3 Prozent erhöht, das gemeinschaftsweite Einkommen läge um 1,1 bis 1,5 Prozent und die Zahl der Beschäftigten um 300 000 bis 900 000 höher, als es sonst der Fall gewesen wäre. Überdies habe sich die Konvergenz der Einkommen erhöht; insbesondere die Mehrheit der Länder in Randlagen der EU habe überdurchschnittlich hohe Einkommenszuwächse erzielt.

11. Fazit

Die Diskussion um die exakte Höhe der Binnenmarkteffekte mag noch nicht abgeschlossen sein. Kein Zweifel besteht aber, daß ein wichtiges Ziel des Binnenmarktprogramms verwirklicht wurde: Der materielle Wohlstand der Unionsbürger wurde erhöht. Und zugleich wurde mit der Beseitigung der Schranken an den Binnengrenzen das sichtbare Zeichen gegeben, daß die Staatsregierungen in einem großen Teil Europas das Zusammenwachsen der Nationen nicht mehr behindern werden. Ihrem jahrelangen Traum von einem Europa, in dem statt kriegerischer Rivalität der Nationen ein friedlicher Wettbewerb zum Vorteil aller herrscht, sind die Europäer damit ein gutes Stück nähergekommen.

Weiterführende Literatur

Späth, Lothar, und Christian Dräger (Hrsg.): Die Europäische Gemeinschaft in der Weltwirtschaft, Baden-Baden 1987.
Siebert, Horst (Hrsg.): The Completion of the Internal Market, Tübingen 1990.
Weidenfeld, Werner: 500 Tage EG-Binnenmarkt: Bilanz einer Etappe, in: Orientierungen zur Wirtschafts- und Gesellschaftspolitik 1994, S. 19-25.
Europäische Kommission: Wirkung und Wirksamkeit der Binnenmarktmaßnahmen. Mitteilung der Kommission an das Europäische Parlament und den Rat v. 30. Oktober 1996.

Anmerkungen

1 Kommission der Europäischen Gemeinschaften: Vollendung des Binnenmarktes. Weißbuch der Kommission an den Europäischen Rat. Mailand, 28./29. Juni 1985. Dokumente, KOM(85)510 endg., 14. Juni 1985 (im folgenden zitiert als Weißbuch).
2 Allais, Maurice: Erreurs et impasses de la construction européenne. Paris/Juglar 1992. Ders.: L'Europe face à son avenir: que faire?, Laffont 1991.
3 Klein, Lawrence: EC Integration and the World Economy, in: Impact of EC integration on Asian Industrializing Region. IDE Symposium Proceedings 14, Tokio 1994, S. 12–20. Ders.: The Single Market in Europe: an American Appraisal, in: Dewatripont, Mathias, und Victor Ginsburg (Hrsg.): European Economic Integration. Contributions to Economic Analyses 224, Amsterdam 1994, S. 1–16.
4 Meade, James E.: La costruzione della nuova Europa: diversità nazionali »versus« uniformità continentale, in: Revista di politica economica 5 (1991), S. 17–71.
5 Samuelson, Paul A.: Viaggio in Italia, Rivista di politica economica 8/9 (1993), S. 173–183.
6 Aktionsplan für den Binnenmarkt. Mitteilung der Kommission an den Europäischen Rat. Abgedruckt in: Europe. Dokumente Nr. 2039/2040 v. 12. Juni 1997.
7 Artikelangaben aus den Europäischen Verträgen erfolgen nach der konsolidierten Fassung der Verträge, die durch den Amsterdamer Vertrag vorgenommen wurde. EGV-A = Vertrag zur Gründung der Europäischen Gemeinschaft (EG) vom Februar 1992 in der Fassung vom 2. Oktober 1997. Die alte Artikelnumierung nach dem Maastrichter Vertrag wird zusätzlich als »EGV-M« angegeben.

8 Braun, Fernand: Die Europäische Gemeinschaft auf dem Weg zu einem gemeinsamen Binnenmarkt, in: Späth, Lothar, und Christian Dräger (Hrsg.): Die Europäische Gemeinschaft in der Weltwirtschaft, Baden-Baden 1987, S. 137–148.

9 Abmachungen auf Kosten Dritter sind ein Merkmal des von Giersch als partieller Korporativismus ohne Konsens bezeichneten deutschen Entscheidungssystems. Vgl. Giersch, Herbert: Eurosklerose, Europhorie oder Revitalisierung der europäischen Wirtschaft?, in: Späth/Dräger (Anm. 8), S. 43–67.

10 Die Einzelhandelskette REWE hatte das Recht gefordert, den Fruchtsaftlikör Cassis de Dijon aus Frankreich einzuführen und in Deutschland zu vertreiben, obwohl der Alkoholgehalt mit 15–20 Prozent nicht der deutschen Vorschrift entsprach, wonach Fruchtsaftliköre mindestens 25 Prozent Alkohol enthalten müssen. Die Bundesregierung hatte das Verbot des Vertriebes des Cassis de Dijon mit dem Erfordernis des Verbraucherschutzes und des Gesundheitsschutzes gerechtfertigt. Der Europäische Gerichtshof erkannte hierin keine zwingenden Erfordernisse. Vgl. Rechtssache (Rs.) 120/78, in: Gerichtshof der Europäischen Gemeinschaften: Sammlung der Rechtsprechung des Gerichtshofes und des Gerichtes erster Instanz (im Folgenden abgekürzt mit Slg.), Luxemburg 1979, S. 649.

11 Die Skepsis über die Zukunft der Gemeinschaft kam in der Themenstellung vieler Beiträge zur Europäischen Integration zum Ausdruck. Als ein Beispiel dienen mag Thorn, Gaston: Die EG, war es ein Irrtum?, in: Europa Archiv 39 (1984).

12 Europäischer Rat: Feierliche Deklaration zur Europäischen Union. Stuttgart, 20. Juni, in: Handbuch des Europäischen Rechts. 243. Lieferung, Juli 1988, S. 8.

13 Langhammer, Rolf J.: Hat der europäische Integrationsprozeß die Integration der nationalen Märkte gefördert?, Kieler Diskussionsbeiträge 130, Kiel, März 1987.

14 Vgl. Dicke, Hugo: Das Programm zur Vollendung des Binnenmarktes – Versuch einer Zwischenbilanz, in: Die Weltwirtschaft 1 (1989), S. 92.

15 Vgl. Amt für amtliche Veröffentlichungen der Europäischen Gemeinschaften: EG '92. Ein Markt mit neuen Dimensionen, Luxemburg 1987/1988.

16 Giersch, Herbert: Eurosklerosis. Kieler Diskussionsbeiträge 112, Kiel, Oktober 1985.

17 »Europe's weakness is not technological but institutional.« Giersch: Eurosklerosis, S. 7. Vgl. auch: Michel, Albert, und Robert James Ball: Wege für einen dauerhaften Aufschwung der europäischen Wirtschaft in den achtziger Jahren, Brüssel 1983.

18 Die Akte wurde am 28. Februar 1986 unterzeichnet und trat am 1. Juli 1987 in Kraft.

19 Vgl. Hrbek, Rudolf: Der mühsame Einstieg in die EG-Reform, in: Wirtschaftsdienst 10 (1987), S. 497–505.

20 Eigentlich sollte die Frage nach der Höhe des Wachstumsimpulses sekundärer Natur sein, wenn als sicher gelten kann, daß eine politische Maßnahme überhaupt wohlfahrtsmehrend wirkt. In der politischen Diskussion entscheidet aber oftmals das quantifizierte Argument.

21 Cecchini, Paolo: Europa '92. Der Vorteil des Binnenmarktes, Baden-Baden 1988. Siehe auch: Kommission der EG: The Economics of 1992, European Economy 35 (1988).

22 Das Verbraucherpreisniveau könne – bei einem BIP-Anstieg um 4,5 Prozent – um sechs Prozent niedriger, die Beschäftigung um 1,8 Millionen Personen höher sein und der staatliche Finanzierungssaldo sich in Relation zum Bruttoinlandsprodukt um zwei Prozentpunkte verbessern. Der höchstmögliche Anstieg des BIP wurde mit 7 Prozent angegeben. In diesem Fall könne die Beschäftigung um fünf Millionen Erwerbstätige höher sein als ohne Vollendung des Binnenmarktes.

23 Engels, W.: Europa 1992, in: Wirtschaftswoche 36 (1988), S. 154. Prognos: Euro-Report '89, Volume A, Industrialized countries, Basel 1988, S. 18. Prognos hielt in den neunziger Jahren einen Binnenmarkteffekt von nur 3 Prozent BIP-Zuwachs für wahrscheinlicher als 4,5 Prozent.

24 Catinat, Michel, Eric Donni und Alexander Italiander: The Completion of the Internal Market: Results of Macroeconomic Model Simulations, Economic Papers Nr. 65, Brüssel, September 1988.
25 Statt einer Zunahme des BIP um (mindestens) 4,5 Prozent wurde im Falle der Bundesrepublik mit einer Zunahme von nur 4,2 Prozent gerechnet.
26 Vgl. die Übersicht bei Robson, Peter: The Economics of International Integration, London 1984, S. 202.
27 Nach Ansicht von Herbert Giersch war dies eine Unterschätzung. Von der größeren Wettbewerbsintensität erwartete er, daß sie die Wachstumsrate um etwa einen Prozentpunkt erhöht. Vgl. Giersch, Herbert: Der EG-Binnenmarkt als Chance und Risiko. Kieler Diskussionsbeiträge 147, Kiel, Dezember 1988.
28 Giersch, Herbert: Zur Frage der Anwendung des Ursprungs- oder Bestimmungslandprinzips bei der Umsatzsteuer im Gemeinsamen Markt. Schriftenreihe der Wirtschaftsvereinigung Eisen- und Stahlindustrie zur Wirtschafts- und Industriepolitik, Heft 1, Düsseldorf 1962.
29 Dicke, Hugo: Harmonisierung durch Wettbewerb oder Absprache?, in: Die Verwirklichung des EG-Binnenmarktes, Beihefte der Konjunkturpolitik 36 (1990), S. 33–43.
30 Pelkmans, Jacques: The New Approach to Technical Harmonization and Standardization, in: Journal of Common Market Studies 3 (1987), S. 249–269.
31 Vgl. Dicke (Anm. 14), S. 96 ff.
32 Giersch, Herbert: Internal and External Liberalisation for Faster Growth. Commission of the European Communities, Directorate General for Economic and Financial Affairs, Economic Paper 54, Brüssel 1987.
33 Kommission der EG: Sechster Bericht über die Durchführung des Weißbuches, 1991.
34 Kommission: 27. Gesamtbericht über die Tätigkeit der Europäischen Gemeinschaften 1993, Luxemburg 1994, S. 37.
35 Eine Zusammenfassung der 280 Maßnahmen zu 28 oder weniger wäre nicht auf sachlogische Hindernisse gestoßen. Dies gilt insbesondere für Schritte zur Beseitigung der materiellen Schranken; mit materiellen Schranken sind die Kontrollen der Waren und die veterinären und phytosanitären Kontrollen angesprochen. Beispielsweise wurde für jede Tierseuche mindestens eine Richtlinie vorgeschlagen. Allein fünf Richtlinien gibt es, die ausschließlich die Schweinepest zum Gegenstand haben. Die Richtlinien für die Beseitigung technischer und steuerlicher Hemmnisse und die Schaffung eines gemeinsamen Rechtes für den Handel mit Dienstleistungen im Bereich des Banken-, Versicherungs-, Verkehrs- und Fernmeldewesens hätten sich auch einfacher fassen lassen. Die statt dessen verfolgte Gesetzgebung der vielen kleinen Schritte könnte jedoch die Durchsetzbarkeit im politischen Raum erhöht haben. Trifft dies zu, so wurde aber der Vorteil unter Verzicht auf elementare Ansprüche an eine Gesetzgebung wie Universalität und Verständlichkeit erkauft.
36 Kommission der EG: Grünbuch zur Entwicklung der Europäischen Normung, 1990.
37 Vgl. Kommission der EG: Grünbuch zur Entwicklung der Europäischen Normung, 1990.
38 Beispielsweise wurde die EG-Richtlinie über die Lieferungen und Leistungen für die öffentliche Hand einschließlich Fernmelde-, Transport- und Verkehrswesen sowie über die Energie- und Wasserversorgung geändert: Die einkaufenden Stellen sollten die Einhaltung von Normen verlangen, die aus der europäischen Normungsarbeit hervorgegangen sind. Darüber hinaus wurden im Rahmen der EG-Technologiepolitik Forschungsvorhaben gefördert (z. B. ESPRIT, RACE), die zur Entwicklung gemeinsamer Normen beitragen sollen.
39 Nachdem Mindestfordernisse für die Eigenkapitalausstattung, die Zahlungsfähigkeit und die Jahresabschlüsse festgelegt waren, wurde die Gültigkeit von nationalen Lizenzen

zur Betreibung von Bankgeschäften auf den gesamten Wirtschaftsraum ausgedehnt. Für die Emission und den Handel von Wertpapieren im Binnenmarkt wurden europaweit geltende Mindestanforderungen erlassen.
40 Schatz, Klaus Werner: Die Europäische Gemeinschaft auf dem Weg zu einem gemeinsamen Binnenmarkt?, in: Späth/Dräger (Anm. 8), S. 151–172.
41 Vgl. Peffekoven, Rolf: Ökosteuern und Steuerharmonisierung in der EG, in: Energiewirtschaftliche Tagesfragen 9 (1990), S. 652–654.
42 Zu den Details der Gesetzgebung siehe die Gesamtberichte über die Tätigkeit der Europäischen Union. Eine Auswertung der Binnenmarktpolitik in den Jahren 1993 und danach findet sich in den jeweiligen Kapiteln »Binnenmarktpolitik« in Weidenfeld, Werner, und Wolfgang Wessels (Hrsg.): Jahrbuch der Europäischen Integration 1993/1994, 1994/95, 1995/96 und 1996/97, Bonn 1994–1997.
43 Richtlinie 90/531 EWG, ABl. der EG L, 199/9, August 1993, gilt nunmehr für diese Sektoren auch.
44 Die Richtlinien sind abgedruckt in ABl. der EG L, 228, 11. August 1992 und ABl. der EG L, 360, 9. Dezember 1992.
45 Bulletin der EG 4 (1994).
46 Vgl. Europäische Kommission: Gesamtbericht über die Tätigkeit der Europäischen Union 1995 und 1996. Brüssel/Luxemburg 1996 und 1997.
47 Die Politikmaßnahmen, die die Binnenmarktpolitik unterstützend begleiten sollen, wurden in der Einheitlichen Europäischen Akte in den Artikeln 20 f. aufgeführt. Der Maastrichter Vertrag erweiterte die Zuständigkeiten für diese Politikbereiche und schuf Zuständigkeiten für neue flankierende Maßnahmen, z. B. für die Verbraucherpolitik.
48 Europäische Kommission: 15. Jahresbericht über die Kontrolle der Anwendung des Gemeinschaftsrechts 1997, in: ABl der EG, C 250 (1998).
49 Die Anzahl der laufenden Verfahren betrug Ende 1997 444, die Anzahl der 1997 neu eingegangenen Beschwerden 143.
50 Seit Einführung des Informationsverfahrens hat die Kommission 4 753 Notifizierungen von Entwürfen, neuen Normen oder technischen Vorschriften (bis Ende 1997) erhalten.
51 Hierzu wurde am 8. Mai 1996 das Pilotprojekt SLIM begonnen. Es soll gemäß dem Aktionsplan für den Binnenmarkt vom 12. Juni 1997 ein rollendes Programm zur Vereinfachung und Verbesserung des Binnenmarktrechtes werden.
52 Rs. C-91/92 (Faccini Dori/Recreb), Slg. 1995 I, S. 3325.
53 Rs. C-43/93 (Raymond Vander Elst/OMI), Slg. 1994 I, S. 3803.
54 Rs. C-319/92, Slg. 1994 I, S. 425 und Rs. C-154/93, Slg. 1994 I, S. 451.
55 Viele Rechtsakte, die nach 1992 begeben wurden, hatten Änderungen von Richtlinien zum Gegenstand, die nach 1986 begeben worden waren. Es ging meist um Anpassung des Rechtes an den technischen Fortschritt.
56 Vgl. die Statistik hierüber in den Gesamtberichten der Europäischen Kommission über die Tätigkeit der Europäischen Union.
57 Vgl. hierzu: Langhammer, Rolf J.: Nach dem Ende der Uruguay-Runde: Das GATT am Ende?, Kieler Diskussionsbeiträge 222, Kiel, März 1994.
58 Vgl. 27. Gesamtbericht (Anm. 34), S. 54.
59 Vgl. 27. Gesamtbericht (Anm. 34), S. 45.
60 Kommission der EG: Wachstum, Wettbewerbsfähigkeit, Beschäftigung. Herausforderungen der Gegenwart und Wege ins 21. Jahrhundert. Weißbuch. KOM(93) 700 endg., Brüssel, 5. Dezember 1993, S. 3.
61 Europäische Kommission: Wirkung und Wirksamkeit der Binnenmarktmaßnahmen. Mitteilung der Kommission an das Europäische Parlament und den Rat. 30. Oktober 1996.

Europa als Wirtschafts- und Währungsunion

OLAF HILLENBRAND

Die im Vertrag über die Europäische Union festgelegte Vision einer Wirtschafts- und Währungsunion (WWU) ist das bislang wohl ambitionierteste Ziel der europäischen Integration. Die gemeinsame Währung, der Euro, wird die Gestalt der EU nachhaltig verändern und deren Konzeption als Schicksalsgemeinschaft weiter vertiefen. Sie gilt darüber hinaus – wenn sie auch langfristig erfolgreich umgesetzt werden kann – als Meilenstein für die Sicherung des Standortes Europa im Weltmarkt. Die Wirtschafts- und Währungsunion erzeugt bei den Bürgern – im Gegensatz zu den maßgeblichen politischen Akteuren – zum Teil Skepsis und Furcht. Vielfach wahrgenommene Informationsdefizite müssen um so mehr verwundern, als das Vorhaben bereits seit drei Jahrzehnten im Zielkatalog der Europapolitik steht.

Angesichts der nach wie vor beträchtlichen ordnungspolitischen Unterschiede zwischen den EU-Mitgliedstaaten[1] wurzeln zahlreiche Debatten in den bisher stets vorhandenen Bruchlinien der europäischen Währungspolitik. In der Rückschau helfen überdies mehrere Grundströmungen bei der Einordnung der politischen Auseinandersetzungen und Konflikte: Europäische Währungspolitik war zum einen seit ihren Anfängen geprägt von der Suche nach einem Kompromiß zwischen mindestens zwei grundsätzlichen ökonomischen Orientierungen. Sie ist zum anderen stets in Reaktion auf zwingende äußere Einflüsse entstanden, die national nicht mehr bewältigt werden konnten. Die europäische Währungspolitik hat sich dabei evolutiv entwickelt und jeweils die Erfahrungen der gescheiterten Ansätze genutzt.

1. Ausgangspunkte europäischer Währungspolitik

Wechselkursschwankungen wirken sich auf miteinander stark verflochtene Ökonomien störend aus. Dies betrifft sowohl die Außenwirtschaftsbeziehungen als auch die Verhältnisse im Innern. Die Durchführung einer gemeinsamen europäischen Währungspolitik war in den Römischen Verträgen zuerst nicht vorgesehen.

Um die Ziele der anfangs auf wenige Sektoren beschränkten Europapolitik zu erreichen, genügte es, Grundsätze zur Koordinierung der Wirtschafts- und Währungspolitik festzulegen. Zudem waren die Bedingungen für den Abbau von Hindernissen im zwischenstaatlichen Warenverkehr in den Anfangsjahren der EWG günstig. Durch das auf der Goldparität des Dollars basierende System von Bretton Woods erfüllte die amerikanische Währung die Funktion einer Leitwährung.

Erst als das System von Bretton Woods Ende der sechziger Jahre in eine Vertrauenskrise geriet, stieg der Bedarf an währungspolitischer Kooperation der Europäer. Von diesem Zeitpunkt an konnten die Wechselkurse der EG-Staaten gegenüber dem US-Dollar frei *floaten* (schwanken). Die Hoffnung, daß dadurch ein besseres wirtschaftliches Gleichgewicht entstehen würde, erfüllte sich jedoch nicht. Zum Teil fluchtartige Kapitalbewegungen sowie unrealistische Wechselkurse trugen zu einer Anheizung der Inflation bei. Für die EG, die bereits knapp 50 Prozent ihres Außenhandels untereinander abwickelte, wurde eine engere währungspolitische Integration dadurch zum Sachzwang. Beispielsweise geriet der gemeinsame Agrarmarkt unter erheblichen Druck, so daß Währungsausgleichsabgaben eingeführt werden mußten. Ein anderer Aspekt war, daß sich Inflations- und Deflationsimpulse einzelner EG-Staaten relativ schnell auf die anderen Partnerstaaten übertragen konnten. Entsprechende nationale Abwehrmaßnahmen wirkten sich negativ auf die Integrationsbemühungen aus.

Vor diesem Hintergrund beschloß 1969 die Haager Konferenz der sechs Staats- und Regierungschefs nach einer Phase politischer Stagnation eine engere politische Zusammenarbeit sowie den schrittweisen Aufbau einer europäischen Wirtschafts- und Währungsunion. Bereits zuvor hatte die Kommission im *Barre-Memorandum* eine Intensivierung der währungspolitischen Zusammenarbeit angeregt. Die Beschlüsse des Gipfels von Den Haag lösten eine unverkennbare Dynamik aus. Bereits im Februar 1970 beschlossen die Zentralbankgouverneure – nach einer entsprechenden Einigung im Rat – ein erstes währungspolitisches Instrument zur kurzfristigen Stützung der Währungen bei akuten Schwierigkeiten. In mehreren Memoranden und Mitteilungen legten einzelne Mitgliedstaaten sowie die Kommission ihre Vorschläge zur Umsetzung der WWU vor.

Dabei zeichneten sich die Gegensätze zweier grundverschiedener Strategien ab, die in den kommenden Jahren immer wieder den Verlauf der Konflikte bestimmten: Die sogenannten Monetaristen – mit Frankreich an der Spitze – stellten die Fixierung fester Währungsparitäten in den Mittelpunkt. Sie vertrauten auf die Sogwirkung einer möglichst frühzeitigen gemeinsamen Währung im Hinblick auf die Weiterentwicklung einer gemeinsamen Wirtschafts- und Konjunkturpolitik (*Lokomotivtheorie*). Während die Staaten in diesen Bereichen ihre nationalen Kompetenzen vorerst beibehalten sollten, sahen die Monetaristen eine Palette von Maßnahmen vor, die von der Verringerung der Bandbreiten für zulässige Wechselkursschwankungen, verschiedenen Kreditmechanismen, der Errichtung eines Devisenausgleichsfonds bis zu einer freiwilligen Koordinierung der Wirtschaftspolitik reichten. In der Konsequenz hätte dieser Ansatz die Staaten mit einer stabilitätsorientierten Ausrichtung verpflichtet, durch den Ankauf von Währungen schwächerer Staaten deren Defizite auszugleichen. Damit wäre das Risiko eines Inflationsimportes verbunden gewesen.

Die sogenannten Ökonomisten – um die deutsche Position gruppiert – orientierten sich dagegen am Ziel möglichst hoher Geldwertstabilität. Dafür nahmen sie auch eine Verringerung des Wirtschaftswachstums in Kauf. Nach ihrer Auffassung erforderte der Weg zur Wirtschafts- und Währungsunion zuerst eine weitergehende Abstimmung der Konjunktur-, Haushalts- und Wachstumspolitik, in letzter Konsequenz mit der Abgabe entsprechender Souveränitäten. Erst nach dem Erreichen von annähernd gleichen, niedrigen Inflationsraten würde demnach eine dauerhafte Annäherung der Währungen, im Sinne einer Krönung der gemeinsamen Anstrengungen in der Ökonomie, sinnvoll werden.

Der im Oktober 1970 von einer Sachverständigengruppe vorgelegte *Werner-Plan* sollte zwischen diesen Vorstellungen vermitteln. Angesichts der Gefahren, die sich für Europa aus unkontrollierten Wechselkursänderungen ergaben, sah er vor, in einem Drei-Stufen-Plan die verbindliche Koordinierung der Volkswirtschaften zu erreichen.[2] In der dritten, für 1980 geplanten Stufe waren eine gemeinsame Wirtschaftspolitik mit einem gemeinsamen Zentralbanksystem sowie die Fixierung der innergemeinschaftlichen Wechselkurse vorgesehen. Zwar kam es 1971 und 1972 zu Beschlüssen über die unwiderrufliche Verwirklichung der WWU, aber der Konsens über den Weg dorthin erwies sich als brüchig. Während der Einstieg in die erste Stufe mit der versuchsweisen Verringerung der Bandbreiten zwischen den EG-Währungen gelang, konnte der Rat über die Ausgestaltung der weiteren Stufen keine Einigung erzielen. Er vertagte dies auf einen späteren Zeitpunkt.

Auch standen die faktischen wirtschafts- und währungspolitischen Entwicklungen in der EG der Realisierung entgegen. Bereits im Mai 1971 traten erneute Spannungen im Weltwährungssystem auf. Die Bundesrepublik und die Niederlande gaben daraufhin die Wechselkurse frei und schoben damit die Ratsbeschlüsse über die Verringerung der Bandbreiten zunächst auf. Im August 1971 hoben die USA die Goldkonvertibilität des Dollars auf – das System von Bretton Woods war zusammengebrochen. Die Gemeinschaft bemühte sich um Schadensbegrenzung, um ihre Währungen abzusichern. Neben der Gründung des Europäischen Fonds für währungspolitische Zusammenarbeit (EFWZ) sah die sogenannte Währungsschlange (*Schlange im Tunnel*) als ersten Schritt auf dem Weg zur Währungsunion die Begrenzung der Wechselkursschwankungen zwischen den EG-Währungen auf +/-2,25 Prozent vor. Wenn Währungen in Gefahr gerieten, die Bandbreite zu verlassen, waren zur Abwehr gegenseitige *Interventionen* (Stützungskäufe durch die Zentralbanken) vorgesehen, die über den EFWZ abgewickelt wurden. Um interne Spannungen zu vermeiden, sollten die europäischen Währungen gegenüber dem US-Dollar und anderen Währungen gemeinsam *floaten*.

Die notwendige Voraussetzung für das dauerhafte Funktionieren eines solchen Systems – eine konvergente Wirtschaftsentwicklung zwischen den daran teilnehmenden Staaten – war in der Gemeinschaft jedoch nicht gegeben. Während die Starkwährungsländer den Wert einer stabilen Währung höher einschätzten, bekämpften die Schwachwährungsländer die Arbeitslosigkeit mit einer Steigerung der Inflationsrate. Fast alle teilnehmenden Staaten sahen sich so gezwungen, zeitweilig aus der Währungsschlange auszuscheren, um größere Spielräume für die nationalen Beschäftigungspolitiken zu gewinnen. Mit der Verschärfung der Wirtschaftskrise wurde der *Werner-Plan* obsolet. Der Eintritt in die zweite Stufe der WWU wurde nicht vollzogen und das Ziel zunächst nicht weiter verfolgt.

Das Scheitern dieses Ansatzes hat die grundsätzlichen Probleme der europäischen Währungsintegration verdeutlicht. Für die verhältnismäßig kleinen europäischen Staaten schufen die Veränderungen des Weltwährungsgefüges Handlungsbedarf zur Etablierung eines Systems, das einerseits einen gewissen Schutz gegen die Dollarabhängigkeit bieten sollte, andererseits der engen wirtschaftlichen Verflechtung der EG-Staaten Rechnung trug. Zwar mochte keiner von ihnen auf die bis dahin spürbaren integrationsbedingten Wachstumsimpulse verzichten. Aber obwohl jeder Mitgliedstaat in seiner Wirtschafts- und Währungspolitik an Einfluß verlor, waren die EG-Staaten Anfang der siebziger Jahre zur Abgabe umfangreicher Souveränitätsrechte noch nicht bereit gewesen. Es ist daher fraglich, ob eine WWU unter den Bedingungen des *Werner-Planes* hätte gelingen können.[3]

2. Das Europäische Währungssystem

Nach einer Phase der Orientierungslosigkeit nahm in der Folge der zweiten Ölkrise die Bereitschaft der EG-Mitgliedstaaten zu, einen größeren Beitrag zur Währungsstabilität zu leisten. Auf Initiative von Bundeskanzler Helmut Schmidt sowie des französischen Staatspräsidenten Valéry Giscard d'Estaing konnte der Europäische Rat sich am 5. Dezember 1978 auf die Errichtung des Europäischen Währungssystems (EWS) einigen. Obwohl als währungspolitische Klammer der EG konzipiert, wurde das EWS außerhalb der gemeinsamen institutionellen Strukturen angesiedelt. Es wurde durch ein Abkommen der EG-Zentralbanken vom 13. März 1979 rückwirkend ab Januar 1979 in Kraft gesetzt. Erst mit der Einheitlichen Europäischen Akte wurde das EWS auch formal an den EWG-Vertrag gebunden.

2.1 Konstruktion

In seiner Konstruktion griff das EWS auf die Instrumente der Währungsschlange zurück, erhielt darüber hinaus aber auch neue Funktionen. Insgesamt läßt es sich durch vier Elemente charakterisieren: eine Währungseinheit, ein Wechselkurs- und Interventionssystem, verschiedene Kreditmechanismen sowie die Koordinierung der Wechselkurspolitik gegenüber Drittstaaten.[4] Die aus der Europäischen Rechnungseinheit hervorgegangene ECU (*European Currency Unit*) war eine Korbwährung, die aus den Bestandteilen der Gemeinschaftswährungen – nach Maßgabe der Wirtschaftskraft der EG-Mitgliedstaaten – zusammengesetzt wurde. Im EWS diente die ECU unter anderem als Bezugsgröße für die Festlegung der Leitkurse der am EWS teilnehmenden Währungen im Wechselkursmechanismus sowie als Reservemittel zwischen den Währungsbehörden der EG. Durch ihre Zusammensetzung bildete die ECU einen Mittelwert zwischen den teilnehmenden Währungen. Diese Konstruktion machte sie inflationsbeständiger als die schwächeren Korbwährungen.

Der Wechselkursmechanismus profitierte in besonderem Maße von den durch die Währungsschlange gewonnenen Erfahrungen. Für jede am EWS teilnehmende Währung bestand ein auf den ECU bezogener Leitkurs, der im Einvernehmen mit den anderen Mitgliedstaaten an die wirtschaftliche Entwicklung angepaßt werden konnte (*Realignment*). Die EWS-Währungen wurden damit in Beziehung zueinander gesetzt. Dadurch entstand ein Netz aus bilateralen Leitkursen. Innerhalb einer festgelegten Bandbreite – in der Regel +/-2,25 Prozent (erweiterte Bandbreite: +/-6 Prozent) – konnte jede Währung bezogen auf die ECU-Leitkurse der anderen Teilnehmerwährungen von ihrem festgelegten Kurs abweichen. Daraus ergab sich ein sogenanntes Paritätengitter, das die erlaubten Ober- und Untergrenzen des Wechselkurses jeder Währung in bezug auf jede andere festlegte. Erreichte eine Währung diese Schwankungsmarge, waren die betroffenen Zentralbanken verpflichtet, durch An- oder Verkauf von Währungsreserven die Schwankung auszugleichen, um den Kurs ihrer Währung zu halten. Eine Ergänzung fand das Wechselkurssystem durch Kreditmechanismen, mit denen die Notenbanken ihre Währungen stützen können.

2.2 Entwicklung

Die Erfolgschancen des Europäischen Währungssystems wurden von seinen Kritikern anfangs nur gering eingeschätzt. Dennoch erfüllte das System bis zu seiner krisenbedingten Umgestaltung im August 1993 mit zunehmendem Erfolg die ihm zugedachten Aufgaben. Das EWS war von Anfang an nicht als Festkurssystem, sondern als System fester, aber anpassungsfähiger Wechselkurse konzipiert. Stabile Paritäten konnten allenfalls für bestimmte Zeiträume nach einem *Realignment* angenommen werden. Das EWS konnte also die Wechselkursrisiken nicht beseitigen. Allerdings vermochte es große kurzfristige Schwankungen zu vermeiden und ließ eine einigermaßen verläßliche Abschätzung der Währungsentwicklung zu. Nach elf Währungsanpassungen zwischen 1979 und 1987 kam das System fünf Jahre ohne weitere Neufestsetzungen der Leitkurse aus. Ihm kam zugute, daß der Druck auf die europäischen Währungen in den achtziger Jahren abnahm. Durch sein Funktionieren erfuhr das System einen Zuwachs an Vertrauen – die Devisenmärkte respektierten die EWS-Leitkurse zunehmend. Die Flexibilität des EWS drückte sich auch darin aus, daß es nicht von Anfang an alle Mitgliedstaaten zum Beitritt zwang und ihnen unterschiedliche Konditionen einräumte.[5]

Da der Abweichungsindikator des EWS die jeweiligen Ausreißerwährungen im Wechselkursverlauf präzise kennzeichnete, wurde es von den beteiligten Notenbanken und Regierungen »als eine sehr unangenehme Lage empfunden (...), den Indikator auszulösen und aufgrund dessen auf die internationale Anklagebank zu geraten, was ja immerhin eine Rechtfertigung der eigenen Politik gegenüber den Partnern im EWS bedeutete«.[6] So wurden die Abwertungen des französischen Francs zwischen 1981 und 1983 in Frankreich als enormer politischer Prestigeverlust angesehen. In der Erwartung weiterer Abwertungen stellten Kapitalfluchtbewegungen Frankreich vor die Wahl, entweder aus dem EWS auszutreten oder seinen wirtschaftspolitischen Kurs zu ändern. Die Abkehr Frankreichs von seiner Inflationspolitik seit 1983 – allmählich auch von anderen Mitgliedstaaten nachvollzogen – kann daher als entscheidender Erfolg des Systems gewertet werden.

Nationale Alleingänge und versteckter Protektionismus hatten zu Anfang der achtziger Jahre keine weiterführenden gemeinschaftlichen Initiativen zugelassen. Mit der Etablierung und dem Erfolg des EWS erwuchsen in der zweiten Hälfte des Jahrzehnts neue Perspektiven. Innerhalb des EWS wurden die Feinsteuerung sowie die Resistenz des Systems gegen Außeneinflüsse durch engere Zusammenarbeit der Notenbanken und die flexiblere Auslegung der Regeln verbessert. Mit dem Präsidenten der EG-Kommission, Jacques Delors, trat außerdem ab 1985 einer der einflußreichsten Europäer für den Ausbau der wirtschaftlichen Zusammenarbeit ein. Der ehemalige französische Finanzminister wurde für das EWS zur charismatischen Kraft, die dem *Werner-Plan* gefehlt hatte.

Mit dem von Delors verfolgten Ziel eines Gemeinsamen Marktes setzte die EG sich unter Handlungsdruck. Die damit verbundene Verpflichtung einer Liberalisierung des Kapitalverkehrs bis 1992 schränkte die Möglichkeiten einer eigenständigen Währungspolitik weiter ein. In diesem Zusammenhang wurde es immer stärker als Problem angesehen, daß *de facto* die EG-Währungspolitik von der Deutschen Bundesbank betrieben wurde: Wollten die Schwachwährungsländer die Wechselkurse stabil halten, dann mußten sie sich zwangsläufig an der Preisstabilität der D-Mark als stärkster Währung im EWS (*Ankerwährung*) orientieren. Der häufig artikulierte Vorwurf, daß das EWS asymmetrisch sei, bezog sich darauf, daß durch den strengen Stabilitätskurs der Bundesbank die Anpassungslasten einer Konvergenzentwicklung allein die schwächeren Mitgliedstaaten zu tragen hatten. Diese Kritik setzte die deutsche Seite unter Druck. Ihre europapolitische Glaubwürdigkeit wurde zunehmend an der Frage der Währungsintegration festgemacht.

3. Die Suche nach einer gemeinsamen Währungspolitik

Deutschland signalisierte erst 1988 im *Genscher-Memorandum* erstmals die Bereitschaft zur verstärkten Integration, ohne jedoch seine prinzipielle Skepsis gegenüber solchen Initiativen aufzugeben, die für die D-Mark zusätzliche Verpflichtungen bedeutet hätten. Im Gegensatz zu französischen und italienischen Vorstellungen, die vor allem die asymmetrische Lastenteilung im EWS korrigieren wollten, sah Deutschland in der monetären Integration eine Ergänzung des Binnenmarktes. Demnach setzt die Schaffung eines europäischen Währungsraumes einen ordnungspolitischen Grundkonsens sowie die vorrangige Verpflichtung auf das Ziel der Preisstabilität voraus. Nach einer Grundsatzdebatte beschloß der Europäische Rat im Juni 1988 in Hannover die Einsetzung eines Expertenausschusses, der konkrete Vorschläge für die Verwirklichung der WWU erarbeiten sollte.

3.1 Der Delors-Bericht

Seinen einstimmig verabschiedeten, dreiteiligen Bericht (*Delors-Bericht*) präsentierte der Expertenausschuß am 12. April 1989 vor dem Rat der EG-Wirtschafts- und Finanzminister. Während der erste Teil des Berichtes die Weiterentwicklung zur WWU als natürliche Folge des Binnenmarktes bezeichnete, skizzierte der zweite den Endzustand der Währungsunion. Institutionelles Hauptmerkmal war die Errichtung eines Europäischen Zentralbanksystems mit föderalistischem Aufbau. Der dritte Abschnitt schließlich sah auf dem Weg zur WWU – ähnlich wie im *Werner-Plan* – ein dreistufiges Vorgehen vor.[7]

Ziel der für den 1. Juli 1990 vorgesehenen ersten Stufe – dem Termin der Kapitalverkehrsliberalisierung in acht Mitgliedstaaten – war im wesentlichen die Verstärkung der währungspolitischen Koordination, der Beitritt aller Mitgliedstaaten zum EWS sowie die Aufnahme der Arbeiten für die im weiteren notwendigen Vertragsänderungen. Der wichtigste Schritt der zweiten Stufe war die Gründung eines Europäischen Zentralbanksystems mit zunächst noch eingeschränkten Befugnissen. Die dritte Phase sah den Übergang zu festen Wechselkursen bzw. einer einheitlichen Währung sowie die endgültige Abtretung von Kompetenzen auf währungs- und wirtschaftspolitischem Gebiet an die Gemeinschaft vor. Ausdrücklich verwies der Bericht auf die Notwendigkeit einer parallelen Entwicklung zwischen wirtschaftlicher und monetärer Entwicklung. Im Rückblick hat er vorstrukturiert, was später im Maastrichter Vertrag über die Europäische Union vereinbart wurde. Sein Erfolg bestand darin, eine tragfähige Kompromißlösung im Konflikt zwischen Ökonomisten und Monetaristen gefunden zu haben. Durch die Formulierung konkreter Etappen sowie des Endzustandes hat er die Dynamik der Währungsentwicklung gefördert, ohne aber zu genaue inhaltliche und zeitliche Vorgaben zu machen.

3.2 Etappen zum Unionsvertrag

Trotz britischer Bedenken beschloß der Europäische Rat in Madrid im Juni 1989 den Einstieg in die erste Stufe am 1. Juli 1990. Außerdem einigte er sich auf die

Vorbereitung einer Ende 1990 startenden Regierungskonferenz, die die institutionellen Voraussetzungen für die weiteren Stufen schaffen sollte. Auch unter dem Eindruck der sich abzeichnenden deutschen Vereinigung – in diesem Zusammenhang wurden unter anderem Zweifel an der künftigen deutschen Integrationsbereitschaft geäußert – wurde im April 1990 Konsens über eine weitere Regierungskonferenz erzielt. Diese sollte die politische Integration vertiefen. Bezogen auf die Währungsunion selbst nahmen vor allem in Deutschland die skeptischen Stimmen nach dem Beschluß zum Einstieg in die erste Stufe wieder zu. Vor allem wurde die Sorge laut, daß die D-Mark ihre Rolle als Stabilitätsanker verlieren könne. Vor diesem Hintergrund erregte 1990 ein Vorschlag des damaligen Bundesbankpräsidenten großes Interesse. Dieser sah vor, daß die WWU zunächst nur mit einer stabilitätsorientierten Kerngruppe beginnen sollte. Unter diesen Ländern könnte relativ schnell eine gemeinsame Zentralbank und eine gemeinsame Währung geschaffen werden und auf die anderen, nicht-teilnehmenden Länder eine Sogwirkung des stabilitätsorientierten Kernes ausüben.[8]

Mit dem Start der ersten Stufe am 1. Juli 1990 wurde ein System der multilateralen Überwachung eingeführt, das – in dieser Phase freiwillig – die Abstimmung der Wirtschafts- und Haushaltspolitik zur Erreichung von mehr Konvergenz in den Wirtschaftssystemen erleichtern sollte. Drei Monate später legten die Staats- und Regierungschefs den 1. Januar 1994 als Termin für den Beginn der zweiten Stufe fest, banden dies aber an Bedingungen, die den in Deutschland artikulierten Erwartungen entsprachen.[9]

Bereits vor dem Start der beiden Regierungskonferenzen – die zweite befaßte sich mit der Politischen Union – waren wegweisende Entscheidungen getroffen worden. Unter Vorsitz von Bundesbankpräsident Pöhl hatten sich die Notenbankchefs auf eine Satzung für das künftige europäische System der Zentralbanken (ESZB) und die Europäische Zentralbank (EZB) geeinigt. Demnach soll eine EZB von Institutionen der Gemeinschaft, den Regierungen der Mitgliedstaaten oder anderen Stellen unabhängig sein und das Ziel der Preisstabilität verfolgen. Der Aufbau der Zentralbank trägt föderalistische Züge. Die Satzung erhielt später als Protokoll des Maastrichter Vertrages Rechtskraft.

4. Der Vertrag über die Europäische Union

Die beiden Regierungskonferenzen zur Politischen Union sowie zur WWU starteten parallel am 15. Dezember 1990 in Rom. Im Bereich der Währungspolitik drehte sich alles um die Verwirklichung zweier grundsätzlicher Ziele. Zum einen mußten ökonomisch tragfähige Bestimmungen gefunden und verankert werden. Zum zweiten ging es um deren politische Einbettung und Absicherung. Da das WWU-Projekt einen erheblichen Verzicht an Souveränität bedeutete, strebte insbesondere die deutsche Seite parallele Fortschritte bei der politischen Integration an.

Im Ergebnis folgte der am 7. Februar 1992 in Maastricht unterzeichnete Vertrag über die Europäische Union der bisherigen Kontinuität der Europapolitik, indem er die ökonomische der politischen Integration voranstellt.

4.1 Wirtschafts- und währungspolitische Bestimmungen

Bezogen auf die Schaffung der WWU setzen sich die auf mehrere Stellen des Maastrichter Vertrages verteilten Bestimmungen zu einem Fahrplan zusammen, der politische und zeitliche Vorgaben miteinander verband.[10] Demnach sollen die Wechselkurse der Teilnehmerstaaten spätestens am 1. Januar 1999 unwiderruflich fixiert werden. Da die früheren währungspolitischen Erfahrungen verdeutlicht haben, daß feste Wechselkurse die dauerhafte Konvergenz zwischen den Teilnehmern voraussetzen, wird Wirtschaftspolitik im Vertrag als Angelegenheit von gemeinsamem Interesse bezeichnet. Zwar verbleibt diese in nationaler Kompetenz, allerdings mit der Pflicht zur engen Koordinierung sowie einem entsprechenden Überwachungsverfahren, das im Falle übermäßiger Haushaltsdefizite abgestufte Sanktionsmöglichkeiten bereithält (Art. 104–104c EGV[11]). Komplementär zum Zentralbankstatut etabliert der Maastrichter Vertrag in den Artikeln 105–109d EGV die das Europäische System der Zentralbanken betreffenden währungspolitischen Bestimmungen. Diese betonen die Vorrangigkeit des Zieles der Preisstabilität. Zur Sicherung dieses Zieles ist die EZB weisungsunabhängig. Jede Art der Finanzierung von öffentlichen Defiziten ist ihr untersagt. Die währungspolitischen Bestimmungen folgen insgesamt dem deutschen Vorbild. Sie erteilen früher geäußerten Vorstellungen, daß die EZB Geldpolitik innerhalb vorgegebener Leitlinien einer Wirtschaftsregierung durchzuführen habe, eine deutliche Absage. Tatsächlich ist die einzige außerhalb der Kompetenz der Zentralbank verbliebene geldpolitische Befugnis die für die äußere Währungspolitik.

4.2 Übergang in die zweite und dritte Stufe

Die Bestimmungen zur Ausgestaltung der zweiten und zum Übergang in die dritte Stufe erwiesen sich als konfliktreiche Verhandlungsthemen. Der deutschen Auffassung folgend wurde festgelegt, daß vor Beginn einer glaubwürdigen gemeinsamen Währungspolitik kein Einfluß auf die nationale Politik möglich sein sollte, und daß die zweite und dritte Stufe eng miteinander verklammert werden sollten. Demgemäß wurde die zweite Stufe als Testphase ausgestaltet, innerhalb derer die Entscheidungskompetenz über geldpolitische Entscheidungen bei den Mitgliedstaaten verbleibt, die jedoch ihre jeweiligen Notenbanken in die Unabhängigkeit entlassen müssen (Art. 109e EGV). Die Bemühungen um Konvergenz und Haushaltsstabilität werden von den Mitgliedstaaten in eigener Verantwortung vertieft. Dies umfaßt – noch ohne die Sanktionsmöglichkeiten – die Anwendung der wirtschaftspolitischen Koordinierungs- und Konvergenzinstrumente: Verbot der Defizitfinanzierung, Eigenverantwortlichkeit für die Staatsschuld sowie Vermeidung übermäßiger Defizite.

Institutionelle Konsequenz der Vorbereitung der WWU war die Einrichtung des Europäischen Währungsinstitutes (EWI), dem Vorläufer der Europäischen Zentralbank, das unter anderem Instrumente und Verfahren zur Durchführung einer einheitlichen Geldpolitik entwickelte. Da die Wertbeständigkeit einer gemeinsamen Währung Stabilität und Konvergenz ihrer Teilnehmer voraussetzt, wurde der Eintritt in die dritte Stufe an die Erfüllung sogenannter *Konvergenzkriterien* gebunden (Art. 109j EGV):

- *Hoher Grad an Preisstabilität:* Dieses Ziel ist erreicht, wenn die Inflationsrate eines Staates die durchschnittliche Inflationsrate der höchstens drei Mitgliedstaaten mit dem besten Ergebnis um höchstens 1,5 Prozent übersteigt.
- *Auf Dauer tragbare Finanzlage der öffentlichen Hand:* Diese Bedingung ist erfüllt, wenn die jährliche Neuverschuldung eines Staates nicht über 3 Prozent des Bruttoinlandsproduktes (BIP) sowie seine Gesamtverschuldung nicht über 60 Prozent des BIP liegt.[12]
- *Wechselkursstabilität:* Eine Währung muß mindestens seit zwei Jahren ohne Abwertung gegenüber einer anderen Währung die engen Bandbreiten des EWS eingehalten haben.[13]
- *Dauerhaftigkeit der erreichten Konvergenz:* Gemessen wird diese Bedingung an den nominalen langfristigen Zinssätzen. Diese dürfen den Durchschnitt der langfristigen Zinssätze in den höchstens drei Ländern mit den tiefsten Inflationsraten um nicht mehr als 2 Prozent übersteigen.

Trotz vorweisbarer Erfolge in der Annäherung der innergemeinschaftlichen Konvergenz wies die Gemeinschaft noch erhebliche wirtschaftliche Divergenzen auf. Daher enthält der Maastrichter Vertrag in seinen Bestimmungen zum Aufnahmeverfahren einen Kompromiß zwischen dem Wunsch nach ausreichend langen Übergangsfristen sowie einem zeitlich festgelegten raschen und irreversiblen Übergang zur WWU: In einem ersten Schritt sollte der Rat mit qualifizierter Mehrheit auf der Basis von Berichten des EWI sowie der Europäischen Kommission beurteilen, ob die Konvergenzkriterien erfüllt sind. Der Rat in der Zusammensetzung der Staats- und Regierungschefs hatte danach bis Ende 1996 zu entscheiden, ob eine Mehrheit der Mitgliedstaaten die notwendigen Voraussetzungen erfüllt, und daraufhin einen Starttermin für den Beginn der dritten Stufe festzulegen.

Für den (tatsächlich eingetretenen) Fall, daß sich die Mehrheit der Mitgliedstaaten nicht bis 1996 qualifizieren kann, war in einem zweiten Schritt vor dem 1. Juli 1998 erneut die Eignung für die WWU zu überprüfen. Die dafür qualifizierten Staaten beginnen dann laut Vertrag unabhängig von ihrer Anzahl am 1. Januar 1999 die Währungsunion: Am ersten Tag der dritten Stufe werden die Wechselkurse zwischen den teilnehmenden Mitgliedstaaten unwiderruflich fixiert. Mindestens alle zwei Jahre wird das Überprüfungsverfahren wiederholt. Alle Mitgliedstaaten, die für die dritte Stufe qualifiziert sind, müssen dieser dann beitreten.

Durch Ausnahmeregelungen sind Großbritannien und Dänemark jedoch von der automatischen Teilnahmepflicht entbunden.[14] Durch dieses Verfahren ist eine Automatik eingeführt worden, die sicherstellt, daß die zweite Stufe den Charakter einer Übergangsphase erhält, während die tatsächliche Einführung der WWU nicht mehr zur Disposition steht.

4.3 Ratifizierung und Akzeptanzkrise

Insgesamt tragen die währungspolitischen Bestimmungen des Maastrichter Vertrages eine deutsche Handschrift. Hingegen konnte Deutschland sich nicht mit seiner noch im November 1991 vertretenen Position durchsetzen, in der die Politische Union als unerläßliches Gegenstück der WWU bezeichnet wird. Weder in den angesprochenen Bereichen der Gemeinsamen Außen- und Sicherheitspolitik noch in der Justiz- und Innenpolitik oder der Stärkung der Rechte des Parlamentes konnten die Forderungen angemessen durchgesetzt werden.

In der Ratifizierungsphase wurde zunehmend Kritik an dem Vertragswerk laut. Dadurch geriet die EU in mehreren Mitgliedstaaten unvermittelt in eine ihrer schwierigsten Akzeptanzkrisen. Zunehmend wurde auf Schwächen des Maastrichter Vertrages hingewiesen, der zwar die EU-Kompetenzen erweitert, aber die Demokratisierung nicht in gleichem Maße vorangebracht habe. In den Hartwährungsländern stieß zudem die vereinbarte Währungsunion auf Widerstände. Neben generellen Vorbehalten wurde etwa die Schlüssigkeit der politisch festgelegten Konvergenzkriterien bestritten. Derartige Zweifel paarten sich mit einem tiefen Mißtrauen, daß die Kriterien vor dem Eintritt in die dritte Stufe aufgeweicht werden würden. Der Vertrag konnte schließlich erst ratifiziert werden, nachdem Dänemark für bestimmte Bereiche, darunter die WWU, Ausnahmegenehmigungen zugestanden worden waren sowie, in Deutschland das Bundesverfassungsgericht positiv über dessen Verfassungskonformität entschieden hatte.[15]

In der Maastricht-Vertrauenskrise ist der enge Zusammenhang von politischen und ökonomischen Fragestellungen deutlich geworden. In ihrer Folge geriet auch das EWS unter Druck. Nach seinem nachhaltigen Erfolg war das System durch die Tabuisierung von *Realignments* zunehmend politisiert worden; nach Maastricht fiel ihm die Rolle eines Glaubwürdigkeitsindikators zu. Ohnehin unter Spekulationsdruck durch den vereinigungsbedingten Inflations- und Geldmengenanstieg in Deutschland, wurde der Abwertungsdruck mehrerer Währungen nach der Ablehnung des Maastrichter Vertrages in Dänemark im Juni 1992 übermächtig und überforderte die Interventionsmechanismen. Nach anhaltenden Spannungen und mehreren *Realignments* in rascher Folge mußte die Bandbreite im Wechselkursmechanismus am 2. August 1993 von +/-2,25 Prozent auf +/-15 Prozent erhöht werden. Durch die Einführung dieser hohen Margen wurden die Zentralbanken faktisch von ihrer Interventionspflicht entbunden. Für die Perspektive der Währungsunion war dies zunächst ein schwerer Rückschlag.[16] Während aber die

Märkte nach dem Anstieg des Spekulationsrisikos sich rasch wieder an den unveränderten Leitkursen orientierten, erwies sich vor allem die stagnierende wirtschaftliche Entwicklung mit sinkenden Wachstumsraten und hoher Beschäftigungslosigkeit als Hemmschuh für die notwendige Rückführung der Haushaltsdefizite.

5. Auf dem Weg zur gemeinsamen Währung

In den seit Abschluß des Maastrichter Vertrages teilweise heftig geführten Auseinandersetzungen um die Wirtschafts- und Währungsunion haben sich politische, ökonomische und psychologische Faktoren vermischt. Auf einer ersten Ebene dringt Europa mit der gemeinsamen Währung erstmals in die Sphäre des alltäglichen Eingriffes in die Lebensgewohnheiten der Europäer vor. Vom unbefragten politischen Randthema wird die europäische Integration damit zu einem Mittelpunkt existentieller politischer Fragen. Früher eher unbeachtete Faktoren wie das demokratische Defizit der Gemeinschaft oder der mangelnde Bekanntheitsgrad der »undurchschaubaren Brüsseler Bürokratie« werden dadurch dramatisiert. Insofern verwundert es nicht, daß der Integrationsschub des Maastrichter Vertrages sein Gegenstück in der Subsidiaritätsdebatte sowie in zunehmender Skepsis gegenüber gemeinschaftlichem Vorgehen gefunden hat.

Auf einer zweiten Ebene überfordern die Kompliziertheit und die historische Einmaligkeit einer gemeinsamen Währung und ihrer Konsequenzen nicht nur die Öffentlichkeit, sondern offenbar auch das Urteil der Experten. Je nach Perspektive, Informationsstand und Absicht führte bereits die Bewertung vorliegender Fakten zu konträren Ergebnissen und verstärkte damit die entsprechenden Unsicherheiten.[17] Während aber dennoch weitgehende Übereinstimmung herrschte, daß eine unter den richtigen Bedingungen durchgeführte Währungsunion großen Nutzen für den Standort Europa bedeutet, klafften die Ansichten darüber auseinander, ob der Vertrag von Maastricht dafür die notwendigen Voraussetzungen geschaffen habe. Zudem variierte jede Analyse im Vorfeld der Teilnehmerauswahl entscheidend mit der Frage, welche Art der Währungsunion zustande kommen würde.

Derartige Unsicherheiten sind auf einer dritten Ebene dadurch befördert worden, daß der Maastrichter Vertrag unterzeichnet und ratifiziert wurde, bevor die ganze Tragweite seiner Konsequenzen im öffentlichen Bewußtsein verankert war. Seine gerade in den Ländern mit starken Währungen umstrittenen Zielsetzungen waren danach nicht mehr zu ändern. Dort wurde eine Diskrepanz zwischen Bürgern und politischen Akteuren deutlich. Die Debatten wiesen dabei teilweise einen beachtlichen Dramatisierungsgrad auf. Obwohl etwa in Deutschland Konsens herrschte, daß Konvergenz wichtiger sei als der Zeitplan von Maastricht, wurden solche Akteure, die die mögliche Konsequenz dieser Argumentation – eine Verschiebung des WWU-Startes – andeuteten, als Gegner der europäischen Integration gebrandmarkt. In dieser Situation der Machtlosigkeit und Tabuisierung der Diskussion über die Risiken der gemeinsamen Währung konnte der Eindruck entstehen, die politische Klasse habe aus übergeordneten Gründen eine Entscheidung getroffen, die selbst unter der Bedingung einer offensichtlichen Verfehlung der vertraglichen Ziele durchgesetzt werden sollte.[18]

5.1 Die Währungsunion in der politischen Debatte

Angesichts der Maastrichter Fakten und eines spürbaren Klimas des Mißtrauens wurden die mit einem Währungsraum einhergehenden Zukunftsfragen zwangsläufig reduziert auf die Einschätzung der Konvergenzkriterien sowie die Verschiebungsdebatte. Damit wurde eine Chance verpaßt, die eigentlich notwendige Diskussion um die epochalen Grundsatzfragen der Integration sowie die Gestalt des neuen Europas produktiv zu führen.[19] Ihre Aufladung fand diese Diskussion jedoch durch die Einschätzung der mit der WWU verbundenen Chancen und Risiken. Dabei konnten Befürworter dieses Projektes darauf verweisen, daß es weniger integrationspolitischem Idealismus entspringt als vielmehr dem währungspolitischen Kalkül, die verlorene nationalstaatliche Handlungsfähigkeit auf der europäischen Ebene zurückzugewinnen. Außerdem bietet die WWU eine Reihe von Chancen:[20]

- *Effizienzverbesserung und Wegfall der Umtauschkosten:* Mit der Vollendung des Binnenmarktes am 1. Januar 1993 hat das Verflechtungsniveau unter den EU-Volkswirtschaften eine neue Stufe erreicht. Zwar erfordert ein echter Gemeinsamer Markt nicht unbedingt eine gemeinsame Währung, aber seine Vorteile lassen sich erst dann voll ausschöpfen, wenn die Währungsrisiken ausgeschaltet sind. Dabei gilt der Wegfall der Umtauschkosten als kleinster Vorteil. Da bereits die Möglichkeit von Wechselkursänderungen langfristig angelegte grenzüberschreitende Aktivitäten hemmt, wirkt eine gemeinsame Währung investitionsstimulierend.
- *Investitionsstimulierende Effekte:* Wettbewerbswirksam ist außerdem die im Zuge einer gemeinsamen Währung verbesserte Vergleichbarkeit der Preise. Da die Mitgliedstaaten nicht länger die Möglichkeit haben, durch Abwertung kurzfristige Vorteile zu Lasten ihrer Partner zu erreichen, und da sie nicht mehr über die Möglichkeit eigener Geldproduktion verfügen, wird die bereits in den vergangenen Jahren sichtbare Orientierung an Geldwertstabilität verstärkt. Da Kursrisiken nicht mehr durch höhere – investitionshemmende – Zinsen ausgeglichen werden müßten, kann das Zinsniveau vermutlich verringert werden. Effizienzsteigernd wirkt außerdem der stärkere Anpassungsdruck, der überbordende Lohnkosten unwahrscheinlicher macht und den Mobilitätsdruck erhöht. Durch die steigende Attraktivität des Finanzplatzes Europa wird Anlagekapital angezogen.
- *Stärkeres Gewicht in der Weltwirtschaft:* Nach außen erhöht sich das Gewicht der europäischen Währung im weltweiten Vergleich. Dies trägt dazu bei, daß

der Euro auf internationale Währungsschwankungen angemessener reagieren kann. Internationale Geschäfte auf Euro-Basis würden die Europäer unabhängiger von der in der Vergangenheit hinderlichen amerikanischen Haushaltspolitik machen. Dies würde wichtige Impulse für die Wettbewerbsfähigkeit Europas bringen und mittelbar auch das politische Potential der EU erhöhen.
- *Vertiefung der europäischen Integration:* Zusätzlich zu ihren volkswirtschaftlichen Impulsen sichert eine Währungsunion den erreichten Integrationsstand. Sie beteiligt die Zentralbanken in den stabilitätsorientierten Mitgliedstaaten an einer auf Europa zugeschnittenen Währungspolitik und verhindert den Erlaß von Restriktionen – etwa Kapitalverkehrskontrollen – in Krisenzeiten. Darüber hinaus schmiedet sie eine dauerhafte Schicksalsgemeinschaft, die weitere Integrationsschritte auch im politischen Bereich nach sich zieht.

Insgesamt wurde die Wirtschafts- und Währungsunion aus dieser Perspektive als Nagelprobe für die Ernsthaftigkeit der europäischen Integration sowie die Bemühungen um die Sicherung des Standortes Europa bezeichnet. Dagegen wurde für den Fall des Scheiterns eine ernsthafte Krise prognostiziert, mit Rückfall zu inflationären Tendenzen, starken Währungsschwankungen, neuen Handelshindernissen, einer Beschädigung des Binnenmarktes sowie in letzter Konsequenz einem Zerfall der Union.[21] Kritiker führten dagegen an, daß einerseits der Binnenmarkt auch ohne Währungsunion funktioniere, darüber hinaus deren erhebliche Risiken ein vorsichtigeres Vorgehen notwendig machten. Im Einzelnen lassen sich die damit verbundenen Besorgnisse in zwei Kategorien einteilen:

- *Ökonomische Befürchtungen:* Da die Spannungen in einer Währungsunion mit dem Heterogenitätsgrad ihrer Teilnehmer zusammenhängen, riefen Bestrebungen zur weichen Auslegung der Konvergenzkriterien starke Befürchtungen hervor. Als erhebliches Defizit der Währungsunion erwies sich zudem deren Konstruktion als bloße Eintrittskriterien. Dadurch war nicht auszuschließen, daß die Orientierung an einer strikten Kontrolle der öffentlichen Haushalte in einigen Staaten nach Beginn der Währungsunion nachlassen könnte. Mit dem Wegfall des Wechselkursinstrumentes entfällt zudem ein wichtiges Instrument zum Ausgleich nach wie vor fortbestehender Unterschiede zwischen den Mitgliedstaaten. Trotz des bemerkenswerten Wandels der meisten Mitgliedstaaten zur Stabilitätspolitik kann nicht ausgeschlossen werden, daß andere Mitgliedstaaten das Inflationsrisiko schwächer bewerten, als dies in der Bundesrepublik Tradition ist. Die Bundesbank hat immer wieder darauf hingewiesen, daß in der Vergemeinschaftung der Währungspolitik bei gleichzeitig in nationaler Verantwortung geführter Wirtschaftspolitik eine potentielle Achillesferse in der Konstruktion der WWU angelegt ist. Treten in einem Währungsraum asymmetrische Störungen auf, dann müssen entweder Lohn- und Preisanpassungen sowie Faktorbewegungen dies ausgleichen, oder es muß zu finanziellen Transfers zwischen den Mitgliedstaaten kommen. Zwar schließt der Vertrag die Finanzierung von Staatsdefiziten aus; faktisch sind Lohn- und Preisniveaus aber nicht hinreichend flexibel.

– *Währungsunion ohne Politische Union:* Während normalerweise Währungs- und Staatsgebiet zusammenfallen, steht hinter der gemeinsamen Währung keine gesamtstaatliche Autorität in Form einer kompetenten europäischen Regierung. Die Währung ist aber letztendlich nur so stabil, wie es die Wirtschafts- und Finanzpolitik, Tarif- und Sozialpolitik zulassen. Um asymmetrische Entwicklungen unter dem Mitgliedstaaten weitgehend zu vermeiden, erscheinen außerdem weitere Fortschritte in der Innen- und Justizpolitik sowie in der Gemeinsamen Außenpolitik angeraten. Wurde früher die Einführung einer einheitlichen Währung als krönender Abschluß einer Politischen Union bewertet, soll die Währungsunion nun als deren Antriebsmotor dienen. Tatsächlich ist die Bereitschaft zur politischen Integration nach Maastricht aber gesunken.

5.2 Ausgestaltung und Umsetzung

Jenseits der politischen Debatten sowie der zunächst unbefriedigenden Konvergenzentwicklung hat die Umsetzung der bis zum Start der dritten Stufe notwendigen Vorbereitungen immer im Zeitplan gelegen. Wichtige Etappen in diesem Prozeß waren:
– die für die Vertrauensbildung in Deutschland wichtige Entscheidung über den Sitz der EZB in Frankfurt am Main im Oktober 1993;
– das vom Europäischen Währungsinstitut Ende 1995 vorgelegte Konzept für die Gestaltung des Überganges zur gemeinsamen Währung;
– die Festlegung des Namens »Euro« für die gemeinsame Währung auf dem Madrider Gipfel im Dezember 1995 (1 Euro = 100 Cent). Einigung konnte auch über die Ausgestaltung eines EWS II erzielt werden, das die Gestaltung des Verhältnisses von WWU-Teilnehmern und restlichen Staaten regelt;[22]
– die Einigung über die Grundlinien der gemeinsamen Währungspolitik durch das Europäische Währungsinstitut;
– die Verabschiedung eines Stabilitäts- und Wachstumspaktes im Sommer 1997, der die WWU-Staaten durch empfindliche Geldbußen zur dauerhaften Budgetdisziplin zwingen und die Glaubhaftigkeit der Stabilitätsorientierung untermauern soll;
– die umstrittene Einrichtung des »Euro-11-Rates« im Dezember 1997, einem Gremium zur verstärkten Koordinierung der WWU-Staaten.[23]

Die Diskussion um den Stabilitätspakt erwies sich als eines der anhaltenden Themen im Vorfeld der Währungsunion. Der Vorschlag des deutschen Finanzministers Theo Waigel zielte darauf, das Ungleichgewicht zwischen nationaler Wirtschaftspolitik und europäisierter Währungspolitik abzumildern – ohne die vertraglichen Grundlagen anzutasten. Im Effekt schreibt er die Orientierung an den Konvergenzkriterien über den Eintritt in die dritte Stufe hinaus fort und belegt deren Verfehlung mit automatisch wirksam werdenden Sanktionen.[24] Während es Deutschland um die Korrektur der Lücke im Maastrichter Vertrag ging, daß Konvergenz lediglich Eintrittsvoraussetzung war, wurde der Bundesregierung zeitweise vorgeworfen, neue Hürden für die WWU aufzubauen.

Auf dem Gipfel von Amsterdam im Juni 1997 konnte sich der Europäische Rat nach langen Verhandlungen auf folgende Kernpunkte einigen: Die WWU-Teilnehmerstaaten bekennen sich unmißverständlich zu dauerhaft geordneten Staatsfinanzen. Das Haushaltsüberwachungsverfahren und die Verfahren bei übermäßigen Defiziten werden gestrafft. Staaten, deren öffentliches Haushaltsdefizit den Wert von 3 Prozent des BIP übersteigt, müssen – außer in Zeiten starker Rezession oder bei außerordentlichen Ereignissen wie Naturkatastrophen – innerhalb einer bestimmten Frist Budgetkorrekturen vornehmen. Geschieht dies nicht, wird der Rat »in der Regel« Sanktionen beschließen, zunächst in Form einer unverzinslichen Einlage. Die Sanktionen – mindestens 0,2 Prozent und maximal 0,5 Prozent des BIP – werden nach zwei Jahren in eine Geldbuße umgewandelt, wenn das betreffende Haushaltsdefizit weiter übermäßig bleibt. An die Stelle der noch im Maastrichter Vertrag vorgesehenen Sanktionen, die nur mit qualifizierter Mehrheit erlassen werden konnten, rückt eine Quasi-Automatik. Insgesamt hat der Europäische Rat damit eine offene Flanke des Maastrichter Vertrages geschlossen.

5.3 Verschiebungsdebatte und Teilnehmerkreis

Im Vorfeld der Festlegung der WWU-Teilnehmerstaaten kamen – außerhalb der offiziellen Positionen – zunehmende Zweifel auf, daß im Referenzjahr 1997 eine ausreichende Zahl an Mitgliedstaaten die Konvergenzkriterien erfüllen würde. Die Tatsache, daß noch 1996 14 Mitgliedstaaten die Kriterien verfehlten, ließ die Debatte um eine mögliche Verschiebung der WWU nicht verstummen. Entsprechende Dementis verstärkten allenfalls den Eindruck einer großzügigen Interpretation der Aufnahmekriterien[25]; durch diese Perzeption und die spürbare Entschlossenheit zum termingerechten Start schien es allerdings auch solchen Staaten möglich, die Kriterien 1997 zu erreichen, die eigentlich als Kandidaten für einen späteren Einstieg in die Währungsunion gehandelt worden waren. Entsprechend intensivierten diese ihre Anstrengungen. Allerdings wurde dabei in mehreren Staaten die Forderung des Maastrichter Vertrages nach dauerhaft sanierten Staatsfinanzen durch Methoden »kreativer Buchführung« unterlaufen, die darauf abzielten, die heiklen Kriterien der Neuverschuldung sowie des Schuldenstandes einmalig im Referenzjahr zu erfüllen.[26]

Die heftigen Auseinandersetzungen um die Gestalt der zukünftigen Währungsunion im Referenzjahr sind von einer britischen Zeitung treffend als »nervenaufreibendes Endspiel« charakterisiert worden. Deutlich wurde, daß die politischen Akteure sich in einigen Staaten in dem scheinbar unlösbaren Zielkonflikt zwischen Konvergenz, Teilnehmerzahl und Zeitplan der WWU in eine schwierige Situation hineinmanövriert hatten. In diesem schwierigen Meinungsklima wurden Befürchtungen laut, daß eine Währungsunion, die bereits bei ihrem Start die selbstgesteckten Kriterien nicht erfüllt, auf den Märkten nicht als stabilitätsorientiert bewertet werden würde.

Derartige Einschätzungen verstummten erst mit der Übermittlung der statistischen Daten der Mitgliedstaaten im Februar 1998. Überraschend konnten – wie in den vom Europäischen Währungsinstitut sowie der Kommission erstellten Empfehlungen dargelegt – 13 Mitgliedstaaten als für die Wirtschafts- und Währungsunion tauglich eingestuft werden.[27] Nach diesen Daten konnte der vorher am heftigsten diskutierte Grenzwert von 3 Prozent des BIP für die Neuverschuldung durchweg und glatt von den zukünftigen WWU-Staaten eingehalten werden. Dagegen wurden die Auslegungsspielräume bei der Bewertung des Schuldenstandes in den Berichten erwartungsgemäß genutzt: So verfehlen Belgien und Italien mit jeweils etwa 120 Prozent ihres BIP deutlich den erlaubten Wert von 60 Prozent; sie nähern sich allerdings diesem Wert an. Nach dem Vertragstext, demzufolge die Schuldenquote »erheblich und laufend zurückgegangen« sein und einen Wert in der Nähe des Referenzwertes erreichen muß, hat Deutschland, das sich von der 60-Prozent-Grenze entfernt hat (61,3 Prozent), hingegen das Verschuldungskriterium eigentlich nicht erfüllt. Der Bericht der Kommission hält Deutschland jedoch die vereinigungsbedingten finanziellen Belastungen zugute. Im Bericht des EWI wird auf weiterhin bestehenden erheblichen Konsolidierungsbedarf in den meisten Mitgliedstaaten hingewiesen; außerdem drückt er seine Besorgnis darüber aus, ob in Belgien und Italien bereits eine auf Dauer tragbare Finanzlage erreicht wurde.

Nachdem die nationalen Parlamente und das Europäische Parlament ihre zustimmenden Stellungnahmen abgegeben hatten[28], schloß sich auch der Rat der Finanzminister in seiner Sitzung vom 1. Mai 1998 diesen Beurteilungen an. Die Finanzminister der elf WWU-Staaten und die Notenbankchefs einigten sich außerdem auf das Verfahren zur Festlegung der unwiderruflichen Umrechnungskurse für den Euro: Demnach werden die zu dieser Zeit geltenden Leitkurse für die Berechnung der Euro-Kurse verwendet. Das Europäische Parlament befürwortete in seiner Sondertagung am 2. Mai die Währungsunion mit insgesamt elf Staaten. Am selben Tag trat der Rat in der Zusammensetzung der Staats- und Regierungschefs in Brüssel an, um nach Art. 109j Abs. 4 EGV zu beschließen, welche Staaten die Voraussetzungen für die dritte Stufe der Wirtschafts- und Währungsunion erfüllen. Darin fiel der endgültige Beschluß, daß nach der Gesamtbewertung der Daten insgesamt elf Staaten – Belgien, Deutschland, Finnland, Frankreich, Irland, Italien, Luxemburg, die Niederlande, Österreich, Portugal und Spanien – die notwendigen Voraussetzungen für die Einführung der einheitlichen Währung ab Anfang 1999 erfüllen. Dänemark und Großbritannien nahmen trotz Erfüllung der Konvergenzkriterien ihre Option wahr, nicht zu diesem Zeitpunkt an der WWU teilzunehmen. In Griechenland und Schweden sind die notwendigen Voraussetzungen noch nicht erfüllt; allerdings nimmt Schweden in voller Absicht nicht am Wechselkursmechanismus des Europäischen Währungssystems teil, verfügt tatsächlich aber über einen sanierten Haushalt.

Eigentlich als historisches Ereignis gedacht, wurde der Sondergipfel überschattet vom Eindruck politischer Mauschelei. Der Versuch, den vorausgegangenen monatelangen Streit um die symbolträchtige Präsidentschaft der Europäischen Zentralbank zu beenden, drohte zu scheitern und wurde schließlich nach langen Verhandlungen mit einem unwürdigen Kompromiß beendet. Während der Maastrichter Vertrag – um politische Einflußnahme zu vermeiden – explizit eine achtjährige Amtszeit des Zentralbankpräsidenten vorsieht, erklärte der Wunschkandidat von 14 Mitgliedstaaten, der Niederländer Wim Duisenberg, kurz vor seiner Ernennung, daß er »freiwillig« nach etwa der Hälfte seiner Amtszeit aus Altersgründen zurücktreten werde. Anschließend wird den Absprachen zufolge ein französischer Kandidat die Präsidentschaft übernehmen. Gerade angesichts des tiefen Mißtrauens in manchen Staaten wuchsen dadurch erneut die Bedenken, daß die vertraglich festgelegte Unabhängigkeit der Europäischen Zentralbank von politischem Einfluß in Zukunft unterhöhlt werden könnte.

6. Perspektiven Europas als Währungsunion

Noch vor dem Beginn der dritten Stufe hat mit der Europäischen Zentralbank die Institution ihre Arbeit aufgenommen, die künftig die Geldwertstabilität in Europa zu garantieren hat. Seit dem 1. Januar 1999 sind die nationalen Währungen in den zunächst elf Teilnehmerstaaten keine eigenständigen Währungen mehr. Nach einer Interimsphase wird der Euro materiell erst Anfang 2002 sichtbar und nach spätestens sechs Monaten alleiniges gültiges Zahlungsmittel in den WWU-Staaten sein. Durch die Einführung der einheitlichen Währung entsteht aus elf kleinen und mittleren Volkswirtschaften mit einer starken außenwirtschaftlichen Verflechtung ein großer Währungsraum mit europäisierter Geldpolitik.

Aus den ersten Monaten nach dem pünktlichen Beginn der Wirtschafts- und Währungsunion lassen sich unterschiedliche Signale herauslesen. Zum einen hat die Zustimmung zur gemeinsamen Währung zunächst erheblich zugenommen, und die Debatten sind unaufgeregter geworden. Obwohl die gute Vorbereitung auf den Euro seit Jahren betont worden war, zeigten sich viele der maßgeblichen Akteure beeindruckt über die geringen Reibungsverluste beim Start des neuen Geldes. In der Anfangseuphorie wurden sogar Rufe nach einer Verkürzung der Übergangszeit bis zur Einführung der Noten und Münzen laut.

Zum anderen verlor der Euro im Außenverhältnis zunächst kontinuierlich an Wert. Gestartet mit einem Kurs von 1,18 US-Dollar, rutschte er im ersten Halbjahr 1999 bis auf 1,02 US-Dollar ab. Neben dem Kosovo-Krieg wurde das Vertrauen der Märkte auch dadurch erschüttert, daß die EU-Finanzminister entschieden, Italien eine Überschreitung der zunächst anvisierten Neuverschuldungsrate zu gewähren. Damit schufen sie einen Präzedenzfall, den auch andere Staaten nutzen könnten, um das Tempo ihrer Haushaltskonsolidierung zu verlangsamen.

Die mit dem Start der Wirtschafts- und Währungsunion bereits eingeleitete Veränderung der Diskussionskultur über den Euro ist positiv zu beurteilen. An die

Stelle der zum Schluß müßigen Auseinandersetzungen über die Vor- und Nachteile der gemeinsamen Währung muß nunmehr eine ebenso intensive Diskussion über die Perspektiven Europas als Währungsunion treten.

Dazu ist es erforderlich, sich auf die verschiedenen intendierten Funktionen der Währungsunion zu besinnen. Deren Ziele liegen auf der ökonomischen Ebene darin, durch nationalen Souveränitätsverzicht die verlorengegangene Handlungsfähigkeit im Bereich der Geldpolitik zurückzugewinnen, dabei die faktische Hegemonie der deutschen Geldpolitik zu brechen sowie eine stabile Währungszone mit den entsprechenden Vorteilen zu schaffen. Im politischen Bereich sollte sie Deutschland enger in die EU einbinden und den Integrationsverbund zur unkündbaren Schicksalsgemeinschaft zusammenschmieden.

In einer ersten Annäherung ist zu würdigen, daß die Europäische Union über die verschiedenen Etappen ihrer währungspolitischen Anstrengungen zu einer beachtlichen Stabilitätskultur gefunden hat. Während die Geldpolitik der Bundesbank an der Abkehr von der Inflationspolitik einen erheblichen Anteil hatte, hat darüber hinaus der Maastrichter Vertrag in den vergangenen Jahren immensen Druck auf die Sanierung der Staatshaushalte ausgeübt. Trotz günstiger ökonomischer Bedingungen und Maßnahmen kreativer Haushaltsführung sind elf Teilnehmerstaaten Zeugnis einer erheblich angewachsenen ökonomischen Konvergenz innerhalb der Europäischen Union. Insofern hat dieses Projekt bereits vor seinem Start eine positive ökonomische Wirkung entfalten können. Ihren Ausdruck findet diese nicht zuletzt darin, daß die Märkte dem Euro vor seinem Start einen Vertrauensvorschuß zubilligten.[29] Der Währungsunion kam dabei zugute, daß es den politischen Akteuren erspart blieb, den Teilnehmerkreis durch eine vorher ausgeschlossene Lockerung des Defizitkriteriums zu erhöhen.

Mit der Einführung des Euro ist Europa jedoch keineswegs am Ziel – der Charakter einer stabilen Währung besteht ja gerade darin, daß sie dauerhafte Anstrengungen erfordert. Da eine gemeinsame Währung, die die in Aussicht gestellte Stabilitätsperspektive nicht einhalten kann, die Union desavouieren würde, wird der Euro zum beständigen Prüfstein für deren Erfolg werden. Das durch den unglücklichen Prozeß der Umsetzung – von den Kommunikationsdefiziten bis hin zur zweifelhaften Vertragsauslegung bei der Benennung des EZB-Präsidenten – geförderte Mißtrauen kann dabei vor allem durch eine eindeutige Orientierung der Wirtschafts- und Währungsunion an den Vertragszielen und dem Ergebnis einer stabilen Währung abgebaut werden. Gerade die Europäische Zentralbank wird aus dieser Perspektive unter fortwährender Beobachtung stehen und ihre Unabhängigkeit im Alltag beweisen müssen. Darüber hinaus erfordert das Zusammenspiel zwischen kooperativen Wirtschaftspolitiken und der unabhängigen europäischen Geldpolitik eine Eingewöhnungsphase mit entsprechender Prioritätensetzung, bevor der Euro als konsolidierte stabile Währung gelten kann.

Zwar konnte durch die hohe Teilnehmerzahl der Währungsunion einerseits die befürchtete Spaltung des Binnenmarktes weitgehend vermieden werden. Drei von vier *Outs* werden ihre künftige Teilnahme wohl unmittelbar vom Erfolg des Euro abhängig machen. Auf der anderen Seite hat die Währungsunion angesichts der noch nicht dauerhaft gesicherten öffentlichen Finanzen mit einer Hypothek begonnen.[30] Diese kann zwar durch mittelfristige Haushaltskonsolidierung getilgt werden – es ist aber eine offene Frage, ob die vereinbarten Mechanismen des Stabilitätspaktes im Falle nachlassender Disziplin tatsächlich zur Anwendung kämen und sich überdies als hilfreich erweisen würden.

Mit einem globalen Wirtschaftsanteil von rund 20 Prozent verfügt Europa bei einer Beibehaltung seiner Stabilitätsfortschritte über das Potential, den Euro zu einer Weltwährung werden zu lassen. Expertenschätzungen gehen davon aus, daß er ein Drittel der Devisenreserven auf sich vereinigen kann. Das alte Ziel der gemeinsamen Währungspolitik, unabhängiger von Fehlentwicklungen in anderen Weltregionen zu sein, kann damit erreicht werden. Mit dem Ausbau seiner wirtschaftlichen Kapazität wird Europa aber auch stärkeren Einfluß und Verantwortung in den internationalen Institutionen erhalten, die mit der Stärkung des internationalen Währungssystems beauftragt sind. Im Resultat wird die Europäische Union die Globalisierung stärker als bisher mitgestalten können. In einer weiteren Perspektive ist die Bündelung der Finanzkraft ein grundlegender Anstoß, um Europas Rolle auch als politische Weltmacht künftig stärker zu profilieren.

Über ihre ökonomischen Effekte zur Förderung des Wohlstandes hinaus besitzt die WWU – jedenfalls im Erfolgsfall – noch eine eigenständige politische Komponente mit erheblichem Potential. Zwar wurde die parallele politische Flankierung der Währungsunion verfehlt. Insofern wird die Währung ohne Staat unter dem Gesichtspunkt der demokratischen Legitimität des Gesamtgebildes zunächst ein labiles Kuriosum bleiben. Dennoch zwingt die WWU »die Mitgliedstaaten zu einheitlichen Prioritäten und konvergentem Handeln in der Wirtschaftspolitik, hat Folgen für das finanzielle Solidarverhalten der reicheren gegenüber den weniger wohlhabenden Mitgliedstaaten und ist insgesamt ein Stück vorweggenommener Endzustand des Integrationsprozesses«.[31] In diesem Zusammenhang erscheinen mehrere Entwicklungen plausibel:

Zum einen wird die Politik der Europäischen Union durch die WWU eine stärkere Wahrnehmung erfahren – aber selbst eine erfolgreiche Währung wird noch keine Identität stiften können. In diesem Zusammenhang ist es ernst zu nehmen, daß die Kluft zwischen den politischen Akteuren und den Bürgern in Deutschland bisher wohl bei keinem europapolitischen Projekt so tief war wie im Fall der Währungsunion. Zum anderen wird sich die Zahl der Materien erhöhen, in denen die Mitgliedstaaten enger kooperieren müssen, um schädliche Asymmetrien zu vermeiden. In diesem Zusammenhang läßt sich vermuten, daß die steigende und unauflösliche Interdependenz zwischen den Mitgliedstaaten das Konflikt- und Blokkadepotential der Europapolitik in einem Maß erhöhen, für das die Union noch nicht gerüstet ist.

Die Währungsunion wird die europäischen Volkswirtschaften auf Gedeih und Verderb zusammenschnüren. Soll die Europäische Union aber tatsächlich zu einer handlungsfähigen Schicksalsgemeinschaft ausgebaut werden, dann ist deren politische Flankierung erheblich zu verbessern. Ohne geeignete Entscheidungsmechanismen, mehr Demokratie und Transparenz sowie einer gemeinsamen Vorstellung etwa von der Gestalt einer europäischen Variante einer sozialen Marktwirtschaft besteht die Gefahr, daß fundamentale Konflikte die Formulierung europäischer Antworten auf die Herausforderungen der Globalisierung erschweren würden – beispielsweise in der nach wie vor umstrittenen Frage nach dem Verhältnis zwischen Geldwertstabilität und Beschäftigungspolitik oder nach der vermutlich mittelfristig notwendigen Einführung eines Finanzausgleichssystems.

Der Satz von Jacques Delors, daß man sich nicht in einen Binnenmarkt verlieben kann, trifft auch auf die Wirtschafts- und Währungsunion zu. Europa wird auf Dauer nur dann funktionieren können, wenn es nicht nur den Interessen der Märkte, sondern auch den Wünschen seiner Bürgern gerecht wird. Binnen weniger Jahre dürfte die von der Währungsunion ausgelöste Dynamik die Politik zu einer Debatte um die grundlegenden Ziele der EU zwingen. »Und wenn Europas Bürger erst erkennen, wie Brüssel und Frankfurt über Staatsschulden und Zinssatz mitentscheiden, wird der Ruf nach einer wirklich gemeinsamen Verfassung für den Kontinent erschallen – lauter denn je.«[32] Grundvoraussetzung für derartige Visionen bleibt jedoch die Währungsstabilität.

Weiterführende Literatur

Caesar, Rolf, und Hans-Eckart Scharrer (Hrsg.): Maastricht: Königsweg oder Irrweg zur Wirtschafts- und Währungsunion?, Bonn 1994.
Castner, Rochus: Der Euro-Ratgeber. Antworten zur neuen Währung, München 1997.
Hillenbrand, Olaf: Europäische Währungspolitik, in: Bayerische Landeszentrale für politische Bildungsarbeit (Hrsg.): Währungspolitik. National – europäisch – international, München 1998.
Krägenau, Henry, und Wolfgang Wetter: Europäische Wirtschafts- und Währungsunion. Vom Werner-Plan zum Vertrag von Maastricht, Baden-Baden 1993.
Sarrazin, Thilo: Der Euro. Chance oder Abenteuer?, Bonn 1997.
Scharrer, Hans-Eckart, und Wolfgang Wessels: Stabilität durch das EWS? Koordination und Konvergenz im Europäischen Währungssystem, Bonn 1987.
Schönfelder, Wilhelm, und Elke Thiel: Ein Markt – eine Währung. Die Verhandlungen zur Europäischen Wirtschafts- und Währungsunion, 2. Auflage, Baden-Baden 1996.
Tolksdorf, Michael: Ein Geld für Europa? Die Europäische Währungsunion, Opladen 1995.

Anmerkungen

1 Seit dem Inkrafttreten des Vertrages über die Europäische Union am 1. November 1993 wird der europäische Integrationsverbund nicht mehr als Europäische Gemeinschaft (EG), sondern als Europäische Union (EU) bezeichnet. Im folgenden wird immer dann

von der EU gesprochen, wenn die Zeit nach 1. November 1993 gemeint ist, und von der EG, wenn Ereignisse vor dem 1. November 1993 lagen.
2 Eine Übersicht über die Ziele der drei Stufen ist abgedruckt in: Wegner, Manfred: Wirtschafts- und Währungsunion. Ziele und Wege, in: Weinstock, Ulrich (Hrsg.): Neun für Europa, 2. Auflage, Düsseldorf 1973, S. 74 f.
3 Vgl. zu den Anfängen der EG-Währungsintegration u. a.: Krägenau, Henry, und Wolfgang Wetter (Hrsg.): Europäische Wirtschafts- und Währungsunion. Vom Werner-Plan zum Vertrag von Maastricht, Baden-Baden 1993; Hellmann, Rainer, und Bernhard Molitor: Textsammlung zur Wirtschafts- und Währungsunion, Baden-Baden 1973.
4 Vgl. zum EWS: Scharrer, Hans-Eckart, und Wolfgang Wessels (Hrsg.): Das Europäische Währungssystem. Bilanz und Perspektiven eines Experiments, Bonn 1983; Picker, Rolf: Das Europäische Währungssystem, Hildesheim/Zürich/New York 1988.
5 Bei seinem Start nahmen acht EG-Staaten am Wechselkursverbund des EWS teil: Belgien, Dänemark, Deutschland, Frankreich, Irland, Luxemburg, die Niederlande sowie Italien. Neben Italien nutzten die später hinzukommenden Staaten Spanien (1989), Großbritannien (1990), Portugal (1992) die erweiterte Bandbreite von ±6 Prozent aus. Griechenland beteiligte sich nicht am Wechselkursmechanismus des EWS; gleichwohl floß und fließt seine Währung in den Währungskorb mit ein.
6 Kleinheyer, Norbert: Der Abweichungsindikator im EWS, in: Scharrer, Hans-Eckart, und Wolfgang Wessels: Stabilität durch das EWS, Bonn 1987, S. 331–352, S. 345.
7 Vgl. Ausschuß zur Prüfung der Wirtschafts- und Währungsunion: Bericht zur Wirtschafts- und Währungsunion in der Europäischen Gemeinschaft, abgedruckt in: Europa-Archiv 44 (1989), S. D283–304.
8 Vgl. hier und im folgenden ausführlich bei Schönfelder, Wilhelm, und Elke Thiel: Ein Markt – eine Währung. Die Verhandlungen zur Europäischen Wirtschafts- und Währungsunion, Bonn 1994, hier: S. 96.
9 Dies sind: die Vollendung des Binnenmarktes, die institutionelle, operationale und finanzielle Unabhängigkeit der Europäischen Zentralbank, das Verbot der Finanzierung von Haushaltsdefiziten durch die Bank, die Ratifizierung der in der Regierungskonferenz erwirkten Änderungen der Römischen Verträge. Vgl. Schlußfolgerungen des Europäischen Rates von Rom am 27./28. Oktober 1990, in: Weidenfeld, Werner, und Wolfgang Wessels (Hrsg.): Jahrbuch der Europäischen Integration 1999/91, Bonn 1991, S. 432 ff., S. 434.
10 Vgl. weiterführend zum Maastrichter Vertrag Weidenfeld, Werner (Hrsg.): Maastricht in der Analyse. Materialien zur Europäischen Union, Gütersloh 1994.
11 Durch den Vertrag von Amsterdam wurde die Numerierung der Artikel des EG-Vertrages geändert: In der neuen Fassung des EG-Vertrages finden sich alle wirtschafts- und währungspolitischen Bestimmungen in Titel VII. (Wirtschaftspolitik und Überwachungsverfahren bei übermäßigen Haushaltsdefiziten: Art. 98–104 EGV; Währungspolitik, darunter EZB-Bestimmungen: Art. 105–111 EGV; Institutionelle Bestimmungen: Art. 112–115 EGV; Übergangsbestimmungen: Art. 116–124 EGV).
12 Allerdings ergeben sich Entscheidungsspielräume durch die Formulierung des wirtschaftspolitischen Überwachungsverfahrens. Wenn die öffentliche Gesamtschuldenlast eines Staates beispielsweise »hinreichend rückläufig ist und sich rasch der geforderten 60-Prozent-Marge nähert«, dann kann das Kriterium bei einem entsprechenden Ratsbeschluß als erfüllt gelten. Die Logik dieses Kriteriums liegt in der Tatsache, daß übermäßige Defizite Einfluß auf die Höhe der Kapitalmarktzinsen haben, so daß eine Zentralbank in das Dilemma geraten könnte, zwischen einer Lockerung der Geldpolitik und einer Verdrängung der Kreditnachfrage entscheiden zu müssen. Vgl. Caesar, Rolf, und

Hans-Eckart Scharrer (Hrsg.): Maastricht: Königsweg oder Irrweg zur Wirtschafts- und Währungsunion?, Bonn 1995, S. 473.

13 Damit soll unter Beweis gestellt werden, daß ein Land fähig ist, mit Eintritt in die WWU auf das Wechselkursinstrument zu verzichten. Seit der 1993 erfolgten Erweiterung der Bandbreiten im EWS von 2,25 Prozent auf 15 Prozent ist allerdings die Relevanz dieses Kriteriums fraglich.

14 Großbritannien war nicht bereit, sich an der Währungsunion zu beteiligen. Um den Vertrag dennoch verabschieden zu können, wurde das Vereinigte Königreich von der Teilnahmepflicht an der dritten Stufe durch eine Protokollerklärung befreit. Auf eigenen Wunsch kann Großbritannien jedoch jederzeit beitreten. Ähnliches gilt für Dänemark, dem im Dezember 1992 die Nichtteilnahme an der WWU zugestanden wurde.

15 Zum Ratifikationsprozeß vgl. Weidenfeld, Werner, und Christian Jung: Lehren aus Maastricht: Transparenz, Demokratie und Effizienz in der Europäischen Union, in: integration 3 (1993), S. 138–146; Zum Maastricht-Urteil vgl. Everling, Ulrich: Das Maastricht-Urteil des Bundesverfassungsgerichts und seine Bedeutung für die Entwicklung der Europäischen Union, in: integration 3 (1994), S. 165–175.

16 Vgl. weiterführend: Walter, Norbert: Der Kollaps des EWS – Konsequenzen für den Maastricht-Prozeß, in: integration 1 (1994), S. 30–34.

17 Vgl. dazu in Deutschland beispielsweise das »Manifest von 60 Ökonomen gegen Maastricht«; »Stellungnahme der Großbanken zum Manifest der 60«, »Für die Wirtschafts- und Währungsunion: Eine Stellungnahme europäischer Wirtschaftswissenschaftler«, dokumentiert in: integration 4 (1992), S. 225 ff.; Vgl. »Der Euro kommt zu früh«, Erklärung von 160 Professoren der Wirtschaftswissenschaften zum geplanten Start der Währungsunion v. 9. Februar 1998.

18 Vgl. dazu u. a. Münster, Winfried: Kein Storno für den Euro, in: Süddeutsche Zeitung (SZ) v. 11. Juni 1997, S. 4, sowie die immer wieder vertretene These, Deutschland habe die D-Mark der Wiedervereinigung geopfert, vgl. hierzu: Dunkelste Stunden, in: Der Spiegel 18 (1998), S. 108.

19 Vgl. Riehl-Heyse, Herbert: Argumente im freien Wechselkurs, in: SZ v. 21. November 1997, S. 3; Weidenfeld, Werner: Die Bilanz der Europäischen Integration 1997/98, in: ders., und Wolfgang Wessels (Hrsg.): Jahrbuch der Europäischen Integration 1997/98, Bonn 1998, S. 13–24.

20 Vgl. zu den Chancen und Risiken der WWU: Caesar, Rolf, und Renate Ohr: Maastricht oder Maastricht II: Vision oder Abenteuer, Baden-Baden 1996; Ochel, Wolfgang: Die Europäische Wirtschafts- und Währungsunion – Chancen und Risiken, in: ifo-Schnelldienst 9 (1996), S. 21 ff.

21 Der deutsche Bundeskanzler Helmut Kohl hat diese Argumentation auf die Spitze getrieben, indem er von einer Angelegenheit von Krieg und Frieden im 21. Jahrhundert sprach. Vgl. Wernicke, Christian: Altes Rezept, neuer Schwung, in: Zeit Punkte 2 (1998), S. 12. Für Deutschland wurde im Fall einer WWU-Vertrauenskrise kurzfristig mit weiteren exportschädlichen DM-Aufwertungen gerechnet.

22 Vgl. »Wen soll das EWS II schützen«, in: VWD-Europa v. 6. November 1996, S. 5; »Einigkeit über Grundzüge für EWS II«, in: VWD-Europa v. 16. April 1996, S. 4.

23 Dabei besteht allerdings der potentielle Dissens weiter, daß französische Politiker den Euro-11-Rat als Keimzelle einer europäischen Wirtschaftsregierung ansehen, die die Europäische Zentralbank politisch kontrollieren soll; vgl. »Euro-X – viele Sieger nach dem Scheingefecht«, in: VWD-Europa v. 14. Dezember 1997, S. 3.

24 Vgl. Stabilitätspakt für Europa v. 10. November 1995, in: Internationale Politik 6 (1996), S. 65 ff. Um die Stabilität der WWU zu betonen, haben die Staats- und Regierungschefs am 2. Mai 1998 eine den Stabilitäts- und Wachstumspakt ergänzende Stabilitätserklärung

beschlossen. Darin betonen die WWU-Mitgliedstaaten erneut ihren Willen zur weiteren Konsolidierung ihrer Haushalte und setzen den Stabilitätspakt bereits vor dem Start der Währungsunion in Kraft.
25 So hat etwa eine Analyse der Kommission vom Herbst 1996 13 Staaten ihre WWU-Fähigkeit bescheinigt. In der Folge ist die Kommission stets von einer hohen Teilnehmerzahl ausgegangen.
26 Vgl. »Die kreativen Buchführer und ihre kleineren oder größeren Tricks«, in: Frankfurter Allgemeine Zeitung (FAZ) v. 12. Juni 1997, S. 15; »Mogelpackung für die Währungsunion«, in: SZ v. 6. November 1996, S. 4.
27 Lediglich Griechenland und Schweden erfüllten demnach nicht die Kriterien. Mit Blick auf die Ausnahmeregelungen für Dänemark und Großbritannien bedeutet dieses Resultat die Möglichkeit eines termingerechten WWU-Startes mit insgesamt elf Staaten.
28 In Deutschland hatten dabei Bundestag und Bundesrat, wie im Maastricht-Urteil des Bundesverfassungsgerichtes vorgesehen, festzustellen, daß die Währungsunion als Stabilitätsgemeinschaft starten würde. Eine weitere, im Januar 1998 eingereichte und später zurückgewiesene Verfassungsklage hatte dies bestritten. Beide Kammern befürworteten den Start der WWU mit elf Staaten mit großer Mehrheit. Dabei stützten sie sich unter anderem auf einen Sonderbericht der Bundesbank.
29 Vgl. »Die Finanzmärkte reagieren positiv auf die Beschlüsse von Brüssel«, in: SZ v. 5. Mai 1998, S. 25. Demnach stiegen die Börsenkurse nach dem WWU-Beschluß, während es nicht zu Phänomenen der Kapitalflucht im Vorfeld der WWU kam.
30 Vgl. Arbeitsgemeinschaft deutscher wirtschaftswissenschaftlicher Forschungsinstitute: Die Lage der Weltwirtschaft und der deutschen Wirtschaft im Frühjahr 1998, in: DIW-Wochenbericht 20-21 (1998), S. 361.
31 Franzmeyer, Fritz: Osterweiterung, Kerneuropa, Währungsunion – Zentrale Weichenstellungen in der Integrationspolitik, in: integration 3 (1995), S. 125–132, hier S. 125.
32 Wernicke (Anm. 21), hier S. 12.

Die soziale Dimension des Europäischen Binnenmarktes

WOLFGANG DÄUBLER

1. Die bisherige Bilanz

Wer die sozialpolitischen Aktivitäten der Gemeinschaft in den Jahren 1958 bis 1970 beschreiben will, kommt schnell ans Ziel. Bis auf zwei Verordnungen, die die Benachteiligung von Wanderarbeitnehmern in der Sozialversicherung ausschließen sollten[1], herrschte fast durchweg Untätigkeit. Die Proklamation des Art. 117 Abs. 1 EWG-Vertrag (»Die Mitgliedstaaten sind sich über die Notwendigkeit einig, auf eine Verbesserung der Lebens- und Arbeitsbedingungen der Arbeitskräfte hinzuwirken und dadurch auf dem Wege des Fortschritts ihre Angleichung zu ermöglichen.«) blieb unbeachtet. Der Europäische Sozialfonds verwaltete seine relativ klein dimensionierten Mittel und sah sich 1965 mit der Situation konfrontiert, angesichts verschwindender Arbeitslosigkeit nach neuen Betätigungsfeldern suchen zu müssen.

Nach dem Pariser Gipfel der Staats- und Regierungschefs von 1972, auf dem der Ausbau der EG zur Europäischen Union erstmals beschlossen wurde, änderte sich die Situation grundlegend: Der Rat der Arbeits- und Sozialminister beschloß 1974 ein sozialpolitisches Aktionsprogramm.[2] Dort war von umfassender Humanisierung der Arbeitsbedingungen und tiefgreifender Demokratisierung der Betriebe die Rede. Auf seiner Grundlage wurden zahlreiche Richtlinien erlassen, die bis heute den Kern des europäischen Arbeitsrechtes darstellen.[3] Dazu gehören:
- die Lohngleichheitsrichtlinie vom 10. Februar 1975;
- die Gleichbehandlungsrichtlinie vom 9. Februar 1976;
- die Richtlinie über die Gleichbehandlung von Männern und Frauen im Bereich der sozialen Sicherheit vom 19. Dezember 1978;
- die Richtlinie über Massenentlassungen vom 17. Februar 1975;
- die Richtlinie über die Wahrung der Arbeitnehmeransprüche beim Übergang von Unternehmen, Betrieben oder Betriebsteilen vom 14. Februar 1977;
- die Insolvenzrichtlinie vom 20. Oktober 1980.

Aus Arbeitnehmersicht läßt sich unschwer von den »goldenen Siebzigern« sprechen – auch wenn damals bei gewerkschaftlichen Akteuren eher die Enttäuschung darüber vorherrschte, daß die sehr viel weitergehenden Vorstellungen des sozialpolitischen Aktionsprogrammes nicht verwirklicht wurden.

Mit dem Ende der siebziger Jahre begann die dritte Phase, in der weitere sozialpolitische Fortschritte völlig ausblieben. Äußerer Anlaß war der Regierungswechsel in Großbritannien; Premierministerin Margaret Thatcher präsentierte das radikalste Deregulierungsprogramm des Jahrhunderts. Sie hätte sich selbst völlig unglaubwürdig gemacht, wäre auch nur der kleinste Brüsseler Regulierungsversuch von ihr mitgetragen worden. So scheiterten alle Initiativen der Kommission – etwa über einen Mindestschutz bei Leiharbeit, befristeter Arbeit und Teilzeitarbeit[4] – am britischen Veto. Mehrheitsentscheidungen ließ der EWG-Vertrag in seiner damaligen Fassung auf sozialpolitischem Gebiet nicht zu.

Das *Weißbuch Binnenmarkt*, das der Gemeinschaft insgesamt einen neuen Integrationsschub brachte, klammerte die Sozialpolitik aus. Gleichwohl war es möglich, in die Einheitliche Europäische Akte (EEA) vom 17. Februar 1986 zwei sozialpolitische Bestimmungen aufzunehmen. Der neue Art. 118a EWG-Vertrag ermöglichte auf dem Gebiet der »Arbeitsumwelt«, insbesondere im Arbeitsschutz, Mehrheitsentscheidungen im Ministerrat. Der Art. 118b EWG-Vertrag ermächtigte die Kommission, den *Sozialen Dialog* zwischen Gewerkschaften und Arbeitgebern auf der Ebene der Gemeinschaft zu fördern. Im übrigen blieb es beim Einstimmigkeitsprinzip, was Art. 100a Abs. 2 EWG-Vertrag ausdrücklich bestätigte.

Die Stagnation wurde nicht allein mit Hilfe der neuen Bestimmungen überwunden. In den Gewerkschaften wuchs das Bewußtsein, Europa nicht mehr einfach beiseite lassen und sich weiter den eigenen traditionellen Aufgaben widmen zu können. Die bisweilen sehr hoch eingeschätzten Risiken des Binnenmarktes führten dazu, daß immer stärker sozialpolitische Korrekturen verlangt wurden. Dies blieb nicht ohne Wirkung auf den Gemeinschaftsgesetzgeber. Man kann insoweit von einer vierten Etappe der kleinen Schritte sprechen, die bis zum Inkrafttreten des Maastrichter Vertrages im Jahre 1993 dauerte. Im Mittelpunkt der Diskussion stand die Forderung nach einem europaweit geltenden »sozialen Sockel« oder – davon nicht immer deutlich geschieden – der Garantie sozialer Grundrechte in der EG. Die Resultate blieben gleichwohl erheblich hinter den Erwartungen zurück.

- Die Gemeinschaftscharta der sozialen Grundrechte der Arbeitnehmer vom Dezember 1989[5] wurde nur von elf der (damals) zwölf Mitgliedstaaten getragen und enthielt lediglich eine politische Deklaration, keine rechtlich verbindlichen Regeln. Gleichwohl hat sie erhebliche Bedeutung im politischen Diskurs erlangt; faktisch liefert sie eine wichtige Legitimationsbasis für weitere Initiativen.
- Die Rahmenrichtlinie zum Arbeitsschutz vom 29. Juni 1989[6] sah neue Formen des Gesundheitsschutzes vor, die über das nationale Recht verschiedener Mitgliedstaaten hinausgingen. Die Umsetzung durch das deutsche Arbeitsschutzgesetz hat der nationalen Diskussion neue Impulse verliehen.[7]

- Die Nachweisrichtlinie vom 14. Oktober 1991[8] verpflichtete den Arbeitgeber, spätestens zwei Monate nach Arbeitsantritt eines Arbeitnehmers dessen wesentliche Arbeitsbedingungen schriftlich zu bestätigen. Ihre Umsetzung durch das deutsche Nachweisgesetz läßt die Frage offen, ob sich die Rechtsstellung des einzelnen Arbeitnehmers bei Auseinandersetzungen definitiv verbessert.
- Die Arbeitszeitrichtlinie vom 23. November 1993[9] enthält ihrer zahlreichen Ausnahmebestimmungen wegen entgegen dem ersten Anschein nur sehr bescheidene Schutzstandards.
- Im Zusammenhang mit der Realisierung des Binnenmarktprogrammes wurde der Sozialfonds reformiert, mit den anderen Fonds besser verzahnt und mit deutlich mehr Mitteln ausgestattet.[10]

Mit dem Inkrafttreten des Maastrichter Vertrages über die Europäische Union 1993 haben sich die Spielregeln im Bereich der Sozialpolitik verändert. Auf der einen Seite verlangt das in Art. 3b des (nunmehr so genannten) EG-Vertrages verankerte *Subsidiaritätsprinzip*, daß die Gemeinschaft nur dort eingreift, wo weder die Mitgliedstaaten noch die Sozialpartner eine adäquate Lösung zustande bringen können. Auf der anderen Seite sieht das Maastrichter Abkommen über die Sozialpolitik[11] vor, daß die Mitgliedstaaten unter Ausklammerung von Großbritannien auf fast allen Gebieten des Arbeits- und Sozialrechtes einstimmig oder mit Mehrheit Richtlinien erlassen können. Außerdem wurde als neue Form der Rechtsetzung die Sozialpartnereinigung geschaffen, die auf Antrag in einem verkürzten Verfahren ohne Einschaltung des Europäischen Parlamentes in Gemeinschaftsrecht transformiert werden kann.[12]

Wichtigstes Resultat dieser neuen Sozialpolitik war die Richtlinie über Europäische Betriebsräte vom 22. September 1994[13], die mittlerweile u. a. auch in deutsches Recht umgesetzt wurde. Sie schafft einen Rahmen, wie Information und Konsultation der Arbeitnehmer in gemeinschaftsweit tätigen Konzernen und Unternehmen realisiert werden sollen. Von der Konsultationsmöglichkeit wurde durch die EU-Teilzeitvereinbarung Gebrauch gemacht, deren allzu bescheidener Inhalt jedoch zu Recht auf Kritik gestoßen ist.[14] Im traditionellen Rahmen bewegte sich die Entsenderichtlinie vom 16. Dezember 1996[15], die bestimmte sozialpolitische Mindeststandards auch dann für zwingend erklärt, wenn Arbeitnehmer aus einem anderen Mitgliedstaat (oder aus einem Drittland) abgeordnet und nach den dort üblichen Bedingungen behandelt werden. Zu den Mindeststandards gehören in der Bauwirtschaft auch die für allgemeinverbindlich erklärten Tarifverträge.[16]

Das Europäische Arbeits- und Sozialrecht – und damit der zentrale Teil der Sozialpolitik – wäre unvollständig erfaßt, würde man nur die erlassenen Normen aufzählen. Ähnlich wie im nationalen Bereich existiert auch in der EG ein beträchtliches Maß an *Richterrecht*. Die Entscheidungen des Europäischen Gerichtshofes (EuGH) sind zwar keine Rechtsquellen im eigentlichen Sinne, gehen von ihrer Wirkung her jedoch bisweilen eher noch weiter, da sie direkt auf konkrete Konflikte »durchschlagen«: Wenn etwa der EuGH entscheidet, ein Wanderarbeitnehmer könne nicht nur seinen Ehegatten, sondern auch seinen Lebenspartner ins

Land seiner Tätigkeit mitbringen[17], so bedarf es anders als bei Richtlinien keiner nationalen Umsetzungsakte mehr; jede nationale Behörde und jedes nationale Gericht werden vielmehr entsprechend verfahren und dem Partner Aufenthaltsrecht gewähren.

Die Rechtsprechung des EuGH läßt sich anders als die Aktivitäten von Kommission und Rat nicht in fünf unterschiedliche Phasen einteilen. Von den Jahren 1958 bis 1970 abgesehen, als auch vom Luxemburger Gerichtshof wenig Neues zu vermelden war, hat der EuGH kontinuierlich einen integrationsfreundlichen Standpunkt eingenommen, den er im wesentlichen auch auf anderen Gebieten des Gemeinschaftsrechtes verfolgt hat. Dies bedeutet insbesondere, daß er den Kompetenzen der Gemeinschaftsorgane eine eher weite Auslegung gab, was das deutsche Bundesverfassungsgericht in seiner Maastricht-Entscheidung zu einer deutlichen Kritik veranlaßte.[18]

Wichtig für die weitere Entwicklung war insbesondere die sogenannte Defrenne II-Entscheidung[19], wonach der Grundsatz der Lohngleichheit von Mann und Frau nach Art. 119 EGV nicht nur den einzelnen Mitgliedstaat, sondern auch die Arbeitsvertragsparteien bindet. Erheblichen Diskussionsbedarf schuf die Christel-Schmidt-Entscheidung[20], die einen »Betriebsteilübergang« auch dann annahm, wenn der Erwerber nur eine bestimmte Funktion, nicht aber irgendwelche Gegenstände oder einen Kundenkreis übernahm: Auch in einem solchen Fall sollten die Arbeitsverhältnisse der bisher in diesem Bereich tätigen Arbeitnehmer automatisch auf den Erwerber übergehen. Wesentliche Bedeutung besitzt weiter die Rechtsprechung zur mittelbaren Diskriminierung wegen des Geschlechtes. Da Teilzeitkräfte in fast allen Mitgliedstaaten überwiegend Frauen sind, ist eine Schlechterstellung gegenüber Vollzeitkräften nur dann zulässig, wenn ein vom Geschlecht unabhängiges einsichtiges sozialpolitisches oder unternehmerisches Bedürfnis dafür vorhanden ist, das nicht auf andere Weise befriedigt werden kann.[21] Meist fehlt es an einer dieser Voraussetzungen, so daß beispielsweise die Ausklammerung von Teilzeitkräften mit bis zu zehn Wochenstunden aus der Lohnfortzahlung im Krankheitsfall als europarechtswidrig zunächst außer Anwendung blieb und dann auch formell aufgehoben wurde. Weniger konsequent war das Gericht im Bereich der Arbeitslosen- und der Rentenversicherung, wo die Nichteinbeziehung des ganz ähnlichen Kreises der geringfügig Beschäftigten pauschal dem Ermessen des nationalen Gesetzgebers überlassen wurde.

Der *autonome* Teil des Arbeitsrechtes ist auf der EG-Ebene ersichtlich unterentwickelt[22]: Anders als im nationalen Recht spielen Kollektivverträge zwischen den Tarifpartnern auf europäischer Ebene eine höchst marginale Rolle. Als »Tarifverträge« mit normativer Wirkung für einzelne Arbeitsverhältnisse sind sie nicht existent.[23] Die Vereinbarungen nach dem Maastrichter Abkommen haben ebenso wie frühere Einigungen im sogenannten *Sozialen Dialog* als solche nur die Bedeutung unverbindlicher Deklarationen. Lediglich im Rahmen der Schaffung Europäischer Betriebsräte sind in gewissem Umfang verbindliche Abmachungen möglich. Inwieweit die Sozialpartner im Wege des Lobbyismus den Erlaß von

Richtlinien und anderen Rechtsquellen beeinflussen, entzieht sich exakter Erfassung.

Ein weiterer wichtiger Anwendungsbereich des Sozialrechtes liegt in der Koordinierung der nationalen Politiken: Die Freizügigkeit der Arbeitnehmer wie der grenzüberschreitende Wirtschaftsverkehr führen dazu, daß man möglichst einheitlich festlegen muß, welche Rechtsordnung wann eingreift. Das Römische Übereinkommen über das auf vertragliche Schuldverhältnisse anzuwendende Recht vom 19. Juni 1980[24] enthält in Art. 6 deshalb eine arbeitsrechtliche Kollisionsnorm, wonach grundsätzlich das Recht des Arbeitsortes gilt. Ähnlich ist der Grundgedanke des Europäischen Gerichtsstands- und Vollstreckungsübereinkommens, das u. a. die gerichtliche Zuständigkeit bei Streitigkeiten aus Arbeitsverhältnissen mit Auslandsbezug regelt.[25] Am bedeutsamsten ist die Koordinierung im Rahmen der Sozialleistungssysteme, insbesondere der Sozialversicherung; die Ausführungsverordnung zu Art. 51 EGV-M soll dafür sorgen, daß die in verschiedenen Mitgliedstaaten verbrachten Zeiten addiert werden. Nach der – durchaus nicht von allen gebilligten – Rechtsprechung des EuGH spielt es bei Familienleistungen wie dem Kindergeld grundsätzlich keine Rolle, in welchem Mitgliedstaat sich die Familienangehörigen befinden. Inhaltliche Angleichungen der Sozialversicherungssysteme sind bislang nicht in Angriff genommen worden.[26]

2. Die Bedeutung der »sozialen Dimension«

2.1 Ein europäischer Sozialstaat?

In der Wahrnehmung wie erst recht in den Erwartungen vieler Beteiligter stellt sich die Europäische Sozialpolitik als ein Baustein bei der Errichtung des neuen staatsähnlichen Gebildes »Europäische Union« dar. So wie die Märkte für Waren und Dienstleistungen europäisiert und gegen wettbewerbsbeschränkende Abreden abgesichert werden, so soll auch die sozialstaatliche Komponente auf die supranationale Ebene gehoben werden. Häufig wird insoweit ein »Integrationsrückstand« beklagt, den es durch politische Anstrengung zu überwinden gelte. Eine solche »integrationsfreundliche« Sicht der Sozialpolitik hat den Gedanken der »Symmetrie« für sich; auf die bisherigen Erfahrungen kann sie sich nicht stützen.

Richtlinien, EuGH-Entscheidungen und Aktionsprogramme können leicht den Eindruck erwecken, die Aktivitäten der Gemeinschaft hätten sich auf den Gesamtbereich der abhängigen Arbeit und sozialer Mangellagen erstreckt. Die Länge der Liste suggeriert Flächendeckung. In Wirklichkeit werden mindestens 95 Prozent aller Fragen des Arbeits- und Sozialrechtes weiter auf rein nationaler Grundlage entschieden. Ob es um das Fragerecht des Arbeitgebers bei der Einstellung, um Rechte und Pflichten aus dem Arbeitsverhältnis, um Kranken- und Unfallversicherung oder um Kündigungsschutz samt Aufhebungsvertrag geht – überall ist Bezugsgröße allein das nationale Recht. Erst recht gilt dies für die Stellung der Gewerkschaften, für den Abschluß von Tarifverträgen und den Arbeitskampf sowie für Betriebsverfassung und Unternehmensmitbestimmung. Das EG-Arbeits- und Sozialrecht deckt nur einige kleine Segmente ab. Nicht anders verhält es sich mit dem finanziellen Aufwand für Maßnahmen zur Bekämpfung der Arbeitslosigkeit; der Schwerpunkt liegt auch hier beim Nationalstaat, nicht bei den Brüsseler Instanzen.

Auch die vom Gemeinschaftsrecht durchdrungenen Segmente wie die Gleichberechtigung von Mann und Frau am Arbeitsplatz sind keineswegs »rein europäisch«. Auch wenn die Interpretationshoheit beim EuGH liegt, die Umsetzung der Normen erfolgt im Rahmen spezifischer nationaler Rechtskulturen. Dies bedeutet, daß im Extremfall eine Bestimmung im Land A das Verhalten aller Beteiligten determiniert, während dieselbe Bestimmung im Land B nur eine Buchstabenexistenz besitzt, weil Konflikte dort üblicherweise nicht auf dem Rechtsweg gelöst werden. Unterschiede können sich auch dadurch ergeben, daß gemeinschaftsrechtliche Normen im jeweiligen nationalen Kontext einen sehr unterschiedlichen Anwendungsbereich haben. So spielt etwa die Teilzeitarbeit – in Deutschland Paradestück einer von Europa initiierten Gleichberechtigungspolitik – in Griechenland nur eine vergleichsweise geringe Rolle. Die dortigen Formen diskriminierter Frauenarbeit (etwa die Tätigkeit als »mithelfende Familienangehörige« in der Landwirtschaft) werden vom EG-Recht dagegen überhaupt nicht erfaßt.

Das EG-Arbeitsrecht hat nicht nur fragmentarischen Charakter, es weist auch inhaltlich einige Besonderheiten auf. Sein Schwerpunkt liegt einmal auf *Gleichheitsrechten*. Wanderarbeitnehmer und einheimische Arbeitskräfte, Männer und Frauen werden gleichbehandelt. Dies sagt nichts darüber aus, wie hoch das Schutzniveau insgesamt beschaffen ist. Die Gleichheit ist auch dann gewahrt, wenn eine Anpassung an das Niveau der schlechter gestellten Gruppe erfolgt. Dies ist zwar bisher im europäischen Kontext nicht praktiziert worden, doch liegt es z. B. bei freiwilligen Sozialleistungen des Arbeitgebers nahe, durch Anzielen eines mittleren Niveaus zumindest auf längere Sicht eine kostenneutrale Umsetzung des Gleichheitssatzes zu erreichen. Auch die Wahrung der erworbenen Rechte im Falle des Überganges von Betrieben und Betriebsteilen ist in diesem Sinne eine Gleichheitsnorm, die nichts darüber aussagt, wie der vorher bestehende Schutz beschaffen war.

Neben den *Gleichheitsrechten* kennt das EG-Arbeitsrecht eine Reihe von Verfahrensvorschriften, die der Arbeitgeber zu beachten hat. So muß er z. B. vor Massenentlassungen die Arbeitnehmervertretung konsultieren. Die Richtlinie über Europäische Betriebsräte hat gleichfalls nur Information und Anhörung zum Ziel. Die Entscheidungskompetenz des Arbeitgebers wird in keiner Weise angetastet; es hängt allein von seiner Einschätzung ab, welchen Stellenwert er dem Votum der Arbeitnehmervertreter beimessen will. Anders als etwa in den romanischen Ländern wird die *Konsultation* auch nicht durch eine als selbstverständlich vorausgesetzte Arbeitskampfgarantie ergänzt: Ein französischer oder ein spanischer Arbeitgeber, der die Wünsche und Vorstellungen der betrieblichen Interessenvertretung in den Wind schlägt, riskiert dort gegebenenfalls eine (legale) spontane Arbeitsniederlegung, auf europäischer Ebene taucht das Wort »Streik« dagegen an keiner Stelle auf.

Substantielle Standards sind die Ausnahme. Sie sind entweder – wie in der Arbeitszeitrichtlinie – auf einem ganz niedrigen Niveau angesiedelt oder finden sich im Arbeitsschutzrecht, wo alles anders zu sein scheint: Dort hat die Gemeinschaft – gestützt auf Art. 118a EVG-M – die Rolle eines Vorreiters der Entwicklung übernommen. Auch in diesem Sektor dominieren jedoch die Verfahrensvorschriften.[27]

2.2 Nützliche Ergänzung der nationalen Sozialpolitik?

Die ernüchternde Bilanz des bislang Vorfindbaren wird dann keine Beunruhigung auslösen, wenn man die Sozialpolitik der Mitgliedstaaten gewissermaßen in die Zukunft hinein linear fortschreiben kann: »Europa« bringt dann eben nur in einigen Bereichen einen (Zusatz-)Nutzen. Eine solche Sicht der Dinge verkennt jedoch, daß die nationalen Gestaltungsspielräume zurückgehen, daß sozialstaatliche Interventionen an rechtliche wie an faktische Grenzen stoßen, die immer fühlbarer werden. Konkret lautet die hier vertretene These: Ihrer strukturellen Schwächen wegen ist die soziale Dimension nicht in der Lage, die auf der Ebene des Nationalstaates eintretenden sozialpolitischen Autonomieverluste zu kompensieren.

Nach den Verfassungsordnungen der Mitgliedstaaten sind dem Gesetzgeber marktkorrigierende Interventionen jederzeit möglich. Dies kommt üblicherweise in der Garantie sozialer Grundrechte wie Recht auf Arbeit, Recht auf Gesundheit, Recht auf Wohnung usw. zum Ausdruck; im Grundgesetz hat man darauf verzichtet, doch ist dieses nach der Rechtsprechung des Bundesverfassungsgerichtes »wirtschaftspolitisch neutral«[28], läßt also dem Gesetzgeber freie Hand.

Auf europäischer Ebene sind die Karten anders gemischt.[29] Dabei spielt es keine entscheidende Rolle, daß Sozialleistungen wegen der Arbeitnehmerfreizügigkeit und des allgemeinen Diskriminierungsverbotes nach Art. 6 EGV-M auch an Staatsangehörige anderer Mitgliedstaaten erbracht werden müssen, was im konkreten Fall zu einem »Export« führen kann.[30] Viel wichtiger ist, daß Eingriffe in die Warenverkehrsfreiheit nur aus den spezifischen Gründen des Art. 36 EGV-M zulässig sind; Umverteilungsziele, Beseitigung sozialer Nachteile oder schlichte Erwägungen sozialer Gerechtigkeit sind dort nicht erwähnt. Daß der freie Markt zur Regel und seine Korrektur zur begründungsbedürftigen Ausnahme wird, unterstreicht Art. 102 a Satz 2 EGV-M, wonach Mitgliedstaaten und Gemeinschaft ihre Wirtschaftspolitik »im Einklang mit dem Grundsatz einer offenen Marktwirtschaft mit freiem Wettbewerb« gestalten. Ergänzt wird diese wirtschaftsverfassungsrechtliche Grundentscheidung durch das Verbot staatlicher Subvention nach Art. 92 ff. EGV-M. Wie weit dies gerade in den hier untersuchten Bereich hineinreicht, macht die Tatsache deutlich, daß die Kommission sowohl den Einstellungszuschuß bei Neugründungen wie die Beschäftigungsförderung Ost in Form des Lohnkostenzuschusses für die Einstellung von maximal zehn Arbeitslosen als genehmigungspflichtige Beihilfe ansieht und gegen das Votum von Sozialpartnern und Bundesregierung selbst entscheidet, ob sie eine Ausnahmebewilligung gewähren will.[31]

Die Konvergenzkriterien für die Währungsunion nach Art. 109 j EGV-M schaffen faktische Rahmenbedingungen, die den sozialpolitischen Spielraum weiter verengen. Kreditfinanzierte Beschäftigungsprogramme lassen sich nur noch unter größten Schwierigkeiten realisieren; dasselbe gilt für eine Ankurbelung der Konjunktur durch Erhöhung der Nachfrage. Nach Errichtung der Währungsunion kann die weggefallene Wechselkursanpassung dazu führen, daß mittelfristig bestimmte Branchen in einzelnen Ländern verschwinden, weil sie dem intensivierten Wettbewerb nicht mehr standhalten können.

Zusammenfassend läßt sich sagen: Soziale Politikziele werden in den Hintergrund gedrängt.[32] Die Mitgliedstaaten sind zwar weitestgehend Herren ihres Arbeitsrechtes geblieben, doch haben sie – pointiert gesagt – kaum mehr die Möglichkeit, neue Arbeitsplätze zu schaffen. Im Rahmen des Diskriminierungsverbotes wegen EU-Staatsangehörigkeit und wegen Geschlechtes sind sie auch völlig frei, ihre Sozialversicherungssysteme nach Belieben zu gestalten – doch werden die Mittel hierfür immer knapper. Die Vorstellung, Brüssel bringe ein Stück zusätzlichen sozialpolitischen Rückenwindes, erweist sich daher als falsch und höchst gefährlich: Die Frage muß lauten, ob in Zukunft eine veränderte »soziale Dimension« eine effektive Kompensation für nationalstaatliche Verluste bringen kann. In der Vergangenheit hat sie dies jedenfalls nicht getan; Empfänger von Sozialleistungen und Arbeitnehmer zählen tendenziell zu den Verlierern des Integrationsprozesses.

3. Perspektiven

3.1 Regulation als einzige Form der Sozialpolitik?

Die oben getroffene Feststellung, daß sich das europäische Arbeits- und Sozialrecht im wesentlichen auf Gleichheit, Verfahren und Koordination beschränkt, aber keine substantiellen Standards bietet, wird durch die politikwissenschaftliche Analyse bestätigt, die in einer sozialregulativen Politik die einzige Handlungsoption der Gemeinschaft sieht.[33] Dies hängt damit zusammen, daß die Gemeinschaft nicht nur marktkorrigierenden Initiativen der Mitgliedstaaten beschränkt. Vielmehr ist sie auch selbst an die Prinzipien einer *offenen Marktwirtschaft* gebunden.

Auf der einen Seite sind zwar die Spielräume größer als im Nationalstaat, da die EG Subventionen zulassen und die Währungspolitik wie die Strukturfonds in Zukunft so handhaben kann, daß Beschäftigungsprogramme in weiterem Umfang als bisher möglich sind. Einem Überschreiten des traditionellen Rahmens stehen auf der anderen Seite jedoch zwei wesentliche Hindernisse entgegen. Zum einen wird die Preisgabe sozialpolitischer Kompetenzen derzeit noch bei den Mitgliedstaaten als gravierender Souveränitätsverlust empfunden; daß dieses »Reservat« traditioneller Nationalstaatlichkeit von der schleichenden Austrocknung bedroht ist, scheint sich noch nicht bis zu den Entscheidungsträgern herumgesprochen zu haben. Zum zweiten ist zwar seit Maastricht das Einstimmigkeitsprinzip weithin durchbrochen, doch bleibt die Schwierigkeit, im Rat zahlreiche divergierende Interessen unter einen Hut zu bringen. Während sich Warenverkehrsfreiheit, Subventionsverbot und Beachtung der Konvergenzkriterien quasi-automatisch durchsetzen (wobei in den ersten beiden Fällen gegebenenfalls der EuGH ein wenig Nachhilfe leistet), ist die Korrektur des Marktes Ergebnis eines komplexen Abstimmungsprozesses. Dieser leidet weniger an der Zahl der Beteiligten als an ihren unterschiedlichen Interessen: Länder mit relativ geringen sozialen Standards sind objektiv nicht an deren Erhöhung interessiert. Ökonomisch würden sie einen komparativen Kostenvorteil verlieren, was bei Anpassung an den Stand der »Fortgeschrittensten« zum Wegfall der Wettbewerbsfähigkeit führen könnte. Am deutlichsten wird dies bei der Lohnhöhe: Würde man die deutsche »Wuchergrenze«, die bei zwei Dritteln des hier bezahlten Tariflohnes liegt, ohne jede Veränderung nach Portugal oder Griechenland übertragen, hätte dies dort in etwa eine Verdopplung der bisher bezahlten Vergütungen zur Folge. Auch an eine Absenkung der hohen Standards und z. B. eine Harmonisierung auf mittlerer Ebene ist nicht zu denken, da dies in den reicheren Ländern erhebliche politische Widerstände auslösen würde. Können diese Restriktionen durchbrochen werden?

3.2 Handlungszwänge der Gemeinschaft

Niemand vermag einigermaßen verläßlich vorauszusagen, ob irgendwann eine Grenze für den Abbau sozialstaatlicher Leistungen erreicht ist, die die Massenloyalität der Bevölkerung in Frage stellt. Nicht auszuschließen ist eine Entwicklung wie in den USA, wo sich die Ausgrenzung eines Teiles der Bevölkerung bereits am Erscheinungsbild vieler Städte bemerkbar macht. Möglich ist aber auch – und die Entwicklung in Frankreich und in einigen anderen Mitgliedstaaten legt dies nahe – daß es zu Massendemonstrationen und Regierungswechseln kommt, die eine neue Politik verlangen. Je mehr die Kompetenzen bei der Gemeinschaft liegen, um so stärker wird sich auch der Druck gegen sie selbst richten. Angesichts ihrer schwachen Legitimationsbasis, die durch die mangelnde Transparenz der Entscheidungsprozesse und das Fehlen einer funktionierenden europäischen Öffentlichkeit noch verstärkt wird[34], kann dies zu höchst gefährlichen Entwicklungen führen, ja die Existenz der Gemeinschaft insgesamt in Frage stellen.
  Die Situation der europäischen Institutionen wird dadurch nicht einfacher, daß sich im Zeitalter der Globalisierung die Vorteile des Binnenmarktes relativieren.

Die Vorstellung, man könne erst hier Innovationen erproben, um dann auf den Weltmarkt zu gehen, erweist sich angesichts kurzer Produktzyklen und der Präsenz der Konkurrenten auf dem europäischen Markt immer mehr als Illusion. Auch das Verhalten der Gemeinschaftsorgane unterliegt der Beurteilung durch die Geld- und Kapitalmärkte – ein falscher Schritt kann verheerende wirtschaftliche Folgen haben.[35] Die Angst vor dem Wähler ist zu einer sekundären Größe geworden.

3.3 Neue Gestaltungsmöglichkeiten durch den Vertrag von Amsterdam?

Der Vertrag von Amsterdam hat das sozialpolitische Abkommen von Maastricht in den EG-Vertrag selbst aufgenommen; nachdem die britische Vetoposition weggefallen war, bestand für die Zweispurigkeit kein Bedürfnis mehr.[36] Darüber hinaus wurden die Ziele des Art. 117 EGV-M sehr viel spezifischer formuliert; nunmehr ist z. B. von der Entwicklung des Arbeitskräftepotentials »im Hinblick auf ein dauerhaft hohes Beschäftigungsniveau« die Rede, nicht mehr nur von einer »Angleichung im Wege des Fortschritts«. Dies klingt erfreulich, wenn auch nicht ersichtlich ist, inwieweit sich allein deshalb in der Praxis ein Wandel vollziehen sollte. Das beschäftigungspolitische Kapitel läßt der Kommission die schon bisher mögliche Koordinierung, verschafft ihr jedoch weder neue Entscheidungskompetenzen noch insbesondere die erforderlichen finanziellen Mittel.[37]

Die derzeitigen Vorstellungen der EG-Kommission lassen nicht unbedingt den Schluß zu, sie würde von ihren künftigen Kompetenzen umfangreichen Gebrauch machen. Ihr Arbeitsprogramm für 1998 nannte zwar die Beschäftigung als erste von fünf politischen Prioritäten, doch fand sich dann ein Meisterwerk an Formelkompromissen, das durch Appellbegriffe wie »mit ganzer Kraft« koloriert wurde.[38] Im Jahre 1998 werde die Kommission »unermüdlich« darauf drängen, daß sich die Akteure auf allen Ebenen »ihrer Verantwortung stellen«. Die Umsetzung des neuen Beschäftigungstitels werde »entschlossen fortgeführt«, damit die Beschäftigungspolitik der Mitgliedstaaten endlich besser koordiniert sei. Und schließlich wird die Kommission »mit konkreten Schritten« darauf hinwirken, daß das Ziel eines »hohen Beschäftigungsniveaus« bei der Festlegung und Durchführung der gemeinschaftlichen Politiken und Maßnahmen »berücksichtigt« werde. »Berücksichtigen« bedeutet nun mal nicht »beachten«, die erste Priorität erwies sich so bei näherer Betrachtung als ein Gesichtspunkt unter vielen.

3.4 Weitere Möglichkeiten?

Nach landläufiger Meinung stellt jede sozialpolitische Maßnahme einen Kostenfaktor dar, der den eigenen Standort im weltweiten Wettbewerb potentiell gefährdet. Diese Auffassung bedarf der Korrektur. Die Antwort sollte differenzierter ausfallen. Schon von ihrem Gegenstand her sind Sozialstandards nicht automatisch mit Kosten verbunden. Meinungsfreiheit am Arbeitsplatz, Beschwerderecht oder Transparenz bei der Führung von Personalakten sind keine Normen, die zusätzliche wirtschaftliche Aufwendungen erfordern würden. Hier ist die Gemeinschaft wie der Nationalstaat frei, sich über Verbesserungen Gedanken zu machen.

Zum zweiten gibt es auch aus einzelwirtschaftlicher Sicht eine Reihe von Maßnahmen, die zwar zunächst Kosten verursachen, die jedoch zumindest in naher Zukunft auch Nutzen stiften. So ist die Mitbestimmung durch eine betriebliche Interessenvertretung sicherlich nicht unentgeltlich zu haben, weil die Beteiligten Arbeitszeit aufwenden und Sachmittel benötigen. Auf der anderen Seite können auf diese Weise Konflikte rechtzeitig erkannt und in den meisten Fällen einer einigermaßen rationalen Lösung zugeführt werden.

Zum dritten gibt es sehr viele arbeits- und sozialrechtliche Regeln, die eine echte Kostenbelastung darstellen. Ein Arbeitgeber, der kranken Arbeitnehmern sechs Wochen lang die Vergütung fortbezahlen muß, steht insoweit schlechter als sein US-amerikanischer Konkurrent, der von derlei Verpflichtungen im Regelfall völlig frei ist. Auch hier stellt sich allerdings die Frage, inwieweit sich ein gewisses Maß an sozialer Absicherung nicht positiv auf die Arbeitshaltung der Beschäftigten und damit auf die Arbeitsproduktivität auswirkt; meßbare wirtschaftliche Effekte sind schwer zu ermitteln, jedoch einigermaßen plausibel. Allerdings muß die Arbeitgeberseite gewissermaßen zunächst in Vorlage treten; ihre Belastungen sind sicher, die Vorteile ungewiß. Dies legt ein behutsames Vorgehen, jedoch keinen Verzicht nahe. Letzterer würde eine »Niedriglohnstrategie« prämieren und damit Rationalisierungs- und Fortbildungsmaßnahmen entgegenwirken.[39] Er würde nicht nur die Lebensqualität vieler Mitbürger zerstören, sondern wäre auch ökonomisch auf mittlere Sicht nachteilig. In diesem Bereich kann es sinnvoll sein, durch Einräumung langer Übergangszeiträume für die noch weniger gut gerüsteten Mitgliedstaaten zeitweilig ein »Europa der zwei Geschwindigkeiten« zuzulassen. Auch materielle Leistungen im Sinne des traditionellen Wohlfahrtsstaates vorzusehen, ist der Gemeinschaft durchaus möglich. Dies zeigt nicht zuletzt das Beispiel der Landwirtschaft.

3.5 Handlungsfähige Interessenvertretungen

So notwendig weitere Aktivitäten der Gemeinschaft auf sozialpolitischem Feld sind, so wenig kann man sich darauf verlassen, daß Europäische Kommission und insbesondere Ministerrat dies rechtzeitig erkennen und auch in der Lage sind, entsprechend ihrer Erkenntnis zu handeln. Solange die Gefährdung der Gemeinschaft nicht noch augenfälliger als in der Gegenwart ist, spielt sie im Entscheidungsverhalten der Organe nicht unbedingt eine dominierende Rolle. Viel wichtiger ist in der Praxis die Fähigkeit einzelner Gruppen, sich deutlich zu artikulieren und gegebenenfalls Druck im nationalen wie im europäischen Kontext auszuüben.

Für Arbeitnehmer, Arbeitslose und andere sozial Benachteiligte bedeutet dies, daß sie nicht allein auf die bessere Einsicht der Entscheidungsträger setzen dürfen.

Vielmehr müssen sie selbst handlungsfähig werden, indem sie sich organisieren und Forderungen entwickeln, die sie mit den in einer demokratischen Gesellschaft anerkannten Mitteln durchzusetzen versuchen. Auch ein solches Stück »Selbsthilfe« gehört zur sozialen Dimension, obwohl Derartiges bislang nur im Wirtschafts- und Sozialausschuß und im Rahmen des Sozialen Dialoges eine vielfach gebrochene Widerspiegelung erfahren hat. Dabei sollte man realistischerweise nicht auf die Schaffung europäischer Mitgliederverbände setzen, sondern eine grenzüberschreitende Koordination der wichtigsten Aktivitäten in den Mittelpunkt stellen. Warum soll dies beispielsweise bei Tarifverhandlungen in der Bau- oder der Druckbranche nicht möglich sein?

Teilt man diesen Ansatz, so erhöhen sich die Chancen, die Gemeinschaft zu verstärkter sozialer Intervention zu veranlassen. Das bedeutet nicht, daß diese unter Mißachtung des *Subsidiaritätsprinzips* nunmehr Stück für Stück des Arbeits- und Sozialrechtes europäisieren sollte (was schon aus anderen Gründen nicht funktionieren kann). Möglich und notwendig ist vielmehr eine selektive Intervention dort, wo es am notwendigsten ist. Dabei könnte man sich zwei Schwerpunkte vorstellen:
– Sozialen Fortschritt zu initiieren, ist dort am wichtigsten, wo es bisher nur sehr wenig zu verteilen gibt. Die gezielte Förderung ärmerer Regionen und die Kontrolle darüber, daß die EG-Mittel auch effektiv zur Schaffung von Arbeitsplätzen oder zur Verbesserung der Lage einzelner sozial schwacher Personen verwendet werden, wären die wichtigsten Umsetzungsschritte.
– Zum zweiten könnte man daran denken, nach dem Vorbild der Europäischen Betriebsräte einen rechtlichen Rahmen für grenzüberschreitendes gewerkschaftliches Handeln zu schaffen. Ein solches europäisches Tarifverhandlungsgesetz müßte sich auf wenige allgemeine Bedingungen beschränken, beispielsweise die aktive Unterstützung von Partnerorganisationen durch Demonstrationen und Streiks zulassen. Auch käme in Betracht, daß man den Beteiligten die Option eröffnet, über eine bloße Koordination hinauszugehen und beispielsweise wortgleiche Tarifverträge abzuschließen, deren verbindliche Auslegung einer im einzelnen festzulegenden Stelle überlassen wäre. Damit hätte man eine Vorform europäischer Tarifverträge, die ihrerseits vermutlich erst in fünf bis zehn Jahren zu einem aktuellen Diskussionsthema werden. Die soziale Dimension würde gleichwohl zu einer für viele erfahrbaren Realität.

Anmerkungen

1 VO Nr. 3 und 4, ABl. der EG 1958, S. 561.
2 ABl. der EG, C 13/1 v. 12. Februar 1974
3 Im einzelnen abgedruckt bei Däubler, Wolfgang, u. a. (Hrsg.): Internationale Arbeits- und Sozialordnung, 2. Auflage, Köln 1994, Nr. 421 ff.
4 Vgl. Schmidt, Michael: Die Richtlinienvorschläge der Kommission der Europäischen Gemeinschaften zu den atypischen Arbeitsverhältnissen, Baden-Baden 1992.
5 Abgedruckt in: Soziales Europa 1 (1990), S. 52 ff.
6 ABl. der EG, L 183/1 v. 29. Juni 1989, abgedruckt bei Däubler (Anm. 3), Nr. 441.

7 Vgl. Nachweise bei Däubler, Wolfgang: Das Arbeitsrecht 2, 11. Auflage, Reinbek 1998, Rn. 333 ff.
8 ABl. der EG, L 288/32 v. 18. November 1991.
9 ABl. der EG, L 307/18 v. 13. Dezember 1993.
10 VO Nr. 2081/93, 2082/93, 2084/93, ABl. der EG, Nr. 193/1 ff v. 31. Juli 1993.
11 Das Protokoll und das auf diesem beruhende Abkommen über die Sozialpolitik sind abgedruckt in Däubler u. a. (Anm. 3), unter Nr. 401a.
12 Dazu Birk EuZW 1997.
13 ABl. der EG, L 254/64 v. 30. September 1994.
14 Kreimer-de Fries AuR 1997, 314 ff.
15 ABl. der EG, L 18/1 v. 21. Januar 1997.
16 Einzelheiten bei Schiek, Dagmar: Europäisches Arbeitsrecht, Baden-Baden 1997, S. 134 ff.
17 Gerichtshof der Europäischen Gemeinschaften: Sammlung der Rechtsprechung des Gerichtshofes und des Gerichtes erster Instanz (im folgenden abgekürzt mit Slg.), Luxemburg 1986, S. 1283.
18 Vgl. Neue Juristische Wochenschrift (NJW) 1993, S. 3047.
19 Vgl. EuGH NJW 1976, S. 2068.
20 EuGH DB 1994, 1370; zuletzt EuGH DB 1997, 628 – Ayse Süzen. Dieses Urteil zeigt deutliche Akzentverschiebungen.
21 Vgl. etwa EuGH EuZW 1991, 217 – Nimz.
22 Vgl. dazu Schiek (Anm. 16), S. 233.
23 Vgl. Däubler, Wolfgang, in: EuZW 1992, S. 329 ff., auch zum folgenden.
24 ABl. der EG, L 266/1 v. 9. November 1980.
25 Zur Anwendbarkeit des Europäischen Gerichtsstands- und Vollstreckungsübereinkommens auf Streitigkeiten zwischen Arbeitgeber und Arbeitnehmer vgl. EuZW 1997, S. 143.
26 Überlegungen dazu bei Ojeda Avilés, Antonio: El Sistema Común Europeo de Seguridad Social. Un enfoque integrado, Valencia 1997.
27 S. den Überblick bei Bücker u. a.: Vom Arbeitsschutz zur Arbeitsumwelt, Neuwied u. a. 1994, Rn. 245 ff.
28 Entscheidungen des Bundesverfassungsgerichtes, (BVerfGE) Bd. 4, S. 7 ff., seitdem ständige Rechtsprechung.
29 Eingehend zum folgenden Scharpf, Fritz: Politische Optionen im vollendeten Binnenmarkt, in: Jachtenfuchs, Markus, und Beate Kohler-Koch (Hrsg.): Europäische Integration, Opladen 1996, S. 113 ff.
30 Dazu etwa Füßer, Klaus: Transfer sozialversicherungsrechtlicher Komplexleistungen ins Ausland – zur Öffnungsbereitschaft des aktuellen Sozialversicherungsrechts aus der Sicht des Europäischen Gemeinschaftsrechts, in: Arbeit und Sozialpolitik 9–10 (1996), S. 30–48.
31 S. die Mitteilung in: Bundesvereinigung der Deutschen Arbeitgeberverbände (Hrsg.): EUROINFO vom 4. Februar 1998, S. 3.
32 Scharpf (Anm. 29, S. 127) spricht davon, gegenüber der Marktöffnung sei die »Waffengleichheit« anderer Politikziele verlorengegangen.
33 Majone, Giandomenico: Redistributive und sozialregulative Politik, in: Jachtenfuchs/Kohler-Koch (Anm. 29), S. 229 ff.
34 Näher Däubler, Wolfgang: Auf dem Weg zu einem europäischen Arbeitsrecht? in: Krämer, Ludwig, u. a. (Hrsg.): Recht und diffuse Interessen in der europäischen Rechtsordnung. Liber amicorum Norbert Reich, Baden-Baden 1997, S. 452 ff.

35 Vgl. Junne, Gerd: Integration unter den Bedingungen von Globalisierung und Lokalisierung, in: Jachtenfuchs/Kohler-Koch (Anm. 29), S. 514 ff.
36 Vgl. Art. 117–122 EGV-A.
37 Hierzu Feldmann, Horst: Die neue gemeinschaftliche Beschäftigungspolitik, in: integration 1 (1998), S. 43–49, dem dies allerdings zu weit geht.
38 Arbeitsprogramm der Kommission für 1998. Politische Prioritäten. KOM (97) 517 v. 15. November 1997.
39 Vgl. Altvater, Elmar: Westeuropäische Integration und osteuropäische Transformation in der globalen Standortkonkurrenz, in: Jachtenfuchs/Kohler-Koch (Anm. 29), S. 553.

4.
Die deutsche Rolle in Europa

Die deutsche Rolle in Europa

THOMAS PAULSEN

Das Ende des Ost-West-Konfliktes hat in der europäischen Politik eine Reihe von Fragen hinsichtlich Interessenlagen, Machtgleichgewicht und Handlungsoptionen aufgeworfen. In welchen Bahnen sich die internationalen Beziehungen in Europa in Zukunft bewegen werden, ist in der wissenschaftlichen Debatte unterschiedlich beurteilt worden. Während die einen eine Schwächung internationaler Institutionen wie NATO oder EU und eine Zunahme zwischenstaatlicher Konflikte prognostizierten[1], zeigten sich andere zuversichtlich, daß die internationalen Institutionen weiterhin eine stabilisierende Wirkung entfalten und zusammen mit der engen politischen und wirtschaftlichen Verflechtung der europäischen Staaten eine Renationalisierung der Außenpolitik verhindern werden.[2] Ob die europäische Politik eher von kooperativen oder von konfrontativen Verhaltensmustern geprägt sein wird, hängt maßgeblich vom Verhalten der großen europäischen Nationalstaaten und ihrer Einstellung zum gesamteuropäischen Integrationsprozeß ab. Der Bundesrepublik Deutschland kommt dabei aufgrund ihres politischen und wirtschaftlichen Gewichtes eine Schlüsselrolle zu: Die Frage, wie das wiedervereinigte Deutschland seinen Standort und seine Rolle in Europa definiert, ist für die Zukunft Europas von entscheidender Bedeutung.

1. Revolution der Rahmenbedingungen

Das internationale Umfeld der deutschen Rolle in Europa hat sich durch das Ende des kalten Krieges fundamental verändert. Die zentralen Merkmale der europäischen Nachkriegsordnung – Ost-West-Konflikt und deutsche Teilung – existieren nicht mehr. Deutschland hat am 3. Oktober 1990 seine volle staatliche Souveränität erlangt und ist wieder gleichberechtigtes Mitglied der Völkergemeinschaft. Von der Frontlage des kalten Krieges kehrte es in seine traditionelle Lage im Zentrum Europas zu-

rück. Das europäische Staatensystem, das zu Zeiten des kalten Krieges von der bipolaren Zweiteilung zwischen Ost und West geprägt war, hat sich durch die Überwindung dieser Spaltung stärker dem Muster der Multipolarität angenähert.
Die größten Umwälzungen fanden im sicherheitspolitischen Umfeld statt. Nach Auflösung des Warschauer Paktes und Abzug der sowjetischen Truppen aus Mittel- und Osteuropa ist die Gefahr eines strategischen Großkonfliktes zwischen zwei verfeindeten Bündnissystemen gebannt. Aufgrund weitreichender Abrüstungsabkommen zwischen Ost und West und vor dem Hintergrund der angespannten Lage der öffentlichen Haushalte wurden in ganz Europa die Verteidigungsausgaben gekürzt und die nuklearen wie konventionellen Militärpotentiale erheblich reduziert. Angesichts der deutschen Wiedervereinigung und der Entspannung des sicherheitspolitischen Klimas in Europa haben die USA und andere NATO-Partner ihre Truppenpräsenz auch in der Bundesrepublik deutlich abgebaut.

Die westeuropäischen Staaten reagierten auf die Revolution der Rahmenbedingungen europäischer Politik mit einer Stärkung ihrer integrationspolitischen Bindungen im Rahmen der europäischen Einigung. Im Vertrag über die Europäische Union vom 7. Februar 1992 (Vertrag von Maastricht) gründeten die EG-Mitgliedstaaten die Europäische Union, die auf drei Säulen – Europäische Gemeinschaft, Gemeinsame Außen- und Sicherheitspolitik sowie Zusammenarbeit im Bereich der Innen- und Justizpolitik – beruht.[3] Im Vertrag von Amsterdam (unterzeichnet am 2. Oktober 1997) wurde eine weitere Ausdehnung der Kompetenzen der EU, besonders in den Bereichen der Sozial-, Innen- und Justizpolitik vorgenommen.

In Osteuropa bewirkte das Ende der kommunistischen Herrschaft die Auflösung der militärischen Bündnisstrukturen und den Zusammenbruch der sozialistischen Wirtschaftssysteme. Risiken für die Stabilität in der Region gehen von den Problemen und sozialen Begleiterscheinungen der ökonomischen Transformation aus, vor allem aber von den nationalistischen Bewegungen und ethnischen Spannungen, die nach dem Zweiten Weltkrieg von den kommunistischen Regimen unterdrückt worden waren und die nach Ende des Ost-West-Konfliktes zum Teil vehement wieder hervorbrachen. Die Kriege im ehemaligen Jugoslawien und in Moldawien haben gezeigt, wie schnell diese Konflikte militärisch eskalieren können. Die europäische Teilung besteht daher unter dem Gesichtspunkt der politischen und ökonomischen Stabilität weiter fort, wenn auch unter ganz veränderten Vorzeichen: Während die Strukturen Westeuropas von einem hohen Grad an Institutionalisierung und zwischenstaatlicher Interdependenz gekennzeichnet sind, sind die Stabilitätsrisiken in einigen Teilen Osteuropas nach wie vor beträchtlich.

2. Die deutsche Rolle in Europa seit 1990

Die Implikationen der neuen Rahmenbedingungen für die deutsche Rolle in Europa sind ambivalent: Einerseits hat sich die sicherheitspolitische Lage der Bundesrepublik deutlich verbessert, andererseits muß sich die deutsche Außenpolitik nach den Umwälzungen von 1989/90 in einem Umfeld zurechtfinden, das komplizierter erscheint als zu Zeiten des Ost-West-Konfliktes. Das vereinte Deutschland reagierte auf die neuen Unsicherheiten mit dem Rückgriff auf die bewährten außenpolitischen Maximen der alten Bundesrepublik: Weiterentwicklung und Vertiefung der europäischen Integration, Ausbau der deutsch-französischen Zusammenarbeit, Sicherung des transatlantischen Verhältnisses zu den USA, Intensivierung der deutschen Stabilitätspolitik gegenüber Osteuropa und dem Raum der Gemeinschaft unabhängiger Staaten (GUS) sowie eine Politik der internationalen Handelsexpansion und aktiven Förderung deutscher Wirtschaftsinteressen.

Gleichzeitig bemühte sich die Bundesrepublik unter Bundeskanzler Helmut Kohl, ihre enge politische, wirtschaftliche und militärische Verzahnung mit der westlichen Welt zu vertiefen. Im Mittelpunkt standen dabei vor allem die innere Stärkung und äußere Expansion der für die deutsche Außenpolitik wichtigsten internationalen Institutionen NATO und EU: Die NATO gilt in Deutschland nach wie vor als die zentrale Rückversicherung gegen eine Bedrohung der europäischen Stabilität und der eigenen nationalen Sicherheit sowie als Garant für die europäische Anbindung der USA.[4] Neben der grundlegenden Reform der militärstrategischen Doktrin der NATO unterstützte Deutschland vor allem die Erweiterung des Bündnisses um die osteuropäischen Staaten Polen, Tschechien und Ungarn.[5] Auch in der Frage der weiteren Gestaltung des EU-Integrationsprozesses gehörte Deutschland neben Großbritannien zu den Hauptbefürwortern einer baldigen Osterweiterung. Mit den Verträgen von Maastricht und Amsterdam verpflichtete sich die Bundesrepublik aber auch auf eine weitere Vertiefung der zwischenstaatlichen und supranationalen Zusammenarbeit sowie auf die Einführung einer gemeinsamen europäischen Währung.

Mit dieser an Souveränitätsabbau orientierten, betont nicht-nationalen Ausrichtung folgte die deutsche Politik der auch vor 1990 praktizierten Strategie der Selbsteinbindung durch Integration. Diese defensive außenpolitische Strategie (»Kultur der Zurückhaltung«) wurde vor allem mit Blick auf die wiederholt im Ausland geäußerten Sorgen vor einer Vormachtstellung des vereinigten Deutschlands in Europa formuliert. Die »Berliner Republik« sollte nicht Ausgangspunkt einer Renationalisierung der europäischen Politik sein. Aus dem gleichen Grund setzte die Bundesrepublik in der Außenpolitik weiter stark auf nicht-militärische Instrumente wie Finanz- und Wirtschaftshilfen. Im militärischen Bereich wurde die Integration der Bundeswehr in multinationale Einheiten (Euro-Korps und gemeinsame Korps mit den Niederlanden und den USA) vorangetrieben.

Neben dieser konsequenten Integration in die Strukturen des Westens war die deutsche Außenpolitik von dem Wunsch und dem Bemühen gekennzeichnet, die eigene sicherheitspolitische Handlungsfähigkeit zu erweitern und damit den selbstgesteckten Zielen und den vom Ausland herangetragenen Erwartungen im Hinblick auf ein größeres internationales Engagement der Bundesrepublik gerecht zu werden. Über die Beteiligung an den NATO-Einsätzen im ehemaligen Jugoslawien und an Missionen der Vereinten Nationen in Somalia, Kambodscha und dem Irak signalisierte die Bundesregierung ihre Bereitschaft, als Partner mit gleichen Rechten und Pflichten an friedenerhaltenden und friedenschaffenden Maßnahmen internationaler Organisationen teilzunehmen.

In bestimmten Fragen europäischer Politik, die für Deutschland von besonderem nationalem Interesse sind, hat sich die Bundesrepublik nach Ende des kalten Krieges auch nicht gescheut, eine Führungsrolle zu übernehmen. Dies gilt vor allem für die Bemühungen, den osteuropäischen Raum zu stabilisieren und den Erfolg des demokratischen und marktwirtschaftlichen Transformationsprozesses zu sichern. Deutschland trug bislang den weitaus größten Teil der westlichen Finanzhilfen für Osteuropa, befürwortete eine rasche Osterweiterung von NATO und EU und wurde für fast alle Staaten der Region einschließlich Rußland der weitaus wichtigste Handelspartner. Dieses Engagement reflektiert vor allem das besondere deutsche Interesse an einer Stabilisierung der politischen, ökonomischen und sozialen Strukturen in seiner unmittelbaren Nachbarschaft, zeigt aber auch, daß sich das vereinte Deutschland in der europäischen Politik den gestiegenen Erwartungen im Hinblick auf seinen finanziellen und wirtschaftlichen Beitrag kaum entziehen kann.

Auch in der Diskussion um die Einführung einer gemeinsamen Währung am 1. Januar 1999 spielte Deutschland eine maßgebliche Rolle, da eine Währungsunion *ohne* deutsche Beteiligung faktisch nicht möglich gewesen wäre. Die Gründe hierfür lagen zum einen in der Größe der deutschen Volkswirtschaft, zum anderen in der dominierenden Stellung der D-Mark im Europäischen Währungssystem (EWS). Auch aufgrund des hohen Symbolwertes, den die Deutschen mit der D-Mark verbinden, war die deutsche Außenpolitik auf eine demonstrative Artikulation deutscher Interessen in der europäischen Währungspolitik bedacht. Da ein großer Teil der Bevölkerung der Einführung des Euro ablehnend gegenüberstand, betonten die meisten deutschen Politiker besonders dezidiert die Notwendigkeit, daß die Teilnehmer der Währungsunion alle Konvergenzkriterien des Maastrichter Vertrages strikt einzuhalten hätten. Die Bundesrepublik war daher auch Hauptbefürworter des Stabilitäts- und Wachstumspaktes, der die wirtschafts- und finanzpolitische Disziplin der Teilnehmerstaaten und die Stabilität des Euro in der Währungsunion sicherstellen soll.

Eine Führungsrolle hat die deutsche Außenpolitik ebenfalls bei der völkerrechtlichen Anerkennung der jugoslawischen Teilrepubliken Kroatien und Slowenien im Winter 1991/92 gespielt. Da die Vermittlungsversuche von EG und UNO erfolglos verlaufen waren, setzte sich die Bundesregierung dafür ein, die staatliche Unabhängigkeit Kroatiens und Sloweniens anzuerkennen und die Kämpfe durch die damit verbundene Internationalisierung des Konfliktes einzudämmen. Vor dem Hintergrund der Drohung, den Schritt der Anerkennung notfalls auch allein zu vollziehen, konnte Deutschland im Dezember 1991 seine Position in der EG gegen den Widerstand Frankreichs und Großbritanniens sowie der USA und der Vereinten Nationen durchsetzen.

Die Analyse der deutschen Rolle in Europa seit 1990 zeigt, daß Deutschland trotz der selbstauferlegten Zurückhaltung seine internationale Handlungsfähigkeit ausgebaut hat und auch bereit ist, in Fragen von großem nationalem Interesse die eigene Position gegen den Widerstand anderer Staaten durchzusetzen. Der deutsche Einfluß auf europapolitische Entscheidungen ist allenthalben spürbar. Dies gilt auch für die faktische Vetomacht Deutschlands in der EU, mit der unerwünschte Entscheidungen blockiert werden können. So verweigerte die Bundesregierung z. B. 1997 im Rahmen der Regierungskonferenz von Amsterdam den Übergang vom Konsensprinzip zu Mehrheitsabstimmungen im Bereich der Justiz- und Innenpolitik der EU. Dabei wurde deutlich, daß Deutschland heute auch bereit ist, Integrationsfortschritte zu verhindern, wenn diese nicht mit der deutschen Interessenwahrnehmung übereinstimmen.

3. Macht, Interdependenz, Wertgrundlagen

Das außenpolitische Handeln der Bundesrepublik bewegt sich im Spannungsfeld machtpolitischer Faktoren, zwischenstaatlicher Abhängigkeiten und den Wertgrundlagen der politischen Kultur. Europa steht vor der Frage: Wird Deutschland als Machtstaat agieren, der seine nationalen Interessen notfalls auch unilateral durchsetzt? Inwieweit trifft das Bild des Handelsstaates zu, der in erster Linie ökonomische Ziele verfolgt und sicherheitspolitisch große Zurückhaltung an den Tag legt? Oder wird Deutschland als Friedens- und Zivilmacht einen neuen kooperativen außenpolitischen Stil beispielhaft etablieren, um so auf eine »Zivilisierung der internationalen Politik« hinzuarbeiten?[6] Erst wenn alle drei Dimensionen deutscher Außenpolitik – Macht, Interdependenz und Wertgrundlagen – in die Analyse miteinbezogen werden, ergibt sich ein umfassendes Bild von den Möglichkeiten und Grenzen der deutschen Rolle in Europa.

Eine Analyse in den Kategorien von Macht und Gleichgewicht zeigt zunächst, daß Deutschlands Position im europäischen Staatensystem eine relative Aufwertung erfahren hat. So nahmen die deutschen Machtressourcen durch die Einheit zu. Deutschland hat in Europa die größte Bevölkerungszahl, das größte Bruttosozialprodukt und eine der größten Armeen. Es ist der bedeutendste Handelspartner fast aller seiner Nachbarn und wichtigster Beitragszahler der EU. Vor allem in Mittel- und Osteuropa verfügt Deutschland aufgrund seiner geographischen Nähe, seiner Finanzkraft und Handelsmacht sowie historischer Verbindungen über eine herausragende Stellung. Auch wenn die deutsche Macht durch die Integrations- und Koordinationsmechanismen internationaler Institutionen und durch innenpolitische Faktoren begrenzt wird, und auch wenn die tatsächliche Macht Deutschlands in der Praxis internationaler Politik nur schwer zu bestimmen ist[7], so scheint doch die »*Potenz* für aktive Großmachtpolitik«[8] vorhanden zu sein. Insbesondere in den Augen ausländischer Beobachter erscheint das wiedervereinte Deutschland oftmals

als die führende Macht im postkommunistischen Europa.[9] Allein schon diese Wahrnehmung kann im Sinne einer *self-fulfilling prophecy* zu einem realen Machtzuwachs führen.

Mit der Vollendung der deutschen Einheit hat die Bundesrepublik völkerrechtlich ihre volle staatliche Souveränität erlangt und ist damit auch formal wieder gleichberechtigtes Mitglied der Staatengemeinschaft. Auch faktisch sieht sich Deutschland einem größeren Spektrum an Handlungsmöglichkeiten gegenüber. Während unter den Zwängen des Ost-West-Konfliktes wichtige außenpolitische Aktionen nur in Abstimmung mit den westlichen Verbündeten durchgeführt werden konnten, stehen der deutschen Außenpolitik in einem multipolaren Europa mehr Optionen offen. Das betrifft z. B. das Problem der deutschen Mittellage, das zwar während des Ost-West-Konfliktes unterschwellig immer präsent war, doch vor dem Hintergrund des Zusammenbruchs des Ostblocks und der deutschen Wiedervereinigung wieder an Aktualität gewonnen hat. Die neugewonnene Lage in der Mitte Europas bedeutet nicht nur eine machtpolitische Schlüsselstellung, sondern erhöht auch den Handlungsspielraum deutscher Außenpolitik in West- und Osteuropa. Vor diesem Hintergrund erscheint die deutsche Rolle in Europa tatsächlich als die einer »Zentralmacht Europas«[10] oder eines »Schlüsselstaates mit Führungsrolle«.[11]

Die Handlungsfreiheit Deutschlands im neuen Europa ist aber auch auf ihre praktische Relevanz hin zu prüfen und darf nicht überbewertet werden. Dies wird schnell deutlich, wenn die statische Analyse von Macht und Optionen durch dynamische Faktoren ergänzt wird. So wäre es zwar theoretisch durchaus denkbar, daß Deutschland unter den neuen Rahmenbedingungen internationaler Politik in Europa versucht sein könnte, eine unabhängigere Außenpolitik zu verfolgen und seine Integration zu vermindern, um so sein gestiegenes Machtpotential z. B. in Osteuropa besser zur Geltung zu bringen. In dem Maße, wie die Bundesrepublik einen solchen Kurs einschlagen würde, nähmen jedoch auch die Anreize für die anderen europäischen Mächte zu, das deutsche Gewicht durch die Bildung von Gegenkoalitionen auszubalancieren. Eine auf Autonomie abstellende Politik birgt für den stärksten Staat stets auch die Gefahr der Einkreisung. Die Gefahr einer solchen politischen und militärischen Isolierung war schon im 19. Jahrhundert ein zentraler Faktor für die Formulierung deutscher Außenpolitik. Schon Reichskanzler Bismarck versuchte dem »Alptraum« gegnerischer Koalitionen (»cauchemar des coalitions«) zu entgehen, indem er Deutschland in ein System defensiver Allianzen einband und die deutsche Außenpolitik auf das Prinzip der »Selbstbeschränkung« verpflichtete. Das »Dilemma deutscher Größe und Dynamik«[12] zwingt auch heute Deutschland, das eigene Machtpotential durch eine Politik der »Selbst-Eindämmung«[13], der »freiwilligen Machtfesselung«[14] einzubinden. Die Intensivierung der Zusammenarbeit mit den anderen europäischen Staaten im Rahmen internationaler Institutionen wie EU, WEU, NATO oder OSZE bleibt daher die beste Vorkehrung gegen einen Rückfall in die Gleichgewichtspolitik der Vergangenheit. Eine institutionen- und integrationsfreundliche Politik ermöglicht es Deutschland, ökonomischen und politischen Einfluß auszuüben, ohne bei seinen europäischen Nachbarn Befürchtungen einer deutschen Dominanz hervorzurufen. Über die Institutionalisierung von Kooperation kann Deutschland seine außenpolitischen Absichten signalisieren und damit bei seinen Partnern Erwartungssicherheit schaffen.

Eine rein machtpolitische Analyse der deutschen Rolle in Europa vernachlässigt auch die Wirkung internationaler Institutionen und die Wirkung der zwischenstaatlichen Verflechtung in Europa auf Machtpotential und Handlungsoptionen des vereinten Deutschlands. Nach dem Zweiten Weltkrieg entwickelte die Bundesrepublik eine starke Wertschätzung für internationale Institutionen wie EG, NATO oder KSZE. Zusammen mit einer ausgeprägten Sensibilität für die Interessen anderer Staaten[15] entwickelte sich diese Orientierung zu einem zentralen Merkmal der außenpolitischen Kultur in Deutschland. Internationale Institutionen wurden nicht mehr vornehmlich als Instrument nationaler Interessendurchsetzung begriffen, sondern als wünschenswerte Einhegung der potentiell destabilisierenden Folgen nationalstaatlicher Macht- und Interessenpolitik. Auch heute mißt die Bundesrepublik bei der Formulierung ihrer außenpolitischen Ziele und Interessen der Zusammenarbeit in internationalen Gremien einen hohen Wert bei.

Die enge politische, wirtschaftliche und kulturelle Verflechtung der Bundesrepublik mit ihren europäischen Nachbarn verstärkt die Wirkung der internationalen Institutionen in Europa noch.[16] Das gilt in erster Linie für den außenwirtschaftlichen Bereich: Deutschland ist zwar einer der größten Exporteure weltweit, setzt aber zwei Drittel seiner Exporte in Europa ab. Die Interdependenz ist inzwischen so weit fortgeschritten, daß jede auf Autonomie und Machtzuwachs zielende Politik, die diesem Zustand nicht genügend Rechnung trägt, binnen kurzer Zeit so große wirtschaftliche Einbußen nach sich ziehen würde, daß die verantwortlichen Politiker zum Einlenken gezwungen oder abgewählt würden.[17] Zweitens wird im Rahmen der Transnationalisierung der internationalen Beziehungen ein wachsender Teil der internationalen Austauschprozesse und der sie regulierenden Vereinbarungen nicht mehr von Regierungen, sondern von multinationalen Firmen und nichtgouvernementalen Organisationen (NGOs) ausgehandelt. Eine Kontrolle dieser Beziehungen durch die nationalen Regierungen wäre auch im Ansatz gar nicht mehr möglich. Im wirtschaftlichen Bereich stößt eine rein nationale Politik angesichts der Globalisierung von Kapital- und Gütermärkten schnell an ihre Grenzen, und der Prozeß der europäischen Integration hat mittlerweile in der Währungspolitik, der Justiz- und Innenpolitik sowie der Außen- und Sicherheitspolitik die Kernbereiche nationalstaatlicher Souveränität erreicht. Drittens können die europäischen Nationalstaaten in vielen Bereichen ihre Ziele kaum mehr verwirklichen, ohne miteinander zu kooperieren. In vielen Politikfeldern wie der Umwelt- oder Einwanderungspolitik besteht erst im Zusammenwirken mit anderen Staaten und transnationalen Akteuren die Aussicht auf eine Lösung der jeweiligen Probleme.

Das deutsche Machtpotential bleibt somit in mehrfacher Hinsicht durch die Integrations- und Koordinationsmechanismen internationaler Institutionen und der Wirkung internationaler Interdependenz eingebunden. Eine auf Dominanz abzielende deutsche Außenpolitik würde das Interdependenzgefüge in Europa zum Schaden aller Beteiligten zerreißen. Die deutsche Rolle in Europa wird daher zu einem guten Teil die eines »Handelsstaates«[18] bleiben, der im militärischen Bereich auf eine Politik der Stärke und im ökonomischen auf eine Politik der Autarkie verzichtet und sich auf die Erschließung von Märkten und den Ausbau von Handelsbeziehungen in multilateralen Politikzusammenhängen konzentriert.

Schließlich müssen auch die Wertgrundlagen deutscher Außenpolitik in die Analyse miteinbezogen werden.[19] Nach dem Zweiten Weltkrieg versuchte die Bundesrepublik zunächst, ihre außenpolitischen Interessen durch eine Politik der konsequenten Westbindung zu verwirklichen. Diese Politik der Westbindung war nicht nur eine Absage an Schaukelpolitik und Sonderwege. Als Wertbindung bedeutete sie in ihrem normativen Kern vor allem die Verpflichtung auf die liberalen demokratischen Werte der westlichen Welt. Aufgrund der historischen Erfahrung zweier Weltkriege hatte die überwiegende Mehrheit der politischen Elite in Deutschland darüber hinaus Abschied genommen vom traditionellen Verständnis nationalstaatlicher Souveränität und einen außenpolitischen Stil des »kooperativen Internationalismus«[20] verinnerlicht.

Im Zusammenhang mit diesen Wertgrundlagen deutscher Außenpolitik ist das Konzept der »Zivilmacht«[21] Deutschland entwickelt worden. Demnach hat Deutschland seit dem Zweiten Weltkrieg mit seiner Politik der »Selbsteindämmung« einen »zivilisierten«, d. h. kooperativen und multilateralen außenpolitischen Stil etabliert, an dem es auch unter den neuen Rahmenbedingungen beispielhaft festzuhalten gilt. Als »Zivilmacht« bestünde die deutsche Rolle in Europa darin, gegenüber den anderen europäischen Staaten, die noch stärker in klassischen nationalstaatlichen Kategorien denken, eine Vorbildfunktion zu übernehmen und sich an die Spitze der Bemühungen um eine »Zivilisierung der internationalen Politik« zu stellen. Auch wenn sich das internationale Handeln der Bundesrepublik nicht auf eine solche Rollenbeschreibung reduzieren läßt, so sind doch die Ziele Wahrung des Friedens, universelle Verwirklichung der Menschenrechte und Bekämpfung von Armut und Unterentwicklung in der Dritten Welt auch in Zukunft von der außenpolitischen Agenda des vereinten Deutschlands nicht wegzudenken.

4. Perzeptionen und Erwartungen des Auslands

Die Haltung des Auslands zur deutschen Rolle in Europa ist von historisch gewachsenen Ängsten vor einem übermächtigen Nachbarn, aber auch großen Erwartungen im Hinblick auf die politische und wirtschaftliche Leistungsfähigkeit Deutschlands gekennzeichnet.[22] Seit dem Ende des Zweiten Weltkrieges war es die zentrale Frage europäischer Deutschlandpolitik, wie das Machtpotential des deutschen »Gullivers in der Mitte Europas«[23] am besten einzudämmen bzw. einzubinden ist und gleichzeitig für die Sicherheitspolitik des Westens und die europäische

Integration positiv genutzt werden kann. Die Antwort der anderen europäischen Großmächte bestand in der Stärkung internationaler Institutionen wie NATO und EG und in einer engen bilateralen Kooperation mit der Bundesrepublik. Im Rahmen eines dichten institutionellen Geflechtes sollte das machtpolitische Gewicht Deutschlands nicht durch die Bildung klassischer Koalitionen *gegen* Deutschland, sondern durch Kooperation *mit* Deutschland ausgeglichen werden.

Nach Ende des Ost-West-Konfliktes stellte sich die Frage der deutschen Rolle in Europa jedoch wieder unter ganz neuen Voraussetzungen. Die Vollendung der deutschen Einheit wurde am Ende zwar von allen europäischen Staaten begrüßt, doch war in den internationalen Reaktionen auf die Ereignisse von 1989/90 die Furcht vor dem deutschen Machtpotential offen oder latent durchweg präsent.[24] Neue Nahrung erhielten diese Sorgen Ende 1991 durch die deutsche Jugoslawienpolitik. Die Entscheidung der Bundesregierung, die Anerkennung von Kroatien und Slowenien notfalls auch unilateral vorzunehmen, wurde im Ausland mit heftiger Kritik an einem neuem deutschen Großmachtgehabe kommentiert, das Schreckgespenst eines neuen deutschen ostpolitischen »Sonderweges«, einer neuen »Schaukelpolitik« zwischen Ost und West heraufbeschworen.

Im Rückblick gab die deutsche Außenpolitik – von der bislang einzigartigen Ausnahme im Jugoslawienkonflikt einmal abgesehen – jedoch wenig Anlaß für solche Sorgen. Im Gegenteil: Deutschland hat von Anfang an versucht, die Stabilisierung des osteuropäischen Raumes in enger Abstimmung mit seinen europäischen Partnern und durch die rasche Einbeziehung der osteuropäischen Staaten in den europäischen Integrationsprozeß zu erreichen. Mit Frankreich wurde eine gemeinsame Ostpolitik vereinbart, deren erstes konkretes Ergebnis die Institutionalisierung der deutsch-französisch-polnischen Zusammenarbeit in Form regelmäßiger trilateraler Ministertreffen ist (»Weimarer Dreieck«). In dem Maße, wie die deutsche Osteuropapolitik auf diese Weise bilateral und multilateral eingebunden blieb und sich andere Staaten aktiv beteiligten, schwand auch die Gefahr, daß Deutschland das Osteuropaengagement europäischer Institutionen bzw. ihrer Mitgliedstaaten als unzureichend ansehen könnte und die politische und ökonomische Stabilisierung Osteuropas daraufhin auf dem Weg der »Selbsthilfe«, d. h. ohne Rücksicht auf die Interessen anderer Staaten verfolgen würde. Die rasche Umsetzung der NATO-Osterweiterung war vor diesem Hintergrund von großer Bedeutung für die Zukunft europäischer Politik.

Das Deutschlandbild in Europa ist aber keineswegs nur von Skepsis und Furcht vor deutscher Größe und Unberechenbarkeit geprägt. Durch die deutsche Einheit hat auch die positive Erwartungshaltung der europäischen Staaten im Hinblick auf die politische und wirtschaftliche Leistungsfähigkeit der Bundesrepublik eine ganz neue Qualität angenommen. So soll Deutschland im Bereich der Sicherheitspolitik mehr Verantwortung übernehmen, indem es sich bei internationalen Friedensmissionen Seite an Seite mit seinen europäischen Verbündeten mit eigenen Truppen beteiligt. Wie selbstverständlich wird vielerorts davon ausgegangen, daß Deutschland einen großen Teil der finanziellen Lasten bei der Unterstützung der Transformationsprozesse in Osteuropa und bei der Finanzierung der EU trägt. Als Wachstumsmotor Europas soll es darüber hinaus durch die Ankurbelung seiner eigenen Wirtschaft die europäische Konjunktur beleben. Wachsende Arbeitslosigkeit und Haushaltsdefizite geben aber eher Anlaß zur Sorge, daß sich Deutschland angesichts der Fülle von innen- und außenpolitischen Herausforderungen überfordert sieht und sein internationales Engagement reduziert. Auch aus diesem Grund erscheint eine neue deutsche Hegemonialpolitik wenig wahrscheinlich. Dies gilt insbesondere für die Einführung des Euro, mit der die Dominanz der D-Mark und die daraus resultierende Abhängigkeit der europäischen Staaten von der deutschen Geldpolitik beendet wurde. Die vergangenen Jahre haben gezeigt, daß ironischerweise nicht von deutscher Größe oder Stärke, sondern gerade von den wirtschafts- und finanzpolitischen Krisensymptomen, also der inneren Schwäche Deutschlands die größten Risiken für das europäische Währungsprojekt ausgingen.

5. Europäisches Deutschland oder deutsches Europa?

Damit die deutsche Rolle in Europa den Interessen Deutschlands und der seiner europäischen Partner gerecht werden kann, muß die deutsche Außenpolitik verschiedene Gratwanderungen bewältigen. So ist Deutschland nach der Vollendung der deutschen Einheit einerseits mehr als je zuvor auf eine multilaterale Politik im Rahmen der europäischen Integration und der europäischen Institutionen angewiesen. Die deutsche Außenpolitik nach 1990 hat sich bislang auch weitgehend entlang dieser Stabilitätsmaxime bewegt. Andererseits könnte es in Zukunft auch Entscheidungssituationen geben, in denen multilaterale Institutionen sich als handlungsunfähig erweisen, Deutschland aber aus Gründen des nationalen Interesses handeln will. Die umstrittene Frage der Anerkennung von Kroatien und Slowenien im Jugoslawienkonflikt hat einen ersten Vorgeschmack auf solche Entscheidungsdilemmata gegeben. Deutschland wird lernen müssen, Interessenkonflikte auszutragen und gewissermaßen mit der »Einsamkeit« einer Führungsmacht zu leben, ohne den prinzipiellen Nutzen europäischer Entscheidungsmechanismen für die deutsche Außenpolitik in Frage zu stellen.[25]

Eine zweite Schwierigkeit wird darin bestehen, den Erwartungen des Auslands an den deutschen Beitrag zur europaweiten Lastenfinanzierung gerecht zu werden, ohne die Unterstützung der eigenen Bevölkerung für das europäische Integrationsprojekt zu gefährden. Die Diskussionen in Deutschland über die Nettozahlungen an die EU und über die Geldwertstabilität des Euro zeigen, daß auch in Deutschland die Bereitschaft der Bevölkerung zur weiteren Aufgabe nationaler Souveränität und zur Übernahme zusätzlicher finanzieller Belastungen im EU-Rahmen nicht als selbstverständlich vorausgesetzt werden kann.

Drittens wird die deutsche Außenpolitik auch in Zukunft vor der Notwendigkeit eines außenpolitischen Spagates zwischen Frankreich und den USA stehen.

Deutschland ist auf enge Beziehungen zu beiden Verbündeten angewiesen: Frankreich als der wichtigste Partner in Fragen der europäischen Politik, Amerika als sicherheitspolitischer Partner und als Garant des europäischen Machtgleichgewichtes. Da es zwischen Frankreich und den USA immer wieder zu Konflikten z. B. in Fragen der Handelspolitik oder der Sicherheitspolitik kommen wird, bleibt Deutschland auch in Zukunft das Kunststück der Nicht-Wahl zwischen beiden Partnern nicht erspart.

Das vielzitierte Diktum von Thomas Mann – »Wir wollen ein europäisches Deutschland und kein deutsches Europa« – scheint im Hinblick auf die zukünftige deutsche Rolle in Europa überholt. Deutschland ist schon lange »europäisch«: Die ohnehin schon sehr enge Verflechtung und Verzahnung mit den anderen europäischen Staaten wird in den kommenden Jahren eher noch zu- als abnehmen. Vor allem nach Einführung des Euro ist Deutschland stärker in europäische Entscheidungsverfahren und Institutionen integriert als je zuvor. Faktisch wird der deutsche Einfluß auf die Gestaltung europäischer Politik immer vorhanden sein, da Deutschland wie jeder andere Staat versuchen wird, seine eigenen Politikrezepte auf europäischer Ebene zu verwirklichen. Ein »deutsches Europa« im Sinne deutscher Dominanz wird es aber dennoch nicht geben: Zum einen machen die Interdependenzen und der mittlerweile erreichte Grad an Integration eine autonome Politik deutscher Machtentfaltung unmöglich, zum anderen verhindern die zu erwartenden »balance of power«-Mechanismen internationaler Politik die Hegemonie eines einzelnen Staates im europäischen Staatensystem.

Die neuen Rahmenbedingungen internationaler Politik in Europa zwingen Deutschland und seine europäischen Partner zum Umdenken: Es gibt keine Anzeichen dafür, daß Deutschland seine »Kultur der Zurückhaltung« in der Außenpolitik aufgeben wird, aber beide Seiten werden auch lernen müssen, mit Situationen umzugehen, in denen es aus deutscher Sicht erforderlich erscheint, gegen den Widerstand wichtiger Verbündeter eine Führungsrolle einzunehmen. Interessenkonflikte müssen ausgetragen werden können, ohne daß gleich der Vorwurf neuer deutscher Großmachtgelüste im Raum steht. Frankreich und die Bundesrepublik haben nach dem Zweiten Weltkrieg mit ihrer Verständigungspolitik beispielhaft gezeigt, daß Staaten in der Lage sind, von historischen Belastungen und traditionellen Dogmen internationaler Politik wie nationalstaatlicher Konkurrenz und Gleichgewichtspolitik Abschied zu nehmen. Die Bereitschaft und Fähigkeit, voneinander zu lernen, die Perspektive des anderen vorwegzunehmen und in das eigene Entscheidungskalkül miteinzubeziehen, wird auch in Zukunft die entscheidende Voraussetzung dafür sein, daß die deutsche Rolle in Europa sowohl der deutschen Interessenlage als auch der seiner europäischen Partner gerecht werden kann.

Anmerkungen

Der Beitrag gibt die persönliche Meinung des Autors wieder.

1 Mearsheimer, John J.: Back to the Future. Instability in Europe after the Cold War, in: International Security 1 (1990), S. 5–56.
2 Keohane, Robert O.: Institutional Theory and the Realist Challenge after the Cold War, in: Baldwin, David A., (Hrsg.): Neorealism and Neoliberalism: The Contemporary Debate, New York 1993, S. 269–300.
3 Vertrag von Maastricht, in: Europa-Archiv 47 (1992), S. D 177–257 (Teil I) u. S. D 255–298 (Teil II).
4 Vgl. Asmus, Ronald D.: Germany's Geopolitical Maturation. Public Opinion and Security Policy in 1994, Santa Monica 1995.
5 Vgl. Dokumente zur neuen Strategie des westlichen Bündnisses, in: Europa-Archiv 47 (1992), S. D 29–88; Dokumentation zur Osterweiterung der NATO, in: Internationale Politik 9 (1997), S. 69–124.
6 Vgl. zur Trias Machtstaat, Handelsstaat und Zivilmacht: Rittberger, Volker, und Frank Schimmelfennig: German Foreign Policy after Reunification: On the Applicability of Theoretical Models of Foreign Policy, Center for German & European Studies Working Papers, Washington, D. C. 1997.
7 Kaiser, Karl: Deutschlands Vereinigung. Die internationalen Aspekte, Bergisch-Gladbach 1991, S. 122 ff. Zur allgemeinen Problematik der Analyse von Macht in den internationalen Beziehungen vgl. den Überblick bei: Albrecht, Ulrich, und Hartwig Hummel: »Macht«, in: Rittberger, Volker (Hrsg.): Theorien der Internationalen Beziehungen, Opladen 1990, S. 90–109 (PVS Sonderheft 21).
8 Schöllgen, Gregor: Stationen deutscher Außenpolitik. Von Friedrich dem Großen bis zur Gegenwart, München 1992, S. 177 (Hervorhebung T.P.).
9 So z. B. Waltz, Kenneth N.: The Emerging Structure of International Politics, in: International Security 2 (1993), S. 44–79, hier S. 62 f.
10 Schwarz, Hans-Peter: Die Zentralmacht Europas. Deutschlands Rückkehr auf die Weltbühne, Berlin 1994.
11 Weidenfeld, Werner: Deutschland in Europa: Schlüsselstaat mit Führungsrolle?, in: ders. (Hrsg.): Was ändert die Einheit? Deutschlands Standort in Europa, Gütersloh 1993, S. 9–16.
12 Schwarz, Hans-Peter: Das deutsche Dilemma, in: Kaiser, Karl, und Hanns W. Maull (Hrsg.): Deutschlands neue Außenpolitik, Bd. 1: Grundlagen, München 1994, S. 81–97.
13 Hanrieder, Wolfram F.: Deutschland, Europa, Amerika. Die Außenpolitik der Bundesrepublik Deutschland 1949–1994, Paderborn u. a. 1995.
14 Katzenstein, Peter J.: Die Fesselung deutscher Macht im internationalen System, in: Blanke, Bernhard, und Helmut Wollmann (Hrsg.): Die alte Bundesrepublik. Kontinuität und Wandel, Leviathan Sonderheft 21, Opladen 1991, S. 68–80.
15 Korte, Karl-Rudolf: Was denken die anderen über uns? Fremdbilder als notwendiges Korrektiv der deutschen Außenpolitik, in: Internationale Politik 2 (1997), S. 47–54.
16 Vgl. Senghaas, Dieter: Deutschlands verflochtene Interessen, in: Internationale Politik 8 (1995), S. 31–37.
17 Vgl. Junne, Gerd: Theorien über Konflikt und Kooperation zwischen kapitalistischen Industrieländern, in: Rittberger (Anm. 7), S. 353–371.
18 Rosecrance, Richard: The Rise of the Trading State. Commerce and Conquest in the Modern World, New York 1986; Gutjahr, Lothar: Vom Handelsstaat Deutschland zum Standort Europa, in: Österreichische Zeitschrift für Politikwissenschaft 3 (1995), S. 329–345.

19 Glaab, Manuela, Jürgen Gros, Karl-Rudolf Korte und Peter Wagner: Wertgrundlagen und Belastungsgrenzen deutscher Europapolitik, in: Weidenfeld, Werner (Hrsg.): Effektivierung deutscher Europapolitik, Gütersloh 1998, S. 167–208.
20 Knapp, Manfred: Die Außenpolitik der Bundesrepublik Deutschland, in: ders., und Gerd Krell (Hrsg.): Einführung in die internationale Politik, München 1990, S. 137–174, hier S. 168.
21 Maull, Hanns W.: Zivilmacht Bundesrepublik Deutschland. Vierzehn Thesen für eine neue deutsche Außenpolitik, in: Europa-Archiv 47 (1992), S. 269–278.
22 Vgl. dazu ausführlich Bruck, Elke: Deutschland von außen, in: Weidenfeld, Werner, und Karl-Rudolf Korte: Handbuch zur deutschen Einheit, Neuausgabe, Frankfurt a. M./New York 1999, S. 202–216; sowie: Internationale Politik 2 (1997) mit zahlreichen Beiträgen zum Thema.
23 Haftendorn, Helga: Gulliver in der Mitte Europas. Internationale Verflechtung und nationale Handlungsmöglichkeiten, in: Kaiser/Maull (Anm. 13), S. 129–152.
24 Vgl. Bruck, Elke, und Peter Wagner (Hrsg.): Wege zum »2+4«-Vertrag. Die äußeren Aspekte der deutschen Einheit, München 1996; Zelikow, Philip, und Condoleezza Rice: Sternstunde der Diplomatie, Berlin 1997; Weidenfeld, Werner: Außenpolitik für die deutsche Einheit: Die Entscheidungsjahre 1989/90, Stuttgart 1998.
25 Bertram, Christoph: The Power and the Past: Germany's New International Loneliness, in: Baring, Arnulf (Hrsg.): Germany's New Position in Europe. Problems and Perspectives, Oxford/Providence 1994, S. 91–105.

Deutschland als europäische Macht

WERNER LINK

Deutschland liegt in der Mitte Europas – allseits umgeben von einer Vielzahl anderer Staaten (heute sind es neun), mit Frankreich als größtem Nachbarn; es ist nach Bevölkerungszahl und wirtschaftlichem Potential der größte Staat auf dem europäischen Kontinent westlich von Rußland. Aus diesem fundamentalen Sachverhalt resultiert das ordnungspolitische Grundproblem, das in der Neuzeit unter sich verändernden Rahmenbedingungen immer wieder aktuell wurde und auch heute erneut aktuell ist: Wie sind Deutschland und Europa zu organisieren, damit Deutschland in Europa existieren und sich entfalten kann, ohne einen bestimmenden Einfluß in Europa zu erlangen bzw. auszuüben; ohne die »europäische Freiheit«, die Existenz und Entfaltung der anderen europäischen Staaten zu gefährden? Es handelt sich – auf einen begrifflichen Nenner gebracht – um die alte und stets neue Grundproblematik von politischem Gleichgewicht oder Hegemonie in Europa[1] – eine Grundproblematik, die in jeweils spezifischer Weise auch für die anderen großen europäischen Staaten relevant ist.

Deutschland befand und befindet sich also in einer wechselseitigen Beziehung mit dem europäischen Staatensystem: Es wird von ihm konditioniert und ist zugleich seinerseits ein konstitutiver Teil dieses Systems. Mehr noch: Seit das internationale System nicht mehr mit dem europäischen Staatensystem identisch ist, ist die Einfügung Deutschlands in das europäische Mächtesystem zugleich auch abhängig von Gleichgewicht und Hegemonie im Weltsystem, wie auch die Regelung des Deutschland-Problems die weltpolitischen Strukturen mitbestimmt.

1. Die historische Erfahrung des Deutschen Reiches

Deutschland ist – im europäischen Vergleich – eine »verspätete Nation«[2]. Vor der nationalstaatlichen Einigung im Jahre 1871 waren Preußen und Österreich die beiden Führungsmächte in Deutschland; sie übten eine Art »Doppelhegemonie«[3] im Deutschen Bund aus. Und im Europäischen Konzert des 19. Jahrhunderts balancierten sich die fünf Führungsmächte Großbritannien, Frankreich, Rußland, Preußen und Österreich in der sogenannten Pentarchie. Mit der kleindeutschen Lösung der nationalen Frage erlangte Preußen einen bestimmenden Einfluß in Deutschland, und das Deutsche Reich gelangte in eine »halbhegemoniale« Position in Europa.[4] Dieser neue deutsche Machtstaat war – wie Klaus Hildebrand treffend formuliert hat[5] – »für das Gleichgewicht Europas zu stark und für die Hegemonie über den Kontinent zu schwach«. Darin lag das »objektive« Dilemma deutscher Politik in den Jahrzehnten vor und nach der Jahrhundertwende.

Otto von Bismarck, der Gründer und erste Kanzler des Deutschen Reiches, hatte gehofft, daß es gelingen könnte, »die Verstimmungen, die unser Heranwachsen zu einer wirklichen Großmacht hervorgerufen hat, durch den ehrlichen und friedliebenden Gebrauch unserer Schwerkraft abzuschwächen, um die Welt zu überzeugen, daß eine deutsche Hegemonie in Europa nützlicher und unparteiischer, auch unschädlicher für die Freiheit andrer wirkt als eine französische, russische oder englische«[6]. Aber bekanntlich hatte sich die Welt nicht davon überzeugen lassen, zumal Bismarcks Nachfolger einen Kurs einschlugen, der in Worten und Taten einer Politik der Zurückhaltung und des Ausgleiches entgegengesetzt war, und schließlich den »Griff nach der Weltmacht«[7] wagten. Es waren bezeichnenderweise gerade die liberalen Kräfte, deren demokratisch-parlamentarischen Hoffnungen sich nicht erfüllt hatten, die – wie Max Weber in seiner Freiburger Antrittsvorlesung von 1895[8] – forderten, die Deutschen müßten begreifen, »daß die Einigung Deutschlands ein Jugendstreich war, den die Nation auf ihre alten Tage beging und seiner Kostspieligkeit halber besser unterlassen hätte, wenn sie der Abschluß und nicht der Ausgangspunkt einer deutschen Weltmachtpolitik sein sollte«. Eine kontinental-europäische Variante dieses Denkens war das Mitteleuropa-Konzept des Liberaldemokraten Friedrich Naumann, welches darauf abzielte, die kontinentale Machtbasis Deutschlands nach Südosteuropa zu erweitern – von anderen weitausgreifenden Plänen, die im Siegesrausch der ersten Kriegsmonate gezeugt wurden, ganz zu schweigen.

Nachdem die real existierende neue Weltmacht, die USA, den deutschen Griff nach der Weltmacht verhindert und im Ersten Weltkrieg die Niederlage Deutschlands herbeigeführt hatte, blieb das Deutsche Reich – freilich territorial amputiert und seiner Kolonien entledigt – erhalten, weil die alte Flügelmacht Rußland durch Kriegsniederlage und bolschewistische Revolution geschwächt war und weil die neue Flügelmacht Amerika die französischen Hegemoniepläne in Europa zunichte machte. So konnte Deutschland – mit amerikanischer Unterstützung – über die Weltwirtschaft in die europäische Politik und in die Weltpolitik zurückkehren, während die USA als Schiedsrichter und ausgleichende Macht in Europa fungierten. Mit dem Dawes-Plan (1924) stifteten sie den *economic peace* in Europa; ein Amerikaner fungierte als »König des Dawes-Planes«, und ein Amerikaner entschied im Ernstfall darüber, ob oder ob nicht Sanktionen gegenüber Deutschland gerechtfertigt waren. Die europäische Einbindung Deutschlands gelang nur im Westen (Locarno-Vertrag von 1925); es gab kein »Ost-Locarno«. Alle weiterführenden Europa-Pläne – wie der Briand-Plan von 1930 – stießen auf amerikanischen und russischen Widerstand. Die USA sahen darin ein »Zusammenrotten« der Europäer gegen Amerika und wollten stattdessen Deutschland als ihren Einflußfaktor in Europa nutzen, primär bei der Durchsetzung ihrer Handelspolitik, aber auch in Fragen der militärischen Abrüstung. Umgekehrt wollte die Weimarer Republik das ökonomische Engagement der USA in Deutschland und die amerikanische Politik des »peaceful change« für ihre revisionistische Politik gegen Frankreich nutzen. Für Außenminister Stresemann war deshalb die Perspektive, daß sich »auf der einen Seite die Vereinigten Staaten von Europa und Japan und auf der anderen Seite Amerika« gegenüberstehen sollten, inakzeptabel. So fand auch Frankreichs Plan einer Europa-Union (nach Briands Worten »eine Zusammenfassung Europas gegenüber dem amerikanischen Übergewicht«) nicht die Unterstützung der deutschen Regierung, die bezeichnenderweise zur gleichen Zeit (1930) daran ging, ein von Deutschland geführtes Mitteleuropa zu schaffen – mit dem ersten Schritt einer deutsch-österreichischen Zollunion (die am Widerstand Frankreichs scheiterte).[9]

Als der Revisionismus der Weimarer Republik in den Expansionismus des Dritten Reiches umschlug, war die gewaltsame Errichtung einer deutschen Hegemonie und Herrschaft auf dem Kontinent Ausdruck einer europäischen Großraumpolitik Deutschlands, mit der Hitler – um Bert Brechts Metapher zu zitieren – Kontinentaleuropa durch Unterwerfung zwangsvereinigte, »wie der Fischer im Netz die Fische einigt«.[10] Letztendlich zielte Hitlers Weltmachtpolitik auf den Endkampf mit den USA.

Die USA sahen ihrerseits in unserem Jahrhundert ihr säkulares Interesse darin, die Entstehung einer kontinentaleuropäischen Hegemonie in Europa und die Beherrschung der atlantischen Gegenküste durch eine feindliche Macht zu verhindern und Europa für ihre wirtschaftlichen Interessen offen zu halten. Bevor es überhaupt zur »Endkampf-Situation« kommen konnte, entschieden sie wiederum (wie im Ersten Weltkrieg), zusammen mit ihren westeuropäischen Alliierten und in antagonistischer Kooperation mit der Sowjetunion, den Zweiten Weltkrieg zu ihren Gunsten und zugunsten der Freiheit Westeuropas, während in Mittel- und Osteuropa die deutsche Herrschaft durch die sowjetische abgelöst wurde. Die wundersame Rettung des Deutschen Reiches von 1918/19 wiederholte sich 1945 nicht, weil die Flügelmächte nicht abgelenkt bzw. geschwächt waren, sondern sich in Deutschlands Mitte trafen und engagierten. Die Siegermächte zerstörten das Dritte Reich und übten nach Ende des Zweiten Weltkrieges gemeinsam die Oberhoheit über Deutschland aus; Deutschland wurde zum Objekt der vier Siegermächte. Trotz aller Gegensätze hinsichtlich der staatlichen und gesellschaftlichen Neuordnung Deutschlands verband sie ein negativer Konsens: Sie waren fest entschlossen zu verhindern, daß Deutschland – politisch, ökonomisch oder gar militärisch – als europäische Macht wiedererstehen und erneut Gleichgewicht und Freiheit in Europa bedrohen könnte.

2. Die Bundesrepublik als integrierte westeuropäische Macht

Der kalte Krieg brach zwar nicht in Deutschland und nicht wegen Deutschland aus, aber er hatte zur Folge, daß nicht die Teilungs- und Föderalisierungspläne der Kriegszeit, sondern die Trennungslinien des Ost-West-Konfliktes bestimmend wurden für seine Neuorganisation.[1] Die weltpolitische Trennungslinie ging mitten durch Europa und Deutschland, und der scharfe Ost-West-Antagonismus machte alle »Brückenkonzepte« zunichte, die von deutschen Politikern der unmittelbaren Nachkriegszeit – von Jakob Kaiser bis Otto Grotewohl – propagiert worden waren. Die SBZ und dann die DDR wurden in den sowjetischen Herrschaftsbereich eingefügt. Die Westzonen und dann die Bundesrepublik Deutschland wurden in die atlantischen und westeuropäischen Organisationen integriert. Diese »Wiederbelebung« staatlicher und wirtschaftlicher Macht in Westdeutschland und deren westliche Integration war – wie der US-Außenminister Dean Acheson seinen westeuropäischen Kollegen am Vorabend der NATO-Gründung in einer »Lehrstunde in Machtpolitik« erläuterte – eine Politik des kalkulierten Risikos:

»We see Japan and Germany as major power centers, neutralized now but inevitably reviving, lying between the USSR and the West. There is no question but that the USSR looks upon the eventual absorption of Germany, in particular, into the Soviet orbit as a major objective. [...] From the Western point of view, we too realize the grave dangers of encouraging German revival. We believe, however, that the advantages of orienting Germany towards the West and countering Soviet moves justify a calculated risk. Any Allied policy which does not allow reasonable scope for German revival may force that nation into the arms of the USSR. Therefore, we urge that the Western powers adopt a joint policy of encouraging German economic revival, accelerating the development of democratic institutions, and actively combating Soviet subversion [...].«[2]

Vier Jahrzehnte lang wurde – statt der früheren Mittellage – die weltpolitische Grenzlage für beide deutsche Staaten konstitutiv und fundamental. Die Entscheidung der Westdeutschen für den Westen war keine Frage der Geographie, sondern der demokratischen Werte und der wirtschaftlichen und vor allem sicherheitspolitischen Interessen. Als demokratischer und marktwirtschaftlicher Staat kehrte Westdeutschland, wie einst die Weimarer Republik, über die Weltwirtschaft in die Weltpolitik zurück, und zwar wiederum mit Hilfe der USA. Aber im Unterschied zur Weimarer Republik war der neue Staat ein integrierter Weststaat – Mitglied in OEEC, Europarat, EGKS und dann EWG/Euratom und vor allem in der NATO. Die Atlantische Allianz – und das hieß machtpolitisch: die USA – gab dem extrem gefährdeten Grenzstaat die notwendige Sicherheit gegenüber der Sowjetunion und fügte das westdeutsche wirtschaftliche und militärische Potential in die Eindämmungspolitik des Westens ein, wodurch sie erst effektiv wurde. Die Atlantische Allianz gab zugleich den westeuropäischen Staaten die Sicherheit vor Deutschland – eine »doppelte Eindämmung« (Hanrieder) und eine zweifache Balancepolitik.

Deutschland wurde als westdeutscher Staat wieder »Großmacht« (Adenauer) und bald auch wieder »wirtschaftliche Weltmacht« (Schmidt), aber eben eine integrativ gebändigte westeuropäische Macht – atlantisch und westeuropäisch gebändigt. Daß insbesondere die westeuropäische Integration ein Gleichgewicht zur Lösung der deutschen Machtfrage schaffen sollte, zeigen die internen Dokumente deutlicher als die öffentlichen Reden. Als ein Beispiel unter vielen sei hier lediglich auf das Memorandum des belgischen Außenministers Spaak vom 7. Februar 1959 verwiesen. Dort heißt es, die europäische Integration sei »vor allem [...] die richtige Art und Weise, das deutsche Problem zu lösen«: »Die europäische Integration gibt Deutschland einen Rahmen, in dem seine Expansion begrenzt bleibt, und schafft eine Interessengemeinschaft, die es absichert und die uns gegen gewisse Versuche und Abenteuer absichert.«[13] Bekanntlich sah auch Adenauer dies so.

Wie die Wiedervereinigung mit der zunehmenden westeuropäischen Integration vereinbar war, beschäftigte in diesen Jahrzehnten Politik und Wissenschaft in lebhaften Debatten. In der Detente-Phase wurde das Schlagwort von der notwendigen »Europäisierung der deutschen Frage« mit dem gesamteuropäischen Leitmotiv einer neuen »europäischen Friedensordnung« verbunden.[14] In seiner Rede vom 17. Juni 1967 bezeichnete Bundeskanzler Kiesinger den Weg zu einer gesamteuropäischen Friedensordnung als lang und mühselig, aber als einzige Chance zur Überwindung der deutschen Teilung: »Deutschland, ein wiedervereinigtes Deutschland, hat eine kritische Größenordnung. Es ist zu groß, um in der Balance der Kräfte keine Rolle zu spielen, und zu klein, um die Kräfte um sich herum selbst im Gleichgewicht zu halten. Es ist daher in der Tat nur schwer vorstellbar, daß sich ganz Deutschland bei einer Fortdauer der gegenwärtigen Struktur in Europa der einen oder der anderen Seite ohne weiteres zugesellen könnte. Eben darum kann man das Zusammenwachsen der getrennten Teile Deutschlands nur eingebettet sehen in den Prozeß der Überwindung des Ost-West-Konflikts in Europa.«[15]

Die neue Ostpolitik der sozial-liberalen Koalition unter Bundeskanzler Willy Brandt wollte diesen Prozeß fördern. Westbindung und Ostverbindungen wurden zur Staatsräson der Bundesrepublik Deutschland. Entgegen den Erwartungen aller wurde der Ost-West-Konflikt am Ende nicht evolutionär, sondern revolutionär überwunden, wurde die Wiedervereinigung *vor* der Errichtung einer gesamteuropäischen Friedensordnung verwirklicht. Daß das vereinigte Deutschland in NATO und EG integriert bleiben werde, war die unabdingbare Voraussetzung für die Zustimmung der europäischen Nachbarn und vor allem der USA. Gleichzeitig mit der Wiedervereinigung wurde in Paris der Versuch gemacht, mit der »Charta« der KSZE die gesamteuropäische Ordnung gewissermaßen »nachzuliefern«. Parallel dazu – einmündend in den Vertrag von Maastricht (1992) – sollte die europäische Integration vertieft und weiterentwickelt werden, um (wie Bundeskanzler Kohl wiederholt betonte) nach der deutschen Einheit die europäische Einigung zu vollenden und damit Deutschland endgültig, »irreversibel«, europäisch einzubinden. Statt der Bismarckschen Politik einer gemäßigten Hegemonie zielte diese Politik auf eine strukturelle Verhinderung einer deutschen Hegemonie.

3. Deutschland als integrierte europäische Macht

In der Tat ist das Schicksal der europäischen Integration die strategische Frage, wenn man die Einsicht von der »kritischen Größenordnung« des wiedervereinigten Deutschlands und der Rückkehr Deutschlands in die traditionelle europäische Mittellage ernst nimmt.

Durch die Wiedervereinigung wurde Deutschland – trotz des vertraglich besiegelten Verlustes seiner Ostgebiete – mit deutlichem Abstand vor Italien (58 Millionen), Großbritannien (57 Millionen) und Frankreich (57 Millionen) das europäische Land mit der größten Bevölkerungszahl, nämlich ca. 80 Millionen, was 1990 23 Prozent der Gesamtbevölkerung der EG entsprach. Damit ging allerdings keine entsprechende Erhöhung der deutschen Streitkräfte einher. Im Gegenteil: Sie wurden reduziert und international verbindlich auf die Höchstzahl von 370 000 Mann festgelegt. Heute ist diese Obergrenze bereits unterschritten. Nicht Deutschland ist die stärkste konventionelle Militärmacht auf dem Kontinent, sondern nach wie vor Frankreich. Hinzu kommt, daß Deutschland – im Unterschied zu Frankreich und Großbritannien – keine Nuklearwaffen hat. Erst recht ist Deutschland militärisch schwächer als die eurasische Großmacht Rußland.

Nach wie vor ist die herausragende Position Deutschlands im ökonomischen Bereich das »kritische« europäische Problem – um so mehr, als nach dem Ende des stark militärisch-sicherheitspolitischen Ost-West-Konfliktes die ökonomischen Machtrelationen und Konkurrenzen an politischer Bedeutung gewonnen haben. Deutschlands Spitzenposition beim Bruttoinlandsprodukt ist durch die Wiedervereinigung weiter gestärkt worden. Zwar ist das deutsche Bruttosozialprodukt pro Einwohner durch den Hinzutritt der neuen Bundesländer gesunken, so daß die Bundesrepublik Deutschland 1990 auf der europäischen Wohlstandsskala von dem bisherigen dritten Platz auf Platz 12 zurückgefallen ist. Aber wenn der Aufbau Ost gelingt, wird Deutschland auch hier wieder einen der vorderen Plätze einnehmen.

Schon die »alte« Bundesrepublik Deutschland war in sehr hohem Maße in die Region West-Europa integriert – »mit dem höchsten Integrationsgrad und dem stärksten Gewicht«; Westdeutschland hatte »Strukturierungsmacht in seiner Region«.[16] Andrei Markovits und Simon Reich argumentierten sogar, daß sich in den siebziger und achtziger Jahren bereits eine ökonomische Hegemonie der Bundesrepublik in der EG ausgebildet habe, weil »das gesamte EG-Marktgeschehen von deutschen Exporten beherrscht«[17] werde (wobei sie insbesondere auf den hohen und in diesen Jahrzehnten noch ansteigenden Anteil der deutschen Exporte am Gesamtvolumen der innergemeinschaftlichen Ausfuhren verwiesen). Weil gleichzeitig der deutsche Osthandel beträchtlich anstieg, die westdeutschen Exporte in die osteuropäischen Staaten mit großem Abstand zu denjenigen der anderen westlichen Industrienationen eine herausragende Spitzenposition einnahmen und die Bundesrepublik für die osteuropäischen Staaten bei weitem der wichtigste Handelspartner geworden war, diagnostizierten Markovits und Reich bereits für die Jahre vor der Wiedervereinigung auch in Osteuropa eine deutsche wirtschaftliche

Hegemonie, die durch eine kulturelle Hegemonie abgestützt werde. Die strukturelle Hegemonie sei dort sogar noch ausgeprägter, weil alle »institutionellen Zwänge, denen die Deutschen in ihrem Verhalten durch ihre EG-Mitgliedschaft im Westen unterliegen«, im Osten wegfielen.

Daß sich die wirtschaftliche Hegemonie Deutschlands nach der Wiedervereinigung in den neunziger Jahren in West- und Osteuropa verstärkt habe, ist die These, die die beiden Autoren in einem neuen Buch[18] zu untermauern versuchen. In der Tat ist es bemerkenswert, daß die deutschen Ost-Exporte eine große Wachstumsdynamik aufweisen. Und die deutschen Direktinvestitionen in Osteuropa machten bereits 1995 3 Mrd. DM aus und entsprachen damit der Investitionshöhe in den USA. Auch der Handel mit Mittel- und Osteuropa hat mit ca. 7 Prozent des deutschen Gesamthandels etwa den gleichen Anteil wie der Handel mit den USA (7,8 Prozent). Deutschland besetzt also in Mittel- und Osteuropa »marktstrategische Positionen« (Hans-Martin Burkhardt). Zugleich ist jedoch der Marktanteil Deutschlands an den innergemeinschaftlichen Ausfuhren kontinuierlich zurückgegangen – von 26,1 Prozent (1990) auf 23,2 Prozent (1994), aber er steht nach wie vor mit beträchtlichem Abstand an der Spitze.[19]

Das statistische Bild ist also nicht so eindeutig, wie Markovits und Reich es interpretieren. Vor allem aber ist bedeutsam, daß das wiedervereinigte Deutschland gerade bestrebt ist, die mittelosteuropäischen Staaten in die EU zu integrieren, also die »institutionellen Zwänge« auch im Osten zu schaffen und damit das deutsche Engagement in Mittel- und Osteuropa zu »europäisieren«, statt einer deutschen Einflußzone oder einer »Germanisierung« ein europäisches integratives Gleichgewicht herzustellen.

So wie es einst bei der westeuropäischen Integration darum ging, den deutschen Weststaat mit seiner Wirtschaftskraft einzubinden und damit eine potentielle Hegemonie zu verhindern, so geht es jetzt um die gesamteuropäische Integration des gesamtdeutschen Potentials, um den Rahmen, »in dem seine Expansion begrenzt bleibt«, zu erweitern und eine »Interessengemeinschaft« zu schaffen. In diesem Konzept konvergieren bzw. entsprechen sich die Interessen Deutschlands und diejenigen der anderen europäischen Staaten. Deutschland ist in seine europäische Mittellage zurückgekehrt, will und soll aber nicht die traditionelle Mitteleuropa-Politik betreiben. Es hat – wie die mittelosteuropäischen Staaten aus ihrer eigenen Interessenlage heraus – ein vitales Interesse daran, daß das politische Europa seine westeuropäische Beschränkung aufgibt, die ihm durch den weltpolitischen Ost-West-Konflikt aufgezwungen worden war (so wie sich ja auch die Bundesrepublik als Nachfolgestaat des Deutschen Reiches auf Westdeutschland hatte beschränken müssen und nunmehr diese Beschränkung überwunden hat).

Nirgends ist dieses deutsche Interesse klarer ausgedrückt worden als in dem sogenannten Schäuble-Lamers-Papier, in den »Überlegungen zur europäischen Politik« der CDU/CSU-Bundestagsfraktion vom 1. September 1994; dort heißt es, ohne eine Weiterentwicklung und Ausdehnung der (west-)europäischen Integration »könnte Deutschland aufgefordert werden oder aus eigenen Sicherheitszwängen versucht sein, die Stabilisierung des östlichen Europa alleine und in traditioneller Weise zu bewerkstelligen. Das aber würde seine Kräfte bei weitem überfordern und zugleich zu einer Erosion des Zusammenhalts der Europäischen Union führen.«[20] Deshalb sieht das Schäuble-Lamers-Papier in der Osterweiterung der Union *und* in ihrer Vertiefung, die erst »die Voraussetzung für die Erweiterung schafft«, das fundamentale Doppelinteresse Deutschlands.

Die genannte Voraussetzung ist jedoch bisher nicht geschaffen worden. Das Konzept eines »Kern-Europas« – mit Deutschland und Frankreich als dem »Kern des festen Kernes« – ist von Frankreich nicht aufgegriffen worden[21], und die institutionelle Vertiefung der EU ist im Amsterdamer Vertrag (1997) nicht geglückt. Daß jetzt Frankreich, Belgien und Italien in einem Ergänzungsprotokoll zum Amsterdamer Vertrag die Priorität der institutionellen, vertiefenden Reform der EU im nachhinein zu vereinbaren versuchen, kollidiert mit der festen Zusage der EU, sechs Monate nach Vertragsabschluß die Erweiterung in Angriff zu nehmen.

Deutschland hat sich gemäß seiner Interessenlage zum Fürsprecher der mittelosteuropäischen Beitrittskandidaten gemacht. Es hat schon bei der ersten Erweiterung nach 1990 – bei der Erweiterung um die »Nordstaaten« und um Österreich – »die zentrale Rolle gespielt« und »das notwendige Momentum erzeugt«, um in einer neuen »Balance Europas [...] auch politisch wieder in die Mitte Europas« zu rücken und seine Mittellage »mit großem Gewinn« nutzen zu können.[22] Es ist deshalb nicht verwunderlich, daß Deutschland auch bei den Verhandlungen über die Osterweiterung das »notwendige Momentum« erzeugen will, obwohl die Vertiefung der EU nicht gelungen ist. Das Scheitern der Reform der EU-Entscheidungsprozeduren könne – so Außenminister Kinkel[23] – den Erweiterungsprozeß nicht aufhalten. Damit wird freilich riskiert, daß jene »gefährliche Entwicklung« eintritt, die das Schäuble-Lamers-Papier gerade verhindern wollte, nämlich die Entwicklung der Union »zu einer lockeren, im wesentlichen auf einige wirtschaftliche Aspekte beschränkte Formation mit verschiedenen Untergruppierungen«, zu einer »gehobenen« Freihandelszone. Es ist unschwer abzusehen, daß dann Deutschland nolens volens sich der »britischen« Variante einer kooperativen Gleichgewichtspolitik (statt einer integrativen Gleichgewichtspolitik) annähern müßte. Anzeichen dafür gibt es bereits heute.

In dieser Situation ist die Verwirklichung der in Maastricht beschlossenen Europäischen Währungsunion die aktuelle Chance einer differenzierten Vertiefung und fortschreitenden Integration. Wenn der Euro ein Erfolg wird, wird das integrative Ordnungsprinzip in dem zentralen Bereich des Wirtschaftens, des Handels und der täglichen Lebenserfahrung der Bürger bestimmen werden. Dann wird die hegemoniale Position der Deutschen Bundesbank und der D-Mark durch die Vergemeinschaftung beseitigt, aber diese Vergemeinschaftung folgt in Struktur und Inhalt dem deutschen Modell einer unabhängigen Zentralbank und einer strikten Stabilitätspolitik. Deutschland wird dann währungspolitisch europäisch eingebunden sein, aber diese Einbindung wird in einem System erfolgen, das nach deutschem Bilde geschaffen ist. Dies wäre also strukturell und inhaltlich eine Europäisierung unter Berücksichtigung und Widerspiegelung der realen ökonomischen und währungspolitischen Machtverteilung. Kein deutsches Europa, aber doch, wie Daniel Vernet[24] trefflich geschrieben hat, ein Europa »à l'allemande« – zumindest im währungspolitischen System.

4. Deutschland als europäische und euro-atlantische Macht

Daß Deutschland militärisch und sicherheitspolitisch in die NATO eingebunden bleibt, war eine zentrale westliche Bedingung für die Wiedervereinigung. Der atlantische Rahmen wird insbesondere von denjenigen politischen Eliten in den westeuropäischen Ländern (vor allem von den britischen Konservativen) als unabdingbar angesehen, die die europäische Integration als nicht geeignet bzw. als nicht hinreichend für die Kontrolle des deutschen Machtpotentials bewerten oder darin sogar die Gefahr eines deutschen Europas wittern. Für sie ist also die europäische Integration nicht die Lösung, sondern die Verschärfung des deutschen Problems. Logischerweise halten sie die amerikanische Balancefunktion gegenüber Deutschland im Rahmen der NATO für unverzichtbar.[25]

Für die mittelosteuropäischen Länder bietet die von den USA geführte NATO ebenfalls die Chance der doppelten Eindämmung in Ost und West – der Eindämmung und Balance Rußlands und Deutschlands. Dieses mittelosteuropäische Interesse findet seine Entsprechung im deutschen Interesse an der Selbstbindung (um Gegenmachtbildung zu verhindern) sowie im Interesse Deutschlands, nicht länger östlicher Grenzstaat der Allianz zu bleiben. Es wird komplementär ergänzt durch das Interesse an einer kooperativen Einbeziehung Rußlands in die europäische Ordnung. Deshalb hat Deutschland sowohl die NATO-Osterweiterung als auch die Gründung des NATO-Rußland-Rates in enger Kooperation mit den USA betrieben – so wie auch schon die »Partnerschaft für den Frieden« durch eine deutschamerikanische Initiative entwickelt worden war.

Ebenso wie die USA vor allem durch die NATO eine »europäische Macht« sind, wird Deutschland durch die NATO zu einer euro-atlantischen Macht. Und es versucht, auch zur weltpolitischen Macht zu werden – nämlich durch einen Ständigen Sitz im UN-Sicherheitsrat. Bei all dem ist die enge Zusammenarbeit mit der Supermacht USA und deren Unterstützung das zentrale Moment – mit konzeptionellen Varianten, die durch Stichworte wie »Doppelhegemonie« (Fred Bergsten), »Partner in der Führung« (George Bush), »strategische Partnerschaft« (Daniel Hamilton) oder »Juniorpartner der USA in Europa« (Arnulf Baring) charakterisiert werden. Diese Konzepte erinnern an die oben genannte Konstellation in den zwanziger Jahren, und sie stehen – wie damals – in spannungsreichem Gegensatz zur europäischen Integration bzw. ihrer Weiterentwicklung.

Die Spannung ließe sich nur dann auflösen oder doch wenigstens mildern, wenn die NATO so reformiert und umstrukturiert würde, daß statt der amerikanischen

Hegemonie ein ausgewogenes europäisch-amerikanisches Bündnis entstünde. Das ist die dezidierte Politik Frankreichs, und auch deutscherseits – etwa im Schäuble-Lamers-Papier – findet diese Zielsetzung partielle Unterstützung; offiziell überwiegt jedoch eine Politik des Sowohl-als-auch.

Eine eigenständige europäische Verteidigungs- und Sicherheitsidentität ist bisher nicht geschaffen worden; insbesondere sind bislang alle Versuche, EU und WEU zu fusionieren, gescheitert. Die EU-Staaten differieren in ihrer Vorstellung über die Rolle Europas und das Verhältnis zu den USA, und die USA fungieren nicht (wie einst nach 1948) als externer Föderator, sondern als externer Differentiator. Vor allem ist bedeutsam, daß Deutschland und Frankreich »keine übereinstimmende Haltung zur Atlantischen Allianz«[26] haben.

Immerhin haben Deutschland und Frankreich mit der deutsch-französischen Brigade und dann (ab 1992) mit dem Eurokorps, an dem sich Belgien, Spanien und Luxemburg beteiligen, einen Ansatzpunkt für eine eigene europäische Streitmacht geschaffen. Das Eurokorps wird 1998 mit rund 68 000 Soldaten, die modern bewaffnet sind, das stärkste Heereskorps in Westeuropa darstellen.[27]

Die militärische Macht Deutschlands ist also heute partiell europäisch integriert, gewissermaßen in einem militärisch-sicherheitspolitischen Kern-Europa. Die potentielle Spannung mit der NATO-Integration ist durch die Übereinkunft zwischen Frankreich und Deutschland mit dem NATO-Oberkommando (SACEUR) im Januar 1993 beseitigt worden, wonach das Eurokorps sowohl im Rahmen der NATO als auch der WEU eingesetzt werden kann. Innerhalb der NATO-Struktur bietet zudem das neue Konzept der Combined Joint Task Forces (CJTF) die Möglichkeit, daß die europäischen Streitkräfte und amerikanische Logistik unter europäischem Kommando eingesetzt werden können, allerdings in Abhängigkeit von amerikanischer Zustimmung.

Was im militärisch-sicherheitspolitischen Bereich zur Zeit noch mühsam versucht wird, ist im ökonomisch-handelspolitischen Bereich bereits Wirklichkeit, nämlich ein ausgewogenes europäisch-amerikanisches Verhältnis mit entsprechenden Kooperationsstrukturen (Transatlantischer Dialog). Und währungspolitisch wird der Euro ein Gegengewicht zum bisher überragenden US-Dollar schaffen, was die D-Mark allein gar nicht konnte.

Deutschland ist also eine europäische »Mittelmacht und Macht der Mitte« (Daniel Vernet), eine integrierte europäische und euro-atlantische Macht. Durch die Integration in die sich überlappenden integrativen und kooperativen Gleichgewichtssysteme im europäischen und euro-atlantischen Raum[28] ist die potentiell hegemoniale Macht Deutschland entschärft. Nicht bestimmender Einfluß Deutschlands (Hegemonie), sondern *mit*bestimmender Einfluß – mit den anderen Führungsmächten (in der EU mit Frankreich und Großbritannien in »triangulärer Führung«)[29] – ist das strukturelle Charakteristikum. Auch seinen weltpolitischen Einfluß übt Deutschland vorrangig vermittelt über die EU und – so denn die NATO zu einem »global player« wird – über die Atlantische Allianz aus, aber zudem auch eigenständig in anderen formellen oder informellen Führungsgremien, wie die Gruppe der Sieben (bzw. Acht) oder die Balkan-Kontaktgruppe (und künftig eventuell im UN-Sicherheitsrat).

Daß die Integration Deutschlands die politische und ökonomische Konkurrenz über die Gestaltung und Politik Europas und der transatlantischen Allianz nicht aus-, sondern einschließt, sollte sich eigentlich von selbst verstehen, wird aber gerade in Deutschland oft von einer idealistischen Europa- bzw. USA-Rhetorik und -Ideologie verwischt. Ein europäisches Interesse ist – abgesehen von den Maximen, die sich aus »objektiven« Faktoren herleiten lassen – ebensowenig vorgegeben wie das nationale Interesse eines Staates: Es muß im Wettstreit zwischen den nationalen Interessen bestimmt werden, und zwar kompromißhaft, wobei sich meist die reale Machtverteilung widerspiegelt. So ist und wird Deutschland legitimerweise bestrebt sein, Europa und seine Politik so weit wie möglich nach eigenen Interessen und nach eigenem Bilde zu gestalten, dabei aber die Interessen der anderen europäischen Staaten berücksichtigen müssen. Folglich wird es bei der Gestaltung Europas nach seinen eigenen Interessen nur beschränkt und partiell erfolgreich sein, also einen Kompromiß mit den anderen europäischen Staaten erzielen müssen, ausgehandelt in den europäischen Gremien nach den Regeln der Union. In diesen Kompromissen wird sich Deutschland, wenn es sein Gewicht mit diplomatischem Geschick einsetzt, mit Sicherheit »wiederfinden«, so wie dies bei der Europäischen Währungsunion evident ist. Analoges gilt für die anderen konsortialen Führungsgremien und für die weiteren Beziehungszusammenhänge, in die Deutschland integriert ist, insbesondere für die Atlantische Allianz.

Es mag paradox klingen, ist aber zutreffend: Dadurch, daß die europäische Macht Deutschland im europäischen und euro-atlantischen Rahmen beschränkt und mit den anderen Mächten verschränkt ist, kann sie sich am besten entfalten. Das alte und immer wieder neue Problem der »kritischen Größenordnung« Deutschlands ist auf diese Weise derzeit konstruktiv »gelöst« – ob auch dauerhaft, hängt ab vom Schicksal der EU und der NATO, das primär von ihren Mitgliedstaaten, einschließlich Deutschland, bestimmt wird. Amerikanische Beobachter[30] prognostizieren, daß im Falle einer Stagnation oder Erosion der EU und der NATO Deutschland als »ungefesselte« europäische Macht erneut in den Kreis der konkurrierenden Großmächte aufsteigen werde – als »Weltmacht wider Willen«[31].

Anmerkungen

1 Dehio, Ludwig: Gleichgewicht oder Hegemonie. Betrachtungen über ein Grundproblem der neueren Staatengeschichte, Krefeld (1948), 3. Auflage, o. J.
2 Plessner, Helmuth: Die verspätete Nation, 5. Auflage, Stuttgart u. a. 1969.
3 Triepel, Heinrich: Hegemonie, 2. Neudruck der Ausgabe Stuttgart 1943, Aalen 1974. Hegemonie wird bei Triepel (und in diesem Aufsatz) definiert als ein Führungsverhältnis, bei dem der führende Staat »bestimmenden Einfluß« ausübt und die Gefolgschaftsstaaten dies akzeptieren. Hegemonie steht also typologisch »ungefähr in der Mitte« zwischen bloßem Einfluß und Herrschaft – mit Schwankungen zur einen oder anderen Seite.

4 Hillgruber, Andreas: Deutsche Großmacht und Weltpolitik im 19. und 20. Jahrhundert, Düsseldorf 1977 (Hillgruber übernimmt diesen Begriff von Ludwig Dehio).
5 Hildebrand, Klaus: Der deutsche Nationalstaat als Großmacht 1871–1918, in: Aretin, Karl Otmar Freiherr von, et al. (Hrsg.): Das deutsche Problem in der neueren Geschichte, München 1997.
6 Bismarck, Otto von: Gedanken und Erinnerungen (1898), Stuttgart/Cotta 1929, S. 543. Hellmann, Gunther: Goodbye Bismarck? The Foreign Policy of Contemporary Germany, in: Mershon International Studies Review 40 (1996), S. 1–39, hat auf diese Bismarck-Passage aufmerksam gemacht.
7 Fischer, Fritz: Griff nach der Weltmacht, Düsseldorf 1967.
8 Zit. nach Hildebrand, Klaus: Das vergangene Reich. Deutsche Außenpolitik von Bismarck bis Hitler, Stuttgart 1995, S. 152.
9 Zu diesen Zusammenhängen (mit Quellenbelegen) siehe Link, Werner: Die amerikanische Stabilisierungspolitik in Deutschland 1921–32, Düsseldorf 1970.
10 Brecht, Bertolt: Der unkosmopolitische Kosmopolitismus. Werkausgabe edition suhrkamp, Gesammelte Werke, Bd. 20, Frankfurt 1967, S. 336.
11 Vgl. Link, Werner: Der Ost-West-Konflikt. Die Organisation der internationalen Beziehungen im 20. Jahrhundert, 2. Auflage, Stuttgart 1988.
12 Zit. in: Link, Werner: Historische Kontinuitäten und Diskontinuitäten im transatlantischen Verhältnis – Folgerungen für die Zukunft, in: Kahler, Miles, und Werner Link: Europa und Amerika nach der Zeitenwende, Gütersloh 1995, S. 107 f.
13 Zit. nach Schwarz, Hans-Peter: Die Ära Adenauer. Gründerjahre der Republik 1949–1957 (= Geschichte der Bundesrepublik Deutschland, Bd.2), Stuttgart und Wiesbaden 1981, S. 340.
14 Vgl. Link, Werner: Außen- und Deutschlandpolitik in der Ära Brandt 1969–1974, in: Bracher, Karl Dietrich, Wolfgang Jäger und Werner Link: Republik im Wandel 1969–1974, Die Ära Brandt (= Geschichte der Bundesrepublik Deutschland, Bd. 5/I), Stuttgart und Mannheim 1986, S. 169–179 sowie Garton Ash, Timothy: Im Namen Europas. Deutschland und der geteilte Kontinent, München 1993.
15 Zit. nach Meissner, Boris (Hrsg.): Die deutsche Ostpolitik 1961–1970, Köln 1970, S. 206 f.
16 Hessler, Stephan, und Ulrich Menzel: »Regionalisierung der Weltwirtschaft« und Veränderungen von Weltmarktanteilen 1968–1988, Bonn 1992.
17 Markovits, Andrei S., und Simon Reich: Deutschlands neues Gesicht: Über deutsche Hegemonie in Europa, in: Leviathan, 23 (1992), S. 15–63.
18 Markovits, Andrei S., und Simon Reich: German Predicament. Memory and Power in the New Europe, Ithaca/London 1997.
19 Vgl. »Die deutsche Wirtschaft baut auf das Potential in Osteuropa«, in: Frankfurter Allgemeine Zeitung v. 24. November 1995; »Großes Potential im Osthandel«, in: Handelsblatt v. 19./20. Juli 1996; »Die deutsche Wirtschaft setzt auf Osteuropa«, in: FAZ v. 26.November 1997.
20 CDU/CSU-Fraktion des Deutschen Bundestages: »Überlegungen zur europäischen Politik«, Pressemitteilung v. 1. September 1994.
21 Vgl. Deubner, Christian: Deutsche Europapolitik. Von Maastricht nach Kerneuropa?, Baden-Baden 1995.
22 Erklärung der Bundesregierung zu den Erweiterungsverhandlungen zwischen der Europäischen Union, Österreich, Schweden, Finnland und Norwegen, abgegeben von Außenminister Kinkel vor dem Deutschen Bundestag am 10. März 1994, zit. nach: Europa-Archiv 9 (1994), S. D 307–309.

23 FAZ v. 25. November 1997.
24 Vernet, Daniel: Europäisches Deutschland oder deutsches Europa?, in: Internationale Politik 2 (1997), S. 15–22.
25 Vgl. Link, Werner: Europas Interesse an der Funktion der USA als europäische Balancemacht, in: Nötzold, Jürgen (Hrsg.): Wohin steuert Europa?, Baden-Baden 1995, S. 235–263.
26 Scheer, Francois: Die deutsch-französischen Beziehungen, in: KAS/Auslandsinformationen 10 (1997), S. 12 f.
27 Vgl. Flaig, Franz Josef: Europkorps, Vom Symbol zur operativen Realität, in: EU-Magazin 11 (1997), S. 28 f.; vgl. Martin, Ernst (Hrsg.): Eurokorps und europäische Einigung, Bonn 1996.
28 Vgl. dazu ausführlicher Link, Werner: Die europäische Neuordnung und das Machtgleichgewicht, in: Jäger, Thomas, und Melanie Piepenschneider (Hrsg.): Europa 2000. Szenarien politischer Entwicklung, Opladen 1997, S. 9–31. Ähnlich Schwarz, Hans-Peter: Die Zentralmacht Europas, Berlin 1994, S. 121.
29 Die Voraussetzung dafür ist eine entsprechende Bereitschaft Frankreichs und Großbritanniens; der neue Labour-Außenminister Cook hat sich bei seinem Amtsantritt ausdrücklich zu dieser Rolle bekannt (Financial Times v. 8. Mai 1997).
30 Z.B. Waltz, Kenneth N.: The Emerging Structure of International Politics, in: International Security 18 (1993/94), S. 44–79; und Garten, Jeffrey: A Cold Peace. America, Japan, Germany, and the Struggle for Supremacy, New York 1992.
31 Hacke, Christian: Die Außenpolitik der Bundesrepublik Deutschland. Weltmacht wider Willen?, Berlin 1997.

Die Europapolitik der Bundesrepublik Deutschland

PATRICK MEYER

In der Retrospektive war die Europapolitik der Bundesrepublik Deutschland seit 1949 bis hin zur Aushandlung des Maastrichter Vertrages 1991 kaum trennbar mit den Folgen des Zweiten Weltkrieges und der damit einhergehenden ideologischen und machtpolitischen Konfrontation der USA und der Sowjetunion in Europa verwoben. Die Bundesrepublik – als einer der beiden Staaten auf deutschem Boden – war Ursache, Folge und zentrales Objekt dieses von der deutschen Politik zunächst nicht regulierbaren Konfliktes, so daß sich dessen Prägewirkung in allen außenpolitischen Handlungsfeldern der Bonner Republik – Sicherheit, Europa, Wiedervereinigung, Ostpolitik, internationale Wirtschaftspolitik – manifestierte und sie voneinander abhängig machte. Bonn mußte unter schlechten Startbedingungen eine »Diplomatie in alle Richtungen«[1] betreiben, um international Gleichberechtigung und Einfluß zu erlangen sowie Sicherheit und Wohlfahrt des Staates zu garantieren. Die deutsche Europapolitik war in diesem Rahmen nur eine Antwort auf eine historische Situation, die eine neue politische Logik einforderte.

Dieses deutsche Integrationsmotiv verband sich mit der Erkenntnis aller Europäer, daß nach der Katastrophe des Weltkrieges nach innovativen Wegen der Zusammenarbeit gesucht wurden mußte, um Interessen und Machtpotentiale ihrer entkräfteten Nationen dauerhaft aneinanderzubinden. Der Haager Kongreß führte so 1949 zur Gründung des Europarates. Er wurde noch nach intergouvernementalen Prinzipien konzipiert und diente später vor allem dem politischen Dialog und der Verwirklichung der Menschenrechte in Europa. In die Debatte kamen seinerzeit aber auch supranationale Integrationsideen, in denen man eine Chance für eine gemeinsame Zukunft erkannte. Vor allem in der Bundesrepublik wurde eine konstruktive Europapolitik zur Staatsräson erhoben.[2] Kooperation, Multilateralismus, Integration und Selbstbeschränkung wurden zu den Maximen der Bonner Außenpolitik und begründeten einen neuen postnationalen Stil. Es festigte sich die zunehmend nachweisbare Einsicht, daß mit dieser Politik die Spannung zwischen spezifischen nationalen Interessen und einem verträglichen Gleichgewicht der großen und kleinen Nationen Europas zum gegenseitigen Nutzen kanalisiert werden könnte. Das politische Europa entwickelte auf diese Weise eine Eigendynamik, die letztendlich auch dem exklusiven deutschen Anliegen – der Wiedererlangung der nationalen Einheit – dienen sollte.

1. Westintegration als Notwendigkeit und Wahl

Nach der Niederlage Hitler-Deutschlands brach das Zweckbündnis der Westalliierten mit der Sowjetunion auseinander. In Washington setzte sich die Ansicht durch, daß es die Absicht Moskaus sei, das Machtvakuum in Mittel-, Ost- und Südosteuropa durch die Installation kommunistischer Regime auszufüllen, um die Hegemonie in Europa zu erlangen. Dies kollidierte mit den entgegengesetzten politischen, wirtschaftlichen und geostrategischen Interessen der USA. 1947 formulierte US-Präsident Truman die Doktrin, den politischen Einfluß der Sowjetunion in Europa einzudämmen und wirtschaftliche Unterstützung an bedrohte Staaten zu leisten.[3] Die Konfrontation zweier Supermächte prägte als bestimmende Konstellation die Nachkriegszeit: Der »kalte Krieg« und damit die Spaltung Deutschlands und Europas nahm seinen Anfang.[4]

In dieser Lage hegten die USA ein Interesse daran, daß sich Westeuropa stabilisierte und in die Lage versetzt wurde, einen Beitrag zu der Strategie der Eindämmung zu leisten. Durch Gründung der amerikanisch-britischen Bizone, die Initiierung der Währungsreform und den Auftrag zur Staatsgründung trieben die USA die Konsolidierung in Westdeutschland voran. Die 1949 gegründete Bundesrepublik blieb gleichwohl durch Besatzungs- und Ruhrstatut in ihrer Souveränität deutlich beschränkt. Das deutsche Potential ließ sich so für die strategischen Absichten des Westens nutzen und zugleich kontrollieren. Die außenpolitische Orientierung der Bundesrepublik, der die Alliierten anfangs nicht einmal ein Außenministerium zugestanden, wurde von außen vorgezeichnet.

Die Politik der Westintegration des ersten Bundeskanzlers, Konrad Adenauer, folgte konsequent dieser Vorgabe, entsprang aber auch der Motivation eines Staatsgründers: Um ihr Überleben zu sichern, galt es, die junge Bundesrepublik zunächst außenpolitisch handlungs- und innenpolitisch demokratiefähig zu machen. Adenauer traf deshalb die grundlegende und – aufgrund der Interessen der USA – einzig mögliche Entscheidung, daß nur die militärische, politische, wirtschaftliche und normative Eingliederung der Bundesrepublik in den Westen es ermöglichen würde, nacheinander Sicherheit, internationale Gleichberechtigung, Aussöhnung und Partnerschaft (vor allem mit Frankreich), demokratische Stabilität und Wohlfahrt zu erreichen. Aus dieser Position der Stärke, so sein Kalkül, würde schließlich die nationale Wiedervereinigung zu realisieren sein (»Magnet-Theorie«). Außenpolitik ab 1949 war für die Bundesregierung die »Kunst des Notwendigen und des Möglichen«[5]. Adenauer erkannte dies und stellte die Weichen für die Integrationspolitik der folgenden 40 Jahre. Er erteilte der historisch verhängnisvollen Schaukelpolitik der Deutschen zwischen West und Ost eine definitive Absage.[6]

Bis auf die Einheit der Nation, die er in seiner Politik zugunsten der »Freiheit« zunächst zurückstellte, hat Adenauer seine Ziele erreicht. Durch die *Pariser Verträge* wurde 1955 die Bundesrepublik in die Souveränität entlassen und gleichzeitig – nachdem 1954 die ambitionierten Pläne einer Europäischen Verteidigungsgemeinschaft (EVG) in der französischen Nationalversammlung gescheitert waren – in die NATO und WEU aufgenommen. Bereits 1949 war die Bundesrepublik der OEEC beigetreten, 1950 wurde sie Mitglied im Europarat, 1951 gehörte sie zum Kreis der Gründungsmitglieder der Europäischen Gemeinschaft für Kohle und Stahl (EGKS). Durch die feste Einbindung in den Westen wurde die formale Souveränität der Bundesrepublik schrittweise hergestellt, zugleich aber sofort wieder relativiert: Der Gewinn für die Bundesrepublik lag vor allem in einem Zuwachs an Gleichberechtigung und Einfluß in der Staatenwelt. Wiederaufbau, Wiederbewaffnung und Westintegration bildeten eine Einheit.

Einige Souveränitätsbeschränkungen hatten allerdings nach 1955 Bestand: Den Siegermächten verblieben die Rechte bezüglich Gesamtdeutschlands sowie der Truppenstationierung, Berlin behielt seinen Sonderstatus, und die neu gegründete Bundeswehr wurde komplett in die NATO-Strukturen integriert. Weiterhin erklärte Bonn sich bereit, auf die Entwicklung von ABC-Waffen zu verzichten. Im Gegenzug erhielt Bonn die Zusage der Westmächte, die Wiedervereinigung und den Alleinvertretungsanspruch der Bundesrepublik (gegenüber der DDR) auf internationalem Parkett zu unterstützen.

Die innenpolitische Kritik an Adenauers Politik setzte an der vermuteten Unvereinbarkeit von Integration und Nation an.[7] National orientierte Kräfte in der SPD (aber auch in der Union und FDP)[8] befürchteten, daß durch die Westintegrationspolitik der kalte Krieg verschärft und die nationale Spaltung Deutschlands vertieft würden. In der Tat errichtete man zunächst unüberwindliche Hindernisse. Spätestens nach dem 1953 in der DDR niedergeschlagenen Aufstand erschien es unrealistisch, daß die zur Nuklearmacht aufgestiegene Sowjetunion die DDR an den Westen abtreten würde. Moskau machte allerdings in den fünfziger Jahren Angebote, der Wiedervereinigung eines neutralisierten Deutschlands zuzustimmen. In Bonn führte dies zu Aufforderungen an den Bundeskanzler, die Offerten auszuloten und in der Zwischenzeit die Westintegration auf Eis zu legen.

Für Adenauer blieb aber die Überlegung im Vordergrund, daß an der Bündnisfähigkeit der Bundesrepublik kein Zweifel aufkommen dürfe. Ein »Dritter Weg« war angesichts der Vorbehalte der Westmächte nicht zu realisieren und für Adenauer auch inakzeptabel. Seine Prämisse war es, daß die Blockkonfrontation langfristig zugunsten des Westens ausgehen würde und daß erst dann die deutsche Frage in einem vereinten Europa lösbar wäre. Zwischenzeitlich mußte sich die Bundesrepublik zum unersetzlichen Partner machen, nicht zuletzt, um eine Verständigung zwischen Washington und Moskau über Deutschland zu verhindern. In der Konsequenz festigte sich zum Ende der fünfziger Jahre der geostrategische Status quo.[9] Dieser wurde letztendlich 1961 durch den Berliner Mauerbau zementiert.

2. Die politische Intention der Wirtschaftsintegration

Aus dem Kräfteverhältnis zu den USA leitete sich die grundlegende Westorientierung der Bundesrepublik ab, die Beziehung zu Frankreich beeinflußte maßgeblich deren Konkretisierung in Europa.

1950 änderte Paris seine Deutschlandkonzeption, als deutlich wurde, daß gegen den Willen der USA, die seit der Koreakrise auf eine deutsche Wiederbewaffnung drängten, eine traditionelle Eindämmungspolitik nicht durchsetzbar war.[10] Europapolitisch manifestierte sich die neue Strategie – politische Einhegung durch eine wirtschaftliche, institutionell abgesicherte Teilintegration – erstmals im Schuman-Plan.[11] Er führte 1951 zur Gründung der EGKS, die zur Keimzelle der europäischen Integration avancierte. Die EGKS verfolgte das Ziel, die potentiellen Kriegsindustrien der Mitgliedstaaten Bundesrepublik Deutschland, Frankreich, Italien, Niederlande, Belgien und Luxemburg zu fusionieren und durch supranationale Institutionen, eine exekutive »Hohe Behörde«, einen Ministerrat, eine Versammlung nationaler Parlamentarier und einen Gerichtshof, zu kontrollieren und wirtschaftlich zu entwickeln. Das französische Interesse korrespondierte mit den Ideen Adenauers, der so ein Stück Gleichberechtigung – das Ruhrstatut wurde aufgehoben – für die Bundesrepublik zurückgewann. Gleichzeitig wurde sie fester an den Westen gebunden und der erste Schritt zur Überwindung der deutschfranzösischen Erbfeindschaft getan. Bonn und Paris fanden auf dem eingeschlagenen kooperativen Weg auch zu einer einvernehmlichen Lösung der belastenden Saarfrage.[12]

Die Gründung der Europäischen Wirtschaftsgemeinschaft (EWG) und der Europäischen Atomgemeinschaft (EAG) folgte der Integrationslogik der EGKS, ging aber gleichzeitig über deren begrenzten Ansatz hinaus.[13]

Mit Unterstützung der USA und durch die Wirtschaftspolitik Ludwig Erhards fand in den fünfziger Jahren in der Bundesrepublik ein »Wirtschaftswunder« statt. Wettbewerb, Vollbeschäftigung, Export- und Zahlungsbilanzüberschüsse sowie Geldwertstabilität kennzeichneten die ökonomische Lage; die »soziale Markwirtschaft« bewährte sich modellhaft. Aus volkswirtschaftlicher Sicht erschien die ökonomische Integration eines Kerneuropas als nicht notwendig. Nach dem Scheitern der EVG bestand jedoch in Washington, Bonn und den Benelux-Staaten ein strategisches Interesse, Westeuropa weiterhin in jeder Hinsicht zu stärken. Die Errichtung einer transatlantischen Wirtschaftshegemonie erschien als ein wichtiges Element der Eindämmung des Ostblocks, der Einbindung der Bundesrepublik und der Stabilität des westlichen Bündnisses. Es wurde weiterhin kalkuliert, daß nur über den Umweg der wirtschaftlichen Integration die als notwendig erachtete europäische politische Union errichtet werden könnte. 1955 starteten deshalb die Verhandlungen über die Gründung einer Wirtschaftsgemeinschaft.

1957 unterzeichneten die sechs EGKS-Staaten die Verträge von Rom und begründeten damit die EWG und die EAG. In Bonn kamen diese nur gegen den Widerstand Erhards sowie westdeutscher Industrie- und Handelskreise zustande, die eine Begrenzung der Wirtschaftsintegration auf sechs Staaten ablehnten und es vorgezogen hätten, ein Freihandelssystem im Rahmen der OEEC zu entwickeln. Adenauer – und damit das Primat der Politik – setzte sich unter Inanspruchnahme seiner Richtlinienkompetenz durch.[14] In wachsender realpolitischer Erkenntnis schlug sich die Mehrheit der SPD – im Gegensatz zur FDP, die Erhard zuneigte – erstmals auf die Seite der Integrationsbefürworter.

Auch in Europa war das Projekt umstritten. Während Großbritannien wegen seines nationalen Selbstverständnisses außen vorblieb, beteiligte sich Frankreich nur zögerlich an den Verhandlungen. Erst nach der traumatischen Erniedrigung in der Suez-Krise und der Niederschlagung der ungarischen Revolte im Jahre 1956 nahm Paris für einen Moment Abstand von traditionellen Großmachtvorstellungen. Die Franzosen wollten sich zudem aus dem Abseits manövrieren, in das man nach der Absage an die EVG geraten war. Die französische Nationalversammlung stimmte im Juli 1957 den Römischen Verträgen zu. 1958 konnte die EWG unter dem deutschen Kommissionspräsidenten Walter Hallstein ihre Arbeit beginnen.[15]

Die parallel gegründete EAG hatte die Funktion, die Potentiale der entstehenden Atomindustrien der Mitgliedstaaten zusammenzuführen. Diese Aussicht hatte Paris auch die Zustimmung zur EWG erleichtert.

Trotz seiner politischen Intention folgte der EWG-Vertrag in erster Linie einer ökonomischen Ratio: Zwischen den Mitgliedern sollten Handelsbeschränkungen abgeschafft und ein gemeinsamer Außenzoll eingerichtet werden. Die Freizügigkeit der Dienstleistungen, des Personenverkehrs und der Kapitalflüsse sowie die gemeinschaftsweite Niederlassungsfreiheit wurden zum Ziel erklärt. Schließlich plante man, einen Binnenmarkt für Industrie-, Handels- und Agrarprodukte zu schaffen. Institutionell orientierte sich die EWG in abgeschwächter Form an den supranationalen Regelungen der EGKS.[16] Fundament der EWG war überdies ein Pakt zwischen Bonn und Paris, der zur Grundlage ihrer Zusammenarbeit in der EWG wurde: Die Deutschen erhielten einen erweiterten, wettbewerbsrechtlich abgesicherten Markt für ihre Industrieprodukte, im Gegenzug wurde ein protektionistisch-dirigistisches Agrarsystem installiert, von dem vor allem die Franzosen profitierten.[17] Damit wurde eine Entwicklung in Gang gesetzt, die Bonn später noch oft vor ein Dilemma stellte: Aus übergeordneten politischen Erwägungen stimmte man wirtschaftlichen Konzeptionen auf europäischer Ebene zu, die ordnungspolitisch eigentlich keine Mehrheit in der Bundesrepublik fanden und darüber hinaus einen wachsenden deutschen Finanzbeitrag zum Gemeinschaftshaushalt verursachten. In der Deutschlandpolitik zahlte sich diese Kompromißbereitschaft allerdings aus: Durch Sonderregelungen für den »innerdeutschen« Handel wurde die DDR zu einem stillen Teilhaber der Gemeinschaft.

Es blieb die ausdrückliche Absicht der Gründernationen der EWG, insbesondere auch der Bundesrepublik, daß der wirtschaftlichen Integration die politische folgen sollte. Gleichwohl herrschte von Beginn an wenig Klarheit über die Form einer Politischen Union. Sollte sie intergouvernemental, supranational oder sektoral geprägt sein, sollte es ein Staatenbund oder ein Bundesstaat sein? Das Einbringen konkurrierender Prinzipien in die Verträge machte die offene »politische Finalität« der Gemeinschaft[18] zum spezifischen Merkmal ihrer Konstruktion und war Anlaß eines Dauerkonfliktes zwischen und in den Mitgliedstaaten. Dies beließ jedoch zugleich den Politikern Raum für ihre bevorzugte Interpretation. Die Etablierung der EWG wurde durch diese Ambivalenz jedoch erschwert: Verschiedene Politikstile und Wirtschaftskonzeptionen trafen ungehemmt aufeinander. Mehr Koordination (auf dem kleinsten gemeinsamen Nenner) als Integration war das Ergebnis.

3. Schwierige Aufbaujahre der Gemeinschaft

Mit der EWG trat ein europäisch handelnder Akteur mit einer eigenen völkerrechtlichen Identität auf die internationale Bühne, der in den kommenden Jahrzehnten seinen wirtschaftlichen und politischen Einfluß kontinuierlich ausweitete. Als Gründungsmitglied mit hoher Integrationsbereitschaft konnte die Bundesrepublik in vielfältiger Weise die Brüsseler Praxis prägen: Das Zusammenspiel der Organe, die Organisation der Kommission, die supranationale europäische Rechtsordnung und die wirtschaftliche Ordnungspolitik gehen auf deutsche Vorstellungen zurück.[19] Auch der Gemeinsame Markt machte sich für die deutsche Wirtschaft schnell bezahlt: Er sicherte und erhöhte die Absatzchancen der deutschen Industriegüter in einem stabilen regionalen Raum. Mit dem wirtschaftlichen Bedeutungszuwachs der Gemeinschaft erfuhr die Bundesrepublik eine Aufwertung zu einer international führenden Handelsnation. Zudem verstand es Bonn, die Widersprüche der gleichzeitigen Einbindung in einen regionalen Wirtschaftsraum und in die sich liberalisierende Weltwirtschaft im Zeitablauf geschickt zu umschiffen.

Anfang der sechziger Jahre war diese Entwicklung jedoch nicht abzusehen. Die internationale Lage und spezifische nationale Interessen erschwerten die Implementation des EWG-Vertrages. Insbesondere für die Bundesrepublik ergaben sich außenpolitische Dilemmata, die eine konstruktive Europapolitik belasteten. Die Deutschlandpolitik Bonns geriet in eine Sackgasse, als 1959 letzte Verhandlungen der Siegermächte scheiterten. Die Existenz zweier deutscher Staaten wurde ein Faktum. Zwar wurde versucht, den Alleinvertretungsanspruch der Bundesrepublik international durchzusetzen, aber die DDR konsolidierte sich zunehmend als Staat, eingebunden in ein antagonistisches Bündnissystem. Nach dem Mauerbau schwand das Vertrauen, daß die Westalliierten die Wiedervereinigung noch unterstützen.

Auch die Ostpolitik der Bundesregierung erstarrte. Einer Kontaktaufnahme mit Moskau und den osteuropäischen Staaten war der Weg versperrt, da Bonn den territorialen und machtpolitischen Status quo in Osteuropa nicht anerkannte. Wo Deutsche während des Krieges gewütet hatten, wurde das Fehlen eines ehrlichen Schuldbekenntnisses als Revisionismus aufgefaßt. In Bonn wies man dagegen auf das Leiden der Vertriebenen hin und bekräftigte den Anspruch auf die Ostgebiete.

Im Osten ergab sich für die Bundesrepublik ein »Sonderkonflikt«[20], für den die westlichen Partner im Zeitalter der Atombombe wenig Verständnis aufbrachten.

Der Mauerbau, die US-Nuklearstrategie der »flexible response« und bilaterale Entspannungsbemühungen zwischen Washington und Moskau ließen zudem in Bonn Zweifel aufkommen, ob die USA im Ernstfall der exponierten Bundesrepublik mit letzter Konsequenz beistehen würden. Auch in der NATO eröffneten sich Alternativen: Paris setzte auf die »force de frappe« und zog sich 1966 aus den militärischen Strukturen der NATO zurück; London verließ sich auf die »special relationship« zu Washington und erhielt 1962 von den USA Atomwaffen. Obwohl die Bundesrepublik sicherheitspolitisch von den USA abhängig war, tendierten starke innenpolitische Kräfte zu einer engeren Kooperation mit Paris oder propagierten unilaterale Nuklearplanungen. Angesichts zahlreicher Widersprüche ergab sich ein quer durch die Parteien laufender Streit zwischen »Atlantikern« und »Gaullisten«, der durch transatlantische Konflikte in der Wirtschafts- und Währungspolitik noch verschärft wurde.[21]

Frankreich aber wurde nach 1958 zum schwierigen Partner. Nach der Schaffung der V. Republik widersetzte sich Präsident de Gaulle den supranationalen Integrationsbemühungen und politischen Zielsetzungen der Römischen Verträge. Statt dessen versuchte Paris, die europäische Integration für nationale Ziele zu instrumentalisieren und Amerikas Einfluß in Europa zu beschneiden. Sowohl die Vertiefung als auch die Erweiterung der Gemeinschaft wurde durch de Gaulle blockiert, nicht zuletzt, um den Bedeutungszuwachs der Bundesrepublik zu begrenzen.[22]

Die deutsche Europapolitik hatte diese Parameter zu berücksichtigen: Die von vornherein vorhandene Integrationsbereitschaft mußte kalkulierter eingesetzt werden, um konkurrierende außenpolitische Ziele zu vereinen. Darüber hinaus war man sich auch in der Bundesregierung unschlüssig über Zweck, Form und Ausweitung der Gemeinschaft, was sich in einem ständigen Ringen des Kanzleramtes, des Auswärtigen Amtes und des Bundeswirtschaftsministeriums um europapolitische Kompetenzen offenbarte.[23] In diesem strategisch komplizierten Umfeld erlangten in der Aufbauphase der EWG Sonderinteressen in den Mitgliedstaaten die Oberhand und verzögerten den Integrationsstart. Gewerkschaften befürchteten, daß die EWG eine überstaatliche Festigung von Industrieinteressen begünstigen würde. Industrielle hatten Bedenken, daß von Brüssel aus eine Planwirtschaft errichtet würde. Jeder Mitgliedstaat formulierte bei den geplanten Zollsenkungen und Handelserleichterungen sein Anliegen. Die Verwirklichung der europäischen Agrarpolitik verzögerte sich krisenhaft und konnte erst ab 1962 in Gang gebracht werden.

In Bonn äußerte man überdies den Wunsch, über eine Zusammenführung von EWG und OEEC etwa in Form einer »Europäischen Wirtschaftsassoziation« zu entscheiden.[24] Nach der Gründung der EFTA trat dieses Anliegen dann im neuen Kleid einer EWG-EFTA-Kooperation auf. Zudem stellte Großbritannien bereits 1961 einen ersten Beitrittsantrag zur EWG, der in Bonn zunächst auf Unterstützung stieß. Nach dem Mauerbau neigte Adenauer jedoch dazu, einem Kerneuropa mit verläßlichen Partnern und der Kooperation mit Frankreich, wie sie 1963 im deutsch-französischen Elysée-Vertrag festgeschrieben wurde, den Vorzug zu geben, zumal Paris nicht bereit war, die Briten in die Gemeinschaft aufzunehmen. Um sich der französischen Unterstützung seiner Deutschland- und Ostpolitik zu versichern, schien Adenauer sogar bereit, die supranationale Konzeption der Römischen Verträge gemäß den intergouvernementalen Vorstellungen de Gaulles – diese schlugen sich 1961/62 in den Fouchet-Plänen nieder – zu überdenken. Die Pläne scheiterten an Bedenken Belgiens und der Niederlande, die eine deutsch-französische Hegemonie fürchteten. Im Gegenzug wurden 1963 durch ein Veto aus Paris die Beitrittsverhandlungen mit London gestoppt. Der Integrationsprozeß geriet in eine Krise, die andauern sollte.[25]

Zunächst modifizierte sich die deutsche Haltung gegenüber Paris, als Ende 1963 Erhard die Kanzlerschaft übernahm. Die Bundesregierung unterstützte zwar die Funktionsfähigkeit der EWG und startete 1964 eine Initiative zur Entwicklung einer politischen Union, den Vorstellungen de Gaulles über ein engeres Zusammenwirken von Bonn und Paris stand der neue Kanzler aber kritisch gegenüber. Er trat für die Erweiterung der EWG um Großbritannien, die Stärkung des internationalen Freihandels sowie eine Vitalisierung der transatlantischen Partnerschaft ein. Durch die von Außenminister Schröder, einem Europaskeptiker, eingeleitete Flexibilisierung der Ostpolitik verringerte sich überdies die Abhängigkeit von Paris.

Die unterschiedlichen Vorstellungen über Europa traten zutage, als die EWG-Kommission mit Blick auf die Vollendung der Agrar- und Zollunion 1964/65 dazu übergehen wollte, die supranationalen Instrumente der Verträge anzuwenden. Über ungelöste Fragen der Finanzierung der Agrarpolitik kam es Mitte 1965 zum Eklat: Frankreich unterbrach seine Mitarbeit im Ministerrat und betrieb eine »Politik des leeren Stuhles«. Die tieferliegende französische Absicht war es, die supranationale Struktur der Gemeinschaft zurechtzustutzen. Erst Anfang 1966 verständigte man sich über die Fortsetzung der Arbeit. Das Interesse an der Existenz der Gemeinschaft, ihren wirtschaftlichen Vorteilen und politischen Bindungskräften im Ost-West-Konflikt war zu groß, als daß die dauerhafte Einstellung der Arbeit in Betracht gezogen wurde. Trotzdem erlitt sie schweren Schaden, da von nun an jeder Mitgliedstaat Integrationsregelungen durch Berufung auf »sehr wichtige« Interessen blockieren konnte.[26] Eine Phase der »institutionellen Enthaltsamkeit«[27] der europäischen Integration brach an, und zum Ende der sechziger Jahre stellte sich in Bonn die Einsicht ein, daß – anders als in den fünfziger Jahren – die Deutschland-, Ost-, Europa-, Wirtschafts- und Sicherheitspolitik disharmonierten.

4. Neue Initiativen und Grenzen der Integrationsbereitschaft

Der erste sozialdemokratische Außenminister der Bundesrepublik, Willy Brandt, plädierte dafür, Erweiterung und Vertiefung der EG pragmatisch voranzubringen, um Europa im bipolaren Konflikt eine eigene Stimme zu verschaffen. Im Rahmen der außenpolitischen Neuorientierung der Bundesregierung der Großen Koalition Kiesinger/Brandt (1966-69) standen aber zunächst ost- und deutschlandpolitische Überlegungen im Vordergrund. Bonn sollte seinen Teil zur Entspannung beitragen, um mehr Handlungsfreiheit zu erreichen. Dies würde letztendlich auch die gesamteuropäische Zusammenarbeit erleichtern.[28]

Als integrationspolitische Zielsetzung der Großen Koalition kam die Erweiterung der Gemeinschaft wieder auf die Tagesordnung. Mit Unterstützung aus Bonn erneuerten 1967 Großbritannien, Irland, Dänemark und Norwegen ihre Beitrittsanträge zur EG, neu hinzu kam Schweden. De Gaulle legte jedoch weiterhin sein Veto ein. Auch die Besetzung der Kommissionspräsidentschaft, die Fusion der Organe der Gemeinschaften und die kostspielige Agrarpolitik führten zu Konflikten, die Europa blockierten.

Erst 1968/69 ergaben sich Veränderungen. Die Niederschlagung des »Prager Frühlings« durch Kräfte des Warschauer Paktes zeigte den Westeuropäern erneut auf, daß nur ein starkes Europa dem Aggressor aus dem Osten widerstehen konnte. Die schleichende Auflösung des Weltwährungssystems von Bretton Woods machte deutlich, daß ohne Weiterentwicklung der wirtschafts- und währungspolitischen Instrumente der europäische Integrationsprozeß kaum aufrechtzuerhalten war. Frankreich rutschte 1968 in eine innenpolitische Krise. Nach einem gescheiterten präsidialen Referendum trat de Gaulle im Frühjahr 1969 von seinem Amt zurück. Ihm folgt eine europafreundlichere Regierung unter Staatspräsident Pompidou. In Bonn schließlich errang 1969 erstmals die SPD in einer Koalition mit der FDP die Macht. Eine »Neue Ostpolitik« wurde in Gang gesetzt, die den deutschen Sonderkonflikt im Osten beendete, mehr Sicherheit und humanitäre Erleichterungen für die Bundesrepublik und West-Berlin erbrachte sowie die internationalen Handlungsmöglichkeiten Bonns ausweitete. Bundeskanzler Brandt folgte dem Ansatz Adenauers und paßte die deutsche Außenpolitik den realpolitischen und moralischen Notwendigkeiten diesmal in Richtung Osten an. Er etablierte damit, neben der Westbindung, die zweite außenpolitische Tradition der Bonner Republik.[29]

Existenzbedingung der Ostpolitik Brandts war indes deren feste Verankerung im Westen. Eine bilaterale Verständigung mit Moskau, die dies in Frage gestellt hätte, war nicht denkbar. Da bei den Bündnispartnern trotzdem Bedenken aufkamen, forcierte die Bundesregierung ihre Europapolitik. 1969 auf dem Gipfel in Den Haag wurden Erweiterung und Vertiefung der EG vorangebracht: Bonn garantierte den Franzosen den Beibehalt der Agrarpolitik, im Gegenzug stimmte Paris Beitrittsverhandlungen mit den nördlichen Anwärtern zu. Des weiteren wurde beschlossen, einen Stufenplan für die Errichtung einer Wirtschafts- und Währungsunion auszuarbeiten.

1973 wurde die Erweiterung der EG um Großbritannien, Dänemark und Irland vollzogen. Gleichzeitig entstand zwischen der EG und dem Rest der EFTA eine Freihandelszone. Damit erfüllte sich für Bonn ein lange gehegter Wunsch: Die wirtschaftliche Spaltung des freien Europas wurde überwunden. Es gab allerdings einen Preis für die Beitritte. London und Paris hatten sich darauf geeinigt, daß nach der Erweiterung im Rat die Einstimmigkeit vorherrschen solle.[30] Auf dem Pariser Gipfel 1972 bestätigten die nunmehr neun Mitglieder der EG aber immerhin die Beschlüsse des Haager Gipfels und deklarierten das ehrgeizige Ziel, mittelfristig eine »Europäische Union« zu errichten.

Die Verwirklichung der Wirtschafts- und Währungsunion scheiterte in den siebziger Jahren. Der Kollaps des Bretton-Woods-Währungssystems, die Energie- und Rohstoffpreissteigerungen sowie eine steigende Inflation verursachten eine Weltwirtschaftskrise, die die politische Stabilität Westeuropas zu beeinträchtigten drohte. Das Verhältnis zu den USA wurde durch interdependente währungs- und handelspolitische sowie sicherheitspolitische Spannungen schwer belastet. Die EG-Mitgliedstaaten waren nur sehr begrenzt fähig, gemeinschaftlich auf diese Probleme zu reagieren. Die Wirtschaftskrise zerstörte nicht nur die Grundlage des Projektes Währungsunion, sondern gefährdete darüber hinaus das bestehende System der EWG. 1974 wurde die Gemeinschaft praktisch manövrierunfähig. Die Regierung in London stellte die EG-Mitgliedschaft in Frage und wurde damit zum renitenten Partner. Die Bundesrepublik, deren Schicksal mit der Stabilität des Westens verbunden war, geriet in eine schwierige Lage, die nur schrittweise zu verbessern war.

Die 1972 gebildete »Währungsschlange« und das 1978 von Bundeskanzler Schmidt und Staatspräsident d'Estaing initiierte Europäische Währungssystem war einer der Kompromisse, der politische Notwendigkeiten und das Bedürfnis nationalstaatlicher Handlungsfreiheit zusammenführte. Deutschland und Frankreich fanden wieder zu einer parallelen Finanz-, Wirtschafts- und Währungspolitik und wurden zum »Motor« der Integration. Auch in den Außenbeziehungen der EG hatte sich – auf Initiative von Außenminister Scheel und geprägt von der Vermittlungskunst seines Nachfolgers Genscher – neben den Verträgen eine Kooperation der Mitgliedstaaten im Rahmen der Europäischen Politischen Zusammenarbeit entwickelt. Für die Bundesrepublik stellte sie ein neues Forum dar, in dem sie etwa zum Nahostkonflikt oder zum KSZE-Prozeß wichtige außenpolitische Positionen mit den Partnern formulieren konnte. Auf höchster Ebene wurde ebenfalls ein neues Gremium installiert: Im Europäischen Rat trafen sich ab 1975 die Staats- und Regierungschefs der EG, um Integrationsprojekte zu erörtern.

Das intergouvernementale Vorgehen sollte die Europapolitik der sozialliberalen Koalition prägen: Nach den ehrgeizigen Plänen früherer Jahre konzentrierte man sich auf pragmatische Integrationsschritte. Beide sozialdemokratische Kanzler standen einem ausgeprägten Supranationalismus eher zurückhaltend gegenüber. Die Integration wurde vielmehr als Prozeß aufgefaßt, der nur im Einvernehmen vorangebracht werden konnte. Der Preis waren zahlreiche Dysfunktionalitäten, Verteilungskämpfe und Einigungen auf dem kleinsten Nenner sowie das öffentliche Gefühl einer »Eurosklerose«. Es ging der Bundesregierung in den siebziger Jahren aber in erster Linie darum, durch ein Krisenmanagement dem drohenden Zerfall der Gemeinschaft entgegenzuwirken sowie den Wirtschaftsraum Europa zu erhalten. Sie befand sich damit auf einer gemeinsamen Linie mit der

Opposition. Auch die Zustimmung zum Beginn einer kostenintensiven, aber stabilisierenden EG-Regionalpolitik diente diesem Zweck.

Trotz allem gab es auch integrationspolitische Fortschritte zu verzeichnen, die maßgeblich auf das deutsche Engagement zurückzuführen waren. Dazu gehörte die Ausweitung der EG-Kompetenzen in neue Politikbereiche und die Stärkung des Europäischen Parlamentes.[31] Auch die Erweiterung um Griechenland 1981 und die Heranführung Portugals und Spaniens an die EG kam durch Unterstützung der Bundesregierung zustande. In Bonn bestand ein fortdauerndes Interesse an der demokratischen und friedlichen Entwicklung des freien Europas, die durch zunehmende Spannungen zwischen den Supermächten Anfang der achtziger Jahre wieder gefährdet schien.

5. Die Vitalisierung der Gemeinschaft

Um die Westbindung der Bundesrepublik zu revitalisieren, trat Bundeskanzler Helmut Kohl 1982 mit neuem europäischem und transatlantischem Elan seine Kanzlerschaft an.[32] Er erkannte, daß die deutsche Europapolitik in einer Zeit der Konfrontation der Supermächte – Einmarsch sowjetischer Truppen in Afghanistan, krisenhafte Entwicklung in Polen, nukleare Aufrüstungsdebatte – mit rein pragmatischen Lösungen nicht weiterkam. Verkrustungen in der europäischen Wirtschaft, die EG-Entscheidungsblockaden und die Haushaltskrise (ausgelöst durch eine fehlgeleitete Agrarpolitik und britische Rabattforderungen) blockierten das Entwicklungspotential des Kontinentes, der nach außen eine immer wichtigere Rolle zu spielen hatte. Vor den anstehenden Beitritten von Spanien und Portugal mußte sich deshalb die Gemeinschaft konsolidieren und neue Integrationsziele, auch mit Blick auf eine föderative Konstruktion, setzen. Die Bundesrepublik bekannte sich deshalb wieder klar zum dafür notwendigen Souveränitätsverzicht. Außenminister Genscher hatte diese Zusammenhänge bereits 1981 thematisiert und eine Initiative für eine »Europäische Akte«[33] lanciert, die politisch jedoch noch keine Folgen zeitigte. Vor der Fortentwicklung der Integration galt es, die Nachfolgelasten der siebziger Jahre zu bewältigen.

1983 auf den EG-Gipfeln in Stuttgart und Athen warf die Bundesregierung ihr Gewicht für ein umfassendes, mit finanziellen Anreizen ausgestattetes Reformpaket in die Waagschale. Aber erst die Intensivierung der deutsch-französischen Konsultationen, ein wiederkehrendes Instrument der Steuerung des Integrationsprozesses, vor dem Gipfel in Fontainebleau 1984 erbrachte Fortschritte: Neben ersten Reformen der Gemeinschaftspolitiken wurden Expertenausschüsse eingesetzt, deren Überlegungen in eine Regierungskonferenz einflossen. 1985 kam es dann zur *relance* (Neubelebung) des europäischen Projektes: Die Beitrittsakten mit Spanien und Portugal wurden unterschrieben, die Kommission unter ihrem tatkräftigen Präsidenten Jacques Delors legte ein »Weißbuch« zur Vollendung des Binnenmarktes vor, und der Europäische Rat in Luxemburg einigte sich auf die »Einheitliche Europäische Akte«, die erste weitreichende Reform des institutionellen Systems der EG. Kohl verstand es in der Folge, nicht nur ein sehr gutes Verhältnis zu Delors und zum französischen Präsidenten Mitterrand zu pflegen, sondern auch die skeptische britische Premierministerin Thatcher von den Vorteilen der auf 1992 terminierten Deregulierungsvorhaben zu überzeugen. Nach Erweiterung der EG und Ratifizierung der EEA kam es 1988 zum endgültigen Durchbruch. Das *Delors-Paket* (Reform des Finanzierungssystems und der Agrarpolitik; Aufstockung der Strukturfonds) – zustandegekommen durch die finanziellen Zusagen Bonns an die südeuropäischen Mitgliedstaaten – überzeugte nun auch die Wirtschaft, daß auf Europa wieder zu setzen war. Die Dynamik des Binnenmarktprojektes verband sich mit erfolgreichen fiskalischen Konsolidierungsbemühungen und setzte Wachstumsimpulse frei. Die Integration erfaßte fast alle Wirtschaftssektoren der Mitgliedstaaten und verband transnationale Interessen. Die Existenz der Gemeinschaft rechtfertigte sich im globalen Wettbewerb nicht mehr allein politisch.

In diesem Entwicklungsprozeß nahm die Bundesrepublik durch ihre Wirtschaftskraft eine Schlüsselstellung ein. In der Währungspolitik, die man im Rahmen des Binnenmarktprojektes auch fortzuentwickeln gedachte, wurde aber die dominierende Position der D-Mark den europäischen Partnern zunehmend suspekt. Trotz Widerständen der Bundesbank forcierte deshalb Genscher, als Außenminister um die Stabilität der Gemeinschaft besorgt, das Projekt einer Währungsunion. Er legte 1988 ein Memorandum vor, in dem eine Europäische Zentralbank skizziert wurde, die sich an das deutsche Modell anlehnen sollte. Dies wurde von Delors aufgenommen und führte 1989 zu Kommissionsvorschlägen für eine Währungsunion. Nach dem Fall der Mauer im November 1989 wurde die Aufmerksamkeit der Politik zunächst aber von anderen Entwicklungen absorbiert.

6. Epochenwechsel: Deutsche Einheit und das neue Europa

Wie in der Phase der Gründung der Bundesrepublik verbanden sich im Zeitpunkt des Endes des bipolaren Konfliktes die Deutschland- und Europapolitik untrennbar miteinander. Vorher Unvereinbares – Westintegration und Wiedervereinigung – verkehrte sich in das komplementäre Gegenteil: NATO und EG wurden zu unabdingbaren Auffangstrukturen des vereinten Deutschlands und erleichterten allen Partnern die Zustimmung zur Einheit.[34]

Unzweifelhaft hat die Westintegration dazu beigetragen, daß die Bundesrepublik die DDR magnetisch anzog. Auch die Ostpolitik hatte daran großen Anteil. Moskau überließ die DDR aus einer Position der Schwäche heraus der Bundesrepublik. Kohl hatte es in den achtziger Jahren verstanden, die beiden außenpolitischen Axiome der Bundesrepublik, Integration in den Westen, Verständigung mit dem Osten, zusammenzuführen. Im Moment des Zerfalls des sowjetischen Imperiums bot sich ihm deshalb die Chance, die deutsche Einheit in einem abgesicherten europäischen Rahmen zu verwirklichen. Die deutsche Diplomatie erfuhr ihre größte Stunde und stand sogleich vor der neuen Herausforderung, das vereinigte, größere Deutschland weiterhin fest in Europa einzubinden.

Ungeachtet einiger internationaler Irritationen Ende 1989 bestand die Bundesregierung im Einigungsprozeß ihre Bewährungsprobe. Im Rahmen der »2+4«-Verhandlungen erbrachte Bonn zahlreiche Vorleistungen im Vorgriff auf eine gesamteuropäische Sicherheitskonstruktion. Nach der Bekräftigung des Selbstbestimmungsrechtes der Deutschen auf dem EG-Gipfel in Straßburg ergab sich die EG-Mitgliedschaft der neuen Länder durch deren Beitritt zur Bundesrepublik auf völkerrechtlich unkomplizierte Weise. Delors unterstützte dieses Vorgehen und stellte sofort Mittel für den Aufbau Ostdeutschlands zur Verfügung.

Im 1993 in Kraft getretenen Maastrichter Vertrag über die Europäische Union bezeugte dann das vereinigte Deutschland seinen unveränderten Integrationswillen. Kohl gab dem Drängen der europäischen Partner, vor allem Frankreichs, nach und stimmte dem Projekt einer Wirtschafts- und Währungsunion zu, ohne auf der Verwirklichung der zuvor als unabdingbar bezeichneten politischen Union zu bestehen. Die Bundesregierung begnügte sich mit intergouvernementalen Einstiegsregelungen in die Gemeinsame Außen- und Sicherheitspolitik und die Zusammenarbeit in der Justiz- und Innenpolitik. Dafür setzte sie das deutsche Modell für Währungsunion und Europäische Zentralbank strikt durch. Die währungspolitische Gestaltungsdominanz Bonns bestätigte sich 1993 bei der Bestimmung von Frankfurt als Sitz der Zentralbank und 1996/97 bei der Aushandlung des Wachstums- und Stabilitätspaktes. In Maastricht erfocht die deutsche Delegation überdies die Aufnahme des Subsidiaritätsprinzips in den Vertrag, die Etablierung eines Ausschusses der Regionen und die Stärkung der Rechte des EP.

Die Vollendung des Binnenmarktes, die weitreichenden Zugeständnisse Bonns im »Delors-II-Paket«, das die Finanzierung der Gemeinschaft bis 1999 regelte, die Unterstützung der Beitritte der ehemaligen EFTA-Staaten Österreich, Schweden und Finnland, die 1995 erfolgten, sowie die mit Frankreich initiierte Gründung eines »Eurokorps« ließen auch weiterhin keinen Zweifel am Kooperationswillen der deutschen Europapolitiker aufkommen.

In Bonn trug man zudem der Tatsache Rechnung, daß die EU – neben der NATO – zum wesentlichen Orientierungsrahmen der Transformationsanstrengungen der Staaten Mittel- und Osteuropas hin zu Demokratie und Marktwirtschaft geworden ist. Die Bundesregierung unterstützte Konzeption und Abschluß von speziellen Europaabkommen mit zehn Reformstaaten, die im Rahmen einer Heranführungsstategie zur Osterweiterung der EU führen sollen. Den Kandidaten wurde der Beitritt auf dem Kopenhagener Gipfel 1993 ausdrücklich zugesagt, sobald sie die definierten Kriterien erfüllen. Im Frühjahr 1998 haben die offiziellen Verhandlungen begonnen. Ergänzend betrieb Bonn den Abschluß von europäischen Partnerschafts- und Kooperationsabkommen mit mehreren GUS-Staaten, insbesondere mit Rußland und der Ukraine.

In dem Agieren nach der Einheit läßt sich das konstante Interesse Deutschlands an Bestand und Ausbau der europäischen Integration verifizieren. In bemerkenswerter Kontinuität der Europäisierung der »deutschen Frage« hatte vor allem Helmut Kohl sein politisches Schicksal an die Vertiefung der Integration über den Weg der Währungsunion und die Erweiterung der EU nach Mittel- und Osteuropa gekettet. Gleichwohl ergaben sich nach den Umwälzungen der Jahre 1989/90 konzeptionelle Fragen, die eine Debatte entfachten, ob Strategien und Integrationskonzepte der Vergangenheit im neuen Europa erfolgreich fortgeschrieben werden können.

7. Veränderung der Rahmenbedingungen

Deutschland hat die Kräftekonstellation in Europa ungewollt zu seinen Gunsten verändert.[35] Seine »kritische Größe«, Wirtschaftsmacht, geopolitische Mittellage und Rollendefinition wird bei den Nachbarn genau beobachtet. Historisch nachvollziehbare Ängste vor der vermeintlichen Dominanz[36] oder auch Schwäche[37] Deutschlands in der EU und subtile Gleichgewichtsüberlegungen treten zutage. Jede Bundesregierung muß deshalb innen- wie europapolitisch weiterhin die Aufgabe erfüllen, sich gegen unzeitgemäßes Denken in nationalen Kategorien zu wenden.

Die zweite Erkenntnis ist, daß paradoxerweise der Erfolg der EU zum Problem geworden ist: Die Mehrzahl der Reformstaaten Mittel- und Osteuropas wird die Transformation in hinreichendem Maße bewältigen und den Beitritt zur EU verlangen. Die Gemeinschaft wird damit auf eine harte Probe in bezug auf ihre Funktionsfähigkeit gestellt. Deutschland muß in diesem Prozeß als politischer Gestalter und wirtschaftlicher Förderer wirken, da es besonders durch Instabilitäten im Osten gefährdet ist.

Dritte prägende Veränderung der neunziger Jahre ist es, daß politische Rationalitäten zunehmend von einem ambivalenten »Primat der Ökonomie« überlagert werden. Die Globalisierung der Volkswirtschaften, Finanzmärkte, Rohstofflieferungen und Kommunikationsmöglichkeiten beschleunigt den Systemwettbewerb. Kooperation und internationale Stabilität werden zur Existenzbedingung. Dies gilt im besonderen für die Bundesrepublik, die als verflochtener Handelsstaat über wenige Rohstoffe verfügt und ihren Wohlstand der Exportstärke der deutschen Wirtschaft sowie einer funktionierenden Weltwirtschaft verdankt. Der europäische Binnenmarkt und die Währungsunion bedeutet für sie deshalb einen sicheren Rückhalt. Allerdings führt der Standort Europa auch zu einem wirtschaftlichen Verdrängungswettbewerb mit sozialen Umwälzungen.

Der fortdauernde Konsens in der deutschen Parteienlandschaft über die Zweckmäßigkeit der europäischen Integration ist angesichts dieser Herausforderungen bemerkenswert. Die wirtschaftlichen Eliten stehen nicht nach.[38] Trotzdem ist seit der Debatte um die Ratifizierung des Maastrichter Vertrages ein Abschied vom »permissiven Konsens«, der unbefragten Unterstützung der europäischen Idee, zu konstatieren. Es stellt sich die Frage, ob die hohe Zustimmung der Eliten zu Europa ein identitätsstiftendes Ergebnis des verlorenen Weltkrieges und des Ost-West-Konfliktes[39] war und im Generationen- und Ortswechsel der »Berliner Republik« abnehmen wird oder ob sie eine ständige Auffrischung erfährt. Der politische »mainstream« hat bereits seine Richtung geändert: Der europäische Bundesstaat wird nicht mehr zum Ziel erklärt. Die neue Politikergeneration ist pragmatischer eingestellt – die weitere Integration Europas muß sachlich begründbar und finanzierbar sein.[40] Für die Bevölkerung ergibt sich neben einer etwas niedrigeren, aber doch konstanten Zustimmung zu Europa ein kritischer Faktor: die 1998 beschlossene Einführung des »Euro«, der anfänglich mehrheitlich abgelehnt wurde.

Weiterhin ist unklar, ob parteiübergreifend erkannte Interessen Deutschlands in Europa – vor allem Währungsunion und Osterweiterung – im politischen System auch künftig in konkrete Entscheidungen umgesetzt werden können. Der wie in keinem anderen Land ausgebaute »institutionelle Pluralismus« der deutschen Europapolitik gefährdet dies durch seine zahlreichen Blockademöglichkeiten.[41] So haben die Bundesländer ihren Einfluß auf die deutsche Europapolitik erheblich ausgeweitet.[42] Innerhalb der Bundesregierung treten in den Ressorts divergierende politische Konzepte zutage, die sich in den Brüsseler Fachministerräten verselbständigen. Die Parlamente werden hingegen an den Rand gedrängt. Durch die fiskalischen Folgen der Einheit und den gesellschaftlichen Reformstau ist schließlich die finanzielle Kompensationsfähigkeit der deutschen Europapolitik an eine Grenze gestoßen. Deutschland fordert eine Reduzierung der Nettozahlungen nach Brüssel.

8. Eine neue Europapolitik für das große Europa?

In der deutschen Europapolitik hat sich trotz veränderter Rahmenbedingungen und kalkulierter Gedankenspiele[43] kein Richtungswechsel ergeben. Dies hat der Abschluß des Amsterdamer Vertrages gezeigt, der zu vorhersehbaren Ergebnissen geführt hat. Auch die gegen innenpolitische Bedenken im Mai 1998 beschlossene »große« Währungsunion belegt die fortdauernde Integrationsbereitschaft Deutschlands. Die Währungsunion wird einen weiteren Schub in Europa verursachen und nationale Wirtschafts- und Sozialsysteme immer mehr unter Anpassungsdruck setzen. Diese Vertiefung und die geplante Osterweiterung der EU, als parallele Ziele deutscher Europapolitik, sollen nach Bonner Auffassung auch in Zukunft vereinbar sein, obwohl die Amsterdamer Regierungskonferenz offenbarte, daß im Kern-Entscheidungsbereich der Institutionen – wo sich eine heikle Balance und Dominanz der Nationalstaaten eingependelt hat – die Gemeinschaft kaum noch reformierbar zu sein scheint. Erschwerend wirkt hier, daß kein Partner in der EU das spezifische Interesse Bonns an Vertiefung und Erweiterung der EU teilt.

Amsterdam hat aber auch mögliche Auswege aus dem Dilemma aufgezeigt: Die Stärkung der supranationalen Organe der EU, die Ausweitung der Mehrheitsentscheidungen, die Vereinfachung der Verfahren und der mögliche Einstieg in flexibel gestaltete Integrationsprojekte (ohne die Zustimmung aller Mitgliedstaaten) eröffnet Perspektiven einer neuen Integrationslogik. Ob prozedurale Verbesserungen aber ausreichen, den kommenden Erweiterungsaufgaben und dem Reformdruck der Währungsunion gerecht zu werden, ist noch offen.

Es bleibt festzuhalten, daß deutsche Interessen in der EU am besten gewahrt bleiben und daß sich deutscher Einfluß primär aus der Mitgliedschaft in der Gemeinschaft ergibt.[44] Diese Einsicht wird auch einer Krise standhalten, wie sie sich etwa anläßlich der Bestimmung des Präsidenten der Europäischen Zentralbank im Frühjahr 1998 zwischen Bonn und Paris entwickelte. Entbunden von den Zwängen des Ost-West-Konfliktes hat die deutsche Europapolitik Handlungsspielraum gewonnen, die Widersprüche zwischen Vertiefung und Erweiterung der EU durch flexible Strategien zu überwinden, um Steuerbarkeit und Stabilität der EU weiterhin zu gewährleisten.[45] Eindeutige außenpolitische Prioritäten wird sich Deutschland auch in Zukunft nicht leisten können. In Berlin werden die Entscheidungsträger weiterhin eine Diplomatie »in alle Richtungen« führen – diesmal unter guten Startbedingungen. Allerdings wird die deutsche Europapolitik – angesichts der Aufgabenvielfalt – mehr Pragmatismus, Interessenbetonung, europäischen Handlungswillen und – dort, wo Europa innenpolitischer Alltag ist – auch gelegentliche Widerspenstigkeit an den Tag legen. Es gilt dabei, Tendenzen einer deutschen »Nabelschau« entgegenzuwirken, Ressourcen weiterhin für dringende internationale Aufgaben nutzbar zu machen[46] und innenpolitisch die Vereinbarkeit von Legitimität und Effizienz europapolitischer Entscheidungen innovativer als bisher anzustreben.[47]

Anmerkungen

1 Vgl. Hanrieder, Wolfram F.: Deutschland, Europa, Amerika. Die Außenpolitik der Bundesrepublik Deutschland 1949–1994, 2. Auflage, Paderborn 1995, S. XI.
2 Vgl. Präambel und Art. 24 GG, ab 1992 vor allem auch Art. 23 GG.
3 1947 wurde der Marshall-Plan verkündet.
4 Vgl. Gasteyger, Curt: Europa zwischen Spaltung und Einigung 1945 bis 1993, Bonn 1994.
5 Vgl. Hanrieder (Anm. 1), S. 1.
6 Vgl. Weidenfeld, Werner: Konrad Adenauer und Europa. Die geistigen Grundlagen der westeuropäischen Integrationspolitik des ersten Bonner Bundeskanzlers, Bonn 1976.
7 Vgl. Janning, Josef: Europäische Integration und deutsche Einheit, in: Weidenfeld, Werner, und Karl-Rudolf Korte (Hrsg.): Handwörterbuch zur deutschen Einheit, Bonn 1991, S. 300 ff.
8 Vgl. Hrbek, Rudolf: Die SPD – Deutschland und Europa. Die Haltung der Sozialdemokratie zum Verhältnis von Deutschland-Politik und West-Integration (1945–1957), Bonn

1972; Bellers, Jürgen, und Mechthild Winking (Hrsg.): Europapolitik der Parteien. Konservativismus, Liberalismus und Sozialdemokratie im Ringen um die Zukunft Europas, Frankfurt 1991.
9 Vgl. Hanrieder (Anm. 1), S. 153.
10 Vgl. Poidevin, Raymond: Die europapolitischen Initiativen Frankreichs des Jahres 1950 – aus einer Zwangslage geboren?, in: Herbst, Ludolf, et al. (Hrsg.): Vom Marshallplan zur EWG, Oldenbourg 1990, S. 257 ff.
11 Vgl. Monnet, Jean: Erinnerungen eines Europäers, München 1978.
12 1957 trat das Saarland nach einer Volksabstimmung der Bundesrepublik bei.
13 Vgl. Küsters, Hanns-Jürgen: Die Gründung der Europäischen Wirtschaftsgemeinschaft, Baden-Baden 1982.
14 Vgl. Schreiben von Bundeskanzler Konrad Adenauer an die Bundesminister vom 19. Januar 1956, in: Auswärtiges Amt (Hrsg.): 40 Jahre Außenpolitik der Bundesrepublik Deutschland – Eine Dokumentation, Bonn 1989, S. 94–95.
15 Vgl. Hallstein, Walter: Der unvollendete Bundesstaat, Düsseldorf/Wien 1969.
16 Vgl. von der Groeben, Hans: Deutschland und Europa in einem unruhigen Jahrhundert, Baden-Baden 1995, S. 286.
17 Vgl. Hanrieder (Anm. 1), S. 279.
18 Der Begriff »Gemeinschaft« wird im folgenden für die drei Europäischen Gemeinschaften (EGKS, EURATOM, EWG) benutzt. 1967 wurden ihre Organe fusioniert. Eine hervorgehobene Rolle spielte von Anfang an die EWG.
19 Vgl. von der Groeben (Anm. 16), S. 268 ff.
20 Vgl. Löwenthal, Richard: Vom kalten Krieg zur Ostpolitik, Stuttgart 1974, S. 2.
21 Vgl. Link, Werner: Die Außenpolitik und internationale Einordnung der Bundesrepublik Deutschland, in: Weidenfeld, Werner, und Hartmut Zimmermann (Hrsg.): Deutschland-Handbuch, Bonn 1989, S. 576 ff.
22 Vgl. Loth, Wilfried: De Gaulle, Deutschland und Europa, Opladen 1991.
23 Vgl. für die Zeit von 1949–1958: Küsters, Hanns-Jürgen: Der Streit um die Kompetenzen und Konzeptionen deutscher Europapolitik 1949–1958, in: Herbst, Ludolf, et al. (Hrsg.): Vom Marshallplan zur EWG, München 1990, S. 335–370.
24 Vgl. Müller-Roschach, Herbert: Die deutsche Europapolitik 1949–1977, Bonn 1980, S. 73.
25 Vgl. Müller-Roschach (Anm. 24), S. 139 f.
26 Vgl. Lahr, Rudolf: Die Legende vom Luxemburger Kompromiß, in: Europa-Archiv 38 (1983), S. 223–232.
27 Loth, Wilfried: Europa als nationales Interesse? Tendenzen deutscher Europapolitik von Schmidt bis Kohl, in: integration 3 (1994), S. 151.
28 Vgl. Müller-Roschach (Anm. 24), S. 286.
29 Vgl. Baring, Arnulf: Machtwechsel: Ära Brandt-Scheel, Stuttgart 1982; Bender, Peter: Neue Ostpolitik. Vom Mauerbau zum Moskauer Vertrag, München 1986; Garton Ash, Timothy: Im Namen Europas – Deutschland und der geteilte Kontinent, München/Wien 1993.
30 Vgl. die folgenden Entwicklungen in: Müller-Roschach (Anm. 24), S. 239 ff.
31 1979 wurden die Abgeordneten des Europäischen Parlamentes erstmals durch Direktwahl bestimmt.
32 Vgl. weiterführend: Gaddum, Eckart: Die deutsche Europapolitik in den 80er Jahren, Paderborn 1994; Wessels, Wolfgang, und Elfriede Regelsberger (Hrsg.): The Federal Republic of Germany and the European Community: The Presidency and Beyond, Bonn 1988; Bulmer, Simon: The Federal Republic of Germany and the EC, London 1987.

33 Vgl. Deutsch-Italienischer Vorschlag einer Europäischen Union, in: Auswärtiges Amt (Hrsg.): 40 Jahre Außenpolitik der Bundesrepublik Deutschland – Eine Dokumentation, Bonn 1989, S. 410–412.
34 Vgl. Hanrieder (Anm. 1), S. 237 ff.
35 Vgl. Schwarz, Hans-Peter: Die Zentralmacht Europas. Deutschlands Rückkehr auf die Weltbühne, Berlin 1994, S. 10 f.
36 Vgl. Bulmer, Simon, und William E. Paterson: Germany in the European Union: Gentle Giant or Emergent Leader?, in: International Affairs 1 (1996), S. 29 ff.
37 Vgl. Marsh, David: Der zaudernde Riese. Deutschland in Europa, München 1994.
38 Vgl. Glaab, Manuela, Jürgen Gros, Karl-Rudolf Korte und Peter Wagner: Wertgrundlagen und Belastungsgrenzen deutscher Europapolitik, Gutachten im Auftrag der Forschungsgruppe Europa und der Bertelsmann Wissenschaftsstiftung, München 1997.
39 Vgl. Bulmer, Paterson (Anm. 36), S. 11 f.
40 Vgl. Hellmann, Gunther: Jenseits von »Normalisierung« und »Militarisierung«: Zur Standortdebatte über die neue deutsche Außenpolitik, in: Aus Politik und Zeitgeschichte, B 1-2/1997, S. 24–33.
41 Vgl. zu den Entscheidungsprozessen: Rometsch, Dietrich: The Federal Republic of Germany, in: ders., und Wolfgang Wessels (Hrsg.): The European Union and its Member States, Manchester 1996, S. 61–104.
42 Vgl. Art. 23 GG und Folgegesetze, in: Morawitz, Rudolf, und Wilhelm Kaiser: Die Zusammenarbeit von Bund und Ländern bei Vorhaben der Europäischen Union, Bonn 1994.
43 Überlegungen zur europäischen Politik. Positionspapier der CDU/CSU-Bundestagsfraktion vom 1. September 1994, abgedruckt in: Blätter für deutsche und internationale Politik 10 (1994), S. 1271–1280.
44 Vgl. Janning, Josef: Deutschland und die Europäische Union: Integration und Erweiterung, in: Kaiser, Karl, und Hanns W. Maull (Hrsg.): Deutschlands neue Außenpolitik. Band 1: Grundlagen, München 1994, S. 31–54.
45 Vgl. Weidenfeld, Werner, und Josef Janning: Das neue Europa. Strategien differenzierter Integration. Vorlage für das Internationale Bertelsmann Forum am 19./20. Januar 1996; Deubner, Christian: Deutsche Europapolitik: von Maastricht nach Kerneuropa?, Baden-Baden 1995.
46 Vgl. die Äußerungen von Außenminister Klaus Kinkel, zitiert in der Süddeutschen Zeitung v. 16./17. August 1997.
47 Vgl. Janning, Josef, und Patrick Meyer: Deutsche Europapolitik – Vorschläge zur Effektivierung, Gütersloh 1998; Weidenfeld, Werner (Hrsg.): Deutsche Europapolitik – Optionen wirksamer Interessenvertretung, Bonn 1998.

5.
Einstellungen zu Europa

Die Bürger in Deutschland

ELISABETH NOELLE-NEUMANN UND THOMAS PETERSEN

1. Zukunft Europa

Europa ist die Zukunft – das ist die Stimmung, die sich bereits in den allerersten Umfragen des Institutes für Demoskopie Allensbach aus dem Jahre 1947 abbildet. Es handelte sich dabei um Befragungen von Jugendlichen zwischen 15 und 25 Jahren im Auftrag der französischen Militärregierung, die sich Sorgen machte, ob man mit der damals jungen Generation, die in Diktatur und Krieg aufgewachsen war, eine freiheitliche Zivilgesellschaft würde aufbauen können. Welches Weltbild, welche politischen Einstellungen, welche Lebenseinstellung hatten diese Jugendlichen? Fragen, die man zuverlässig nur mit Demoskopie beantworten konnte. Am 8. Mai 1947 begann das Allensbacher Institut mit den ersten Probeinterviews. Es war die Geburtsstunde der deutschen Meinungsforschung.

Durch die Ergebnisse dieser Jugendumfragen zieht sich eine niedergedrückte Stimmung. »Glauben Sie, daß man den meisten Menschen vertrauen kann?«, lautete eine vom amerikanischen Gallup-Institut übernommene Frage. 69 Prozent der Jugendlichen antworteten mit »Nein«, nur 16 Prozent bejahten. Auf die Frage »Glauben Sie, daß innerhalb der nächsten fünf Jahre ein neuer Krieg ausbrechen wird?«, antworteten 62 Prozent mit »Ja«. »Glauben Sie, daß man in fünf Jahren in Deutschland wieder Schuhe oder Kleidungsstücke im Laden frei kaufen kann?« Einer relativen Mehrheit von 47 Prozent erschien die Vorstellung im Juli 1947 utopisch. Nur folgerichtig beantworten 20 Prozent die Frage »Möchten Sie gern aus Deutschland jetzt oder später auswandern?« mit »Ja«. In politischen Fragen zeigten die Jugendlichen eine desinteressierte Haltung. Auf die Frage »Interessieren Sie sich für die jetzigen politischen Parteien?«, antworteten 72 Prozent mit »Nein«. Von der Politik erwarteten sie nichts und wollten auch nichts mehr von ihr wissen.

Zwischen all diesen düsteren Antworten wirken die Reaktionen auf eine kleine Serie von Fragen über Europa wie ein Sonnenstrahl. Die erste Frage lautete: »Es wird heute manchmal davon gesprochen, daß sich die europäischen Länder zu Vereinigten Staaten von Europa zusammenschließen sollten. Haben Sie schon von diesem Gedanken gehört?« 60 Prozent erklärten, sie hätten schon davon gehört.

»Ist dieser Gedanke«, wurde weiter gefragt, »für Sie interessant oder uninteressant?« 29 Prozent erklärten, der Gedanke sei für sie uninteressant, eine relative Mehrheit von 40 Prozent zeigte sich interessiert. Für die neugegründeten politischen Parteien in Deutschland interessierten sich nur 21 Prozent.

Schließlich wurde gefragt: »Wären Sie, wenn jetzt über den Gedanken der Vereinigten Staaten von Europa abgestimmt würde, dafür oder dagegen? Oder wäre Ihnen die ganze Frage gleichgültig?« 50 Prozent antworteten: »dafür«. Von der Apathie, die sich durch die Antworten auf die meisten anderen Fragen zieht, ist trotz der ausdrücklich angebotenen Antwortmöglichkeit »wäre Ihnen das gleichgültig?« nicht viel zu spüren.

Es scheint so, als hätten Adenauer und Churchill den Deutschen aus dem Herzen gesprochen, als sie kurz hintereinander auffallend ähnliche Konzepte für die »Vereinigten Staaten von Europa« entwickelten.[1] Und nicht nur in Deutschland stieß diese Idee auf offene Ohren. In Frankreich war die Zustimmung keineswegs geringer, wie Umfragen des Gallup-Institutes vom Dezember 1947 und März 1948 belegen.[2]

Churchills berühmte Rede an der Universität Zürich läßt spürbar werden, welche Strahlkraft damals von dem Gedanken an die »Vereinigten Staaten von Europa« ausging. Sein Vortrag hieß »The Tragedy of Europe«. Doch nach wenigen Sätzen löste sich der Text von der trostlosen Gegenwart und wendete sich der optimistischen Zukunftsvision eines vereinten und friedlichen Europas zu, mit Deutschland und Frankreich als engen Partnern an der Spitze, als hätten diese beiden Länder nicht noch vor wenigen Monaten Krieg gegeneinander geführt. Die Tragödie scheint am Ende des Textes vergessen zu sein.

Diese Faszination spiegelt sich in den Allensbacher Jugendumfragen. Es ist verständlich, daß viele Menschen im besiegten, besetzten und zerstückelten Deutschland eine übernationale Konstruktion wie die »Vereinigten Staaten von Europa« als einzige erfreuliche Zukunftsperspektive empfanden. Doch auch nach der Gründung der Bundesrepublik Deutschland blieb die Bevölkerung dem Gedanken eines vereinten Europas ausgesprochen freundlich gesonnen.

2. Wachsendes Vertrauen

Als der französische Außenminister Robert Schuman im Mai 1950 vorschlug, die deutsche und die französische Kohle- und Stahlindustrie einer gemeinsamen Behörde zu unterstellen, stieß er damit auf die Zustimmung der Bevölkerung in beiden Staaten. Im Juni 1950 fragte das Allensbacher Institut: »Was meinen Sie nach dem, was Sie bisher darüber (nämlich den Schuman-Plan) gehört haben: Sollte der Plan von Westdeutschland angenommen oder abgelehnt werden?« Von den 77 Prozent der Westdeutschen, die schon einmal etwas vom Schuman-Plan gehört hatten, sagten 51 Prozent, der Vorschlag solle angenommen werden, nur 17 Prozent waren dagegen.[3] In Frankreich überwog die Zustimmung im Verhältnis 2:1.

55 Prozent der Franzosen hatten im Oktober 1950 vom Schuman-Plan gehört. Auf die Frage des Gallup-Institutes »Sind Sie für oder gegen den Schuman-Plan?« antworteten 25 Prozent »dafür« und 13 Prozent »dagegen«.[4] Man kann darüber spekulieren, ob die Motive der Zustimmung bei den Deutschen und Franzosen dieselben waren. Adenauer betont in seinen Erinnerungen, für ihn sei der Schuman-Plan der Anfang der europäischen Einigung gewesen[5], während für Schuman auch Ängste in der französischen Bevölkerung eine Rolle gespielt hätten, Deutschland könne, wenn es sich erst einmal erholt habe, Frankreich angreifen. Und die gemeinsame Kontrolle über die Kohle- und Stahlindustrie hätte es Deutschland unmöglich gemacht, unbemerkt von Frankreich aufzurüsten.[6]

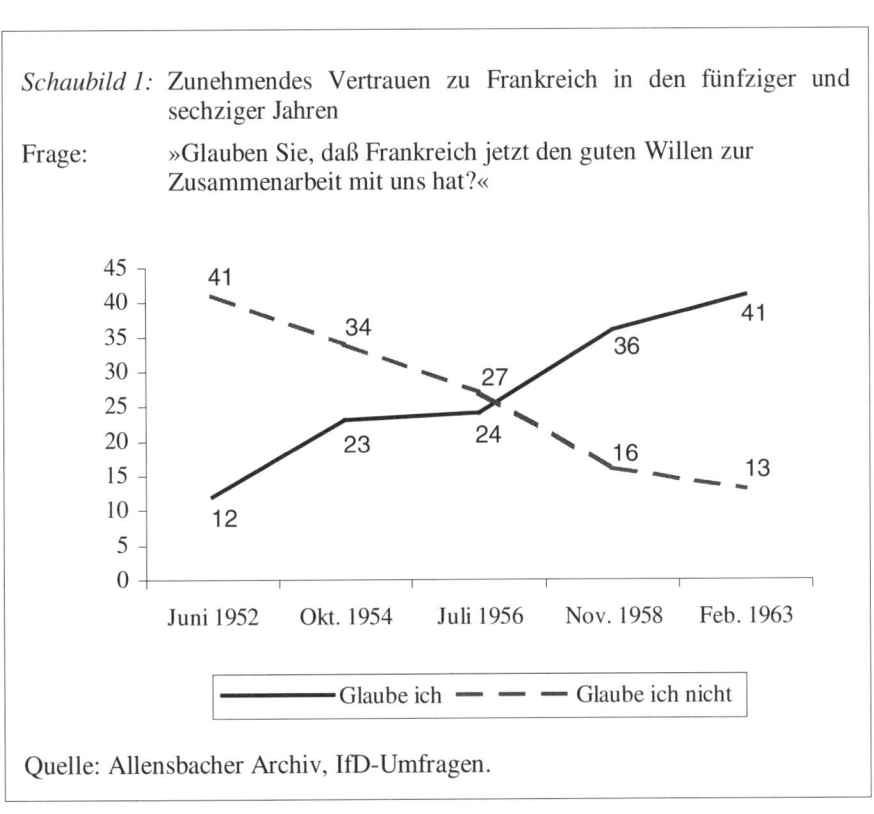

Schaubild 1: Zunehmendes Vertrauen zu Frankreich in den fünfziger und sechziger Jahren

Frage: »Glauben Sie, daß Frankreich jetzt den guten Willen zur Zusammenarbeit mit uns hat?«

	Juni 1952	Okt. 1954	Juli 1956	Nov. 1958	Feb. 1963
Glaube ich	12	23	24	36	41
Glaube ich nicht	41	34	27	16	13

Quelle: Allensbacher Archiv, IfD-Umfragen.

Zumindest auf deutscher Seite verschwand solches Mißtrauen schnell. Beginnend mit dem Schuman-Plan schien die europäische Einigung zügig voranzukommen. Im Oktober 1950 schlug der französische Verteidigungsminister René Pleven die Schaffung einer europäischen Armee vor, im April 1951, weniger als ein Jahr nach Robert Schumans Vorschlag, unterzeichneten sechs Länder den Vertrag zur Gründung der »Europäischen Gemeinschaft für Kohle und Stahl« (EGKS). Gut ein Jahr später folgte der Vertrag zur Gründung der »Europäischen Verteidigungsgemeinschaft« (EVG), der allerdings 1954 in der französischen Nationalversammlung scheiterte. Im September 1952 beauftragten die Außenminister der sechs an der »Europäischen Gemeinschaft für Kohle und Stahl« beteiligten Länder die gemeinsame Versammlung, einen Vertragsentwurf für eine »Europäische Politische Gemeinschaft« zu erarbeiten.[7] »Was glauben Sie«, lautete eine Allensbacher Frage im Februar 1953, »wie lange wird es wohl ungefähr dauern, bis es die Vereinigten Staaten von Europa wirklich gibt?« 25 Prozent der Befragten meinten, es werde noch etwa fünf Jahre dauern, 11 Prozent rechneten mit etwa zehn Jahren, 14 Prozent glaubten, es werde länger dauern. Nur 14 Prozent waren der Ansicht, die Vereinigten Staaten von Europa werde es nie geben.[8]

In dieser Atmosphäre begann das Vertrauen der Deutschen in Frankreich zu wachsen. Auf die Frage »Glauben Sie, daß Frankreich jetzt den guten Willen zur Zusammenarbeit mit uns hat?«, antworteten im Juni 1953 12 Prozent mit »Ja«. In den folgenden Jahren stieg der Anteil derer, die an den guten Willen Frankreichs glaubten, steil an. Im Februar 1963, also wenig mehr als zehn Jahre später, sagten 41 Prozent der Befragten, sie glaubten, Frankreich habe den guten Willen zur Zusammenarbeit mit Westdeutschland (*Schaubild 1*). Dieser Anstieg vollzog sich, soweit sich das aus den Allensbacher Umfragen erkennen läßt, kontinuierlich, anscheinend unbeeindruckt von Rückschlägen bei der europäischen Einigung, wie etwa der Ablehnung der Europäischen Verteidigungsgemeinschaft durch die französische Nationalversammlung im August 1954. Der Aufbau eines solchen soliden Vertrauens in den früheren Kriegsgegner in so kurzer Zeit gehört vielleicht zu den größten politischen Leistungen dieses Jahrhunderts.

Allmählich betrachteten die Deutschen mit dem Fortschreiten der tatsächlichen europäischen Einigung und der gleichzeitigen Stabilisierung der Bundesrepublik Deutschland die Idee eines vereinten Europas nüchterner. Nach wie vor antworteten überwältigende Mehrheiten von 70 bis 80 Prozent auf die Frage »Wenn eine Abstimmung in Europa käme: Würden Sie dann selbst für oder gegen die Bildung der Vereinigten Staaten von Europa stimmen?« mit »Dafür«[9], doch die Vorstellung, wie diese Konstruktion der Vereinigten Staaten von Europa aussehen sollte, wandelte sich. In den späten vierziger und frühen fünfziger Jahren scheint ein großer Teil der Bevölkerung bei dem Stichwort »Vereinigte Staaten von Europa« an eine bundesstaatliche Ordnung gedacht zu haben, nach dem Vorbild der Vereinigten Staaten von Amerika: Europa als Alternative zum gescheiterten Nationalstaat. Im Februar 1953 fragte das Institut für Demoskopie Allensbach: »Wer soll in wichtigen Fragen in Zukunft das letzte Wort haben: das europäische Parlament oder die Parlamente der einzelnen Länder?« 37 Prozent der Befragten waren der Ansicht, das Europäische Parlament solle das letzte Wort haben, weniger als halb so viele, 14 Prozent gaben den Parlamenten der Länder den Vorzug.[10] Bereits 1955 scheinen sich die Gewichte etwas verschoben zu haben. Auf die – allerdings zugespitzter formulierte – Frage »Wenn sich die europäischen Länder zusammenschließen, wird auch ein europäisches Parlament gebildet; wer soll dann Ihrer Meinung nach in wichtigen Fragen, die uns auch in Deutschland betreffen, das letzte Wort haben: das europäische Parlament oder das deutsche?«, entschieden sich 32 Prozent für das europäische und 42 Prozent für das deutsche Parlament.[11] Es bildete sich die in den folgenden Jahrzehnten und bis heute vorherrschende Haltung der Deutschen heraus, bei aller Europafreundlichkeit im Zweifel doch den nationalen Interessen den Vorzug zu geben.

3. Freundschaften mit Prioritäten

Die Antworten der Deutschen zu Fragen der Außenpolitik waren und sind von einem ausgeprägten Harmoniebedürfnis geprägt. Im September 1963 fragte das Institut für Demoskopie Allensbach: »Man hört sehr verschiedene Meinungen, mit welchen Ländern der Welt Deutschland möglichst eng zusammenarbeiten sollte. Was ist Ihre Ansicht: Mit welchen Ländern sollten wir möglichst eng zusammenarbeiten?« 90 Prozent der Befragten wünschten sich besonders enge Beziehungen zu den Vereinigten Staaten von Amerika. An zweiter und dritter Stelle folgten Frankreich mit 71 Prozent und Großbritannien mit 65 Prozent.[12] Eine deutliche Mehrheit der Westdeutschen legte also großen Wert auf gute Zusammenarbeit mit allen drei westlichen Mächten. Als in den sechziger Jahren die französische Regierung unter de Gaulle zunehmend die Eigenständigkeit Frankreichs betonte, die französische Armee dem NATO-Oberbefehl entzog und den Beitritt Großbritanniens zur EWG verhinderte, gerieten die Deutschen in eine Zwickmühle.

Die deutsche Außenpolitik Mitte der sechziger Jahre war beherrscht von dem Richtungsstreit zwischen den »Atlantikern«, die das Bündnis mit den Vereinigten Staaten als vorrangig vor der deutsch-französischen Partnerschaft ansahen, und den »Gaullisten«, die eine engere Bindung an Frankreich befürworteten, auch um den Preis der Lockerung der Beziehungen zu Amerika. Für die Bevölkerung gab es in dieser Frage kaum Zweifel. Im November 1966 fragte das Institut für Demoskopie Allensbach: »Wir stehen ja in der Außenpolitik vor der Wahl, entweder eng mit Frankreich oder eng mit Amerika zusammenzuarbeiten. Wenn wir uns an Frankreich halten, verärgern wir die Amerikaner, und wenn wir uns an Amerika halten, verärgern wir die Franzosen. Wem sollten wir uns Ihrer Ansicht nach eher anschließen: Amerika oder Frankreich?« 41 Prozent der Befragten entschieden sich für die Vereinigten Staaten, 27 Prozent für Frankreich.[13] Auch in den vorangegangenen Jahren antwortete bei vergleichbaren Fragestellungen regelmäßig eine überwältigende Mehrheit, im Zweifel habe das Bündnis mit Amerika Vorrang[14], wenn auch, von niedrigem Niveau ausgehend, die »Gaullisten« langsam an Gewicht gewannen. Bei allem guten Willen Frankreich gegenüber sah die Bevölkerung zu keinem Zeitpunkt eine Alternative zu dem Schutz, den das Bündnis mit den Vereinigten Staaten bot.

Erst heute, nachdem das Gefühl der Bedrohung durch die Sowjetunion gewichen ist und sich das Verhältnis zwischen Amerika und Frankreich entspannt hat, empfindet die Bevölkerung die Partnerschaft zu beiden Ländern als gleich wichtig. Auf die Frage »In der deutschen Außenpolitik gibt es ja häufig eine Gratwanderung zwischen unserer Bindung an Frankreich und an die USA. Was ist wichtiger: daß die Beziehungen zu Frankreich nicht leiden oder die zu den USA?«, entschieden sich im Juli 1997 jeweils 28 Prozent für Frankreich und die Vereinigten Staaten. Daß die Frage insgesamt an Brisanz verloren hat, zeigt sich daran, daß 44 Prozent der Befragten sich nicht entscheiden können und auf die Kategorie »Unentschieden« ausweichen. Weniger denn je hat die Bevölkerung das Gefühl, man müsse sich für einen der beiden Bündnispartner auf Kosten des anderen entscheiden.[15]

Mit Ablehnung reagierten die Deutschen in den sechziger Jahren auch auf die Versuche der französischen Regierung, Großbritannien von der Europäischen Wirtschaftsgemeinschaft fernzuhalten. Hier wird deutlich, daß die Mehrheit der Deutschen eine andere Vorstellung vom vereinten Europa hatte als de Gaulle oder Churchill, wenn er von den »Vereinigten Staaten von Europa« sprach. Die Idee, ein vereinigtes Europa ohne Großbritannien könne ein drittes Gewicht in der westlichen Welt bilden, gleichrangig mit den USA und dem britischen Commonwealth, blieb den meisten Deutschen fremd. Aus ihrer Sicht gehörte England zu Europa. Viele hielten es sogar für akzeptabel, für einen Beitritt Großbritanniens zur EWG die deutsch-französische Partnerschaft zu belasten. »Wenn wir vor der Entscheidung stünden«, lautete eine Frage des Allensbacher Institutes vom Februar 1963, »entweder weiterhin enge Freundschaft mit Frankreich oder Aufnahme Englands in die EWG und dafür Abschwächung der deutsch-französischen Freundschaft: wofür wären Sie in diesem Fall?« Eine relative Mehrheit von 36 Prozent sagte, sie wäre bereit, eine Abschwächung der deutsch-französischen Freundschaft in Kauf zu nehmen, 24 Prozent waren dagegen, 40 Prozent äußerten sich unentschieden.[16]

Im Februar 1967, kurz bevor die britische Regierung zum zweiten Mal nach 1961 einen Antrag auf Mitgliedschaft in der EWG stellte, fragte das Allensbacher Institut: »Was glauben Sie, ist es für uns ein Vorteil, wenn England in die EWG kommt, oder kein Vorteil?« »Es ist für uns von Vorteil«, sagten 47 Prozent, nur 21 Prozent waren der gegenteiligen Meinung.[17]

Doch bei aller Sympathie für eine Einbeziehung Großbritanniens in das vereinte Europa, war in derselben Umfrage vom Februar 1967 nur eine kleine Minderheit bereit, die deutsch-französischen Beziehungen dafür ernsthaft aufs Spiel zu setzen. Die Frage lautete: »England will ja jetzt auch Mitglied der Europäischen Wirtschaftsgemeinschaft, der EWG, werden. Wenn Frankreich jetzt nicht zuläßt, daß England EWG-Mitglied wird, was sollten wir dann tun?« 15 Prozent meinten, man solle versuchen, eine neue EWG zusammen mit England, aber ohne Frankreich zu bilden, mehr als doppelt so viele, 34 Prozent waren bereit, in diesem Fall Frankreich nachzugeben. Im Zweifel hatte für die relative Mehrheit die deutsch-französische Freundschaft Vorrang.[18] Doch zwischen diesen beiden europäischen

Partnern entscheiden zu müssen, widersprach dem Grundgefühl der Deutschen. Als das Allensbacher Institut im Mai 1969, nach dem Rücktritt de Gaulles, fragte: »Was waren wohl die größten Fehler de Gaulles?«, antworteten 55 Prozent: »Daß er England nicht in die EWG aufnehmen wollte.« Es war unter zehn Punkten auf einer Liste, die den Befragten zur Auswahl vorgelegt wurden, der mit Abstand am häufigsten genannte.[19]

4. Zunehmende Nüchternheit

»Eurosklerose« ist das Stichwort, das am häufigsten verwendet wird, um den Stand der europäischen Einigung in den siebziger und frühen achtziger Jahren zu umschreiben. Ohne Zweifel hatte sich der dynamische Schwung gelegt, der in wenig mehr als einem Jahrzehnt die Entwicklung vom Schuman-Plan zum Deutsch-Französischen Freundschaftsvertrag ermöglicht hatte, doch auch danach wuchsen die westeuropäischen Staaten weiter zusammen. 1973 traten Dänemark, Großbritannien und Irland der Europäischen Gemeinschaft bei, Freihandelsabkommen mit Norwegen und Finnland wurden unterzeichnet, 1979 trat das Europäische Währungssystem in Kraft, und zum ersten Mal wurde das Europäische Parlament direkt von den Völkern der damals neun Mitgliedstaaten gewählt; ein Jahr später trat Griechenland der Gemeinschaft bei.

Doch mit all diesen Fortschritten wurde der europäische Einigungsprozeß alltäglicher und komplizierter zugleich. Einerseits war das vereinigte Europa nicht mehr nur eine schöne Zukunftsvision, andererseits zeigte sich nun, wie mühsam der Prozeß der Integration war. Grundsatzfragen wie diejenige, ob Deutschland besser mit Frankreich oder Großbritannien zusammenarbeiten sollte, traten in den Hintergrund. Statt dessen gewannen Alltagsprobleme an Bedeutung. Fischereifangquoten, Landwirtschaftssubventionen, Beitragszahlungen der Mitgliedstaaten. »Man kann ja an Verschiedenes denken, wenn man von der EG hört, der Europäischen Gemeinschaft«, fragte das Allensbacher Institut im Mai 1985. »Ich möchte Ihnen jetzt mal einiges vorlesen, und Sie sagen mir bitte jedesmal, ob man bei 'Europäischer Gemeinschaft' daran denken könnte.« 81 Prozent der Befragten sagten bei diesem Assoziationstest, man könne bei »Europäischer Gemeinschaft« an Zukunft denken, 74 Prozent dachten an Frieden, 64 Prozent an Fortschritt. Aber 79 Prozent dachten auch an Bürokratie und 92 Prozent an den »Butterberg«.[20]

Vor diesem Hintergrund muß wahrscheinlich gesehen werden, daß trotz der fortschreitenden europäischen Integration die Vision der »Vereinigten Staaten von Europa« mehr und mehr in die Ferne rückte. Vom Februar 1953 bis zum März 1979 fragte das Institut für Demoskopie Allensbach insgesamt siebenmal: »Glauben Sie, Sie werden es noch erleben, daß sich die westeuropäischen Länder zu den Vereinigten Staaten von Europa zusammenschließen?« »Ja, das werde ich noch erleben«, meinten 1953 41 Prozent der Befragten, 1979 glaubten noch 31 Prozent daran. Der Anteil derer, die sagten, sie würden die Vereinigten Staaten von Europa nicht mehr erleben, stieg gleichzeitig von 29 auf um die 50 Prozent (*Schaubild 2*).

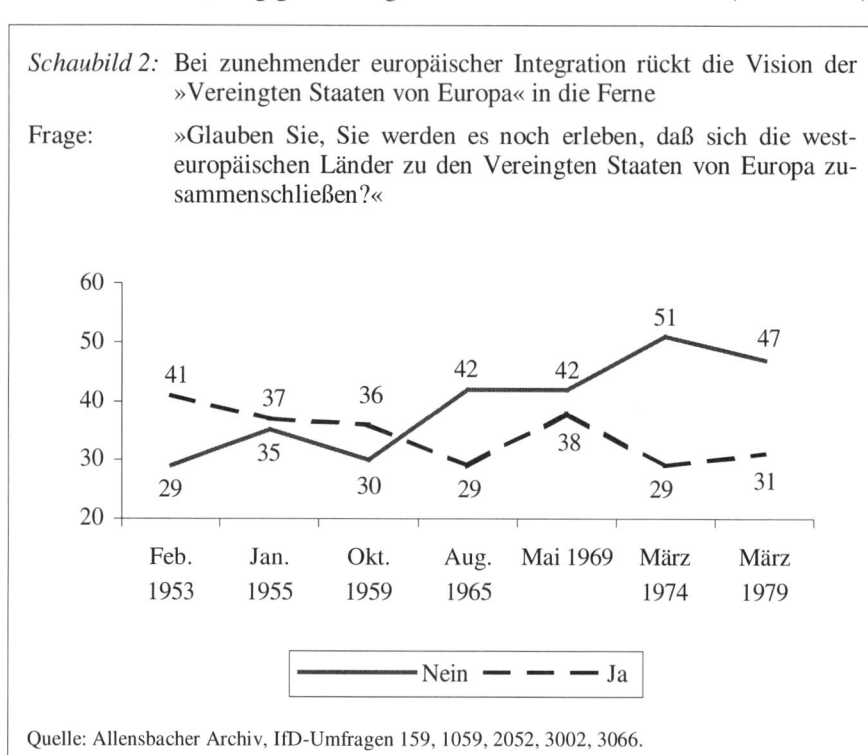

Schaubild 2: Bei zunehmender europäischer Integration rückt die Vision der »Vereingten Staaten von Europa« in die Ferne

Frage: »Glauben Sie, Sie werden es noch erleben, daß sich die westeuropäischen Länder zu den Vereinigten Staaten von Europa zusammenschließen?«

	Feb. 1953	Jan. 1955	Okt. 1959	Aug. 1965	Mai 1969	März 1974	März 1979
Nein	41	37	36	42	42	51	47
Ja	29	35	30	29	38	29	31

Quelle: Allensbacher Archiv, IfD-Umfragen 159, 1059, 2052, 3002, 3066.

Nach 1979 wurde die Frage nicht mehr gestellt. Sie war nicht mehr zeitgemäß. Eine staatliche Einheit Europas erschien den meisten Deutschen weder in naher Zukunft erreichbar noch wünschenswert. Bereits 1970 betrug der Anteil derer, die sich bei der Frage »Wie sollte das vereinte Europa aussehen, in welcher Form stellen Sie es sich vor?« für eine mächtige europäische Zentralregierung einsetzten, nur 15 Prozent. Im Verlauf der siebziger Jahre fiel er weiter auf 7 Prozent im Jahr 1979.[21]

Inzwischen hatten auch in weiten Teilen der Bevölkerung Zweifel zugenommen, ob die Mitgliedschaft der Bundesrepublik Deutschland in der Europäischen Gemeinschaft wirklich von Vorteil sei. Im Juni 1960, zwei Jahre nach Inkrafttreten der Römischen Verträge, antworteten auf die Frage »Glauben Sie, es ist von Vorteil für uns, daß wir zum gemeinsamen Markt gehören, oder eher ein Nachteil?«, 74 Prozent, die Teilnahme sei von Vorteil.[22] Als das Institut für Demoskopie Allensbach zum ersten Mal im Jahr 1977 die Frage stellte »Hat Deutschland durch seine Mitgliedschaft in der EG eigentlich mehr Vorteile oder mehr Nachteile, oder würden Sie sagen, die Vor- und Nachteile gleichen sich aus?«, hatte sich das Meinungsbild deutlich verändert. Deutschland habe durch die EG-Mitgliedschaft mehr Vorteile, sagten nur 15 Prozent der Befragten,»mehr Nachteile« 25 Prozent. Die Mehrheit, 46 Prozent, meinte, die Vor- und Nachteile glichen sich aus. Und auch bei zahlreichen Wiederholungen der Frage in den folgenden Jahrzehnten – zuletzt 1995 – gab es jedes Mal mehr Skeptiker als Optimisten. Dasselbe Bild zeigte sich – nach Abklingen der ersten Euphorie in den Jahren 1990 und 1991 – auch in den neuen Bundesländern.[23]

Mehr und mehr breitete sich in den achtziger Jahren die Vorstellung von einer bürgerfernen und unbeweglichen Bürokratie aus. Der Eindruck einer Reihe von ergebnislosen Gipfeltreffen mag dazu beigetragen haben. Werner Weidenfeld schreibt, der Europäische Rat habe in diesen Jahren eine »Routine des Scheiterns« entwickelt. Die Gipfeltreffen des Jahres 1987 in Brüssel und Kopenhagen seien »Symbole der europäischen Unbeweglichkeit« gewesen.[24]

Doch auch der im Vergleich zu anderen europäischen Ländern ausgesprochen schlechte Informationsstand der Deutschen über die Europäische Gemeinschaft[25], an dem sich bis heute nichts geändert hat, trug zur Vorstellung von einem leblosen, bürokratischen Europa bei. Als im ersten Halbjahr 1988, in dem Bundeskanzler Kohl den Vorsitz im Ministerrat hatte, der Durchbruch auf dem Weg zum Europäischen Binnenmarkt gelang und damit die lähmende »Eurosklerose« abgeschüttelt werden konnte, wurde dies von der deutschen Bevölkerung nicht bemerkt. Nach dem EG-Sondergipfel im Februar 1988 in Brüssel und nach dem Gipfeltreffen im Juli desselben Jahres in Hannover wurde die Bevölkerung nach ihrer Meinung gefragt.[26] Eine Frage lautete:»Vor einiger Zeit haben sich ja in Brüssel (bzw. Hannover) die Staats- und Regierungschefs der Europäischen Gemeinschaft, der EG getroffen ... Hat dieses Gipfeltreffen die EG vorangebracht, oder würden Sie das nicht sagen?« Nach Brüssel sagten 14 Prozent, nach Hannover 21 Prozent, das Treffen habe die EG vorangebracht. »Würde ich nicht sagen«, antworteten nach Brüssel 32 Prozent, nach Hannover 20 Prozent. Und 36 Prozent der Befragten sagten nach Brüssel und 37 Prozent nach Hannover, sie hätten nichts davon gehört, daß es ein Gipfeltreffen gegeben habe. Nach Ende der deutschen EG-Präsidentschaft wurde die Frage gestellt: »Die Bundesrepublik hatte jetzt sechs Monate den Vorsitz, die Präsidentschaft in der Europäischen Gemeinschaft. Wußten Sie das, oder hören Sie das zum ersten Mal?« 38 Prozent sagten »Das höre ich zum ersten Mal«.[27] Vermutlich ließe sich nur mit quantitativen Inhaltsanalysen der damaligen Medienberichterstattung erklären, warum die Nachricht von dem bahnbrechenden Fortschritt bei der europäischen Einigung während der Präsidentschaft von Bundeskanzler Kohl die Deutschen nicht erreichte und damit auch keinen Einfluß auf ihre Vorstellung von Europa ausüben konnte.

Doch bei aller Skepsis und Nüchternheit und trotz der mangelhaften Information blieben die Deutschen auch in den siebziger und achtziger Jahren unzweifelhaft europafreundlich. Das zeigt die Allensbacher Frage:»Angenommen, Sie hören auf einmal, daß die EG, die Europäische Gemeinschaft, wieder aufgelöst wird – wie würden Sie diese Nachricht aufnehmen?« Von März 1970 bis November 1985 stieg zwar der Anteil derjenigen, die sagten, sie hielten eine Auflösung der EG für einen Vorteil, von 6 auf 16 Prozent, doch die allermeisten, nämlich 68 Prozent im Jahr 1970 und 60 Prozent im Jahre 1985 sagten, sie würden die Auflösung der EG bedauern.[28]

5. Unbehagen nach der Deutschen Einheit

Anfang der neunziger Jahre fielen für die Deutschen zwei Jahrhundertereignisse zeitlich fast zusammen: Die deutsche Einheit und – von der damaligen Bundesregierung ausdrücklich damit verknüpft – die Einführung des europäischen Binnenmarktes sowie der Vertrag von Maastricht, der erstmals die Konturen eines nicht nur wirtschaftlich, sondern auch politisch vereinten Europas sichtbar werden ließ. Die Aufmerksamkeit der Deutschen wandte sich stärker als bis dahin dem Osten zu. Schon Ende der achtziger Jahre zeigte sich bei der Frage, ob die Europäische Gemeinschaft sich auf Westeuropa beschränken oder sich für osteuropäische Länder öffnen soll, eine Linie, die die Mitgliedstaaten teilt: Mehrheiten der Bevölkerung in Irland, Griechenland, Belgien, Frankreich, Spanien, Portugal und Italien verlangten damals die Vertiefung der EG, die Konzentration auf den Aufbau des Binnenmarktes. In Großbritannien, den Niederlanden, Dänemark und Deutschland meinten dagegen Mehrheiten, eine Öffnung nach Osten sei dringlich.[29] Diese Ländergruppierung wird in Umfragen immer wieder in vielen Bereichen beobachtet, auch in der Marktforschung. Man könnte von einer Linie sprechen, die Europa in eine romanische und eine angelsächsisch-germanische Region teilt. Der Wunsch, das vereinigte Europa solle auch die Staaten Osteuropas, Rußland eingeschlossen, umfassen, nahm nach der deutschen Einheit deutlich zu. Ganz ausgeprägt sprachen sich die Ostdeutschen für eine Öffnung Europas nach Osten aus.

Vor diesem Hintergrund wuchs das Unbehagen an der zügigen Vertiefung der Europäischen Union. Eine Allensbacher Frage lautet: »Wenn sich die Europäischen Länder immer enger zusammenschließen und ein vereintes Europa entsteht, geht dann das, was Deutschland war, allmählich verloren, oder glauben Sie das nicht?« Im Herbst 1990 machten sich nur 20 Prozent der Befragten Sorgen um die Identität Deutschlands in Europa. Zwei Jahre später waren es 49 Prozent.[30] Beharrlich wuchs auch die Forderung der Deutschen, im Vereinten Europa einen stärkeren Einfluß zu erhalten. In einer Dialog-Frage wurden zwei Ansichten gegenübergestellt. Die erste Position lautete: »Das vereinte Deutschland ist das wirtschaftlich stärkste Land in Europa. Deshalb muß Deutschland auch eine Führungsrolle übernehmen, sonst werden unsere Interessen im vereinten Europa zu wenig berücksichtigt.« Von Oktober 1990 bis April 1993 stieg in Westdeutschland die Zahl der Befürworter dieser Position von 30 auf 48 Prozent, in den neuen Bundesländern von 28 auf 36 Prozent. Die zweite Ansicht lautete »Wir sollten uns doch lieber zurückhalten und auf unsere Nachbarn Rücksicht nehmen. Es reicht doch, wenn wir wirtschaftlich stark sind, da brauchen wir nicht noch eine politische Führungsrolle zu spielen.« Ihr stimmten im Oktober 1990 57 Prozent der West- und 62 Prozent der Ostdeutschen zu. Im April 1993 war ihr Anteil auf 39 bzw. 51 Prozent gefallen.[31] Erschreckt und überfordert von dem Tempo der Veränderungen und besorgt, die deutschen Interessen könnten in Europa nicht ausreichend berücksichtigt werden, wünschte sich eine wachsende Zahl der Befragten, die Entwicklung zum vereinigten Europa möge langsamer als bisher verlaufen (*Schaubild 3*).

Schaubild 3: Tempo der europäischen Integration – zu schnell?

Frage: »Wie rasch sollte die Entwicklung zu einem Vereinigten Europa sein? Schneller oder langsamer oder weiter wie bisher?«

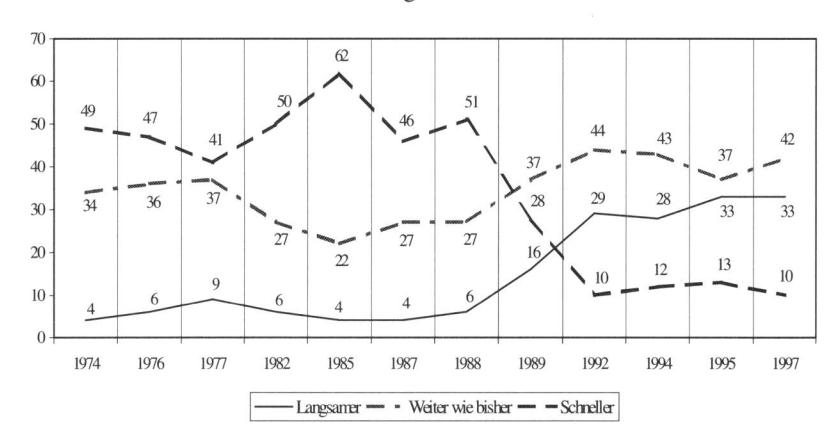

Quelle: 1973 bis 1978: Eurobarometer-Umfragen der EG in der Bundesrepublik Deutschland, Bevölkerung ab 15 Jahre. Seit 1982: IfD-Umfragen Nr. 4008, 4044, 4073, 4099/I, 5010, 5017, 5059, 5090, 6022, 6046. Bis 1989 Westdeutschland, ab 1991 Gesamtdeutschland.

6. Der Euro – ungeliebt, aber akzeptiert

Die in den letzten Jahren die Europapolitik beherrschende Diskussion um die Einführung einer gemeinsamen Währung ist ein weiteres Beispiel dafür, wie sehr die Skepsis in der Bevölkerung wächst, sobald die Möglichkeit näher rückt, einen ursprünglich von der Mehrheit begrüßten Plan zur Europäischen Integration zu verwirklichen. Sie zeigt aber auch, daß die Deutschen durchaus bereit sind, auch solche Entscheidungen zu akzeptieren, die ihnen nicht gefallen, wenn nur die politische und wirtschaftliche Elite einhellig von ihrer Notwendigkeit überzeugt ist.

Im Januar 1990 antworteten auf die Frage »Wären Sie dafür oder dagegen, wenn es keine D-Mark mehr geben würde, sondern nur noch ein einheitliches europäisches Geld?«, 52 Prozent, sie seien dafür, 26 Prozent waren »dagegen«. In den folgenden Jahren stieg der Anteil der Gegner einer einheitlichen Währung immer weiter an. Im April 1996 standen 19 Prozent Befürwortern 56 Prozent Gegner gegenüber.[32] Doch nach dem historischen Beschluß, zum ersten Januar 1999 in elf Ländern den Euro einzuführen, wich die Spannung aus dem Thema Währungsunion, und die Deutschen verloren etwas von ihrer Angst.

Vom Oktober 1995 bis zum Mai 1998 hat das Allensbacher Institut siebenmal jeweils einen repräsentativen Querschnitt von 2 000 Personen gefragt: »Einmal ganz allgemein gefragt: Sehen Sie der Währungsunion eher mit Hoffnungen oder eher mit Befürchtungen entgegen?« Über zwei Jahre hinweg änderten sich die Antworten kaum: Regelmäßig um die 60 Prozent der Befragten sagten, sie sähen der Währungsunion mit Befürchtungen entgegen, jeweils ungefähr 20 Prozent sagten: »Mit Hoffnungen«. Das war auch noch im April 1998 so. Aber dann, nur einen Monat später, nachdem die Regierungschefs der EU-Staaten in Brüssel die Einführung des Euro endgültig beschlossen hatten, verschoben sich die Antworten merklich. Nun sagten nur noch 48 Prozent, sie sähen der Währungsunion mit Befürchtungen entgegen, im Vormonat waren es noch 57 Prozent gewesen. Der Anteil derer, die mit Hoffnungen auf das neue Geld blickten, stieg von 21 Prozent im April auf 26 Prozent im Mai.

Dabei war das Mißtrauen gegenüber dem Euro unverändert groß. Auf die Frage »Glauben Sie, daß der Euro genauso stabil sein wird wie die D-Mark, oder haben Sie da Zweifel?«, sagten im August 1998 60 Prozent der Westdeutschen und 70 Prozent der Ostdeutschen, sie hätten Zweifel. Nur 26 Prozent im Westen und 14 Prozent im Osten meinten, der Euro werde genauso stabil sein wie die D-Mark.[33] Doch sehr aufmerksam hatte die Bevölkerung wahrgenommen, daß die Elite anders dachte als sie selbst. Die Frage hierzu lautete: »Was glauben Sie, wie die Unternehmen bei uns in Deutschland über die gemeinsame europäische Währung denken? Ist die deutsche Wirtschaft eher für oder eher gegen die Europäische Währungsunion?« Daß die deutsche Wirtschaft eher für die Währungsunion sei, meinten im November/Dezember 1995 29 Prozent der Befragten, zwei Jahre später, im November/Dezember 1997 waren es 57 Prozent. »Die Wirtschaft ist eher gegen die Währungsunion« sagten 1995 35 Prozent der Befragten, 1997 noch 14 Prozent.[34]

Die Beobachtung der Bevölkerung war zutreffend. Seit 1987 befragt das Allensbacher Institut für das Wirtschaftsmagazin *CAPITAL* telefonisch dreimal jährlich ein Panel aus 600 Führungskräften, die zu den obersten Spitzen aus Politik, Wirtschaft und Verwaltung gehören. Panel, das heißt, diese Repräsentanten der Entscheider-Elite in Deutschland werden regelmäßig wieder befragt. Als dieser Gruppe im Juni 1995 zum ersten Mal die Frage gestellt wurde: »Sind Sie für oder gegen eine einheitliche europäische Währung?«, antworteten bereits 61 Prozent

»dafür«, mit 35 Prozent Gegenstimmen. Ein Jahr später sprachen sich dann mehr als 80 Prozent der Elite für eine gemeinsame Währung aus.[35]

Im Sommer des Jahres 1996 setzte sich bei den Führungskräften schlagartig auch die Ansicht durch, die Währungsunion werde pünktlich zum 1. Januar 1999 eingeführt (*Schaubild 4*). Über die Gründe des so plötzlichen Sinneswandels der

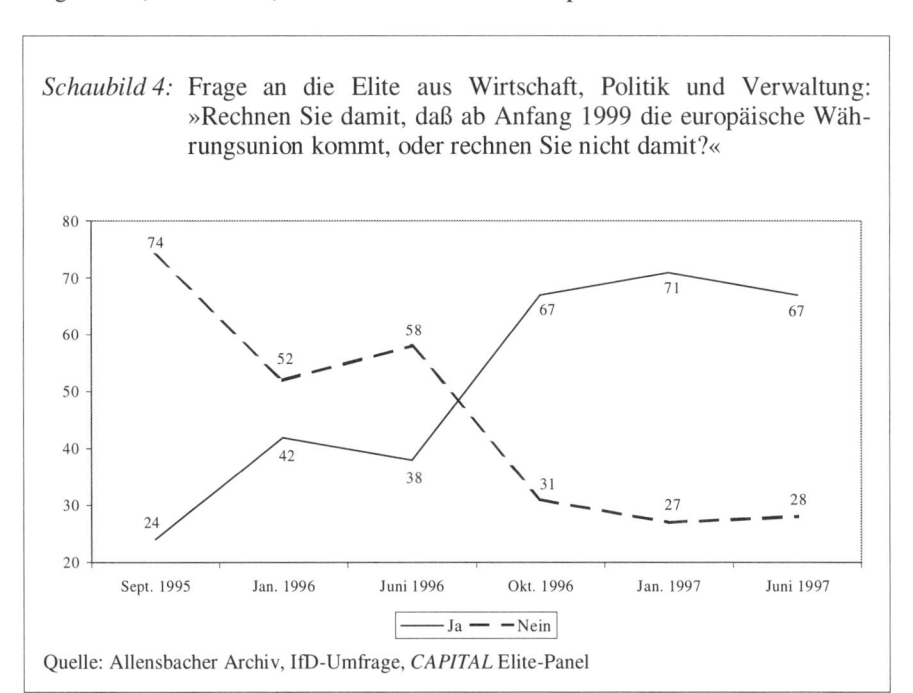

Schaubild 4: Frage an die Elite aus Wirtschaft, Politik und Verwaltung: »Rechnen Sie damit, daß ab Anfang 1999 die europäische Währungsunion kommt, oder rechnen Sie nicht damit?«

Sept. 1995	Jan. 1996	Juni 1996	Okt. 1996	Jan. 1997	Juni 1997
Ja: 24	42	38	67	71	67
Nein: 74	52	58	31	27	28

Quelle: Allensbacher Archiv, IfD-Umfrage, *CAPITAL* Elite-Panel

Entscheider-Elite kann man nur spekulieren. Vielleicht hängt es damit zusammen, daß in diesem Sommer bei Daimler-Benz der Versuch spektakulär scheiterte, die gesetzliche Novellierung zur Lohnfortzahlung im Krankheitsfall in die Praxis umzusetzen. Möglicherweise war dies für deutsche Unternehmen ein Signal, daß sich Reformen zur Standortsicherung in Deutschland nicht durchsetzen lassen, daß man deswegen so entschieden wie möglich auf Standbeine im Ausland setzen müsse und dazu den Euro brauche als eine international gültige Währung, die der Spekulation weitgehend entzogen ist.

Unter diesen Umständen begannen die Deutschen allmählich, sich mit dem Unvermeidlichen anzufreunden. Trotz allen Unbehagens scheint die Währungsunion für die Bevölkerung eine Frage für Experten geblieben zu sein. Darum sind vermutlich auch alle Versuche gescheitert, den Euro zum Wahlkampfthema zu machen. Der Gedanke, daß das Grundgesetz keine direkte, sondern eine repräsentative Demokratie vorsieht, ist den Deutschen mehrheitlich nicht bewußt. Doch es liegt ihnen fern, sich über Probleme der Legitimität zu ereifern. Die Bevölkerung lebt in einer Art von Kalkül, welche Entscheidungen sie letztlich den Experten oder auch den Politikern der bevorzugten Partei überlassen will. Dann schlägt durch, hinter welchem Standpunkt die Menschen den stärksten politischen Willen spüren.

Wie sehr die Auseinandersetzung über die Stabilitätskriterien die Stimmung gegenüber der europäischen Einigung belastet hat, beschreibt Werner Weidenfeld in der November-Ausgabe 1997 der Zeitschrift »Internationale Politik«: »Das Gerangel um Punkt und Komma verdeckt die historische Dimension des Vorhabens *Währungsunion*. Statt sich auf die epochale Grundfrage zu beziehen, ob wir das *neue Europa* wollen oder nicht, hat sich die Politik auf eine ergänzende Interpretation der Stabilitätsdaten fixiert. Diese Fixierung wiederum hat eine solche Dramatik angenommen, daß jedes Herumdeuten zu einer Glaubwürdigkeitskrise führt.« Der Schaden, den diese Art des Umganges mit dem Thema angerichtet habe, sei beachtlich, denn der Euro beginne als »Konfliktfaktor, nicht als Identitätsstifter. (...) Die Historiker werden sich die Augen reiben über diese Art der Auseinandersetzung mit diesem Epochenwandel.«[36]

Weidenfelds Beobachtung deckt sich mit den Umfrageergebnissen des Allensbacher Institutes. In den Jahren, die von der Euro-Diskussion beherrscht wurden, verdunkelte sich das Bild von Europa in den Augen der Bevölkerung. Doch die politischen Streitfragen in der Europäischen Union bleiben den Menschen eigenartig fern, als handele es sich gar nicht um Fragen, die die deutsche Bevölkerung betreffen könnten. Und ihre grundsätzliche Europafreundlichkeit kann von solchen Auseinandersetzungen zwar vorübergehend beeinträchtigt werden, bleibt aber im Kern unberührt. Wie befreit von der Last der unerfreulichen Diskussion um die Euro-Stabilitätskriterien, schnellten im Mai 1998, nachdem die Entscheidung für die Einführung des Euro gefallen war, beim Allensbacher Assoziationstest zu dem Begriff 'Europa' alle positiven Aussagen in die Höhe. Bei Europa könne man an Zukunft denken, sagten im April 73 Prozent, im Mai 81 Prozent der Befragten. Die Angabe »Fortschritt« stieg im gleichen Zeitraum von 57 auf 64 Prozent, »Freiheit« von 61 auf 72 Prozent. Daß sich die positive Grundeinstellung der Deutschen zu ihren europäischen Nachbarn nicht so leicht erschüttern läßt, zeigt auch das Ergebnis der Frage »Hat sich Ihre Meinung über Frankreich in den letzten Jahren verbessert oder verschlechtert, oder ist sie gleichgeblieben?« Im April/Mai 1997 sagten 15 Prozent, ihre Meinung über Frankreich habe sich verbessert, 11 Prozent sagten »verschlechtert«. Die Wiederholung der Frage im Juni 1998 erbrachte das gleiche Ergebnis: Unbeeindruckt von der Streiterei um die Besetzung des Chefpostens der Europäischen Zentralbank gaben auch jetzt 15 Prozent an, sie hätten sich in den letzten Jahren eine bessere Meinung über Frankreich gebildet als vorher, neun Prozent, also noch weniger als 1997 sagten, ihre Meinung über Frankreich habe sich verschlechtert.[37] Das herzliche deutsch-französische Einvernehmen, schrieb Johannes Gross im Mai 1998 im Magazin der Frankfurter Allgemeinen Zeitung, sei selbst durch europäische Einigungsvorgänge kaum noch zu erschüttern.[38]

7. Zukunft Europa

Heute ist die Einstellung der deutschen Bevölkerung zur Europäischen Union geprägt von grundsätzlicher Zustimmung, aber auch von dem Gefühl, die Vorgänge in Europa nicht überschauen, nicht verstehen zu können.

In der Demoskopie äußert sich Ratlosigkeit oft darin, daß eine formale Änderung der Fragestellung, eine geringfügige Umformulierung, zu einer deutlichen Veränderung der Antworten führt, selbst wenn der Inhalt der Frage rein logisch der gleiche ist. »Finden Sie es wichtig«, lautete eine Allensbacher Frage im August 1998, »daß das Europäische Parlament in Straßburg mehr Einfluß auf die Entscheidungen in der Europäischen Union bekommt, oder ist Ihnen das nicht so wichtig?« 40 Prozent der Befragten antworteten im August 1998: »Das finde ich wichtig«, 18 Prozent sagten »nicht so wichtig«, 42 Prozent – ein außerordentlich hoher Wert, der allein schon den Grad der Ratlosigkeit zeigt – meinten, sie seien in dieser Frage unentschieden.[39]

Die Antworten auf die parallel gestellte, inhaltlich fast gleichbedeutende Frage »Würden Sie sagen, daß es in der Europäischen Union zuwenig Demokratie gibt? Ich meine, hat das demokratisch gewählte Europäische Parlament zuwenig Einfluß, oder würden Sie das nicht sagen?«, fallen ganz anders aus. Bei dieser Formulierung sagten 26 Prozent, das Europäische Parlament habe zuwenig Einfluß, 28 Prozent antworteten: »Das würde ich nicht sagen«. Übereinstimmend ist bei beiden Fragen der hohe Anteil der »Unentschieden«-Antworten: 46 Prozent sagten, sie könnten sich nicht für eine Antwortmöglichkeit entscheiden.[40]

Vermutlich ist diese Hilflosigkeit in der Hauptsache darauf zurückzuführen, daß die Deutschen nach wie vor außerordentlich schlecht über die Funktion und Bedeutung der europäischen Institutionen informiert sind. »Wer trifft die wichtigsten Entscheidungen für die Europäische Union: die Kommission der Europäischen Union oder der Ministerrat?« fragte das Allensbacher Institut zuletzt im August 1998. »Die EU-Kommission« antworten 22 Prozent, »Der Ministerrat« sagen 16 Prozent. Der Rest, 62 Prozent, weicht achselzuckend auf die Antwort »Unentschieden, weiß nicht« aus.[41]

Hilflos fallen auch die Antworten auf die folgende Frage aus: »Die Entscheidungsbefugnisse der Europäischen Union sind aufgeteilt zwischen dem Ministerrat, einer Gruppe von EU-Ministern der verschiedenen Länder, die sich regelmäßig treffen, und der EU-Kommission, die die ständige Zentrale der Gemeinschaft darstellt. Wem würden Sie mehr zutrauen, die Entwicklung der EU voranzutreiben, dem Ministerrat oder der EU-Kommission?« 21 Prozent der Befragten antworteten »dem Ministerrat«, 23 Prozent »der EU-Kommission«; aber eine absolute Mehrheit von 56 Prozent der Befragten kapitulierte und antwortete »weiß nicht«.[42]

Diese von Unkenntnis und dem Gefühl der Ferne geprägte Atmosphäre bietet den idealen Boden für Vorurteile. »Wenn Sie einmal an die Europäische Kommission, an die EU-Kommissare denken,« fragte das Allensbacher Institut im August 1998, »würden Sie sagen, das sind größtenteils erstklassige Fachleute, oder sind das vor allem Bürokraten?« »Erstklassige Fachleute« sagten 8 Prozent, »vor allem Bürokraten« 57 Prozent. Eine andere Frage lautet: »Wenn Sie an das Europa-Parlament in Straßburg denken, woran denken Sie da, denken Sie da eher an Demokratie oder an Bürokratie?« Die Antworten fallen ähnlich aus: »Ich denke an Demokratie«, sagen 11 Prozent, »ich denke eher an Bürokratie« 65 Prozent.[43]

Nur ein einziges Thema der Europa-Politik scheint die Lebenswirklichkeit der Bevölkerung zu betreffen. Die Antworten auf die Frage »Was meinen Sie: Sollte der Zuzug von Ausländern in die Europäische Union einheitlich geregelt werden, oder sollte jedes Land seine eigene Regelung beibehalten?« fallen ungewohnt eindeutig aus. 54 Prozent der Deutschen sprechen sich für eine einheitliche europäische Regelung des Zuzuges von Ausländern aus, 37 Prozent dagegen. Nur 9 Prozent der Befragten antworten »unentschieden« oder machen keine Angabe[44] – Kennzeichen dafür, daß in dieser Frage, im Gegensatz zu den eben genannten, eine Meinungsbildung in der Bevölkerung stattgefunden hat.

Es ist kein Zufall, daß die Deutschen, die sich bei anderen Themen der Europapolitik mehrheitlich uninformiert und gleichgültig zeigen, plötzlich bei einer Frage konkrete Antworten geben, die ein klassisches innenpolitisches Thema betrifft. Denn bei aller grundsätzlichen Zustimmung der Deutschen zur europäischen Einigung haben bei den meisten Befragten die nationalen Interessen eindeutig Vorrang vor Europa. Dies zeigt beispielsweise das Ergebnis einer ursprünglich in England einwickelten Dialog-Frage, bei der den Befragten zwei Argumente auf einem Bildblatt zur Auswahl vorgelegt werden. Die Frage lautet: »Hier unterhalten sich zwei darüber, wie sich ein deutscher (bzw. britischer) Europa-Abgeordneter bei einer Abstimmung im Europa-Parlament verhalten sollte. Welcher von beiden sagt eher das, was auch Sie meinen, der obere oder der untere?« Das Bildblatt zeigt den Schattenriß zweier Personen, denen jeweils eine Sprechblase zugeordnet ist. Die eine Figur sagt: »Er sollte die Sachen unterstützen, die gut für die Europäische Union sind, auch wenn sie zur Zeit nicht immer den deutschen (britischen) Interessen entsprechen.« Die zweite Figur sagt: »Er sollte immer die Sachen unterstützen, die im Interesse Deutschlands (Großbritanniens) liegen, unabhängig davon, ob sie für die Europäische Union als Ganzes gut sind.«

Die Frage wurde zum ersten Mal 1994 vom britischen Gallup-Institut gestellt. 31 Prozent der Befragten in Großbritannien stimmten der ersten Position zu, 60 Prozent schlossen sich der zweiten Ansicht an. Als das Allensbacher Institut die Frage 1997 in Deutschland stellte, fielen die Antworten entgegen der Erwartung genau so aus wie in England: 29 Prozent der Deutschen sagten im Oktober 1997, der Abgeordnete sollte so entscheiden, wie es für die Europäische Union am günstigsten ist, 51 Prozent gaben den deutschen Interessen den Vorrang.[45] Und diese, so meint die Mehrheit, kommen in Brüssel zu kurz. »Glauben Sie,« fragte das Allensbacher Institut im Juni 1998, »daß die deutschen Interessen in der Europäischen Union in Brüssel angemessen vertreten werden oder nicht ausreichend?« Genau die Hälfte der Befragten war der Ansicht, die deutschen Interessen würden in Brüssel nur unzureichend vertreten, bei nur 27 Prozent Gegenstimmen.[46]

Diese Sorge findet sich gleichermaßen bei der Bevölkerung wie bei der Elite. Ein Aspekt ist dabei die Unzufriedenheit mit der untergeordneten Stellung der deutschen Sprache in der Europäischen Union. Im Januar 1991 fragte das Allensbacher Institut die Mitglieder des bereits oben beschriebenen CAPITAL-Elite-Panels: »Legen die Deutschen in der EG genug Nachdruck darauf, daß Deutsch als Arbeitssprache innerhalb der Gemeinschaft benutzt wird?« Nur 14 Prozent der Führungskräfte bejahten die Frage. 73 Prozent waren der Ansicht, die Deutschen setzten sich nicht genug für ihre Sprache in Europa ein.[47]

Und doch ist bei allen Zweifeln, ist bei aller Alltags-Nüchternheit noch nicht die Emotion aus dem Thema Europa gewichen. Im Mai 1994 fragte das Institut für Demoskopie Allensbach: »Wenn jemand sagt: 'Europa ist unsere Zukunft'. Würden Sie sagen: 'Ja, das stimmt', oder würden Sie sagen: 'Die europäische Einigung ist schon weit genug gegangen, es reicht jetzt'?« 50 Prozent der Westdeutschen und 41 Prozent der Ostdeutschen sagten: »Ja, das stimmt. Europa – das ist die Zukunft«.

Anmerkungen

1 Adenauer am 24. März 1946 in einer Rede vor den Mitgliedern der CDU der britischen Zone an der Universität Köln, Churchill am 19. September 1946 an der Universität Zürich. Dokumentiert in: Weidenfeld, Werner: Konrad Adenauer und Europa. Die geistigen Grundlagen der westeuropäischen Integrationspolitik des ersten Bonner Bundeskanzlers, Bonn 1976, S. 275–298. Rhodes James, Robert (Hrsg.): Winston S. Churchill. His Complete Speeches 1897–1963. Vol. VII 1943–1949, New York 1974, S. 7379–7382.
2 Gallup, George H. (Hrsg.): The Gallup International Public Opinion Polls, France 1939, 1944–1975. Vol. 1, New York 1976, S. 96 und S. 100.
3 Allensbacher Archiv, IfD-Umfrage Nr. 031.
4 Gallup (Anm. 2), S. 144.
5 Adenauer, Konrad: Erinnerungen 1945–1953, Stuttgart 1965, S. 423.
6 Adenauer (Anm. 5), S. 328.
7 Daten zusammengestellt aus: Matern, Michael, und Martin Schulz: Zeittafel der europäischen Integration, in: Weidenfeld, Werner, und Wolfgang Wessels (Hrsg.): Europa von A–Z. Taschenbuch der europäischen Integration, Bonn 1997, S. 408–417.
8 Allensbacher Archiv, IfD-Umfrage Nr. 059.
9 Allensbacher Archiv, IfD-Umfragen Nr. 087, 1001, 1059, 2028.
10 Allensbacher Archiv, IfD-Umfrage Nr. 059.
11 Allensbacher Archiv, IfD-Umfrage Nr. 087.
12 Allensbacher Archiv, IfD-Umfrage Nr. 1081.
13 Allensbacher Archiv, IfD-Umfrage Nr. 2021.
14 Noelle, Elisabeth, und Erich Peter Neumann (Hrsg.): Jahrbuch der öffentlichen Meinung 1965–1967, Allensbach 1968, S. 445.
15 Allensbacher Archiv, IfD-Umfrage Nr. 6064.
16 Allensbacher Archiv, IfD-Umfrage Nr. 1075.
17 Allensbacher Archiv, IfD-Umfrage Nr. 2025.
18 Allensbacher Archiv, IfD-Umfrage Nr. 2025.

19 Allensbacher Archiv, IfD-Umfrage Nr. 2052.
20 Noelle-Neumann, Elisabeth, und Edgar Piel (Hrsg.): Allensbacher Jahrbuch der Demoskopie 1978–1984, München 1984, S. 599.
21 Allensbacher Archiv, IfD-Umfragen Nr. 2060, 3046, 3066.
22 Allensbacher Archiv, IfD-Umfrage Nr. 1043.
23 Allensbacher Archiv, IfD-Umfragen Nr. 3046, 4040, 4099/I, 5068, 6014.
24 Weidenfeld, Werner: Europäische Einigung im historischen Überblick, in: Weidenfeld, Wessels (Anm. 7), S. 10–60; dort S. 42.
25 Ausführlich hierzu: Noelle-Neumann, Elisabeth, und Gerhard Herdegen: Die öffentliche Meinung, in: Weidenfeld, Werner, und Wolfgang Wessels (Hrsg.): Jahrbuch der Europäischen Integration 1988/89, Bonn 1989, S. 264–279.
26 Allensbacher Archiv, IfD-Umfragen Nr. 5003, 5007.
27 Allensbacher Archiv, IfD-Umfrage Nr. 5007.
28 Allensbacher Archiv, IfD-Umfragen Nr. 3046, 4065.
29 Kommission der Europäischen Gemeinschaften (Hrsg.): Eurobarometer 1989.
30 Allensbacher Archiv, IfD-Umfragem Nr. 5051/I, 5117.
31 Allensbacher Archiv, IfD-Umfragen Nr. 5041/I, 9005/I, 5097.
32 Noelle-Neumann, Elisabeth, und Renate Köcher (Hrsg.): Allensbacher Jahrbuch der Demoskopie 1993–1997. Bd. 10. Demoskopische Entdeckungen, Allensbach/München 1997, S. 1176.
33 Allensbacher Archiv, IfD-Umfrage Nr. 6061.
34 Allensbacher Archiv, IfD-Umfragen Nr. 6023 und 6051.
35 Siehe hierzu: Noelle-Neumann, Elisabeth: Die öffentliche Meinung, in: Weidenfeld, Werner, und Wolfgang Wessels (Hrsg.): Jahrbuch der Europäischen Integration 1996/97, Bonn 1997, S. 277–284, dort S. 278.
36 Weidenfeld, Werner: Europas neues Gesicht, in: Internationale Politik 11 (1997), S. 1–6, dort S. 4.
37 Allensbacher Archiv, IfD-Umfragen Nr. 6043 und 6059.
38 Gross, Johannes: Notizbuch. Vorletzte Folge, Neunzigstes Stück, in: Frankfurter Allgemeine Magazin, Heft 952, 29. Mai 1998, S. 24.
39 Allensbacher Archiv, IfD-Umfrage Nr. 6061.
40 Allensbacher Archiv, IfD-Umfrage Nr. 6061.
41 Allensbacher Archiv, IfD-Umfrage Nr. 6061.
42 Allensbacher Archiv, IfD-Umfrage Nr. 6061.
43 Allensbacher Archiv, IfD-Umfrage Nr. 6061.
44 Allensbacher Archiv, IfD-Umfrage Nr. 6062.
45 Allensbacher Archiv, IfD-Umfrage Nr. 6048.
46 Allensbacher Archiv, IfD-Umfrage Nr. 6059.
47 Allensbacher Archiv, IfD-Umfrage Nr. 3208.

Die Bürger in Europa

MANUELA GLAAB

Seit Beginn der neunziger Jahre greift in den Mitgliedstaaten der Europäischen Union Europamüdigkeit um sich. Integrationstheoretische Annahmen, wonach der europäische Einigungsprozeß vornehmlich von den beteiligten Eliten bestimmt wird, ließen der Frage nach den Einstellungen der Bürger zu Europa lange Zeit einen nachgeordneten Stellenwert zukommen.[1] Das verhaltene öffentliche Interesse an EU-Materien und -Wahlkämpfen bei gleichzeitig hohen Zustimmungswerten zum Einigungsprojekt schien diese Sichtweise einer breiten, schweigenden Zustimmung (*permissiver Konsens*) zu bestätigen. Mit dem fortschreitenden Kompetenztransfer an die EU vergrößerte sich jedoch nicht nur das demokratische Defizit des europäischen Institutionengefüges. Der europapolitische Kurs stellt heute auch unmittelbar eine Machtfrage in den einzelnen Mitgliedstaaten dar. Die nur knapp erfolgreichen Referenden über den Maastrichter Vertrag 1992, die Neuwahlen zur Französischen Nationalversammlung und der Wahlkampf in Großbritannien im Kontext der Regierungskonferenz 1996/97 unterstreichen dies. Richtung, Ausmaß und Tempo der ermittelten Einstellungsveränderungen lenken die Aufmerksamkeit der politischen Entscheidungsträger wie auch des wissenschaftlichen Untersuchungsinteresses daher verstärkt auf das Verhältnis der Bürger zur europäischen Integration.

Als (Staats-)Bürger wird im modernen Begriffsverständnis jedes wahlberechtigte Glied einer politischen Gesamtheit bezeichnet.[2] Seit 1979 wird das Europäische Parlament von den Bürgern der Mitgliedstaaten direkt gewählt. Mit dem Ziel, die Bürgernähe der EU zu verbessern, führte der Maastrichter Vertrag (Art. 8 EGV) 1992 die Unionsbürgerschaft ein, welche die Staatsangehörigkeit eines Mitgliedstaates zur Voraussetzung hat. Im folgenden liegt der Schwerpunkt auf der Einstellungsentwicklung innerhalb der Union. Darüber hinaus soll jedoch auch das Meinungsbild in den mittel- und osteuropäischen Staaten Berücksichtigung finden, die geographisch seit jeher zu Europa gehören und denen ein Beitritt zur EU bereits in Aussicht gestellt wurde.

Ausgehend von einer Grobskizze politisch-kultureller Traditionslinien in Europa werden im folgenden zentrale Merkmale des Einstellungsprofils der EU-Bürger zur europäischen Integration aufgezeigt. Die im EU-Durchschnitt ermittelten Trends der neunziger Jahre sind dabei auf länderspezifische Entwicklungen hin zu überprüfen. Die Europaorientierung der Unionsbürger wird zunächst anhand der allgemeinen Unterstützung des europäischen Einigungsprozesses bestimmt. Anschließend soll geklärt werden, inwieweit sich in den Mitgliedstaaten ein europäisches Gemeinschaftsempfinden herausgebildet hat oder nationale Identitätsbezüge vorherrschen. Von besonderem Interesse ist vor dem Hintergrund des vielfach beklagten Demokratiedefizites die Zufriedenheit mit der politischen Ordnung und das Vertrauen in die Institutionen der EU. Auch die Frage nach den künftigen Entwicklungsperspektiven der Union wird in Grundzügen behandelt. Mit Blick auf die Erweiterungsdiskussion soll schließlich die Europaorientierung der Bürger in den mittel- und osteuropäischen Staaten betrachtet werden.[3]

1. Die Vielfalt politisch-kultureller Traditionslinien in Europa

Bestehende Differenzen zwischen den EU-Mitgliedstaaten hinsichtlich der Ausgestaltung und Weiterentwicklung der europäischen Integration lassen sich nicht allein auf verschiedene Interessenlagen zurückführen. Diese Unterschiede wurzeln vielmehr in spezifischen Merkmalen des Staats- und Demokratieverständnisses, die jenseits aller Gemeinsamkeiten die nationalen politischen Kulturen kennzeichnen. Verdeutlichen läßt sich dies bereits durch einen kurzen Blick auf Deutschland, Frankreich und Großbritannien. So zählt die Bewahrung der nationalen Souveränität in den beiden letztgenannten traditionsreichen demokratischen Nationalstaaten zu den selbstverständlichen, in der politischen Elite wie in der Bevölkerung fest verankerten Prämissen der europäischen Integration. Demgegenüber ist die Option des Souveränitätstransfers im Grundgesetz der Bundesrepublik Deutschland, die nur auf eine vergleichsweise kurze Tradition als demokratischer Verfassungsstaat zurückblicken kann, ausdrücklich vorgesehen und praktizierter Bestandteil der außenpolitischen Staatsräson.[4] Als Bürger eines durch seine Geschichte belasteten, bis 1990 zudem geteilten Staates mit eingeschränkter Souveränität profilierten sich die Bundesbürger gleichsam als »Musterknaben der europäischen Integration«[5].

Die Vielfalt politisch-kultureller Traditionslinien wächst mit jeder Erweiterung um neue Mitgliedstaaten: So traten der Gemeinschaft im Zuge der Süderweiterung des Jahres 1986 mit Spanien und Portugal zwei Staaten bei, in denen – wie in Griechenland – die Etablierung liberaler demokratischer Systeme zu diesem Zeitpunkt nur etwa ein Jahrzehnt zurücklag. Eine stabile staatsbürgerliche Tradition, so ist daher anzunehmen, ist dort noch in der Herausbildung begriffen. Durch die Norderweiterung und den Beitritt Österreichs vergrößerte sich der Kreis der neutralen Staaten mit einer ausgeprägt sozialstaatlichen Tradition in der EU. Die Perspektive einer möglichen Osterweiterung betrifft schließlich Staaten, in denen marktwirtschaftliche Ordnungen und demokratische Regierungsformen erst nach dem Fall des Eisernen Vorhanges errichtet wurden, deren Stabilisierungsphase noch nicht als abgeschlossen gelten kann.

Das Verhältnis der Bürger in Europa zur europäischen Integration wird durch diese nationalen Traditionslinien beeinflußt. Die politische Kultur, d. h. die Verteilung der Einstellungen und Wertorientierungen innerhalb einer Gemeinschaft auf politische Objekte, bildet zugleich einen wesentlichen Bestimmungsfaktor für die Stabilität und Funktionsfähigkeit einer politischen Ordnung. Dabei sind unterschiedliche Dimensionen zu berücksichtigen: die Unterstützung der politischen Ordnung und die Bindung an die politische Gemeinschaft, aber auch die konkreten Erfahrungen der Bürger mit den Leistungen des Systems und der Grad ihrer persönlichen Involviertheit in den politischen Prozeß.[6] Auch auf europäischer Ebene müssen die Entscheidungsträger auf die in der Bevölkerung vorhandenen Einstellungen und Wertorientierungen Rücksicht nehmen, Geschwindigkeit und Richtung des sozio-ökonomischen und politischen Integrationsprozesses den Bedürfnissen der Bürger anpassen. Der Europaorientierung der Unionsbürger kommt somit eine zentrale Bedeutung für die Weiterentwicklung der Europäischen Union zu.

2. Unterstützung der europäischen Integration

Die Zustimmung zur europäischen Integration sank nie zuvor so drastisch wie seit Beginn der neunziger Jahre. Dies gilt sowohl für die gefühlsmäßige als auch für die nutzenorientierte Unterstützung des Einigungsprozesses: Waren im Frühjahr 1991 81 Prozent der Bürger in den Mitgliedstaaten »alles in allem für die derzeitigen Bemühungen zur Vereinigung Westeuropas«, bekannten dies im Frühjahr 1996 noch 69 Prozent.[7] Ebenso reduzierte sich der Anteil derjenigen, welche die Mitgliedschaft in der Europäischen Union allgemein als »eine gute Sache« betrachteten, in dieser Phase erheblich. Vom Spitzenwert im Frühjahr 1991 (72 Prozent) sank die positive Wahrnehmung bis zum Herbst 1996 auf 48 Prozent ab. Ein deutlicher Negativtrend war auch in der Bewertung des Nutzens der EU-Mitgliedschaft ablesbar. Vor allem Anfang der neunziger Jahre war der Anteil derjenigen, welche die EU-Mitgliedschaft ihres Landes insgesamt als vorteilhaft erachteten, stark rückläufig. Im Herbst 1996 zogen im Durchschnitt nur noch 42 Prozent der Unionsbürger in dieser Frage eine positive Bilanz, gegenüber knapp 60 Prozent zu Beginn des Jahrzehnts. Bis zum Frühjahr 1998 zeichnete sich eine leichte Verbesserung des Meinungsklimas ab: Jeder zweite EU-Bürger (51 Prozent) hielt die Mitgliedschaft in der Union wieder für »eine gute Sache«; 46 Prozent beurteilten diese alles in allem als vorteilhaft.[8]

Insgesamt bestätigt die Trendentwicklung der neunziger Jahre den Befund der Einstellungsforschung, wonach die Unterstützung der europäischen Integration in dem Maße abnimmt, wie konkrete Nutzenüberlegungen angesprochen werden. Die affektive Zustimmung liegt somit im allgemeinen höher als die utilitaristische Befürwortung des Einigungsprozesses.[9] Anhand der *Nettounterstützung*[10] im Jahr 1996 läßt sich dieses Muster verdeutlichen: So wurde die Zielperspektive der europäischen Einigung von den Bürgern generell klar befürwortet (+45) und auch die Mitgliedschaft eher als gute Sache betrachtet (+29). Dagegen wog der Anteil der Skeptiker bei der Frage nach den Vorteilen der Mitgliedschaft den Anteil der Zustimmenden beinahe auf (+5).

»Maastricht« steht als Schlüsselbegriff für die zunehmende Europamüdigkeit der Unionsbürger: Nach dem gescheiterten dänischen Referendum vom Juni 1992 über die Ratifizierung des am 9./10. Dezember 1991 in Maastricht beschlossenen und am 7. Februar 1992 unterzeichneten Vertrages über die Europäische Union rückte dieser in den Mittelpunkt der öffentlichen Aufmerksamkeit.[11] Trotz einer breiten Medienberichterstattung fühlte sich allerdings die große Mehrheit der Bevölkerung in den Mitgliedstaaten nur schlecht über das Vertragswerk informiert.[12] Das Meinungsklima blieb auch nach Abschluß des Ratifikationsprozesses gespalten: Im Herbst 1993 hielten sich Befürworter und Gegner des EU-Vertrages mit jeweils 39 Prozent die Waage. Beinahe ein Viertel der EU-Bürger bezog zudem keine klare Position.[13]

Es läßt sich begründet annehmen, daß die vorwiegend unter negativen Vorzeichen geführte Maastrichtdebatte den Rückgang der Zustimmung zur EU mit befördert hat. Nach der Datenlage ist sie jedoch eher als Katalysator denn als Auslöser der Europamüdigkeit zu betrachten. So wurde bereits Ende der achtziger Jahre eine Stagnation der affektiven Europaorientierung festgestellt. Im Laufe des Jahres 1991 begann diese spürbar zu bröckeln. Ebenso wurde der Nutzen der Mitgliedschaft, nachdem in der zweiten Hälfte der achtziger Jahre noch ein deutlicher Aufwärtstrend zu verzeichnen war, schon im Vorfeld des Maastrichter Gipfeltreffens skeptischer beurteilt. Die Einstellungsentwicklung ist somit in einen umfassenderen Kontext einzuordnen. Zu den vielfältigen Einflußfaktoren wird neben dem Binnenmarktprojekt, dessen praktische Konsequenzen die Bürger in Europa unmittelbar betrafen, auch die Standortsuche nach dem Ende des Ost-West-Konfliktes gerechnet. Darüber hinaus sind ökonomische Problemlagen, insbesondere die steigende Arbeitslosigkeit und die Auswirkungen der Wirtschafts- und Währungsunion, zu berücksichtigen.[14]

Schließlich ist auf länderspezifische Unterschiede in der Unterstützung des europäischen Einigungsprozesses hinzuweisen. In der Längsschnittbetrachtung wurden relativ stabile Unterschiede im Ländervergleich ermittelt: Überdurchschnittliche Unterstützung findet der Integrationsprozeß demnach in den sechs Gründerstaaten der EG. Eine Mittelposition nehmen Spanien, Portugal, Griechenland und Irland ein. Demgegenüber gelten Dänen und Briten als Europaskeptiker. Wesentliche Bedeutung wird neben den Rahmenbedingungen zum Beitrittszeitpunkt hierbei der Dauer der Mitgliedschaft beigemessen (*Sozialisationsprozeß*).[15] Dem ist jedoch entgegenzuhalten, daß Irland seit dem Zeitpunkt seines Beitrittes im Jahre 1973 den weitaus geringsten Anteil an Integrationsgegnern aufwies. In Spanien und Portugal erreichte die affektive Europaorientierung der Bürger bis zum Beitritt 1986 bereits das Niveau der Gründerstaaten. In Griechenland war die Angleichung bis Ende der achtziger Jahre erfolgt. Dagegen lassen entsprechende

Sozialisationseffekte in Großbritannien und Dänemark weiterhin auf sich warten.[16] Zudem scheint der sich gegenwärtig vollziehende Negativtrend die traditionelle Unterscheidung zwischen alten und neuen Mitgliedstaaten teilweise aufzuheben: So deuten die Indikatoren in Deutschland eindeutig in Richtung Europamüdigkeit. Auch in Frankreich und Belgien ist kaum etwas von einer Europabegeisterung zu spüren. Dagegen erscheint die Unterstützung in Italien, Irland, Luxemburg und den Niederlanden in der zweiten Hälfte der neunziger Jahre ebenso ungebrochen wie in den Süderweiterungsländern Griechenland, Spanien und Portugal. Die Gruppe der Europaskeptiker wurde durch die letzte Erweiterungsrunde noch um Schweden, Finnen und Österreicher verstärkt.

3. Bausteine einer europäischen Identität

Obgleich eine Mehrheit der Unionsbürger die europäische Integration emotional unterstützt, identifiziert sie sich nach der Datenlage bislang nur eingeschränkt mit der Europäischen Union als politischer Gemeinschaft. So wird eine europäische Staatsbürgerschaft zwar mehrheitlich als eine gute Sache[17], für die Weiterentwicklung der EU aber nicht als zwingend notwendig betrachtet.[18] Es läßt sich vielmehr zeigen, daß die affektive Selbstverortung der Unionsbürger weiterhin maßgeblich durch nationale bzw. lokal-regionale Bezüge bestimmt wird. Europa ist demgegenüber als ein komplementärer Identitätsbaustein einzustufen.

Drei unterschiedliche Indikatoren der Eurobarometer-Erhebungen bilden zusammen die Trendentwicklung ab. Die Frage nach der Häufigkeit des Gefühles, Europäer zu sein, verweist dabei allgemein auf eine abnehmende Identifikation der Bürger mit Europa. Hatte in der zweiten Hälfte der achtziger Jahre noch die Europaorientierung überwogen, zeichnete sich zu Beginn der neunziger Jahre eine Nationalisierungstendenz ab. Im Frühjahr 1992 gab schließlich eine knappe Mehrheit von 51 Prozent an, sich nie als Europäer zu fühlen, gegenüber 46 Prozent, die sich oft bzw. manchmal auch als Europäer empfanden.[19]

Auf Grundlage einer weiteren, für die Jahre 1992 bis 1996 vorliegenden Erhebungsreihe läßt sich jedoch verdeutlichen, daß nationale und europäische Identitätsbezüge einander nicht zwangsläufig ausschließen. Nach diesen Daten sieht sich eine Mehrheit der EU-Bürger – seit 1995 allerdings mit rückläufiger Tendenz – in der nahen Zukunft auch oder in erster Linie als Europäer. Der eigenen Nationalität wird dabei meist der Vorrang vor der europäischen Identität eingeräumt.

Im Durchschnitt der Jahre 1992 bis 1996 identifizierte sich etwa die Hälfte der Befragten zumindest zusätzlich mit Europa. Jeder zwanzigste verstand sich sogar ausschließlich als Europäer. Knapp zwei Fünftel fühlten sich nur der eigenen Nation zugehörig. Am weitesten fortgeschritten scheint die Herausbildung europäischer Identitätsbezüge in den sechs Gründerstaaten. Hier überwog – seit dem Herbst 1995 mit Ausnahme der Niederlande – klar der Anteil derjenigen, die sich

»in naher Zukunft« als Europäer begriffen. Ein ausgeprägt nationales Selbstverständnis wurde demgegenüber in den drei neuen Beitrittsländern, aber auch unter Briten, Dänen und Griechen ermittelt. Das Schlußlicht der Europaidentifikation bildetete nach Großbritannien stets Schweden.

Einen wichtigen Orientierungsrahmen für die Bürger in Europa bilden die Gemeinden, Städte und Regionen. Der Grad der Verbundenheit mit diesen kleinräumigeren, unmittelbaren Lebensumfeldern wie auch mit der eigenen Nation übertrifft das europäische Gemeinschaftsempfinden bei weitem. Umfrageergebnisse vom Frühjahr 1995 bestätigten das bereits 1991 gewonnene Bild: In allen Mitgliedstaaten fühlte sich die Bevölkerung mit ihrer Region (90 Prozent), ihrem Land (89 Prozent) und ihren Städten/Gemeinden (87 Prozent) stärker verbunden als mit der EU (43 Prozent) oder Europa insgesamt (42 Prozent). Am stärksten war die gefühlsmäßige Bindung an die EU demnach in Luxemburg (64 Prozent), am geringsten wiederum in Schweden (21 Prozent). Auch die übrigen Nordländer sowie die Briten äußerten nur eine deutlich unterdurchschnittliche Verbundenheit mit der Union (bis zu 10 Prozent).[20]

4. Einstellungen zur Demokratie und den Institutionen der EU

Die eher zögerliche Identifikation mit der Europäischen Union als politischer Gemeinschaft wird vielfach auf das – auch nach Abschluß des Amsterdamer Vertrages – bestehende demokratische Defizit zurückgeführt. Das Hauptaugenmerk richtet sich hier auf die begrenzte, wenn auch schrittweise erweiterte Kompetenzausstattung des Europäischen Parlamentes und die mangelnde Transparenz der komplexen Entscheidungsverfahren.[21] Die stetig sinkende Wahlbeteiligung bei Europawahlen verweist zudem auf eine geringe Involviertheit der Bürger in den politischen Willensbildungsprozeß der Europäischen Union. Einen neuerlichen Tiefstand erreichte sie im Juni 1999, als sich im EU-Durchschnitt nur 48,8 Prozent an der Wahl des EP beteiligten. Demokratie und Institutionengefüge der Europäischen Union werden – dies läßt sich anhand zentraler Indikatoren verdeutlichen – von den Unionsbürgern zunehmend kritischer beurteilt.

Die Unterstützung demokratischer Werte und Normen zählt jenseits aller nationalen Besonderheiten zu den Gemeinsamkeiten der politischen Kulturen in Europa. So hält eine klare Bevölkerungsmehrheit in sämtlichen Mitgliedstaaten der EU die Demokratie für die beste aller möglichen Staatsformen.[22] Nach der Überwindung des Ost-West-Gegensatzes zu Beginn der neunziger Jahre ist jedoch nicht nur innerhalb vieler EU-Länder ein Negativtrend der Demokratiezufriedenheit ablesbar.[23] Auch verfestigt sich nach der Datenlage die Unzufriedenheit mit dem Funktionieren der Demokratie auf der europäischen Ebene. In den Jahren 1993 bis 1998 war die Gruppe der Unzufriedenen – mit Ausnahme der Erhebung vom Herbst/Winter 1993 – stets größer als die Gruppe der Zufriedenen (vgl. *Tabelle 1*).[24]

Tabelle 1: Zufriedenheit mit der Art und Weise, wie die Demokratie in der Europäischen Union funktioniert (Angaben in Prozent)

	1993/I	1993/II	1994/I	1994/II	1995/I*	1997/II	1998/I
sehr/ziemlich	41	44	40	39	38	35	35
nicht sehr/ überhaupt nicht	47	44	48	48	48	44	43
weiß nicht	12	12	13	14	14	21	21

* EU 15
Datenbasis: EB 39, EB 40, EB 41, EB 42, EB 43, EB 48, EB 49.

Die Forderung nach mehr Bürgernähe und Transparenz europäischer Entscheidungsprozesse erhält zusätzliches Gewicht durch die Tatsache, daß fast drei Viertel (71 Prozent) der im Herbst 1992 Befragten die Auffassung vertraten, der demokratische Einfluß der Bürger auf EU-Entscheidungen sei zu gering. Lediglich 14 Prozent hielten diesen für ausreichend.[25] Auch ihre persönlichen Einflußmöglichkeiten im demokratischen Prozeß schätzen die EU-Bürger nach einer weiteren Momentaufnahme vom Frühjahr 1996 – ähnlich wie in nationalem Rahmen – größtenteils negativ ein. So meinten 77 Prozent der Befragten, sie hätten auf die Union »nicht viel« oder »überhaupt keinen Einfluß«. Den größten Einfluß versprachen sich auf europäischer Ebene mit 30 Prozent noch die Luxemburger, gefolgt von den Portugiesen mit 29 Prozent. Am skeptischsten zeigten sich demgegenüber Schweden (10 Prozent), Finnen und Briten (je 11 Prozent).[26]

Weder das Phänomen der sinkenden Demokratiezufriedenheit selbst noch seine Ursachen sind allein innerhalb der Europäischen Union zu verorten. Doch gibt es deutliche Anhaltspunkte dafür, daß sich die Skepsis gegenüber dem demokratischen Prozeß auch auf die institutionelle Ordnung der EU erstreckt. Von besonderem Interesse ist im vorliegenden Zusammenhang die Wahrnehmung und Beurteilung des Europäischen Parlamentes, zählt die Interaktion mit den Bürgern der EU doch zu dessen zentralen Aufgaben.[27] Zwar übertrifft Umfragen zufolge die mediale Präsenz des EP den Aufmerksamkeitswert anderer EU-Organe (Kommission, Ministerrat, EuGH, Ausschuß der Regionen)[28], doch ist es ihm auch nach fünfmaliger Direktwahl nicht gelungen, einen festen Platz im Bewußtsein der Unionsbürger zu erlangen. Nach der Datenlage verfügt zudem lediglich ein kleiner Teil von ihnen über ein zutreffendes Bild von der Stellung des EP innerhalb der EU.[29] So wird dem Parlament – allen voran von Franzosen (50 Prozent), Niederländern (49 Prozent) und Italienern (46 Prozent) – die wichtigste Rolle von allen Organen im Entscheidungsprozeß zugeschrieben.[30] 46 Prozent der EU-Bürger sind allgemein der Auffassung – so das Ergebnis der Eurobarometerumfrage vom Frühjahr 1998 –, das Parlament spiele eine wichtige bzw. sehr wichtige Rolle im Leben der EU.[31] Eine Stärkung seiner Position wird mehrheitlich befürwortet, insbesondere von denjenigen EU-Bürgern, die über die Kompetenzen und Aufgaben des EP gut informiert sind.[32]

In Übereinstimmung mit der abnehmenden Demokratiezufriedenheit belegen die Eurobarometer-Umfragen, daß sich der allgemeine Eindruck der Unionsbürger vom Europäischen Parlament in den letzten Jahren erheblich verschlechtert hat. Nach einem deutlichen Aufwärtstrend in der zweiten Hälfte der achtziger Jahre sanken die positiven Einschätzungen seit Beginn der neunziger Jahre bis zum Frühjahr 1993 auf 42 Prozent ab.[33] Zudem ist in einer Reihe von Mitgliedstaaten ein Rückgang des Vertrauens in den parlamentarischen Prozeß zu beobachten, der in vielen Fällen auch die nationale Ebene betrifft (vgl. *Tabelle 2*).

Tabelle 2: Trendvergleich Institutionenvertrauen (Angaben in Prozent)

	Nationales Parlament		Europäisches Parlament	
	Frühjahr '95	Frühjahr '96	Frühjahr '95	Frühjahr '96
Österreich	57	48	31	29
Belgien	45	42	58	47
Dänemark	65	62	43	–
Deutschland	44	39	26	24
Griechenland	51	56	58	53
Spanien	43	45	43	51
Frankreich	45	46	48	51
Irland	48	53	55	50
Italien	35	29	50	46
Luxemburg	70	67	65	55
Niederlande	69	68	55	55
Portugal	33	48	31	36
Schweden	55	47	29	26
Finnland	63	55	42	38
Verein. Königreich	44	37	37	29
EU 15 Ø	45	42	41	39

Datenbasis: EB 43, EB 44 Mega.

Im Ländervergleich sind hierbei erhebliche Einstellungsunterschiede festzustellen. Wie *Tabelle 2* veranschaulicht, wird dem Straßburger Parlament in Deutschland ein auffallend geringes Vertrauen entgegengebracht. Den größten Rückstand gegenüber dem nationalen Parlament nimmt es in Schweden und Österreich ein. Einen deutlichen Vertrauensvorsprung besitzt das EP hingegen weiterhin in Italien, aber auch in Spanien, Frankreich und Belgien.

Das Vertrauensniveau der europäischen und der nationalen Institutionen unterscheidet sich im EU-Durchschnitt zwar nur geringfügig, in der Rangfolge ihrer angenommenen Zuverlässigkeit stehen indes die nationalen Parlamente obenan, gefolgt von den nationalen Regierungen. Von den europäischen Institutionen besitzt das Europäische Parlament – im Frühjahr 1996 mit 39 Prozent – noch das größte Vertrauen. Mit nur geringem Abstand folgen Europäische Kommission (38 Prozent) und Europäischer Rat (35 Prozent), die ebenfalls an Rückhalt einbüßten.[34]

5. Die Zukunft der Europäischen Integration

Der Eindruck einer zunehmenden Europamüdigkeit wird verstärkt durch Anzeichen einer Status quo-Orientierung der Bevölkerung in den Mitgliedstaaten. So hat sich die wahrgenommene Kluft zwischen bestehendem und gewünschtem Tempo der Integration in den letzten zehn Jahren erheblich verringert. Während 1986 noch die Auffassung überwog, die europäische Einigung solle künftig schneller vorankommen als bisher (Differenzwert 2,1)[35], liegen die wahrgenommene Geschwindigkeit und der Fortschrittswunsch 1997 näher beisammen (Differenzwert 0,9). Dabei ist zu berücksichtigen, daß das Integrationstempo im Empfinden der Bürger über die Jahre relativ stabil geblieben ist. Die Halbierung des Differenzwertes ist somit vorwiegend auf den Wunsch nach einer Verlangsamung der Integration zurückzuführen. Bei erheblichen nationalen Unterschieden wird derzeit insgesamt eher ein gemäßigtes Tempo (4,7 auf der Tempo100 skala von 1 bis 7) bevorzugt.[36]

Das Meinungsbild zu den Zukunftsoptionen der Union erscheint auf den ersten Blick eindeutig: Eine Mehrheit von 55 Prozent der Unionsbürger ist der Ansicht, die gegenwärtigen Mitglieder der Europäischen Union sollten in der unmittelbaren Zukunft enger zusammenarbeiten. Nur 16 Prozent wären damit einverstanden, wenn alles so bliebe wie bisher. Lediglich 13 Prozent befürworten generell den Beitritt neuer Mitglieder.[37] Einer Vertiefung der Integration wird demnach klar der Vorzug gegeben vor einer Erweiterung der Union. Zu Recht wurde allerdings darauf hingewiesen, daß die spezifischen Implikationen einer Erweiterung und/oder Vertiefung den Bürgern kaum vertraut sein dürften.[38] Es läßt sich daher argumentieren, daß dieses Umfrageergebnis vornehmlich den Wunsch nach einer verbesserten Funktionsfähigkeit der bestehenden Union zum Ausdruck bringt.

Immer breiteren Rückhalt findet dabei das Prinzip der Subsidiarität, wonach die EU nur für jene Fragen und Probleme zuständig sein sollte, die in nationalem Rahmen nicht effektiv genug gelöst werden können. Im Frühjahr 1998 unterstützten 63 Prozent der Befragten diesen Grundsatz des Maastrichter Vertrages.[39] Zugleich wird die Vergemeinschaftung von Aufgabenbereichen, die eine internationale Dimension besitzen und im nationalen Rahmen kaum effektiv zu lösen sind, von der Mehrheit befürwortet (Zusammenarbeit mit Entwicklungsländern, Kampf gegen Drogen, Forschung in Wissenschaft und Technik, Umweltschutz etc.). Die nationale Kompetenz wird hingegen besonders in Politikfeldern, die das kulturelle Leben der Länder betreffen (Kultur, Medien, Bildung, Erziehung), bevorzugt. Auch sozioökonomische Fragen ordnen die Unionsbürger eher der nationalen Zuständigkeit zu.[40] Zudem führen Interessendivergenzen hier zu nationalen Auffassungsunterschieden: Beispielsweise wurde der Euro in Hartwährungsländern lange Zeit abgelehnt (z. B. GB, D, DK), während sich in Ländern mit weicher Währung frühzeitig eine Mehrheit für eine gemeinsame Eurowährung aussprach (z. B. I, GR).

Obgleich die Zukunftsperspektive einer Erweiterung der Union nur von einem kleinen Teil der Unionsbürger bevorzugt wird, findet der Beitritt bestimmter Staaten durchaus Zustimmung. Dabei ist allerdings eine klare Abstufung zwischen den

Beitrittskandidaten ablesbar. So wurde der Beitritt der Schweiz wie auch Norwegens ungeachtet der gescheiteterten Referenden in diesen Ländern noch im Frühjahr 1996 klar favorisiert. Deutlich zurückhaltender wird die Perspektive einer Osterweiterung beurteilt.[41] Lediglich der Beitritt Ungarns findet im EU-Durchschnitt mehrheitliche Zustimmung (53 Prozent), dicht gefolgt von Polen (49 Prozent) und der Tschechischen Republik (48 Prozent). Auch die übrigen Kandidaten befinden sich mittlerweile jedoch über oder nur knapp unter der 40-Prozentmarke.[42]

6. Die Haltung der Mittel- und Osteuropäer zur europäischen Integration

Seit dem Systemwechsel von 1989/90 bildet die EG/EU einen wichtigen Orientierungsrahmen für die Transformation und europäische Einbindung der mittel- und osteuropäischen Staaten. Die zehn Beitrittskandidaten[43] sehen sich hierbei vor die doppelte Herausforderung gestellt, marktwirtschaftliche Strukturen und demokratische Regierungsformen zu errichten und zu konsolidieren. Das Stimmungsbild der Bevölkerung zur allgemeinen Lage erweist sich als gespalten: Im November 1996 waren im Durchschnitt 43 Prozent der Meinung, ihr Land habe den richtigen Weg eingeschlagen. Demgegenüber hegten 42 Prozent den Eindruck, es gehe in die falsche Richtung.[44] Bei erheblichen nationalen Unterschieden deuten diese Daten insgesamt auf eine nüchterne Lageeinschätzung in den MOE-Staaten hin, weit entfernt von der Öffnungseuphorie zu Beginn des Jahrzehnts.[45]

Die europäische Integration wird weiterhin als positive Zukunftsperspektive gesehen, doch lassen sich mit einigem zeitlichen Abstand zum Umbruch auch deutliche Anzeichen enttäuschter Erwartungen ablesen. An dieser Stelle kann nur eine Gesamttendenz der Einstellungsentwicklung umrissen werden. Dennoch ist hervorzuheben, daß aus den vorliegenden Indikatoren im Ländervergleich erhebliche Einstellungsunterschiede festzustellen sind, die auf länderspezifische Bestimmungsfaktoren hindeuten. Kurzfristige Stimmungsschwankungen verweisen überdies auf ein eher instabiles Meinungsklima. Auffallend ist hierbei die Entwicklung im Baltikum, in dem sich zwischen 1993 und 1996 ein Negativtrend der Einstellungen gegenüber der Union verfestigte.

Folgt man den Umfragedaten vom November 1997, so glauben gerade 42 Prozent der Bürger in dem MOE-Staaten der ersten Erweiterungsrunde und 31 Prozent in den Ländern der darauffolgenden Runde, daß die Zukunft ihres Landes auf das engste mit der EU verknüpft ist – anderen Kooperationspartnern wird allerdings eine noch weitaus geringere Bedeutung beigemessen.[46] Zudem ist das anfänglich überwiegend positive Bild von der EU einer zurückhaltenderen Einschätzung gewichen. Negative Eindrücke werden jedoch nur von einem kleinen Teil (6 Prozent) der Bevölkerung geäußert. 29 Prozent geben ein neutrales Urteil ab. Jeder Zweite (50 Prozent) hat einen guten Eindruck von den Zielen und Aktivitäten der EU. Vor allem in Rumänien, aber auch in Polen erscheint die Europäische Union gegenwärtig in einem günstigen Licht. Hervorzuheben ist in diesem Zusammenhang, daß die politischen und gesellschaftlichen Eliten, denen eine wichtige Rolle im öffentlichen Meinungsbildungsprozeß zugeschrieben wird, weiterhin ein deutlich positiveres Bild der EU besitzen als die breite Bevölkerung. 80 Prozent der Entscheidungsträger und Meinungsführer artikulieren einen allgemein positiven Eindruck von der EU. Nur eine kleine Minderheit – dies gilt durchgängig für alle potentiellen Beitrittsländer – vertritt überhaupt eine negative Position.[47] Insgesamt scheint der Trend einer zunehmenden Skepsis gegenüber der EU, wie er in den letzten Jahren noch in einer Reihe von Ländern, vor allem aber im Baltikum, zu beobachten war, vorerst aufgehalten. Das wichtigste Argument für einen Beitritt zur EU ist allgemein die Hoffnung auf Fortschritt. Auch die Verbesserung der wirtschaftlichen Lage sowie die Hebung des Lebensstandards spielen hierbei eine hervorgehobene Rolle. Umgekehrt resultiert die Gegnerschaft eines Beitrittes vornehmlich aus ökonomischen Bedenken.[48] In allen zehn Ländern Mittel- und Osteuropas, denen mit den Europaabkommen die Beitrittsperspektive eröffnet wurde, spricht sich zumindest eine relative Mehrheit für die Mitgliedschaft in der EU aus. Im Durchschnitt würden sogar 60 Prozent – so das Ergebnis vom Herbst 1997 – bei einem Referendum für den Beitritt stimmen. Nur 7 Prozent lehnen diesen Schritt ab. Weitere 17 Prozent sind derzeit unentschieden.[49] Das Meinungsbild in der Referendumsfrage erweist sich gegenüber dem Vorjahr insgesamt als stabil, mit den bereits erwähnten länderbezogenen, kurzfristigen Schwankungen. Auch im Baltikum war zuletzt ein Anstieg der Zustimmung zu verzeichnen, allerdings auf einem im Ländervergleich noch immer niedrigen Niveau. Der hohe Anteil an Unentschiedenen – in Estland war er im Herbst 1997 mit 37 Prozent am größten – deutet zudem auf anhaltende Unsicherheiten in der Bevölkerung hin.

Obgleich die variierenden Frageinstrumente den direkten Trendvergleich kaum zulassen, ist festzuhalten, daß die Zustimmungswerte zum EU-Beitritt heute deutlich niedriger liegen, als dies im Jahr 1990 der Fall war. Die überwältigende Mehrheit wünschte zum damaligen Zeitpunkt eine Mitgliedschaft sofort oder spätestens in fünf Jahren. Auch im Baltikum sprachen sich 1992 – dem ersten Erhebungsjahr – absolute Mehrheiten für diesen Weg aus. Die Unterstützung des europäischen Einigungsprozesses bewegte sich in dieser Phase des »Aufbruches nach Europa« etwa auf gleichem Niveau wie in den Mitgliedstaaten und übertraf sogar die Zustimmungswerte in den EFTA-Ländern.[50] Vor dem Hintergrund dieser enttäuschten Beitrittshoffnungen und der Transformationsprobleme vermag die beschriebene Trendentwicklung in Mittel- und Osteuropa indes kaum zu überraschen.

7. Die Einstellungen der Bürger in Europa

Anzeichen einer gewissen Europamüdigkeit sind unter den Bürgern in Europa, mit länderspezifischen Abstufungen, unübersehbar. Dies gilt sowohl für die affektive als auch für die utilitaristische Unterstützung des Einigungsprozesses, die seit Beginn der neunziger Jahre stärker gesunken ist als je zuvor. Abnehmende Demokratiezufriedenheit und Ansehensverlust des Europäischen Parlamentes deuten zudem darauf hin, daß das demokratische Defizit des Institutionengefüges von den Bürgern durchaus wahrgenommen wird. Der schlechte Informationsstand und die geringe Einbindung der breiten Bevölkerung in den politischen Willensbildungsprozeß der EU lassen den Funktionseliten zwar einen weiten Handlungsspielraum, das negative Referendum der ohnehin integrationsskeptischen Dänen führte jedoch in besonders dramatischer Weise vor Augen, daß eine schweigende Zustimmung zu weiteren Integrationsschritten nicht automatisch vorausgesetzt werden kann. Belastungsgrenzen werden schneller erreicht, wenn europapolitische Entscheidungen den einzelnen Bürger unmittelbar betreffen. Die Zustimmung ist von konkreten, insbesondere wirtschaftlichen Kosten-Nutzen-Überlegungen abhängig. Wie sich langfristige Leistungsdefizite etwa im Bereich der Beschäftigungspolitik hier auswirken, ist gegenwärtig schwer abzuschätzen.

Dennoch besitzt Europa als Leitidee weiterhin einen positiven Resonanzboden in der Bevölkerung. Dies ist nicht zuletzt ablesbar am anhaltenden Beitrittswunsch der Bürger in Mittel- und Osteuropa. Auch im Westen wird der Integrationsprozeß nach wie vor von einer Mehrheit der Unionsbürger befürwortet. Gefühlsmäßig stehen die Bürger der EU durchaus nahe, näher jedenfalls als in der konkreten Kosten-Nutzen-Abwägung der Mitgliedschaft. Nur ein kleiner Prozentsatz zeigt eine entschieden anti-europäische Haltung. Der Wunsch nach einer Verbesserung der bestehenden Kooperationsbeziehungen scheint vorherrschend, nicht die Abkehr von Europa.

In der personalen Dimension der Gemeinschaftsorientierungen werden jedoch Grenzen des Europabewußtseins deutlich: Affektive Bindungen an die EU als politische Gemeinschaft haben sich erst in Ansätzen herausgebildet. Trotz des fortschreitenden Kompetenztransfers nach Brüssel bilden nationale oder lokalregionale Bezüge für die Bevölkerung in den Mitgliedstaaten weiterhin den maßgeblichen Orientierungsrahmen. Solange es die institutionellen Grundlagen der EU kaum zulassen, daß die Unionsbürger eine Art *staatsbürgerliches Kompetenzbewußtsein* auch auf europäischer Ebene entwickeln können, dürfte sich dies schwerlich grundlegend verändern.

Anmerkungen

1 Grundlegend hierzu vgl. Haas, Ernst: The Uniting of Europe, Stanford 1958 sowie eine Synopse der weiteren Theoriebildung: Giering, Claus: Europa zwischen Zweckverband und Superstaat. Die Entwicklung der politikwissenschaftlichen Integrationstheorie im Prozeß der europäischen Integration (Münchner Beiträge zur Europäischen Einigung, Bd. 1), Bonn 1997.
2 Vgl. Riedel, Manfred: Bürger, Staatsbürger, Bürgertum, in: Brunner, Otto, u. a. (Hrsg.): Geschichtliche Grundbegriffe, Bd. 1, Stuttgart 1974, S. 672–725.

3 Die nachfolgenden Ausführungen stützen sich primär auf die seit 1973 im Auftrag der Europäischen Kommission regelmäßig in allen Mitgliedstaaten erhobenen Eurobarometer-Daten. Seit 1990 wurde das Erhebungsgebiet schrittweise um Staaten Mittel- und Osteuropas erweitert. Berechtigten methodischen Bedenken – hier ist auf die geringen Fallzahlen der Stichproben ebenso hinzuweisen wie auf abweichende, in nationalen Repräsentativbefragungen ermittelte Ergebnisse – ist entgegenzuhalten, daß es sich hierbei sowohl im Hinblick auf das Erhebungsgebiet als auch den Erhebungszeitraum um einen einzigartigen Datenbestand handelt.

4 Vgl. hierzu ausführlicher Schauer, Hans: Nationale und europäische Identität. Die unterschiedlichen Auffassungen in Deutschland, Frankreich und Großbritannien, in: Aus Politik und Zeitgeschichte 10/97, S. 3–13.

5 Weidenfeld, Werner, und Karl-Rudolf Korte: Die Deutschen. Profil einer Nation, Stuttgart 1991, S. 209; die scheinbar reibungslose »doppelte Integration« Ostdeutschlands wurde auf nationaler wie auch europäischer Ebene bald überlagert von Distanzierungstendenzen; vgl. hierzu den Beitrag von Elisabeth Noelle-Neumann und Thomas Petersen in diesem Band sowie Glaab, Manuela, und Karl-Rudolf Korte: Politische Kultur, in: Weidenfeld, Werner, und Karl-Rudolf Korte (Hrsg.): Handbuch zur deutschen Einheit 1949 – 1989 – 1999, Frankfurt a. M./New York 1999, S. 642–650.

6 Grundlegend hierzu vgl. Almond, Gabriel, und Sidney Verba: The Civic Culture. Political Attitudes and Democracy in Five Nations, Boston 1965 sowie Easton, David: A Systems Analysis of Political Life, New York u. a. 1979.

7 Vgl. Eurobarometer 45 (1996), B.2.

8 Vgl. Eurobarometer 46 (1996), S. 12, und Eurobarometer 48 (1997), S. 21.

9 Vgl. Anderson, Christopher J., und Karl C. Kaltenthaler: The Dynamics of Public Opinion toward European Integration, 1973–93, in: European Journal of International Relations 2 (1996), S. 175–199.

10 Dabei handelt es sich um die Differenz zwischen dem Anteil der positiven und der negativen Antworten in Prozentpunkten; die Werte beziehen sich jeweils auf den letzten vorliegenden Erhebungszeitpunkt (Frühjahr bzw. Herbst 1996).

11 Einen Hinweis auf die Intensität der Debatte liefert die gesteigerte Wahrnehmung des EU-Vertrages durch die Bürger in den Mitgliedstaaten: So hatten im Frühjahr 1992, unmittelbar nach der Unterzeichnung, lediglich 44 Prozent kürzlich davon gehört, wohingegen dies im Herbst 1992 85 Prozent getan hatten; vgl. Eurobarometer 37 (1992), S. 45 u. Eurobarometer 38 (1992), S. 27.

12 So gaben insgesamt 81 Prozent der EU-weit Befragten im Herbst 1992 an, nur wenig über den Vertrag zu wissen oder lediglich davon gehört zu haben; vgl. Eurobarometer 38 (1992), S. 29.

13 Vgl. Eurobarometer 40 (1993), S. 55.

14 Vgl. Niedermayer, Oskar: Trends and Contrasts, in: ders., u. Richard Sinnott (Hrsg.): Public Opinion and Internationalized Governance, Oxford 1995, S. 53–72.

15 Vgl. Anderson/Kaltenthaler (Anm. 9); die Trendentwicklung läßt sich auf Grundlage von Daten der US Information Agency teilweise bis in die fünfziger Jahre zurückverfolgen; vgl. Inglehardt, Ronald, u. a.: The Evolution of Public Attitudes Toward European Integration 1970–1986, in: Journal of European Integration 2-3 (1987), S. 135–155.

16 Vgl. Niedermayer, Oskar: Bevölkerungsorientierungen gegenüber dem politischen System der Europäischen Gemeinschaft, in: Wildenmann, Rudolf (Hrsg.): Staatswerdung Europas? Optionen für eine Europäische Union, Baden-Baden 1991, S. 321–353.

17 Diese Auffassung vertraten im Frühjahr 1991 60 Prozent der Befragten; vgl. Eurobarometer 35 (1991), A.22.

18 Nach Eurobarometer-Daten vom Frühjahr 1996 hält immerhin jeder zweite Befragte diese zusätzliche Staatsbürgerschaft für erforderlich; vgl. Eurobarometer 45 (1996), S. 88 f.
19 Ein Trendvergleich des Indikators »Frequency of thinking oneself as a European« für die Jahre 1985–1992 vgl. in Eurobarometer 43 (1995), S. 2.
20 Nennungen »sehr/ziemlich verbunden«; Eurobarometer 44 (1996), S. 87 f.
21 Vgl. Reif, Karlheinz: Wahlen, Wähler und Demokratie in der EG. Die drei Dimensionen des demokratischen Defizits, in: APuZ 19 (1992), S. 43–52 sowie Weidenfeld, Werner, und Christian Jung: Lehren aus Maastricht: Transparenz, Demokratie und Effizienz der Europäischen Union, in: integration 3 (1993), S. 138–146.
22 Hinsichtlich des Niveaus und der Stabilität der Demokratiezufriedenheit ließen sich dabei seit jeher spezifische Unterschiede feststellen; grundlegend hierzu vgl. Gabriel, Oscar W.: Politische Einstellungen und politische Kultur, in: ders., und Frank Brettschneider (Hrsg.): Die EU-Staaten im Vergleich. Strukturen, Prozesse, Politikinhalte, 2. Auflage Opladen 1995, S. 96–133.
23 Zur Gesamtproblematik vgl. Weidenfeld, Werner (Hrsg.): Demokratie am Wendepunkt. Die demokratische Frage als Projekt des 21. Jahrhunderts, Berlin 1996.
24 Für den Zeitraum vor 1993 liegen keine Vergleichsdaten vor.
25 Weitere 14 Prozent der Befragten hatten dazu keine Meinung; vgl. Eurobarometer 38 (1992), A 45.
26 Vgl. Eurobarometer 45 (1996), S. 96.
27 Grundlegend hierzu vgl. Grabitz, Eberhard, u. a.: Direktwahl und Demokratisierung. Eine Funktionenbilanz des Europäischen Parlaments nach der ersten Wahlperiode, Bonn 1988.
28 Zuletzt vgl. Eurobarometer 44 (1995), S. 75.
29 Weiterführend vgl. Niedermayer, Oskar: Europäisches Parlament und öffentliche Meinung, in: ders., und Hermann Schmitt (Hrsg.): Wahlen und europäische Einigung, Wiesbaden 1994, S. 29–44.
30 Eurobarometer 44 (1996), S. 64; zur allgemeinen Einschätzung seiner Rolle vgl. auch Eurobarometer-Trends 1974–1994, S. 142 f.
31 Vgl. Eurobarometer 49, B. 49.
32 Vgl. Niedermayer (Anm. 29), S. 38.
33 Vgl. Eurobarometer–Trends 1974–1994, S. 131 f.
34 Eurobarometer 44 (1996), S. 66.
35 Der Differenzwert drückt den Abstand zwischen dem gewünschten und dem wahrgenommenen Integrationstempo aus (Temposkala von 1 bis 7).
36 Vgl. Eurobarometer 48 (1997), S. 38 ff.
37 Vgl. Eurobarometer 45 (1996), S. 63.
38 Vgl. Westle, Bettina: The View from within, in: Niedermayer/Sinnott (Anm. 14), S. 311–343.
39 17 Prozent lehnten diesen Grundsatz ab; vgl. Eurobarometer 49 (1998).
40 Daten für das Frühjahr 1998 vgl. Eurobarometer 49 (1998), B. 28.
41 Vgl. Eurobarometer 45 (1996).
42 Vgl. Eurobarometer 49 (1997), B. 45.
43 Nach dem Abschluß von *Europaabkommen* wurde folgenden Staaten die Beitrittsperspektive eröffnet: Polen, Ungarn, Tschechien, Slowakei, Rumänien, Bulgarien, Estland, Lettland, Litauen und Slowenien; nach dem Beschluß der Staats- und Regierungschefs der EU vom 12./13. Dezember 1997 wurden bilaterale Beitrittsverhandlungen zunächst mit Ungarn, Polen, Estland, der Tschechischen Republik, Slowenien (und Zypern) eröffnet.
44 Vgl. Central and Eastern Eurobarometer (CEEB) 7 (1997), S. 17 f.

45 Vgl. Rose, Richard, und Christian Haerpfer: Democracy and Enlarging the European Union Eastwards, in: Journal of Common Market Studies 3 (1995), S. 427–450.
46 So folgen die USA (17 Prozent), Deutschland (8 Prozent) und die anderen MOE-Staaten (6 Prozent) erst mit weitem Abstand; vgl. CEEB 8 (1998).
47 Ablehnend zeigen sich 3 Prozent; weitere 17 Prozent sind unentschieden; vgl. CEEB 8 (1998).
48 Vgl. CEEB 7 (1997).
49 Vgl. CEEB 8 (1998); die Zustimmungswerte zum EU-Beitritt liegen im Durchschnitt deutlich über der Unterstützung eines NATO-Beitrittes; daß der Prognosewert dieser Umfragedaten vorsichtig einzuschätzen ist, zeigt allerdings das überwältigende Referendum für den NATO-Beitritt in Ungarn vom November 1997.
50 1990 stimmten in Bulgarien 57 Prozent, in der ČSSR 62 Prozent, in Polen 72 Prozent und in Ungarn 75 Prozent der Befragten für einen umgehenden EU-Beitritt; 1992 stimmten so in Lettland 50 Prozent, in Estland 53 Prozent und in Litauen 54 Prozent; ausführlicher vgl. Berglund, Sten, u. a.: The View from Central and Eastern Europe, in: Niedermayer/Sinnott (Anm. 14), S. 368–401, hier bes. S. 388–390.

Jugend und Europa

THOMAS R. HENSCHEL

Europa befindet sich auf der Suche nach seiner neuen Form. Die geplante und notwendige Erweiterung der EU nach Osten stellt die konsequente Fortsetzung des europäischen Integrationsprozesses dar, fordert jedoch erhöhte Anstrengungen für die innere Verfaßtheit der neuen Union.[1]

Die Zukunft Europas hängt in ganz entscheidendem Maße davon ab, inwieweit es gelingen wird, die Akzeptanz der Europäer für die jetzt anstehenden Integrationsschritte zu gewinnen. Von besonderer Bedeutung ist hierbei die Frage, wie die junge Generation in Europa sich zu den drängenden Fragen der europäischen Integration am Ausgang dieses Jahrhunderts verhält. Sie wird es sein, die das Europa von morgen mit Leben erfüllt. Unterstützt sie die supranationale Zusammenarbeit der europäischen Nationalstaaten, die als Folge und bittere Schlußfolgerung aus zwei Weltkriegen hervorgegangen ist? Sieht sie die wirtschaftliche Notwendigkeit für weitere Integrationsschritte in einer global agierenden Ökonomie, oder fällt sie in nationalstaatliches Denken und Protektionismus zurück?

Im folgenden sollen diese Fragen auf der Grundlage ausgewählter Ergebnisse unterschiedlicher Untersuchungen diskutiert werden: Sie stammen aus neuesten Daten aus den Eurobarometer-Umfragen, aus der Erhebung Eurobarometer 47.2 »Junge Europäer«, die die aktuellsten europaweiten Daten über die Einstellungen der jungen Generation zu Europa enthalten, und Daten aus eigenen Erhebungen.

Die Eurobarometer-Umfragen werden seit 1973 in allen Mitgliedstaaten der EG/EU durchgeführt.[2] Eine Standard-Eurobarometer-Umfrage besteht aus einem Grundmodul von Trendfragen, die regelmäßig enthalten sind, sowie aus wechselnden Fragen zu den verschiedenen Themenbereichen. Somit läßt sich für eine Reihe von Indikatoren die Entwicklung auch über lange Zeiträume nachvollziehen. Da wir zum Teil auf genauere Ergebnisse angewiesen sind, als dies die Standard-Eurobarometer-Umfragen ermöglichen, führt das Centrum für angewandte Politikforschung bereits seit Ende der achtziger Jahre selbst regelmäßig Umfragen in der Bundesrepublik Deutschland durch und analysiert die Daten des Eurobarometers auf die Kohorte der Jugendlichen hin. So wurden insbesondere zwei bundesweite Fragebogenumfragen durchgeführt und mit qualitativen Erhebungen begleitet.

1. Grundlagen

Grundlegend für die Einschätzung von Umfrageergebnissen sind neben der angewandten Methodik auch die statistischen Rahmenbedingungen:
- 1998 betrug der Anteil der unter 15jährigen in der EU 17 Prozent (ca. 64 Mio.).
- Europa altert: 1998 waren bereits 16 Prozent aller Europäer älter als 65 Jahre. Zwischen 2000 und 2015 wird der Anteil der Personen zwischen 55 und 64 Jahren an der Bevölkerung größer sein als der der 15- bis 24jährigen.
- 1999 lag die Arbeitslosenrate in der Gesamtbevölkerung bei 10,3 Prozent mit leicht sinkender Tendenz. Die Arbeitslosenrate der unter 25jährigen ist in der EU zwischen 1991 und 1995 von 16,3 Prozent auf 21,5 Prozent gestiegen. Mit über 19 Prozent ist sie aber auch 1999 immer noch fast doppelt so hoch wie im Durchschnitt der Gesamtbevölkerung.[3]

Jugend ist unter den Bedingungen der derzeitigen beschleunigten Entwicklung kein europäisches Standardmodell und keine einheitliche Norm. Eine unübersehbare Vielfalt in den Haltungen, Lebensweisen und Meinungen der jungen Menschen wird heute durch die vielfältigen Einstellungsuntersuchungen zutage gefördert.[4] Zwar sind Gemeinsamkeiten durchaus zu erkennen, aber die zwischen den hier und dort geäußerten Standpunkten festgestellten Unterschiede sind derart bedeutend, daß man sich vor jeder mißbräuchlichen Verwendung eines »europäischen Durchschnittes« hüten sollte. Interessanterweise läßt sich das facettenreiche Bild, das die Jugend heute bietet, nicht nach nationalstaatlichen Grenzen gruppieren. Je nach den angesprochenen Themen verschieben sich die Grenzen zwischen den Ländern und Regionen. Auch von einem Nord-Süd-Gefälle kann heute nicht mehr gesprochen werden; z. T. liegen die Meinungen von Spaniern, Deutschen und Niederländern bei Schlüsselthemen näher zusammen als z. B. gegenüber den Franzosen.

Ein Weiteres erscheint wesentlich: Der Blick der Erwachsenengeneration auf die Jugendkulturen ist notwendig ein fremder und gleichzeitig ein befremdeter. Einerseits projiziert die Erwachsenengeneration ihre Hoffnungen und Erwartungen auf die ihr nachfolgende Generation, andererseits zeigt sie sich abgeschreckt durch von der Norm abweichende Aktionen und Lebensweisen Jugendlicher. Weitaus stärker als die Erwachsenengeneration ist Jugend am Ausgang dieses Jahrhunderts neben den nationalen Besonderheiten auch und vor allem ein unter Beteiligung der Medien europäisches und global geprägtes Phänomen. Die Vielzahl jugendlicher Subkulturen im heutigen Europa wäre ohne die Vermittlung durch Musik-TV, Internet, Moden und Trends, die Jugendliche in Paris, London, Berlin, München, aber auch in New York, Tokio, Singapur oder Moskau und Tel Aviv miteinander teilen, nicht denkbar. Stile und Zeichen sind geprägt von einer nicht mehr zu überschauenden Unübersichtlichkeit und zunehmenden Beschleunigung der Trendwechsel. Labels wie »Generation X« oder »Die Tugend der Orientierungslosigkeit«[5] versuchen schon gar nicht mehr, eine verbindliche Einheitlichkeit zu suggerieren. Schaut man auf die Trends, so zeigt sich, daß sich der Wertewandel (hin zu den sogenannten postmateriellen Werten wie Selbstverwirklichung und weg von Werten wie Pflicht und Karrieremachen, Geld verdienen) weiter verfestigt. Gleichzeitig tritt der Trend zu reinen Freizeitkulturen immer mehr hervor. Die hier nur angedeuteten Entwicklungen führen zu einem Wandel der sozialen Beziehungen in der jungen Generation. Was dem Erwachsenenblick als Unwilligkeit oder Unfähigkeit zu Bindungen erscheinen mag, stellt sich den Jugendlichen als ein aktiver und positiver Umgang mit Freiheit dar.[6] Dies hat entsprechende Auswirkungen auf die Einstellungen Jugendlicher gegenüber Politik, Staat und Gesellschaft. Orientierung und auch Interesse an Politik ist punktuell, situativ, kontextabhängig, erlebnis- und betroffenheitsorientiert.[7] Traditionelle Bindungen an Familie, Kirche, Vereine, Parteien oder Gewerkschaften nehmen weiter ab und werden durch problemorientierte Bindungen (Bürgerinitiativen, Interessengemeinschaften, Protestbewegungen etc.) abgelöst. Auch die Einstellungen der jungen Generation zu Themen der europäischen Integration sind von diesen Veränderungen der Grunddispositionen und -bedingungen betroffen.

2. Einstellungen zu Europa

2.1 Allgemeine Unterstützung

Die Ergebnisse der Eurobarometer-Umfragen zeigen im langfristigen Trend, daß sich Phasen einer stabilen Zustimmung zur europäischen Einigung mit solchen erkennbarer Euro-Skepsis ablösen.[8] Die allgemeine Entwicklung langfristiger Veränderungen der öffentlichen Unterstützung für die europäische Integration zeigte in der Folge des nach der zweiten Ölkrise 1979/80 verzeichneten Tiefstandes eine allmähliche Erholung bis Ende der achtziger Jahre. Das Ende des kalten Krieges und der Fall der Berliner Mauer ließen eine Europa-Euphorie aufkommen, die der Europäischen Gemeinschaft bis dahin unbekannte Unterstützungswerte von über 80 Prozent bescherte.[9]

Die Zahl derjenigen, die die Europäische Union alles in allem für eine »gute Sache« halten, betrug 1990 im EU-Durchschnitt über 70 Prozent, Deutschland erreichte seinerzeit mit ebenfalls über 70 Prozent seinen absoluten Spitzenwert. Unter den Jugendlichen lag in Deutschland die Unterstützung mit über 80 Prozent sogar noch deutlich darüber. Seitdem sind diese Werte im Zuge einer Normalisierung wieder zurückgegangen.

Wie zuerst die Hoffnungen, so konzentrierten sich jetzt die Bedenken und Befürchtungen des Einheitsprozesses auf die Europäische Union – wobei die Entwicklung in der Gesamtbevölkerung etwas anders verläuft als bei den Jugendlichen (15–24 Jahre). Zunächst erreichte die Zustimmung beider 1993 ihren Tiefpunkt. Die Unterstützungswerte der Gesamtbevölkerung lagen bei 50 Prozent, die der Jugendlichen erreichten immerhin noch fast 67 Prozent. Doch während sie in der Gesamtbevölkerung seitdem weiter gefallen sind und 1996 mit nur noch 39 Prozent einen weiteren Tiefpunkt erreicht haben (bei einem EU-Durchschnitt von immerhin 48 Prozent), stiegen sie bei den Jugendlichen wieder an und liegen aktuell bei über 75 Prozent.[10] Auch in der Gesamtbevölkerung gewinnt die EU seit 1997 wieder an Unterstützung. Ende 1998 erreichte die Zustimmung im EU-Durchschnitt wieder deutlich über 50 Prozent.[11] Korrespondierend mit dieser Entwicklung sind auch Daten einer Emnid-Umfrage für die Jugendzeitschrift *BRAVO*. Danach begreifen drei Viertel der 14- bis 18jährigen die europäische Einigung eher als Chance denn als Risiko.[12] Grundsätzlich gilt: Je allgemeiner die Fragen des Eurobarometers verfaßt sind, desto höher ist auch die Zustimmung. Erst in den Fragen zu den einzelnen Themenfeldern polarisieren sich die Meinungen stärker. Daß diese Daten keinesfalls einen Grund zum Aufatmen bedeuten, wird daher durch einen genaueren Blick auf einzelne Themenfelder deutlich.

2.2 Was bedeutet Europa für die jungen Bürgerinnen und Bürger?

Fragt man deutsche Jugendliche nach ihren Assoziationen mit dem Begriff Europa, so nennen fast 24 Prozent zunächst und als erstes die EU. Erst danach kommt der Kontinent und dann bereits der Gedanke an offene Grenzen.[13] Fragt man Jugendliche dann, was die Europäische Union für sie bedeutet, so erhält man folgende Anworten:
1. überall in der Union arbeiten (62,4 Prozent);
2. überall in der Union seinen ständigen Wohnsitz nehmen (51,5 Prozent);
3. in jedem Land der Union studieren können (45,7 Prozent).
In den Augen der Jugendlichen steht die Europäische Union vor allem für die Freizügigkeit (EU-15: 34,8 Prozent, D: 48,8 Prozent, UK: 22,4 Prozent). Gleichwohl bedeutet dies nicht, daß sie diese Freizügigkeit als großen Erfolg auf dem Positiv-Saldo der Union verbuchen. Unsere Gruppendiskussionen haben immer wieder gezeigt, daß die Jugendlichen ihr Recht, sich in Europa frei zu bewegen, als Selbstverständlichkeit betrachten. Auch hier zeigt sich, wie in anderen Bereichen, daß die Erfolge des Europäischen Integrationsprozesses konsumiert werden, während Problembereiche, selbst wenn sie aus dem nationalen Umfeld stammen, Brüssel angelastet werden. Und selbst die Freizügigkeit ist ambivalent besetzt. So sagte uns ein Schüler aus Bayern: »Ja, wenn ich ohne Kontrolle über die Grenze fahren kann, dann kann das ja der Mafiosi mit dem Koffer voller Drogen auch.«

2.3 Arbeitslosigkeit

Neben den Fragen der inneren Sicherheit beschäftigt Jugendliche zur Zeit aber vor allem ein Thema. Ganz oben auf der Prioritätenliste steht die Beschäftigung (EU-15: 75,7 Prozent) noch vor Umweltschutz (60,2 Prozent), dem bisherigen langjährigen Spitzenreiter, und Forschung und Entwicklung im Bereich der neuen Technologien (54,4 Prozent). Deutsche Jugendliche weichen hier vom Durchschnitt ab: Hier liegt der Umweltschutz als Aktionsfeld für die EU mit 75,6 Prozent noch vor der Beschäftigung (60,2 Prozent) gefolgt vom Arbeitnehmerschutz (53,9 Prozent). Vor allem in Frankreich, Spanien, Irland und Italien ist das Bedürfnis nach europäischen Aktionen im Bereich Beschäftigung mit über 80 Prozent deutlich höher. Die Angst vor Arbeitslosigkeit hat Folgen: So erklären bereits zwei von drei Jugendlichen (65,1 Prozent), sie hätten sich vor allem darum entschieden, ihren Kinderwunsch zunächst aufzuschieben, weil sie keinen festen Arbeitsplatz hätten.

Die verhaltenen Aussichten auf dem Arbeitsmarkt lassen hier kaum durchgreifende Änderungen zum Positiven erwarten, obwohl 1998 zumindest ein langsames Absinken der Arbeitslosenquote eingesetzt hat. Diese ging bis Juni 1999 im Durchschnitt aller 15 EU-Mitgliedstaaten auf 9,4 Prozent zurück. In den elf Staaten der Währungsunion verharrte sie jedoch noch immer bei durchschnittlich 10,3 Prozent.

2.4 Die Einführung der Wirtschafts- und Währungsunion und des Euro

Die Wirtschafts- und Währungsunion und die einheitliche europäische Währung, der Euro, sind 1999 realisiert worden. Wie kaum ein anderes Thema betrifft dies alle Bürgerinnen und Bürger der EU. Doch mit deren Zustimmung sah es in Europa und zwischen den Generationen ganz uneinheitlich aus. Während auch unter den Jugendlichen 1993 eine Mehrheit gegen die Einführung des Euro votierte, war 1998 eine knappe Mehrheit von über 50 Prozent für die Einführung des Euro. Interessanterweise gingen fast 66 Prozent aller Deutschen (77 Prozent der Jugendlichen) davon aus, daß der Euro in zehn Jahren Zahlungsmittel sein wird. Dies belegt, daß die Einführung des Euro bereits weitgehend antizipiert und als Tatsache akzeptiert wurde.[14] Ganz offensichtlich steht die junge Generation in der Bundesrepublik Deutschland dem Projekt einer gemeinsamen Währung weniger kritisch gegenüber als die Erwachsenengeneration. Im Herbst 1998 erreichte die Zustimmung zum Euro ihren bisherigen Höhepunkt. Dabei ist die Zustimmung in den Euro-Ländern signifikant höher (70 Prozent) als in den vier »pre-in«-Ländern (42 Prozent).

In diesen Daten liegt somit der Schlüssel zum Verständnis der allgemein höheren Unterstützung der jungen Generation für Europa. Wenn die junge Generation die Währungsunion weniger kritisch als die Gesamtbevölkerung sieht, dann wirkt sich dies auch auf die allgemeine Unterstützung aus. Wie wesentlich hierbei die Frage der Stabilität der Währung für die Deutschen ist, zeigt die noch stärkere Zustimmung für die Einrichtung der Europäischen Zentralbank, wobei hier die Jugendlichen aus den neuen Bundesländern mit fast 80 Prozent noch eindeutiger votierten als ihre Altersgenossen aus den alten Bundesländern (62 Prozent).

3. Informationsgrad und Identität

Die Einstellungen der Bevölkerung zur Europäischen Union müssen rückgekoppelt werden an den Wissensstand zu Europa.[15] Daher stellen sich zwei zentrale Fragen: Wie gut fühlen sich die Bürgerinnen und Bürger über aktuelle europäische Entwicklungen informiert, und fühlen sich die deutschen Jugendlichen als Europäer?

3.1 Informationsgrad

47 Prozent der Jugendlichen in der EU fühlen sich nicht gut über die EU informiert, und 23 Prozent äußern sogar, überhaupt nicht gut informiert zu sein. Dies bedeutet, daß sieben von zehn Jugendlichen in der EU die Auffassung vertreten, nicht genügend über die EU zu wissen.[16] Das Centrum für angewandte Politikforschung hat in eigenen Umfrage noch einmal unter deutschen Jugendlichen genauer nachgefragt. Auf die Frage, ob man glaube, daß die Jugendlichen genügend über Europa informiert seien, antworteten nur 7 Prozent mit ja, über 80 Prozent halten die Jugend für unzureichend informiert. Danach fragten wir, ob man sich persönlich genügend über Europa ausreichend informiert fühlt, was gerade einmal 16 Prozent bejahten.[17] Hier liegt also noch immer ein weites Feld für eine zielgerichtete Informationspolitik sowie für den Bereich der politischen Bildung innerhalb und außerhalb der Schule.

Auch wenn sich der Grad der Informiertheit im Vergleich zu den achtziger Jahren leicht verbessert hat, kann man nicht unbedingt auf ein größeres Interesse der Jugendlichen und der Gesamtbevölkerung an Europa schließen. Vielmehr spiegelt sich darin zunächst die verstärkte öffentliche Aufmerksamkeit wider, die das Thema Europa durch aktuelle politische Entwicklungen erhält. Nach wie vor nimmt das Fernsehen den ersten Platz bei der Informationsbeschaffung über Europa ein. Informationsmaterialien der EU spielen kaum eine Rolle. Informationen über die EU werden im Kontext der Aufnahme von Nachrichten und Medien konsumiert. Aktiv um Informationen bemüht man sich dagegen zur Zeit nur in bezug auf den Euro und die Auswirkungen auf die eigenen Vermögensverhältnisse.

3.2 Identität

Die Frage nach der Identität berührt die Tiefendimensionen der Dispositionen der Deutschen. Das Eurobarometer fragt hierbei, ob jemand sich eher seiner nationalen Identität alleine, der nationalen und der europäischen, der europäischen und der nationalen oder nur der europäischen Identität zugehörig fühlt. 1996 meinten 5 Prozent aller Befragten in Europa, daß sie sich nur als Europäer sehen, 6 Prozent sehen sich als Europäer und ihrer jeweiligen Nationalität zugehörig, 40 Prozent fühlen sich zunächst ihrer Nation und Europa zugehörig und 46

Prozent nur ihrer Nation.[18] Die Gesamtbevölkerung in Deutschland zeigt demgegenüber folgende Werte: 4 Prozent sehen sich als Europäer, 6 Prozent als Europäer und Deutsche, 41 Prozent eher als Deutsche und Europäer und 46 Prozent nur als Deutsche.

Gerade hier ist der Blick auf die junge Generation von besonderer Bedeutung. Führt die zunehmende Integration Europas zu einer Veränderung auf der Einstellungsebene, die nicht nur die Einstellungen zu bestimmten Politikfeldern wie der Wirtschafts- und Währungsunion berührt, sondern die Veränderungen in den Tiefendimensionen der Identitätsbildung betrifft? Bildet sich in der jungen Generation ein Bewußtsein von der Europäisierung aus, oder bleibt sie verhaftet in nationalen Orientierungsschemata? Kommt es hierbei zu Konflikten, oder lassen sich nationale Identität und europäische Identität miteinander in Einklang bringen?

Eine eigene Identität herauszubilden, gehört mit zu den wesentlichen Anforderungen jeder jugendlichen Biographie. Von einer geglückten Identitätsbildung ist dann auszugehen, wenn man auf der einen Seite über kontinuierliche Ich-Strukturen verfügt, die dauerhaft und wiedererkennbar Individualität begründen und charakterisieren. Gleichzeitig muß diese Identitätsstruktur in der Lage sein, flexibel neue Erfahrungen und Eindrücke zu integrieren, ohne daß die Grundstruktur übermäßig erschüttert und verändert wird. Konstante Identitätsstruktur und flexible Reaktion sind somit die beiden konstituierenden Elemente einer geglückten Identität. In der Regel existieren Identitäten auf unterschiedlichen Ebenen neben- und übereinander, die je nach Kontext aktualisiert werden. Gerade in dieser Frage haben unsere qualitativen Untersuchungen wertvolle Erkenntnisse geliefert.

3.3 Erweiterung

Viele Europäer stehen der Idee der Erweiterung der Europäischen Union positiv gegenüber. 72 Prozent gehen davon aus, daß die EU nach der Erweiterung eine größere Rolle in der Welt spielen wird. Allerdings sind die Menschen in Europa weniger optimistisch bezüglich der wirtschaftlichen Auswirkungen einer Erweiterung. 35 Prozent gehen sogar davon aus, daß mit der Erweiterung auch die Arbeitslosigkeit in ihren Ländern steigen wird. Unter Jugendlichen sehen über 30 Prozent mehr Chancen als Probleme (22,5 Prozent), während über ein Drittel der befragten Jugendlichen bei der Abwägung der Chancen und Risiken indifferent ist.

Interessanterweise setzen Jugendliche etwas andere Schwerpunkte, wenn es um die Frage geht, ob Europa in der Zukunft eine größere Rolle in der Welt spielen sollte. Weder Wirtschaft noch Politik stehen hier an erster Stelle, sondern die befragten Jugendlichen wünschen sich im Bereich der Kultur eine führende Rolle Europas in der Welt.[19]

4. Argumentationsmuster Jugendlicher

4.1 Methode

Um die Ursachen und Motive für Einstellungsveränderungen aufzeigen zu können, benötigt man andere Erhebungsmethoden als die des Fragebogens.[20] Die Forschungsgruppe Jugend und Europa des Centrums für angewandte Politikforschung hat 22 Gruppendiskussionen mit Jugendlichen im gesamten Bundesgebiet durchgeführt. Die Gruppen bestanden aus sechs bis acht Jugendlichen. Die durchschnittliche Dauer eines Gespräches betrug ca. 90 Minuten. Gespräche wurden in allen Bundesländern und mit jungen Menschen aller Ausbildungsstufen durchgeführt. Ziel dieser Untersuchung ist es, Einstellungsmuster und Typen herauszufinden, ohne daß durch vorherige Beeinflussung (z. B. durch die Frageformulierungen bzw. durch Antwortvorgaben) das Ergebnis bereits präjudiziert wurde. Die Diskussion in der Gruppe gibt die Möglichkeit der freien und offenen Argumentation. Die sich entfaltende Gesprächsdynamik ermöglicht es, Interessen, Ängste, Erwartungen und Hoffnungen zu äußern und zu erläutern.

4.2 Europabezogene Identitätsmuster junger Menschen

Die Gruppendiskussionen lassen fünf Argumentationsmuster erkennen, wenn die Jugendlichen auf die Frage ihrer Identität zu sprechen kommen: bedächtig, universalistisch, extremistisch, pragmatisch und europäisch.

Bedächtig: Der Bedächtige ist der Ansicht, es sei noch zu früh, um sagen zu können: »Ich fühle mich als Europäer«. Erst die nächste Generation werde dies tun können. Europa sei noch zu weit weg oder, dies stellt eine Variation dieser Argumentation dar, komme viel zu schnell. Der Bedächtige fordert, daß der Prozeß der europäischen Integration langsamer gehen sollte. Als Beispiel dient an dieser Stelle der Argumentation dann fast immer die deutsche Vereinigung, die auch »viel zu schnell gegangen sei«, worin die Ursache für die gegenwärtigen Probleme und Krisen gesehen wird. Diese Argumentation findet sich – was nicht verwundern kann – vor allem bei den Jugendlichen in den neuen Bundesländern. Diese Argumentation tritt entweder angstbesetzt auf: »Alles wird gleichgemacht werden, Sprache, Geld, Kultur«, oder positiv besetzt: »Schön, daß es so kommen wird.« Allerdings zeigt sich hierbei dann, daß keinerlei konkrete Vorstellungen darüber existieren, wie dieses Europa eigentlich aussehen wird.

Universalistisch: Der Universalist betont, daß alle Menschen gleich sind. Nationale Identität sei daher eine sozial gelernte und veränderbare Qualität. Sie sei darüber hinaus etwas rein Zufälliges. Mit dieser offenen, toleranten und normativen Grundhaltung verbindet sich dann – nur auf den ersten Blick überraschend – eine Ablehnung der Europäischen Union. Die Ablehnung einer weitergehenden europäischen Integration wird damit begründet, daß die EU einen Versuch darstelle, eine »Festung Europa« zu schaffen. Europa versuche, sich ökonomisch und politisch gegenüber den Entwicklungsländern abzugrenzen und stabilisiere damit die bestehende Ungerechtigkeit in der Welt.

Hier zeigt sich, daß bei den Menschen, die die notwendigen normativen Einstellungen und Werte mitbringen, die allgemein für den »Europäer« gefordert werden (interkulturelle Offenheit, Toleranz, Menschenrechte, Frieden, Demokratie), das Projekt einer begrenzten Integration von Nationalstaaten gerade keine Unterstützung mehr findet, weil die Begrenztheit dieses Versuches kritisiert wird. Wenn Integration, so der Universalist, dann weltweit und nicht nur in Europa.

Extremistisch: Für den Extremisten steht außer Frage, daß das friedliche Zusammenleben von Menschen verschiedener Mentalitäten, Religionen und Kulturen unmöglich ist. Er wird nicht müde zu betonen, daß Mentalitätsunterschiede durch die Herkunft bedingt seien. Diese rassistische Begründung führt zur Ablehnung von als andersartig angesehenen Menschen (Ausländer, Fremde, Behinderte, Juden etc.) mit meist eindeutigen Feindbildvorstellungen. Verbunden ist diese Argumentation mit einer nationalistisch-chauvinistischen Einstellung, die gegen Europa gewandt ist. Damit verknüpft ist dann ein spezifisches Europabild (z. B. »EG ist Gleichmacherei« oder »nur für die Großen«). Der propagierte nationale Chauvinismus kann sich aus verschiedenen Quellen speisen: ökonomischen, politischen, kulturellen; der Grundtenor ist dabei immer derselbe: »Wir sind die Besten«.

Pragmatisch: Der Pragmatiker hat entweder eine als unproblematisches Wissen formulierte nationale Bindung oder betont sehr stark seine regionale Verwurzelung. In der nationalen Variante sagt er: »Ich bin Deutscher, weil ich hier geboren bin.« Dies wird als schlichte Gegebenheit angesehen. Wird eine weitere Erklärung gegeben, so ist sie entweder emotional (»Ich fühle mich als Deutscher.«) oder ökonomisch (»Hier habe ich meinen Job.«). Es gibt hierbei Überhöhungen in Richtung »Stolz«, der mit der ökonomischen, politischen oder kulturellen Stellung Deutschlands in der Welt begründet wird. Wesentlich für den Pragmatiker nationaler Prägung ist, daß er betont, die Tatsache, Deutscher zu sein, bedeute nicht, etwas gegen andere Nationen zu haben.

Der Pragmatiker kann auch als Regionalist auftreten. Dann betont er seine Bindung an seinen Wohnort meist emotional: »Da, wo man sich am besten auskennt«, wo »man sich am wohlsten fühlt, wo man die meiste Zeit seines Lebens verbracht hat«. Die Bindung gilt der Stadt, hier fallen die Berliner auf, die alle eine ausgesprochen starke Bindung an ihre Stadt betonen; der Region, hier fallen die Bayern auf, die eine ebenso starke Bindung zu ihrem Bundesland haben wie die Berliner zu ihrer Stadt. Einen Sonderfall stellen die neuen Bundesländer dar. Hier wird vereinzelt noch die DDR oder aber das Ostdeutsch-Sein als Bezugsrahmen angesprochen. Ein spezifisches Europabild ist mit keiner dieser Einstellungen verbunden. Einzig bei denjenigen, die ihr Ostdeutsch-Sein betonen, findet sich oft die Argumentation, daß erst die deutsche Vereinigung bewältigt werden müsse und dann erst die europäische kommen dürfe.

Europäisch: Der Europäer meint, da er in Europa groß geworden sei, sei er eben Europäer. Die europäische Identität wird meist komplementär zu anderen Identitätsebenen verstanden. Dies kann geschehen in Form von »unproblematischem Wissen« oder aber auch mit der Begründung, »deutsch-sein« hätte einen »bitteren Beigeschmack«. Und da man nicht Deutscher sein wolle, sei man lieber Europäer.

Auffällig ist, daß die Motivation bei den Jugendlichen in Brandenburg, Sachsen, Thüringen, Sachsen-Anhalt und Mecklenburg-Vorpommern, einmal ins Ausland gehen zu wollen, sehr stark von dem Wunsch geprägt ist, den als schwierig wahrgenommenen Verhältnissen in ihrer Heimat entkommen zu wollen. Die Altersgenossen in den alten Bundesländern sind vielfach mental schon über Europa hinaus; dies gilt insbesondere für unsere Gesprächspartner an den Gymnasien. Europa gehört zu ihrem Alltag. Reisen mit den Eltern, der Schulklasse und alleine nach Paris, Rom und London sind nichts Außergewöhnliches für sie. Selbst 16jährige verfügen bereits über Reiseerfahrungen nach Asien, von den USA ganz zu schweigen. Diese Gruppe der Jugendlichen, die demnächst ihr Abitur machen werden, und die als potentielle Elite im wesentlichen die Zielgruppe der Europaförderprogramme bilden, denkt global, und viele gehören zu den »Universalisten«.

Ganz anders stellt sich die Situation bei den Jugendlichen in Real-, Haupt- und berufsbildenden Schulen dar. Europa ist hier noch vielfach ein unentdeckter Kontinent, und die Vorstellung, einen Teil des Lebens einmal in Frankreich, Italien oder England zu verbringen, überschreitet vielfach den Rahmen des Vorstellbaren. Die Sprachbarrieren und die Bindung an den Heimatort erscheinen als zu starke Bremsen für ein solches Unternehmen. Die Chancen des Binnenmarktes für die eigene Lebensperspektive, einmal im Ausland arbeiten zu können, werden jedoch nie unverbunden geäußert, sondern durchweg mit der Befürchtung formuliert, daß ja dann auch Europäer aus den anderen Mitgliedstaaten nach Deutschland kommen können und somit insgesamt die Konkurrenz um Arbeitsplätze steigen wird. So wird die Möglichkeit, in ganz Europa einen Beruf ausüben zu können, für einen selbst begrüßt, während die gleiche Behandlung für andere kritisch gesehen wird.

Insgesamt bleibt festzuhalten, daß vor allem die Jugendlichen bereits offen und angstfrei auf die Begegnung mit anderen Kulturen reagieren, die für sich persönlich Hoffnungen mit einem geeinten Europa verbinden. Selbstbewußtsein, Neugier und Offenheit sind die Voraussetzungen, um für sich selbst die Herausforderungen und Veränderungen der europäischen Integration als Chance begreifen zu können.

Für die meisten Bürger und auch für die meisten Jugendlichen stellt Europa ein Buch mit sieben Siegeln dar. Die komplexen Strukturen dieses Gebildes, das sich zudem permanent verändert, sind kaum bekannt und werden daher auch nicht verstanden. Die unter diesen Bedingungen vor allem von der jungen Generation formulierten Anforderungen an Europa sind daher sehr allgemein, drücken aber dennoch einen bestimmten Wertekanon aus, den die Jugendlichen in Europa verwirklicht sehen wollen. Wichtig ist den Jugendlichen, daß gleiche Voraussetzungen für alle Menschen in Europa herrschen sollen, jedoch darf es nicht zu einer Gleichmacherei kommen. Daher fordern sie eine föderale Struktur und, am Beispiel der Bundesrepublik orientiert, die Eigenständigkeit der Länder. Die Kompetenzen der Regionen sollen gestärkt werden, die Nationen bestehen bleiben, aber weiter und enger zusammenarbeiten. Die Einführung der gemeinsamen europäischen Währung darf keine Nachteile für die Mitgliedstaaten (also Deutschland) nach sich ziehen.

Insgesamt gesehen haben einige Jugendliche also sehr konkrete Erwartungen an Europa. Sie wollen ein vereinigtes Europa, aber sie wollen eines, das die Chancengleichheit für die Menschen herstellt und sozial und ökologisch verantwortungsvoll handelt, und dies weltweit. Diese Jugendlichen, die offen und neugierig sind, begreifen die Einigung Europas als ganz persönliche Chance und begegnen den Herausforderungen angstfrei. Sie können sich vorstellen, eine Zeitlang im Ausland zu leben, und sie erfahren die Begegnung mit anderen Kulturen und Menschen als persönliche Bereicherung. Doch diese Jugendlichen stellen bei weitem nicht die Mehrheit unserer Gesprächspartner dar. Es zeigt sich, daß diese Haltung – in Europa eine persönliche Chance zu erblicken, auch wenn man den europäischen Integrationsprozeß kritisiert – abhängig ist vom Bildungsniveau und vom persönlichen Umfeld. Die größte Unterstützung findet die europäische Integration im städtischen Raum, verstärkt an Gymnasien, und eher bei Frauen als bei Männern.

5. Schlußfolgerungen

Während in den neuen Bundesländern der Übergang zur Marktwirtschaft zu neuen sozialen Bezügen und ungewissen Zukunftsperspektiven, zudem bedroht durch Arbeitslosigkeit, geführt hat, haben sich in den alten Bundesländern die Rahmenbedingungen für junge Menschen kaum verändert. Allerdings spiegeln die Daten über die Einstellungen Jugendlicher zu Europa die allgemeine Unsicherheit und Skepsis der jungen Generation in Europa wider. Die soziale Krise hat die Jugendlichen erreicht. Die Erwartungen an die Steuerungskompetenz der Politik sind dementsprechend gestiegen und können von dieser kaum noch erfüllt werden. Viele junge Menschen sind, wie auch zahlreiche Erwachsene, der Ansicht, daß das politische Leben viel von seiner Glaubwürdigkeit eingebüßt habe. Arbeitslosigkeit, fehlende Perspektiven und die subjektive Wahrnehmung von Benachteiligung haben bei einem Teil der Jugendlichen ein Gefühl der Ohnmacht erzeugt, und sie sehen für sich keine Möglichkeit mehr, einen echten Beitrag zum sozialen Wandel leisten zu können.

Insgesamt läßt sich somit festhalten, daß die Bevölkerung in Deutschland dem europäischen Einigungsprozeß verhalten skeptisch gegenübersteht. Die junge Generation ist insgesamt jedoch optimistischer und unterstützt das Projekt stärker als ihre Eltern. Von daher kann tatsächlich von einer jungen Generation gesprochen werden, die bezüglich der europäischen Einigung zwischen Erwartung und Skepsis verharrt. Der europäische Einigungsprozeß muß für diese jungen Menschen erst noch den Beweis antreten, daß seine Auswirkungen positiv für ihre Alltags- und Zukunftssorgen sein werden. Das Ergebnis ist insofern ambivalent. Einerseits ist die Idee eines vereinten, demokratischen und friedlichen Europas nicht diskreditiert, andererseits werden konkrete Schritte der europäischen Integration, wie Binnenmarkt und Währungsunion, mit Skepsis betrachtet. Dies ist jedoch kein wirklicher Widerspruch, auch ist damit die europäische Integration nicht am Ende, sondern vielmehr kann man hierin eine Aufforderung sehen, zu bürgernahen Reformen und Entscheidungen auf der europäischen Ebene kommen zu müssen. Die Vorteile der Europäischen Union werden anerkannt, aber sie sind für die Mehrheit vielfach eine Selbstverständlichkeit des Alltages. Jetzt wollen nicht nur die Jugendlichen wissen, wohin die weitere Reise Europas gehen soll. Sie haben dabei sehr konkrete Erwartungen an ein vereintes Europa, ein Europa, das solidarisch handelt und sich nicht vor den Problemen der restlichen Welt verschließen wird.

Anmerkungen

1 Vgl. hierzu: Weidenfeld, Werner: Die Bilanz der Europäischen Integration, in: Weidenfeld, Werner, und Wolfgang Wessels (Hrsg.): Jahrbuch der Europäischen Integration 1996/97, Bonn 1997, S. 13–26.
2 Auftraggeber ist hierfür die Generaldirektion X. Die Umfragen werden jedes Frühjahr und jeden Herbst durchgeführt. In jedem Land werden 1 000 repräsentativ ausgewählte Personen im Alter von 15 Jahren und darüber befragt; lediglich in Luxemburg umfaßt die Stichprobe 500 und im Vereinigten Königreich 1 300 (davon 300 in Nordirland). Um die Integration der fünf neuen Bundesländer in das vereinte Deutschland und die EU zu beobachten, werden seit dem Eurobarometer Nr. 34 (Herbst 1990) jeweils 2 000 Personen in Deutschland befragt: 1 000 in den alten und 1 000 in den neuen Bundesländern.
3 Alle Daten aus: EUROSTAT, vgl. hierzu: http://europe.eu.int/en/comm/eurostat/
4 Vgl. hierzu u. a.: Jugendwerk der Deutschen Shell (Hrsg.): 12. Shell Jugendstudie: Jugend '97. Zukunftsperspektiven, Gesellschaftliches Engagement, Politische Orientierung, Opladen 1997.
5 Goebel, Johannes, und Christoph Clermont: Die Tugend der Orientierungslosigkeit, Berlin 1997.
6 Vgl. hierzu: Beck, Ulrich (Hrsg.): Kinder der Freiheit, Frankfurt a. M. 1997.
7 Glaab, Manuela, und Karl-Rudolf Korte: Politische Kultur, in: Weidenfeld, Werner, und Karl-Rudolf Korte (Hrsg.): Handbuch zur deutschen Einheit, Bonn 1996.
8 Schmuck (Anm. 3), S. 92 f.
9 Vgl. Eurobarometer 37–45, 1990–1997.
10 Vgl. hierzu: Henschel, Thomas R.: Die deutschen Europäer. Einstellungen Jugendlicher zu Europa 1990–1995, München 1997.
11 Vgl. Eurobarometer 50 (1999), hrsg. von der Europäischen Kommission, März 1999, http://europa.eu.int/en/comm/dg10/infcom/epo/eb.html.
12 Emnid-Studie: Generation BRAVO, hrsg. von der Avantgarde Gesellschaft, München 1997.
13 Zu diesen und den folgenden Daten siehe: Eurobarometer 47.2 (Anm. 5).
14 Henschel (Anm. 12), S. 18.
15 Tham (Anm. 2).

16 Eurobarometer 46.
17 Euro-Jugend-Survey; in: Henschel (Anm. 12), S. 29 ff.
18 Eurobarometer 46 (1996).
19 Bauer, Melanie, und Thomas Albinger: Münchner Europa Jugendstudie, Untersuchung des CAP, München 1999.
20 Zu den folgenden Ausführungen vgl.: Henschel, Thomas R.: »Europa – det is'n Anfang«. Jugendliche und ihre Einstellungen zu Europa, Mainz 1996.

6.
Europas Außenbeziehungen

Europa und Amerika

FELIX PHILIPP LUTZ

Ein Jahrzehnt nach dem Fall der Mauer ist das Leitbild des kalten Krieges, die *Bipolarität* von Ost und West, noch immer nicht aus den transatlantischen Beziehungen zwischen Europa und den USA verschwunden. Die Vergangenheit wirkt einerseits noch nach in der NATO-Osterweiterung, hier vor allem in den Beitrittsmotiven der neuen Mitglieder, wird aber andererseits schon aufgehoben im NATO-Kooperationsrat mit Rußland als Mitglied. Die NATO als wichtigster institutioneller transatlantischer Eckpfeiler befindet sich in einer ambivalenten Situation: Einerseits verbündet sie sich mit den ehemaligen Satelliten der früheren Sowjetunion, andererseits gibt sie dem heftigen Werben Rußlands durch eine allmähliche Einbindung in die Struktur der nordatlantischen Allianz nach.

Die transatlantischen Beziehungen erleben derzeit eine Renaissance, da Europa angesichts der schweren Wirtschafts- und Finanzkrise in Ostasien und Rußland als einziger stabiler Wirtschafts- und Handelspartner Amerikas dasteht. Auch in der Sicherheitspolitik sind Amerika und Europa aufeinander angewiesen. Die militärische Befriedung des ehemaligen Jugoslawiens konnten die Europäer nur mit den Amerikanern zusammen bewerkstelligen. Auch der Kosovo-Krieg zeigte erneut, daß Europa außen- und sicherheitspolitisch nur eingeschränkt handlungsfähig und noch weit davon entfernt ist, zuverlässig mit einer Stimme zu sprechen oder gar einheitlich zu handeln. Europa und Amerika arbeiten außerdem an einem großen transatlantischen Wirtschaftsraum. Durch die gemeinsame Währung wird die Europäische Union zu einem noch attraktiveren Partner – und gleichzeitig zu einem stärkeren Wettbewerber – für die Amerikaner werden. Die Perspektiven der Osterweiterung und die Hoffnung auf eine ökonomische und demokratische Entwicklung Rußlands und weiterer osteuropäischer Staaten einen Europäer und Amerikaner in ihren europapolitischen und außenpolitischen Zielen. Auch die unter dem Stichwort Globalisierung zusammenzufassenden kulturellen, technologischen und wirtschaftlichen Entwicklungen geben beiden Seiten zu verstärkter Zusammenarbeit Anlaß. Konkurrenz in den europäisch-amerikanischen Beziehungen – außer auf wirtschaftlichem Gebiet zwischen einzelnen Firmen – wäre die falsche Antwort angesichts einer historisch gesehen erfolgreichen Zusammenarbeit seit dem Ende des Zweiten Weltkrieges.

1. Historische Kontinuitäten: Amerikas Rolle in Europa

Die europäisch-amerikanischen Beziehungen waren bis zum Eintritt der Vereinigten Staaten in den Ersten Weltkrieg gekennzeichnet durch bilaterale Verhältnisse zwischen den USA und den jeweiligen europäischen Staaten. Die Amerikaner begannen erst gegen Ende des 19. Jahrhunderts bzw. seit den Kriegen vor der deutschen Reichsgründung, den Blick verstärkt auf Europa zu richten. Davor verhinderten der eigene Freiheitskampf, der amerikanische Bürgerkrieg im 19. Jahrhundert und die Pionier- und Aufbauarbeit im eigenen Land eine verstärkte Außen- oder auch Rückorientierung auf Europa.[1] Im Ersten Weltkrieg traten die Vereinigten Staaten zum ersten Mal als europäische Ordnungsmacht auf. Der Kriegseintritt der USA gegen Deutschland erfolgte zögerlich und auch nur als »assoziierte« Macht, nicht als Verbündeter der Kriegsgegner Deutschlands. Die Teilnahme der Amerikaner am Zweiten Weltkrieg hingegen war von einer anderen Qualität. Ohne sie hätte der europäische Kontinent nicht befreit werden können. Nach dem Krieg wurden die USA zur Führungsmacht des Westens. Aufgrund ihres ökonomischen und militärischen Potentials sowie ihrer wirtschaftlichen Interessen und der prekären sicherheitspolitischen Situation angesichts expansionistischer Bestrebungen der Sowjetunion dominierten die Vereinigten Staaten die transatlantischen Beziehungen bis zum Ende des kalten Krieges.

Ein Europa, das nach außen gemeinsame Interessen vertrat, existiert erst seit 1945 und dem Beginn des kalten Krieges. Nach dem Ende des Zweiten Weltkrieges wurde schnell deutlich, daß Amerikaner und Europäer angesichts der expansiven und aggressiven Außenpolitik des Kreml nicht wieder in isolationistische, durch Konkurrenz geprägte Handlungsmuster würden zurückfallen können. Doch auch die Geschichte der Kriege und Streitigkeiten schon vor dem Ersten Weltkrieg hatten in Europa zu einem Bewußtsein der Notwendigkeit einer kooperativen und friedlichen Organisation und strukturellen Ausgestaltung der verschiedenen nationalen Interessen beigetragen. Die Vereinigten Staaten drängten in den Jahren nach 1945 auf eine westeuropäische Integration, die dabei fast zu einer Bedingung für die Hilfe durch den Marshall-Plan wurde.[2]

Die amerikanische Außen- und Europapolitik war bei weitem nicht nur reaktiv, als Antwort auf die Bedrohung der westlichen Interessen durch die kommunistischen Staaten in der Welt konzipiert. Die strategische Ausrichtung ökonomischer und militärischer Ressourcen im internationalen Spannungsfeld des kalten Krieges hatte immer auch eine dominante wirtschaftspolitisch-ideologische Komponente zur Grundlage. Für Dean Acheson, George Marshall und andere amerikanische außenpolitische Akteure und Planer stellte die Etablierung einer liberalen Weltwirtschaftsordnung ein wichtiges Ziel der strategischen Nachkriegsplanungen dar, wobei das Bemühen um den Zugang zu den europäischen Märkten sich aus diesem Oberziel ergab, das seit 1945 entscheidend das Verhältnis Amerikas zu den europäischen Einheitsbestrebungen bestimmte.[3] Nur aufgrund der Rolle der Supermacht USA als wohlwollendem Hegemon in Europa und durch die Aufhebung der

Europa und Amerika

Notwendigkeit für die europäischen Staaten, wirtschaftliche Vorteile und militärische Machtbalance untereinander *nicht* jeweils zu den eigenen Gunsten beeinflussen zu müssen, konnten der ökonomische Aufschwung, die institutionelle und politische Integration und der Frieden in Westeuropa gesichert werden.[4] Die gesamte amerikanische Politik gegenüber der Sowjetunion nach dem Ende des Zweiten Weltkrieges – vom *Containment* bis zur Entspannung – stand im Gesamtzusammenhang des Zieles der Errichtung einer liberalen Weltwirtschaftsordnung. Daneben hatte die Sicherheitspolitik gegenüber dem Warschauer Pakt auch eine innenpolitische Funktion, nämlich die für das übergeordnete Ziel einer liberalen Weltwirtschaftsordnung notwendigen finanziellen und militärischen Ressourcen gegenüber der Öffentlichkeit und dem Kongreß zu legitimieren.

Die Amerikaner zeigten im Verlauf des Prozesses der europäischen Integration zuweilen ambivalente Einstellungen gegenüber dem Aufbau eines potentiellen Wettbewerbers im Handel und in der internationalen Wirtschaft. Insgesamt gesehen jedoch unterstützte Amerika die ökonomische und politische Integration Europas. Der Kern des Projektes der europäischen Integration war und ist die historische Aussöhnung zwischen Frankreich und Deutschland. Von der Montanunion bis zur – vorläufig – letzten Etappe, dem Inkrafttreten der Währungsunion zum 1. Januar 1999, beinhalteten die Festigung und der Ausbau der europäischen Integration im Kern immer auch einen Aspekt der sicherheitspolitischen Einhegung und Einbindung Deutschlands. Der Fall der Berliner Mauer im Jahr 1989 machte sehr schnell deutlich, daß eine umfassende politische, kulturelle und sicherheitspolitische Neuordnung auf dem europäischen Kontinent würde stattfinden müssen.

In Deutschland, bei seinen europäischen Partnern und Verbündeten und auch bei den Amerikanern war man sich darüber im klaren, daß eine Wiedervereinigung der beiden deutschen Staaten nur im Konzert aller unmittelbar Beteiligten und Betroffenen sowie der Partner Deutschlands erreicht werden konnte. Amerika spielte die zentrale Rolle in den diplomatischen Aktivitäten und Verhandlungen um die deutsche Einheit im Jahre 1990. In engster Kooperation mit Deutschland banden die USA England und Frankreich in den Prozeß ein, beruhigten östliche Nachbarländer wie Polen und bewogen die Sowjetunion durch eine diplomatische Meisterleistung zur Zustimmung zur deutschen Einigung und zum umfassenden Rückzug aus Deutschland.

Angesichts der dramatischen politischen Veränderungen in Europa verabschiedeten die EG und die USA 1990 die gemeinsame *Transatlantische Erklärung*. Dieses Dokument sah regelmäßige Konsultationen auf allen politischen Ebenen sowie halbjährliche Treffen zwischen dem amerikanischen Präsidenten, der Kommission und dem Ratspräsidenten vor. Die *Transatlantische Erklärung* bewirkte damit zwar eine Intensivierung der Kommunikation und eine gegenseitige Versicherung gemeinsamer Werte und Ziele in der Politik. Sie verfehlte jedoch ein wichtiges Ziel vieler Akteure, die die transatlantischen Beziehungen auch von gemeinsamen Anstrengungen und Aktionen praktischer Politik getragen sehen wollten. Dieser Schwachpunkt wurde bald offensichtlich. Zusätzlich wuchs seit

Anfang der neunziger Jahre auf beiden Seiten des Atlantiks die Erkenntnis, daß die anstehenden weltpolitischen Entwicklungen und globalen wirtschaftlichen Veränderungen eine noch engere und intensivere Zusammenarbeit erfordern würden. Erstes Ergebnis dieser Erkenntnis war die Verabschiedung der »*Neuen Transatlantischen Agenda*« in Madrid im Dezember 1995. Damit wurde qualitativ eine neue Phase transatlantischer Kooperation eingeläutet, die aus europäischer Sicht – und vor allem von Deutschland propagiert – in eine transatlantische Freihandelszone (TAFTA) münden sollte. Die TAFTA in Verbindung mit einer engen Abstimmung außenpolitischer Anliegen und Politikinhalte von EU und USA ist aus der Sicht europäischer Akteure die politisch notwendige Verdichtung der transatlantischen Partnerschaft zur Bewältigung der zukünftigen Probleme.[5]

2. Außen- und Sicherheitspolitik

Die Jahre seit der Vereinigung Deutschlands und dem politischen Umbruch in Osteuropa sind geprägt von der Suche Amerikas und Europas nach neuen außenpolitischen Konzepten und Antworten auf die als zunehmend unübersichtlich empfundenen internationalen Entwicklungen. In Amerika selbst wird die angebliche Orientierungslosigkeit der Außenpolitik auf dramatische Weise beklagt. Ein Positionspapier der »Kommission für Amerikas nationale Interessen« kritisierte die unklare *ad-hoc*-Politik der Clinton-Administration und leitete daraus eine potentielle Bedrohung für das Glück, die Werte und sogar die Existenz Amerikas her.[6] In diesen und vergleichbaren amerikanischen Überlegungen spielen Europa und das Bündnis mit den europäischen Staaten stets eine bedeutende Rolle. Als zentrale Anliegen werden das politisch-militärische Bündnis mit den europäischen Partnern, die Absicherung der Partnerstaaten und der Erhalt der amerikanischen Führung – auch auf militärischem Gebiet – genannt. Die Mehrzahl der restlichen Ziele und Aufgaben, wie beispielsweise die Verhinderung der Verbreitung nuklearer Waffen, erfordern jedoch ebenfalls eine langfristig-strategische Kooperation mit der EU und mit den europäischen NATO-Partnern.

Die US-Regierung selbst ordnet den europäisch-amerikanischen Beziehungen eine zentrale Rolle im außenpolitischen Zielkanon zu. Der nationale Sicherheitsberater des amerikanischen Präsidenten, Samuel R. Berger, nannte in einer Rede im März 1997 sechs strategische Ziele[7] amerikanischer Außenpolitik:
1. die Arbeit an einem ungeteilten, demokratischen und friedlichen Europa;
2. Aufbau einer starken stabilen asiatisch-pazifischen Gemeinschaft;
3. Förderung Amerikas als entscheidende Kraft für den Frieden auf der Welt;
4. Errichtung eines Bollwerkes gegen transnationale Sicherheitsherausforderungen;
5. Schaffung von Arbeitsplätzen durch ein offeneres Handelssystem;
6. Beibehaltung eines starken Militärs, das über die erforderlichen Mittel zur Erfüllung der o. a. Aufgaben verfügt.

Trotz dieser nur auf den ersten Blick eindeutigen Zielsetzungen ist Amerika immer noch auf der Suche nach einer außenpolitischen Strategie, die zwischen den Polen eines nach innen gewandten Unilateralismus – mit manchmal isolationistischen Tendenzen – und einer an nationalen Interessen orientierten globalen Machtpolitik die richtige Balance findet.[8]

Betrachtet man die amerikanische Europa- und Sicherheitspolitik unter dem Aspekt der übergeordneten außenpolitischen Linie der Clinton-Administration, nämlich der Fundierung und Ausweitung eines offenen Welthandelssystems, aufbauend auf marktwirtschaftlich orientierten Demokratien, so wird deutlich, daß die Vereinigten Staaten auch in Zukunft bestrebt sein werden, eine führende Rolle auf dem europäischen Kontinent zu spielen. Umgekehrt ist den Europäern spätestens seit ihrem Versagen in Bosnien und am Beispiel des Kosovo-Konfliktes klargeworden, daß sie ein gemeinsames Interesse an einer fortdauernden Präsenz und einem langfristigen Engagement der Vereinigten Staaten auf dem europäischen Kontinent haben müssen. Die Versuche Frankreichs, den amerikanischen Einfluß in Europa zurückzudrängen, die sich auch in der spezifischen Rolle der Franzosen bei den Diskussionen um die Reformen und Ziele der NATO offenbarten, bereiten gerade den Deutschen Schwierigkeiten, die sowohl zu den Franzosen als auch zu den Amerikanern besonders enge Beziehungen pflegen und ein fortdauerndes und starkes Engagement der Vereinigten Staaten in Europa als *conditio sine qua non* ihrer Außenpolitik ansehen.[9]

Das außen- und sicherheitspolitische Profil der Europäischen Union entspricht nicht dem eines Staates.[10] Die ökonomische und bürokratische Integrationsdichte der EU hat keine Entsprechung in den Bereichen Außen- und Sicherheitspolitik. Vielmehr werden die transatlantischen Beziehungen strukturiert durch eine Vielzahl von Organisationen und bilateralen Beziehungsmustern, deren Kern die NATO darstellt. Der Versuch der europäischen Staaten, mit einer Stimme zu sprechen und gemeinsam zu handeln, hat eine lange Geschichte im Verlauf des Integrationsprozesses. Die Motive, eine Gemeinsame Außen- und Sicherheitspolitik aufzubauen, waren und sind vielfältiger Art. Wachsendes Selbstbewußtsein der europäischen NATO-Staaten angesichts der zunehmenden wirtschaftlichen Erfolge der EU, das Bedürfnis, regionale europäische Probleme selbst zu lösen und nicht nur als Junior-Partner der Supermacht USA aufzutreten, nationale Sonderinteressen außerhalb der NATO-Zuständigkeiten und nicht zuletzt die französischen Bemühungen um eine Führungsrolle haben häufig zu Irritationen zwischen den transatlantischen Partnern geführt. Auch hegten die europäischen NATO-Staaten während des kalten Krieges Befürchtungen vor bilateralen Übereinkünften zwischen den beiden Supermächten USA und Sowjetunion.

Dem strukturellen Dilemma, eine Vielzahl oftmals widerstreitender nationaler Interessen koordinieren zu müssen, um gegenüber den USA eine geschlossene Haltung zu zeigen, versuchte Europa durch die Begründung einer gemeinsamen Außenpolitik entgegenzutreten. Schon in der 1970 gegründeten Europäischen Politischen Zusammenarbeit (EPZ) wurde der Aufbau einer eigenständigen außenpolitischen Identität Europas von Frankreich als bewußter Versuch einer Abgrenzung von den Vereinigten Staaten verstanden. Es bedurfte eines deutschen Vorstoßes, um den transatlantischen Partner USA jeweils frühzeitig über außenpolitische Aktivitäten der Gemeinschaft zu informieren. Die Mitgliedstaaten behandelten die Frage der Einbeziehung der Sicherheits- und Verteidigungspolitik in die EPZ zuerst äußerst kontrovers und klammerten sie schließlich stillschweigend aus, um nicht in NATO-Zuständigkeiten zu geraten und das transatlantische Bündnis nicht zu belasten.

Die europäischen Staaten und Amerika begründeten nach dem Zweiten Weltkrieg angesichts der sowjetischen Expansion ein kollektives Verteidigungsbündnis mit den USA als Führungsmacht. Die NATO hatte – auch nach dem Beitritt Deutschlands – zwei Hauptfunktionen: Sicherheit vor der Sowjetunion und gleichzeitig die Einbindung Deutschlands in die westliche Allianz, um Sicherheit vor Deutschland zu gewährleisten. Die Sowjetunion und der Warschauer Pakt bewirkten durch ihre aggressive Rhetorik und ihr System militärischer Unterdrückung auch eigener Verbündeter ein Zusammenrücken der westeuropäischen Staaten, das entscheidend nicht nur den Aufbau der NATO, sondern auch die politisch-ökonomische Integration Westeuropas förderte. Obwohl die Systemkonkurrenz zwischen den beiden Blöcken global angelegt war, blieb die eigentliche Spannungslinie die Ostgrenze des westlichen Bündnisses und damit die Grenze zwischen den beiden deutschen Staaten. Hier standen sich zwei Militärbündnisse mit einer bis dahin nicht gesehenen Zahl von Waffen und Soldaten mit einem gigantischen Zerstörungspotential gegenüber. Entgegen dem von den Militärs und den westlichen Regierungen gezeichneten Bedrohungsszenario aber ließ das subjektive Gefühl einer Bedrohung in Form eines anstehenden Überfalls des Warschauer Paktes auf den Westen gerade bei der westdeutschen Bevölkerung schon gegen Ende der sechziger Jahre – noch vor dem Einsetzen der Entspannungspolitik der sozialliberalen Koalition – deutlich nach. In den siebziger und achtziger Jahren wurden Befürchtungen der europäischen NATO-Partner eines *Bilateralismus* zwischen den USA und der Sowjetunion auf Kosten der Europäer sowie über die Zuverlässigkeit des amerikanischen Nuklearschirmes für Europa hörbar. Die transatlantische Partnerschaft war nie frei von Konfliktstoff. Selbst auf dem Höhepunkt der sowjetischen Bedrohung Westeuropas kennzeichneten scharfe Konflikte die Beziehungen zwischen den USA und den europäischen NATO-Staaten über europäische und amerikanische außenpolitische Engagements in Ländern und Regionen wie Palästina, Suez und in Vietnam.[11] Differenzen gab es auch über die Stationierung von Mittelstreckenraketen (NATO-Doppelbeschluß). Quasi permanent diskutierten die Verbündeten die Frage der Kosten der amerikanischen Truppenstationierungen. Insgesamt aber erwies sich die nordatlantische Partnerschaft als stabiles Fundament und wichtigste Säule der bipolaren internationalen Struktur.

Unter amerikanischer Führung – teilweise auch bilateral zwischen der Sowjetunion und den USA – wurde seit den siebziger Jahren in mehreren Foren (SALT, MBFR, KSZE) über Abrüstung und Rüstungskontrolle verhandelt. Bedeutendste

Ergebnisse waren die Vereinbarungen über Vertrauensbildende Maßnahmen im Rahmen der KSZE-Runden, die eine neue Qualität in der Sicherheitspolitik und im Umgang zwischen den beiden Systemen darstellten. Der Wandel im Zuge der Politik von *Glasnost* und *Perestroika* von Michail Gorbatschow brachte schließlich das Ende des Ost-West-Konfliktes und die Auflösung des Warschauer Paktes. Die westlichen NATO-Staaten reagierten darauf mit der Umorientierung des Bündnisses. Das Verschwinden der Gefahr eines nuklearen Weltkrieges zwischen den Supermächten und die in einem Zeitraum von weniger als einem Jahrzehnt unvorstellbar gewordene Möglichkeit eines umfassenden konventionellen Krieges zwischen West- und Osteuropa haben in Verbindung mit der zunehmend gesellschaftlichen, ökonomischen und technischen Globalisierung die klassische Sicherheitspolitik des kalten Krieges hinfällig werden lassen. Die Bedrohung des Westens geht nicht mehr von einem übermächtigen Gegner aus, sondern von einem militärisch-machtpolitischen Vakuum und einer latenten Instabilität des osteuropäischen Raumes bei gleichzeitig noch fehlender ökonomischer Stabilität der neuen Demokratien.[12] Die Umorientierung der NATO mit der Öffnung nach Osten und der Kooperation mit Rußland soll die Schaffung einer gesamteuropäischen Sicherheitsordnung unter Einbeziehung Rußlands zum Ziel haben und das Entstehen von Grauzonen und Trennungslinien verhindern. Dazu gehören die Unterzeichnung der Grundakte und Einsetzung eines gemeinsamen Rates mit Rußland. Gleichzeitig versteht sich die 'Neue NATO' »als eine Organisation, deren politische Bereitschaft und militärische Befähigung zum Intervenieren dem veränderten Europa Stabilität geben soll.«[13] Im Dezember 1997 haben die Außenminister der 16 NATO-Staaten die Erweiterung des Bündnisses um Polen, Ungarn und die Tschechische Republik beschlossen und unterzeichnet. Im Rahmen des Gipfeltreffens der 19 NATO-Staaten anläßlich des 50jährigen Bestehens der Allianz vom 23. bis 25. April 1999 in Washington wurden ein Gipfel-Kommuniqué und das neue strategische Konzept verabschiedet. Inhalte und Ziele sind die Bereitschaft der NATO, mit UNO- und OSZE-Mandat Aufgaben im Bereich von Krisenmanagement und Krisenprävention zu übernehmen. Weitere Elemente sind u. a. der Aktionsplan für Mitgliedschaft, eine Initiative zur Stärkung der Interoperabilität des Bündnisses sowie die Aufwertung der Rolle der EU in der NATO durch die Ausgestaltung einer europäischen Sicherheits- und Verteidigungsidentität.

Europäer und Amerikaner treiben gemeinsam den Öffnungs- und Integrationsprozeß des Westens gegenüber den neuen osteuropäischen Demokratien voran. Dieser Öffnungsprozeß ist in einen Gesamtansatz eingebettet, zu dem die NATO-Rußland-Grundakte gehört, die NATO-Ukraine-Charta sowie der Euro-Atlantische Partnerschaftsrat. Rußland wurden Abrüstungsverhandlungen, Wirtschaftshilfe, die Anerkennung als gleichberechtigter Teilnehmer am Gipfel der führenden Industriestaaten (G 8) und ein politisch, aber nicht rechtlich bindendes Abkommen zur Regelung der Beziehungen zur NATO offeriert.

Amerika und Europa stellen sich in der Sicherheitspolitik auf neue und unterschiedliche Herausforderungen ein. US-Präsident Clinton hat im November 1997 eine neue Direktive für die atomare Zielplanung der Vereinigten Staaten unterzeichnet.[14] Danach sollen die USA nun nicht mehr in der Lage sein, einen umfassenden Nuklearkrieg zu führen und zu gewinnen, sondern fähig, für eine glaubwürdige Abschreckung von »Schurkenstaaten« zu sorgen. Unter diese Rubrik fallen derzeit Länder wie Irak, Iran oder auch Sudan und Afghanistan. Stärker noch als bisher hat die NATO derzeit wie zukünftig auch politisch-strategische Aufgaben wahrzunehmen, die den Frieden und die Integration Europas fördern und stabilisieren. Die Erweiterung der NATO nach Osten hat mehrere zusammenhängende Zieldimensionen, die auch die Absicherung und Förderung der jungen osteuropäischen Demokratien beinhalten. Die NATO- und die EU-Mitgliedschaft für Polen, Tschechien und Ungarn sollen den Menschen nicht nur Wohlstand und Sicherheit, sondern auch den Aufbau einer Zivilgesellschaft, die Stabilisierung der Marktwirtschaft, Demokratisierung sowie Rechtsstaatlichkeit bringen.[15]

Im Dezember 1997 einigte sich die NATO auf eine neue Kommandostruktur. Frankreich stimmte ihr ebenfalls zu, wenn auch unter dem Vorbehalt, daß Europa stärker in der Befehlsstruktur vertreten sein müsse. Der Posten des Oberbefehlshabers des NATO-Kommandos Süd in Neapel, der mit einem US-General besetzt ist, soll nach Meinung aus Paris von einem Europäer übernommen werden, was die Amerikaner allerdings bislang ablehnten. Seit Frankreich im Jahre 1966 die integrierte Kommandostruktur der NATO verlassen hat, gibt es regelmäßig Meinungsverschiedenheiten der Franzosen mit den Amerikanern. Vor allem Paris hat eine eigene Meinung von der Rolle der WEU als sicherheitspolitische Institution in Europa. Die Franzosen führten einen »quasi-theologischen Streit« um Aufgaben und Ausrichtung der WEU im Verhältnis zur NATO.[16] Die Europäer sehen in der WEU nach Darstellung des ehemaligen Bundesaußenministers Klaus Kinkel ein Scharnier zwischen Europäischer Union und NATO, das künftig ein effizienteres Krisenmanagement in Europa ermöglichen soll.

In der Sicherheitspolitik gibt es im europäisch-amerikanischen Verhältnis eine ganze Reihe von Meinungsverschiedenheiten sowohl strategischer als auch personeller und taktischer Art, die jedoch nicht das Bündnis als solches oder dessen Selbstverständnis im Kern berühren. Die Anfang der neunziger Jahre noch vom damaligen US-Präsidenten Bush und seinem Außenminister George Baker vorgetragenen Bedenken gegenüber der weiteren europäischen Integration und dem Aufbau einer europäischen Sicherheitsidentität sind inzwischen einer positiven Einschätzung und entsprechender Unterstützung gewichen.[17] Die Amerikaner wünschen sich ein wesentlich größeres Engagement der Europäer im sicherheitspolitischen Feld. Im Gegensatz zur Zeit des kalten Krieges, als es vor allem um höhere Kostenübernahmen ging, fordern die Vereinigten Staaten jetzt mehr Unterstützung der Verbündeten sowohl bei der Bereitstellung von Kampftruppen als auch bei deren potentiellem Einsatz außerhalb des NATO-Gebietes. Aus amerikanischer Sicht sollen die Europäer zu einem »echten« Partner werden, mit dem man gemeinsam weltweit anstehende Probleme in Angriff nehmen kann. Dahinter steht der Wunsch nach mehr Verantwortungsübernahme seitens der EU auch in Europa angesichts des nur durch amerikanische Initiative eingedämmten Konfliktes im ehemaligen Jugoslawien und im Kosovo. US-Präsident Clinton machte während seines Deutschlandbesuches im Mai 1998 deutlich, daß in der transatlantischen Partnerschaft künftig Lasten und Nutzen gleichermaßen verteilt werden müßten.

In Europa wird auch Kritik an der Rolle und den Vorstellungen Amerikas über die Form der zukünftigen Partnerschaft geübt. Die Kritiker bemängeln die unterschiedlichen strategischen sicherheits- und außenpolitischen Zielprojektionen der Partner sowie das grundverschiedene jeweilige Selbstverständnis. Den Amerikanern wird vorgeworfen, die Eigenständigkeit der NATO zu schwächen und zu versuchen, sie verstärkt den globalen Machtinteressen Amerikas zu unterwerfen.[18] Die Ansprüche Amerikas als globale Ordnungsmacht und einzige militärische Supermacht implizierten die Bereitstellung und Unterhaltung militärischer Potentiale, die auch von Europa mitfinanziert werden müßten. Hinzu kommen dafür notwendige politische Engagements und Strategien, die derzeit nur schwer mit einer gemeinsamen europäischen Außenpolitik vereinbar scheinen.[19]

Amerikanische Außenpolitik trägt immer auch den Zug in sich, das moralische Sendungsbewußtsein der Amerikaner zu verkörpern und nach außen zu vertreten. Im Herbst 1997 brachten verschiedene religiöse Gruppierungen gemeinsam eine Vorlage im Kongreß ein, die sowohl vom republikanischen Mehrheitsführer im Senat, Trent Lott, als auch vom damaligen republikanischen Sprecher des Abgeordnetenhauses, Newt Gingrich, unterstützt wurde. Die Vereinigung *National Association of Evangelists*, die *Southern Baptist Convention* und die Vereinigung zum Schutz der Familienwerte *Family Research Council* hatten den Gesetzentwurf, den *Freedom From Religious Persecution Act* gemeinsam verfaßt und in den Kongreß eingebracht. Das Gesetz hätte die Regierung verpflichtet, wirtschaftliche Sanktionen gegen Staaten einzuleiten, in denen Menschen wegen ihres Glaubens verfolgt werden. Opfer religiöser Verfolgung sollten danach auch bevorzugt in die USA einreisen dürfen. Über die universellen Menschenrechte und die wirtschaftlichen Interessen stellte der Entwurf hierbei die religiös-ideologischen Anliegen der konservativen christlichen Koalitionäre.[20] Die Initiative konnte sich nicht durchsetzen, zeigt aber, wie bedeutsam innenpolitisch-ideologische Strömungen für die amerikanische Außenpolitik werden können.[21]

3. Gesellschaftliche und kulturelle Beziehungen

3.1 Die gemeinsame Suche nach neuen gesellschaftlichen Fundierungen

Seit einigen Jahren breitet sich in den USA und in Europa eine Diskussion zum Thema *Kommunitarismus* und *Bürgergesellschaft* in immer weiteren Zirkeln von Wissenschaft und Politik aus. Das Themenfeld – aktuell unter den Begriffen *communitarianism, civil society* sowie *Zivil-* und *Bürgergesellschaft* abgehandelt – ist keineswegs neu, auch nicht die Klage über den fehlenden Gemeinsinn; schon in der Weimarer Republik und im Amerika der zwanziger Jahre wurden diese und andere gesellschaftliche Erscheinungen beklagt.

Die Diskussion um die *Bürgergesellschaft* und kommunitaristische Ideen ist der Ausdruck der Suche der Gesellschaften in Europa und Amerika nach einem neuen Sozialferment für die Gemeinschaft, nach ihren vergessenen oder verlorengegangenen normativen Integrationsbeständen.[22] Die Sinnsuche allein begründet noch nicht die Bedeutung und den Umfang der Debatte. Die Diskussion rührt vielmehr auch an das Selbstverständnis der wohlfahrtsstaatlich orientierten europäischen Demokratien, die im Gegensatz zu Amerika ihre Identität und Legitimation aus Vorstellungen und Traditionen beziehen, die dem Staat eine entscheidende und umfassende Rolle bei der Fürsorge für den einzelnen Bürger zuschreiben. Die Attraktivität der Idee der Zivilgesellschaft liegt in der angenommenen Synthese individueller und gesamtgesellschaftlicher Vorstellungen, sie repräsentiert für viele die Ethik einer Sozialordnung, die widerstreitende Forderungen individueller Interessen einerseits und knapper werdender gesellschaftlicher Güter und Leistungen andererseits harmonisiert.[23]

Zwei große Motive sind bei der Suche nach neuen Begründungen und Sinngebungen der westlichen Gesellschaften zu erkennen. Erstens ist eine zunehmende Angst vor einer sich verstärkenden sozialen und kulturellen Entfremdung der Bürger untereinander aufgrund gesellschaftlicher Nebeneffekte und direkter Auswirkungen der Globalisierung feststellbar.[24] Zweitens haben sich die transatlantischen Demokratien stärker als bisher angenommen aus der Negation des Kommunismus definiert.[25] Dessen Abtreten als Gegenentwurf erfordert die Begründung der problematischen Begleiterscheinungen des bürgerlichen Kapitalismus von innen heraus. Das westliche Selbstverständnis muß sich nicht nur demokratisch, sondern gesamtgesellschaftlich neu erklären. Der kalte Krieg teilte Europa nicht nur aufgrund seiner sicherheitspolitischen Konstellation, sondern skizzierte auch gesellschaftlich eine Alternative, deren Ablehnung das Selbstverständnis und damit einen guten Teil des sozialen Zusammenhaltes in Westeuropa und den USA konstituierte. Die Zivilreligion der Amerikaner war vielleicht noch mehr auf das sozialistische Gegenmodell angewiesen als die Sozialstaatsmodelle der Europäer.

Die Diskussion um die Zivilgesellschaft in Europa und den USA könnte als Katalysator einer symbolischen Neubegründung der transatlantischen Gemeinschaft im Übergang zum Informationszeitalter dienen. Gesellschaften, die – weiterhin – von ähnlichen Wertstrukturen getragen werden, stehen sich in Krisensituationen eher bei als kulturell völlig verschiedene; so ein Kerngedanke der Diskussion. Hinter ihr stehen auch strategisch-politische wie normativ-wertbezogene (ethische) Orientierungen und Zielsetzungen. Der Begriff der deutschamerikanischen Wertegemeinschaft[26] und die dahinterstehenden Konzepte und Ideen verdeutlichen dies. Dabei geht es sowohl darum, die transatlantische Allianz zu erhalten, um außereuropäischen Herausforderungen und Bedrohungslagen besser entgegentreten zu können, als auch darum, inmitten des globalen Umbruches und des ökonomischen und gesellschaftlichen Wandels in den westlichen Industrieländern die Partnerschaft auf gemeinsame Werte zu gründen, um ihr über den politischen und demographischen Wandel – besonders in den USA – hinweg eine langfristige und stabile Basis zu verleihen.

3.2 Die Grundlagen der Freundschaft

Massive und umfangreiche Einwanderungswellen aus Europa nach Amerika bis zur Mitte des 20. Jahrhunderts bildeten die Basis für die demographische und ideelle Verbundenheit der beiden Kontinente. Schon vor der Zeit des Nationalsozialismus, nämlich in den zwanziger Jahren, wurden amerikanische Jazzmusik, Coca-Cola und andere Kultur- und Konsumgüter zum Vorbild für europäische Intellektuelle.[27] Aber erst nach dem Ende des Zweiten Weltkrieges sorgten drei Faktoren für die breite Amerikanisierung Deutschlands und des europäischen Kontinentes:[28] Erstens das Programm der *reeducation* durch die amerikanische Besatzungsmacht mit ihren Anstrengungen zur Demokratisierung der Deutschen und der Verbreitung amerikanischer Kultur[29]; zweitens das Verlangen der Europäer nach amerikanischen Waren und den Ideen und Vorstellungen amerikanischer Literatur und Wissenschaft, die nach dem Schrecken des Krieges und der Nazi-Herrschaft ein wiedergewonnenes Gefühl der Freiheit ausdrückten. Drittens hatte die amerikanische Außenpolitik und hier speziell die Europapolitik stets auch eine starke wirtschaftspolitische Komponente: Sie sah den europäischen Kontinent als wichtigen Exportmarkt für amerikanische Güter und unterstützte ihn deshalb auch ökonomisch.

Besonders in den fünfziger und sechziger Jahren wurden für die jungen Europäer amerikanische Musik und Lebensvorstellungen zum Vorbild.[30] Die Kritik am Vietnam-Krieg und die Revolte im Zuge des Wertewandels gegen die älteren Generationen brachten zwar auch eine starke amerikakritische Komponente mit sich, doch der Vorbildcharakter amerikanischer Jugendkultur und Unterhaltungsidole blieb erhalten. Insgesamt hat sich der amerikanische Einfluß in den achtziger und neunziger Jahren noch weiter verstärkt. Amerikanische Ideen und Güter haben eine starke globale Konsumkultur begründet, die bereits radikale Gegentendenzen herausgefordert hat. Der Widerstand Frankreichs gegen amerikanische Filme und die teilweise absurd anmutenden Bemühungen, die französische Sprache durch gesetzlichen Eingriff von Amerikanismen und Anglizismen freizuhalten, zeugen von einem starken Gefühl einer Bedrohung der eigenen kulturellen Identität. Ein weiterer Baustein ist die Tatsache, daß der weltweite Siegeszug englischsprachiger amerikanischer Computerprogramme zukünftig verstärkt sowohl zur Etablierung von (amerikanischem) Englisch als *Lingua Franca* und damit wiederum auch zur Verbreitung amerikanischer Kultur beitragen wird.

Umgekehrt haben europäische Produkte und Kultur immer noch Leitbildcharakter im kulinarischen, ästhetischen und im Konsumgüterbereich für die (weiße) Mittel- und Oberschicht in den USA. Der Einfluß des europäischen Kontinentes ist zwar im Schwinden begriffen, nicht zuletzt durch die großen Migrationswellen aus Asien und Lateinamerika und eine beginnende Umstellung der Lerninhalte an Colleges und Universitäten auf historischem und ideengeschichtlichem Gebiet weg von europäischen Denkern zu verstärkter Beachtung von zeitgenössischen Philosophen der eingewanderten Bevölkerungsgruppen. Doch immer noch dominiert europäisches Gedankengut die geisteswissenschaftlichen Fakultäten, wird die französische Küche genossen, europäische Mode als letzter Schrei angesehen und ein deutsches Auto als erstrebenswertes Statussymbol präsentiert. Diese Aufzählung und ihre Bedeutung für die europäisch-amerikanischen Beziehungen mag auf den ersten Blick trivial erscheinen, doch angesichts der nicht mehr in größerem Umfang stattfindenden Auswanderung von Europäern nach Amerika – mit Ausnahme von Osteuropäern und Russen nach dem Zerfall der Sowjetunion – reduziert sich der ideelle und personelle Einfluß Europas auf Amerika auf den Austausch von Produkten, den Tourismus und die fachlichen und beruflichen Kontakte von Wissenschaftlern und wirtschaftlichen Führungskräften.

In Amerika und in Europa hat man die schwindenden demographischen Beziehungen und die damit langfristig angelegte Entwicklung einer potentiellen Entfremdung der beiden Kontinente erkannt und versucht nunmehr – zur Zeit eher auf europäischer und besonders deutscher Seite – durch neue Austauschprogramme, die Gründung gemeinsamer akademischer Institutionen und verstärkte technologisch-kommunikative Vernetzung die gemeinsame Wertebasis zu erhalten.[31] Die Tendenz in der amerikanischen Öffentlichkeit wie auch im Kongreß, die Außenpolitik zunehmend unter finanziellen und innenpolitischen Gesichtspunkten zu sehen, führte seit Anfang der neunziger Jahre zu erheblichen Einsparungen und Kürzungen in verschiedensten Bereichen. Austauschprogramme wurden ganz aufgehoben oder drastisch reduziert, das Geld für die *United States Information Agency* gekürzt, und infolge weiterer Beschneidungen mußten besonders die Amerika-Häuser in Deutschland ihre Arbeit einschränken.

4. Wirtschaftliche Beziehungen: Konkurrenz und Kooperation

Die aktuelle Betonung ökonomischer Ziele und Aspekte in der amerikanischen Außenpolitik durch die Clinton-Administration folgt einer langen politischen Tradition im *State Department*, die bis zum Anfang dieses Jahrhunderts zurückreicht. Die aktive Außenwirtschaftspolitik der Amerikaner führte nicht nur zu Wettbewerb und Konkurrenz mit anderen Regierungen oder Wirtschaftssystemen, sondern auch in vielen Fällen zu Formen internationaler Kooperation, die den wirtschaftlichen Zielen Amerikas dienlich waren. Zwei herausragende Beispiele sind die amerikanische Aufbauhilfe für das zerstörte Europa nach dem Zweiten Weltkrieg in Form des Marshall-Planes und die insgesamt wohlwollende Begleitung des europäischen Integrationsprozesses. Im Laufe der letzten fünfzig Jahre haben sich Europa und die USA zu den jeweils wichtigsten Handelspartnern und -regionen entwickelt. In absoluten Zahlen spielen die EU und die USA eine ähnlich starke Rolle in der Weltwirtschaft. Die EU steht für 31 Prozent der Weltproduktion und 20 Prozent des Welthandels, während die USA 27 Prozent der Weltproduktion und 18 Prozent des Welthandels erzeugen.

30 Prozent der amerikanischen Auslandsinvestitionen gehen allein nach Deutschland, während umgekehrt die deutschen Investitionen in den USA mehr als 100 Mrd. US-Dollar betragen.[32] Der Handel mit Europa ist relativ ausgeglichen und beinhaltet vor allem Industriegüter mittlerer und hochwertiger Technologie. Fast die Hälfte aller amerikanischen Direktinvestitionen – für 1995 waren das 363,5 Mrd. US-Dollar – flossen nach Europa. Umgekehrt investierten Europäer ebenfalls ca. 360 Mrd. US-Dollar in den Vereinigten Staaten, wobei Großbritannien mit Abstand die höchsten Investitionen tätigte, gefolgt von den Niederlanden, Deutschland und Frankreich.[33] Die 16 größten US-Konzerne erwirtschafteten derzeit im Durchschnitt fast 30 Prozent ihres Ertrages in Europa. Seit der Gründung der EWG unterlag der Außenhandel der Mitgliedsländer einem gemeinsamen Handelsregime. Es bildete zusammen mit dem amerikanischen Außenhandel ein bipolares Handelssystem mit einem Weltmarktanteil von über 40 Prozent, das nun um ein bipolares Finanzsystem erweitert werden muß. Mit der Wirtschaftskrise in Ostasien scheinen auch europäische Ängste vor der Hinwendung Amerikas zur Pazifikregion erst einmal unbegründet zu sein. Zwar übertraf das amerikanisch-asiatische Handelsvolumen schon 1980 das amerikanisch-europäische, doch trug der Handel mit Asien den Vereinigten Staaten zwei Drittel ihres Handelsbilanzdefizites ein.[34] Schon vor Ausbruch der schweren Finanzkrise wurde deutlich, daß die amerikanische Zusammenarbeit mit den asiatischen Staaten in der APEC nicht so schnell den gewünschten Erfolg bringen würde.

Die ökonomischen und technologischen Verhältnisse der unmittelbaren Nachkriegszeit, als Amerikas Wirtschaft noch so viel produzierte wie alle anderen Marktwirtschaften zusammen und dabei auch technologisch unangefochten an der Spitze stand, sind vorbei. Neben den asiatischen Tigerstaaten hat sich besonders der europäische Wirtschaftsraum zu einem potenten Konkurrenten für die amerikanischen Unternehmen auf dem Weltmarkt entwickelt. In den europäisch-amerikanischen Beziehungen laufen aktuell zwei entgegengesetzte Entwicklungen an: Die USA betreiben eine verstärkte Ökonomisierung ihrer Außenpolitik, während die EU mehr und mehr als Konkurrent im globalen Markt auftritt. Gleichzeitig gibt es in der EU und in den USA starke Bestrebungen zur Etablierung eines transatlantischen Binnenmarktes. Nach den dramatischen Veränderungen im internationalen System seit November 1989 wurde in der Transatlantischen Erklärung die Intensivierung der Kommunikation und der Zusammenarbeit zwischen Europa und den USA angestrebt. Angesichts der weiteren Entwicklungen erwies sich die Erklärung mit ihren unverbindlichen Kommunikations- und Konsultationsmechanismen jedoch bald als nicht mehr ausreichend für die Fülle der neuen Probleme auf der internationalen Agenda. Im Dezember 1995 verabschiedeten beide Seiten angesichts des vorläufig nicht realisierbaren Konzeptes einer transatlantischen Freihandelszone die *Neue Transatlantische Agenda*. Sie regt den Aufbau eines gemeinsamen Wirtschaftsraumes sowie die Zusammenarbeit bei sicherheitspolitischen, wirtschaftlichen und finanzpolitischen Problemen an. Außerdem ermutigt sie einen verstärkten Dialog zwischen den Bürgern in Form von vermehrten Austauschmaßnahmen auch für Nichtakademiker, für Berufstätige und Auszubildende. Besonderes Augenmerk widmet sie auch dem Dialog als Mittel der Förderung von Demokratie und zivilgesellschaftlichen Aspekten. Dazu fand eine eigene Konferenz statt, die eine Vielzahl von Menschen und Organisationen aus Europa und Amerika zusammenbringen sollte, um den Gedanken der Partnerschaft zu fördern.[35]

Der *Transatlantische Business Dialog* (TABD), im Zuge der Verabschiedung der *Neuen Transatlantischen Agenda* im Dezember 1995 in Madrid initiiert, soll als wichtiger Katalysator des internationalen Handels wirken.[36] Im Rahmen des TABD erarbeiteten seit seiner Gründung im Jahre 1995 unterschiedliche Gremien vielfältige Vorschläge, die teilweise auch umgesetzt wurden.

Trotz Vollendung der NAFTA-Freihandelszone auf dem amerikanischen Kontinent, der Verabschiedung der WTO-Übereinkunft und der Formulierung der gemeinsamen europäisch-amerikanischen *Neuen Transatlantischen Agenda* (NTA) war die Stimmung in den USA noch nie so feindlich gegenüber einem offenen amerikanischen Markt eingestellt wie in der Mitte der neunziger Jahre.[37] Protektionistische Ressentiments erwachten seit Anfang dieses Jahrzehnts trotz einer boomenden Wirtschaft in den USA zu neuem Leben, das Thema Handelsliberalisierung genoß in beiden großen Parteien in Amerika keine hohe Priorität. Trotzdem gibt es auch in den USA viele Befürworter für die Schaffung einer transatlantischen Freihandelszone oder zumindest einer weiteren Liberalisierung der Wirtschafts- und Handelsbeziehungen zwischen den beiden Kontinenten.

Die übergeordneten Ziele einer TAFTA gehen weit über die Abschaffung von Zöllen und Handelsbarrieren hinaus. Das Projekt zielt vielmehr auf die Schaffung eines transatlantischen Binnenmarktes mit dem Gedanken, den europäisch-amerikanischen Sicherheitsverbund zu stärken. Dazu gehört auch die Etablierung einer EAPZ (Europäisch-Amerikanische Politische Zusammenarbeit) nach dem Vorbild der europäischen EPZ.[38] Das Interesse an der Realisierung einer TAFTA liegt aufgrund ökonomischer und sicherheitspolitischer Effekte stärker auf der europäischen Seite. Die Europäische Kommission unternahm im Frühjahr 1998 wieder einen Vorstoß, die Vereinigten Staaten von der Gründung einer transatlantischen Freihandelszone zu überzeugen, und legte offiziell ihre Vorschläge zur Realisierung eines *Neuen Transatlantischen Marktplatzes* auf den Tisch. Kernpunkte des Vorhabens sind die Beseitigung aller Industriezölle bis zum Jahre 2010, die Errichtung einer Freihandelszone für Dienstleistungen sowie weitere Liberalisierungsschritte bei Investitionen, öffentlichem Auftragswesen und geistigen Eigentumsrechten. Die europäische Seite sieht die Vorteile vor allem in einer erwarteten Zunahme des bilateralen Handels und einem weiteren Abbau protektionistischer

Barrieren zwischen den beiden Märkten. Die konkreten europäischen Vorschläge schließen jedoch spezifische sensible und besonders aus amerikanischer Sicht problematische Sektoren wie Landwirtschaft, Luftfahrt und audiovisuelle Medien aus. Eine amerikanische Zustimmung ist daher nicht zu erwarten, zumal die europäischen Wünsche auch mit verschiedenen GATT-Artikeln und dem Geist der WTO nicht zu vereinbaren sind.[39] Auch in diesem Bereich kommt die französische Sonderrolle in der Weigerung zum Tragen, Verhandlungen über die Gründung einer nordatlantischen Freihandelszone zuzustimmen.

Eine TAFTA müßte vor allem – neben den tarifären Handelshemmnissen wie z. B. Zöllen – die »nicht-tarifären Handelshemmnisse« abbauen, die sich insgesamt wesentlich negativer auf den transatlantischen Handel auswirken.[40] Die jährlichen *Trade Barrier Reports*, die sowohl von der EU-Kommission als auch vom *US-Trade Representative* vorgelegt werden, listen regelmäßig die bestehenden Hindernisse auf. Dazu gehört auf amerikanischer Seite beispielsweise der *Buy America Act*, wonach Ausländer 60 Prozent der Wertschöpfung eines Auftrages in den Vereinigten Staaten erbringen müssen. In Europa gibt es ebenfalls ähnliche Auflagen für ausländische Investoren.

Die Clinton-Administration hatte von Anfang an eine klare außenwirtschaftspolitische Agenda. Um die US-Wirtschaft anzukurbeln, sollen verstärkt ausländische Märkte für amerikanische Exporte geöffnet und das internationale Handelsregime weiter liberalisiert werden.[41] Obwohl Europäer und Amerikaner in den GATT-Verhandlungen – in der sogenannten Uruguay-Runde – prinzipiell die gleichen Interessen verfolgten, gab es eine ganze Reihe von Punkten, die heftig umstritten waren. Dazu gehörten Fragen der Agrarsubventionen in der EU und Bemühungen der Europäer und vor allem Frankreichs, durch Restriktionen bei der Möglichkeit, US-Filme nach Europa zu exportieren, die französische Kultur zu »schützen«. Zu den notorischen Streitpunkten in den europäisch-amerikanischen Beziehungen gehören außerdem das *Helms-Burton-Gesetz* und das sogenannte *D'Amato-Gesetz*. Auf der Grundlage des *Helms-Burton-Gesetzes* sollen ausländische Unternehmen bestraft werden, die früheren amerikanischen Besitz in Kuba wirtschaftlich nutzen. Das *D'Amato-Gesetz* droht solchen Firmen mit Sanktionen, die Geschäftsbeziehungen mit dem Iran eingehen. Sanktionen erfreuen sich in den USA großer Beliebtheit, selbst Bundesstaaten und Kommunen verhängen eigenständig Sanktionen, wie zwischen 1993 und 1996 in über 63 Fällen gegenüber 35 Staaten geschehen.[42]

Die Vollendung der Europäischen Währungsunion im Jahre 1999 wurde in Amerika mit gemischten Gefühlen verfolgt. Offiziell steht Washington ihr positiv gegenüber, sofern sie von entsprechend notwendigen Reformen begleitet werde.[43] Viele Dinge sind aus amerikanischer Sicht aber noch offen; dazu gehören Fragen der institutionellen Veränderungen im internationalen Währungs- und Wirtschaftssystem sowie der zukünftigen Koordinierung der Wechselkurspolitik zwischen der Europäischen Zentralbank (EZB) und der amerikanischen Notenbank. Am langfristigen Nutzen der Europäischen Währungsunion gibt es auf der anderen Seite des

Atlantiks so gut wie keine Zweifel. Die amerikanische Industrie begrüßt die Aufhebung des Wechselkursrisikos ebenso wie die erwartete größere wirtschaftliche Transparenz, die höhere Liquidität und Effizienz des europäischen Kapitalmarktes. Furcht vor einem Wettbewerb von Euro und Dollar ist ebensowenig zu bemerken wie Angst vor einem möglichen Verlust der währungspolitischen Dominanz. Generell plagt die Amerikaner jedoch etwas die Sorge, ob die europäischen Partner bereit sind, die Verantwortung des Managements einer internationalen Reservewährung, die der Euro bald sein wird, zu übernehmen.[44]

Die Einführung des Euro wird das internationale Finanzsystem, das seit dem Zweiten Weltkrieg vom US-Dollar dominiert wurde, in ein bipolares Regime verwandeln. Dafür werden sich Strukturen und Politik der internationalen Finanzkooperationen dramatisch verändern müssen. Wenn die europäischen und amerikanischen Partner im Rahmen eines kooperativen Wechselkursregimes die Vorteile ihrer finanzpolitischen Möglichkeiten nutzen, könnte nach Einschätzung von Fachleuten dem globalen Finanzgeschehen dadurch langfristig mehr Stabilität verliehen werden. Dazu sei allerdings eine beachtliche Intensivierung der Zusammenarbeit erforderlich.[45]

Die schwer koordinierbare Außenpolitik der EU schlägt sich in den transatlantischen Beziehungen auch in der Repräsentation und Mitarbeit der europäischen Länder im Internationalen Währungsfonds und in der Weltbank nieder. Aufgrund der bisherigen Struktur beider Institutionen liegt der Einfluß Europas weit unter seinem tatsächlichen Gewicht und seinen Finanzierungsanteilen. Der größte Anteil des Stammkapitals der Weltbank – nämlich 27 Prozent – wird von den EU-Ländern gehalten, im Gegensatz zu nur 17 Prozent Anteil der Vereinigten Staaten. Ähnlich zeigt sich die Verteilung beim Währungsfonds: 17 Prozent Anteilen der Amerikaner stehen mehr als 30 Prozent schon der ersten sechs EU-Länder gegenüber. In der internationalen Finanzpolitik aber spielen beide Institutionen die Rolle von amerikanisch dominierten Ordnungsmächten.[46] Daraus folgt die Forderung von Finanzexperten, die europäische Rolle den tatsächlichen Finanzierungsanteilen entsprechend anzupassen und deutlicher als bisher mit einer gemeinsamen europäischen Stimme zu sprechen.

Angesichts der aktuellen wirtschaftlichen Daten ist es nicht verwunderlich, daß Amerika auch im Arbeitsmarktbereich mittlerweile Vorbildfunktion für Europa besitzt. Stand die amerikanische Wirtschaft in den achtziger Jahren aufgrund ihres großen Haushaltsdefizites, der scheinbar ständig schlechter werdenden Wettbewerbsfähigkeit, der zunehmenden sozialen Probleme und der hohen Arbeitslosigkeit noch eher als Schreckensvision da, so wandelte sich die Situation seit Mitte der neunziger Jahre dramatisch. In Amerika gingen seit Anfang der achtziger Jahre ca. 44 Millionen Arbeitsplätze verloren, während jedoch gleichzeitig 73 Millionen neue Stellen geschaffen wurden. Die EU schuf im gleichen Zeitraum lediglich vier Millionen neue Stellen, während allein seit 1991 über fünf Millionen verlorengegangen sind.[47] Mit einer Arbeitslosenquote von über 10 Prozent EU-weit, teilweise hohen Staatsverschuldungen und niedrigen Wachstumsraten blicken die Europäer neidvoll über den Atlantik. Aus amerikanischer Sicht steht die europäische Wirtschaft mit ihrer teilweise alten industriellen Struktur und ihren starken Regulierungen als prähistorischer Saurier da. Der Optimismus der Amerikaner in Verbindung mit den derzeitigen Erfolgen läßt das 21. Jahrhundert mehr als rosig erscheinen: Ein »zweites amerikanisches Jahrhundert« sei im Anbruch.[48] Gar von einer *New Economy*, einer Wirtschaft neuen Typs wird in den USA derzeit geschwärmt, die keine Konjunkturzyklen mehr kenne und dauerhaft in der Lage sei, Wohlstand, Arbeit und Sicherheit zu schaffen.

5. Ausblick: die Zukunft der europäisch-amerikanischen Zusammenarbeit

Die europäisch-amerikanischen Beziehungen haben sich in den letzten 100 Jahren mehrmals einschneidend gewandelt. Die USA mußten gleich mehrfach in diesem Jahrhundert als ordungschaffende Macht in Europa eingreifen. Seit dem Ersten Weltkrieg hat sich Amerika als Stabilisator, Schutz- und Ausgleichsmacht auf dem europäischen Kontinent engagiert. Erst der Zweite Weltkrieg löste einen Qualitätssprung des amerikanischen Engagements aus, der die transatlantischen Beziehungen in völlig neue Bahnen brachte. Ein ähnlicher Sprung in den europäisch-amerikanischen Beziehungen ist nun am Ende des 20. Jahrhunderts erforderlich.

Es gibt kein anderes Beispiel auf der Welt, in dem zwei Regionen oder politische Großsysteme in ähnlich intensiver Weise, in einem auch nur annähernd weiteren Umfang und mit einem vergleichbaren Aufwand – sowohl von staatlicher als auch von privater Seite – miteinander in Beziehung stehen. Die zukünftige Organisation der transatlantischen Beziehungen kann für beide Seiten jedoch nur dann erfolgversprechend sein, wenn sie vom Paradigma des kalten Krieges Abschied nehmen und die neue Realität der Globalisierung und der Multipolarität zum Orientierungsschema der Beziehungen machen. Eine Weiterentwicklung konzeptioneller Ansätze in den Bereichen der Wirtschaft und des Handels (TAFTA), der Sicherheitspolitik und generell der Außenbeziehungen ist mit der »Ost-West-Brille« nicht mehr möglich, sie behindert die Erkenntnis neuer globaler Strukturen und Konstellationen und bremst gleichzeitig die Eigendynamik wirtschaftlicher, gesellschaftlicher und technologischer Entwicklungen.

Die zukünftige europäische Außenpolitik steht vor der schwierigen Herausforderung, die USA und Europa im Rahmen einer transatlantischen Freihandelszone ökonomisch und auch politisch noch enger zu verknüpfen. Hinzu kommt die sensible Aufgabe, unterschiedliche nationale Eigen- und Sonderinteressen – besonders die französischen – in den transatlantischen Beziehungen möglichst konfliktfrei unterzubringen. Die besondere Problematik besteht darin, die richtige Balance zu finden zwischen einer zunehmenden Eigenständigkeit Europas im außen- und sicherheitspolitischen Bereich und der weiterhin notwendigen strategischen Partnerschaft zu den USA.[49] Die nordatlantische Sicherheitsstruktur soll trotz europäischer Emanzipation nicht nur erhalten bleiben, sondern mittelfristig noch weiter ausgebaut werden, und dies vor dem Hintergrund einer abnehmenden Dominanz des sicherheitspolitischen Bereiches insgesamt. Europa und die NATO befinden sich an der Schwelle eines tiefgreifenden Wandels. Der Erweiterung um neue Mitglieder und der Neubestimmung der Aufgaben und Verteilungsmuster stehen noch keine Antworten auf die zukünftigen Veränderungen gegenüber.

Neue Akteure beeinflussen die Struktur der europäisch-amerikanischen Beziehungen in Form von transnationalen Unternehmen. Diese haben nicht nur beachtliche ökonomische und politische Macht im internationalen System, sondern werden selbst verstärkt von globalen wirtschaftlichen und politischen Prozessen beeinflußt. Ein weiteres wichtiges Element für die Zukunft der transatlantischen Beziehungen ist die enorme Zunahme der Zahl der gesellschaftlichen, kulturellen und privaten Akteure. Stiftungen, Akteure der Zivilgesellschaft, Einzelpersonen bilden ein breites – nie dagewesenes – Fundament von Austauschbeziehungen.

Den Partnern in Amerika und Europa ist im Lauf der neunziger Jahre klargeworden, daß eine breite Palette von Aufgaben ansteht, deren Lösung nur in enger Zusammenarbeit erfolgen kann. Nach dem gemeinsamen Handeln im Kosovo-Krieg und dem Gipfel in Washington im April 1999 ist die NATO auf einem neuen Weg, wobei die Europäer zukünftig mehr Lasten und Verantwortung tragen werden.

Anmerkungen

1 Siehe dazu Oppelland, Torsten: Der lange Weg in den Krieg (1900–1918), in: ders., und Klaus Larres (Hrsg.): Deutschland und die USA im 20. Jahrhundert. Geschichte der politischen Beziehungen, Darmstadt 1997, S. 1–30.
2 Vgl. Ash, Timothy Garton: Europe's Endangered Liberal Order, in: Foreign Affairs 2 (1998), S. 51–65, hier S. 54; außerdem Lundestad, Geir: »Empire« by Integration. The United States and European Integration, 1945–1997, Oxford/New York 1998.
3 Vgl. Schwarz, Benjamin C.:»Cold War« Continuities: US Economics and Security Strategy Towards Europe, in: Carpenter, Ted Galen (Hrsg.): The Future of NATO, London 1995, S. 82–104.
4 Schwarz (Anm. 3), S. 86.
5 Vgl. Weidenfeld, Werner: Kulturbruch mit Amerika? Das Ende transatlantischer Selbstverständlichkeit, Gütersloh 1996.
6 Siehe: »A Report from The Commission on America's National Interests«, Cambridge 1996.
7 Vgl. Berger, Samuel R.: Rede am 27. März 1997 vor dem Zentrum für strategische und internationale Studien in Washington, abgedruckt in: Amerikadienst v. 9. April 1997, hrsg. v. United States Information Service, Bonn 1997.
8 Vgl. dazu ausführlich Posen, Barry R., und Andrew L. Ross: Competing U.S. Grand Strategies, in: Lieber, Robert J. (Hrsg.): Eagle Adrift. American Foreign Policy at the End of the Century, New York 1997, S. 100–134.
9 Die französische Sonderrolle sowohl in der NATO als auch in der EU wird unterschiedlich erklärt und bewertet. Siehe dazu Nonnenmacher, Günter: Eine Mehrheit für Europa,

in: FAZ v. 12. Mai 1998; Moisi, Dominique: The Trouble with France, in: Foreign Affairs 3 (1998), S. 94–104.
10 Algieri, Franco: Die Reform der GASP – Anleitung zu begrenztem gemeinsamen Handeln, in: Weidenfeld, Werner (Hrsg.): Amsterdam in der Analyse, Gütersloh 1998, S. 87–118.
11 Vgl. Kahler, Miles: Revision und Vorausschau: Historische Interpretation und die Zukunft der transatlantischen Beziehungen, in: ders., und Werner Link: Europa und Amerika nach der Zeitenwende – die Wiederkehr der Geschichte, Gütersloh 1995, S. 9–48, hier S. 37.
12 Link, Werner: Historische Kontinuitäten und Diskontinuitäten im Transatlantischen Verhältnis – Folgerungen für die Zukunft, in: Kahler/Link (Anm. 11), S. 49–163, hier: S. 143.
13 Feldmeyer, Karl: Die alte und die neue NATO, in: FAZ v. 6. Mai 1998.
14 Wieland, Leo: Clintons neue Atomstrategie, in: FAZ v. 29. Dezember 1997.
15 Vgl. Zoellick, Robert B.: NATO's Next Mission, in: Weidenfeld, Werner (Hrsg.): Creating Partnership. The Future of Transatlantic Relations. The Bellevue-Meetings II, Gütersloh 1997, S. 87–95.
16 Vgl. Hoffmann, Stanley: The United States and Western Europe, in: Lieber (Anm. 8), S. 181.
17 Vgl. Frankenberger, Klaus-Dieter: Zivilmacht oder Weltmacht, in: FAZ v. 8. November 1997.
18 So Schmidt, Hans-Joachim: Folgenreicher Stillstand, in: FAZ v. 10. Juni 1998.
19 Vgl. Lutz, Dieter S.: Für eine Europäische Sicherheitsgemeinschaft. Europa zwischen »Protektorat« und Eigenständigkeit, in: Internationale Politik 7 (1998), S. 13–20.
20 Vgl. Schwelien, Michael: Kreuzzug zum Kapitol, in: Die Zeit v. 7. November 1997.
21 Vgl. auch die Einschätzung des Berichtes der Forward Studies Unit of the European Commission: Perspectives on Transatlantic Relations, hrsg. von: The Brookings Institution und Stiftung Wissenschaft und Politik, Washington/Ebenhausen 1995.
22 Vgl. Dubiel, Helmut: Das ethische Minimum der Demokratie, in: Blätter für deutsche und internationale Politik 4 (1994), S. 489–496, hier S. 490 f.
23 Vgl. Seligman, Adam: The Idea of Civil Society, Princeton 1992, S. X.
24 Vgl. dazu Barber, Benjamin: Djihad versus McWorld, New York 1995.
25 Vgl. Hepp, Gerd: Wertewandel und Bürgergesellschaft, in: Aus Politik und Zeitgeschichte B 52-53/96, S. 3–12.
26 Siehe dazu Kleinfeld, Gerald R.: Die deutsch-amerikanische Wertegemeinschaft, in: Die politische Meinung 7 (1996), S. 55–66; vgl. auch Weidenfeld (Anm. 5).
27 Siehe dazu von Saldern, Adelheid: Überfremdungsängste. Gegen die Amerikanisierung der deutschen Kultur in den zwanziger Jahren, in: dies., Alf Lüdtke und Inge Marßolek (Hrsg.): Amerikanisierung. Traum und Alptraum im Deutschland des 20. Jahrhunderts, Stuttgart 1996, S. 213–244.
28 Siehe zum Thema kulturelle Globalisierung Featherstone, Mike: Undoing Culture. Globalization, Postmodernism and Identity, London u. a. 1995, S. 102–113.
29 Dazu Schildt, Axel: Die USA als »Kulturnation«. Zur Bedeutung der Amerikahäuser in den 1950er Jahren, in: Lüdtke/Marßolek/von Saldern (Anm. 29), S. 257–269; außerdem Füssl, Karl-Heinz: Restauration und Neubeginn. Gesellschaftliche, kulturelle und reformpädagogische Ziele der amerikanischen »Re-education«-Politik nach 1945, in: Aus Politik und Zeitgeschichte B 6/97, S. 3–14.
30 Vgl. die Beiträge in Polster, Bernd (Hrsg.): Westwind. Die Amerikanisierung Europas, Köln 1995.

31 Siehe dazu Weidenfeld (Anm. 5) und ders.: Tätigkeitsbericht des Koordinators für die deutsch-amerikanische zwischengesellschaftliche, kultur- und informationspolitische Zusammenarbeit, jährliche Erscheinungsweise, Bonn, außerdem Buhl, Dieter: Bonn Goes West. Der Einsatz deutscher Steuergelder für amerikanische Elite-Institute lohnt sich, in: Die ZEIT v. 19. Februar 1998.

32 Dies allerdings mit abnehmender Tendenz nach neueren Zahlen des Instituts der Deutschen Wirtschaft in Köln, in: Presseinformationen des IW Nr. 33 v. 26. August 1996. Zahlen aus: Lipp, Ernst-Moritz: On Course for a Transatlantic Economic Community, in: Weidenfeld (Anm. 16), S. 53–61.

33 Vgl. Bierling, Stephan G.: Vom Atlantischen zum Pazifischen Zeitalter?, in: Meier-Walser, Reinhard C. (Hrsg.): Transatlantische Partnerschaft. Perspektiven der amerikanisch-europäischen Beziehungen, Landsberg a. Lech 1997, S. 126–138, hier S. 130.

34 Vgl. Bierling (Anm. 35).

35 Zu einer umfassenden Beurteilung der Arbeit der NTA wie auch des TABD siehe die Reden und Protokolle der Konferenz »Bridging the Atlantic. People to People Links«, veranstaltet in Washington vom 5.–6. Mai 1997 vom State Department der USA und der Europäischen Kommission.

36 Vgl. FAZ v. 17. März 1998; außerdem dazu Fröhlich, Stefan: Möglichkeiten Europäisch-Amerikanischer Kooperation: Der Aktionsplan zur »Transatlantischen Agenda«, Sankt Augustin 1997, Arbeitspapier der Konrad-Adenauer-Stiftung.

37 Levinson, Marc: Kantor's Cant. The Hole in our Trade Policy, in: Foreign Affairs 2 (1996), S. 2–7.

38 Siehe dazu ausführlich Weidenfeld (Anm. 5).

39 Kritisch: Schott, Jeffrey J.: Reflections on TAFTA, unveröffentl. Arbeitspapier für die Forschungsgruppe Europa am CAP der Universität München, München 1995.

40 Vgl. Stecher, Bernd: Intensivierung der transatlantischen Beziehungen aus ökonomischer Sicht, in: Meier-Walser, Reinhard C. (Hrsg.): Transatlantische Partnerschaft. Perspektiven der amerikanisch-europäischen Beziehungen, Landsberg am Lech 1997, S. 139–149.

41 Vgl. Hoffmann, Stanley: The United States and Western Europe, in: Lieber (Anm. 8), S. 178–192, hier S.179.

42 Vgl. Kaps, Carola: Der Kongreß zeigt sich bei den Sanktionen unbeweglich, in: FAZ v. 4. Februar 1998 und Wagner, Richard: Weltpolitisch kleinkariert. Die Sanktionspolitik der Vereinigten Staaten in der Kritik, in: FAZ v. 3. September 1998.

43 Vgl. FAZ v. 14. Mai 1998.

44 Vgl. ebd.

45 Bergsten, C. Fred: The Dollar and the Euro, in: Foreign Affairs 4 (1997), S. 83–95, hier S. 83.

46 So nach Meinung von Strobel, Josef W.: Europa muß mitreden dürfen, in: FAZ v. 3. Juni 1998.

47 Zahlen aus: Zuckerman, Mortimer B.: A Second American Century, in: Foreign Affairs 3 (1998), S. 18–31, hier S. 19.

48 Zuckerman (Anm. 49), S. 31. Siehe ebd. die eher nüchterne Einschätzung von Krugman, Paul: America the Boastful, in: Foreign Affairs 3 (1998), S. 32–45.

49 Siehe auch Kremenyuk, Victor, und William Zartman: Prospects for Cooperative Security and Conflict Reduction, in: dies. (Hrsg.): Cooperative Security. Reducing Third World Wars, Syracuse 1995, S. 331–341.

Rußland und Europa

MARGARETA MOMMSEN

Die Beziehungen des neuen Rußlands zur Europäischen Union erschöpfen sich bei oberflächlicher Betrachtung in einem dürren Datenkranz von Vereinbarungen und Kontaktnahmen. Eine klare Entwicklungsperspektive ist im Verhältnis zwischen dem mächtigen Verbund westlicher Industrienationen und dem postsowjetischen Rußland nicht zu erkennen. Mit anderen postkommunistischen Staaten hat die Europäische Union Assoziationsverträge abgeschlossen. Mit fünf mittelosteuropäischen Ländern wurden konkrete Beitrittsverhandlungen begonnen. Die unterschiedliche Nähe dieser Staaten und Rußlands zur Europäischen Union hat eine ganze Reihe von Ursachen, die nicht nur in diffizilen ökonomischen Problemen zu suchen sind. Politische und selbst psychologische Faktoren kommen ins Spiel. Sie betreffen sowohl Fragen der jeweiligen Selbstwahrnehmung als auch Aspekte der wechselseitigen Perzeption und Interessendefinition beider Akteure im europäischen Einigungsprozeß. Welche Wahrnehmung hat die Europäische Union von jenem Riesenreich im Osten Europas, das in der Einschätzung seines ehemaligen Ministerpräsidenten Viktor Tschernomyrdin »nicht bloß ein Land, sondern ein Kontinent ist«?[1] Zweifellos ragt die Russische Föderation schon aufgrund ihrer territorialen Größe, einer Einwohnerzahl von nahezu 150 Millionen und eines imposanten Atomwaffenarsenals unter den 15 Nachfolgestaaten der Sowjetunion in besonderem Maße heraus. Hinzu kommt, daß sie die Rechtsnachfolge der UdSSR in allen internationalen Organisationen angetreten hat. Schon von diesen Gegebenheiten her wäre der Schluß naheliegend, daß die Europäische Union Rußland als einen wichtigen Kontrahenten und selbst als eine Schlüsselfigur bei der Neugestaltung Europas wahrgenommen hat. Tatsächlich scheint diese Annahme in der Brüsseler Einschätzung vom Mai 1995 bestätigt, derzufolge Rußland und die Europäische Union »die beiden Hauptmächte Europas« seien.[2] Im Dezember 1995 hat sich die Europäische Union in Madrid zum Ziel gesetzt, »eine große, den gesamten Kontinent umfassende Gemeinschaft zu errichten, in der Freiheit, Wohlstand und Stabilität herrschen« sollten. Über dieser hehren Zukunftsvision darf indessen die *Konditionalität* jeder EU-Erweiterung nicht übersehen werden, die in der Erfüllung der politischen und ökonomischen Aufnahmekriterien durch die beitrittswilligen Staaten liegt. Insofern treten jene gesamteuropäischen Zielsetzungen der Europäischen Union der Erweiterung noch so lange als Formelkompromisse entgegen, wie in den postkommunistischen Staaten Osteuropas instabile politische und ökonomische Zustände vorherrschen, die mit dem *acquis communautaire* wenig vereinbar erscheinen.

Gerade die Rußländische Föderation befindet sich inmitten eines umfassenden und widersprüchlich verlaufenden politischen und wirtschaftlichen Transformationsprozesses, dessen Erfolg keineswegs absehbar ist. Die Aussichten auf ihre ökonomische Gesundung bleiben prekär.[3] Von daher erscheint es verständlich, daß im Verhältnis der Europäischen Union zu Rußland bislang ökonomische Faktoren eher negativ zu Buche schlugen. Betrachtet man die Interessenlage Rußlands gegenüber der Europäischen Union, so indizieren alle ökonomischen Daten, daß Moskau dem Ausbau der Wirtschaftsbeziehungen zur EU höchste Priorität einräumen muß. Immerhin betreibt Rußland schon heute etwa 40 Prozent seines Außenhandels mit den EU-Staaten und erhält aus diesen etwa 50 Prozent aller ausländischen Direktinvestitionen. Das Interesse an einer gleichermaßen umfassenden politischen Anbindung an die EU haben die höchsten Amtsträger Rußlands gerade in jüngster Zeit mehrfach bekundet. Im Zusammenhang mit den Diskussionen über eine NATO-Osterweiterung bei dem Treffen mit Bill Clinton in Helsinki brachte der russische Präsident Boris Jelzin Ende März 1997 die Position seines Landes wie folgt zum Ausdruck: »Rußland will als vollwertiger europäischer Staat anerkannt werden. Wir sind bereit, in die Europäische Union einzutreten.«[4] Premierminister Tschernomyrdin wiederholte diesen Wunsch bei einem Treffen mit der EU-Kommission am 18. Juli 1997 und bekräftigte, daß es »keine andere Perspektive als die des Beitritts geben« könne, denn »die Logik will, daß sich die Europäische Union und Rußland« in allen Bereichen »näherkommen«.[5]

Auf das fast ultimative Herantreten Rußlands an die Europäische Union reagierte man in Brüssel zunächst mit großer Zurückhaltung. Tschernomyrdin hatte allerdings klargemacht, daß dieser Beitritt ein »langfristiges Ziel« bleibe, da man in Rußland »realistisch genug« sei, die zuvor zu bewältigenden Probleme zu sehen.[6] Während für die EU den Signalen aus Rußland noch wenig Relevanz zuzukommen scheint, stellt das erneute russische Jawort zu Europa hingegen einen gewaltigen Meilenstein im politischen Transformationsprozeß des neuen Rußlands dar. Denn es markiert nicht mehr und nicht weniger als den vorläufigen Abschluß jahrelanger Turbulenzen in dem schwierigen Prozeß der Suche Rußlands nach nationaler Identität und internationaler Standortbestimmung. Die klare Option für »Europa« macht deutlich, daß sich die »atlantische« Position in der russischen Außenpolitik und darüber hinaus als Richtwert der Systemtransformation aufs neue zu behaupten versucht.

Die Beweggründe für den schwankenden Europakurs Rußlands und die eher passive Haltung der Europäischen Union können nur aufgeschlüsselt werden, wenn das Thema »Rußland und Europa« in eine breitere Perspektive gerückt wird, in der »Europa« nicht nur mit der Institution der EU gleichgesetzt, sondern auch als ein kulturelles und zivilisatorisches Konzept verstanden wird. Nur vor diesem weiter gesteckten Hintergrund läßt sich der Paradigmenwandel in der russischen Außenpolitik, der sich in enger Verknüpfung mit den innenpolitischen Veränderungen und dem Prozeß nationaler Identitätssuche vollzogen hat, erklären. Der Schwerpunkt dieses Beitrages soll daher auf die Entwicklungen gelegt werden, die seit Gorbatschows Perestroika das Thema »Europa« zu einem Leitmotiv der Innen- und Außenpolitik zuerst der Sowjetunion und dann des postkommunistischen Rußlands gemacht haben. Über die Prozesse der Identitätssuche hinaus sind in die Analyse auch Faktoren der sich wandelnden internationalen Kräftekonstellationen miteinzubeziehen, die ebenfalls auf den außenpolitischen Kurs Rußlands einwirken. Im Verhältnis Rußlands zu den europäischen Organisationen ist insbesondere der Faktor der *Konditionalität* jeglicher Form von Kooperation in Rechnung zu stellen.

1. Das »Neue Denken« unter Gorbatschow und die Öffnung der Sowjetunion nach Europa

Die Ablösung der marxistisch-leninistischen Staatsideologie wurde Mitte der achtziger Jahre durch das sogenannte »Neue Denken« in der sowjetischen Außenpolitik in Gang gesetzt. Michail Gorbatschow propagierte bald nach seinem Amtsantritt als Generalsekretär des ZK der KPdSU die Notwendigkeit, angesichts der globalen Probleme und einer zunehmend interdependenten Welt die vorrangigen »allgemeinmenschlichen« Werte über alle System- und Klasseninteressen zu stellen. Mit diesem Schlüsselbegriff des »Neuen Denkens« wurde schon ein Teil der herkömmlichen ideologischen Dogmen beiseite geschoben. Das »Neue Denken« reichte bald weit über die Außenpolitik hinaus. Es entwickelte sich zur Philosophie der Perestroika des politischen Systems und der Wirtschaftsordnung. Gorbatschow selbst betonte mehrfach, daß der Schlüssel zur neuen Außenpolitik in der Innenpolitik zu suchen sei, vor allem im grundlegenden Reformbedarf von Wirtschaftssystem und staatlicher Ordnung. Mit Hilfe einer umfassenden Entideologisierung, Ökonomisierung und Entmilitarisierung der Außenpolitik sollte es der Sowjetunion erleichtert werden, aus der internationalen Isolierung herauszufinden, das Land in die Weltwirtschaft einzubinden und es überhaupt auf den Weg der Modernisierung zu bringen.[7]

In der traditionellen sowjetischen Außenpolitik waren die Idee Europas und jegliche Form von »Europäismus« verpönt. Die institutionellen Geschöpfe der europäischen Idee, allen voran die EWG und spätere EG, standen in negativem Ruf.[8] Gorbatschows Bild vom »Gemeinsamen Europäischen Haus« erfüllte daher zuerst nur die Funktion eines »kodierten« politischen Signals, mit dessen Hilfe die sowjetische Führung eine breite politische und ökonomische Kooperation mit dem Westen einfordern wollte.[9] Blieb Gorbatschows Vision von dem neuen gemeinsamen Europa anfänglich noch wenig konkret, so war umgekehrt das westliche Echo darauf zunächst sehr schwach.

Tatsächlich war die neue Kremlführung zuallererst darum bemüht, die Beziehungen zu den Vereinigten Staaten zu verbessern. Dies stand indes nicht im Widerspruch zu dem sowjetischen Werben um »Europa«, da auch für die USA und Kanada wegen ihrer Zugehörigkeit zur westlichen Zivilisation in Gorbatschows »Gemeinsamen Europäischen Haus« genügend Platz vorgesehen war. Zunehmend traten hinter die Metapher des »Gemeinsamen Hauses« Vorstellungen der sowjetischen Führung, die auf eine neue gemeinsame europäische Sicherheitsstruktur von NATO und Warschauer Pakt und eine engere ökonomische Kooperation zwischen dem Rat für Gegenseitige Wirtschaftshilfe und der Europäischen Gemeinschaft abzielten.[10]

Die fortschrittlich eingestellte sowjetische *Intelligentsija* verknüpfte unterdessen mit der Öffnung des Landes nach Europa Hoffnungen auf eine weitreichende innenpolitische Liberalisierung. Die offizielle Propagierung der »allgemeinmenschlichen« Werte deutete man als Versuch, die demokratischen Freiheiten in der Sowjetunion selbst auf die Tagesordnung zu setzen. Im *Glasnost*-Diskurs dominierten die Stimmen, die in der Hinwendung der Sowjetunion nach Westeuropa einen Prozeß der »Europäisierung« der eigenen Gesellschaft erblickten. Tatsächlich war es bald nicht mehr übersehbar, daß der in Mode kommende sowjetische »Europäismus« darauf hinauslief, die UdSSR den Segnungen von Demokratie, Rechtsstaat und politischem Pluralismus zuzuführen.[11] Dies zeigten vor allem die Maßnahmen zum Umbau des politischen Systems, die in der Konsequenz auf die Übernahme der sogenannten »Errungenschaften der Weltzivilisation« hinausliefen, eine Formel, mit der die Annäherung an die Werte des liberalen westlichen Verfassungsstaates offiziell noch verbrämt wurde.[12]

Maßgeblichen Einfluß auf den Kurs der Perestroika übten Intellektuelle, die demokratische Bewegung und Gorbatschows engere Ratgeber aus. Noch vor dessen Amtsantritt hatten vor allem die *Institutschniki* in den Einrichtungen der Sowjetischen Akademie der Wissenschaften Fenster in Richtung eines grundlegenden Wandels des sowjetischen Weltbildes aufgestoßen. Aufgrund der Intensivierung von Gorbatschows persönlichen Kontakten mit Repräsentanten der internationalen Politik kam ein weiterer Faktor des Umdenkens in der sowjetischen Führung zur Geltung. In der Rangordnung der einflußreichen Kräfte standen unmittelbar nach Gorbatschows *grauer Eminenz*, Alexander Jakowlew, der sowjetische Außenminister Eduard Schewardnadse, weiter der deutsche Bundeskanzler Helmut Kohl, die beiden amerikanischen Präsidenten Ronald Reagan und George Bush sowie die britische Premierministerin Margaret Thatcher.[13] Der Einfluß westlicher Spitzenpolitiker kam vor allem im Gefolge der Herbstrevolutionen von 1989 und im Rahmen der Bemühungen um die Wiederherstellung der deutschen Einheit zum Tragen. Nunmehr häuften sich westliche Initiativen, der UdSSR die Hand zu einer engen ökonomischen und politischen Kooperation zu reichen. Die Gesten reichten von der Einladung Gorbatschows in die Parlamentarische Versammlung des Europarates bis zum Abschluß eines Handels- und Kooperationsvertrages zwischen der Sowjetunion und der Europäischen Gemeinschaft im Dezember 1989, schließlich bis zum deklarierten Imagewandel der NATO im Sommer 1990, die nun dem ehemaligen Hauptfeind ostentativ »die Hand zur Freundschaft« zu reichen gewillt war. Für das Verhältnis der UdSSR zu Europa war das Abkommen vom Dezember 1989 von bahnbrechender Bedeutung. Mit seiner Unterzeichnung endete die fast dreißig Jahre währende Ablehnung der Europäischen Gemeinschaft durch die Sowjetunion. Umgekehrt verstand sich das Abkommen als eine konkrete Antwort auf Gorbatschows Werben um die Errichtung eines »Gemeinsamen Europäischen Hauses«. Das Abkommen enthielt die Meistbegünstigungsklausel für die Sowjetunion und sah den etappenweisen Wegfall aller mengenmäßigen Beschränkungen für Importe aus der Sowjetunion vor.[14]

Nach dem Schicksalsjahr 1990, als der kalte Krieg förmlich beendet wurde, Deutschland die Vereinigung erreichte und sich Warschauer Pakt und RGW auflösten, sann man in Brüssel darüber nach, wie der Sowjetunion die neue Konstellation weiter honoriert werden könnte. Zu dem Zeitpunkt, als bereits Assoziationsverträge mit mittelosteuropäischen Staaten anvisiert wurden, trug die Europäische Gemeinschaft sich mit der ernsthaften Absicht, der UdSSR gleichzeitig eine enge und umfassende Kooperation anzubieten.[15] Da sich die Sowjetunion nur ein Jahr später als staatliche Einheit auflöste, erlosch dieses letzte Angebot der Europäischen Gemeinschaft, Gorbatschows Vision vom »Gemeinsamen Europäischen Haus« erste solide Fundamente zu verschaffen.

2. Nationale Identitätssuche und internationale Standortbestimmung des neuen Rußlands

Das postsowjetische Rußland sah sich vor die schwierige Aufgabe gestellt, gleichzeitig Prozesse der nationalen Identitätsfindung, der internationalen Standortbestimmung, der Institutionenbildung und der Schaffung einer neuen Wirtschaftsordnung zu bewerkstelligen. Da sich dieser Prozeß der vielfach beschworenen »Wiedergeburt Rußlands« entlang weitgehend unbekannten Parametern vollzog, waren widersprüchliche Entwicklungen, Spannungen und häufige Kurskorrekturen der Transformation an der Tagesordnung. All dies spiegelte sich auch in der Außenpolitik wider, die sich als Experimentierfeld für die Suche und Bestätigung einer neuen nationalen Identität und staatlicher Selbstbehauptung geradezu anbot. Erste Schritte zur nationalen Identitätsbildung und Selbstbehauptung der Rußländischen Sozialistischen Föderativen Sowjetrepublik (RSFSR) auf der internationalen Bühne waren bereits Ende der achtziger Jahre zu beobachten. Über die symbolische Geste der Souveränitätserklärung vom Juni 1990 hinaus strebte die demokratische Bewegung unter Führung Boris Jelzins vor allem danach, Rußland von dem Dachstaat UdSSR durch Schaffung demokratischer und rechtsstaatlicher Einrichtungen positiv abzugrenzen. Bei den ersten Gehversuchen der Spitzenpolitiker Rußlands in der internationalen Arena legte man Wert darauf, Gorbatschows Politik der Öffnung gegenüber Europa an Entschiedenheit und Elan noch zu übertrumpfen. Kurz nach seiner Inauguration zum Präsidenten Rußlands im Sommer 1991 tat Jelzin seine Absicht kund, »eine dreiundsiebzig Jahre alte Ungerechtigkeit zu korrigieren und Rußland nach Europa zurückzubringen«.[16] Noch im letzten Jahr des Bestehens der Sowjetunion und in den Anfängen des postsowjetischen Rußlands hoben sowohl Boris Jelzin als auch Andrej Kosyrew unermüdlich das Bestreben Rußlands nach weitestgehender Integration mit der westlichen Welt hervor. Bereits im Januar 1991 betonte Jelzin, daß Rußland »die Vereinigten Staaten und die westlichen Länder nicht nur als Partner, sondern als Verbündete« betrachte.[17]

Unter dem erwünschten raschen Eintritt Rußlands in die »zivilisierte Staatengemeinschaft« verstand Jelzin sowohl eine Partnerschaft mit den USA als auch die Integration Rußlands in die europäischen Organisationen und den Internationalen Währungsfonds. Allen Vorstellungen von einer imperialen Außenpolitik wurde eine Absage erteilt. Es wurde betont, daß sich die Beziehungen zu den »nahen« wie »fernen« Nachbarn auf »absolut ideologiefreien Grundlagen des Pragmatismus und der Berücksichtigung gemeinsamer Interessen« entwickeln sollten. Man hielt den Status Rußlands als dem einer »normalen Großmacht« für angemessen. Das Credo des »Atlantismus«, wie der außenpolitische Kurs bald etikettiert wurde, erschöpfte sich nicht in den zitierten und vielen weiteren vollmundigen Bekenntnissen zur westlichen Wertegemeinschaft. Gleichzeitig betrieb man eine intensive Annäherung an die USA und Westeuropa. Jelzin entfaltete eine rege Reisediplomatie. Eine Reihe von Handels- und anderen Kooperationsverträgen wurde mit westlichen Staaten abgeschlossen. Noch im Frühjahr 1992 trat Rußland dem IWF und der Weltbank bei. Die EG faßte bereits im Januar 1992 Verhandlungen mit Moskau ins Auge, um ein neues Abkommen auf den Weg zu bringen, das den noch mit der UdSSR im Dezember abgeschlossenen Vertrag ersetzen sollte. In Brüssel zeigte man sich bemüht, den Beziehungen zu Rußland die Gestalt einer »sich vertiefenden Partnerschaft«[18] zu geben.

Parallel zur ausgeprägten Westorientierung der Außenpolitik vollzogen sich die Neuerungen in Rußland selbst im Geiste eines »primitiven Liberalismus«, der nach dem Zusammenbruch des Marxismus-Leninismus als ideologische Leitlinie vorherrschte. Die Propheten dieses vereinfachten Liberalismus-Verständnisses kamen aus der Menschenrechtsbewegung und der großstädtischen *Intelligentsija*. Man war von dem naiven Gedanken beseelt, daß der angestrebte liberale Nachtwächterstaat quasi automatisch ein demokratisches politisches System, eine Zivilgesellschaft und eine florierende Marktwirtschaft entstehen lassen werde.[19]

Die zwei Jahre währende »Doppelherrschaft« von Präsident und Parlament ergab eine Zeit der »Wirren« in der Innen- und Außenpolitik. Sie war über die unklare Verfassungslage hinaus in dem mangelnden demokratischen *know how* der Akteure begründet. Zugleich wurde sichtbar, daß die in einen raschen Erfolg der eingeleiteten Demokratisierung und der marktwirtschaftlichen Ansätze gesetzten Erwartungen nicht erfüllbar waren. Die Protagonisten des »Atlantismus« und »primitiven Liberalismus« nahmen ihre Ambitionen zurück. Nach und nach verdrängten geopolitische Vorstellungen die ursprünglich reine Westorientierung. In Konkurrenz zum »Atlantismus« versuchte sich der »Eurasianismus« zu behaupten, der auf eine stärkere Orientierung Rußlands nach Asien drängte.[20] Zusätzlich zu der Rückkehr zum klassischen Konzept der Geopolitik, das in der Sowjetzeit aus der Mode gekommen war, wurden neo-imperiale Ansprüche geltend gemacht. Von Rußland als einer »normalen Großmacht« war nichts mehr zu hören. Vielmehr rückten immer mehr pure Großmachtrhetorik und der Anspruch Rußlands, als mächtigster Nachfolgestaat der UdSSR ein wichtiger Mitspieler in der Weltpolitik zu sein, in den Vordergrund. Der Jugoslawienkonflikt bot Gelegenheit, auf der Weltbühne Präsenz zu zeigen und Einfluß zu erwirken. Um dieses Ziel zu erreichen, ließen sich Präsident und Regierung ohne größeres Zögern auf die orthodox-serbienfreundliche Linie ein, die vom russischen Parlament lautstark vorgegeben worden war. Zunehmend zeigte sich eine generelle Tendenz unter den politischen Eliten, in der Außenpolitik Übereinstimmung zu finden.[21] Die Suche nach einem nahezu alle politischen Lager übergreifenden »patriotischen Konsens« war ein allmählicher Prozeß und gründete nicht zuletzt in dem Bedürfnis von Präsident und Regierung, die prekären sozialen Folgen der ökonomischen »Schocktherapie« und die vielen Schwachstellen des Übergangsregimes mit nationalem Pathos und Großmachtgehabe auszugleichen. Offenkundig hoffte man, auf diesem Wege der schwindenden Legitimationsbasis der politischen Führung entgegenwirken zu können.[22]

Der Kurswechsel in der Außenpolitik und die Abschwächung des liberalen Credos im Transformationsprozeß hatten eine ganze Reihe weiterer Ursachen. Zu ihnen zählten insbesondere die Bedingungen der »Doppelherrschaft« von Parlament und Präsident und die sich verflüchtigende Euphorie über den gesuchten Schulterschluß mit den mächtigen Industriestaaten des Westens.[23] Als ein besonderer Faktor in der Außenpolitik wie bei der Suche nach nationaler Identität war schließlich der erhitzt geführte gesellschaftliche Diskurs über den wünschenswerten Weg Rußlands in die Zukunft in Rechnung zu stellen. Anfang der neunziger Jahre trat die Frage nach dem künftigen Weg Rußlands in den Vordergrund. Dabei erregten sich die Geister vor allem darüber, ob Rußland eher auf westlichen oder eurasischen Pfaden voranschreiten oder einem »Dritten Weg« folgen sollte, wie er von den Anhängern der »Russischen Idee« und anderen Apologeten einer ebenso verklärten Vergangenheits- wie Zukunftsvision propagiert wurde.

Die Debatten über eine vorzugsweise westliche Entwicklung oder einen von der slawischen Kultur und orthodoxem Christentum geprägten Sonderweg standen in der Tradition der bekannten Kontroverse zwischen »Westlern« und »Slawophilen«, die bereits im 19. Jahrhundert die Gemüter der russischen Intellektuellen bewegt hatte. Die öffentlichen Debatten über Rußlands Identität und die dabei zur Ikone erhobene »Russische Idee« erfüllten zweifellos eine weitgehend kompensatorische Funktion.[24] Der Diskurs kam dem Verlangen vieler entgegen, Ersatz für verlorengegangene ideelle Richtwerte zu suchen. Darüber hinaus boten die Diskussionen ein Forum, um diffuses Unbehagen und Kritik an der Politik von Präsident und

Regierung zur Geltung zu bringen. Zu der zunehmenden Politisierung des Diskurses gehörte die öffentliche Einforderung einer entschiedenen Groß- und Weltmachtrolle Rußlands.

Diese Stoßrichtung der öffentlichen Debatten blieb nicht ohne Auswirkungen auf die praktische Politik der Regierung und im besonderen Maße auf die politische Rhetorik der Parteiführer aller Lager. In der Staatsführung fanden die Wunschvorstellungen von der Großmachtrolle, von der Einzigartigkeit Rußlands und von dem quasi geschichtlichen Auftrag zu nationalem Machtstaatswillen und zur Bildung eines starken Staates durchaus Gehör und behaupteten sich in der offiziellen politischen Rhetorik.[25] Dabei mochte auch der Umstand eine Rolle spielen, daß zu den Präsidentenberatern sowohl Befürworter des »eurasischen« Weges (Sergej Stankewitsch) als auch Apologeten der *Derschawnost*-Ideologie (Andranik Migranjan) gehörten. Das Paradigma der *Derschawnost*, in dem sich Vorstellungen von einem starken Staat mit einem nationalen Machtstaatswillen und hegemonialen Ansprüchen bündeln, fand ein verstärktes Echo bei den Repräsentanten der Regierungsgewalt, nachdem aus den ersten freien Parlamentswahlen Mitte Dezember 1993 die pseudoliberale Partei des Rechtsradikalen Wladimir Schirinowskij als Siegerin hervorgegangen war.[26] Der Geist von *Derschawnost* beflügelte den Entschluß zur militärischen Intervention in Tschetschenien, wobei die Initiatoren auch in Rechnung stellten, daß ein kurzer siegreicher Krieg der politischen Führung aus dem Popularitätstief im Spätherbst 1994 heraushelfen könnte. Zu billigen Legitimierungsstrategien nach innen traten Vorstellungen von der Notwendigkeit hinzu, durch eine glatte Lösung der Tschetschenien-Frage die wahre Größe Rußlands und den Selbstbehauptungswillen des Landes auch nach außen zu demonstrieren.[27]

Bekanntlich endete der Kaukasus-Feldzug in einem völligen Desaster und untergrub alle Erwartungen in eine positive Profilierung der politischen Führung Rußlands. Es zeigte sich, daß sich die offiziell gepflegte Großmachtrhetorik ebensowenig bezahlt gemacht hatte wie die Betonung des nationalen Machtstaatsgedankens und das Eintreten für die Bewahrung der Unversehrtheit des Reichsgebietes. Das neue Rußland büßte nicht nur in Westeuropa Vertrauen ein. Ähnliches galt für die USA und insbesondere für die Staaten Mittelost- und Südosteuropas, die sich in ihrem Verlangen nach Mitgliedschaft in der NATO zutiefst bestätigt sahen.

Trotz der Enttäuschung über den Tschetschenien-Krieg blieb der Jelzin-Führung die westliche Loyalität weitgehend erhalten. Dies machte sich vor allem im Präsidentschaftswahlkampf 1996 bezahlt, als es dem Amtsinhaber Jelzin gelang, seinen kommunistischen Herausforderer, Gennadij Sjuganow, zu schlagen. Aufgrund der Wahlkampfunterstützung durch das westliche Ausland und seitens der neuen finanzkräftigen Wirtschaftskreise wie der Medien in Rußland selbst war für die zweite Jelzin-Ära ein klarer prowestlicher Kurs vorprogrammiert. Tatsächlich verdichteten sich seit dem Frühjahr 1997, als Jelzin nach monatelanger Krankheit aktiv in die Politik zurückkehrte und eine grundlegende Regierungsumbildung einleitete, die Anzeichen, daß sowohl in der Innen- als auch in der Außenpolitik ein liberaler Reformkurs und eine primär atlantische Orientierung erneut deutlichere Konturen annehmen würden.

3. Probleme der Konditionalität einer Integration Rußlands in die europäischen Organisationen

Ungeachtet aller Schwankungen in der nationalen Identitätssuche und eines daraus resultierenden außenpolitischen Schlingerkurses blieb die Orientierung auf eine enge Kooperation mit den europäischen Institutionen eine Konstante der russischen Politik. Dies wurde in den seit 1990 anhaltenden Bestrebungen Rußlands deutlich, eine neue europäische Sicherheitsstruktur mitzugestalten und Zutritt zu den europäischen Organisationen zu erhalten.

Während die in Rußland virulenten Großmachtvorstellungen nach einem besonderen Platz des Landes in dem neuen Konzert der Mächte verlangten, wurde die tatsächliche Herausbildung der Beziehungen zu den europäischen und atlantischen Organisationen in Moskau als eher nachteilig und unangemessen für den mächtigsten Nachfolgestaat der UdSSR betrachtet. Insbesondere lag es an der Wahrnehmung einer unzulänglichen Würdigung Rußlands, daß sich die Kontakte zu den internationalen Akteuren zunehmend schwierig gestalteten. Die verworrenen Entwicklungen in Rußland selbst sowie die fortgesetzten Debatten über seinen Standort in der Welt taten ein Weiteres, um die Herausbildung klarer nationaler Interessen – etwa im Verhältnis zur NATO – eher zu erschweren als zu fördern. Schließlich wurde Rußland gleich anderen Staaten mit der bereits erwähnten *Konditionalität* jeder Form von Integration und Anbindung eines Landes an die europäischen Organisationen konfrontiert. Das Kriterium der *Konditionalität* sollte nach der brutalen Intervention russischer Truppen in Tschetschenien Wirkung zeigen und die Beziehungen Rußlands zu Europa zeitweilig einfrieren lassen.

Noch während der »Doppelherrschaft« bekundete der Westen eine klare Präferenz zugunsten Jelzins. Dies wurde vor allem deutlich, als sich im September/Oktober 1993 die Auseinandersetzungen zwischen dem Präsidenten und dem Parlament zuspitzten. Das »Hauruckverfahren« zur Ausschaltung des Parlamentes wurde von der Europäischen Gemeinschaft ausdrücklich gebilligt. Der amerikanische Präsident Bill Clinton attestierte Jelzin, im Kampf gegen »ein destruktives Parlament ... auf der richtigen Seite der Geschichte« zu stehen.[28] Allerdings knüpften die westlichen Gönner Jelzins ihre Unterstützung an die Bedingung baldiger Neuwahlen des Parlamentes. Diese Auflage wurde am 13. Dezember 1993 eingelöst. Im Vorfeld der Wahlen ebenso wie für die zwei Jahre später anberaumten Parlamentswahlen setzte Brüssel deutliche Signale, um jeweils die demokratischen Kräfte in Rußland zu unterstützen. So wurden beispielsweise 1993 einige Elemente des noch nicht unterschriftsreifen Vertrages zwischen der EG und Rußland in einer Gemeinsamen Erklärung proklamiert.[29] Die Gesten des freundlichen

Entgegenkommens fruchteten indes wenig in ihrer Absicht, das Ansehen der noch schwachen demokratischen Parteien Rußlands bei den Wählern zu erhöhen. Während sich die seit Ende 1992 in Gang gekommenen Verhandlungen über das Partnerschafts- und Kooperationsabkommen zwischen Moskau und Brüssel weiter hinzogen, setzte Jelzin unterdessen große Hoffnungen auf eine baldige Aufnahme Rußlands in den Straßburger Europarat. Dieser genoß in Moskau nicht nur deswegen große Hochachtung, weil er als die älteste aller europäischen Organisationen über ein hohes Prestige verfügte. Er war auch die einzige europäische Einrichtung, in der Rußland auf absehbare Zeit hin überhaupt eine volle Mitgliedschaft erreichen konnte.[30] Als Rußland im März 1993 den Beitrittsantrag einreichte, hoffte es auf eine alsbaldige Umwandlung des vorläufigen Gaststatus in den eines Mitgliedes. Da die Bewerbung während der Wirren der Moskauer »Doppelherrschaft« erfolgte, kam es zu einem heftigen Streit zwischen dem Parlament und dem Präsidenten über die Erfüllung der Beitrittsbedingungen, die vornehmlich in der Abhaltung freier Parlamentswahlen und der Verabschiedung einer demokratischen Verfassung bestanden. Angesichts solcher hausgemachter Probleme wurde der Beitrittsantrag in Straßburg zunächst zurückgestellt. Die Moskauer Regierung empfand es als Demütigung, daß die kleinen früheren Unionsrepubliken Estland und Litauen bereits Mitte 1993 als Vollmitglieder in den Europarat aufgenommen worden waren. Vollends empört zeigte sie sich, als auch Lettland noch vor Rußland Eintritt fand.[31] Zu der Erbitterung über die Unterdrückung der starken russischen Minderheiten in Estland und Lettland gesellten sich Gefühle schmachvoller Erniedrigung und die Befürchtung einer Ausgrenzung Rußlands aus Europa.

Noch deutlicher als im Verhältnis zum Europarat zeigte sich Rußland wegen seiner vergeblichen Bemühungen enttäuscht, die KSZE zum Hauptpfeiler einer neuen europäischen Sicherheitspolitik zu machen. Erst recht war die Verbitterung darüber groß, daß es nicht gelang, die Osterweiterung der NATO zu verhindern. Eine Stärkung der KSZE und deren Umwandlung in ein schlagkräftiges politisches Instrument, in die zentrale Schaltstelle zur Koordination aller europäischen Organisationen sowie der NATO und auch der GUS hätte Rußland entscheidenden Einfluß auf internationaler Bühne gesichert. Es wäre nicht auf die Rolle eines bloßen »Partners« des Westens, ob im Rahmen der EU oder der NATO-»Partnerschaft für den Frieden«, beschränkt geblieben.[32]

Als sich Moskau zunächst im Juni 1994 dazu durchrang, das NATO-Programm einer »Partnerschaft für den Frieden« grundsätzlich zu akzeptieren, ging das russische Außenministerium davon aus, daß dieses Konzept einen Ersatz für die Osterweiterung des atlantischen Bündnisses darstelle bzw. letztere zumindest auf unbestimmte Zeit aufschiebe.[33] Den russischen Gegnern der »Partnerschaft für den Frieden« mißfiel insbesondere die Vorstellung, daß Rußland mit kleineren Staaten auf die gleiche Stufe gestellt werden sollte. Als auf dem Treffen des NATO-Rates in Istanbul Anfang Juni 1994 die Vorstellung von »besonderen« Beziehungen zwischen der NATO und Rußland erstmals Gestalt annahm, rückte das prinzipielle Einverständnis Moskaus zur Beteiligung an der »Partnerschaft für den Frieden« in unmittelbare Reichweite.[34] Da der russischen Führung sehr daran lag, das Abkommen mit der Europäischen Union endlich zum Abschluß zu bringen, gab Jelzin zumindest sein vorläufiges Einverständnis zum NATO-Programm. Der Poker um die Verknüpfung der von Rußland angestrebten Kooperation mit der Europäischen Union und der von der NATO erwünschten Einbindung Rußlands in die »Partnerschaft für den Frieden« schien aufzugehen.

Tatsächlich mündeten die seit achtzehn Monaten geführten Verhandlungen noch im Juni 1994 in den Abschluß eines umfassenden Vertrages, dessen Bedeutung weit über das seit Dezember 1991 wirksame TACIS-Programm (*Technical Assistance to the Commonwealth of Independent States*) hinausgeht.[35] Letzteres war zum größeren Teil für Projekte zur Unterstützung des marktwirtschaftlichen Transformationsprozesses in der Rußländischen Föderation bestimmt worden. In der Zeitspanne von 1991 bis 1997 belief sich das Gesamtbudget von TACIS für Rußland auf ungefähr 1,4 Mrd. ECU. Für den Zeitraum von 1996 bis 1999 verfügt die EU im Rahmen des TACIS-Programmes eine Hilfe im Umfang von 2,2 Mrd. ECU, wovon auf Rußland etwa 60 Prozent entfallen. Der Anteil von Rußlands Regionen an den TACIS-Mitteln beläuft sich – ohne Moskau und St. Petersburg – auf etwa 40 Prozent. Im Jahre 1998 waren in Rußland etwa 1 000 Langzeitexperten der EU in laufenden Projekten aktiv. Auch wenn es sich bei TACIS um das umfassendste unentgeltliche Hilfsprogramm handelt, so erreicht es doch nur 1,4 ECU pro Kopf der Bevölkerung im Jahr, während das PHARE-Programm pro Kopf etwa der polnischen Bevölkerung 5 ECU jährlich erbringt.

Mit dem im Juni 1994 auf der Insel Korfu unterzeichneten »Abkommen über Partnerschaft und Zusammenarbeit«, das erst im Dezember 1997 nach Abschluß des Ratifizierungsverfahrens Rechtswirksamkeit erlangte, hat die Kooperation zwischen der Europäischen Union und Rußland eine neue, vielversprechende Dimension erreicht. Der Vertrag war das Ergebnis mühselig ausgefeilschter Kompromisse. Während es der russischen Seite vor allem darauf angekommen war, ihre wirtschafts- und handelspolitischen Interessen abzusichern, ging es der EU nicht zuletzt darum, Rußland in der europäischen Wertegemeinschaft zu verankern.[36]

Für Rußland war es von Bedeutung, daß der Vertrag faktisch alle »vier Freiheiten« – mit Ausnahme der freien Bewegung für Arbeitnehmer – enthielt, wie dies auch in den Assoziationsverträgen mit den postkommunistischen Ländern Mittelosteuropas der Fall war. Nicht minder wichtig wurde von der russischen Seite die feste Einrichtung eines regelmäßigen politischen Dialoges angesehen. Rußland hatte erreicht, daß es nicht mehr als »Staatshandelsland«, sondern als Staat mit einer »Übergangswirtschaft« bezeichnet wurde.

Für die europäische Seite war die politische *Konditionalität* des Abkommens besonders relevant. Dazu gehörte die Bestimmung, daß bei Verstößen gegen wesentliche Vertragselemente das Abkommen ausgesetzt werden konnte. Zu den »wesentlichen Elementen« gehörten die demokratischen Grundsätze und die Einhaltung der Menschenrechte. Diese *Konditionalität* blieb angesichts der massiven Menschenrechtsverletzungen im Tschetschenien-Krieg nicht ohne Sanktionen für den russischen Aggressor. Bereits vier Tage nach Beginn der militärischen Intervention stellte das Europäische Parlament fest, daß die Offensive die Prinzipien der KSZE verletzte und deshalb keine »innere Angelegenheit Rußlands« sein könne. Die EU-Kommission zog Anfang Januar 1995 daraus die Konsequenzen und setzte den Ratifizierungsprozeß für das Interims-Abkommen zum Partnerschaftsvertrag aus. Parallel zu den Gremien der EU stimmte die Parlamentarische Versammlung des Europarates am 3. Februar 1995 mit großer Mehrheit der Empfehlung seines Politischen Ausschusses zu, den Beitritt Rußlands bis zur Lösung des Kaukasus-Konfliktes nicht zu behandeln.[37]

Die Sanktionspolitik der europäischen Organisationen war allerdings nur von vorübergehender Dauer. Schon im Juli 1995 konnte das Interims-Abkommen unterzeichnet werden, das einen handelspolitischen Teil enthielt. Dabei ließ sich die EU trotz des anhaltenden Krieges in Tschetschenien von der Auffassung leiten, daß man Rußland politisch und ökonomisch eher integrieren statt isolieren müsse, um eine Stärkung nationalistischer und kommunistischer Kräfte zu verhindern und die Jelzin-Führung nicht noch weiter vom Weg einer demokratischen Entwicklung abzubringen. Ähnliche Überlegungen bestimmten auch den Entschluß des Europarates, Rußland im Januar 1996 als Mitglied in die Organisation aufzunehmen.[38] Zweifellos hat das Entgegenkommen der europäischen Organisationen, deren Haltung vorwiegend der unermüdlichen Fürsprache und Anwaltschaft Deutschlands für die Interessen Rußlands zu verdanken war, zu einer erneuten Entspannung in den Beziehungen des Westens zur Rußländischen Föderation geführt.

Als im März 1997 auf dem Gipfeltreffen des amerikanischen mit dem russischen Präsidenten in Helsinki die »besonderen« Beziehungen zwischen der NATO und Rußland und damit auch die – ungeachtet fortgesetzter Proteste – letztliche Akzeptanz der NATO-Osterweiterung durch Rußland auf den Weg gebracht wurden, entstand der Eindruck, daß es der russischen Führung bei dieser Gelegenheit gut gelang, ihrerseits »Konditionen« für eine internationale Statusverbesserung Rußlands geltend zu machen. Zu ihnen gehörten die Aufnahme Rußlands als achtes Mitglied in die G-7 und grünes Licht für den Beitritt Rußlands zur Welthandelsorganisation, zum Pariser Club und mittelfristig zur OECD.[39] Im direkten Zusammenhang mit diesen Weichenstellungen formulierte Jelzin die zitierte Erklärung, daß Rußland die Absicht verfolge, als Vollmitglied in die EU einzutreten.

In der am 27. Mai 1997 in Paris von den Staats- oder Regierungschefs der 16 NATO-Staaten und dem russischen Präsidenten Boris Jelzin unterzeichneten »Grundakte über gegenseitige Beziehungen, Zusammenarbeit und Sicherheit zwischen der Nordatlantik-Vertragsorganisation und der Russischen Föderation« erhielt die Anbindung Rußlands an die NATO konkrete Gestalt. Auf der Basis dieser Verständigung sollte Rußland in der NATO zwar »eine Stimme«, jedoch kein »Veto« erhalten. Während die Funktionsfähigkeit der in der »Grundakte« festgelegten Regeln der Kooperation zwischen Rußland und der NATO noch abzuwarten bleibt, wurde das Dokument von breiten Kreisen der politischen Klasse Rußlands mit Zufriedenheit aufgenommen. Die positive Wirkung lag vor allem auf psychologischer Ebene, da man die Übereinkunft als eine Brücke zwischen Rußland und Europa deuten konnte. Das neuerliche Zusammenrücken Rußlands und Europas wurde auch auf dem Gipfel des Europarates im Oktober 1997 offenkundig, auf dem die Einbindung Rußlands in die europäische Familie und Wertegemeinschaft nachdrücklich demonstriert wurde.

4. Abschließende Überlegungen zum Verhältnis Rußland und Europa

Eine Intensivierung der Beziehungen zwischen der EU und der Rußländischen Föderation hängt vornehmlich von den Möglichkeiten der Stabilisierung des russischen Reformprozesses ab. Dieser hat allerdings durch die schwere Finanz- und Wirtschaftskrise, die im August 1998 über das Land hereinbrach, deutliche Rückschritte erlitten. Aufgrund der Auswirkungen dieser Krise und infolge einer besonders schlechten Ernte sah sich Rußland im Spätherbst 1998 sogar veranlaßt, die EU förmlich um Nahrungsmittelhilfe zu ersuchen.

Gegenwärtig hat der von der russischen Führung 1997 wiederholt geäußerte Wunsch nach einer Vollmitgliedschaft in der Europäischen Union allerdings keine reale Zukunftsperspektive. In der im Vergleich zu anderen postkommunistischen Staaten Osteuropas generell eher zurückhaltenden und abwartenden Einstellung der EU gegenüber Rußland kann eine Art Reflex auf die innen- und außenpolitischen Schwankungen des russischen Kolosses gesehen werden. Zu Recht hat Leszek Buszynski das postsowjetische Rußland als einen »desorientierten Staat« beschrieben.[40] Typisch für diesen Zustand erscheint nicht nur die seit Gorbatschow zu beobachtende Steuerung des Reformprozesses nach dem Prinzip von *trial and error*. Charakteristisch für das nach internationalem Prestige und Selbstbehauptung in der Welt strebende Riesenreich im Osten Europas erweisen sich auch die wiederkehrenden Versuche, den Einfluß der letzten Supermacht USA durch die Herstellung von Gegengewichten in der internationalen Politik auszubalancieren.[41] Allein die fortgesetzte Betonung der russischen Führung, daß die gegenwärtige Weltordnung durch eine »Multipolarität« bestimmt sei, stellt darauf ab, den Führungsanspruch der USA zumindest rhetorisch zu beschneiden. In der neuen »strategischen Partnerschaft« zwischen Moskau und Peking und in der Allianz Rußlands mit dem slawischen Bruderstaat Belarus sind vorwiegend demonstrative Gesten der potentiellen Weltmachtrolle Rußlands zu sehen. In den gleichen Kontext gehören die am Rande des Europarat-Gipfels von Straßburg vereinbarten alljährlichen Dreiergipfel von Moskau, Paris und Bonn. Auch wenn diese Initiativen Rußlands zur institutionellen Verfestigung des politischen Dialoges mit Frankreich und Deutschland ansatzweise auch als Hebel zur Eindämmung des amerikanischen Einflusses in Europa konzipiert sein mögen, so scheinen sie doch zuallererst dem wiedererstarkten Wunsch Moskaus zu entspringen, neue Wege und Pforten auf dem weiterhin unsicheren und steinigen Weg Rußlands nach Europa auszuloten.

Anmerkungen

1 Zitiert nach Yanov, Alexander: Boris Yeltsin: Victor Vanquished? in: Moscow News v. 21.–27. August 1997, S. 5.
2 The European Union and Russia: The Future Relationship. Commission Communication to the Council. Draft Common Position. Moscow, Delegation of the European Commission in Moscow, Mai 1995. Vgl. auch: Timmermann, Heinz: Die Reformstaaten Mittel- und Osteuropas und die euro-atlantischen Integrationsprozesse, in: Berichte des Bundesinstituts für ostwissenschaftliche und internationale Studien (BiOst) 18 (1997), S. 15.
3 Vgl. Gumpel, Werner: Ein Land am Abgrund. Zur wirtschaftlichen Lage in Rußland, in: Osteuropa 8 (1997), S. 762–771; Götz, Roland: Die russische Wirtschaft braucht keinen Kurswechsel, sondern die Fortentwicklung begonnener Reformen, in: Osteuropa 8 (1997), S. 772–790.
4 Zitiert nach Thumann, Michael: Jelzins Vision. Die alte Frage: Gehört Rußland zum Westen – oder nicht?, in: Die Zeit v. 28. März 1997, S. 1.
5 Agence Europe v. 19. Juli 1997, S. 6 f., vgl. auch Neue Zürcher Zeitung (NZZ) v. 19. Juli 1997.
6 Agence Europe (Anm. 5).
7 Vgl. generell zu der Thematik z. B. Harle, Vilho, und Jyrki Ilvonen: Gorbachev and Europe, London 1990; Pravda, Alex (Hrsg.): The End of the Outer Empire, London 1992; Checkel, Jeffrey T.: Ideas and International Political Change. Soviet/Russian Behaviour and the End of the Cold War, Binghamton 1997.
8 Vgl. Tchoubarian, Alexander: The European Idea in History in the Nineteenth and Twentieth Centuries: A View from Moscow, Ilford 1994, S. 187; vgl. auch Bonwetsch, Bernd: Europa aus der Sicht der UdSSR von Lenin bis Stalin, in: Franz, Otmar (Hrsg.): Europa und Rußland – das Europäische Haus?, Göttingen/Zürich 1993, S. 37–51.
9 Vgl. Pawlowa-Silwanskaja, Marina: Die Rückkehr Rußlands nach Europa: Barrieren, Möglichkeiten, Hoffnungen, in: Bogomolow, Oleg, und Heinrich Vogel (Hrsg.): Rußland und Deutschland – Nachbarn in Europa, Baden-Baden 1992, S. 176 f.
10 Vgl. Pravda, Alex: Relations with Central- and South-Eastern Europe, in: Malcolm, Neil (Hrsg.): Russia and Europe. An End to Confrontation?, London/New York 1994, S. 123–150.
11 Vgl. Malcolm, Neil: New Thinking and After: Debate in Moscow about Europe, in: Malcolm (Anm. 10), S. 157 ff.; vgl. auch Wettig, Gerhard: West European Integration and Pan-Europeanism in Soviet Foreign Policy, in: BiOst 10 (1990).
12 Vgl. Mommsen, Margareta: Wohin treibt Rußland? Eine Großmacht zwischen Anarchie und Demokratie, München 1996, S. 84 ff.
13 Vgl. Lane, David: Political Elites Under Gorbachev and Yeltsin in the Early Period of Transition: A Reputational and Analytical Study, in: Colton, J. Timothy, und Robert C. Tucker (Hrsg.): Patterns in Post-Soviet Leadership, Boulder/San Francisco/Oxford 1995, S. 32.
14 Vgl. Timmermann, Heinz: Die Beziehungen EU – Rußland. Voraussetzungen und Perspektiven von Partnerschaft und Kooperation, in: BiOst 60 (1994), S. 9.
15 Vgl. Timmermann (Anm. 14).
16 Zitiert nach Malcolm (Anm. 11), S. 163.
17 Rossijskaja Gaseta v. 31. Januar 1992.
18 Borko, Jurij: Rußland und die Europäische Union: Perspektiven und Partnerschaft, in: BiOst 36 (1996), S. 8.
19 Vgl. Melamedow, Grigori: Von der »lichten Zukunft« zur verordneten »nationalen Idee«, in: Wostok 6 (1996), S. 20–23.

20 Vgl. Nesawisimaja Gaseta v. 28. März 1992.
21 Vgl. Malcolm, Neil: Foreign Policy Making, in: Malcolm (Anm. 10), S. 129 ff.; Simon, Gerhard: Rußland auf der Suche nach seiner politischen Identität. Visionen und Wirklichkeiten, in: BiOst 33 (1997).
22 Vgl. Malcolm (Anm. 21).
23 Vgl. Bazhanov, Yevgenij: Russia's Changing Foreign Policy, in: BiOst 30 (1996), S. 15 ff.
24 Vgl. Sieber, Bettina: »Russische Idee« und Identität. »Philosophisches Erbe« und Selbstthematisierung der Russen in der öffentlichen Diskussion 1985–1995, Bochum 1998, S. 76 ff.
25 Vgl. Malcolm (Anm. 21), S. 129 ff.
26 Vgl. Mommsen (Anm. 12), S. 245 ff.
27 Vgl. Moscow News v. 23.–29. Dezember 1994, hier wird darüber reflektiert, daß Jelzin vor dem Hintergrund des Budapester OSZE-Gipfels Anfang Dezember 1994, auf dem Rußland in der Frage der NATO-Osterweiterung mit seiner negativen Haltung völlig isoliert war, am Beispiel des Tschetschenien-Abenteuers beabsichtigt habe, »der Welt zu zeigen, daß Rußland noch über genug Stärke verfüge«.
28 NZZ v. 2. Oktober 1993.
29 Vgl. Borko (Anm. 18), S. 9; Timmermann, Heinz: Partnerschaft mit Rußland. Chancen und Probleme der EU-Anbindungsstrategie, in: BiOst 43 (1996), S. 7.
30 Vgl. Zagorski, Andrej: Russia and European Institutions, in: Baranovsky, Vladimir (Hrsg.): Russia and Europe. The emerging security agenda, Oxford 1997, S. 536 f.
31 Vgl. Zagorski (Anm. 30), S. 532 ff.
32 Vgl. Timmermann, Heinz: Rußlands Außenpolitik: Die europäische Dimension, in: BiOst 17 (1995), S. 11 f.
33 Vgl. Zagorski (Anm. 30), S. 532 ff.
34 Vgl. Zagorski (Anm. 30), S. 532 ff., S. 534 f.
35 Zu TACIS vgl. Schmidt, Klaus: Unterstützung des Transformationsprozesses in Rußland durch das TACIS-Programm der Europäischen Union, in: Gorzka, Gabriele, und Peter W. Schulze (Hrsg.): Auf der Suche nach einer neuen Identität. Rußland an der Schwelle zum 21. Jahrhundert, Bremen 1998, S. 231–236.
36 Vgl. Timmermann (Anm. 14), S. 7 ff.
37 Vgl. Archiv der Gegenwart v. 9. Februar 1995, S. 39219.
38 Vgl. Archiv der Gegenwart v. 31. Januar 1996, S. 40760.
39 Vgl. Archiv der Gegenwart v. 21. März 1997, S. 41899 f.
40 Vgl. Buszinski, Leszek: Russian Foreign Policy After the Cold War, Westport/London 1996.
41 Vgl. Link, Werner: Gleichgewicht und Hegemonie, in: FAZ v. 19. September 1997, S. 13.

Die Ukraine und Europa

IRIS KEMPE

Die Ukraine hat bereits derzeit wegen ihrer Fläche von 603 700 Quadratkilometern, ihren rund 52,5 Millionen Einwohnern und ihrer Lage zwischen der Russischen Föderation und den Visegrádstaaten eine große Bedeutung für Europa. Im Zuge der Osterweiterung der NATO und der Europäischen Union wird die Ukraine bald unmittelbar an die westlichen Bündnissysteme angrenzen. Ihre sicherheitspolitische Einbindung wird somit zu einem wichtigen Bestandteil der gesamteuropäischen Sicherheitsordnung. Die direkte Nachbarschaft der Ukraine und der künftig um Polen, die Slowakei, Ungarn und Rumänien erweiterten EU muß die westeuropäischen Entscheidungsträger zur frühzeitigen Strategieentwicklung veranlassen. Somit ist die Ukraine von besonderem Interesse für Europa, insbesondere für die EU. Umgekehrt orientieren sich die außenpolitischen Eliten Kiews zunehmend nach Westen: Bereits der frühere ukrainische Außenminister Gennadij Udovenko proklamierte die Assoziierung und baldmögliche Mitgliedschaft in der EU.[1] Auch Boris Tarasjuk hält mit Nachdruck am Beitritt der Ukraine zur Europäischen Union fest.[2] Im folgenden soll geklärt werden, ob es sich bei derartigen Einschätzungen um substantielle Aussagen oder um politische »Schönwetterreden« handelt. Dazu muß zunächst bestimmt werden, inwieweit die Ukraine stärker als eigenständiger Nationalstaat oder als Bestandteil der GUS anzusehen ist.

1. Die Ukraine als Bestandteil der GUS

Nach dem Auseinanderbrechen der Sowjetunion 1991 sind 15 Nachfolgestaaten entstanden. Mit Ausnahme der baltischen Staaten Estland, Lettland und Litauen haben sich die übrigen postsowjetischen Staaten einschließlich der Ukraine am 21. Dezember 1991 zur Gemeinschaft Unabhängiger Staaten (GUS) zusammengeschlossen.[3] Aufgabe der GUS ist die politische, wirtschaftliche und sicherheitspolitische Neuordnung des postsowjetischen Raumes. Gleichzeitig versuchen russische Entscheidungsträger, die GUS zur Hegemoniesicherung über den postsowjetischen

Raum zu instrumentalisieren, wozu sie auch die Abhängigkeit der rohstoffarmen Staaten wie Moldowa, Belarus und der Ukraine ausnutzen. Die russischen Öl- und Gaslieferungen werden somit zu einem Mittel der Reintegration des postsowjetischen Raumes unter Vorherrschaft Rußlands. Allerdings stößt diese Politik zunehmend an ökonomische Grenzen: Da die postsowjetischen Staaten nur begrenzt in der Lage sind, die Rohstofflieferungen zu bezahlen, nimmt ihre Verschuldung gegenüber Rußland drastisch zu. Angesichts der fortschreitenden Wirtschaftskrise ist es fraglich, wie lange Rußland dazu in der Lage ist, die postsowjetischen Staaten durch »kostenlose« Rohstofflieferungen an den russischen Einfluß zu binden. Gleichzeitig sind die Eliten des russischen Gas- und Ölsektors auf den reibungslosen Transit der Rohstoffe durch die Ukraine und Belarus nach Westeuropa angewiesen. Somit sind zwischen der Ukraine bzw. Moldowa sowie Belarus und der Russischen Föderation wechselseitige Abhängigkeitsverhältnisse entstanden.

Aufgrund der russischen Hegemoniebestrebungen über die GUS hat die Ukraine nur ein begrenztes Interesse am Ausbau der Integration.[4] Infolgedessen zählte sie zusammen mit Moldowa und Turkmenistan auch zu den Staaten, die die Gründungsdokumente der GUS nicht ratifizierten. Die Schwerpunkte der Außenbeziehungen der Ukraine wie auch der übrigen postsowjetischen Staaten konzentrieren sich weniger auf die GUS als auf bilaterale Beziehungen zur Russischen Föderation sowie auf die Differenzierung der Außenbeziehungen in Richtung der Nachbarstaaten und der euro-atlantischen Verbindungen. Sowohl die Ressourcen der Russischen Föderation als auch die Interessen der anderen postsowjetischen Staaten an einer Vertiefung der GUS-Integration sind beschränkt. Aus diesen Gründen wurden bisher keine substantiellen Entscheidungen für die Schaffung politischer und wirtschaftlicher Integration getroffen. Die GUS ist nicht mehr als ein loser Rahmen mit geringem Institutionalisierungsgrad.[5] Wie der derzeitige Entwicklungsstand der GUS zeigt, verkörpert sie weder eine Föderation noch eine Konföderation. Ihr größtes Verdienst liegt in der friedlichen Auflösung der Sowjetunion, nicht aber in der Neuordnung des sowjetischen Raumes. Eine Ausrichtung europäischer Politik auf die GUS würde die faktische Entwicklung der ukrainischen Außenbeziehungen nicht hinreichend berücksichtigen und außerdem die russischen Hegemoniebestrebungen über die Ukraine und die übrigen postsowjetischen Staaten stärken. Um dies zu vermeiden, müssen sich die europäischen Institutionen auf die Ukraine als eigenständigen Nationalstaat konzentrieren.

2. Die innere Entwicklung der Ukraine

2.1 Nationale Konsolidierung

Seit ihrer Unabhängigkeitserklärung 1991 müssen die ukrainischen Entscheidungsträger zahlreiche ethnische und territoriale Probleme bewältigen. Besondere

Bedeutung hat dabei die Frage der russischsprachigen Bevölkerung. Laut der letzten Volkszählung aus dem Jahre 1989 bezeichneten sich 22 Prozent der Bevölkerung als ethnische Russen, und für 49 Prozent ist nicht Ukrainisch, sondern Russisch die Muttersprache.[6] Die ethnischen Russen leben vor allem im überdurchschnittlich industrialisierten östlichen Teil der Ukraine sowie auf der Krim. Daraus resultieren die Gefahr des Auseinanderbrechens des Staates sowie die Separatismusbestrebungen der historisch zu Rußland gehörenden Krim. Letzteren wird jedoch weniger Bedeutung zugemessen als noch vor einigen Jahren.

Um den staatlichen Zusammenhalt zu garantieren, entschieden sich die politischen Eliten in Kiew für einen zentralistischen Staatsaufbau.[7] Die Implementierung eines föderalen Systems wurde zwar wissenschaftlich und politisch diskutiert, im Ergebnis aber verworfen. Dementsprechend werden die Gouverneure, die Leiter der regionalen Administration, nicht von der Bevölkerung gewählt, sondern vom Staatspräsidenten ernannt. Neben der Gefahr, die sich aus der ethnischen Zusammensetzung der ukrainischen Bevölkerung ergibt, geht eine weitere Bedrohung des ukrainischen Nationalstaates vom Fehlen einer eigenen Staatsreligion aus. Von Bedeutung sind die jahrzehntelang verbotene griechisch-katholische Kirche sowie die in verschiedene Strömungen, die einander nicht anerkennen, zerfallene orthodoxe Kirche, von der sich ein Teil auf Moskau ausrichtet und ein anderer für eine eigenständige ukrainische Nationalkirche plädiert.[8] Diese Aufspaltung hat vor allem auf regionaler Ebene zu Auseinandersetzungen um Kirchengebäude und Kirchenmitglieder geführt. An diesen Auseinandersetzungen beteiligen sich oftmals auch die Vertreter der jeweiligen regionalen Exekutive.

Neben der Integration der russischen Bevölkerung belasten Grenzprobleme und Minderheitenfragen mit den mittel- und osteuropäischen Nachbarn die ukrainische Staatlichkeit. Das heutige Gebiet der Karpato-Ukraine gehörte bis 1919 zu Ungarn sowie bis 1945 zur heutigen Slowakei. Die im Zuge des Ersten und Zweiten Weltkrieges erfolgten Gebietsverschiebungen haben bis heute sowohl territoriale Ansprüche als auch Minderheitenfragen zur Folge. Auch zwischen der Ukraine und Polen (Galizien) sowie der Ukraine und Rumänien (Nordbukowina/Südbessarabien) existieren wechselseitige Minderheiten und territoriale Streitigkeiten.

Zur Bewältigung der zahlreichen Minderheitenprobleme ergriff die ukrainische Führung frühzeitig Maßnahmen, indem sie im Juni 1992 das Gesetz über die nationale Minderheit erließ. In Ergänzung zum Minderheitengesetz soll das derzeit noch diskutierte Sprachengesetz verabschiedet werden. Dessen Kerngedanke liegt allerdings in der Stärkung des Ukrainischen, um beispielsweise die Dominanz russischer Zeitungen auf dem ukrainischen Medienmarkt zu verringern.[9]

2.2 Innenpolitik

Formal gesehen wird die politische Machtverteilung in der Ukraine durch die alle fünf Jahre erfolgende Direktwahl des Präsidenten sowie die alle vier Jahre stattfindenden Parlamentswahlen festgelegt.[10] 1994 wählte die Bevölkerung den aus Dnipropetrovsk stammenden Leonid Kutschma zum Präsidenten. Wie bereits 1994 ging die Kommunistische Partei auch aus den Parlamentswahlen im März 1998 mit 123 der insgesamt 450 Sitze als zahlenmäßig größte Fraktion hervor. Die Machtverteilung zwischen Präsident und Parlament war bis zur Verabschiedung einer neuen Verfassung ungeklärt und führte zu dem für postsowjetische Staaten typischen Konflikt zwischen Exekutive und Legislative. Ebenfalls typisch ist die Konfrontation zwischen den sich als Reformbefürwortern bezeichnenden Regierungsmitgliedern und dem als Bremser angesehenen Parlament. Allerdings ist der Dauerstreit zwischen Regierung und Parlament nicht so sehr vor dem ideologischen als vielmehr vor einem machtpolitischen Hintergrund zu sehen. Gegenstand des Streites sind politische Entscheidungsbefugnisse und wirtschaftliche Ressourcen. Zur Eskalation kam es während des zweijährigen Verfassungsgebungsprozesses.[11] Der schließlich am 28. Juni 1996 vom Parlament angenommene Verfassungsentwurf spiegelt die zuvor getroffenen Kompromisse wider: Einerseits ist die Ukraine eine Präsidialdemokratie, andererseits ist die Macht des Präsidenten stärker begrenzt als beispielsweise die des russischen Staatsoberhauptes.[12]

Der Durchführung freier Wahlen und der Verabschiedung einer neuen Verfassung wird große Bedeutung für die Transformation von totalitären zu demokratischen Gesellschaften beigemessen.[13] Allerdings bedarf es einer länderspezifischen Bestimmung, ob diese Prozesse den tatsächlichen Konfliktlinien der jeweiligen Gesellschaft entsprechen. Diesbezüglich kommt der Kiewer Politikwissenschaftler Mykola Tomenko zu dem Fazit, daß die offen ausgetragenen Konflikte zwischen »Reformern« und »Restaurateuren« in der Ukraine lediglich zur Verschleierung der tatsächlichen Machtkämpfe dienen.[14] Die eigentlich relevanten Akteure sind Einzelpersonen und um sie gebildete Interessengruppen. Ihr Ziel ist der Zugriff auf wirtschaftliche Ressourcen und politische Macht. Regional konzentrierte Wirtschaftssektoren bestimmen die politischen Konfliktlinien. Ausschlaggebend sind der in Dnepropetrovsk angesiedelte Gassektor, zu dem auch der amtierende Präsident Kutschma gerechnet werden kann, die Donezker Kohleindustrie sowie Lviv als intellektuelles Zentrum der Westukraine – die politische Heimat des ersten Präsidenten Krawtschuk. Im Unterschied zur politischen Differenzierung der Russischen Föderation handelt es sich bei der Donezker, Dnepropetrovsker und Lviver Interessengruppe weniger um Auseinandersetzungen zwischen Zentrum und Peripherie. Diese Konfliktlinie wurde durch den unitaristischen Staatsaufbau unterbunden. Vielmehr bestehen personelle Netzwerke, die versuchen, ihren Einfluß auf nationale Entscheidungsträger auszuweiten und politische Schlüsselpositionen zu besetzen.

Einerseits ist die Differenzierung des politischen Systems durch Interessengruppen ein für die Ukraine positiv zu bewertender Prozeß: Demokratisierung ist in der Regel ein Resultat von Differenzierungsprozessen. Diese verhindern die Etablierung eines autokratischen Herrschers. Andererseits hat die Macht der ukrainischen Interessengruppen zahlreiche negative Folgeerscheinungen. Die Schwäche des

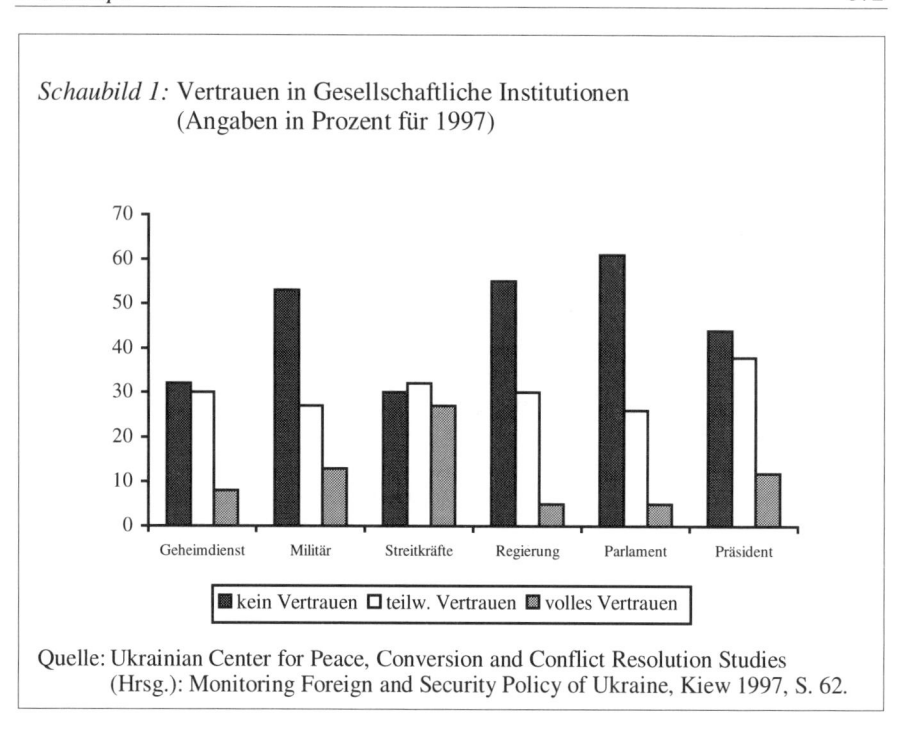

> **Schaubild 1:** Vertrauen in Gesellschaftliche Institutionen
> (Angaben in Prozent für 1997)
>
> [Bar chart showing approximate percentages for Geheimdienst, Militär, Streitkräfte, Regierung, Parlament, Präsident across categories: kein Vertrauen, teilw. Vertrauen, volles Vertrauen]
>
> Quelle: Ukrainian Center for Peace, Conversion and Conflict Resolution Studies (Hrsg.): Monitoring Foreign and Security Policy of Ukraine, Kiew 1997, S. 62.

institutionellen Systems schränkt dessen Handlungsfähigkeit stark ein. So war es bis Mitte 1997 nicht gelungen, den Staatshaushalt für das laufende Jahr zu verabschieden. Zu einer Einigung kam es erst aufgrund der Drohung des Internationalen Währungsfonds, die Kreditzahlungen einzustellen. Verstärkt hat sich auch der Druck der EU, makroökonomische Hilfeleistungen von der Verabschiedung eines Wirtschaftsprogrammes abhängig zu machen.[15]

Die Schwäche der politischen Institutionen, die nur gering entwickelte Zivilgesellschaft und die zunehmende Korruption verstärken sich wechselseitig. Internationale Einschätzungen bewerten die Ukraine als einen der Staaten mit der weltweit höchsten Korruption.[16] Dabei kommt es zur Verflechtung zwischen der politischen, der Wirtschafts- und Bankenelite.[17] Im Ergebnis entstehen erhebliche Hindernisse für die Strukturreform der ukrainischen Wirtschaft sowie für Auslandsinvestitionen. Die Korruption wirkt sich auch auf die Stabilität des politischen Systems aus. Allein während der rund einjährigen Amtszeit des letzten Premiers Pawlo Lasarenko wurden 32mal Korruptionsverwürfe gegen ihn erhoben.

Der Mißbrauch politischer Ämter schwächt die Legitimation der politischen Institutionen und Entscheidungsträger der Ukraine. Eine 1997 auf dem gesamten Territorium mit einer Stichprobe von 1 200 Befragten durchgeführte Erhebung zeigt das geringe Vertrauen der Bevölkerung in das politische System. Während sich die Bürger einerseits politisch nicht vertreten fühlen, sind sie andererseits nur in geringem Umfang zur Formulierung und Umsetzung ihrer Interessen bereit.

2.3 Wirtschaft

Ebenso wie im politischen System ist es in der ukrainischen Wirtschaft bisher nicht zu den entscheidenden Reformdurchbrüchen gekommen. Hauptursache für Stagnation und Krise sind die gescheiterten Versuche der Regierung, umfassende Wirtschaftsreformen durchzusetzen. Schuld daran waren nicht fehlende Konzepte, sondern politische Konflikte sowie die in Korruption gipfelnden Eigeninteressen. So hatte der frühere Premierminister Lasarenko im Oktober 1996 ein umfassendes Reformprogramm mit folgendem Inhalt vorgelegt: Bodenreform, Beendigung der ineffizienten Privatisierung sowie die Schließung unrentabler Kohlezechen und Metallurgiekombinate.[18] Das Programm stimmte auch mit den Zielvorstellungen von IWF und Weltbank überein. Die Umsetzung wurde dann aber vom Parlament gestoppt bzw. durch den Verzicht auf die Bodenreform und große Einschränkungen im Privatisierungskonzept weitestgehend aufgeweicht.

Im Außenhandel verzeichnet die Ukraine 1996 steigende Tendenzen: Sein Volumen stieg 1996 um rund 20 Prozent, wobei die Exporte um 14 Prozent und die

Schaubild 2: Entwicklung des realen Bruttoinlandsproduktes der Ukraine

Quelle: Osteuropa-Institut München (Hrsg.): Wirtschaftsentwicklung in ausgewählten mittel- und osteuropäischen Ländern, Working Papers, Nr. 200, München 1997.

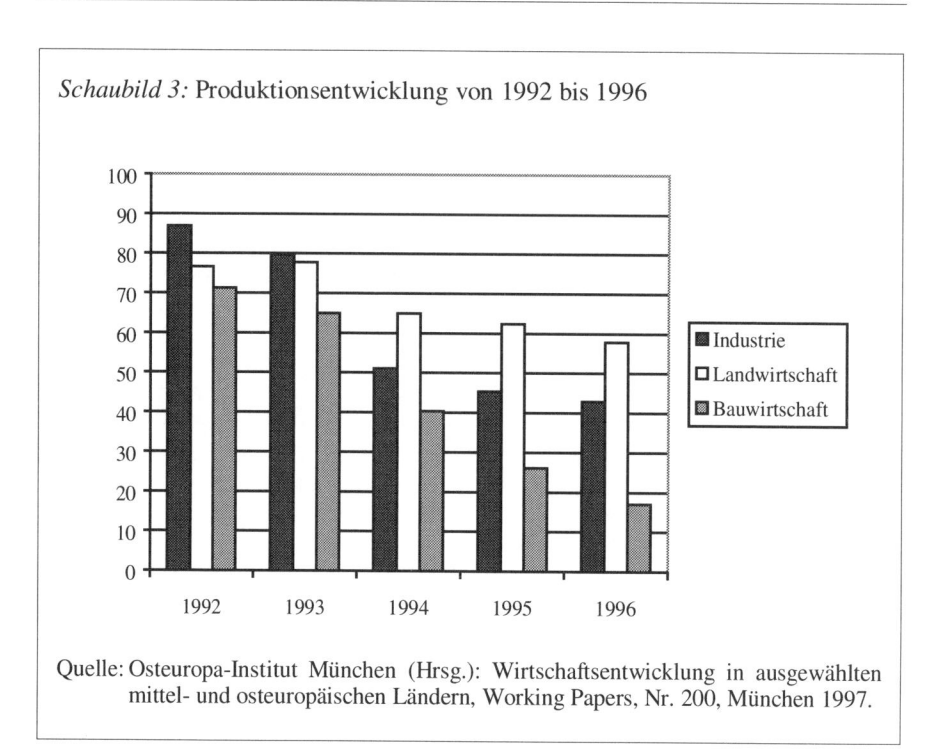

Schaubild 3: Produktionsentwicklung von 1992 bis 1996

[Bar chart showing Industrie, Landwirtschaft, Bauwirtschaft from 1992 to 1996]

Quelle: Osteuropa-Institut München (Hrsg.): Wirtschaftsentwicklung in ausgewählten mittel- und osteuropäischen Ländern, Working Papers, Nr. 200, München 1997.

Importe um 25 Prozent zunahmen.[19] Bei den Einfuhren handelt es sich in erster Linie um Energieträger aus Rußland und Turkmenistan. Die Ausfuhren setzen sich überwiegend aus Eisen, Nichtedelmetallen und Nahrungsmitteln zusammen. Außerdem verdient die Ukraine an den Transitleistungen für russisches Erdgas nach Westeuropa. In der Bilanz ist der Außenhandel Ausdruck der massiven Rohstoffabhängigkeit von der Russischen Föderation, die aber teilweise von russischen Interessen am reibungslosen Transit der Erdgasleitungen durch die Ukraine kompensiert wird. Nach der anfänglichen Stabilisierung des Außenhandels litt die Ukraine stark unter der russischen Finanz- und Währungskrise vom August 1998. Nachdem die Außenhandelsbilanzen bis 1998 einen stetigen Aufwärtstrend aufwiesen, waren Exporte und Importe 1998 erstmalig wieder rückläufig.

Im Gegensatz zur rasanten Talfahrt von Industrie, Landwirtschaft und Bauwesen übersteigt der Anteil der als arbeitslos Registrierten auch 1998 nicht 4,6 Prozent.[20] Das Ungleichgewicht zwischen den rückläufigen Produktionsraten und der relativ niedrigen Arbeitslosenquote hat mehrere Ursachen: Angesichts der bisher inkonsequenten Wirtschaftsreform ist es für die Großbetriebe oftmals lukrativer, den Abbau von Beschäftigten zu vermeiden. Dies deckt sich zudem mit politischen Interessen; eine massenhafte Zunahme von Arbeitslosigkeit würde den ukrainischen Staat vor große administrative und finanzielle Aufgaben stellen. Die dafür erforderliche sozialpolitische Kompetenz wurde bisher nicht entwickelt. Demzufolge ist es für die politischen und wirtschaftlichen Eliten der Ukraine weitaus konfliktärmer, die Arbeitnehmer formal weiterzubeschäftigen, auch wenn sie über Monate keinen Lohn erhalten oder »Zwangsurlaub« nehmen müssen. Laut Schätzung des ukrainischen Arbeitsministeriums sind 27,4 Prozent der Beschäftigten von Kurzarbeit oder Zwangsurlaub betroffen.[21] Infolgedessen muß die Arbeitslosenquote erheblich nach oben korrigiert werden.

Nach acht Jahren wirtschaftlicher und politischer Reformbestrebungen ist es bei den Entwicklungen im Inneren der Ukraine noch nicht zu den entscheidenden Durchbrüchen gekommen: Die Einführung der Griwna sowie die Verabschiedung der Verfassung markieren den derzeitigen Endpunkt der Reformen. Verursacht durch die vollkommen unzureichenden Strukturreformen und veranlaßt durch die russische Wirtschafts- und Finanzkrise konnte die Ukraine 1998 ihre bisherigen Transformationsfortschritte nicht mehr halten. Infolge dessen verlor die Griwna 70 Prozent ihres Wertes gegenüber dem US-Dollar. Die Verbindung aus fehlender Strukturreform und den neuerlichen erdrutschartigen Einbrüchen in der Geld- und Fiskalpolitik hat die Ukraine an den Rand einer ernsten Transformationskrise gebracht. Ein finanzieller Zusammenbruch konnte 1998 nur durch eine »freiwillige« Umstrukturierung der Inlandsschulden sowie durch Auszahlung eines erneuten IWF-Krediates verhindert werden. Damit beträgt der Anteil der ukrainischen Auslandsschulden am Bruttoinlandsprodukt 40 Prozent und ist somit am Rande des Vertretbaren.[22]

Mit der Fortdauer von Korruption und Wirtschaftskrise dominieren genau die Schwierigkeiten, die die Wähler 1994 veranlaßten, für die Neubesetzung des Präsidentenamtes zu votieren.[23] Nicht zuletzt im Wahlkampf hatte Krawtschuk versucht, von den Krisen im Inneren mit der Fokussierung auf eine erfolgreiche Außenpolitik abzulenken. Somit zeichnet ein Mißverhältnis zwischen außenpolitischen Erfolgen und innenpolitischen Krisen die Geschichte des jungen ukrainischen Staates aus.

3. Außenpolitische Erfolgsbilanzen

Ziel der ukrainischen Außenpolitik ist die Schaffung eines Gleichgewichtes zwischen den ukrainisch-russischen Beziehungen und den Interessen Kiews an der Einbindung in europäische und transatlantische Strukturen.[24] Die Annäherung an die USA genoß außenpolitische Priorität für den ehemaligen Präsidenten Krawtschuk.[25] Die diesbezüglich bedeutsame Verhandlungsmasse bildeten die in der Ukraine stationierten russischen Atomwaffen. Dem Staatsbesuch Krawtschuks in Washington im Oktober 1993 war die Ankündigung des Verzichtes auf Nuklearwaffen sowie die Unterzeichnung des Atomwaffensperrvertrages vorausgegangen. Ergebnis des Treffens zwischen Clinton und Krawtschuk war die »Gemeinsame Deklaration über Freundschaft und Partnerschaft zwischen der Ukraine und den USA«.

Nach seinem Amtsantritt 1994 korrigierte Kutschma den außenpolitischen Kurs.[26] Zwar sollte das partnerschaftliche Verhältnis zu den USA beibehalten werden, zusätzlich aber sollten die Beziehungen zu den europäischen Institutionen vertieft und das Verhältnis zur Russischen Föderation vertraglich geregelt werden. Von großer Bedeutung für die transatlantischen Beziehungen Kiews war das konsequente Festhalten an einem atomwaffenfreien Staat.[27]

Neben dem Ausbau der bilateralen Beziehungen bemühten sich Krawtschuk und der damalige Außenminister Udovenko um die Einbindung in die transatlantische Sicherheitsgemeinschaft. Um die Ukraine nicht zu einer Pufferzone zwischen der Russischen Föderation und der NATO zu machen, trat die Ukraine am 8. Februar 1994 dem Programm »Partnerschaft für den Frieden« bei, und ihr Präsident unterzeichnete am 9. Juli 1997 die Charta über besondere Partnerschaft zwischen der NATO und der Ukraine.[28]

Außer zur Verringerung klassischer militärischer Sicherheitsrisiken betrachten die ukrainischen Entscheidungsträger die Außenpolitik zunehmend als Mittel zur Stabilisierung des inneren Reformkurses. Mit diesem Ziel bemüht sich die Ukraine um die Intensivierung der europäischen Beziehungen: 1995 wurde die Ukraine als Vollmitglied in den Europarat aufgenommen, und bereits 1994 unterzeichnete sie das Partnerschaft- und Kooperationsabkommen mit der Europäischen Gemeinschaft.[29] Dem zunehmenden ukrainischen Interesse an der Kooperation mit der EU standen zahlreiche ungeklärte Grenz- und Minderheitenfragen mit den mittel- und osteuropäischen Nachbarstaaten im Wege. Sie stellten nicht nur bilaterale Probleme dar, sondern auch ein Hindernis bei der Vertiefung der euro-atlantischen Integration. Der fortschreitende Prozeß der NATO- und EU-Osterweiterung vergrößerte den Druck, diese Fragen vertraglich zu regeln. So wurden am 21. Mai 1997 mit Polen und am 2. Juni 1997 mit Rumänien Nachbarschaftsverträge unterzeichnet. In beiden Fällen mußten die diplomatischen Bemühungen gegen erhebliche historische Erblasten ankämpfen. Die Unterzeichnung der Nachbarschaftsverträge kann auch deshalb mit Recht als wichtiger Schritt zur europäischen Verständigung bezeichnet werden.

Mindestens ebenso konfliktträchtig verliefen die Bemühungen zur vertraglichen Regelung der Beziehungen zwischen der Ukraine und der Russischen Föderation. Nach jahrelangen Konflikten gelang es bei dem seit langem geplanten und immer wieder verschobenen Treffen des russischen Präsidenten Jelzin mit dem ukrainischen Präsidenten Kutschma im Juli 1997, die Aufteilung der Schwarzmeerflotte vertraglich zu regeln. In Ergänzung zum Flottenabkommen unterzeichneten die damaligen Ministerpräsidenten Tschernomyrdin und Lasarenko einen Vertrag über »Freundschaft, Zusammenarbeit und Partnerschaft zwischen der Russischen Föderation und der Ukraine«. Obwohl der Nachbarschaftsvertrag nicht alle Fragen zur vollständigen Zufriedenheit löst, offen bleibt zum Beispiel die Demarkation der russisch-ukrainischen Grenze, kann er in Verbindung mit dem Flottenabkommen als Meilenstein in den russisch-ukrainischen Beziehungen eingeschätzt werden.

Nach der Ablösung des ukrainischen Präsidenten 1994 setzte sich die Diskrepanz zwischen der inneren Entwicklung und der Außenpolitik fort: Der ausgewogenen Orientierung zwischen Rußland und den euro-atlantischen Beziehungen einschließlich der Bewältigung schwierigster diplomatischer Probleme steht die Stagnation der ökonomischen und politischen Reformen gegenüber. Wie bereits in der Amtsperiode Krawtschuks versucht auch Kutschma Außenpolitik zur nationalen Konsolidierung einzusetzen. Damit beabsichtigt auch er, von den inneren Krisen des Landes abzulenken. Insgesamt erinnert das Szenario erfolgreicher Außenpolitik und zunehmend scheiternder Innenpolitik an die Sowjetunion zur Zeit der Perestrojka.

Angesichts des anhaltend niedrigen Lebensstandards interessiert sich die ukrainische Bevölkerung stärker für ihre Existenzsicherung als für das Feiern außenpolitischer Erfolge. Auf der einen Seite erleichtern die schwach entwickelte Zivilgesellschaft und die Konzentration der Bürger auf ökonomische und soziale Belange die Durchsetzung außenpolitischer Entscheidungen »von oben«, andererseits schränkt die geringe gesellschaftliche Verankerung der Außenpolitik die Reichweite der Entscheidungen bedenklich ein.[30] Die größten außenpolitischen Gefahren der Ukraine gehen von ihren inneren Instabilitäten aus. Viel stärker als die *hard security*-Risiken militärischer Bedrohung belasten *soft security*-Risiken wie politische Instabilitäten, ethnische Konflikte sowie wirtschaftliche Krisen die gesamteuropäische Sicherheit. Zwischenstaatliche Sicherheit wird dann kalkulierbar, wenn sich die politischen Ordnungen sowie die Gesellschafts- und Wirtschaftssysteme zueinander symmetrisch verhalten.[31] Im Verhältnis zwischen der Ukraine und Westeuropa zeigt sich genau die gegenteilige Tendenz: Den gefestigten Demokratien steht das schwach konsolidierte politische System der Ukraine gegenüber. Die von Korruption, Reformstagnation und sozialen Krisen beeinträchtigte sozioökonomische Situation der Ukraine unterscheidet sich fundamental von Westeuropa. Infolgedessen belasten Wirtschaftskriminalität, ökologische Katastrophen bis hin zu Ausmaßen wie dem Reaktorunfall von Tschernobyl, Armutsflüchtlinge sowie unzureichend handlungsfähige staatliche und gesellschaftliche Institutionen die internationalen Beziehungen.

4. Europäische Strategien für die Ukraine

Schon allein wegen ihrer geopolitischen Lage hat die Ukraine strategische Bedeutung für die EU. Angesichts der von ihr ausgehenden *soft security*-Risiken ist die EU besonders bei der Schaffung gesamteuropäischer Sicherheit gefordert. Sie kann auf ihr Potential als *soft security provider* zurückgreifen, indem sie ökonomische Interessen der Ukraine mit politischen Interessen der EU verbindet. Im weiteren kann die westeuropäische Modernisierung eine Zielsetzung und Hilfestellung für die ukrainische Transformation sein. Bei der Schaffung einer gesamteuropäischen Sicherheitsordnung kann es nicht im Interesse der EU liegen, die Ukraine gegen Rußland zu instrumentalisieren, wie dies beispielsweise bei der Stärkung des ukrainischen Nationalismus der Fall wäre. Vielmehr bildet die Stabilisierung des politischen und wirtschaftlichen Transformationsprozesses durch EU-Maßnahmen eine Schnittmenge zwischen russischen, europäischen und ukrainischen Interessen.

Die EU verfolgt derzeit mehrere Wege in den politischen Beziehungen zur Ukraine. Kern ist das 1994 zwischen ihr und der Ukraine unterzeichnete Partnerschafts- und Kooperationsabkommen, dessen handelspolitischer Teil bereits 1996 in Kraft trat. Vorgesehen ist eine Zusammenarbeit auf folgenden drei Ebenen: Ausbau des politischen Dialoges, Intensivierung der Handelsbeziehungen und kulturelle Zusammenarbeit. Gemessen an dem Entwicklungsstand des ukrainischen Transformationsprozesses ist das Abkommen in erster Linie als Zielformulierung zu bewerten. Es würde erst dann über tatsächlichen Lösungswert verfügen, wenn in der Ukraine eine intakte Demokratie, eine stabile und im Rahmen des Möglichen soziale Marktwirtschaft sowie eine ausdifferenzierte Zivilgesellschaft existierte. Kurz- und mittelfristig wirksame Strategien müssen sich deswegen stärker auf die politischen und wirtschaftlichen Asymmetrien zwischen der EU und der Ukraine konzentrieren.

Ein Instrumentarium der EU zur Verringerung der Asymmetrien ist die Unterstützung der inneren Modernisierung mit Hilfe des Programmes TACIS (*Technical Assistance for the Commonwealth of Independent States*). Die Mittel des TACIS-Programmes konzentrieren sich auf Energie-Reformen, institutionelle Reformen sowie wirtschaftliche Umstrukturierung mit Schwerpunkt auf dem Privatsektor.[32] So erhielt 1996 die Ukraine 76 Mio. ECU der insgesamt für die Unterstützung der postsowjetischen Staaten ausgegebenen 376 Mio. ECU.

Wie sich in den Absichtserklärungen und Verträgen zwischen der EU und der Ukraine zeigt, hat letztere eine hohe Bedeutung auf der politischen Agenda Europas erlangt. Allerdings entsprechen die bisherigen Strategien stärker Zielvorstellungen als Strategien zur Verringerung von *soft security*-Risiken. Dies ist eine Aufgabe, bei der Staat und Gesellschaft der Ukraine zwar von außen unterstützt werden können, für deren Bewältigung sie im wesentlichen aber selbst verantwortlich sind. Angesichts der inneren Situation und geopolitischen Lage der Ukraine wäre derzeit eine Mitgliedschaft in der Gemeinschaft nicht verkraftbar. Sie würde die EU erheblich belasten und ihre Gestaltungspotentiale für die Neuordnung Europas verringern. Realistischere Perspektiven als die schnelle Mitgliedschaft haben neben der Intensivierung der Außenbeziehungen zur EU vor allem der Ausbau der bilateralen Kontakte zu den EU-assoziierten mittel- und osteuropäischen Staaten. Allerdings fehlen über Einzelmaßnahmen hinausgehende Strategien für die direkte Nachbarschaft zwischen der künftigen EU und der Ukraine. Die Verringerung dieses konzeptionellen Vakuums ist nicht nur eine Herausforderung für die unmittelbar betroffenen Staaten, sondern vor allem für europäische Entscheidungsträger.

Anmerkungen

1 Interview mit Gennadij Udovenko, Außenminister der Ukraine, am 11. Juni 1997 von der Verfasserin in Kiew geführt.
2 Wehner, Markus: Die Ausweitung der NATO ist im nationalen Interesse der Ukraine, in: FAZ v. 11. März 1999.
3 Vgl. Zagorski, Andrei: Regionale Strukturen der Sicherheitspolitik in der GUS, in: Berichte des BIOst 9 (1996).
4 Vgl. Alexandrova, Olga, und Heinz Timmermann: Integration und Desintegration in den Beziehungen Rußland – Belarus – GUS, in: Österreichisches Institut für Internationale Politik: Arbeitspapiere, Nr. 14, 1997.
5 Vgl. Zagorski, Andrei: Die GUS zwischen Integration und Stagnation, in: Bundesinstitut für ostwissenschaftliche und internationale Studien (BIOst): Der Osten Europas im Prozeß der Differenzierung. Fortschritte und Mißerfolge der Transformation, München/Wien 1997, S. 369–379, hier S. 370.
6 Vgl. Golczewski, Frank: Nationale Minderheiten in der Ukraine, in: Göttinger Arbeitskreis (Hrsg.): Rußland und die Ukraine nach dem Zerfall der Sowjetunion, Berlin 1996, S. 287–297, hier S. 292.
7 Vgl. Ott, Alexander: Wer hat die reale Macht in der Ukraine, in: Berichte des BIOst 31 (1997), S. 24 ff.
8 Vgl. Krindač, Aleksej: Kirchenlandschaft Ukraine – Probleme, Kämpfe, Entwicklungen, in: Osteuropa 10/11 (1997), S. 1066–1092.
9 Interview mit Volodimir Jevtuch, dem Vorsitzenden des Staatskomitees für Minderheitenfragen, am 9. Juni 1997 von der Verfasserin in Kiew geführt.
10 Vgl. Ott (Anm. 6).
11 Vgl. Ott, Alexander: Die politische Transformation in der Ukraine, in: BIOst (Anm. 4), S. 83–105.
12 Konstitutucija Ukrainy, prinjata na pjatoj sessii Verchovnoj Rady Ukrainy, 28. Juni 1996, Char'kov, 1996. (Deutsch: Verfassung der Ukraine, hrsg.: Ukrainische Freie Universität, München 1996.)
13 Vgl. O'Donell, Guillermore, und Philippe C. Schmitter: Transition from Autoritarian Rule: Tentative Conclusions about Uncertain Democracies, Baltimore 1996.
14 Vgl. Tomenko, Mykola: Real and Ostensible Conflicts in Power Structures, in: Political Thought (Hrsg.): The Demons of Peace and the Gods of War, Kiew 1997, S. 373–395.
15 Vgl. Agence Europe v. 15. November 1997, S. 10.
16 Vgl. »Kampf der Korruption. Die Ukraine vor den Wahlen«, in: Aktuelles Zeitgeschehen, Informationsdienst, September 1997, S. 7.
17 Vgl. Turchynov, Oleksandr: The Shadow Economy and Shadow Politics, in: Political Thought (Anm. 13), S. 382–395.
18 Vgl. Waner, Claudia: Ukraine, in: Mittel- und Osteuropa Perspektiven, Jahrbuch 1997/98, Frankfurt a. M. 1997, S. 255–270, hier S. 256.
19 Vgl. Osteuropa-Institut München (Hrsg.): Wirtschaftsentwicklung in ausgewählten mittel- und osteuropäischen Ländern, München 1997, S. 98.
20 Vgl. Bundesministerium für Wirtschaft und Technologie (Hrsg.): Wirtschaftslage und Reformprozesse in Mittel- und Osteuropa. Sammelband 1999, Berlin 1999, S. 172.
21 Vgl. Osteuropa-Institut (Anm. 18), S. 97.
22 Vgl. Bundesministerium für Wirtschaft und Technologie (Anm. 20), S. 165-173.
23 Vgl. Osadczuk-Korab, Bohdan: Die Außen- und Innenpolitik der Ukraine in jüngster Zeit, in: Göttinger Arbeitskreis (Anm. 5), S. 163–180.

24 Vgl. Alexandrova, Olga: Die Außenpolitik der Ukraine nach dem Machtwechsel, in: Berichte des BIOst 3 (1996).
25 Vgl. Osadczuk-Korab (Anm. 21), S. 165 ff.
26 Vgl. Alexandrova (Anm. 22).
27 Dazu wurden die folgenden Vereinbarungen abgeschlossen: 1994 Dreimächteabkommen, 5. Dezember 1995 Ratifizierung des Atomwaffensperrvertrages, 1. Juni 1996 Abtransport der letzten russischen Sprengköpfe nach Aussage Kutschmas.
28 Vgl. Alexandrova, Olga: Die Partnerschaft NATO–Ukraine, in: Aktuelle Analysen des BIOst 44 (1997).
29 Vorschlag für einen Beschluß des Rates und der Kommission über den Abschluß eines Abkommens über Partnerschaft und Zusammenarbeit zwischen den Europäischen Gemeinschaften und ihren Mitgliedern einerseits und der Ukraine andererseits, Kom(94) 226 endg. Brüssel, 1. Juni 1994.
30 Vgl. Dergachov, Oleksandr: Geopolitical Contradictions and National Security, in: Political Thought (Anm. 13), S. 396–424, hier. S. 401; sowie Interview mit Gennadij Udovenko, Außenminister der Ukraine, am 11. Juni 1997 von der Verfasserin in Kiew geführt.
31 Vgl. Czempiel, Ernst-Otto: Die Neuordnung Europas: Was leisten NATO und OSZE für die Kooperation mit Osteuropa und Rußland?, in: Aus Politik und Zeitgeschichte B1-2/97, S. 34–45, hier S. 43.
32 TACIS-Programm Jahresbericht 1996, Hrsg.: Europäische Kommission, KOM(97) endg. Brüssel, 25. Juli 1997.

Europa und die Türkei

UDO STEINBACH

1. Geschichtlicher Hintergrund

Europa und die Türkei verbindet eine lange Geschichte. Seit das Osmanische Reich im 16. Jahrhundert auf dem Höhepunkt seiner Macht und Ausdehnung mit europäischen Mächten politische Verträge und Handelsabkommen schloß, wurde Konstantinopel ein Faktor in deren politischem Kalkül. Mit dem Beginn des 18. Jahrhunderts begannen im Osmanischen Reich auch kulturelle Einflüsse Europas spürbar zu werden. Sein Niedergang, der mit der Niederlage der Türken vor Wien im Jahre 1683 einsetzte, ließ gegen Ende des 18. Jahrhunderts die *eastern question* entstehen. Sie bestand im wesentlichen im Ringen unter den europäischen Großmächten um die territorialen Beutestücke des geschwächten Reiches auf dem Balkan, im Nahen Osten und in Nordafrika. Diese Rivalität zwischen den europäischen Mächten hat seinen endgültigen Zusammenbruch, der erst mit dem Ende des Ersten Weltkrieges eintrat, um Jahrzehnte hinausgezögert. Nach der Gründung des Deutschen Reiches (1871) war Berlin gegen Ende des Jahrhunderts eine politische, militärische und wirtschaftliche Partnerschaft mit Konstantinopel eingegangen. Sie wirkt bis in die Gegenwart als Gestaltungsfaktor in den deutsch-türkischen Beziehungen fort.

Die militärische Unterlegenheit des Osmanischen Reiches gegenüber den europäischen Mächten zwang dessen Staatsführung, einen Modernisierungsprozeß nach europäischem Vorbild in Gang zu setzen. Ausgehend vom Militär – der spätere preußische Generalstabschef Hellmuth von Moltke hielt sich 1835–39 in Konstantinopel auf – wurden Elemente des europäischen Rechtes, der Verwaltung, des Erziehungswesens und der Staatsverfassung in die tief vom Islam geprägte politische und gesellschaftliche Ordnung eingeführt. Nach der Revolution der Jungtürken (1908) beschleunigte und vertiefte sich dieser Prozeß noch. In seinen Grundlagen freilich beruhte das Reich bis zu seinem Ende politisch, gesellschaftlich und kulturell auf den Grundlagen der islamischen Tradition. Der Herrscher in Konstantinopel war als Sultan konstitutioneller Monarch und als Kalif eine religiöspolitische Autorität für alle Muslime seines Reiches.[1]

Immerhin hatte die Revolution die Grundlagen für die weitere Modernisierung der Türkei gelegt. Der Name Mustafa Kemal Atatürks (1882–1938) steht stellvertretend für diesen Prozeß, der einerseits nicht unumstritten, andererseits nicht das Werk eines einzelnen war, sondern von Teilen eben jener Elite, die bereits in den zurückliegenden Jahrzehnten vor dem Ende des Reiches seine Europäisierung betrieben hatte. Für Atatürk war Modernisierung gleichbedeutend mit einer Europäisierung ohne Wenn und Aber. Die Türkei, die nach einem opferreichen Befreiungskrieg (1919–1922) nur noch Kleinasien und einen europäischen Brückenkopf umfaßte, würde nach seiner Überzeugung Unterentwicklung, Abhängigkeit und Verächtlichkeit (»Kranker Mann am Bosporus«) nur überwinden, wenn sie alle jene Elemente politischer, gesellschaftlicher, zivilisatorischer und kultureller Existenz einführte, auf denen die Stärke, die Überlegenheit und der Fortschritt Europas beruhten. »Werden wie Europa«, so hatte es schon ein jungtürkischer Reformer verkündet, »mit seinen Rosen und seinen Dornen.«[2]

In den Jahren nach 1923 setzte Mustafa Kemal eine Reihe radikaler Reformen durch, die darauf abzielten, das Land von der Erbmasse eines maroden islamischen Imperiums in einen europäischen Nationalstaat zu transformieren. Tatsächlich hat sich kein anderes islamisches Land Nordafrikas und des Nahen Ostens derart radikal europäisiert. Die zum Teil mit Gewalt durchgesetzten Maßnahmen reichten von Äußerlichkeiten wie der Einführung europäischer Kleidung über die Einsetzung europäischer politischer Institutionen und eines vollständig europäischen Rechtssystems bis zu radikalen kulturellen Veränderungen wie der 1928 angeordneten Einführung der lateinischen Schrift. Wie ein roter Faden zieht sich durch alle Maßnahmen das Prinzip des Laizismus, der im Verständnis Atatürks nicht nur die vollständige Trennung von Religion auf der einen sowie Staat und Gesellschaft auf der anderen Seite bedeutete, sondern die Kontrolle der religiösen Aktivitäten durch den Staat.

Außenpolitisch versuchte die türkische Staatsführung bis zum Ende des Zweiten Weltkrieges einen Kurs strikter Neutralität zu steuern. Angesichts des sich danach rasch ausbildenden Ost-West-Konfliktes, der von Anfang an eine militärische Bedrohung der Türkei durch die Sowjetunion beinhaltete, war eine derartige Politik nicht länger durchzuhalten. Die Türkei wurde Mitglied des westlichen Lagers, nachdem der amerikanische Präsident Truman in der nach ihm benannten Doktrin am 12. März 1947 die Versicherung ausgesprochen hatte, die nationale Integrität und Souveränität der Türkei (und Griechenlands) seien für die Sicherheit der USA und aller freiheitsliebenden Menschen von Bedeutung. Damit war nicht nur der Weg zu massiver Militär- und Wirtschaftshilfe des Westens frei. Vielmehr wurde die Türkei Zug um Zug Mitglied westlicher, darunter auch europäischer Organisationen: Im April 1948 gehörte Ankara zu den Gründern der Organisation für wirtschaftliche Zusammenarbeit in Europa (*Organization for European Economic Cooperation*, OEEC), und am 8. August 1949 trat das Land (zusammen mit Griechenland) dem Europarat bei. Dasselbe gilt für alle anderen (west)europäischen Zusammenschlüsse jener Jahre, von der Europäischen Konvention zum Schutze der Menschenrechte und Grundfreiheiten bis zur Europäischen Zahlungsunion. Am 18. Februar 1952 stimmte das türkische Parlament (bei nur einer Gegenstimme und einer Enthaltung) dem Beitritt zur NATO zu.

2. Ankara und die Europäische Gemeinschaft

Die rasche politische Annäherung an bzw. institutionelle Einbindung in den Westen ist nicht nur den sicherheitspolitischen Zwängen jener Jahre zuzuschreiben. Tatsächlich vermochte die türkische Führung, ihren Partnern den Eindruck eines Landes zu vermitteln, das ernsthaft bemüht war, seinen Platz in Europa und dessen Institutionen einzunehmen. Gegen Ende der vierziger Jahre hatte sich das politische System weiter demokratisch pluralisiert. Der unmittelbare Anlaß für die Türkei, die Assoziierung mit der damaligen Europäischen Wirtschaftsgemeinschaft (EWG) zu betreiben, war der Abschluß eines entsprechenden Abkommens der EWG mit Griechenland (30. März 1961), das zum 1. September 1962 in Kraft trat. Nach zum Teil schwierigen Verhandlungen kam es am 12. September 1963 zur Unterzeichnung des Abkommens in Ankara, das am 1. Dezember 1964 wirksam wurde. Damit sollte der letzte Stein in das Gebäude der Eingliederung der Türkei in das westeuropäische Bündnissystem eingefügt werden. Wie weit die Bindung der Türkei an die westeuropäischen Staaten bereits fortgeschritten war, ist daran abzulesen, daß kein Mitglied der EWG Einwände unter Bezug auf die Römischen Verträge von 1958 erhob, welche ausdrücklich bestimmten, daß nur europäische Länder Mitglied der EWG werden könnten. Walter Hallstein, Präsident der EWG-Kommission, stellte bei der Unterzeichnung des Vertrages von Ankara fest: »Die Türkei ist ein Teil Europas.«[3]

Die Laufzeit des Abkommens war in drei Phasen gegliedert. Die »Vorbereitungsphase« der Assoziierung sollte bis zum 1. November 1969 dauern, wurde jedoch bis August 1971 verlängert. Am 30. Juli 1968 erteilte der Ministerrat der Kommission das Mandat, Verhandlungen über die Ausgestaltung der »Übergangsphase« aufzunehmen. Da sich die Verhandlungen länger als erwartet hinzogen, konnte das Zusatzprotokoll, das deren Durchführung regelt, erst am 23. November 1970 unterzeichnet werden. Am Ende der zweiundzwanzigjährigen Übergangsphase sollte in der »Endstufe« die Zollunion verwirklicht sein. Damit wären die Weichen für eine Vollmitgliedschaft der Türkei in der EG gestellt. Türkische Arbeitssuchende würden das Recht auf Freizügigkeit in den Mitgliedsländern haben.

Freilich war die Westorientierung der Türkei im Lande selbst bereits nicht mehr unumstritten, als das Assoziierungsabkommen am 1. Dezember 1964 in Kraft trat. Kräfte begannen sich zu artikulieren, die die Ausrichtung auf Europa, vor allem aber die vollständige politische Integration aus unterschiedlichen Gesichtspunkten in Frage stellten. Teils im Zusammenhang damit, teils unabhängig davon, setzte auch bald eine Diskussion über die wirtschaftlichen Aspekte ein. Die Bandbreite der Argumente reichte dabei von totaler Ablehnung bis zu nachdrücklicher Zustimmung: Dem Argument, daß die Assoziierung die türkische Industrie ruinieren werde, stand die These gegenüber, daß von der Assoziierung entscheidende Impulse für ihre weitere Entwicklung ausgehen würden. Die Entscheidung Ministerpräsident Bülent Ecevits im Jahre 1978, die Beziehungen zu Brüssel für fünf Jahre einzufrieren, markiert den Tiefstand der Beziehungen zwischen beiden Seiten.

Erst unter Turgut Özal, der nach dem Ende der Militärdiktatur (September 1980 bis November 1983) türkischer Ministerpräsident wurde, belebten sich die Beziehungen. Sich erneut an den Verhandlungstisch zu setzen, war nicht zuletzt deshalb notwendig geworden, da türkische Arbeitnehmer nach Auffassung Ankaras vom 1. Dezember 1986 an das »Recht haben sollten, sich freizügig zwischen der Türkei und den Mitgliedsländern der EG zu bewegen«[4]. Dies jedenfalls war die Lesart, die die türkische Regierung entsprechenden Abmachungen gab, die im Zusatzprotokoll von Ankara aus dem Jahre 1970 standen. Demgegenüber hatte sich bei einzelnen Mitgliedstaaten der Gemeinschaft mittlerweile eine Veränderung der Interessenlage ergeben, die ihnen eine Öffnung der Grenzen für türkische Arbeitnehmer nicht länger geraten erscheinen ließ. Namentlich die deutsche Regierung widersetzte sich der Implementierung der Abmachungen. Am Ende eines unerfreulichen diplomatischen Gezerres mußte sich die Türkei mit einem Paket von Ersatzleistungen zufriedengeben.[5]

Als weitere Bemühungen der Türkei um die Fortentwicklung des Assoziierungsverhältnisses nicht zuletzt am wiederholten Veto Griechenlands scheiterten, reichte die türkische Regierung am 14. April 1987 offiziell ihren Antrag auf EG-Vollmitgliedschaft ein. Während der Schritt in der Türkei in weiten Kreisen von Politik und Wirtschaft sowie von Medien und Öffentlichkeit begrüßt wurde, fiel die Reaktion in den Mitgliedstaaten der Gemeinschaft zurückhaltend aus. Am 18. Dezember 1989 veröffentlichte die Kommission der EG in Brüssel ihre Reaktion auf den Antrag. Zwar stellte sie die »grundsätzliche Beitrittsfähigkeit« der Türkei nicht in Frage. Ansonsten aber ließ sie keinen Zweifel daran, daß die Türkei weder politisch noch wirtschaftlich für eine Mitgliedschaft in der EG reif sei.

Somit war der Versuch gescheitert, den Gordischen Knoten in Sachen Europa zu durchschlagen. Beide Seiten begannen nunmehr, die Beziehungen auf der Grundlage des Assoziierungsabkommens mit neuem Leben zu füllen. Die Verwirklichung der Zollunion bot sich hierfür als zwar nicht leichter, aber machbarer Schritt an. Die Voraussetzungen schienen um so günstiger, als Ankara bereits 1988 Maßnahmen zum Abbau von Zöllen gegenüber der EG und zur Angleichung an den gemeinsamen Zolltarif der Gemeinschaft ergriffen hatte. Bei einem Treffen des Assoziationsrates auf Ministerebene im November 1992 wurde grundsätzliches Einverständnis über diesen Schritt erzielt; im November 1993 verabschiedete der Rat ein umfangreiches diesbezügliches Arbeitsprogramm.

Ein gewaltiger Kraftakt gerade auch auf türkischer Seite machte es möglich, daß der Assoziationsrat EU-Türkei am 6. März 1995 die Zollunion beschließen konnte. Im Dezember ratifizierte das Europäische Parlament diese Entscheidung trotz großer Bedenken und unter der Auflage, daß die Türkei Fortschritte bei der Vertiefung der Demokratie und der Einhaltung der Menschenrechte machen müsse. Damit konnte die Assoziierung am 1. Januar 1996 in die Endphase eintreten.

3. Eine schwierige Partnerschaft

Die Entwicklung des Assoziierungsverhältnisses reflektiert die Tatsache, daß sich das Verhältnis zwischen beiden Seiten jenseits der Mitgliedschaft in der NATO schwieriger gestaltete, als dies beim Abschluß des Assoziierungsvertrages abzusehen war. In der Türkei hat es spätestens seit den beginnenden siebziger Jahren immer erhebliche Widerstände gegen ein Aufgehen in Europa gegeben. Diese Positionen vertraten zunächst die politischen Kräfte des linken Spektrums. Während deren Bedeutung in den achtziger Jahren abnahm, gewannen islamische Kräfte an Einfluß in der Innen- und Außenpolitik. Auch bei ihrer Mehrheit stößt die Integration der Türkei in Europa auf Ablehnung. Auf europäischer Seite war die Einstellung zur Perspektive einer Vollmitgliedschaft der Türkei ebenfalls nicht einhellig. Alles in allem überwog doch eine eher skeptische bis ablehnende Haltung. Dies gilt am stärksten für die alte Bundesrepublik Deutschland. Hinter der Weigerung, die vereinbarte Freizügigkeit für türkische Arbeitnehmer umzusetzen, stand – überspitzt gesprochen – die weitverbreitete Furcht, in der Türkei stehe ein Heer Arbeitsloser bereit, sich zu einem vereinbarten Zeitpunkt auf den deutschen Arbeitsmarkt zu ergießen. Andere mahnten, die Schwierigkeiten bei der Integration türkischer Arbeiter in Deutschland ließen von einer türkischen Mitgliedschaft nichts Gutes erwarten. Daß in dem freilich nur selten laut kundgetanen latenten Unbehagen bei vielen auch die Frage mitschwang, ob denn die Türkei als »islamisches Land« wirklich zu Europa gehöre, ist Eingeweihten nicht verborgen geblieben. Die Scheu, dies offen auszusprechen, ist mit dem Ende des Ost-West-Konfliktes gesunken. Auf einer Vorstandssitzung der Europäischen Volkspartei (EVP) kamen die anwesenden christlich-demokratischen Parteivorsitzenden und Regierungschefs im März 1997 zu dem Schluß, die Türkei sei »kein Kandidat für die Mitgliedschaft in der EU, weder kurzfristig noch langfristig«. Ausdrücklich wurde dabei bezweifelt, daß die Türkei an einer europäischen Identität teilhabe.[6]

Die Kritik an fehlender demokratischer Verfaßtheit und den Verstößen gegen die Menschenrechte, an mangelnder Entschlossenheit zur Lösung der kurdischen Frage sowie des Zypernproblems sind als Leitmotive europäischer Kritik an der Türkei und damit als Vorbehalte gegenüber einem weiteren Ausbau der Beziehungen zur EU immer wieder hervorgetreten. Aus europäischer Sicht ist eine Dringlichkeit für die Vollmitgliedschaft der Türkei nicht nur nicht länger gegeben. In dem Kapitel der *Agenda 2000*, das auf die Strategien der Erweiterung der EU eingeht, wird die Frage der Mitgliedschaft der Türkei sogar ausgeklammert und nur die Prüfung der Möglichkeiten angekündigt, die Beziehungen auf der Grundlage der Zollunion zu vertiefen. Im übrigen hat die Blockadepolitik Griechenlands alles getan, um eine nennenswerte politische Annäherung zu verhindern.

Der vorherrschenden Skepsis gegenüber steht eine verbreitete positive Einschätzung einer »neuen Rolle« der Türkei nach dem Ende des Ost-West-Konfliktes. Sie geht von der Veränderung der politischen »Großwetterlage« aus: Das Land liegt nun nicht mehr am Rand des westlichen Bündnisses; mit dem Zerfall der Sowjetunion und dem Ende des Sozialismus, der die gesamtpolitische Konstellation auch auf dem Balkan und im Mittleren Osten bestimmte, wächst der Türkei eine Mittellage zwischen Europa, dem Mittelmeerraum bzw. Mittleren Osten und Zentralasien zu. Mit ihrer gesamten Nachbarschaft ist die Türkei auf vielfältige Weise durch ethnische, geschichtliche, religiöse und kulturelle Bande verbunden. Seit 1991 kommen wirtschaftliche Interessen und neue politische Bindungen hinzu; in den Beziehungen mit dem Irak und Syrien schließlich geht es nicht zuletzt um die Verteilung der Wasser von Euphrat und Tigris. Markant heißt es in einem Beitrag des *International Herald Tribune* vom 18. Mai 1995: »Schon bei einem Blick auf die Karte der Türkei bietet sich der Ausblick auf alle *Troublespots* der Welt nach dem Kalten Krieg. Die Türkei ist geographisch, ethnisch oder politisch mit den Problemen Iraks, Irans, Armeniens, Aserbaidschans, Zyperns, Griechenlands, Bulgariens, Rußlands, Syriens und des islamischen Fundamentalismus verbunden. Was den Türken noch fehlt, ist eine Grenze mit Tschetschenien. Die türkische Außenpolitik ist ein Alptraum von 360 Grad.«[7] Das europäische Interesse an der Türkei ist mit dieser wirklichkeitsnahen Einschätzung eng verbunden. Die entscheidende Frage mit Blick auf die weitere Entwicklung des Verhältnisses zwischen ihr und ihrem regionalen Umfeld ist, inwieweit das Land zu dessen Stabilisierung beitragen kann. Oder wird die Türkei, sich von Europa lösend, in Konflikte in ihren angrenzenden Regionen hineingezogen und somit Teil jenes »Alptraumes«? Beispielhaft wären auf dem Balkan der Dauerkonflikt mit Griechenland, im Transkaukasus der armenisch-aserbaidschanische Konflikt und im Nahen Osten der Konflikt mit Syrien um die Verteilung des Euphrat-Wassers zu nennen. In Zentralasien haben sich zwar die grandiosen Entwürfe einer türkischen Vorreiterrolle bei der politischen, wirtschaftlichen und kulturellen Umgestaltung der neu entstandenen turksprachigen Staaten nicht verwirklichen lassen; doch kann kein Zweifel bestehen, daß es im Interesse Europas liegt, die Türkei behutsam und pragmatisch in eine europäische Politik gegenüber Zentralasien einzubinden.

Auch auf türkischer Seite ist die Perspektive mit Blick auf Europa nicht ungetrübt. Insbesondere die Stärkung der religiösen Kräfte seit der zweiten Hälfte der achtziger Jahre hat zu einer intensivierten Diskussion um Alternativen zur Anbindung an Europa im besonderen und den Westen im allgemeinen geführt. Namentlich die in der Wohlfahrtspartei (*Refah Partisi*) organisierten Islamisten, die in der Türkei selbst unter dem Motto der »gerechten Ordnung« (*adil düzen*) das laizistische zugunsten eines islamischen Regimes ablösen wollten, suchten nach einer stärkeren Einbindung der Türkei in den Kontext islamischer Länder. Wenn auch die Mehrheit unter ihnen sowie Parteiführer Necmettin Erbakan keinem radikalen Umbruch der Beziehungen zur EU das Wort redeten, so haben doch die zwölf Monate (Juni 1996 bis Juni 1997) der von der Wohlfahrtspartei geführten Koalitionsregierung unter Erbakan als Ministerpräsident erkennen lassen, daß für sie die Westorientierung nicht länger die Hauptachse türkischer Außenpolitik ist. Auch außerhalb der islamistischen Kräfte sind Kritik und Desillusionierung an den Beziehungen zu Europa laut geworden. Nationalistisch gesinnte Kreise fühlen sich von der EU herumgestoßen; aber auch liberale Kräfte monieren die »einseitig« auf Menschenrechts- und Demokratiedefizite ausgerichtete europäische Kritik und vermissen die Vermittlung einer klaren Perspektive in bezug auf die Vollmitgliedschaft des Landes.

Dennoch hält die Mehrheit innerhalb der politischen, wirtschaftlichen und kulturellen Elite am Ziel einer Vollmitgliedschaft als Endstadium des von Atatürk begonnenen Modernisierungs- und Verwestlichungsprozesses fest. Daß türkische Politiker im konkreten Fall bereit und in der Lage sind, auch schwierige Hausarbeiten mit Blick auf die EU zu machen, hat sich im Vorfeld der Entscheidung über die Zollunion gezeigt. So wurden nicht nur eine Reihe von diesbezüglich notwendigen Gesetzesänderungen durchgezogen, die zuvor jahrelang verschleppt worden waren (u. a. ein Verbraucherschutz- und Urheberschutzgesetz); vielmehr nahm die Türkei auch im Juli 1995 eine Reihe jener Veränderungen ihrer Verfassung vor, die vor allem seitens des Europäischen Parlamentes im Hinblick auf eine weitere Demokratisierung immer wieder gefordert worden waren. So wurden u. a. politische Betätigungsverbote für Vereine, Verbände und Gewerkschaften aufgehoben; auch beseitigte das Parlament die Hindernisse für einen direkten Abgeordnetentransfer.[8]

Auch die intensive Lobbyarbeit, die die türkische Regierung unter Ministerpräsidentin Tansu Çiller vor der Entscheidung des Europäischen Parlamentes über die Ratifizierung des Abkommens über die Zollunion leistete, reflektierte anhaltendes Interesse »kemalistischer« Kreise in der Türkei an engen Beziehungen zur EU. Bedauerlicherweise wurde andererseits auch die Frage der Zollunion und der Vollmitgliedschaft von jenem Populismus instrumentalisiert, der seit 1993 unter Ministerpräsidentin Çiller zunehmend ein Markenzeichen türkischer Politik geworden war. Hatte sie noch im Herbst 1995 für die Entscheidung zugunsten der Zollunion geworben und die laizistischen Kräfte des Landes unter ihrer Führung als eine Barriere gegen ein weiteres Vordringen der Islamisten bezeichnet, so half sie wenige Monate später Erbakan in den Sessel des Regierungschefs. Auch ihr Auftritt in Rom am 29. Januar 1997, bei dem sie als Außenministerin gedroht hatte, Ankara werde Widerstand gegen die NATO-Osterweiterung erheben, wenn die EU bei ihrem Gipfel in Amsterdam (Juni 1997) das türkische Gesuch auf Vollmitgliedschaft abschlägig beschieden werde, hat auf europäischer Seite tiefes Befremden hervorgerufen. Die Angelegenheit war dann auch schnell wieder vom Tisch. Aber auch die Unfähigkeit, ja Unwilligkeit der türkischen Regierungen (an denen Frau Çiller bis Juni 1997 beteiligt war), die 1995 versprochenen politischen Reformen zu verwirklichen, zeigen das Mißverhältnis zwischen einer noch immer auf die Vollmitgliedschaft in der EU gerichteten Zielvorstellung der Mehrheit der politischen Klasse (einschließlich der kemalistischen Militärs) und der fehlenden Entschlossenheit, den langen Weg politischer und wirtschaftlicher Reformen und Umgestaltung zu gehen.

Die von Frau Çiller so populistisch hergestellte Verknüpfung der NATO-Osterweiterung und EU-Vollmitgliedschaft hat freilich einen harten Kern, der auch in europäischen Überlegungen zum Verhältnis zur Türkei gesehen werden sollte. In Ankara geht die Sorge um, daß mit der fortschreitenden Erweiterung des Bündnisses der sicherheitspolitische Stellenwert der Türkei abnehmen; ja, daß sich das Land sogar einem wachsenden Druck von seiten Rußlands ausgesetzt sehen könnte, wenn dieses sich erneut bemühte, sich seines Hinterlandes in Form der südlichen und südöstlichen GUS-Mitglieder zu versichern. Parallel zu dieser Entwicklung könnte Europa über eine sich verstärkende WEU eine immer deutlichere europäische Verteidigungsidentität entwickeln. Der Prozeß der EU-Erweiterung mit der potentiellen Mitgliedschaft der neuen Beitrittskandidaten in der WEU würde schließlich die Türkei in ihren politischen und sicherheitspolitischen Interessen isoliert dastehen lassen. Das aber würde nicht nur die türkische Position gegenüber Griechenland, sondern auch in der Zypernfrage schwächen. Vor diesem aus der Sicht Ankaras komplexen Hintergrund drängte die Türkei auf eine Vollmitgliedschaft, bevor Aufnahmeverhandlungen zwischen der EU und der noch immer geteilten Insel aufgenommen wurden.

4. Die Zukunft der Beziehungen

Die Zukunft der europäisch-türkischen Beziehungen muß also auf einem soliden gegenseitigen Interesse aufbauen. Neben den skizzierten wechselseitigen politischen Interessen sollten zwei Faktoren mitbetrachtet werden. Zum einen die Wirtschaftsbeziehungen: Nahezu die Hälfte des türkischen Außenhandels wird mit der EU abgewickelt, wobei die Bundesrepublik Deutschland mit weitem Abstand der wichtigste Handelspartner ist. Durch Direktinvestitionen verstärkten beide Seiten in den vergangenen Jahren zunehmend ihre Verflechtungen.[9] Mit Blick auf zunehmende Wirtschaftsverbindungen zwischen Europa und Zentralasien können türkische Unternehmen aufgrund sprachlicher und kultureller Verwandtschaft Vermittlungsfunktionen wahrnehmen.

Der andere Faktor, der die europäisch-türkischen Beziehungen zu prägen begonnen hat, sind die Migranten. Mehr als zwei Millionen Menschen aus der Türkei leben in Deutschland, 400 000 in Frankreich. Und auch in anderen europäischen Ländern gibt es beträchtliche aus der Türkei stammende Minderheiten. Ihre Zahl wird auch dann steigen, wenn Einwanderungsbestimmungen dies zu verhindern suchen. Mit den Migranten ergeben sich aber nicht nur positive neue Elemente menschlicher und wirtschaftlicher Art, wie z. B. die türkischstämmigen Unternehmer in Deutschland. Sie tragen vielmehr auch die ungelösten politischen Probleme des Landes nach Europa. Das gilt bereits für den Konflikt zwischen dem türkischen Staat und einem Teil der kurdischen Bevölkerung. Ähnliches zeichnet sich aber auch mit Blick auf die sich vertiefende Kluft zwischen den Kemalisten und den Islamisten ab.

Die EU, vor allem jene Mitgliedstaaten mit starken aus der Türkei stammenden Minderheiten, muß also ein Interesse daran haben, daß die türkische Führung die Probleme löst, die mit dem Ende des Ost-West-Konfliktes deutlicher zutage getreten sind als in der Vergangenheit. Aber nur eine Türkei, die der EU eng verbunden bleibt, wird die Lösung der Probleme auf der Grundlage der in Europa geltenden politischen Wertvorstellungen anstreben: Dies sind der Ausbau der bürgerlichen Gesellschaft gegenüber einem noch immer dominierenden Staat, die Vertiefung demokratischer Prozesse und die Wahrung der Menschen- und Minderheitenrechte.

Die weitere Entwicklung der Beziehungen wird aber klarer Entscheidungen bedürfen. Daran hat es auf beiden Seiten in den vergangenen Jahren gefehlt. In Ankara ist das Thema Europa in die Mühlen der parteipolitischen Machtkämpfe geraten, wo es populistisch zermahlen wurde. Aus den Hauptstädten der EU-Mitgliedstaaten sind unterschiedliche, ja widersprüchliche Signale gekommen, die in Ankara als politische Wechselbäder wahrgenommen und von türkischen Politikern zur Bestätigung ihrer jeweiligen Positionen instrumentalisiert wurden. Nicht selten haben einzelne europäische Politiker in Ankara das eine oder andere Mitgliedsland insbesondere um wirtschaftlicher Vorteile willen gegeneinander auszuspielen gesucht. Andererseits hat die nach intensiver Interaktion aller Beteiligten zustande gekommene Entscheidung zugunsten der Zollunion gezeigt, zu welchem Kraftakt im Interesse ihrer Beziehungen beide Seiten fähig sind, wenn sie sich klare und realistische Ziele stecken. Daß es zu einer wirklich gemeinsamen EU-Politik in Sachen Türkei notwendig ist, den Störfaktor Griechenland im Entscheidungsprozeß künftig zu minimieren, ist eine weitere Voraussetzung für eine gedeihliche und stabile Weiterentwicklung der Beziehungen.

Für die türkische Führung kommt es darauf an, die Zollunion mit Blick auf eine eventuelle Vollmitgliedschaft auszubauen. Nur im Hinblick darauf wird es ihr möglich sein, der Öffentlichkeit besondere wirtschaftliche Kraftanstrengungen, aber auch Opfer zuzumuten, die sich aus der Zollunion ergeben und bereits abzeichnen. Eine solche Perspektive ist auch der beste Weg zu verhindern, daß sich die Türkei vor die Alternative Europa oder USA gestellt sieht. Washington ist an einer starken und stabilen Türkei interessiert – nicht nur um ihrer selbst willen, sondern vor allem auch mit Blick auf die amerikanischen Interessen in der Region, vor allem im Persischen Golf und Zentralasien. Wie Ankara auch sieht Washington in einer Vollmitgliedschaft die beste Garantie einer solchen Stabilität. Anders als in europäischen Hauptstädten aber werden dort die Frage der Menschenrechte, die Lösung des Kurdenproblems etc. den politischen, sicherheitspolitischen und wirtschaftlichen Interessen nachgeordnet. Die Entscheidung des Europäischen Rates in

Luxemburg (12.–13. Dezember 1997), der Türkei mit Blick auf einen Beitritt zur EU nicht den gleichen Status zu verleihen wie elf anderen ost- und südosteuropäischen Staaten, die als Kandidaten von einer gemeinsamen Startlinie aus den Weg in Richtung auf die Vollmitgliedschaft antreten, und die negativen Reaktionen darauf sowohl in Ankara selbst wie in Washington haben die ganze Komplexität des Verhältnisses zwischen der Türkei und Europa offenbart. Für die Fortentwicklung der Beziehungen wird essentiell sein, daß es gelingt, die Entscheidung von Luxemburg zu revidieren und der Türkei einen Kandidatenstatus »ohne wenn und aber« zuzuerkennen.

Anmerkungen

1 Zum bisher Ausgeführten vgl. Zürcher, Erik J.: Turkey. A Modern History, London/New York 1993; Steinbach, Udo: Die Türkei im 20. Jahrhundert. Schwieriger Partner Europas, Bergisch Gladbach 1996.
2 Zitiert nach Rustow, Dankwart A.: Kemalism, in: Grothusen, Klaus-Detlev: Türkei. Südosteuropa-Handbuch. Band IV, Göttingen 1985, S. 240.
3 Steinbach (Anm. 1), S. 233.
4 Steinbach (Anm. 1), S. 265.
5 Siehe dazu Schlegel, Dietrich: Pragmatismus zwischen der Türkei und Europa, in: Außenpolitik 37 (1986), S. 283–302. Die umfassendste Studie zum Verhältnis zwischen der EG und der Türkei stammt von Kramer, Heinz: Die Europäische Gemeinschaft und die Türkei. Entwicklung, Probleme und Perspektiven einer schwierigen Partnerschaft, Baden-Baden 1988.
6 »Grundlegende Vorbehalte gegen eine EU-Mitgliedschaft«, in: Frankfurter Allgemeine Zeitung v. 19. März 1997. »In der Frage des EU-Beitritts gibt es nur Freunde und Feinde«, in: FAZ v. 26. März 1997. »Kinkel: Die Türkei kann auf absehbare Zeit nicht Mitglied der EU werden«, in: FAZ v. 27. März 1997. »Verärgerung Ankaras über die Erweiterungspläne der EU«, in: Neue Zürcher Zeitung v. 24. Juli 1997. Zur Reaktion aus der Türkei vgl. »Forgive them, Father«, in: Briefing (Ankara) v. 10. März 1997. »They Could Be Perfect Complements«, in: ebd.; »Turkey's Importance Remains Unchanged«, in: Briefing (Ankara) v. 17. März 1997. »Golden Opportunity«, in: ebd.; »The Civilization Question«, in: Briefing (Ankara) v. 24. März 1997. »Time to Discuss Membership«, in: ebd.
7 »Die Türkei – ein Land mit schlechter Nachbarschaft«, in: International Herald Tribune v. 18. Mai 1995.
8 Vgl. Franz, Erhard: Türkei, in: Koszinowski, Thomas, und Hanspeter Mattes (Hrsg.): Nahost Jahrbuch 1995, Opladen 1996, S. 157–165.
9 Vgl. Akkaya, Çigdem: Die wirtschaftliche Entwicklung in der Türkei, in: Aus Politik und Zeitgeschichte B 11-12/97, S. 12–23.

Europa und der Mittelmeerraum

EBERHARD RHEIN

1. Eine lange Geschichte zunehmender Verflechtungen

Wer europäische Geschichte studiert, kann nicht umhin, sich mit der Geschichte des Mittelmeerraumes zu befassen. Beide sind untrennbar miteinander verwoben. Europa ist ohne die Kulturen, die seit vier Jahrtausenden sukzessive rund um das Mittelmeer entstanden sind, nicht zu begreifen. Seine Wurzeln sind mediterran; sie liegen im östlichen Mittelmeer. Sie sind umschrieben mit Namen wie Memphis, Babylon, Jerusalem, Tyros, Hellas, Alexandria, Rom, Karthago, Konstantinopel, Malta oder Venedig. Zweimal in der langen Geschichte umspannten Weltreiche, das römische und das osmanische, fast den gesamten Raum des Mittelmeeres, und bis in die Neuzeit entsprangen die wesentlichen Impulse für die geistige und kulturelle Entwicklung Europas dem Mittelmeer. Europa, besonders der Norden, war – wenigstens bis ins 16. Jahrhundert – stärker Peripherie als Zentrum. Am Ende des 20. Jahrhunderts haben sich die Verhältnisse umgekehrt. Nun schaut der Mittelmeerraum auf den Norden, auf das südliche und nördliche Europa, möchte von ihm lernen und in ihn, wenigstens wirtschaftlich, weitgehend integriert werden. Europa und der Mittelmeerraum finden sich zusammen, um sich gemeinsam den globalen Herausforderungen des 21. Jahrhunderts zu stellen. Denn nichts anderes ist der Sinn der Erklärung von Barcelona (November 1995), in der sich die Europäische Union und zwölf Länder des Mittelmeerraumes verpflichten, einen euromediterranen Raum des Wohlstandes, des Friedens und der Stabilität zu schaffen.

2. Mittelmeerpolitik: vom kolonialen Erbe zum Ziel
   der sicheren Ölversorgung 1958 bis 1985

Als sich ein Teil Europas 1958 zur Europäischen Wirtschaftsgemeinschaft zusammenfand, gab es zwei Gründe, sich um das Mittelmeer zu kümmern. Algerien war noch ein französisches Departement, Marokko und Tunesien waren gerade in die

Unabhängigkeit entlassen worden. Es galt daher, den besonderen wirtschaftlichen Beziehungen, die zwischen Frankreich und dem Maghreb bestanden, in irgendeiner Weise Rechnung zu tragen. Das geschah, indem zwischen den drei Maghreb-Staaten und der Europäischen Wirtschaftsgemeinschaft Assoziierungsverträge geschlossen wurden, in denen vor allem die Handelsbeziehungen geregelt wurden. Das geschah gegen Ende der sechziger Jahre.

Aber schon zu Beginn der sechziger Jahre sah sich die Gemeinschaft gezwungen, im östlichen Mittelmeer aktiv zu werden. Die Konfrontation zwischen den beiden Supermächten, USA und UdSSR, gebot, sich nicht nur um die Einbeziehung Griechenlands und der Türkei in die NATO zu kümmern, sondern auch um deren wirtschaftliche Stabilisierung. Was lag näher, als beide Länder schrittweise in eine Zollunion mit der Gemeinschaft zu integrieren und ihnen wirtschaftliche Hilfe zu gewähren. So war die Mittelmeerpolitik der jungen Europäischen Wirtschaftsgemeinschaft gewissermaßen mit in die Wiege gelegt worden, und daher ist es nicht erstaunlich, daß sie ihre ersten außenpolitischen Ausflüge in diesen Teil der Welt unternahm.

Im Herbst 1973 kam es zum vierten israelisch-arabischen Krieg und in seinem Gefolge zum ersten Ölboykott gegen ein Mitgliedsland der Gemeinschaft, die Niederlande, sowie zur Verdreifachung des Ölpreises binnen kurzer Zeit. Die erste Energiekrise veränderte das Bewußtsein Europas und der Menschheit. Europa wurde sich seiner Energieabhängigkeit schmerzhaft bewußt. Der Suez-Kanal war lange Zeit geschlossen; das Mittelmeer fiel als die wichtigste Route für die westliche Ölversorgung aus. Und plötzlich war der israelisch-arabische Konflikt zu einer Angelegenheit vitalen Interesses für die Europäer geworden.

Die heute weitgehend vergessene Ölkrise führte zu zwei entscheidenden europäischen Reaktionen: zum euro-arabischen Dialog und zur umfassenden Mittelmeerpolitik. Der euro-arabische Dialog wurde in einer fast improvisierten Ministersitzung in Kopenhagen aus der Taufe gehoben. Mit ihm erreichte die arabische Seite, daß sich Europa fortan intensiv um den israelisch-arabischen Konflikt kümmert. Im Gegenzug konnte es sich in dem Glauben wähnen, seine Energieversorgung sei nunmehr besser abgesichert und es werde nicht unwesentlich von dem Ölboom in der arabischen Welt profitieren. Auch wenn die unzähligen Sitzungen über wirtschaftliche, kulturelle und politische Zusammenarbeit, die in den siebziger und frühen achtziger Jahren zwischen Europäern und Arabern stattfanden, keine wirklich konkreten Ergebnisse zeitigten, so hat der euro-arabische Dialog doch dazu beigetragen, daß zwischen beiden Seiten ein besseres Verständnis hergestellt wurde und Europa aus der ersten Ölkrise, insgesamt gesehen, eher pro-arabisch hervorging.

Ungleich folgenreicher noch war jedoch die Auswirkung auf die Beziehungen zwischen Europa und dem Mittelmeerraum. Ohne die Ölkrise und den euro-arabischen Dialog hätte die Gemeinschaft schwerlich bereits in der zweiten Hälfte der siebziger Jahre mit allen Mittelmeeranrainern im Süden und Osten des Mittelmeeres, mit Ausnahme Libyens, weitreichende Abkommen über die wirtschaftliche

Zusammenarbeit geschlossen. Mit Israel, als dem wirtschaftlich am weitesten entwickelten Land im Mittelmeerraum, schloß sie ein schrittweise zu verwirklichendes Freihandelsabkommen nach dem Muster der EFTA-Abkommen. Allen anderen Ländern im Maghreb und Maschrak bot sie völlig freien Zugang zum europäischen Markt für Industrieerzeugnisse, Zollpräferenzen für die wichtigsten Agrarerzeugnisse wie Orangen, Frühkartoffeln und Tomaten sowie eine bescheidene finanzielle Zusammenarbeit an.

Der steile Anstieg der Ölpreise, verbunden mit dem freien Zugang zum europäischen Markt, vor allem für Textilerzeugnisse, führte zu einem beeindruckenden Anstieg des Handels zwischen Europa und den Mittelmeerländern sowie den Golfstaaten. Zusammengenommen bildeten die Länder des Mittelmeeres und des Golfs mit einem Mal die wichtigsten Handelspartner für die Gemeinschaft – natürlich nach den EFTA-Ländern. Fast zehn Jahre boomte die Wirtschaft im Mittelmeerraum in einer heute kaum vorstellbaren Weise, und Europa hat davon, insgesamt gesehen, mehr profitiert als jede andere Region der Erde. Fast 10 Prozent der Ausfuhren der Gemeinschaft gingen Ende der siebziger Jahre in die Länder des Mittelmeerraumes; weder vorher noch später hat der Mittelmeerraum je wieder diese große relative Bedeutung für die europäische Wirtschaft besessen.

3. Mittelmeerpolitik mit dem Ziel der politischen Absicherung der europäischen Südflanke

1981 wurde Griechenland Mitglied der Europäischen Gemeinschaft, 1986 folgten Spanien und Portugal. Der Schwerpunkt der Gemeinschaft rückte nach Süden; sie wurde stärker mediterran. Ungeachtet dieser stärkeren »Mittelmeerlastigkeit« bedurfte es eines neuen tiefen Schocks, bevor Europa erneut stärkeres Interesse für das Mittelmeer zeigte. Das galt um so mehr, als sich nach dem 9. November 1989 das außenpolitische Interesse der Gemeinschaft fast vollständig auf den Osten verlagerte: Die erfolgreiche Rückeingliederung Osteuropas in den Schoß des Westens wurde zur obersten Priorität. Ungeachtet ihrer eigenen Agenda wurde die Gemeinschaft dennoch spätestens Anfang der neunziger Jahre daran erinnert, daß sie bei allem Vorrang für den Osten ihre südlichen Nachbarn nicht völlig vernachlässigen durfte.

Drei Ereignisse waren es vor allem, die sie mehr oder weniger unsanft ans Mittelmeer zurückholten:
- der Wunsch des Königs von Marokko (Ende 1991), mit Europa viel engere wirtschaftliche und politische Bindungen einzugehen;
- die politische Krise in Algerien Anfang 1992, als die Militärs den Demokratisierungsprozeß angesichts eines drohenden Wahlsieges der »Islamisten« (Front Islamique du Salut) abrupt abbrachen und Europa, vor allem Frankreich, eine Massenflucht aus Algerien befürchtete;

– die Wiederbelebung des Friedensprozesses im Nahen Osten mit der Unterzeichnung des Oslo-Abkommens im Oktober 1993.

Mit dem Beginn der neunziger Jahre erschien den Europäern das Mittelmeer plötzlich in einem neuen, eher beunruhigenden Licht. Es stieg das Bewußtsein, daß sich an seinem südlichen Ufer ein unheilvolles Gebräu von Bevölkerungswachstum, Arbeitslosigkeit, sozialer und politischer Destabilisierung, Massenemigration, Drogenschmuggel und religiösem Fanatismus als Mittel des politischen Kampfes bildete, das auf die Dauer nicht ohne negative Auswirkungen auf Europa bleiben würde. Es waren verständlicherweise die europäischen Mittelmeeranrainer, allen voran Frankreich, Spanien und Italien, die sich als erste von diesen schwer faßbaren Gefahren bedroht sahen. Ihnen schien die Gefahr in erster Linie vom Maghreb herzurühren. Ihm widmeten sie daher die größte Aufmerksamkeit.

Es war daher nur verständlich, daß die Europäische Kommission positiv auf den marokkanischen Wunsch nach engeren wirtschaftlichen Beziehungen mit Europa reagierte. Zum ersten Mal war damit die Idee einer Freihandelszone zwischen beiden Seiten des Mittelmeeres in die Diskussion geworfen. Dabei bestand die Kommission mit Nachdruck darauf, eine solche Freihandelszone mindestens auf alle drei Maghreb-Länder auszudehnen. Eine Freihandelszone zwischen der Gemeinschaft und Marokko allein erschien der Kommission als zu unausgewogen und daher nicht sinnvoll. So war im Frühjahr 1992 das Konzept einer verstärkten Zusammenarbeit zwischen Europa und dem Maghreb geboren, gewissermaßen als Vorläufer des euro-mediterranen Wirtschaftsraumes, den die Kommission zwei Jahre später, im Herbst 1994, aus der Taufe hob.

4. Das strategische Zukunftskonzept für den euro-mediterranen Raum

Im Oktober 1994, als die Verhandlungen über bilaterale Assoziierungsabkommen mit Israel, Marokko und Tunesien in vollem Gange waren, legte die Europäische Kommission ihre umfassenden Vorstellungen für die langfristige Einbeziehung des Mittelmeerraumes in den sich abzeichnenden neuen gesamteuropäischen Rahmen vor. Ziel der künftigen europäischen Mittelmeerpolitik sollte die schrittweise Errichtung eines Raumes sein, dem alle europäischen Länder und ihre Nachbarn am Mittelmeer angehören und dessen Ziele mehr politische Stabilität, Sicherheit und Prosperität für alle sein sollten.

Kern des Konzeptes war zweifellos die Bildung einer riesigen Freihandelszone, die irgendwann zu Beginn des 21. Jahrhunderts, etwa 2010, ganz Europa (ohne Ukraine und Rußland) einerseits, alle Mittelmeeranrainer andererseits umfassen sollte. Freihandel sollte natürlich alle Industrieerzeugnisse miteinbeziehen; für Agrarerzeugnisse wagte die Kommission nicht, vollständigen Freihandel als Ziel zu setzen. Dort mußte man sich mit »beschränktem Freihandel« zufriedengeben. Parallel dazu sollten selbstverständlich auch die Kapitalströme, vor allem direkte

Investitionen, liberalisiert werden; denn man war sich darüber klar, daß Freihandel und Angleichung der Lebensstandards zwischen Europa und dem Mittelmeer nur gelingen würden, wenn, ähnlich wie auf der iberischen Halbinsel nach dem EU-Beitritt im Jahre 1986, europäische Unternehmen kräftig im Mittelmeerraum investieren würden. Dagegen wurde die Freizügigkeit für Arbeitskräfte, die man noch zu Beginn der sechziger Jahre unter wesentlich günstigeren wirtschaftlichen Vorzeichen in Europa in die Assoziierungsabkommen mit Griechenland und der Türkei aufgenommen hatte, zum Tabu erklärt. Angesichts von Massenarbeitslosigkeit und Xenophobie konnte Europa nicht daran denken, weitere Immigration aus den Nachbarländern zu verkraften. Anders als 30 Jahre zuvor hieß das Konzept für die nachbarschaftliche Partnerschaft nunmehr: Handel und Investitionen ja, auch wenn damit eine Auslagerung wirtschaftlicher Aktivitäten aus Europa ins Mittelmeer verbunden wäre, Einwanderung nein.

Um den Mittelmeerländern die schwierigen Umstellungsprozesse auf Freihandel zu erleichtern, schlug die Kommission eine Verdopplung der für die finanzielle Zusammenarbeit vorzusehenden Mittel vor, auf rund 4 Mrd. DM jährlich, je zur Hälfte aus verlorenen Zuschüssen und Darlehen der Europäischen Investitionsbank bestehend. Dieses Konzept der wirtschaftlichen Zusammenarbeit war im Grunde eine Art Kopie dessen, was die EU vier Jahre zuvor als Strategie gegenüber Osteuropa entwickelt hatte, jedoch mit einem gewichtigen Unterschied: Im Mittelmeerraum fehlte die Beitrittsperspektive, wenn man von Zypern, Malta und der Türkei absieht. Es entfällt daher bei den Mittelmeerländern eine ganz entscheidende Triebfeder für ihre Reformanstrengungen. Sie brauchen ihre Gesetzgebung und ihre Institutionen nur insoweit anzupassen, wie es für das Funktionieren der Freihandelszone mit der EU erforderlich ist. Sie werden nicht Teil des europäischen Binnenmarktes. Dennoch, berücksichtigt man das außerordentlich hohe Niveau von Zöllen und anderen Handelshemmnissen, das die meisten Mittelmeerländer Mitte der neunziger Jahre schützt, dann bedeutet der Übergang zum Freihandel mit der EU einen gewaltigen Kraftakt für jedes einzelne Mittelmeerland. Parallel zum wirtschaftlichen Kern sollte selbstverständlich auch die Zusammenarbeit im politischen und kulturellen Bereich verstärkt werden. Der Schutz der Menschenrechte und die schrittweise Einführung demokratischer Grundregeln (freie Wahlen, Pluralismus, Parteiengründung, Pressefreiheit etc.) sollten die Herstellung von Marktwirtschaft und Freihandel im wirtschaftlichen Bereich ergänzen.

Mit fast atemberaubender Geschwindigkeit hat der Europäische Rat in Essen am 10. Dezember 1994 die Vorstellungen der Kommission gebilligt. Damit war der Weg für politische Gespräche mit den Regierungen der künftigen Partnerländer geebnet. Diese fanden ihren Abschluß in der ersten euro-mediterranen Außenministerkonferenz, die ein Jahr später am 27. und 28. November 1995 in Barcelona stattfand. Die nach monatelanger Vorbereitung von allen 27 Außenministern (15 der EU, zwölf der Mittelmeerländer) verabschiedete Barcelona-Erklärung enthält eine ehrgeizige Agenda für die Gestaltung der Beziehungen zwischen Europa und dem Mittelmeer im nächsten Jahrhundert. Sie stellt drei kühne Zielsetzungen auf:

- Das Mittelmeer soll zu einer Region des Friedens und der Stabilität werden.
- Zwischen der EU und dem Mittelmeerraum soll eine wirtschaftliche und finanzielle Partnerschaft begründet werden.
- Die euro-mediterrane Partnerschaft soll sich auch auf soziale und kulturelle Fragen erstrecken.

Erst die fernere Zukunft wird zeigen, inwieweit Europa und seine Partner am Mittelmeer willens und fähig sind, so hoch gesteckte Ziele zu verwirklichen. In den folgenden Abschnitten sollen daher die Möglichkeiten und Probleme einer engeren Zusammenarbeit zwischen der EU und dem Mittelmeerraum auf den drei weiten Feldern der Politik, Wirtschaft und Kultur ausgelotet werden.

5. Die EU als Friedensstifter im Mittelmeerraum?

Abgesehen vom unseligen Libanonkonflikt hat es seit 1973 im östlichen und südlichen Mittelmeer keinen Krieg mehr gegeben. Es war die bisher längste Friedensperiode seit 1945 in diesem turbulenten Teil der Welt. Aber der Schein trügt. Die Konflikte schwelen unter der Oberfläche weiter, sei es der israelisch-arabische, der griechisch-türkische oder die ungeklärte Situation in der westlichen Sahara. In keinem dieser Konflikte ist die EU als Vermittlerin engagiert. Die Barcelona-Erklärung vom November 1995 hat trotz ihres ausführlichen Textes zum Thema »Sicherheit im Mittelmeer« keinerlei Fortschritt gebracht.

Das entsprach allerdings auch nicht der Intention. Die Barcelona-Erklärung enthält zwar eine Reihe von allgemeinen Grundsätzen und Leitlinien für das außenpolitische Verhalten der Partnerländer, aber keinerlei Hinweise auf spezifische zwischenstaatliche Konflikte oder gar deren Lösung. Jeder Versuch, in einem multilateralen Rahmen wie dem der euro-mediterranen Partnerschaft bilaterale Konflikte zwischen einzelnen Partnern beilegen oder auch nur diskutieren zu wollen, wäre von vornherein zum Scheitern verurteilt gewesen. So hat sich Israel höchst erfolgreich allen Versuchen widersetzen können, den israelisch-arabischen Konflikt auf die Tagesordnung von gemeinsamen Treffen zu setzen. Israel war lediglich bereit, und auch das nur nach langwierigen Verhandlungen, sich einseitige Erklärungen der arabischen Seite anzuhören.

Seit der Verabschiedung der Barcelona-Erklärung finden mehrmals im Jahr Treffen von Beamten der EU und der Mittelmeerländer statt, um über die Umsetzung der Erklärung zu beraten. So haben sich die Parteien in Barcelona verpflichtet, ihre Streitigkeiten ausschließlich mit friedlichen Mitteln beizulegen, die Gleichberechtigung aller Völker und das Recht auf Selbstbestimmung zu respektieren, den internationalen Abkommen hinsichtlich der Nichtverbreitung von ABC-Waffen beizutreten sowie ihre Rüstung nicht über das für die bloße Verteidigung notwendige Maß auszubauen. Bis heute sind jedoch keine greifbaren Ergebnisse bei der Umsetzung erzielt worden. Es erwies sich als nicht einmal möglich, sich über ganz bescheidene vertrauensbildende Maßnahmen wie etwa gemeinsame Seminare für hohe Offiziere oder gegenseitige Information über militärische Übungen oder Truppenbewegungen zu einigen. Letztlich sind bisher alle noch so bescheidenen Versuche einer praktischen Umsetzung am israelisch-arabischen Gegensatz gescheitert. Die arabischen Staaten sehen Israel heute als die stärkste Militär- und einzige Nuklearmacht im Mittelmeerraum an. Damit ist ihr eigener politischer Handlungsspielraum stark eingeschränkt. Israel verfolgt seine Sicherheitsinteressen, ohne sich um seine arabischen Nachbarn zu kümmern. Um das Maß voll zu machen, hat es auch noch gewagt, mit der Türkei, dem Land mit der stärksten Wirtschaft und der größten Armee (über 600 000 Mann) im Mittelmeerraum, eine lose militärische Zusammenarbeit einzugehen. Hinzu kommt, daß sich aus europäischer Sicht die Qualität des israelisch-arabischen Konfliktes im Vergleich zu den siebziger Jahren wesentlich verändert hat: Heute droht von diesem Konflikt weder ein neuer Krieg, noch ist, was für Europa ungleich wichtiger ist, eine neue Energiekrise zu befürchten. Europas Energieversorgung steht heute, anders als 1973, auf einer viel breiteren Basis. Eine Unterbrechung der Ölzufuhr aus dem Golf und dem Mittelmeer ist daher viel leichter verkraften.

Die Zeit für eine sicherheitspolitische Zusammenarbeit, etwa derart, wie sie in Europa im Rahmen der KSZE vor dem Zusammenbruch des sowjetischen Regimes bestand, scheint erst nach einer politischen Regelung zwischen Israel und den Palästinensern sowie einem Friedensschluß zwischen Israel und seinen beiden nördlichen Nachbarn, Libanon und Syrien, möglich. Es ist wenig wahrscheinlich, daß eine solche Regelung noch in diesem Jahrhundert zustande kommen kann. Dazu sind die Fronten erneut zu verhärtet, nachdem die kurze Möglichkeit, 1995 zu einem Durchbruch zu gelangen, nicht genutzt wurde.

Je länger diese Pattsituation dauert, desto stärker büßt die Barcelona-Erklärung an Glaubwürdigkeit ein, werden die gemeinsamen Sitzungen aller Unterzeichnerstaaten zu einer Farce, und kann von konstruktivem politischem Dialog immer weniger die Rede sein. Bisher haben die EU und ihre Mittelmeerpartner vermieden, Friedensprozeß und Barcelona-Prozeß miteinander zu vermengen. Beide Seiten hatten im stillen darauf gehofft, daß der »Geist von Barcelona« einen positiven Einfluß auf die Friedensgespräche im Nahen Osten ausüben würde. Diese Hoffnung hat getrogen. Im Gegenteil, zeitweilig wirkte sich die Klimaverschlechterung zwischen Israel und den arabischen Mittelmeerländern negativ auf die Fortsetzung des Barcelona-Prozesses aus.

Bilateral bleibt die EU neben den USA und Ägypten eine der wichtigen Kräfte im Friedensprozeß des Nahen Ostens. Aber der EU fehlt es ebenso oder fast noch mehr als den anderen beiden an Biß: Sie hat kaum wirksame Druckmittel zur Verfügung, um Israel zu einer versöhnlicheren Haltung gegenüber den Palästinensern zu bewegen. Natürlich könnte sie die Assoziierungs- und Wissenschaftsabkommen mit Israel aufkündigen. Beide sind für Israel politisch und wirtschaftlich von sehr großer Bedeutung. Aber diese Drohung wäre hohl. Dafür sind die eigenen Interessen an der Fortsetzung einer engen Beziehung zu Israel viel zu groß, und zudem ist keinesfalls ausgemacht, daß Israel in einem solchen Falle konzessionsbereiter würde.

Nur wenn die USA, die EU, Rußland und alle arabischen Staaten gemeinsam mit allen ihnen zur Verfügung stehenden Mitteln auf Israel und die Palästinenser einwirkten, von der Beeinflussung der politischen Eliten und der öffentlichen Meinung bis zu Sanktionen, ließe sich vielleicht eine Friedenslösung erzwingen. Aber um dauerhaft zu sein, muß letzten Endes jeder Konflikt von den Parteien selbst beigelegt werden. Sie müssen selbst zu der Erkenntnis gelangen, daß die Fortsetzung des Konfliktes sich nicht auszahlt. Daran mangelt es noch immer auf beiden Seiten, auch wenn große Fortschritte in dieser Hinsicht gemacht worden sind.

Was den griechisch-türkischen Spannungsherd angeht, so hat die EU aus verständlichen Gründen bisher nicht gewagt, eine irgendwie geartete Vermittlerrolle zu spielen. Im Barcelona-Prozeß hat man es sorgsam vermieden, ihn überhaupt anzusprechen. Keines der beiden Länder kann sich eigentlich eine Fortsetzung der Spannungen und der damit verbundenen übermäßigen Rüstungsanstrengungen leisten. Hier könnte eine diskrete Einwirkung seitens europäischer Partner sicherlich wirksam sein. Aber jeder Versuch einer formalen Vermittlung seitens der EU verbietet sich von selbst, da sie wegen der griechischen EU-Mitgliedschaft keine ausreichende Unabhängigkeit besitzt. In den Jahren 1997 und 1998 haben sich die Beziehungen zwischen den beiden Nachbarn weiter verschlechtert, ja zeitweise kritisch zugespitzt. Indirekt hat die EU zu dieser Verschärfung der Lage beigetragen, indem sie im März 1998 Beitrittsverhandlungen mit Zypern aufnahm, jedoch nicht mit der Türkei, die sich viel zu lange falsche Hoffnungen gemacht hatte, die EU werde ihrem bereits 1987 gestellten Beitrittsantrag im Rahmen der anstehenden Osterweiterung stattgeben. Leider muß 1998 festgestellt werden, daß allein eine Vertiefung von Handels- und Wirtschaftsbeziehungen zwischen zwei Ländern oder Regionen keine ausreichende Gewähr für entsprechend enge politische Beziehungen darstellt: Das 1964 mit der Unterzeichnung des Assoziierungsabkommens zwischen der Türkei und der damaligen EWG gestellte Ziel einer allmählichen politischen und kulturellen Eingliederung der Türkei in Europa sowie des damit verbundenen EU-Beitrittes scheint heute in ebenso weiter Ferne zu liegen wie vor 35 Jahren, ungeachtet eines beiderseitig blühenden Handels mit Gütern und Dienstleistungen, vor allem eines blühenden Tourismus.

Aus dem dritten Spannungsherd, dem Streit um die westliche Sahara, hat sich die EU ebenfalls völlig herausgehalten. Dafür hatte sie vordergründig eine gute Entschuldigung, denn seit Jahren ist die UNO mit der Vermittlerrolle betraut, besonders mit der Vorbereitung eines Referendums.

Zieht man drei Jahre nach Barcelona zu dem Thema Frieden und Sicherheit im Mittelmeerraum Bilanz, dann fällt diese nicht sonderlich positiv aus. Trotz zahlreicher formeller und informeller Treffen ist es weder zu einer spürbaren Verbesserung der politischen Atmosphäre noch gar zu einer Annäherung über die weiter schwelenden Konfliktherde gekommen. Die EU hat keinerlei Initiative zur Konfliktbeilegung unternommen, wenn man von der Ernennung eines Sonderbotschafters für den Friedensprozeß im Nahen Osten absieht. Auch drei Jahre nach der Barcelona-Konferenz ist die EU keinen Schritt weiter auf dem Wege zu einer Gemeinsamen Außen- und Sicherheitspolitik im Mittelmeer. Die Chancen, daß sie dort in naher Zukunft wesentliche gemeinsame Aktionen unternehmen könnte, erscheinen nach dem Ausgang der Beratungen des Europäischen Rates in Amsterdam gering – es sei denn, die Schwelbrände verwandeln sich in lodernde Feuer. Aber in einem solchen Fall steht jederzeit die NATO bereit, wie ihr Einsatz in Bosnien und erst recht im Kosovo gezeigt hat. Zudem hat die NATO in den letzten Jahren diskret Kontakte zu den wichtigsten Mittelmeeranrainern geknüpft und sie über ihre Ziele und ihre Arbeitsweise ausführlich informiert. Aus EU-Sicht besteht daher im Mittelmeer in Sicherheitsfragen weniger wirklicher Handlungsbedarf denn je zuvor. Keiner der Mittelmeeranrainer stellt eine militärische Bedrohung für Europa dar, und die Gefahr der Verbreitung von ABC-Waffen lauert stärker östlich des Mittelmeeres als um das Mittelmeer herum. Aber gegen diese Bedrohung besitzt die EU ohnehin nicht die geringste Handlungsfähigkeit.

Die Gefahren, die vom Mittelmeer drohen, sind vielmehr sozialer und ökonomischer Natur. Sie heißen Arbeitslosigkeit, Massenelend in den großen Städten, illegale Einwanderung, Drogenschmuggel, politische Destabilisierung. Gegen sie richten weder der perfekteste sicherheitspolitische Dialog noch militärische Abschreckung viel aus. Diesen Gefahren läßt sich nur durch politische Reformen und Verbesserung der wirtschaftlichen Lage Herr werden, was ein langsamer und schwieriger Prozeß bleibt. Das ist der Kern der Botschaft von Barcelona.

6. Wie läßt sich mehr Demokratie im Mittelmeerraum verwirklichen?

Abgesehen von wenigen Ausnahmen wie Israel, Malta und Zypern herrscht am Mittelmeer ein erhebliches Demokratiedefizit. Zwar besteht überall Demokratie im formalen Sinne, und es gibt, außer Libyen, kein einziges Land, das nicht regelmäßig Präsidial- oder Parlamentswahlen abhält. Aber nirgendwo funktioniert Demokratie befriedigend; nirgendwo entspricht sie einigermaßen westeuropäischen, zugegebenermaßen hohen Maßstäben. In den meisten Ländern haben die Parlamente, häufig von Einheitsparteien beherrscht, nur geringen Einfluß auf die politische Gestaltung und die wesentlichen Entscheidungen in ihrem Land. Es gibt fast nirgendwo eine starke Opposition; und infolgedessen findet das, was wir in Europa als den Kern demokratischer Regierung ansehen – ein regelmäßiger Machtwechsel – so gut wie nie statt. Einmal an die Macht gekommen, kleben die Regierungen an ihr fest; eine Abwahl ist fast unmöglich, gleichgültig wie schlecht ein Land regiert sein mag. Diesem Tatbestand entspricht das Fehlen von Transparenz politischer Entscheidungen und Handlungen sowie von jeder ordentlichen Rechenschaftslegung seitens der Regierenden. Kein Wunder, daß Korruption in all ihren Formen Blüten treibt, und Meinungs- und Pressefreiheit nur insoweit zugestanden werden, wie die Regierungen selbst, vor allem deren Repräsentanten, von aller Kritik ausgenommen bleiben. Entsprechend schlecht steht es um die Rechtsstaatlichkeit. Der Bürger hat es schwer, sein Recht vor unabhängigen Gerichten, ohne Ansehen der Person, durchzusetzen. Das gilt für zivile, erst recht aber für öffentlich-rechtliche Streitigkeiten.

Der Mangel an Demokratie und öffentlicher politischer Debatte führt zwar nur in Ausnahmefällen zu Beschränkungen essentieller persönlicher Freiheiten; politische Prozesse sind auch in den Mittelmeerländern selten geworden. Angesichts wachsamer internationaler Organisationen wie Amnesty International oder Helsinki Watch können es sich Regierungen immer weniger leisten, international an den Pranger gestellt zu werden. Wohl aber beeinträchtigt der Mangel an Demokratie die »good governance« in zahlreichen Mittelmeerländern: Ohne kontrovers geführte politische Debatte und starke Opposition ist keine Regierung gegen unüberlegte oder unzureichend vorbereitete Aktionen gefeit. Und ohne eine Opposition, die sich der sozial Schwachen annimmt, bleibt das Risiko groß, daß die Entscheidungen der Regierungen zu sehr der kleinen wohlhabenden Bourgeoisie zugute kommen, die zumeist mit an den Schalthebeln der Macht sitzt.

Spätestens seit dem Zusammenbruch der osteuropäischen Diktaturen und dem Golf-Krieg Anfang der neunziger Jahre kommen auch die politischen Regime in den Mittelmeerländern immer stärker unter Reformdruck, und dieser beschränkt sich nicht nur auf den wirtschaftlichen Bereich. So haben Länder wie Jordanien, Libanon, Marokko und die Türkei auf dem Weg zu funktionierenden pluralistischen Systemen erhebliche Fortschritte gemacht. In erster Linie liegt dies daran, daß die politische Klasse zu der Überzeugung gelangt ist, daß wirtschaftlicher und sozialer Fortschritt in ihren Ländern auf die Dauer nur zu erreichen sein wird, wenn der Initiative des einzelnen keine Hindernisse im Weg stehen, wenn neue Ideen, auch politische, frei zirkulieren können, der Grundsatz des Wettbewerbes sich nicht nur auf die wirtschaftliche Sphäre beschränkt, Transparenz im politischen Raum herrscht und jeder freien Zugang zu Information hat.

Die EU mag ein wenig zu dieser positiven Entwicklung beigetragen haben. Gewiß ist, daß sie sich in den letzten Jahren unvergleichlich stärker für die Beachtung von Demokratie und Menschenrechten überall in der Welt eingesetzt hat als je zuvor. So ist es eigentlich fast selbstverständlich, daß sich in der Barcelona-Erklärung alle 27 Regierungen verpflichtet haben, Demokratie und Rechtsstaatlichkeit bei sich zu fördern sowie die Menschenrechte und elementaren Freiheiten zu respektieren. Es ist daher auch nur folgerichtig, daß alle Assoziierungsabkommen zwischen der EU und den Mittelmeerstaaten eine Demokratie- und Menschenrechtsklausel enthalten. Artikel 2 dieser Abkommen erklärt die Beachtung demokratischer Grundsätze und fundamentaler Menschenrechte ausdrücklich zu wesentlichen Elementen, bei deren Verletzung jede Partei die Möglichkeit hat, die Abkommen aufzukündigen. So wichtig ist der EU diese Klausel, daß sie weder dem Grunde noch der Form nach verhandlungsfähig ist. Es bleibt abzuwarten, ob und wann die EU oder einzelne Bürger in den betroffenen Staaten den Mut haben werden, diese internationalen Verpflichtungen gebührend einzuklagen. Einfach abtun wird man sie nicht können, wenn es künftig zu schweren Verstößen gegen das Demokratie- oder das Menschenrechtsgebot kommen sollte, oder wenn die EU mit Ländern verhandeln wird, denen man beim besten Willen nicht nachsagen kann, sie seien Demokratien oder Rechtsstaaten. Über die vertragliche Festschreibung von Demokratie und Menschenrechten hinaus hat die EU viele Initiativen zu deren Förderung finanziert, von der Vorbereitung von Wahlen bis zur Schulung von Gewerkschaftsführern, politisch engagierten Frauen oder Vereinigungen.

Jedoch läßt sich Demokratie weder verordnen noch gar von außen aufzwingen. Sie muß von der eigenen Bevölkerung gewollt sein, gar, wenn nötig, den Herrschenden mit Gewalt abgetrotzt werden. Im Zeitalter von weltweiter Kommunikation, Satellitenfernsehen und Internet können auch die Mittelmeerländer nicht umhin, bei sich mehr Pluralismus und Mitbestimmung der Bevölkerung in politischen Fragen einzuführen. Der Weg wird holprig sein; diejenigen, die politische und wirtschaftliche Macht in ihren Händen konzentrieren, werden nur widerwillig bereit sein, sie zu teilen oder ganz abzugeben. Aber der Prozeß ist auch im Mittelmeerraum unaufhaltsam. Die gleichzeitig vor sich gehende Entwicklung der wirtschaftlichen Liberalisierung wird ebenso dabei helfen wie das Drängen des Europäischen Parlamentes, europäischer oder internationaler Menschenrechtsvereinigungen und die kräftige finanzielle Unterstützung (etwa 20 Mio. DM pro Jahr) durch die EU.

7. Der mühsame Weg zu einer euro-mediterranen Freihandelszone

Die Barcelona-Erklärung sieht die schrittweise Herstellung einer Freihandelszone zwischen allen 27 Partnerländern vor. Die Freihandelszone stellt gewissermaßen das wirtschaftliche Kernstück der künftigen Partnerschaft zwischen Europa und dem Mittelmeerraum dar. Die Freihandelszone ist jedoch kein Ziel an sich. Vielmehr wird sie als Mittel angesehen, um die wirtschaftliche und soziale Entwicklung zu beschleunigen, den Lebensstandard der Bevölkerung zu steigern und das Wohlstandsgefälle zwischen Europa und dem Mittelmeerraum zu verringern.

Die Schaffung einer Freihandelszone zwischen Ländern mit so ungleichen wirtschaftlichen Bedingungen bezüglich der menschlichen und technologischen Ressourcen, der Produktivität und des Pro-Kopf-Einkommens stellt ein Novum in der Wirtschaftsgeschichte dar. Das Unternehmen, so kühn es im Ansatz auch sein mag, enthält daher erhebliche Risiken. Diese betreffen in erster Linie die Mittelmeerländer, das Risiko der EU-Mitgliedstaaten erscheint eher begrenzt. Sie können eigentlich nur gewinnen, denn sie haben ihren Markt für industrielle Erzeugnisse aus dem Mittelmeerraum bereits seit etwa 20 Jahren voll geöffnet, ohne daß es zu schwerwiegenden Marktstörungen gekommen ist. Wenn künftig der Freihandel beidseitig wird und die EU-Staaten dadurch schrittweise freien Zugang zu den wachsenden Märkten Nordafrikas erhalten und dort ein günstigeres Investitionsklima entsteht, kann Europas Position im internationalen Wettbewerb des 21. Jahrhunderts eigentlich nur gestärkt werden. Über diese fundamentale Asymmetrie der Interessen und möglichen Schwierigkeiten haben sich die Parteien in Barcelona und danach mutig hinweggesetzt, wohl in der Hoffnung, die Übergangszeit von effektiv 15 Jahren sei lang genug, um die Anpassungsprobleme zu bewältigen. Im übrigen würde die EU im Notfall keine andere Wahl haben, als finanziell einzuspringen, wie es die USA 1995 im Falle Mexikos tun mußten, schließlich sind Marktöffnung und Reformen ohnehin überfällig.

Die größte Gefahr lauert gewiß in der drohenden Zerstörung kleinindustrieller Strukturen, Tausender handwerklicher Betriebe, die bisher, wohl geschützt durch vielfache Abschottungsmaßnahmen, von internationaler Konkurrenz wenig spürten. In Marokko und Tunesien hat man sich darauf eingestellt, daß etwa ein Drittel der heute bestehenden industriellen Unternehmen in den nächsten Jahren vom Markt verschwinden werden. Wenn sich an deren Stelle neue, auf den europäischen Markt spezialisierte Unternehmen herausbilden, ist gegen einen solchen Umstrukturierungsprozeß kaum etwas einzuwenden. Er erhöht die volkswirtschaftliche Leistungsfähigkeit eines Landes. Aber wer garantiert das Auftreten kreativer Unternehmen, die neue Marktnischen für sich entdecken? Um dies zu fördern, haben die EU und Länder wie Tunesien, Marokko, Syrien und Ägypten spezielle Förderprogramme für bestehende und neue Unternehmen entwickelt. Darin folgen sie dem Vorbild Portugals, das bei seinem Eintritt in die EU im Jahre 1986 einer ähnlichen Herausforderung gegenüberstand und sich in kürzester Zeit an völlig neue Wettbewerbsverhältnisse anpassen mußte. Allerdings war das Entwicklungsgefälle zwischen Portugal und den übrigen EU-Mitgliedern nicht annähernd so stark wie zwischen dem Mittelmeerraum und Europa. Darüber hinaus flossen Portugal wesentlich höhere Finanzierungsmittel zu, sowohl durch öffentliche Hilfe als auch durch einen sehr kräftigen Zustrom privater Direktinvestitionen.

Die EU sollte daher ihre Finanzierungsprogramme in den nächsten zehn Jahren mit Vorrang auf die Verbesserung der Wettbewerbsfähigkeit der Partnerländer am Mittelmeer konzentrieren. Das kann durch Unterstützung der Berufsausbildung, einschließlich der von Managern, die Finanzierung von strategischen Infrastrukturvorhaben, die Bereitstellung von Risikokapital für kleine Unternehmen, spezifische betriebliche Beratungsprogramme oder Hilfe bei der Umsetzung von Privatisierungsprogrammen erfolgen. Denn über eines muß man sich klar sein: Gelingt der industrielle Umstrukturierungsprozeß nicht, lernen die Industrieunternehmen auf der anderen Seite des Mittelmeeres nicht, in wesentlich verstärktem Maße auf dem europäischen Markt zu verkaufen, droht das ehrgeizige Projekt einer euromediterranen Freihandelszone zu scheitern. Sollte der Freihandel auf seiten der Partner der EU zu unerträglicher Arbeitslosigkeit oder schweren Zahlungsbilanzproblemen führen, werden sie kaum umhin können, gewisse Schutzmechanismen wenigstens vorübergehend einzuführen, z. B. eine Zahlungsbilanzabgabe. Die EU wird sich damit wohl oder übel abfinden müssen, wie sie schon das im Falle Israels über lange Jahre hinweg getan hat. Wie schwierig und langwierig die Anpassungsprozesse an Freihandelsbedingungen sind, zeigen die Beispiele Israels, Zyperns und der Türkei, die trotz leistungsfähiger Industrien 15 bzw. über 30 Jahre benötigten, um im Wettbewerb mit der europäischen Industrie bestehen zu können.

Das zweite schwierige Problem bei der Schaffung einer Freihandelszone zwischen Europa und dem Mittelmeerraum betrifft die Behandlung von Agrarerzeugnissen. Auch hier bestand einige Zeit, vor allem auf der europäischen Seite, die Tendenz, die Schwierigkeiten zu unterschätzen. Entsprechend den Vorschriften der Welthandelsorganisation (WTO) müssen in das Freihandelsabkommen grundsätzlich auch landwirtschaftliche Erzeugnisse einbezogen werden. Das berührt jedoch einen höchst empfindlichen Nerv, besonders auf der europäischen Seite. In der Barcelona-Erklärung heißt es dazu eher vage: Der Handel mit Agrarerzeugnissen wird schrittweise durch die Gewährung von gegenseitigen Präferenzen liberalisiert. Trotz des Drängens aller Mittelmeerländer ist die EU bisher nicht bereit, Freihandel mit Agrarerzeugnissen als langfristiges Ziel für die künftige wirtschaftliche Zusammenarbeit im Mittelmeerraum zu akzeptieren. Es verwundert daher nicht, daß sich in den Verhandlungen über die Assoziierungsabkommen das Kapitel »Handel mit Agrarerzeugnissen« als bei weitem am schwierigsten erweist. In fast jeder der bisherigen Verhandlungen ist es darüber zu Verstimmungen und Verhandlungskrisen gekommen, und wenn die Verwirklichung der euro-mediterranen Freihandelszone bis zum gesetzten Zieldatum 2010 nicht mehr erreicht werden kann, dann ist dafür die EU in doppelter Hinsicht verantwortlich: erstens wegen der sich über zwei Jahre hinziehenden Ratifizierungsprozeduren, zum andern wegen der restriktiven europäischen Haltung bei Agrarerzeugnissen.

Die Hauptverantwortung für die agrarpolitischen Schwierigkeiten liegt bei den EU-Mittelmeeranrainern, allen voran Spanien. Sie befürchten durch einen etwaigen Freihandel mit Agrarerzeugnissen im gesamten Mittelmeerraum Nachteile für ihre Produzenten von Zitrusfrüchten, Tomaten, Frühkartoffeln, Blumen, Reis und ähnlichen Erzeugnissen. Daher ist eine weitreichende Marktöffnung in diesem Bereich für sie nicht akzeptabel, auch wenn ihr seitens der südlichen Partner eine entsprechende Marktöffnung für Getreide, Fleisch und Milcherzeugnisse gegenübersteht, von der aber primär die nördlichen Mitgliedstaaten, vor allem Frankreich, Irland und die Niederlande, profitieren würden.

Politisch fällt es schwer, die starre Haltung der südlichen EU-Mitgliedstaaten nachzuvollziehen, liegt doch die wirtschaftliche Einbindung des Mittelmeerraumes vor allem in ihrem Interesse, und waren sie doch diejenigen, die zu Beginn der neunziger Jahre als die vehementesten Verfechter der euro-mediterranen Partnerschaft aufgetreten waren. Bei deren schwieriger Umsetzung stellen sie jedoch partielle Interessen eines Wirtschaftssektors und bestimmter Regionen über ihre politisch-strategischen Interessen. Auch das gehört zur politischen Realität in der EU. Man kann nur hoffen, daß sich mit dem Anfang des kommenden Jahrhunderts unvermeidlichen landwirtschaftlichen Öffnung auch dieser Streit etwas entschärft und daß agrarpolitische Teilinteressen nicht länger strategischen außenpolitischen Zielen zuwiderlaufen.

Wie weit ist die Verwirklichung der angestrebten Freihandelszone mit dem Mittelmeerraum bis Mitte 1999 gediehen? Dazu einige kurze Bemerkungen: Zwischen der EU und ihren bei weitem wichtigsten Handelspartnern im Mittelmeer, Türkei, Israel, Malta und Zypern, ist industrieller Freihandel voll verwirklicht. Das gleiche gilt für Palästina. Im Agrarbereich ist mit diesen Ländern eine befriedigende Lösung gefunden worden, besonders für Israel, dessen Agrarausfuhren weitgehend freien Marktzugang zur EU genießen. Zwischen den verbleibenden EFTA-Staaten (Schweiz, Liechtenstein, Norwegen und Island) und der Türkei sowie Israel ist Freihandel ebenfalls voll verwirklicht.

Mit Tunesien, Marokko und Jordanien sind die Assoziierungsabkommen unterzeichnet, aber wegen Verzögerungen bei der Ratifizierung sind erst die mit Tunesien in Kraft. Selbst mit diesen drei Ländern wird es daher nicht mehr möglich sein, den Freihandel mit der EU bis 2010, dem angestrebten Zieldatum, voll zu realisieren. Mit Ägypten stehen die Verhandlungen unmittelbar vor dem Abschluß. Davon dürfte eine Signalwirkung für die Verhandlungen mit Libanon und Syrien ausgehen. Diese dürfte durch die Wiederaufnahme von Friedensverhandlungen mit Israel noch verstärkt werden. Die Verhandlungen verlaufen schleppend und dürften sich noch längere Zeit hinziehen. Politisch wird es besonders Syrien und Algerien schwerfallen, die mit einem Freihandelsregime verbundenen Reformen, vor allem aber die Machteinbußen der »Nomenklatura«, hinzunehmen. Hinzu kommt, daß aufgrund der Wirtschaftsstruktur und der Zusammensetzung ihres Handels mit der EU (vor allem Ausfuhr von Rohöl und Agrarerzeugnissen) die Vorteile aus einem Regime des Freihandels mit der EU weniger groß erscheinen als für Tunesien und Marokko.

Sobald die Abkommen mit der EU unterzeichnet sind, folgt die EFTA mit dem Abschluß ähnlicher Abkommen. Das ist bisher nur für Israel, die Türkei und Marokko der Fall. Schließlich bleibt als wesentlicher Schlußstein für die Vollendung eines euro-mediterranen Wirtschaftsraumes die Herstellung von Freihandel unter den Mittelmeeranrainern. Hierüber laufen seit längerer Zeit Gespräche; Israel und die Türkei haben ein Freihandelsabkommen geschlossen, ebenso sind auf bestimmte Produkte beschränkte Freihandelsabkommen zwischen einzelnen arabischen Ländern geschlossen worden. Aber von der Bildung einer echten Freihandelszone im Mittelmeer, die etwa der EFTA oder auch nur der CEFTA entspräche, sind die arabischen Mittelmeeranrainer noch meilenweit entfernt.

Dieser kurze Überblick zeigt, daß der von der Kommission 1994 anvisierte Zeitpunkt 2010 für die Verwirklichung der euro-mediterranen Freihandelszone zu optimistisch ist. Wegen der agrarpolitischen Schwierigkeiten einerseits, dem Stokken des Friedensprozesses andererseits wird es notwendig, sich auf 2015 als neues Zieldatum einzustellen. Das führt leider zu zwei negativen Konsequenzen: Der Anpassungsdruck in den Mittelmeerländern wird nachlassen. Das Jahr 2015 scheint so weit entfernt, daß man glaubt, sich mit den erforderlichen Umstrukturierungsprozessen und den wirtschaftlichen Reformen Zeit lassen zu können. In ähnlicher Weise wird die »Erwartungswirkung« in der Wirtschaft abnehmen. Für die meisten Unternehmen ist das Jahr 2015 eine Ewigkeit entfernt. Die Perspektive eines neuen dynamischen Wirtschaftsraumes, der Europa und das Mittelmeer einschließt, ist ihnen daher heute nicht zu vermitteln. Sie werden nicht schon heute ihre Unternehmensplanung auf eine derart ungewisse Zukunft abstellen wollen. Folglich wird die heutige, wenig ersprießliche Wirklichkeit optimistische Zukunftsmöglichkeiten überschatten. Damit besteht die Gefahr, daß die privaten Direktinvestitionen als eine der treibenden Kräfte einer dynamischen wirtschaftlichen Entwicklung im südlichen Mittelmeer vorerst ausbleiben. Das wiederum erschwert es Marokko, Tunesien und anderen, die wirtschaftlichen Umstrukturierungsproblemen zu bewältigen.

8. Wie rasch kann der Entwicklungsunterschied zwischen Europa und dem Mittelmeerraum abgebaut werden?

Die Beschleunigung der wirtschaftlichen und politischen Entwicklung in den südlichen Mittelmeerländern ist das oberste wirtschaftspolitische Ziel, das sich die 27 Außenminister der EU und der Mittelmeerländer Ende 1995 in Barcelona gesteckt haben. Solange das durchschnittliche Einkommen eines Bürgers im Süden und Osten des Mittelmeeres nur etwa ein Zehntel dessen beträgt, was ein durchschnittlicher EU-Bürger verdient, solange die offene und versteckte Arbeitslosigkeit dort über 20 Prozent liegt, ein großer Teil der Kinder die Schule nur wenige Jahre oder überhaupt nicht besuchen kann, steht Europa vom Süden her Unruhe ins Haus.

Das gilt im doppelten Sinn. Erstens wird die latente soziale Unzufriedenheit breiter Bevölkerungsschichten im Süden früher oder später von extremen politischen Gruppierungen am Rande oder außerhalb des schlecht funktionierenden politischen Kräftespieles aufgegriffen werden. Daraus bildet sich leicht, wie man in den letzten Jahren in Algerien, Ägypten und anderen Ländern hat sehen können, ein explosives Gemisch von Religion, Politik und Terrorismus, von Heilslehre und Extremismus, von Repression und Rebellion, das einer stetigen wirtschaftlichen und sozialen Entwicklung alles andere als förderlich ist. Zweitens bleibt in einer solchen Situation der Instabilität der Wunsch nach Emigration, nach einem besseren Leben in einem anderen Land, einer hoffnungsvolleren Zukunft stark. Wenn die Lebensbedingungen zu Hause unerträglich erscheinen und keine Besserung in Sicht ist, dann scheuen junge Menschen kein Risiko, dem zu entkommen. Besonders in den Ländern des Maghreb besteht daher weiterhin ein starkes Potential für illegale Auswanderung. Man kann sein Ausmaß fast täglich an den Küsten Spaniens und Italiens studieren. In den Ländern des östlichen Mittelmeeres erscheint dieses Potential vor allem deshalb geringer, weil die reichen Golfstaaten noch immer einen großen Teil der Arbeitskräfte absorbieren und weil die Entfernungen nach Europa größer sind. Aber diese Situation wird gewiß kaum von Dauer sein.

Hat sich die wirtschaftliche Kluft zwischen Europa und dem Mittelmeerraum in den vergangenen zehn Jahren verringert? Die Antwort darauf ist eindeutig negativ. In diesem Zeitraum ist das Pro-Kopf-Einkommen in den Mittelmeerländern um nicht einmal 1,5 Prozent pro Jahr gestiegen, ebenso schnell wie in den großen EU-Mitgliedstaaten (Frankreich, Deutschland, England), aber deutlich weniger als in einigen der ärmeren Mitgliedstaaten wie Irland, Portugal, Spanien und Italien.

Vergleicht man die wirtschaftliche Entwicklung Europas mit der des Mittelmeerraumes, dann kann man nicht genügend auf einen fundamentalen Unterschied hinweisen. Im Mittelmeerraum wächst zwar die Wirtschaft – global gesehen – schneller als in Europa, dafür ist aber in Europa wegen der stagnierenden Bevölkerung ein nur minimales Wirtschaftswachstum von 1 bis 2 Prozent gleichbedeutend mit einer entsprechenden Zunahme des Pro-Kopf-Einkommens und damit des Lebensstandards. Im Mittelmeerraum dagegen muß das Sozialprodukt jährlich um 3 bis 4 Prozent steigen, um eine Steigerung des Pro-Kopf-Einkommens von 1 bis 2 Prozent zu erreichen, weil die Bevölkerung noch immer um etwa 2 Prozent jährlich zunimmt. Eine Verringerung des Entwicklungsabstandes zwischen Europa und dem Mittelmeerraum erfordert daher, daß das Sozialprodukt im Mittelmeerraum über einen langen Zeitraum mindestens um 6 Prozent pro Jahr steigt und sich das weiterhin viel zu rasche Bevölkerungswachstum verlangsamt. Das ist schwierig, aber keinesfalls unmöglich. So rasches Wachstum haben in der Vergangenheit zahlreiche Mittelmeerländer erzielt, allerdings jeweils nur unter günstigen Umständen und für kurze Zeiträume. Die meisten Mittelmeerländer erwarten ein wirtschaftliches Wachstum von 6 Prozent pro Jahr auch für die Zukunft. Bei einem solchen dauerhaften Wachstum können die Mittelmeerländer bis zur Mitte des kommenden Jahrhunderts das Wohlstandsgefälle zu Europa bestenfalls um die Hälfte verringern. Das verlangt weiterhin eine marktwirtschaftliche Wirtschaftspolitik, die auf direkte Interventionen des Staates in den Wirtschaftsablauf weitgehend verzichtet, ein optimales Umfeld für inländische und ausländische Investoren schafft, den Wettbewerb herstellt, die Privatisierung öffentlicher Unternehmen zügig betreibt sowie der Berufsausbildung und der Verlangsamung des Bevölkerungswachstums hohe Priorität einräumt. Der Einfluß der EU auf eine schnellere wirtschaftliche Entwicklung im Mittelmeerraum bleibt gering. Sie kann jedoch die Umsetzung einer wachstumsorientierten Wirtschaftspolitik unterstützen, indem sie mit den Partnerländern im wirtschaftspolitischen Meinungsaustausch bleibt, ihre bescheidene finanzielle Hilfe verstärkt und auf wenige Bereiche wie Berufsausbildung und Unternehmensförderung konzentriert.

9. Europa und der Mittelmeerraum im Jahre 2025: eine Zukunftsvision

Wie kann es in Zukunft weitergehen? Wie werden sich die Beziehungen zwischen Europa und dem Mittelmeerraum in den kommenden 25 Jahren gestalten? Werden die beiden Teile wirklich enger zu einem in sich zusammenhängenden Wirtschafts- und Kulturraum zusammenwachsen, oder werden sich die Spannungen und Konflikte zwischen ihnen mehren? Niemand vermag die Zukunft zu enträtseln. Dennoch lassen sich einige grobe Trends erkennen und mit einiger Gewißheit in die Zukunft extrapolieren.

Eine Gewißheit liegt in der geographischen Nachbarschaft. Europa kann es sich weder gegenwärtig noch in der Zukunft leisten, den Mittelmeerraum seinem Schicksal zu überlassen, als läge er am anderen Ende der Welt und nicht nur 14 Kilometer über das Meer an der Straße von Gibraltar entfernt. Was immer dort geschieht, kann Europa nicht unberührt lassen. Die Mittelmeerpolitik wird ein Dauerthema auf der Agenda der europäischen Außenpolitik bleiben, wie groß auch die Schwierigkeiten oder Probleme, etwa bei der Agrarpolitik, der illegalen Immigration oder dem Drogenschmuggel sein mögen. In dem Maße, wie Europa und der Mittelmeerraum zusammenwachsen, wird sich Europa künftig noch stärker und nicht weniger um das Mittelmeer kümmern müssen.

Eine weitere Gewißheit liegt in den ungleichen demographischen Trends. Da die Bevölkerung Europas auch in den nächsten 25 Jahren bei rund 500 Millionen Menschen stabil bleiben oder sogar leicht rückläufig sein wird, während das Bevölkerungswachstum im Mittelmeerraum sich nur sehr langsam abschwächen wird, verändert sich die demographische Gewichtung weiter zugunsten des Mittelmeerraumes (außerhalb der EU): Seine Bevölkerung wird von 235 Millionen im Jahre 1997 auf rund 350 Millionen Menschen im Jahre 2025 zunehmen. Diese zusätzlichen mehr als 100 Millionen Menschen zu ernähren, mit Wohnungen, Schulen, Krankenhäusern, Arbeitsplätzen etc. zu versorgen, stellt für die Mittelmeerländer in den kommenden 25 Jahren eine unerhörte Herausforderung dar.

Parallel dazu wird sich auch das wirtschaftliche Gewicht des Mittelmeerraumes, gemessen am gesamten Sozialprodukt des euro-mediterranen Wirtschaftsraumes, erhöhen, aber wesentlich langsamer als sein Bevölkerungsanteil. Im Jahre 1997 hatten alle Mittelmeerländer (außerhalb der EU) zusammen einen Anteil von gerade 5 Prozent am gesamten Sozialprodukt Europas und des Mittelmeerraumes von rund 8 000 Mrd. US-Dollars. Selbst wenn man unterstellt, daß die Wirtschaft der Mittelmeerländer (außerhalb der EU) in den kommenden 20 Jahren etwa dreimal so rasch wächst wie in Europa, wird sich ihr Anteil am Gesamt-Sozialprodukt der Zone bis 2025 gerade einmal auf 10 Prozent erhöht haben. Man kann einigermaßen realistisch davon ausgehen, daß die wirtschaftliche Entwicklung am Mittelmeer bis 2025 dynamischer verlaufen wird als in Europa. Das Wohlstandsgefälle wird sich jedoch wahrscheinlich nur langsam und unzureichend verringern.

Mit der starken Bevölkerungszunahme und einer Verdreifachung des Sozialproduktes bis 2025 werden sich die Umweltprobleme im Mittelmeerraum in kaum vorstellbarer Weise verschärfen. Die Bevölkerungsdichte entlang des schmalen, schon heute sehr dicht besiedelten Küstenstreifens wird niederländische Dimensionen annehmen, ohne eine nur annähernd so gute Infrastruktur. Daher werden alle Länder gezwungen sein, einen größeren Teil der Bevölkerung in den Wüsten des

Landesinneren anzusiedeln, ungeachtet der gewaltigen finanziellen und technischen Probleme, die damit verbunden sind. Die Wasserversorgung wird sich zunehmend als Engpaß für die landwirtschaftliche Entwicklung erweisen, weil ein steigender Anteil knappen Wassers für die städtische Bevölkerung reserviert werden muß. Die zunehmende Verstädterung und Umweltbelastung im Mittelmeerraum wird dem Tourismus schaden, es sei denn, alle Länder verstärken ihre Anstrengungen, um das Mittelmeer – die bedeutendste Region für den Tourismus in der Welt – unter besonderen Schutz zu stellen.

Der Handel zwischen Europa und dem Mittelmeerraum wird sich noch stärker intensivieren. Dabei wird eine für beide Seiten nutzenbringende Synergie entstehen, da wirtschaftliche Strukturen und Faktorkosten ein hohes Maß an Komplementarität aufweisen. Europa wird sich noch stärker auf Hochtechnologiegüter und Dienstleistungen spezialisieren und sich der südlichen Nachbarn als Zulieferer bedienen. Die europäischen Direktinvestitionen im Mittelmeer werden in die Höhe gehen, sobald mehr Vertrauen in die politische Ordnung, die Rechtsstaatlichkeit und die Effizienz der staatlichen Verwaltung herrscht. Die EU wird dazu beitragen, indem sie weiterhin auf wirtschaftliche und politische Reformen drängt und die Angleichung von Rechts- und Verwaltungsvorschriften an europäische Normen unterstützt. Man kann daher, ohne zu optimistisch zu sein, erwarten, daß sich die euro-mediterrane Freihandelszone im Laufe der Jahre zu einem euro-mediterranen Wirtschaftsraum nach dem Vorbild EWG-EFTA Ende der achtziger Jahre entwickeln wird. Dazu gehört auch die Anpassung an die europäische Währungsunion: Bereits heute denken einige der Mittelmeerländer, z. B. Israel und Tunesien, deren Handel mit der EU besonders eng verwoben ist, über eine Ankopplung ihrer Währungen an den Euro und eine entsprechende enge Anlehnung ihrer Geld- und Wirtschaftspolitik nach. Für die Nachbarländer, die mehr als die Hälfte ihres Außenhandels mit der EU abwickeln, wird eine solche Ankopplung fast eine elementare Notwendigkeit werden.

Als Folge des Freihandels zwischen den Mittelmeerländern wird der Warenaustausch im Mittelmeerraum, der heute bei nur etwa 5 Prozent des gesamten Außenhandels liegt, stark steigen. Für das Jahr 2025 kann man damit rechnen, daß dieser Anteil bei mindestens 25 Prozent liegen wird. Parallel dazu werden die Mittelmeerländer ihre Autobahnen und Eisenbahnen, die heute völlig unzureichend sind, ausbauen müssen. Die Stellung der Mittelmeerländer auf dem Energiesektor wird sich wesentlich verändern. Statt Rohöl und Erdgas – das sie verstärkt für die Versorgung der eigenen Bevölkerung benötigen werden – nach Europa zu exportieren, wird sich der Export zunehmend auf Veredlungserzeugnisse der Petrochemie konzentrieren. Spätestens 2025 dürften Europäer und Nordafrikaner ernsthaft über Bau und Betrieb von Sonnenkraftwerken nachdenken, von denen sowohl der Mittelmeerraum als auch Europa mit Solarstrom versorgt werden.

Ähnliche Zukunftsvisionen könnte man selbstverständlich auch für den politischen Bereich anstellen. Aber sie könnten nur zu leicht zu Wunschträumen werden. Dennoch kann man sich eigentlich schlecht vorstellen, daß die Konflikte, die den Mittelmeerraum in den vergangenen 20 Jahren ständig plagten, bis zum Jahr 2025 andauern und ungelöst sein könnten. Ein solches Szenario wäre gewiß schlecht mit unserer Vorstellung eines Mittelmeerraumes von Frieden, Wohlstand und politischer Stabilität vereinbar. Wagen wir also kühn die Prognose: Schon lange vor dem Jahr 2025 wird es eine Friedensordnung auch am Mittelmeer geben. Europa wird dabei Vorbild sein und eine Vorreiterrolle spielen.

Weiterführende Literatur

Bistolfi, Robert (Hrsg.): Euro-Méditerranée: Une région a construire, Paris 1995.
Braudel, Fernand, Das Mittelmeer und die mediterrane Welt in der Epoche Philipps II., 3 Bände, Frankfurt 1994.
Drevet, Jean-François: La Méditerranée, une nouvelle frontière pour l'Europe des Douze?, Paris 1986.
Khader, Bichara (Hrsg.): L'Europe et la Méditerranée. Géopolitique de la proximité, Paris 1994.
Weidenfeld, Werner (Hrsg.): Herausforderung Mittelmeer: Aufgaben, Ziele und Strategien europäischer Politik, Gütersloh 1992.
L'Europe et la Méditerranée (Themenheft), Confluences Méditerranée 1 (1993).
Brennpunkt Mittelmeer (Themenheft), Internationale Politik 2 (1996).
Groupement d'Etudes et de Recherches sur la Méditerranée: L'Annuaire de la Méditerranée, Rabat 1996.
Europäische Gemeinschaften: Die Europäische Gemeinschaft und der Mittelmeerraum: Studie über die Folgen der Erweiterung der Gemeinschaft für die Mittelmeerländer und die Gemeinschaft selbst, Luxemburg 1985.
World Bank: Claiming the Future, Choosing Prosperity in the Middle East and North Africa, Washington 1995.

Europa und Japan

KARL-RUDOLF KORTE

1. Beziehungsgeschichte: Distanz, Arroganz, Hochmut

Europa verbindet eine Geschichte der Mißverständnisse und Fehlperzeptionen mit Japan. Über kaum ein Land existieren wohl mehr irreführende Klischees, die an Intensität zunahmen, je mehr sich Japan zur globalen industriellen und finanziellen Supermacht entwickelte.[1] Schon immer haben verdachtsbestimmte Japan-Bilder die Vorstellungen der Europäer über das Land der aufgehenden Sonne geprägt. Mit Skepsis, Neid und abendländischer Überheblichkeit zollen wir dem Problem Japan unsere durchmischte Anerkennung. Die Beziehungen zwischen Japan und der Europäischen Union sind vor diesem Szenario nicht emotionslos einzuordnen. Sie müssen neben der nüchternen makroökonomischen Datenbilanzierung auch die Gesamtkonstellation des Beziehungsgeflechtes berücksichtigen.

Erste spärliche Informationen über Japan drangen mit dem Bericht des venezianischen Kaufmannssohnes Marco Polo im 13. Jahrhundert nach Europa.[2] Er beschrieb darin die Geschichte von goldbedeckten Gemäuern auf einer goldreichen Insel im äußersten Osten. Bei kritischer Analyse erwiesen sich diese Informationen als eine eigenwillige Mischung aus japanischer Wirklichkeit, chinesischer Vermittlung und westlicher Deutung. Sie entsprachen auf keinem Fall der historischen Wirklichkeit, aber sie prägten für viele Jahrhunderte das Japanbild der Europäer. 1532 landeten erstmals portugiesische Kaufleute auf einer Insel südlich von Kyushu. Andere Portugiesen von benachbarten Niederlassungen an der chinesischen Küste folgten ebenso wie holländische Kaufleute. In wenigen Jahren traf man in weiten Teilen des Landes immer häufiger europäische Kaufleute. Am 15. August 1549 erreichte der Jesuit Franziskus Xaverius den Hafen von Kagoshima. Mit ihm begann die christliche Mission des 16. Jahrhunderts, die sich innerhalb von 60 Jahren rasch entwickelte, aber auch ein ebenso plötzliches und tragisches Ende fand. Als nämlich das Tokugawa-Shogunat befürchtete, daß sich das Christentum ebenso wie die eingeführten Feuerwaffen zu einer explosiven Macht entwickeln könnte, zog es die Konsequenzen und schloß 1639 seine Tore zur Außenwelt. Allen Ausländern, mit Ausnahme weniger holländischer und chinesischer Kaufleute, die auf einer kleinen Insel vor Japans Hauptinseln leben mußten, war die Einreise verboten. Die kleine Insel wurde für zweieinhalb Jahrhunderte die einzige Verbindung Japans mit der Außenwelt. Diese Wendung nach innen hat das Bewußtsein und das Weltbild der Japaner bis heute geprägt. Durch die Abgeschiedenheit waren die Japaner bis in die Neuzeit hinein nie dazu gezwungen, ihr Verhalten und ihre Denkweise Ausländern zu erklären. Auch das mangelnde Gespür für außenpolitische Fragestellungen ist ein Resultat dieses traditionell kontroversen Verhältnisses zur Außenwelt.

Es war erneut der Westen auf der Suche nach neuen Märkten, der durch den Druck der amerikanischen Kriegsschiffe des Admirals Perry Mitte des 19. Jahrhunderts die Öffnung Japans zur Außenwelt erzwang. Um unter diesen Umständen seine Unabhängigkeit zu wahren, mußte Japan den Wirtschaftsaustausch mit dem Ausland beginnen. Nur so konnte es an den Fortschritten partizipieren, die in den mehr als zwei Jahrhunderten seiner selbstgewählten Isolation in den anderen Ländern gemacht worden waren. Infolge der Meiji-Restauration schickte Japan seit 1868 zahlreiche Delegationen nach Europa, um geeignete Vorbilder für die Modernisierung des Landes auszuwählen. Besonders Preußen lieferte für Rechtssystem, Militärwesen, Medizin und Musik nachhaltige Muster. Preußen, Großbritannien und Frankreich hatten in den siebziger und achtziger Jahren des 19. Jahrhunderts eine außerordentliche Ausstrahlung, wie sie bis heute von europäischen Staaten nicht mehr erreicht wurde.

Japan versuchte nach dem Ersten Weltkrieg, mit den Alliierten zusammenzuarbeiten, wurde jedoch durch deren politischen und kommerziellen Druck daran gehindert. Nach der kriegerischen Expansion Japans in Asien folgte 1940 das Bündnis mit Italien und Deutschland, das schließlich zum Krieg mit den USA führte. Nach 1945 erfolgte erneut eine massive Öffnung zum Westen, diesmal bedingt durch die amerikanische Okkupation. Es war das erste Mal in seiner Geschichte, daß Nippon von einer fremden Macht besetzt wurde. Die europäischen Staaten spielen unterdessen nach 1945, infolge des Rückzuges aus den asiatischen Kolonien und ihres – im Vergleich zur zweiten Hälfte des 19. Jahrhunderts – zurückgegangenen weltpolitischen Einflusses, nur noch eine geringe Rolle. Drei Schlußfolgerungen ergeben sich aus der Geschichte der Beziehungen:
– Europa war für Japan bis zum Zweiten Weltkrieg oft der Lehrmeister. Es hat politisch, ökonomisch und kulturell zweimal die japanische Historie entscheidend beeinflußt. Einzelne europäische Staaten hatten für Japan einen enorm hohen Stellenwert.
– Der Einfluß Japans auf das historisch-politische Geschehen in Europa ist – von Ausnahmen im Bereich der Kulturgeschichte abgesehen – sehr gering. Europa zeigt aus geographischer und kultureller Distanz sowie aus einem Überlegenheitsgefühl heraus nur geringes Interesse an Japan. Aus der mangelnden Kommunikation resultieren Kenntnisdefizite und Mißverständnisse. Noch Ende der siebziger Jahre hielt bei einer Umfrage in fünf europäischen Ländern ein Drittel der Befragten Japan für einen kommunistischen Staat oder eine Diktatur.

– Japans Aufstieg zur Weltwirtschaftsmacht nach dem Zweiten Weltkrieg hat zu einem Rollentausch zwischen Europa und Japan geführt. Dies hat jedoch nicht eine Korrektur des Japanbildes verursacht, sondern, wie die inhaltlichen Variationen des gleichen Stereotyps zeigen, nur Modifikationen desselben bewirkt. Gleichgültig, wie sehr sich auch die japanische Seite bemüht, die Japanphobie seitens der europäischen Industrie ist angesichts des technologischen Terrainverlustes ausgeprägt.[3] Doch daran tragen die Japaner auch selbst Schuld: Japan hat sich allzuoft in seiner Einmaligkeit eingerichtet und suchte Kontakte mit dem Westen, um seine Unvergleichbarkeit zu bestätigen. Das stark gewachsene Selbstvertrauen kippt dabei manchmal in offene Arroganz, Hochmut und euphorisch überzeichnete Prognosen um. Wie ein Mosaikstein passen dazu die Perzeptionen der letzten Jahre: Der maßlosen Überschätzung des Modellfalles Japan folgte im Herbst 1997, nach Börsenkrach und Währungskrise in Asien, das Läuten der Totenglocke. Dieses Szenario klingt vertraut. Und doch muß es nach dem Ende des kalten Krieges qualitativ neu gewichtet werden. Denn während dieser Periode trug die Notwendigkeit, sich gegen eine gemeinsame äußere Bedrohung zusammenzuschließen, dazu bei, ökonomische Konflikte in einem zumutbaren Rahmen zu halten. Inzwischen wächst zwar die gegenseitige Abhängigkeit gerade zwischen den USA, Japan und der EU, doch die Klammer der gemeinsamen Sicherheitsinteressen ist nicht mehr da. Kann man vor diesem Hintergrund überhaupt noch mit wechselseitigem Arrangement in wirtschaftlichen Fragen rechnen? Ist es nicht an der Zeit, gemeinsame globale Interessen und Werte, vielleicht auch gemeinsame Rollenmuster zu suchen? Dabei sind Gemeinsamkeiten geradezu augenfällig: Als »Handelsstaaten« oder »Zivilmächte« stehen die EU und Japan gleichermaßen vor der Herausforderung, internationale Ordnungspolitik mitzugestalten.[4]

Die tatsächlichen Rahmenbedingungen sind dafür schlecht. Schon immer zeigte sich das trilaterale Verhältnis eindeutig auf die USA hin zentriert.[5] Weltpolitisch bleiben Japan und die EU zunächst Mitläufer amerikanischer Politik. Eine traditionsreiche und strategisch ausgerichtete Japanpolitik der EU fehlt.[6] Wirtschaftsbeziehungen dominieren zwischen Brüssel und Tokyo.[7] Drei Komponenten kann man beobachten, welche die Beziehungen jeweils zu unterschiedlichen Zeitpunkten besonders zu prägen begannen[8]: eine strukturell ungleichgewichtige Verflechtung im Handelssektor seit den siebziger Jahren, der Bereich der Direktinvestitionen seit Mitte der achtziger Jahre und die »Strategischen Allianzen« zwischen europäischen und japanischen Unternehmen seit den neunziger Jahren.

2. Ungleiche Handelsbeziehungen

In der Handelsbilanz und in der sektoralen Außenhandelsstruktur zeigen sich gravierende Ungleichgewichte zwischen beiden Wirtschaftsmächten. 1970 lag das Handelsdefizit der EU gegenüber Japan erst bei 0,5 Mrd. Dollar. Bis 1980 war es auf 11 Mrd. Dollar gestiegen. Zu einer leichten Trendwende kam es 1987, als die japanischen Einfuhren aus der EG um 20 Prozent stiegen und sich erstmals eine leichte Abnahme des Handelsdefizites abzeichnete. Die Umorientierung der japanischen Wirtschaft von einem exportorientierten zu einem binnenwirtschaftlich getragenen Wachstum hat in den späten achtziger Jahren Fortschritte gezeigt; das Handelsbilanzdefizit schrumpfte erkennbar. Es ging 1990 gegenüber 1989 vorübergehend auf 18,5 Mrd. Dollar zurück (1989: 19,8 Mrd. Dollar). Seit 1987 liegt der japanische Anteil an den Gesamtimporten der EU aus Drittländern über 10 Prozent (1960: 1,5 Prozent; 1970: 3,5 Prozent; 1980: fünf Prozent; 1990: 11,7 Prozent). Die Export- und Importanteile sind inzwischen wieder rückläufig: Die EU nahm 1996 15,3 Prozent (1991 noch 20,4 Prozent) der japanischen Gesamtexporte und Japan 14,1 Prozent der Gesamtexporte der EU auf (1991: 14,5 Prozent). Man erkennt dennoch, daß seit Ende der achtziger Jahre die EU durchaus als Handelspartner der Japaner an Bedeutung gewonnen hat. In der Verschiebung der Handelsströme spiegelt sich die Vollendung des Europäischen Binnenmarktes wider, der die Bedeutung der EU als Handelspartner für Japan erhöhte. Hinzu kommt, daß auch die enorme Yen-Aufwertung gegenüber dem Dollar zwischen 1985 und 1991 erheblich dazu beigetragen hat, die Exporte nach Europa zu steigern. Die EU mit ihren gegenüber dem Yen stabilen Währungen stellte einen willkommenen Absatzmarkt dar, um die erhebliche Verteuerung auf dem US-Markt zu kompensieren.[9]

Seit 1993 ist das Handelsdefizit der EU mit Japan rückläufig. Dennoch betrug es 1996 rund 20 Mrd. Dollar. Ursachen dafür sind die Abwertung des Yen und die stärkere Verflechtung der Japaner mit dem asiatisch-pazifischen Raum, welche die Handelsanteile auf Kosten Europas und der USA verschiebt. Das strukturelle Ungleichgewicht im Warenaustausch resultiert aus den japanischen Exporten von Industriegütern: Es ist noch immer eine schmale Palette von technologieintensiven Produkten, die hohe Ausfuhrerlöse erzielen und Europa im Bereich seiner Schlüsselindustrien Konkurrenz machen. Die zentralen Vorwürfe seitens der Europäer zum bilateralen Ungleichgewicht, zu denen Klagen über den hürdenreichen Zugang zu den japanischen Märkten gehören, bilden dabei mittlerweile ein Arsenal stereotyper Argumentationsmuster, derer sich beide Seiten bereitwillig bedienen. Auch die Direktinvestitionen, deren Verhältnis zwischen Japan und der EU etwa 10:1 zugunsten der Japaner ausmacht, vergrößern das strukturelle Ungleichgewicht.[10]

3. Der lange Weg zum politischen Dialog

Erst in den neunziger Jahren erweiterte sich der Dialog zwischen Japan und der EU: Nach dem Ende des Ost-West-Konfliktes nahmen beide Seiten auch die außenpolitische – und nicht nur die handelspolitische – Agenda ernster. Die

Analyse der Beziehungen zwischen der EU und Japan muß die grundsätzliche Verschiedenheit der Dialogpartner berücksichtigen. Dem in Einzelakteure mit differenzierter Handlungskompetenz untergliederten Staatenbund EU steht mit Japan ein durch sein historisches und geographisches Erbe stark monolithisch ausgeprägter Nationalstaat gegenüber. Vor diesem Hintergrund konnten sich nur asymmetrische bilaterale Beziehungen entwickeln. Gerade dieses spezifische Dialoggeflecht war aber stets Symptom für die Verfaßtheit der europäischen Außenpolitik. Die grundlegenden Strukturprobleme der gemeinschaftlichen Außenwirtschaftspolitik der EU zeigten sich besonders drastisch in den europäisch-japanischen Beziehungen.

Obwohl laut Art. 133 EGV-A (ehemals Art. 113 EGV-M) die Handelspolitik in den Zuständigkeitsbereich der Gemeinschaft fällt, gab es bis 1992 nur in Teilsektoren eine gemeinschaftliche Außenhandelspolitik, denn die vor der Einführung der Gemeinsamen Handelspolitik geschlossenen bilateralen Abkommen mit Drittländern galten weiter fort. Der konkurrierende Anspruch der Mitgliedstaaten blieb so auch in bezug auf Japan erhalten: Außer Irland hatten alle Mitgliedstaaten im Laufe der sechziger Jahre bilaterale Handelsvereinbarungen mit Tokyo getroffen, die bis 1992 weiter Gültigkeit besaßen. Eine Vielzahl oft subtiler einzelstaatlicher Einfuhrhemmnisse durchlöcherte die gemeinschaftliche Einfuhrregelung. Die betreffenden Mitgliedstaaten waren nur dann bereit, diese nationalen Restriktionen aufzugeben, wenn an ihre Stelle ein entsprechender Schutz auf Gemeinschaftsebene trat. Durch die Veränderungen der internationalen Rahmenbedingungen kam es am 15. Juli 1992 mit dem Konzept »EG-Japan: Orientierung für erweiterte, gestärkte und ausgeglichene Beziehungen« zu einer neuen Sachlage. Damit baute die EU ausdrücklich auf das multilaterale Handels- und Währungssystem zur Regelung der Wirtschaftsbeziehungen: Gegen den Widerstand Frankreichs und Italiens hat die EU im Kontext der Uruguay-Runde alle restlichen mengenmäßigen Restriktionen im Handel mit Japan abgeschafft – mit Ausnahme der sogenannten »freiwilligen Exportselbstbeschränkung« der Japaner im Automobilbereich.

Die ersten gemeinsamen Verhandlungen über einen Handelsvertrag zwischen der EG und Japan scheiterten zu Beginn der siebziger Jahre. Die restriktive Haltung der EG-Kommission in Fragen der einheitlichen Schutzklausel ist von einigen Mitgliedstaaten zur Vorbedingung für ein Handelsabkommen mit Japan gemacht worden. Die Gespräche scheiterten, da die Japaner diese nach ihrer Interpretation institutionalisierte Diskriminierung nicht akzeptieren wollten. Die japanischen Verhandlungspartner nutzten taktisch geschickt die handelspolitischen Widersprüche der Mitgliedstaaten und bevorzugten bilaterale Absprachen mit einzelnen EG-Staaten.

Trotz des Fehlens einer vertraglichen Grundlage der Handelsbeziehungen verdichteten sich die europäisch-japanischen Kontakte seit den siebziger Jahren stetig: Seit 1973 werden halbjährlich Gespräche zwischen Vertretern beider Seiten auf »hoher Ebene« durchgeführt. Durch die Verhärtung der Handelskonflikte zeichnete sich seit Beginn der achtziger Jahre allmählich eine Vergemeinschaftung der Posi-

tion der Mitgliedstaaten ab. Die zunehmende Kohärenz in Teilfragen erstreckte sich nicht mehr ausschließlich auf den Zugang zum japanischen Markt, sondern auch auf den handelspolitischen Flankenschutz durch Selbstbeschränkungsvereinbarungen – die ersten handelte man 1983 aus. Zwar unterblieb eine Harmonisierung der unterschiedlichen Einfuhrbeschränkungen der Mitgliedstaaten, doch akzeptierten 1983 die nationalen Regierungen erstmals die Kommission als Sprecherin der gesamten EG bei der Verhandlungsführung in Tokyo. Ergebnis der zunehmenden Verdichtung des Dialoges auf allen Ebenen und der zentralen wirtschaftlichen sowie politischen Themenfelder seit den achtziger Jahren ist die »Gemeinsame Erklärung der EG und Japan« vom 18. Juli 1991 in Den Haag mit folgenden Vereinbarungen:
- jährliche Konsultationen zwischen dem Präsidenten des Europäischen Rates und dem Präsidenten der Kommission einerseits sowie dem japanischen Premierminister andererseits;
- jährliche Treffen zwischen der Kommission und der japanischen Regierung auf Ministerebene;
- halbjährliche Konsultationen zwischen den Außenministern der Gemeinschaft, dem für Auswärtige Beziehungen zuständigen Mitglied der Kommission und dem japanischen Außenminister;
- Information der Vertreter Japans durch die Präsidentschaft der Politischen Zusammenarbeit im Anschluß an deren Ministertagungen; ebenso unterrichtet Japan die Vertreter der Gemeinschaft über die Außenpolitik der japanischen Regierung.

Der politische Dialog verbesserte sich durch diese Institutionalisierung qualitativ. Wie zwingend notwendig dieser Schritt war, zeigen die freiwilligen Kooperationen im außen- und sicherheitspolitischen Umfeld der achtziger Jahre.[11] Die Kuwait-Krise und der Golfkrieg 1990/91 machten abgestimmte Aktionen erforderlich. Der sicherheitspolitische Dialog hat zur Annäherung in Fragen der Abrüstung und der nuklearen Nichtverbreitung, der politische Dialog zur Abstimmung über humanitäre Maßnahmen und Sanktionen sowie zu ersten Kooperationsversuchen in der Umwelt- und Entwicklungspolitik geführt.[12] Einen Einschnitt in der EU-Außenpolitik bildete die vom Europäischen Rat in Essen 1995 gebilligte »Neue Asienstrategie der EU«. Die EU wollte damit die wirtschaftliche Präsenz der Union in Asien stärken, gleichzeitig die Stabilität durch internationale Zusammenarbeit unterstützen sowie in einigen Regionen Asiens Demokratie, Rechtsstaatlichkeit und Menschenrechte zu festigen versuchen.[13] Das jährliche Gipfeltreffen wird zunehmend auch dazu genutzt, multilaterale Themen abzustimmen. Kooperation wurde auch im Umfeld des ersten Asien-Europa-Treffens (ASEM) im März 1996 großgeschrieben, bei dem neben den ASEAN-Staaten auch China und Südkorea mit am Verhandlungstisch saßen. Mit unterschiedlichen Stimmen sprach bisher die EU, wenn es um die Unterstützung des Antrages Japans ging, einen ständigen Sitz im UN-Sicherheitsrat zu bekommen. Die EU-Kommission favorisiert dieses Anliegen, der Rat konnte sich bisher nicht auf eine einheitliche Linie verständigen.

4. Festung Europa? Die Beschlüsse von Maastricht und Amsterdam

Die lange Tradition der verpaßten Chancen und überheblichen Fehleinschätzungen der Europäer in bezug auf Japan hatte durch die Zielperspektive des Europäischen Binnenmarktes 1992 eine neue Dimension erreicht. In der »Gemeinsamen Erklärung der EG und Japans« vom 18. Juli 1991 bezeichneten beide Seiten als Ziel des Dialoges ausdrücklich »die ... Sicherung eines ausgewogenen Zugangs zu ihren Märkten und die Beseitigung der strukturellen oder sonstigen Hemmnisse für die Ausweitung des Handels und der Investitionen auf der Grundlage vergleichbarer Chancen«.[14] Doch bisher gibt es kein von den EU-Mitgliedstaaten akzeptiertes allgemeines Engagement, den Binnenmarkt für Drittländer offenzuhalten. Alles deutet darauf hin, daß die Festung Europa die Zugbrücke hochkurbelt. Die Anwendung und Ausgestaltung der folgenden Instrumente der EU machen dies deutlich:

Industriepolitik als Schutzinstrument: Seit der Gipfelkonferenz der Staats- und Regierungschefs der EU in Maastricht im Dezember 1991 ist die Industriepolitik erstmals auch ein vertraglich kodifizierter Politikbereich der EU.[15] Im Vertragswerk heißt es dazu: »Die Gemeinschaft und die Mitgliedstaaten sorgen dafür, daß die notwendigen Voraussetzungen für die Wettbewerbsfähigkeit der Industrie der Gemeinschaft gewährleistet sind.« Die Regierungskonferenz von Amsterdam (1996/1997) hat daran keine substantiellen Veränderungen vorgenommen. Die Kommission hatte im Vorfeld versucht, eine Ausweitung der handelspolitischen Kompetenzen der Gemeinschaft gemäß Art. 113 EGV-M (heute Art. 133 EGV-A) auf die Bereiche Dienstleistungen und geistiges Eigentum durchzusetzen.[16] Einige Mitgliedstaaten hatten wiederum zeitgleich versucht, eine Revision des Art. 113 EGV-M zur Einführung einer verstärkten Kontrolle beziehungsweise sogar einer Einschränkung der Rolle der Kommission als exklusivem handelspolitischem Verhandlungsführer der Union zu nutzen. Im Vertrag von Amsterdam fügte man schließlich einen neuen Absatz 5 in den Art. 133 EGV-A (Art. 113 EGV-M) ein, der es zukünftig dem Rat ermöglichen soll, über Dienstleistungen und Rechte des geistigen Eigentums die Verhandlungen auszuweiten. Hinter der Ausweitung der Kompetenzen im Gesamtbereich der sogenannten Industriepolitik steht die Überlegung, durch Investitionsprogramme die Nachfrage nach Europas Spitzentechnologie zu fördern und die Hersteller zu Spitzenleistungen und Wettbewerb anzuspornen. Integriert man jedoch die Argumentationslinien im Vorfeld der Beschlüsse, kommt man zu einem anderen Ergebnis: Die Auseinandersetzungen zwischen der französischen Regierung und Japan waren hier im Vokabular aufschlußreich, da erstere eine aktive Industriepolitik der EU ausdrücklich gegen den »Feind Japan« wünschte.[17]

Einfuhrbeschränkungen nach Art. 134 EGV-A: Auch die Politik der EU-Kommission im Umfeld des Protektionismusinstrumentes Art. 134 EGV-A (Art. 115 EGV-M) deutet auf eine Abschottungsstrategie hin. Dieser Artikel erlaubt es den Mitgliedstaaten in bestimmten Fällen und aufgrund einseitiger Entscheidungen der EU-Kommission, nationale Einfuhrbeschränkungen anzuwenden, wenn dieser Import zu »wirtschaftlichen Schwierigkeiten« führt. Nach einem Rückgang der

Anwendungen zu Beginn der neunziger Jahre schnellte die Anzahl der Antidumpingverfahren 1995/1996 in die Höhe. Mit insgesamt 42 Fällen war die Zahl insgesamt doppelt so groß wie die der von den USA initiierten Verfahren.[18] Am 31. Dezember 1992 hatte der Art. 115 EGV-M keineswegs seine Gültigkeit verloren. Der Blick in den Vertragstext von Maastricht verrät etwas anderes: In einer nur geringfügig geänderten Fassung wurde er im Gegenteil ausdrücklich bekräftigt, im Widerspruch zur Logik des Binnenmarktes.

Dumping-Strategien und der Local Content: Verkappter Protektionismus[19] steckt auch hinter den Antidumpingmaßnahmen der EU. Die seit 1987 intensivierte Antidumpingpolitik und der gezielte Einsatz des Antidumpinginstrumentes der EU richtet sich besonders gegen japanische Erzeugnisse.[20] So entsteht insgesamt der Eindruck, daß die Gemeinschaft die GATT-konforme Antidumpingwaffe eher zum Schutz der eigenen Industrie als zur Wiederherstellung der Wettbewerbsfähigkeit einsetzt. Wie wenig jedoch langfristig punktuelle Schutzmaßnahmen der heimischen Industrie nutzen, zeigt gerade das Beispiel Japan. Denn die Beschränkungen japanischer Exportprodukte nach Europa seit Ende der siebziger Jahre – immerhin waren bis 1989 rund 40 Prozent der japanischen Exporte nach Europa durch unter anderem 131 mengenmäßige Beschränkungen limitierenden und kontrollierenden Schutzmechanismen unterworfen – verhalfen Japans Industrie zur Umstellung auf qualitativ bessere und teurere Sortimente. Mit dieser Strategie des *grading up* konnte die Exportquote der Japaner profitabel ausgeschöpft werden. Im PKW-Sektor entstand so beispielsweise mit der Umschichtung hin zu höherwertigen Automobilen eine Angebotslücke im unteren Marktsegment. Wissenschaftliche Studien belegen eindeutig, wie europäische Importbeschränkungen für japanische Automobile volkswirtschaftlich mehr Schaden als Nutzen brachten.[21]

Die Zugangssperren für japanische Automobile in die EU forcierten zudem durch Umgehung der Selbstbeschränkung die japanische Produktion vor Ort in Europa. Die Errichtung von Montage- und Produktionsbetrieben in der EU war eine von ihr selbst provozierte japanische Ausweichmaßnahme. Nun bauten die Japaner Fabriken, schufen neue Arbeitsplätze, kauften mittlerweile mehr als die Hälfte der Autoteile bei den Europäern, doch noch immer wollte man sie von einigen nationalen Märkten fernhalten. Denn europäische Unternehmer erhoben den Vorwurf, japanische Hersteller umgingen gegen ihre Produkte verhängte Strafabgaben dadurch, daß sie in der EU in sogenannten »Schraubenzieher-Werken« ihre Erzeugnisse zusammenbauen ließen und sie dann nicht zu kostengerechten Preisen verkauften. Seit 1987 gibt es deshalb eine EG-Verordnung über die »Schraubenzieherfabriken« und den sogenannten *local content.* Danach kann die Gemeinschaft Antidumpingmaßnahmen ergreifen, wenn der Anteil der importierten Bauteile der von Drittländern in europäischen Tochterbetrieben produzierten Endgeräte mehr als 60 Prozent des Wertes beträgt. Gegen diese Bestimmung hat die japanische Regierung erfolgreich beim GATT interveniert. Dies geschah jedoch ohne Konsequenz, denn die EG will die Regelung beibehalten, solange das GATT keine akzeptable Alternativlösung des Umgehungsproblems anbietet.

Selbstbeschränkungsabkommen bei Autos: Selbstbeschränkungsmaßnahmen, in die oftmals Antidumpingfälle einmünden, gibt es seit 1983 gegenüber Japan für eine Reihe von hochsensiblen Produkten. Auch für die lange Zeit gesuchte und umstrittene Automarktstrategie gegenüber Japan wurden sie 1991 erneut als Ausweg gewählt. Bisher sind die Marktzugangsbeschränkungen und damit auch die japanischen Marktanteile in den einzelnen EU-Ländern sehr unterschiedlich.[22] Nach über zweijährigen zähen Verhandlungen einigte man sich darauf, daß der Marktanteil der japanischen Automobilhersteller in den EU-Ländern von derzeit knapp 11 Prozent bis Ende 1999 auf maximal 16 Prozent steigen darf. Bis zum Jahre 2000 dürfen die direkt aus Japan in die EU importierten Autos 1,23 Millionen Einheiten pro Jahr nicht überschreiten. Danach sind die PKW-Importe völlig frei, glaubt man dem Geist des Abkommens. Die vereinbarte Quote schließt den Absatz aus japanischen Fabriken in der EU nicht mit ein. Allerdings kalkuliert Brüssel, daß in dem Maße, in dem Japan seine europäischen Kapazitäten hochfährt, die Direkteinfuhren aus Japan gedrosselt werden. Die Marktzugangsbegrenzung auf Gemeinschaftsebene zwingt nun allerdings auch Länder wie Frankreich, Italien, Portugal, Großbritannien und Spanien, nach und nach ihre Märkte für japanische PKW dosiert und nach vereinbarten Quoten zu öffnen. Angeblich wollen diese Länder die Atempause bis 1999 nutzen, um die einheimischen Hersteller wettbewerbsfähiger zu machen. Japan hat bisher seine vereinbarte Quote nicht voll ausgeschöpft (1996 nur zu 75 Prozent), was mit der verschlechterten Konjunkturlage insgesamt zusammenhängt.

5. Hürdenreiche Marktzugänge: Geschlossenheit des japanischen Marktes?

In der »Gemeinsamen Erklärung der EG und Japans« vom 19. Juli 1991, also zeitlich unmittelbar vor der Einigung im PKW-Sektor, wurde besonders über die Formel der Marktöffnung bis zum Schluß hart gerungen. Der Kompromißbegriff »angemessener Zugang« verhindert die Erinnerung an das Konfliktthema der *Reziprozität*: Gerade der gegenseitig ausgewogene Marktzugang wird von Japan als nicht praktikabel anerkannt. Dabei steht die Frage nach dem Ausmaß der Geschlossenheit des japanischen Marktes noch immer im Zentrum der europäisch-japanischen Friktionen. Es wird bereits zum »Gegenprotektionismus« aufgerufen. Angeblich besteht für die europäischen Handelspartner nur ein hürdenreicher Marktzugang. Doch die Argumente sind wenig stichhaltig:
- Schätzungen über den Bereich der nichttarifären Hemmnisse im Industriesektor kommen, trotz zahlreicher statistischer und methodischer Probleme, immer wieder zu dem Ergebnis, daß Japan keineswegs mehr Hindernisse in diesem Bereich aufweist als die EU.[23] Seit 1976 liegt außerdem der Durchschnitt seiner Einfuhrzölle unter dem der USA und der EU. Ein Durchbruch gelang im unmittelbaren Vorfeld des Weltwirtschaftsgipfels von Tokyo im Juli 1993.

Marktzugangspakete mit dem Kernelement des Abbaus von Zöllen und nichttarifären Handelshemmnissen bei Industriegütern konnten vereinbart werden.
- Japan war an der Aufstellung der Spielordnung des Welthandels nicht beteiligt. Die Spielregeln auf dem japanischen Markt sind auch deshalb einzigartig. Genannt werden häufig: mangelnde Markttransparenz, hohe Kosten der Informationsgewinnung, extrem lange Vorlaufzeiten für Produkte, undurchsichtiges Distributionssystem, langwierige technische Qualitätskontrollen, extrem hohe Investitionskosten durch die Bodenpreisexplosion. In dieser Argumentationskette verbergen sich soziokulturelle Barrieren der japanischen Gesellschaft. Das Argument der Marktabschottung ist häufig nur eine Schutzbehauptung für fehlendes Interesse. Sicher stellen das Geflecht von perfektionierten Fertigkeiten der Japaner, den Markt wie die Gesellschaft gegen Neulinge abzuschirmen, sowie die Vielzahl von Kommunikationsproblemen für jeden Exporteur ein größeres Handikap dar als in anderen vergleichbaren Industrieländern. Solange man jedoch den japanischen Markt mit seiner historisch bedingten Binnenmarktstruktur gewissermaßen als großes nichttarifäres Handelshemmnis einordnet, wird man dem Problem nicht gerecht. Ferner ist zu berücksichtigen, daß die angeblich nur ausländische Anbieter betreffenden schikanösen Testverfahren, diskriminierenden Standards und unzulänglichen Distributionssysteme auch für japanische Neulinge gelten. Der japanische Markt schützt generell die Etablierten. Die inländische und ausländische Konkurrenz hat es gleichermaßen schwer.
- Gegen das Argument der hermetischen Geschlossenheit des japanischen Marktes sprechen allein schon die enormen Erfolge einiger europäischer Unternehmen, die, mit langem Atem geplant, sich auf die spezifischen Marktbedingungen offensiv und einfühlsam eingestellt haben. Hinzu kommt, daß Tokyo seit 1981 mit einer Reihe von konkreten Maßnahmepaketen gezielt zur Einfuhrliberalisierung beigetragen hat.

Es soll nicht bestritten werden, daß der Marktzugang in Japan schwieriger ist als in Europa. Wer die eigenen Wertvorstellungen auf Japan überträgt und abendländische Verhaltensmuster von ihm erwartet, sucht einen Sündenbock für heimische ökonomische Strukturkrisen, nicht aber einen gleichberechtigten Partner. Die auch in Japan benutzte westlich-internationale Wirtschaftsterminologie darf nicht darüber hinwegtäuschen, daß die eigentlichen Marktmechanismen auf diesem wettbewerbsintensivsten Markt der Welt nicht den gewohnten Prozessen entsprechen.

6. Europa-Strategien der Japaner

Der Höhenflug des Yen, zunehmende Handelsstreitigkeiten mit der EU und die Sogwirkung des Europäischen Binnenmarktes führten auf seiten der Japaner zwischen 1985 und 1995 zu einer neuen Europa-Strategie: Japan nahm die EU als Einheit ernst und entdeckte so Europa neu. Sein Engagement im Vorfeld der Vollendung des Binnenmarktes hatte an Breite und Tiefe gewonnen. Nach dem Exportboom folgte ein massiver Investitionsschub. Japanische Unternehmen haben dabei nicht nur europaweite Netze für Vertrieb und Informationsaustausch aufgebaut, sondern auch Zulieferersysteme nach Europa gebracht und Aktivitäten auf vorgelagerten Fertigungsstufen, beispielsweise in der Chemie- und Stahlindustrie, entfaltet. Diese neue Europa-Strategie, nämlich zum EU-Insider zu werden, bedeutete, rechtzeitig strategische Positionen in den Ländern der Gemeinschaft zu besetzen.

Gerade der Aufbau von Produktionsstätten in Europa ist mit großem Unbehagen aufgenommen worden. Diese Firmen wurden als »trojanische Pferde« bezeichnet. Die Wortwahl entlarvt dabei jedoch die Europäer: Wer von trojanischen Pferden redet, gibt zu, daß er sprichwörtlich in einer Festung sitzt. Konkret erwartet die japanische Außenhandelsorganisation JETRO, daß die Zahl der japanischen Unternehmen mit einem Brückenkopf in der EU weiter steigen wird. Von 1981 bis 1989 gründeten japanische Firmen rund 1 150 Tochtergesellschaften in der EU – in den zehn Jahren zuvor waren es insgesamt nur knapp 680 Niederlassungen. Bevorzugtes Ziel japanischer Direktinvestitionen ist vor allem Großbritannien, das 1995 über 40 Prozent aller japanischen Engagements auf sich gezogen hat. Die englische Sprache, billige Arbeitskräfte und staatliche Beihilfen waren dafür weitgehend die Ursachen. Als Koordinationsstelle des gesamten europäischen Engagements etablierten die japanischen Firmen spezielle Europa-Zentralen.

Nach dem Beschluß des Deutschen Bundestages zum Umzug nach Berlin änderte sich allerdings auch die Standortstrategie der Japaner: In den nächsten Jahren wollen sie den Hauptstützpunkt von London nach Berlin verlagern. Den Ort scheinen sie auch im Hinblick auf den osteuropäischen Markt gewählt zu haben. Ein sicheres Indiz für das japanische Interesse an einem investiven Engagement in den neuen Bundesländern ist der zügige Aufbau einer japanischen Infrastruktur gerade in Berlin. Dazu gehören Handelshäuser, Banken und Wertpapiergesellschaften. Die Marktgröße der Bundesrepublik Deutschland, die ausgezeichnete Infrastruktur und die zentrale mitteleuropäische Lage werden zunehmend als Standortvorteile benannt. Die Wirtschaftsbeziehungen zwischen Japan und Mittel- bzw. Osteuropa sind noch rudimentär.[24] Zur Zeit agieren die japanischen Unternehmen angesichts der Ungewißheit der politischen und ökonomischen Entwicklung zurückhaltend.

7. Bilanz: neue Ordnungsrolle

Japan ist trotz der »Asienkrise« ein wichtiges Impulszentrum. Angesichts komplexer Interdependenz und der Verschiebung von den sicherheitspolitischen zu den wirtschaftlichen Aspekten der transnationalen Beziehungen müßte gerade eine Aufwertung der Bedeutung technologischer und wirtschaftlich-finanzieller Machtressourcen, wie sie Japan besitzt, Tokyo ins Zentrum der internationalen Politik rücken.[25] Doch das Gegenteil ist der Fall: Japan agiert noch immer als Trittbrettfahrer der internationalen Politik. Der Kontrast zwischen seinem Selbstbild einer harmonieorientierten einzigartigen Nation – geprägt von der Sehnsucht, nicht allein zu sein – und dem Fremdbild des aggressiven Markteroberers vergrößert sich. Verantwortungsgefühl für die Weltgemeinschaft kann man nicht allein durch Geldpolitik glaubwürdig dokumentieren. Im Geschichtsbewußtsein der Japaner dominiert noch immer der Wunsch, sich zu entziehen und eine Kultur der Unauffälligkeit zu pflegen.[26] Daher rührt das Ausmaß des Unverständnisses in Japan gegenüber europäischen und amerikanischen Forderungen nach *burden sharing*. Die japanische Gesellschaft ist aufgrund ihres Traumas der über zweihundertjährigen selbstgewählten Isolation nach westeuropäischen Maßstäben noch lange nicht integrationswillig.[27] Da helfen auch keine Internationalisierungskampagnen seitens der japanischen Regierung. Bisher agiert Tokyo so, als habe es nur ein Gastrecht in der Völkergemeinschaft. Japan geht angesichts der Finanzkrise in Südostasien behutsam vor. Offensiven Führungsaufgaben verweigert es sich. Hier liegen zahlreiche Parallelen zu Europa. Auch die EU bleibt eine »Weltmacht im Werden«.

Anmerkungen

1 Grundsätzlich Wilkinson, Endymion: Japan Versus the West. Image and Reality, London 1991; Barloewen, Constantin von, und Kai Werhahn-Mees (Hrsg.): Japan und der Westen, Frankfurt a. M. 1986; Peter Kapitza (Hrsg.): Japan in Europa, München 1990; speziell zu den aktualisierten Japanbildern vgl. Korte, Karl-Rudolf: Europäische Gemeinschaft – Japan. Kooperationsfelder europäischer Außenpolitik, in: Pohl, Manfred (Hrsg.): Japan 1986/87, Politik und Wirtschaft, Hamburg 1986; Ono, Setsuko: A Western Image of Japan, Genf 1972; Fuhrt, Volker: Perzeptionen und Perzeptions-Defizite. Die gegenseitigen Wahrnehmungen Europas und Japans, in: Maull, Hanns W. (Hrsg.): Japan und Europa: Getrennte Welten?, Frankfurt a. M. 1993, S. 283–304.
2 Zur Geschichte Croissant, Doris, u. a. (Hrsg.): Japan und Europa 1543–1929, Berlin 1993.
3 Vgl. die Studie von Weidenfeld, Werner, und Jürgen Turek: Technopoly. Europa im globalen Wettbewerb, Gütersloh 1993.
4 Dazu Rüland, Jürgen: Asien – Außen- und Sicherheitspolitik, in: Nohlen, Dieter, u. a. (Hrsg.): Die östlichen und südlichen Länder, München 1997, S. 49–55.
5 Siehe Stumpf, Andrea E.: Das Dreieck EG-USA-Japan, in: Röttinger, Moritz, und Claudia Weyringer (Hrsg.): Handbuch der europäischen Integration, Wien 1991, S. 571–600.
6 Grundsätzlich Korte, Karl-Rudolf: Nippons neue Vasallen? Die Japanpolitik der EG, Bonn 1984.
7 Vgl. zu den Wirtschaftsbeziehungen zwischen der EU und Japan: Korte, Karl-Rudolf: Barrieren statt Wettbewerb. Die Wirtschaftsbeziehungen zwischen der EG und Japan, in: Maull (Anm. 1), S. 247–264.
8 Vgl. dazu Maull, Hanns W.: Europa und Japan. Perspektiven für die Zukunft einer Beziehung, in: ders. (Anm. 1), S. 530–560, hier S. 532.
9 Vgl. dazu Mull, Jörg: Die Europäer rollen nach Japan, in: Pohl, Manfred (Hrsg.): Japan 1989/90, Hamburg 1990, S. 231–245; Korte, Karl-Rudolf: Japan und der Europäische Binnenmarkt, in: Außenpolitik 4 (1989), S. 407–417.

10 Zahlen bei Ernst, Angelika, und Hanns Günther Hilpert: Japans Direktinvestitionen in Europa. Europas Direktinvestitionen in Japan, München 1991; Überblick dazu bei Green, Holger: Japanische Investitionen in Europa, in: Pohl, Manfred (Hrsg.): Japan 1990/91, Hamburg 1991, S. 299–312; auch Länderanalysen der FAZ Informationsdienste: Japan, Hauptbericht Juni 1997.
11 Korte, Karl-Rudolf: Neues Selbstverständnis im Dialog Europa-Japan, in: Außenpolitik 1 (1986), S. 68–78.
12 Vgl. Preisinger-Monloup, Madeleine: Vom Gegner zum Partner. Japan und die EU, in: Europa-Archiv 13–14 (1994), S. 373–380, hier S. 377.
13 Vgl. Algieri, Franco: Die Asienpolitik der EU, in: Weidenfeld, Werner, und Wolfgang Wessels (Hrsg.): Jahrbuch der Europäischen Integration 1995/96, Bonn 1996, S. 253–260.
14 Abgedruckt in: Bulletin der Kommission der EG 7/8 (1991), Ziff. 1.4.8.
15 Industriepolitik ist durch Art. 130 EGV-M in Maastricht in den EG-Vertrag aufgenommen worden (inzwischen Art. 157 EGV-A), dokumentiert in: Agence Europe v. 13. Dezember 1991. Vgl. auch Frees, Christian Peter: Das neue industriepolitische Konzept der EG, in: Europa-Recht 3 (1991), S. 281–287.
16 Dazu Monar, Jörg: Außenwirtschaftsbeziehungen, in: Weidenfeld, Werner, und Wolfgang Wessels (Hrsg.): Jahrbuch der Europäischen Integration 1996/1997, Bonn 1997, S. 213.
17 Vgl. dazu Pons, Philippe: La montée de la nippophobie, in: Le Monde v. 18. Oktober 1989, und Yamane, Hiroko: Oshu Han Nihon Tataki wa Motto Tezuyoi. (Das »Japan-bashing« der Europäer verstärkt sich), in: Chuokoron 6 (1990), S. 248–258.
18 Vgl. Koopmann, Georg: Außenbeziehungen, in: Weidenfeld, Werner, und Wolfgang Wessels (Hrsg.): Jahrbuch der Europäischen Integration 1990/91, Bonn 1991, S. 209–220, hier S. 209 f.; und: Agence Europe v. 1./2. April 1997, S. 7.
19 Begriff bei Davenport, Michael: The Charybdis of Anti-Dumping. A New Form of EC Industrial Policy? The Royal Institute of International Affairs, Discussion Papers 22, London 1989.
20 Vgl. Franzmeyer, Fritz: Wettbewerbs- und Industriepolitik, in: Weidenfeld, Werner, und Wolfgang Wessels (Hrsg.): Jahrbuch der Europäischen Integration 1987/88, Bonn 1988, S. 166–174. Zur Gesamtproblematik: Maull, Hanns W.: Wirtschaftssanktionen als Instrument der Außenpolitik, in: Link, Werner u. a. (Hrsg.): Jahrbuch für Politik, Bd. 2, Baden-Baden 1991, S. 341–367.
21 OECD: The Costs of Restricting Imports. The Automobil Industry, Paris 1987.
22 So hat Frankreich beispielsweise ein Importlimit von nur 3 Prozent; Italien läßt jährlich nur 3 200 japanische Autos importieren.
23 Vgl. Herrmann, Anneliese, und Manfred Wegner: Bundesrepublik und Binnenmarkt '92. Perspektiven für Wirtschaft und Wirtschaftspolitik, Berlin 1990.
24 Freudenstein, Roland: Japan und das neue Europa, in: Europa-Archiv 21 (1990), S. 639–650.
25 Vgl. Keohane, Robert O., und Joseph S. Nye: Power and Interdependence, Glenview 1989.
26 Zum kulturellen Hintergrund in neuer deutscher Übersetzung noch immer: Singer, Kurt: Spiegel, Schwert und Edelstein. Strukturen des japanischen Lebens, Frankfurt a. M. 1991.
27 Vgl. Korte, Karl-Rudolf: Die Sehnsucht, nicht allein zu sein, in: EG-Magazin 9 (1989) und ders.: Die wirtschaftlichen Beziehungen zur EU, in: Pohl, Manfred, und Hans Jürgen Mayer (Hrsg.): Länderbericht Japan, 2. Auflage, Bonn 1998, S. 356–368.

Die Europäische Union und China

FRANCO ALGIERI

Wenn im ausklingenden 20. Jahrhundert Amerika, Asien und Europa als Regionen genannt werden, die bestimmend für die internationale Politik sind, so lassen sich innerhalb dieser geographischen Großräume führende Akteure erkennen. Während die Vereinigten Staaten als »die einzige Weltmacht« verstanden werden, nimmt die Volksrepublik (VR) China in der asiatisch-pazifischen Region eine herausragende Stellung ein.[1] Anders als in diesen beiden Fällen kann in Europa eine ähnlich dominierende Rolle nicht einem, sondern dem integrativen Zusammenschluß von gegenwärtig 15 Staaten zugeschrieben werden: Die Europäische Union hat sich zu einer führenden Größe in den internationalen Wirtschaftsbeziehungen entwickelt, ihr außen- und sicherheitspolitisches Gewicht unterliegt aufgrund der nur schwer zu erzielenden Interessenkonvergenz ihrer Mitgliedstaaten jedoch Einschränkungen.

Bei genauerer Betrachtung des europäisch-chinesischen Beziehungsgeflechtes ergibt sich ein Bild, das in verschiedenen Phasen von Annäherung und Kooperation wie auch wieder durch Interessengegensätze bestimmt wird.[2] Die Anfänge intensiver Kontakte zwischen Europa und China sind auf das frühe 16. Jahrhundert zu datieren, als portugiesische und danach spanische und holländische Seefahrer die ostasiatischen Meere erreichten. Kontakte zwischen dem christlichen Westen und dem mongolischen Peking bestanden bereits von der Mitte des 13. bis in die erste Hälfte des 14. Jahrhunderts. Gegen Ende des 16. Jahrhunderts entwickelte sich zwischen Jesuiten und dem chinesischen Kaiserreich ein Dialog, der zu wechselseitigen geistigen Einflüssen führte. Im 18. Jahrhundert florierten die sino-europäischen Handelsbeziehungen, und europäisches Kapital floß zum Kauf von Waren nach China.[3] Das China des 19. Jahrhunderts war durch innere Krisen sowie militärischen und wirtschaftlichen Druck von außen geprägt. Die Annektionspolitik des Deutschen Reiches, Englands, Frankreichs, Japans und Rußlands führte zu einer Zerstückelung Chinas, die trotz chinesischer Widerstände nicht aufgehalten werden konnte.[4] Der Untergang des chinesischen Kaiserreiches 1912, die Besetzung weiter Teile Chinas durch Japan, der Bürgerkrieg zwischen der nationalistischen Regierung Chiang Kai-sheks und der kommunistischen Bewegung unter Mao Zedong sowie die Gründung der Volksrepublik am 1. Oktober 1949 prägten die erste Hälfte des 20. Jahrhunderts.[5]

Die erste Etappe der europäisch-chinesischen Annäherung in der zweiten Hälfte des Jahrhunderts erstreckt sich von 1949 bis zum ersten Handelsabkommen EG-China von 1978. Die siebziger Jahre markieren den entscheidenden Ausgangspunkt für die Beziehungen. In dieser Phase verstärkten sich die Kontakte zwischen der EG/EPZ und der VR China. 1975 nahmen die Gemeinschaft und die VR China diplomatische Beziehungen auf, 1978 kam es zum Abschluß des erwähnten Handelsabkommens. Ab 1983 entstanden regelmäßige Kontakte zwischen der EPZ und der VR China. 1985 wurde das Handelsabkommen durch ein weiter gefaßtes Abkommen über die handelspolitische und wirtschaftliche Zusammenarbeit[6] abgelöst. Die Kommission eröffnete 1988 ihre Vertretung in Peking.

Als Reaktion auf die gewaltsame Niederschlagung der Studentenproteste auf dem Tiananmen-Platz verständigte sich der Europäische Rat im Juni 1989 auf Sanktionen gegenüber der VR China. Deren schrittweise Aufhebung erfolgte ab Oktober 1990. Weiterhin bestehen blieb das Verbot der Rüstungskooperation. Im Zusammenhang mit dem europäischen Asienkonzept von 1994[7] steht das von der Kommission im Juli 1995 veröffentlichte erste umfassende Chinakonzept, in dem nicht nur die handelspolitische Dimension hervorgehoben wird, sondern auch die Bedeutung der VR China als sicherheitspolitischer Akteur in der asiatisch-pazifischen Region.[8] Hierzu erkannte der Rat, daß »China in Kürze für sich die Stellung einer Weltmacht sowohl auf politischem und militärischem als auch auf wirtschaftlichem Gebiet beanspruchen wird«[9]. Vor dem ersten Gipfeltreffen EU-VR China in London im April 1998 – anläßlich des zweiten *Asia-Europe Meeting* (ASEM) – legte die Kommission eine Neufassung des Chinakonzeptes vor.[10] Die Ziele der europäischen Chinapolitik folgen einem dreigleisigen Ansatz. Erstens soll die VR China durch einen verbesserten politischen Dialog umfassender in die internationale Gemeinschaft eingebunden werden. Dabei ist der Übergang zu einer offenen Gesellschaft zu fördern, die auf Rechtsstaatlichkeit und Achtung der Menschenrechte beruht. Zweitens soll die VR China weiter in die Weltwirtschaft integriert werden. Hierzu sind die vollständige Eingliederung der VR China in die Welthandelsorganisation (WTO) sowie die Unterstützung wirtschaftlicher und gesellschaftlicher Reformprozesse vorgesehen. Damit diese Ziele erreicht werden, ist drittens vorgesehen, die europäischen Mittel auszuweiten und das Profil der EU in der VR China zu verbessern.

1. Merkmale der chinesischen Innen-, Außen- und Wirtschaftspolitik

50 Jahre nach ihrer Gründung steht die VR China vor bedeutenden politischen, wirtschaftlichen und gesellschaftlichen Herausforderungen. Mit dem Tode Deng Xiaopings im Februar 1997 endete die Zeit charismatischer Führungspersönlichkeiten. Der 15. Parteitag der Kommunistischen Partei bestätigte im September

1997 Jiang Zemins zentrale Position. Als Generalsekretär der Kommunistischen Partei, Vorsitzender der Zentralen Militärkommission und Staatspräsident besetzt er einige der wichtigsten politischen Ämter. Der 9. Nationale Volkskongreß wählte im März 1998 Zhu Rongji zum Ministerpräsidenten des Staatsrates. Die chinesische Regierung wird die Modernisierungspolitik fortführen, doch bleiben Unsicherheiten über die politischen, wirtschaftlichen und gesellschaftlichen Folgewirkung der Reformen bestehen. Weiterhin ist eine Ungleichzeitigkeit von wirtschaftlicher und politischer Umgestaltung festzustellen. Die von Deng Xiaoping 1978 eingeleiteten Modernisierungsmaßnahmen waren von Anbeginn auf die Wirtschaft beschränkt.»China hält am sozialistischen System fest, unser Land will die sozialistische Wirtschaft entwickeln und die vier Modernisierungen verwirklichen, ohne Ideale geht es nicht, ohne Disziplin ebensowenig. Ohne ein ruhiges Klima, in politischer Unruhe und Unsicherheit kann man sich nicht dem sozialistischen Aufbau widmen«.[11]

Mit Blick auf das Wirtschaftswachstum ist die VR China seit 1978 im internationalen Vergleich zu den am schnellsten wachsenden Nationen zu rechnen. Vergleicht man offizielle Zahlen, lag sie für den Zeitraum von 1978 bis 1995 mit 8 Prozent realem Wachstum des Pro-Kopf-BIP an erster Stelle (nach alternativen Rechnungen mit 6,8 Prozent an zweiter Stelle hinter Südkorea).[12] Gaben offizielle Berechnungen für 1997 noch eine Wachstumsrate von 8,8 Prozent an, sank diese 1998 angesichts der asiatischen Finanzkrise, geringer Auslandsinvestitionen und der Aufwendungen zur Sanierung der Staatsbetriebe. Wurde das chinesische Wirtschaftswachstum 1998 noch mit 7,8 Prozent beziffert, so ist 1999 voraussichtlich von 7 Prozent auszugehen.[13] Da sich ausländische Direktinvestitionen, besonders seitens der asiatischen Nachbarstaaten verringerten, erhöhten sich die Erwartungen der chinesischen Wirtschaft gegenüber europäischem und amerikanischem Engagement.

Ein gravierendes Problem ergibt sich aus der hohen Arbeitslosenzahl. Für 1998 wurde als offizielle städtische Arbeitslosenquote 3,1 Prozent genannt, doch ist eher von 11 Prozent auszugehen. Im ländlichen Bereich wird mit bis zu 28 Prozent gerechnet.[14] Die Ursachen der Arbeitslosigkeit liegen u. a. in der Privatisierung verschuldeter und Verluste einfahrender Staatsbetriebe sowie einem geringen Wachstum der Landwirtschaft. Weitere Entlassungswellen in der Textilindustrie und bei der Eisenbahn stehen an. Auch die Verschlankung des Staatsapparates wird das Arbeitslosenproblem weiter verstärken.

Zukunftszenarien der Weltbank für die chinesische Wirtschaftsentwicklung weisen in zwei unterschiedliche Richtungen.[15] Im Falle einer »*Sinosclerosis*« würde die VR China zu einer *low-income economy*, deren Weltmarktpräsenz zurückginge. Handelskonflikte könnten zunehmen, die Armut sich vergrößern; Einkommensdifferenzen zwischen den unterschiedlich entwickelten Provinzen vertieften sich und soziale Spannungen stiegen an. Im positiven Szenario hingegen wird die VR China im Jahre 2020 als modern, anpassungsfähig sowie als zweitgrößte Handelsnation der Welt gesehen. Die Armutsbekämpfung hätte Erfolge gezeigt, Investitionen zur Verbesserung der Lebensqualität und Umweltbedingungen würden getätigt. Moderne Institutionen und Rechtsstaatlichkeit setzten sich durch.

Für die Bedeutung der VR China als künftige Weltmacht ist außerdem das außenpolitische Konzept zu beachten. In Chinas Wahrnehmung internationaler Beziehungen werden Hegemoniestreben und Machtpolitik als die größten Gefährdungen des Weltfriedens verstanden. Die offiziellen Prinzipien chinesischer Außenpolitik bestehen in freundschaftlicher Konfliktlösung und friedlicher Nachbarschaftspolitik, Solidarität und Kooperation mit der Dritten Welt, der Verbesserung der Beziehungen zu den entwickelten Ländern, basierend auf den fünf Prinzipien der Friedlichen Koexistenz[16], der extensiven Beziehungen zu Drittstaaten in den Bereichen Handel, Wirtschaft, technischer Kooperation, des wissenschaftlichen und kulturellen Austausches sowie der aktiven Diplomatie im multilateralen Rahmen[17].

Das Ende des kalten Krieges bewirkte Veränderungen im Verhältnis der VR China zu den Nachbarstaaten in der asiatisch-pazifischen Region, wobei die chinesische Politik als die eines kooperativen Akteurs wie auch eines nach regionaler Vormachtstellung strebenden Staates beurteilt werden kann.[18] Entscheidend für die Stabilität der asiatisch-pazifischen Region bleiben kooperative Konfliktlösungsmechanismen, denn angesichts des dort vorhandenen Rüstungs- und Militärpotentials können gewaltsame Konflikte weitreichende Auswirkungen auf die internationalen Beziehungen haben. Obwohl die VR China ihre strategischen und konventionellen Waffensysteme modernisiert, bleiben ihre wesentlichen technologischen Kapazitäten hinter denen führender NATO-Staaten zurück. Trotz der wiederkehrenden militärischen Drohgebährden gegenüber Taiwan und einem steigenden Verteidigungshaushalt sind gegenwärtig keine Anzeichen erkennbar, die auf einen größeren konventionellen Einsatz außerhalb des chinesischen Territoriums hindeuten. Vielmehr werden die Abschreckungskapazitäten und die Fähigkeiten der Volksbefreiungsarmee bei Grenz- oder inneren Sicherheitsproblemen verbessert.

Einerseits ist eine fortschreitende Einbindung der VR China in sicherheits- und vertrauensbildende Foren zu verzeichnen, während andererseits Anstrengungen erkennbar sind, die auf eine Optimierung der nuklearen Kampffähigkeit Chinas hindeuten.[19] In einem Negativszenario würde der Aufstieg der Volksrepublik zur dominierenden Regionalmacht zu einem Konflikt mit den Vereinigten Staaten führen. Eine andere Betrachtungsweise empfiehlt, auf die Ungewißheit der chinesischen Strategie mit einer Politik des *constrainment* zu reagieren.[20] Bedrohungsszenarien sollten jedoch sehr genau auf ihren Wahrscheinlichkeitsgrad und die möglichen Folgewirkungen geprüft werden. »Die Gefahr bei der Wahrnehmung Chinas als Bedrohung besteht – unabhängig von deren Realitätsgehalt – darin, daß sie das Handeln der anderen Akteure bestimmt und sich als *self-fulfilling prophecy* erweisen könnte.«[21]

2. Der Beginn der Annäherung

Mehrere Einflußfaktoren prägten die europäisch-chinesische Annäherung in der zweiten Hälfte des 20. Jahrhunderts. Hierzu zählen unterschiedliche ideologisch eingeordnete Konzepte der chinesischen Außenpolitik, der sino-sowjetische Antagonismus, die sino-amerikanische Annäherung der siebziger Jahre[22], der Bedeutungszuwachs der EG als internationaler Wirtschaftsakteur, die politische Zusammenarbeit der EG-Mitgliedstaaten im Rahmen der Europäischen Politischen Zusammenarbeit und in den neunziger Jahren die stärker werdenden außen- und sicherheitspolitischen Aktivitäten der EU.

Ende der fünfziger und Anfang der sechziger Jahre kam es zu ersten Annäherungsversuchen zwischen Westeuropa und der VR China. Als Folge des Koreakrieges (1950-1953) und der beiden Taiwankrisen (1954 und 1958) standen sich die Volksrepublik und die Vereinigten Staaten in Konfrontation gegenüber. Der 1963 öffentlich bekanntgegebene Bruch der chinesisch-sowjetischen Beziehungen drängte die VR China zunehmend in eine isolierte Position. Vor diesem Hintergrund erkannte die chinesische Führung im westeuropäischen Integrationsprozeß ein sich entwickelndes Gegengewicht zu den Vereinigten Staaten und verstand dies auch als Beweis für die sich verstärkenden Gegensätze innerhalb des imperialistischen Lagers. Die chinesische Westeuropapolitik in der ersten Hälfte der sechziger Jahre beinhaltete mehrere Komponenten[23]: Westeuropäische Politiker wurden zu Chinabesuchen eingeladen, und die offizielle Berichterstattung über westeuropäische Staaten fiel freundlicher aus. China verstärkte seine wirtschaftlichen Verbindungen vor allem zu Deutschland, Frankreich, Großbritannien und Italien; daneben bestand ein größeres Interesse an politischen Kontakten. Die chinesische Politik erkannte Frankreich eine besondere Rolle als Gegengewicht zu den Vereinigten Staaten zu. Westeuropa hatte in dieser Phase, entsprechend der chinesischen »Zwischenzonen-Theorie«, einen festen Platz zwischen dem amerikanischen Imperialismus und den sozialistischen Ländern eingenommen.[24] Mit der Kulturrevolution kam es von 1966 bis 1969 zu einem weitgehenden Stillstand der Kontakte. In der chinesischen Sichtweise wurde die EG nun wieder als reaktionär und im Zusammenspiel mit den Vereinigten Staaten als aggressiv empfunden. Großbritanniens Bemühungen um einen Beitritt zur EG wurden dahingehend interpretiert, daß dies den Kampf Frankreichs, Deutschlands und Großbritanniens um die Hegemonie in Westeuropa verstärken würde. Als Reaktion auf den sowjetischen Einmarsch in der ehemaligen ČSSR, die Breschnew-Doktrin 1968 sowie die sino-sowjetischen Grenzgefechte am Ussuri 1969 verschärfte sich die chinesische Kritik an der Sowjetunion. Mit Blick auf die Haltung westeuropäischer Staaten bezeichnete die VR China die französische und deutsche Politik als nicht entschlossen genug, um einer sowjetischen Bedrohung entgegenzutreten. Die Ostpolitik des deutschen Bundeskanzlers Willy Brandt wurde als zu weicher Kurs gewertet, der zu einer sicherheitspolitischen Schwächung Deutschlands führen würde.

Mit dem Abklingen der Kulturrevolution war die erste Hälfte der siebziger Jahre von der schrittweisen Eingliederung der Volksrepublik in die internationale Staatengemeinschaft geprägt. An die Stelle der »Zwischenzonen-Theorie« trat nun die »Drei-Welten-Theorie«, die die westeuropäischen Staaten als nicht-hegemonistisch einordnete. Hierbei wurde ein enger Zusammenhang zwischen zweiter und dritter Welt im Konflikt gegenüber der ersten Welt betont. Für die chinesische Europapolitik waren in dieser Phase die wachsende wirtschafts- und handelspolitische Stärke der EG, deren Erweiterung um Dänemark, Großbritannien und Irland 1973 und die Gestalt annehmende EPZ von Interesse. In bilateralen diplomatischen Kontakten wurden die Entwicklungsmöglichkeiten der Beziehungen geprüft. Über ihren seit 1971 in Belgien akkreditierten Botschafter knüpfte die chinesische Regierung inoffizielle Kontakte zu Beamten der EG-Kommission, beobachtete die Arbeitsweise und Entwicklung der EG-Organe, die Außenwirtschaftsbeziehungen der EG und die EPZ. Im Oktober 1973 eröffnete die chinesische Presseagentur Xinhua ein eigenes Büro in Brüssel. Parallel verstärkte sich ab 1972 die Besuchsdiplomatie zwischen den EG-Mitgliedstaaten und der VR China auf Regierungsebene.[25] Als die EG mit der VR China 1975 offizielle Beziehungen aufnahm, bestanden – bis auf Irland – bereits diplomatische Beziehungen zwischen den einzelnen Mitgliedstaaten der EG-9 und der Volksrepublik. Eine Verlängerung des im Oktober 1973 ausgelaufenen EG-Handelsabkommens mit Taiwan stand nicht zur Diskussion und behinderte somit auch nicht den Aufbau vertraglicher Beziehungen zwischen der Gemeinschaft und der Volksrepublik. Bei seinem Chinabesuch erklärte EG-Kommissar Sir Christopher Soames 1975, daß die Gemeinschaft die VR China als einzige Regierung Chinas anerkenne und keine offiziellen Beziehungen oder Vereinbarungen mit Taiwan unterhalte.[26] Nach der vorübergehenden innenpolitischen Destabilisierung durch die Herrschaft der »Viererbande« wurde im April 1978 das erste Handelsabkommen mit der VR China unterzeichnet.[27] Gegen Ende der siebziger Jahre verdeutlichte sich das Interesse der VR China an europäischen Rüstungsgütern, das besonders bei Deutschland, Frankreich und Großbritannien auf Aufmerksamkeit stieß. Die Umsetzung in eine Rüstungskooperation erfolgte jedoch nicht. Die Bedenken der Europäer und der Vereinigten Staaten angesichts der sowjetischen Proteste und einer möglichen Polarisierung mit Moskau waren zu schwerwiegend.

3. Handels- und Kooperationspolitik

Der seit 1985 bestehende Rahmen für die Handelspolitik wird durch das erwähnte Abkommen zur handelspolitischen und wirtschaftlichen Zusammenarbeit festgelegt.[28] Es trat an die Stelle des Handelsabkommens von 1978 und erweiterte die Beziehungen in den Bereichen wirtschaftlicher, industrieller und technischer Kooperation, Investitionen sowie bei der Entwicklungszusammenarbeit. Die Anpassung der europäischen Position an die veränderte Qualität der Beziehungen zur VR China fand ihren Ausdruck in den Chinakonzepten der Kommission von 1995 und 1998. Die EU-Finanzmittel stiegen von einer jährlichen Durchschnittsrate von 20 Mio. ECU im Zeitraum von 1991 bis 1994 auf rund 70 Mio. ECU jährlich für den Zeitraum von 1995 bis 1999.[29] Auf die VR China, Hongkong und Taiwan entfielen 1996 zusammen 8,6 Prozent der gesamten EU-Einfuhren aus Drittländern und 6,8 Prozent der EU-Ausfuhren in Drittländer. Als Handelspartner dieses *greater China* nehmen unter den EU-Mitgliedstaaten Deutschland, Frankreich, Italien, die Niederlande und das Vereinigte Königreich die bedeutendsten Positionen ein.[30] Während die EU gegenüber Hongkong eine positive Handelsbilanz aufweisen kann, zeigt sich für die VR China eine deutliche Negativbilanz. Die Folgewirkungen der asiatischen Finanzkrise führten zu einer Vergrößerung des Handelsbilanzdefizites gegenüber der Region. Doch die langsame Erholung des koreanischen und der südostasiatischen Wirtschaftssysteme erhöhten den Wettbewerbsdruck gegenüber chinesischen Exporten nach Europa. Für die ersten Monate des Jahres 1999 verzeichnete die VR China einen Rückgang der Exporte nach Europa, doch läßt sich hieraus keine längerfristige Tendenz ableiten.[31]

Die Diversifizierung der chinesischen Exportgüterstruktur, eine veränderte Struktur der Importgüter und die Anwendung des Allgemeinen Präferenzsystems (APS) für Halb- und Fertigprodukte aus der VR China wirkten sich positiv auf den europäisch-chinesischen Handel aus.[32] Europäische Unternehmen beklagten in der Vergangenheit dennoch Hindernisse des chinesischen Handelssystems, die einen weitreichenden Marktzugang erschweren.[33] Für die Kommission erschien es wichtig, die Liberalisierung der Wirtschaftsbeziehungen durch entsprechende Schutzmaßnahmen für europäische Unternehmen zu begleiten. Die Anwendung von Antidumping-Verfahren konnte zunächst als Schutzmechanismus gewertet werden. Angesichts der erkennbaren Reformen in der chinesischen Wirtschaftspolitik hat die Gemeinschaft ihre Antidumping-Vorschriften angepaßt. Seit Juli 1998 steht die VR China nicht länger auf der Liste der Länder ohne Marktwirtschaft. Unter bestimmten Voraussetzungen kann die Kommission bei Antidumping-Untersuchungen gegenüber chinesischen Unternehmen nun die Regeln für Marktwirtschaftsländer anwenden. Weniger europäisches Engagement zeigt sich bei Direktinvestitionen in der VR China, die bislang deutlich hinter denen der asiatischen Länder und der Vereinigten Staaten lagen.[34] Es bleibt – auch unter Berücksichtigung der asiatischen Finanzkrise – abzuwarten, ob sich eine Veränderung des europäischen Investitionsverhaltens mit den von der Kommission vorgeschlagenen Maßnahmen einstellt – wie beispielsweise einer Stärkung der Programme *European Community Investment Partners* (ECIP), das die Gründung von joint-ventures unterstützt, oder *Asia-Invest*, das für europäische kleine und mittlere Unternehmen mögliche chinesische Partnerunternehmen identifiziert.

Vor diesem Hintergrund ist die europäische Unterstützung für einen Beitritt der VR China zur Welthandelsorganisation (WTO) einzuordnen.[35] Zur Vorgeschichte sei angemerkt, daß die nationalchinesische Regierung auf Taiwan im März 1950 dem Generalsekretariat der Vereinten Nationen ihren Austritt aus dem GATT mitteilte. Nachdem die Volksrepublik 1971 von der Vollversammlung der Vereinten Nationen als rechtmäßige Regierung Chinas anerkannt wurde, bestand seitens der GATT-Mitgliedstaaten Interesse an der Einbindung der VR China. 1990 trat diese dem Internationalen Währungsfonds (IWF) bei, erhielt 1982 Beobachterstatus beim GATT; 1986 folgte der chinesische Antrag auf Rückkehr in das Abkommen. Die chinesische Regierung erachtet die Mitgliedschaft als Wiederaufnahme und nicht als Neuaufnahme, denn in letzterem Fall würde der Austritt durch Taiwan – das sich ebenfalls um einen Beitritt zur WTO bemüht – als rechtmäßig anerkannt und stünde im Widerspruch zur Ein-China-Politik. Die EU nimmt im Gegensatz zu den Vereinigten Staaten eine kompromißbereite Position ein und geht davon aus, daß die chinesische Reformpolitik noch nicht abgeschlossen sei, weshalb auch Übergangsfristen hinsichtlich der Verpflichtung zum Abbau von Handelsschranken bedacht werden müßten.

Grundanforderungen, die von der VR China für einen WTO-Beitritt erfüllt werden müssen, beinhalten u. a. mehr Transparenz bei chinesischen Wirtschaftspraktiken, Gleichbehandlung in- und ausländischer Unternehmen, die Nichtdiskriminierung von EU-Unternehmen gegenüber anderen Handelspartnern, eine Reduzierung von Zöllen und die Abschaffung von Importquoten, die Abschaffung bestehender Handelsmonopole, die Öffnung des chinesischen Dienstleistungs-, Telekommunikations- und Finanzsektors, Erleichterungen für die Niederlassung ausländischer Firmen in der Volksrepublik sowie die Implementierung der WTO-Vereinbarungen zum Schutze geistigen Eigentums (TRIP). Durch Kooperationsprogramme wird versucht, die VR China bei den notwendigen Anpassungs- und Reformprozessen zu unterstützen. Die fünf Säulen der europäischen Kooperationspolitik umfassen Aus- und Weiterbildungsmaßnahmen, administrative und soziale Reformen, Zusammenarbeit von Industrie und Unternehmen, Umweltprojekte und Linderung der Armut. Die Relevanz der VR China als Wirtschaftspartner wurde bei dem Besuch von Kommissionspräsident Jacques Santer, Kommissionsvizepräsident Sir Leon Brittan und Kommissar Yves-Thibault de Silguy von Ende Oktober bis Anfang November 1998 unterstrichen. So handelte es sich zum einen um die erste Chinareise eines Kommissionspräsidenten nach 1986. Zum anderen läßt sich aus der Teilnahme des für Währungs- und Finanzpolitik zuständigen Kommissars de Silguy das Interesse der chinesischen Regierung am Euro und der Europäer an der Vermittlung der Bedeutung desselben für die künftigen Beziehungen ablesen.

Umfassende konzeptionelle Überlegungen hat die EU für eine verstärkte Wirtschafts- und Handelspolitik vorgelegt. Unsicherheit bleibt dahingehend bestehen, wie sich die asiatische Finanzkrise langfristig auf die chinesische Wirtschaft auswirkt. Hinzu kommen die noch ungewissen ökonomischen und gesellschaftlichen Folgewirkungen des weitreichenden Privatisierungsprozesses. Dennoch bereiten vor allem große europäische Unternehmen die Ausweitung ihrer Aktivitäten in der VR China vor. Künftige Analysen zur europäischen Chinapolitik müssen darüber hinaus die Auswirkungen der engen Heranführung mittel- und osteuropäischer

Staaten an die EU – und neuer EU-Mitglieder – auf die sino-europäischen Handelsbeziehungen berücksichtigen.

4. Politische Dimension

Mit Blick auf die politische Agenda der Beziehungen zwischen der EU und der VR China sind, neben den für den politischen Dialog der EU mit Drittstaaten typischen Standardthemen, wie beispielsweise die Zukunft der Vereinten Nationen, Nichtverbreitung von Atomwaffen, Bekämpfung internationaler Kriminalität oder Umweltprobleme, einige wiederkehrende Bereiche hervorzuheben. Hierzu zählen die Menschenrechts- und Wertediskussion, der Status von Hongkong und Macau sowie die sicherheitspolitische Lage in der asiatisch-pazifischen Region. Charakteristisch für die Beziehungen sind die engen Wechselwirkungen zwischen ökonomischen und politischen Aspekten. Das Kohärenzdilemma des EU-Chinakonzeptes wird durch das Nebeneinander gemeinschaftlicher und mitgliedstaatlicher Interessen und durch das Spannungsfeld unterschiedlicher vertraglicher Grundlagen für die außenwirtschaftlichen und die außenpolitischen Beziehungen bedingt. Die chinesische Diplomatie nutzt sich hieraus ergebende Schwächen der europäischen Position zur Durchsetzung eigener Interessen.

Mit der wirtschaftlichen Öffnung der VR China verstärkte sich in den achtziger Jahren ihr politisches Interesse an der Weiterentwicklung des westeuropäischen Integrationsprozesses. In der ersten Hälfte der achtziger Jahre forderte die VR China zunächst noch ein geeintes und militärisch starkes Westeuropa als Gegenkraft zur Sowjetunion. Mit Interesse wurde die Erweiterung der EG um Spanien und Portugal beobachtet, denn – so die chinesische Perzeption im Geiste der Drei-Welten-Theorie – mit der zu erwartenden Hinwendung zu afrikanischen und lateinamerikanischen Staaten würde sich Westeuropa an die Seite der Entwicklungsländer stellen. Die achtziger Jahre kennzeichnete auch der Beginn des europäisch-chinesischen politischen Dialoges. Ab 1983 setzten die zweimal jährlich stattfindenden Treffen zwischen den politischen Direktoren der EG-Ratspräsidentschaft und dem chinesischen Botschafter in der Hauptstadt der Präsidentschaft ein, und ab 1986 folgten Treffen der EPZ-Troika auf Ministerebene mit dem chinesischen Außenminister am Rande der Vollversammlung der Vereinten Nationen.[36] Diese Treffen und die hochrangigen politischen Gespräche zwischen Vertretern der Kommission und der chinesischen Regierung gingen in den 1994 neu gesetzten Rahmen für den politischen Dialog ein und wurden ergänzt durch *ad hoc*-Treffen der Außenminister, je einer jährlichen Begegnung des chinesischen Außenministers mit den EU-Botschaftern in Peking und des chinesischen Botschafters in der Hauptstadt des jeweiligen Ratsvorsitzes mit dem dortigen Außenminister sowie Treffen hoher Beamter.[37]

Ein Einschnitt in die politische Annäherung folgte im Juni 1989, als die Studentenproteste auf dem Tiananmen-Platz gewaltsam niedergeschlagen wurden und der Europäische Rat von Madrid kurz danach eine Reihe von Sanktionsmaßnahmen gegenüber der VR China benannte: Unterbrechung der militärischen Zusammenarbeit und ein Waffenembargo; Aussetzung der Kontakte auf Ministerebene und anderer hochrangiger Kontakte; Vertagung neuer Kooperationsprojekte; Reduzierung der kulturellen, wissenschaftlichen und technischen Kooperationsprogramme; Verlängerung der Sichtvermerke für chinesische Studenten; Verschiebung der Prüfungen neuer Anträge auf Kreditbürgschaften und neuer Kredite der Weltbank. Hinzu kam die Forderung, daß unabhängige Prozeßbeobachter und Besucher in chinesischen Gefängnissen zugelassen werden sollen.[38] Auch wenn die Einigung der Mitgliedstaaten, gemessen an früheren Erfahrungen, zügig zustande kam, bleibt zu berücksichtigen, daß zunächst im Rat kein Einvernehmen erzielt werden konnte und die Entscheidung dem Europäischen Rat überlassen blieb. Einige Tage vor dessen Treffen hatten die Vereinigten Staaten ihrerseits anvisierte Sanktionsmaßnahmen genannt. Trotz der Ergebnisse des Europäischen Rates zeigte das Verhalten der zwölf Mitgliedstaaten deutliche interessengeleitete Unterschiede. In Deutschland wie auch in Italien gab es ein starkes Engagement der Wirtschaft für die baldige Normalisierung der Beziehungen zur VR China. Das Vereinigte Königreich führte bilaterale Kontakte im Kontext der Rückgabe der Kronkolonie Hongkong an die Volksrepublik fort. Frankreich wurde ein wichtiger Aufenthaltsort für chinesische Dissidenten. Im zweiten Halbjahr 1990 forderte die italienische Präsidentschaft die Wiederaufnahme des Dialoges mit der VR China. Nachdem es am Rande der Vollversammlung der Vereinten Nationen im September zu einem Treffen zwischen der Troika auf Ministerebene und dem chinesischen Außenminister gekommen war, beschlossen die Zwölf im Oktober desselben Jahres die schrittweise Aufhebung der Sanktionen, mit Ausnahme von militärischer Zusammenarbeit und Waffenexporten.[39] Ab 1991 setzten die gegenseitigen Besuche hochrangiger europäischer und chinesischer Politiker wieder ein.

Zur Erklärung der europäischen Chinapolitik nach Juni 1989 ist außerdem auf die Entwicklung des Handels sowie die Rolle der VR China in der Golfkrise und bei der Kambodscha-Frage hinzuweisen. Die Werte der Ausfuhren Deutschlands, Frankreichs und Italiens lagen, im Vergleich zu denen von 1989, in den Folgejahren niedriger, konnten aber kontinuierlich gesteigert werden. Während die beiden erstgenannten Staaten bereits ab 1992 die Werte von 1989 übertrafen, gelang dies Frankreich erst 1994. Das Vereinigte Königreich konnte 1990 bei den Ausfuhren einen Zugewinn erzielen, bevor diese zurückgingen und ab 1993 wieder über denen von 1989 lagen. Hingegen nahmen die Werte der Einfuhren aus der VR China bei den vier Staaten – im Falle Italiens wurde nur 1990 ein geringer Rückgang verzeichnet – in den Jahren nach 1989 ständig zu. Hinsichtlich des zweiten Aspektes kam der VR China ihr Gewicht in der internationalen Diplomatie und nicht zuletzt als ständiges Mitglied des Sicherheitsrates der Vereinten Nationen zugute. So steht die Bereitschaft der Zwölf zur Aufhebung der Sanktionen auch im Zusammenhang damit, daß die chinesische Regierung das Zustandekommen der internationalen Abstimmung in der Golfkrise nicht blockierte und für die Lösung der Kambodscha-Frage erste Grundlagen geschaffen werden konnten.[40]

Nachdem die Kontaktsperre für Militärangehörige aufgehoben worden war, erachtete es die Kommission in ihrem Chinakonzept von 1995 als angezeigt, »die Volksbefreiungsarmee in Anbetracht ihres politischen und wirtschaftlichen Einflusses im Lande in die Reihe der potentiellen Dialogpartner aufzunehmen«[41]. Die Aufwertung des politischen Dialoges erfolgte durch das erste Gipfeltreffen zwischen der EU und der VR China im April 1998. Die Absicht, jährliche Treffen auf der Ebene der Staats- und Regierungschefs durchzuführen, wurde 1999 wegen der irrtümlichen Bombardierung der chinesischen Botschaft in Belgrad durch die NATO nicht umgesetzt. Das für Mai 1999 vorgesehene Gipfeltreffen wurde verschoben. Statt dessen versuchte der deutsche Bundeskanzler und Ratsvorsitzende Gerhard Schröder während eines eintägigen Arbeitsbesuches in Peking einer Verschlechterung der europäisch-chinesischen Beziehungen entgegenzuwirken und entschuldigte sich im Namen der NATO. Grundsätzlich werden die euro-chinesischen Gipfeltreffen zur Folge haben, daß für die EU die Bedeutung der Beziehung zur VR China in ihrer Symbolik denen zu den Vereinigten Staaten, Japan und Rußland gleichgestellt wird.

Zwiespältigkeit kennzeichnet die EU-Mitgliedstaaten in der Frage, wie die für die EU in Abkommen mit Drittstaaten wichtigen Grundsätze der Achtung der Menschenrechte und der Rechtsstaatlichkeit in der Chinapolitik umgesetzt werden sollen. Während das Europäische Parlament regelmäßig das Thema der Menschenrechtssituation in der VR China aufgreift und im Falle einer Verlängerung des Handels- und Kooperationsabkommens fordert, eine Menschenrechtsklausel zu beachten, weist das Verhalten der Mitgliedstaaten im Rat auf deutliche Unterschiede hin. Die Kommission sieht die VR China noch weit von international gültigen Maßstäben der Menschenrechte entfernt, erkennt für die vergangenen 20 Jahre jedoch eine Verbesserung der Situation. Durch europäisch-chinesische Kooperationsprogramme zur Förderung des Rechtswesens und der Zivilgesellschaft sowie im Rahmen des bi- und multilateralen Dialoges sollen weitere Fortschritte erzielt werden. Eine Konditionalisierung der Beziehungen in bezug auf die Menschenrechte hätte jedoch wenig Aussicht auf Erfolg, da ein entsprechendes Abkommen von der chinesischen Regierung mit Hinweis auf den darin liegenden Widerspruch zu dem Prinzip der Nichteinmischung in die inneren Angelegenheiten anderer Staaten abgelehnt werden könnte.[42] Außerdem sollte berücksichtigt werden, daß Rechtsstaatlichkeit nur innerhalb Chinas selbst und nicht durch äußeren Druck wachsen kann.[43]

Exemplarisch für die europäische Position steht in den neunziger Jahren das fast rituell anmutende Vorhaben, eine Verurteilung der VR China im Rahmen der Menschenrechtskommission der Vereinten Nationen zu erreichen. Konnten sich die Mitgliedstaaten der EU zunächst noch darauf verständigen, entsprechende Anträge einzubringen, wovon keiner bei den Sitzungen der Menschenrechtskommission in Genf angenommen wurde bzw. bereits an Verfahrensanträgen scheiterte, zeichnete sich ab 1997 eine veränderte Interessenlage ab. Dänemark fand mit seinem Antrag 1997 nicht mehr die Unterstützung aller anderen EU-Mitgliedstaaten, und auch der niederländischen Ratspräsidentschaft gelang es bei einem Treffen der EU-Außenminister nicht, hierüber Einigung zu erzielen. Frankreich, Deutschland, Griechenland, Italien und Spanien lehnten das Vorhaben ab. Im Fall Frankreichs bestand ein deutliches Interesse, den anstehenden Besuch des französischen Staatspräsidenten Jacques Chirac in der VR China nicht zu gefährden. Nachdem Dänemark den Antrag bei der Menschenrechtskommission erfolglos vorgelegt hatte, reagierte die chinesische Regierung ihrerseits mit einer Einschränkung der Kontakte zu Dänemark und Diskriminierungsmaßnahmen gegenüber dänischen und niederländischen Unternehmen, was wiederum zu diplomatischen Protesten der EU führte.[44] Im Februar 1998 kam der Rat überein, daß bei der diesem Rat folgenden Tagung der Menschenrechtskommission weder der Vorsitz noch die Mitgliedstaaten einen Resolutionsentwurf einbringen oder initiieren werden.[45] Nachdem europäischchinesische Kontroversen bereits 1996 zu einer Aussetzung des seit 1994 geführten Menschenrechtsdialoges geführt hatten, zeigten beide Seiten im Rahmen des jährlichen Treffens am Rande der Vollversammlung der Vereinten Nationen im September 1997 die Absicht, den Dialog weiterzuführen. So wurde beschlossen, den Dialog über die Menschenrechte auf Sachverständigenebene wiederaufzunehmen.

Mit der Rückgabe Hongkongs an die VR China im Juli 1997 hat sich die Bedeutung der Hongkong-Frage für die EU verändert. Hielten sich die EU-Partner des Vereinigten Königreiches vor der Rückgabe der ehemaligen Kronkolonie – Hongkong wurde primär als britisches Problem betrachtet – zurück, so wird nun die politische und wirtschaftliche Entwicklung Hongkongs als »Sonderverwaltungsregion« der VR China für das Chinakonzept relevant.[46] Eine vergleichsweise geringere Beachtung fand in der Vergangenheit Macau, was nicht zuletzt in dem »strategischen Defizit« Portugals auf wirtschaftlicher und politischer Ebene gegenüber der VR China begründet lag.[47] Mit Blick auf die Rückgabe Macaus an die VR China im Jahre 1999 rückt es jedoch stärker in den Kontext des EU-Chinakonzeptes. Die Kommission will künftig einen jährlichen Bericht zu den Beziehungen EU-Hongkong vorlegen, was nach 1999 durch einen entsprechenden Bericht zu den Beziehungen EU-Macau ergänzt werden könnte. Für das chinesische Modell »ein Land, zwei Systeme« stellt die Zukunft Hongkongs einen Testfall dar, dessen Entwicklung in der europäischen Chinapolitik Berücksichtigung finden wird, nicht zuletzt wegen seiner Bedeutung für die Taiwanfrage.

Gegenüber Taiwan besteht seitens der EU-Mitgliedstaaten weiterhin ein starkes handelspolitisches Interesse.[48] Frankreichs rüstungspolitische Vereinbarungen mit Taiwan stellten keine Abkehr von der VR China dar. Vielmehr sind die Motive für den Verkauf von Lafayette-Fregatten und Mirage-2000 Kampfflugzeugen darin zu suchen, daß Frankreich in der ersten Hälfte der neunziger Jahre versuchte, verlorene Marktanteile auf dem chinesischen Festland auszugleichen und die nationale Rüstungsindustrie im internationalen Wettbewerb zu unterstützen. In der zweiten Hälfte der neunziger Jahre verdeutlichte sich wiederum die Priorität, die der VR China eingeräumt wird.[49] Forderungen des Europäischen Parlamentes nach einer weiterreichenden Unterstützung der Bemühungen Taiwans um eine bessere Vertretung in internationalen Organisationen werden angesichts des beschriebenen Chinakonzeptes der EU und der Interessen ihrer Mitgliedstaaten wenig Unterstützung finden. Anders als in den Vereinigten Staaten findet sich in den EU-Mitgliedstaaten kein Wählerpotential, das ein direktes Interesse an einer Aufwertung der Taiwanpolitik zeigt. Ebensowenig bestehen historisch bedingte sicherheitspolitische Beziehungen zu Taiwan, die eine Eindämmungspolitik gegenüber der VR China begründen könnten.[50]

Die Taiwanfrage steht auch im Zusammenhang mit der künftigen außenpolitischen Strategie der VR China in der asiatisch-pazifischen Region. Im ersten Chinakonzept der Kommission wurde bereits festgestellt, daß die aufsteigende Macht der VR China »sowohl im militärisch-politischen als auch im ökonomischen Bereich liegt« und daß sie »im gesamten Spektrum der Sicherheitsfragen eine für die globale und auch regionale Sicherheit zentrale Position«[51] einnehme. Im zweiten Chinakonzept wird noch deutlicher hervorgehoben, daß die chinesische Außenpolitik besonders auf regionaler Ebene verantwortungsvoller wurde – dies zeige sich bei den Bemühungen zur friedlichen Lösung der Korea- und der Kambodscha-Frage wie auch im Falle Hongkongs. Von europäischer Seite wird nicht nur dem bilateralen, sondern auch dem multilateralen Kooperationsrahmen, wie beispielsweise dem ASEM-Treffen oder dem ASEAN Regional Forum (ARF), eine zunehmend wichtigere Rolle als Forum für den Dialog zu regionalen Sicherheitsfragen zuerkannt, an dem neben der VR China auch weitere asiatische Staaten – und im Falle des ARF auch die Vereinigten Staaten und Rußland – beteiligt sind. Durch den informellen und unverbindlichen Charakter dieser Foren kann dieser Art der europäisch-chinesischen Kooperationspolitik nur eine begrenzte Bedeutung zukommen. Ihr Wert liegt vielmehr in der Symbolik als Ansatz einer Form multilateraler Zusammenarbeit, die Vertrauen und Sicherheit zwischen den beteiligten Staaten fördern kann.

Die VR China läßt ein zunehmendes Interesse am Erwerb europäischer Rüstungstechnologie und an der Aufhebung des europäischen Embargos erkennen. Das chinesische Interesse richtet sich dabei besonders auf britische, deutsche, französische, italienische und spanische Produkte. Auch nach 1989 handelten einige EU-Mitgliedstaaten nach eigenem Ermessen und erlaubten vor allem den Export von Technologiegütern, die im militärischen Bereich eingesetzt werden können.[52] Frankreich und die VR China haben 1997 den Rahmen für eine globale Partnerschaft beschlossen, Teil derer auch gegenseitige Konsultationen zu Sicherheits- und Verteidigungsfragen sowie vermehrte Militärkontakte sein sollen. Eine engere Zusammenarbeit zwischen Großbritannien und der VR China wird auch in Folge des Chinabesuches des britischen Premierministers Tony Blair im Oktober 1998 denkbar.

5. Bewertung

Die EU verfolgt gegenüber der VR China die erklärte Politik des konstruktiven Engagements, die sich seit Mitte der neunziger Jahre stark verdichtet hat. Von der

Kommission gingen dabei entscheidende Impulse bei der Formulierung und Umsetzung des europäischen Chinakonzeptes aus. Mit zunehmender wirtschafts- und handelspolitischer Interdependenz nahm auch der politische Dialog an Bedeutung zu. Ruft man sich die von der Weltbank für die VR China entworfenen Entwicklungsszenarien in Erinnerung, so kann das europäische Konzept als Rahmen dienen, um Reform- und Transformationsprozesse in der VR China zu unterstützen. Die Umsetzung des Konzeptes steht unter sich wechselseitig bedingenden Einflüssen EU-externer und -interner Faktoren.

EU-externe Faktoren: Trotz des erkennbaren Festhaltens der chinesischen Regierung an der Reform- und Öffnungspolitik bleiben die beschriebenen Unwägbarkeiten hinsichtlich der zukünftigen Entwicklung der Volksrepublik bestehen. Hinzu kommt, daß es der VR China in der Vergangenheit immer wieder gelungen ist, nicht nur die EU-internen Meinungsverschiedenheiten zur Durchsetzung eigener Interessen zu nutzen, sondern auch den Wettbewerb zwischen der EU und den Vereinigten Staaten, um den chinesischen Markt zu instrumentalisieren.

EU-interne Faktoren: Die Chinapolitik spiegelt die Schwierigkeit wider, eine kohärente Politik aus den interessengeleiteten und teilweise gegensätzlichen Konzepten verschiedener nationaler und supranationaler Akteure zu gewinnen. Dieses Problem liegt nicht primär an der Art des Kooperations- und Dialogpartners, sondern ergibt sich aus dem gegenwärtigen Zustand unterschiedlicher Integrationsdichte in den für die Außenbeziehungen der EU relevanten Politikbereichen.[53] Soll der Zielsetzung der beiden Chinakonzepte entsprochen werden, bedarf es einer verbesserten Zusammenarbeit in zwei Richtungen: in horizontaler zwischen den Mitgliedstaaten sowie zwischen den Organen und Institutionen der EU und in vertikaler zwischen den Mitgliedstaaten und den Organen und Institutionen. Diese muß ergänzt werden durch eine entsprechende Abstimmung mit den Vertretungen der Mitgliedstaaten und der Kommission in der VR China. Die Geschwindigkeit, mit der sich die Chinapolitik der EU entwickeln kann, wird vor dem Hintergrund des beschriebenen Zustandes der europäisch-chinesischen Beziehungen, der Einflüsse der inneren Ausgestaltung der EU, der institutionell und administrativ begrenzten Möglichkeiten, einer potentiellen Überlastung des Dialoges der EU mit Drittstaaten und den Folgewirkungen der EU-Erweiterung nur langsam zu steigern sein. Gleichzeitig hat sich, wie erwähnt, bereits eine für die europäische Chinapolitik zentrale Gruppe von Mitgliedstaaten herausgebildet, die Impulse für die EU-Chinapolitik vorgeben und eventuell zunehmend strategische Partnerschaften eingehen werden.

Die Möglichkeit, daß sowohl in der VR China wie auch in den EU-Mitgliedstaaten innerstaatliche Entwicklungen und Forderungen der Regierungen die Beziehungen immer wieder aus dem Gleichgewicht bringen können, bleibt bestehen.[54] Hinzu kommen im voraus schwer kalkulierbare externe Entwicklungen, wie sich im Fall der Finanzkrise in Asien oder dem Kosovo-Krieg zeigte. Kann die EU dennoch eine ordnungspolitische Rolle übernehmen und Einfluß auf die Entwicklung der VR China ausüben? Dies erscheint bei einer kohärenten Umsetzung des Chinakonzeptes in eingeschränkter Form möglich und zeigt sich beispielsweise nicht nur in der europäischen Position zum WTO-Beitritt der VR China, sondern auch in kleineren Kooperationsprogrammen zur Verbesserung der Lebensverhältnisse in den Provinzen. Im sicherheitspolitischen Bereich nimmt die EU jedoch keine den Vereinigten Staaten auch nur annähernd vergleichbare Rolle in der asiatisch-pazifischen Region ein.

Anmerkungen

1 Vgl. Brzezinski, Zibigniew: Die einzige Weltmacht. Amerikas Strategien der Vorherrschaft, Berlin 1997; sowie Goodman, David S. G., und Gerald Segal: China Rising. Nationalism and Interdependence, London/New York 1997.
2 Der Begriff Europa bezieht sich hierbei auf die Europäische Union und ihre Mitgliedstaaten. China wird in einem umfassenden Kontext als *greater China* betrachtet, d. h. als VR China, Taiwan, Hongkong und Macau.
3 Schätzungen gehen davon aus, »daß von den 400 Millionen Silberdollar, die zwischen 1571 und 1821 aus Südamerika und Mexiko nach Europa importiert wurden, die Hälfte von den europäischen Ländern zum Ankauf chinesischer Waren ausgegeben wurde«. Gernet, Jacques: Die chinesische Welt, 3. Auflage, Frankfurt a. M. 1983, S. 409.
4 Zu nennen ist beispielsweise die Boxer-Rebellion des Jahres 1900. Die Annektionspolitik des Auslands führte auch zu Gebietsabtretungen, wie beispielsweise im Fall von Hongkong, das durch den Vertrag von Nanjing 1842 von China an England überging.
5 Vgl. Hoffmann, Rainer: Der Untergang des konfuzianischen China. Vom Mandschureich zur Volksrepublik, Wiesbaden 1980.
6 Vgl. ABl. der EG, L 250 v. 19. Juni 1985.
7 Vgl. Auf dem Weg zu einer neuen Asienstrategie, Mitteilung der Kommission KOM(94) 314 endg., 13. Juli 1994.
8 Vgl. Eine langfristige Politik für die Beziehungen zwischen China und Europa, Mitteilung der Kommission, KOM(95) 279 endg., 5. Juli 1995. Im Dezember 1995 verabschiedete der Rat die entsprechenden Schlußfolgerungen, vgl. Langfristige Politik der Europäischen Union gegenüber China, Schlußfolgerungen des Rates, 18. Januar 1996, in: Agence Europe Dokumente v. 18. Januar 1996.
9 Vgl. Agence Europe Dokumente (Anm. 8), S. 1.
10 Vgl. Für eine umfassende Partnerschaft mit China, Mitteilung der Kommission, KOM(98) 181 endg., 25. März 1998.
11 Anmerkungen Deng Xiaopings aus dem Jahre 1985 zu Forderungen nach bürgerlicher Liberalisierung und westlichen Menschenrechten. Vgl. Deng Xiaoping: Die Reform der Revolution. Ein Million Menschen auf dem Weg, Berlin 1988, S. 144. Die vier Modernisierungen beziehen sich auf die Bereiche Landwirtschaft, Industrie, Wissenschaft und Technik, Militär.
12 Vgl. The World Bank: China 2020. Development Challenges in the New Century, Washington D.C. 1997, S. 3.
13 Vgl. FAZ-Institut: Länderanalyse VR China/Hongkong (Mai 1999), Frankfurt a. M. 1999, S. 10–11.
14 Vgl. FAZ-Institut (Anm. 13), S. 11.
15 The World Bank (Anm. 12), S. 98 f.

16 Gegenseitige Achtung der Souveränität und territorialen Integrität; Nichtaggression; gegenseitige Nichteinmischung in jegliche innere Angelegenheit; Gleichheit und gegenseitiger Nutzen; friedliche Koexistenz.
17 Vgl. Auszüge der Rede Jiang Zemins beim 15. Parteitag der KP Chinas, Hold High the Great Banner of Deng Xiaoping Theory for an All-round Advancement of the Cause of Building Socialism with Chinese Characteristics into the 21st Century, in: Foreign Affairs Journal *Waijiao jikan* (Dezember 1997), S. 1–6.
18 Vgl. Faust, John R., und Judith F. Kornberg: China in World Politics, Boulder und London 1995. Wacker, Gudrun: Die »chinesische Bedrohung«. Wahn oder Wirklichkeit?, in: Berichte des Bundesinstituts für ostwissenschaftliche und internationale Studien 51, Köln 1995. Möller, Kay: Was treibt Chinas Außenpolitik. Motive und Methoden, SWP-IP 3022, Ebenhausen 1997.
19 Vgl. The International Institute for Strategic Studies: The Military Balance 1996/97, London 1996, S. 171 f.; dass.: The Military Balance 1998/99, London 1998, S. 165.
20 Belohnung für Wohlverhalten, Abschreckung bei Nichtwohlverhalten und Bestrafung, falls die Abschreckung fehlschlägt. Vgl. Segal, Gerald: East Asia and the »Constrainment« of China, in: International Security 4 (1996), S. 107–135. Vgl. zum Negativszenario Bernstein, Richard und Ross H. Munro: The Coming Conflict with America, in: Foreign Affairs 2 (1997), S. 18–32.
21 Wacker (Anm. 18), S. 35.
22 1971 wurde die VR China von der Vollversammlung der Vereinten Nationen als rechtmäßige Regierung Chinas anerkannt. Im selben Jahr besuchte der amerikanische nationale Sicherheitsberater Henry Kissinger die Volksrepublik und leitete die sino-amerikanische Annäherung ein, die 1979 in die Aufnahme diplomatischer Beziehungen mündete. Die Republik China (Taiwan) verlor den Status als anerkannte Vertretung Chinas, und im Schanghai-Kommuniqué bestätigten die Vereinigten Staaten 1972 ihre Ein-China-Politik.
23 Vgl. Kapur, Harish: Distant Neighbours. China and Europe, London/New York 1990, S. 56–65.
24 Vgl. Opitz, Peter J.: Die Politik Chinas gegenüber Westeuropa, in: Außenpolitik 3 (1986), S. 254 f.
25 Es gab u. a. Chinabesuche des französischen Staatspräsidenten Georges Pompidou (1973), des deutschen Bundeskanzlers Helmut Schmidt und des belgischen Ministerpräsidenten Leo Tindemans (beide 1975). Vgl. Kapur (Anm. 23), S. 119–122.
26 Vgl. Club de Bruxelles: The Chinese Economy and Relations with the European Union, Study Written by the Club de Bruxelles under the Direction of Ghislaine Berruet, Brüssel 1994, S. 78.
27 Vgl. Abl. der EG, L 123 v. 11. Mai 1978.
28 Rechtliche Grundlage des Abkommens ist Art. 113 EGV-M. Das Abkommen wurde auf fünf Jahre geschlossen und wird stillschweigend um jeweils ein Jahr verlängert, falls nicht eine Vertragspartei dessen Kündigung notifiziert. Der gemischte Ausschuß tritt jährlich abwechselnd in Brüssel und Peking zusammen. Außerordentliche Tagungen sind möglich.
29 Vgl. KOM(98) 181 endg., 25. März 1998.
30 Vgl. Europäische Kommission: Außen- und Intrahandel der Europäischen Union. Statistisches Jahrbuch 1958–1996, Luxemburg 1997, S. 44 f, sowie Eurostat: Statistik kurzgefaßt. Außenhandel 4, Luxemburg 1997.
31 Vgl. Kynge, James: Asian Economic Recovery hits Chinese Exports to Europe, in: Financial Times v. 25. Mai 1999; FAZ-Institut (Anm. 13), S. 14 f.

32 Vgl. Schüller, Margot: Perspektiven der europäisch-chinesischen Wirtschaftsbeziehungen, in: Bass, Hans H., und Karl Wohlmuth (Hrsg.): China in der Weltwirtschaft, Institut für Asienkunde, Hamburg 1996, S. 151.
33 Beispielsweise fehlende Transparenz und Berechenbarkeit, Handelsmonopole, Vergabebeschränkungen bei Importen, indirekte Exportsubventionen oder hohe Zolltarife. Vgl. Schüller (Anm. 32), S. 154–157.
34 Von den EU-Mitgliedstaaten tätigten 1996 Deutschland, Frankreich, Italien und das Vereinigte Königreich die meisten Direktinvestitionen. Vgl. European Commission Delegation in China: Economic Relations between the EU and China, Peking 15. Juni 1997, in: http://www.ecd.or.cn/vhost/ecd/trad/trad9706.html (2. Dezember 1997). Als Ursachen für das vergleichsweise geringe europäische Investitionsvolumen werden mangelnde Risikobereitschaft, das begrenzte Finanzvolumen vieler mittelständischer Unternehmen, die geographische Distanz wie auch mangelnde Informationen und Nichtvertrautheit mit der asiatischen Wirtschaftskultur genannt. Vgl. Schüller (Anm. 32), S. 158–161.
35 Vgl. Eglin, Michaela: China's Entry into the WTO with a Little Help from the EU, in: International Affairs 3 (1997), S. 489–508.
36 Vgl. Nuttall, Simon: European Political Co-operation, Oxford 1992, S. 287.
37 Vgl. KOM(95) 279 endg.
38 Vgl. Bulletin EG 6 (1989), S. 17.
39 Vgl. European Political Cooperation Documentation Bulletin 1990, Vol. 6., Luxemburg 1992, S. 291 und S. 453 f.
40 Vgl. die Antwort der italienischen Ratspräsidentschaft auf eine Anfrage aus dem Europäischen Parlament, in: European Political Cooperation Documentation Bulletin 1990 (Anm. 39), S. 453 f.
41 Vgl. KOM(95) 279 endg., S. 6 f
42 Vgl. Schubert, Gunter: China und die Menschenrechte. Zu den Möglichkeiten und Grenzen eines kritischen Dialogs, in: Konrad-Adenauer-Stiftung, Auslandsinformationen 4 (1997), S. 59 f.
43 Vgl. Heilmann, Sebastian: Making Human Rights Work in China, in: Friedrich-Ebert-Stiftung, China's International Role. Key Issues, Common Interests, Different Approaches, Bonn 1997, S. 166.
44 Vgl. »EU in ihrer Haltung zu China gespalten«, in: FAZ v. 8. April 1997, S. 2; Agence Europe v. 5. April 1997, S. 4, und v. 12. April 1997, S. 2. Im Oktober 1997 erklärte die VR China die Normalisierung der Beziehungen zu Dänemark.
45 Sir Leon Brittan erklärte gegenüber dem chinesischen Dissidenten Wei Jingsheng, daß die Haltung der EU gegenüber künftigen Resolutionen von den Fortschritten der VR China in der Menschenrechtspolitik abhänge. Als Fortschritte, die von der VR China erzielt wurden, werden von europäischer Seite genannt: die Einwilligung, ein Kooperationsprogramm mit der EU in Menschenrechtsfragen zu beginnen; die Unterzeichnung des internationalen Paktes über wirtschaftliche, soziale und kulturelle Rechte der Vereinten Nationen; die Absichtserklärung, den Internationalen Pakt über bürgerliche und politische Rechte zu unterzeichnen; die Zustimmung zu einer gemeinsamen Expertengruppe EU/China zu diesen beiden Übereinkommen; die Einreiseerlaubnis für die Menschenrechtskommissarin der Vereinten Nationen Mary Robins; die Nichtablehnung eines Besuches der EU-Troika in Tibet. Vgl. Agence Europe v. 18. März 1998, S. 4.
46 Vgl. Mitteilung der Kommission an den Rat: Die Europäische Union und Hongkong. Die Zeit nach 1997, KOM(97) 171 endg., 23. April 1997. Bridges, Brian: The Hong Kong Transition and Sino-European Relations, in: New Asia 2 (1997), S. 70–85.

47 Vgl. Santos Neves, Miguel: Towards a Common China Policy for the EU. A Portuguese Perspective, in: Grant, Richard (Hrsg.): The European Union and China. A European Strategy for the 21st Century, London 1995, S. 75–88.
48 Vgl. aus taiwanesischer Sicht Shen, Cen-chu: Common Foreign and Security Policy of the European Union (EU). Its Implications and Influences on EU-ROC (Taiwan) Relations, in: Shen, Cen-chu, und Yann-Huei Song (Hrsg.): EC Integration and EC-ROC Relations, Taipeh 1995, S. 101–134.
49 Vgl. Godement, Francois: Between the Gold Rush and Political Trade. France's Approach to the China Market, in: Friedrich-Ebert-Stiftung (Anm. 43), S. 81–93. SIPRI Yearbook 1997. Armaments, Disarmament and International Security, Oxford 1997, S. 271.
50 Vgl. Menotti, Roberto: European-Chinese Relations in the Nineties, in: The International Spectator 4 (1995), S. 79. Möller schlägt vor, daß die EU Taiwan unterhalb der Schwelle diplomatischer Anerkennung behandeln sollte. Im Falle einer demokratischen Entscheidung Taiwans für einen unabhängigen Status oder bei einem Angriff durch die Volksrepublik sollte die EU die Option einer diplomatischen Anerkennung Taiwans aufgreifen. Vgl. Möller, Kay: European Strategies vis-à-vis China. Myth and reality, in: Friedrich-Ebert-Stiftung: China's International Role. Key Issues, Common Interests, Different Approaches, Bonn 1997, S. 79.
51 Vgl. KOM(95) 279 endg., S. 3 f.
52 Vgl. Bates, Gill, und Taeho Kim: China's Arms Acquisitions from Abroad. A Quest for »Superb and Secret Weapons«, SIPRI Research Report, No. 11, Oxford 1995. Islam, Shada: Comrades and Arms, in: Far Eastern Economic Review v. 24. April 1997, S. 25. Walker, Tony: China Renews Efforts to End Arms Embargo, in: Financial Times v. 9. April 1997, S. 16.
53 Vgl. Algieri, Franco: Die Amsterdamer Reform der GASP. Anleitung zu begrenztem gemeinsamen Handeln, in: Weidenfeld, Werner (Hrsg.): Amsterdam in der Analyse, Gütersloh 1998, S. 89–120.
54 Vgl. Maull, Hanns W.: Reconciling China with International Order, in: The Pacific Review 4 (1997), S. 466–479.

Europa und Indien

DIETMAR ROTHERMUND

Indiens Erfahrungen mit Europa wurden durch die britische Kolonialherrschaft geprägt. Der lange Freiheitskampf gegen die Fremdherrschaft war jedoch nicht gleichbedeutend mit einer prinzipiell anti-europäischen Haltung. Die Lehren der liberalen britischen Philosophen wurden von der indischen Elite rezipiert und als Argumente im Freiheitskampf verwendet. Viele europäische Werke wurden in indische Sprachen übersetzt. Indische Nationalisten fanden besonders in den Werken der europäischen Indologen Unterstützung für ihre Bemühungen, den Wert der indischen Kultur hervorzuheben und eine nationale Vergangenheit zu rekonstruieren.[1]

Auf ökonomischem Gebiet erkannten die indischen Nationalisten jedoch bereits im 19. Jahrhundert, daß die britischen Freihandelstheorien, die mit dem Anspruch universaler Geltung vorgetragen wurden, in Indien nur der Kolonialmacht Vorteile brachten. Sie beriefen sich auf Friedrich List und verlangten eine Protektion der einheimischen Industrie. Britische Reaktionen auf die Weltwirtschaftskrise zeigten dann, daß die Kolonialherren in der Not ebenfalls in protektionistischen Maßnahmen Zuflucht suchten. Sie verteidigten den indischen Markt auf diese Weise, sicherten sich aber selbst Zollpräferenzen, um ihren Anteil an diesem Markt zu sichern.[2] Für die indischen Nationalisten wurden Protektionismus und die Förderung der heimischen Wirtschaft durch Importsubstitution daher geradezu zu Glaubensartikeln. Das hatte einen großen Einfluß auf die Gestaltung der Wirtschaftspolitik im unabhängigen Indien. Es kam hinzu, daß die Kriegswirtschaft im Zweiten Weltkrieg die Kolonialherren zum Ausbau eines umfangreichen Interventionsinstrumentariums zwang, das dann von der indischen Regierung übernommen wurde.[3] Sie nutzte es, um Indien für Jahrzehnte vom Weltmarkt abzuschotten. Die Konzentration auf die Entwicklung des Binnenmarktes war für Indien durchaus eine lohnende Aufgabe. Doch die Binnenorientierung bewirkte, daß Indiens Anteil am Welthandel nach der Unabhängigkeit nicht wuchs, sondern immer mehr zurückging. Indien war jedoch insoweit vom Weltmarkt abhängig, als es Investitionsgüter importieren mußte. Dafür brauchte es Devisen, die es auf dem Wege der Entwicklungshilfe erhielt, die so eigentlich als Lieferantenkredit der westlichen Maschinenfabrikanten diente, nur daß diese die Kredite nicht selbst vergaben, sondern zusahen, daß ihre Regierungen dafür die Mittel der Steuerzahler zur Verfügung stellten.

Indiens begrenzte »Öffnung« im Sinne der Annahme von Entwicklungshilfe fiel zeitlich mit der Gründung der Europäischen Gemeinschaft im Jahre 1957 zusammen. Die Entstehung dieser Gemeinschaft betrachtete Indien jedoch nicht als Hoffnungsstrahl, sondern eher skeptisch. Jawaharlal Nehru, der erste indische Premierminister und Architekt der indischen Außen- und Wirtschaftspolitik, hielt diese Gemeinschaft für einen »Club der Reichen«, von dem er nicht viel erwartete.[4] Damit befand er sich auf derselben Wellenlänge wie die britischen Sozialisten, die zu jener Zeit ebenfalls gegen die Europäische Gemeinschaft eintraten. Nichtsdestoweniger richtete Indien bereits 1962 eine Botschaft in Brüssel ein, die das Land bei der EG vertrat. Es war dies die erste Botschaft dieser Art, die ein der EG nicht assoziierter Staat in Brüssel errichtete.[5] Dieser Schritt erfolgte im Zusammenhang mit dem ersten britischen Antrag auf EG-Mitgliedschaft von 1961, der dann an de Gaulles Veto scheiterte. Etliche der nach Brüssel entsandten indischen Botschafter waren exzellente Diplomaten mit weltwirtschaftlichem Weitblick. Doch das nutzte wenig, solange Indien und die EG sich recht gleichgültig gegenüberstanden. Indien beharrte auf seiner Politik der Selbstgenügsamkeit, und für die EG blieben sowohl politische als auch wirtschaftliche Kontakte mit Indien nur von marginaler Bedeutung.

1. Die Entwicklung nach dem britischen EG-Beitritt 1973

Bis zu Beginn der siebziger Jahre blieb Großbritannien der wichtigste europäische Handelspartner Indiens. Als Großbritannien 1973 der EG beitrat, mußte Indien ein eigenes Handelsabkommen mit der EG abschließen.[6] In den Jahren nach 1973 zwang dann die erste Ölkrise Indien dazu, seine Exporte zu forcieren, da es für seine Ölimporte immer mehr bezahlen mußte. In diesem Zusammenhang stiegen auch die indischen Exporte in die Länder der EG, doch die Importe aus diesen Ländern wuchsen noch schneller und damit auch das indische Handelsbilanzdefizit. In diesen Jahren stieg auch der Handel Indiens mit der Bundesrepublik Deutschland stark an und erreichte nahezu den gleichen Umfang wie der mit Großbritannien. Belgien, Frankreich und die Niederlande hatten nahezu gleiche Anteile an den restlichen 46 Prozent des Indienhandels der EG.[7]

Während das Handelsabkommen von 1973 eine notwendige Folge des EG-Beitrittes Großbritanniens war, zeigte das im Juni 1981 abgeschlossene erweiterte Abkommen an, daß die Handelsbeziehungen zwischen der EG und Indien nun eine neue Qualität erhalten sollten. In diesem *Agreement for Commercial and Economic Cooperation between the EEC and India* war von Unternehmenspartnerschaften (*joint ventures*) und Wissenschaftskooperation die Rede. Die Verhandlungen über das Abkommen hatten zwei Jahre in Anspruch genommen.[8] Die Zugeständnisse, die die EG in diesem Abkommen machte, brachten Indien aber immer noch nicht in den Genuß der Vorteile, die die der EG assoziierten AKP-Staaten hatten, deren

Produkte vielfach im Wettbewerb mit indischen Exporten standen. Dennoch stieg der Handel Indiens mit den Ländern der EG in den folgenden Jahren bis zum Ende der Regierungszeit Rajiv Gandhis noch stärker an als im vorigen Jahrzehnt. Freilich hatte die EG einen größeren Vorteil von diesem Wachstum als Indien, denn vor allem der Anteil der indischen Importe aus der EG stieg bemerkenswert an. Während diese Importe 1980 nur etwa ein Fünftel aller indischen Importe ausmachten, war es nun nahezu ein Drittel. Dadurch kam es auch zu einem höheren Handelsbilanzdefizit, denn die indischen Exporte in die Länder der EG blieben weit hinter den Importen zurück. Dieses Defizit betrug 1988 gegenüber der EG 2,6 Mrd. US-Dollar, weil Importen im Wert von 6 Mrd. nur Exporte im Wert von 3,4 Mrd. gegenüberstanden.[9]

Rajiv Gandhi wollte Indien ins 21. Jahrhundert führen und dem internationalen Wettbewerb aussetzen und forcierte deshalb die Liberalisierung des Außenhandels. Dies war zugleich der Weg des geringsten politischen Widerstandes und brachte viel Geld in die Staatskasse. Interne Liberalisierungsmaßnahmen mußten harte Auseinandersetzungen mit Bürokraten und anderen Besitzstandswahrern bringen, die Rajiv Gandhi scheute. Die Zolleinkünfte, die in Indien allein der Bundesregierung zufließen, stiegen durch die wachsenden Importe rasch an und ermöglichten es der Regierung, die Ausgaben der öffentlichen Hand (Subventionen, Aufblähung des öffentlichen Dienstes) zu steigern, die im Interesse einer internen Liberalisierung eigentlich hätten reduziert werden müssen.[10]

Die Länder der EG gehörten zu den Nutznießern der indischen Außenhandelsliberalisierung. Die Rangfolge der Handelspartner blieb ähnlich wie zuvor. Großbritannien und die Bundesrepublik Deutschland hatten jeweils einen Anteil von rund einem Viertel des Handels mit Indien, bemerkenswert war jedoch der starke Zuwachs dieses Handels mit Belgien, das 22 Prozent der indischen Importe aus der EG, aber nur 18 Prozent der indischen Exporte in die EG zu verzeichnen hatte, während Frankreich sehr zurückfiel und weniger als die Hälfte des Wertes der belgischen Im- und Exporte erreichte.

2. Der wirtschaftliche Wandel in Indien und in der EG nach 1991

Zwei bedeutsame Ereignisse, die keine kausale Beziehung zueinander hatten, aber in der Folgezeit zu Wechselwirkungen führten, kennzeichneten den Beginn der neunziger Jahre. Indien geriet 1991 in eine ernste Zahlungsbilanzkrise, die es nur mit der Unterstützung der Weltbank und des Internationalen Währungsfonds überwinden konnte. Die im Juni 1991 an die Macht gekommene Regierung unter Premierminister Narasimha Rao und Finanzminister Manmohan Singh machte aus der Not eine Tugend und schlug einen energischen Liberalisierungkurs ein. Dazu gehörte auch die Abwertung der indischen Rupie und die Deregulierung weiterer Bereiche der Wirtschaft, die bisher unter bürokratischer Kontrolle gestanden hatten.

Bald darauf wurde in der Europäischen Gemeinschaft der gemeinsame Binnenmarkt eingeführt. Indische Wirtschaftskreise mußten sich nun intensiver mit den Chancen und Problemen auseinandersetzen, die diese Entwicklung mit sich brachte. Der indische Botschafter bei der EG, Arjun Sengupta, versuchte die Konsequenzen aus dieser neuen Konstellation zu ziehen und schlug vor, daß Indien nun den Status eines assoziierten Mitgliedes der EG beantragen sollte. Doch dieser kühne Vorstoß fand weder bei der indischen Regierung noch bei der EG Unterstützung.[11] Die Vorbehalte dagegen hatten auf beiden Seiten verschiedene Gründe. Die indische Regierung fand wohl angesichts ihrer bisherigen außenpolitischen Orientierung die Bindung an Europa politisch riskant, die EG dagegen befürchtete vermutlich, daß eine Assoziierung Indiens ein Präzedenzfall für andere asiatische Länder darstellen könne – und Asien war für die EG nach wie vor eine Region, zu der man eine vorsichtige Distanz wahrte. Als Resultat dieses Vorstoßes trafen beide Seiten jedoch sehr schnell ein neues Abkommen, das einen vielversprechenden Namen trug: *Co-operation Agreement between the European Community and the Republic of India on Partnership and Development.*[12] Es wurde Ende 1992 initialisiert, 1993 ratifiziert und trat mit dem Beginn des Jahres 1994 in Kraft.

Auf Verlangen der EU wurde der Respekt vor den Menschenrechten in den Vertragstext aufgenommen. Auch in anderer Hinsicht ging dieser Vertrag über die Zielsetzungen eines reinen Handelsabkommen hinaus und bezog sich auch auf Kultur, Wissenschaft und Technologie, auf den Schutz der Umwelt und die Förderung von Erziehung und Ausbildung. Im Rahmen dieser letzteren Artikel des Vertrages stellt die EU 150 Mio. ECU für den Ausbau der Grundschulerziehung in Indien bereit. Der kühne Plan Senguptas, der zum Scheitern verurteilt war, hatte immerhin den Anstoß zu diesem neuen Abkommen gegeben, das der Zusammenarbeit der EG mit Indien neue Wege wies.

Die EG fand sich in den folgenden Jahren auch bereit, sich stärker in Asien zu engagieren. Das Europa-Asien-Gipfeltreffen in Bangkok 1996 gab das Signal zu einer neuen europäischen Asienpolitik.[13] Doch leider wurden Indien sowie andere südasiatische Staaten nicht eingeladen.[14] Indien nahm das sehr übel. Es gab für diese Nichtberücksichtigung Indiens Gründe, die die EG nicht zu verantworten hatte. Die ASEAN-Staaten fühlten sich als die eigentlichen Gastgeber dieses Gipfeltreffens. Hätten sie Indien eingeladen, so hätten sie Pakistan nicht ausschließen können und so den Gipfel mit den Konflikten dieser feindlichen Nachbarn belastet. Der EG könnte man lediglich vorwerfen, daß sie sich nicht gegen einen Ausschluß Südasiens aussprach. Die Südasiaten erhielten dann auch bald darauf das Versprechen, daß sie beim nächsten Gipfel dieser Art nicht vergessen werden sollten. Diese Zusage hat jedoch der ASEM-Gipfel in Frühjahr 1998 in London nicht eingelöst.

Indiens Zahlungsbilanzkrise von 1991 und die ihr folgende Wirtschaftsreform wirkten sich unmittelbar auf die Handelsbeziehungen zur EG aus. Während der Wert der indischen Importe aus der EG vor der Krise 7 Mrd. US-Dollar betrug, ging er 1991 auf 5,6 Mrd. zurück, erreichte 1992 6,3 Mrd. und erst 1993 wieder den Wert von 7 Mrd. Danach stieg er rasant an, so daß 1995 10,2 Mrd. zu verzeichnen waren.[15] Dagegen zeigten die indischen Exporte keinen Einbruch, sondern ein stetiges Wachstum, wobei natürlich auch die Auswirkung der Abwertung der Rupie um ca. 18 Prozent im Sommer 1991 zu berücksichtigen ist. Im Vorjahr hatten die Exporte einen Wert von 4,9 Mrd. US-Dollar, bis 1993 stieg dieser auf 5,8 Mrd. an und erreichte 1995 8,7 Mrd. Das Handelsbilanzdefizit gegenüber der EU betrug 1995 1,5 Mrd., doch angesichts einen Gesamtwerts (Import und Export) des Handels mit der EG von rund 12 Mrd. war dieses Defizit geringfügig, wenn man es mit dem von 1988 vergleicht, als einem Gesamtwert von 9,4 Mrd. ein Defizit von 2,6 Mrd. gegenüberstand.

Das weitere Wachstum der indischen Exporte in die Länder der EU hängt einerseits von der weiteren Steigerung der indischen Wettbewerbsfähigkeit, andererseits aber auch von der Zollpolitik der EU ab, deren Grundprinzipien 1995 wesentlich geändert worden sind.[16] Zuvor wurde sie durch ein System der Zollpräferenzen (*Generalised System of Preferences* = GSP) und Einfuhrquotenregelungen für bestimmte Länder (z. B. Textileinfuhren aus Indien) gekennzeichnet. Das GSP wurde nun vereinfacht und standardisiert. Es wurden vier Kategorien von gegenüber dem normalen Zolltarif ermäßigten Zöllen eingeführt, die sich daran orientieren, inwieweit die betreffenden Güter den in der EG produzierten Gütern empfindliche bis gar keine Konkurrenz machen. Für die erste Kategorie gilt ein Tarif von 85 Prozent des Normalzolles, für die zweite und dritte 70 bzw. 35 Prozent, die letzte Kategorie ist zollfrei. Die Anwendung dieser Skala kann jedoch differenziert erfolgen. Produkte sehr armer Länder können gegenüber denen bevorzugt werden, die aus Ländern stammen, die in ihrer Entwicklung bereits Fortschritte gemacht haben. So können gewisse Produkte Bangladeschs zu niedrigeren Zöllen eingeführt werden als die mit ihnen in hartem Wettbewerb stehenden indischen Produkte. Korrekturen bedürfen jeweils zäher Verhandlungen, denn in dem zuvor erwähnten Handelsabkommen von 1993 sind solche Fragen nicht geregelt. Dort steht nur, daß man in bezug auf die Zollpolitik zusammenarbeiten will.

Besondere Sorgen machen Indien auch die nicht-tarifären Handelshemmnisse, die sich aus den europäischen Industrienormen ergeben.[17] Der betreffende Artikel des Abkommens verspricht eine Zusammenarbeit beim Training von Experten und dem Aufbau von indischen Institutionen auf diesem Gebiet. Doch es steht fest, daß die EU die Normen setzt und Indien sich nach ihnen richten muß. Es gibt in Indien durchaus Stimmen, die diesen Zwang begrüßen und sich eine Verbesserung der Qualität der indischen Industrieproduktion insgesamt von einer Anpassung an die europäischen Normen erhoffen. Doch diese Meinung wird eher von Wirtschaftswissenschaftlern vertreten als von den Produzenten, die unter dem Anpassungsdruck leiden, weil sie unlängst noch in einem geschützten indischen Binnenmarkt operierten, in dem es auf Qualitätskontrolle nicht ankam. Indische Unternehmer, für die der Exportanteil ihrer Produktion marginal ist, verzichten oft lieber auf den Export, als sich auf die lästigen Normen einzulassen. Die indische Regierung wiederum, die am Wachstum des Exportes interessiert ist, muß die Durchsetzung der Normen als wesentlichen Bestandteil ihrer Exportpolitik betrachten. Die Außenhandelsbeziehungen wirken sich daher auch auf die Produktion für den indischen Binnenmarkt aus, der für die meisten einheimischen Unternehmer nach wie vor weit wichtiger ist als der Weltmarkt.

3. Der Strukturwandel des indischen Handels mit den Ländern der EG

Die Art der Güter, die Indien aus den Ländern der EG importierte, blieb im Laufe der Jahre nahezu gleich. Es waren in erster Linie Investititionsgüter, die Indien für den Ausbau seiner Industrie brauchte. Sie machten lange Zeit den Löwenanteil der indischen Importe aus, wurden aber nach 1974 immer stärker von den Ölimporten in den Schatten gestellt, die natürlich nicht aus den Ländern der EG kamen. Während in bezug auf die indischen Importe mit Ausnahme der Ölimporte kaum von einem Strukturwandel gesprochen werden kann, zeigten die indischen Exporte eine bemerkenswerte Differenzierung und einen Fortschritt von der Ausfuhr von Rohprodukten zu verarbeiteten Produkten und Industrieerzeugnissen. Typische indische Rohprodukte sind Rohbaumwolle, Tierhäute, Tee, Kaffee und Gewürze. Sie spielen nach wie vor in den indischen Ausfuhren eine Rolle, sind aber in ihrer relativen Bedeutung mehr und mehr zurückgegangen. Statt dessen hat sich die Verarbeitung von Edelsteinen und Juwelen einen immer größeren Anteil an den Exporten Indiens gesichert. Indische Diamantenschleifereien, die hier besondere Erwähnung verdienen, müssen jedoch die Rohdiamanten aus London und Antwerpen beziehen, den Welthandelszentren auf diesem Gebiet, die sowohl den Export der Rohdiamanten als auch den Import der geschliffenen Steine kontrollieren. Auf indischer Seite ist dieses Geschäft zum größten Teil in den Händen von Spezialisten aus einer einzigen Stadt: Palanpur in Gujarat. Diese sind auch in Antwerpen in ansehnlicher Zahl vertreten.[18] Das Verhältnis des Wertes der importierten rohen Edelsteine zu den Exporten der geschliffenen Steine ist etwa 1:1,7. Das bedeutet, daß dieses Geschäft Indien beträchtliche Deviseneinnahmen sichert.

Die Ausfuhr von Lederwaren und Schuhwerk hat sich gegenüber der von unverarbeiteten Tierhäuten ständig gesteigert. Fertige Kleidungsstücke, Teppiche und Wirkwaren sind ebenfalls von immer größerer Bedeutung. Neben diesen einfacheren Industrieerzeugnissen nehmen »moderne« Produkte wie Maschinen, Autozubehör, Computersoftware etc. noch nicht die vorderen Plätze ein, machen aber in jüngster Zeit immer mehr Fortschritte. Während der Handel mit einfachen Produkten verhältnismäßig unkompliziert ist, erfordert der mit modernen Industrieerzeugnissen meist Partnerschaften mit europäischen Unternehmen oder zumindest eine Präsenz des indischen Produzenten in Europa. Der gemeinsame Binnenmarkt hat in Europa zu Konzentrationen geführt. So ist zum Beispiel auch die Produktion von Autozubehör in den Händen von wenigen großen Firmen. Will der indische

Unternehmer sich in diesen Markt einklinken, muß er sich um Partnerschaften mit solchen großen Firmen bemühen, die ihn als *sub-contractor* akzeptieren.[19] In manchen Bereichen sind aber auch noch Partnerschaften mit kleineren europäischen Firmen möglich. Der harte Wettbewerb auf dem europäischen Markt mag es manchem Unternehmer dort nahelegen, sich mit einem indischen Partner zusammenzutun, der die Vorteile der billigen Löhne in Indien nutzen kann, um seinem europäischen Partner das Überleben zu sichern.

4. Technologietransfer und Unternehmenspartnerschaften

Die indischen Beziehungen zu Europa waren für den Technologietransfer nach Indien von geradezu lebenswichtiger Bedeutung. Dieser kann sich auf dem Wege der Lizenzvergabe vollziehen, wobei lediglich Blaupausen und Produktionsanleitungen versandt und Lizenzgebühren kassiert werden. In vielen Fällen kann der Technologietransfer aber nur auf dem Weg der Unternehmenspartnerschaften (joint ventures) stattfinden, wobei der europäische Partner sein Know-how einbringt und meist auch eine Kapitalbeteiligung erfolgt.[20] Er nimmt dann für die Dauer der Partnerschaft am Gewinn des indischen Partners teil. Solange es dem indischen Partner nur darauf ankommt, den indischen Binnenmarkt mit den entsprechenden Produkten zu versorgen, gibt es keine Interessenkonflikte. Wenn er diese Produkte jedoch auch exportieren will, hört die Gemütlichkeit gewöhnlich auf, denn dann macht er seinem europäischen Partner auf dem Weltmarkt Konkurrenz und kann ihn sogar aufgrund geringerer Lohnkosten vom Weltmarkt verdrängen. Während solche *joint ventures* vor den Zeiten der Liberalisierung Indiens sehr beliebt waren, erweisen sie sich jetzt als Hemmnis für indische Exportbemühungen. Sie hatten auch vorher schon gewisse negative Effekte, weil sie indische Initiativen auf dem Gebiet von Forschung und Entwicklung (F&E) überflüssig machten.

Die indische Regierung unterhält unter dem Dach des *Council for Scientific and Industrial Research* (CSIR) rund 40 hochkarätige nationale Laboratorien und Forschungsinstitute, deren Arbeit aber für die indische Industrie weitgehend unfruchtbar geblieben ist, weil sich die indischen Betriebe auf Technologietransfer von außen verlassen und daher nicht auf interne Forschung und Entwicklung angewiesen sind. Nur wenige indische Firmen haben eigene F&E-Abteilungen. Die Mißachtung indischer F&E herrscht sogar in Kreisen des indischen Militärs vor, das lieber die neuesten Waffen aus dem Ausland bezieht, statt sich auf die Produkte der indischen Regierungsorganisationen zu verlassen, die mitunter gute Qualität vorweisen können, wie sich beim indischen Raketenbau gezeigt hat. Die Militärs haben dabei das gute Argument, daß der Feind mit den neuesten westlichen Waffen ausgerüstet ist, und es gefährlich ist, wenn man auf Produkte angewiesen ist, die nicht von gleicher Qualität sind.[21] Das gilt analog auch für den Wettbewerb privater Firmen auf dem Weltmarkt. Doch wenn man dort keine Vorteile durch eigene

F&E vorzuweisen hat, bleibt nur der Vorteil billiger Löhne. Dieser Wettbewerbsvorteil ist meist nicht von langer Dauer, er muß durch wachsende technische Kompetenz kompensiert werden.

Während die alte Form der indo-europäischen Unternehmenspartnerschaft zumeist im oben beschriebenen Sinne eine Einbahnstraße blieb, ist nun eine echte Partnerschaft gefordert, bei der beide Partner sich gegenseitig unterstützen, wenn es darum geht, sich sowohl auf dem europäischen als auch auf dem indischen Markt zu behaupten.

5. Aspekte der politischen Partnerschaft zwischen Europa und Indien

Bisher war hauptsächlich von Außenhandel und Wirtschaftspartnerschaft die Rede, während die politische Partnerschaft nicht angesprochen wurde. In der Tat ist der wirtschaftliche Aspekt in den Beziehungen zwischen der EG und Indien dominant. Die politischen Beziehungen orientierten sich meist noch an dem alten Muster der Souveränität der Nationalstaaten, die ihre jeweils eigene Außenpolitik gestalteten. Die Staaten der EG sind aber immer mehr dazu übergegangen, ihre Außenpolitik zu koordinieren. Das hat Indien zur Kenntnis nehmen müssen. Es kann nicht mehr darauf vertrauen, daß es besondere Beziehungen zu einem europäischen Land nutzen kann, um Einfluß auf andere europäische oder außereuropäische Länder zu nehmen. Ferner kristallisiert sich in jüngster Zeit eine gemeinsame europäische Asienpolitik heraus, die zwar noch an dem Mangel einer Unterschätzung der weltpolitischen Rolle Indiens leidet, aber gerade deshalb von Indien mit Aufmerksamkeit beobachtet werden muß. Es liegt in Indiens Interesse, in den Ländern der EU insgesamt mehr Beachtung zu finden. Mit anderen Worten, Indien muß eine Europapolitik entwickeln, und die EU darf im Rahmen ihrer neuen Asienpolitik nicht vergessen, daß Indien ebensoviel Aufmerksamkeit verdient wie China und Japan, die bisher im Mittelpunkt des europäischen Interesses standen.

Literaturhinweise

K.B. Lall et al. (Hrsg.): India, Germany and the European Community, New Delhi 1993.
S. Jagannathan: EC and India in the 1990s. Towards Corporate Synergy, New Delhi 1993.
G. Sundaram: India and the European Union, New Delhi 1997.

Anmerkungen

1 Rothermund, Dietmar: Die politische Willensbildung in Indien, 1900–1960, Wiesbaden 1965.
2 Rothermund, Dietmar: India in the Great Depression, 1929–1939, New Delhi 1992.

3 Rothermund, Dietmar: Die Anfänge der indischen Wirtschaftsplanung im Zweiten Weltkrieg, in: Halblützel, Peter, et al. (Hrsg.): Dritte Welt: Historische Prägung und politische Herausforderung. Festschrift für Rudolf von Albertini, Wiesbaden 1983.
4 Interview des Verfassers mit J. Nehru im Januar 1961.
5 Wadhwa, C. D., und Mitra, S. K.: EC 1992 and Future of India's Exports: A Competitive Strategic Perspective, in: Lall, K. B., et al. (Hrsg.): India, Germany and the Eurpean Community, New Delhi 1993, S. 8 f.
6 Wadhwa und Mitra (Anm. 6), S. 9.
7 Wadhwa und Mitra (Anm. 6), S. 23.
8 Sundaram, G.: India and the European Union, New Delhi 1997, S. 108.
9 Sundaram (Anm. 8), S. 125.
10 Rothermund, Dietmar: Indien: Von der Planwirtschaft zur Liberalisierung, in: Fischer, Wolfram (Hrsg.): Lebensstandard und Wirtschaftssysteme, Frankfurt 1983, S. 520 f.
11 Sundaram (Anm. 8), S.164.
12 Sundaram (Anm. 8), S. 163 f. und S. 200–219 (Text des Abkommens).
13 Vgl. Sandschneider, Eberhard: Europa und Südostasien, in diesem Band.
14 Sundaram (Anm. 8), S. 171.
15 Sundaram (Anm. 8), S. 125 und S. 128.
16 Sundaram (Anm. 8), S. 147 f.
17 Jagannathan, S.: EC and India in the 1990s. Towards Corporate Synergy, New Delhi 1993, S. 80 ff.
18 Sundaram (Anm. 8), S. 136.
19 Jagannathan (Anm. 17), S. 141 ff.
20 Kalyani, T. C. A.: Technology Transfer from EC to India. Experience with France and West Germany in the 1980s, in: Lall (Anm. 5), S.138 ff.
21 Arnett, Eric (Hrsg.): Military Capacity and the Risk of War. China, India, Pakistan and Iran, Oxford 1997.

Europa und Südostasien

EBERHARD SANDSCHNEIDER

Die Staaten der Europäischen Union haben die wirtschaftliche und politische Bedeutung der Länder Südostasiens relativ spät entdeckt. Nach zunächst zögerlichen und verhaltenen Annäherungsschritten läßt sich erst seit dem Ende des Ost-West-Konfliktes eine substantielle Verbesserung der Beziehungen feststellen. Die Europäische Union unterhält mittlerweile ein weitverzweigtes Netz bi- und multilateraler Kontakte zu den Ländern des asiatischen Raumes. Von herausragender Bedeutung sind dabei für die EU im Rahmen ihrer seit Mitte der neunziger Jahre neu definierten Asienpolitik die Beziehungen zu den südostasiatischen Mitgliedsländern der ASEAN.[1] Eine langsame Institutionalisierung und Schwierigkeiten in der Abstimmung der gegenseitigen Interessen haben diesen Kooperationsprozeß begleitet und eine schnelle Intensivierung zunächst unmöglich gemacht.

Nähert man sich der Kooperation zwischen der EG/EU und der ASEAN aus einer vergleichenden Perspektive, läßt sich zunächst eine gegenläufige Tendenz beobachten: Während in Europa ein weitverbreitetes Bestreben festzustellen ist, notwendige internationale Kooperation zu institutionalisieren und in wichtigen Bereichen auf supranationaler Ebene zu regeln, gehen in Asien die Uhren noch deutlich anders; Grundlage jeder Form zwischenstaatlicher Kooperation ist nationalstaatliche Souveränität. Die bestehenden Formen von Integrationsbemühungen, wie etwa die ASEAN, bleiben bislang rein intergouvernemental und frei von jeglichen Aspekten teilweiser Souveränitätsabgabe durch Nationalstaaten.

Daneben gibt es eine Reihe von Gemeinsamkeiten: EU und ASEAN spielen in ihrem jeweiligen regionalen Umfeld als Räume wachsenden ökonomischen Wohlstandes und relativer militärischer Sicherheit eine besondere Rolle in der Gestaltung ihrer Innenbeziehungen, aber auch ihres regionalen und internationalen Umfeldes.

Beide sehen sich in ihrem jeweiligen Prozeß der Erweiterung insbesondere vor die Aufgabe gestellt, bei der Konsolidierung marktwirtschaftlicher Ordnungen in ehemaligen kommunistischen Systemen eine flankierende bzw. stabilisierende Rolle zu spielen und haben mit Rußland und China jeweils eine regionale Großmacht in ihrer geographischen Nähe, die sich in einem komplizierten und schwer kalkulierbaren Transformationsprozeß befindet.

Schließlich sehen sich beide Organisationen auch den wachsenden Herausforderungen zunehmender Globalisierung und Interdependenz gegenüber, mit deren Konsequenzen auf Wohlstand und Sicherheit sie rechnen müssen.

Vor diesem Hintergrund läßt sich trotz der Gegenläufigkeit in den Integrationszielen und -prinzipien der allmähliche Ausbau und der mittlerweile erreichte Grad der Institutionalisierung der Kooperation zwischen der EU und der ASEAN sicherlich als Erfolg beschreiben.

1. Motive und Formen der Kooperation

Auf der Grundlage des Kooperationsvertrages, den die Mitgliedstaaten der ASEAN und der Europäischen Gemeinschaft am 7. März 1980 in Kuala Lumpur schlossen, wurde als Form der Beziehung nicht die Assoziierung, sondern Kooperation bzw. Dialog gewählt. Die Legitimationsbasis für diese Art der Zusammenarbeit zwischen beiden Regionalorganisationen beruht in den ASEAN-Staaten auf jeweiligem nationalen Recht und in der EG auf den Art. 131, 133, 281, 300 und 310 i.V.m. Art. 3 des EG-Vertrages in der Fassung des Vertrages von Amsterdam (EGV-A).

Die ASEAN-Staaten hatten schon in ihrer Gründungsdeklaration 1967 in Bangkok als eines ihrer Ziele die Aufrechterhaltung enger Kooperationen mit bestehenden internationalen und regionalen Organisationen formuliert. Ihre spezifische Motivation, insbesondere zur EG bzw. EU solch enge Kooperationsbeziehungen aufzubauen, läßt sich ganz allgemein wie folgt zusammenfassen: In Anbetracht hoher außenwirtschaftlicher Abhängigkeit kam der Anstoß zur Intensivierung der Beziehungen ursprünglich von den ASEAN-Staaten, da diese mit dem Beitritt Großbritanniens zur EG im Jahre 1973 befürchten mußten, ihre Commonwealth-Präferenzen zu verlieren. Die offensichtlich ökonomisch motivierte Intensivierung der Kontakte zur EG lag in dem Bestreben der ASEAN-Staaten, durch einen weiteren wichtigen Außenhandelspartner die zweiseitige Handelsabhängigkeit von den USA und Japan abzumildern. In den ersten Jahren der Beziehungen kam als weiterer Grund hinzu, daß die EG einer der wichtigsten Entwicklungshilfe-Geber war. Mittlerweile rangiert sie an dritter Stelle der Handelspartner der ASEAN und wird von deren Mitgliedstaaten aus wirtschafts- und sicherheitspolitischen Gründen ähnlich wie die USA, Japan und China als besonders wichtiger Kooperationspartner in regionalen und internationalen Fragen angesehen. Schließlich wird man – trotz widersprüchlicher Äußerungen einzelner asiatischer Politiker[2] – zumindest eine gewisse Vorbildfunktion des europäischen Integrationsprozesses für die ASEAN-Staaten annehmen dürfen.

Für die EG/EU stand ursprünglich das Interesse an einem verläßlichen Kooperationspartner in der Dritten Welt, am Ausbau des Handels mit den sehr wachstumsstarken und rohstoffreichen Ländern der Region und die Schaffung verstärkter Möglichkeiten von Marktzugängen für eigene Wirtschaftsunternehmen im Mittelpunkt des Interesses. In den letzten Jahren hat zusätzlich zu handelspolitischen Fragen das Motiv der Demokratie- und Stabilitätsförderung in der südostasiatischen Region deutlich an Bedeutung gewonnen, auch wenn westliche Erwartungen auf eine der ökonomischen Modernisierung nachfolgende Demokratisierung im Rahmen der Debatte um »asiatische Werte« zum Teil heftig kritisiert worden sind.

2. Entwicklung der Beziehungen

Die Beziehungen der EG/EU zu den Ländern Südostasiens, und hier insbesondere zur ASEAN, sind seit Beginn der siebziger Jahre keineswegs geradlinig verlaufen. Bis heute haben sich die Beziehungen in drei relativ deutlich voneinander unterscheidbaren Phasen entwickelt:

Die erste Phase reicht von der Gründung der ASEAN im Jahre 1967 bis zum Abschluß des Kooperationsabkommens mit der EG im Jahre 1980 und läßt sich als eine Phase der tastenden Annäherung bezeichnen. Nach der Gründung der ASEAN dauerte es zunächst noch fünf Jahre, bis erste offizielle Kontakte zwischen beiden Organisationen aufgenommen wurden. Während die ASEAN-Staaten in diesen Jahren noch mit internen Schwierigkeiten zu kämpfen hatten und die EG sich zeitgleich zunächst auf die Kooperation mit den AKP-Staaten konzentrierte, blieb die Grundlage der Beziehungen Europas zu Südostasien auf historisch gewachsene bilaterale Kontakte beschränkt. Dies änderte sich im Jahre 1972 auf Initiative der ASEAN-Staaten und bedingt durch den EG-Beitritt Großbritanniens. Die Europäische Gemeinschaft wurde in der Folge zum ersten wichtigen offiziellen Dialogpartner der ASEAN. Bereits 1975 wurde dieser Dialog mit der Einrichtung der *ASEAN-EG-Joint Study Group* formalisiert und institutionalisiert. Die ASEAN wurde in diesen Jahren gleichzeitig zu einem der hauptsächlichen Nutznießer des Allgemeinen Präferenzsystems (APS) der EG.

Zuvor hatten die ASEAN-Staaten erste vorbereitende Schritte unternommen: Im April 1972 wurde ein *Special Coordination Committee of ASEAN Nations* (SCCAN) eingerichtet, dem die Kontaktaufnahme mit der EG-Kommission oblag. Diesem Schritt folgte ein Jahr später die Einrichtung des ABC (*ASEAN Brussels Committee*), dem ersten ausländischen Verbindungsbüro der ASEAN in Brüssel.

Mit der Einrichtung der *Joint Study Group* (JSG) im Jahre 1975 begann der inhaltliche Dialog über Formen und Inhalte der Zusammenarbeit, der sich in den frühen Jahren überwiegend auf Probleme der Handels- und Entwicklungszusammenarbeit konzentrierte.

Der Rat der EG billigte schließlich im Juli 1977 ein institutionalisiertes Dialogverfahren mit der ASEAN und ebnete damit den Weg für erste Verhandlungsrunden zwischen Vertretern des ABC und des Ausschusses der Ständigen Vertreter

(COREPER) der EG, an dessen Ende die Paraphierung eines offiziellen Kooperationsabkommens stand.

Der Abschluß dieses Kooperationsabkommens zwischen der EG und der ASEAN im März 1980 stellte die Beziehungen zwischen den Parteien auf eine formale vertragliche Basis, die sich inhaltlich auf die Bereiche handelspolitischer, wirtschaftlicher und entwicklungspolitischer Kooperation konzentrierte und auch regelmäßige Treffen auf Außenministerebene vorsah. Seine inhaltlichen Schwerpunkte lassen sich wie folgt zusammenfassen:

1. Im Bereich der handelspolitischen Zusammenarbeit vereinbarten beide Organisationen auf der Grundlage einer Meistbegünstigungsklausel, »ihre Handelsbeziehungen zu diversifizieren, Handelshemmnisse – insbesondere nichttarifärer Art – zu verringern und Wirtschaftspartner beider Regionen zusammenzubringen.«[3]
2. Im Bereich der wirtschaftlichen Kooperation standen als Ziele die Förderung gegenseitiger Wirtschaftskontakte durch Intensivierung der Investitionstätigkeit, die Erschließung neuer Märkte und die Schaffung neuer Beschäftigungsmöglichkeiten im Mittelpunkt der Vereinbarungen.
3. Im Bereich der Entwicklungskooperation erkennt die EG die ASEAN als Entwicklungsregion an und betont die Notwendigkeit der Unterstützung der betreffenden Länder im Rahmen ihrer Hilfsprogramme für nicht-assoziierte Entwicklungsländer.

Obwohl in allen drei Bereichen in den Folgejahren wesentliche Verbesserungen erzielt werden konnten, wich die ursprüngliche Euphorie über die neu geschaffene Kooperationsbeziehung jedoch bald der Ernüchterung: Anstatt eine vertiefte interregionale Zusammenarbeit zwischen den Akteuren zu bewirken, blieben die Beziehungen der EG zur ASEAN auch auf der Grundlage des Kooperationsvertrages zunächst auf den Charakter einer deutlichen »Senior-Junior-Partnerschaft«[4] beschränkt. Der wirtschaftliche Erfolg und das wachsende asiatische Selbstbewußtsein führten jedoch im Laufe der achtziger Jahre zu einer deutlichen Verschiebung: Während ursprünglich die südostasiatischen Staaten unverkennbar die EG als Kooperationspartner umworben hatten, zeichnete sich in wachsendem Maße eine Umkehrung dieses Verhältnisses dadurch ab, daß die EG nun ihrerseits bemüht war, in der dynamischen Wachstumsregion des asiatisch-pazifischen Raumes Fuß zu fassen.

Während sich im Bereich der handelspolitischen Zusammenarbeit durchaus erkennbare Fortschritte verzeichnen ließen, kam der politische Dialog zunächst nur schwer in Gang, weil sich trotz der institutionell verfestigten Kooperationsstruktur insbesondere im Bereich von Demokratie und Menschenrechten wachsende Divergenzen zeigten. Zusätzlich wird man hier Abstimmungsschwierigkeiten der europäischen Partner innerhalb der EPZ berücksichtigen müssen. Entsprechend läßt sich das ernüchternde Fazit ziehen, »daß das interregionale Beziehungsgeflecht EG-ASEAN mehr von gemeinsamen Absichtserklärungen als von konkreten Maßnahmen zur Förderung und zum Ausbau der Zusammenarbeit geprägt war. Die

Kooperation zwischen den beiden Partnern gestaltete sich auf unverbindlicher politischer Ebene durchaus erfolgreich, sie erreichte aber Grenzen, sobald Interessengegensätze zutage traten.«[5]

Mit dem Ende des Ost-West-Konfliktes setzte die zweite große Phase der Beziehungen zwischen der EU und den ASEAN-Staaten ein. Sie läßt sich eindeutig als Krise der interregionalen Beziehungen zu Beginn der neunziger Jahre bezeichnen, deren Auswirkungen zum Teil bis heute zu spüren sind. Erste Unstimmigkeiten waren bereits auf der 8. ASEAN-EG-Ministerkonferenz in Kuching im Februar 1990 zutage getreten, »wo die ASEAN-Partner sich durch offenkundiges Desinteresse der wichtigsten EG-Länder brüskiert fühlten.«[6] Zu weiteren kritischen Auseinandersetzungen kam es im Jahre 1991, als Portugal die inzwischen als notwendig erachtete Anpassung des Kooperationsvertrages wegen der Annexion Ost-Timors durch Indonesien blockierte. Trotz erkennbarer Kritik von seiten der übrigen EG-Partner hält Portugal an seiner Position fest, einer Neufassung des Vertrages erst zuzustimmen, wenn Indonesien seine Position zu Ost-Timor ändert bzw. die Bereitschaft besteht, einen Passus über die Einhaltung der Menschenrechte in den Vertragstext aufzunehmen. Portugal verweist auf die seit 1991 offiziell gültige EG-Politik, wirtschaftliche Zusammenarbeit mit dem Eintreten für Demokratie und Menschenrechte in den Partnerländern zu verbinden.

Der Krise der frühen neunziger Jahre folgte jedoch bald eine dritte Phase, die durch die Intensivierung der Beziehungen und ein wachsendes asiatisches Selbstbewußtsein einerseits und eine Neuorientierung der EU in ihrer Asienpolitik andererseits gekennzeichnet ist. Neue Dynamik lösten das Zusammenwirken der Folgen intraregionaler Vertiefungs- und Erweiterungsprozesse aus, aber auch die handels- und sicherheitspolitischen Konsequenzen, die sich aus dem Ende des Ost-West-Konfliktes ergaben. Formaler Ausgangspunkt dieser Intensivierung war das 11. ASEAN-EU-Ministertreffen in Karlsruhe im Jahre 1994, gefolgt von der Formulierung einer neuen Asien-Strategie der EU, die zuerst am 14. Juli 1994 als Diskussionspapier der EU-Kommission unter dem Titel »Auf dem Weg zu einer neuen Asien-Strategie« veröffentlicht worden war. Die häufig von den ASEAN-Staaten vorgetragene Kritik, die EU sei gerade in politischen, aber auch in handelspolitischen Fragen zu bevormundend, wurde jetzt insofern berücksichtigt, als die EU zwar an der Bedeutung von Demokratisierung und Menschenrechten für ihre Kooperationspolitik festhält, aber gleichzeitig die Anerkennung regionaler, historischer und kultureller Unterschiede akzeptiert. In Anerkennung der Notwendigkeit, auch den politischen Dialog zu fördern, formulierte die EU das Ziel, »nach Mitteln und Wegen zu suchen, Asien stärker an den weltpolitischen Entscheidungen zu beteiligen, indem eine gleichberechtigte Partnerschaft angestrebt wird, die eine konstruktive und stabilisierende Rolle in der Welt spielen kann.«[7] Vor diesem Hintergrund konnte auf der genannten Ministertagung ein deutlicher Durchbruch erzielt werden, der mittlerweile üblicherweise als »Drive von Karlsruhe« bezeichnet wird. In inhaltlichen Fragen wurde eine Intensivierung der Beziehungen in den folgenden sieben Bereichen vereinbart: Beibehaltung eines offenen und fairen

Welthandelssystems, Förderung der Zusammenarbeit von Unternehmen, Bekämpfung der Armut und Verbesserung des Bildungswesens, Schutz des natürlichen Lebensraumes, Kampf gegen Drogen und AIDS, Verbesserung des Profils der EU in den ASEAN-Staaten und der ASEAN-Staaten in der EU sowie Förderung des Austausches und der Zusammenarbeit im Kultur- und Medienbereich.[8] Ferner einigte man sich auf eine institutionelle Neuerung durch die Einsetzung einer *Eminent Persons Group* (EPG) als informeller *Ad hoc-Gruppe* aus hochrangigen Mitgliedern beider Regionen, deren Aufgabe darin bestand, Perspektiven für die Kooperation zu entwickeln. Ein entsprechendes Strategiepapier wurde im August 1996 unter dem Titel »*A Strategy for a New Partnership*« vorgelegt. Vereinbart wurde ferner, künftig auch sicherheitspolitische Fragen im Rahmen einer *second-track-Diplomatie* zu beraten.[9]

Der bisherige Höhepunkt der Zusammenarbeit beider Organisationen wurde unzweifelhaft mit dem ersten Asien-Europa-Gipfel (*Asia-Europe Meeting*, ASEM) in Bangkok am 1. und 2. März 1996 erreicht. Obwohl auch hier brisante politische Themen weitgehend ausgeklammert blieben (Spratly-Konflikt, Myanmar und Ost-Timor), einigte man sich auf eine Liberalisierung und Erleichterung von Handel und Investitionen auf der Grundlage der WTO-Prinzipien. Für die asiatischen Staaten bedeutete der Gipfel die endgültige Anerkennung als gleichberechtigte Partner der EU, während diese ihre neue Strategie der Verbesserung der Beziehungen durch die Verlagerung etwa der Menschenrechtsproblematik auf die Ebene von *second-track*-Gesprächen dokumentierte.

Ausgangspunkt für das neue Interesse der EU am asiatischen Kontinent seit Beginn der neunziger Jahre ist zweifellos die Tatsache, daß besonders Südostasien in den vorhergehenden Jahren zu einem der wichtigsten Absatzmärkte für europäische Exportprodukte geworden war und sich zunehmend zu einem wirtschaftlichen Gravitationszentrum entwickelte. Aus Sicht der EU rechtfertigt dies auch die Unterstützung der südostasiatischen Länder beim Aufbau neuer bzw. in Ansätzen bereits bestehender Sicherheitsstrukturen und der Schaffung neuer Konfliktregelungsmechanismen, die zu einer erhöhten Transparenz sowie zu vertrauens- und sicherheitsbildenden Maßnahmen in der Region beitragen können.

3. Institutionelle Ebenen der Kooperation

Auf der Grundlage weiterbestehender bilateraler Außenbeziehungen zwischen den Mitgliedstaaten von EU und ASEAN hat sich im Zuge des Ausbaus der Institutionalisierung der Beziehungen mittlerweile ein System von vier zentralen Beziehungsebenen entwickelt:

Auf der ersten und untersten Ebene wurde die Kooperation hoher Beamter beider Organisationen durch das AE-SOM (*ASEAN-EU Senior Officials Meetings*) als Arbeitstreffen auf Beamtenebene eingerichtet. Zu nennen ist hier ferner das JCC

(*Joint Cooperation Committee*), das bereits 1980 gegründet wurde und alle 18 Monate zur kontinuierlichen Beobachtung der Fortschritte bei gemeinsamen Aktivitäten entweder in Brüssel oder in der Hauptstadt des ASEAN-Landes zusammentritt, das gerade den Vorsitz innehat.

Auf der zweiten Ebene parlamentarischer Kooperation besteht bereits seit 1979 die Zusammenarbeit von Europäischem Parlament (EP) und der *ASEAN Interparliamentary Organization* (AIPO). Bislang haben auf dieser Ebene insgesamt zehn Treffen stattgefunden, die sich thematisch kaum von den Tagesordnungen der Treffen auf Ministerebene unterschieden, in den letzten Jahren allerdings auf Initiative des EP in stärkerem Maße von den Themen Demokratie, Menschenrechte und Umweltschutz geprägt waren. Trotz des Anspruches, einen Beitrag zur Verbreiterung des Dialoges zwischen beiden Organisationen zu leisten, bleibt die Wirkung des parlamentarischen Dialoges wegen seines nicht offiziell institutionalisierten Charakters und der relativen politischen Schwäche sowohl des EP als auch der nationalen Parlamente der ASEAN-Staaten eher begrenzt.

Auf der dritten und für den Ausbau der Beziehungen besonders wichtigen Ebene findet die Kooperation auf Ministerebene statt. Hier wurde bereits 1978 das AEMM (*ASEAN-EU Ministerial Meeting*) eingerichtet, in dessen Rahmen sich alle zwei Jahre die jeweiligen Außenminister zu Konsultationen treffen. Die EU wird hierbei durch ihren für die Beziehungen zu Südostasien zuständigen Kommissar vertreten. Die Liste der auf diesen Treffen behandelten Fragen umfaßt fast alle Themenbereiche von internationalem und regionalem Belang, obwohl man immer wieder eine Konzentration auf Themen feststellt, die keine unmittelbaren Interessendivergenzen aufweisen und so eine deklaratorische Einigung ohne unmittelbaren Handlungszwang leichter möglich machen.

Ferner haben sich die Dialogtreffen der *Post-Ministerial Conferences* (PMC), auf denen die EU durch die Troika und den zuständigen Kommissar relativ stark vertreten ist, als bedeutsam für den interregionalen Dialog erwiesen. Während diese Konsultationsgespräche sich ursprünglich auf handels- und wirtschaftspolitische Fragestellungen konzentrierten, wurden seit Anfang der neunziger Jahre in wachsendem Maße auch sicherheitspolitische Fragestellungen diskutiert. Besondere Bedeutung auf der Ebene ministerieller Konsultationen kommt dem *ASEAN Regional Forum* (ARF) zu, das sich seit 1994 in bislang vier Foren getroffen hat. Ziel des ARF ist die multilaterale Konsultation zur präventiven Diplomatie und Vertrauensbildung zwischen den Staaten der asiatisch-pazifischen Region. Dem ARF gehören neben den Mitgliedstaaten der ASEAN insgesamt zehn Dialogpartner an: Neben der EU sind dies Australien, Kanada, China, Indien, Japan, Südkorea, Neuseeland, Rußland und die USA sowie Papua-Neuguinea mit einem Sonderstatus. Die ARF-Foren werden von einem *Senior Officials Meeting* (ARF-SOM) vorbereitet und zwischen den Treffen durch intersessionale Konsultationsrunden (Vertrauensbildung, Katastrophenhilfe, Zusammenarbeit bei Such- und Rettungsmissionen, *Peacekeeping*) ergänzt.

Auf der vierten Ebene schließlich wurden die Beziehungen zwischen der EU und den ASEAN-Staaten auf der Ebene der Staats- und Regierungschefs durch die

Einrichtung des ASEM (*Asia-Europe Meeting*) abgerundet: Im März 1996 fand in Bangkok der erste europäisch-asiatische Wirtschaftsgipfel unter Beteiligung der EU, der ASEAN-Mitglieder sowie Japans, Chinas und Südkoreas statt. Er spiegelt das zunehmende wirtschaftliche und politische Gewicht Asiens für die EU wider. Im Rahmen dieser Konferenz, die als Basis für eine längerfristige, vertrauens- und verantwortungsvolle Partnerschaft zwischen den beteiligten Akteuren angesehen werden kann, verabschiedeten die Teilnehmer eine Erklärung, in der sie ihren Willen bekräftigten, eine neue Partnerschaft zwischen den beiden Kontinenten zu entwickeln sowie den politischen Dialog zu intensivieren und die Zusammenarbeit in zahlreichen Bereichen auszubauen (z. B. in WTO-Fragen, Umweltschutz, Forschung und technologische Entwicklung). Auf dieser höchsten Kooperationsebene sollen als Ziele die Entwicklung gemeinsamer Zukunftsvisionen, das Vorantreiben des politischen Dialoges, die Stärkung der wirtschaftlichen Kooperation und die Erweiterung der Zusammenarbeit auf andere relevante Politikfelder im Mittelpunkt stehen.

4. Problemfelder der Beziehungen

Der Schwerpunkt der Kooperation zwischen der EU und den ASEAN-Staaten liegt ohne Zweifel im handels- und wirtschaftspolitischen Sektor. Bei allen Fortschritten, die seit den siebziger Jahren gerade in diesem Bereich erzielt wurden, läßt sich nicht übersehen, daß eine ganze Reihe von Problemen die gegenwärtige und künftige Ausgestaltung dieser Kooperation belastet. Insbesondere beim Vergleich mit Japan zeigt sich, daß die EU erhebliche Schwierigkeiten hat, ihre Handelsbilanz zu den ASEAN-Staaten ausgeglichen zu gestalten. In den achtziger Jahren waren diese unverkennbar einer der Hauptnutznießer des Allgemeinen Präferenzsystems. Die entsprechenden Zahlen belegen, daß es ihnen zwischen 1980 und 1994 gelang, ihre Exporte in die EG um 336 Prozent zu steigern. Obwohl die EG im gleichen Zeitraum ihre Exporte in die ASEAN-Staaten um imposante 417 Prozent erhöhen konnte, darf dies nicht über die unterschiedlichen Ausgangsniveaus hinwegtäuschen.

Die relative Verschlechterung der EU gegenüber den ASEAN-Staaten läßt sich besonders deutlich durch einen Blick auf die Entwicklung der Handelsbilanz seit Inkrafttreten des Kooperationsabkommens von 1980 illustrieren. Es zeigt sich, daß sich die Position der EU von einem Defizit von 1487,8 Mio. ECU im Jahre 1980 auf ein Minus von 2181,0 Mio. ECU im Jahre 1994 verschlechtert hat. Im gleichen Zeitraum gelang es hingegen Japan, seine Handelsbilanz mit den ASEAN-Staaten von -8146,9 Mio. ECU auf +18 867,6 Mio. ECU zu steigern. Das relative Ausmaß dieser Diskrepanz zeigt sich sehr anschaulich in der graphischen Darstellung in *Schaubild 1*. In Zahlen ausgedrückt verschlechterte sich die EG-Handelsbilanz mit den ASEAN-Staaten zwischen 1980 und 1994 um 46 Prozent, während Japan im gleichen Zeitraum seine Handelsbilanz um ca. 331 Prozent steigern konnte.

Schaubild 1: Handelsbilanzvergleich

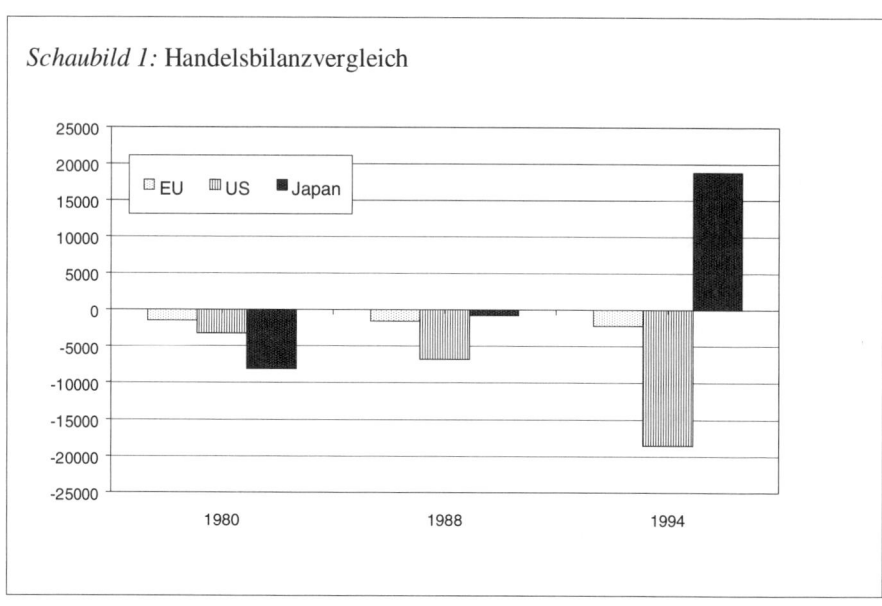

```
25000
20000
15000    □ EU   ▥ US   ■ Japan
10000
 5000
    0
-5000
-10000
-15000
-20000
-25000
         1980          1988          1994
```

Die aus Sicht der EG defizitäre Handelsbilanz führte dazu, daß die Gemeinschaft am 1. Januar 1995 ein verändertes Präferenzsystem zuungunsten der ASEAN einführte. Obwohl die Vorteile des Allgemeinen Präferenz-Systems für die ASEAN darin bestehen, daß es auf vier Jahre angelegt ist und die Präferenzzölle in diesem Zeitraum (ohne quantitative Mengenbeschränkungen) konstant bleiben, ist es der Gemeinschaft dennoch gelungen, für die wichtigsten Exportprodukte der ASEAN-Staaten, das heißt für Produkte, bei denen sie über komparative Kosten- und Wettbewerbsvorteile verfügen, nur geringe Zollzugeständnisse zu machen. Bei hochsensitiven Produkten (Textilien, Bekleidung) beträgt die Präferenzspanne 15 Prozent, bei sensitiven Produkten (Bekleidung, chemische Artikel, Autos, Elektronikartikel) 30 Prozent und bei semi-sensitiven Produkten (Maschinen, Fotoartikel) 65 Prozent. Lediglich bei nicht-sensitiven Gütern (Spielzeuge, Pharmaprodukte) räumt die Gemeinschaft Zollfreiheit ein. In Anbetracht der fortgeschrittenen wirtschaftlichen Entwicklung in den meisten ASEAN-Ländern bedeutet dies, daß sie nur schwerlich in den Genuß dieses ohnehin wenig vorteilhaften Außenhandelsregimes kommen. Als Beispiele lassen sich etwa die Bekleidungsindustrie in Thailand und Malaysia, die Schuh- und Holzindustrie in Indonesien und die Elektroindustrie in Singapur anführen.

Mit anderen Worten: Das nach wie vor ungelöste Kernproblem der handelspolitischen Zusammenarbeit zwischen der EG und der ASEAN besteht in dem unverkennbaren und auch von einigen betroffenen südostasiatischen Ländern offen kritisierten Versuch der Abschottung des europäischen Binnenmarktes gegen konkurrenzfähige Anbieter in sensitiven Produktsparten. Nicht zuletzt leidet die Kooperationspolitik der EU auch im Falle der ASEAN-Staaten unter einem offenen Legitimitätsdefizit, das durch das Spannungsverhältnis zwischen deklamatorischer Kooperationswilligkeit und definitiver Abschottungspolitik verursacht wird.

Ähnliches gilt für das zweite zentrale Problemfeld der Beziehungen, nämlich die Menschenrechtspolitik. Die EU hatte 1991 zunächst versucht, die Förderung von Demokratisierung und die Einhaltung von Menschenrechten zu einem zentralen Thema ihrer Kooperationsbeziehungen auch mit den ASEAN-Staaten zu machen und war mit dieser Politik auf dezidierten Widerstand der betroffenen Staaten gestoßen. Ein Element der Überwindung der Krise der frühen neunziger Jahre bestand in dem Kompromiß, die Menschenrechtsdebatte zwar nicht auszuklammern, sie aber in ihrer Bedeutung zurückzunehmen und auf die *track-two-Ebene* der Kooperation zu verlagern. Diese Entscheidung war Grundlage der atmosphärischen Verbesserungen sowohl auf dem ASEAN-EU-Ministertreffen in Karlsruhe 1994 als auch auf dem ersten ASEM-Treffen 1996. Trotz nach wie vor bestehender offener Gegensätze in den Positionen zeigt sich hier ein Grundmechanismus des politischen Dialoges, der im Ausklammern von konkreten Problemen als Voraussetzung der Dialogförderung besteht. Mittlerweile betonen insbesondere Vertreter der ASEAN-Staaten ausdrücklich, daß sie zwar bereit sind, die Thematisierung von Menschenrechtsproblemen zuzulassen, es aber nach wie vor keine Bereitschaft gibt, konkrete Menschenrechtsverletzungen in einzelnen Mitgliedstaaten der ASEAN zur Debatte zu stellen. Der Generaldirektor des ASEAN-Sekretariates, Raharjo Jamtomo, formulierte diese Position Anfang 1997 in unmißverständlicher Deutlichkeit: »We don't reject discussions on human rights. But if the discussions are slanted against a country then it would no longer be helpful. ... In fact, it would be very disruptive (of the dialogue relationship).«[10]

Die Doppelbödigkeit westlicher Menschenrechtspolitik, die sich aus dem Kontrast zwischen offiziellen Positionen und praktischer Politik immer dann ergibt, wenn konkrete Wirtschaftsinteressen betroffen sind, gilt also auch für die EU. Die Rücknahme der ursprünglich verkündeten Bindung von Kooperationspolitik an die Förderung von Demokratisierung und die Einhaltung von Menschenrechten auf die Ebene von *track-two-Verhandlungen* erleichtert es nicht zuletzt den asiatischen Protagonisten der sogenannten Wertedebatte, ihre politischen Motive zur Verhinderung demokratischer Reformen erfolgreich zu verschleiern. Im Ergebnis zeigt sich, daß die EU zwar dialog-, aber keineswegs durchsetzungsfähig ist, wenn es an konkrete Fälle von Menschenrechtsverletzungen geht. Weder ließen sich Indonesien – nicht einmal durch die anhaltende Blockade eines überarbeiteten Kooperationsvertrages durch Portugal – noch die ASEAN insgesamt in der Frage der Beziehungen zu der Militärdiktatur in Myanmar dazu bewegen, entsprechende europäische Positionen in ihrer Politik zu berücksichtigen.

5. Bilanz und Perspektiven

Bei einem Blick auf die aktuellen Rahmenbedingungen der Beziehungen der EU zu Südostasien und insbesondere den ASEAN-Staaten zeigt sich eine deutliche Divergenz der weltpolitischen Schwerpunkte: Nach dem Ende des Ost-West-Konfliktes stehen für die EU primär die Entwicklungen in Mittel- und Osteuropa und ihre Rolle in der Triade mit Japan und den USA im Zentrum des politischen und ökonomischen Interesses, während sich für die ASEAN-Staaten eine deutliche Ausrichtung auf den pazifischen Raum feststellen läßt. Trotzdem zeigt die erneute Intensivierung der Beziehungen zwischen beiden Regionalorganisationen seit 1994 ein hohes beiderseitiges Interesse an der Fortsetzung und Intensivierung der Kooperation, das allerdings nach wie vor durch unterschiedliche bilaterale Motive gekennzeichnet ist. Für die ASEAN-Staaten steht die Aufrechterhaltung ihrer handelspolitischen Beziehungen zur EU im Mittelpunkt, während die Gemeinschaft verstärkt am Ausgleich der Handelsbilanz und an einem politischen Dialog, nicht zuletzt auch an ihrer Präsenz in einer weltwirtschaftlich zunehmend wichtigen Region, interessiert ist.

Angesichts der bislang trotz immer wiederkehrender Differenzen über die Menschenrechtsproblematik erzielten Fortschritte in den Beziehungen stehen die Aussichten für eine weitere und vertiefte Ausgestaltung des Verhältnisses nicht ungünstig. Wichtig erscheint es dabei insbesondere, die bereits bestehenden Kooperations- und Kommunikationsstrukturen effizient zu nutzen und kontinuierlich auszubauen sowie die behandelten Themenfelder um weitere relevante Bereiche auszudehnen. In diesem Zusammenhang wird auch von Bedeutung sein, inwieweit es der Union gelingt, ihre Kooperationsbereitschaft und -fähigkeit auf andere Akteure des asiatisch-pazifischen Raumes zu vergrößern. Die bereits abgeschlossenen Kooperationsabkommen mit Indien, Nepal, Sri Lanka sowie die Zusage der an der ASEM beteiligten Akteure, bei der Folgekonferenz 1998 in London Indien miteinzubinden, sind ein entsprechender Schritt in die richtige Richtung.

Bei der weiteren Ausgestaltung ihrer Beziehungen zu den südostasiatischen Staaten muß die EU sich jedoch immer gegenwärtig sein, daß eine bloße Übertragung europäischer Werte und vielleicht sogar integrationspolitischer Konzepte in Anbetracht des wachsenden Selbstbewußtseins ihrer Partnerstaaten auf zunehmenden Widerstand stoßen wird. Solange sie selbst nicht über ein in sich geschlossenes außenpolitisches Instrumentarium verfügt, wird sie sich auch weiterhin schwertun, mit ihren südostasiatischen Partnern echte Fortschritte in Fragen des politischen Dialoges zu erzielen. Substanz und Gelingen der Asienpolitik der Europäischen Union hängen auch in Zukunft von der Fortsetzung der aus Sicht der EU bislang nur bedingt erfolgreichen Bilanz der handels- und wirtschaftspolitischen Zusammenarbeit ab und werden mit hoher Wahrscheinlichkeit trotz der erreichten Institutionalisierung der Beziehungen nur schwerlich von unmittelbaren Erfolgen der politischen Zusammenarbeit begleitet werden.

Weiterführende Literatur

Dahm, Bernhard, und Wolfgang Harbrecht (Hrsg.): ASEAN und die Europäische Gemeinschaft. Partner, Probleme, Perspektiven, Hamburg 1988.
Dosch, Jörn: Die ASEAN: Bilanz eines Erfolges. Akteure, Interessenlagen, Kooperationsbeziehungen, Hamburg 1997.
Dreis-Lampen, Barbara: ASEAN und die Europäische Union: Bestandsaufnahme und Neubewertung der interregionalen Beziehungen, Hamburg 1998.
Edwards, Geoffrey, und Elfriede Regelsberger: Europe's Global Links. The European Community and Inter-regional Cooperation, London 1990.
Hull, Robert: European Community – ASEAN Relations. A Model for International Partnership?, in: Asian Affairs 15 (1984), S. 15–26.
Lee Lai To, und Arnold Wehmhoerner (Hrsg.): ASEAN and the European Community in the 1990s, Singapore 1993.
Lukas, Andreas: Regionale Wirtschaftsgemeinschaften im internationalen System. Eine Analyse ausgewählter Wirtschaftsgemeinschaften und ihrer Interaktion, insbesondere zwischen EG und ASEAN, Frankfurt 1985.
Mols, Manfred: EG-ASEAN: Ein Modell interregionaler Zusammenarbeit?, in: integration 3 (1989), S. 127 – 139.
Schiavone, Guiseppe: Western Europe and South-East Asia. Cooperation or Competition?, London 1989.
Wagner, Norbert: ASEAN and the EC. European Investment in Southeast Asia, Singapore 1989.
Chia, Siow-Yue und Joseph L.H. Tan (Hrsg): ASEAN & EU. Forging New Linkages and Strategic Alliances, Singapore 1996.

Anmerkungen

1 Mitglieder von ASEAN sind: Brunei, Indonesien, Laos, Malaysia, Myanmar, Philippinen, Singapur, Thailand, Vietnam.
2 Vgl. Dosch, Jörn: Die ASEAN: Bilanz eines Erfolges. Akteure, Interessenlagen, Kooperationsbeziehungen, Hamburg 1997, S. 207 ff.
3 Dreis-Lampen, Barbara: ASEAN und die Europäische Union: Bestandsaufnahme und Neubewertung der interregionalen Beziehungen. Hamburg 1998, S. 115.
4 Dreis-Lampen (Anm. 3), S. 158 ff.
5 Dreis-Lampen (Anm. 3), S. 159.
6 Vgl. Südostasien Aktuell, März 1996, S. 163.
7 Kommission der Europäischen Gemeinschaften (Hrsg.): Mitteilung der Kommission an den Rat. Auf dem Weg zu einer neuen Asien-Strategie, Brüssel 13. Juli 1994, S. 1–2.
8 Vgl. hierzu ausführlich Dreis-Lampen (Anm. 3), S. 226 ff.
9 Für die EU ist diese Form der Kooperation insofern von besonderer Bedeutung, als sie bislang von den Beratungen der APEC ausgeschlossen ist.
10 Jakarta Post v. 6. Februar 1997.

Europa und die Dritte Welt

KARL WOLFGANG MENCK

Europäische Entwicklungspolitik war immer Teil der Bemühungen, eine europäische Identität in den Beziehungen zu den Entwicklungsländern nachzuweisen. Die Europäische Union sah es schon frühzeitig als ihre Aufgabe an, die in Europa erworbenen Erfahrungen bei der wirtschaftlichen und politischen Integration den Entwicklungsländern zu vermitteln, die eine enge Zusammenarbeit untereinander anstrebten und die auf diese Weise Wirtschaftswachstum und sozialen Fortschritt herbeiführen wollten.[1] Die Zusammenarbeit mit ihnen bot den Mitgliedsländern den Vorteil, übereinstimmende entwicklungspolitische Ziele wie die Friedenssicherung oder die Überwindung der Armut gemeinsam verfolgen und die dabei anfallenden Kosten und Risiken für das einzelne Mitgliedsland vermindern zu können.[2]

Die Kompetenz der Europäischen Union auf dem Gebiet der Entwicklungszusammenarbeit auszuweiten, verlangte – wie in anderen Bereichen auch – den Mitgliedstaaten Zuständigkeiten und Ressourcen zu entziehen. Dieses Erfordernis erwies sich als Hemmschuh, solange die Mitglieder befürchteten, daß die Entscheidungen der Europäischen Union widersprüchlich oder in Konkurrenz zu den nationalen Interessen fallen und sie dazu zwingen könnten, ihre wirtschaftlichen Interessen zurückzustellen.

1. Rechtliche Grundlagen, Instrumente, Zuständigkeiten und Leistungen

Rechtsgrundlage für die Zusammenarbeit mit den Entwicklungsländern war seit der Gründung der Europäischen Gemeinschaft bis zur Verabschiedung des Vertrages von Maastricht zunächst die Assoziierung nach Art. 131 ff EGV-M (heute Art. 183ff nach der neuen Artikelnumerierung durch den Vertrag von Amsterdam, im folgenden abegekürzt als EGV-A).[3] In den siebziger und achtziger Jahren sprengte die Entwicklungszusammenarbeit diesen Rahmen. Die politische Dynamik der europäischen Integration, pragmatisches Handeln der Kommission und später des Europäischen Parlamentes sowie das Drängen einzelner Mitgliedsländer waren stark genug, um auch ohne Rechtsgrundlage die Entwicklungszusammenarbeit auszuweiten und zu vertiefen.[4] Charakteristisch für die Meinungsbildung in der Europäischen Union war und ist, daß Deutschland und später Großbritannien für eine Vergemeinschaftung der Zusammenarbeit durch die Öffnung der Märkte eintreten. Demgegenüber spricht sich vor allem Frankreich nach wie vor für zusätzliche öffentliche finanzielle und technische Entwicklungszusammenarbeit der Europäischen Union aus.

Ihren Niederschlag fand die Zusammenarbeit in den sechziger Jahren in den Abkommen von Yaounde (unterzeichnet 1963 und 1969), die ausgewählten Entwicklungsländern bevorrechtigten Marktzugang in der Europäischen Gemeinschaft zugestanden und die eine gleichwertige Handelsliberalisierung der Vertragspartner für die Mitgliedsländer der Europäischen Union vereinbarten.[5] Mit der ostafrikanischen Gemeinschaft (Kenia, Tansania und Uganda) wurde 1969 gleichfalls ein Freihandelsabkommen unterzeichnet. Im gleichen Jahr erhielten die Maghrebstaaten präferentielle Handelsabkommen mit fünfjähriger Laufzeit. 1971 führte die Gemeinschaft mit dem Allgemeinen Präferenzsystem eine gemeinschaftliche Handelspolitik gegenüber den Entwicklungsländern ein. 1972 einigte sie sich auf den Globalen Mittelmeeransatz; auf seiner Grundlage kam es zu Kooperationsabkommen mit Tunesien, Algerien und Marokko (1976), Ägypten, Jordanien, Syrien und Libanon (1997). Mit den nichtassoziierten Ländern, heute in der Gruppe der Entwicklungsländer Asiens und Lateinamerikas (ALA) zusammengefaßt, schloß die EG seit 1973 Rahmenabkommen ab. Später unterzeichnete sie Abkommen mit Zusammenschlüssen von Entwicklungsländern in Südostasien (ASEAN), Mittelamerika (San José) oder in Südamerika (Mercosur).

Durch den Vertrag von Maastricht gilt seit dem 1. November 1993 der Titel XVII des EG-Vertrages über die Entwicklungszusammenarbeit (Art. 130u ff EGV-M, jetzt Titel XX, Art. 177–181 EGV-A), der die Forderung nach einer Kohärenz zwischen der Entwicklungspolitik und anderen gemeinschaftlichen Politiken rechtlich festschreibt. Außerdem ermächtigt er die Europäische Union, im Rahmen der Zusammenarbeit mit multilateralen Einrichtungen Kooperationsverträge abzuschließen. Die mit dem Vertrag von Maastricht geschaffenen Regelungen sollen die Maßnahmen der Mitgliedsländer ergänzen (Artikel 130x und 130y EGV-M, bzw. Art. 180 und 181 EGV-A). Der Vertrag verlangt für die gemeinschaftliche Entwicklungszusammenarbeit die Anhörung durch das Europäische Parlament, soweit nicht die Zusammenarbeit mit dem Europäischen Parlament durch Art. 189 c EGV-M (Art. 252 EGV-A) festgelegt ist. Diese Regelung schafft zwar noch nicht Grundlagen, wie sie die Befürworter einer eigenständigen europäischen Entwicklungspolitik gefordert hatten; gleichwohl ist anzuerkennen, daß der mit dem Vertrag von Maastricht erreichte Wandel einen durchaus bemerkenswerten Durchbruch bei der Formulierung einer gemeinschaftlichen Entwicklungspolitik darstellte.

Die Zusammenarbeit der Europäischen Union mit den Entwicklungsländern wird untergliedert in Entwicklungszusammenarbeit (öffentliche technische und finanzielle) und wirtschaftliche Zusammenarbeit (Förderung privatwirtschaftlicher und technischer wissenschaftlicher Kooperation von Unternehmen und Forschungsinstituten). Die Zuständigkeit ist in der Generaldirektion VIII der Europäischen Kommission angesiedelt. Die Zusammenarbeit umfaßt zudem die Nahrungsmittelhilfe (in Kraft zu setzen durch eine Verordnung im Ministerrat oder durch ein Verfahren im Ausschuß, umzusetzen durch die Kommission) und die Katastrophenhilfe. Für letztere wurde ECHO als eine eigenständige Organisation eingerichtet. Die Union sucht nicht nur in diesem Bereich der Zusammenarbeit die Mitwirkung nichtstaatlicher Organisationen. Die Kompetenz für die Handelspolitik mit den Entwicklungsländern fällt in den Aufgabenbereich der Generaldirektion III.

Die Europäische Union hat 1995 aus dem eigenen Haushalt für entwicklungspolitische Maßnahmen 6,17 Mrd. ECU bereitgestellt und damit die ländliche Entwicklung, das Gesundheitswesen, Erziehung und Bildung sowie regionale Zusammenarbeit zwischen den Entwicklungsländern gefördert. Die Zusammenarbeit mit 70 Entwicklungsländern in Afrika, in der Karibik und im Pazifik (sogenannte AKP-Staaten) wird aus dem Europäischen Entwicklungsfonds finanziert, der aus verlorenen Zuschüssen der Mitgliedstaaten der Europäischen Union aufgefüllt wird. Finanzhilfen für die Entwicklungsländer in Nordafrika und Westasien (Mittelmeerländer) setzen sich zusammen aus Mitteln, die dem Haushalt der Europäischen Union entnommen werden, und Krediten der Europäischen Investitionsbank.

2. Von der Assoziierung zur gemeinschaftlichen Entwicklungspolitik

Die Vergemeinschaftung der Entwicklungszusammenarbeit ist nicht nur das Ergebnis eines Kompromisses zwischen unterschiedlichen Interessenlagen der Mitgliedsländer der Europäischen Union, sondern auch durch historische Gegebenheiten bestimmt. Nach der Unterzeichnung der Römischen Verträge im Jahre 1957 mußten die Mitgliedstaaten Belgien, Frankreich, Italien und die Niederlande die Beziehungen zu ihren Kolonialgebieten und späteren Entwicklungsländern neu regeln, da eine Vollmitgliedschaft in der EWG für die außerhalb Europas liegenden Gebiete nicht ernsthaft in Erwägung gezogen werden konnte. Als Alternative suchte man mit der Assoziierung eine Form der Zusammenarbeit, die dem Wunsch nach einer Fortsetzung enger Handelsverflechtungen zwischen den Ländern in Europa und den ehemaligen Kolonialgebieten Rechnung trug.[6]

Das Jahr 1973 markiert eine Wende in der Gestaltung der Beziehungen der Europäischen Gemeinschaft zu den Entwicklungsländern. Dem in diesem Jahr vereinbarten ersten AKP-EU-Abkommen (Lomé-Abkommen) liegt die Vorstellung einer vertraglich abgesicherten Zusammenarbeit zugrunde, die über die Assoziierung hinausging und eigenständige entwicklungspolitische Maßnahmen der Europäischen Gemeinschaft zum Inhalt hatte. Rechtsgrundlage war ein auf zunächst fünf Jahre, später auf zehn Jahre befristeter Vertrag zwischen der EG einerseits und ausgewählten Staaten in Afrika, in der Karibik und im Pazifik andererseits. Das von Edgar Pisani, dem für Entwicklungszusammenarbeit zuständigen Kommissionsmitglied, zur Diskussion gestellte »Memorandum zur Entwicklungspolitik der Europäischen Gemeinschaft« formulierte für das zweite Abkommen richtungsweisende Vorgaben nicht nur für die Zusammenarbeit mit der EG[7]:»In ihren Entwicklungsmaßnahmen wird sich die Gemeinschaft bemühen, einen politischen Dialog anzuknüpfen, der über bloße Verhandlungen über die zu finanzierenden Vorhaben hinausgeht. Wenngleich die Empfängerländer souverän über die Verwendung der ihnen zur Verfügung gestellten Mittel entscheiden können, hält es die Gemeinschaft für ihr Recht und für ihre Pflicht, mit den Regierungen dieser Länder über den Sinn und Zweck der von ihr geförderten Politiken in Dialog zu treten [...]. Die Gemeinschaft ist ferner der Meinung, daß sie zusammen mit den AKP-Staaten erneut prüfen muß, wie die für die Durchführung der Hilfe notwendige Verwaltungsstruktur der Empfängerländer verbessert und die Gemeinschaftshilfe im wesentlichen nach den grundlegenden Entwicklungsprioritäten jeden Landes sowie nach den gemeinsamen Prioritäten regionaler Zusammenschlüsse programmiert werden kann.«[8]

Die EG gestand den AKP-Staaten einseitige Handelspräferenzen zu. Ausgenommen blieben der Import landwirtschaftlicher Erzeugnisse, die der Gemeinsamen Agrarpolitik unterlagen, sowie einiger weiterer landwirtschaftlicher Erzeugnisse. Zur Stabilisierung der Erlöse aus den Ausfuhren ausgewählter landwirtschaftlicher Erzeugnisse aus den AKP-Staaten in die Europäische Union diente ein Ausgleichsfinanzierungsmechanismus. Der Europäische Entwicklungsfonds kam für Maßnahmen der finanziellen und technischen Zusammenarbeit auf, die auf jeweils fünf Jahre im voraus festgelegt waren. Schwerpunkte für die Entwicklungszusammenarbeit bildeten zunächst die Aus- und Fortbildung.

Wegen der wirtschaftlichen, ökologischen und politischen Krisen in vielen schwarzafrikanischen Vertragsländern sowie der Veränderungen der weltwirtschaftlichen Bedingungen formulierten die Partner in den nachfolgenden Verhandlungsrunden zusätzliche Aufgaben für die Entwicklungszusammenarbeit in den Lomé-Abkommen: die verstärkte Unterstützung ärmster Entwicklungsländer, die Verbesserung der Nahrungsmittelversorgung durch den Auf- und den Ausbau der Landwirtschaft und den Schutz der Umwelt. Später wurden Vereinbarungen über Maßnahmen zur Minderung der Auslandsverschuldung, zur Förderung der Strukturanpassung und zur Rolle der Frau im Entwicklungsprozeß eingefügt. Die Europäische Gemeinschaft setzte Forderungen nach der Achtung von Menschenrechten und nach entwicklungsfördernden Rahmenbedingungen in den AKP-Staaten als Voraussetzung für eine Entwicklungskooperation durch. Die AKP-Staaten traten wiederholt – vergebens – für eine spürbare Erhöhung der finanziellen Zusagen für die Entwicklungszusammenarbeit ein.[9]

Der Kreis der AKP-Staaten umfaßte zunächst ehemalige französische und britische Kolonialgebiete in Afrika sowie im Pazifik und in der Karibik. Nicht aufgenommen wurden – von einigen Staaten abgesehen – asiatische Länder. Im Zuge der Erweiterung der EG traten ehemalige spanische und portugiesische Kolonialgebiete sowie ärmste Entwicklungsländer hinzu. Heute umfaßt das Abkommen 70 Entwicklungsländer völlig unterschiedlichen Typs und Südafrika.

3. Der Wandel in den Beziehungen zwischen Europa und den Entwicklungsländern in Nordafrika und Westasien

Die Europäische Union formulierte frühzeitig neben der traditionellen Entwicklungspolitik eine gemeinsame Mittelmeerpolitik. Die Ursachen dafür waren die gemeinsamen politischen, wirtschaftlichen und sicherheitspolitischen Interessen von Frankreich und Italien mit den Entwicklungsländern in Nordafrika, aus der Kolonialzeit bestehende Beziehungen und später auch das Interesse Europas an einer friedlichen Entwicklung im östlichen Mittelmeer zur Sicherung der Handelswege durch den Suezkanal und am Zugriff auf die Ölvorräte im Nahen und Mittleren Osten. In den neunziger Jahren prägten zusätzliche übereinstimmende Interessen, wie der Schutz der natürlichen Ressourcen im Mittelmeer und die Kontrolle von Wanderungsbewegungen aus Nordafrika und aus dem Nahen Osten nach Europa, maßgeblich die Zusammenarbeit. Mit dem Beginn des Friedensprozesses im Nahen Osten – ausgelöst durch das Jericho-Abkommen – erhielt die Entwicklungszusammenarbeit mit diesem Teil des Mittelmeeres neue Aktualität und zusätzliche Aufgaben. Die in den neunziger Jahren mit Tunesien, Marokko und Israel vereinbarten Abkommen greifen folgerichtig neue Bereiche wie Politikdialog und Freihandel auf und werden als Muster für Abkommen mit anderen Entwicklungsländern in dieser Region angesehen.[10]

Die Abkommen – zeitlich befristet – schrieben zunächst entsprechend dem damals vorherrschenden Verständnis von Entwicklungszusammenarbeit nach dem Muster der Assoziierung eine gegenseitige Handelsöffnung vor. Mehrjährige Finanzprotokolle legten eine vom Umfang her begrenzte Entwicklungszusammenarbeit in der Wirtschaftsförderung und bei der Unterstützung des Fremdenverkehrs fest. Der Aufgabenbereich wurde um den Ausbau der Infrastruktur, die Förderung von Unternehmen, die beruflich-gewerbliche Ausbildung sowie die Zusammenarbeit in der Stadtentwicklung, im Umweltschutz und in der Förderung von kleinen und mittleren Unternehmen erweitert. Mit Blick auf die sich abzeichnenden ökologischen Herausforderungen beinhaltet die finanzielle und technische Zusammenarbeit die Nutzung der Wasservorräte, die Einführung moderner Informationstechnologien und die Unterstützung von Fischerei und Seeverkehr.

In den neunziger Jahren wurde aus der traditionellen Zusammenarbeit mit den Mittelmeerländern die euro-mediterrane Kooperartion entwickelt. Sie sieht gemeinsame Maßnahmen zur Sicherung der politischen Stabilität, für die Abrüstung und zur Förderung von Demokratie und dem Entstehen von Zivilgesellschaften vor. Wirtschaftlicher und sozialer Fortschritt sollen durch regionale Zusammenarbeit und Freihandel sowie enge privatwirtschaftliche Zusammenarbeit gewährleistet werden. Angestrebt wird eine enge wissenschaftliche Kooperation zwischen Forschungsinstituten und Hochschulen in den Mittelmeerländern.[11]

4. Anpassung der Zusammenarbeit in rasch fortschreitenden Entwicklungsländern in Asien und in Mittel- und Südamerika

Die Kooperation mit den fortgeschrittenen Entwicklungsländern in Asien zeigt Besonderheiten, geprägt durch deren Wirtschaftswachstum und Integration in die Weltwirtschaft und der daraus ableitbaren Bedeutung für die privatwirtschaftliche Zusammenarbeit durch Handel und Direktinvestitionen. Die Zusammenarbeit der Europäischen Union mit diesen Staaten wird auch dadurch beeinflußt, daß die wirtschaftliche Zusammenarbeit den Einfluß konkurrierender Industrieländer, allen voran Japans, aber auch der Vereinigten Staaten von Amerika, in dieser Region begrenzen und im günstigsten Fall sogar zurückdrängen soll.

Inhalt und finanzielle Ausstattung der Abkommen haben sich seit der Verabschiedung eines Ratsprotokolls aus dem Jahre 1974 aufgrund der stürmischen wirtschaftlichen Entwicklung in den asiatischen Schwellenländern gewandelt. Den zunächst vereinbarten Handelsprotokollen folgten Abkommen zur Förderung der privatwirtschaftlichen Zusammenarbeit durch Direktinvestitionen und kommerziellen Technologietransfer mit der ASEAN.[12] Der Beitrag der Europäischen Union sollte vorzugsweise in den Bereichen der Anwendung von neuen Technologien, des Schutzes der Umwelt, der Wirtschaftsförderung, der Entlastung der Großstädte und der Beseitigung von Armut und Unterernährung im ländlichen Raum erfolgen.

Mit Ausnahme der achtziger Jahre, in denen die hohe Auslandsverschuldung und deren Überwindung das wirtschaftliche Geschehen in Lateinamerika bestimmte, präsentierte sich Lateinamerika stets als ein wichtiger Partner für Handel, ausländische Direktinvestitionen und wissenschaftlich-technische Zusammenarbeit. Heute gehören zahlreiche lateinamerikanische Länder zu den aufstrebenden Volkswirtschaften, in denen die Kapitalmärkte rasch anwachsen und in denen internationales Kapital günstige Anlagemöglichkeiten findet. Die wirtschaftliche Zusammenarbeit zwischen den Entwicklungsländern auf diesem Kontinent nimmt – wenn auch zögerlich – greifbare Gestalt an.

Nach der Vereinbarung von Handelsabkommen veranlaßte die Entwicklung in Lateinamerika während der neunziger Jahre die Vereinbarung von Maßnahmen zur Stärkung der Funktionsfähigkeit der Kapitalmärkte, zum Schutz der Umwelt und zur Beseitigung sozialer Konflikte als Folge regionaler und sozialer Ungleichgewichte im Zuge des wirtschaftlichen Wachstums. Zugeständnisse in der Handelspolitik zugunsten drogenproduzierender und -exportierender Länder verband die EU mit der Forderung, den Bauern Anreize zu einer Umstellung der landwirtschaftlichen Erzeugnisse zu bieten und mit allen nur möglichen Maßnahmen den Anbau und Export von Drogen zu unterbinden.

5. Handelspolitik zwischen Marktöffnung und Protektionismus

Die Handelspolitik war und wird auch zukünftig ein wichtiges Instrument der Entwicklungspolitik der Europäischen Union sein.[13] Damit folgt die Europäische Union dem Konzept *Aid by Trade* (Hilfe durch Handel) und dokumentiert die vertraglich ausschließliche Kompetenz gegenüber den Mitgliedstaaten. Weniger das Konzept der Handelspolitik ist Gegenstand von kontroversen Diskussionen als vielmehr ihre Ausformung. Während die Befürworter die von der Europäischen Union angebotene einseitige Marktöffnung als ein Entgegenkommen zugunsten der Entwicklungsländer in den Vordergrund stellen, richtet sich die Kritik auf zahlreichen Ausnahmeregelungen und Einschränkungen, die nicht den Grundsätzen des freien Handels entsprechen. Die Abschirmung der europäischen Märkte für Güter, die der Gemeinsamen Agrarpolitik unterliegen, ist ein Beispiel.[14] Die Europäer nutzten (und nutzen) Handelsschranken jedoch auch, wenn Arbeitsplätze in wirtschaftlich schwachen Branchen und/oder Regionen als Folge von Einfuhren aus Entwicklungsländern gefährdet erschienen. Ursache für die Einschränkungen ist nach übereinstimmender Auffassung von Befürwortern und Kritikern, daß die Handelspolitik der Europäischen Union die Eigeninteressen aller Mitgliedstaaten zum Schutz vor der Konkurrenz nicht wirksam zurückdrängen konnte. Die Mitgliedstaaten waren und sind nicht bereit, Binnenpolitiken wie Industrie-, Regional- und Strukturpolitik mit der Außenwirtschaftspolitik und der Entwicklungspolitik auf eine Linie zu bringen (*Inkohärenz*).

Ein besonders augenfälliges Beispiel für Eingriffe der Europäischen Union in den freien Handel zugunsten einzelner Entwicklungsländer ist die »Bananenmarktordnung«.[15] Nach Einführung des Europäischen Binnenmarktes wurde das dem AKP-EU-(Lomé-)Abkommen beigefügte Bananenprotokoll geändert. Vor allem auf Druck aus Frankreich und trotz des nachhaltigen Widerstandes anderer EU-Mitgliedstaaten bevorrechtigte die Neuregelung die Importe aus Westafrika gegenüber Einfuhren aus mittelamerikanischen Lieferländern. Die danach einsetzenden Auseinandersetzungen im GATT und in der WTO sowie zwischen der Europäischen Union und den Vereinigten Staaten von Amerika verstärkten den Eindruck, daß die Europäische Union erst nach langen Streitschlichtungsverfahren bereit war, in dieser Frage den Prinzipien des freien Handels mit den Entwicklungsländern zu folgen.

Ursachen für geringe Exporterfolge vieler Entwicklungsländer in der Europäischen Union sind jedoch nicht ausschließlich in der Abschirmung der europäischen Märkte zu suchen, sondern auch in der Wirtschaftspolitik der Entwicklungsländer, die ungünstige Rahmenbedingungen für die Integration in die Weltwirtschaft bieten, und in den dortigen Unternehmen, die das unternehmerische Risiko des Außenhandels scheuen und sich von geschützten, wenn auch oft kleinen Inlandsmärkten größere Vorteile versprechen.[16]

Die Europäische Union hatte für den Handel mit Rohstoffen im Lomé-Abkommen von 1973 zusätzlich zu einer Marktöffnung eine Stabilisierung der Erlöse aus dem Verkauf agrarischer Erzeugnisse (Stabex) eingeführt. Das Verfahren soll Mindererlöse aus dem Verkauf von Rohstoffen in die Europäische Union in Perioden eines nachhaltigen Verfalles der Deviseneinnahmen ausgleichen. Entsprechend dem Versicherungsprinzip erfolgt in Perioden mit Überschüssen eine Rückzahlung, solange nicht ärmste Entwicklungsländer betroffen sind. Seit 1980 sieht die Zusammenarbeit mit den AKP-Staaten für den Bezug mineralischer Rohstoffe eine Unterstützung in der Weise vor, daß Einschränkungen der Lieferfähigkeit als Folge von Störungen in Bergwerken, im Abbau oder beim Transport durch rückzahlbare Zuschüsse für Investitionen überwunden werden können. Stabex und das Verfahren zur Wiederherstellung der Exportfähigkeit mineralischer Rohstoffe sollten einerseits die Rohstoffversorgung der Europäischen Union in Zeiten knapper werdender Vorräte und vor dem Hintergrund von Boykottdrohungen rohstoffliefernder Länder während der siebziger Jahre sichern. Andererseits wurde erwartet, daß das Verfahren den Entwicklungsprozeß in den rohstoffexportierenden Ländern stabilisiere. Beide Verfahren erscheinen seit den achtziger Jahren überholt. Die Bedingungen auf den Rohstoffmärkten haben sich gründlich geändert, so daß Erlöseinbußen nicht dauerhaft durch die vereinbarten Regelungen stabilisiert werden konnten. Der zugrunde liegende Mechanismus trug auch nicht dazu bei, die wirtschaftliche Entwicklung der Entwicklungsländer durch eine Diversifizierung der Produktionsstruktur von den Rohstoffexporten abzukoppeln und damit die Voraussetzungen für eine Integration rohstoffexportierender AKP-Staaten in die Weltwirtschaft zu schaffen.

6. Förderung der Unternehmen in Entwicklungsländern und der privatwirtschaftlichen Zusammenarbeit

Die Handelspolitik unterstellte in Übereinstimmung mit dem Konzept *Aid by trade*, daß eine Marktöffnung der Europäischen Union, die Unterstützung der Diversifizierung der Wirtschaft in den Entwicklungsländern und die Förderung ihrer regionalen Kooperation die Integration dieser Staaten in die Weltwirtschaft herbeiführen und durch die Ausnutzung von Spezialisierungsvorteilen Wachstum anregen und Ressourcen für sozialen Fortschritt freisetzen könnten. Die wirtschaftliche und die Entwicklungszusammenarbeit sollen ergänzende Maßnahmen zur Förderung von Industrie und Gewerbe in den Entwicklungsländern beinhalten. Das Zentrum für industrielle Zusammenarbeit erhielt die Aufgabe, Unternehmen in den AKP-Staaten Beratung und technische Hilfe anzubieten und das Management von Unternehmen in der Europäischen Union und in den AKP-Staaten mit dem Ziel zusammenzubringen, Kooperationen zu begründen. Investoren aus Europa erhalten in den AKP-Staaten Rechtsschutz für ihr Kapital nach dem Meistbegünstigungsprinzip. Die technische und finanzielle Zusammenarbeit soll in den Entwicklungsländern das Entstehen leistungsfähiger Partner sowie einer für Kooperationen günstigen materiellen und wirtschaftlichen Infrastruktur ermöglichen. Seit den neunziger Jahren ist ein zusätzliches Programm unter der Bezeichnung *European Partners for Investment Cooperation* aufgelegt worden, das sich vor allem um Unternehmenskooperationen mit den Entwicklungsländern am Mittelmeer und in Südostasien bemühen soll.

7. Dynamik der Ziele und Inhalte der öffentlichen Entwicklungszusammenarbeit

Die Entwicklungszusammenarbeit hatte seit den achtziger Jahren die Aus- und Fortbildung, den Ausbau von leistungsfähigen staatlichen und später auch nichtstaatlichen Einrichtungen, die Verbesserung der Lebensbedingungen, die Steigerung der Beschäftigungsmöglichkeiten und die Bekämpfung der Armut zum Gegenstand. Ein 1993 verabschiedetes Dokument über eine Strategie der Europäischen Union zur Bekämpfung der Armut bekundet deren Absicht, die wirtschaftliche und soziale Integration der Armen in den Entwicklungsländern herbeizuführen, ein nachhaltiges und gerechtes Wachstum zu gewährleisten, den Zugang zum Produktivvermögen für die Armen zu erleichtern, leistungsfähige Basissozialdienste einzurichten und Selbsthilfebewegungen zu unterstützen. Armutsbekämpfung soll ein untrennbarer Bestandteil der Wirtschafts-, der Sozial- und der Entwicklungspolitik in einem umfassenden Ansatz sein. Die Beseitigung der Armut sei eine Langzeitaufgabe und müsse im Dialog mit den Entwicklungsländern geplant und durchgeführt werden. Strukturanpassung und die Förderung von Reformen in Wirtschaft und Gesellschaft sollen die Armutsbekämpfung in den Entwicklungsländern unterstützen. Die Kommission will Ergebnisse von Studien über die Ursachen von Armut und von Erfahrungen, die bei der Evaluierung von Projekten gesammelt wurden, zugänglich machen.[17] Für die Umsetzung der Maßnahmen stehen kleine organisatorische Kapazitäten zur Verfügung, deren Effektivität durch komplizierte Verwaltungsvorschriften belastet sind. Die Art der Planung und der Durchführung der Entwicklungszusammenarbeit verlangen von den Entwicklungsländern eine intensive Mitwirkung in allen Stadien der Hilfsmaßnahmen.[18]

Als Folge der fortschreitenden Abschirmung der Agrarmärkte in Europa und zur Sicherung des Absatzes landwirtschaftlicher Überschüsse in Entwicklungsländern beteiligte sich die Europäische Gemeinschaft bereits 1969 an internationalen Nahrungsmittelabkommen. Der Beitritt zur Internationalen Nahrungsmittelhilfe-Übereinkunft (FAC) 1986 und die im selben Jahr verabschiedete Rahmenverordnung zur Nahrungsmittelhilfepolitik und -verwaltung stehen für eine Richtungsänderung des ursprünglichen Vorgehens der Gemeinschaft. Diese Schritte stellten den entwicklungspolitischen Bezug bei der Sicherung der Nahrungsmittelversorgung in den Entwicklungsländern heraus: Vorrang erhielten die Maßnahmen zur Steigerung der Nahrungsmittelproduktion in den Entwicklungsländern. Den Bauern sollte geholfen werden, die Ausbringung zu erhöhen, unter anderem durch die Liberalisierung der Märkte für landwirtschaftliche Erzeugnisse in den Entwicklungsländern. Bei kurzfristig nicht anderweitig zu überbrückender Mangellage sollen nicht mehr Lieferungen aus Überschüssen in der Europäischen Union, sondern aus anderen Entwicklungsländern den Bedarf decken. Ein weltweites Frühwarnsystem dient der Erkennung von Versorgungskrisen und der Einleitung von Gegenmaßnahmen, unter anderem durch die Bildung von Vorratslagern in Entwicklungsländern. 1988 schuf die EG die entsprechenden Finanzierungsinstrumente.

Die Europäische Gemeinschaft hatte schon in dem AKP-EU-Abkommen den Schutz der Umwelt durch Unterstützung der Umweltpolitiken in den AKP-Staaten vereinbart. Die Europäische Union hat diese Form der Kooperation bei der Rio-Konferenz über Umwelt und Entwicklung 1992 allen Entwicklungsländern zugesagt.[19] Eine 1996 verabschiedete Kommissionsvorlage fordert, handelsbeschränkende Maßnahmen auch gegenüber Entwicklungsländern zu ergreifen, wenn dafür klare und vorherbestimmbare Regeln zum Schutz der Umwelt vorliegen. Die Kommission will zudem prüfen, ob die Regelungen für den Grenzausgleich auf Importe auch aus Entwicklungsländern zur Durchsetzung von Umweltstandards genutzt werden können. Zur Lösung von Streitfällen, die auf die unterschiedliche Auslegung von Umweltschutznormen und auf daraus herrührende Handelsdiskriminierung zurückgehen, wird die Schlichtung auf der Grundlage der Regeln der Welthandelsorganisation unter Einbeziehung von Fachleuten auf den Gebieten Umweltschutz und internationaler Handel angeregt. Die Europäische Union will die bereits gegenüber einigen Entwicklungsländern bestehenden Verbote für den Export von gefährlichen Abfällen aus Europa auf alle Entwicklungsländer ausdehnen.

8. Reformperspektiven: Neuorientierung oder pragmatische Anpassungen?

Die Anpassungsfähigkeit der Zusammenarbeit der Europäischen Union mit den Entwicklungsländern kommt unter anderem darin zum Ausdruck, daß sich ihre Ziele, Instrumente und Organisation der Dynamik der Weltwirtschaft und den raschen Wandlungsprozessen in den Entwicklungsländern anpassen.[20] Das Europäische Parlament, die Europäische Kommission und der Ministerrat hatten 1992 Leitlinien für die Entwicklungspolitik bis zum Jahre 2000 verabschiedet und mit Blick auf die Weiterführung des AKP-EU-(Lomé-)Abkommens über das Jahr 2000 hinaus über Reformen der Entwicklungszusammenarbeit nicht nur mit dieser Staatengruppe beraten.

Entwicklung wird in der Erklärung von 1992 als ein dauerhafter Prozeß zur Verbesserung der Lebensbedingungen für die gesamte Bevölkerung der Entwicklungsländer verstanden.[21] Die Reform des Staates und des politischen Systems, die Stabilisierung der Wirtschaft, die Förderung wettbewerbsfähiger Unternehmen und sicherer Arbeitsplätze sowie die Einbindung der Entwicklungsländer in den Welthandel sollen dafür die notwendigen Voraussetzungen schaffen, ebenso wie die regionale Kooperation zwischen den Entwicklungsländern. Zentrale Maßnahmenbereiche bildeten die Förderung von Institutionen, Ausbildung, Technologie- und Wissenstransfer sowie Bildung. Die humanitäre Hilfe habe den Anforderungen der Katastrophenhilfe Rechnung zu tragen und gleichzeitig den Wiederaufbau und einen eigenständigen Entwicklungsprozeß einzuleiten. Der politische Dialog zwischen der Europäischen Union und den Entwicklungsländern werde dazu beitragen, regionale Konflikte zwischen Entwicklungsländern zu beseitigen, den Demokratisierungsprozeß zu fördern und wirtschaftlichen Reformbestrebungen mehr Nachhaltigkeit zu verleihen. Wirtschaftliche Kooperation soll in den Schwerpunkten Privatisierung öffentlicher Unternehmen, Handels- und Investitionspolitik, Forschung, Energiegewinnung und -nutzung sowie Exportförderung in den Entwicklungsländern erfolgen. Weitere Maßnahmen müßten den Drogenhandel bekämpfen und die Umwelt schützen. Die Europäische Union werde eng mit der Weltbank, dem Internationalen Währungsfonds sowie mit den Vereinten Nationen zusammenarbeiten.[22] Organisation, Inhalt und Ablauf der Maßnahmen der Zusammenarbeit werden reformiert mit dem Ziel, die beste Verwendung der Mittel zu gewährleisten sowie die Eigenverantwortung und die Eigenanstrengungen der Entwicklungsländer zu verstärken. Alle Maßnahmen sollen dem Bedarf sowie dem Entwicklungsstand der einzelnen Länder angepaßt werden.

Diese Vorschläge sind bereits Gegenstand einer umfassenden Meinungsbildung und haben ein unterschiedliches Echo hervorgerufen. Der Wissenschaftliche Beirat beim Bundesministerium für wirtschaftliche Zusammenarbeit und Entwicklung hat nach der Verabschiedung des Maastrichter Vertrages und nach der Vorlage von Empfehlungen zur Neugestaltung des AKP-EU-Abkommens eine Neuorientierung der Beziehungen der Europäischen Union zu den Entwicklungsländern gefordert, eine Arbeitsteilung zwischen bilateraler Zusammenarbeit, internationalen Finanzierungsinstitutionen und europäischer Entwicklungszusammenarbeit herbeizuführen.[23] Vordringlich soll nach den Überlegungen des Beirates eine Öffnung der Märkte in der Europäischen Union für Erzeugnisse aus Entwicklungsländern sein, herbeigeführt durch eine Kohärenz zwischen Außenwirtschafts-, Landwirtschafts- und Entwicklungspolitik. Gemeinschaftliche Zusammenarbeit müsse die »Verständigung auf gemeinsame Zielsetzungen« unter den Mitgliedstaaten herbeiführen. Bilaterale Freihandelsabkommen mit den drei großen Teilregionen Afrika, Karibik und Pazifik sollten zur Bedingung machen, daß sich die Vertragspartner zu einer Liberalisierung ihres Handels verpflichten. Die Zuteilung von finanzieller und technischer Zusammenarbeit sollte so erfolgen, daß die Entwicklungsländer mit den besten Rahmenbedingungen für eine schnell wirksame und nachhaltige Entwicklungszusammenarbeit unabhängig von den gegenwärtig bestehenden vertraglichen Beziehungen gefördert werden.[24]

In der Europäischen Kommission und von nichtstaatlichen Organisationen werden grundlegende Reformen befürwortet, die die bisher als zweckmäßig angesehenen Formen der Zusammenarbeit der Europäischen Union mit den Entwicklungsländern erhalten und dem künftigen Bedarf anpassen.[25] Das Europäische Parlament hat bekräftigt, daß die anstehenden Reformen nicht dazu genutzt werden dürfen, einem »Rückzug« oder einer Verminderung der bisherigen Leistungen Vorschub zu leisten. Die Europäische Kommission strebt für die Anpassung der Entwicklungszusammenarbeit ein »evolutorisches Verfahren« an, das notwendige Reformen mit der Übernahme erfolgreicher Maßnahmen verbindet. Vorteile der bisher praktizierten Zusammenarbeit wie der Vertragscharakter, die Dauerhaftigkeit, die Supranationalität, die Partnerschaftlichkeit der Zusammenarbeit, der institutionalisierte Dialog, der breite und innovative Kooperationsansatz, der hohe Schenkungsanteil, die überdurchschnittliche Berücksichtigung von ärmsten Entwicklungsländern und die Transparenz sollen erhalten, das Projektmanagement und die Erfolgskontrolle müssen verbessert werden. Die Zusammenarbeit mit Nichtregierungsorganisationen soll entsprechend deren Leistungsfähigkeit ausgeweitet werden.

Die privatwirtschaftliche Kooperation wird ein wesentlicher Bestandteil der Zusammenarbeit zwischen der Europäischen Union und den Entwicklungsländern sein, wie aus den Überlegungen zur künftigen Gestaltung des AKP-EU-Abkommen ersichtlich ist. Vorgeschlagen werden die Förderung privater Unternehmen in den Entwicklungsländern, die Einführung eines umfassenden Rechtsschutzes und die Unterstützung von Selbsthilfeeinrichtungen der Wirtschaft durch günstige Rahmenbedingungen. Der politische Dialog soll den Entwicklungsländern zu einer Wirtschaftspolitik verhelfen, die den Unternehmen Freiraum läßt, Investitionen anregt und die Integration in die Weltwirtschaft erleichtert. Mehrjährige Rahmenverträge zwischen Entwicklungsländern und der Europäischen Union über die Kooperation können für private Unternehmen Planungssicherheit bei der Vereinbarung grenzüberschreitender Vorhaben schaffen. Die Maßnahmen der Europäischen Union sollen mit denen multilateraler Finanzierungseinrichtungen abgestimmt werden.

Reformen zur Steigerung der Wirksamkeit der europäischen Entwicklungszusammenarbeit müssen – darin sind sich alle Diskussionsbeiträge über die Zukunft der Beziehungen zwischen der Europäischen Union und den Entwicklungsländern einig – durch eine entwicklungsfördernde Wirtschaftspolitik, durch politische Stabilität und durch den Verzicht auf Konflikte zur Lösung sozialer Spannungen in den Entwicklungsländern ergänzt werden.

Anmerkungen

1 Unterstützung begrenzter wirtschaftlicher Integrationsbestrebungen in den Entwicklungsländern durch die Europäischen Gemeinschaften, Kommission der Europäischen Gemeinschaften, KOM (95) 219 endg. v. 16. Juni 1995.

2 Eppler, Erhard: Deutsche Verantwortung für eine europäische Entwicklungspolitik, in: Internationales Afrika-Forum 2 (1994), S. 167–174; Breier, Horst: Krise und Krisengerede. Vom Zustand der Entwicklungspolitik, in: Vereinte Nationen 2 (1997), S. 55–59.

3 Schmuck, Otto: Die Süd-Politik der Europäischen Gemeinschaft: Entstehung, Motive, Instrumente und Widersprüche, in: Nuscheler, Franz, und Otto Schmuck (Hrsg.): Die Süd-Politik der EG. Europas entwicklungspolitische Verantwortung in einer veränderten Weltordnung, Bonn (1992), S. 17–42.

4 Frisch, Dieter: Grundzüge einer europäischen Entwicklungspolitik nach Maastricht, in: Internationale Politik und Gesellschaft 2 (1994), S. 122–130.

5 Köhler, Volkmar: Die Entwicklungspolitik der Europäischen Gemeinschaft, in: Europa-Archiv 24 (1987), S. 709–714.

6 Vgl. Kaltefleiter, Viola: Die Entwicklungshilfe der Europäischen Union. Rechtfertigung, Effizienz und politische Ökonomie, Heidelberg 1995.

7 Vgl. Pietsch, Ursula: Revision von Lomé IV. Versuch einer Wertung, in: Journal für Entwicklungspolitik 4 (1996), S. 397–423.

8 Memorandum zur Entwicklungspolitik der Europäischen Gemeinschaft, Kommission der Europäischen Gemeinschaften, KOM (82) 640 endg. v. 5. Oktober 1982, S. III.

9 Vgl. Kappel, Robert: Europäische Entwicklungspolitik im Wandel. Perspektiven der Kooperation zwischen der Europäischen Union und den AKP-Ländern, Duisburg 1996.

10 Vgl. Dauderstädt, Michael: Europa und Nordafrika. Mehr Paranoia als Partnerschaft, Reihe Eurokolleg 36 (1996).

11 Vgl. Weidenfeld, Werner, Josef Janning und Sven Behrendt: Transformation im Nahen Osten und Nordafrika, Gütersloh 1997.

12 Kommission der Europäischen Gemeinschaften: Mitteilung der Kommission an den Rat. Auf dem Weg zu einer neuen Asien-Strategie, KOM(94) 314 endg. v. 13. Juli 1994.

13 Vgl. Friedrich, Klaus: Allgemeine EG-Zollpräferenzen für Entwicklungsländer. Ein Meilenstein des Zollrechts, in: Recht der Internationalen Wirtschaft 4 (1995), S. 315–320.

14 Vgl. Breitmeser, Franz: Entwicklungspolitisches Engagement der Europäischen Union, in: Journal für Entwicklungspolitik 2 (1994), S. 101–138; Wolf, Susanna: Begrenzter Erfolg der Lomé-Abkommen. Eine empirische Untersuchung der Wirkungen der EU-Zollpräferenzen auf den Handel der AKP-Staaten, Frankfurt a. M. u. a. 1996.

15 Vgl. Kuschel, Hans Dieter: Die Bananenmarktordnung der Europäischen Union. »Ein Muster für eine protektionistische Handelspolitik«, in: Recht der Internationalen Wirtschaft 3 (1995), S. 218–222; Jürgensen, Thomas: WTO-Konformität der reformierten Gemeinsamen Marktorganisation für Bananen, in: Recht der internationalen Wirtschaft 4 (1999), S. 241–249.

16 Vgl. Amelung, Torsten, und Rolf J. Langhammer: ACP Exports and EC Trade References Revisited, Kiel Working Papers No. 373, Kiel (1989); Borrmann, Axel, Christine Borrmann, Christian Langer und Karl Wolfgang Menck: The Significance of the EEC's Generalized System of Preferences, Hamburg 1985.

17 Vgl. Kommission der Europäischen Gemeinschaften: Strategie der Gemeinschaft und der Mitgliedstaaten zur Bekämpfung der Armut in den Entwicklungsländern, KOM (93) 518 endg. v. 16. November 1993.

18 Vgl. Reithinger, Anton: Probleme und Perspektiven Europäischer Entwicklungspolitik, in: Nord-Süd aktuell 3 (1995), S. 387–394.

19 Vgl. Kommission der Europäischen Gemeinschaften: Handel und Umwelt, KOM (96) 54 v. 28. Februar 1996.

20 Vgl. Lingnau, Hildegard: Perspektiven der Lomé-Kooperation, Berlin 1996.

21 Vgl. Declaration of the Council and of Representatives of Governments of Member States Meeting in the Council on Aspects of Development Cooperation Policy in the Run-up to 2000, in: The Courier 137 (1993), S. 8–10.
22 Vgl. European Commission: Green Paper on Relations between the European Union and the ACP-Countries on the Eve of the 21st Century. Challenges and Options for a New Partnership, KOM (96) 570 endg. v. 20. November 1996.
23 Vgl. Wissenschaftlicher Beirat beim Bundesministerium für wirtschaftliche Zusammenarbeit und Entwicklung: Europäisierung der Entwicklungszusammenarbeit, BMZ aktuell (1993).
24 Vgl. Wissenschaftlicher Beirat beim Bundesministerium für wirtschaftliche Zusammenarbeit und Entwicklung: Perspektiven der EU-AKP-Entwicklungszusammenarbeit nach dem Jahr 2000, BMZ aktuell (1997).
25 Vgl. Arts, Karin, und Jessica Byron: The Mid Term Review of the Lomé IV Convention: Heralding the Future?, in: Third World Quarterly 1 (1997), S. 73–91; Frisch, Dieter: Die Zukunft des Lomé-Abkommens. Erste Überlegungen zur europäischen Afrika-Politik nach dem Jahr 2000, in: afrika-spectrum 1 (1996), S. 57–72.

7.
Die Zukunft Europas

Die Kompetenzen in der Europäischen Union

PETER-CHRISTIAN MÜLLER-GRAFF

1. Der Kompetenzbegriff in der Europäischen Union

Als Kompetenz wird in der überkommenen staatlichen Ordnung die verfassungsrechtlich legitimiert zugewiesene Handlungsbefugnis eines Organes der öffentlichen Gewalt verstanden.[1] Vergleichbar läßt sich der Kompetenzbegriff im Recht der – jeweils mit eigener Rechtspersönlichkeit ausgestatteten – drei Europäischen Gemeinschaften (EG, EGKS, EAG)[2], die eine der drei Grundlagen der Europäischen Union bilden, verwenden. Die Legitimationsgrundlage der Befugniszuordnung zu einem Gemeinschaftsorgan liefert der jeweilige Gründungsvertrag (sogenanntes *Primärrecht* oder *Gemeinschaftsverfassungsrecht*). Bei diesen Kompetenzen handelt es sich entsprechend der Grundeinteilung der Funktionskategorien staatlicher Gewalt um *Legislativbefugnisse*[3], *Exekutivbefugnisse*[4] und *Judikativbefugnisse*[5]. Die Verknüpfung derartiger Befugnisse mit der Europäischen Union selbst ist demgegenüber wegen deren Rechtsnatur zweifelhaft.

Die Union, gegründet durch den Vertrag von Maastricht von 1992 (EU-Vertrag) und reformiert durch den Vertrag von Amsterdam von 1997, ist die rechtliche und politische Klammer, um drei komplexe Politikbereiche auf europäischer Ebene unter übergreifenden Zielsetzungen innerhalb eines einheitlichen institutionellen Rahmens zu verfolgen. Hierbei handelt es sich erstens um die in den drei Europäischen Gemeinschaften gebündelten und im sogenannten Gemeinschaftsverfahren zu verfolgenden Politikbereiche (sogenannte *erste Unionssäule*), darunter namentlich die Schaffung und Entwicklung des Binnenmarktes, die Währungsunion, die binnenmarktflankierenden Politiken (z. B. Kohäsionspolitik, Sozialpolitik, Außenwirtschaftspolitik, Zugangspolitiken), die binnenmarktangestoßenen oder -überschreitenden Politiken (z. B. Umwelt-, Gesundheits- und Verbraucherpolitik) und die sektoralen Sonderpolitiken (Kohle und Stahl, Landwirtschaft, Verkehr, Atomenergie); zweitens um die Außen- und Sicherheitspolitik, die als Gemeinsame Außen- und Sicherheitspolitik (GASP) die *zweite Unionssäule* bildet und weiterhin als intergouvernementale Kooperation ausgestaltet ist[6]; und drittens um die in der *dritten Unionssäule* verbliebene polizeiliche und justitielle Zusammenarbeit in

Strafsachen, die gleichermaßen intergouvernmental angelegt ist.[7] Die Verknüpfung dieser drei Handlungsfelder durch den EU-Vertrag mündete allerdings bislang nicht in die Schaffung einer übergreifenden europäischen Rechtspersönlichkeit. Insbesondere ist die Europäische Union weder eine weitere selbständige Europäische Gemeinschaft[8], noch ersetzt sie die bestehenden Gemeinschaften (Art. 47 EUV-A; zuvor: Art. M EUV-M). Die Fähigkeit, Träger von Rechten und Pflichten zu sein, wird der Europäischen Union vom EU-Vertrag nicht ausdrücklich zugewiesen und läßt sich bislang auch nicht überzeugend begründen.[9]

Mangelt es ihr aber an eigener Rechtsfähigkeit, können ihr selbst auch keine Kompetenzen zustehen, denn diese müssen einem Rechtsträger zugeordnet sein. Da sich deshalb rechtlich nicht von Kompetenzen »der« Union sprechen läßt, ist nach den einzelnen Unionssäulen zu unterscheiden und jeweils dort nach den Kompetenzen zu fragen, die innerhalb der Unionskonstruktion wahrgenommen werden. Befugnisse und darauf gestützte Handlungen sind im Rahmen der Regeln der zweiten und dritten Säule wegen deren jeweiligem intergouvernementalen Grundmuster kompetentiell den Mitgliedstaaten in ihrer gesamthänderischen Verbundenheit, nicht aber »der« Union[10] oder den Gemeinschaften, zuzurechnen. Demgegenüber sind Befugnisse und darauf gestützte Handlungen in der ersten Säule den jeweiligen Gemeinschaften zuzuordnen, die alle Rechtspersönlichkeit besitzen, welche von dem jeweiligen Gründungsvertrag vorgesehen[11] und im Verhältnis zu Drittstaaten anerkannt ist.

Unverändert kommt den Kompetenzen der Europäischen Gemeinschaften das größte Gewicht zu und hierbei speziell denjenigen *legislativer* und *exekutiver* Art. Sie stehen daher auch nachfolgend im Vordergrund. Die *judikativen* Kompetenzen (namentlich: Feststellung einer Vertragsverletzung, Sanktionsverhängung, Auslegung, Rechtsfortbildung, Nichtigkeitserklärung) prägen den Charakter der Gemeinschaften als Rechtsgemeinschaften und ergeben sich aus den jeweiligen vertraglichen Zuständigkeiten des Gerichtshofes der Europäischen Gemeinschaften (EuGH)[12] oder des Gerichtes erster Instanz (GeI).[13]

2. Legitimationsgrundlagen der Kompetenzen

Die Legitimationsgrundlagen der innerhalb der Unionskonstruktion angesiedelten Kompetenzen sind nach den Gemeinschaftskompetenzen und den unionsrechtlich verbundenen mitgliedstaatlichen Kompetenzen zu unterscheiden. Legitimationsgrundlage der Kompetenzen der Europäischen Gemeinschaften sind die Gründungsverträge zwischen den Mitgliedstaaten in ihrer gegenwärtig geltenden Fassung: in chronologischer Reihenfolge der Vertrag über die Gründung der Europäischen Gemeinschaft für Kohle und Stahl (EGKSV), der Vertrag über die Gründung der Europäischen Gemeinschaft (EGV; früher EWGV) und der Vertrag über die Gründung der Europäischen Atomgemeinschaft (EAGV).[14] Diese Verträge begründen zugunsten der jeweiligen Gemeinschaft Hoheitsrechte unterschiedlichen sachgegenständlichen Inhaltes und verschiedener Funktionskategorien, schaffen auch spezifische, nur supranational wahrnehmbare Kompetenzen[15] und rufen so zugleich eine neue, eigenständige Rechtsordnung ins Leben, die in ihrer Ausgestaltung sowohl für Mitgliedstaaten als auch für den einzelnen Geltung entfaltet.

Die vertragliche Begründung beinhaltet zugleich die Begrenzung der Kompetenzen: Einer Gemeinschaft können nur diejenigen Befugnisse zustehen, die im jeweiligen Gründungsvertrag ausdrücklich oder implizit vorgesehen sind. Die Schaffung darüber hinausgehender Kompetenzen einer Gemeinschaft bedarf gemäß Art. 48 EUV-A (Art. N EUV-M) einer entsprechenden vertraglichen Ergänzung, die einen neuen Vertrag und dessen Ratifizierung durch alle Mitgliedstaaten gemäß ihren verfassungsrechtlichen Vorschriften erfordert.

Legitimationsgrundlage der unionsrechtlichen Bindung der in der zweiten und dritten Säule aufgeführten mitgliedstaatlichen Kompetenzen ist der Vertrag über die Europäische Union. Durch ihn haben die Mitgliedstaaten vereinbart, in ihrer Verbundenheit als Union einerseits eine Gemeinsame Außen- und Sicherheitspolitik zu erarbeiten (Art. 11 EUV-A bzw. Art. J.1 EUV-M) und andererseits, unbeschadet der Befugnisse der Europäischen Gemeinschaft, das Ziel zu verfolgen, den Bürgern einen Raum der Freiheit, der Sicherheit und des Rechtes zu bieten, indem sie ein gemeinsames Vorgehen im Bereich der polizeilichen und justitiellen Zusammenarbeit in Strafsachen entwickeln sowie Rassismus und Fremdenfeindlichkeit verhüten und bekämpfen (Art. 29 EUV-A; zuvor teilweise Art. K und K.1 EUV-M). Im Rahmen dieser Formen der Zusammenarbeit kann es zu Entscheidungen kommen, die die Mitgliedstaaten binden.[16] Hinsichtlich einzelner Maßnahmetypen innerhalb der polizeilichen und justitiellen Zusammenarbeit ist durch den Reformvertrag von Amsterdam mit Art. 35 EUV-A auch eine Jurisdiktion des Gerichtshofes der Europäischen Gemeinschaften eröffnet.

3. Charakteristika legislativer und exekutiver Gemeinschaftskompetenzen

Die legislativen und exekutiven Gemeinschaftskompetenzen weisen mehrere Charakteristika auf, unter denen namentlich die *Zielgebundenheit*, das *Prinzip der begrenzten Einzelermächtigung*, das *Grundverhältnis zu den mitgliedstaatlichen Kompetenzen*, die Bindung an *Ausübungsregeln* und die Bindung an *Handlungstypen* hervorzuheben sind.

3.1 Zielgebundenheit

Ein wesentliches Charakteristikum der Kompetenzen der Gemeinschaften ist ihre Gebundenheit an deren vertragliche Ziele. So ist etwa die EG vom EG-Vertrag ausdrücklich darauf festgelegt, »innerhalb der Grenzen der ihr in diesem Vertrag zugewiesenen Befugnisse und gesetzten Ziele« tätig zu werden und ihre Maßnahmen so auszugestalten, daß sie »nicht über das für die Erreichung der Ziele dieses Vertrages erforderliche Maß« hinausgehen.[17] Die Ziele der EG ergeben sich im wesentlichen aus der Präambel des EG-Vertrages und der kompakten Aufgabenumschreibung des Art. 2 EGV. Im Kern sind sie auf Friedenssicherung, wirtschaftliche und soziale Prosperität und Schaffung eines Gemeinwesens eigener Art ausgerichtet[18] und umfassen damit wirtschafts-, sozial- und integrationspolitische Elemente[19]. Im einzelnen ist es danach Aufgabe der EG, eine harmonische, ausgewogene und nachhaltige Entwicklung des Wirtschaftslebens, ein hohes Beschäftigungsniveau und ein hohes Maß an sozialem Schutz, die Gleichstellung von Männern und Frauen, ein beständiges, nichtinflationäres Wachstum, einen hohen Grad von Wettbewerbsfähigkeit und Konvergenz der Wirtschaftsleistungen, ein hohes Maß an Umweltschutz und Verbesserung der Umweltqualität, die Hebung der Lebenshaltung und der Lebensqualität, den wirtschaftlichen und sozialen Zusammenhalt und die Solidarität zwischen den Mitgliedstaaten zu fördern. Für EGKS und EAG gelten weitaus engere und auf die jeweiligen Sektoren (Kohle und Stahl, Atomenergie) begrenzte Zielsetzungen, darunter namentlich die Hebung der Lebenshaltung.

Wiewohl diese Zielbestimmungen allein keine selbständigen Ermächtigungsgrundlagen für ein Handeln der Gemeinschaft darstellen[20], können sie doch im Einzelfall zur Auslegung einer Kompetenznorm herangezogen werden[21] und diese dadurch konkretisieren.[22] Dies ist insbesondere bei solchen Ermächtigungsnormen von Bedeutung, die funktional ausgestaltet sind, wie namentlich die Kompetenzen zur Rechtsangleichung mit dem Ziel der Marktintegration.[23] Diese Befugnisse erfassen nicht bestimmte abgegrenzte Lebenssachbereiche, sondern vermögen potentiell, auf alle marktrelevanten Sachgegenstände einzuwirken. Sie ermächtigen die EG zu allen Rechtsangleichungsmaßnahmen, die der Herstellung oder dem Funktionieren des Gemeinsamen Marktes dienen.[24] Die Zielbindung wirkt des weiteren in besonderem Maße kompetenzkonkretisierend auf die sogenannten *Abrundungsbefugnisse*, die eine Handlungszuständigkeit aus der Zielerforderlichkeit begründen. So gilt für die EG, daß der Rat die geeigneten Vorschriften erlassen kann, wenn ein Tätigwerden der Gemeinschaft erforderlich erscheint, um im Rahmen des Gemeinsamen Marktes eines ihrer Ziele zu verwirklichen und im EGV die hierfür erforderlichen Befugnisse nicht vorgesehen sind.[25]

3.2 Das Prinzip der begrenzten Einzelermächtigung

Ein zweites Kennzeichen der Gemeinschaftskompetenzen liegt darin, daß die Gemeinschaften im Unterschied zu Staaten keine umfassende Handlungsbefugnis (»Allzuständigkeit«) besitzen. Vielmehr gilt für sie das sogenannte *Prinzip der begrenzten Einzelermächtigung*.[26] Dies bedeutet, daß die jeweilige Gemeinschaft nur dann und insoweit eine Handlungskompetenz besitzt, wie sie ihr von dem jeweiligen Gründungsvertrag in seiner geltenden Fassung zugewiesen ist. Die Gründungsverträge schreiben dieses Prinzip ausdrücklich fest. Die EG ist »innerhalb der Grenzen der ihr in diesem Vertrag zugewiesenen Befugnisse und Ziele tätig« (Art. 5 Abs.1 EGV-A bzw. Art. 3b Abs.1 EGV-M), die Organe der EGKS handeln »im Rahmen der jedem von ihnen zugewiesenen Befugnisse« (Art. 3 Abs.1 EGKSV) und diejenigen der EAG »nach Maßgabe der in diesem Vertrag zugewiesenen Befugnisse« (Art. 3 Abs.1 EAGV). Keine der Gemeinschaften verfügt mithin über eine »Kompetenzkompetenz«. Vielmehr sind sie auf Grund und im Ausmaß der Einzelermächtigungen befugt, die ihnen die Mitgliedstaaten in den Gründungsverträgen zugewiesen haben. Diese Ermächtigungen sind in dreifacher Weise definiert: sachgegenständlich, handlungstypförmig[27] und organspezifisch[28].

Aus Organspezifizierung und Handlungstypbezogenheit folgt, daß das politische Gewicht der legislativen oder exekutiven Gemeinschaftskompetenzen (schon unabhängig von den erfaßten Sachgegenständen) im Verhältnis zu den Zuständigkeiten der Mitgliedstaaten nicht einheitlich festliegt, sondern im einzelnen durch unterschiedliche Institutionen, Prozesse und Instrumente bestimmt ist: Es hängt maßgeblich davon ab, welches Organ der Gemeinschaft nach welchen Entscheidungsregeln in welchem Entscheidungsverfahren im Verhältnis zu anderen Gemeinschaftsorganen zu welchem Handeln befugt ist. So unterscheidet sich die Nutzbarkeit einer Gemeinschaftskompetenz, je nachdem, ob sie durch den Rat, der sich aus je einem Vertreter eines Mitgliedstaates auf Ministerebene zusammensetzt, nur mit einstimmigem Beschluß oder aber mit einfachem oder qualifiziertem Mehrheitsbeschluß wahrgenommen werden kann. Desgleichen ist für den politischen Stellenwert einer Gemeinschaftskompetenz erheblich, ob sie durch die Kommission als unabhängiger Hüterin der Verträge allein oder durch den Rat wahrgenommen werden kann, und ob von letzterem im Mitentscheidungsverfahren mit dem Europäischen Parlament oder schon nach dessen bloßer Anhörung. Schließlich ist für ihren politischen Rang auch von Bedeutung, ob sie zum Erlaß einer unmittelbar geltenden Verordnung ermächtigt oder zum Erlaß einer Richtlinie, die grundsätzlich nur die Mitgliedstaaten verpflichtet. Es versteht sich schließlich, daß die Gemeinschaftsorgane sich durch das von ihnen geschaffene Recht (sogenanntes *abgeleitetes Recht* oder *Sekundärrecht*) nicht selbst über die Vorgaben des Primärrechtes hinaus ermächtigen können.

Allerdings ist der *Grundsatz der begrenzten Einzelermächtigung* zwar nicht prinzipiell, aber in seiner tatsächlichen sachgegenständlichen Bedeutung in zweifacher Hinsicht modifiziert. Zum einen können in den jeweils vorgesehenen Verfahren zur Schließung von Vertragslücken[29], die eine (aufwendige) Vertragsänderung ersparen, der Rat (EGV, EAGV) bzw. die Kommission (EGKSV) Vorschriften erlassen, wenn ein Tätigwerden zur Verwirklichung der Gemeinschaftsziele erforderlich erscheint, aber im Vertrag die dafür erforderlichen Befugnisse nicht vorgesehen sind. Grundlage dieser Lückenschließungsverfahren sind jedoch Vertragsermächtigungen. Allerdings ist hierbei die im Einzelfall zu bestimmende Grenze zwischen der primärrechtlich zugelassenen Vertragsabrundung (z. B. Erlaß einer Fusionskontrollverordnung) und einer nicht ohne Vertragsänderung zulässigen Tätigkeit (z. B. Regelung von Staatsangehörigkeitsfragen) zu beachten.[30] Zum anderen können Kompetenzen der Gemeinschaften im Einzelfall auch aus dem Gedanken vertragsimplizierter Zuständigkeiten (sogenannte »*implied-powers*«-Lehre) erwachsen. Dies ist möglich, wenn eine vorhandene ausdrückliche Kompetenz funktionsnotwendig eine weitere Befugnis umschließt.[31] So folgt die Kompetenz der EG zum Abschluß völkerrechtlicher Vereinbarungen im Verkehrsbereich nach der sogenannten AETR-Rechtsprechung des EuGH[32] aus dem Umstand, daß die EG im Innenbereich Vorschriften erlassen hat, die durch das Eingehen völkerrechtlicher Verpflichtungen der Mitgliedstaaten beeinträchtigt werden können.[33]

3.3 Das Grundverhältnis zu den mitgliedstaatlichen Kompetenzen

Ein weiteres Merkmal der Gemeinschaftskompetenzen ist deren Grundverhältnis zu den mitgliedstaatlichen Kompetenzen. Die Begründung der Befugnis einer Gemeinschaft in einem bestimmten Sachbereich beinhaltet nicht notwendig zugleich einen entsprechenden vollständigen Kompetenzverlust der Mitgliedstaaten. Vielmehr kommt es darauf an, ob die Befugnis der Gemeinschaft ausschließlicher oder nicht-ausschließlicher Natur ist. In den Verträgen ist allerdings bis heute keine ausdrückliche derartige Qualifikation vorgenommen worden. Dies begründet Unklarheiten bei der Ausübung von Befugnissen der EG namentlich für die Anwendung des *Subsidiaritätsprinzips* (Art. 5 Abs. 2 EGV-A bzw. Art. 3b Abs. 2 EGV-M), da dieses nur bei nicht-ausschließlichen Gemeinschaftskompetenzen Anwendung findet. Angesichts des Schweigens der Verträge muß infolgedessen für jede einzelne Kompetenz anhand von Wortlaut, Zweck und Zusammenhang der konkreten Ermächtigungsnorm festgestellt werden, zu welcher Kategorie sie gehört.[34] Unterschiedliche Auffassungen bestehen insoweit beispielsweise hinsichtlich der Agrarpolitik[35], der Außenzuständigkeit in Verkehrsfragen[36] und der binnenmarktfinalen Rechtsangleichung[37].

Abgrenzungskriterium zwischen beiden Zuständigkeitskategorien ist der Maßstab, ob die Gemeinschaft nach der jeweiligen Ermächtigungsnorm allein handlungsbefugt sein soll oder nicht[38], und zwar unabhängig davon, ob die Gemeinschaft bereits tätig geworden ist. Zu den ausschließlichen Zuständigkeiten zählen beispielsweise die Festlegung des Gemeinsamen Zolltarifes gegenüber Drittstatten (Art. 26 EGV-A bzw. Art. 28 EGV-M), die Durchführung der Gemeinsamen Handelspolitik gegenüber Drittstatten (Art. 133 EGV-A bzw. Art. 113 EGV-M), die Freistellung vom Kartellverbot (Art. 85 Abs. 3 EGV-A bzw. Art. 85 Abs. 3 EGV-M) und auch die Befugnis zur verbindlichen binnenmarktfinalen Rechtsangleichung (Art. 95 EGV-A bzw. Art. 100a EGV-M). Die meisten Befugnisse der Gemeinschaften gelten hingegen als nicht-ausschließliche Kompetenzen. Sie belassen den Mitgliedstaaten das sachbereichliche Tätigwerden, das aber nicht in Widerspruch zu Gemeinschaftsrecht geraten darf. Bemühungen um weitergehende Unterteilungen in konkurrierende und parallele Kompetenzen[39] sowie Rahmenkompetenzen[40] finden begrifflich keinen Anhaltspunkt im Gemeinschaftsrecht.

3.4 Ausübungsregeln

Zu den Merkmalen der Kompetenzen der EG zählt des weiteren, daß sie, abgesehen von ihrer selbstverständlichen Bindung an das Recht (Art. 220 EGV-A bzw. Art. 164 EGV-M), darunter an die ungeschriebenen Gemeinschaftsgrundrechte[41], ausdrücklichen Ausübungsregeln unterliegen[42]: dem *Erforderlichkeitsprinzip* und teilweise dem *Subsidiaritätsprinzip*.

Für beide Kompetenzkategorien gilt das vertraglich festgelegte *Erforderlichkeitsprinzip* (Art. 5 Abs. 3 EGV-A bzw. Art. 3b Abs. 3 EGV-M). Danach gehen die Maßnahmen der Gemeinschaft nicht über das für die Erreichung der Ziele des EG-Vertrages erforderliche Maß hinaus, so daß die konkrete Ausübung von Gemeinschaftsbefugnissen einer Erforderlichkeitsprüfung unterworfen ist.[43] Hiermit ist implizit zugleich gefordert, daß das jeweilige Gemeinschaftshandeln überhaupt geeignet ist, das verfolgte Ziel zu erreichen. Ist dies der Fall, muß die gewählte Maßnahme die für die Mitgliedstaaten am wenigsten einschneidende sein (*Gebot des schonendsten Mittels*)[44], damit der gemeinschaftliche Rechtsakt so weit wie möglich auf die nationalen Rechtsordnungen der Mitgliedstaaten Rücksicht nimmt. Zugleich wird der Erforderlichkeitsgrundsatz auch als individueller Freiheitsschutz der Bürger gegenüber Regulierungen durch die Gemeinschaft verstanden.[45]

Speziell die nicht-ausschließlichen Kompetenzen der EG unterliegen zudem der Ausübungsregel des *Subsidiaritätsprinzips* (Art. 5 Abs. 2 EGV-A bzw. Art. 3b Abs. 2 EGV-M). Danach wird die EG in den Bereichen, die nicht in ihre ausschließliche Zuständigkeit fallen, nur tätig, »sofern und soweit die Ziele der in Betracht gezogenen Maßnahmen auf Ebene der Mitgliedstaaten nicht ausreichend erreicht ... und daher wegen ihres Umfangs oder ihrer Wirkungen besser auf Gemeinschaftsebene erreicht werden können«. Als Ausübungsregel kann das *Subsidiaritätsprinzip* keine neuen Kompetenzen begründen[46], vielmehr soll es die Handhabung bereits bestehender Befugnisse derart kontrollieren, daß die Gemeinschaft nur tätig werden darf, wenn die mitgliedstaatlichen Anstrengungen nicht ausreichen. Die Handhabung dieses Prinzips wirft offenkundig Probleme auf.

3.5 Bindung an Handlungstypen

Schließlich zählt zu den Eigenheiten der Gemeinschaftskompetenzen, daß ihre rechtsförmige Ausübung in der Regel an bestimmte, von den Gründungsverträgen vorgegebene Handlungstypen gebunden ist. Grundsätzlich ist es den Gemeinschaftsorganen verwehrt, Handlungsformen zu entwickeln, die in den Verträgen nicht vorgesehen sind. Wegen des *Prinzips der begrenzten Einzelermächtigung* müssen sie sich zudem der in der jeweiligen Ermächtigungsnorm vorgesehenen Handlungstypen bedienen. Jeder der drei Gemeinschaftsverträge enthält einen Katalog der wichtigsten Handlungstypen.[47] Vorgesehen sind namentlich: die Verordung als unmittelbar in jedem Mitgliedstaat geltender Rechtsakt[48], die Richtlinie als ein die adressierten Mitgliedstaaten bindender Rechtsakt[49] und die Entscheidung als verbindlicher Rechtsakt für die darin Bezeichneten.[50] Daneben kennt etwa der EG-Vertrag als nicht verbindliche Handlungsformen Empfehlungen und Stellungnahmen.[51] In zahlreichen Ermächtigungsnormen ist der dem ermächtigten Organ verfügbare Rechtshandlungstyp definiert, zum Teil aber auch textlich die Wahl zwischen verschiedenen Formen eröffnet (»Maßnahmen«).[52] Die prinzipielle Bindung des Gemeinschaftshandelns an den Formenkatalog ist allerdings durch die Anerkennung sonstiger Gemeinschaftsakte modifiziert, die sich entweder den Verträgen selbst entnehmen lassen oder einer mit ihnen vereinbarten Gemeinschaftspraxis entspringen. Sie tragen Bezeichnungen wie »Beschlüsse«, »Entschließungen«, »Leitlinien«, »Erklärungen«, »Programme«, »Pläne« etc. und beinhalten oft nur politische Richtungsvorgaben, nicht aber rechtsverbindliche Festlegungen.

4. Sachbereiche legislativer und exekutiver Gemeinschaftskompetenzen

Die einzelnen Sachbereiche der legislativen und exekutiven Gemeinschaftskompetenzen ergeben sich in der gegenwärtigen Fassung der Gründungsverträge nicht aus übersichtlich katalogisierten Zuständigkeitszuweisungen, sondern aus den in den Verträgen verstreuten einzelnen Ermächtigungsnormen. Als Folge der Prinzipien der *Zielgebundenheit* und der *begrenzten Einzelermächtigung* sind die Zuständigkeiten zudem oft derart näher bestimmt (z. B. »soweit erforderlich«), daß die betroffenen Sachgegenstände auf Grund der zielfunktionalen Ausrichtung einer Kompetenz entweder nicht nach herkömmlichen Bereichen vorweg präzisierbar sind[53], oder einen an sich präzisierten Sachbereich nicht notwendig vollständig umfassen.[54] Unter diesen Vorbehalten sind legislative und exekutive Gemeinschaftskompetenzen in allen Gründungsverträgen sachgebietlich benennbar.

4.1 Sachgebietliche Kompetenzen der EG

4.1.1 Binnenmarktverwirklichung

Im Vordergrund der Zuständigkeiten der EG steht die Aufgabe, den Gemeinsamen Markt zu verwirklichen. Er wird vom Vertrag als Raum ohne Binnengrenzen umschrieben, in dem der freie Verkehr von Waren, Personen, Dienstleistungen und Kapital gemäß den Vertragsbestimmungen gewährleistet ist (Art. 14 Abs. 2 EGV-A bzw. Art. 7a Abs. 2 EGV-M). Der Verwirklichung dieser vier Marktgrundfreiheiten dient eine Reihe unmittelbar anwendbarer und von jedem Gericht zu beachtender Verbote mitgliedstaatlicher Beschränkungen[55], deren Umfang im Konfliktfall letztinstanzlich der Gerichtshof der Europäischen Gemeinschaften bestimmt. Sie begründen die Rechte einzelner auf grenzüberschreitenden Marktzugang.

Zugleich verleiht der Vertrag jedoch der Gemeinschaft auch politische Gestaltungsbefugnisse, um entweder eine einzelne Marktgrundfreiheit oder die Marktintegration insgesamt zu fördern. So sind der Gemeinschaft insbesondere die in der Praxis überragend bedeutsamen *allgemeinen* Ermächtigungen zur marktintegrativ erforderlichen Angleichung mitgliedstaatlicher Rechts- und Verwaltungsvorschriften zugewiesen: genauer zur Errichtung oder dem Funktionieren des Gemeinsamen Marktes (Art. 94 EGV-A bzw. Art. 100 EGV-M) bzw. des Binnenmarktes (mit der Möglichkeit von qualifizierten Mehrheitsbeschlüssen des Rates; Art. 95 EGV-A bzw. Art. 100a EGV-M). In der Praxis erweisen sie sich vor allem zur Verwirklichung der Warenverkehrsfreiheit, aber auch anderer Grundfreiheiten, und zur Überwindung oder Vermeidung vorschriftsbegründeter Wettbewerbsverfälschungen als bedeutsam. Grundsätzlich können die Ermächtigungen alle marktintegrationsrelevanten mitgliedstaatlichen Regeln betreffen (z. B. im Agrarrecht, im Energierecht, im Versicherungsrecht, im Patentrecht, im öffentlichen Auftragswesen, im Telekommunikationsrecht, im Umweltrecht, im Zivilrecht etc.[56]). Dem reibungslosen Funktionieren des Binnenmarktes dient auch die der Gemeinschaft durch den Amsterdamer Reformvertrag übertragene Zuständigkeit zu Maßnahmen im Bereich der justitiellen Zusammenarbeit in Zivilsachen (Art. 65 EGV-A).

Daneben verfügt die Gemeinschaft über Befugnisse, die speziell auf die Förderung einer bestimmten Marktgrundfreiheit zugeschnitten und im einzelnen (also in Organzuständigkeit, Mehrheitserfordernissen und Entscheidungsverfahren) unterschiedlich ausgestaltet sind: so zugunsten des Freiverkehrs der Arbeitskräfte namentlich zur Herstellung der Arbeitnehmerfreizügigkeit im allgemeinen (Art. 40 EGV-A bzw. Art. 49 EGV-M) und hierbei auch zur Regelung des Verbleibes von Arbeitnehmern in anderen Mitgliedstaaten nach Beendigung einer Beschäftigung (Art. 39 Abs. 3 Buchst. d EGV-A bzw. Art. 48 Abs. 3 EGV-M) sowie zur sozialen Absicherung von Wanderarbeitnehmern (Art. 42 EGV-A bzw. Art. 51 EGV-M); des weiteren zur Verwirklichung der Niederlassungsfreiheit für bestimmte Tätigkeiten im allgemeinen (Art. 44 Abs.1 EGV-A bzw. Art. 54 EGV-M) und hierbei auch zur Aufnahme und Ausübung selbständiger Tätigkeiten (Art. 47 Abs. 1 und 2 EGV-A bzw. Art. 57 Abs. 1 und 2 EGV-M), darunter insbesondere durch gegenseitige Anerkennung von Diplomen, Prüfungszeugnissen und sonstigen Befähigungsnachweisen, und zur Koordinierung gerechtfertigter mitgliedstaatlicher Sonderregeln für Ausländer[57]; ferner zur Liberalisierung des Dienstleistungsverkehrs[58] und schließlich zur Regulierung des Kapitalverkehrs mit Drittstaaten.[59]

Im Zusammenhang mit dem Ziel des grenzkontrollosen Personenverkehrs im Inneren der Gemeinschaft stehen schließlich die vom Amsterdamer Vertrag der Gemeinschaft neu zugewiesenen Befugnisse in den sogenannten Zugangspolitiken gegenüber Drittstaaten, also namentlich in den Bereichen der Außengrenzkontroll- und Visapolitik, der Asylpolitik und der Einwanderungspolitik (Art. 61ff. EGV-A).

4.1.2 Wettbewerbspolitik im Binnenmarkt

In engem Zusammenhang mit der Binnenmarktkompetenz verfügt die EG über umfangreiche Befugnisse zur Wettbewerbspolitik im Binnenmarkt. Denn die Beseitigung mitgliedstaatlicher Hindernisse des Binnenmarktes ermöglicht den binnenmarktweiten Wettbewerb von Produkten, Dienstleistungen und Kapitalinvestitionen, der jedoch zugleich stets durch Wettbewerbsbeschränkungen von Unternehmen und durch Wettbewerbsverfälschungen einzelstaatlicher öffentlicher Gewalten gefährdet ist. Daher enthält der EG-Vertrag nicht nur unmittelbar anwendbare und von jedem Gericht zu berücksichtigende Wettbewerbsregeln für Unternehmen, sondern verleiht der EG zugleich Aufsichts- und Rechtsetzungskompetenzen zur Bekämpfung sowohl wettbewerbsrechtswidrigen Verhaltens von Unternehmen als auch staatlicher Wettbewerbsverfälschungen, soweit sie eine binnenmarkterhebliche Dimension annehmen.

So sind der Kommission Aufsichtsbefugnisse zur Verwirklichung der für (private und öffentliche) Unternehmen unmittelbar geltenden Wettbewerbsregeln verliehen, die wettbewerbsbeschränkende Vereinbarungen zwischen Unternehmen, Beschlüsse von Unternehmensvereinigungen und aufeinander abgestimmte Verhaltensweisen sowie den Mißbrauch einer marktbeherrschenden Stellung verbieten.[60] Zugleich ist der Rat ermächtigt, auf Vorschlag der Kommission und nach Anhörung des Europäischen Parlamentes zur Verwirklichung dieser Grundsätze zweckdienliche Verordnungen und Richtlinien mit qualifizierter Mehrheit zu erlassen (Art. 83 EGV-A bzw. Art. 87 EGV-M). Auf dieser Grundlage ruht ein umfangreiches Gemeinschaftsrecht gegen Wettbewerbsbeschränkungen: so namentlich die sogenannte Kartellverordnung[61], die die Einzelheiten des Verfahrens regelt, und zum anderen die Grundermächtigungen der Kommission zum Erlaß von sekundärem Freistellungsrecht für Gruppen wettbewerbsbeschränkender Absprachen. Letztere tragen mittlerweile zahlreiche (konzeptionell nicht unproblematische) Gruppenfreistellungsverordnungen für bestimmte Vertragstypen (z. B. für Alleinvertriebs- und Alleinbezugsvereinbarungen, Technologietransfervereinbarungen, Kfz-Vertriebsvereinbarungen, Franchising-Vereinbarungen).[62] Schließlich erging zur Bewältigung der wettbewerblichen Problematik von Unternehmenszusammenschlüssen auf breiterer Ermächtigungsgrundlage[63] die Fusionskontrollverordnung mit darin ausgeformten speziellen Handlungsbefugnissen der Kommission.[64]

Gleichermaßen folgerichtig ist die EG auch im Hinblick auf Wettbewerbsverfälschungen durch mitgliedstaatliche Maßnahmen mit Aufsichts- und Rechtsetzungsbefugnissen ausgestattet. Dies betrifft zum einen die mitgliedstaatliche Behandlung öffentlicher Unternehmen sowie der durch staatliche Maßnahmen mit besonderen oder ausschließlichen Rechten privilegierten Unternehmen. Sie darf nicht in Widerspruch zu den Vertragsvorschriften, insbesondere der Wettbewerbsregeln erfolgen, ist von der Kommission zu überwachen und gegebenenfalls über geeignete Richtlinien und Entscheidungen zu regeln. Diese Befugnisse gelten auch für Ausnahmen von den Wettbewerbsregeln zugunsten von Unternehmen, die mit Dienstleistungen von allgemeinem wirtschaftlichen Interesse betraut sind oder den Charakter eines Finanzmonopols haben.[65] Zum anderen unterliegen staatliche Beihilfen der detailliert ausgeprägten Aufsicht der Kommission, um die Einhaltung des Verbotes wettbewerbsverfälschender staatlicher oder aus staatlichen Mitteln gewährter Beihilfen gleich welcher Art zu gewährleisten.[66] Zugleich verfügt der Rat in diesem Bereich über einzelne Normsetzungsbefugnisse, so namentlich zur Erweiterung der Befreiungstatbestände vom Behilfeverbot[67] und zum Erlaß von Durchführungsverordnungen[68] sowie über eine Genehmigungsbefugnis für Einzelbeihilfen aus außergewöhnlichen Umständen[69].

4.1.3 Binnenmarktverwirklichung in Sondersektoren

Als spezieller Bereich der Zuständigkeit zur Binnenmarktverwirklichung und zur entsprechenden Wettbewerbspolitik sind der Gemeinschaft in den beiden Wirtschaftssektoren Landwirtschaft und Verkehrswesen, in denen spezifische Integrationsprobleme bestehen, besondere Befugnisse zugewiesen. So kommt dem Rat in der Landwirtschaft und im Handel mit landwirtschaftlichen Erzeugnissen für die gemeinsame Agrarpolitik eine umfassende Rechtsetzungskompetenz zu, indem er mit qualifizierter Mehrheit auf Vorschlag der Kommission und nach Anhörung des Europäischen Parlamentes entsprechende Verordnungen, Richtlinien und Entscheidungen erlassen kann.[70] Diese und die der Kommission übertragenen Durchführungsbefugnisse werden mit einer jährlich vierstelligen Zahl von Rechtsakten umfänglich genutzt.[71] Sonderkompetenzen der Gemeinschaft bestehen auch im Verkehrswesen, die sich auf die Beförderungen im Eisenbahn-, Straßen- und Binnenschiffsverkehr beziehen und durch Ratsbeschluß mit qualifizierter Mehrheit auch auf Seeschiffahrt und Luftfahrt erstreckt werden können (Art. 80 EGV-A bzw. Art. 84 EGV-M). Insbesondere ist der Rat zuständig[72], zur Durchführung einer gemeinsamen Verkehrspolitik Regeln für den internationalen Verkehr und Bedingungen für die Zulassung von Verkehrsunternehmern innerhalb eines Mitgliedstaates, in dem sie nicht ansässig sind, aufzustellen sowie Maßnahmen zur Verbesserung der Verkehrssicherheit und alle sonstigen zweckdienlichen Maßnahmen zu erlassen (Art. 71 Abs. 1 EGV-A bzw. Art. 75 Abs. 1 EGV-M).

4.1.4 Außenhandelspolitik

Als Konsequenz der vertraglichen Ausgangsentscheidungen für einen Binnenmarkt auf der Grundlage einer Zollunion[73] und für ein System, das den Wettbewerb innerhalb des Binnenmarktes vor Verfälschungen schützt[74], kommen der Gemeinschaft sowohl die Zollhoheit als auch weitere außenhandelspolitische Kompetenzen zu. Insbesondere fällt es in die alleinige Zuständigkeit des Rates, die Sätze des Gemeinsamen Zolltarifes gegenüber Drittstaaten mit qualifizierter Mehrheit auf Vorschlag der Kommission festzulegen (Art. 26 EGV-A bzw. Art. 28 EGV-M). In der Absicht, binnenmarktlich wettbewerbsverfälschende Auswirkungen einzelstaatlich unterschiedlicher Handelspolitiken zu vermeiden, sind der Gemeinschaft zusätzliche außenhandelspolitische Befugnisse für eine gemeinsame Handelspolitik gegenüber Drittstaaten und internationalen Organisationen übertragen (Art. 132ff. EGV-A bzw. Art. 112ff. EGV-M). Dies betrifft insbesondere den Abschluß von Zoll- und Handelsabkommen, die Vereinheitlichung der Liberalisierungsmaßnahmen, die Ausfuhrpolitik und die handelspolitischen Schutzmaßnahmen, namentlich in Fällen von Dumping und Subventionen. Erfaßt sind auch die Systeme der von den Mitgliedstaaten für die Ausfuhr nach Drittländern gewährten Beihilfen. Die Befugnisse der einzelnen Organe sind unterschiedlich ausgestaltet[75], wobei als Grundlinie gilt, daß die Kommission neben ihrem üblichen Vorschlagsrecht Verhandlungen mit Drittstaaten oder internationalen Organisationen durch Ratsermächtigung im Benehmen mit einem vom Rat bestellten besonderen Ausschuß führt, während der Rat Vereinbarungen beschließt und abschließt. Im Hinblick auf die welthandelsrechtliche Entwicklung der jüngsten Zeit ist der Rat nunmehr befugt, auf Vorschlag der Kommission und nach Anhörung des Europäischen Parlamentes durch einstimmigen Beschluß die Anwendung der Regeln über die einheitlichen Grundsätze der gemeinsame Handelspolitik auf noch nicht erfaßte internationale Verhandlungen und Übereinkünfte über Dienstleistungen und Rechte des geistigen Eigentums auszudehnen (Art. 133 Abs. 5 EGV-A). Folgerichtig ist auch die durch den Amsterdamer Reformvertrag erfolgte Begründung einer Gemeinschaftszuständigkeit zum Ausbau der Zusammenarbeit im Zollwesen (Art. 135 EGV-A).

4.1.5 Währungspolitik und Wirtschaftspolitik
Mit dem Beginn der dritten Stufe der Währungsunion am 1. Januar 1999 ist der EG die bedeutende Zuständigkeit für die Währungspolitik mit Wirkung für die beteiligten Mitgliedstaaten zugewachsen. Dieser Politikbereich geht über das Binnenmarktkonzept hinaus, wenn auch nicht zu verkennen ist, daß die zunehmende Verwirklichung des Binnenmarktes zur Überwindung von Wechselkursschwankungen drängte. Die Kompetenzen für die Währungspolitik sind inhaltlich auf das vorrangige Ziel des Europäischen Systems der Zentralbanken (ESZB) – das aus Europäischer Zentralbank (EZB) und nationalen Zentralbanken besteht – ausgerichtet, die Preisstabilität zu gewährleisten. Lediglich soweit dies ohne Beeinträchtigung des Zieles der Preisstabilität möglich ist, hat das ESZB auch die allgemeine Wirtschaftspolitik in der Gemeinschaft zu unterstützen (Art. 105 Abs. 1 EGV-A). Dem ESZB sind daher mehrere Aufgaben übertragen: die Festlegung und Ausführung der Geldpolitik der Gemeinschaft, die Durchführung der Devisengeschäfte, die Haltung und Verwaltung der offiziellen Währungsreserven der Mitgliedstaaten, die Förderung des reibungslosen Funktionierens der Zahlungssysteme[76] sowie, bei entsprechender Übertragung, besondere Funktionen der EZB zur Bankenaufsicht (Art. 105 Abs. 6 EGV-A). Die EZB hat das Recht, die Ausgabe von Banknoten und den Umfang der Ausgabe von Münzen zu genehmigen (Art. 106 EGV-A bzw.

Art. 105a EGV-M). Demgegenüber liegt die Kompetenz für die Wechselkurspolitik gegenüber Drittstaaten beim Rat (Art. 111 EGV-A bzw. Art. 109 EGV-M). Hinsichtlich der Vermeidung öffentlicher Defizite der Mitgliedstaaten obliegt der Kommission die Überwachung der Entwicklung der Haushaltslage und der Höhe des öffentlichen Schuldenstandes in den Mitgliedstaaten im Hinblick auf schwerwiegende Fehler, während dem Rat insoweit Feststellungs- und Sanktionsbefugnisse zukommen.[77] Demgegenüber sind die Gemeinschaftsbefugnisse im Bereich der allgemeinen Wirtschaftspolitik schwächer ausgeprägt und im wesentlichen auf Empfehlungen und Verfahren zur multilateralen Überwachung der wirtschaftlichen Entwicklung in jedem Mitgliedstaat und in der Gemeinschaft begrenzt (Art. 99 Abs. 2ff. EGV-A bzw. Art.103 EGV-M). Weitergehende Beschlußkompetenzen des Rates bestehen zum finanziellen Beistand in wirtschaftlichen Schwierigkeiten (Art. 100 EGV-A bzw. Art. 103a EGV-M), während die neuen Befugnisse in der Beschäftigungspolitik auf Leitlinien, Empfehlungen, Informationen und Förderung der Zusammenarbeit begrenzt sind (Art. 125ff. EGV-A).

4.1.6 Binnenmarktflankierende Politiken

Der Kernbereich der Aufgaben und Zuständigkeiten der EG ist von einem mittlerweile großen Kranz von unterschiedlich intensiven Kompetenzen der Gemeinschaft zu binnenmarktflankierenden, aber auch zu binnenmarktüberschreitenden Politiken umgeben. Zu den binnenmarktflankierenden Zuständigkeiten sind namentlich diejenigen zur Steuerpolitik, zur Sozialpolitik, zur Kohäsionspolitik und zur Vernetzungspolitik zu rechnen.

Die Befugnis der EG zur Harmonisierung der indirekten Steuern (Art. 93 EGV-A bzw. Art. 99 EGV-M) dient ebenso wie das unmittelbar anwendbare Verbot diskriminierender oder protektionistischer Abgaben (Art. 90 EGV-A bzw. Art. 95 EGV-M) dem Abbau von Wettbewerbsverfälschungen aus autonomer mitgliedstaatlicher Politik. Dieselbe Zielrichtung wird im Ansatz von den durch den Vertrag von Amsterdam deutlich erweiterten Kompetenzen in der Sozialpolitik (Art. 136 ff. EGV-A) verfolgt, die zugleich inhaltlich auf die Sicherung von Mindeststandards gerichtet sind. Demgegenüber sind die Befugnisse der EG zur Stärkung ihres wirtschaftlichen und sozialen Zusammenhaltes (sogenannte Kohäsionspolitik, Art. 158 EGV-A bzw. Art. 130a EGV-M) als binnenmarktflankierend aus dem Gedanken begreifbar, einzelnen regionalen Wohlfahrtsmängeln infolge des binnenmarktlichen Wettbewerbes mittels gezielter Vergabe von Fondsmittel entgegenzuwirken. So ist es Aufgabe des Europäischen Fonds für regionale Entwicklung, durch Beteiligung an der Entwicklung und an der strukturellen Anpassung der rückständigen Gebiete und an der Umstellung der Industriegebiete mit rückläufiger Entwicklung zum Ausgleich der wichtigsten regionalen Unterschiede in der Gemeinschaft beizutragen (Art. 160 EGV-A bzw. Art. 130c EGV-M). Dem Binnenmarkt und der Kohäsion dient schließlich auch die Kompetenz der EG, zum Aufbau und Ausbau transeuropäischer Netze der Verkehrs-, Telekommunikations- und Energieinfrastruktur beizutragen (Art. 154 ff. EGV-A bzw. Art. 129b ff. EGV-M).

4.1.7 Binnenmarktüberschreitende Politiken

Die weiteren der EG verliehenen, instrumentell und prozedural sehr unterschiedlich ausgestalteten, durchweg nicht-ausschließlichen *sachgegenständlichen* Kompetenzen betreffen Politiken, die nicht notwendig die Marktintegration flankieren und daher tendenziell binnenmarktüberschreitende Politiken darstellen. Dies gilt namentlich für die instrumentell vergleichsweise stark ausgeprägte Zuständigkeit zur genuinen Umweltpolitik (Art. 174 ff. EGV-A bzw. Art. 130r ff. EGV-M), die – anders als die marktintegrativ ausgerichtete Rechtsangleichung im Umweltschutz – marktintegrationsunabhängige Ziele verfolgt. Gleiches trifft zu auf die Befugnisse der Gemeinschaft in den Bereichen der allgemeinen und beruflichen Bildung und Jugend (Fördermaßnahmen oder andere Maßnahmen, Art. 149 f. EGV-A bzw. Art. 126 f. EGV-M), der Kultur (Förderung der Zusammenarbeit, Unterstützung, Art. 151 EGV-A bzw. Art. 128 EGV-M), des Gesundheitswesens (Förderung der Zusammenarbeit, Unterstützung mitgliedstaatlicher Politik, Fördermaßnahmen, Empfehlungen, Art. 152 EGV-A bzw. Art. 129 EGV-M), des marktintegrativ unabhängigen Verbraucherschutzes (Unterstützung, Ergänzung, Überwachung mitgliedstaatlicher Politik, Art. 153 Abs. 4 EGV-A), der Industrie (Unterstützung mitgliedstaatlicher Maßnahmen, Art. 157 EGV-A bzw. Art. 130 EGV-M), der Forschung und technologischen Entwicklung (programmbezogene Förderung, Art. 163 ff. EGV-A bzw. Art. 130f ff. EGV-M) und der Entwicklungszusammenarbeit (Maßnahmen, Programme, Koordination, Abkommen, Art. 177 ff. EGV-A bzw. Art. 130u ff. EGV-M). Während die marktintegrative Notwendigkeit dieser Zuständigkeiten im einzelnen Zweifel aufwirft, läßt sich die Ermächtigung der EG auch in diesen Sachbereichen unter dem Gesichtspunkt ihrer Entwicklung zu einem zielbezogenen Gemeinwesen eigener Art stimmig erklären.

4.2 Sachgebietliche Kompetenzen der EGKS

Sektoral auf Kohle und Stahl begrenzt sind die legislativen und exekutiven Befugnisse der EGKS. Sachgegenständlich beinhalten sie vor allem (wirtschaftspolitisch überwiegend überholt wirkende) Interventionskompetenzen hinsichtlich Erzeugung, Löhnen und Preisen, allerdings auch ausgereifte ordnungspolitische Befugnisse zur Wettbewerbspolitik. So kann die Kommission bei einem krisenhaften Rückgang der Nachfrage nach Montanprodukten ein System von Erzeugungsquoten einführen, in einer ernsten Mangellage initiativ werden und gegebenenfalls selbst Verteilungsquoten festlegen.[78] Unter bestimmten Voraussetzungen kann sie die Lohnpolitik aufgreifen, soweit dadurch der Wettbewerb zwischen den Unternehmen betroffen ist (Art. 68 EGKSV). Auf dem Gebiet der Preise für Montanprodukte steht der Kommission ein breites Handlungsspektrum zur Verfügung, darunter insbesondere die Überwachung der Preispolitik von Unternehmen auf verbotene Praktiken, die Festsetzung von Höchstpreisen und Mindestpreisen sowie die Verhängung von Geldbußen.[79] Ordnungspolitisch ist die Kommission zum einen im Kartellbereich zuständig für die sanktionsgestützte Durchsetzung des unmittelbar anwendbaren EGKSV-Kartellverbotes gegen widerrechtlich handelnde Unternehmen und die Legalisierung von Vereinbarungen über Spezialisierung oder über gemeinsamen Einkauf und Verkauf[80], zum anderen im Fusionsbereich zur Durchführung der Kontrolle von Unternehmenszusammenschlüssen[81], wobei ihr namentlich Genehmigungs-, Auskunfts-, Sanktions- und Entflechtungsbefugnisse zustehen; schließlich unterliegen ihrer Aufsicht auch mitgliedstaatliche Maßnahmen mit Auswirkungen auf die Wettbewerbsbedingungen.

4.3 Sachgebietliche Kompetenzen der EAG

Die legislativen und exekutiven Befugnisse der EAG sind sachgegenständlich auf die Atomindustrie zugeschnitten und betreffen vor allem die Forschungsförderung, die Kenntnisverbreitung, den Gesundheitsschutz, die Investitionen, die Errichtung gemeinsamer Unternehmen, die Versorgung mit Erzen, Ausgangsstoffen und besonderen spaltbaren Stoffen, die Sicherheitsüberwachung, das Eigentum an besonderen spaltbaren Stoffen, die Marktintegration und die Außenbeziehungen.

5. Kontrolle der Ausübung der Gemeinschaftskompetenzen

Die Ausübung der Gemeinschaftskompetenzen unterliegt vielfältigen vertragsrechtlich vorgesehenen Kontrollmöglichkeiten. Unterscheidbar ist die Kontrolle im Organgefüge der Gemeinschaften, die Kontrolle durch die Mitgliedstaaten und die Kontrolle durch Einzelne.

5.1 Kontrolle im Organgefüge der Gemeinschaften

Die Kontrollmöglichkeiten im Organgefüge der Gemeinschaften teilen sich in diejenigen im Rechtsetzungsverfahren zwischen den politischen Organen und diejenigen auf Grund judikativer Verfahren.

Die Kontrolle der Ausübung einer legislativen Kompetenz, die nicht bei der Kommission liegt[82], vollzieht sich zwischen den politischen Organen in der EG[83] durch die Aufteilung der Organzuständigkeiten für Initiative und für Entscheidung sowie innerhalb des Entscheidungsverfahrens. So ist die Nutzung einer Rechtsetzungskompetenz von Rat und Europäischem Parlament nicht durch deren Eigeninitiative möglich, sondern setzt grundsätzlich eine förmliche Initiative der Kommission voraus, die nur im Bereich der Zugangspolitiken vorübergehend[84] ausnahmsweise auch jedem Mitgliedstaat zusteht. Sodann hängt das einzuhaltende Entscheidungsverfahren von der jeweiligen Ermächtigungsgrundlage ab, insbesondere davon, ob ein Rechtsakt durch den Rat oder durch das Europäische Parlament und den Rat erlassen wird. Erfolgt die Rechtsetzung durch den Rat, bestehen unterschiedlich stark ausgeprägte Formen der parlamentarischen Kontrolle durch das Europäische Parlament. Im Anhörungsverfahren wird es je nach Kompetenznorm obligatorisch oder fakultativ gehört und kann Stellungnahmen abgeben. Stärker ausgeprägt sind die Kontrollmöglichkeiten des Parlamentes im sogenannten Verfahren der Zusammenarbeit (Art. 252 EGV-A bzw. Art. 189c EGV-M), in dem gegebenenfalls erzwungen werden kann, daß der Rat einen Rechtsakt nur einstimmig beschließen kann. Erfolgt demgegenüber die Rechtsetzung durch Europäisches Parlament und Rat, ist die parlamentarische Kontrolle im Rahmen des sogenannten Verfahrens der Mitentscheidung (Art. 251 EGV-A bzw. Art. 189b EGV) mit der Möglichkeit, einen Rechtsakt zum Scheitern zu bringen, stärker ausgeprägt. Deutlich anders ist das Kontrollverhältnis zwischen den politischen Organen in der EGKS angelegt, in der die Kommission das zentrale Rechtsetzungsorgan ist.

Die Kontrolle der Wahrnehmung von Gemeinschaftskompetenzen im Wege judikativer Verfahren auf Initiative eines Gemeinschaftsorganes erfolgt durch den EuGH im Rahmen der Nichtigkeitsklage[85] und der – wenig bedeutsamen – Untätigkeitsklage[86]. So überwacht der Gerichtshof in der EG die Rechtmäßigkeit der gemeinsamen Handlungen des Europäischen Parlamentes und des Rates sowie der Handlungen des Rates, der Kommission und der EZB, soweit es sich nicht um Empfehlungen und Stellungnahmen handelt, und der Handlungen des Europäischen Parlamentes mit Rechtswirkung gegenüber Dritten. Hierbei sind Rat oder Kommission befugt, eine Klage wegen Unzuständigkeit, Verletzung wesentlicher Formvorschriften, Verletzung des Vertrages oder einer bei seiner Durchführung anzuwendenden Rechtsnorm oder wegen Ermessensmißbrauches zu erheben. Das Europäische Parlament und die EZB sind unter den gleichen Voraussetzungen befugt, soweit die Klage auf die Wahrung ihrer Rechte abzielt.

5.2 Kontrolle durch die Mitgliedstaaten

Eine Kontrolle der Wahrnehmung von Gemeinschaftskompetenzen kann auch seitens der Mitgliedstaaten erfolgen. Soweit es um Beschlüsse des Rates geht, kann jeder Mitgliedstaat durch seinen Vertreter im Rahmen seiner Mitwirkungsmöglichkeiten Einfluß nehmen. Das Gewicht dieser Kontrollmöglichkeit hängt rechtlich von dem für die jeweilige Kompetenznorm und das jeweilige Entscheidungsverfahren maßgeblichen Beschlußerfordernis (Einstimmigkeit, qualifizierte Mehrheit, einfache Mehrheit) ab. Daneben kann auch jeder Mitgliedstaat die Einhaltung der Kompetenzgrenzen durch ein Gemeinschaftsorgan judikativ durch den EuGH überprüfen lassen oder Untätigkeitsklage erheben.[87] Umstritten ist, ob auch nationale Gerichte über die Nichteinhaltung von Kompetenzgrenzen durch Gemeinschaftsorgane entscheiden können.[88] Richtigerweise ist hier zu unterscheiden: Während die Frage der Wirksamkeit eines Gemeinschaftsaktes in einem einschlägigen Verfahren vor und von einem nationalen Gericht thematisiert werden kann, steht die Verwerfungskompetenz gegenüber Rechtsakten der Gemeinschaftsorgane im Interesse der einheitlichen Geltung und Auslegung des Gemeinschaftsrechtes ausschließlich dem EuGH zu. Ein nationales Instanzgericht kann daher zwar von sich aus, also ohne Vorlage beim EuGH, von der Wirksamkeit eines Gemeinschaftsaktes ausgehen, nicht aber von dessen Unwirksamkeit. Bleiben insoweit Bedenken, ist es ebenso wie ein letztinstanzliches nationales Gericht zur Vorlage der Frage an den EuGH verpflichtet.[89]

5.3 Kontrolle durch Initiative Einzelner

Die gerichtliche Kontrolle der Wahrnehmung von Gemeinschaftskompetenzen kann unter bestimmten Voraussetzungen auch durch Einzelne initiiert werden. So kann in der EG jede natürliche oder juristische Person die Nichtigkeitsklage unter den genannten Voraussetzungen gegen die an sie ergangenen Entscheidungen sowie gegen diejenigen Entscheidungen erheben, die, obwohl sie als Verordnung oder als eine an eine andere Person gerichtete Entscheidung ergangen sind, sie unmittelbar und individuell betreffen (Art. 230 Abs. 4 EGV-A bzw. Art. 173 Abs. 4 EGV-M). Gleichermaßen kann unter bestimmten Voraussetzungen Beschwerde vor dem EuGH darüber geführt werden, daß ein Gemeinschaftsorgan es unterlassen hat, einen anderen Akt als eine Empfehlung oder Stellungnahme an sie zu richten (Art. 232 Abs. 3 EGV-A bzw. Art. 175 Abs. 3 EGV-M). Überdies besteht die Möglichkeit, daß in einem von einem Einzelnen angestrengten Verfahren vor einem mitgliedstaatlichen Gericht die Frage der Gültigkeit der Handlung eines Gemeinschaftsorganes oder der EZB entscheidungserheblich wird und daher dem EuGH im Vorabentscheidungsverfahren vorzulegen ist.[90]

6. Gemeinschaftskompetenzen und innere mitgliedstaatliche Kompetenzordnung

Die Begründung und Ausgestaltung der Gemeinschaftskompetenzen läßt die innere mitgliedstaatliche Kompetenzordnung grundsätzlich unberührt. Allerdings ist mit den auf das Verhältnis zwischen »Mitgliedstaaten« und Gemeinschaften zugeschnittenen Gemeinschaftsverträgen für bundesstaatlich aufgebaute Mitgliedstaaten eine sogenannte »Landes-Blindheit«[91] verbunden. So findet die bundesstaatliche Ordnung der Bundesrepublik Deutschland und die grundgesetzlich geregelte Aufteilung der Kompetenzen zwischen Bund und Ländern in den Gemeinschaftsverträgen und den daraus abgeleiteten Verpflichtungen keine Widerspiegelung. Ursache der darin liegenden Gefahren für den faktischen Kompetenzstatus der Länder ist der Umstand, daß der Bund, der verfassungsrechtlich für den Abschluß völkerrechtlicher Abkommen zuständig ist, auch über solche Materien Verträge schließen und im Rahmen des Art. 23 GG an der Begründung von Befugnissen für die Europäischen Gemeinschaften mitwirken kann, die innerstaatlich den Zuständigkeitsbereich der Länder berühren (so in den Bereichen Kultur, Bildung, Forschung, Berufsqualifikation, Rundfunk, Wirtschaftsförderung). Ein Ausgleich in dem sich verändernden europäischen Rahmen soll dadurch entstehen, daß den Ländern neuartige Beteiligungsrechte am Willensbildungsprozeß sowohl in der Gemeinschaft als auch im Bund eingeräumt werden. Auf Gemeinschaftsebene können die Länder zum einen durch die Öffnung der Vertretungsregelung im Rat mitwirken, wodurch die Bundesrepublik im Falle eines ihr autonom zustehenden Beschlusses auch durch einen Landesminister vertreten werden kann[92]; zum anderen im Ausschuß der Regionen, der als beratendes Organ der Gemeinschaft je nach Sachverhalt konsultiert werden muß oder kann (Art. 265 EGV-A bzw. Art. 198c EGV-M). Die Beteiligung der Länder an der Willensbildung des Bundes in Europaangelegenheiten erfolgt im Bundesratsverfahren, das nunmehr grundgesetzlich verankert und in seinen Einzelheiten gesetzlich geregelt ist.[93]

7. Perspektiven der Entwicklung der Kompetenzordnung in der Europäischen Union

Die Fragen der Entwicklung der Kompetenzordnung in der Europäischen Union sind vielfältig. Wichtige Themen sind insbesondere der funktionsgerechte Ausbau der Gemeinschaftskompetenzen, entweder durch Übertragung von Gegenständen der intergouvernementalen Unionssäulen in die Agenda der EG, wie es beispielsweise durch den Reformvertrag von Amsterdam für die Zugangspolitiken, die justitielle Zusammenarbeit in Zivilsachen und die Zusammenarbeit im Zollwesen geschehen ist, oder aber durch Einbeziehung weiterer Sachbereiche, wie sie durch denselben Vertrag für die Beschäftigungspolitik und im Bereich der Sozialpolitik erfolgt ist und für den Bereich der allgemeinen Wirtschaftspolitik im Gefolge der Währungsunion diskutiert wird. Zu den Fragen der verfassungspolitischen Entwicklung der Kompetenzordnung der Gemeinschaften zählt zugleich die künftige Ausgestaltung des Verhältnisses zu den Mitgliedstaaten. Zum einen rechnet hierzu der Gedanke, im Interesse von Transparenz und Begrenzung der Gemeinschaftskompetenzen einen übersichtlichen sachgebietlichen Zuständigkeitskatalog[94] zu schaffen, doch ist dessen Gestalt und Verwirklichbarkeit eher unklar, wenn die Integrationslogik und das grundsätzlich zielorientierte und damit entwicklungsoffene Integrationsprogramm nicht beeinträchtigt werden sollen.[95] Zum anderen ist speziell aus der Sicht der bundesverfassungsgerichtlichen Auslegung des Grundgesetzes bei Vorhaben zur Erweiterung der primärrechtlichen Gemeinschaftskompetenzen die Frage nach möglichen verfassungsrechtlichen Schranken der (nach Art. 23 und 24 GG grundsätzlich zulässigen)

»Öffnung des staatlichen Souveränitätspanzers« aufgeworfen, und zwar insbesondere im Hinblick auf das Demokratieprinzip.[96] Zu den Fragen der Ausgestaltung der gemeinschaftlichen Kompetenzordnung zählt daher auch die Aufteilung der Befugnisse zwischen den Gemeinschaftsorganen, und hierbei insbesondere das Dauerthema der Stärkung des Europäischen Parlamentes im Verhältnis zum Rat, das auch durch die Schritte im Vertrag von Amsterdam nicht abgeschlossen ist. Die Beantwortung dieser Frage kann möglicherweise den Ausgleich zwischen allgemeinen Demokratieerfordernissen und mitgliedstaatlichen Souveränitätsvorbehalten für die künftige Kompetenzordnung in der Europäischen Union fördern.

Anmerkungen

Dieser Artikel entstand unter Mitarbeit von Herrn Assessor Dirk Gasse.

1 Vgl. z. B. Stern, Klaus: Das Staatsrecht der Bundesrepublik Deutschland, Band I, 2. Auflage, München 1984, S. 118; Streinz, Rudolf: Die Auswirkungen des Europäischen Gemeinschaftsrechts auf die Kompetenzen der deutschen Bundesländer, in: Heckmann, Dirk, u. a. (Hrsg.): Gegenwartsfragen des Öffentlichen Rechts, Schriften zum Öffentlichen Recht, Bd. 522, 1988, S. 15, S. 27.
2 Europäische Gemeinschaft, bis 1993 Europäische Wirtschaftsgemeinschaft (EWG); Europäische Gemeinschaft für Kohle und Stahl, auch genannt Montanunion; Europäische Atomgemeinschaft, auch genannt Euratom.
3 Sie münden in der EG namentlich in Einzelbefugnissen zum Erlaß von Verordnungen (Art. 251 Abs. 2 EGV-A bzw. Art. 189 Abs. 2 EGV-M) und Richtlinien (Art. 251 Abs. 3 EGV-A bzw. Art. 189 Abs. 3 EGV-M).
4 Vgl. dazu ausführlich Schreiber, Stefanie: Verwaltungskompetenzen der Europäischen Gemeinschaft, Baden-Baden 1997.
5 Vgl. dazu in der EG insbesondere Art. 220 ff. EGV-A (Art. 164 ff. EGV-M).
6 Art. 11–28 EUV-A (Art. J.1–J.11 EUV-M).
7 Art. 29–42 EUV-A; vor Amsterdam noch mit umfänglicheren Politikbereichen (jetzt teilweise im EGV): Art. K–K.9 EUV-M.
8 Vgl. Seidel, Martin: Zur Verfassung der Europäischen Gemeinschaft nach Maastricht, Europarecht (EuR) 1992, S. 125 f.; Müller-Graff, Peter-Christian: Verfassungsziele der EG/EU, in: Dauses, Manfred: Handbuch des EG-Wirtschaftsrechts, München 1997, A I Rdz. 8.
9 Vgl. z. B. Seidel (Anm. 8), S. 125 f.; Koenig, Christian, und Matthias Pechstein: Die Europäische Union, Tübingen 1995, S. 20 ff.; Pechstein, Matthias: Rechtssubjektivität für die Europäische Union?, EuR 1996, S. 137, S. 140 ff.; Schweitzer, Michael, und Waldemar Hummer: Europarecht, 5. Auflage 1996, S. 23.
10 Vgl. auch Schweitzer/Hummer (Anm. 9), S. 23.
11 Vgl. für die EG Art. 281 EGV-A (Art. 210 EGV-M); für die EGKS Art. 6 EGKSV; für die EAG Art. 184 EAGV.
12 So im Rahmen des EG-Vertrages aus den Art. 220 ff. EGV-A (Art. 164 ff. EGV-M) sowie Art. 68 EGV-A, im Rahmen des EU-Vertrages Art. 35 und Art. 46 EUV-A.
13 Vgl. Art. 225 EGV-A (Art. 168a EGV-M).

14 EGKSV vom 18. April 1951, in Kraft getreten am 23. Juli 1952; EGV und EAGV beide vom 25. März 1957, in Kraft getreten am 1. Januar 1958. Alle Verträge wurden mehrfach geändert.
15 Vgl. Beutler, Bengt, u. a.: Die Europäische Union. Rechtsordnung und Politik, 4. Auflage, Baden-Baden 1993, S. 81; dies gilt namentlich für die EG-Kompetenz zur verbindlichen Festlegung von Zielen und Inhalten der Rechtsangleichung, die naturgemäß nur der Gemeinschaft zustehen kann; vgl. Müller-Graff, Peter-Christian: Binnenmarktauftrag und Subsidiaritätsprinzip?, Zeitschrift für das gesamte Handels- und Wirtschaftsrecht (ZHR) 159 (1995), S. 34, S. 66 f.
16 Vgl. namentlich Art. 14 Abs. 3, Art. 34 Abs. 2 EUV-A.
17 Art. 5 Abs. 1 und 3 EGV-A (Art. 3b Abs. 1 und 3 EGV-M).
18 Vgl. Müller-Graff, Peter Christian: Einheit und Kohärenz der Vertragsziele der EG/EU, in: Europarecht, Beiheft 2 (1998), S. 60 ff.
19 Vgl. Müller-Graff, Peter-Christian: Die Vertragsziele der EG/EU, in: Handbuch des EG-Wirtschaftsrechts, Stand 1997, A I Rdz. 94 ff.
20 Vgl. Ipsen, Hans Peter: Europäisches Gemeinschaftsrecht, Tübingen 1972, S. 559 f.
21 Vgl. Steindorff, Ernst: Grenzen der EG-Kompetenzen, Heidelberg 1990, S. 48.
22 Vgl. Müller-Graff, Peter-Christian: Verfassungsziele der EG/EU, in: Handbuch des EG-Wirtschaftsrechts, Stand 1997, A I Rdz. 141 ff.
23 Art. 94 und 95 EGV-A (Art. 100, 100a EGV-M). Vgl. dazu Müller-Graff, Peter-Christian: Die Rechtsangleichung zur Verwirklichung des Binnenmarktes, EuR 1989, S. 107 ff.
24 Nicht erfaßt sind Gegenstände, die ausgenommen oder durch spezielle Kompetenzzuweisungen abgedeckt sind.
25 Art. 308 EGV-A (Art. 235 EGV-M), für die anderen Verträge Art. 95 Abs. 1 und 2 EGKSV, Art. 203 EAGV.
26 Vgl. Ipsen (Anm. 20), S. 425 ff.; Zuleeg, Manfred, in: von der Groeben, Hans, u. a. (Hrsg.): Kommentar zum EU-/EG-Vertrag, 5. Auflage, Baden-Baden 1997, Art. 3b Rdz. 1; Bogdandy, Armin von, und Martin Nettesheim, in: Grabitz, Eberhard, u. a. (Hrsg.): Kommentar zur Europäischen Union. Vertrag über die Europäische Union, Vertrag zur Gründung der Europäischen Gemeinschaft, München (Loseblattsammlung), Art. 3b EGV Rdz. 3; Jarass, Hans D.: Die Kompetenzverteilung zwischen der Europäischen Gemeinschaft und den Mitgliedstaaten, Archiv des öffentlichen Rechts (AöR) 121 (1996), S. 173, S. 174; ausführlich zu diesem Prinzip Kraußer, Hans-Peter: Das Prinzip begrenzter Ermächtigung im Gemeinschaftsrecht als Strukturprinzip des EWG-Vertrages, Berlin 1991.
27 So kann z. B. auf Grund der Ermächtigung zur Rechtsangleichung gemäß Art. 94 EGV-A nur eine Richtlinie, nicht aber eine Verordnung erlassen werden.
28 So kann z. B. auf Grund der Ermächtigung zur Rechtsangleichung gemäß Art. 95 EGV-A nur der Rat im Verfahren des Art. 251 EGV-A, nicht aber die Kommission eine »Maßnahme« erlassen.
29 Art. 308 EGV-A (Art. 235 EGV-M); Art. 95 EGKSV; Art. 203 EAGV.
30 Vgl. dazu auch Meier, Gert: Nationale Rechtskontrolle der Unionskompetenzen – gemeinschaftskonforme vertikale Gewaltenkontrolle?, in: Europäische Zeitschrift für Wirtschaftsrecht (EuZW) 1998, S. 193.
31 Vgl. ähnlich Bogdandy/Nettesheim (Anm. 26), Art. 3b EGV Rdz. 9 ff. Der EuGH hat Handlungsbefugnisse der Gemeinschaften aus diesem Grunde anerkannt: vgl. z. B. Slg. 1960, S. 681, S. 708 Italien/Hohe Behörde); Slg. 1987, S. 3203, S. 3253f Wanderungspolitik.
32 Slg. 1971, S. 263.

33 Vgl. dazu Gilsdorf, Peter: Die Außenkompetenzen der EG im Wandel – Eine kritische Auseinandersetzung mit Praxis und Rechtsprechung, EuR 1996, S. 147 f.
34 Vgl. Müller-Graff, Peter-Christian: Binnenmarktauftrag und Subsidiaritätsprinzip?, ZHR 159 (1995), S. 34, S. 66 f.
35 Vgl. etwa Gilsdorf, Peter in: Grabitz u. a. (Anm. 26)., Art. 43 EGV Rdz. 37 ff.
36 Vgl. etwa Frohnmeyer, in: Grabitz u. a. (Anm. 26), vor Art. 74 EGV Rdz. 32 ff.
37 Vgl. Müller-Graff, Peter-Christian: Binnenmarktauftrag und Subsidiaritätsprinzip?, ZHR 159 (1995), S. 34 ff.
38 Vgl. z. B. EuGH, Gutachten 2/91, Abl der EG, C 109 v. 1993.
39 Vgl. z. B. Streinz, Rudolf: Europarecht, 3. Auflage 1996, S. 43 ff.; Schweitzer/Hummer (Anm. 9), S. 101; v.Bogdandy/Nettesheim, (Anm. 26), Art. 3b EGV Rdz. 11. Vgl. auch EuGH, Slg. 1971, 263, 276 AETR; Gutachten 2/91, ABlEG 1993 C 109/7.
40 So z. B. Streinz (Anm. 39), S. 44.
41 Ständige Rechtsprechung des EuGH seit EuGH, Slg. 1969, S. 419 Stauder.
42 Zum Begriff der Kompetenzausübungsregeln vgl. z. B. Lambers, Hans-Jürgen: Subsidiarität in Europa – Allheilmittel oder juristische Leerformel?, in: EuR 1993, S. 229, S. 232 ff.; Pieper, Stefan Ulrich: Subsidiaritätsprinzip – Strukturprinzip der Europäischen Union, Deutsches Verwaltungsblatt (DVBl.) 1993, S. 705, S. 707.
43 Vgl. z. B. Zuleeg (Anm. 26), Art. 3b Rdz. 29 ff.; oft auch als Grundsatz der Verhältnismäßigkeit bezeichnet; vgl. z. B. Streinz (Anm. 39), S. 146.
44 Vgl. Müller-Graff (Anm. 34), S. 65.
45 Vgl. Zuleeg (Anm. 26), Art. 3b Rdz. 32.
46 Vgl. Müller-Graff (Anm. 34), S. 47 f.
47 Vgl. dazu im einzelnen Magiera, Siegfried: Die Rechtsakte der EG-Organe, Jura 1989, S. 595, S. 597 ff.
48 Vgl. Art. 249 Abs. 2 EGV-A (Art. 189 Abs. 2 EGV-M); Art. 161 Abs. 2 EAGV; in der EGKS »Entscheidungen« (Art. 14 Abs. 2 EGKSV).
49 Vgl. Art. 249 Abs. 3 EGV-A (Art. 189 Abs. 3 EGV-M); Art. 161 Abs. 3 EAGV; in der EGKS vergleichbar, aber weiterreichend »Empfehlung« (Art. 14 Abs. 3 EGKSV).
50 Vgl. Art. 249 Abs. 4 EGV-A (Art. 189 Abs. 4 EGV-M); Art. 161 Abs. 4 EGV; in der EGKS Art. 14 i.V.m. Art. 15 Abs. 2 EGKSV.
51 Vgl. Art. 249 Abs. 5 EGV-A (Art. 189 Abs. 5 EGV-M); Art. 161 Abs. 5 EAGV; in der EGKS nur »Stellungnahmen« (Art. 14 Abs. 4 EGKSV).
52 Vgl. namentlich Art. 95, 308 EGV-A (Art. 100a, 235 EGV-M); auch Art. 37 Abs. 2 EGV-A (Art. 43 Abs. 2 EGV-M).
53 So insbesondere im Rahmen der Art. 94, 95, 308 EGV-A (Art. 100, 100a, 235 EGV-M).
54 Vgl. z. B. für die Schutzbestimmungen für Gesellschaften im Interesse von Gesellschaftern und Dritten: Art. 44 Abs. 2 lit. g EGV-A (Art. 54 Abs. 3 lit. g EGV-M).
55 Vgl. Art. 23 ff., 28, 29, 39, 43, 49, 56 EGV-A (Art. 9 ff., 30, 34, 48, 52, 59, 73b EGV-M).
56 Als katalogisierende Übersicht vgl. Bulletin der EG, Beilage 9 (1972), S. 3 und 3 (1975) S. 3.
57 Vgl. Art. 46 Abs. 2 EGV-A bzw. Art. 56 Abs. 2 EGV-M.
58 Vgl. Art. 52, 53, 55 EGV-A; zuvor: Art. 63, 64, 66 EGV.
59 Vgl. Art. 57 Abs. 2 EGV-A; zuvor: Art. 73c Abs. 2 EGV.
60 Vgl. Art. 85 EGV-A (Art. 89 EGV-M); Art. 81 Abs. 1 EGV-A (Art. 85 EGV-M); Art. 82 EGV-A (Art. 86 EGV-M).
61 Verordnung 17/62, Abl der EG, L204 v. 1962.
62 Vgl. dazu im einzelnen Müller-Graff, Peter-Christian: Die Freistellung vom Kartellverbot, in: EuR 1992, S. 1, S. 26 ff.

63 Beigezogen wurde zusätzlich der damalige Art. 235 EGV-M (heute Art. 308 EGV-A).
64 Verordnung 4964/89, Abl der EG, L 395 v. 1989, S. 1.
65 Vgl. Art. 86 EGV-A (Art. 90 EGV-M).
66 Vgl. Art. 87 Abs. 1 EGV-A (Art. 92 Abs. 1 EGV-M) und im einzelnen Art. 88 EGV-A (Art. 93 EGV-M).
67 Vgl. Art. 87 Abs. 3 lit. e EGV-A (Art. 93 Abs. 3 lit. e EGV-M).
68 Vgl. Art. 89 EGV-A (Art. 94 EGV-M).
69 Vgl. Art. 88 EGV Abs. 2 UA 3 EGV-A (Art. 93 Abs. 2 UA 3 EGV-M).
70 Vgl. Art. 37 Abs. 2 UA 3 EGV-A (Art. 43 Abs. 2 UA 3 EGV-M).
71 Oppermann, Thomas: Europarecht. Ein Studienbuch, München 1991, S. 484.
72 Im Mitentscheidungsverfahren vorbehaltlich bestimmter Spezialgegenstände; vgl. Art. 71 Abs. 2, Art. 75 Abs. 3 EGV-A (Art. 75 Abs. 2, Art. 79 Abs. 3 EGV-M).
73 Vgl. Art. 3 Abs. 1 lit. a, 23 Abs. 1 EGV-A (Art. 3 lit. a, 9 Abs. 1 EGV-M).
74 Art. 3 Abs. 1 lit. g EGV-A (Art. 3 lit. g EGV-M).
75 Vgl. im einzelnen Art. 132, 133, 134, 300 EGV-A (Art. 112, 113, 115, 228 EGV-M).
76 Vgl. Art. 105 Abs. 2, 110 EGV-A (Art. 105 Abs. 2, Art. 108a EGV-M).
77 Art. 104 Abs. 2 und Art. 6 ff EGV-A (Art. 104c Abs. 2 und Art. 6 ff EGV-M).
78 Art. 58 EGKSV sowie Art. 59 § 1 und § 3 EGKSV.
79 Art. 60, 61, 63 und 64 EGKSV.
80 Art. 65 §§ 5 und 2 EGKSV.
81 Art. 66 EGKSV.
82 Im Bereich von EGV und EAGV verfügt die Kommission namentlich durch sekundärrechtliche Ermächtigungen des Rates (vgl. Art. 202 EGV-A bzw. Art. 145 EGV-M) über Rechtsetzungskompetenzen. Dabei kann der Rat ein bestimmtes Ausschußverfahren vorgeben; vgl. Streinz (Anm. 39), S. 156 ff. Deutlich anders ist die Lage in der EGKS, in der die Kommission primärrechtlich als zentrales Rechtsetzungsorgan eingesetzt ist.
83 Unterschiedlich ist die Lage in der EGKS wegen der dortigen Zentralrolle der Kommission.
84 Vgl. Art. 67 Abs. 1 und 2 EGV-A.
85 Vgl. Art. 230 EGV-A, Art. 146 EAGV, Art. 33 EGKSV; vgl. auch Art. 38 EGKSV.
86 Vgl. Art. 232 EGV-A, Art. 148 EAGV; vgl. auch Art. 35 EGKSV.
87 Vgl. in der EG Art. 230 Abs. 1, Art. 232 Abs. 1 EGV-A.
88 Vgl. kritisch zu dieser durch das Maastricht-Urteil des Bundesverfassungsgerichtes von diesem unter bestimmten außergewöhnlichen Voraussetzungen beanspruchten Möglichkeit z. B. Hirsch, Günter: Europäischer Gerichtshof und Bundesverfassungsgericht – Kooperation oder Konfrontation?, in: Neue Juristische Wochenschrift (NJW) 1996, S. 2463 ff.
89 Vgl. EuGH, Slg. 1987, 4199 Foto Frost.
90 Für Instanzgerichte vgl. EuGH, Slg. 1987, 4199 Foto Frost; für letztinstanzliche Gerichte vgl. Art. 234 Abs. 3 EGV-A (Art. 177 Abs. 3 EGV-M).
91 Vgl. Ipsen, Hans Peter: Als Bundesstaat in der Gemeinschaft, in: Festschrift für Walter Hallstein, 1966, S. 248, S. 256.
92 Art. 203 EGV-A; zuvor: Art. 146 EGV. Zur verfassungsrechtlichen Problematik vgl. Pernice, Ingolf: Europäische Union: Gefahr oder Chance für den Föderalismus in Deutschland, Österreich und der Schweiz?, in: DVBl. 1993, S. 909, S. 917.
93 Vgl. Art. 23 Abs. 2, 4–6 GG sowie Gesetz über die Zusammenarbeit von Bund und Ländern in Angelegenheiten der Europäischen Union, BGBl. 1993 I S. 313.
94 Konow, Gerhard: Maastricht II und die »föderativen Grundsätze«, in: Die öffentliche Verwaltung (DÖV) 1996, S. 845, S. 850.

95 Zu möglichen Widersprüchen zur Fortentwicklung der Integration Schwarze, Jürgen: Kompetenzverteilung in der Europäischen Union und föderales Gleichgewicht – Zu den Forderungen der deutschen Bundesländer im Hinblick auf die Regierungskonferenz 1996, in: DVBl. 1995, S. 1265, S. 1268.
96 Art. 38 GG in der Interpretation des Bundesverfassungsgerichts, BVerfGE 89, 155 ff.

Die Osterweiterung der Europäischen Union

MICHAEL KREILE

1. Bedeutung und Brisanz der Osterweiterung

Die Osterweiterung der Europäischen Union ist ein Programm, das auf die Schaffung eines friedlichen und prosperierenden Gesamteuropas zielt, indem es zur Stabilisierung von Demokratie und Marktwirtschaft in den Staaten Mittel- und Osteuropas (MOE-Staaten) beiträgt. Damit soll nicht nur ein Prozeß nachholender Modernisierung in den postkommunistischen Transformationsgesellschaften an der Peripherie Westeuropas gefördert, sondern auch eine sicherheitspolitische Aufgabe ersten Ranges erfüllt werden: die Ausdehnung der nach dem Zweiten Weltkrieg in Westeuropa entstandenen Sicherheitsgemeinschaft nach Osten.[1]

Die Entscheidung für die Öffnung der Europäischen Union ist somit eine Konsequenz der Zeitenwende der Jahre 1989 bis 1991. Denn mit der Auflösung des Ost-West-Konfliktes haben sich auch der Bezugsrahmen und die Bedeutung dessen verwandelt, was »Einigung Europas« heißt. Konnte man im Westen Europa mit Westeuropa gleichsetzen[2], solange der Eiserne Vorhang die Grenze zwischen dem Raum freiwilliger Integration und dem sowjetischen Imperium markierte, mahnten nun die politischen Eliten der östlichen Reformstaaten im Zeichen der »Rückkehr nach Europa« die Einlösung des Versprechens an, daß die Europäische Gemeinschaft grundsätzlich allen europäischen Staaten offenstehe. Hierfür war und ist keineswegs nur das Interesse am Zugang zum Binnenmarkt und den Finanzhilfen der EU maßgebend, sondern auch die Überzeugung, daß die EU-Mitgliedschaft die kulturelle Reintegration Mittel- und Osteuropas vorantreibt und – zusammen mit der NATO-Mitgliedschaft – Sicherheit verbürgt. Für die EU, die als Folge des Umbruches in Osteuropa zum Gravitationszentrum eines gesamteuropäischen Einigungsprozesses wurde, bildet die Osterweiterung eine Herausforderung, die ihr Selbstverständnis sowie ihre kollektive Handlungsfähigkeit und Gestaltungskraft auf die Probe stellt.

Es liegt auf der Hand, daß die Aufnahme von zehn assoziierten MOE-Staaten (oder auch nur einer Teilmenge davon) die Struktur der Gemeinschaft tiefgreifend verändern wird. Die Heterogenität der EU wird sprunghaft zunehmen, weil die künftigen Mitglieder einen wirtschaftlichen Entwicklungsstand aufweisen, der, gemessen am Pro-Kopf-Einkommen, unter dem der ärmsten Länder der EU-15 liegt. Sie wird auch dadurch gesteigert werden, daß die neuen Mitglieder eine politische Kultur des Nationalismus mitbringen und die mit der Mitgliedschaft verbundenen weitreichenden Beschränkungen ihrer neugewonnenen Souveränität nur widerwillig und unter innenpolitischen Konflikten hinnehmen werden.[3] Die Struktur der Europäischen Union wird durch eine Osterweiterung auch insofern verändert, als diese Gewichtsverschiebungen und neue Koalitionsbildungen zur Folge hat. Ist die EG schon bisher für Irland, Griechenland und die iberischen Länder eine »Entwicklungshilfegemeinschaft«[4] gewesen, so wird die Aufnahme von MOE-Staaten zwangsläufig dazu führen, daß diese Zielfunktion stärker betont wird, während gleichzeitig die Konkurrenz um knappe Finanzmittel wächst und einen Verteilungskampf zwischen alter und neuer Peripherie auslöst. Vor allem in den romanischen Ländern gibt es die bange Erwartung, daß die Osterweiterung die ökonomische und machtpolitische Stellung Deutschlands stärken wird.

Für die Institutionen der EU gilt eine Erweiterung auf 27 Mitglieder (assoziierte MOE-Staaten plus Zypern und Malta) weithin als Belastung, die das Risiko der Lähmung in sich birgt. Läßt man die Regeln für die Besetzung und die Arbeitsweise der Gremien unverändert, so droht der Zuwachs an Mitgliedern die Arbeitsfähigkeit von Kommission, Rat, Ausschüssen und Parlament zu untergraben. Ohne eine Ausdehnung der Mehrheitsentscheidung im Rat wächst bei zunehmender Heterogenität und Interessenvielfalt die Wahrscheinlichkeit, daß in den Materien, die der Einstimmigkeit unterliegen, Entscheidungen verhindert werden oder das Vetorecht für Erpressungen in einem System des generalisierten Kuhhandels eingesetzt wird. Aus der Sicht der großen Mitgliedstaaten führt die geltende Gewichtung der Stimmen bei Abstimmungen mit qualifizierter Mehrheit im Ministerrat zu einem nicht mehr hinnehmbaren Mißverhältnis zwischen großen und kleinen Mitgliedstaaten. Ferner könnten arme Länder sich leicht zu »Transferkoalitionen« zusammenschließen, um größere Finanztransfers zu erlangen, und zu diesem Zweck Sperrminoritäten bilden.[5] Was das befürchtete Übergewicht der Kleinstaaten betrifft, sollte allerdings bedacht werden, daß Koalitionen auf der Brüsseler Bühne gewöhnlich nach Politikfeldern und Streitfragen wechseln. Abgesehen von dem gemeinsamen Interesse an der institutionellen Sicherung ihrer Einfluß- und Gestaltungschancen werden sich die kleinen Mitgliedstaaten wie bisher nicht in einer großen Koalition, sondern in verschiedenen Konfigurationen wiederfinden.[6]

Politischen Sprengstoff birgt die Osterweiterung jedoch in erster Linie wegen ihrer Auswirkungen auf die Gemeinsame Agrarpolitik (GAP), die Strukturfonds und den Haushalt der Gemeinschaft. Bei Fortschreibung der geltenden Anspruchsvoraussetzungen würde die Einbeziehung der MOE-Staaten in die GAP und die Strukturpolitik den Haushalt der Gemeinschaft sprengen. Die von den meisten Experten und der Kommission als notwendig angesehene Reform der GAP sowie die Umverteilung von Strukturfondsmitteln treffen auf den Widerstand der Nutznießer des alten Regimes, die folglich die Osterweiterung zu verzögern suchen.

Der vieldiskutierte Zielkonflikt zwischen Vertiefung und Erweiterung der Integration[7] stellt sich Ende der neunziger Jahre nicht mehr in derselben Weise wie zum Anfang des Jahrzehnts. Denn der Maastrichter Vertrag hat den Vorrang für die Vertiefung statuiert. Die drei EFTA-Staaten haben sich mit ihrem Beitritt auf die Übernahme des neuen »gemeinschaftlichen Besitzstandes« (*acquis communautaire*) verpflichtet. Und die Verwirklichung der Währungsunion ist zweifellos ein Vertiefungsschritt von epochaler Bedeutung. Für die jetzigen Beitrittskandidaten sind die Anforderungen und damit die Hürden, die sie zu nehmen haben, höher denn je. Nachdem der Amsterdamer Vertrag nicht die institutionellen Reformen realisiert hat, welche die EU »fit für die Osterweiterung« machen sollten, bleibt die institutionelle Vertiefung auf der Tagesordnung.

Schließlich stellt die Osterweiterung insofern ein Problem ganz neuer Qualität dar, als die EU sich damit in ein außen- und sicherheitspolitisches Spannungsfeld begibt. Sie geht dabei einmal das Risiko ein, Minderheitenkonflikte zu importieren, zum anderen sind Friktionen im Verhältnis zu Rußland zu erwarten, falls NATO und EU als Ordnungsmächte in dessen Nachbarschaft zu agieren suchen. Ferner muß die EU in Kauf nehmen, daß die Beziehungen zur Türkei durch deren Ausklammerung aus dem Erweiterungsprozeß belastet werden. In diesem Zusammenhang, aber auch im Hinblick auf weitere mögliche Beitrittsgesuche muß sie auf längere Sicht die Frage beantworten, ob die Grenzen der Europäischen Union eindeutiger bestimmt werden müssen, als dies für die Grenzen Europas möglich ist.

2. Etappen auf dem Weg zur Osterweiterung

Die Öffnung der Europäischen Gemeinschaft gegenüber den MOE-Staaten ist ein langwieriger Prozeß, der sich in mehreren Etappen vollzieht. Die EG ist dabei zunächst bestrebt, die Transformation in Osteuropa durch Handelsliberalisierung, Finanzhilfen und politischen Dialog zu unterstützen, zugleich aber auch das ungestüme Drängen der osteuropäischen Partner auf Vollmitgliedschaft aufzufangen und die Probleme einer Osterweiterung durch Vertagung zu entschärfen. Die Ende 1994 eingeleitete »Heranführungsstrategie« konkretisiert dann die Beitrittsperspektive und zwingt die EU, nicht nur die Anforderungen an die Beitrittskandidaten genauer zu definieren, sondern auch die Reformen zu taxieren, ohne die eine Osterweiterung nicht denkbar ist. Nach den Beschlüssen des Europäischen Rates von Luxemburg (Dezember 1997) sollten schließlich mit fünf Bewerbern im Frühjahr 1998 formelle Beitrittsverhandlungen eröffnet werden.

Es gehört sicher zu den ironischen Momenten der jüngsten Geschichte, daß die Annäherung zwischen der EG und Osteuropa durch die im Juni 1988 zwischen der EG und dem RGW unterzeichnete »Gemeinsame Erklärung über die Aufnahme offizieller Beziehungen« angebahnt wurde. Die entscheidende Bedeutung der Erklärung lag darin, daß sie den Weg für Handelsverträge zwischen der EG und den einzelnen RGW-Staaten ebnete. Bis dahin rangierten die osteuropäischen Staaten beim Zugang zum EG-Markt am unteren Ende in der Hierarchie der Handelspartner. Noch 1988 wurden Handels- und Kooperationsabkommen mit Ungarn und der Tschechoslowakei abgeschlossen. In den beiden folgenden Jahren kamen entsprechende Abkommen mit weiteren RGW-Ländern hinzu. Seit dem Herbst 1989 wurde die Marktöffnung gegenüber Osteuropa unter Bevorzugung der Reformstaaten beschleunigt vorangetrieben.[8]

Angesichts des Umbruches in Osteuropa, der in einen Systemwechsel hin zu Demokratie und Marktwirtschaft mündete, bot die EG ihren Partnern als Grundlage und Rahmen für qualitativ neue Kooperationsbeziehungen den Abschluß von Assoziierungsabkommen, den sogenannten Europa-Abkommen, an. Die ersten Europa-Abkommen wurden mit Ungarn, Polen und der Tschechoslowakei im Dezember 1991 abgeschlossen; sie ersetzten die bis dahin bestehenden Handels- und Kooperationsabkommen. 1993 folgten Europa-Abkommen mit Rumänien, Bulgarien und – nach dem Auseinanderbrechen der Tschechoslowakei – mit der Tschechischen und der Slowakischen Republik. Die Assoziierungsabkommen mit den baltischen Staaten wurden 1995 unterzeichnet, das Abkommen mit Slowenien 1996. Wegen des langwierigen Ratifizierungsverfahrens, das im Falle Ungarns und Polens mehr als zwei Jahre in Anspruch nahm, wurden die handelspolitischen Teile der Europa-Abkommen mit den Visegrád-Staaten sowie Rumänien, Bulgarien und Slowenien durch Interimsabkommen vorzeitig in Kraft gesetzt, während im Falle der baltischen Staaten Freihandelsabkommen im Vorfeld der Europa-Abkommen abgeschlossen wurden.[9]

Den Kern der Europa-Abkommen bildet die asymmetrische Handelsliberalisierung, bei der die EU ihren Markt schneller zu öffnen verpflichtet ist als die Partnerländer. Dadurch konnten bis Anfang 1997 die Einfuhrzölle auf Industriegüter weitgehend abgebaut werden. Mengenmäßige Beschränkungen für Textilimporte sind zum Ende des Jahre 1997 ausgelaufen. Der Agrarsektor ist von der Handelsliberalisierung ausgenommen, und die Zugeständnisse der EU zur Erleichterung von Agrarimporten sind bescheiden.[10] Weitere Elemente der Europa-Abkommen sind Regelungen zu Niederlassungsfreiheit, Direktinvestitionen, Wettbewerbspolitik, Rechtsangleichung und finanzieller Zusammenarbeit, ferner Vereinbarungen über kulturelle Zusammenarbeit und die Institutionalisierung eines politischen Dialoges.[11] Der finanziellen und technischen Unterstützung des Reformprozesses in Mittel- und Osteuropa dient das PHARE-Programm, das durch die Kreditvergabe der Europäischen Investitionsbank flankiert wird.

Da die Europa-Abkommen den assoziierten Staaten nur eine unverbindliche Beitrittsperspektive boten, war es eine wichtige Vorentscheidung im Erweiterungsprozeß, als der Europäische Rat von Kopenhagen im Juni 1993 grundsätzlich allen assoziierten mittel- und osteuropäischen Staaten die Möglichkeit des Beitrittes eröffnete und die Voraussetzungen für die Mitgliedschaft festlegte. Die Aufnahme der MOE-Staaten wurde an die Kriterien Beitrittsfähigkeit der Kandidaten

und Aufnahmefähigkeit der EU gebunden. Als Voraussetzungen für die Mitgliedschaft gelten demnach:
- »eine institutionelle Stabilität als Garantie für demokratische und rechtsstaatliche Ordnung, für die Wahrung der Menschenrechte sowie die Achtung und den Schutz von Minderheiten«;
- eine »funktionsfähige Marktwirtschaft sowie die Fähigkeit, dem Wettbewerbsdruck und den Marktkräften innerhalb der Union standzuhalten«;
- »daß die einzelnen Beitrittskandidaten die aus einer Mitgliedschaft erwachsenden Verpflichtungen übernehmen und sich auch die Ziele der politischen Union sowie der Wirtschafts- und Währungsunion zu eigen machen können.«

Gleichzeitig wurde betont, »die Fähigkeit der Union, neue Mitglieder aufzunehmen, dabei jedoch die Stoßkraft der europäischen Integration zu erhalten«, stelle ebenfalls einen wichtigen Gesichtspunkt dar.[12] Mit dem Kopenhagen-Beschluß optierte der Europäische Rat für die formale Gleichbehandlung aller Assoziationspartner und vermied es, den reformpolitischen Vorsprung der Visegrád-Staaten, die bis dahin als die aussichtsreichsten Kandidaten angesehen wurden, explizit zu honorieren. Ferner wurde in Kopenhagen beschlossen, den in den Europa-Abkommen vorgesehenen bilateralen »politischen Dialog« um einen »strukturierten Dialog« im multilateralen Rahmen zwischen den Institutionen der Union und den assoziierten Ländern zu ergänzen.[13]

Im Dezember 1994 beschloß der Europäische Rat von Essen eine »Heranführungsstrategie«, welche die MOE-Staaten schrittweise »auf ihre Eingliederung in den Binnenmarkt ... im Wege einer stufenweisen Übernahme der Binnenmarktregelungen der Union« vorbereiten sollte.[14] Ein Schlüsseldokument zum Verständnis der Heranführungsstrategie ist das Weißbuch, das die Kommission unter dem Titel »Vorbereitung der assoziierten Staaten Mittel- und Osteuropas auf die Integration in den Binnenmarkt der Union«[15] dem Europäischen Rat von Cannes (Juni 1995) vorlegte. Es ist als Leitfaden für die Assoziationspartner gedacht und soll ihnen bei der Angleichung ihrer Rechtsvorschriften an den umfangreichen Bestand des Binnenmarktrechtes helfen, wie er im Anhang des Weißbuches dargestellt wird. Für die assoziierten Länder kommt es – wie die Kommission betont – nicht allein auf die Angleichung der Rechtstexte an, sondern auf die Schaffung der institutionellen und administrativen Voraussetzungen dafür, daß das Gemeinschaftsrecht auch umgesetzt werden kann. Die MOE-Staaten müssen demnach ein überaus anspruchsvolles und umfassendes Programm der Angleichung von Normen, Institutionen und Strukturen verwirklichen und sich dabei faktisch unter die Kuratel der Kommission begeben, ohne daß die EU eine auch nur entfernt vergleichbare Selbstbindung einginge. Doch äußert sich darin nur das generelle Ausmaß der Abhängigkeit der MOE-Staaten gegenüber der EU und die Asymmetrie der Verhandlungsmacht, die daraus erwächst.

Ein Termin für die Aufnahme von Beitrittsverhandlungen kam erstmals mit dem Europäischen Rat von Madrid im Dezember 1995 in Sicht. Während die Kandidaten Malta und Zypern die Zusage erhielten, daß Verhandlungen über ihren Beitritt sechs Monate nach Abschluß der Regierungskonferenz zur Revision des Maastrichter Vertrages aufgenommen würden, mußten sich die MOE-Staaten mit einer entsprechenden Absichtserklärung begnügen. Die Kommission wurde aufgefordert, ihre Stellungnahmen zu den Beitrittsgesuchen sobald wie möglich nach dem Abschluß der Regierungskonferenz vorzulegen.[16] Für die EU stand fest, daß sie erst dann Erweiterungsverhandlungen aufnehmen könne, wenn die Regierungskonferenz erfolgreich abgeschlossen sein würde. Wie später noch zu zeigen sein wird, wurde zwar das Ziel, die EU durch institutionelle Reformen für die Osterweiterung »fit zu machen«, mit dem Vertrag von Amsterdam nicht erreicht, doch sahen die Gemeinschaftsorgane darin kein Hindernis, das der Aufnahme von Beitrittsverhandlungen im Wege stehen würde.

Vielmehr legte die Kommission vier Wochen nach dem Gipfel von Amsterdam im Juli 1997 mit ihrer Mitteilung *Agenda 2000* ein umfangreiches Dokument vor, das eine Strategie für die Vorbereitung der EU auf die Erweiterung entwirft und die Stellungnahmen zu den Beitrittsanträgen der zehn assoziierten MOE-Staaten enthält.[17] Die Bewertung der Beitrittsfähigkeit stützt sich dabei auf die Kriterien von Kopenhagen, wobei der Fähigkeit, mittelfristig den *acquis communautaire* übernehmen zu können, hohes Gewicht beigemessen wird. Die Empfehlung der Kommission lautete, die EU solle gleichzeitig Beitrittsverhandlungen mit Ungarn, Polen, Estland, der Tschechischen Republik und Slowenien aufnehmen. Die damit vorgenommene Differenzierung unter den Beitrittskandidaten löste bei den von der Kommission zurückgestellten Staaten teilweise heftige Kritik aus. Unter den EU-Mitgliedstaaten wurde dadurch die Diskussion darüber angeheizt, ob die Aufnahme von Beitrittsverhandlungen nach einem »Startlinienmodell«, also mit allen Kandidaten gleichzeitig, oder nach einem »Gruppenmodell«, d. h. unter den Anwärtern nach dem Grad der Beitrittsfähigkeit gestaffelt, erfolgen solle. Kontroversen unter und in den Mitgliedstaaten entfachten auch die Vorschläge der Kommission für eine Anpassung der GAP, der Strukturpolitik und der Gemeinschaftsfinanzen.

Die entscheidende Weichenstellung für Beitrittsverhandlungen wurde vom Europäischen Rat in Luxemburg im Dezember 1997 vorgenommen mit dem Beschluß, am 30. März 1998 einen alle assoziierten MOE-Staaten und Zypern umfassenden »Beitrittsprozeß« einzuleiten, Beitrittsverhandlungen im Rahmen bilateraler Regierungskonferenzen aber nur mit Zypern und den fünf von der Kommission vorgeschlagenen MOE-Staaten aufzunehmen. Als Geste gegenüber der Türkei wurde die Einrichtung einer »Europakonferenz« beschlossen, die politischen Konsultationen zwischen der EU und den assoziierten MOE-Staaten, Zypern und der Türkei dienen sollte.[18] Die erste Tagung der Europakonferenz fand im März 1998 in London statt – allerdings ohne die Türkei, deren Regierung empört die Teilnahme verweigerte, weil sie den Ausschluß des Landes aus dem Kreis der Teilnehmer von Beitrittsverhandlungen als ungerechtfertigte Diskriminierung ansah. Dabei hatte der Europäische Rat in Luxemburg bekräftigt, »daß die Türkei für einen Beitritt zur Europäischen Union in Frage kommt«.[19] Der Auftakt zum »Abenteuer Erweiterung«, soviel war bei der Eröffnung der Beitrittsverhandlungen abzusehen, würde erst nach einem schwierigen, sich über mehrere Jahre erstreckenden Verhandlungs- und Ratifizierungsprozeß zur Aufnahme neuer Mitglieder in die EU führen.

3. Ökonomische Wirkungen der Erweiterung

Was in der Debatte über die Kosten und Anpassungsprobleme, die sich für die EU aus der Osterweiterung ergeben (siehe Abschnitt 5), häufig vernachlässigt wird, sind die Vorteile, die beiden Seiten aus der Erweiterung des Integrationsverbandes erwachsen werden. Die Umlenkung der Handelsströme der MOE-Staaten nach Westen, die nach der Auflösung des RGW stattgefunden hat, hat bereits zu einem starken Anstieg des Handels zwischen der EU und Osteuropa geführt. Die deutsche Wirtschaft, auf die etwa die Hälfte des EU-Handels mit Mittel- und Osteuropa entfällt, hat davon besonders profitiert. Die anderen 14 EU-Mitgliedstaaten, die im Unterschied zur Bundesrepublik Deutschland vor 1989 ein Handelsbilanzdefizit mit Mittel- und Osteuropa verzeichneten, haben in den letzten Jahren einen deutlichen Überschuß erwirtschaften können.[20]

Nach Modellrechnungen des Deutschen Institutes für Wirtschaftsforschung (DIW) besteht »erhebliches Potential für eine weitere Steigerung des Handels mit Mittel- und Osteuropa, wenn der Transformationsprozeß in den MOE-Ländern weiter voranschreitet und sich in Wachstumserfolgen niederschlägt«[21]. Im Fall einer EU-Mitgliedschaft sei eine intensivere Verflechtung zu erwarten. Dabei werde auf längere Sicht die intraindustrielle Arbeitsteilung zunehmen. Durch die Möglichkeiten, die eine erweiterte Arbeitsteilung im gesamteuropäischen Rahmen bietet, läßt sich auch die Position westeuropäischer Unternehmen im globalen Wettbewerb stärken.[22] Ein interessantes Ergebnis der vorliegenden Studien ist, daß Länder wie Frankreich, Spanien und Portugal ein größeres Potential für die Ausweitung des Handels mit Mittel- und Osteuropa nutzen können als Deutschland.[23] Nach der DIW-Studie sind in der Summe für kein Land der EU-15 negative Wirkungen der Osterweiterung festzustellen. Wegen der erwarteten Handelsbilanzüberschüsse fallen die Beschäftigungswirkungen eher positiv als negativ aus. Die Anpassungslasten, die sich aus verstärkten Importen aus Mittel- und Osteuropa ergeben, konzentrieren sich in Wirtschaftssektoren wie Textilien, Bekleidung, Schuhe, Metallverarbeitung und auf längere Sicht vermutlich in der Landwirtschaft.[24] Nach Baldwin u. a. können alle Teile Europas – einschließlich der EFTA-Länder und der GUS-Staaten – aufgrund der Osterweiterung mit positiven Handels- und Realeinkommenseffekten rechnen.[25]

Als wichtiger Impuls für den Transformations- und Aufholprozeß in den MOE-Staaten gilt der bei einem EU-Beitritt – oder schon in der Perspektive des Beitrittes – zu erwartende verstärkte Zustrom ausländischer Direktinvestitionen. Die Beitrittsperspektive verringert die Ungewißheit der Investoren hinsichtlich der institutionellen und makroökonomischen Rahmenbedingungen und senkt damit die Risikoprämien, die ihnen geboten werden müssen.[26] Obwohl die MOE-Staaten mit höheren Wachstumsraten und Wohlstandsgewinnen rechnen können, ist damit noch nicht das Risiko gebannt, daß sie im Zuge einer Polarisierung der wirtschaftlichen Entwicklung zur Peripherie werden, der das Aufholen gegenüber der EU-15 versagt bleibt.[27] Die Erfahrungen der iberischen Länder und Irlands sprechen indessen gegen ein solches Szenario, und die EU verfügt mit den Strukturfonds über Instrumente, die zur Verringerung des Entwicklungs- und Wohlstandsgefälles beitragen können. Transferzahlungen der EU belasten zwar deren Haushalt, setzen sich aber zum Teil in Importe aus den reicheren Mitgliedstaaten um.[28]

Zu den politisch heikelsten Wirkungen der Osterweiterung zählt die Arbeitskräftewanderung aus den MOE-Staaten, die bei der Herstellung der Freizügigkeit zu erwarten wäre. Für die fünf Länder der Zentraleuropäischen Freihandelszone (CEFTA) wird das Migrationspotential auf jährlich 340 000 bis 680 000 Personen geschätzt, unter Einbeziehung der übrigen fünf assoziierten Staaten auf 590 000 bis knapp 1,2 Millionen. Angesichts der begrenzten Aufnahmekapazität der westeuropäischen Arbeitsmärkte führt deshalb kein Weg an einer langen Übergangsperiode vorbei, in der nur eine begrenzte Freizügigkeit schrittweise verwirklicht wird.[29] Für Deutschland im besonderen gilt, daß es als wichtigster Wirtschaftspartner der MOE-Staaten nicht nur am meisten von deren Integration zu gewinnen hat, sondern auch am stärksten mit den Anpassungsproblemen in Bereichen wie Importkonkurrenz, Direktinvestitionen und Migration konfrontiert sein wird.[30]

Trotz der insgesamt positiven Erwartungen, die sich mit der ökonomischen Seite der Osterweiterung verbinden, wird auch von Ökonomen die politische Ratio des Projektes hervorgehoben: »Bei der Osterweiterung geht es nicht wirklich um Transferzahlungen und eng definierte wirtschaftliche Vorteile. Die Osterweiterung ist ein wesentlicher Pfeiler in Europas Architektur nach dem Kalten Krieg.«[31]

4. Beitrittsfähigkeit und Anpassungsprobleme der mittel- und osteuropäischen Staaten

Mit seinen Beschlüssen zur Organisation des Beitrittsverfahrens hat sich der Europäische Rat in Luxemburg für ein sogenanntes Prozeßmodell entschieden, das den Empfindlichkeiten der weniger gut vorbereiteten Bewerberländer entgegenkommt, andererseits aber die Beitrittsverhandlungen selbst besser steuerbar macht und die Möglichkeiten der Verzögerung und Obstruktion auf seiten der Mitgliedstaaten verringert. Anders als bei dem von einigen Mitgliedstaaten und dem Europäischen Parlament favorisierten »Startlinienmodell«, bei dem die Gleichbehandlung der Beitrittskandidaten durch die gleichzeitige Aufnahme von Verhandlungen mit allen demonstriert und erst im Laufe der Verhandlungen über den Zeitpunkt der Aufnahme jedes einzelnen in die EU entschieden worden wäre, wird jetzt zunächst nur mit den fünf besser qualifizierten Bewerbern verhandelt. Eine Gruppenbildung wird jedoch insofern vermieden, als ein »einheitlicher Rahmen« für den alle zehn MOE-Staaten und Zypern umfassenden Beitrittsprozeß in Form von Tagungen der Außenminister der EU-15 mit ihren Kollegen aus den Bewerberstaaten geschaffen wird und alle mittel- und osteuropäischen Staaten in eine »intensivierte Heranführungsstrategie« eingebunden werden. Ferner soll die Kommission regelmäßig Berichte über die Anpassungsfortschritte der einzelnen Bewerber nach Maßgabe der Kopenhagener Kriterien und des Besitzstandes der Union vorlegen, die auch Empfehlungen für die Aufnahme von Beitrittsverhandlungen enthalten können.[32] Diese verfahrenstechnischen Regelungen befriedigen sicher Bedürfnisse symbolischer Politik, können aber letztlich nichts daran ändern, daß die Bewerberstaaten hinsichtlich ihrer Beitrittsfähigkeit noch große Unterschiede aufweisen. Diese gehen auf unterschiedliche Ausgangsbedingungen und Transformationspfade zurück und sind durch voluntaristische Kraftakte auch nicht kurzfristig einzuebnen.

Bei der Differenzierung unter den Beitrittskandidaten hat sich der Europäische Rat an den Stellungnahmen der Kommission zu den Beitrittsanträgen orientiert. Maßstäbe für die Bewertung der Beitrittsfähigkeit waren dabei die Kriterien von Kopenhagen (siehe oben), die auch das Gliederungsschema für die Länderanalysen der Kommission lieferten. Was die Erfüllung der politischen Kriterien (Demokratie und Rechtsstaatlichkeit; Menschenrechte und Schutz von Minderheiten) angeht, legte die Kommission die aktuelle Lage zum Zeitpunkt der Prüfung zugrunde; ebenso verfuhr sie bei dem ersten der wirtschaftlichen Kriterien, der Existenz einer funktionsfähigen Marktwirtschaft. Beim zweiten wirtschaftlichen Kriterium, der Fähigkeit, dem Wettbewerbsdruck und den Marktkräften innerhalb der Union standzuhalten, war eine – zwangsläufig mit Prognoserisiken behaftete – »zukunftsgerichtete« Bewertung vorzunehmen, die auf die mittelfristige Leistungsfähigkeit der betreffenden Volkswirtschaft abhob. Die Fähigkeit zur Übernahme der mit der Mitgliedschaft verbundenen Verpflichtungen beurteilte die Kommission danach, wie ein Land das Europa-Abkommen und die im Weißbuch von 1995 aufgezählten Maßnahmen zur Übernahme der Binnenmarktgesetzgebung umgesetzt und welche Fortschritte es bei der Übertragung der übrigen Teile des Besitzstandes der Union gemacht hatte.[33]

Kraft ihrer institutionellen Stellung besitzt die Kommission also eine weitreichende Definitionsmacht im Erweiterungsprozeß, die sie auch bei der künftigen Bewertung der Anpassungsfortschritte zur Geltung bringen wird. Was die Erfüllung der politischen Beitrittskriterien betrifft, so hat die Kommission allgemein festgestellt, in bestimmten Ländern seien die Institutionen nicht so stabil, »daß sie ein ordnungsgemäßes Funktionieren der Staatsorgane und eine Konsolidierung der Demokratie gestatten«. In allen beitrittswilligen Ländern weise die rechtsstaatliche Ordnung »Schwachpunkte auf, die beseitigt werden müssen«, so etwa der Mangel an hinreichend qualifizierten Richtern und die unzureichenden Garantien für deren Unabhängigkeit.[34] Im Falle Bulgariens wurde moniert, daß »das Prinzip der Rechtsstaatlichkeit auf allen Ebenen mehr respektiert« werden müsse. Bei der Korruptionsbekämpfung und beim Schutz der Grundfreiheiten seien beträchtliche Anstrengungen geboten. Die Verbesserung der Situation nach dem Regierungswechsel lasse voraussehen, »daß Bulgarien im Begriff ist, den vom Europäischen Rat von Kopenhagen gesetzten politischen Kriterien zu genügen«.[35] Eine ähnlich lautende Bewertung wurde für Rumänien abgegeben. Estland und Lettland wurden ermahnt, ihre Einbürgerungsverfahren zu beschleunigen, »damit die russischsprachigen Nicht-Staatsangehörigen sich besser in die ... Gesellschaft integrieren können«.[36] Die Slowakei traf als einziges Land das Verdikt, daß sie die politischen Kriterien nicht erfülle. Ihr wurde zu Recht angekreidet, daß die Regierung die Gewaltenteilung nicht ausreichend respektiere, die Rechte der Opposition zu häufig mißachte und besorgniserregenden Gebrauch von Polizei und Geheimdiensten mache. Die Lage sei »um so bedauerlicher, als das Land mittelfristig den wirtschaftlichen Kriterien genügen könnte und entschlossen die Übernahme des *acquis* insbesondere im Hinblick auf den Binnenmarkt betrieben hat ...«[37].

Hinsichtlich der wirtschaftlichen Kriterien wurden diejenigen fünf Länder als funktionsfähige Marktwirtschaften eingestuft, die dann in der Gesamtbewertung für die Aufnahme von Beitrittsverhandlungen empfohlen wurden. Die Fähigkeit, dem Wettbewerbsdruck und den Marktkräften innerhalb der Union standzuhalten, sah die Kommission auf mittlere Sicht bei Ungarn und Polen gegeben, bei verstärkten Anstrengungen auch für die Tschechische Republik, die Slowakei und Slowenien. Im Falle Estlands wurden die großen außenwirtschaftlichen Ungleichgewichte kritisch vermerkt. Für Lettland, Litauen und Rumänien lautete die Bewertungsformel, die Länder würden »ernste Schwierigkeiten haben, mittelfristig dem Wettbewerbsdruck und den Marktkräften innerhalb der Union standzuhalten«. Bulgarien wurde attestiert, es werde dazu mittelfristig nicht in der Lage sein.[38] Es kann allerdings kein Zweifel daran bestehen, daß auch fortgeschrittenere Länder wie Polen bei der Umstrukturierung der Schwerindustrie oder der Modernisierung des Finanzsektors (von derjenigen der Landwirtschaft ganz zu schweigen) schmerzhafte Anpassungsprozesse bewältigen müssen, bevor die betreffenden Unternehmen die Wettbewerbsfähigkeit für den Binnenmarkt erreichen.[39]

Das Gebirge von Gemeinschaftsrecht, das die Beitrittskandidaten als EU-Besitzstand (*acquis*) übernehmen und umsetzen müssen, stellt für sie eine schwierige Hürde dar. Nach Auffassung der Kommission müssen sie diese Aufgabe »so weit wie möglich noch vor dem Beitritt« bewältigen.[40] Dabei geht es einmal um die im Weißbuch von 1995 aufgeführten Gemeinschaftsvorschriften zum Binnenmarkt, zum anderen um die Anpassung an die Regeln, die für Politikfelder wie Landwirtschaft, Energieversorgung, Verkehr und Umweltschutz gelten. Die Kommission sah in der *Agenda 2000* nur Ungarn, Polen und die Tschechische Republik »auf mittlere Sicht in der Lage ..., den größten Teil des *acquis* zu übernehmen und die zur Umsetzung des *acquis* erforderliche Verwaltungsstruktur aufzubauen«. Die baltischen Staaten, die Slowakei und Slowenien könnten dies nur leisten, »wenn sie ihre Anstrengungen beträchtlich und nachhaltig verstärken«. Rumänien und Bulgarien werden – wie die Kommission ohne mildernde Floskeln feststellte –

»auf mittlere Sicht nicht in der Lage sein, die Verpflichtungen des *acquis* zu übernehmen«.[41] Offenbar werden in einigen Ländern die Schwäche der öffentlichen Verwaltung und die mangelnde Funktionsfähigkeit der Gerichte in ihrer Tragweite als Beitrittshemmnisse nicht realistisch eingeschätzt.[42]

Positiv beurteilt wurde die Fähigkeit der zehn MOE-Staaten, die Pflichten im Rahmen der Gemeinsamen Außen- und Sicherheitspolitik übernehmen zu können; für die Wirtschafts- und Währungsunion (WWU) gilt, daß sie mit dem Beitritt nicht die Qualifikation für den Euro mitbringen, aber doch die Anforderungen der zweiten Stufe der WWU erfüllen müssen, wie die Unabhängigkeit der Zentralbank, solide Fiskalpolitik und vollständige Liberalisierung des Kapitalverkehrs. Ferner sollen sie am Wechselkursverbund des Europäischen Währungssystems II, der künftigen Vorstufe zum Euro, teilnehmen und »exzessive Wechselkursänderungen vermeiden«.[43] Dabei ist zu bedenken, daß die MOE-Staaten auch nach dem Beitritt zur EU noch auf die Pufferfunktion des Wechselkurses angewiesen sein dürften, um Leistungsbilanzdefizite ausgleichen zu können.[44]

Unterstützt werden die Beitrittskandidaten bei ihrem Hürdenlauf, der sie dem Besitzstand der Union näherbringen soll, durch die vom Europäischen Rat von Luxemburg beschlossene »intensivierte Heranführungsstrategie«. Deren Schwerpunkt bilden die »Beitrittspartnerschaften«, mit denen für jeden einzelnen Bewerberstaat ein Programm zur Anpassung an den Besitzstand der Union aufgestellt wird und die verfügbaren finanziellen Mittel im Rahmen eines Gesamtkonzeptes gebündelt werden. Die Vergabe der Finanzhilfen wird davon abhängig gemacht, ob das jeweilige Land die vereinbarten Zwischenziele bei der Übernahme des Besitzstandes einhält. Bevor die Kommission künftig ihre Berichte über die Fortschritte der Beitrittskandidaten erarbeitet, wird in den Assoziationsgremien der Europa-Abkommen die Umsetzung der Beitrittspartnerschaften geprüft. Die finanzielle Unterstützung (»Heranführungshilfe«) der MOE-Staaten soll verstärkt werden und nach dem Prinzip der Gleichbehandlung erfolgen, »unabhängig vom Zeitpunkt des Beitritts und unter besonderer Berücksichtigung der Länder mit dem größten Bedarf«[45].

Im Rahmen der Heranführungshilfe wird das PHARE-Programm auf zwei vorrangige Ziele ausgerichtet: die Hilfe beim Aufbau leistungsfähiger Verwaltungen (einschließlich der Justiz), für die etwa 30 Prozent der Finanzmittel vorgesehen sind, und Investitionen (mit 70 Prozent der Mittel), welche die Übernahme des Besitzstandes erleichtern sollen. Ferner wird den Beitrittskandidaten die Möglichkeit eingeräumt, sich an Gemeinschaftsprogrammen in Bereichen wie Ausbildung und Forschung zu beteiligen. Ab dem Jahre 2000 werden sie Heranführungshilfen für die Landwirtschaft in Anspruch nehmen können und für Projekte in den Bereichen Umwelt und Verkehr Zugang zu einem »Strukturpolitischen Instrument zur Vorbereitung auf den Beitritt (ISPA)« haben. Nach den Vorschlägen der Kommission sollen für die Heranführungshilfe im Zeitraum 2000–2006 insgesamt jährlich 3 Mrd. ECU bereitgestellt werden.[46]

Das Instrumentarium der Beitrittspartnerschaften und Heranführungshilfen dient auch dem Ziel, lange Übergangsperioden oder gar Ausnahmeregelungen zu

Tabelle 1: Finanzielle Vorausschau (in Mio. Euro, Preise von 1999)

Verpflichtungen	1999	2000	2001	2002	2003	2004	2005	2006
1. Landwirtschaft*,	45 205	46 050	46 920	47 820	48 730	49 670	50 630	51 610
davon Hilfe z. Vorbereitung d. Beitrittes		520	520	520	520	520	520	520
2. Strukturpol. Maßnahmen	39 025	36 640	37 470	36 640	35 600	34 450	33 410	32 470
Strukturfonds	32 731	32 600	33 430	32 600	31 560	30 410	29 370	28 430
Kohäsionsfonds	3 000	3 000	3 000	3 000	3 000	3 000	3 000	3 000
Strukturpol. Instrument z. Vorbereitung d. Beitrittes		1 040	1 040	1 040	1 040	1 040	1 040	1 040
Anpassungen**	3 294							
3. Interne Politikbereiche	6 386	6 390	6 710	6 880	7 050	7 230	7 410	7 600
4. Externe Politikbereiche, davon	6 870	6 870	7 070	7 250	7 430	7 610	7 790	7 900
Hilfe z. Vorbereitung d. Beitrittes		1 560	1 560	1 560	1 560	1 560	1 560	1 560
5. Verwaltung	4 723	4 730	4 820	4 910	5 010	5 100	5 200	5 300
6. Reserven	1 192	850	850	600	350	350	350	350
f. Währungsres.	500	500	500	250	0	0	0	0
f. Soforthilfen	346	200	200	200	200	200	200	200
Darlehensgarantien	346	150	150	150	150	150	150	150
Mittel f. Verpflichtungen insgesamt	103 401	101 530	103 840	104 100	104 170	104 410	104 790	105 230
Mittel f. Zahlungen insgesamt	96 380	98 800	101 650	102 930	103 520	103 810	104 170	104 560
Mittel f. Zahlungen (in % des BSP)	1,23%	1,24%	1,24%	1,22%	1,20%	1,18%	1,15%	1,13%
Spielraum	0,04%	0,03%	0,03%	0,03%	0,03%	0,03%	0,03%	0,03%
Für beitrittsbedingte Ausgaben verfügbare Mittel				0,02%	0,04%	0,06%	0,09%	0,11%
Eigenmittelobergrenze	1,27%	1,27%	1,27%	1,27%	1,27%	1,27%	1,27%	1,27%

(*) Die Obergrenze entspricht der Agrarleitlinie.
(**) Einschließich des Betrages für den EWR-Finanzierungsmechanismus und der von der Kommission vorgeschlagenen Anpassungen an die Durchführungsbedingungen 1997.

vermeiden[47], und bietet vor allem auch denjenigen Ländern, mit denen noch keine Beitrittsverhandlungen geführt werden, Anreize für die Beschleunigung ihrer Strukturreformen. Die MOE-Staaten werden dadurch angehalten, die weitreichenden Konsequenzen ihres Beitrittswunsches zu ziehen. Die Kombination von Zuckerbrot und Peitsche, von finanziellen Anreizen und der Drohung des Entzuges bei Nichteinhaltung der vereinbarten Anpassungsprogramme sowie der »paternalistische Zug«[48], der zwangsläufig die Heranführungsstrategie kennzeichnet, dürften noch zu manchen politisch-psychologischen Friktionen im Verhältnis zwischen der EU und den Beitrittsanwärtern führen.

5. Aufnahmefähigkeit und Anpassungsprobleme der EU

Zwischen den umfangreichen Vorbereitungen auf den Beitritt, welche die EU zu Recht von den Assoziationspartnern verlangt, und der von ihr selbst bewiesenen Anpassungsbereitschaft bestand bis zum Herbst 1998 ein eklatantes Mißverhältnis. Dies zeigte sich insbesondere bei den kostenintensiven Gemeinschaftspolitiken, der Gemeinsamen Agrarpolitik (GAP) und den Strukturfonds, wo die Mitgliedstaaten über die Reformvorschläge der Kommission stritten und weithin die Verteidigung ihrer finanziellen Besitzstände über die Prinzipien der fairen Lastenteilung und der Solidarität mit den künftigen Mitgliedern stellten.

Für die Notwendigkeit von Reformen im Vorfeld der Osterweiterung sprechen folgende Überlegungen: Überträgt man die Mechanismen der Gemeinsamen Aagrarpolitik und der Kohäsionspolitik zu den geltenden Anspruchsvoraussetzungen auf die neuen Mitgliedstaaten, wird der Haushaltsrahmen gesprengt, den die bisherigen Nettozahler zu finanzieren bereit sind. Ferner würden dadurch Fehlentwicklungen verstärkt, die auch ohne eine Osterweiterung der Korrektur bedürfen, mit dieser aber an Dringlichkeit gewinnen. So ist ohne eine Anpassung der GAP mit zusätzlichen Überschüssen bei einer Reihe von Agrarprodukten zu rechnen (Milcherzeugnisse, Rindfleisch, Zucker), die wegen der WTO-Regeln über Exportsubventionen auch nicht auf dem Weltmarkt abzusetzen wären.[49] Die stark expandierenden Strukturfonds haben mittlerweile einen Wildwuchs an Programmen hervorgebracht und sind ein fruchtbarer Boden für Subventionsbetrug. Problematisch ist auch, daß inzwischen mehr als die Hälfte der EU-Bevölkerung in Fördergebieten lebt. Die Reform der beiden kostenintensiven Gemeinschaftspolitiken, die 1999 zusammen mehr als 80 Prozent des gesamten Haushaltes beanspruchen werden, kann nicht erst nach dem Beitritt neuer Mitglieder stattfinden, weil mit der Verfestigung von Besitzständen der Altmitglieder die Anpassungsflexibilität der EU noch weiter abnimmt. Folglich geht es darum, im Rahmen der Finanzplanung für die Zeit nach 1999 die Kohäsionspolitik wie die GAP graduell und für alle Beteiligten kalkulierbar an die Bedürfnisse einer erweiterten Gemeinschaft anzupassen. Bei beiden großen Ausgabenblöcken sind sowohl Ausgaben umzuschichten als auch die Mechanismen, welche die Ausgaben steuern, zu verändern. Darüber hinaus steht die Frage auf der Tagesordnung, ob das System der Eigenmittel – wie von einigen Mitgliedstaaten gefordert – nach den Maßstäben der wirt-

Tabelle 2: Ausgaben im Zusammenhang mit dem Beitritt und ihre Finanzierung

In Mio. Euro – Preise von 1999	2002	2003	2004	2005	2006
Ausgaben					
Rubrik 1 (*)	1 600	2 030	2 450	2 930	3 400
Rubrik 2	3 750	5 830	7 920	10 000	12 080
Rubrik 3	730	760	790	820	850
Rubrik 5	370	410	450	450	450
Mittel für Verpflichtungen insgesamt	6 450	9 030	11 610	14 200	16 780
(1) Mittel für Zahlungen insgesamt	4 140	6 710	8 890	11 440	14 220
Verfügbare Finanzierungsquellen					
– Finanzierung der Agrarausgaben zu Lasten des unterhalb der Agrarleitlinie verfügbaren Spielraumes	1 600	2 030	2 450	2 930	3 400
– Für beitrittsbedingte Ausgaben im Finanzrahmen der Fünfzehnergemeinschaft verfügbare Mittel (Schätzung)	1 280	3 300	5 680	8 060	10 470
– Zunahme der Eigenmittel infolge des beitrittsbedingten Anstieges des BSP der Union (Schätzung)	3 440	3 510	3 580	3 660	3 740
(2) Verfügbare Finanzierungsmittel insgesamt	6 320	8 840	11 710	14 650	17 610
Entwicklung der Spielräume unterhalb der Eigenmittelobergrenze					
Spielraum (2) – (1)	2 180	2 130	2 820	3 210	3 390
– Spielraum im Finanzrahmen der Fünfzehnergemeinschaft (0,03% des BSP)	2 520	2 580	2 650	2 720	2 780
– Verfügbarer Gesamtspielraum in einer erweiterten Gemeinschaft(Schätzung)	4 700	4 710	5 470	5 930	6 170
– Gesamtspielraum in % des BSP der erweiterten Gemeinschaft	0,05%	0,05%	0,06%	0,06%	0,06%

(*) Zu Vergleichszwecken zu Preisen von 1999 geschätzte Ausgaben. Relevant sind nur die Schätzungen zu jeweiligen Preisen.
Quelle: EU-Nachrichten, Dokumentation Nr. 2, 19. März 1998 (»*Agenda 2000*«), S. 18 f.

schaftlichen Leistungsfähigkeit und der fairen Lastenteilung umgestaltet werden muß.[50]

Mit der *Agenda 2000* vom Juli 1997 legte die Kommission eine Analyse des Reformbedarfes sowie ein Paket von Reformvorschlägen vor, das stark darauf angelegt war, die politischen Widerstände unter den Mitgliedstaaten zu minimieren. Insbesondere war die Kommission darauf bedacht, die großen Nutznießer der Kohäsionspolitik – Griechenland, Portugal, Spanien und Irland – zu schonen. In

Deutschland stießen die Vorschläge zur Reform der GAP, die Senkungen der Garantiepreise und Obergrenzen für die zum Ausgleich anzuhebenden Direktzahlungen vorsahen, auf heftige Kritik bei den Agrarverbänden und dem Bundeslandwirtschaftsminister. Vom Bundesfinanzminister wurde kritisiert, daß die Kommission keinen Handlungsbedarf bei der von Bonn geforderten Verringerung des deutschen Nettobeitrages sah.[51] Bis zum Luxemburger Gipfel (Dezember 1997) konnten sich die Mitgliedstaaten im Rat nicht auf ein Reformkonzept einigen, und der Europäische Rat forderte die Kommission zur Vorlage weiterer Vorschläge auf.

Im März 1998 präsentierte die Kommission ein Paket von Legislativvorschlägen, das die Vorschläge der *Agenda 2000* konkretisierte und in die Form von Rechtsvorschriften brachte. Neben den bereits oben skizzierten Instrumenten für die Heranführungshilfe umfaßt das Paket Vorschläge für neue Verordnungen im Agrarbereich, einen neuen Rechtsrahmen für die Strukturfonds und den Kohäsionsfonds und den Entwurf einer neuen finanziellen Vorausschau für den Zeitraum 2000–2006. Einen Bericht über das Eigenmittelsystem legte die Kommission im Oktober 1998 vor.[52]

Die Vorschläge zur Reform der GAP, die zu Beginn des Jahres 2000 in Kraft treten sollen, knüpfen an die Reform von 1992 an und führen diese weiter. Der Grundgedanke dabei ist, daß die Wettbewerbsfähigkeit der EU-Landwirtschaft auf dem Binnenmarkt wie auf dem Weltmarkt nur verbessert werden kann, wenn die Marktstützungspreise deutlich gesenkt werden, wodurch auch der Entstehung neuer Überschüsse vorgebeugt werden soll. Als Ausgleich erhalten die Landwirte höhere Direktbeihilfen. Ein Teil dieser Direktzahlungen kann von den Mitgliedstaaten im Sinne der Dezentralisierung der Agrarpolitik nach eigenen Prioritäten unter Beachtung von Gemeinschaftskriterien verteilt werden. Um eine zu starke Konzentration der Subventionen auf Großbetriebe zu vermeiden, sollen die Direktzahlungen degressiv gestaltet, d. h. bei Beträgen über 100 000 ECU pro Betrieb und Jahr um 20 Prozent, über 200 000 ECU um 25 Prozent gekürzt werden.[53] Ferner wird ein integrierter Ansatz zur Förderung des ländlichen Raumes entwickelt. Wie sehr die Reformvorschläge den Interessen des Agrarsektors entgegenkommen, läßt sich daran ablesen, daß die Reform für die EU-15 gegenüber der Fortschreibung des Status quo Mehrkosten in Höhe von durchschnittlich 4,5 Mrd. ECU pro Jahr bis 2006 verursachen würde. Von den GAP-Gesamtausgaben für eine erweiterte EU-21 in Höhe von 53,2 Mrd. ECU (in Preisen von 1999) im Jahr 2006 würden 49,3 Mrd. ECU auf die EU-15 und 3,9 Mrd. ECU auf die sechs neuen Mitglieder, mit denen die Kommission rechnet (fünf MOE-Staaten plus Zypern), entfallen.[54]

Die Reform der Strukturfonds sieht eine stärkere Konzentration der Förderung auf die ärmsten Regionen vor, die annähernd zwei Drittel der Mittel erhalten sollen. Die bisherigen sieben Zielkategorien sollen auf drei verringert werden. Ziel 1 – Regionen, die aus der Förderung herausfallen würden, weil sie die Schwelle von 75 Prozent des durchschnittlichen Pro-Kopf-BIP der Gemeinschaft überschreiten, können für eine Auslaufphase von sechs bis sieben Jahren weiter mit Fördermitteln rechnen. Der Prozentsatz der »förderfähigen Bevölkerung« der EU-15 wird schrittweise von 51 auf etwa 40 Prozent zurückgeführt. Der Kohäsionsfonds, der den ärmsten vier Mitgliedstaaten den Weg zur Währungsunion ebnen sollte, wird beibehalten und soll weiterhin allen vier Ländern offenstehen, obwohl Irland, Portugal und Spanien zum Teilnehmerkreis des Euro gehören. Von den 286 Mrd. ECU (in Preisen von 1999), die im Zeitraum 2000–2006 für die Strukturpolitiken zur Verfügung stehen sollen, entfallen 46,8 Mrd. ECU auf die Bewerberländer (unter Einschluß der Heranführungshilfe in Höhe von 7,3 Mrd. ECU). Angesichts der graduellen und behutsamen Absenkung der Mittel für die Altmitglieder fällt die Umschichtung zugunsten der Osterweiterung eher zaghaft aus.

Das Bestreben der Kommission, einen Kompromiß zu finden zwischen den Anforderungen der Osterweiterung und der Respektierung der vorhandenen Besitzstände, spiegelt sich auch in der Finanziellen Vorausschau für die Jahre 2000–2006 (siehe *Tabelle 1* und *2*). In diesem Zeitraum soll es bei der Eigenmittelobergrenze von 1,27 Prozent des BIP der Gemeinschaft bleiben, was den Interessen der Nettozahler entspricht. Die Mittel für Zahlungen insgesamt sollen im Jahresdurchschnitt real nur um 1,2 Prozent zunehmen. Die Obergrenze für Agrarausgaben wird entsprechend der Agrarleitlinie, welche die Zuwachsrate der Agrarausgaben auf 74 Prozent des gesamtwirtschaftlichen Wachstums begrenzt, jährlich real um 1,9 Prozent steigen. Da die geplanten Ausgaben die Obergrenze nicht ausschöpfen, bleibt im Rechenwerk der Kommission genügend Spielraum, »um sowohl erweiterungsbedingte als auch unvorhergesehene Ausgaben finanzieren zu können«.[55] Das Gewicht der Agrarausgaben am Gemeinschaftshaushalt wird danach im wesentlichen konstant bleiben. Die Mittelausstattung für strukturpolitische Maßnahmen wird sich für die EU-15 im Jahresdurchschnitt um 1,4 Prozent verringern, doch wird sie deutlich über dem Volumen des Zeitraumes 1993–1999 liegen. Die beitrittsbedingten Ausgaben für neue Mitgliedstaaten werden gesondert ausgewiesen (siehe *Tabelle 2*) und steigen von 4,1 Mrd. Euro (2002) auf 14,2 Mrd. Euro (2006). Damit würden auf die neuen Mitglieder im Jahr 2006 12 Prozent der Gesamtausgaben für die EU-21 entfallen. Die *Tabelle 2*, so die Kommission, »stellt gewissermaßen eine gemeinsame Verhandlungsposition der Fünfzehn« dar.[56]

Bei der Vorlage des Paketes war abzusehen, daß sich daran innerhalb der EU Verteilungskonflikte entzünden würden. Entscheidende Weichenstellungen in der Haushaltspolitik würden spätestens unter der deutschen Präsidentschaft im ersten Halbjahr 1999 fallen müssen. Auf die eine oder andere Weise würde die deutsche Europapolitik auch den Widerspruch auflösen müssen, daß sie gleichzeitig für ein kostenträchtiges Projekt eintrat, von dem Deutschland überproportional profitieren würde, die Reformvorschläge zur Agrarpolitik kritisierte und eine Senkung des deutschen Nettobeitrages zum Haushalt forderte. Da auch andere Mitgliedstaaten widersprüchliche Positionen bezogen, blieb offen, ob der Streit um die Geschäftsgrundlage der Osterweiterung nicht zu Lasten der Beitrittskandidaten gehen würde.

Zu den Anpassungsleistungen, welche die EU bis zum Beitritt neuer Mitglieder vollbringen muß, gehört auch eine Reform der Institutionen. Denn der Amsterdamer Vertrag hat die Erwartungen, die sich auf eine Stärkung der Handlungsfähigkeit einer erweiterten Union richteten, enttäuscht und eine Lösung des Problems vertagt. Das dem Vertrag beigefügte »Protokoll über die Organe im Hinblick auf die Erweiterung der Europäischen Union« sieht vor, daß mit der nächsten Erweiterung jeder Mitgliedstaat nur noch einen Kommissar stellen wird. Voraussetzung für den Verzicht der großen Mitgliedstaaten auf ihren zweiten Kommissar ist allerdings, daß bis dahin »die Stimmenwägung im Rat – sei es durch Neuwägung oder durch Einführung einer doppelten Mehrheit – in einer für alle Mitgliedstaaten annehmbaren Weise geändert worden ist«[57]. Ferner muß spätestens ein Jahr, bevor die EU mehr als 20 Mitglieder haben wird, eine Regierungskonferenz einberufen werden, »um die Bestimmungen der Verträge betreffend die Zusammensetzung und die Arbeitsweise der Organe umfassend zu überprüfen«[58]. Die Kommission hat vorgeschlagen, die Regierungskonferenz solle die Beschlußfassung mit qualifizierter Mehrheit im Rat als Regelfall einführen.[59] Obwohl das Protokoll kein bestimmtes Ergebnis der Konferenz als Voraussetzung für die Erweiterung auf mehr als 20 Mitglieder vorschreibt, ist leicht zu erkennen, daß die Reform der Institutionen als Hebel genutzt werden kann, um die Erweiterung hinauszuzögern. Unabhängig davon, wo man die Prioritäten der Institutionenreform im einzelnen gesetzt sehen will[60], wird man in Rechnung stellen müssen, daß bei jeder Erweiterung ohne eine Änderung der Entscheidungsregeln für den Rat die Zahl der Vetoinhaber zunimmt, qualifizierte Mehrheiten schwieriger zu erreichen sind und damit die Gefahr der Selbstblockierung des EU-Systems wächst.

Wer gehofft hatte, die integrationsfreudigeren und handlungsfähigeren Mitglieder des Großverbandes könnten als Ausweg die differenzierte Integration aktivieren oder als »Kerneuropa« voranschreiten, wird durch die Bestimmungen des Amsterdamer Vertrages über »eine verstärkte Zusammenarbeit« enttäuscht. Die sogenannte Flexibilitätsklausel ist ein Katalog von Einschränkungen und Kautelen, der »flexible Integration« erschwert und interessierte Mitgliedstaaten dazu bewegen kann, ihre Kooperation außerhalb des Vertragsrahmens zu organisieren.[61]

6. Ausblick

Nachdem die EU die Beitrittsverhandlungen mit fünf MOE-Staaten eröffnet hat, ohne schon für die Erweiterung gerüstet zu sein, werden die Mitgliedstaaten in einer ersten Phase parallel dazu die Bedingungen ihrer Aufnahmefähigkeit aushandeln müssen. Das Tempo der Beitrittsverhandlungen dürfte damit nicht zuletzt eine Funktion der Anpassungswiderstände innerhalb der EU werden. Eine Hürde bilden auch die Beitrittsverhandlungen mit Zypern, mit deren Aufnahme die EU sich in die Lage gebracht hat, sowohl vom Mitglied Griechenland als auch vom Partner Türkei erpreßt werden zu können. Welchen Preis die EU wird zahlen müssen, um zu verhindern, daß die Zypernfrage die Osterweiterung blockiert, bleibt abzuwarten.

Gelingen kann die Osterweiterung letztlich nur, wenn eine politisch tragfähige, mit Führungswillen ausgestattete Mehrheit der Mitgliedstaaten sie nicht als Nullsummenspiel oder Bürde betrachtet, sondern mittel- und langfristige Wohlstandsgewinne für alle Beteiligten einkalkuliert und die Stärkung der EU als Ordnungsfaktor und Instanz der Friedenssicherung angemessen bewertet. Defensive Definitionen nationaler Interessen und das Pochen auf Besitzstandswahrung leben offenbar von der Vorstellung einer Festung Westeuropa, die es auszubauen gelte. Als Leitbild einer Europapolitik für das 21. Jahrhundert taugt sie mit Sicherheit nicht. Es könnte allerdings sein, daß der Aufbruch der Europäischen Union nach Gesamteuropa jenseits des Pflichtenheftes der *Agenda 2000* eines neuen Gründungskompromisses bedarf, der den Zielhorizont der Integration nicht nur über die Sicherung und den Transfer des *acquis communautaire*, sondern auch über gemeinsam gewollte Projekte bestimmt.

Anmerkungen

1 Der Begriff der »Sicherheitsgemeinschaft« bezeichnet in Anlehnung an Karl Deutsch ein Beziehungsmuster zwischen Staaten, das durch wechselseitige Erwartungen dauerhaften Friedens gekennzeichnet ist. Vgl. Deutsch, Karl W.: The Analysis of International Relations, 2. Auflage, Englewood Cliffs 1978, S. 241 ff., hier S. 251.
2 Vgl. Jahn, Egbert: Wo befindet sich Osteuropa?, in: Osteuropa 40 (1990), S. 418–440, hier S. 419.
3 Vgl. Schneider, Heinrich: Political Prerequisites for an Integration of the Four Associated Central and Eastern European States into the European Union, in: Lippert, Barbara, und Heinrich Schneider (Hrsg.): Monitoring Association and Beyond. The European Union and the Visegrád States, Bonn 1995, S. 351–382, hier S. 368 ff.
4 Deubner, Christian: Deutsche Europapolitik. Von Maastricht nach Kerneuropa?, Baden-Baden 1995, hier S. 124.
5 Zu den institutionellen Problemen, die die Osterweiterung aufwirft, siehe Weidenfeld, Werner, und Christian Jung: Osterweiterung und Handlungsfähigkeit der Europäischen Union: Zwang zur Reform, in: Weidenfeld, Werner (Hrsg.): Europa öffnen. Anforderungen an die Erweiterung, Gütersloh 1997, S. 11–23; Schäfer, Günther F.: Die institutionellen Herausforderungen einer EU-Osterweiterung, in: ebd., S. 25–100; Bieber, Roland, und Florian Bieber: Institutionelle Voraussetzungen der Osterweiterung der Europäischen Union, in: ebd., S. 101–155.
6 Vgl. Kreile, Michael, und Helga Michalsky: Kleinstaaten im Prozeß der europäischen Integration – Erfahrungen und Perspektiven, in: Riklin, Alois, u. a. (Hrsg.): Kleinstaat und Menschenrechte, Festgabe für Gerard Batliner zum 65. Geburtstag, Basel/Frankfurt a. M. 1993, S. 227–246, hier S. 231 ff. und S. 239.
7 Vgl. Lippert, Barbara, und Wolfgang Wessels: Erweiterungskonzepte und Erweiterungsmöglichkeiten, in: Jakobeit, Cord, und Alparslan Yenal (Hrsg.): Gesamteuropa, Bonn 1993, S. 439–457.
8 Vgl. Lippert, Barbara: Etappen der EG-Osteuropapolitik: Distanz – Kooperation – Assoziierung, in: integration 3 (1990), S. 111–125.
9 Siehe Lippert, Barbara: EC-Ostpolitik Revisited: Continuity and New Approaches, in: Lippert/Schneider (Anm. 3), S. 49–68, hier S. 52 f.; Cameron, Fraser: Die Politik der EU gegenüber den Staaten Mittel- und Südosteuropas, in: Weidenfeld, Werner (Hrsg.): De-

Michael Kreile

mokratie und Marktwirtschaft in Osteuropa, aktualisierte und vollst. überarb. Fassung, Gütersloh 1995, S. 423–435; Weise, Christian, u. a.: Ostmitteleuropa auf dem Weg in die EU-Transformation, Verflechtung, Reformbedarf, Berlin 1997, S. 34 f; European Commission: General Report on the Activities of the European Union 1997, Brüssel/Luxemburg 1998, S. 308.
10 Weise u. a. (Anm. 9), S. 33–67.
11 Zur Bewertung der Europa-Abkommen siehe Lippert, Barbara: Shaping and Evaluating the Europe Agreements – The Community Side, in: Lippert/Schneider (Anm. 3), S. 217–247.
12 Schlußfolgerungen des Vorsitzes des Europäischen Rates am 21. und 22. Juni 1993 in Kopenhagen, in: Weidenfeld, Werner, und Wolfgang Wessels (Hrsg.): Jahrbuch der Europäischen Integration 1993/94, Bonn 1994, S. 414–436, hier S. 420.
13 Siehe Becker, Peter, und Barbara Lippert: Der Strukturierte Dialog der Europäischen Union mit den Staaten Mittel- und Osteuropas, IEP-Berichte 1 (1997), Bonn, Institut für Europäische Politik, hektogr.
14 Schlußfolgerungen des Vorsitzes des Europäischen Rates zur Ratstagung am 9. und 10. Dezember 1994 in Essen, in: Weidenfeld, Werner, und Wolfgang Wessels (Hrsg.): Jahrbuch der Europäischen Integration 1994/95, Bonn 1995, S. 438–468, hier S. 456.
15 Weißbuch »Vorbereitung der assoziierten Staaten Mittel- und Osteuropas auf die Integration in den Binnenmarkt der Union«, Brüssel, KOM (95) 163 endg.; Annex 163/2 endg.
16 Vgl. Kreile, Michael: Eine Erweiterungsstrategie für die Europäische Union, in: Weidenfeld (Anm. 5), S. 203–272, hier S. 229.
17 Europäische Kommission: *Agenda 2000*, DOC/97/6–8, Brüssel, 15. Juli 1997.
18 Europäischer Rat in Luxemburg. Tagung der Staats- und Regierungschefs der Europäischen Union am 12. und 13. Dezember 1997. Schlußfolgerungen des Vorsitzes, in: Bulletin Nr. 12 v. 16. Februar 1998, S. 141–150, hier S. 141-143. Vgl. Lippert, Barbara: Der Gipfel von Luxemburg: Startschuß für das Abenteuer Erweiterung, in: integration 1 (1998), S. 12–31.
19 Europäischer Rat in Luxemburg (Anm. 18), S. 143, Randziffer 31.
20 Weise u. a. (Anm. 9), S. 13, S. 25. Vgl. Clement, Hermann, und Volkhart Vincentz: Globalisierung und Osteuropa, in: Aus Politik und Zeitgeschichte B 44-45/97, S. 27–36, hier S. 29 ff.
21 Weise u. a. (Anm. 9), S. 15.
22 Lipp, Ernst-Moritz: Mitten im Sturm des Wandels, in: Frankfurter Allgemeine Zeitung v. 11. Januar 1997, Tiefdruckbeilage.
23 Weise u. a. (Anm. 9), S. 78; Baldwin, Richard E.: Towards an Integrated Europe, London 1994, S. 88–91.
24 Weise u. a. (Anm. 9), S. 19 f., S. 286.
25 Baldwin, Richard E., u. a.: The costs and benefits of eastern enlargement: the impact on the EU and Central Europe, in: Economic Policy 24 (April 1997), S. 127–176, hier S. 138 ff.
26 Brücker, Herbert, und Wolfram Schrettl: Entsteht eine neue wirtschaftliche Kluft in Europa?, in: Aus Politik und Zeitgeschichte B 44-45/97, S. 17–26, hier S. 24.
27 Weise u. a. (Anm. 9), S. 164 ff.; Tichy, Gunther: Integrationstheorie und Osterweiterung, in: Mayer, Otto G., und Hans-Eckart Scharrer (Hrsg.): Osterweiterung der Europäischen Union, Baden-Baden 1997, S. 11–56, hier S. 43 f.
28 Weise u. a. (Anm. 9), S. 188.
29 Weise u. a. (Anm. 9), S. 137 ff.; vgl. DIW-Wochenbericht 5 (1997), S. 89–96, hier S. 94 f.
30 Weise u. a. (Anm. 9), S. 27.

31 Baldwin u. a. (Anm. 25), S. 168.
32 Vgl. Lippert (Anm. 18), S. 15 ff.
33 Europäische Kommission: *Agenda 2000*, Bd. I: Eine stärkere und erweiterte Union, DOC/97/6, S. 50 ff.
34 Europäische Kommission: *Agenda 2000*, DOC/97/6, S. 52.
35 Europäische Kommission: *Agenda 2000*, Zusammenfassungen und Schlußfolgerungen der Stellungnahmen der Kommission zu den Beitrittsanträgen zur Europäischen Union folgender Länder: Bulgarien, usw., DOC/97/8, S. 3.
36 Europäische Kommission: *Agenda 2000*, DOC/97/8, S. 10, S. 22.
37 Europäische Kommission: *Agenda 2000*, DOC/97/8, S. 58, S. 63.
38 Europäische Kommission: *Agenda 2000*, DOC/97/6, S. 57 ff.; DOC/97/8, S. 4, S. 23, S. 29, S. 47.
39 Financial Times Survey Poland, 25. März 1998, S. 1, S. 4 ff.
40 Europäische Kommission: *Agenda 2000*, DOC/97/6, S. 62.
41 Europäische Kommission: *Agenda 2000*, DOC/97/6, S. 65, S. 63.
42 Vgl. Brusis, Martin, und Cornelius Ochmann: Mittel- und Osteuropa auf dem Weg in die Europäische Union. Bericht zum Stand der Integrationsfähigkeit 1996, in: Weidenfeld, Werner (Hrsg.): Mittel- und Osteuropa auf dem Weg in die Europäische Union. Bericht zum Stand der Integrationsfähigkeit 1996, Gütersloh 1996, S. 9–27, hier S. 16.
43 Europäische Kommission: *Agenda 2000*, DOC/97/6, S. 60.
44 Welfens, Paul J.J.: Systemstrategische und strukturelle Anpassungsprobleme in postsozialistischen Ländern Osteuropas, Teil II: Strukturelle Anpassungserfordernisse und Perspektiven der EU-Osterweiterung, Berichte des Bundesinstituts für ostwissenschaftliche und internationale Studien 12 (1998), S. 19; vgl. auch Rácz, Margit, Pál Gáspár und Jürgen Nötzold: Transformation in Ostmitteleuropa. Der Weg zur Maastricht-Konvergenz, SWP-AP 3024, Ebenhausen, Juli 1997, S. 36.
45 Europäischer Rat in Luxemburg: Schlußfolgerungen des Vorsitzes (Anm. 18), S. 142, Rz. 17.
46 Europäischer Rat in Luxemburg: Schlußfolgerungen des Vorsitzes (Anm. 18), S. 142, Rz. 17–19; EU-Nachrichten: Dokumentation Nr. 2, 19. März 1998 (»*Agenda 2000*. Überblick über die Legislativvorschläge der Kommission«), S. 13.
47 Europäische Kommission: *Agenda 2000*, Bd. II: Mitteilung: Intensivierung der Heranführungsstrategie, DOC/97/7, S. 13.
48 Lippert (Anm. 18), S. 20.
49 Europäische Kommission: *Agenda 2000*, Bd. II: Mitteilung: Auswirkungen einer EU-Mitgliedschaft der beitrittswilligen Länder Mittel- und Osteuropas auf die Politiken der EU (Wirkungsanalyse), DOC/97/7, S. 23, S. 51 ff.
50 Siehe hierzu Sturm, Roland: Die Reform der Agrar- und Strukturpolitik, in: Weidenfeld (Anm. 5), S. 157–201; Kreile (Anm. 16), S. 257 ff.
51 Als Untermauerung der deutschen Forderung siehe schon Stark, Jürgen: Die künftige Finanzierung des EU-Haushalts und der Beitrag der Bundesrepublik Deutschland, in: integration 3 (1996), S. 159–163.
52 EU-Nachrichten, Dokumentation Nr. 2, 19. März 1998, S. 2.
53 Kommission der Europäischen Gemeinschaften, Vorschlag für eine Verordnung (EG) des Rates betreffend die Reform der gemeinsamen Agrarpolitik, Brüssel, KOM (1998) 158 endg., S. 187.
54 Ebd., S. 205.
55 EU-Nachrichten, Dokumentation Nr. 2, 19. März 1998, S. 14.
56 EU-Nachrichten, Dokumentation Nr. 2, 19. März 1998, S. 16.

57 Siehe Textausgabe des Vertrages von Amsterdam in: Bulletin Nr. 94 v. 27. November 1997, S. 1089–1216, hier S. 1136. Mit der »doppelten Mehrheit« ist gemeint, daß Mehrheitsentscheidungen im Rat auch der Zustimmung von Mitgliedstaaten bedürfen, die die Bevölkerungsmehrheit der EU stellen.
58 Ebd.
59 Europäische Kommission, *Agenda 2000*, DOC/97/6, S. 7.
60 Siehe hierzu die Beiträge von Weidenfeld/Jung, Schäfer und Bieber/Bieber in: Weidenfeld (Anm. 5). Zu den Varianten einer Reform des Abstimmungsverfahrens im Rat siehe Deubner, Christian, und Josef Janning: Zur Reform des Abstimmungsverfahrens im Rat der Europäischen Union: Überlegungen und Modellrechnungen, in: integration 3 (1996), S. 146–158.
61 Vgl. Janning, Josef: Dynamik in der Zwangsjacke – Flexibilität in der Europäischen Union nach Amsterdam, in: integration 4 (1997), S. 285–291; Wessels, Wolfgang: Verstärkte Zusammenarbeit – Inflexible Flexibilität, in: Jopp, Mathias, Andreas Maurer und Otto Schmuck: Die Europäische Union nach Amsterdam. Ergebnisse der Regierungskonferenz, Bonn 1998, hektogr. Ms., S. 25.

Der Schutz von Minderheiten in Europa

RAINER HOFMANN

Mit den umwälzenden Veränderungen in den ehemals sozialistischen Staaten Europas brachen vielerorts die überwunden geglaubten Nationalitätengegensätze wieder auf. Während zuvor Fragen der politischen und rechtlichen Stellung nationaler Minderheiten allenfalls – und dies zudem noch eher sporadisch – im Zusammenhang mit der Lage in Südtirol, der bürgerkriegsähnlichen Situation in Nordirland sowie durch den Konflikt im Baskenland in den Blickpunkt der europäischen Öffentlichkeit traten, änderte sich dieser Befund nach der »Wende« des Jahres 1989 ganz grundlegend.

Die häufig gewaltsamen Auswirkungen der Renaissance des bisweilen deutlich chauvinistischen Nationalismus in den vor allem betroffenen Staaten Mittel-, Ostund Südosteuropas haben der europäischen Öffentlichkeit die Brisanz der Minderheitenproblematik und ihr großes Destabilisierungspotential für die internationale wie die nationalen Rechtsordnungen deutlich vor Augen geführt. Die kriegerischen Konflikte in den Nachfolgestaaten des ehemaligen Jugoslawiens mit ihren im Europa des ausgehenden 20. Jahrhunderts kaum noch für möglich gehaltenen, barbarischen Verletzungen ganz elementarer Menschenrechte weiter Bevölkerungsgruppen bis hin zum Phänomen des *ethnic cleansing* wurden zum tragischsten Beispiel dieses Gefahrenpotentials. Aber auch für die Gestaltung der innerstaatlichen Ordnung von Staaten wie etwa Bulgarien, Rumänien und der Slowakei sowie vor allem der aus der ehemaligen Sowjetunion hervorgegangenen neuen souveränen Staaten oder den baltischen Republiken war und ist eine möglichst allseits zufriedenstellende Regelung der Rechtsstellung solcher Minderheiten von entscheidendem Gewicht. Gleiches gilt für die Türkei, wo die häufig mit erheblichen Menschenrechtsverletzungen verbundenen, gewaltsamen Auseinandersetzungen zwischen der Staatsgewalt und einzelnen Organisationen des kurdischen Volkes seit langem Stabilität und rechtsstaatlich-demokratische Ordnung des türkischen Staatswesens bedrohen.

Hieraus erklärt sich die zunehmende Befassung internationaler Gremien, namentlich der Konferenz bzw. jetzt Organisation für Sicherheit und Zusammenarbeit in Europa (KSZE bzw. OSZE) und des Europarates, mit diesem Problemkomplex. Aber auch in der Politik der Europäischen Gemeinschaft bzw. der

Europäischen Union kommt die gesteigerte Bedeutung der Rechtsstellung nationaler Minderheiten zum Ausdruck: Ihr Schutz wurde zunächst als unabdingbare Voraussetzung für die Anerkennung neuer Staaten in Osteuropa und in der Sowjetunion sowie in (dem ehemaligen) Jugoslawien erklärt; vor allem aber spielt der rechtliche und tatsächliche Status von Minderheiten eine nicht unerhebliche Rolle für die Beurteilung, ob und in welchem Umfang beitrittswillige Staaten tatsächlich in die EU aufgenommen werden sollen.

Neben dieser politischen Dimension von Minderheitenfragen sind diese in den Jahren seit der »Wende« aber auch zunehmend – und zwar erstmals seit der Zeit des Völkerbundes – wieder zum Gegenstand multi- und bilateraler völkerrechtlicher Verträge zu Schutz und Förderung der eigenständigen Identität von Minderheiten und der ihnen zustehenden Rechte geworden. Hierfür am wichtigsten sind aber fraglos immer noch die einschlägigen Bestimmungen des nationalen Rechtes der betroffenen Staaten; auch hier hat seit 1989 in vielen Ländern eine beachtliche Entwicklung stattgefunden.

In politischer wie rechtlicher Hinsicht komplexe Probleme wirft die Frage auf, ob und gegebenenfalls unter welchen Voraussetzungen Minderheiten Träger des völkerrechtlichen Selbstbestimmungsrechtes sind oder sein können und ob sie hieraus unter Umständen gar einen völkerrechtlich begründeten Anspruch auf Sezession, das heißt entweder auf Errichtung eines neuen, »eigenen« Staates oder auf Anschluß des von ihnen bewohnten Gebietes an einen anderen Staat, ableiten können.

1. Der Minderheitenbegriff

Das Völkerrecht verfügt bislang noch nicht über eine allseits akzeptierte Definition des Begriffes der Minderheit.[1] Dieser – für das Völkerrecht nicht ungewöhnliche – Umstand hat die internationale Gemeinschaft jedoch nicht gehindert, sich in vielfältiger Weise der Belange von Minderheiten anzunehmen. Grundlage hierfür waren und sind unterschiedliche Vorschläge zur Definition des Minderheitenbegriffes, deren gemeinsamer »Mindestinhalt« sich folgendermaßen beschreiben läßt: zahlenmäßige Unterlegenheit gegenüber der »Mehrheit« und nicht-dominante Position; Unterscheidbarkeit gegenüber der »Mehrheit« aufgrund ethnischer, nationaler, kultureller, religiöser und sprachlicher Merkmale; und das vom gemeinsamen Willen getragene Bestreben, die eigenständige Identität zu wahren. Es handelt sich also um zwei objektive und ein subjektives Kriterium.

Während die Feststellung des ersten objektiven Kriteriums (nicht-dominante Position bei numerischer Unterlegenheit gegenüber der Mehrheitsbevölkerung) allenfalls in der Praxis Schwierigkeiten bereiten mag, stellt sich die Lage hinsichtlich der Unterscheidbarkeit aufgrund bestimmter Merkmale wesentlich unklarer dar, da hier schon der normative Inhalt der wichtigsten dieser Merkmale umstritten ist: Am klarsten – weil nicht zuletzt an der im internationalen Menschenrechtsschutz so zentralen Religionsfreiheit auszurichten – dürfte der Begriff der »religiösen« Minderheit sein. Grundsätzlich sollte auch – durch das Heranziehen sprachwissenschaftlicher Forschungen – die inhaltliche Bestimmung des Begriffes der »sprachlichen« Minderheit unproblematisch sein. Weitgehend konturlos ist jedoch bisher der Terminus der »kulturellen« Minderheit geblieben. Eine ganz erhebliche Verwirrung herrscht schließlich in bezug auf das Begriffspaar »ethnische« und »nationale« Minderheit: Insofern bleibt offen, ob sich die häufig in den Staaten des östlichen Mitteleuropas zu findende Auffassung durchsetzt, wonach »nationale« Minderheiten solche Bevölkerungsgruppen meint, die in einem anderen Staat die staatstragende Nation darstellen (für Deutschland träfe dies auf die dänische Minderheit in Schleswig-Holstein zu), während »ethnische« Minderheiten diese Voraussetzung nicht erfüllen (in Deutschland wären dies die Friesen, Sinti und Roma sowie die Sorben). Gerade am Beispiel der Situation im Baltikum sowie in den Nachfolgestaaten Jugoslawiens und der Sowjetunion zeigt sich die allenfalls begrenzte Tauglichkeit dieses Definitionsversuches, weshalb häufig vorgeschlagen wird, die nicht zuletzt aus sicherheitspolitischen Gründen notwendigen Bemühungen um einen verbesserten Schutz von Minderheiten nicht mit solchen letztlich unergiebigen Diskussionen um eine abstrakte Definition zu belasten. Diesem pragmatischen Ansatz entspricht etwa die Praxis von Europarat und KSZE/OSZE, den Terminus »nationale Minderheit« als Oberbegriff für die Kategorien »ethnische, kulturelle, religiöse und sprachliche Minderheiten« zu verwenden.

Hingegen kann es aus völkerrechtlicher wie rechtsvergleichender Sicht heute als gesichert gelten, daß die Zugehörigkeit einer Person zu einer Minderheit in erster Linie von ihrem entsprechenden Willen abhängt (subjektives Kriterium), dem objektive Kriterien allenfalls in Extremfällen als korrigierende Umstände entgegengesetzt werden können. Mit einem solchen Verständnis wird zum einen der Tatsache Rechnung getragen, daß Angehörige von Minderheiten häufig einem massiven Assimilierungsdruck ausgesetzt sind oder jedenfalls waren, der nicht selten etwa den Verlust sprachlicher Kompetenz in der Muttersprache zur Folge hatte; zum anderen wird so auch der legitime Wunsch einzelner Personen berücksichtigt, nicht gegen ihren Willen als Angehörige einer Minderheit angesehen und eventuell sogar »ausgegrenzt« zu werden. Die entscheidende Bedeutung des individuellen Willens entspricht letztlich auch der vorherrschenden Tendenz, Minderheitenschutzrechte zwar als eine Kombination von *Individual-* und *Gruppenrechten* zu sehen, wobei aber der individualrechtlichen Komponente ganz überwiegend Vorrang eingeräumt wird.

Schließlich sei noch darauf hingewiesen, daß jedenfalls in den meisten nationalen Rechtsordnungen Europas sowie in der Mehrzahl der einschlägigen, regionalen Instrumente des völkerrechtlichen Minderheitenschutzes[2] nur solche Personen als Angehörige von »nationalen« Minderheiten angesehen werden, die Staatsangehörige ihres Aufenthaltsstaates sind und zugleich Gruppen angehören, die schon seit längerer Zeit im jeweiligen Gebiet ansässig sind. Dies bedeutet jedenfalls, daß

Einwanderer, ob Wanderarbeitnehmer oder Flüchtlinge, nicht als Angehörige solcher Minderheiten in diesem rechtlichen Sinne verstanden werden.

Vor diesem Hintergrund des Fehlens einer allseits akzeptierten Definition des Minderheitenbegriffes ist es nicht weiter verwunderlich, daß es höchst unterschiedliche Angaben zur Zahl sowohl der in Europa lebenden nationalen – verstanden im der Praxis von Europarat und KSZE/OSZE entsprechenden Sinne – Minderheiten wie ihrer Angehörigen gibt. Sieht man einmal von den Haltungen einiger Staaten ab, die – wie etwa Frankreich – die Existenz solcher nationaler Minderheiten auf ihrem Territorium schlicht leugnen, läßt sich immerhin feststellen, daß in fast allen Flächenstaaten Europas – mit Ausnahme wohl nur von Island und Portugal – nationale Minderheiten leben.[3] Diese *völkerrechtlich* begründete Einschätzung erfolgt ungeachtet der *verfassungsrechtlichen* Situation in einigen Staaten, in denen – wie etwa in Belgien, Finnland und der Schweiz – Angehörige in erster Linie sprachlich definierter, numerisch kleinerer Bevölkerungsgruppen durchaus nicht als Angehörige einer »Minderheit« im rechtlichen Sinne behandelt werden.

2. Die politische Dimension von Minderheitenfragen in Europa

In krassem Unterschied zur Lage vor dem Ersten Weltkrieg und namentlich in der Zwischenkriegszeit waren Minderheitenfragen nach Abschluß von Vertreibung oder Aussiedlung größerer Bevölkerungsgruppen im Anschluß an den Zweiten Weltkrieg bis zur Wende des Jahres 1989 letztlich kein wichtiger Gegenstand des politischen Geschehens und Interesses in Europa. Seither stehen sie jedoch – in unterschiedlicher Intensität – auf der politischen Agenda der wichtigsten europäischen Organisationen, nämlich von KSZE/OSZE und Europarat sowie – wenn auch in geringerem Maße – der Europäischen Gemeinschaften bzw. Union. Ferner ist festzuhalten, daß sie auch beachtliche Bedeutung für die bilateralen politischen Beziehungen zwischen einzelnen europäischen Staaten haben und diese – wie etwa immer noch im Verhältnis der Nachfolgestaaten Jugoslawiens untereinander, der Russischen Föderation zu namentlich Estland bzw. Lettland sowie zwischen der Slowakei und Ungarn – teils erheblich belasten.

Seit ihrem Entstehen im Jahre 1975 verfügte die KSZE[4] in ihrer sogenannten »menschlichen Dimension« über eine Plattform, um sich mit menschen- und minderheitenrechtlichen Fragen zu befassen. Größere praktische Bedeutung für Minderheitenfragen gewann sie allerdings erst nach 1989. Seither gehören die Formulierung minderheitenrelevanter Standards und die Überwachung der Einhaltung der sich aus diesen ergebenden Verpflichtungen der Staaten zu den wichtigsten Aufgaben der Beteiligten des KSZE/OSZE-Prozesses. Von besonderer Bedeutung war die Schaffung des Amtes eines Hochkommissars für Nationale Minderheiten.

Von ganz herausragender Wichtigkeit für die Behandlung von Minderheitenfragen waren und sind die einschlägigen Bestimmungen des Kopenhagener KSZE-

Dokumentes über die Menschliche Dimension vom 29. Juni 1990 und – in geringerem Umfang – die Schlußfolgerungen im Bericht des Genfer KSZE-Expertentreffens über nationale Minderheiten vom 19. Juli 1991. Das Kopenhagener Dokument begründet in seinen Ziffern 30–40 (politische) Verpflichtungen bezüglich aller bedeutenden Aspekte des internationalen Schutzes der Rechte nationaler Minderheiten: Zunächst stellt es klar, daß die Zugehörigkeit zu einer nationalen Minderheit eine Angelegenheit der persönlichen Entscheidung eines jeden Menschen ist, die ihm als solche nicht zum Nachteil gereichen darf. Weiter sind die ethnische, kulturelle, religiöse und sprachliche Identität von Angehörigen nationaler Minderheiten zu schützen und Bedingungen für die Förderung dieser eigenständigen Identität zu schaffen; das Recht auf Gebrauch der Muttersprache, sowohl im privaten wie im öffentlichen Bereich, ist zu gewährleisten – vor Behörden und Gerichten sowie in den Medien gilt dieses Recht jedoch nur eingeschränkt. Angehörige nationaler Minderheiten haben ferner ein Recht, eigene Bildungs- und Kultureinrichtungen zu unterhalten; in öffentlichen Bildungsanstalten soll entweder der Unterricht der Minderheitensprache oder Unterricht in der Minderheitensprache ermöglicht werden; schließlich gibt es ein Recht auf grenzüberschreitende Kontakte und einen gewissen Anspruch auf politische Vertretung und Teilnahme am öffentlichen Leben. Die einschlägigen Formulierungen des Kopenhagener Abschlußdokumentes hatten erheblichen Vorbildcharakter für in der Folgezeit verabschiedete nationale Regelungen zum Recht nationaler Minderheiten, und die sich aus ihnen ergebenden politischen Verpflichtungen wurden in einer Vielzahl von seither geschlossenen bilateralen Verträgen (auch) minderheitenrechtlichen Inhaltes ausdrücklich als »rechtlich verbindlich« anerkannt.

Vor allem nach 1989 hat die KSZE/OSZE eine Reihe von Mechanismen zur Überwachung der vielfältigen (politischen) Verpflichtungen des KSZE/OSZE-Prozesses geschaffen, von denen der im Herbst 1991 in Moskau errichtete »Mechanismus zur Menschlichen Dimension« für den Schutz nationaler Minderheiten eine gewisse Bedeutung erlangt hat: So haben im Rahmen dieses Moskauer Mechanismus KSZE/OSZE-Missionen die menschen- und minderheitenrechtliche Lage in einigen Staaten untersucht und vor allem in Estland und Moldawien auch gewisse Erfolge erzielt. Allerdings scheint gegenwärtig die praktische Bedeutung dieses Mechanismus als eher gering. Von sehr viel größerer Bedeutung für den Minderheitenschutz ist das auf dem KSZE-Gipfel von Helsinki im Juli 1992 beschlossene Amt eines Hochkommissars für Nationale Minderheiten, das seit 1993 der ehemalige niederländische Außenminister Max van der Stoel ausübt. Sein – nicht sonderlich klar umrissenes – Mandat beschränkt sich in erster Linie darauf, in einem Stadium, in dem sich die Spannungen zwischen Mehrheits- und Minderheitsbevölkerung noch nicht in gewaltsamen Konflikten entladen haben, deeskalierend einzugreifen, indem er versucht, zwischen den beteiligten Parteien zu vermitteln und größeres Vertrauen sowie Dialogbereitschaft zu fördern. Dies erklärt, warum der Hochkommissar nicht in Gebieten tätig wird, in denen es bereits zu kriegerischen oder gewalttätigen Auseinandersetzungen gekommen ist. Wenn es auch gegenwärtig noch zu früh sein mag, ein endgültiges Urteil über die bisherigen Aktivitäten des Hochkommissars[5] abzugeben, kann man sie doch überwiegend als durchaus gelungen bewerten. Allerdings hängen solche Erfolge in hohem Maße von zwei Faktoren ab: zum einen von den diplomatischen Fähigkeiten des Hochkommissars, mit allen beteiligten Parteien ein Vertrauensverhältnis herzustellen, und zum anderen von deren Bereitschaft zur Konfliktlösung und dem Umfang der politischen Unterstützung des Hochkommissars durch die OSZE-Mitgliedstaaten.

Im Unterschied zu KSZE/OSZE gehört zu den Hauptaufgaben des Europarates die Erarbeitung multilateraler völkerrechtlicher Verträge; seine bedeutenden minderheitenrechtlichen Bemühungen sind im folgenden Kapitel ausführlich dargestellt. Daneben spielt der Standard des Schutzes der Rechtsstellung nationaler Minderheiten eine zunehmende Rolle auch in der Politik des Europarates.[6] Seit Anfang der neunziger Jahre wird die Aufnahme eines Staates in diese Organisation auch vom Zustand seiner nationalen Rechtsordnung abhängig gemacht, die einem europäischen Mindeststandard im Bereich des Minderheitenschutzes entsprechen muß.

Von großer Bedeutung für die jeweiligen Entscheidungen sind dabei die Berichte von Mitgliedern der Straßburger Konventionsorgane, das heißt der Europäischen Kommission für Menschenrechte und des Europäischen Gerichtshofes für Menschenrechte. Soweit ersichtlich, hatte diese Politik erstmals im Zusammenhang mit der durch die Auflösung der Tschechoslowakei notwendig gewordenen Aufnahme der Slowakei praktische Auswirkungen und dürfte auch eine erhebliche Rolle bei der problematischen Entscheidung über die Aufnahme Lettlands gespielt haben. Seither hat sich diese politische Praxis verfestigt, wie im Zusammenhang mit den von der Parlamentarischen Versammlung des Europarates abgegebenen Beurteilungen der Mitgliedsanträge Albaniens, Rußlands, Moldawiens, Kroatiens, der Ukraine und Mazedoniens deutlich wurde; vor allem ist auf den Fall Kroatien hinzuweisen, dessen Aufnahme sich nicht zuletzt auch wegen der dortigen minderheitenrechtlichen Lage verzögerte.[7] Diese Entwicklung der Politik des Europarates muß in Zukunft um nachhaltige Bestrebungen ergänzt werden, die gleichen Kriterien auch auf die Staaten anzuwenden, die bereits seit längerem Mitglieder sind: Nichts wäre fataler, als im europäischen Bereich auf dem Gebiet des Minderheitenschutzes eine Praxis der *double standards* auf Dauer hinzunehmen.

Auch in der (Außen-)Politik der Europäischen Gemeinschaften bzw. Union spielen seit Anfang der neunziger Jahre Minderheitenfragen eine zwar nicht zentrale, aber doch beachtliche Rolle. Ausgangspunkt hierfür war die erwähnte Erklärung der Außenminister der Mitgliedstaaten vom 16. Dezember 1991, die auf ihrer außerordentlichen Tagung im Rahmen der Europäischen Politischen Zusammenarbeit in Brüssel Richtlinien für die förmliche Anerkennung neuer Staaten in Osteuropa und in der Sowjetunion beschlossen. Ihnen zufolge wurden u. a. »Garantien für die Rechte ethnischer und nationaler Gruppen und Minderheiten im Einklang mit den im Rahmen der KSZE eingegangenen Verpflichtungen« für erforderlich gehalten.[8] Ähnliche Voraussetzungen wurden auch in der am selben Tage gefaßten

»Erklärung zu Jugoslawien« aufgestellt. Bezüglich der Anerkennung Kroatiens und Mazedoniens waren diese Verpflichtungen von einiger Bedeutung.

Seit Inkrafttreten des Maastrichter Vertrages haben Fragen des Minderheitenschutzes immer wieder eine gewisse Rolle im Bereich der Gemeinsamen Außen- und Sicherheitspolitik gespielt.[9] Insbesondere gilt dies für die Initiative des sogenannten Stabilisierungspaktes[10], der auf den Sitzungen des Europäischen Rates des Jahres 1993 behandelt und schließlich als Gemeinsame Aktion (im Sinne des Art. J.3 EUV-M) angenommen wurde. Ziel des Paktes ist es, Konflikten zwischen mittel- und osteuropäischen Staaten durch Konsolidierung der Grenzen und Gewährleistung eines ausreichenden Minderheitenschutzes vorzubeugen. Inwieweit diese Initiative tatsächlich als Erfolg angesehen werden kann, scheint letztlich zweifelhaft, auch wenn darauf verwiesen wird, daß etwa die Nachbarschaftsverträge zwischen Ungarn und Rumänien bzw. der Slowakei nicht zuletzt unter dem Eindruck dieser Initiative verhandelt wurden. Politisch wesentlich bedeutsamer ist aber fraglos der Umstand, daß die Europäische Union frühzeitig deutlich machte, daß eine Mitgliedschaft der beitrittswilligen Staaten Mittelost- und Südosteuropas auch eine befriedigende Ausgestaltung der Rechtslage der in diesen Staaten lebenden nationalen Minderheiten voraussetzt: So gehört zu den Kriterien, die vom Europäischen Rat in Kopenhagen im Juni 1993 als Voraussetzungen für eine Mitgliedschaft in der Europäischen Union festgelegt wurden, daß ein Beitrittskandidat »eine institutionelle Stabilität als Garantie für demokratische und rechtsstaatliche Ordnung, für die Wahrung der Menschenrechte sowie die Achtung und den Schutz von Minderheiten verwirklicht haben« muß.

Dieser Ansatz wurde bereits in dem Vorgehen der Europäischen Union deutlich, in die sogenannten *Europaabkommen*, das heißt die Assoziierungsabkommen mit den beitrittswilligen Staaten, Bestimmungen zum Schutz der Menschen- und Minderheitenrechte aufzunehmen; dies ist seit 1993, als die entsprechenden Verträge mit der Tschechischen Republik und der Slowakei geschlossen wurden, ständige Praxis geworden. Es ist nur folgerichtig, daß Minderheitenfragen zu den politischen Kriterien gehören, die in den am 16. Juli 1997 veröffentlichten Stellungnahmen der Europäischen Kommission zu der »Beitrittsfähigkeit« der potentiellen neuen Mitgliedstaaten berücksichtigt werden. Allgemein hieß es dazu in dem diese länderspezifischen Stellungnahmen der Kommission zusammenfassenden Bericht *Agenda 2000*[11], daß eine befriedigende Eingliederung von Minderheiten in die Gesellschaft der beitrittswilligen Staaten eine Voraussetzung für demokratische Stabilität sei. Nach einer Übersicht über den Stand der Mitgliedschaft der Beitrittskandidaten im Rahmenübereinkommen des Europarates zum Schutz nationaler Minderheiten wurde auf die – offenbar als zufriedenstellend bewertete – minderheiten- und vor allem sprachenrechtliche Situation der ungarischen Minderheit in Rumänien eingegangen. Die Lage der Minderheiten in der Slowakei wurde kritisiert.[12] Hinsichtlich Estlands und Lettlands merkte die Kommission an, daß es zwar keine Anzeichen für eine Diskriminierung der in beiden Staaten lebenden, die jeweilige Staatsangehörigkeit nicht besitzenden Angehörigen von Minderheiten gebe, doch sie empfahl nachdrücklich, das Tempo der Einbürgerungen zu beschleunigen. Schließlich wies sie darauf hin, daß mit Ausnahme der Situation der Roma-Minderheit in einer Reihe beitrittswilliger Staaten, die Anlaß zur Besorgnis gebe, die Minderheiten im allgemeinen in zufriedenstellender Weise in die Gesellschaften dieser Länder integriert seien. Die allgemeinen Schlußfolgerungen zu den politischen Kriterien führten aus[13], daß zwar in mehreren beitrittswilligen Ländern »noch Fortschritte bei der effektiven Ausübung der Demokratie und den Schutz der Minderheiten gemacht werden müssen«; dennoch »erfüllt nur ein einziger Staat, der den Beitritt beantragt hat – die Slowakei – die vom Europäischen Rat in Kopenhagen festgesetzten politischen Voraussetzungen nicht.«

Die Frage der innerstaatlichen Ausgestaltung der Rechte der Minderheiten in den beitrittswilligen Staaten ist somit ein durchaus gewichtiges Kriterium für die Meinungsfindung der Kommission, führte aber – trotz einiger besorgter und kritischer oder wie im Fall der Slowakei sogar ungewöhnlich deutlich formulierter Bemerkungen – letztlich in keinem Fall zur Beurteilung, daß ein beitrittswilliges Land die in Kopenhagen festgesetzten politischen Voraussetzungen für einen Beitritt nicht erfülle. Die in einigen Staaten in jüngster Zeit festzustellenden, durchaus erfolgreichen Bemühungen um eine Verbesserung der Rechtslage nationaler Minderheiten stehen dennoch in engem Zusammenhang mit dem Bestreben, die genannten Voraussetzungen zu erfüllen.

Diese erhebliche Bedeutung, die Minderheitenfragen in der Außen- und Beitrittspolitik der Europäischen Union zukommt, steht in auffälligem Gegensatz zum völligen Fehlen minderheitenbezogener Bestimmungen im Unions- bzw. Gemeinschaftsrecht. Zwar legt Art. F EUV-M die Achtung der Grundrechte durch die Union fest, es findet sich aber weder hier noch in den eher programmatischen Bestimmungen wie der Präambel oder den außenpolitischen Zielen der Union (Art. J.1 EUV-M) ein Hinweis auf die Rechte der Minderheiten. Hieran wird sich auch durch Inkrafttreten des Amsterdamer Vertrages nichts ändern: Bestrebungen im Europäischen Parlament, dem EUV einen besonderen Titel über die Rechte von Minderheiten beizufügen[14], hatten keinerlei Erfolg. Die hieraus resultierende Asymmetrie minderheitenrechtlicher Verpflichtungen zwischen den jetzigen Mitgliedstaaten der Europäischen Union einerseits und den beitrittswilligen Staaten andererseits wird in den letztgenannten Staaten zwar häufig – mehr oder weniger laut – kritisiert, dürfte aber im Hinblick auf die Haltung einiger Mitgliedstaaten gegenüber den im eigenen Land lebenden Minderheiten auf absehbare Zeit keine Änderung erfahren.

3. Die rechtliche Dimension von Minderheitenfragen in Europa

Einen ersten Höhepunkt erreichte der Schutz der Minderheitenrechte durch das Völkerrecht mit den am Ende des Ersten Weltkrieges geschlossenen Minderheitenschutzverträgen, die eine Reaktion auf die durch diesen Krieg und die ihn beendenden *Pariser Vorortverträge* bedingten Gebietsveränderungen darstellten. Ferner enthielten eine ganze Reihe von Friedens- und bilateralen Verträgen entsprechende Schutzbestimmungen.[15] Die beiden Hauptziele dieser Verträge bezeichnete der Ständige Internationale Gerichtshof später wie folgt: Zum einen sollte die völlige Gleichheit zwischen den Angehörigen von Minderheiten und den anderen Staatsangehörigen eines Staates gesichert und zum anderen den Angehörigen der Minderheiten angemessene Mittel zur Wahrung ihrer eigenständigen Identität gegeben werden.[16] Ungeachtet dieser an sich durchaus befriedigenden vertraglichen Vorschriften bewährte sich dieses unter der Ägide des Völkerbundes bestehende Minderheitenschutzsystem in der Praxis nicht.[17] Der Grund hierfür lag zum einen in der fehlenden Bereitschaft der meisten betroffenen Staaten, in einer zunehmend von einem betont nationalistischen Staatsverständnis geprägten Zeit die Verträge wirklich zu beachten und zu vollziehen, und zum anderen in der mangelnden Kompetenz und auch Bereitschaft des Völkerbundes, diesen Vollzug durchzusetzen.

Nach dem Zweiten Weltkrieg unternahmen die Vereinten Nationen zunächst keine vergleichbaren Anstrengungen, den völkerrechtlichen Schutz von Minderheiten zu sichern.[18] Zum einen lag dies fraglos an der zutreffenden Einschätzung, das unter dem Völkerbund eingerichtete System habe versagt; ausschlaggebend war aber die Auffassung, daß ein völkerrechtlicher Minderheitenschutz, verstanden als ein Schutz von Gruppenrechten, durch einen effektiven, auf das Individuum bezogenen Schutz der Menschenrechte ersetzt werden könne. So findet sich in der UN-Charta kein Hinweis auf Minderheiten, und auch die Allgemeine Erklärung der Menschenrechte vom 10. Dezember 1948 enthält in ihrem Art. 2 nur ein allgemeines Diskriminierungsverbot. Dem entspricht auch der Umstand, daß nach dem Zweiten Weltkrieg kaum Minderheitenschutzverträge geschlossen wurden. Als wichtigste Ausnahme ist das 1946 zwischen Italien und Österreich geschlossene, Südtirol betreffende *Gruber-de Gaspari-Abkommen* zu nennen, das später Aufnahme in den Pariser Friedensvertrag mit Italien vom 10. Februar 1947 fand; in den anderen am gleichen Tag mit den ehemaligen Verbündeten Deutschlands geschlossenen Friedensverträgen werden Minderheiten nur durch ein ausdrückliches Diskriminierungsverbot geschützt.

Ein vorsichtiger Wandel in der Haltung zum Schutz von Minderheiten durch völkerrechtliche Verträge auf universeller Ebene setzte in den sechziger Jahren ein und führte zur Aufnahme des Art. 27 in den inzwischen in praktisch allen europäischen Staaten geltenden Internationalen Pakt über bürgerliche und politische Rechte vom 19. Dezember 1966.[19] Diese zweifellos wichtigste vertragliche Regelung des universellen Völkerrechtes zum Minderheitenschutz untersagt es Staaten mit ethnischen, religiösen oder sprachlichen Minderheiten, Angehörigen solcher Minderheiten das Recht vorzuenthalten, gemeinsam mit anderen Angehörigen ihrer Gruppe ihr eigenes kulturelles Leben zu pflegen, ihre eigene Religion zu bekennen und auszuüben oder sich ihrer eigenen Sprache zu bedienen. Artikel 27 ist in erster Linie als Individualgrundrecht konzipiert, dem allerdings eine gewisser »Kollektivcharakter« zukommt. Ferner billigt er Angehörigen von Minderheiten ein sie gegenüber der Mehrheit privilegierendes Recht auf gemeinsame Pflege ihrer Kultur, Sprache und Religion zu. Als negatorisches Recht verpflichtet Art. 27 die Vertragsstaaten auch, jegliche Maßnahmen zu unterlassen, von denen ein Assimilationsdruck ausgehen könnte. Seit Anfang der neunziger Jahre erfuhren die Bemühungen, innerhalb der Vereinten Nationen ein umfassendes Konzept zum Schutz von Minderheiten zu entwickeln, eine Belebung, die schließlich zu der von der Generalversammlung am 18. Dezember 1992 angenommenen Deklaration über die Rechte der Angehörigen nationaler oder ethnischer, religiöser oder sprachlicher Minderheiten führte.[20] Diese rechtlich nicht verbindliche Erklärung ist inhaltlich von dem erwähnten Kopenhagener KSZE-Dokument von 1990 inspiriert und enthält Aussagen zu wichtigen Fragen der Rechtsstellung nationaler Minderheiten.

Das wichtigste europäische Menschenrechtsinstrument, die Europäische Menschenrechtskonvention (EMRK) von 1950, enthält, entsprechend der zum Zeitpunkt ihres Entstehens vorherrschenden Auffassung vom Vorzug individualrechtlichen Menschenrechtsschutzes, keine ausdrücklichen Bestimmungen zum Minderheitenschutz, sondern in ihrem Art. 14 nur ein allgemeines Diskriminierungsverbot. Folglich ist die Bedeutung der EMRK für die Belange eines effektiven Minderheitenschutzes in ihren Mitgliedstaaten als gering einzuschätzen.[21]

Die sich aus dem hohen Destabilisierungspotential von Minderheitenproblemen ergebenden Fragen veranlaßten den Europarat, sich seit Anfang der neunziger Jahre intensiv mit Fragen des völkerrechtlichen Schutzes von Minderheiten zu beschäftigen.[22] Dabei bestand anfangs Übereinstimmung dahin, daß es nicht zweckmäßig sei, die unter der EMRK arbeitenden Straßburger Konventionsorgane mit der heiklen Minderheitenproblematik zu belasten und so ihre allseits als äußerst erfolgreich angesehene Arbeit zu gefährden, indem etwa in einem Zusatzprotokoll zur EMRK Minderheitenrechte verankert würden. So sah der am 8. Februar 1991 von der *European Commission for Democracy through Law (Venice Commission)* angenommene Entwurf einer eigenständigen *European Convention for the Protection of Minorities* ein spezielles Schutz- und Kontrollsystem vor. Die eigentliche Bedeutung dieses Entwurfes liegt im erheblichen Einfluß, den seine – an das Kopenhagener KSZE-Dokument angelehnten – Formulierungen für spätere Entwicklungen hatten.

Der Trend wendete sich dann eindeutig in Richtung auf die Ausarbeitung eines minderheitenrechtlichen Zusatzprotokolles zur EMRK. Wichtigstes Dokument dieser Phase ist die Empfehlung 1201 (1993) der Parlamentarischen Versammlung des Europarates vom 1. Februar 1993 mit ihrem *Draft Protocol on Minority Rights in the ECHR*: Es stellt das bislang umfassendste auf internationaler Ebene erarbeitete minderheitenrechtliche Instrument dar. Auch wenn es nicht zur Umsetzung dieses Entwurfes in einen völkerrechtlichen Vertrag gekommen ist, rechtfertigt der Umstand eine knappe Darstellung, daß sein Inhalt in einigen bilateralen Verträgen aufgegriffen und von der Europäischen Kommission als Maßstab für den Standard der Minderheitenrechte in den beitrittswilligen Staaten herangezogen wird.

Gemäß der in Art. 1 enthaltenen Definition sind Personen nur dann als Angehörige einer Minderheit anzusehen, wenn sie Staatsangehörige des jeweiligen Aufenthaltsstaates sind. Im allgemeinen Teil des Entwurfes wird unter anderem bestimmt, daß die Zugehörigkeit zu einer nationalen Minderheit allein auf der entsprechenden Entscheidung der betroffenen Person beruht, der hieraus kein Nachteil erwachsen darf. Weiter wird Angehörigen nationaler Minderheiten das Recht auf Wahrung und Entwicklung ihrer eigenständigen Identität sowie Schutz vor zwangsweiser Assimilierung gewährt. Beachtung verdient vor allem das Verbot gezielter Veränderungen der demographischen Zusammensetzung der Bevölkerung eines Siedlungsgebietes nationaler Minderheiten zu deren Nachteil. Der den substantiellen Rechten der Angehörigen nationaler Minderheiten gewidmete dritte Abschnitt des Entwurfes enthält Garantien der Vereinigungsfreiheit; des Rechts auf privaten wie öffentlichen Gebrauch der Minderheitensprachen, allerdings mit erheblichen Einschränkungen hinsichtlich ihrer Verwendung vor Behörden und Gerichten; des Rechtes auf muttersprachlichen Unterricht, nicht jedoch eine Garantie der Muttersprache als alleinige oder hauptsächliche Unterrichtssprache; des Rechtes auf grenzüberschreitende Kontakte sowie einen Appell an die staatlichen Gesetzgeber, Strukturen personaler oder territorialer Selbstverwaltung zu schaffen.

Auch wenn die gefundenen Kompromisse, zumal die hinsichtlich des Gebrauches von Minderheitensprachen und ihres Erlernens, unbefriedigend erscheinen, hätte ein dem Entwurf weitgehend entsprechendes Zusatzprotokoll nach seinem Inkrafttreten wegen der Möglichkeit, etwaige Verletzungen seiner substantiellen Vorschriften vor den Straßburger Konventionsorganen geltend zu machen, einen ganz erheblichen Fortschritt des europäischen Minderheitenschutzes bedeutet. Es ist daher – trotz der zweifelhaften Chancen der Ratifikation eines auf dem Vorschlag basierenden Protokolles – äußerst bedauerlich, daß die entsprechenden Arbeiten inzwischen eingestellt wurden.

Umgesetzt wurde immerhin der Beschluß der Staats- und Regierungschefs des Europarates von 1993, ein *Rahmenübereinkommen zum Schutz nationaler Minderheiten* erarbeiten zu lassen. Dieses sollte mit allgemein gehaltenen Staatenverpflichtungen, die es den Staaten erlauben, ihre jeweiligen rechtlichen und tatsächlichen Gegebenheiten sowie die unterschiedliche Situation der verschiedenen nationalen Minderheiten zu berücksichtigen, einen umfassenden Schutz der nationalen Minderheiten in wesentlichen Bereichen des gesellschaftlichen und politischen Lebens gewährleisten. Dieses Übereinkommen ist zum 1. Februar 1998[23] in Kraft getreten. Es enthält keine die Staaten unmittelbar rechtlich verpflichtenden Bestimmungen, geschweige denn Normen (wie etwa die EMRK), die den betroffenen Personen Rechte einräumen, auf deren Einhaltung sie sich vor den nationalen Behörden und Gerichten berufen können. Vielmehr besteht es aus programmartigen Sätzen, die für die Vertragsparteien nur Ziele formulieren, zu deren Erreichen sich diese verpflichten. Diese völkervertraglich schwächste Form einer rechtlichen Bindung gewährt den Mitgliedstaaten den gewünschten sehr weiten Ermessensspielraum bei der Auswahl von rechtlichen oder politischen Maßnahmen zur Erfüllung ihrer völkerrechtlichen Verpflichtung. Aufgrund dieser Struktur des Übereinkommens ist eine effektive Kontrolle der Umsetzungspraxis der Mitgliedstaaten praktisch sehr schwierig.

Das Dokument enthält keine Definition des Begriffes der nationalen Minderheit. Es ist somit Sache der Vertragsstaaten, seinen personalen Anwendungsbereich in ihrem Gebiet zu bestimmen. Ferner findet sich keinerlei Anerkennung irgendwelcher kollektiver Rechte von Angehörigen nationaler Minderheiten; vielmehr wird in Art. 3 Abs. 2 klargestellt, daß es sich ausschließlich um den Schutz von Angehörigen nationaler Minderheiten handelt, die ihre Rechte individuell und allenfalls in Gemeinschaft mit anderen ausüben. Träger der Rechte sind also Einzelpersonen, die einer Minderheit angehören, nicht aber die Minderheit als Gruppe.

Viele der materiellen Bestimmungen des Übereinkommens (Art. 4–19) zeichnen sich durch die Aufnahme von einschränkenden Klauseln aus, die den künftigen Vertragsparteien – wie gewünscht – einen ganz erheblichen Ermessensspielraum einräumen. Im einzelnen: Das Übereinkommen verbietet jede Diskriminierung einer Person wegen ihrer Zugehörigkeit zu einer nationalen Minderheit sowie die Assimilierung von Angehörigen solcher Minderheiten gegen ihren Willen, was aber ausdrücklich einer staatlichen »Integrationspolitik« nicht entgegensteht. Hinsichtlich der für nationale Minderheiten besonders wichtigen, nämlich Bildung und Sprache betreffenden Rechte enthält das Übereinkommen recht umfangreiche Verpflichtungen zu Schutz- und Fördermaßnahmen; allerdings sind diese Verpflichtungen häufig mit allen erdenklichen Kautelen versehen, die staatliche Einschränkungen fast jeder Art ermöglichen. So sollen etwa die Vertragsstaaten gemäß Art. 10 Abs. 2 unter bestimmten Voraussetzungen und im Rahmen des Möglichen darum bemüht sein, die Bedingungen für den Gebrauch von Minderheitensprachen vor Verwaltungsbehörden zu schaffen. Verständlich ist noch, daß diese Bestimmung sich nur auf diejenigen Gebiete bezieht, in denen Angehörige nationaler Minderheiten traditionell und in beträchtlicher Zahl leben. Aber auch in solchen Gebieten besteht diese Verpflichtung nur, wenn dies die Angehörigen der nationalen Minderheiten – also nicht etwa eine einzelne Person – verlangen; dieses Verlangen muß ferner einem tatsächlichen Bedarf entsprechen, der auf der Grundlage objektiver Kriterien zu ermitteln ist. Selbst wenn diese Voraussetzungen erfüllt sind, können sich Staaten unter Hinweis auf die Einschränkung »im Rahmen des Möglichen« ihrer Verpflichtung mit der Begründung entziehen, ihre Erfüllung übersteige ihre finanziellen Ressourcen. Die Regelung des Gebrauches von Minderheitensprachen vor Gericht bezieht sich ohnehin nur auf Strafverfahren und geht somit nicht über den Inhalt der Art. 5 und 6 EMRK hinaus. Aus Sicht der betroffenen nationalen, in Europa ja zumeist sprachlich definierten Minderheiten ähnlich unbefriedigend ist die Regelung des Art. 14 Abs. 2 betreffend das Erlernen der Muttersprache. Die Fülle von Formeln, die den Staaten hier einen äußerst weiten Spielraum gewähren, muß als durchaus ungewöhnlich erscheinen. Der Inhalt des Übereinkommens bleibt aus dem Blickwinkel eines möglichst umfassenden Schutzes nationaler Minderheiten letztlich unbefriedigend. Offenbar haben sich bei seiner Formulierung in hohem Maße diejenigen Staaten durchgesetzt, deren Position in diesem Bereich eher »zurückhaltend« ist. Zwar gibt es rechtspolitische Gründe, auf die Interessen gerade solcher Staaten schon bei der Formulierung eines völkerrechtlichen Textes angemessen Rücksicht zu nehmen, um eine mögliche spätere Ratifikation nicht von vornherein auszuschließen. Wenn sich aber die Befürchtung bewahrheitet, daß diese Staaten dem Rahmenübereinkommen nicht beitreten werden, bleibt als unbefriedigendes Fazit, daß der Europarat eine große Chance zukunftsweisender völkervertraglicher Rechtsetzung verpaßt hat. Allerdings ist auch einzuräumen, daß der Anfang der neunziger Jahre noch vorherrschende Trend zu einer effektiven völkerrechtlichen Absicherung der Stellung nationaler Minderheiten in letzter Zeit sehr viel von seinem Schwung verloren hat; insofern spiegelt das Rahmenübereinkommen nur den gewandelten Zeitgeist wider. Zu hoffen bleibt zum einen, daß dieser Vertrag, der ungeachtet seiner Mängel immer noch »besser als nichts« ist, möglichst schnell und von möglichst vielen Staaten ratifiziert wird, und zum anderen, daß sich das vorgesehene Berichtssystem als ein effizienter Mechanismus zur Information der öffentlichen Meinung in Europa erweisen wird. Die rechtlichen Voraussetzungen hierfür sind jedenfalls geschaffen: Am 17. September 1997 verabschiedete der Ministerrat des Europarates seine Resolution 97 (10), in der er unter anderem Aufgaben und Wahl des ihn bei der Wertung der periodischen Staatenberichte unterstützenden Beratenden Ausschusses festlegte. Nachdem dessen Mitglieder im Februar 1998 gewählt worden waren, hat er im Sommer 1998 seine Arbeit aufgenommen und, neben seiner Verfahrensordnung, auch Richtlinien für den Inhalt der Staatenberichte erarbeitet, die der Ministerrat am 30. September 1998 billigte. Viel wird nun von der Qualität der Arbeit dieses Gremiums unabhängiger Experten abhängen.

Schließlich ist noch kurz auf die *Europäische Charta der Regional- oder Minderheitensprachen* des Europarates vom 5. November 1992 hinzuweisen, die am 1. März 1998 in Kraft trat.[24] Von den anderen hier erwähnten Instrumenten unterscheidet sie sich in zweierlei Hinsicht: zum einen in ihrem beschränkten, nämlich nur sprachenrechtlichen Regelungsbereich und zum anderen in ihrer Struktur, die ihren Mitgliedstaaten einen ganz ungewöhnlich großen Spielraum bei der innerstaatlichen Umsetzung der vertraglichen Pflichten eröffnet. Die in fünf Teile (Allgemeine Bestimmungen, Ziele und Grundsätze, Maßnahmen zur Förderung der Benutzung von Regional- oder Minderheitensprachen im öffentlichen Leben, Anwendung der Charta und Schlußbestimmungen) gegliederte Charta beruht nämlich auf dem Prinzip, daß die Mitgliedstaaten aus den im III. Teil genannten Maßnahmen diejenigen auswählen können, die sie zur Förderung der im jeweiligen Staat gesprochenen Regional- oder Minderheitensprachen als geeignet erachten.

Dabei unterliegen die Mitgliedstaaten keiner Rechtspflicht, alle auf ihrem Territorium gesprochenen Regional- oder Minderheitensprachen in den Genuß der von der Charta genannten Förderungsmaßnahmen kommen zu lassen; zum anderen steht ihnen selbst hinsichtlich derjenigen Regional- oder Minderheitensprachen, zu deren Förderung sie sich rechtlich verpflichtet haben, ein erhebliches Ermessen zu, welche Förderungsmaßnahmen sie ergreifen wollen. Diese Regelung, die offenkundig möglichst vielen Mitgliedstaaten des Europarates die Ratifikation der Charta »schmackhaft« machen soll, wird naturgemäß dazu führen, daß das sprachenrechtliche Bild der künftigen Mitgliedstaaten der Charta einem wahren Flikkenteppich gleichen wird. Dies mag damit begründet werden, daß nur so den unterschiedlichen geschichtlichen, rechtlichen und tatsächlichen Gegebenheiten in Europa angemessen Rechnung getragen werden könne – der (möglicherweise auch nicht gewollten) Funktion der Charta als Verkörperung eines sprachenrechtlichen Mindeststandards in Europa ist dieses Konzept allerdings wahrlich nicht förderlich. Hinzu kommt noch der Umstand, daß die Charta keine unmittelbar verbindlichen Rechte der Sprecher von Regional- oder Minderheitensprachen enthält, sondern nur völkerrechtliche Verpflichtungen der Staaten, bestimmte Politiken zu verfolgen und sich für einige Förderungsmaßnahmen zu entscheiden. Gerade dieser Charakter eines »pick and choose« kann dazu führen, daß einige Staaten sich zur Umsetzung weniger wichtiger – um nicht zu sagen kosmetischer – Maßnahmen verpflichten könnten, ohne sich dem Vorwurf aussetzen zu müssen, ihre Bindungen aus ihrer Mitgliedschaft in der Charta nicht zu erfüllen.

Insgesamt haben sich die zu Anfang der neunziger Jahre vielerorts gehegten Erwartungen und Hoffnungen nicht erfüllt, innerhalb kurzer Zeit den Schutz nationaler Minderheiten in Europa auf eine inhaltlich umfassende, rechtlich verbindliche und auch international durchsetzbare völkervertragliche Grundlage zu stellen. Andererseits darf nicht übersehen werden, daß Fortentwicklungen des Völkerrechtes üblicherweise einen längeren Prozeß erfordern; insofern bleibt zu hoffen, daß Rahmenübereinkommen wie Sprachencharta nur erste Etappen eines längeren Weges und nicht sein Ende sind.

Auch die Situation im bilateralen Völkervertragsrecht der Jahre 1945 bis 1989 war von einem fast völligen Fehlen zwischenstaatlicher Verträge bzw. Bestimmungen zum Schutz nationaler Minderheiten gekennzeichnet. In diesem Bereich ist seit 1989 ebenfalls ein deutlicher Wandel eingetreten, der sich geographisch allerdings auf Mittel- und Osteuropa beschränkt und von den Bemühungen vor allem Deutschlands, Polens, Ungarns sowie nach dem Zerfall der Sowjetunion auch Rußlands getragen wurde, den Schutz der auf dem Territorium der jeweiligen Vertragspartner lebenden nationalen Minderheiten durch bilaterale völkervertragliche Regelungen abzusichern. So bestehen seit 1990 zwischen Deutschland und der damaligen Sowjetunion und – nach deren Zerfall – mit einigen ihrer Nachfolgestaaten sowie seit 1992 mit Polen, der damaligen Tschechoslowakei – nach deren Auflösung mit ihren Nachfolgestaaten – sowie mit Ungarn und Rumänien Verträge mit Bestimmungen zum Schutz der jeweiligen Minderheiten.[25] Ein vergleichbares Vertragswerk hat auch Polen geschaffen, wobei in tatsächlicher Hinsicht die Abkommen mit Deutschland, Litauen, der Tschechischen Republik, der Ukraine und Weißrußland von größerer Bedeutung sind.[26] Hinsichtlich Rußlands ist insbesondere auf die im Jahre 1992 mit den vier mittelasiatischen Republiken Kasachstan, Kirgistan, Turkmenistan und Usbekistan geschlossenen Verträge hinzuweisen.[27]

Gemeinsames Charakteristikum der einschlägigen minderheitenrechtlichen Bestimmungen all dieser Verträge, die als Grundlage für die künftigen freundschaftlichen und gut-nachbarschaftlichen Beziehungen zwischen den Vertragspartnern konzipiert sind, ist der Umstand, daß in ihnen die rechtlich an sich unverbindlichen Minderheitenschutzbestimmungen des erwähnten Kopenhagener KSZE-Dokumentes entweder zur Gänze oder zum Teil für die bilateralen Beziehungen der Vertragsparteien zu verbindlichem Völkervertragsrecht erklärt werden.

Wegen der durch die rechtliche und tatsächliche Lage der jeweiligen ungarischen Minderheit gespannten politischen Beziehungen waren die entsprechenden Verträge, die Ungarn mit Rumänien und der Slowakei[28] geschlossen hat, in ihrer Entstehung sehr viel schwieriger. Letztlich dürfte ihr Abschluß in hohem Maße auf den Druck zurückzuführen sein, der auf die drei Staaten im Rahmen des Prozesses des erwähnten »Stabilitätspaktes für Europa« und im Hinblick auf ihre angestrebte Mitgliedschaft in NATO und EU ausgeübt wurde. Beide häufig als Grundlagen-Verträge bezeichneten Instrumente, der ungarisch-slowakische Vertrag vom 19. März 1995 wie der ungarisch-rumänische Vertrag vom 16. September 1996, enthalten Bestimmungen, die angesichts der tatsächlichen Lage insbesondere für die ungarischen Minderheiten in Siebenbürgen bzw. der Südslowakei von Bedeutung sein dürften. So werden nicht nur die politischen Verpflichtungen des Kopenhagener KSZE-Dokumentes, sondern auch die der erwähnten UN-Deklaration 47/135 und vor allem die inhaltlich sehr weitgehenden Bestimmungen der gleichfalls beschriebenen Empfehlung 1201 der Parlamentarischen Versammlung des Europarates zu rechtlichen Verpflichtungen erklärt. Höchst umstritten war hinsichtlich beider Verträge, ob sich aus der Empfehlung 1201 eine Anerkennung kollektiver Rechte für Minderheiten bis hin zu einer Autonomie auf ethnischer Grundlage ergebe, was vor allem von Ungarn so gesehen wurde. Im Fall des ungarisch-slowakischen Vertrages wurde dieser Dissens durch Stellungnahmen der slowakischen Regierung und des slowakischen Parlamentes deutlich, wonach die Slowakei einer Auslegung der Empfehlung 1201 in diesem Sinne stets entgegengetreten sei. Im ungarisch-rumänischen Vertrag ist das Problem durch eine Fußnote zur im Anhang aufgeführten Empfehlung 1201 dahin gelöst worden, daß dort die Vertragsparteien ihre Einigkeit bekunden, die Empfehlung 1201 beziehe sich nicht auf kollektive Rechte und verpflichte die Vertragsparteien nicht, Angehörigen der jeweiligen Minderheiten ein Recht auf Autonomie auf ethnischer Grundlage zu gewähren. Viel unproblematischer war, daß sich die Parteien beider Verträge dazu verpflichteten, auf die auf ihrem Staatsgebiet lebenden Angehörigen nationaler Minderheiten mindestens die Bestimmungen des oben dargestellten Rahmenübereinkommens des Europarates anzuwenden. Ansonsten garantieren beide Verträge den begünstigten Personen ausdrücklich das Recht, ihre Sprache und Kultur zu pflegen, und verpflichten die Parteien, die Bedingungen dafür zu schaffen, daß die jeweilige Muttersprache auch bei Behörden und – in gewissem Umfang – Gerichten benutzt werden kann; schließlich sollen auch Schulunterricht und sonstige Ausbildung in der Muttersprache möglich sein.

Beide Verträge bieten eine ausreichende rechtliche Grundlage für einen zufriedenstellenden Schutz der eigenständigen Identität der betroffenen nationalen Minderheiten. Dennoch zeigt sich an der aktuellen Entwicklung, wie sehr die tatsächliche Bedeutung solcher völkerrechtlichen Verträge vom guten Willen der Parteien abhängt: Während – zumal nach dem Regierungswechsel in Rumänien – die ungarisch-rumänischen Beziehungen, gerade auch im Hinblick auf die Stellung der ungarischen Minderheit, als deutlich entspannt und geradezu konstruktiv bezeichnet werden können, ist es im ungarisch-slowakischen Verhältnis – verstärkt durch einige umstrittene slowakische Gesetze wie namentlich das über die Staatssprache – zu einer erheblichen Verschlechterung der bilateralen Beziehungen gekommen. Aber auch hier führte der Regierungswechsel in der Slowakei 1998 zu einer grundlegenden Verbesserung.

Am 2. Juni 1997 wurde der rumänisch-ukrainische Nachbarschaftsvertrag unterzeichnet, der in seinen minderheitenrechtlichen Bestimmungen weitestgehend dem Vorbild der beiden vorgenannten Verträge entspricht: Auch hier werden – in seinem Art. 13 – die politischen Verpflichtungen des Kopenhagener KSZE-Dokumentes und der UN-Deklaration 47/135 sowie der Inhalt der Empfehlung 1201 für rechtlich verbindlich erklärt. Interessant ist, daß in Art. 13 Abs. 1 dieses Vertrages ausdrücklich bestimmt ist, daß sich diese Empfehlung nicht auf kollektive Rechte bezieht und die Vertragsparteien nicht verpflichtet, Angehörigen der jeweiligen Minderheiten ein Recht auf Autonomie auf ethnischer Grundlage zu gewähren.

Die Ausgestaltung der nationalen Rechtsordnungen hinsichtlich der Stellung nationaler Minderheiten zeichnet sich durch ganz erhebliche Unterschiede aus, welche ihrerseits die bestehenden demographischen, historischen, ökonomischen, politischen und sozialen Unterschiede widerspiegeln.[29] Mit Ausnahme Frankreichs, Griechenlands und der Türkei kennen alle betroffenen Rechtsordnungen eine verfassungsrechtliche Absicherung der grundlegenden Minderheitenrechte. Hinsichtlich Bulgariens, Jugoslawiens bzw. Serbiens und Kroatiens wird jedoch zutreffend auf die sich aus den dortigen Verfassungen selbst und der einschlägigen Praxis ergebenden Einschränkungen dieser von den Verfassungen vorgesehenen Rechte hingewiesen.

Von erheblichem rechtsvergleichenden Interesse ist ferner die Feststellung, daß die ganz große Mehrheit der europäischen Rechtsordnungen die Gewährung von Minderheitenrechte auf Staatsangehörige beschränkt; dies bedeutet, daß Ausländer, also vor allem Flüchtlinge und Zuwanderer, grundsätzlich auch dann nicht als Angehörige von nationalen Minderheiten im Sinne der jeweiligen innerstaatlichen Rechtsordnungen angesehen werden, wenn sie schon seit längerer Zeit in ihrem jeweiligen Aufenthaltsstaat leben. Als im Wege der Rechtsvergleichung ermittelter gemeineuropäischer Mindeststandard des Minderheitenrechtes werden folgende Rechte genannt:

- Recht auf Zugehörigkeit zu einer nationalen Minderheit, das jedenfalls in erster Linie auf der freien Entscheidung der betroffenen Person beruhen muß und aus der dieser auch keine Nachteile erwachsen dürfen;

- Recht auf Wahrung und Entwicklung der eigenständigen Identität der jeweiligen nationalen Minderheit, das heißt insbesondere ein Verbot jeglicher auf Zwang beruhenden Assimilationspolitik;
- Recht auf Freiheit von diskriminierenden Maßnahmen (allgemeines und spezielles Diskriminierungsverbot), wobei ein Anspruch auf staatliche Maßnahmen positiver Diskriminierung zugunsten der Angehörigen nationaler Minderheiten nicht zum europäischen Mindeststandard gehört;
- Recht auf freien Gebrauch der Sprache im privaten wie öffentlichen Bereich, wobei sich ein europäischer Mindeststandard hinsichtlich der Frage, ob und gegebenenfalls in welchem Umfang dieses Recht auch einen uneingeschränkten Anspruch auf Gebrauch der Minderheitensprache im behördlichen und gerichtlichen Amtsverkehr einschließt, (noch) nicht feststellen läßt;[30]
- Recht auf Erlernen der Muttersprache, wobei sich ein europäischer Mindeststandard hinsichtlich der Frage, ob und gegebenenfalls in welchem Umfang sich hieraus ein Anspruch auf Unterricht in der Muttersprache oder (nur) der Muttersprache ergibt, (noch) nicht feststellen läßt;[31]
- Recht auf freie Gründung von Organisationen nationaler Minderheiten, insbesondere für erzieherische, kulturelle und soziale – nicht jedoch auch unbedingt für politische – Zwecke;
- Recht auf grundsätzlich uneingeschränkte, grenzüberschreitende Kontakte einschließlich des Rechtes, frei Informationen zu empfangen und zu verbreiten, was jedenfalls prinzipiell einen Anspruch auf Zugang zu Massenmedien einschließt;
- Recht auf grundsätzliche Beteiligung am politischen Entscheidungsprozeß über die Minderheiten besonders betreffenden Fragen, wobei sich hinsichtlich von Art und Umfang der Verwirklichung dieses Rechtes (noch) kein Mindeststandard ermitteln läßt.[32]

Hinzuweisen ist schließlich noch auf den Umstand, daß sich das in einigen westeuropäischen Staaten mit »kompakt« siedelnden Minderheiten bewährte Modell der Einräumung unterschiedlicher Formen territorialer Autonomie in den ehemals sozialistischen Staaten, sofern diese keine entsprechenden Traditionen haben, kaum oder gar nicht durchgesetzt hat. Diese Staaten beschränken sich vielmehr – wie zu Recht diejenigen Staaten, in denen Minderheiten »zerstreut« siedeln – ganz überwiegend auf die Einräumung strikt personenbezogener Minderheitenrechte.[33]

Insgesamt läßt sich hinsichtlich der rechtlichen Dimension der Minderheitenfrage in Europa im Wege der Rechtsvergleichung ein Mindeststandard feststellen, der grundsätzlich – insbesondere im Bereich des Sprachenrechtes und des Erziehungs- und Bildungswesens – auch weiter geht als die Gewährungen des universellen und des sich jetzt abzeichnenden europäischen Völkervertragsrechtes. Andererseits bietet sich hinsichtlich der Ausgestaltung der zumeist auf einfachgesetzlicher Ebene gewährten Rechte, die über diesen Mindeststandard hinausgehen, kein so einheitliches Bild, das es erlaubte, von einem klaren minderheitenrechtlichen Trend in Europa zu sprechen. Dies ist im Hinblick auf die grundlegende Heterogenität der Minderheitensituationen in den europäischen Staaten auch nicht überraschend.

Ein weiteres »klassisches« Problem des internationalen wie nationalen Minderheitenrechtes stellt die Frage nach dem Träger der insoweit garantierten Rechte dar: Individuum oder Gruppe. Entsprechende Untersuchungen[34] haben gezeigt, daß derzeit – anders als namentlich in der Zwischenkriegszeit – mit wenigen Ausnahmen wie z. B. in Slowenien und Ungarn Minderheitenrechte durchgängig als Individual- und nicht als Gruppenrechte verfaßt sind. Dieser Einschätzung steht auch nicht der Umstand entgegen, daß eine »gemeinsame Ausübung« des fraglichen Minderheitenrechtes durch mehrere oder alle einer bestimmten Minderheit angehörigen Personen durchaus anerkannt wird; solche kollektive Ausübung wandelt das jeweilige Individualrecht jedoch nicht zum kollektiven Recht. Andererseits wird an dieser derzeit herrschenden Auffassung und Praxis zunehmend Kritik geübt.[35] Sie beruht in erster Linie darauf, daß zwischen den klassischen, als Individualrechte konzipierten Menschenrechten und den Minderheitenrechten ein grundlegender Unterschied bestehe: Während der einzelne allein wegen seines Menschseins Träger der Menschenrechte und auf ihren Schutz als Individuum angewiesen sei, sei der einzelne Träger der Minderheitenrechte und auf ihren Schutz angewiesen, weil er einer bestimmten Gruppe angehöre. Daher hätten alle spezifischen Minderheitenrechte notwendig einen Gruppen-Charakter und sollten als eine besondere Kategorie zwischen den Individual- und den Gruppenrechten angesehen werden.

4. Minderheiten und das Recht auf Selbstbestimmung

Eines der umstrittensten Probleme – vor allem auch wegen seiner politischen Implikationen – des internationalen Minderheitenrechtes betrifft die Frage, ob und inwieweit Minderheiten ein Recht auf Selbstbestimmung zusteht. Da das Recht auf Selbstbestimmung auch das Recht auf Sezession, das heißt auf Abspaltung eines Teiles des Territoriums eines Staates mit der Folge der Neugründung eines Staates auf diesem abgespaltenen Gebiet oder dessen Angliederung an einen anderen Staat, umfaßt oder jedenfalls umfassen kann, liegen hier potentiell erhebliche Gefahren für die politische Stabilität einer Region.

Rechtshistorisch[36] sind die Konzepte des völkerrechtlichen Minderheitenschutzes und des Rechtes auf Selbstbestimmung im gleichen Zeitraum, nämlich vor und während des Ersten Weltkrieges, entstanden und waren seinerzeit auch eng miteinander verbunden: Das Selbstbestimmungsrecht sollte in erster Linie eine rechtliche Grundlage bilden für das politische Ziel der »nationalen Minderheiten« der damaligen Vielvölkerstaaten, nämlich Österreich-Ungarns, Rußlands und des Osmanischen Reiches, eigene Staaten zu gründen bzw. erhebliche Grenzänderungen zu rechtfertigen. Erst als sich in den Verhandlungen über die *Pariser Vorortverträge* herausstellte, daß eine durchgehende Verwirklichung des Selbstbestimmungsrechtes aller »nationalen Minderheiten« entweder aus politischen oder aus demographischen Gründen unmöglich war, kam es zur eigentlichen Trennung von völkerrechtlichem Minderheitenschutz und Selbstbestimmungsrecht. Hieran hat sich bis heute nichts Wesentliches geändert.

Nach geltendem Völkerrecht können Minderheiten als solche nicht Träger des Selbstbestimmungsrechtes – und damit auch nicht eines möglichen Rechtes auf Sezession – sein: Träger dieses Rechtes sind *Völker*, aber nicht *Minderheiten*.[37] Daher kann und darf sich der völkerrechtliche Minderheitenschutz auch nicht mit dem Selbstbestimmungsrecht beschäftigen, sondern besteht aus Normen, welche auf die Wahrung und Förderung der eigenständigen Identität von Minderheiten zielen und die entsprechenden staatlichen Verpflichtungen enthalten. Wie erwähnt, umfaßt das internationale Minderheitenrecht nicht einmal einen Anspruch kompakt siedelnder Minderheiten auf Einräumung territorialer Autonomie.

Auch wenn das gegenwärtige Völkerrecht immer noch keine allseits akzeptierte Definition des Begriffes »Volk« (als Träger des Selbstbestimmungsrechtes) hervorgebracht hat, ist zu betonen, daß die gängigen Vorschläge einander sehr ähneln[38]: Der wesentliche Unterschied dürfte darin bestehen, daß ein »Volk« jedenfalls in einem räumlich abgrenzbaren Gebiet die numerische Mehrheit darstellen muß. Dies bedeutet zwangsläufig, daß eine Vielzahl von Minderheiten auch in Europa zu Recht geltend machen kann, ein Volk und damit auch Träger des Selbstbestimmungsrechtes zu sein. Das gegenwärtige Völkerrecht erkennt dieses Recht – jedenfalls außerhalb des Kontextes des Dekolonisierungsprozesses – nur in seinem »inneren« Aspekt an, das heißt in der Rechtsfigur der *internen Selbstbestimmung*[39]; diese gibt den betroffenen Völkern bzw. den ein Volk darstellenden Minderheiten nur das Recht auf Wahrung und Förderung ihrer eigenständigen Identität. Solange also ein Staat, das heißt die in der Regel von der Mehrheitsbevölkerung gestellte Regierung, eine ein Volk darstellende Minderheit in Einklang mit seiner völkerrechtlichen Pflicht zu Wahrung und Förderung der eigenständigen Identität dieser Minderheit behandelt, erlaubt das geltende Völkerrecht dieser Minderheit nicht, ihr Recht auf Selbstbestimmung »offensiv« auszuüben, also nach einer Sezession zu streben. Diese Konstruktion wird überwiegend damit gerechtfertigt, daß sie den notwendigen Ausgleich zwischen dem Recht eines jeden Volkes auf Selbstbestimmung einerseits und dem Recht eines jeden Staates auf territoriale Unversehrtheit andererseits schafft. Offenkundig hat dies zur Folge, daß diejenigen ein Volk darstellenden Minderheiten, die – häufig aus eher zufälligen historischen Gründen – keinen »eigenen« Staat gebildet haben, dies aus völkerrechtlicher Sicht heute nicht (mehr) tun können. Selbstverständlich schließt dies nicht die Möglichkeit des Bestehens von Bestimmungen des (nationalen) Verfassungsrechtes, die ein Recht auf Sezession – gegebenenfalls nur unter bestimmten Voraussetzungen – einräumen, oder der einvernehmlich erfolgenden Auflösung eines Vielvölkerstaates aus, wie die Auflösungen der Sowjetunion und der Tschechoslowakei zeigen.

Nach wohl schon herrschender – oder jedenfalls deutlich im Vordringen befindlicher – Auffassung gestattet das geltende Völkerrecht einer ein Volk darstellenden Minderheit, ihr Recht auf Selbstbestimmung *ausnahmsweise* »offensiv«, also mit dem Ziel einer Sezession, auszuüben, wenn sie von der jeweiligen Regierung durch Maßnahmen verfolgt wird, die umfassende, andauernde und schwerwiegende Verletzungen der grundlegenden Menschenrechte – wie etwa willkürliche Massentötungen – oder genozidartige Handlungen – wie ethnische Säuberungen – darstellen. Als völkerrechtliche Grundlage dieses »Notrechtes« auf *externe Selbstbestimmung*[40] werden zutreffend die einschlägigen Formulierungen der so wichtigen *Friendly Relations Declaration* der Generalversammlung der Vereinten Nationen aus dem Jahre 1970 (Resolution 2625/XXV) genannt: In Abs. 6 ihres das Selbstbestimmungsrecht betreffenden Prinzips heißt es zunächst, daß nichts in der Deklaration als Erlaubnis oder Ermunterung zu Handlungen aufgefaßt werden dürfe, welche die territoriale Unversehrtheit eines souveränen Staates beseitigten oder beeinträchtigten. Im Anschluß hieran wird jedoch gesagt, daß diese Einschränkung des Selbstbestimmungsrechtes nur dann zu beachten ist, wenn die jeweilige Regierung eines Staates bereit ist, das Recht auf Selbstbestimmung zu beachten und zugleich die gesamte Bevölkerung des von ihr regierten Territoriums – ohne Diskriminierung hinsichtlich Rasse, Religion oder Hautfarbe – repräsentiert. Regierungspolitiken wie die oben beschriebenen, d. h. willkürliche Massentötungen von Personen, die einer ein Volk darstellenden Minderheit angehören, oder gegen diese gerichtete genozidartige Handlungen, werden als »Diskriminierung« im Sinne der Deklaration verstanden.

5. Schlußbemerkung

Europa ist gekennzeichnet von dem geschichtlich bedingten Umstand, daß es nur sehr wenige Staaten gibt, die in ethnischer, kultureller, linguistischer oder religiöser Sicht wirklich als homogen zu bezeichnen sind. Die jüngste Geschichte hat gezeigt, daß hierin ganz unbestreitbar ein erhebliches Destabilisierungspotential für die Friedensordnung in den betroffenen Staaten und ganz Europa liegt. Dies bedeutet, daß man entweder den betroffenen Minderheiten die politische wie rechtliche Garantie geben muß, ihre eigenständige Identität wahren und entwickeln zu können, oder man muß – was nach sicherlich allgemeiner Auffassung ein eklatanter Verstoß gegen die grundlegenden Prinzipien des geltenden Völkerrechts wäre – mit den Mitteln einer erzwungenen Assimilation bis hin zu »ethnischen Säuberungen« homogene, »minderheitenfreie« Staaten schaffen. Letzteres wäre aber nicht nur völkerrechtswidrig, sondern auch in sicherheitspolitischer Sicht äußerst unklug: Gerade die jüngeren Entwicklungen in den ehemals sozialistischen Staaten Europas haben in bemerkenswerter Weise die Wahrheit des Wortes vom »langen historischen Gedächtnis der Völker« bestätigt; wählte man den Weg der erzwungenen Assimilation von Minderheiten, wäre es wohl politisch unausweichlich und auch völkerrechtlich zulässig, daß die hiervon betroffenen Minderheiten versuchten, ihre eigenständige Identität durch Ausübung ihres Rechtes auf interne – und in

Extremfällen auch externe – Selbstbestimmung zu sichern. Dies müßte zu einer noch größeren Destabilisierung der internationalen Ordnung führen. Dagegen bietet eine auf einer entsprechenden völkerrechtlichen Grundlage beruhende Politik der Toleranz gegenüber Minderheiten, die Anerkennung ihrer eigenständigen Identität durch die Mehrheitsbevölkerung, erhebliche Chancen, die Loyalität der Angehörigen solcher Minderheiten gegenüber dem Staat zu wahren und zu stärken, in dem sie leben und der diese ihre eigenständige Identität schützt und fördert. Es ist eine gravierende historische wie politische Fehleinschätzung zu meinen, daß die Respektierung der Eigenständigkeit von Minderheiten zwangsläufig zu einer »Balkanisierung« der Staatengemeinschaft führen müsse. Vielmehr dürften so behandelte Minderheiten bereit sein, sich als loyale Bürger ihres Staates zu verstehen.

Betrachtet man die jüngste europäische Entwicklung, so ist sie von einem – vielleicht nur scheinbaren – Paradoxon gekennzeichnet: Auf der einen Seite gibt es die Renaissance des Nationalstaatsgedankens bei den Völkern, denen historisch die Verwirklichung eines Nationalstaates verwehrt wurde. Auf der anderen Seite sind aber gerade auch diese »neuen« Nationalstaaten ganz offenbar bereit, sich in inter- und vor allem auch supranationale Institutionen und Strukturen zu integrieren. Ohnehin spricht vieles dafür, daß die gegenwärtig bisweilen in der Tat besorgniserregende Renaissance des Nationalstaatsgedankens des 19. Jahrhunderts nur einen Übergang darstellt: Angesichts der unbestreitbaren Einsicht, daß die drängenden ökologischen, ökonomischen und sozialen Probleme der Gegenwart nur im Geiste regionaler wie globaler Kooperation gelöst werden können, kann es sich die Staatengemeinschaft immer weniger leisten, erhebliche Mengen an menschlichen und wirtschaftlichen Ressourcen für die Lösung von Problemen aufzubringen, die auf solch extremer nationalstaatlicher Politik beruhen. Um nicht mißverstanden zu werden: Die Überwindung des klassischen Nationalstaates mit all seinen nachteiligen Folgen und seine Ersetzung durch einen in die internationale Gemeinschaft integrierten Staat darf unter keinen Umständen zu einer Einebnung nationaler kultureller Identitäten führen; der geistige Reichtum Europas – und damit die Grundlage seines Überlebens als eigenständiger, bedeutender Faktor in der künftigen »globalisierten« Ordnung – beruht nicht zuletzt auf seiner ethnischen und kulturellen Vielfalt und dem damit verbundenen intellektuellen Potential, das die einzige Basis der künftigen wirtschaftlichen Prosperität dieses Kontinentes darstellt. Europa muß daher eine Ordnung entwickeln, in der die verschiedenen Völker und Minderheiten so harmonisch wie möglich zusammenleben und im gegenseitigen Interesse ein aus klar definierbaren, sich gegenseitig befruchtenden Einzelteilen bestehendes Ganzes bilden.

Weiterführende Literatur

Brölmann, Catherine, René Lefeber, und Marjoleine Zieck (Hrsg.): Peoples and Minorities in International Law, Dordrecht 1993.

Brubaker, Rogers: Nationalism Reframed. Nationhood and the National Question in the New Europe, Cambridge 1996.
Brunner, Georg: Nationalitätenprobleme und Minderheitenkonflikte in Osteuropa, Gütersloh 1996.
Cassese, Antonio: Self-Determination of Peoples: A Legal Reappraisal, Cambridge 1995.
Dinstein, Yoram, und Mala Tabory (Hrsg.): The Protection of Minorities and Human Rights, Dordrecht 1992.
Doehring, Karl: Self-Determination, in: Simma, Bruno (Hrsg.): The Charter of the United Nations. A Commentary, Oxford 1994, S. 56–72.
Frowein, Jochen Abr., Rainer Hofmann, und Stefan Oeter (Hrsg.): Das Minderheitenrecht europäischer Staaten. Teil 1, Berlin 1993, und Teil 2, Berlin 1994.
Hannum, Hurst: Documents on Autonomy and Minority Rights, Dordrecht 1993.
Heintze, Hans-Joachim: Selbstbestimmungsrecht und Minderheitenrechte im Völkerrecht, Baden-Baden 1994.
Heintze, Hans-Joachim (Hrsg.): Selbstbestimmungsrecht der Völker – Herausforderung der Staatenwelt, Bonn 1997.
Hofmann, Rainer: Minderheitenschutz in Europa. Völker- und staatsrechtliche Lage im Überblick, Berlin 1995.
Kimminich, Otto: Rechtsprobleme der polyethnischen Staatsorganisation, Mainz 1989.
Kymlicka, Will: Multicultural Citizenship. A Liberal Theory of Minority Rights, Oxford 1995.
Mohr, Manfred (Hrsg.): Friedenssichernde Aspekte des Minderheitenschutzes in der Ära des Völkerbundes und der Vereinten Nationen in Europa, Berlin 1996.
Minderheitenkonflikte (Themenheft), Internationale Politik 10 (1997).
Minority Rights Group (Hrsg.): World Dictionary of Minorities, London 1997.
Niewerth, Johannes: Der kollektive und der positive Schutz von Minderheiten und ihre Durchsetzung im Völkerrecht, Berlin 1996.
Tomuschat, Christian (Hrsg.): Modern Law of Self-Determination, Dordrecht 1993.

Anmerkungen

1 Vgl. zum folgenden Thornberry, Patrick: International Law and the Rights of Minorities, Oxford 1991, S. 158 ff.
2 Vgl. Anm. 6.
3 Für detaillierte Übersichten vgl. Minority Rights Group (Hrsg.): World Dictionary of Minorities, London 1997; vgl. auch Brunner, Georg: Nationalitätenprobleme und Minderheitenkonflikte in Osteuropa, Gütersloh 1996, der schätzt, daß im Jahre 1995 von den insgesamt 410 Millionen Einwohnern Osteuropas etwa ein Fünftel einer Minderheit angehörten (S. 62).
4 Vgl. zum folgenden Bloed, Arie: Die OSZE und nationale Minderheiten: Eine neue Herangehensweise, in: Mohr, Manfred (Hrsg.): Friedenssichernde Aspekte des Minderheitenschutzes in der Ära des Völkerbundes und der Vereinten Nationen in Europa, Berlin 1996, S. 153–165, und Hofmann, Rainer: Minderheitenschutz in Europa. Völker- und staatsrechtliche Lage im Überblick, Berlin 1995, S. 34 ff.

5 Insbesondere in Estland und Lettland, betreffend die dortigen russischen Minderheiten; zugunsten der ungarischen Minderheiten in der Slowakei und Rumänien; der griechischen Minderheit in Albanien; der albanischen Minderheit in Makedonien; der russischen Minderheit in der Ukraine (vor allem auf der Krim); der gagausischen und russischen Minderheiten in Moldawien sowie der minderheitenrechtlichen Lage in Kroatien, namentlich Ost-Slawonien.
6 Vgl. hierzu Hofmann, Rainer: Die Rolle des Europarats beim Minderheitenschutz, in: Mohr (Anm. 4), S. 111–147 (hier S. 146), sowie die Wiener Erklärung der Staats- und Regierungschefs des Europarates vom 9. Oktober 1993, Bulletin der Bundesregierung 1993, S. 1021 ff.; und der Aktionsplan des Europarates zur Stärkung demokratischer Stabilität in den Mitgliedstaaten vom 11. Oktober 1997, abgedruckt u. a. in Europäische Grundrechte Zeitschrift 24 (1997), S. 524–525.
7 Schließlich ist noch auf die umfassende beratende Tätigkeit vieler Gremien des Europarates hinzuweisen, die häufig eine Verbesserung und Sicherung der Rechte der Angehörigen nationaler Minderheiten miteinbezieht. Vgl. Drzemczewski, Andrew: The Council of Europe's Co-operation and Assistance Programmes with Central and Eastern European Countries in the Human Rights Field, in: Human Rights Law Journal 14 (1993), S. 229–248.
8 Bulletin der Bundesregierung 1991, S. 1173 f.
9 Vgl. hierzu Mik, Cezary: Minderheitenschutz im europäischen Recht, in: Mohr (Anm. 4), S. 171–191 (hier S. 183 ff.)
10 Vgl. Benoît-Rohmer, Florence: Le pacte de stabilité: la première action »diplomatique« commune d'envergure de l'Union européenne, in: Revue Trimestrielle de Droit Européen 30 (1994), S. 561–577 (hier S. 573 ff.).
11 Bulletin der Europäischen Union, Beilage 5 (1997), S. 45 f.
12 Anm. 11, S. 46.
13 Ebd.
14 Vgl. hierzu Klein, Eckart: Überlegungen zum Schutz von Minderheiten und Volksgruppen im Rahmen der Europäischen Union, in: Beyerlin, Ulrich, Michael Bothe, Rainer Hofmann und Ernst-Ulrich Petersmann (Hrsg.): Recht zwischen Umbruch und Bewahrung. Festschrift für Rudolf Bernhardt, Berlin 1995, S. 1211–1224.
15 Vgl. hierzu Hofmann (Anm. 4), S. 17 ff.; und Thornberry (Anm. 1), S. 38 ff.
16 Minority Schools in Albania (1935), PCIJ Series A/B, No. 64, S. 17.
17 Vgl. Thornberry (Anm. 1), S. 44 ff.; und Weber, Hermann: Der Minderheitenschutz des Völkerbundes, in: Mohr (Anm. 4), S. 3–18.
18 Vgl. Hofmann (Anm. 4), S. 19; und Thornberry (Anm. 1), S. 119 ff.
19 Vgl. hierzu Alfredsson, Gudmundur, und Alfred de Zayas: Minority Rights: Protection by the United Nations, in: Human Rights Law Journal 14 (1993), S. 1–9; Bokatola, Isse Omanga: L'organisation des Nations Unies et la protection des minorités, Brüssel 1992, S. 195 ff.; Hofmann (Anm. 4), S. 20 ff.; Nowak, Manfred: CCPR – Commentary, Kehl am Rhein 1993, S. 480–505; Thornberry (Anm. 1), S. 141 ff.; und Tomuschat, Christian: Protection of Minorities under Article 27 of the International Covenant on Civil and Political Rights, in: Bernhardt, Rudolf, Wilhelm Karl Geck, Günther Jaenicke und Helmut Steinberger (Hrsg.): Völkerrecht als Rechtsordnung. Festschrift für Hermann Mosler, Berlin 1983, S. 949–979.
20 Vgl. hierzu Hofmann (Anm. 4), S. 23 ff.; und Thornberry, Patrick: The UN Declaration: Background, Analysis and Observations, in: Phillips, Alan, Allan Rosas (Hrsg.): The UN Minority Rights Declaration, Turku 1993, S. 1–71.
21 Vgl. hierzu Hillgruber, Christian, und Matthias Jestaedt: Die Europäische Menschenrechtskonvention und der Schutz nationaler Minderheiten, Berlin 1993.
22 Vgl. zum folgenden statt aller Hofmann (Anm. 4), S. 38 ff.

23 Ursprüngliche Mitgliedstaaten waren: Dänemark, Deutschland, Estland, Finnland, Italien, Kroatien, Makedonien, Moldawien, Rumänien, Slowakei, Spanien, Ungarn und Zypern. Seither sind folgende Staaten hinzugekommen: Liechtenstein, Malta, Österreich, Rußland, San Marino, Schweiz, Slowenien, Tschechien, Ukraine, Vereinigtes Königreich und – als erster Nicht-Mitgliedstaat des Europarates – Armenien. Vgl. hierzu Hofmann (Anm. 6), S. 130 ff.
24 Ursprüngliche Mitgliedstaaten waren: Finnland, Kroatien, Niederlande, Norwegen und Ungarn. Seither sind hinzugekommen: Deutschland, Liechtenstein und Schweiz. Vgl. hierzu Hofmann (Anm. 4), S. 55 ff.
25 Vgl. hierzu Blumenwitz, Dieter: Minderheiten- und Volksgruppenrecht. Aktuelle Entwicklung, Bonn 1992, S. 77 ff.
26 Vgl. Barcz, Jan: Den Minderheitenschutz betreffende Klauseln in den neuen bilateralen Verträgen Polens mit den Nachbarstaaten, in: Mohr (Anm. 4), S. 281–314; Hošková, Mahulena: Die rechtliche Stellung der Minderheiten in Polen, in: Frowein, Jochen Abr., Rainer Hofmann und Stefan Oeter (Hrsg.): Das Minderheitenrecht europäischer Staaten. Teil 1, Berlin 1993, S. 258–306 (hier S. 266 ff.).
27 Vgl. hierzu Schmidt, Carmen: Der Minderheitenschutz in der Rußländischen Föderation, Ukraine und Republik Weißrußland, Bonn 1994, S. 26 ff.
28 Vgl. zu diesem Vertrag Driessen, Bart: A New Turn in Hungarian-Slovak Relations? An Overview of the Basic Treaty, in: International Journal on Minority and Group Rights 4 (1997), S. 1–40.
29 Vgl. hierzu rechtsvergleichende Untersuchungen, wie die Berichte in Frowein, Jochen Abr., Rainer Hofmann und Stefan Oeter (Hrsg.): Das Minderheitenrecht europäischer Staaten. Teil 1, Berlin 1993 und Teil 2 (1994); s. auch Hofmann (Anm. 4), S. 67 ff.
30 Vgl. hierzu Oellers-Frahm, Karin: Der Status der Minderheitensprachen vor Behörden und Gerichten, in: Frowein, Hofmann, Oeter (Anm. 29) Teil 2, S. 383–409.
31 Vgl. hierzu Marauhn, Thilo: Der Status von Minderheiten im Erziehungswesen und Medienrecht, in: Frowein, Hofmann, Oeter (Anm. 29) Teil 2, S. 410–450.
32 Vgl. hierzu Richter, Dagmar: Vereinigungsfreiheit und Parteienrecht, in: Frowein, Hofmann, Oeter (Anm. 29) Teil 2, S. 451–490.
33 Vgl. hierzu Oeter, Stefan: Minderheiten im institutionellen Staatsaufbau, in: Frowein, Hofmann, Oeter (Anm. 29) Teil 2, S. 492–521.
34 Vgl. Hofmann, Rainer: Minority Rights: Individual or Group Rights, in: German Yearbook of International Law 40 (1997), S. 356–382.
35 Vgl. auch Marko, Joseph: Autonomie und Integration, Wien 1995, S. 195 ff.; und Rousso-Lenoir, Fabienne: Minorités et droits de l'homme: L'Europe et son double, Brüssel 1994, S. 71 ff.
36 Vgl. hierzu statt aller Doehring, Karl: Self-Determination, in: Simma, Bruno (Hrsg.): The Charter of the United Nations. A Commentary, Oxford 1994, S. 56–76 (hier S. 58 ff.) und Oeter, Stefan: Selbstbestimmungsrecht im Wandel. Überlegungen zur Debatte um Selbstbestimmung, Sezessionsrecht und »vorzeitige« Anerkennung, in: Zeitschrift für ausländisches öffentliches Recht und Völkerrecht 52 (1992), S. 741–780 (hier S. 743 ff.).
37 Vgl. nur Mohr, Manfred: Abgrenzung von Selbstbestimmungsrecht und Minderheitenschutz, in: Heintze, Hans-Joachim (Hrsg.): Selbstbestimmungsrecht der Völker – Herausforderung der Staatenwelt, Bonn 1997, S. 122–141.
38 Vgl. nur Doehring (Anm. 36), S. 63 f. und Oeter (Anm. 36), S. 753 ff.
39 Vgl. Doehring (Anm. 36), S. 64 f.
40 Vgl. Doehring (Anm. 36), S. 65 ff. und Marauhn, Thilo: Anspruch auf Sezession ?, in: Heintze (Anm. 37), S. 105–121 (hier S. 111 f.).

Europa als Einwanderungsgebiet

STEFFEN ANGENENDT

Die europäischen Staaten[1] verstehen sich nicht als Einwanderungsländer – obwohl die meisten von ihnen schon seit Jahrzehnten erhebliche Zuwanderungen aufweisen und Migranten mittlerweile einen ökonomisch, politisch und gesellschaftlich bedeutsamen und immer noch wachsenden Bevölkerungsteil ausmachen. Diese Zunahme liegt an der demographischen Entwicklung der zugewanderten Bevölkerung, aber auch an den Neueinwanderungen, die alle Länder verzeichnen, weil sie entgegen ihrer offiziellen Rhetorik eine Einwanderungspolitik verfolgen: Bestimmten Migranten und Flüchtlingen gestatten sie die Zuwanderung, und zudem tolerieren sie die Anwesenheit von Personen, die ohne Erlaubnis ins Land gekommen sind.

Ein Grund hierfür ist, daß sich kein Staat der Einbindung in die Weltwirtschaft entziehen kann. Dies zwingt vor allem die ökonomisch hoch entwickelten Länder, Rahmenbedingungen für eine wettbewerbsfähige Produktion von Gütern und Dienstleistungen zu schaffen, unter anderem auch durch die Bereitschaft, der Nachfrage vieler Betriebe nach preiswerter Arbeitskraft entgegenzukommen und entsprechende Arbeitskräfte ins Land zu holen oder die Anwesenheit illegaler Arbeitskräfte zu tolerieren. Ebensowenig können die Staaten der Einbindung in die internationale Staatengemeinschaft entkommen, die Schutzstandards für Migranten und Flüchtlinge festgelegt hat und den einzelnen Staaten beispielsweise die Aufnahme politisch Verfolgter nahelegt. Schließlich können die Staaten sich nicht ihrer eigenen Geschichte entledigen, in der sich bestimmte Wanderungstraditionen herausgebildet haben, etwa die Zuwanderung aus früheren Kolonialgebieten oder die von ethnischen Volksangehörigen wie den deutschen Aussiedlern, die oft schon aus rechtlichen Gründen nicht einfach unterbrochen werden können.

Die von den europäischen Staaten faktisch betriebene Einwanderungspolitik ist jedoch keine Politik, die diese Bezeichnung verdient hätte: Eine umfassende Einwanderungspolitik müßte zum einen in klarer Form festlegen, wieviele Zuwanderer welcher Art für welchen Zeitraum aus ökonomischen, demographischen, humanitären oder sozialen Gründen in das betreffende Gebiet aufgenommen werden, und sie müßte auch ernsthaft versuchen, diese Vorgaben durchsetzen. Zum anderen hätte eine solche Einwanderungspolitik umfassende Integrationsmaßnahmen für diejenigen zu entwickeln und zu realisieren, die für einen längeren Zeitraum zuwandern. Der gegenwärtigen Einwanderungspolitik in den europäischen Staaten fehlt es an wesentlichen Elementen einer solchen umfassenden Politik: Sie ist in der Regel schlecht geplant, der Interessenausgleich zwischen den an Zuwanderung Interessierten und den von ihr nachteilig Betroffenen gelingt nicht, die Politik ist für alle Beteiligten zu wenig transparent. Zudem ist sie oft nicht über einen längeren Zeitraum stabil, weil kurzfristige politische Taktiken, etwa in Wahlkampfzeiten, für die politischen Entscheidungsträger wichtiger sind als die Entwicklung und konsequente Verfolgung einer rationalen Politik. Um entsprechende Wählerstimmen zu binden, geben sie häufig populistischen Parolen Raum, etwa der Forderung nach einer Reduzierung der Ausländerzahl oder einer Kürzung von Integrationshilfen.

Eine solche Politik bietet aber keine vernünftige Planungsgrundlage, weder für die an einer Beschäftigung von Zuwanderern interessierten Betriebe, noch für die mit den vielfältigen Problemen der Zuwandererintegration befaßten staatlichen und nichtstaatlichen Institutionen und Organisationen. Auch die Zuwanderungswilligen erhalten durch eine unklare Politik widersprüchliche Signale: Je weniger glaubhaft die Informationen über die Möglichkeiten und Beschränkungen einer Zuwanderung in das betreffende Land vermittelt werden, um so weniger rational fällt auch die Entscheidung der potentiellen Migranten aus. Schließlich fördert die faktisch betriebene Migrationspolitik auch nicht das Verständnis der einheimischen Bevölkerung für die Tatsache, daß offene, auf einen möglichst freien internationalen Kapital- und Güterverkehr angewiesene Gesellschaften wie die europäischen zwangsläufig zunehmende Einwanderung haben und zukünftig ethnisch heterogener werden, und daß die schwierige Aufgabe der Organisation eines friedlichen und fruchtbaren Zusammenlebens bewältigt werden muß, wenn sich nicht erheblicher sozialer Sprengstoff ansammeln soll.

Angesichts dieser Politik der einzelnen europäischen Staaten verwundert es nicht, daß die Migrationspolitik der Europäischen Union ähnliche Merkmale aufweist: Schließlich ist die EU trotz aller Entwicklungstendenzen zu einer überstaatlichen Einheit immer noch maßgeblich vom politischen Willen der Mitgliedstaaten bestimmt. So sind die intensiven Bemühungen insbesondere der Europäischen Kommission, Grundsätze für eine gemeinsame Migrationspolitik festzulegen und diesen Politikbereich in die regulären EU-Entscheidungsverfahren einzubinden, bislang wenig erfolgreich gewesen. Von einer umfassenden Einwanderungspolitik im oben umrissenen Sinn ist die EU noch weit entfernt. Dies aber ist höchst problematisch, da sich schon heute zeigt, daß sich die Herausforderungen durch internationale Wanderungsbewegungen auf der einzelstaatlichen Ebene nicht hinreichend bewältigen lassen, und daß darüber hinaus die nationale Problemlösungskapazität in dem Maße abnimmt, wie die Vernetzung der europäischen Staaten intensiviert wird: Grenzen werden durchlässiger oder lösen sich ganz auf, die Territorialgrenze als Handlungsort des Nationalstaates verliert an Bedeutung. Eine gemeinschaftliche Strategie in der Migrationspolitik, die nicht nur die EU-Staaten, sondern auch die nach dem Amsterdamer Gipfel benannten Beitrittskandidaten[2] und die mit noch keiner konkreten Beitrittsperspektive versehenen Staaten umfaßt, ist daher unverzichtbar.

1. Einwanderungen im gegenwärtigen Europa: Strukturen und Trends

Die europäischen Staaten sind in sehr unterschiedlicher Weise von Wanderungsbewegungen betroffen. Schon innerhalb der EU variiert der Anteil der zugewanderten Bevölkerung zwischen 1,3 Prozent in Spanien und 34,1 Prozent in Luxemburg. Ähnliche Unterschiede weist der Anteil der EU-Bürger an den ausländischen Beschäftigten auf, der beispielsweise in Österreich 13 Prozent, in Irland aber 74 Prozent und in Luxemburg sogar 90 Prozent beträgt.[3] Noch deutlicher sind die Unterschiede bezüglich des Umfanges und der Art der Wanderungsbewegungen zwischen den EU- und den anderen europäischen Staaten.

Das Wanderungsgeschehen in der Europäischen Union ist durch drei Entwicklungen gekennzeichnet. Erstens nimmt der Umfang der ausländischen Bevölkerung beständig zu, und zwar sowohl in absoluten Zahlen als auch hinsichtlich des Anteiles an der Gesamtbevölkerung. Von 1986 bis 1996 wuchs die Zahl der in der EU lebenden Ausländer um etwa 40 Prozent auf 18 Millionen Menschen. In diesem Zeitraum hat sich in einigen Ländern der ausländische Anteil an der Wohnbevölkerung verdoppelt, vor allem in Ländern mit einem niedrigen Ausländeranteil wie Dänemark, Finnland, Italien, Portugal und Spanien, während er in Ländern mit einem höheren Ausländeranteil – beispielsweise Belgien, Frankreich, Deutschland, den Niederlanden und Schweden – deutlich gemäßigter gestiegen ist. Die Länder mit der größten ausländischen Bevölkerung waren 1996 Deutschland mit 7,3 Millionen, Frankreich mit 3,6 Millionen und Großbritannien mit zwei Millionen Ausländern. Diese Zunahme ist in den letzten Jahren vor allem auf die demographische Entwicklung der ausländischen Bevölkerung zurückzuführen, da seit 1992 die meisten EU-Staaten entweder eine Stabilisierung des Umfanges der Neuzuwanderungen zu verzeichnen haben, wie Belgien, Dänemark, Großbritannien und Luxemburg, oder sogar einen Rückgang, wie Deutschland, Frankreich, die Niederlande und Schweden. Diese Entwicklung der Zuwanderung wiederum resultiert aus einem Zusammenspiel mehrerer gegenläufiger Trends: Einerseits ist seit der Verschärfung des Asylrechtes in den meisten EU-Staaten die Zahl der Asylbewerber deutlich zurückgegangen, andererseits haben der Familiennachzug und der Zustrom von temporären Zuwanderern zugenommen, insbesondere von Saisonarbeitern und hochqualifizierten Migranten.

Der zweite Trend ist die Verstetigung des Aufenthaltes der Zuwanderer. Viele der in den sechziger und siebziger Jahren angeworbenen temporären Arbeitskräfte haben sich entgegen der Absicht der Aufnahmeländer und auch entgegen ihren eigenen ursprünglichen Plänen im Laufe der Zeit zu einer dauerhaften Niederlassung mit einem entsprechenden Familiennachzug entschlossen, eine Entwicklung, die auch derzeit noch nicht abgeschlossen ist. Zudem nehmen die EU-Staaten immer noch Personen aus den ehemaligen Kolonialgebieten sowie ethnische Volksangehörige als Einwanderer auf. Auch werden viele Asylbewerber, deren Anträge abgelehnt wurden, und Flüchtlinge, in deren Herkunftsland keine Verfolgungssituation mehr besteht, dennoch als dauerhafte Zuwanderer geduldet.

Ein dritter Trend ist die Diversifizierung der zugewanderten Nationalitäten. Trotz der Stabilisierung der Zuwanderung weisen die EU-Staaten immer noch positive Wanderungsbilanzen auf, wobei sowohl die Zahl der EU-Bürger in den anderen EU-Staaten kontinuierlich zunimmt – wenn auch mit Wachstumsraten, die deutlich unter dem Anstieg der ausländischen Bevölkerung insgesamt liegen – als auch die Zahl der Einwanderer aus Nicht-EU-Staaten. Für letztere sind vor allem die Reisefreiheit von Ost- und Mitteleuropäern sowie die Fluchtbewegungen aus dem ehemaligen Jugoslawien verantwortlich, die Zuwanderer insbesondere nach Österreich, Deutschland, in die Niederlande und nach Schweden geführt hat. Die südeuropäischen Staaten haben hingegen vor allem Zuwanderer aus Afrika, Asien, Lateinamerika und Nordeuropa aufgenommen. Die Diversifizierung zeigt sich auch in dem Aufbrechen geographischer Wanderungsmuster: Frankreich ist zwar immer noch Hauptaufnahmeland für Zuwanderer aus Nordafrika; Flüchtlinge und Migranten von dort lassen sich aber auch zunehmend in Belgien, Deutschland, Italien, den Niederlanden und Spanien nieder. Auch türkische Migranten, die in Deutschland mit über zwei Millionen Menschen ein Drittel der ausländischen Bevölkerung stellen, machen in Frankreich und den Niederlanden bereits ein Viertel und in Österreich ein Fünftel der Zuwanderer aus.

Auch das Wanderungsgeschehen in den mittel- und osteuropäischen Staaten bietet ein vielfältiges Bild. Einerseits ist die gesamte Region seit der Auflösung des sowjetischen Herrschaftssystems und der Öffnung der Grenzen ein Auswanderungsgebiet, nicht nur wegen der großen Einkommensunterschiede zu den westeuropäischen Staaten, sondern auch wegen der in einigen Ländern schwelenden Minderheitenkonflikte und wegen der Kriege im ehemaligen Jugoslawien. Die Hauptherkunftsgebiete der Migranten und Flüchtlinge sind, neben den Staaten der früheren Sowjetunion und des früheren Jugoslawiens, Albanien, Bulgarien, Polen, Rumänien und die baltischen Staaten. Andererseits entwickeln sich die Staaten, in denen die ökonomische und politische Transformation fortgeschritten ist, vor allem Polen, Ungarn und die Tschechische Republik, allmählich selbst zu Einwanderungsländern. Seit einigen Jahren ist auch die Entstehung neuer Wanderungsbewegungen zu beobachten, insbesondere eine Zunahme der grenzüberschreitenden regionalen Wanderer zwischen den mittel- und osteuropäischen Staaten sowie der Transitwanderer, die eine Einreise in diese Länder lediglich als Ausgangspunkt für eine Weiterwanderung in die EU oder in andere westliche Staaten betrachten. Verläßliche statistische Angaben liegen hierzu aber noch nicht vor, ebensowenig wie bezüglich der Entwicklung der illegalen Zuwanderung in die ost- und mitteleuropäischen Staaten.

Es ist zu erwarten, daß sich diese Wanderungstrends auch in Zukunft fortsetzen werden. Falls die designierten Beitrittskandidaten die Transformation von Wirtschaft und Gesellschaft zu Demokratie und Marktwirtschaft im bisherigen Tempo fortsetzen, dürfte sich ihre Wandlung von Auswanderungs- zu Einwanderungsgebieten beschleunigen. In dem Maße, wie sich das Einkommensgefälle zwischen diesen Ländern und denjenigen, die für einen raschen Beitritt nicht vorgesehen sind, vergrößert, werden auch die legalen und illegalen Zuwanderungen zunehmen. Gleichzeitig wird mit der schrittweisen Ausweitung der Freizügigkeit für Güter, Kapital und Personen, die zwangsläufig mit der EU-Erweiterung verbunden ist, die Zahl der temporären Arbeitsmigranten und Pendler aus den Beitrittsländern in die EU-Staaten zunehmen. Die künftige Entwicklung des Wanderungsgeschehens in den bislang nicht für einen Beitritt vorgesehenen Ländern ist schwieriger zu prognostizieren. Insbesondere kann nicht ausgeschlossen werden, daß die ökonomische Transformation ins Stocken gerät und daß sich die vorhandenen ethnischen Spannungen zuspitzen, was die Auswanderungen vor allem in die Beitrittsstaaten steigen lassen würde.

Für den ganzen europäischen Raum wird entscheidend sein, welche Wanderungspotentiale sich in den östlichen und südlichen Nachbarregionen Europas entwickeln, also in den Nachfolgestaaten der Sowjetunion und in Nordafrika. Die Prognosen zum Wanderungsverhalten der Bevölkerung in der ehemaligen Sowjetunion fallen besonders schwer, weil hier schon allein wegen der Größe des Gebietes politische, ökonomische und ethnisch-kulturelle Wanderungsfaktoren zusammenspielen und verläßliche Daten bislang kaum vorhanden sind. Wanderungsbewegungen in die europäischen Staaten sind zum einen als Fortsetzung der Auswanderungen deutscher und jüdischer Minderheiten zu erwarten, die auf bis zu acht Millionen Menschen geschätzt werden. Die künftigen Wanderungen werden auch von der wirtschaftlichen Situation abhängen, die sich in einigen Gebieten noch erheblich verschlimmern und zunehmende Teile der Bevölkerung aufgrund der völlig unzureichenden sozialen Sicherungssysteme in schwere Existenznöte bringen wird. Ein weiterer entscheidender Faktor wird sein, wie die Nachfolgestaaten mit den russischen Minderheiten umgehen werden. Die russische Regierung wird nicht bereit sein, Diskriminierungen der russischen Minderheiten in den Nachfolgestaaten zu tolerieren, was möglicherweise zu gewalttätigen Auseinandersetzungen und zu Fluchtbewegungen führen könnte. Größere Wanderungsbewegungen könnten sich auch aus den ökologischen Folgen der industriellen und militärischen Verwüstung vieler Gebiete der ehemaligen Sowjetunion ergeben.

In den nordafrikanischen Staaten wird die Bevölkerungsentwicklung ein wichtiger Faktor für die Wanderungen in die europäischen Länder sein. Durch die zwar sinkenden, aber immer noch sehr hohen Geburtenraten werden die Arbeitsmärkte auch in den nächsten Jahrzehnten derart überlastet sein, daß nur ein kleiner Teil der Menschen wirtschaftlich integriert werden kann. Die Netzwerke von bereits nach Frankreich oder in die südlichen EU-Staaten Ausgewanderten werden vor allem für viele Jugendliche die einzige Chance sein, ihrer hoffnungslosen Situation zu entkommen. In Italien hat sich die nordafrikanische Zuwanderung zwischen 1985 und 1996 bereits verzwölffacht, in Spanien sogar vervierzehnfacht. Insbesondere für die algerische Bevölkerung wird die politische Entwicklung im eigenen Land eine entscheidende Rolle bezüglich künftiger Wanderungen spielen. Ökologische Probleme sind ein weiterer möglicher Wanderungsfaktor für die gesamte Region, vor allem die nachlassenden Bodenerträge und die Verschlechterung der Wasserversorgung.

2. Herausforderungen und Chancen der Wanderungsbewegungen in Europa

Es lassen sich vier gesellschaftspolitische Felder identifizieren, auf die sich Zuwanderungen in besonderer Weise auswirken: die Arbeitsmärkte, der Sozialstaat, die innere und die äußere Sicherheit.[4] Auf den *Arbeitsmärkten* entscheidet sich, ob Zuwanderungen zu einer Be- oder Entlastung für die aufnehmende Gesellschaft werden. Obwohl jede Zuwanderung zu einer Ausweitung der volkswirtschaftlichen Produktion führt, da die Zuwanderer als zusätzliche Konsumenten auftreten und unternehmerische Aktivitäten und Investitionen fördern, und ein zusätzliches Arbeitskräfteangebot auch zu einer Erhöhung der Nachfrage nach Arbeitskräften führt, können Zuwanderer die Lage auf dem Arbeitsmarkt verschärfen. Nach Ansicht der meisten Regierungen in der EU ist dies angesichts der derzeitigen Massenarbeitslosigkeit der Fall, weshalb Arbeitskräfteanwerbungen nur noch in sehr begrenztem Umfang als temporäre Anwerbungen erfolgen. Dahinter steht die Befürchtung vor allem der Gewerkschaften, neue umfangreiche Zuwanderungen könnten die durch die Standortdiskussionen ohnehin unter Druck geratenen Arbeitsbeziehungen mit tarifvertraglichen Regelungen und sozialpartnerschaftlichen Verhandlungsverfahren noch weiter belasten. Für die Gegenwart trifft dies sicherlich zu. In etwa zehn bis 15 Jahren wird sich aber aufgrund der demographischen Entwicklung in den EU-Staaten ein erheblicher Rückgang der Erwerbsbevölkerung ergeben, der weder durch Produktivitätssteigerungen noch durch eine Verlängerung der Lebensarbeitszeit oder durch eine Erhöhung der Frauenerwerbsquote, sondern nur durch Zuwanderung kompensiert werden kann. Allein für die Bundesrepublik wird selbst bei vorsichtigen Schätzungen mit einem jährlichen Nettozuwanderungsbedarf von etwa 400 000 Personen gerechnet. Bei der politischen Diskussion über diesen Zuwanderungsbedarf wird zu berücksichtigen sein, welche Qualifikationen die potentiellen Zuwanderer haben sollen. Insgesamt werden die EU-Staaten für einen längeren Zeitraum mit einem großen Zuwanderungsbedarf bei gleichzeitiger hoher Arbeitslosigkeit rechnen müssen.

Die Herausforderungen, die Zuwanderer für den Sozialstaat darstellen, hängen mit ihrer Situation auf dem Arbeitsmarkt zusammen, da die Erwerbstätigkeit entscheidet, ob und in welchem Maße die Zuwanderer die Sozialsysteme belasten oder entlasten. Üben sie eine qualifizierte und entsprechend entlohnte Tätigkeit aus, tragen sie im modernen lohnzentrierten und umlagefinanzierten Sozialstaat durch ihre Einkommens- und Verbrauchssteuern und Sozialversicherungsabgaben zur Finanzierung der Sozialtransfers bei. Haben sie keine qualifizierte Tätigkeit oder arbeiten sie in Wirtschaftssektoren oder Betrieben mit einem geringen Wertschöpfungsgrad, belasten sie den Sozialstaat, da sie Geldleistungen des Staates sowie Infrastrukturleistungen in Anspruch nehmen. Aber auch die demographischen Charakteristika der Zuwanderer sind für die Wirkungen auf die Sozialsysteme entscheidend. Aus der langfristigen demographischen Entwicklung in den EU-Staaten, die aufgrund des Geburtendefizites und der steigenden Lebenserwartung der Menschen auf eine grundlegende Verschiebung der Altersstruktur hinausläuft, mit einer dramatischen Zunahme der alten und einer Abnahme der jungen Bevölkerung, werden sich erhebliche Belastungen der Renten- und der Krankenversicherungen ergeben. Diese werden in Zukunft nur dann zu finanzieren sein, wenn sich entweder die Beiträge deutlich erhöhen oder die Leistungen zurückgehen. Inwieweit die Zuwanderung junger und gut ausgebildeter Menschen diese Entwicklung bremsen könnte, kann nicht allgemein prognostiziert werden, sondern muß vor dem Hintergrund der jeweiligen Besonderheiten der Sozialsysteme beantwortet werden. Generalisierend läßt sich aber behaupten, daß der Bedarf an einer solchen Zuwanderung größer wird, je problematischer die demographische Entwicklung der einheimischen Bevölkerung ist und je weiter das betreffende Sozialsystem ausgebaut ist. Dies trifft für die EU-Staaten zweifellos zu, nicht aber für die mittel- und osteuropäischen Staaten. Dies ist auch der Grund, weshalb illegale Zuwanderer mit entsprechenden Beschäftigungsverhältnissen, die ja nicht durch Sozialversicherungsbeiträge zur Finanzierung der Sozialsysteme, sondern lediglich durch ihren Konsum zur volkswirtschaftlichen Wertschöpfung beitragen, in den Staaten mit hoch entwickelten Sozialsystemen als Belastung angesehen werden, in vielen mittel- und osteuropäischen Staaten hingegen nicht.

Der dritte große Bereich der Herausforderungen, die sich den europäischen Staaten durch Zuwanderungen stellen, ist die innere Sicherheit. Die drei hier entscheidenden Themen, die Ausländerkriminalität, die Kriminalität gegen Zuwanderer und der politische Extremismus von Zugewanderten, stehen – mit unterschiedlicher Gewichtung – auf der innenpolitischen Agenda aller europäischer Staaten an prominenter Stelle. In vielen Ländern ist eine unsachliche Debatte über diese Erscheinungen festzustellen: Behörden veröffentlichen Statistiken, die zu Fehlinterpretationen einladen, Medien berichten einseitig, und Politiker nutzen die Themen zur parteipolitischen Profilierung. Bezüglich der Ausländerkriminalität werden beispielsweise häufig falsche Kategorisierungen verwendet, etwa indem Delikte aufgeführt werden, die nur von Ausländern begangen werden können, wie Verstöße gegen Aufenthaltsregelungen. Auch wird oft nicht unterschieden zwischen der Kriminalität von Einwanderern und derer von Reisenden, die nichts mit Zuwanderung zu tun hat, wohl aber mit der größeren Durchlässigkeit der Grenzen im zusammenwachsenden Europa. Die sich hinter diesen Debatten verbergenden Fakten sind aber ernst genug, um Anlaß zum politischen Handeln zu geben. Zum einen ist die unbestreitbar hohe Kriminalität in den sozialen Brennpunkten der großen Städte auf langjährige stadtplanerische Fehler und auf schwere Versäumnisse hinsichtlich der sozialen Integration der Zuwanderer zurückzuführen. Die Kriminalität von reisenden Ausländern, die in vielen mittel- und osteuropäischen Staaten, aber auch in der EU, in der Organisierten Kriminalität, im Schlepperwesen und im Drogenhandel sichtbar wird, verlangt hingegen nach einer Verbesserung der grenzübergreifenden Kooperation in der Kriminalitätsbekämpfung. Wird gegen die Ursachen der Kriminalität nicht energisch vorgegangen, ist dies ein zusätzlicher Faktor zur Steigerung von fremdenfeindlichen Stimmungen, was wiederum die Kriminalität gegen Zugewanderte begünstigt. Die Objekte der fremdenfeindlichen Gewalt unterscheiden sich in den einzelnen Ländern nach der Art der Zuwanderungsprobleme: Waren in den letzten Jahren in Deutschland vor allem Asylbewerber das Ziel von Straf- und Gewalttaten, wurden in Großbritannien vornehmlich asiatische Einwanderer, in Italien und Spanien schwarzafrikanische illegale Zuwanderer und in einigen mittel- und osteuropäischen Staaten Roma und Minderheiten aus den Nachbarstaaten angegriffen.

Auch im Hinblick auf die Wahrnehmung des politischen Extremismus von Zuwanderern als politisches Problem gibt es zwischen den europäischen Staaten erhebliche Unterschiede: Während in Deutschland die politischen Aktivitäten der algerischen Islamischen Heilsfront (FIS) lange Zeit eher mit Gelassenheit zur Kenntnis genommen wurden, die Aktivitäten der Kurdischen Arbeiterpartei (PKK) aber mit größter Sorge und entsprechenden polizeilichen und juristischen Maßnahmen, war es in Frankreich umgekehrt. Offensichtlich spielen in diesem Umgang nationale Traditionen der politischen Auseinandersetzung eine ähnlich große Rolle wie die historischen Beziehungen zwischen Aufnahme- und Herkunftsländern. Es ist zwar nicht auszuschließen, daß künftige Zuwanderungen aus politischen Spannungsgebieten den Ausländerextremismus verstärken, daß politische Konflikte zwischen Zuwanderern mit Gewalt ausgetragen werden, daß zu Gewalttaten im Ausland aufgerufen wird oder daß bewaffnete Auseinandersetzungen in den Herkunftsgebieten logistisch unterstützt werden. Abgesehen von den Sprengstoffanschlägen fundamentalistisch-islamischer Extremisten in Frankreich sind solche Auseinandersetzungen in den europäischen Aufnahmeländern bislang aber erstaunlich moderat geblieben, wenn man sich die Gewalttätigkeit in einigen Herkunftsgebieten der Zuwanderer, vor allem in der Türkei, im ehemaligen Jugoslawien und in Algerien, vor Augen führt. Offensichtlich sind in den europäischen Staaten die Staatsschutzeinrichtungen sowie die polizeilichen und strafrechtlichen Instrumente ausreichend, um zu verhindern, daß solche politischen Aktivitäten zu einem ernsthaften Sicherheitsrisiko werden.

Die vierte Herausforderung an die europäischen Staaten durch Zuwanderungen ist die äußere Sicherheit. Sie wäre im klassischen Sinn dann beeinträchtigt, wenn es zu krisenhaften Massenzuwanderungen käme, die mit einem Verlust an territorialer Souveränität der betroffenen Staaten einhergingen. Solche Massenfluchtbewegungen sind aber in Europa realistischerweise nicht zu erwarten, wie die Kriege im ehemaligen Jugoslawien gezeigt haben. Trotz der Brutalität der dortigen Auseinandersetzungen, des Einsatzes von Vertreibungen als Instrument der Kriegsführung und der großzügigen Aufnahmemöglichkeiten, welche einige EU-Staaten und auch viele mittel- und osteuropäische Staaten gewährt haben, ist der Großteil der Flüchtlinge im ehemaligen Jugoslawien geblieben. Massenzuwanderungen in die EU gegen den erklärten Willen der Regierungen sind höchst unwahrscheinlich, dafür sind die mittlerweile von den EU-Staaten errichteten Migrationsbarrieren zu hoch, insbesondere die koordinierte Kontrolle der EU-Außengrenzen, wie sie im *Schengener Vertrag* festgelegt wurde. Dies gilt auch für die mittel- und osteuropäischen Staaten, die zwar nach dem Zusammenbruch des sowjetischen Herrschaftssystems ihre Grenzregime bewußt gelockert haben, aber durchaus bereit sind, diese wieder zu verschärfen. Die äußere Sicherheit der EU-Staaten und der Beitrittsländer ist daher nicht unmittelbar durch Masseneinwanderungen bedroht. Gefährdungen im Sinne eines erweiterten Sicherheitsbegriffes könnten sich aber ergeben, wenn es in den anderen europäischen Staaten oder in den Nachbarregionen zu Masseneinwanderungen käme, welche die politische und wirtschaftliche Stabilität dieser Gebiete und damit Gesamteuropas beeinträchtigen würden.

Neben den bislang beschriebenen Risiken bieten Zuwanderungen den europäischen Staaten aber auch Chancen. So helfen legale und illegale Zuwanderer, Beschäftigungslücken zu schließen, vor allem in Bereichen oder zu Bedingungen, für die keine einheimischen Arbeitskräfte gefunden werden können. Sie senken die Produktionskosten der Unternehmen und stärken deren internationale Wettbewerbsfähigkeit. Gleichzeitig bieten sie einigen Einheimischen berufliche Aufstiegsmöglichkeiten. Gesamtwirtschaftlich ergeben sich durch die zugewanderten Arbeitskräfte Wohlfahrtsgewinne durch die Produktionsausweitung, durch zusätzlichen Konsum und durch Verbrauchsabgaben der ausländischen Beschäftigten, auch können legal Beschäftigte die Sozialversicherungssysteme entlasten. Zuwanderungen fördern zudem die wirtschaftlichen und politischen Beziehungen zwischen Herkunfts- und Aufnahmeländern und sorgen langfristig für eine kulturelle Öffnung der Aufnahmegebiete, was wiederum ein immaterieller Produktionsfaktor für exportorientierte Volkswirtschaften ist. Zudem fördern Zuwanderungen die europäische Integration, weil die EU-Staaten und die mittel- und osteuropäischen Staaten zu einem Interessenausgleich bezüglich der Migrationspolitik gezwungen werden.

3. Wanderungsbewegungen und europäische Integration

Seit der Gründung der Europäischen Wirtschaftsgemeinschaft (EWG) im Jahre 1957 war die migrationspolitische Zusammenarbeit ein wesentliches Element, ja sogar eine Triebkraft des europäischen Integrationsprozesses. Im Laufe der Zeit haben sich Zielsetzungen und Instrumente dieser Zusammenarbeit stark verändert:

von der Regelung der Binnenmigration in der EWG hin zur Bewältigung der Aufgaben, die sich aus der Zuwanderung in die EU ergeben.

Der Gründungsvertrag der EWG enthielt ausschließlich Regelungen zur Schaffung von Freizügigkeit für Arbeitnehmer und Selbständige innerhalb der Gemeinschaft. Sie hatten zum Ziel, jegliche auf der Staatsangehörigkeit beruhende unterschiedliche Behandlung der Arbeitnehmer der Mitgliedstaaten in bezug auf Beschäftigung, Entlohnung und die sonstigen Arbeitsbedingungen abzuschaffen. Entsprechend der politischen Zielsetzung, einen Binnenmarkt zu schaffen, bezogen sich in dieser ersten Phase der europäischen Integration die Freizügigkeitsrechte noch ausschließlich auf Erwerbstätige. Seit den siebziger Jahren, im Zusammenhang mit dem Wunsch, den ins Stocken gekommenen Integrationsprozeß durch ein »Europa der Bürger« zu beleben und die Vorteile der Europäischen Gemeinschaft (EG) für die Bürger unmittelbar erfahrbar zu machen, wurden die Freizügigkeitsregeln in mehreren Schritten über den Kreis der Arbeitnehmer hinaus auf Nicht-Erwerbstätige und durch die EG-Erweiterungen auf immer mehr Bürger ausgedehnt. In all diesen Erweiterungsrunden war die Freizügigkeit ein politisch umstrittenes Thema: In den sechziger Jahren wurde die »Überschwemmung« der europäischen Arbeitsmärkte durch süditalienische Arbeitskräfte befürchtet, in den siebziger Jahren löste vor allem der Beitritt Großbritanniens Befürchtungen vor unkontrollierten Zuwanderungen aus dem britischen Commonwealth aus. In den achtziger Jahren beugte die EG ähnlichen Sorgen anläßlich des Beitrittes Griechenlands, Portugals und Spaniens durch Vereinbarung mehrjähriger Übergangsfristen bis zur Gültigkeit der Freizügigkeitsregelungen vor. In all diesen Fällen zeigte sich, daß die Befürchtungen grundlos waren, da die erwarteten Massenzuwanderungen ausblieben.

Erst Mitte der siebziger Jahre begannen die Mitgliedstaaten, ihre migrationspolitische Zusammenarbeit auch auf die Zuwanderungen aus Drittstaaten auszudehnen. 1974 verkündete der Ministerrat ein erstes Aktionsprogramm für Arbeitsmigranten und ihre Familienangehörigen. Die Koordinierung der Politik der Mitgliedstaaten gegenüber Drittstaatsangehörigen wurde 1976 der Europäischen Kommission übertragen. Nach dem Rückzug der Mitgliedstaaten aus der bilateralen Migrationspolitik und den Anwerbestops von 1973 und 1974 schloß die EG mit einigen Anwerbestaaten Assoziations- und Kooperationsabkommen und ergänzte schon bestehende Verträge, etwa das seit 1963 bestehende Assoziationsabkommen mit der Türkei. 1985 verabschiedete die Kommission erstmals Leitlinien für eine Wanderungspolitik der Gemeinschaft. Im gleichen Jahr legte sie ein Weißbuch mit Vorschlägen zur Weiterentwicklung des Binnenmarktes vor, das unter anderem eine Vereinfachung der Kontrollen an den Binnengrenzen, eine Koordination der Visapolitik und der Auslieferungsverfahren sowie eine Vereinheitlichung des Status von Drittstaatsangehörigen, insbesondere von Asylbewerbern und Flüchtlingen, vorsah. Die auf der Grundlage dieses Weißbuches verabschiedete Einheitliche Europäische Akte (EEA) sah die Vollendung des für Waren, Dienstleistungen, Personen und Kapital grenzenlosen Binnenmarktes und die Realisierung dieser vier

Grundfreiheiten bis Ende 1992 vor. Ein Kernstück war die gemeinsame Regelung der Einreise und des Aufenthaltes von Drittstaatsangehörigen, also die Kontrolle der Außengrenzen, wobei aber die Mitgliedstaaten deutlich machten, daß sie keinesfalls auf ihr Recht verzichten wollten, die Einwanderung aus Drittstaaten zu kontrollieren. Außerhalb des politischen Rahmens der EG unterzeichneten Deutschland und Frankreich 1984 ein bilaterales Abkommen über den Abbau der Grenzkontrollen und eine Angleichung der Visavorschriften. Auf diesem Abkommen baute das 1985 von den Benelux-Staaten, Deutschland und Frankreich unterzeichnete *Schengener Abkommen* auf, das zudem eine Harmonisierung des Ausländerrechtes vorsah.

Der in dieser Phase eindeutige Schwerpunkt auf zwischenstaatlicher Koordination und die Vielzahl der Aufgaben, die mit der Abschaffung der Binnengrenzen verbunden waren, führte zu einer raschen Zunahme von zwischenstaatlichen Diskussionsforen und Vorbereitungsgruppen. 1988 setzte der Europäische Rat eine aus hohen Beamten der Mitgliedstaaten bestehende Koordinatorengruppe für den freien Personenverkehr ein, die 1989 das *Palma-Dokument* erstellte, das zwischen kurzfristig erreichbaren und langfristig wünschenswerten Zielen der Kooperation unterschied, und zu den ersteren vor allem die Kontrolle der Außengrenzen und die gemeinsame Verbrechensbekämpfung zählte. Im gleichen Jahr verabschiedete der Europäische Rat die *Charta über die sozialen Rechte der Arbeitnehmer*, welche die Mitgliedstaaten verpflichtet, legal anwesenden Arbeitskräften aus Drittstaaten vergleichbare Arbeits- und Lebensbedingungen wie einheimischen Arbeitskräften zu verschaffen, wobei auch diese Aufgabe nicht der gemeinschaftlichen Politik, sondern der zwischenstaatlichen Zusammenarbeit überlassen wurde. 1990 kam das *Dubliner Abkommen* zustande, das Verfahren zur Bestimmung des zuständigen Asylandes enthielt, und die Mitglieder der Schengen-Gruppe – mittlerweile ergänzt durch Italien, Portugal und Spanien – unterzeichneten das Durchführungsabkommen zum *Schengener Abkommen* (*Schengen II*) über den Abbau der Personenkontrollen an den Binnengrenzen. Im selben Jahr bezeichnete der Europäische Gipfel von Rom die Freizügigkeit von Personen und die Einführung einer europäischen Staatsbürgerschaft als primäre Aufgabe der Gemeinschaft und verlangte eine Harmonisierung der Asylpolitik, eine gemeinsame Politik der Hilfe für Herkunftsländer, eine Regelung der Zuwanderungsbedingungen sowie Hilfen für die soziale Integration von Einwanderern. Ein Jahr später wurde mit sieben EFTA-Ländern der Europäische Wirtschaftsraum (EWR) gegründet, in dem bis 1993, wenn auch mit einigen Einschränkungen, die vier Grundfreiheiten realisiert werden sollten, und es wurden Assoziierungsabkommen mit Polen, Ungarn und der Tschechoslowakei geschlossen. Der *Maastrichter Vertrag* von 1992 enthielt in jeder seiner drei als Säulen bezeichneten Teilbereiche migrations- und asylpolitische Vorgaben. In die erste Säule, für die gemeinschaftliche Entscheidungsverfahren gelten, wurden zwei asylrechtliche Aufgaben aufgenommen: die Bestimmung der visapflichtigen Drittstaaten und die einheitliche Visagestaltung. Von diesem kleinen Bereich der Asylpolitik abgesehen, blieb die Migrations- und Asylpolitik ausdrücklich Gegenstand zwischenstaatlicher Kooperationsverfahren, wobei deren Umfang den Mitgliedstaaten überlassen war und die Regierungen sich lediglich zur Absprache und Konsultation verpflichteten. Die Migrations- und Asylpolitik fand damit zwar Eingang in den institutionellen Rahmen der EU, aber die NichtEinbeziehung in die erste Säule klammerte sie weitgehend aus der eigentlichen Zuständigkeit der EU-Institutionen aus. Der EU-Vertrag kann daher in bezug auf die Migrations- und Asylpolitik als ein Mischmodell zwischen intergouvernementalen und gemeinschaftlichen Regelungen verstanden werden, wobei der Schwerpunkt auf der zwischenstaatlichen Zusammenarbeit liegt.

Diese Grundorientierung wurde in den folgenden Jahren immer wieder vom Europäischen Rat und von den Einwanderungsministern bestätigt, indem sie inhaltliche Ausweitungen der Zusammenarbeit vornahmen und Regelungen zum Schutz von *De-facto*-Flüchtlingen, zur Bekämpfung illegaler Einwanderung, zur temporären Arbeitsmigration, zur Gewährung von Mindeststandards in Asylverfahren sowie migrationsbegleitende Maßnahmen erarbeiteten, zum Beispiel der Entwurf der Europol-Konvention, die den Informationsaustausch zwischen den Mitgliedstaaten unter anderem über die Organisierte Kriminalität, den Menschenhandel und die Schlepperkriminalität regeln soll.

Erst mit dem Amsterdamer Vertrag von 1997 haben die Staats- und Regierungschefs der EU einen deutlichen Schritt zu einer Stärkung der gemeinschaftlichen Regelungen vollzogen. Sie überführten den *Schengener* und den *Dubliner Vertrag* in die erste Säule des EU-Vertrages und damit in die gemeinschaftliche Zusammenarbeit. Innerhalb von fünf Jahren müssen bestimmte Vorbedingungen für die vollständige Personenfreizügigkeit erfüllt werden: Es müssen einheitliche Regelungen für die Visaerteilung, für die Bestimmung des für das jeweilige Asylbegehren zuständigen Staates, für Mindeststandards in Asylverfahren und für die Aufnahme von Asylbewerbern gefunden werden. Zudem werden Verfahren für eine vorübergehende Aufnahme von Vertriebenen sowie gemeinsame Aufenthaltsregelungen und Ausweisungsverfahren erarbeitet, und der Vertrag enthält nun eine generelle Antidiskriminierungsklausel.

Die Fünfjahresfrist bedeutet, daß die Vergemeinschaftung dieses Politikbereiches nur mit einer zeitlichen Verzögerung eintreten kann. Während dieser Übergangsphase fällt der Rat die migrationspolitischen Entscheidungen einstimmig. Erst danach werden die Kommission das Initiativrecht, das Europäische Parlament ein Mitentscheidungsrecht und der Europäische Gerichtshof Rechtsprechungsbefugnisse erhalten. Von der Fünfjahresfrist ausgeschlossen und damit auch ohne zeitlichen Zwang zur Realisierung sind die Entwicklung eines Lastenausgleichssystems hinsichtlich der Aufnahme und der Kostenübernahme für Flüchtlinge und Vertriebene sowie die Erarbeitung gemeinsamer Regelungen für die Einreise und den Aufenthalt, für die Erteilung langfristiger Visa, für die Regelung des Familiennachzuges und für die Freizügigkeit von Drittstaatsangehörigen.

Aus diesem Überblick über die europäische Migrationspolitik wird deutlich, wie sehr sich in den letzten 30 Jahren die Schwerpunkte dieser Politik verlagert haben.

Gleichzeitig wird sichtbar, wie aktiv die europäischen Institutionen in diesem Politikbereich geworden sind, aber auch, wie groß die Vorbehalte der Mitgliedstaaten gegenüber Souveränitäts- und Kompetenzverlusten waren und sind – auch wenn einige Mitgliedstaaten im Falle innenpolitischer Blockierungen gerne auf die europäische Ebene zurückgreifen, wie die deutsche Regierung Anfang der neunziger Jahre bei ihrem letztlich erfolglosen Versuch, das deutsche Asylrecht auf dem Umweg über gemeinschaftliche Regelungen zu verschärfen. Zu erwarten ist, daß die europäische Migrationspolitik noch für einen längeren Zeitraum vornehmlich zwischenstaatlich angelegt sein wird.

4. Perspektiven einer künftigen europäischen Migrationspolitik

Die Zuwanderungen in die EU und in die europäischen Staaten dürften künftig noch weiter zunehmen, und zwar auch ohne krisenhafte Massenfluchtbewegungen. Viele Menschen hier werden diese Entwicklung als Kontrollverlust staatlicher Stellen interpretieren. Um entsprechende politische Folgen, wie etwa Legitimitätsverlust und politischen Extremismus, zu verhindern, müssen die europäischen Staaten eine umfassende Migrationspolitik verfolgen. Voraussetzung dafür ist, daß nicht länger mit der Floskel, die europäischen Staaten seien keine Einwanderungsländer, die Entwicklung einer realistischen und problemangemessenen Migrationspolitik verbaut wird. Die wichtigsten Anforderungen an eine solche Politik sind altbekannt, ohne aber bislang auf der nationalen oder der gemeinschaftlichen Ebene konsequent umgesetzt worden zu sein: Zum einen muß die Zuwanderung weitestmöglich gesteuert, zum anderen müssen die faktisch Eingewanderten integriert werden. Hierzu sollten die betroffenen Staaten den künftigen ökonomischen und demographischen Zuwanderungsbedarf antizipieren, die Zuwanderung sozialverträglich gestalten und die weltpolitische Einbettung der europäischen Staaten, vor allem die Verpflichtung gegenüber dem humanitären Völkerrecht, berücksichtigen. Ein grundsätzliches Prinzip hierbei muß – wie gerade von der deutschen Regierung auch für andere Politikbereiche immer wieder betont – das *Subsidiaritätsprinzip* sein: Gemeinschaftlich darf nur das geregelt werden, was nicht auf der nationalen beziehungsweise regionalen Ebene effektiver behandelt werden kann.

Im Bereich der Zuwanderungskontrolle ist die Harmonisierung der Visavorschriften und der Asylbestimmungen durch das *Schengener* und *Dubliner Abkommen* schon weit gediehen. Die Erfahrungen, welche die Staaten bei diesem Koordinierungsprozeß gemacht haben, könnten nicht nur wie bisher zur Abwehr unerwünschter Zuwanderungen durch verbesserte Grenzkontrollen dienen, sondern darüber hinaus auch zur Koordinierung der nationalen Zuwanderungspolitik verwendet werden. Das Kernstück dabei müßte ein Verfahren zur Einigung auf die von den Mitgliedstaaten vorzuschlagenden Einwanderungsquoten sein. Ein solches Abstimmungsverfahren ist unbedingt nötig, weil zu erwarten ist, daß die – derzeit noch von der deutschen Regierung abgelehnte – EU-weite Freizügigkeit für Drittstaatsangehörige im Laufe der nächsten Jahre realisiert werden wird, wodurch nationale Zuwanderungsquoten die anderen EU-Staaten unmittelbar betreffen würden.

Auch im Bereich der Zuwandererintegration gibt es vor allem durch die Rechtsprechung des Europäischen Gerichtshofes deutliche Tendenzen der Herstellung eines einheitlichen Rechtsraumes. Hier ist wichtig, daß die Formulierung der allgemeinen Grundsätze zur Integrationspolitik, insbesondere die Finanzierung entsprechender Maßnahmen, gemeinschaftlich erfolgt, um eine Gleichbehandlung der Zuwanderer in der EU zu sichern. Die Integrationsmaßnahmen im Bereich Arbeit, Wohnen, Ausbildung und Schule kann nur die lokale Ebene realisieren, da sich hier die entsprechende sachliche Kompetenz befindet. Bereits Zugewanderte benötigen Programme zur schulischen und beruflichen Qualifizierung, da hier in allen europäischen Staaten erhebliche Defizite vorliegen. Für neu Zugewanderte sind zusätzliche Integrationsangebote für die erste Phase des Aufenthaltes, vor allem Sprachkurse, bereitzustellen. Zu den Integrationsmaßnahmen zählen auch Aktivitäten, welche die Aufnahmebereitschaft der einheimischen Bevölkerung steigern. Ergänzt werden müssen sie auch durch einen erleichterten Zugang zu den Staatsbürgerschaften der europäischen Staaten beziehungsweise zur EU-Bürgerschaft. Einige Staaten bieten Zuwanderern auch dann eingeschränkte politische Beteiligungsmöglichkeiten an, wenn sie nicht Staatsbürger sind, etwa die Beteiligung in kommunalen Gremien. Aber diese Regelungen sind kein Ersatz für die politischen Beteiligungsrechte, welche die Staatsbürgerschaft garantiert und die allein eine vollwertige Interessenvertretung ermöglichen. Dabei lassen sich durchaus, wie in vielen europäischen Staaten schon heute üblich, auch doppelte Staatsbürgerschaften in Kauf nehmen. Eine konkrete Antidiskriminierungsgesetzgebung müßte die Reform des Staatsbürgerschaftsrechtes ergänzen, wie sie in einigen europäischen Staaten schon in Grundzügen besteht und auch im Amsterdamer Vertrag angelegt ist.

Trotz der fortschreitenden europäischen Integration dominiert auch Ende der neunziger Jahre in vielen Bereichen der Migrationspolitik die bilaterale Zusammenarbeit. So sind Rückübernahmeabkommen bislang, obwohl mit dem *Schengen-Polen-Abkommen* bereits ein multilateraler Musterentwurf existiert, noch zwischenstaatliche Abkommen. Der mit dem *Schengener* und *Dubliner Abkommen* begonnene multilaterale Harmonisierungsprozeß muß fortgesetzt werden, auch hinsichtlich der im Maastrichter und Amsterdamer Vertrag vorgesehenen Zusammenarbeit in der Innen- und Justizpolitik, die bislang noch auf visarechtliche und polizeiliche Aspekte beschränkt ist. Eine Beachtung der oben angesprochenen Grundsätze kann helfen, eine nicht nur auf Asylpolitik begrenzte und auf eine Harmonisierung auf niedrigster Ebene zielende Politik zu erreichen.

Zu den migrationspolitischen Aufgaben der EU gehört auch die Bekämpfung von Migrationsursachen. Hierauf müßte die Entwicklungshilfe der EU stärker ausgerichtet werden, wobei aber eine Öffnung der europäischen Märkte für Produkte und Dienstleistungen aus den Herkunftsländern ein sehr viel wirksameres Instrument für die wirtschaftliche Entwicklung vieler Herkunftsgebiete wäre. Auch sollte die humanitäre Hilfe stärker als bisher auf Migrationsvermeidung abzielen. Diesen Aspekt muß auch die europäische Beteiligung an den internationalen Organisationen berücksichtigen, die ein Mandat zur Migranten- und Flüchtlingsbetreuung haben. Generell sollte die EU großen Wert auf die völkerrechtliche Festigung und die finanzielle, infrastrukturelle und personelle Arbeitsfähigkeit dieser Organisationen legen. Die Früherkennung von Migration wäre ein weiteres wichtiges Feld einer außen- und sicherheitspolitisch ausgerichteten europäischen Migrationspolitik. Schließlich müßte zu einer umfassenden Migrationspolitik auch eine konsequente Menschenrechtspolitik gehören, da in vielen Herkunftsländern das Fehlen grundlegender Menschenrechte die ökonomische und gesellschaftliche Entwicklung behindert und sich dies zunehmend als eine der wichtigsten Migrationsursachen herausstellt.

Es wäre auch eine Aufgabe der künftigen europäischen Außen- und Sicherheitspolitik, eine Destabilisierung der Nachbarregionen der EU durch Wanderungsbewegungen zu verhindern. Eine Koordinierung der EU-Migrationspolitik mit diesen Gebieten, die über den Abschluß von Rückübernahmeabkommen hinausgeht, die nur die Migrationsprobleme der EU-Staaten lösen, aber nicht unbedingt der Stabilisierung dieser Gebiete dienen, ist daher dringend erforderlich.

Anmerkungen

Dieser Beitrag ist im Rahmen eines von der Fritz Thyssen-Stiftung geförderten Forschungsprojektes entstanden.

1 Hierunter werden im folgenden alle Staaten des geographischen Europas ohne die GUS-Staaten verstanden. Wo es für das Verständnis des Wanderungsgeschehens nötig ist, wird ausdrücklich auf diese europäischen Nachbargebiete hingewiesen. Weiterführende Literaturhinweise sind in der Auswahlbibliographie am Ende des Buches aufgeführt.
2 Als Beitrittsländer werden im folgenden entsprechend der nach dem Amsterdamer Gipfel ausgesprochenen Empfehlung der Europäischen Kommission Polen, Ungarn, die Tschechische Republik, Slowenien, Estland und Zypern bezeichnet.
3 Vgl Angenendt, Steffen (Hrsg.): Asylum and Migration Policies in the European Union, Bonn 1999.
4 Vgl. hierzu auch Angenendt, Steffen: Deutsche Migrationspolitik im neuen Europa, Opladen 1997.

Europa als Rechtsgemeinschaft

GERT NICOLAYSEN

Der Begriff »Rechtsgemeinschaft« als eine nähere Bestimmung der Europäischen Gemeinschaften wird auf Walter Hallstein zurückgeführt.[1] Auch als Politiker war Hallstein so sehr Jurist geblieben, daß er die tragende Funktion des Rechtes in der europäischen Integration nicht aus den Augen verlor. Daß er sie immer wieder herausstellte, beweist allerdings zugleich politischen Scharfblick: Die politische Zerbrechlichkeit oder doch Anfälligkeit der europäischen Einigung angesichts nationalstaatlicher Egoismen konnte nur durch das stabilisierende Element unverbrüchlicher Rechtsnormen kompensiert werden. Diese Erkenntnis ist im europäischen Einigungsprozeß oft bestätigt worden; sie gilt unvermindert bis in die Gegenwart. So hat auch der Gerichtshof den Begriff der Rechtsgemeinschaft verschiedentlich in diesem Sinne verwendet.[2]

1. Die Rechtsstaatlichkeit der Gemeinschaft

1.1 Rechtsstaatsbegriff und Gemeinschaftsverfassung

»Rechtsgemeinschaft« ist zu einem Schlagwort geworden, das vielseitig verwendet wird. Dadurch sind seine Konturen unscharf geworden, indessen läßt sich seine Bedeutung auf einige juristisch strukturierte Inhalte zurückführen. In ihnen treten zugleich spezifische Besonderheiten hervor, mit denen sich die Gemeinschaftsverfassung – und im weiteren auch die Unionsverfassung – als originäre Errungenschaft der neueren Rechtsentwicklung erweist.

In einem ersten Zugriff kann der Begriff Rechtsgemeinschaft als Parallelbildung zum Rechts*staat* verstanden werden.[3] Die Bezeichnung der supranationalen europäischen Organisationen, zunächst der EGKS und später der EWG (EG), als *Gemeinschaft* geschah in gezielter Differenzierung zum Staatsbegriff.[4] Mit der Anlehnung an den Rechtsstaatsbegriff wird sodann angezeigt, daß die Rechtsgemeinschaft, auch wenn sie kein Staat ist, doch über wesentliche Attribute verfügt, die in der Staatslehre als konstituierende Elemente der Rechtsstaatlichkeit gelten. Durch diese Begriffsbildung erweisen sich mithin die betreffenden strukturellen Anforderungen zugleich als losgelöst von der Frage, ob die Gemeinschaften Staaten sind, staatsähnliche Gebilde oder ihre Entwicklung in die Richtung ausgebildeter Staatlichkeit zielt.

Die Ausformung der Gemeinschaftsverfassung nach rechtsstaatlichen Grundsätzen war für die Integration von Staaten in der Verfassungstradition der »westlichen Welt«[5] notwendig als Konsequenz schon im Hinblick auf die Ausübung von Hoheitsgewalt der Gemeinschaften mit unmittelbarer Wirkung gegenüber den Bürgern: Sie kann nur in rechtsstaatlichen Formen geschehen. So gehört zu den Grundsätzen, auf denen nach Art. 6 Abs. 1 EUV-A die Union beruht, auch die Rechtsstaatlichkeit. Der Begriff der Rechtsgemeinschaft in diesem Sinne beschreibt mithin die Funktion des Rechtes der Europäischen Gemeinschaft vorwiegend in einem Ausschnitt, nämlich im Verhältnis zwischen der Gemeinschaft und den Bürgern. Es wird zu zeigen sein, daß das Recht in der europäischen Integration für die Verfassungsstrukturen der Gemeinschaft auch darüber hinaus von Bedeutung ist, nämlich für das Verhältnis der Gemeinschaft zu den Mitgliedstaaten und die Beziehungen der Mitgliedstaaten untereinander. Darin entfaltet sich die spezielle Bedeutung des Begriffes Rechtsgemeinschaft für die EG.

In einem allgemeinen Verständnis juristisch noch nicht vorgeprägt und ausgeformt, bedeutet dieser Bezug auf das Recht den Ausschluß willkürlicher Machtausübung und die Verpflichtung auf Gerechtigkeit; damit verbindet sich die Vorstellung, daß Hoheitsgewalt durch Rechtsordnung begründet und gebändigt wird, nicht notwendig geschriebenen Rechtes, aber doch auf einer sicheren Basis, wie sie in kontinentaler Tradition durch Gesetze verwirklicht wird. Rechtsstaat im umfassenden Sinn ist der Gegenbegriff zur Despotie.[6]

Auch die frühe Rechtsprechung des deutschen Bundesverfassungsgerichtes ging von einem »verfassungsmäßigen Gesamtbild« des Rechtsstaates aus[7] und knüpft an die »Tradition des liberalen bürgerlichen Rechtsstaates« an.[8] Solche Traditionen sind gemeineuropäisch, wie ein Blick auf die Rule of Law im englischen Recht[9] oder auf den Etat de droit in Frankreich[10] belegen kann. Für einen allgemeinen Begriff der Rechtsstaatlichkeit im Gemeinschaftsrecht sind diese gemeinsamen Vorstellungen richtungweisend, nicht in der konkreten Realisierung der mitgliedstaatlichen Verfassungen und in der auf sie gegründeten Rechtsprechung. Seine Konkretisierung erhält der Begriff in den Gemeinschaftsverträgen und in ihrer Fortentwicklung in der Rechtsprechung der Gerichtsbarkeit der Gemeinschaft.

In diesem Verständnis sind daher diejenigen Elemente der Gemeinschaftsverfassung herauszuarbeiten, mit denen sie rechtsstaatlichen Grundsätzen genügt, vor allem also die Geltung von individuellen Grundrechten und rechtsstaatlichen Verfassungsprinzipien, der Gesetzesvorbehalt (*rule of law*), Rechtsschutzgarantien und Gewaltenteilung. Angesichts der Besonderheiten, die das Gemeinschaftsrecht aufweist, sollen hier wenigstens die tragenden Strukturen nachgewiesen werden, mit denen seine Rechtsordnung den elementaren Forderungen entspricht.

1.2 Bindung an das Recht

Die im allgemeinen Rechtsstaatsbegriff enthaltene Vorstellung von der tragenden Bedeutung des Rechtes ergibt, daß die Ausübung von Hoheitsgewalt auf rechtlicher Grundlage und im Einklang mit dem Recht erfolgen muß. Im Verfassungsstaat konkretisieren sich diese Postulate in den Grundsätzen vom Gesetzesvorbehalt und vom Gesetzesvorrang. Gemeinschaftsrechtliches Pendant sind das Prinzip der begrenzten Einzelzuständigkeiten (*compétences d'attribution*, siehe Art. 5 Abs. 1 EGV-A) sowie der Satz, daß die Handlungen der Gemeinschaftsorgane und der Mitgliedstaaten »im Einklang mit der Verfassungsurkunde der Gemeinschaft, dem Vertrag« stehen müssen.[11]

1.3 Grundrechte und Verfassungsprinzipien

Die Verträge enthalten keine Grundrechtskataloge, und die Grundrechte der Mitgliedstaaten gelten nicht gegenüber der autonomen Hoheitsgewalt der Gemeinschaften. Im geschriebenen Recht findet sich seit dem Vertrag von Maastricht in Art. 6 Abs. 2 EUV-A (Art. F Abs. 2 EUV-M)[12] eine Erklärung, in der die Europäische Union die Achtung der Grundrechte ausspricht. Unter Bezugnahme auf die Europäische Menschenrechtskonvention und auf die gemeinsamen Verfassungsüberlieferungen der Mitgliedstaaten werden die Grundrechte als »allgemeine Grundsätze des Gemeinschaftsrechtes« qualifiziert. In dieser Form ist Art. 6 Abs. 2 EUV-A (Art. F Abs. 2 EUV-M) indes nicht justiziabel.

Die substantiellen Grundrechte, auf die der einzelne sich gegenüber der Hoheitsgewalt der Gemeinschaft berufen kann, sind vom Gerichtshof entwickelt worden.[13] Seine Rechtsprechung schöpft aus den gesamteuropäischen Traditionen gemeinsamer Rechtsüberzeugungen, wie sie sich auch in der EMRK widerspiegeln (so auch in Art. 6 Abs. 2 EUV-A). Demgegenüber ist es verfehlt, die Grundrechte des Gemeinschaftsrechtes am Maßstab des nationalen Rechtes und seiner zum Teil ausgefeilten Rechtsprechung zu messen.

Die bisherige Rechtsprechung ergibt noch keinen abschließenden Grundrechtskatalog, wie ihn eine geschriebene Verfassung bieten kann. Die Aktualisierung der Grundrechte hängt vielmehr davon ab, daß die Frage des Grundrechtsschutzes sich in konkreten Verfahren stellt, und somit die Gerichte Anlaß haben, Inhalte und Schranken von Grundrechten zu bestimmen.[14] Schwerpunkte in der Entwicklung der Grundrechtsjudikatur liegen in den vorwiegend wirtschaftlichen Zusammenhängen des Gemeinschaftsrechtes, so z. B. beim Eigentum[15] und beim Recht der freien Berufsausübung[16]; hervorzuheben sind auch das Berufsgeheimnis[17], die Persönlichkeitsrechte[18] und vor allem das Gleichheitsgebot[19], das vom Gerichtshof über das vertraglich verankerte Diskriminierungsverbot (Art. 12 EGV-A/Art. 6 EGV-M) hinaus entwickelt wurde. Die Effizienz des gemeinschaftsrechtlichen Grundrechtsschutzes gegen die öffentliche Gewalt der Gemeinschaft wird durch das Fehlen geschriebener Grundrechte nicht merklich beeinträchtigt. Ebenso wie die Realisierung geschriebener Grundrechte basiert der gemeinschaftsrechtliche Grundrechtsschutz auf einer verläßlich funktionsfähigen Rechtsprechung; an ihr zu zweifeln, besteht hier wie dort kein Anlaß. Eher könnte die integrative Wirkung eines Grundrechtskataloges für eine Verankerung im positiven Recht sprechen.[20]

Das Rechtsstaatsprinzip umfaßt neben der Geltung von Grundrechten eine Reihe von Grundsätzen für die Ausübung öffentlicher Gewalt, vor allem das Verhältnismäßigkeitsprinzip und den Vertrauensschutz. Sie sind auch im Grundgesetz der Bundesrepublik nicht ausdrücklich fixiert, sondern von der Rechtsprechung und der Lehre entwickelt worden. So hat auch im Gemeinschaftsrecht der Gerichtshof diese Verfassungsprinzipen und die Modalitäten für ihre Anwendung in zunehmender Verdichtung konkretisiert.[21] Auch diese Rechtsprechung wurde aus den Quellen gemeinsamer Rechtsgrundsätze der Mitgliedstaaten gespeist; dabei hat beim Grundsatz der Verhältnismäßigkeit das deutsche Recht eine besondere Rolle gespielt und über das Gemeinschaftsrecht wiederum Einfluß auf das Recht anderer Mitgliedstaaten genommen.[22] Im Vertrag von Maastricht hat das Verhältnismäßigkeitsprinzip seinen Niederschlag in Art. 5 EGV-A (Art. 3b Abs. 3 EGV-M) gefunden; danach dürfen die Maßnahmen der Gemeinschaft nicht über das für die Erreichung der Ziele des Vertrages erforderliche Maß hinausgehen.

1.4 Individueller Rechtsschutz

Elementarer Bestandteil der Rechtsstaatlichkeit ist die Garantie des individuellen Rechtsschutzes gegen die öffentliche Gewalt durch unabhängige Gerichte. Das Gemeinschaftsrecht stellt dafür den Europäischen Gerichtshof und das Gericht erster Instanz zur Verfügung. Die Klagebefugnis des einzelnen könnte als beschränkt erscheinen: Natürliche und juristische Personen können grundsätzlich nur gegen Entscheidungen klagen, deren Adressaten sie sind, gegen andere Rechtsakte nur, wenn sie dadurch unmittelbar und individuell betroffen sind (Art. 230 EGV-A/ Art. 173 Abs. 5 EGV-M). Diese Voraussetzungen haben der Gerichtshof und das Gericht erster Instanz zunehmend breiter interpretiert. Danach können auch die an einem vorgelagerten Verwaltungsverfahren Beteiligten Klage erheben.[23]

Rechtsschutz wird ferner durch die mitgliedstaatlichen Gerichte gewährt, wenn das Gemeinschaftsrecht durch nationale Rechtsakte ausgeführt wird. Für die Gültigkeitsprüfung und die Auslegung des zugrundeliegenden Gemeinschaftsrechtes stellt Art. 234 EGV-A (Art. 177 EGV-M) das Vorlageverfahren zur Verfügung; danach entscheidet der Gerichtshof im Wege der Vorabentscheidung über die ihm vorgelegten Fragen.

Der individuelle Rechtsschutz wird durch die weitreichende Rechtsprechung zur unmittelbaren innerstaatlichen Wirksamkeit vom Gemeinschaftsrecht ergänzt. Danach kann auch der einzelne sich unter bestimmten Voraussetzungen auf Normen des Gemeinschaftsrechtes berufen und ihre Verletzung durch einen Mitgliedstaat geltend machen. Sind dem einzelnen durch den Mitgliedstaat Rechte aus dem Gemeinschaftsrecht vorenthalten worden, können ihm Schadenersatzansprüche zustehen.[24]

1.5 Gewaltenteilung

Ein wesentliches Element der Rechtsstaatlichkeit ist die Trennung der Gewalten in Legislative, Exekutive und Judikative. Im nationalen Modell steht auch bei diesem Postulat des Rechtsstaates der Schutz des einzelnen im Vordergrund: Durch die Aufteilung der Hoheitsgewalt, durch ein System des Ausgleiches von Macht und der gegenseitigen Kontrolle werden Alleinherrschaft, Übermacht einzelner Kräfte und Machtmißbrauch verhindert.

Die Gemeinschaftsverfassung weicht von der klassischen Verteilung der Macht zwischen Legislative und Exekutive auf Parlament und Regierung ab. In der Legislative wirken Kommission, Rat und Parlament zusammen, die Kommission trägt zugleich exekutivische Funktionen; es fehlt also eine klare Trennung zwischen Legislative und Exekutive. Soweit dabei die Rolle des Parlamentes reduziert wird, erscheint dies in erster Linie als Problem der demokratischen Legitimation, weniger der Rechtsstaatlichkeit. Die Abweichung vom herkömmlichen Modell bedeutet indessen keinen Verzicht auf Gewaltenteilung, vielmehr hat die Gemeinschaftsverfassung eigene, auf die Integration von Staaten zugeschnittene Strukturen eines institutionellen Gleichgewichtes durch Funktionsteilung geschaffen[25]; mit ihnen wird das Ziel des Prinzips der Gewaltenteilung nicht weniger effektiv erreicht als im staatlichen System.[26] Daß sich im Rat oder in seinen wechselnden Mehrheiten oder in der Kommission Mächte konzentrieren könnten, die unkontrolliert Herrschaft ausüben und mißbrauchen könnten, entspricht nicht der Realität; keines der Organe kann allein und ohne Kontrolle tätig werden. Ein zusätzliches, womöglich stärkeres Element der Sicherung enthält der immer wieder nötige Ausgleich der im Rat repräsentierten nationalen Interessen, auch unter dem Einfluß des durch die Kommission vermittelten Gemeinschaftsinteresses. Die Notwendigkeit zum Kompromiß kann die Hemmung der Gewalten bis zur Gefahr der Ineffektivität steigern. Wie in den staatlichen Mustern kann auch hier die Kontrolle durch die Medien und die öffentliche Meinung in das Bild einbezogen werden.

Schließlich ist mit der Judikative in der Gemeinschaft eine voll ausgebildete, unabhängige dritte Gewalt vorhanden. Der Gerichtshof wird im EG-Vertrag (Art. 220 EGV-A/Art. 164 EGV-M) umfassend mit der »Wahrung des Rechtes« betraut. Die Gerichtsbarkeit ist in der Lage, jeden legislativen und jeden exekutiven Akt der Organe aufzuheben, und durch die Klagebefugnis der Organe, der Mitgliedstaaten und der betroffenen Individuen bestehen breit gefächerte Möglichkeiten, ihre Kontrolle auszulösen. In der Rechtsgemeinschaft kommt der Judikative über die rechtsstaatliche Kontrollfunktion hinaus die Aufgabe zu, das Recht in seiner konstruktiven Funktion für die Existenz der Gemeinschaft zu sichern und zu entwickeln.[27]

2. Recht als Integrationsfaktor

2.1 Gründung und Bindung durch das Recht

Seine eigentümliche Bedeutung für die europäische Integration entfaltet der Begriff »Rechtsgemeinschaft« erst, wenn dadurch das Rechtsprinzip als das tragende Element der Gemeinschaft erkannt wird, und zwar insbesondere im Verhältnis zwischen der Gemeinschaft und den Mitgliedstaaten und zwischen den Mitgliedstaaten untereinander.[28] Die Gemeinschaft ist eine Schöpfung des Rechtes; die Verträge haben in der Gemeinschaft eine neue Ordnung geformt, die ausschließlich durch das Recht gestaltet und beherrscht wird; ihr sind die Organe der Gemeinschaft und die Mitgliedstaaten gleichermaßen unterworfen.[29]

Auch das Völkerrecht und das Recht internationaler Organisationen sind für die Staaten verbindlich, indessen bildet das Gemeinschaftsrecht eine geschlossene, »supranationale« Rechtsordnung mit autonomer Rechtsetzungsgewalt der Gemeinschaft, mit unmittelbarer Wirksamkeit für die Bürger und mit Vorrang vor dem Recht der Mitgliedstaaten, auch vor ihrem Verfassungsrecht.[30] Der Gerichtshof hat dies deutlich formuliert: »Dagegen stellt der EWG-Vertrag, obwohl er in der Form einer völkerrechtlichen Übereinkunft geschlossen wurde, nichtsdestoweniger die Verfassungsurkunde einer Rechtsgemeinschaft dar.«[31] Im Regelungsbereich verbindlichen Gemeinschaftsrechtes sind einseitige Handlungen der Mitgliedstaaten nicht zulässig; der Schutz vorrangiger nationaler Interessen, die Abwehr oder die Vergeltung rechtswidriger Beeinträchtigungen können nur nach den Regeln des Gemeinschaftsrechtes und in den dort vorgesehenen Verfahren erfolgen.[32] Eine Aufkündigung der Mitgliedschaft gibt es nicht; sie erfordert eine Vertragsänderung nach den dafür vorgehaltenen Regeln. Die Gesamtheit dieser Phänomene rechtfertigt es, die Gemeinschaft mit den Worten des Europäischen Gerichtshofes als »neue Rechtsordnung des Völkerrechts« zu charakterisieren[33], und die Bezeichnung »Rechtsgemeinschaft« bedeutet, daß die Gemeinschaft durch diese neue Ordnung maßgeblich und abschließend geprägt wird.

Ziele und Inhalte der damit bezeichneten Ordnung in ihren wesentlichen Elementen sind die Sicherung der Existenz und der Wirksamkeit der Gemeinschaft. In der Rechtsgemeinschaft ist somit das Recht die Grundlage für den Zusammenhalt. Daher beruhen der Bestand der Gemeinschaft und die Erhaltung ihrer Funktionsfähigkeit entscheidend darauf, daß die Organe der Gemeinschaft und der Mitgliedstaaten diese Rechtsordnung respektieren.

Damit unterscheidet sich die europäische Integration in der Gemeinschaft von historischen Konzepten der Einigung des Kontinentes unter der Vorherrschaft eines Landes oder eines Herrschers. Von den Eroberungen des Imperium Romanum über die Kaiseridee bis zu Napoleon, Hitler und Stalin ist immer wieder versucht worden, Europa mit Mitteln der Macht unter einer Herrschaft zusammenzufassen.[34] Solche Versuche scheitern an der Begrenztheit und Zerbrechlichkeit der Macht. Ihnen stehen zahlreiche Europapläne gegenüber, die auf Gleichberechtigung, auf vertragliche Basis, auf föderalen Strukturen gründen[35], also jedenfalls auf ein rechtliches Fundament gestellt werden sollten. Es scheint, daß solche Konzepte im Kontrast zu traditionellen Vorstellungen praktischer Politik stehen, denn Pläne dieser Art sind bis zum Ende des Zweiten Weltkrieges nicht in die Wirklichkeit umgesetzt worden.[36] Die Erkenntnis, daß nicht Macht und Rivalitäten, sondern Recht und gemeinsame Ordnung Frieden sichern können, bedurfte offensichtlich jahrhundertelanger schrecklicher Erfahrungen. Erst in der Gemeinschaftsverfassung ist eine Rechtsordnung zur Grundlage für das Zusammenleben der Völker gemacht worden, die ausschließen soll, daß wirtschaftliche, politische oder gar militärische Macht ein ausschlaggebender Faktor in den Beziehungen der Staaten ist.

2.2 Durchsetzung des Rechtes

Die Sicherung der Gemeinschaft durch eine rechtliche Ordnung läßt die Frage nach der Durchsetzbarkeit dieses Rechtes im Fall von Verstößen durch die Mitgliedstaaten aufkommen. Die Antwort könnte aufschlußreich sein für die Tragfähigkeit des Konzeptes einer Rechtsgemeinschaft, deren Existenz von der Einhaltung des Rechtes abhängt.

Der EG-Vertrag sieht ein Verfahren gegen Mitgliedstaaten vor, die gegen eine Verpflichtung aus dem Vertrag verstoßen. Das Verfahren wird von der Kommission eingeleitet (Art. 226 EGV-A/Art. 169 EGV-M) oder auch von einem anderen Mitgliedstaat (Art. 227 EGV-A/Art. 170 EGV-M). Es endet mit einem Urteil des EuGH, in dem gegebenenfalls der Vertragsverstoß festgestellt wird. Nach dem Urteil muß der betreffende Staat die Maßnahmen treffen, die sich aus dem Urteil ergeben (Art. 228 Abs. 1 EGV-A/Art. 171 Abs. 1 EGV-M). Im Vertrag von Maastricht wurde diese Regelung ergänzt durch eine Fortsetzung des Verfahrens für den Fall, daß ein Mitgliedstaat dem Urteil des Gerichtshofes nicht nachgekommen ist. Danach kann die Kommission den Gerichtshof erneut anrufen, und dieser kann nunmehr gegen den Mitgliedstaat die Zahlung eines angemessenen Pauschalbetrages oder Zwangsgeldes verhängen (Art. 228 Abs. 2 EGV-A/Art. 171 Abs. 2 EGV-M).

Das Vertragsverletzungsverfahren gehört seit langem zur Routine der Gemeinschaftspraxis. Die Urteile des Europäischen Gerichtshofes werden im allgemeinen befolgt, und zwar auch ohne das neue Verfahren des Art. 228 Abs. 2 EGV-A (Art. 171 Abs. 2 EGV-M). Eine Verzögerung beruht regelmäßig nicht auf einer absichtlichen Verweigerung, sondern auf »administrativer Schwerfälligkeit«[37]. Diese Erfahrung bestätigt, daß es mit den Verträgen gelungen ist, eine funktionsfähige Rechtsgemeinschaft zu errichten. In der Gemeinschaft wird das Verhalten der Beteiligten umfassend durch rechtliche Regeln gebunden und damit richterlicher Kontrolle und bindender Entscheidung zugänglich. Politische Konflikte sind auf diese Weise durch »Verrechtlichung« justiziabel gemacht worden. Dabei werden in den Auseinandersetzungen vor dem Gerichtshof auch in Fällen der Vertragsverletzung nicht die Geltung und die bindende Wirkung des Gemeinschaftsrechtes in Frage gestellt, sondern es wird über die Auslegung und die Anwendung im konkreten Sachzusammenhang gestritten und entschieden. Daraus erklärt sich, daß die Mitgliedstaaten bereit sind, den Urteilen Folge zu leisten: Der Rechtsgehorsam folgt aus dem Wesen der Rechtsgemeinschaft und dem dauernden Konsens über ihren Bestand. Die bindende Wirkung des Rechtes in der Rechtsgemeinschaft ergibt die Verbindlichkeit der Urteile, in denen das Recht interpretiert und kontrolliert wird.[38]

In dieser Sicht erscheint im Gemeinschaftsrecht eine Vollstreckbarkeit der Urteile gegen Mitgliedstaaten nicht als notwendig. Hier zeigt sich der grundlegende Unterschied zum staatlich gesetzten Recht: Der Rechtsgehorsam der Bürger im Strafrecht, im öffentlichen Recht und in der vom Staat den Bürgern zur Verfügung gestellten Ordnung des Bürgerlichen Rechtes bedarf der Sicherung. Der Ladendieb, der Parksünder, der säumige Schuldner müssen wegen ihrer Rechtsverstöße mit Zwangsmitteln zur Rechenschaft gezogen werden können. Dagegen sind die Mitgliedstaaten der Rechtsgemeinschaft selbst Träger der von ihnen geschaffenen Ordnung. Die Mentalität des Ladendiebes kann ihnen nicht unterstellt werden, und der Satz, daß Recht ohne Zwangsbefugnisse nicht denkbar sei[39], trifft auf Rechtsverhältnisse dieser Ebene nicht zu.

In der hier entwickelten Perspektive ist die Einführung eines Bußgeldes wegen der Nichtachtung von Urteilen des Europäischen Gerichtshofes (Art. 228 Abs. 2 EGV-A/Art. 171 Abs. 2 EGV-M) überflüssig und inkonsequent, ebenso die Sanktionen, die der Vertrag gegen die Mißachtung eines Ratsbeschlusses gegen einen Mitgliedstaat wegen Verletzung der Haushaltsdisziplin durch ein übermäßiges Defizit ermöglicht (Art. 104 Abs. 11 EGV-A/Art. 104 c Abs. 11 EGV-M). Bis zum Vertrag von Maastricht ist die Gemeinschaft ohne derartige Sanktionen ausgekommen, und es ist nicht zu erkennen, daß sie mit ihnen besser funktionieren wird; allenfalls wird von einem Bußgeld ein zeitlicher Druck ausgehen. Die neuen Vorschriften könnten im übrigen als ein eher symbolisches Signal verstanden werden, das dem Gemeinschaftsrecht an diesen Stellen besonderen Nachdruck verleihen soll. So werden die Mitgliedstaaten, die ohnehin vertragstreu sind und grundsätzlich ihre Pflichten erfüllen, alles daransetzen, die Verhängung von Strafgeldern gegen sich zu vermeiden. Vielleicht sind diese Neuerungen aber auch eine Konzession an die Öffentlichkeit, die aus der Perspektive bürgerlicher Rechtsverhältnisse nach solchen Sanktionen fragt.

2.3 Grenzen der Wirksamkeit

In dem hier beschriebenen Bild einer durch das Recht getragenen und durch den Willen zu seiner Befolgung funktionierenden Rechtsgemeinschaft zeigen sich indes auch die Grenzen ihrer Funktionsfähigkeit: Die Mitgliedstaaten bleiben in der Lage, dem Gemeinschaftsrecht *faktisch* den Gehorsam zu verweigern.[40] Wenn ein Mitgliedstaat sich dazu entschließt, z. B. auf Grund von Souveränitätsvorstellungen, obwohl sie in der Gemeinschaft ihre Gültigkeit verloren haben, wird er auch durch ein Urteil des Gerichtshofes oder durch ein Bußgeld nicht zu zwingen sein, seine Pflichten zu erfüllen.[41] Es wäre indes verfehlt, aus solchen Möglichkeiten ein Recht der Mitgliedstaaten zu folgern. Da das Gemeinschaftsrecht ihnen ein Recht zu einer Verweigerung nicht gibt, muß dieses Verhalten als Rechtsbruch beurteilt werden. Es liegt in der Natur der Rechtsgemeinschaft, daß mit dieser Feststellung ihre Wirksamkeit endet. Das bedeutet zugleich, daß der betreffende Mitgliedstaat aus der Friedensordnung der Gemeinschaftsverfassung ausschert.

Es besteht bisher kein Anlaß, den Eintritt solcher Möglichkeiten für wahrscheinlich zu halten. Die wirtschaftliche und auch die politische Integration hat einen Grad erreicht, der Alleingänge der Mitgliedstaaten erschwert und eine Rückkehr zu einzelstaatlicher Politik ausschließen sollte (Point of no return). Darüber hinaus darf die bindende Kraft des Rechtes angesichts des hohen Standards der Rechtskultur der Mitgliedstaaten und ihrer andauernden Entschlossenheit zur europäischen Einigung nicht unterschätzt werden; auf ihr beruht die Existenz der Rechtsgemeinschaft. Es könnte förderlich sein, das Bewußtsein der Öffentlichkeit dafür zu stärken und damit die vielfachen Zweifel zu bekämpfen, die an der Einhaltung des Rechtes geäußert werden.[42]

Die für die Gemeinschaft existenzbedrohende Wirkung des Rechtsbruches eines Mitgliedstaates könnte im Einzelfall dadurch gemildert werden, daß die übrigen Mitgliedstaaten bereit sind, in dem kritischen Punkt, der Gegenstand des Streites ist, in eine Vertragsänderung einzuwilligen und das dafür vorgesehene Verfahren durchführen. So kann ein Autoritätsverlust für das Gemeinschaftsrecht aufgefangen werden; allerdings wird in dem betroffenen Bereich seine Effektivität vermindert, also der erreichte Grad der Integration beeinträchtigt. Auch setzt diese Strategie die Kompromißbereitschaft aller Mitgliedstaaten voraus; bei einem offenen Bruch des Gemeinschaftsrechtes ist sie unwahrscheinlich.

Als sinnvolle und konsequente Sanktion einer Rechtsgemeinschaft gegen ein Mitglied, das die Grundregeln einer solchen Gemeinschaft nicht respektiert und damit den existentiellen Konsens aufkündigt, sollte darüber hinaus die Suspendierung seiner Rechte oder sogar sein Ausschluß ermöglicht werden. Der Vertrag von Amsterdam sieht in dem neuen Art. 7 EUV-A ein Verfahren vor, durch das bestimmte Rechte aus dem Vertrag, einschließlich der Stimmrechte im Rat, ausgesetzt werden können. Voraussetzung ist allerdings eine schwerwiegende und anhaltende Verletzung der demokratischen und rechtsstaatlichen Grundsätze, auf denen die Regierungssysteme der Mitgliedstaaten beruhen (Art. 6 Abs. 1 EUV-A/Art. F Abs. 1 EUV-M). Politische Umwälzungen dieser Art werden möglicherweise die Mißachtung des Gemeinschaftsrechtes zur Folge haben. In diesen Fällen kann daher im Verfahren des Art. 7 EUV-A auch der Bruch der Rechtsgemeinschaft geahndet werden. Indessen wird ein Mitgliedstaat, der den Boden des Gemeinschaftsrechtes verläßt, nicht in jedem Fall auch zugleich die demokratische und rechtsstaatliche Grundlage seiner eigenen Verfassung aufgeben. Der Rückfall in Vorstellungen nationalstaatlicher Souveränität und die Abkehr von den Grundsätzen der Rechtsgemeinschaft kann zwar einen Bruch auch des nationalen Verfassungsrechtes darstellen, in Deutschland etwa der Verpflichtung auf die Vereinigung Europas in der Präambel und Art. 23 Abs. 1 des Grundgesetzes, das Demokratieprinzip und die Rechtsstaatlichkeit müssen aber dadurch nicht verletzt werden.

Anmerkungen

1 Vgl. Hallstein, Walter: Die EWG – eine Rechtsgemeinschaft, Ehrenpromotion, Universität Padua am 12. März 1962, in: ders.: Europäische Reden, 1979, S. 341; ders.: Die Europäische Gemeinschaft, 5. Auflage, Düsseldorf/Wien 1979, S. 51 ff.
2 Vgl. Gerichtshof der Europäischen Gemeinschaften: Sammlung der Rechtsprechung des Gerichtshofes und des Gerichtes erster Instanz (im folgenden abgekürzt mit Slg.), Luxemburg 1986, S. 1357, hier: 1365 (Les Verts); Slg. 1990 I, S. 3365, hier: 3372 (Zwartveld); siehe auch Gutachten 1/91, Slg. 1991 I, S. 6102, Rn. 21.
3 Vgl. Zuleeg, Manfred: Die Europäische Gemeinschaft als Rechtsgemeinschaft, Neue Juristische Wochenschrift (NJW) 1994, S. 545 ff, hier S. 546.
4 Vgl. Mosler, Hermann: Die Entstehung des Modells supranationaler und gewaltenteilender Staatenverbindungen in den Verhandlungen über den Schuman-Plan, in: Caemmerer, Ernst von (Hrsg.): Probleme des europäischen Rechts. Festschrift für Walter Hallstein zu seinem 65. Geburtstag, Frankfurt a. M. 1966, S. 355 ff, hier S. 382; danach ist das Wort »Constitution« bewußt vermieden worden; der Vorschlag für die Verwendung der Bezeichnung »Gemeinschaft« (Communauté) geht auf Carl Friedrich Ophüls zurück, siehe zum ganzen Ipsen, Hans Peter: Europäisches Gemeinschaftsrecht, Tübingen 1972, S. 196.
5 Von der Bundesrepublik Deutschland wurde sie mit dem Grundgesetz von 1949 wieder aufgenommen.
6 Zum Verständnis des Rechtsstaates in Deutschland vgl. z. B. Kunig, Philip: Das Rechtsstaatsprinzip. Überlegungen zu seiner Bedeutung für das Verfassungsrecht der Bundesrepublik Deutschland, Tübingen 1986; Eberhard Schmidt-Aßmann: Der Rechtsstaat, in: Isensee, Josef, und Paul Kirchhof (Hrsg.): Handbuch des Staatsrechts der Bundesrepublik Deutschland, Bd. 1 Grundlagen von Staat und Verfassung, Heidelberg 1987, § 24.
7 Entscheidungen des Bundesverfassungsgerichtes (BVerfGE) Bd. 2, S. 380 ff, hier S. 403.
8 BVerfGE 5, S. 85 ff, hier S. 197.
9 Die Definition der Rule of law wurde maßgeblich durch Albert Venn Dicey in seinem Law of the Constitution (1885) geprägt, siehe 8th ed. 1914, S. XVII; inhaltliche Erweiterung vor allem durch Einbeziehung der Menschenrechte brachte die Declaration of Delhi von 1959, siehe Marsh, Norman: The Rule of Law as a Supra-National Concept, in: Oxford Essays in Jurisprudence 1961, 9. Kapitel.
10 Vgl. Duverger, Maurice: Le système politique français, 20. Auflage, Paris 1990, S. 421 ff.; Charrier, Carmenza: La communauté de droit, une étape sous-estimé de la construction européenne, in: Revue du Marché Commun (1996), S. 521.
11 Mit diesem Satz hat auch der Gerichtshof den Begriff »Rechtsgemeinschaft« ausgefüllt und dabei die Kontrolle durch den Gerichtshof hervorgehoben, Slg. 1986, S. 1357, S. 1365 (Les Verts); Slg. 1990 I, S. 3365, S. 3372 (Zwartveld).

12 Durch den Amsterdamer Vertrag vom 2. Oktober 1997 sind die Verträge konsolidiert worden. Im folgenden wird der neue Vertragstext und die Artikelnumerierung der konsolidierten Fassung verwendet (die Amsterdamer Fassungen: EUV-A = Vertrag über die Europäische Union vom 7. Februar 1992 in der Fassung vom 2. Oktober 1997; EGV-A = Vertrag zur Gründung der Europäischen Gemeinschaft vom 7. Februar 1992 i. d. F. v. 2. Oktober 1992), die alten Artikelnumerierungen des Maastrichter Verträge (EUV-M/EGV-M) werden jedoch hinzugesetzt.
13 Grundlegende Urteile des EuGH zum Grundrechtsschutz in der EG: Rechtssache (Rs.) 29/69 (Stauder) Urteil (Urt.) v. 12.11.1969, Slg. 1969, S. 414, S. 425; Rs. 11/70 (Internationale Handelsgesellschaft) Urt. v. 17.12.1970, Slg. 1970, S. 1125, S. 1135; Rs. 4/73 (Nold) Urt. v. 14.5.1974, Slg. 1974, S. 491, S. 507 f.; Rs. 44/79 (Hauer) Urt. v. 13.12.1979, Slg. 1979, S. 3727, S. 3744 f.
14 Zum Grundrechtsstandard des Gemeinschaftsrechtes vgl. BVerfGE 73, S. 339, S. 378 ff. (»Solange II«).
15 Rs. 4/73 (Nold) Urt. v. 14.5.1974, Slg. 1974, S. 491, S. 507 f.; Rs. 44/79 (Hauer) Urt. v. 13.12.1979, Slg. 1979, S. 3727, S. 3745 ff.
16 Rs. 44/79 (Hauer) Urt. v. 12.12.1979, Slg. 1979, S. 3727, S. 3750; Rs. 234/85 (Keller) Urt. v. 8.10.1986, Slg. 1986, S. 2897, S. 2912 ff.
17 Rs. 155/79 (AM & S) Urt. v. 18.5.1982, Slg. 1982, S. 1579, S. 1610 f.; Rs. 136/79 (National Panasonic) Urt. v. 26.6.1980, Slg. 1980, S. 2033, S. 2056 f.
18 Stauder (Anm. 13), S. 424 f.; Schutz der Privatsphäre: National Panasonic (Anm. 17), S. 2033, S. 2056 f.; Schutz der Familie: Rs. 249/86 (Wanderarbeitnehmer) Urt. v. 18.5.1989, Slg. 1989, S. 1263, S. 1287 ff.; Religionsfreiheit: Rs. 130/75 (Prais) Urt. v. 27.10.1976, Slg. 1976, S. 1589, S. 1598 f.
19 Prais/Rat (Anm. 18), S. 1589, S. 1599; verbundene Rs. C-92 und 326/92 (Phil Collins) Urt. v. 20.10.1993, Slg. 1993 I, S. 5145, S. 5181 f.; Rs. 186/87 (Cowan) Urt. v. 2.2.1989, Slg. 1989, S. 195, S. 219 ff.
20 Hilf, Meinhard: Ein Grundrechtskatalog für die Europäische Gemeinschaft, Europarecht (EuR) 1991, S. 19.
21 Slg. 1973, S. 723, S. 729 (Westzucker); vgl. Hirsch, Günter: Das Verhältnismäßigkeitsprinzip im Gemeinschaftsrecht, Bonn 1997.
22 Vgl. Schwarze, Jürgen: Die europäische Dimension des Verfassungsrechts, in: Due, Ole (Hrsg.): Festschrift für Ulrich Everling, Bd. 2, Baden-Baden 1995, S. 1355, S. 1369 f.
23 Vgl. z. B. Slg. 1984, S. 1005, S. 1030 (Antidumpingzoll); 1977, S. 1875, S. 1902 f. (Kartellrecht); 1986, S. 408 (Subventionskontrollen).
24 Urt. v. 19.11.1991, Slg. 1991 I-5357 (Francovich).
25 Vgl. Slg. 1970, S. 1161; Slg. 1980, S. 3333.
26 Vgl. dazu Ipsen, Hans Peter: Europäisches Gemeinschaftsrecht (Anm. 4), S. 317 ff.
27 Vgl. dazu das folgende Kapitel; siehe die eingehende Würdigung von Ipsen, Hans Peter: Die Verfassungsrolle des Europäischen Gerichtshofs für die Integration, in: Schwarze, Jürgen (Hrsg.): Der Europäische Gerichtshof als Verfassungsgericht und Rechtsschutzinstanz, Baden-Baden 1983, S. 29–62.
28 Zu diesem Aspekt siehe z. B. Ehlermann, Claus-Dieter: Die Europäische Gemeinschaft und das Recht, in: Börner, Bodo (Hrsg.): Einigkeit und Recht und Freiheit. Festschrift für Karl Carstens zum 70. Geburtstag am 14. Dezember 1984, Band 1, Köln und München 1984, S. 81–94; Schwarze, Jürgen: Funktionen des Rechts in der Europäischen Gemeinschaft, in: ders. (Hrsg.): Gesetzgebung in der Europäischen Gemeinschaft, Baden-Baden 1985, S. 9–30, bes. S. 24 ff.
29 In seiner Definition des Begriffes »Rechtsgemeinschaft« stellt der Gerichtshof fest, »daß weder die Mitgliedstaaten noch die Gemeinschaftsorgane der Kontrolle darüber entzogen

sind, ob ihre Handlungen im Einklang mit der Verfassungsurkunde der Gemeinschaft, dem Vertrag stehen.«; Slg. 1986, S. 1357, S. 1365 (Les Verts); Slg. 1990 I, S. 3365, S. 3372 (Zwartveld).
30 Vgl. dazu etwa Slg. 1970, S. 1125, S. 1135 (Internationale Handelsgesellschaft).
31 Slg. 1991 I, S. 6079, Rn. 21 (Gutachten 1/91, EWR I)
32 Ständige Rechtsprechung, vgl. Slg. 1962, S. 867, S. 879; Slg. 1984, S. 777, S. 793.
33 Slg. 1969, S. 1 (van Gend & Loos); in diesem Fall begründet der Gerichtshof damit die unmittelbare innerstaatliche Wirkung von Gemeinschaftsrecht. Später hat der Gerichtshof den Hinweis auf das Völkerrecht fallengelassen. Slg. 1991 I (Anm. 31).
34 Vgl. Oppermann, Thomas: Europarecht. Ein Studienbuch, 2. Auflage, München 1999, S. 1 ff.
35 Vgl. Foerster, Rolf Hellmut: Europa. Geschichte einer politischen Idee, München 1967; siehe auch Nicolaysen, Gert: Europa und Utopia, in: Börner, Bodo (Hrsg.): Einigkeit und Recht und Freiheit (Anm. 28), S. 231, S. 239 ff.
36 Die herkömmliche Bündnispolitik souveräner Staaten kann nicht in eine Reihe mit Plänen zur Einigung Europas gestellt werden.
37 So Ehlermann, Claus-Dieter: Die Europäische Gemeinschaft und das Recht (Anm. 28), S. 81, S. 84; ein spektakulärer Fall vorsätzlicher Nichtachtung betraf das Urteil vom 25.9.1979 (Schaffleisch), Slg. 1979, S. 2729, dem Frankreich nicht gefolgt ist, vgl. dazu Kutscher, Hans: Abschied vom Gerichtshof der EG, EuR 1981, S. 1, S. 6 f.
38 Vgl. auch Nicolaysen, Gert: Europarecht, Band 1, Baden-Baden 1991, S. 237.
39 Vgl. Schachtschneider, Albrecht: Die existentielle Staatlichkeit der Völker Europas und die staatliche Integration der Europäischen Union, in: Blomeyer, Wolfgang, und Albrecht Schachtschneider (Hrsg.): Die Europäische Union als Rechtsgemeinschaft, Berlin 1995, S. 82.
40 Zur »gefährlichen Situation«, die dadurch eintritt, vgl. Ehlermann, Claus-Dieter: Die Europäische Gemeinschaft und das Recht (Anm. 28), S. 81 f.
41 Vgl. Everling, Ulrich: Das europäische Gemeinschaftsrecht im Spannungsfeld von Politik und Wirtschaft, in: Festschrift Hans Kutscher, 1981, S. 155 ff., S. 186 mit weiteren Nachweisen.
42 Die Diskussion über die Währungsunion bietet dafür ein Beispiel.

Europa als Wirtschafts- und Sozialgemeinschaft

STEFAN ROTTMANN

Wohl niemand wird bestreiten, daß der Prozeß der Integration die Staaten Europas in den vergangenen Jahrzehnten zu einer Wirtschaftsgemeinschaft zusammengeführt hat. Der Anspruch des Projektes »Europa« ist damit jedoch nicht erschöpft. Von Anfang an wollten die Europäischen Gemeinschaften auch eine soziale Wirkung entfalten, die die Lebensbedingungen aller ihrer Bürger verbessern sollte. Schon in der Präambel der Vertrages zur Gründung der Europäischen Gemeinschaft (EGV) ist vom Vorsatz die Rede, mit der Gründung der Gemeinschaft »die stetige Besserung der Lebens- und Beschäftigungsbedingungen ihrer Völker als wesentliches Ziel anzustreben«. Konkretisiert wird dieser Vorsatz noch einmal in Art. 2 EUV-A, der neben der harmonischen und ausgewogenen Entwicklung des Wirtschaftslebens auch »ein hohes Maß an sozialem Schutz, die Hebung der Lebenshaltung und der Lebensqualität, den Wirtschaftlichen und Sozialen Zusammenhalt und die Solidarität zwischen den Mitgliedstaaten« als Zielsetzungen der Gemeinschaft nennt. Damit ist ein Rechtsrahmen für die Handlungskompetenzen der Gemeinschaft umrissen, der deutlich über die bloße Herstellung der »vier Freiheiten« von Waren-, Personen-, Dienstleistungs- und Kapitalverkehr hinausgreift.[1]

Schon zu Beginn ihrer Existenz begab sich die Europäische Wirtschaftsgemeinschaft mit dieser Aufgabenstellung in ein politisches Minenfeld: Die Verantwortung für das soziale Wohl der Bürger war klassische Aufgabe der nationalen Wohlfahrtsstaaten – und diese gingen traditionell recht unterschiedlich mit ihr um. So konnte man sich zwar gerade noch über die gemeinsame Zielsetzung einig werden, für die Abgabe von Souveränitätsrechten zu ihrer Umsetzung fehlte den Gründerstaaten jedoch die Bereitschaft. Das gegenseitige Mißtrauen bewirkte so die Einigung auf den kleinsten gemeinsamen Nenner: Die Europäische Gemeinschaft konzentrierte sich auf die Umsetzung der vier Freiheiten (einmal abgesehen von der Gemeinsamen Agrarpolitik oder den Aktivitäten der Europäischen Gemeinschaft für Kohle und Stahl) und sorgte so für günstige Voraussetzungen für wirtschaftliches Wachstum.[2] Neben dieser indirekten Wohlfahrtswirkung verblieb die direkte wohlfahrtsstaatliche Versorgung der Bürger im Souveränitätsraum der Nationalstaaten. Gleichwohl war der über das Wirtschaftliche hinausgehende soziale Anspruch der Integration damit weder rechtlich noch politisch aufgehoben.

Die konkreten Fortschritte einer sozialen Integration Europas – verstanden als eine Harmonisierung im Bereich der nationalen Gesetzgebungen z. B. im Bereich der sozialen Sicherung oder des Arbeitsschutzes – konnten zu keiner Zeit mit dem wirtschaftlichen Zusammenwachsen der EG und späteren EU Schritt halten.[3] Bis heute wird außerdem die Wünschbarkeit einer so verstandenen sozialen Integration mit plausiblen Argumenten von einem Großteil der Mitgliedstaaten in Frage gestellt. Darüber hinaus bedeutet der Mangel an Rechtsharmonisierung nicht, daß die europäische Integration für die Bürger ohne spürbare soziale Wirkung geblieben wäre. Tatsächlich hat gerade seit den achtziger Jahren mit dem stärkeren Gleichlauf der Konjunkturen der EG-/EU-Mitgliedstaaten und der Annäherung der wirtschaftspolitischen Konzepte der Mitgliedstaaten eine kontinuierliche Verbesserung und Kohäsion der Lebensverhältnisse eingesetzt, die sich z. B. im Anstieg der durchschnittlichen Pro-Kopf-Einkommen niederschlägt.

Bis heute besteht der wesentliche Beitrag der Europäischen Union zum sozialen Zusammenhalt in erster Linie in der Herstellung eines wirtschaftlichen Rahmens, der den Mitgliedstaaten ein kontinuierliches Wachstum und die Sicherung ihres Wohlstandes ermöglicht. Die wichtigsten Instrumentarien, die der Union zu diesem Zweck zur Verfügung stehen, sind die des Binnenmarktes und der Wirtschafts- und Währungsunion (WWU). Ergänzt werden sie durch das System der Strukturfonds, die helfen sollen, strukturelle Rückstände einzelner Regionen in der wirtschaftlichen Leistungsfähigkeit auszugleichen. Die Hauptverantwortung für die soziale Sicherheit der Bürger ist dagegen stets bei den Mitgliedstaaten verblieben.

Die neunziger Jahre haben mit der verschärften Wettbewerbssituation, vor der die Globalisierung Europa gestellt hat, neue Herausforderungen für den Prozeß des wirtschaftlichen und sozialen Zusammenwachsens Europas geschaffen. Auch der Beginn der dritten Stufe der Währungsunion verschiebt den Status quo, der sich zwischen wirtschaftlicher Liberalisierung und Vergemeinschaftung auf Unionsebene einerseits und nationaler Wohlfahrtspolitik andererseits etabliert hat. In dem Maße, in dem die neuen wirtschaftlichen Rahmenbedingungen nationale Verteilungsspielräume zusammenschmelzen lassen, stehen die Mitglieder der Europäischen Union vor der Aufgabe, das Gleichgewicht zwischen Wettbewerbsorientierung und hohem sozialen Sicherungsniveau neu auszutarieren. Das Seil, auf dem sich dieser Balanceakt vollziehen soll, ist mit der Wirtschafts- und Währungsunion und dem Stabilitäts- und Wachstumspakt gespannt. Es gilt nicht nur, seine Tragfähigkeit zu untersuchen, sondern auch, was Europa am anderen Ende erwartet.

1. WWU und Stabilitätspakt als Ordnungsrahmen für die Zukunft

Der Schlüssel für eine erfolgreiche wirtschaftliche Entwicklung der Europäischen Union im nächsten Jahrhundert heißt staatliche Zurückhaltung. So ließe sich der Ordnungsrahmen, den Wirtschafts- und Währungsunion und Stabilitätspakt für die

Zukunft umschreiben, auf einen Satz verkürzen. Die Währungsunion bedeutet für die meisten nationalen Regierungen mehr als nur die Einführung eines gemeinsamen Geldes: Sie geben mit ihr freiwillig eine Vielzahl von Hebeln aus der Hand, die ihnen bisher erlaubten, mehr oder minder erfolgreich Einfluß auf die Binnenkonjunktur zu nehmen. Die Gründung der Europäischen Zentralbank (EZB) entzieht die Geldpolitik dem nationalen politischen Einfluß, der vielerorts zuvor bestanden hat. Politisch unabhängige Zentralbanken wie die Deutsche Bundesbank bildeten eher die Ausnahme als die Regel. Der Wechselkurs der nationalen Währung, noch in der ersten Hälfte der neunziger Jahre im Europäischen Währungssystem (EWS) ein aus verschiedensten Motivationslagen heraus eifersüchtig verteidigtes nationales Politikum, existiert fortan nicht mehr. Dem wichtigsten der verbleibenden wirtschaftspolitischen Instrumente, der Fiskalpolitik, erlegt der Stabilitäts- und Wachstumspakt strenge Regeln auf: Ziel der nationalen Haushaltspolitik muß künftig de facto ein ausgeglichenes Budget sein, wenn ein Mitgliedstaat den Pakt erfüllen will.

Hinter dieser Beschneidung nationalen Bewegungsspielraumes in fast allen Bereichen der Wirtschaftspolitik steckt mehr als die Absicht, systematisch alle möglichen Gefahren für die Geldwertstabilität des Euro auszuschalten. Die Maßnahmen umschreiben vielmehr ein neoliberales Ordnungskonzept für die Gestaltung des Wirtschafts- und Sozialraumes Europa. Seine Ratio ist die Maximierung des wirtschaftlichen Wohlstandes Europas durch ein freies, politisch möglichst unverzerrtes Spiel der Marktkräfte. Selbst die ordnungspolitischen Einflußmöglichkeiten, die keinen expliziten Regeln unterliegen, wie z. B. das Steuerwesen, bleiben vom Wirken des Marktes nicht unbeeinflußt: Unter den transparenten Bedingungen der Währungsunion werden sie vielmehr zum Wettbewerbsinstrument, mit dessen Hilfe die Nationalstaaten um attraktive Direktinvestitionen, qualifizierte Arbeitskräfte und Unternehmensstandorte konkurrieren.

Daß die Gemeinschaft ein so klar marktorientiertes Ordnungskonzept für die Wirtschafts- und Währungsunion gewählt hat, ist eigentlich überraschend, vergleicht man es mit den deutlich mehr wohlfahrtsstaatlichen Ordnungskonzepten, denen die meisten Mitgliedstaaten seit Jahrzehnten verpflichtet sind. Fragen wie die soziale Absicherung von Kranken, Alten oder Arbeitslosen werden in keinem Mitgliedstaat allein dem Markt überlassen. Überall sind die hergebrachten staatlichen oder halbstaatlichen Sicherungssysteme heute durch demographische Entwicklungen, Arbeitslosigkeit und schrumpfende staatliche Verteilungsspielräume unter Druck geraten. Das hohe Niveau der Arbeitslosigkeit, mit dem sich ganz Europa konfrontiert sieht, wird in allen Mitgliedstaaten als nicht hinnehmbar erachtet. Im weltweiten Vergleich sind die europäischen Industriestaaten starke Arbeitnehmervertretungen gewohnt und damit eine eher geringe Flexibilität der Löhne für Anpassungen nach unten. All diese Ausgangsparameter weisen auf den ersten Blick nicht in Richtung auf ein starkes neoliberales Ordnungskonzept für den Wirtschaftsraum Europa hin. Nichtsdestoweniger wurden die Weichen in genau diese Richtung gestellt.

Die Ursachen hierfür sind nicht allein in der freien Entscheidung der Architekten der Währungsunion zu suchen[4], sie sind vielmehr zum Teil durch die Rahmenbedingungen der Globalisierung vorgegeben. Die Beurteilung der Kreditwürdigkeit von Nationalstaaten auf den internationalen Kapitalmärkten orientiert sich am Idealbild: »Keine Inflation, kein Staatsdefizit.«[5] Wer durch exzessive Verschuldungs- oder lockere Geldpolitik von ihm abweicht, muß mit Kapitalflucht von den nationalen Märkten und höheren Zinslasten für die eigene Staatsschuld rechnen. Beispiele für eine solche Abstrafung nationaler Politiken durch den Markt sind auch in der Europäischen Union noch in frischer Erinnerung: Die Währungsturbulenzen, die 1992 und 1993 das Europäische Währungssystem zur Öffnung seiner Bandbreiten für Wechselkursschwankungen zwangen, waren das Resultat massiver Spekulationen von Fonds und anderer weltweit agierender Anleger, die angesichts der Wirtschaftspolitiken z. B. Großbritanniens und Italiens deren Leitkurse im EWS für zu hoch hielten und deshalb im großen Stil ihr Vermögen aus diesen Märkten abzogen. Auch die vereinten Anstrengungen aller europäischen Zentralbanken konnten die Flut nicht stoppen; innerhalb weniger Wochen waren die Devisenreserven, die z. B. die Französische Nationalbank zur Stabilisierung des Wechselkurses des Franc einsetzte, nahezu aufgezehrt. Dem Rat blieb keine andere Wahl, als die zulässigen Schwankungsbreiten der Wechselkurse um die EWS-Leitkurse von ±2,25 Prozent auf ±15 Prozent zu erweitern und die Kurse damit de facto freizugeben. Das Resultat dieser Entscheidung mag überraschen: In der Folgezeit kam es nicht mehr zum dramatischen Auf und Ab der Wechselkurse im EWS, da die Märkte Vertrauen in die Bemühungen der Nationalstaaten faßten, sich den Konvergenzkriterien des Maastrichter Vertrages für den Zugang zur Währungsunion zu unterwerfen – und damit genau dem Grundsatz: »Keine Inflation, kein Staatsdefizit.« Die sogenannte Stabilitätskultur, die Europa sich im Rahmen der Vorbereitung der letzten Stufe der WWU erarbeitet hat, ist somit nicht allein ein Kind der ordnungspolitischen Überzeugung der Regierungen der Mitgliedstaaten; sie hat ihre Wurzeln ebenso im Zwang der Globalisierung, dem sich die einzelstaatliche Politik nirgendwo entziehen kann.[6]

2. Zwischen Wettbewerb und Interventionismus

Schon vor Beginn der dritten Stufe der Währungsunion – der tatsächlichen Einführung der gemeinsamen Währung – mehrten sich jedoch die Anzeichen, daß ihr marktliberales Bauprinzip nicht das letzte Wort bleiben sollte. Die Bereitschaft der nationalen Regierungen, es auch auf der Ebene der Europäischen Union durch wohlfahrtsstaatliche Maßnahmen zu flankieren, ist in den vergangenen Jahren kontinuierlich gewachsen – nicht zuletzt unter dem Einfluß der Wahlerfolge linksorientierter Regierungen in den wichtigsten EU-Mitgliedstaaten. Eine mögliche Abkehr von den Grundsätzen staatlicher Zurückhaltung und wettbewerblicher

Lösungen zeichnet sich unter anderem auf den Feldern der Beschäftigungs- und der Steuerpolitik ab, wo Bestrebungen zur Harmonisierung auf Unionsebene bestehen. Abzuwarten bleibt, ob sie den ordnungspolitischen Charakter der EU langfristig verändern werden: Zieht die Wirtschafts- und Währungsunion notwendigerweise eine Sozialunion nach sich?[7]

Ihren greifbarsten Ausdruck fanden die neuen Harmonisierungsbestrebungen bisher in der Aufnahme des »Beschäftigungskapitels« in den Amsterdamer Vertrag im Juni 1997 und in den beschäftigungspolitischen Beschlüssen des Europäischen Rates im November 1997. Die anhaltend hohe Arbeitslosigkeit in der gesamten Union hat einen Handlungsdruck generiert, dem die Regierungen sich nicht mehr entziehen können. Mit dem Amsterdamer Vertrag findet die Förderung der Beschäftigung als »Angelegenheit gemeinsamen Interesses« Eingang in den EG-Vertrag; die Union erhält die ausdrückliche Befugnis, die Beschäftigungspolitik der Mitgliedstaaten zu unterstützen und zu ergänzen. Zu diesem Zweck kann der Ministerrat mit qualifizierter Mehrheit Ausgabenprogramme beschließen. Im Vordergrund steht jedoch die Zielsetzung, daß die Mitgliedstaaten über die Gremien der Union ihre Beschäftigungs- und Wirtschaftspolitik miteinander koordinieren und alljährlich zum Beschluß von »beschäftigungspolitischen Leitlinien« finden sollen.[8]

Diese neuen Kompetenzen können, müssen aber nicht im Widerspruch zum Grundgerüst der Währungsunion stehen. Einer seiner wichtigsten Pfeiler ist der Wettbewerb der europäischen Volkswirtschaften: In der Konkurrenz unterschiedlicher Wirtschafts-, Steuer- und Sozialpolitiken sollen sich diejenigen durchsetzen, die die größten Wohlfahrtsgewinne erzeugen. Experimente sind gefragt, innovative Ansätze dringend gesucht. Wer im Wettbewerb zurückbleibt, muß um die Abwanderung von Arbeitgebern und Arbeitnehmern fürchten, der im durch die Währungsunion vollendeten Binnenmarkt kaum noch Hindernisse im Weg stehen. Eine Koordinierung der nationalen Reformanstrengungen über beschäftigungspolitische Leitlinien kann theoretisch den Lernprozeß für alle Mitgliedstaaten beschleunigen und den *best practices* zur schnelleren Durchsetzung verhelfen. Sie kann den Prozeß der Erneuerung jedoch auch ausbremsen, wenn die Regierungen mit gemeinsamen Programmen versuchen, einen schmerzhaften Strukturwandel zu verlangsamen und abzumildern und zu diesem Zweck neue Hindernisse für den Wettbewerb im Binnenmarkt errichten. Daß die tatsächliche Entwicklung den letztgenannten Kurs einschlägt, ist angesichts des Beharrungsvermögens eingesessener nationaler Institutionen (z. B. des »Generationenvertrages« für die Sozialversicherungen) und der Arbeitnehmerklientel der wichtigsten sozialdemokratischen Regierungen zumindest nicht unwahrscheinlich.

Ein weiteres Beispiel für das Spannungsfeld zwischen Harmonisierung und Wettbewerb der nationalen Ordnungspolitiken ist die heftige Debatte um die Steuerharmonisierung, die im Winter 1998 zwischen Großbritannien, Deutschland und Frankreich ausgebrochen ist. Während die Fronten der öffentlichen Diskussion sich verhärteten und der Ton der britischen Medienberichterstattung über den deutschen

Finanzminister teils offen feindselig wurde, bestand zwischen den konkurrierenden nationalen Vorstellungen doch in einem Punkt Einigkeit: Die Frage, wieviel Angleichung der Steuerpolitik das Funktionieren des Gemeinsamen Marktes und der Währungsunion voraussetzt, läßt sich nicht in ein Schwarz-Weiß-Schema von Harmonisierung und Wettbewerb pressen.

Es ist unter den EU-Mitgliedstaaten unumstritten, daß ein gewisses Maß an Übereinstimmung der Steuersysteme die grenzüberschreitenden Aktivitäten europäischer Firmen erleichtern und ankurbeln könnte, und daß bestimmte Formen des Steuerwettbewerbes einzelnen Staaten »unfaire« Vorteile auf Kosten ihrer Nachbarn zu verschaffen drohen (*beggar thy neighbour-policies*). Schon 1997 beauftragte der Rat eine Arbeitsgruppe aus Vertretern der Kommission und der Mitgliedstaaten mit der Untersuchung schädlicher Praktiken des »Steuerdumpings«. Eine Reihe von Verhaltensmaßregeln (*code of conduct*) soll helfen, schädliche Wettbewerbspraktiken zu identifizieren und zu unterbinden. Danach sind unter anderem solche Regelungen als schädlich anzusehen, die
- Steuervorteile nur nicht im Lande ansässigen Firmen oder einzelnen zugänglich machen,
- die Auswirkungen der Vorteilsgewährung von der heimischen Wirtschaft abschirmen und die nationale Steuerbasis unberührt lassen,
- Steuervorteile solchen Firmen oder einzelnen zugänglich machen, die gar keine echte wirtschaftliche Aktivität im vorteilsgewährenden Land entfalten.

Obwohl die vollständige Liste der zu beanstandenden Maßnahmen noch länger ist, haben zahlreiche Interessengruppen (auch von Unternehmensseite) signalisiert, daß sie keineswegs vollständig ist: Sowohl die nationale steuerliche Förderung bestimmter Industrien als auch bestimmter Regionen könnte durchaus darunter fallen.[9]

Gleichzeitig bestätigen im Binnenmarkt tätige Unternehmen, daß die Vielfalt nationaler Besteuerungsverfahren mindestens so viele Hindernisse wie Anreize für grenzüberschreitende wirtschaftliche Aktivitäten in sich birgt. Vergleicht man allein die Steuersätze für Unternehmensgewinne, erscheinen die dramatischen Unterschiede zwischen den Mitgliedstaaten (28 Prozent in Finnland und Schweden am unteren Ende der Skala, Deutschland mit 43,6 Prozent auf ausgeschüttete und 56,7 Prozent auf einbehaltene Gewinne am oberen[10]) starke Argumente für die Standortwahl von Unternehmen zu liefern. Doch jenseits attraktiver Steuersätze beginnen die unübersichtlichen Unterschiede zwischen den nationalen Systemen, die von der Bestimmung der zu versteuernden Gewinne bis hin zu den verschiedenen Beiträgen der Unternehmen zur Sozialversicherung ihrer Mitarbeiter reichen. Unternehmen und ihre Verbände, so z. B. der europäische Arbeitgeberverband UNICE, erwarten sich von einer Harmonisierung der Steuersysteme, die diese Unübersichtlichkeiten beseitigt, eine größere Wirkung auf die wirtschaftliche Aktivität im Binnenmarkt als von der bloßen Angleichung der Steuersätze.[11]

Ein reines Wettbewerbskonzept der Ordnungspolitiken wird eine solche Annäherung auch zukünftig nicht leisten können. Die Kontrolle über die Steuerbasis und damit über die eigenen Einkünfte entscheidet über die Fähigkeit der nationalen Regierungen, ihr jeweiliges Programm zu finanzieren und ihre Souveränität nach innen zu erhalten. Entsprechend schleppend vollzogen sich seit Anfang der siebziger Jahre alle Ansätze in der Gemeinschaft, zumindest in Teilen zu einer gemeinsamen Steuerpolitik zu finden. Die größten Fortschritte gab es im Vorfeld der Einführung des Binnenmarktes zum 1. Januar 1993, doch auch hier verwehrten sich die Mitgliedstaaten gegen eine Einmischung der Kommission in zentrale Fragen der Unternehmensbesteuerung. Annäherung gab es hingegen bei den indirekten Steuern, namentlich bei der Mehrwertsteuer.[12]

Auch die neuere Diskussion, angestoßen unter anderem von der im Winter 1998 ins Amt gelangten rot-grünen Bundesregierung, ist eher von der Sorge der Regierungen um ihre Einkünfte als von dem Wunsch nach einem vollendeten Binnenmarkt motiviert: Eine Einigung unter anderem auf minimale Steuersätze für Unternehmen soll »Umwelt- und Sozialdumping« vorbeugen und Steueroasen in Europa austrocknen. Widerstand schlägt diesen Bestrebungen vor allem aus Großbritannien entgegen, wo die Labour-Regierung unter Tony Blair den niedrigen Unternehmenssteuersatz von 31 Prozent als wesentlich für den weiteren Aufschwung des Landes betrachtet. Ähnliche Sorgen bestehen in Irland.[13] So hat auch das Ringen um mehr Gemeinsamkeit in der Steuerpolitik zwar das Potential, zu einem besseren Funktionieren des Gemeinsamen Marktes beizutragen, doch deuten die Anzeichen der gegenwärtigen Diskussion ebenfalls darauf hin, daß die Vertreter der Harmonisierung in erster Linie die Vermeidung weitgehender Strukturreformen im Auge haben.

3. Sozialunion oder sozialpolitische Lerngemeinschaft?

Es ist eher unwahrscheinlich, daß mit der Vergemeinschaftung einiger Bereiche der Beschäftigungs- oder Steuerpolitik langfristig die Tür zu einer »Sozialpolitischen Union« aufgestoßen ist, in der der nationale Wohlfahrtsstaat seine Sorge um die Bürger an die supranationale Ebene abgibt. Für eine solche Verantwortung fehlt es der Europäischen Union auch auf lange Sicht an Geld, organisatorischen und politischen Ressourcen und an Legitimität. Zweifel sind ferner angebracht, ob eine solche sozialpolitische Union eine wünschenswerte Entwicklung darstellt. Die europäischen Wohlfahrtsstaaten treten ihren Bürgern traditionell recht unterschiedlich gegenüber, selten werden sie revolutionären Veränderungen unterworfen. Unterschiedliche Versorgungsniveaus für unterschiedliche Bereiche (Gesundheit, Rente, Arbeitslosigkeit, Familie etc.) sind von den einzelnen Staaten nicht willkürlich gewählt, sondern spiegeln sowohl ihre wirtschaftliche Leistungsfähigkeit als auch gesellschaftliche Präferenzen wider. Eine unionsweit einheitliche Sozialpolitik nach dem »*one size fits all*«-Prinzip wird deshalb bei den Bürgern auf mehr Widerstand als Zuspruch treffen. Schon die – wirtschaftlich viel naheliegendere – Vergemeinschaftung der Geldpolitik hat die Mehrzahl der Bürgerinnen und Bürger verunsichert und die Grenzen des öffentlichen Konsenses aufgezeigt, auf dem die Vertiefung der Integration ruht. Wer schon mit Mißtrauen »seine« Deutsche Mark durch den Euro abgelöst sehen mußte, wird sich schwerlich von den Vorzügen z. B. einer europäischen Rente überzeugen lassen. Aus diesem (wie aus zahlreichen anderen) Gründen scheint eine »sozialpolitische Union«, die eine ähnliche Vertiefung wie die Währungsunion besitzen sollte, vor dem Hintergrund der Gegenwart kaum vorstellbar.

Als eine Alternative, die sowohl sachdienlicher als auch leichter mit dem gesellschaftlichen Konsens über die europäische Integration vereinbar ist, erscheint eine »sozialpolitische Lerngemeinschaft« der EU-Mitgliedstaaten, in der die Festsetzung und Durchführung der Politiken in nationaler Hand bleiben, ihre Konzeption aber alle Vorzüge des Erfahrungs- und Informationsaustausches zwischen den Partnerländern ausnutzt. Eine solche Lerngemeinschaft müßte sich zum Ziel setzen, neue und übertragbare Politikkonzepte schnell zu verbreiten und ihre Implementierung zu unterstützen. Sie könnte verhindern, daß der grundsätzlich gewünschte »Wettbewerb der Systeme« Regelungen hervorbringt, die nicht miteinander vereinbar sind und die Freizügigkeit der Arbeitnehmer in der Union behindern (z. B. inkompatible Rentensysteme).[14]

Die Errichtung einer sozialpolitischen Lerngemeinschaft bedarf weniger neuer Institutionen und Verträge als vielmehr der Überwindung hergebrachter sozialpolitischer Denkmuster auf seiten der Regierungen und der Sozialpartner. Voneinander lernen setzt die Bereitschaft voraus, Sozialpolitik nicht länger als einen »nationalen Schrebergarten« zu betrachten, der eifersüchtig vor nachbarlichen Einflüssen beschützt werden muß. Notwendig ist eine weit offenere und tiefschürfendere Auseinandersetzung mit Erfolgen und Mängeln der konkurrierenden Systeme der Nachbarländer, als sie bisher in Europa üblich ist.

Auch in einem zweiten Sinne kann eine unionsweite wirtschafts-, sozial- und steuerpolitische Kooperation einen wertvollen Beitrag zur Wohlfahrtssteigerung leisten, und zwar durch die Erzeugung positiver Erwartungen bei den Wirtschaftsteilnehmern. Dies bedarf näherer Erläuterung: Das ordnungspolitische Regime der Währungsunion läßt sich nicht nur als marktliberal, sondern auch als »postkeynesianisch« beschreiben.[15] Die in den dreißiger Jahren vor dem Hintergrund der weltweiten Rezession entstandene Wirtschaftstheorie von John Maynard Keynes weist dem Nationalstaat mit seiner Geld- und Fiskalpolitik eine entscheidende Rolle bei der Überwindung von Wirtschaftskrisen zu: Durch Steigerung der Staatsausgaben oder Erhöhung der Geldmenge kann er der Binnenkonjunktur Impulse geben, die sie aus ihrem Tief herausführen. Das bedeutet nicht zwangsläufig, daß der Staat zum Beispiel als Arbeitgeber im großen Stil den wirtschaftlichen Aufschwung anführen muß. Die zentrale steuernde Komponente ist vielmehr auch in der keynesianischen Theorie die Investitionsbereitschaft der Unternehmen; von ihr gehen die wichtigsten Impulse für die Steigerung des Volkseinkommens und der Wohlfahrt aus.[16] Die Bereitschaft der Unternehmen zur Investition ist in der Theorie von ihren Erwartungen bestimmt: Rechnen sie mit Wachstum und einer stabilen Entwicklung, sind sie zu mehr Engagement bereit.

Während die wirtschaftspolitische Praxis besonders während der Krisen der siebziger Jahre die Schwächen von Keynes' Theorie gerade in bezug auf die Wirksamkeit staatlicher Ausgabenprogramme in offenen Volkswirtschaften aufgezeigt hat, ist die Bedeutung der positiven Erwartungen der Wirtschaftsteilnehmer für Investitionen, Wachstum und Beschäftigung nach wie vor klar ersichtlich. Diese positiven Erwartungen prägen jedoch nicht zuletzt der Kurs der Europapolitik. Jüngstes Beispiel für ihre Rolle sind die sehr begrenzten Auswirkungen der russischen und asiatischen Finanzkrisen 1997 und 1998 auf die Entwicklung in der Europäischen Union: Die Sorge, die EU könnte in einen wirtschaftlichen Abwärtstrend hineingerissen werden, wurde weitgehend überlagert von der positiven Erwartung eines pünktlichen Beginnes der Wirtschafts- und Währungsunion mit all ihren positiven Auswirkungen auf das Wachstum in Europa.[17] Die Wirkung auf die Zukunftsperspektive von Unternehmen, die von europäischen Projekten wie der Währungsunion oder dem Binnenmarkt ausgeht, übertrifft jeden denkbaren nationalen Reformplan. Aus einem »post-keynesianischen« Erwartungsmanagement der politischen Akteure sind die Integrationsbemühungen der Europäer auch künftig nicht wegzudenken: Die Hoffnung auf Fortgang der europäischen Einigung trägt so entscheidend zur Wohlfahrt in der Europäischen Union bei.

Die Auseinandersetzung um die europäische Beschäftigungs- oder Steuerpolitik markiert somit keinen Paradigmenwechsel der europäischen Ordnungspolitik, sondern bestenfalls eine neue Phase im Widerstreit zweier Ordnungskonzepte für die Europäische Union: einem marktliberalen und einem interventionistischen. Beide Konzeptionen haben seit dem Abschluß der Römischen Verträge Einfluß auf die Ausgestaltung der Europäischen Gemeinschaften gehabt und sie in verschiedenen Phasen jeweils unterschiedlich stark geprägt: Während die frühe Geschichte der EWG mit der Verwirklichung der Zollunion und der starken Ausprägung der vier Marktfreiheiten als individuelle Rechte durch die Rechtsprechung eher liberale Züge trägt, prägt danach mit der Anhäufung neuer, nicht binnenmarktbezogener Kompetenzen (z. B. Umweltpolitik) in den achtziger Jahren stärker der Interventionismus das Bild.[18]

Beiden Ordnungsvorstellungen ist das Ziel der Wohlfahrtssteigerung für alle europäischen Bürger gemein; es ist – wie eingangs erklärt – von Anfang an fester Bestandteil des europäischen Integrationsprojektes. Die Europäische Union ist eine »Sozialunion« in ihrem Anspruch, die Wohlfahrt ihrer Bürger auf Dauer zu sichern und zu steigern. Strittig ist, wie sich dieser Anspruch verwirklichen läßt. Dies aber ist nun keine Frage der »reinen Lehre«; ihre Beantwortung setzt nicht voraus, daß die Union stets konsistent marktliberale bzw. interventionistische Mittel zur Lösung ihrer anstehenden Aufgaben einsetzt. Vielmehr muß sich die Diskussion immer aufs Neue bemühen, den richtigen *Policy Mix* zu finden, der die optimale Mischung aus Marktkräften und staatlicher Wohlfahrtspolitik garantiert.

Anmerkungen

1 Vgl. Geiger, Rudolf: EG-Vertrag. Kommentar zu dem Vertrag zur Gründung der Europäischen Gemeinschaft, München 1993, S. 14–18.
2 Vgl. Genschel, Phillip: Markt und Staat in Europa, in: Politische Vierteljahresschrift 1 (1998), S. 55–79, hier: S. 59.
3 Vgl. Däubler, Wolfgang: Die Soziale Dimension des Europäischen Binnenmarktes, in diesem Band.
4 Obwohl die Ausgestaltung der Währungsunion durch den Maastrichter Vertrag unzweifelhaft die Handschrift der damaligen deutschen Präferenzen der Bundesregierung Helmut Kohls und der deutschen Bundesbank trägt.
5 Montani, Guido: The European Government of the Economy, in: The Federalist 3 (1997), S. 126–176, hier: S. 150.
6 Dies belegt auch das Beispiel der USA, wo die Federal Reserve Bank seit Jahren erfolgreich Inflationsbekämpfung betreibt, während sich die Regierung und die Großen Kongreßparteien erfolgreich um einen Ausgleich des Staatsdefizites bemüht haben. Vgl. Montani (Anm. 5).
7 Neben dieser Frage ließe sich natürlich darüber diskutieren, ob die konkreten Beschlüsse des Rates zur Bekämpfung der Arbeitslosigkeit meßbaren praktischen Nutzen haben werden. Um darauf eine Antwort zu finden, ist es noch zu früh. Doch auch nach einiger Anlaufzeit bliebe ein solcher Effekt stets schwer meßbar und würde überlagert von den größeren wirtschaftlichen Einflußfaktoren, denen der Arbeitsmarkt unterworfen ist. Unbefriedigenderweise bleibt die wichtigste Frage im Zusammenhang mit einer Arbeitsmarktpolitik der EU – die nach ihrem Nutzen – stets ein Objekt der Spekulation.
8 Kritisch zum Beschäftigungskapitel Feldmann, Horst: Die neue gemeinschaftliche Beschäftigungspolitik, in: integration 1 (1998), S. 43–49.
9 Vgl. Kelly, Jim: EU Members on Quest to Define a »Harmful« Regime, in: Financial Times v. 9. Dezember 1998, S. 4.
10 Zahlen aus Financial Times v. 9. Dezember 1998, S. 2.
11 Vgl. Kelly, Jim: Reforms Essential to Find True Harmony, in: Financial Times v. 9. Dezember 1998, S. 4.
12 Vgl. Dicke, Hugo: Der Europäische Binnenmarkt, in diesem Band.
13 Vgl. McLoughlin, Evin: Irland, in diesem Band; sowie Norman, Peter: Tax Debate Storms Out from the Margins, in: Financial Times v. 9. Dezember 1998.
14 Zu einer ähnlichen Nutzung der neuen Abstimmungsmechanismen für die Beschäftigungspolitik als »*peer-pressure review process*« vgl. auch Dohse, Dirk, und Christiane Krieger-Boden: Währungsunion und Arbeitsmarkt. Auftakt zu unabdingbaren Reformen, Kieler Studien 290, Tübingen 1998, bes. S. 122 ff.
15 Vgl. zu dieser Interpretation Montani (Anm. 5), S. 149 ff, bes. S. 154.
16 Vgl. Felderer, Bernhard, und Stefan Homburg: Makroökonomik und neue Makroökonomik, 5. Auflage, Berlin u. a. 1991, S. 109 ff.
17 Vgl. z. B. Bewährungsprobe für die Stabilitätsinsel Europa. Die Finanzmarktkrise als Test für das Euro-Projekt, in: Neue Zürcher Zeitung v. 2. September 1998, S. 9; Euro schützt vor dramatischen Einbrüchen, in: Handelsblatt v. 14./15. August 1998, S. 23.
18 Vgl. Genschel (Anm. 2).

Europas neue Rolle in der Welt

WERNER WEIDENFELD UND FRANCO ALGIERI

Europa befindet sich in einer Bestimmungsphase. Zunächst betrifft dies die ökonomische, gesellschaftliche und politische Ordnung, die sich am Modell der europäischen Integration orientiert. Die Europäische Union wirkt als Gravitationszentrum für benachbarte Staaten, wobei für beide Seiten die Chancen, Nutzen und Risiken der Erweiterung abzuwägen sind.[1] Daneben besteht ein hoher Erklärungsbedarf zur Bestimmung der künftigen Rolle einer erweiterten EU in der Welt. Wie in früheren Phasen des Integrationsprozesses, so ist auch heute für die 15 Mitgliedstaaten umfassende Union eine deutliche Diskrepanz zwischen außenwirtschaftlichem und außenpolitischem Profil erkennbar – mit den damit einhergehenden Einschränkungen für das gemeinsame Handeln in der internationalen Politik.

Während einerseits ein Versagen der EU bei sicherheits- und verteidigungspolitischen Fragen beklagt wird, ist andererseits eine zunehmende Intensivierung und Ausdifferenzierung im Bereich ihrer Außenbeziehungen festzustellen. Welche Konsequenzen ergeben sich hieraus für das Profil einer sich vergrößernden Europäischen Union? Eine Antwort auf diese Frage muß berücksichtigen, wie und unter welchen Einschränkungen sich die außenpolitische Identitätssuche entwickelt. Hieraus ergibt sich die Grundlage zur Definition der Weltmacht Europa.

1. Die Bedeutung der Vergangenheit

Das Selbstverständnis des Akteurs EU in der internationalen Politik ist im Vertrag über die Europäische Union festgeschrieben. Die Gemeinsame Außen- und Sicherheitspolitik (GASP) soll die Identität der Union auf internationaler Ebene behaupten. Diese Identität prägen unter anderem folgende Ziele[2]:
- die Wahrung der gemeinsamen Werte, der grundlegenden Interessen, der Unabhängigkeit und der Unversehrtheit der Union im Einklang mit den Grundsätzen der Charta der Vereinten Nationen;

- die Stärkung der Sicherheit der Union in all ihren Formen;
- die Wahrung des Friedens und die Stärkung der internationalen Sicherheit entsprechend den Grundsätzen der Charta der Vereinten Nationen sowie den Prinzipien der Schlußakte von Helsinki und den Zielen der Charta von Paris, einschließlich derjenigen, welche die Außengrenzen betreffen;
- die Förderung der internationalen Zusammenarbeit;
- die Entwicklung und Stärkung von Demokratie und Rechtsstaatlichkeit sowie die Achtung der Menschenrechte und Grundfreiheiten.

Die Mitgliedstaaten arbeiten laut Vertrag hierfür zusammen und sehen darin eine Stärkung der gegenseitigen politischen Solidarität. Ebenso besteht das Gebot, Aktivitäten zu vermeiden, die dem Wirken der EU als kohärente Kraft in den internationalen Beziehungen schaden könnten. Anzahl und Spektrum der Themen, die sich auf der politischen Agenda befinden, vermitteln auf den ersten Blick den Eindruck eines aktiven internationalen Akteurs – sie sind in ihrer Reichweite jedoch von unterschiedlicher Qualität. Was als gemeinsame europäische Position erscheint, sind häufig Kompromißlösungen, die aus einem von nationalen Interessen geprägten Entscheidungsprozeß resultieren. Dem *acquis*[3] in diesem Prozeß stets in vollem Umfang Rechnung zu tragen, erweist sich als schwierige Herausforderung für die beteiligten Akteure.

Bei ihrem Treffen in Den Haag 1969 beschlossen die Staats- und Regierungschefs der EG-Mitgliedstaaten, der gewachsenen ökonomischen Bedeutung der Gemeinschaft eine politische Dimension zur Seite zu stellen. Der Luxemburger Bericht von 1970 und der Kopenhagener Bericht von 1973 schufen die Grundlage für Konsultations- und Kooperationsmechanismen im Rahmen der Europäischen Politischen Zusammenarbeit (EPZ).[4] Doch bereits Ende der siebziger Jahre traten deren Grenzen offensichtlich hervor. Gegensätzliche nationale Vorstellungen dessen, was die EPZ leisten sollte, hemmten ihre Funktionsfähigkeit. So ließen beispielsweise 1979/80 die europäischen Reaktionen auf den Einmarsch sowjetischer Truppen in Afghanistan oder auf die Geiselkrise in der amerikanischen Botschaft in Teheran eine gewachsene Handlungsfähigkeit vermissen.[5] Die im Londoner Bericht der Außenminister der Zehn von 1981 festgelegten praktischen Verbesserungen der Instrumente und Verfahren sollten die erkannten Mängel der politischen Zusammenarbeit beheben.[6] Weiterführende Reformschritte folgten 1986 mit dem Titel III der Einheitlichen Europäischen Akte. Durch ihn erhielt die EPZ erstmals eine verbindliche internationale Rechtsgrundlage.[7]

Erneut traten die Grenzen der politischen Zusammenarbeit angesichts der Umbrüche 1989/90 in Europa und der Kuwait-Krise 1990/91 hervor. Mit dem Ende der Ost-West-Konfrontation begann die Suche nach einer neuen Sicherheitsordnung für Europa. Auf dem Gebiet der ehemaligen Sowjetunion formierten sich mit Rußland und der Ukraine neue machtpolitisch relevante Akteure. Während in vielen Staaten Mittel- und Osteuropas politische, ökonomische und gesellschaftliche Transformationsprozesse einsetzten, prägten Zerfall und Krieg das ehemalige Jugoslawien. Neben diesen Regionen zogen Entwicklungen im Mittelmeerraum und im Nahen Osten, in

Afrika, Asien und in lateinamerikanischen Staaten ein stärkeres europäisches Interesse auf sich.

Die EPZ hatte sich über zwei Jahrzehnte in einer bipolar geprägten internationalen Machtkonstellation entwickelt. Dabei überstiegen die an eine europäische Außenpolitik gerichteten Erwartungen häufig das verfügbare Handlungspotential.[8] Reformdruck ergab sich des weiteren durch die quantitative Zunahme der an außenpolitischen Entscheidungen beteiligten Akteure. Mit der im Maastrichter Vertrag geschaffenen GASP gelang zwar ein qualitativer Sprung im europäischen Integrationsprozeß, doch zugleich erhöhte sich der Erwartungsdruck gegenüber der Leistungsfähigkeit einer gemeinsamen Außenpolitik.

2. Die schwierigen Rahmenbedingungen europäischer Außenpolitik

Die Analyse der EPZ und GASP zeigt, daß die beteiligten Staaten Nutzenmaximierung durch Kooperation erzielen. Zusammenarbeit steigert nicht nur die Handlungsmöglichkeiten, sondern erlaubt den Regierungen der Mitgliedstaaten, spezifische Interessen einzubringen und ihr außenpolitisches Profil zu verbessern.[9] Einschränkungen der europäischen Handlungsfähigkeit ergaben sich hingegen aus dem Nebeneinander vergemeinschafteter Politikbereiche im Rahmen der EG und der intergouvernementalen Zusammenarbeit ihrer Mitgliedstaaten in der EPZ. Der Vertrag über die Europäische Union ordnet die Außen- und Sicherheitspolitik in ein zusammenhängendes Vertragswerk ein, die damit geschaffenen Rahmenbedingungen lassen aber weiter den Einfluß des Intergouvernementalismus erkennen. Der Amsterdamer Vertrag hebt die Bedeutung kohärenter außenpolitischer Maßnahmen der Union im Rahmen ihrer Außen-, Wirtschafts- und Entwicklungspolitik hervor, doch liegen diesen Politikbereichen unterschiedliche Entscheidungs- und Durchführungsbestimmungen zugrunde, so daß die Frage der Kohärenz umstritten bleibt.[10]

Der Handlungsrahmen für die europäische Außen- und Sicherheitspolitik bestimmt sich aus dem gemeinsamen Nenner der Bereitschaft souveräner Staaten, Zuständigkeiten aus diesen Politikbereichen teilweise auf supranationaler Ebene zu regeln. Die Anpassung der Vertragsgrundlagen steht in der Tradition eines schrittweisen und durch Reformetappen gekennzeichneten Vorgehens.[11] Mängel des Maastrichter Vertrages wurden durch den Vertrag von Amsterdam nur ansatzweise behoben, und er bietet für die GASP somit nur eine begrenzte Anleitung zu gemeinsamem Handeln.[12] Die vertraglichen Vereinbarungen zeigen allzu deutlich, daß eine Vergemeinschaftung europäischer Außenpolitik erst in Ansätzen besteht. Gestärkt ist der Europäische Rat, der auch die Grundsätze und Leitlinien für die GASP bei Fragen mit verteidigungspolitischen Bezügen bestimmt. Entscheidungen zu Festlegung und Durchführung der GASP trifft der Rat weiter auf der Grundlage der vom Europäischen Rat vorgegebenen Leitlinien.

Eine Ursache für die geringe außen- und sicherheitspolitische Effizienz war bislang das Festhalten an der Einstimmigkeit selbst da, wo vertraglich bereits die Möglichkeit einer qualifizierten Mehrheitsentscheidung besteht.[13] Im Amsterdamer Vertrag werden die Instrumente *gemeinsamer Standpunkt* und *gemeinsame Aktion* nicht nur präzisiert, sondern um ein weiteres Instrument, die *gemeinsame Strategie*, ergänzt.[14] *Gemeinsame Strategien* beschließt der Europäische Rat, und die Union führt sie in den Bereichen durch, in denen wichtige gemeinsame Interessen der Mitgliedstaaten bestehen. Ob mit diesem Instrument eine Ausdehnung von Mehrheitsentscheidungen erreicht wird, bleibt an künftigen außen- und sicherheitspolitischen Aktivitäten der EU zu messen.

Enthält sich ein Ratsmitglied der Stimme, kann sich der entsprechende Staat dadurch der Durchführung des Beschlusses entziehen, akzeptiert jedoch, daß der Beschluß für die Union bindend ist. Dies kann zu mehr Handlungsfähigkeit der Union führen, doch gleichzeitig liegt hier die mögliche Gefahr einer Aufsplitterung in handlungswillige und -unwillige Staaten. Noch weiterreichend kann dies zum Nicht-Handeln der Union führen. Für die Wahrnehmung des Zusammenhaltes der EU als außen- und sicherheitspolitischem Akteur durch Dritte wäre es wenig zuträglich, wenn diese Ausstiegsmöglichkeit zum Merkmal europäischer Politik würde.[15]

Weitere Spezifika des Entscheidungsprozesses können die außenpolitische Profilbildung der EU zusätzlich erschweren. Dialog- und Kooperationspartner erkennen oftmals nicht eindeutig, welche Stimme für Europa spricht. Der Kompetenz- und Wirkungsrahmen des mit dem Amsterdamer Vertrag geschaffenen Hohen Vertreters für die GASP, unter dessen Führung eine Strategieplanungs- und Frühwarneinheit die Entwicklung der Außen- und Sicherheitspolitik überwachen und relevante Entwicklungen der internationalen Politik analysieren wird, bleibt im Vergleich zur Machtposition eines Außenministers begrenzt. Es sind die Besonderheiten der EU-Entscheidungsstrukturen und der auf verschiedenen Ebenen mitwirkenden, mit unterschiedlichen Kompetenzen ausgestatteten Akteure, die auch in Zukunft ein sehr komplexes Abstimmungs- und Handlungssystem bestimmen werden.

3. Auf der Suche nach einer gemeinsamen Verteidigungspolitik

Zu Europas neuer Rolle in der Welt zählt eine europäische Verteidigungsidentität und -kapazität.[16] Der Amsterdamer Vertrag deutet den Wunsch an, hier eine Positionsbestimmung zu erreichen, doch die gewählten Formulierungen bleiben in Teilen unpräzise und stehen stellvertretend für die zwischen den Mitgliedstaaten herrschende Uneinigkeit. Die engere Verflechtung von EU und Westeuropäischer Union (WEU) soll ermöglichen, daß die WEU die EU bei der Festlegung der verteidigungspolitischen Aspekte der GASP unterstützen kann. Sie ist außerdem eine Voraussetzung, um der EU eine operative Kapazität zu verleihen. Die Aufnahme der sogenannten Petersberg-Aufgaben[17] in den Amsterdamer Vertrag unterstreicht den Wunsch, über erweiterte Handlungsmöglichkeiten verfügen zu können. Die Leitlinienkompetenz des Europäischen Rates ist bei denjenigen Angelegenheiten, für welche die Union die WEU in Anspruch nimmt, auf die WEU ausgedehnt worden. Wird die WEU von der EU in Anspruch genommen, können sich alle Mitgliedstaaten der Union an den betreffenden Aufgaben beteiligen. Der Amsterdamer Vertrag greift auch den Aspekt einer rüstungspolitischen Zusammenarbeit auf. Vor dem Hintergrund der veränderten Sicherheitslage in Europa erlangt die Diskussion um die Anpassung rüstungspolitischer Projekte an sicherheitspolitische Bedürfnisse eine neue Qualität. Die erweiterte EU muß dabei nicht nur die rüstungsindustriellen Strukturen der alten und neuen Mitgliedstaaten beachten, sondern darüber hinaus Möglichkeiten einer auf Kooperation abzielenden Planung untersuchen, die auch Rußland, die Ukraine und die Vereinigten Staaten einbezieht.[18]

Das Heranführen der WEU an die EU steht nicht in Konkurrenz zur Rolle der NATO, denn den Mitgliedstaaten der EU ist es freigestellt, auf zweiseitiger Ebene, im Rahmen der WEU oder der NATO enger zusammenzuarbeiten. Für die Entwicklung einer europäischen Sicherheits- und Verteidigungsidentität ist die WEU zu berücksichtigen, doch unter den betroffenen Staaten zeichnete sich während der Regierungskonferenz der für die Integration der WEU in die EU notwendige Konsens noch nicht ab.[19] Die politische Symbolkraft dieser Entwicklung strahlt auf die Diskussion um die Rolle der NATO und besonders der Vereinigten Staaten bei der Ausgestaltung europäischer Sicherheitspolitik aus.[20] In ihrem Selbstbestimmungsprozeß befindet sich die WEU in einer Phase, in der ihre Einsatzfelder, die Kooperation mit der EU sowie das Verhältnis zur NATO und zur OSZE zu klären sind.[21] Zieldefinitionen von EU, WEU und NATO stehen jeweils im Kontext eines gewandelten Sicherheitsverständnisses, d. h. sicherheitspolitische Konzepte werden durch ein umfassendes Sicherheitsverständnis geprägt, das über die militärische Dimension hinausreicht.[22] Die Aufgabenteilung zwischen der erweiterten EU und der erweiterten NATO wird die europäische Sicherheitsordnung zu Beginn des 21. Jahrhunderts prägen und auch die Bedeutung der OSZE entscheidend beeinflussen.[23] Seitens der Staaten Mittel- und Osteuropas gibt es klare Präferenzen. Sicherheitspolitische Bedürfnisse im engeren Sinne (*hard security*) verbinden sie mit dem NATO-Beitritt, während sie sich ökonomische und gesellschaftliche Sicherheit von der EU-Mitgliedschaft erhoffen.[24]

Die britisch-französische Initiative zur europäischen Verteidigungspolitik vom Dezember 1998 verdeutlicht die Bereitschaft, eine europäische Verteidigungskapazität zu entwickeln, die jedoch zu keiner Schwächung der NATO führen soll und die ihre intergouvernementale Ausrichtung beibehält.[25] Es wurde deutlich, daß eine derartige Initiative zu keinem Ausschluß anderer EU-Mitgliedstaaten führen soll – zumindest nicht der großen Staaten. Entsprechend einzuordnen ist die Entscheidung des Deutsch-Französischen Gipfels im Mai 1999 in Toulouse, das EUROKORPS an das neue strategische Umfeld anzupassen, damit es in Zukunft zu einem europäischen Reaktionskorps ausgeformt werden kann.

Der Kosovo-Krieg stärkte die Mitgliedstaaten der EU, die sich für eine Verbesserung der europäischen militärischen Fähigkeiten einsetzten. In direktem Zusammenhang sind die Ergebnisse des Europäischen Rates von Köln zu sehen.[26] Ein Vergleich der Ergebnisse von Amsterdam und Köln zeigt, daß der Amsterdamer Vertrag die Grundlage für ein ausgeprägteres sicherheits- und verteidigungspolitisches Profil der EU schuf. Die Entscheidungen von Köln können dabei zu einer Beschleunigung der Ausgestaltung der Verteidigungsfähigkeit der Union führen, indem auf diese die entsprechenden Aufgaben der WEU übertragen werden.

Eine weitere Zusammenführung britischer, deutscher und französischer Interessen wird die Diskussion um die bestimmenden Akteure europäischer Außen- und Sicherheitspolitik verschärfen. Es wird zu prüfen sein, wie sich hierzu die Mittelmeerstaaten der EU, besonders Italien, das seine Bedeutung als verteidigungspolitisch relevanter Akteur mit Aktivitäten im Kosovo unterstrich, die neutralen Mitgliedstaaten und die Beitrittskandidaten verhalten. Die Vereinigten Staaten messen europäische Initiativen daran, wie diese die transatlantische Zusammenarbeit effektivieren werden.[27]

4. Weltmacht im Wartestand

Die politisch-strategische Nische, in der sich die westeuropäische Integration im Windschatten der Nachkriegsallianzen entwickeln konnte, existiert nicht mehr. Der drängende Bedarf, Antworten auf neue Konflikte zu finden, verlangt von Europa mehr als nur eine ökonomische Präsenz im Zeitalter der Globalisierung. Die Risiken der Lage Europas wie die Folgen seiner neuen Ordnung für die europäische Sicherheits- und Verteidigungspolitik stellen die alte Frage nach der weltpolitischen Identität der Europäer neu.

4.1 Kennzeichen einer Weltmacht

Nach dem Zerfall der Bipolarität ordnet sich die Konstellation weltpolitischer Macht neu. Eine nur unipolare Struktur, eine neue »Pax Americana«, widerspräche ebenso der Komplexität von Weltpolitik und Weltwirtschaft wie den Interessenlagen und Handlungsmöglichkeiten der Akteure. Regionale Kooperation, globale Interessenvertretung und die ordnungsprägende Rolle von Staaten bestimmen die Struktur der internationalen Politik. In diesem Szenario ist die neue Rolle Europas zu suchen. Folgende Kriterien sind für die Beschreibung einer Weltmacht zu beachten:
- eine herausragende Wirtschaftskraft, gekennzeichnet durch den Zugang zu Rohstoffen, Volumen und Produktivität des Binnenmarktes, eine Führungsposition im Welthandel sowie auf den globalen Finanzmärkten, die Fähigkeit zur Innovation und zur Kapitalbildung;

- große Bevölkerungszahl, hohes Bildungsniveau, dichte Infrastruktur und ausgeprägte Gestaltungs- und Absorptionsfähigkeit von Wirtschaft und Gesellschaft;
- eine herausragende militärische Leistungsfähigkeit, gekennzeichnet durch relative Unverwundbarkeit, die Fähigkeit zur Abschreckung bzw. zur Erzeugung großer Schäden sowie zur Projektion militärischer Macht;
- ein attraktives Gesellschafts- und Wertesystem sowie der exemplarische Nachweis der Ordnungs- und Führungsfähigkeit im eigenen regionalen Umfeld;
- ein handlungsfähiges politisches System mit der Fähigkeit zur Mobilisierung der Ressourcen für weltpolitische Ziele, dem Potential für Allianzbildung oder der Verflechtung mit handlungsfähigen Partnern;
- das Bestehen eines politischen Konsenses über eine Weltordnungsidee sowie die Bereitschaft zum Engagement in internationalen Foren.

Die Staaten, die am deutlichsten diesen Kriterien entsprechen, werden die künftigen Weltmächte sein, wobei schon heute die Vereinigten Staaten als »einzige Supermacht« eine herausragende Position einnehmen.[28] Andere potentielle Weltmächte wie Rußland, China, Japan und Indien sehen sich mit jeweils spezifischen Problemen konfrontiert, die ökonomischen, politischen und gesellschaflichen Ursprunges sind. Im Vergleich zu diesen Akteuren kommt das Potential der Europäischen Union dem der Weltmacht USA am nächsten. Die EU bündelt die in den vier ersten Kriterien benannten materiellen und institutionellen Ressourcen in höherem Maß als die meisten Staaten der Welt. Ihre Schwächen liegen jedoch in der Lücke zwischen Potential und politischer Infrastruktur, der wirksamen Bündelung politischer Energie und in einem schwach ausgeprägten Denken in weltpolitischen Kategorien.

Durch die Erweiterung verschieben sich die Außengrenzen der Union und werden zu geopolitischen Linien der neuen Weltpolitik. Mit den nicht-integrierten Schlüsselstaaten ihrer Nachbarschaft, Rußland, der Ukraine und der Türkei, wird die Bildung strategischer Partnerschaftsbeziehungen erforderlich: Zentral für eine Politik der direkten Nachbarschaft ist es, neue Trennlinien zu vermeiden. Grenzüberschreitende Partnerschaftskonzepte tragen zur Vertrauensbildung ebenso bei wie zur politischen, gesellschaftlichen und ökonomischen Stabilität der beteiligten Staaten. In solch einem Konzept bedarf es spezifisch aufeinander abgestimmter Strategien, die den unterschiedlichen Problemlagen in den betreffenden Ländern Rechnung tragen.[29] Eine strategische Partnerschaft mit der Türkei bedeutet für die EU verstärkte Aufmerksamkeit für Entwicklungen im Nahen Osten.[30] Angesichts der Relevanz von Rohstoffvorkommen können Entwicklungen und die Sicherheitslage der kaukasischen und zentralasiatischen Staaten künftig mehr Interesse der EU erfordern.[31]

Europa und Asien sind näher zusammengerückt.[32] Bereits vor der Finanzkrise oder den Atomtests in Indien und Pakistan stand Asien auf der Tagesordnung der Europäischen Union. Vom ersten EG-ASEAN-Ministertreffen 1978 bis zum zweiten *Asia Europe Meeting* (ASEM) im April 1998 hat sich ein wirtschaftlicher und politischer Dialog zwischen der EU, ihren Mitgliedstaaten und asiatischen

Staaten entwickelt. Die Bedeutung Asiens für die EU wird in der Asienstrategie der Europäischen Kommission wie auch in Konzepten zu einzelnen Staaten, beispielsweise China, Indien und Japan oder regionale Gruppierungen wie die ASEAN, betont. Realismus prägt diese Ansätze, da sich das europäische Engagement deutlicher auf diejenigen asiatischen Staaten richtet, denen ein handels- und sicherheitspolitisch größeres Gewicht in der Region beigemessen wird.

Ein strategisches Interesse der EU an Asien ist erkennbar, doch dessen Umsetzung hängt entscheidend vom außen- und sicherheitspolitischen Profil der Union ab. Was sich hinter dem Begriff »europäische Asienpolitik« verbirgt, sind verschiedene Ansätze gegenüber den unterschiedlichen Regionen und Staaten Asiens. Soll diese Politik als »gemeinsam« verstanden werden, bedarf es einer engen Koordinierung und Zusammenführung von supranationalen und nationalen Ansätze. Dies kann nicht nur auf bilateraler Ebene, sondern auch in multilateralen Kooperationsforen, in denen die EU und asiatische Staaten zusammentreffen, entsprechend umgesetzt werden.

Im Vergleich zu Europa und seinen Nachbarregionen, Nordamerika und Asien als Fixpunkte der politischen Aufmerksamkeit der EU, nimmt sich die Bedeutung Lateinamerikas und Afrikas deutlich geringer aus. Neben Wirtschaftsfragen wird das europäisch-lateinamerikanische Verhältnis zunehmend von politischen Themen bestimmt, doch die Partnerschaft befindet sich erst langsam im Anlaufen.[33] Mit Blick auf Afrika waren es zunächst hauptsächlich Entwicklungen im Norden und im Süden des Kontinentes, denen Europa größere Bedeutung beimaß. Eine Verstärkung der europäischen Afrikapolitik ist ansatzweise zu erkennen, doch ein spezifisches Konzept steht noch aus.[34]

Der politische Dialog mit Drittstaaten wurde zu einem Grundbestandteil europäischer Außenpolitik. Gleichgültig ob einst im Rahmen der EPZ oder heute bei der GASP, nicht immer gelingt es den beteiligten Staaten, dem Ideal, »mit einer Stimme zu sprechen«, nachzukommen. Die Intensität der europäischen Reaktion auf Entwicklungen in dritten Staaten oder Regionen hängt eng zusammen mit deren geographischer Nähe, einem wichtigen Interesse an deren politischer und ökonomischer Stabilität sowie möglichen Gefahren für die Sicherheit der Union.[35] Europäische Außenpolitik orientiert sich an den Grundsätzen, auf denen die Union beruht: Freiheit, Demokratie, Achtung der Menschenrechte und Grundfreiheiten sowie Rechtsstaatlichkeit.[36] Die GASP und die Entwicklungszusammenarbeit sollen in diesem Sinne fördernd und konsolidierend eingesetzt werden.[37] Vor diesem Hintergrund steht die sogenannte Konditionalisierung europäischer Abkommenspolitik mit Drittstaaten: In der Lomé-IV-Vereinbarung wurde 1989 erstmals der Bezug zu Menschenrechten und demokratischen Prinzipien in einer Handelsvereinbarung hergestellt. Hieraus konnte aber keine Rechtsgrundlage zur Aussetzung eines Abkommens bei Menschenrechtsverletzungen oder anti-demokratischen Vorgängen abgeleitet werden. Seit 1992 existiert eine präzisere Klausel, und somit ergibt sich nun die Möglichkeit, restriktive Maßnahmen zu ergreifen, wozu u. a. zählen: inhaltliche Änderungen oder Aussetzen der Kooperationsprogramme, Einschränkung kultureller, wissenschaftlicher und technischer Zusammenarbeit, Aussetzung der bilateralen Kontakte auf hoher Ebene, die Verhängung eines Handelsembargos oder die Einstellung des Handels mit Rüstungsgütern und der militärischen Zusammenarbeit.

Eine Konditionalisierung aller Beziehungen zu Drittstaaten ist vorerst nicht möglich. Dies ist nicht nur auf die Tatsache zurückzuführen, daß die Absicht, eine Partnerschaft zu konditionalisieren, in manchen Fällen auf Ablehnung der Dialogpartner der EU stößt. Oftmals stehen zumeist handelspolitisch motivierte Partikularinteressen von EU-Mitgliedstaaten dem Zustandekommen einer kohärenten europäischen Position entgegen. Das Spannungsverhältnis zwischen dem Anspruch, einem idealistisch geleiteten Konzept gerecht zu werden, und einer sich der faktischen Kraft normativer Gegebenheiten anpassenden Außenpolitik bleibt bestehen.

4.2 Die Bedeutung einer einheitlichen Währung und der Erweiterung

Die Wirtschaftsleistung einer erweiterten Europäischen Union kann die der Vereinigten Staaten übertreffen. Bereits die EU der 15 steht für ein Fünftel des weltweiten Güterhandels und ein Viertel des gesamten Handels bei Dienstleistungen. Als größte Exportmacht entfallen 20 Prozent der weltweiten Güterexporte und 26 Prozent der weltweiten Dienstleistungen auf sie.[38] Diese globale Rolle Europas wird künftig durch den Weltmachtfaktor Euro verstärkt werden. Die europäische Währung kann neben dem Dollar zur führenden Weltreservewährung, zur Handelswährung und zur internationalen Anlagewährung werden. Sie ist eine europäische Antwort auf die Globalisierung. Ein neues europäisch-amerikanisch dominiertes Weltwährungssystem wird das alte dollargeprägte Währungsgefüge ablösen. In diesem Zusammenhang ist auch der Entwurf für eine transatlantische ökonomische Partnerschaft von Interesse.[39]

Im Zuge der Erweiterung der EU können Verteilungskonflikte einen verstärkten Blick nach innen fördern. Die Heterogenität der Interessenlagen und der Leistungsfähigkeit nimmt zu, und die neuen Mitglieder werden die Handlungs- und die Konflikterfahrung der Altmitglieder nicht ausnahmslos teilen. Sie könnten versuchen, den als Folge der Integration entstandenen Verlust an wirtschafts- und innenpolitischem Handlungsspielraum durch ein Beharren auf außenpolitischer Souveränität zu kompensieren. Doch dem stehen Faktoren gegenüber, die Europas Weltmachtpotential stärken können: die erweiterte Machtbasis einer größeren EU, ihre direkte Nachbarschaft zu den neuen Akteuren auf dem Gebiet der ehemaligen Supermacht Sowjetunion, die wirtschaftlichen Interessen im asiatischen Raum sowie die genannten weltwirtschaftlichen und weltpolitischen Wirkungen des Euro. Europas spezifisches Potential als Weltmacht kann dann aktiviert werden, wenn das Management der gemeinsamen Währung die Abstimmung der großen Reservewährungen notwendig macht, wenn die Krisen in der direkten Nachbarschaft gemeinsames

Handeln zwingend erfordern und wenn die Europäer weltpolitisches Handeln in ihren Reihen und in ihrem Namen zulassen.

4.3 Die transatlantische Dimension

Entscheidend für das weltpolitische Profil Europas wird die Partnerschaft mit den Vereinigten Staaten sein. Beiderseitig bedarf es Anstrengungen, die transatlantische Partnerschaft neu zu bestimmen und eine gemeinsame Konfliktregelungsbereitschaft und Leistungsfähigkeit auch in den Regionen und auf Feldern zu entwickeln, die jenseits der bisherigen Strukturen transatlantischer Kooperation liegen. Dadurch wird sich der Beratungs- und gegenseitige Abstimmungsbedarf im transatlantischen Verhältnis erhöhen, was eine weitere Institutionalisierung der Kommunikationsstränge zur Folge hat. Für die transatlantische Gemeinschaft kann darüber hinaus eine verbindliche Struktur in Form einer Europäisch-Amerikanischen Politischen Zusammenarbeit (EAPZ) stehen.[40]

Viele der anstehenden Problemlösungen lassen sich nur noch bei Teilung der Lasten erbringen. Dies fordert von Europa auch eine sichtbare und funktionierende Verteidigungsfähigkeit. Für die Europäische Union, insbesondere die Vollmitglieder der WEU, entsteht hieraus der Bedarf zu gemeinsamem Handeln sowohl mit als auch ohne Einbeziehung der Vereinigten Staaten. Der Test für Europa besteht darin, das ökonomische mit einem adäquaten verteidigungspolitischen Potential zu ergänzen, einhergehend mit einer darauf abgestimmten und intensivierten transatlantischen Partnerschaft. Die Bedeutung Europas für die Vereinigten Staaten wird dann nicht auf eine Sekundierung amerikanischer Weltpolitik beschränkt sein.

5. Fazit

Bereits heute sieht sich die EU herausgefordert, den sie umgebenden Stabilitätsraum zu erweitern, im regionalen Bereich die ordnungspolitische Schlüsselstellung zu behaupten und in einer globalen Perspektive Europas Interessen zu wahren. Das Konzept, strategische Partnerschaften mit Schlüsselregionen und -staaten der internationalen Ordnung einzugehen, besteht in Ansätzen, wirkt ambitioniert und bleibt an der pragmatischen Umsetzung zu messen. Auch kann es nicht nur auf das nähere geographische Umfeld, beispielsweise Rußland, die Ukraine und die Türkei, beschränkt bleiben, sondern muß sich darüber hinaus auf entfernte Regionen wie Asien mit China, Indien und Japan als zentralen Akteuren ausdehnen.

Auf der nun erreichten Entwicklungsstufe außen- und sicherheitspolitischer Integration sind weiterhin Elemente von Realpolitik erkennbar. Staaten bilden die bestimmende Größe der EU-Außenpolitik. Dies wäre noch stärker unterstrichen worden, hätte das deutsch-französische Konzept der »verstärkten Zusammenarbeit« explizite Erwähnung im GASP-Kapitel des Amsterdamer Vertrages gefunden.[41] Eine Kernbildung – im Sinne eines Kerneuropas der Außen- und Sicherheitspolitik – sollte dadurch verhindert werden, daß es den Mitgliedstaaten offengestanden hätte, sich dieser flexiblen Außen- und Sicherheitspolitik anzuschließen. Einige der EU-Mitgliedstaaten befürchteten hingegen, solch eine Form der Zusammenarbeit könne zu einer Elitenbildung führen.[42] Angesichts der genannten Erfahrungen von Krisen und Reformen bei der Konstruktion einer europäischen Außenpolitik und der erzielten Vereinbarungen zur GASP, die eine Gruppenbildung innerhalb wie auch außerhalb des Vertragsrahmens ermöglichen, bleiben Koalitionen handlungswilliger und -fähiger Staaten zu berücksichtigen. Dies wird nicht ohne Auswirkungen auf das Verhandlungsverhalten der beteiligten Akteure und das Machtverhältnis zwischen ihnen bleiben.

Die Herausforderungen, mit denen sich Europa in seiner neuen weltpolitischen Rolle konfrontiert sieht, sind mannigfaltig, und die erweiterte EU wird daran gemessen werden, wie sie ihr Handlungspotential stärkt und in der internationalen Politik einsetzt. Ihre noch nicht abgeschlossene außenpolitische Profilbildung wird von aktiven und reaktiven Momenten geprägt, in die ökonomische Überlegungen, veränderte Machtkonstellationen der internationalen Politik sowie interne und externe Erwartungen einfließen. Für die beteiligten Staaten sind Erfahrungen aus der eigenen Geschichte, Erkenntniswerte des europäischen Integrationsprozesses sowie gesellschaftliche, ökonomische und politische Bedürfnisse mitbestimmend, wie weit ihre Bereitschaft reicht, eine gemeinsame Identität zu fördern. In der Spannung und im Zusammenwirken von institutionellen Wegvorgaben und rationalen Interessenabwägungen der beteiligten Akteure wird Europas neue Rolle in der Welt bestimmt.

Anmerkungen

1 Vgl. Bertelsmann Stiftung und Forschungsgruppe Europa (Hrsg.): Kosten, Nutzen und Chancen der Osterweiterung für die Europäische Union, Gütersloh 1998; Burghardt, Günter, und Fraser Cameron: The Next Enlargement of the European Union, in: European Foreign Affairs Review 2 (1997), S. 7–21; Weidenfeld, Werner (Hrsg.): Europa öffnen. Anforderungen an die Erweiterung, Gütersloh 1997; Agenda 2000 in: http://www.cc.cec/ home/dgserv/sg/agenda2000/en/index.htm
2 Vgl. Titel V Art. 11 EUV.
3 *Acquis* steht für Inhalt, Grundsätze und politische Ziele der Verträge, die Gesetzgebung, die Rechtsprechung des Europäischen Gerichtshofes, Erklärungen und Resolutionen, internationale Vereinbarungen und die Vereinbarungen zwischen den Mitgliedstaaten.
4 Vgl. Auswärtiges Amt (Hrsg.): Europäische Politische Zusammenarbeit (EPZ) auf dem Weg zu einer Gemeinsamen Außen- und Sicherheitspolitik (GASP). Dokumentation, 9. überarbeitete Auflage, Bonn 1992.
5 Vgl. Nuttall, Simon: European Political Co-operation, Oxford 1992; Pijpers, Alfred, Elfriede Regelsberger und Wolfgang Wessels (Hrsg.): Die Europäische Politische Zu-

sammenarbeit in den achtziger Jahren. Eine gemeinsame Außenpolitik für Westeuropa?, Bonn 1989.
6 Vgl. Auswärtiges Amt (Anm. 4); von Jagow, Peter: European Political Cooperation. Concerted Diplomacy in an Inter-regional Context, in: Edwards, Geoffrey, und Elfriede Regelsberger (Hrsg.): Europe's Global Links. The European Community and Interregional Cooperation, London 1990, S. 188–197.
7 Vgl. Auswärtiges Amt (Anm. 4).
8 Vgl. Hill, Christopher: The Capability-Expectations Gap, or Conceptualizing Europe's International Role, in: Journal of Common Market Studies 3 (1993), S. 305–328; ders.: Closing the Capabilities-Expectations Gap?, in: Petersen, John, und Helene Sjursen (Hrsg.): A Common Foreign Policy for Europe?, London/New York, 1998, S. 18–38.
9 Vgl. Algieri, Franco, und Elfriede Regelsberger (Hrsg.): Synergy at Work. Spain and Portugal in European Foreign Policy, Bonn 1996.
10 Müller-Graff erkennt »...supranationale Organisationen mit eigener Rechtspersönlichkeit einerseits und regelgebundenes Zusammenwirken von Mitgliedstaaten und Gemeinschaftsorganen andererseits....«. Müller-Graff, Peter-Christian: Einheit und Kohärenz der Vertragsziele von EG und EU, in: Europarecht Beiheft 2 (1998), S. 67–80; Gilsdorf, Peter: Die Außenkompetenzen der EG im Wandel. Eine kritische Auseinandersetzung mit Praxis und Rechtsprechung, in: Europarecht 2 (1996), S. 145–166. Tietje, Christian: The Concept of Coherence in the Treaty on European Union and the Common Foreign and Security Policy, in: European Foreign Affairs Review 2 (1997), S. 211–233.
11 Vgl. zu den Reformetappen von Maastricht und Amsterdam Laursen, Finn, und Sophie Vanhoonacker (Hrsg.): The Intergovernmental Conference on Political Union: Institutional Reforms, New Policies and International Identity of the European Community, Maastricht 1992; Jopp, Mathias, Andreas Maurer, und Otto Schmuck (Hrsg.): Die Europäische Union nach Amsterdam. Analysen und Stellungnahmen zum neuen EU-Vertrag, Bonn 1998; Weidenfeld, Werner (Hrsg.): Maastricht in der Analyse, Gütersloh 1994; ders. (Hrsg.): Reform der Europäischen Union. Materialien zur Revision des Maastrichter Vertrages 1996, Gütersloh 1995; ders. (Hrsg): Amsterdam in der Analyse, Gütersloh 1998.
12 Vgl. ausführlich Algieri, Franco: Die Amsterdamer Reform der GASP. Anleitung zu begrenztem gemeinsamen Handeln, in: Weidenfeld: Amsterdam (Anm. 12), S. 89–120.
13 Vgl. Bericht der Kommission an die Reflexionsgruppe, hrsg. vom Amt für Veröffentlichungen der Europäischen Gemeinschaften, Luxemburg 1995, S. 64.
14 Zu beachten bleibt, daß einige Aktivitäten, die als gemeinsame Aktionen umgesetzt wurden, auch im Rahmen des EG-Vertrages hätten durchgeführt werden können. Günther Burghardt und Gerd Tebbe nennen als Beispiele die Wahlunterstützung in Rußland und Südafrika, vgl. dies.: Die Gemeinsame Außen- und Sicherheitspolitik der Europäischen Union. Rechtliche Strukturen und politischer Prozeß, in: Europarecht 1-2 (1995), S. 15.
15 Vgl. Nuttall, Simon: The CFSP Provisions of the Amsterdam Treaty. An Excercise in Collusive Ambiguity, in: CFSP Forum 3, Institut für Europäische Politik, Bonn 1997, S. 2.
16 Vgl. Martin, Laurence, und John Roper (Hrsg.): Towards a Common Defence Policy. A Study by the European Strategy Group and the Institute for Security Studies of Western European Union, Paris 1995.
17 Humanitäre Aufgaben und Rettungseinsätze, friedenserhaltende Aufgaben sowie Kampfeinsätze bei der Krisenbewältigung einschließlich friedensschaffender Maßnahmen.

18 Vgl. De Vestel, Pierre: The Prospects for Defense Industrial Cooperation in an Enlarged European Union, in: Algieri, Franco, Josef Janning und Dirk Rumberg (Hrsg.): Managing Security in Europe, Gütersloh 1996, S. 133–157.
19 Deutschland, Belgien, Frankreich, Italien, Luxemburg und Spanien befürworteten während der Regierungskonferenz eine dreistufige Integration der WEU in die EU. Ein solches Konzept stieß bei dem Treffen der Staats- und Regierungschefs in Noordwijk im Mai 1997 auf den Widerstand von Großbritannien, Finnland, Irland, Österreich und Schweden.
20 Vgl. Art, Robert J.: Creating a Disaster. NATO's Open Door Policy, in: Political Science Quarterly 3 (1998), S. 383–403; Asmus, Ronald D., und F. Stephen Larrabee: NATO and the Have-nots. Reassurance after Enlargement, in: Foreign Affairs 6 (1996), S. 13–20; Eyal, Jonathan: NATO's Enlargement. Anatomy of a Decision, in: International Affairs 4 (1997), S. 695–519; Schmidt, Peter: Stand und Perspektiven der NATO-Erweiterung, in: Reiter, Erich (Hrsg.): Österreichisches Jahrbuch für internationale Sicherheitspolitik 1997, S. 245–259.
21 Vgl. Erklärung von Rom, WEU Ministerrat, Rom 17. November 1998; Lenzi, Guido (Hrsg.): WEU at Fifty, Institute for Security Studies of Western European Union, Paris 1998.
22 In der NATO-Studie zur Erweiterung von 1995 wurde das Risiko einer größeren militärischen Bedrohung als zurückgehend eingestuft; gleichzeitig wurden vielschichtige Risiken verschiedenen Ursprunges gesehen, die schwer vorherzusagen und einzuschätzen sind. Vgl. Study on NATO Enlargement, September 1995, Kapitel 2, Par. 10. Im gleichen Jahr erkannten die WEU-Staaten in einem Strategiekonzept ebenfalls den Bedarf an einem umfassenden Sicherheitsansatz und von kooperativen Mechanismen, die die Sicherheit und Stabilität in Europa gewährleisten können. Vgl. WEU Council of Ministers, Madrid, 14 November 1995, European Security. A Common Concept of the 27 WEU Countries. In ihrem Abschlußbericht zur Regierungskonferenz kam die Reflexionsgruppe 1996 zu einer ähnlichen Erkenntnis. Demnach mache die Vielschichtigkeit neuer Herausforderungen das Zusammenwirken der verschiedenen Aspekte der Außenbeziehungen der EU notwendig, welches wiederum auf einem umfassenden Sicherheitskonzept basieren müsse. Vgl. Final Report of the Reflection Group, 5. Dezember 1995, Par. 166.
23 Vgl. im Sinne einer Aufwertung der OSZE Czempiel, Ernst-Otto: Eine neue Ordnung für Europa, in: Internationale Politik und Gesellschaft 4 (1998), S. 357–375.
24 Während mehrerer Workshops mit Vertretern aus wissenschaftlichen Einrichtungen und Planungsstäben der Außenministerien der zehn Beitrittskandidaten Mittel- und Osteuropas wurde diese sicherheitspolitische Differenzierung der Mitgliedschaften in der EU und NATO deutlich. Die Workshops wurden im Rahmen einer Kooperation der Bertelsmann Forschungsgruppe Politik mit der Bertelsmann Wissenschaftsstiftung und der Generaldirektion IA der Europäischen Kommission zwischen 1994 und 1996 durchgeführt. Vgl. in diesem Zusammenhang auch die Aussage, daß WEU und EU »den subjektiven sicherheitspolitischen Gewinn einer NATO-Integration der fraglichen Staaten mittelfristig nur begrenzt ersetzen«. Institut für Friedensforschung und Sicherheitspolitik an der Universität Hamburg (IFSH): Sicherheit in einem ungeteilten Europa. Die NATO-Osterweiterung als Chance nutzen, in: Hamburger Informationen zur Friedensforschung und Sicherheitspolitik 20, Hamburg 1997, S. 5.
25 Vgl. Sommet franco-britannique: Déclaration sur la défense européenne und Déclaration sur le renforcement de la coopération dans le domaine de la politique étrangère et de sécurité commune, Saint-Malo 4. Dezember 1998, in: http://www.diplomatie.fr/actual/nouvelles/communiques/ index.html.

26 Vgl. Europäischer Rat: Schlußfolgerungen der Präsidentschaft, Anhang III, Köln 3.–4. Juni 1999, in: EU-Nachrichten Dokumentation 2 (1999), S. 37 f.
27 Vgl. Albright, Madeleine K.: The Right Balance Will Secure Nato's Future, in: Financial Times v. 7. Dezember 1998, S. 16.
28 Vgl. Weidenfeld, Werner: Kulturbruch mit Amerika? Das Ende transatlantischer Selbstverständlichkeit, Gütersloh 1996. In einem umfasenderen Kontext Kennedy, Paul: Aufstieg und Fall der großen Mächte. Ökonomischer Wandel und militärischer Konflikt von 1500 bis 2000, Frankfurt am Main 1989.
29 Vgl. Kempe, Iris: Direkte Nachbarschaft. Die Beziehungen zwischen der erweiterten EU und der Russischen Föderation, Ukraine, Weißrußland und Moldova, Gütersloh 1998.
30 Vgl. Forschungsgruppe Europa: The Political Role of the European Union in the Middle East. Working Paper, München 1998.
31 Vgl. Erhart, Hans-Georg, und Oliver Thränert: Die Rolle von NATO, EU und OSZE in der Kaspischen Region, in: Aus Politik und Zeitgeschichte B43-44/98, S. 37–46.
32 Vgl. Algieri, Franco: Die Asienpolitik der Europäischen Union, in: Weidenfeld, Werner, und Wolfgang Wessels (Hrsg.): Jahrbuch der Europäischen Integration, 1997/98, Bonn 1998, S. 273–278.
33 Vgl. Mols, Manfred: Die Europäische Union und Lateinamerika, in: Weidenfeld, Werner, und Wolfgang Wessels (Hrsg.): Jahrbuch der Europäischen Integration, 1996/97, Bonn 1997, S. 259–264; ders. Integration und Kooperation in zwei Kontinenten. Das Streben nach Einheit in Lateinamerika und in Südostasien, Stuttgart 1996; Instituto de Relaciones Europeo-Latinoamericanas: El Mercado Único Europeo y su impacto en América Latina, Madrid 1993.
34 Vgl. Schmidt, Siegmar: Die Afrikapolitik der Europäischen Union, in: Weidenfeld u. Wessels (Anm. 32), S. 265–272; Holland, Martin: Plus ça change ...? The European Union »Joint Action« and South Africa, CEPS paper 57, Brussels 1994.
35 Vgl. Europäischer Rat von Lissabon, 26./27. Juni 1992, Schlußfolgerungen des Vorsitzes.
36 Vgl. Art. 6 EUV.
37 Vgl. Art. 11 EUV und 177 EGV.
38 Vgl. http://europa.eu.int/comm/dg01/trade1.htm (8. Dezember 1998); Eurostat: Eurostatistik. Daten zur Konjunkturanalyse 10, 1998.
39 Vgl. Transatlantic Economic Partnership, Action Plan, in: http://ue.eu.int/newsroom/main.cfm.
40 Vgl. Weidenfeld (Anm. 28), S. 120–137.
41 Vgl. Verstärkte Zusammenarbeit im Hinblick auf die weitere Vertiefung des europäischen Einigungswerks. Gemeinsamer deutsch-französischer Diskussionsbeitrag für die Regierungskonferenz in: Europe Dokumente 2009, 29. Oktober 1997; Giering, Claus: Vielfalt in Einheit. Die Flexibilisierung der europäischen Integration, in: Europa Institut Zürich und Volkshochschule des Kantons Zürich (Hrsg.), Die Europäische Union. Wesen, Struktur, Dynamik, Zürich 1997. Josef Janning, Europa braucht mehrere Geschwindigkeiten, in: Europa-Archiv 18 (1994), S. 527–536; ders.: Differenzierung als Integrationsprinzip. Die Flexibilität im neuen EU-Vertrag, in: Weidenfeld, Amsterdam (Anm. 12), S. 203–217.
42 Besorgt zeigten sich Großbritannien, Spanien und in gewissem Maße auch skandinavische Staaten mit Blick auf die gegenwärtige Gewichtsverteilung zwischen großen und kleinen Mitgliedstaaten sowie zwischen dem wirtschaftlich stärkeren Norden und dem schwächeren Süden der Union. Vgl. Barber, Lionel: EU Finds Flexibility Bends Both Ways, in: Financial Times v. 28. Oktober 1996, S. 2. Deutschland und Frankreich hielten dem entgegen, daß hieraus keine Einschränkung des *acquis* abgeleitet werden könne.

Europa in Zahlen

1. Fläche und Bevölkerung

1.1 Fläche und Bevölkerung 1996

	1000 km²	Prozent der EU-Fläche	Bevölkerung (1000)	Prozent der EU-Bevölkerung
EU 15	3 231	100,0	372 654	100,0
Belgien	31	1,0	10 143	2,7
Dänemark	43	1,3	5 251	1,4
Deutschland	357	11,0	81 818	22,0
Finnland	338	10,5	5 117	1,4
Frankreich	544	16,8	58 256	15,6
Griechenland	132	4,1	10 465	2,8
Großbritannien	242	7,5	58 694	15,8
Irland	69	2,1	3 616	1,0
Italien	301	9,3	57 333	15,4
Luxemburg	3	0,1	413	0,1
Niederlande	41	1,3	15 494	4,2
Österreich	84	2,6	8 055	2,2
Portugal	92	2,8	9 921	2,7
Schweden	450	13,9	8 838	2,4
Spanien	505	15,6	39 242	10,5
USA	9 373	290,1	264 162	70,9
Japan	378	11,7	125 864	33,8

Quelle: Eurostat Jahrbuch 1997

Europa in Zahlen

1.2 Altersstruktur der Europäischen Union (Prozent der Bevölkerung)

	Unter 15 Jahren		15–24 Jahre		25–49 Jahre		50–64 Jahre		65–79 Jahre		80 Jahre und älter	
	1986	1996	1986	1996	1986	1996	1986	1996	1986	1996	1986	1996
EU 15	19	17	16	13	34	37	17	17	11	12	3,0	3,9
Belgien	19	18	15	13	34	37	18	16	11	12	3,2	3,8
Dänemark	18	18	15	13	36	37	15	17	12	11	3,3	3,9
Deutschl.	16	16	16	11	36	38	17	19	11	12	3,3	4,0
Finnland	19	19	15	12	38	39	16	16	10	11	2,3	3,2
Frankreich	21	19	16	14	34	37	16	15	10	11	3,3	4,1
Griechenl.	21	17	15	15	33	35	18	18	10	12	2,7	3,5
Großbr.	19	19	16	13	33	37	16	16	12	12	3,2	4,0
Irland	28	24	17	18	31	34	12	13	9	9	2,2	2,6
Italien	19	15	16	14	33	37	18	18	11	13	2,6	4,1
Luxemb.	17	18	15	12	37	40	18	16	11	11	2,7	3,4
Niederl.	19	18	17	13	37	40	15	15	10	10	2,6	3,1
Österreich	18	18	17	12	34	39	16	16	11	11	3,2	3,8
Portugal	23	18	17	16	32	35	16	16	10	12	2,0	2,8
Schweden	18	19	14	12	34	35	16	17	14	13	3,7	4,7
Spanien	23	16	17	16	31	36	17	16	10	12	2,4	3,4
USA	22	22	17	14	36	38	14	13	9	10	2,6	3,1
Japan	21	16	14	14	37	36	17	19	9	14	2,0	1,4

Quelle: Eurostat Jahrbuch 1997

2. Beschäftigung in der Europäischen Union

2.1 Zivile Erwerbstätige 1996 und 1997 (Mio.)

	1996	1997
EU 15	148,6	149,5
Belgien	3,8	3,8
Dänemark	2,6	2,6
Deutschland	35,6	35,2
Finnland	2	2,1
Frankreich	22,2	22,1
Griechenland	3,9	3,9
Großbritannien	26	26,5
Irland	1,3	1,4
Italien	20	20
Luxemburg	0,2	0,2
Niederlande	6,5	6,8
Österreich	3,6	3,6
Portugal	4,4	4,5
Schweden	4	4
Spanien	12,3	12,7

Quelle: Eurostat: eurostatistik – Daten zur Konjunkturanalyse 12 (1998).

2.2 Arbeitnehmer nach Sektoren 1997 (1000)

	Landwirtschaft	Industrie	Dienstleistung
EU 15	2 327	38 806	83 134
Belgien	17	950	2 210
Dänemark	48	651	1 713
Deutschland	551	11 429	19 468
Finnland	41	522	1 222
Frankreich	294	5 304	13 692
Griechenland	31	596	1 484
Großbritannien	219	6 110	16 746
Irland	29	345	711
Italien	464	5 190	8 663
Luxemburg	1	37	115
Niederlande	95	1 435	4 444
Österreich	33	1 019	2 057
Portugal	87	1 164	1 989
Schweden	40	897	2 516
Spanien	379	3 157	6 104

Quelle: Eurostat: eurostatistik – Daten zur Konjunkturanalyse 12 (1998).

2.3 Harmonisierte Arbeitslosenquote (in Prozent)

	Juli 1997	Juni 1998	Juni 1999
Eurozone	11,7	11,1	10,3
EU 15	10,7	10,0	9,4
Belgien	9,3	8,8	9,0
Dänemark	5,6	4,5	4,5
Deutschland	10,0	9,7	9,1
Finnland	12,7	12,4	10,0
Frankreich	12,4	11,8	11,1
Griechenland	–	–	–
Großbritannien	7,0	6,2	–
Irland	10,1	9,2	6,7
Italien	12,0	12,3	–
Luxemburg	2,6	2,2	2,8
Niederlande	5,3	3,9	–
Österreich	4,4	4,5	4,3
Portugal	7,0	4,7	4,6
Schweden	10,0	8,0	7,0
Spanien	21,0	19,0	16,1

Die Arbeitslosenquoten von Eurostat werden gemäß den Empfehlungen der Internationalen Arbeitsorganisation (IAO) berechnet, die auf der 13. Konferenz der Arbeitsstatistiker im Jahre 1982 erarbeitet wurden.
Arbeitslose sind Personen ab 15 Jahren, die
- ohne Arbeit sind
- zur Verfügung stehen, eine Arbeit innerhalb der nächsten zwei Wochen aufzunehmen
- während der letzten vier Wochen aktiv eine Arbeit suchten.

Quelle: Eurostat: Euroindikatoren (http://europa.eu.int/en/comm/eurostat/servde/part3/euroind/eur11.htm) und Eurostat: eurostatistik – Daten zur Konjunkturanalyse 12 (1998).

3. Wirtschaft und Handel

3.1 Bruttoinlandsprodukt 1996 (jeweilige Preise)

	Mrd. ECU	Mrd. KKS	KKS pro Kopf	Wachstum
EU 15	6 764,9	6 764,9	18 154	1,6
Belgien	208,4	207,9	20 424	1,4
Dänemark	137,7	109,8	20 899	2,4
Deutschland	1 854,0	1 610,0	19 656	1,4
Finnland	97,7	86,6	16 897	3,3
Frankreich	1 217,5	1 127,0	19 307	1,3
Griechenland	96,8	123,7	11 773	2,6
Großbritannien	902,5	1 056,8	17 958	2,1
Irland	55,3	65,2	18 106	8,4
Italien	956,5	1 082,6	19 075	0,7
Luxemburg	13,8	12,7	30 639	3,6
Niederlande	309,2	295,0	18 990	2,8
Österreich	173,7	157,6	19 501	1,0
Portugal	81,9	121,7	12 252	3,0
Schweden	197,1	155,9	17 631	1,1
Spanien	462,7	548,9	13 971	2,2
USA	5 961,0	7 067,3	25 373	2,4
Japan	3 628,9	2 719,6	20 250	3,6

Währungsparitäten geben in der Regel nicht die Relation zwischen der Kaufkraft einzelner Währungen wieder. Deshalb werden die Daten zum pro-Kopf-BIP in KKS (Kaufkraftstandard) angegeben. Mit dieser Einheit werden die Auswirkungen der Preisniveauunterschiede ausgeschaltet und Vergleiche in realen Werten möglich.
Bei dem in der Tabelle angegebenen Wachstum handelt es sich um das reale Wachstum im Vergleich zum Vorjahr (in Prozent).

Quelle: Eurostat Jahrbuch 1997

3.2 Harmonisierte Verbraucherpreisindizes
(Juni 1999, Durchschnitt der letzten 12 Monate)

Eurozone	0,9
EU 15	1,1
Belgien	0,9
Dänemark	1,3
Deutschland	0,4
Finnland	1,0
Frankreich	0,5
Griechenland	3,6
Großbritannien	1,4
Irland	2,3
Italien	1,7
Luxemburg	0,6
Niederlande	1,8
Österreich	0,4
Portugal	2,5
Schweden	0,3
Spanien	1,8

Harmonisierte Verbraucherpreisindizes (HVPI) dienen bei internationalen Vergleichen zur Messung von Veränderungen der Konsumentenpreise. Die HVPI sind das Ergebnis der Zusammenarbeit von Eurostat und den Nationalen Statistischen Ämtern (NSIs) der Mitgliedstaaten bei der Harmonisierung verschiedener Methoden zur Ermittlung von Preisindizes.

Die HVPI wurden insbesondere von der Europäischen Kommission und dem Europäischen Währungsinstitut in ihrem EWU-Konvergenzbericht gemäß Art. 109j des Vertrages über die Europäische Union angewendet, und sie werden auch weiterhin von der Kommission und der Europäischen Zentralbank zur Beurteilung der Konvergenz im Bereich der Preisstabilität benutzt, so wie im Vertrag über die Europäische Union festgelegt.

Quelle: Eurostat: Euroindikatoren *(http://europa.eu.int/en/comm/eurostat/servde/ part3/euroind/ eur11.htm)*

3.3 Extra-EU-Aus-/Einfuhren nach Haupthandelspartnern

	Ausfuhren				Einfuhren			
	1986		1996		1986		1996	
	Mrd. ECU	Prozent	Mrd. ECU	Prozent	Mrd. ECU	Prozent	Mrd. ECU	Prozent
Extra-EU-15	329,3	100,0	623,6	100,0	320,5	100,0	580,0	100,0
USA	81,3	24,7	114,3	18,3	60,9	19,0	112,5	19,4
Japan	12,4	3,8	35,6	5,7	37,2	11,6	52,5	9,1
Schweiz	34,4	10,4	51,3	8,2	27,7	8,6	42,6	7,3
Norwegen	15,3	4,6	19,5	3,1	14,5	4,5	30,5	5,3
Kanada	10,0	3,0	10,7	1,7	6,8	2,1	11,5	2,0
Türkei	5,0	1,5	18,2	2,9	3,3	1,0	10,2	1,8
Südafrika	4,9	1,5	8,8	1,4	8,1	2,5	8,2	1,4
Fr. Sowjetun.	14,2	4,3	29,1	4,7	16,9	5,3	29,7	5,1
MOE-Länder	17,8	5,4	70,7	11,3	17,5	5,5	50,0	8,6
Polen	2,8	0,9	19,8	3,2	3,7	1,2	12,2	2,1
AKP-Staaten	17,1	5,2	18,6	3,0	20,3	6,3	22,0	3,8
Saudi-Arab.	8,7	2,6	10,3	1,7	9,0	2,8	10,0	1,7
Iran	4,0	1,2	3,9	0,6	3,1	1,0	5,9	1,0
OPEC-Länder	37,4	11,4	42,7	6,8	39,8	12,4	45,4	7,8
NIC	13,6	4,1	53,9	8,5	17,7	5,5	40,4	7,0
Indien	6,1	1,9	9,9	1,6	2,5	0,8	8,6	1,5
China	7,0	2,1	14,7	2,4	4,5	1,4	30,0	5,2
Lateinamerika	15,6	4,7	35,4	5,7	22,0	6,9	30,2	5,2

Quelle: Eurostat Jahrbuch 1997

4. Staatsverschuldung und Staatsdefizit 1998
(Prozent des BIP)

	Verschuldung	Defizit
Eurozone	73,8	-2,1
EU 15	69,5	-1,5
Belgien	117,3	-1,3
Dänemark	58,1	0,8
Deutschland	61,0	-2,1
Finnland	49,6	1,0
Frankreich	58,5	-2,9
Griechenland	106,5	-2,4
Großbritannien	49,4	0,6
Irland	52,1	–
Italien	118,7	-2,7
Luxemburg	–	–
Niederlande	67,7	-0,9
Österreich	63,1	-2,1
Portugal	57,8	-2,3
Schweden	75,1	2,0
Spanien	65,6	-1,8

Quelle: Eurostat: Euroindikatoren (http://europa.eu.int/en/comm/eurostat/servde/ part3/euroind/ eur11.htm)

5. Die Organe der EU

5.1 Die Europäische Kommission

Zahl der Mitglieder:	20 (Deutschland, Spanien, Frankreich, Italien, Vereinigtes Königreich je zwei, übrige Mitgliedstaaten je ein Mitglied)
Amtszeit:	Fünf Jahre
Bedienstete 1996:	17 915 Dauerplanstellen und 1 036 Planstellen auf Zeit
Gliederung:	24 Generaldirektionen, 15 Sonderdienste
Haushalt 1997:	2,8 Mrd. ECU Verwaltungsmittel, 78,1 Mrd. ECU operationelle Mittel

5.2 Der Rat der Europäischen Union

Vorsitz im Rat der Europäischen Union

1.7.1995 – 31.12.1995	Spanien
1.1.1996 – 30. 6.1996	Italien
1.7.1996 – 31.12.1996	Irland
1.1.1997 – 30. 6.1997	Niederlande
1.7.1997 – 31.12.1997	Luxemburg
1.1.1998 – 30. 6.1998	Großbritannien
1.7.1998 – 31.12.1998	Österreich
1.1.1999 – 30. 6.1999	Deutschland
1.7.1999 – 31.12.1999	Finnland
1.1.2000 – 30. 6.2000	Portugal
1.7.2000 – 31.12.2000	Frankreich
1.1.2001 – 30. 6.2001	Schweden
1.7.2001 – 31.12.2001	Belgien
1.1.2002 – 30. 6.2002	Dänemark
1.7.2002 – 31.12.2002	Griechenland

5.3 Das Europäische Parlament

5. Wahlperiode 1999–2004

	EVP	SPE	ELDR	V/ALE	GUE/NGL	UEN	TDI	EDD	FL	ges.
Belgien	6	5	5	7	–	–	2	–	–	25
Dänemark	1	3	6	–	1	1	–	4	–	16
Deutschland	53	33	–	7	6	–	–	–	–	99
Finnland	5	3	5	2	1	–	–	–	–	16
Frankreich	21	22	–	9	11	12	5	6	1	87
Griechenland	9	9	–	–	7	–	–	–	–	25
Großbritannien	37	30	10	6	–	–	–	3	1	87
Irland	5	1	1	2	–	6	–	–	–	15
Italien	34	17	7	2	6	9	11	–	1	87
Luxemburg	1	3	–	1	–	–	–	–	1	6
Niederlande	9	6	8	4	1	–	–	3	–	31
Österreich	7	7	–	2	–	–	–	–	5	21
Portugal	9	12	–	–	2	2	–	–	–	25
Schweden	7	6	4	2	3	–	–	–	–	22
Spanien	28	24	3	4	4	–	–	–	1	64
gesamt	232	181	49	48	42	30	18	16	10	626

EVP	Europäische Volkspartei/Europäische Demokraten
SPE	Sozialdemokratische Partei Europas
ELDR	Liberale und Demokratische Partei Europas
V/ALE	Grüne/Freie Europäische Allianz
GUE/NGL	Vereinigte Europäische Linke/Nordische Grüne Linke
UEN	Union für das Europa der Nationen
TDI	Technische Fraktion der unabhängigen Abgeordneten
EDD	Europa der Demokratien und der Unterschiede
FL	Fraktionslose

Quelle: Europäisches Parlament (www.europarl.eu.int/members/de/default.htm)

6. Zeittafel der europäischen Integration

1948

1. Januar	Zollunion zwischen Belgien, Luxemburg und den Niederlanden (Benelux).
16. April	Gründung der Organisation für europäische wirtschaftliche Zusammenarbeit (OEEC) in Paris. Aufgabe: Durchführung und Verwaltung der Marshallplan-Hilfsmaßnahmen der Vereinigten Staaten, die zur Modernisierung der Wirtschaft im kriegszerstörten Europa beitragen sollten (1960 Überführung in die Organisation für wirtschaftliche Zusammenarbeit und Entwicklung, OECD).
7.–10. Mai	Haager Europakongreß (insbesondere auf Initiative von Winston Churchill) mit einer Grundsatzdebatte über die Einigung Europas.

1949

4. April	Gründung des Europarates und Unterzeichnung des Nordatlantikpaktes in Washington.

1950

9. Mai	In einer Erklärung stellt der französische Außenminister Robert Schuman den von Jean Monnet entwickelten Plan vor, die Kohle- und Stahlproduktion Frankreichs und der Bundesrepublik Deutschland zusammenzulegen und eine Organisation zu gründen, die den anderen europäischen Ländern zum Beitritt offenstehen sollte (Erklärung Robert Schumans).
19. September	Gründung der Europäischen Zahlungsunion (EZU) als multilaterale Verrechnungsstelle. Aufgabe: Liberalisierung des Zahlungsverkehrs und Abkehr von einem bilateralen Ansatz der Handelsbeziehungen, somit Förderung eines verstärkten Handelsverkehrs zwischen den westeuropäischen Ländern.

1951

18. April	In Paris wird der Vertrag über die Gründung der Europäischen Gemeinschaft für Kohle und Stahl (EGKS) unterzeichnet. Er tritt am 25. Juli 1952 für einen Zeitraum von 50 Jahren in Kraft. Mit diesem Vertrag werden die Hohe Behörde, der Rat, der Gerichtshof und die Versammlung eingesetzt.

Europa in Zahlen

1952

27. Mai — Unterzeichnung des Vertrages zur Errichtung der Europäischen Verteidigungsgemeinschaft (EVG) in Paris. Ziel: Integration der Streitkräfte der sechs EGKS-Länder, begleitet von einer politischen Gemeinschaft. Die Pläne scheitern mit der Ablehnung des Vertrages durch die französische Nationalversammlung am 30. August 1954.

1955

1.–2. Juni — Auf der Konferenz von Messina beschließen die Außenminister der sechs EGKS-Länder, die wirtschaftliche Integration, die im Kohle- und Stahlbereich begonnen hatte, durch eine Ausdehnung auf die gesamte Wirtschaft, den gemeinsamen europäischen Markt und die Verwendung von Atomenergie voranzutreiben.

1957

25. März — Die Verträge machen aus einer Europäischen Gemeinschaft (der EGKS) die »Europäischen Gemeinschaften«. Die Verträge zur Gründung der Europäischen Wirtschaftsgemeinschaft (EWG) und der Europäischen Atomgemeinschaft (EAG) werden in Rom unterzeichnet und treten am 1. Januar 1958 in Kraft. Durch die Ausdehnung der gemeinsamen Politik auf alle Bereiche der Wirtschaft ist eine neue Phase der Integration Europas eingeleitet. Mit den auf unbestimmte Zeit geschlossenen Verträgen werden folgende Institutionen eingesetzt: Kommissionen (eine für jede Gemeinschaft), Räte (einer für jede Gemeinschaft), der Gerichtshof (gemeinsam mit der EGKS) und die Versammlung (gemeinsam mit der EGKS). Mit dem Vertrag wird auch die Europäische Investitionsbank (EIB) errichtet, deren Satzung Bestandteil des EWG-Vertrages ist.

1960

4. Januar — In Stockholm wird der Vertrag über die Gründung der Europäischen Freihandelsassoziation (EFTA) unterzeichnet. Zuvor war ein Projekt des Vereinigten Königreichs, eine Freihandelszone zu gründen, von Frankreich, der Bundesrepublik Deutschland und den Vereinigten Staaten zu Fall gebracht worden.

14. Dezember — Unterzeichnung des Vertrages zur Errichtung der Organisation für wirtschaftliche Zusammenarbeit und Entwicklung (OECD) in Paris. Mitglieder: OEEC-Mitgliedstaaten, USA und Kanada.

1963

29. Januar	Die Beitrittsverhandlungen mit dem Vereinigten Königreich werden unterbrochen, der Beitrittsantrag nach dem Veto General de Gaulles auf Eis gelegt.
20. Juli	Erstes Jaunde-Abkommen: in Jaunde unterzeichnetes Assoziierungsabkommen zwischen der Gemeinschaft und 18 im wesentlichen französischsprachigen afrikanischen Staaten. Laufzeit vom 1. Juni 1964 bis 20. Juni 1969.

1965

8. April	Der Fusionsvertrag zur Zusammenlegung der Exekutiven der drei Gemeinschaften (EGKS, EWG, Euratom) und zur Einsetzung eines gemeinsamen Rates und einer gemeinsamen Kommission wird unterzeichnet. Er tritt zum 1. Juli 1967 in Kraft.
6. Juli	Frankreich praktiziert die »Politik des leeren Stuhles«. Die Krise in der Gemeinschaft entstand wegen Differenzen in der Frage der Finanzierung der Gemeinsamen Agrarpolitik.

1966

29. Januar	Nach dem Luxemburger Kompromiß erklärt sich Frankreich bereit, seinen Platz im Rat wieder einzunehmen. Mehrheitsbeschlüsse werden künftig durch einstimmige Beschlüsse ersetzt, wenn ein Staat erklärt, daß seine vitalen Interessen auf dem Spiel stehen.

1967

18.–19. Dezember	Frankreichs zweites Nein zum Beitritt des Vereinigten Königreichs. De Gaulle legt gegen die Wiederaufnahme der Beitrittsverhandlungen mit dem Vereinigten Königreich ein Veto ein.

1968

1. Juli	18 Monate früher als geplant ist die erste Stufe der wirtschaftlichen Integration in einer Zollunion erreicht. Die letzten Binnenzölle für gewerbliche Erzeugnisse werden abgeschafft. Der gemeinsame Zolltarif gegenüber dritten Ländern wird eingeführt.

1969

1.–2. Dezember	Auf der Haager Gipfelkonferenz beschließen die Staats- bzw. Regierungschefs der Sechs die Zusammenarbeit im Bereich der Außenpolitik.

1970

27. Oktober Die Staats- bzw. Regierungschefs der sechs Mitgliedstaaten nehmen den Davignon-Bericht an. Darin wurde geprüft, wie Fortschritte in der politischen Einigung möglich seien. Die Annahme des Berichtes führt zur Aufnahme von regelmäßigen Konsultationen der Außenminister, zur Europäischen Politischen Zusammenarbeit (EPZ).

1971

1. Januar Zweites Jaunde-Abkommen zwischen der Gemeinschaft und 19 Staaten Afrikas, des karibischen und pazifischen Raums (AKP). Laufzeit bis 31. Januar 1975.
18. Januar Der Schlußchor aus der Neunten Symphonie von Ludwig van Beethoven, die Ode an die Freude, wird zur Hymne der Europäischen Gemeinschaften erklärt.
22. Januar Unterzeichnung der Verträge über den Beitritt Dänemarks, Irlands, Norwegens und des Vereinigten Königreichs in Brüssel.
24. April Das System der »Währungsschlange« wird eingeführt. Es soll die Wechselkurse der Mitgliedstaaten untereinander stabil und gegenüber dem US-Dollar flexibel halten. Der Erfolg bleibt unbefriedigend.
25. September Die Bevölkerung Norwegens lehnt in einem Referendum den Beitritt zur EWG ab.
21. Oktober Auf der Pariser Gipfelkonferenz geben die Staats- bzw. Regierungschefs der Hoffnung Ausdruck, daß Europa aufgrund der Einigung in die Lage versetzt werde, »in der Weltpolitik als eigenständiges Ganzes aufzutreten« und erklären ihre Absicht, »ihre Beziehungen vor Ablauf dieses Jahrzehnts in eine Europäische Union einmünden zu lassen«. Gleichzeitig nehmen sie politische Leitlinien für die Intensivierung der politischen Zusammenarbeit an.

1973

1. Januar Dänemark (einschließlich Grönland), Irland und das Vereinigte Königreich treten der Europäischen Wirtschaftsgemeinschaft bei.
23. Juli Der Kopenhagener Bericht – zweiter Bericht der Außenminister, Vorlage für die Pariser Gipfelkonferenz – verpflichtet die Mitgliedstaaten zur gegenseitigen Konsultierung vor einer endgültigen Stellungnahme zu wichtigen außenpolitischen Fragen. Aufstellung von Grundregeln für die politische Zusammenarbeit mit den Gemeinschaftsinstitutionen. Der Bericht sieht eine Intensivie-

rung der regelmäßigen Konsultationen vor und führt zu einer Reihe von praktischen Verbesserungen.

1974

1. April Die neue britische Regierung fordert vor dem Rat eine Wiederaufnahme der Verhandlungen über die Beitrittsbedingungen, die von der vorhergehenden konservativen Regierung akzeptiert worden waren. In einem Referendum sollen die Briten über diese Frage entscheiden.

9.–10. Dezember Auf dem Gipfeltreffen von Paris beschließen die Staats- bzw. Regierungschefs, den Europäischen Rat einzurichten und wenigstens dreimal pro Jahr (derzeitige Praxis: zweimal pro Jahr plus Sondergipfel) mit den Außenministern zusammenzutreffen, um zu gewährleisten, daß Europas interne und externe Probleme als Ganzes gesehen werden. Erneute Bekräftigung, die Europäische Politische Zusammenarbeit auszuweiten, um alle Gebiete der internationalen Politik, die die Belange der EG betreffen, abzudecken. Koordinierung der diplomatischen Beziehungen zu Drittländern, wobei der Präsidentschaft eine besondere Verantwortung zukommt.

1975

28. Februar Unterzeichnung des ersten Lomé-Abkommens (Lomé I) zwischen der Gemeinschaft und 46 Staaten Afrikas, der Karibik und des Pazifischen Ozeans (AKP). Laufzeit des Abkommens vom 1. April 1976 bis 1. März 1980.

5. Juni Referendum im Vereinigten Königreich. Die Bevölkerung entscheidet sich mehrheitlich für den Verbleib in der Europäischen Gemeinschaft.

1978

6.–7. Juli Beim Europäischen Rat in Bremen stellen Frankreich und Deutschland einen Plan für eine engere monetäre Zusammenarbeit vor: Das Europäische Währungssystem (EWS), soll die erfolglose »Währungsschlange« ersetzen.

4.–5. Dezember Die Bezeichnung ECU wird vom Europäischen Rat in Brüssel angenommen. Der ECU setzt sich zusammen aus dem Wert fester Beträge eines Korbes der Währungen der Mitgliedstaaten. Die erstmals im März 1979 festgelegte Korbdefinition wird in der Folge mit der Einbeziehung der griechischen Drachme, der spanischen Peseta und des portugiesischen Escudo geändert.

Europa in Zahlen

1979

13. März — Das Europäische Währungssystem (EWS) nimmt seine Arbeit auf. Das Vereinigte Königreich beschließt, sich dem System vorerst nicht anzuschließen.

7.–10. Juni — Erste Direktwahl zum Europäischen Parlament. Die Bürger der Mitgliedstaaten bestimmen 410 Abgeordnete.

31. Oktober — Unterzeichnung des zweiten Lomé-Abkommens (Lomé II) zwischen der Gemeinschaft und 58 Staaten Afrikas, der Karibik und des Pazifischen Ozeans (AKP). Das Abkommen betrifft die Zusammenarbeit zwischen den AKP-Staaten und der Gemeinschaft für den Zeitraum vom 1. März 1980 bis 28. Februar 1985.

1981

1. Januar — Griechenland tritt der Gemeinschaft bei. Die Süderweiterung der Gemeinschaft beginnt.

13. Oktober — In dem Londoner Bericht beschließen die Außenminister Maßnahmen zur Verbesserung der administrativen Strukturen und der Entscheidungsprozesse im Rahmen der Europäischen Politischen Zusammenarbeit (EPZ). In dem Bericht wird eine gemeinsame Vorgehensweise festgelegt, und zum ersten Mal werden politische Aspekte der Sicherheitspolitik in den Themenkreis der EPZ einbezogen. Es werden auch Grundregeln für Konsultationen in Krisenzeiten festgelegt.

1983

17.–19. Juni — Auf dem Stuttgarter Gipfel geben die Staats- und Regierungschefs eine Erklärung zur »Europäischen Union« ab. Die Genscher-Colombo-Initiative wird als Grundlage für den Plan zur politischen Einigung angesehen.

19. Juni — Feierliche Deklaration zur Europäischen Union, in der die Zehn ihren Wunsch zum Ausdruck bringen, eine Europäische Union zu errichten, unterzeichnet von den Staats- bzw. Regierungschefs auf dem Stuttgarter Gipfeltreffen.

1984

14. Februar — Altiero Spinellis Vertragsentwurf zur Gründung der Europäischen Union wird im Europäischen Parlament verabschiedet.

13. März — Austritt Grönlands aus den Europäischen Gemeinschaften.

14.–17. Juni — Zweite Direktwahl zum Europäischen Parlament (434 Abgeordnete). Im Januar 1986 erhöht sich die Anzahl der Sitze durch die

	neu hinzugekommenen 60 spanischen und 24 portugiesischen Abgeordneten auf 518. Diese wurden zunächst von ihren Parlamenten ernannt und in der Folge durch direkt gewählte Abgeordnete ersetzt.
8. Dezember	Unterzeichnung des dritten Lomé-Abkommens (Lomé III) zwischen der Gemeinschaft und 66 Staaten Afrikas, der Karibik und des Pazifischen Ozeans (AKP). Laufzeit vom 1. Mai 1986 bis 28. Februar 1990.

1985

14. Juni	Der von Frankreich, der Bundesrepublik Deutschland, den Niederlanden, Belgien und Luxemburg unterzeichnete Vertrag über freie Binnengrenzen ebnet den Weg für den Binnenmarkt. Die mit der Abschaffung der Polizei- und Zollformalitäten verbundenen Probleme machen allerdings Zusatzverhandlungen notwendig.

1986

1. Januar	Spanien und Portugal treten offiziell der Europäischen Gemeinschaft bei.
17., 18. und 28. Februar	Die Zwölf unterzeichnen die Einheitliche Europäische Akte (EEA). Sie reformiert die Verträge und soll der europäischen Integration neuen Auftrieb verleihen. Ihr Hauptziel ist die Schaffung eines europäischen Binnenmarktes bis Ende 1992. Sie tritt am 1. Juli 1987 in Kraft.
29. Mai	Beschluß der europäischen Institutionen zur Annahme der europäischen Flagge (gelbe Sterne auf blauem Grund). Unter Abspielung der europäischen Hymne wird sie zum ersten Mal vor dem Berlaymont-Gebäude in Brüssel gehißt.

1987

26. Oktober	Die WEU nimmt in Den Haag eine gemeinsame Verteidigungspolitik an.

1988

29. März	Der sogenannte Cecchini-Bericht, eine von Experten erarbeitete Studie, wiegt die Vorteile eines gemeinsamen Marktes und die Kosten des »Nicht-Europas«, die durch Wartezeiten an den Grenzen, technische Barrieren und sonstige Hindernisse entstehen, gegeneinander auf. Der Bericht wird zum Schlüsseldokument der Binnenmarktpolitik.

27.–28. Juni	Auf der EG-Gipfelkonferenz von Hannover setzt der Europäische Rat einen Expertenausschuß ein (Vorsitz: Jacques Delors), der die Aufgabe hat, Mittel und Wege für eine Vollendung der Wirtschafts- und Währungsunion (WWU) zu prüfen.
24. Oktober	Der Rat beschließt, ein Gericht erster Instanz der Europäischen Gemeinschaften einzusetzen. Das Gericht nimmt seine Arbeit am 1. November 1989 auf.

1989

14.–16. Juni	Der Delors-Bericht wird auf dem EG-Gipfel von Madrid gebilligt. Der Beginn der ersten Etappe der Wirtschafts- und Währungsunion wird auf den 1. Juli 1990 festgelegt.
15.–28. Juni	Dritte Direktwahl zum Europäischen Parlament (518 Abgeordnete).
15. Dezember	Unterzeichnung des vierten Lomé-Abkommens (Lomé IV) zwischen der Europäischen Gemeinschaft und 69 Staaten Afrikas, der Karibik und des Pazifischen Ozeans (AKP). Laufzeit: zehn Jahre ab 1. März 1990.
18. Dezember	Der Rat nimmt das PHARE-Programm (Polen und Ungarn - Unterstützung zur Umstrukturierung der Wirtschaft) an. Dieses Programm wird in der Folge auf Bulgarien, Rumänien, Estland, Lettland, Litauen, Albanien, Slowenien, die Tschechische Republik, die Slowakische Republik und die frühere jugoslawische Republik Mazedonien erweitert.

1990

28. April	Auf einer außerordentlichen Sitzung des Europäischen Rates in Dublin wird der Rahmen für ein gemeinsames Vorgehen in bezug auf die deutsche Einigung, die Beziehungen zu mittel- und osteuropäischen Ländern und den KSZE-Prozeß abgesteckt. Ein Verfahren zur Stärkung der politischen Union wird festgelegt.
19. Juni	Nach langwierigen Verhandlungen wird von Frankreich, der Bundesrepublik Deutschland und den Beneluxländern ein Zusatzübereinkommen unterzeichnet, das die völlige Abschaffung der Personenkontrollen an den Binnengrenzen ermöglicht, das Schengener Übereinkommen.
1. Juli	Die erste Stufe der Wirtschafts- und Währungsunion tritt in Kraft. Damit verbunden sind die Aufhebung der meisten noch bestehenden Beschränkungen des Kapitalverkehrs, eine verstärkte Koordinierung der einzelstaatlichen Wirtschaftspolitiken und eine intensivere Zusammenarbeit der Zentralbanken.

19.–21. November	KSZE-Konferenz und EG-Gipfelkonferenz in Paris. 34 Staats- und Regierungschefs unterzeichnen die Charta von Paris für ein neues Europa.

1991

15. April	Errichtung der Europäischen Bank für Wiederaufbau und Entwicklung (EBWE). Ein entsprechendes Abkommen war am 29. Mai 1990 in Paris unterzeichnet worden.
14. Oktober	In einem gemeinsamen Brief kündigen Bundeskanzler Kohl und Präsident Mitterrand die Schaffung einer deutsch-französischen Truppe an.
16. Dezember	Unterzeichnung eines neuen Assoziierungsabkommens (Europa-Abkommen) und Interimsabkommens zwischen der Gemeinschaft und Ungarn, Polen sowie der Tschechischen und der Slowakischen Republik. Sämtliche Interimsabkommen treten am 1. März 1992 in Kraft, die Europa-Abkommen mit Ungarn und Polen am 1. Februar 1994. Nach der offiziellen Auflösung der Tschechoslowakei am 1. Januar 1993 werden am 4. Oktober 1993 getrennte Europa-Abkommen mit der Tschechischen Republik und der Slowakischen Republik unterzeichnet.

1992

7. Februar	Der Vertrag über die Europäische Union wird in Maastricht unterzeichnet. Er sieht eine Erweiterung der Befugnisse des Parlaments und eine verstärkte Zusammenarbeit der Regierungen vor. Er legt außerdem den Grundstein für eine größere Kooperation in der Außenpolitik und für die Einführung einer einheitlichen Währung.
2. Mai	In Porto unterzeichnen die EG und die EFTA eine Vereinbarung über die Schaffung eines Europäischen Wirtschaftsraums (EWR).
11. Mai	Unterzeichnung von Handels- und Kooperationsabkommen zwischen der Gemeinschaft und Albanien, Estland, Lettland und Litauen. Annahme einer Gemeinsamen Erklärung zum politischen Dialog. Das Abkommen mit Albanien tritt am 1. Dezember 1992 in Kraft, die Abkommen mit Lettland und Litauen am 1. Februar 1993, das mit Estland am 1. März 1993. Unterzeichnung von Freihandelsabkommen mit den baltischen Staaten in Brüssel am 18. Juli 1994; diese Abkommen treten am 1. Januar 1995 in Kraft.
22. Mai	Auf der Grundlage des Beschlusses des deutsch-französischen Gipfels in La Rochelle wird das Eurokorps geschaffen.
2. Juni	Eine knappe Mehrheit von 50,7 Prozent der Dänen spricht sich gegen den Vertrag von Maastricht aus.

18. Juni	69,05 Prozent der Iren stimmen für die Ratifizierung des Vertrages von Maastricht.
20. September	In Frankreich stimmt die Bevölkerung über die Ratifizierung des Vertrages von Maastricht ab. Er wird mit 51,05 Prozent der Stimmen knapp angenommen.
6. Dezember	50,3 Prozent der Schweizer sprechen sich gegen den Beitritt ihres Landes zum Europäischen Wirtschaftsraum (EWR) aus.
11.–12. Dezember	Die Zwölf schließen einen Kompromiß, der die Bedingungen zur Ratifizierung des Vertrages von Maastricht durch Dänemark und die Finanzierung der Gemeinschaft regelt.

1993

1. Januar	Der Europäische Binnenmarkt, Ziel der Einheitlichen Europäischen Akte, und der Europäische Wirtschaftsraum werden verwirklicht. Durch die Freizügigkeit und den freien Waren-, Dienstleistungs- und Kapitalverkehr erwartet man eine mobilisierende Wirkung für zusätzliches Wirtschaftswachstum und die Schaffung neuer Arbeitsplätze.
1. Februar	Unterzeichnung eines neuen Assoziierungs- und Interimsabkommens über Handel und Handelsfragen (Europa-Abkommen) zwischen der Gemeinschaft und Rumänien.
8. März	Unterzeichnung eines neuen Assoziierungs- und Interimsabkommens über Handel und Handelsfragen (Europa-Abkommen) zwischen der Gemeinschaft und Bulgarien.
5. April	Unterzeichnung eines Handels- und Kooperationsabkommens zwischen der Gemeinschaft und Slowenien.
18. Mai	51,8 Prozent der stimmberechtigten Dänen bestätigen nunmehr die Ratifizierung des Vertrages von Maastricht.
21.–22. Juni	Auf dem Gipfeltreffen der Staats- und Regierungschefs in Kopenhagen kündigen diese eine Wachstumsinitiative an, die langfristig wirtschaftliches Wachstum, Wettbewerbsfähigkeit und Beschäftigung fördern soll. Außerdem bekennen sie sich zur Osterweiterung der Gemeinschaft. Allerdings müssen die assoziierten Staaten Mittel- und Osteuropas politische und wirtschaftliche Bedingungen erfüllen, bevor sie als Vollmitglieder anerkannt werden können.
19. Juli	Der Rat nimmt das TACIS-Programm (Programm der technischen Hilfe für die Nachfolgestaaten der früheren Sowjetunion) an.
2. August	Unter dem enormen Druck internationaler Währungsspekulationen sind die EG-Finanzminister gezwungen, die engen Schwankungsmargen von 2,5 auf 15 Prozent zu erweitern. Das EWS ist der größten Krise seit seiner Einführung im März 1979 ausgesetzt.

12. Oktober	Das deutsche Bundesverfassungsgericht bestätigt die Rechtmäßigkeit des Vertrages von Maastricht. Obwohl das Parlament den Vertrag bereits ratifiziert hatte, war das Bundesverfassungsgericht angerufen worden. Man zweifelte daran, daß der Vertrag mit der Verfassung vereinbar sei.
29. Oktober	Frankfurt am Main, Sitz der Deutschen Bundesbank, wird von den Staats- bzw. Regierungschefs als Standort des Europäischen Währungsinstituts (EWI) ausgewählt, dem Vorläufer der Europäischen Zentralbank, die über die spätere gemeinsame europäische Währung wachen soll.
1. November	Der Ratifizierungsprozeß ist abgeschlossen, der Vertrag über die Europäische Union tritt in Kraft.
5. November	In Straßburg wird das Eurokorps, die gemeinsame Truppe Frankreichs und Deutschlands, offiziell in Marsch gesetzt.
9. Dezember	Boris Jelzin, Jacques Delors und Jean-Luc Dehaene, der Präsident des Europäischen Rates, unterzeichnen eine Erklärung über die Stärkung der politischen Beziehungen zwischen der Russischen Föderation und der Europäischen Union.

1994

1. Januar	Stufe II der Wirtschafts- und Währungsunion beginnt. Das Europäische Währungsinstitut (EWI) wird errichtet und nimmt seine Tätigkeit auf. Das Abkommen über die Errichtung des Europäischen Wirtschaftsraums tritt in Kraft.
27. März	Der Informelle Rat »Allgemeine Angelegenheiten« nimmt in Ioannina die Modalitäten für eine qualifizierte Mehrheitswahl im Rahmen des erweiterten Rates an.
17. Mai	Erste Sitzung des EWR-Rates in Brüssel seit Inkrafttreten des Europäischen Wirtschaftsraums am 1. Januar 1994.
12. Juni	In einem Referendum über den Beitritt Österreichs zur Europäischen Union sprechen sich 66,36 Prozent der Wahlberechtigten für den Beitritt aus.
9.–12. Juni	Vierte Direktwahl des Europäischen Parlamentes (567 Abgeordnete).
24. Juni	Unterzeichnung des Partnerschafts- und Kooperationsabkommens zwischen der Union und Rußland durch die Staats- bzw. Regierungschefs der zwölf Mitgliedstaaten in Korfu. Unterzeichnung der Beitrittsverträge mit Österreich, Finnland, Norwegen und Schweden in Korfu.
15. Juli	Auf einer außerordentlichen Gipfelkonferenz in Brüssel wird Jacques Santer, der luxemburgische Premierminister, zum neuen Präsidenten der Europäischen Kommission bestimmt.

16. Oktober	Referendum in Finnland zum Beitritt zur Europäischen Union: 56,9 Prozent der Wahlberechtigten sagen »Ja«.
13. November	Referendum in Schweden zum Beitritt zur Europäischen Union: 52,1 Prozent der Wahlberechtigten sagen »Ja«.
14. November	Der Rat der Minister der WEU nimmt in Noordwijk das Papier zur Europäischen Verteidigungspolitik an. Dies ist ein erster Beitrag zur Überarbeitung der Erklärung von Maastricht, die zur selben Zeit wie der Vertrag über die Europäische Union verabschiedet wurde. Die Ausformulierung von Verfahren für den Informationsaustausch und für die Beratung zwischen der WEU und der Europäischen Kommission wird begrüßt.
6.–17. November	Erstes größeres Manöver des Eurokorps in Deutschland und Frankreich. An dem Manöver nehmen etwa 5 000 deutsche, französische, belgische und spanische Soldaten teil.
28. November	Referendum in Norwegen über die Mitgliedschaft in der EU. Ergebnis: 52,5 Prozent dagegen, 47,5 Prozent dafür, bei einer Beteiligung von 87,9 Prozent. Im Referendum vom 25. September 1972 hatten sich 53,5 Prozent gegen die Mitgliedschaft ausgesprochen. Die EFTA wird weiterbestehen und sich ab dem 1. Januar 1995 aus der Schweiz, Norwegen, Island und Liechtenstein zusammensetzen. Die parlamentarische Versammlung der WEU findet in Paris statt: Die sechs osteuropäischen Länder, die mit der EU Assoziierungsabkommen abgeschlossen haben, sowie die drei baltischen Republiken nehmen zum ersten Mal daran teil. Eine Empfehlung zur europäischen Sicherheitspolitik, in der u. a. die Einrichtung einer Arbeitsgruppe zur Vorbereitung der Regierungskonferenz von 1996 gefordert wird, wird angenommen. In einer Empfehlung zur Sicherheits- und Verteidigungspolitik werden Maßnahmen zur Stärkung der WEU vorgeschlagen. Das Partnerschafts- und Kooperationsabkommen zwischen der EU und der Republik Moldau wird unterzeichnet.
1.–2. Dezember	Auf der 11. Versammlung der Europäischen Regionen in Straßburg fordern die Vertreter von 282 Regionen und 23 Ländern aus West-, Mittel- und Osteuropa, daß sie an der Überarbeitung des Vertrages von Maastricht beteiligt werden.
5.–6. Dezember	Auf der KSZE-Konferenz in Budapest wird die Erklärung »Der Weg zu echter Partnerschaft in einem neuen Zeitalter« angenommen. Außerdem wird die KSZE in OSZE (Organisation für Sicherheit und Zusammenarbeit in Europa) umbenannt.
9.–10. Dezember	Europäischer Rat von Essen, dessen wichtigste Entscheidungen die Bekämpfung der Arbeitslosigkeit (ab Dezember 1995 sind dem Europäischen Rat jährliche Berichte zu unterbreiten), die transeuropäischen Netze und ihre Finanzierung sowie eine Strate-

	gie zur Heranführung der Länder Mittel- und Osteuropas an die EU betreffen. Im Rahmen des Rates wurde eine Sondersitzung für die führenden Vertreter Ungarns, der Tschechischen Republik, der Slowakei, Polens, Bulgariens und Rumäniens abgehalten.
15. Dezember	Beginn der Verhandlungen zur Ausarbeitung von Assoziierungsabkommen zwischen der EU und Litauen, Lettland und Estland.
16. Dezember	Die informelle Gruppe von Regierungsexperten der EU und der Western European Armaments Group (WEU plus Norwegen und Türkei) trifft sich zum ersten Mal in Brüssel, um die Möglichkeiten einer europäischen Rüstungspolitik zu beraten.
22. Dezember	Der Exekutivausschuß des Schengener Abkommens kommt in Bonn überein, die Grenzkontrollen für Privatpersonen, die die internen Grenzen zwischen den sieben Mitgliedstaaten überqueren, ab dem 26. März 1995 abzuschaffen. Die entsprechenden Mitgliedstaaten sind Deutschland, Frankreich, die Beneluxstaaten, Spanien und Portugal.
29. Dezember	Unterzeichnung des Interimsabkommens zur Umsetzung der Handelsaspekte des Partnerschafts- und Kooperationsabkommens zwischen der EU und Rußland.

1995

1. Januar	Beitritt Österreichs, Finnlands und Schwedens zur EU.
9. Januar	Der Kompromiß von Ioannina zu einer qualifizierten Mehrheitsentscheidung im Rat der EU wird angesichts des »Neins« Norwegens überprüft.
18. Januar	Gemäß dem im Vertrag über die Europäische Union eingeführten neuen Verfahren erfolgt im Europäischen Parlament das Zustimmungsvotum für die neue Europäische Kommission unter der Führung von Jacques Santer. Die Investitur erfolgt mit 416 Ja-Stimmen, 103 Gegenstimmen und 59 Enthaltungen (das Europäische Parlament hat jetzt 626 Mitglieder).
1. Februar	Die europäischen Assoziierungsabkommen (Europa-Abkommen) der EU mit Rumänien, der Tschechischen Republik, der Slowakischen Republik und Bulgarien treten in Kraft.
25.–26. Februar	Die Europäische Kommission ist Gastgeber der Ministerkonferenz der G 7 über die Informationsgesellschaft in Brüssel.
20. März	Ein »Stabilitätspakt« wird von den Außenministern der Länder Mittel- und Osteuropas sowie den Vertretern internationaler Organisationen angenommen, die seit der Eröffnungskonferenz am 26. und 27. Mai 1994 in Paris an dem von der EU auf den Weg gebrachten Prozeß beteiligt waren. Dieser Prozeß sollte zu einem derartigen Pakt in Europa führen. Der Pakt wird an die Organisa-

	tion für Sicherheit und Zusammenarbeit in Europa (OSZE) weitergeleitet. Sie ist betraut mit der Fortschreibung und Durchführung des Paktes.
26. März	Das Übereinkommen zur Durchführung des Abkommens von Schengen tritt für sieben der neun Schengen-Länder in Kraft.
9. April	Die Bevölkerung Liechtensteins stimmt mit 55,9 Prozent bei einer Wahlbeteiligung von 82 Prozent dem Beitritt ihres Landes zum Europäischen Wirtschaftsraum zu (ihm gehören neben der EU Norwegen und Island an, während die Schweiz, die mit Liechtenstein eine Zollunion bildet, den Beitritt in einem Referendum ablehnte).
2. und 10. Mai	Die Europäische Kommission nimmt das Weißbuch »Vorbereitung der assoziierten Staaten Mittel- und Osteuropas auf die Integration in den Binnenmarkt der Union« an.
12. Mai	Rund 100 führende europäische Unternehmen nehmen das »Europäische Manifest der Unternehmen gegen die Ausgrenzung« an, das von J. Delors auf den Weg gebracht wurde.
3. Juni	Konstituierende Sitzung der »Reflexionsgruppe«, die gemäß ihrem Mandat, das ihr vom Europäischen Rat übertragen wurde, einen Bericht zur Regierungskonferenz 1996 vorbereiten soll. Wichtigstes Ziel: Eine Überarbeitung des EU-Vertrages soll die Möglichkeit zur Osterweiterung schaffen.
12. Juni	Die Assoziierungsabkommen der EU mit Estland, Lettland und Litauen werden unterzeichnet.
26.–27. Juni	Anläßlich des Europäischen Rates in Cannes treffen die Staats- und Regierungschefs der EU und der mit der EU assoziierten Staaten Mittel- und Osteuropas, der drei baltischen Staaten, Maltas und Zyperns zusammen.
17. Juli	Die EU und Rußland unterzeichnen das Interimsabkommen, wodurch der handelspolitische Teil des Partnerschafts- und Kooperationsabkommens umgesetzt werden kann.
26. Juli	Die EU-Mitgliedstaaten unterzeichnen das Europol-Abkommen.
15. Dezember	Der Europäische Rat nimmt das Szenario für den Übergang zur einheitlichen Währung mit der Bezeichnung »Euro« an. 1998 wird auf der Grundlage realer Zahlen des Jahres 1997 geprüft, ob die Mitgliedstaaten die Kriterien für die dritte Phase der Währungsunion erfüllen. Die Regierungskonferenz wird am 29. März 1996 in Turin auf den Weg gebracht.

1996

1. Januar	Zollunion zwischen der EU und der Türkei tritt in Kraft.
29. Februar	Rußland tritt dem Europarat als 39. Mitglied bei.

29. März	Die Regierungskonferenz zur Überarbeitung des Vertrages von Maastricht wird förmlich eröffnet. Behandelt werden die Punkte Bürgernähe, Offenheit, effiziente Union, die Entscheidungsstrukturen in der Außenpolitik, Justiz und Inneres.
3. Juni	Die EU-Minister für Arbeit und Sozialfragen verabschieden eine gemeinsame Stellungnahme zu der Richtlinie, laut der Arbeitnehmer, die von ihrem Unternehmen in ein anderes EU-Land entsandt werden, zu den im Gastland geltenden Bedingungen beschäftigt werden.
20. Juni	EU-Energieminister legen einen gemeinsamen Standpunkt für eine Richtlinie zur Liberalisierung des Elektrizitätsbinnenmarktes fest.
22. Juni	Der Europäische Rat von Florenz nimmt das Europol-Übereinkommen an.
14. Oktober	Finnland tritt dem Wechselkursmechanismus bei.
6. November	Kroatien tritt dem Europarat als 40. Mitglied bei.
14. Dezember	Der Europäische Rat von Dublin vereinbart einen Stabilitäts- und Wachstumspakt für die Wirtschafts- und Währungsunion. Die zukünftigen Euro-Geldscheine werden der Öffentlichkeit vorgestellt. Die europäischen Staats- und Regierungschefs verpflichten sich zum Kampf gegen das internationale organisierte Verbrechen.

1997

24. April	Der AKP-EG-Ministerrat nimmt das Protokoll über den Beitritt Südafrikas zum Lomé-Abkommen förmlich an.
29. April	Die EU unterzeichnet erste Kooperationsabkommen mit Kambodscha und Laos.
16.–17. Juni	Der Europäische Rat tagt in Amsterdam und erzielt ein Einvernehmen über den Entwurf des neuen Vertrages. Verschiedene Bestimmungen zur Gewährleistung eines reibungslosen Übergangs zur dritten Stufe der Wirtschafts- und Währungsunion werden gebilligt. Annahme einer Entschließung, in der die feste Absicht der Mitgliedstaaten, der Kommission und des Rates niedergelegt wird, den Stabilitäts- und Wachstumspakt umzusetzen. Der Rat verabschiedet eine Entschließung, in der sich die Mitgliedstaaten, der Rat und die Kommission verpflichten, der Beschäftigung höchste Priorität einzuräumen. Für November 1997 ist eine Sondertagung des Europäischen Rates zu diesem Thema vorgesehen.
2. Oktober	Unterzeichnung des Vertrages von Amsterdam durch die Außenminister der Mitgliedstaaten.

20.–21. November	Europäischer Beschäftigungsgipfel.
12.–13. Dezember	Der Europäische Rat entscheidet über die Aufnahme von Beitrittsgesprächen mit Ungarn, Polen, Estland, der Tschechischen Republik und Slowenien.

1998

1. Januar	Das zwischen der Gemeinschaft und der ehemaligen jugoslawischen Republik Mazedonien ausgehandelte Kooperationsabkommen tritt zusammen mit einem Finanzprotokoll in Kraft.
27. Januar	In Brüssel tagt zum ersten Mal der Kooperationsrat EU-Rußland.
1. Februar	Die zwischen der EU und den drei baltischen Staaten Estland, Lettland und Litauen abgeschlossenen Europa-Abkommen treten in Kraft.
1. März	Das zwischen der EG und der Ukraine ausgehandelte Abkommen über Partnerschaft und Zusammenarbeit tritt in Kraft.
12. März	In London findet die Eröffnungstagung der Europa-Konferenz mit den zehn mittel- und osteuropäischen Bewerberstaaten sowie Zypern statt.
17. März	Die Kommission nimmt die Mitteilung »Agenda 2000: Die Legislativvorschläge – Allgemeiner Überblick« an. Die Mitteilung stellt die wichtigsten Vorschläge der Agenda 2000 vor. Diese lassen sich unterteilen in Vorschläge zur Landwirtschaft, zu den Struktur- und Kohäsionsfonds, zu den Instrumenten zur Vorbereitung auf den Beitritt, zur finanziellen Vorausschau und zur interinstitutionellen Vereinbarung.
30. März	In Brüssel findet die Ministertagung zur Einleitung des Beitrittsprozesses mit den elf Bewerberstaaten aus Mittel- und Osteuropa sowie Zypern statt.
3.–4. April	In London findet zum zweiten Mal der ASEM-Gipfel statt, an dem die Staats- und Regierungschefs der EU, der sieben ASEAN-Staaten sowie die Staatsoberhäupter der Volksrepublik China, Japans und der Republik Korea teilnehmen.
1. Mai	Der Rat, der in Zusammensetzung der Staats- und Regierungschefs in Brüssel zusammenkommt, beschließt, daß außer Großbritannien, Dänemark, Schweden und Griechenland alle übrigen elf EU-Staaten an der dritten Stufe der WWU, die am 1. Januar 1999 beginnt, teilnehmen werden. Erster Präsident der Europäischen Zentralbank wird der Niederländer Wim Duisenberg.
1. Juni	Die EZB wird errichtet und nimmt als Nachfolgerin des Europäischen Währungsinstituts ihre Tätigkeit auf. Außerdem tritt das Abkommen zur Änderung des Vierten Abkommens von Lomé in

	Kraft. Damit sollen der politische sowie der institutionelle Teil der EU-AKP-Partnerschaft gestärkt, der Handel ausgeweitet und die finanzielle und technische Hilfe verbessert werden.
4. Juni	In Luxemburg findet zum ersten Mal eine Sitzung des Euro-11-Rates, des informellen Koordinationsgremiums der Mitgliedstaaten der WWU, statt.
15.–16. Juni	Unter dem Vorsitz des britischen Ratspräsidenten Blair findet der Europäische Rat von Cardiff statt. Die Staats- und Regierungschefs der Fünfzehn legen die Strategie der EU zur Förderung von Wachstum, Wohlstand und Beschäftigung und sozialer Integration fest. Außerdem zeigen die Teilnehmer die Möglichkeiten und Mittel zu größerer Bürgernähe der Union auf und entwerfen Leitlinien sowie einen zeitlichen Rahmen für die weiteren Beratungen über die Agenda 2000.
10. September	Die neue maltesische Regierung beantragt in einem Schreiben an den Ratsvorsitz der EU die Wiederaufnahme der Prüfung des von der Republik Malta vorübergehend ausgesetzten Antrages auf Beitritt zur EU.
1. Oktober	Das Europol-Übereinkommen tritt in Kraft.
10. November	In Brüssel beginnt die zweite Verhandlungsrunde im Rahmen der Europa-Konferenz mit den sechs potentiellen Beitrittskandidaten.
11.–12. Dezember	Zum Abschluß der österreichischen Ratspräsidentschaft findet der Europäische Rat von Wien statt. Die Staats- und Regierungschefs der EU legen die sogenannte »Wiener Strategie für Europa« vor, welche ein Arbeitsprogramm der EU für 1999 festlegt. Sie kommen überein, die Verhandlungen über die Agenda 2000 im März 1999 abzuschließen, und billigen die beschäftigungspolitischen Leitlinien für 1999. Helmut Kohl wird der Titel »Ehrenbürger Europas« verliehen.
31. Dezember	Auf der Tagung der Wirtschafts- und Finanzminister der Union in Brüssel werden die Umrechnungskurse zwischen dem Euro und den Währungen der Mitgliedstaaten endgültig fixiert.

1999

1. Januar	Offizieller Start der gemeinsamen europäischen Währung Euro.
14. Januar	Das Europäische Parlament stimmt für eine unabhängige Untersuchungskommission, die Vorwürfe des Mißmanagements und der Vorteilsnahme gegen die Europäische Kommission untersuchen soll.
6.–23. Februar	Die Friedenskonferenz in Rambouillet bei Paris unter der Leitung des französischen und des britischen Außenministers versucht, Serben und Kosovo-Albaner zu einer friedlichen Lösung des

	Kosovo-Konfliktes zu bewegen. Für den Fall des Scheiterns der Verhandlungen droht die NATO Serbien mit Luftangriffen. Dennoch wird keine Einigung erzielt.
11. März	Der Rat der europäischen Landwirtschaftsminister einigt sich nach mehrwöchigen Verhandlungen auf einen Kompromiß über die Reform der Gemeinsamen Agrarpolitik.
15.–16. März	Der Abschlußbericht der Untersuchungskommission des Europäischen Parlamentes bestätigt die Vorwürfe gegen die Europäische Kommission. Daraufhin tritt diese geschlossen zurück.
24.–25. März	Der Europäische Rat in Berlin einigt sich auf den ehemaligen italienischen Ministerpräsidenten Romano Prodi als Nachfolger für den zurückgetretenen Kommissionspräsidenten Jacques Santer. Die Staats- und Regierungschefs erzielen außerdem einen Kompromiß über die Agenda 2000 und die zukünftige Finanzierung der EU.
24. März	Nach dem Scheitern der zweiten Runde der Friedensgespräche zwischen Serben und Kosovo-Albanern in Paris beginnt die NATO mit Luftangriffen gegen Ziele in Serbien und im Kosovo. Serbische Armee und paramilitärische Verbände antworten darauf mit einer Welle »ethnischer Säuberungen« im Kosovo, die mehrere 100 000 Kosovo-Albaner zur Flucht nach Mazedonien und Albanien zwingt.
1. Mai	Der Vertrag von Amsterdam tritt in Kraft.
5. Mai	Das Europäische Parlament bestätigt Romano Prodi als neuen Präsidenten der EU-Kommission.
5.–6. Juni	Der Europäische Rat in Köln wählt NATO-Generalsekretär Javier Solana zum zukünftigen Hohen Repräsentanten der Gemeinsamen Außen- und Sicherheitspolitik der Europäischen Union.
9. Juni	Nach der Einwilligung der Serben in einen völligen Rückzug aus dem Kosovo beendet die NATO ihre Bombenangriffe auf Jugoslawien. Eine multinationale Friedenstruppe unter russischer Beteiligung rückt ins Kosovo ein.
10.–13. Juni	Bei der fünften Direktwahl zum Europäischen Parlament liegt die durchschnittliche Wahlbeteiligung unionsweit bei nur 49 Prozent (detaillierte Ergebnisse in *Tabelle 5.3*).

Bibliographie

1. Die historische Ausgangslage

Bowle, John: Geschichte Europas. Von der Vorgeschichte bis ins 20. Jahrhundert, Neuausgabe, 3. Auflage, München 1993.
Dinan, Desmond: Ever Closer Union? An Introduction to the European Union, 2. Auflage, London 1999.
Feyerabend, Friedrich-Karl (Hrsg.): Europa auf dem Weg in das 21. Jahrhundert, Gießen 1998.
Gellner, Ernest: Bedingungen der Freiheit. Die Zivilgesellschaft und ihre Rivalen, Stuttgart 1995.
Gerhard, Volker: Europa – die politische Wirklichkeit einer Idee. Eine Verteidigung gegen intellektuelle Skepsis, in: Die neue Gesellschaft/Frankfurter Hefte 7 (1998), S. 638–643.
Giering, Claus: Europa zwischen Zweckverband und Superstaat. Die Entwicklung der politikwissenschaftlichen Integrationstheorie im Prozeß der Europäischen Integration (Münchner Beiträge zur Europäischen Einigung Band 1), Bonn 1997.
Hasse, Rolf H. (Hrsg.): Nationalstaat im Spagat: Zwischen Suprastaatlichkeit und Subsidiarität, Stuttgart 1997.
Henrichsmeyer, Wilhelm, u. a. (Hrsg.): Auf der Suche nach europäischer Identität. Bonner Schriften zur Integration Europas Band 5, Bonn 1995.
Kohler-Koch, Beate (Hrsg.): Regieren in entgrenzten Räumen. Politische Vierteljahresschrift, Sonderheft 29 (1998), Opladen 1998.
Nötzold, Jürgen (Hrsg.): Wohin steuert Europa?, Baden-Baden 1995.
Rinsche, Günter, und Ingo Friedrich (Hrsg.): Weichenstellung für das 21. Jahrhundert. Erfordernisse und Perspektiven der europäischen Integration, Köln u. a. 1998.
Rosamond, Ben: Theories of European Integration, London 1999.
Schmale, Wolfgang: Scheitert Europa an seinem Mythendefizit?, Bochum 1997.
Schmierer, Joscha: Mein Name sei Europa. Einigung ohne Mythos und Utopie, Frankfurt a. M. 1996.
Schulze, Hagen: Phoenix Europa. Die Moderne. Von 1740 bis heute, München 1998.
ders.: Die Wiederkehr Europas, Berlin 1990.
ders.: Staat und Nation in der europäischen Geschichte, München 1994.
Schwarz, Jürgen (Hrsg.): Der Aufbau Europas. Pläne und Dokumente 1945–1980, Bonn 1980.
Weidenfeld, Werner (Hrsg.): Die Identität Europas. Fragen, Positionen, Perspektiven, München 1985.
ders., und Wolfgang Wessels (Hrsg.): Jahrbuch der Europäischen Integration 1980-1999, Bonn 1980 ff.

Zürn, Michael: Regieren jenseits des Nationalstaats. Globalisierung und Denationalisierung als Chance, Frankfurt a. M. 1998.

2. Die Staatenwelt in Europa

2.1 EU-Mitgliedstaaten

Axt, Heinz-Jürgen (Hrsg.): Greece and the European Union: Stranger among Partners?, Baden-Baden 1997.

ders.: Griechenland in ruhigerem Fahrwasser. Politische und ökonomische Perspektiven, FES-Analyse, Friedrich-Ebert-Stiftung, Bonn 1997.

Beloff, Max: Britain and European Union. Dialogue of the Deaf, London 1996.

Bogdanor, Vernon: The Monarchy and the Constitution, Oxford 1995.

Borre, Ole, und Jorgen Goul Andersen: Voting and Political Attitudes in Denmark, Århus 1997.

Botella, Joan, und Montserrat Baras: El sistema electoral, Madrid 1996.

Bundesministerium des Innern unter Mitwirkung des Bundesarchivs (Hrsg.): Dokumente zur Deutschlandpolitik. Deutsche Einheit. Sonderedition aus den Akten des Bundeskanzleramtes 1989/90. Bearbeitet von Hanns Jürgen Küsters und Daniel Hofmann, München 1998.

Cavaco Silva, Aníbal: Portugal e a Moeda Unica, Lissabon 1997.

Conservative Research Department: The Campaign Guide 1997. A Comprehensive Survey of Conservative Policy, London 1997.

Dachs, Herbert, u. a. (Hrsg.): Handbuch des politischen Systems Österreichs, 3., erweiterte Auflage, Wien 1997.

del Castillo, Pilar, und Ismael Crespo (Hrsg.): Cultura Política, Valencia 1997.

Forster, Anthony: Britain and the Maastricht Negotiations, London 1999.

Gabriel, Oscar W. (Hrsg.): Politische Orientierungen und Verhaltensweisen im vereinigten Deutschland, Opladen 1997.

ders., und Frank Brettschneider (Hrsg.): Die EU-Staaten im Vergleich. Strukturen, Prozesse, Politikinhalte, 2. Auflage, Opladen 1995.

Gillespie, Richard: Spain and the Mediterranean. Developing a European Policy Towards the South, London 1999.

Grosser, Dieter: Das Wagnis der Währungs-, Wirtschafts- und Sozialunion. Politische Zwänge im Konflikt mit ökonomischen Regeln (Geschichte der Deutschen Einheit Band 2), Stuttgart 1998.

Gundle, Stephen, und Simon Parker (Hrsg.): The New Italian Republic. From the Fall of the Berlin Wall to Berlusconi, London/New York 1996.

Harrison, Brian: The Transformation of British Politics 1860–1995, Oxford 1996.

Heininen, Lassi, und Jyrki Käkönen (Hrsg.): The New North of Europe. Perspectives on the Northern Dimension, Tampere 1998.

Ismayr, Wolfgang (Hrsg.): Die politischen Systeme Westeuropas, 2. Auflage, Opladen 1999.

Jäger, Wolfgang, mit Michael Walther: Das Ziel der Einheit verwirklichen. Der innenpolitische Prozeß der Einigung 1989/90 (Geschichte der Deutschen Einheit Band 3), Stuttgart 1998.

Jung, Sabine: Europa, made in France. Eine Analyse des politischen Diskurses Frankreichs zur Zukunft der Europäischen Gemeinschaft – von den Anfängen bis heute, Baden-Baden 1999.

Kastendieck, Hans, Karl Rohe und Angelika Volle (Hrsg.): Länderbericht Großbritannien. Geschichte, Politik, Wirtschaft, Gesellschaft, Bonn 1994, Neuauflage 1998.

Kopeinig, Margaretha: EU-Präsidentschaft. Aufgaben und Rolle Österreichs, Wien 1998.

Korte, Karl-Rudolf: Deutschlandpolitik in Helmut Kohls Kanzlerschaft. Entscheidungsprozeß und Regierungsstil 1982–1989 (Geschichte der deutschen Einheit Band 1), Stuttgart 1998.

Kyaw, Dietrich von: Prioritäten der deutschen EU-Präsidentschaft unter Berücksichtigung des Europäischen Rates in Wien, Bonn 1999.

Laumer, Ralf: Vom Ende der Neutralität. Schwedische Sicherheitspolitik nach 1989. Mit Beiträgen von Rutger Lindahl und Wilfried von Bredow, Marburg 1997.

Luif, Paul: Der Wandel der österreichischen Neutralität. Ist Österreich ein sicherheitspolitischer »Trittbrettfahrer«?, 2., ergänzte Version, Österreichisches Institut für Internationale Politik, Laxenburg 1998.

ders.: On the Road to Brussels: The Political Dimension of Austria's, Finland's and Sweden's Accession to the European Union, Wien 1995.

Marquand, David, und Anthony Seldon (Hrsg.): The Ideas that shaped Post-war Britain, London 1996.

Masala, Carlo: Italienische Europapolitik 1994 bis 1997. Interessen, Widersprüche, Perspektiven SWP-AP 3019, Ebenhausen 1997.

Maull, Hanns W., Michael Meimeth und Christoph Neshover (Hrsg.): Die verhinderte Großmacht. Frankreichs Sicherheitspolitik nach dem Ende des Ost-West-Konflikts, Opladen 1997.

Missiroli, Antonio: Italiens Außenpolitik vor und nach Maastricht. Europa als Herausforderung und Reformzwang, in: Aus Politik und Zeitgeschichte B28/98, S. 27–36.

Moisi, Dominique: The Trouble with France, in: Foreign Affairs 3 (1998), S. 94–104.

Morgan, Roger: Großbritannien und Europa, in: Aus Politik und Zeitgeschichte B 18/97, S. 22–30.

Pedersen, Thomas: Germany, France and the Integration of Europe. A Realist Interpretation, London 1998.

Pesonen, Pertti, und Unto Vesa: Finland, Sweden and the European Union, Tampere 1998.

Petersen, Jens: Quo vadis, Italia? Ein Staat in der Krise, München 1995.

Radbruch, Hans Eberhard: Italien, Mitteleuropa und der EURO. Grundlagen und Perspektiven italienischer Außenpolitik, Baden-Baden 1998.

Reiter, Erich (Hrsg.): Österreich und die NATO. Die sicherheitspolitische Situation Österreichs nach der NATO-Erweiterung, Graz/Wien/Köln 1998.

Sampson, Anthony: The Essential Anatomy of Britain. Democracy in Crisis, London 1992.

Sänkiaho, Risto, und Sami Borg (Hrsg.): The Finnish Voter, Helsinki 1995.

Sharp, Paul: Thatcher's Diplomacy, London 1997.
Stavridis, Stelios, u. a. (Hrsg.): The Foreign Policies of the EU's Mediterranean States and Applicant Countries in the 1990's, London 1999.
Stourzh, Gerald: Um Einheit und Freiheit. Staatsvertrag, Neutralität und das Ende der Ost-West-Besetzung Österreichs 1945-1955, 4. Auflage (Studien zu Politik und Verwaltung, Band 62), Wien/Köln/Graz 1998.
Strom, Kaare, u. a. (Hrsg.): Challenges to Political Parties. The Case of Norway, Ann Arbor 1997.
Weidenfeld, Werner, und Karl-Rudolf Korte (Hrsg.): Handbuch zur deutschen Einheit. 1949 – 1989 – 1999, aktualisierte und erweiterte Neuausgabe, Frankfurt a. M./New York 1999.
ders., mit Peter M. Wagner und Elke Bruck: Außenpolitik für die deutsche Einheit. Die Entscheidungsjahre 1989/90 (Geschichte der deutschen Einheit Band 4), Stuttgart 1998.
Wenturis, Nikolaus: Griechenland und die EG. Die soziopolitischen Rahmenbedingungen griechischer Europapolitiken, Tübingen 1990.

2.2 Mittel- und osteuropäische Länder, Malta und Zypern

Akkaya, Cigdem: Der Zypernkonflikt und der Beitritt von Zypern in die Europäische Union, Essen 1998.
Bedarff, Hildegard, und Bernd Schürmann: NATO und EU aus der Perspektive Ostmitteleuropas. Meinungsbilder der Eliten in Polen, der Tschechischen Republik, Estland und Lettland, Münster 1998.
Bungs, Dzintra: The Baltic States: Problems and Prospects of Membership in the European Union, Baden-Baden 1998.
Elvert, Jürgen (Hrsg.): Der Balkan. Eine europäische Krisenregion in Geschichte und Gegenwart, Stuttgart 1997.
Evtuhovici, Adrian: Slovakia Courts the European Club, in: Transition 2 (1997), S. 72–74.
Graf, Heike, und Manfred Kerner (Hrsg.): Handbuch Baltikum heute, Berlin 1998.
Hausner, Jerzy, u. a.: Accession or Integration? Poland's Road to the European Union. EU-monitoring II, Warschau 1998.
Jezioranski, Tomasz (Hrsg.): Accession or Integration? Poland's Road to the European Union, Warschau 1998.
Kler, Jerzy: Die zweite Etappe der Transformation, Working Paper No. 169, Warsaw School of Economics, Juli 1997.
Lippert, Barbara, und Peter Becker (Hrsg.): Towards EU Membership. Transformation and Integration in Poland and the Czech Republic, Bonn 1998.
Meurs, Wim van: The Bessarabian Question in Communist Historiography. Nationalist and Communist Politics and History-Writing, Boulder (Col.) 1994.
Samardžija, Višnja: Croatia Between Two Strategies for the Integration into the European Union, in: TKI Working Papers on European Integration and Regime Formation. The Thorkil Christensen Institute of the South Jutland University Centre (SUC), Esbjerg (Dänemark) 1998.
Theophanous, Andreas: The Political Economy of a Federal Cyprus, Nikosia 1996.

Tzermias, Pavlos: Geschichte der Republik Zypern. Mit Berücksichtigung der historischen Entwicklung der Insel während der Jahrtausende, 3. aktualisierte Auflage, Tübingen 1998.
Tzermias, Pavlos: Politik im neuen Hellas. Strukturen, Theorien und Parteien im Wandel, Tübingen 1997.
ders.: Zyperns steiniger »Weg nach Europa«, in: Europäische Rundschau 3 (1998), S. 79 ff.

3. Die Einigung Europas

3.1 Das politische System der EU

Ahtisaari, Martti: Should the EU be Redesigned?, Brüssel 1999.
Bieber, Roland, und Jörg Monar (Hrsg.): Justice and Home Affairs in the European Union, Brüssel 1995.
Cloos, Jim, u. a. (Hrsg.): Le Traité de Maastricht, 2. Auflage, Brüssel 1994.
Cram, Laura, Desmond Dinan und Neill Nugent (Hrsg.): Developments in the European Union, London 1999.
Deubner, Christian, und Josef Janning: Zur Reform des Abstimmungsverfahrens im Rat der Europäischen Union: Überlegungen und Modellrechnungen, in: integration 3 (1996), S. 146–158.
Dietz, Thomas: Die grenzüberschreitende Interaktion grüner Parteien in Europa, Köln 1997.
Edwards, Geoffrey, und David Spence (Hrsg.): The European Commission, 2. Auflage, London 1997.
Europa Institut Zürich und Volkshochschule des Kantons Zürich (Hrsg.): Die Europäische Union. Wesen, Struktur, Dynamik, Zürich 1997.
Evers, Tilmann (Hrsg.): Chancen des Föderalismus in Deutschland und Europa, Baden-Baden 1994.
Fallik, Alain: The European Public Affairs Directory, Brüssel 1996.
Francis, Jacobs, Richard Corbett und Michael Shackelton: The European Parliament, 3. Auflage, Harlow 1995.
Giering, Claus: Zwischen Zweckverband und Superstaat. Die Entwicklung der politikwissenschaftlichen Integrationstheorie im Prozeß der europäischen Integration, Bonn 1997.
Göhler, Gerhard u. a. (Hrsg.): Politische Institutionen im gesellschaftlichen Umbruch. Ideengeschichtliche Beiträge zur Theorie politischer Institutionen, Opladen 1990.
Hayes-Renshaw, Fiona, und Helen Wallace: The Council of Ministers of the European Union, London 1996.
Herrmann, Peter: Partizipationskulturen in der Europäischen Union: Nichtregierungsorganisationen in EU-Mitgliedstaaten, Rheinfelden/Berlin 1998.
Hix, Simon: The Political System of the European Union, London 1999.
Hrbek, Rudolf (Hrsg): Die Reform der Europäischen Union, Schriftenreihe des Arbeitskreises Europäische Integration e.V. 41 (1997).
Jachtenfuchs, Markus, und Beate Kohler-Koch (Hrsg.): Europäische Integration, Opladen 1996.

Jäger, Thomas, und Melanie Piepenschneider (Hrsg.): Europa 2020. Szenarien politischer Entwicklungen, Opladen 1997.
Jansen, Thomas: Die Entstehung einer europäischen Partei. Vorgeschichte, Gründung und Entwicklung der EVP, Bonn 1996.
ders.: Zur Entwicklung eines europäischen Parteiensystems, in: integration 3 (1995), S. 157–165.
Johansson, Karl Magnus: Transnational Party Alliances. Analysing the Hard-won Alliance between Conservatives and Christian Democrats in the European Parliament, Lund 1997.
Jopp, Mathias, und Otto Schmuck (Hrsg.): Die Reform der Europäischen Union. Analysen – Positionen – Dokumente zur Regierungskonferenz 1996/97, Bonn 1996.
ders., Andreas Maurer und Otto Schmuck (Hrsg.): Die Europäische Union nach Amsterdam. Analysen und Stellungnahmen zum neuen EU-Vertrag, Bonn 1998.
Kinsky, Ferdinand, und Franz Knipping (Hrsg.): Der personalistische Föderalismus und die Zukunft Europas, Festschrift für Alexandre Marc, Baden-Baden 1996.
Knop, Karen, u. a. (Hrsg.): Rethinking Federalism, Vancouver 1995.
Laufer, Heinz, und Thomas Fischer: Föderalismus als Strukturprinzip für die Europäische Union, Gütersloh 1996.
Leonard, Mark: Europe's Political Deficit, London 1999.
Loth, Wilfried (Hrsg.): Die Anfänge der europäischen Integration 1945–1950, Bonn 1990.
Maurer, Andreas, und Burkhard Thiele (Hrsg.): Legitimationsprobleme und Demokratisierung der Europäischen Union, Marburg 1996.
Mccormick, John: Understanding the European Union. A Concise Introduction, London 1999.
Mickel, Wolfgang W. (Hrsg.): Europäische Union: Handlexikon der Europäischen Union, 2. überarbeitete und erweiterte Auflage, Köln 1998.
Nanz, Klaus-Peter: Der Vertrag von Amsterdam. Bd. 3: Materialien und Bd. 4: Text des Vertrages und der neuen Fassung von EU-Vertrag und EG-Vertrag, Starnberg 1997.
Nugent, Neill: Goverment and Politics of the European Union, 4. Auflage, London 1999.
Peterson, John: Decision-Making in the European Union, London 1999.
Platzer, Hans-Wolfgang, und Wolfgang Lecher (Hrsg.): European Union – European Industrial Relations? Global Challenges, National Developments and Transnational Dynamics, London 1997.
Scharpf, Fritz W.: Governing in Europe. Effective and Democratic?, Oxford 1999.
Schmalenbach, Kirsten: Der neue Europaartikel 23 des Grundgesetzes im Lichte der Arbeit der gemeinsamen Verfassungskommission, Berlin 1996.
Schmitt, Hermann, und Jacques Thomassen (Hrsg.): Political Representation and Legitimacy in the European Union, Oxford 1999.
Steffani, Winfried, und Uwe Thaysen (Hrsg.): Demokratie in Europa: Zur Rolle der Parlamente (Sonderband der Zeitschrift für Parlamentsfragen), Opladen 1995.
Weidenfeld, Werner (Hrsg.): Amsterdam in der Analyse, Gütersloh 1998.
ders. (Hrsg.): Kosten, Nutzen und Chancen der Osterweiterung für die Europäische Union, Gütersloh 1998.
ders. (Hrsg.): Maastricht in der Analyse, Gütersloh 1994.

ders. (Hrsg): Reform der Europäischen Union. Materialien zur Revision des Maastrichter Vertrages, Gütersloh 1995.

ders, und Christian Jung: Lehren aus Maastricht: Transparenz, Demokratie und Effizienz in der Europäischen Union, in: integration 3 (1993), S. 138–146.

ders., und Wolfgang Wessels (Hrsg.): Europa von A–Z. Taschenbuch der europäischen Integration, 7. Auflage, Bonn 1998.

Wessels, Wolfgang: Der Amsterdamer Vertrag – Durch Stückwerksreformen zu einer effizienteren, erweiterten und föderalen Union?, in: integration 3 (1997), S. 117–135.

ders.: Maastricht: Ergebnisse, Bewertungen und Langzeittrends, in: integration 1 (1992), S. 2–16.

Westlake, Martin: The Council of the European Union, London 1995.

3.2 Frieden und Sicherheit in Europa

Algieri, Franco, Josef Janning und Dirk Rumberg (Hrsg.): Managing Security in Europe, Gütersloh 1996.

Bertelsmann Stiftung (Hrsg.): Das neue Europa. Strategien differenzierter Integration, International Bertelsmann Forum, Gütersloh 1997.

Bertram, Christoph: Europe in the Balance. Securing the Peace Won in the Cold War, Washington D.C. 1995.

Brandstetter, Gerfried (Hrsg.): Die Westeuropäische Union. Einführung und Dokumente, Baden-Baden 1999.

Calic, Marie-Janine: Der Krieg in Bosnien-Hercegovina. Ursachen – Konfliktstrukturen – Internationale Lösungsversuche, Frankfurt a. M. 1995.

Carnegie Commission on Preventing Deadly Conflict: Preventing Deadly Conflict. Final Report, Washington D.C. 1998.

Carpenter, Ted Galen (Hrsg.): The Future of NATO, London 1995.

Clement, Hermann, u. a. (Hrsg.): Wirtschaftsentwicklung in ausgewählten mittel- und osteuropäischen Ländern, München 1997.

Crefeld, Martin van: Die Zukunft des Krieges, München 1998.

Deighton, Anne (Hrsg.): Western European Union 1954–1997. Defence, Security, Integration, Oxford 1997.

Eekelen, Willem van: Debating European Security 1948–1998, Den Haag 1998.

Fröhlich, Stefan: Der Ausbau der europäischen Verteidigungsidentität zwischen WEU und NATO, Bonn 1998.

Garton Ash, Timothy: Ein Jahrhundert wird abgewählt. Aus den Zentren Mitteleuropas 1980–1990, München 1990.

Gasteyger, Curt: Europa zwischen Spaltung und Einigung 1945–1990, Köln 1990.

Holbrooke, Richard: Meine Mission. Vom Krieg zum Frieden in Bosnien, München 1998.

International Institute for Strategic Studies: The Military Balance 1998/99, London 1998.

Kremenyuk, Victor, und William Zartman (Hrsg.): Cooperative Security. Reducing Third World Wars, Syracuse 1995.

Lenzi, Guido (Hrsg.): WEU at Fifty, Institute for Security Studies of Western European Union, Paris 1998.

Lewis Gaddis, John: We Now Know: Rethinking Cold War History, New York 1997.
Loth, Wilfried: Helsinki, 1. August 1975. Entspannung und Abrüstung, München 1998.
Martin, Ernst (Hrsg.): Eurokorps und europäische Einigung, Bonn 1996.
Martin, Laurence, und John Roper (Hrsg.): Towards a Common Defence Policy. A Study by the European Strategy Group and the Institute for Security Studies of Western European Union, Paris 1995.
Mearsheimer, John J.: Back to the Future. Instability in Europe after the Cold War, in: International Security 1 (1990), S. 5–56.
Reiter, Erich (Hrsg.): Jahrbuch für internationale Sicherheitspolitik 1999, Hamburg/Berlin/Bonn 1999.
Senghaas, Dieter (Hrsg.): Frieden machen, Frankfurt a. M. 1997.
Varwick, Johannes: Sicherheit und Integration in Europa. Zur Renaissance der Westeuropäischen Union, Opladen 1998.

3.3 Wirtschaft, Währung und Wettbewerbsfähigkeit Europas

Akademie für Raumforschung und Landesplanung: Regional Aspects of Common Agricultural Policy; New Roles for Rural Areas, Hannover 1996.
Baimbridge, Mark, u. a.: A Single Currency for Europe, Basingstoke 1999.
Beise, Marc, Thomas Oppermann und Gerald G. Sander: Grauzonen im Welthandel. Protektionismus unter dem alten GATT als Herausforderung an die neue WTO, Baden-Baden 1998.
Bofinger, Peter, Carsten Hefeker und Kai Pfleger: Stabilitätskultur in Europa. Theoretische Grundlagen, empirische Befunde, Bedeutung für die EWU, Stuttgart 1998.
Caesar, Rolf, und Hans-Eckart Scharrer (Hrsg.): Maastricht: Königsweg oder Irrweg zur Wirtschafts- und Währungsunion?, Bonn 1995.
ders., und Renate Ohr: Maastricht oder Maastricht II: Vision oder Abenteuer, Baden-Baden 1996.
Cecchini, Paolo: Europa '92. Der Vorteil des Binnenmarktes, Baden-Baden 1988.
Collignon, Stefan: Geldwertstabilität für Europa. Die Währungsunion auf dem Prüfstand, Gütersloh 1996.
Crouch, Colin (Hrsg.): After the Euro. Shaping Institutions for Governance in the Wake of European Monetary Union, Oxford 1999.
Dohse, Dirk, und Christiane Krieger-Boden: Währungsunion und Arbeitsmarkt. Auftakt zu unabdingbaren Reformen, Tübingen 1998.
Donges, Juergen B., und Andreas Freytag (Hrsg.): Die Rolle des Staates in einer globalisierten Wirtschaft, Stuttgart 1998.
Duggen, Hans, und Göttrik Wewer (Hrsg.): Europa: Eine Frage des Geldes?, Opladen 1998.
Everling, Ulrich: Das Maastricht-Urteil des Bundesverfassungsgerichts und seine Bedeutung für die Entwicklung der Europäischen Union, in: integration 3 (1994), S. 165–175.
Franzmeyer, Fritz: Osterweiterung, Kerneuropa, Währungsunion – Zentrale Weichenstellungen in der Integrationspolitik, in: integration 3 (1995), S. 125–132.
Gälli, Anton: Konturen eines großchinesischen Wirtschaftsblocks, in: ifo-Schnelldienst 8 (1992).

Genschel, Phillip: Markt und Staat in Europa, in: Politische Vierteljahresschrift 1 (1998), S. 55–79.

Gruppe von Lissabon (Hrsg.): Grenzen des Wettbewerbs. Die Globalisierung der Wirtschaft und die Zukunft der Menschheit. Mit einem Vorwort von Ernst Ulrich von Weizsäcker, München 1997.

Hine, David, und Hussein Kassim (Hrsg.): Beyond the Market. The EU and National Social Policy, London 1998.

Jacquemin, Alexis, und Lucio R. Pench (Hrsg.): Europa im globalen Wettbewerb. Berichte des Rates für Wettbewerbsfähigkeit, Baden-Baden 1999.

Jürgensen, Thomas: WTO-Konformität der reformierten Gemeinsamen Marktorganisation für Bananen, in: Recht der internationalen Wirtschaft 4 (1999), S. 241–249.

Jochimsen, Remut: Perspektiven der Europäischen Wirtschafts- und Währungsunion, 2. Auflage, Baden-Baden 1998.

Kluth, Michael F.: The Political Economy of a »Social Europe«. Understanding Labour Market Integration in the European Union, London 1998.

Krägenau, Henry, und Wolfgang Wetter (Hrsg.): Europäische Wirtschafts- und Währungsunion. Vom Werner-Plan zum Vertrag von Maastricht, Baden-Baden 1993.

Krämer, Ludwig, u. a. (Hrsg.): Recht und diffuse Interessen in der europäischen Rechtsordnung. Liber amicorum Norbert Reich, Baden-Baden 1997.

Landesmann, Michael, und Karl Oichelmann (Hrsg.): Unemployment in Europe, London 1999.

Laumer, Helmut: Wachstumsmarkt Asien-Pazifik – Deutsche Wirtschaft im Abseits?, in: ifo-Schnelldienst 22 (1994).

Levitt, Malcolm, und Christopher Lord: The Political Economy of Monetary Union, Basingstoke 1999.

Manegold, Dirk: Das gegenwärtige Agrimonetäre System der EU, Institut für landwirtschaftliche Marktforschung der Bundesforschungsanstalt für Landwirtschaft, Braunschweig-Völkenrode, Arbeitsbericht 95/3 (1995).

Martin, Hans-Peter, und Harald Schuhmann: Die Globalisierungsfalle, Hamburg 1996.

Montani, Guido: The European Government of the Economy, in: The Federalist 3 (1997), S. 126–176.

Ojeda Avilés, Antonio: El Sistema Común Europeo de Seguridad Social. Un enfoque integrado, Valencia 1997.

Peterson, John, und Margaret Sharp: Technology Policy in the European Union, London 1998.

Schiek, Dagmar: Europäisches Arbeitsrecht, Baden-Baden 1997.

Seitz, Konrad: Wettlauf ins 21. Jahrhundert. Die Zukunft Europas zwischen Amerika und Asien, Berlin 1998.

Siebert, Horst: Labour Productivities and Labour Costs in Euroland, Kiel 1999.

Stykow, Petra, und Helmut Wiesenthal: Globalisierung ökonomischen Handelns und ihre Folgen für politische Steuerung, Berlin 1996.

Tangermann, Stefan: Die Weltagrarmärkte im 21. Jahrhundert. Herausforderungen für die deutsche und europäische Agrarpolitik, Ebenhausen 1998.

Weidenfeld, Werner, und Jürgen Turek: Standort Europa, 2. Auflage, Gütersloh 1996.
Weinbörner, Susanne: Die Stellung der Europäischen Zentralbank (EZB) und der nationalen Zentralbanken in der Wirtschafts- und Währungsunion nach dem Vertrag von Maastricht, Frankfurt a. M. 1998.

4. Die deutsche Rolle in Europa

Aretin, Karl Otmar Freiherr von, u. a. (Hrsg.): Das deutsche Problem in der neueren Geschichte, München 1997.
Asmus, Ronald D.: Germany's Geopolitical Maturation. Public Opinion and Security Policy in 1994, Santa Monica 1995.
Bahr, Egon: Deutsche Interessen. Streitschrift zu Macht, Sicherheit und Außenpolitik, München 1998.
Bruck, Elke, und Peter Wagner (Hrsg.): Wege zum »2+4«-Vertrag. Die äußeren Aspekte der deutschen Einheit, München 1996.
ders., und William E. Paterson: Germany in the European Union: Gentle Giant or Emergent Leader?, in: International Affairs 1 (1996), S. 29 ff.
Deubner, Christian: Deutsche Europapolitik. Von Maastricht nach Kerneuropa?, Baden-Baden 1995.
Eberwein, Wolf-Dieter, und Karl Kaiser (Hrsg.): Deutschlands neue Außenpolitik. Band 4: Institutionen und Ressourcen, München 1998.
Garton Ash, Timothy: Im Namen Europas. Deutschland und der geteilte Kontinent, München 1993.
Glaab, Manuela, Jürgen Gros, Karl-Rudolf Korte und Peter Wagner: Wertgrundlagen und Belastungsgrenzen deutscher Europapolitik, Gutachten im Auftrag der Forschungsgruppe Europa und der Bertelsmann Wissenschaftsstiftung, München 1997.
Groeben, Hans von der: Deutschland und Europa in einem unruhigen Jahrhundert, Baden-Baden 1995.
Grosser, Alfred: Deutschland in Europa, Weinheim/Basel 1998.
Hacke, Christian: Die Außenpolitik der Bundesrepublik Deutschland. Weltmacht wider Willen?, Berlin 1997.
Hanrieder, Wolfram F.: Deutschland, Europa, Amerika. Die Außenpolitik der Bundesrepublik Deutschland 1949–1994, 2. Auflage, Paderborn 1995.
Hildebrand, Klaus: Das vergangene Reich. Deutsche Außenpolitik von Bismarck bis Hitler, Stuttgart 1995.
Kaiser, Karl (Hrsg.): Zur Zukunft der Deutschen Außenpolitik. Reden zur Außenpolitik der Berliner Republik, Bonn 1998.
Korte, Karl-Rudolf (Hrsg.): Drei Fragen zu Europa. Antworten aus deutscher Sicht, München 1998.
ders.: Was denken die anderen über uns? Fremdbilder als notwendiges Korrektiv der deutschen Außenpolitik, in: Internationale Politik 2 (1997), S. 47–54.
Loth, Wilfried: De Gaulle, Deutschland und Europa, Opladen 1991.

Markovits, Andrei S., und Simon Reich: German Predicament. Memory and Power in the New Europe, Ithaca/London 1997.
Niedhart, Gottfried, Detlev Junker und Michael W. Richter (Hrsg.): Deutschland in Europa. Nationale Interessen und internationale Ordnung im 20. Jahrhundert, Mannheim 1997.
Rittberger, Volker, und Frank Schimmelfennig: German Foreign Policy after Reunification: On the Applicability of Theoretical Models of Foreign Policy, Center for German & European Studies Working Papers, Washington, D. C. 1997.
Rometsch, Dietrich, und Wolfgang Wessels (Hrsg.): The European Union and its Member States, Manchester 1996.
Schwarz, Hans-Peter: Die Zentralmacht Europas. Deutschlands Rückkehr auf die Weltbühne, Berlin 1994.
Weidenfeld, Werner (Hrsg.): Deutsche Europapolitik – Optionen wirksamer Interessenvertretung (Münchner Beiträge zur Europäiaschen Einigung, Band 2), Bonn 1998.
ders. (Hrsg.): Effektivierung deutscher Europapolitik, Gütersloh 1998.
Zelikow, Philip, und Condoleezza Rice: Sternstunde der Diplomatie, Berlin 1997.

5. Einstellungen zu Europa

Bauer, Melanie, und Thomas Albinger: Münchner Europa Jugendstudie, Untersuchung des CAP, München 1999.
Beck, Ulrich (Hrsg.): Kinder der Freiheit, Frankfurt a. M. 1997.
Emnid-Studie: Generation BRAVO, hrsg. von der Avantgarde Gesellschaft, München 1997.
Goebel, Johannes, und Christoph Clermont: Die Tugend der Orientierungslosigkeit, Berlin 1997.
Häberle, Peter: Gibt es eine europäische Öffentlichkeit?, in: Thüringer Verwaltungsblätter 6 (1998), S. 121–129.
Henschel, Thomas R.: Die deutschen Europäer. Einstellungen Jugendlicher zu Europa 1990–1995, München 1997.
ders.: »Europa – det is'n Anfang«. Jugendliche und ihre Einstellungen zu Europa, Mainz 1996.
Jugendwerk der Deutschen Shell (Hrsg.): 12. Shell Jugendstudie: Jugend '97. Zukunftsperspektiven, Gesellschaftliches Engagement, Politische Orientierung, Opladen 1997.
Niedermayer, Oskar, und Richard Sinnott (Hrsg.): Public Opinion and Internationalized Governance, Oxford 1995.
Schauer, Hans: Nationale und europäische Identität. Die unterschiedlichen Auffassungen in Deutschland, Frankreich und Großbritannien, in: Aus Politik und Zeitgeschichte 10/97, S. 3–13.
Sinnott, Richard: European Public Opinion and Security Policy, Paris 1997.
Weidenfeld, Werner (Hrsg.): Demokratie am Wendepunkt. Die demokratische Frage als Projekt des 21. Jahrhunderts, Berlin 1996.
ders., und Karl-Rudolf Korte: Die Deutschen. Profil einer Nation, Stuttgart 1991.

6. Europas Außenbeziehungen

6.1 USA

Barber, Benjamin: Djihad versus McWorld, New York 1995.

Brzezinski, Zbigniew: Die einzige Weltmacht. Amerikas Strategie der Vorherrschaft, Weinheim/Berlin 1997.

Featherstone, Mike: Undoing Culture. Globalization, Postmodernism and Identity, London u. a. 1995.

Fröhlich, Stefan: Zwischen selektiver Verteidigung und globaler Eindämmung. Geostrategisches Denken in der amerikanischen Außen- und Sicherheitspolitik während des Kalten Krieges, Baden-Baden 1998.

Garten, Jeffrey E.: Cold Peace. America, Japan, Germany, and the Struggle for Supremacy, New York 1993.

Kahler, Miles, und Werner Link: Europa und Amerika nach der Zeitenwende – die Wiederkehr der Geschichte, Gütersloh 1995.

Lieber, Robert J. (Hrsg.): Eagle Adrift. American Foreign Policy at the End of the Century, New York 1997.

Lundestad, Geir: »Empire« by Integration. The United States and European Integration, 1945–1997, Oxford/New York 1998.

Meier-Walser, Reinhard C. (Hrsg.): Transatlantische Partnerschaft. Perspektiven der amerikanisch-europäischen Beziehungen, Landsberg a. Lech 1997.

Oppelland, Torsten, und Klaus Larres (Hrsg.): Deutschland und die USA im 20. Jahrhundert. Geschichte der politischen Beziehungen, Darmstadt 1997.

Polster, Bernd (Hrsg.): Westwind. Die Amerikanisierung Europas, Köln 1995.

Saldern, Adelheid von, Alf Lüdtke und Inge Marßolek (Hrsg.): Amerikanisierung. Traum und Alptraum im Deutschland des 20. Jahrhunderts, Stuttgart 1996.

Thiel, Elke: Die europäische Wirtschafts- und Währungsunion. Ein neues Element in den transatlantischen Wirtschaftsbeziehungen, Ebenhausen 1998.

Weidenfeld, Werner (Hrsg.): Creating Partnership. The Future of Transatlantic Relations. The Bellevue-Meetings II, Gütersloh 1997.

ders.: Der Euro als Sprengsatz der transatlantischen Beziehungen?, in: integration 1 (1999), S. 38–48.

ders.: Kulturbruch mit Amerika? Das Ende transatlantischer Selbstverständlichkeit, Gütersloh 1996.

6.2 Rußland und Ukraine

Alexandrova, Olga, und Heinz Timmermann: Integration und Desintegration in den Beziehungen Rußland – Belarus – GUS, in: Österreichisches Institut für Internationale Politik: Arbeitspapiere, Nr. 14, 1997.

Baranovsky, Vladimir (Hrsg.): Russia and Europe. The emerging security agenda, Oxford 1997.

Bierling, Stephan: Wirtschaftshilfe für Moskau. Motive und Strategien der Bundesrepublik und der USA 1990–1996, Paderborn 1998.

Borko, Juri Antonovic, und Heinz Timmermann: Rußland und die Europäische Union. Eine widersprüchliche Zwischenbilanz, Köln 1998.

Bundesinstitut für ostwissenschaftliche und internationale Studien (BIOst): Der Osten Europas im Prozeß der Differenzierung. Fortschritte und Mißerfolge der Transformation, München/Wien 1997.

Bundesministerium für Wirtschaft und Technologie (Hrsg.): Wirtschaftslage und Reformprozesse in Mittel- und Osteuropa. Sammelband 1999, Berlin 1999.

Casier, Tom, und Katljin Malfliet (Hrsg.): Is Russia a European Power? The Position of Russia in the New Europe, Leuven 1998.

Checkel, Jeffrey T.: Ideas and International Political Change. Soviet/Russian Behaviour and the End of the Cold War, Binghamton 1997.

Colton, J. Timothy, und Robert C. Tucker (Hrsg.): Patterns in Post-Soviet Leadership, Boulder/San Francisco/Oxford 1995.

Czempiel, Ernst-Otto: Die Neuordnung Europas: Was leisten NATO und OSZE für die Kooperation mit Osteuropa und Rußland?, in: Aus Politik und Zeitgeschichte B1-2/97, S. 34–45.

Ehrhart, Hans-Georg, und Oliver Thränert (Hrsg.): European Conflicts and International Institutions: Cooperating with Ukraine, Baden-Baden 1998.

Gorzka, Gabriele, und Peter W. Schulze (Hrsg.): Auf der Suche nach einer neuen Identität. Rußland an der Schwelle zum 21. Jahrhundert, Bremen 1998.

Göttinger Arbeitskreis (Hrsg.): Rußland und die Ukraine nach dem Zerfall der Sowjetunion, Berlin 1996.

Kempe, Iris: Direkte Nachbarschaft. Die Beziehungen zwischen der erweiterten EU und der Russischen Föderation, Ukraine, Weißrußland und Moldova, Gütersloh 1998.

Krause, Joachim, und Erwin Häckel: Auf dem Weg zur nuklearen Anarchie? Die mangelhafte Sicherheit waffenfähiger Spaltmaterialien in Rußland und der GUS (Arbeitspapiere zur Internationalen Politik 99), Bonn 1998.

Malcolm, Neil (Hrsg.): Russia and Europe. An End to Confrontation? London/New York 1994.

Mommsen, Margareta: Wohin treibt Rußland? Eine Großmacht zwischen Anarchie und Demokratie, München 1996.

O'Donell, Guillermore, und Philippe C. Schmitter: Transition from Autoritarian Rule: Tentative Conclusions about Uncertain Democracies, Baltimore 1996.

Osteuropa-Institut München (Hrsg.): Wirtschaftsentwicklung in ausgewählten mittel- und osteuropäischen Ländern, München 1997.

Pravda, Alex (Hrsg.): The End of the Outer Empire, London 1992.

Riese, Michaela, und Hans-Peter Riese: Moskauer Machtspiele. Wer regiert Rußland?, Berlin 1997.

Sieber, Bettina: »Russische Idee« und Identität. »Philosophisches Erbe« und Selbstthematisierung der Russen in der öffentlichen Diskussion 1985–1995, Bochum 1998.

Wenger, Andreas, und Jeronim Perovic: Rußlands Sicherheitspolitik vor der Neubestimmung? Die Herausforderung der NATO-Osterweiterung, in: Zeitschrift für Politikwissenschaft 5 (1998), S. 451–466.

6.3 Mittelmeerraum

Akkaya, Çigdem: Die wirtschaftliche Entwicklung in der Türkei, in: Aus Politik und Zeitgeschichte B 11-12/97, S. 12–23.

Forschungsgruppe Europa: The Political Role of the European Union in the Middle East. Working Paper, München 1998.

Steinbach, Udo: Die Türkei im 20. Jahrhundert. Schwieriger Partner Europas, Bergisch Gladbach 1996.

Weidenfeld, Werner, Josef Janning und Sven Behrendt: Transformation im Nahen Osten und Nordafrika, Gütersloh 1997.

Zippel, Wulfdiether (Hrsg.): Die Mittelmeerpolitik der EU, Baden-Baden 1999.

Zürcher, Erik J.: Turkey. A Modern History, London/New York 1993.

6.4 Asien und Lateinamerika, Dritte Welt

Arnett, Eric (Hrsg.): Military Capacity and the Risk of War. China, India, Pakistan and Iran, Oxford 1997.

Bass, Hans H., und Karl Wohlmuth (Hrsg.): China in der Weltwirtschaft, Institut für Asienkunde, Hamburg 1996.

Deutscher, Eckhard, Uwe Holtz und Roland Röscheisen (Hrsg.): Zukunftsfähige Entwicklungspolitik. Standpunkte und Strategien, Unkel (Rhein)/Bad Honnef 1998.

Dieter, Heribert: Die Asienkrise: Ursachen, Konsequenzen und die Rolle des Internationalen Währungsfonds, Marburg 1998.

Dosch, Jörn: Die ASEAN: Bilanz eines Erfolges. Akteure, Interessenlagen, Kooperationsbeziehungen, Hamburg 1997.

Dreis-Lampen, Barbara: ASEAN und die Europäische Union: Bestandsaufnahme und Neubewertung der interregionalen Beziehungen, Hamburg 1998.

Faust, John R., und Judith F. Kornberg: China in World Politics, Boulder/London 1995.

FAZ-Institut: Länderanalyse VR China/Hongkong (Mai 1999), Frankfurt a. M. 1999.

Ferdowsi, Mir A. (Hrsg.): Afrika zwischen Agonie und Aufbruch, München 1998.

Friedrich-Ebert-Stiftung (Hrsg.): China's International Role. Key Issues, Common Interests, Different Approaches, Bonn 1997.

Ghaussy, Saadollah: Japan and the European Union, Bonn 1998.

Goodman, David S. G., und Gerald Segal: China Rising. Nationalism and Interdependence, London/New York 1997.

Grant, Richard (Hrsg.): The European Union and China. A European Strategy for the 21st Century, London 1995.

Hermann-Pillath, Carsten, und Michael Lackner (Hrsg.) unter Mitarbeit von Doris Fischer und Christoph Müller-Hofstede: Länderbericht China, Bonn 1998.

Kaltefleiter, Viola: Die Entwicklungshilfe der Europäischen Union. Rechtfertigung, Effizienz und politische Ökonomie, Heidelberg 1995.

Kappel, Robert: Europäische Entwicklungspolitik im Wandel. Perspektiven der Kooperation zwischen der Europäischen Union und den AKP-Ländern, Duisburg 1996.

Kapur, Harish: Distant Neighbours. China and Europe, London/New York 1990.

Lingnau, Hildegard: Perspektiven der Lomé-Kooperation, Berlin 1996.

Maull, Hanns W. (Hrsg.): Japan und Europa: Getrennte Welten?, Frankfurt a. M. 1993.
Möller, Kay: Was treibt Chinas Außenpolitik. Motive und Methoden, Ebenhausen 1997.
ders., und Elke Thiel: Sinn und Nutzen der asiatisch-europäischen Treffen (ASEM). Zwei Perspektiven, Ebenhausen 1999.
Morrison, Charles E. (Hrsg.): Asia Pacific Security Outlook 1998, Tokyo/New York 1998.
Morrison, Charles E., Akira Kojima und Hanns W. Maull: Gemeinschaftsbildung mit dem pazifischen Asien. Ein Bericht an die Trilaterale Kommission (Arbeitspapiere zur Internationalen Politik 101), Bonn 1998.
Nohlen, Dieter, u. a. (Hrsg.): Die östlichen und südlichen Länder, München 1997.
Opitz, Peter J.: Die Politik Chinas gegenüber Westeuropa, in: Außenpolitik 3 (1986), S. 254 ff.
Peter Kapitza (Hrsg.): Japan in Europa, München 1990.
Pohl, Manfred, und Hans Jürgen Mayer (Hrsg.): Länderbericht Japan, 2. aktualisierte und erweiterte Auflage, Bonn 1998.
Sachsenröder, Wolfgang, und Ulrike E. Frings (Hrsg.): Political Party Systems and Democratic Development in East and Southeast Asia, 2 Bände, Aldershot 1998.
Shen, Cen-chu, und Yann-Huei Song (Hrsg.): EC Integration and EC-ROC Relations, Taipeh 1995.
Sundaram, G.: India and the European Union, New Delhi 1997.
The World Bank: China 2020. Development Challenges in the New Century, Washington D.C. 1997.
Wacker, Gudrun: Die »chinesische Bedrohung«. Wahn oder Wirklichkeit?, in: Berichte des Bundesinstituts für ostwissenschaftliche und internationale Studien 51, Köln 1995.
Wissenschaftlicher Beirat beim Bundesministerium für wirtschaftliche Zusammenarbeit und Entwicklung: Perspektiven der EU-AKP-Entwicklungszusammenarbeit nach dem Jahr 2000, BMZ aktuell (1997).
Wolf, Susanna: Begrenzter Erfolg der Lomé-Abkommen. Eine empirische Untersuchung der Wirkungen der EU-Zollpräferenzen auf den Handel der AKP-Staaten, Frankfurt a. M. u. a. 1996.
World Bank: East Asia: The Road to Recovery, Washington D.C. 1998.

7. Die Zukunft Europas

7.1 Verfassung und Kompetenzen der Europäischen Union

Bertelsmann Stiftung (Hrsg.): Das neue Europa – Strategien differenzierter Integration. International Bertelsmann Forum, Gütersloh 1997.
Bieber, Roland, u. a. (Hrsg.): Au nom des peuples européens – In the Name of the Peoples of Europe, Baden-Baden 1996.
Blomeyer, Wolfgang, und Albrecht Schachtschneider (Hrsg.): Die Europäische Union als Rechtsgemeinschaft, Berlin 1995.
Dauses, Manfred: Handbuch des EG-Wirtschaftsrechts, München 1997.
Due, Ole (Hrsg.): Festschrift für Ulrich Everling, Bd. 2, Baden-Baden 1995.

Ehlermann, Claus Dieter (Hrsg.): Der rechtliche Rahmen eines Europas in mehreren Geschwindigkeiten und unterschiedlichen Gruppierungen, Köln 1999.

Fischer Thomas, und Nicole Schley: Europa föderal organisieren. Essentialia einer Strukturreform der Europäischen Union zur Jahrtausendwende, Gütersloh 1998.

dies.: Europa föderal organisieren – Ein neues Kompetenz- und Vertragsgefüge für die Europäische Union (Münchner Beiträge zur Europäischen Einigung, Band 3), Bonn 1999.

Groeben, Hans von der, u. a. (Hrsg.): Kommentar zum EU-/EG-Vertrag, 5. Auflage, Baden-Baden 1997.

Hirsch, Günter: Das Verhältnismäßigkeitsprinzip im Gemeinschaftsrecht, Bonn 1997.

Jäger, Thomas, und Melanie Piepenschneider (Hrsg.): Europa 2000. Szenarien politischer Entwicklung, Opladen 1997.

Josef Janning: Europa braucht mehrere Geschwindigkeiten, in: Europa-Archiv 18 (1994), S. 527–536.

Koenig, Christian, und Matthias Pechstein: Die Europäische Union, Tübingen 1995.

ders.: Europarecht, 2. Auflage, Tübingen 1998.

Lübbe, Hermann: Abschied vom Superstaat. Vereinigte Staaten von Europa wird es nicht geben, Berlin 1994.

Mazan, Stephan: Das föderative Prinzip in der Europäischen Union, Zürich 1996.

Müller-Graff, Peter-Christian: Binnenmarktauftrag und Subsidiaritätsprinzip?, Zeitschrift für das gesamte Handels- und Wirtschaftsrecht (ZHR) 159 (1995), S. 34 ff.

ders., und Eibe Riedel (Hrsg.): Gemeinsames Verfassungsrecht in der Europäischen Union, Baden-Baden 1998.

ders. (Hrsg.): Perspektiven des Rechts in der Europäischen Union, Heidelberg 1998.

Nentwich, Michael, und Albert Wheale (Hrsg.): Political Theory and the European Union. Legitimacy, Constitutional Choice and Citizenship, London 1998.

Neunreither, Karlheinz, u. a. (Hrsg.): European Integration after Amsterdam. Institution Dynamics and Prospects for Democracy, Oxford 1999.

Nörr, Knut Wolfgang, und Thomas Oppermann (Hrsg.): Subsidiarität. Idee und Wirklichkeit, Tübingen 1997.

Oppermann, Thomas: Europarecht. Ein Studienbuch, 2. Auflage, München 1999.

Schreiber, Stefanie: Verwaltungskompetenzen der Europäischen Gemeinschaft, Baden-Baden 1997.

Simm, Marion: Der Gerichtshof der Europäischen Gemeinschaften im föderalen Kompetenzkonflikt. Kontinuität und Neubesinnung in der Rechtsprechung vor und nach »Maastricht«, Baden-Baden 1998.

7.2 Die Osterweiterung der Europäischen Union

Bertelsmann Stiftung und Forschungsgruppe Europa (Hrsg.): Kosten, Nutzen und Chancen der Osterweiterung für die Europäische Union, Gütersloh 1998.

Becker, Peter: Der Nutzen der Osterweiterung für die Europäische Union, in: integration 4 (1998), S. 225–237.

Beyme, Klaus von: Systemwechsel in Osteuropa, Frankfurt a. M. 1994.

Breska, Eric von, und Martin Brusis: Central and Eastern Europe on the Way into the European Union: Reforms of Regional Administration in Bulgaria, the Czech Republic, estonia, Hungary, Poland and Slovakia (CAP Working Paper), München 1999.

Grabbe, Heather, und Kristy S. Hughes: Enlarging the EU Eastwards, London 1998.

Janning, Josef: Am Ende der Regierbarkeit? Gefährliche Folgen der Erweiterung der Europäischen Union, in: Europa-Archiv 22 (1993), S. 645–652.

Keyenberg, Peter (Hrsg.): Europa braucht den Osten. Dokumentation der 5. Jahrestagung der Deutschen Nationalstiftung am 23. April 1998 in Frankfurt am Main, Stuttgart 1998.

Lageman, Bernhard: Die Osterweiterung der EU. Testfall für die »Strukturreife« der Beitrittskandidaten, Köln 1998.

Leienbach, Volker, und Achim Seffen: Die Osterweiterung der Europäischen Union. Sozialpolitische Perspektiven, Köln 1999.

Lippert, Barbara, und Heinrich Schneider (Hrsg.): Monitoring Association and Beyond. The European Union and the Visegrád States, Bonn 1995.

Mayer, Otto G., und Hans-Eckart Scharrer (Hrsg.): Osterweiterung der Europäischen Union, Baden-Baden 1997.

Prange, Heiko: Die Ostintegrationspolitik der Europäischen Union, Marburg 1997.

Rácz, Margit, Pál Gáspár, und Jürgen Nötzold: Transformation in Ostmitteleuropa. Der Weg zur Maastricht-Konvergenz, SWP-AP 3024, Ebenhausen, Juli 1997.

Seliger, Bernhard: Ubi certamen, ibi corona. Ordnungspolitische Optionen der Europäischen Union zwischen Erweiterung und Vertiefung, Frankfurt a. M. 1999.

Weidenfeld, Werner (Hrsg.): Demokratie und Marktwirtschaft in Osteuropa. Strategien für Europa, 2. Auflage, Gütersloh 1996.

ders. (Hrsg.): Europa öffnen. Anforderungen an die Erweiterung, Gütersloh 1997.

ders. (Hrsg.): Mittel- und Osteuropa auf dem Weg in die Europäische Union. Bericht zum Stand der Integrationsfähigkeit 1996, Gütersloh 1996.

Welfens, Paul J.: Economic Aspects of the Eastern Enlargement of the European Union, Köln 1999.

Weise, Christian, u. a.: Ostmitteleuropa auf dem Weg in die EU-Transformation, Verflechtung, Reformbedarf, Berlin 1997.

Zohlnhöfer, Werner (Hrsg.): Perspektiven der Osterweiterung und Reformbedarf der Europäischen Union, Berlin 1998.

7.3 Menschenrechte, Minderheiten und Migration

Alston, Philip: The EU and Human Rights, Oxford 1999.

Angenendt, Steffen (Hrsg.): Asylum and Migration Policies in the European Union, Bonn 1999.

ders.: Deutsche Migrationspolitik im neuen Europa, Opladen 1997.

Beyerlin, Ulrich, Michael Bothe, Rainer Hofmann und Ernst-Ulrich Petersmann (Hrsg.): Recht zwischen Umbruch und Bewahrung. Festschrift für Rudolf Bernhardt, Berlin 1995.

Blumenwitz, Dieter: Internationale Schutzmechanismen zur Durchsetzung von Minderheiten- und Volksgruppenrechten, Köln 1997.

ders. (Hrsg.): Rechtsanspruch und Rechhtswirklichkeit des europäischen Minderheitenschutzes, Köln 1998.
Brunkhorst, Hauke (Hrsg.): Einmischung unerwünscht? Menschenrechte und bewaffnete Intervention, Frankfurt a. M. 1998.
Brunner, Georg: Nationalitätenprobleme und Minderheitenkonflikte in Osteuropa, Gütersloh 1996.
Brusis, Martin, und Wim van Meurs: Ethnopolitische Konflikte in Osteuropa: Probleme und Strategien (CAP Working Paper), München 1999.
Frowein, Jochen A., Rainer Hofmann und Stefan Oeter (Hrsg.): Das Minderheitenrecht europäischer Staaten. Teil 1 und 2, Berlin 1993 und 1994.
Hofmann, Rainer: Minderheitenschutz in Europa. Völker- und staatsrechtliche Lage im Überblick, Berlin 1995.
Minority Rights Group (Hrsg.): World Dictionary of Minorities, London 1997.
Mohr, Manfred (Hrsg.): Friedenssichernde Aspekte des Minderheitenschutzes in der Ära des Völkerbundes und der Vereinten Nationen in Europa, Berlin 1996.
Schieffer, Martin: Die Zusammenarbeit der EU-Mitgliedstaaten in den Bereichen Asyl und Einwanderung, Baden-Baden 1998.
Thornberry, Patrick: International Law and the Rights of Minorities, Oxford 1991.

7.4 Europas Rolle in der Welt

Anderson, Malcolm, und Eberhard Bort (Hrsg.) The Frontiers of Europe, Basingstoke 1998.
Cafruny, Alan, und Patrick Peters (Hrsg.): The Union and the World. The Political Economy of a Common European Foreign Policy, Den Haag 1998.
Centrum für angewandte Politikforschung: Europa vor der Vollendung. International Bertelsmann Forum vom 3.–4. Juli 1998 in Berlin, München 1998.
Czempiel, Ernst-Otto: Eine neue Ordnung für Europa, in: Internationale Politik und Gesellschaft 4 (1998), S. 357–375.
Ischinger, Wolfgang: Die gemeinsame Außen- und Sicherheitspolitik nach Amsterdam: Praxis und Perspektiven, Bonn 1998.
Kees-Soper, Maurice: Europe and the World. The Persistence of Power Politics, Basingstoke 1998.
Link, Werner: Die Neuordnung der Weltpolitik. Grundprobleme globaler Politik an der Schwelle zum 21. Jahrhundert, München 1998.
Petersen, John, und Helene Sjursen (Hrsg.): A Common Foreign Policy for Europe?, London/New York, 1998.
Pflüger, Friedbert: Europas globale Verantwortung – die Selbstbehauptung der alten Welt, Bonn 1999.
Regelsberger, Elfriede, Philippe de Schoutheete und Wolfgang Wessels (Hrsg.): Foreign Policy of the European Union. From EPC to CFSP and Beyond, Boulder/London 1997.
Weidenfeld, Werner: The Euro and the New Face of the European Union, in: The Washington Quarterly 1 (1999), S. 67–80.
Zielonka, Jan (Hrsg.) Paradoxes of European Foreign Policy, Den Haag 1998.

Sachregister

acquis communautaire   261, 370, 387, 654, 804, 807, 811 f., 819, 885
Afrika   112, 127, 386, 388, 765, 850, 886
Agenda 2000   114, 193, 253, 327, 342, 376, 441, 453, 457, 459, 685, 807, 811, 815 f., 819, 829
Agrarmarkt   32, 34, 445–461
Agrarpolitik (s. Gemeinsame Agrarpolitik)
Ägypten   697, 702, 705, 763
AKP-Staaten   112, 742, 752, 765, 769 ff.
Albanien   66, 68, 154, 275–285, 310, 370, 828, 850
Algerien   106, 691, 693, 704 f., 763, 854
APEC   467 f., 645
Arbeitslosigkeit   29, 35, 37, 39, 101, 108, 134, 147, 160, 166, 180 f., 190, 192 f., 199, 226, 238, 244, 256 f., 297, 315, 406, 472 f., 501, 509, 522, 527, 548, 619, 621 f., 624, 628, 648, 674, 699, 702, 705, 725, 876, 878, 880
Arbeitsmarkt   475, 825
ASEAN   735, 750–761, 763, 767, 891
Asia-Europe Meeting (ASEM)   715, 724, 735, 744, 755, 757, 759 f., 890
Asien   50, 386, 388, 464, 466 f., 645, 659, 711 f., 715, 736, 744, 763, 850, 886, 890 f.
Asienstrategie   715, 724, 748, 754, 891
Assoziierung   30, 35, 240, 805, 829, 875

Asylpolitik   432, 436, 788, 894, 857 f., 860
Ausschuß der Regionen   335, 338, 360, 399, 418, 420, 431, 438, 577, 609, 796
Außenhandelspolitik s. Handelspolitik
Australien   127, 467, 756
Baltische Staaten   35, 43, 66, 205, 235, 246, 263–275, 270, 454, 613, 823, 825, 850
Barcelona-Erklärung   695 ff.
Belgien   27, 66, 70, 79–91, 108, 110 f., 173, 306, 344, 355, 425, 449, 514, 559, 561, 568, 572, 594, 607, 610 f., 742 f., 764, 826, 849 f., 857
Beschäftigungspolitik   38, 40, 136, 421, 434 f., 438, 475, 531, 614, 791, 796, 878, 880
Bildungspolitik   338, 430, 475
Binnenmarkt   33 ff., 43, 85, 122, 136, 192, 211 ff., 374, 376, 414, 420 f., 427 f., 447 f., 454, 463, 468, 475, 480–497, 504, 510 f., 516, 518, 522–551, 569, 577 f., 594, 627, 629, 717, 719 f., 744 f., 758, 768, 779, 786 ff., 791, 802, 806, 811, 816, 856, 875, 878 ff., 882, 889
Bosnien-Herzegowina   279, 303, 311, 314, 368, 370, 388 f., 392, 637
Bulgarien   35, 66, 68, 154, 281, 283, 285–302, 370, 440, 454, 686, 805, 810 f., 823, 838, 850
Bundesstaat   27, 92, 122, 132, 353 f., 356, 358, 363, 569, 579
Bürgernähe   424, 433, 603, 609
Central European Free Trade Area (CEFTA)   239, 305, 309, 809

Sachregister 948

China 245, 464, 466 ff., 471, 715, 723–740, 751, 756 f., 890 f., 893
Dänemark 29, 31, 37, 66, 70, 173, 189, 196–207, 210, 282, 344, 426, 429 f., 437, 439 f., 482, 508, 514, 573, 591, 594, 606 ff., 610 f., 728, 733 f., 849
Demokratie 50, 64, 73, 81, 90, 92, 100, 103, 117 f., 127, 142, 163 ff., 167, 171 f., 174 f., 177, 179 f., 196 f., 201, 218, 225, 234, 243 f., 253, 285, 287, 294, 298, 350, 358 f., 363, 370, 373, 378, 401, 408, 424, 434, 475, 508, 518, 608 f., 614, 626, 685, 699 f., 715, 753 ff., 797, 810, 830, 851, 885, 890
Deutschland 24, 27, 37, 43, 50, 54, 58, 60, 62 ff., 69, 71, 83, 87 f., 90 f., 92–105, 107 ff., 123, 126 f., 132, 134 f., 154, 159, 173, 175, 183 f., 187, 225, 234, 237, 241, 259, 265, 273, 277, 306, 336, 340, 344, 346, 353, 359, 381 f., 385, 425, 446, 449, 452, 458, 462 f., 471 f., 484, 486 f., 500, 503 ff., 508 f., 512, 514, 516, 527, 539–551, 552–546, 565–582, 585–602, 610 f., 618, 620, 624, 635, 645, 657, 664 f., 685, 706, 711, 727 ff., 732 f., 742 f., 763, 808 f., 816 f., 825, 831, 836, 849 f., 854, 857, 865, 878 f.
Dienstleistungsfreiheit 28, 481, 484, 490, 569, 786, 874
Dritte Welt 762–775
EFTA 188 f., 209 ff., 302, 413, 417, 487, 490, 571, 573, 613, 693, 704, 804, 808, 857
Einheitliche Europäische Akte (EEA) 32 f., 85, 333, 339, 341, 413 f., 420, 424, 427 f., 483 ff., 501, 523, 576, 856, 885

Einstimmigkeit 39, 344, 360, 379, 436, 438 f., 485, 523, 530, 543, 574, 794, 887
Einwanderungspolitik 432, 436, 788, 874–861
Engere Zusammenarbeit s. verstärkte Zusammenarbeit
Entscheidungsverfahren 44, 339, 341, 347, 349, 427, 430, 432, 438, 580, 787, 848
Entwicklungspolitik 30, 762–775, 792, 886
Erweiterung s. Osterweiterung der Europäischen Union
Estland 35, 68, 263–275, 227, 440, 454, 468, 662, 668, 607, 811, 826, 829
Europaabkommen 35, 39, 240, 613, 805, 810, 812, 829
Europäische Atomgemeinschaft (EAG, Euratom) 24, 28, 80, 85, 89, 111, 396, 425, 555, 568 f., 779, 782 f., 793
Europäische Gemeinschaft für Kohle und Stahl (EGKS, Montanunion) 24, 27 f., 80, 84 f., 89, 95, 110 f., 122, 126 f., 184, 187 f., 210, 356 f., 373, 383, 396, 412 ff., 425, 555, 567 f., 588, 635, 779, 782 f., 792, 862, 874
Europäische Interessenverbände 410–423
Europäische Investitionsbank 230, 309, 764, 805
Europäische Kommission 36, 39, 74, 103, 113, 205, 212 f., 246, 261, 271, 273, 327, 335 ff., 340, 342, 346 ff., 360, 379, 415, 418 ff., 427, 431, 433, 435 f., 441, 446, 449 f., 455 f., 458 f., 473, 480, 482, 484 ff., 499, 507, 514, 523, 531 f., 570, 599,

609 f., 622, 635, 664, 694, 715 ff., 724, 729, 734 f., 754, 762, 771, 773, 783, 788 f., 792 ff., 803, 807, 810, 815 f., 818, 829 f., 856, 858, 866, 868, 879 f.
Europäische Menschenrechtskonvention (EMRK) 129, 832, 864
Europäische Politische Gemeinschaft (EPG) 27, 373, 425, 588
Europäische Verteidigungsgemeinschaft (EVG) 27, 80, 84 f., 110 f., 357, 373, 567 ff., 588
Europäische Volkspartei (EVP) 338, 341, 395–409, 425
Europäische Wirtschaftsgemeinschaft (EWG) 24, 28 f., 80, 85, 89, 855, 862
Europäische Zentralbank (EZB)/Europäisches System der Zentralbanken (ESZB) 36, 113, 335, 346, 348, 360, 430, 504 ff., 512, 515 f., 576 f., 580, 622, 647, 790, 794, 812, 876
Europäischer Gerichtshof (EuGH) 212, 327, 335, 341, 345 f., 360 f., 438, 481 f., 485, 487, 490 ff., 524 ff., 609, 780, 784, 794 f., 858, 860, 865, 867 ff.
Europäischer Gewerkschaftsbund (EGB) 337, 413 f., 416 f., 420
Europäischer Rat 30, 335, 337, 341 f., 349, 399, 420, 426, 436, 446, 593, 610, 887 f.
– von Amsterdam 128, 136, 424, 434, 480, 513, 687, 699, 807, 848, 889
– von Berlin 342, 441
– von Dublin 424, 433
– von Köln 441, 889
– von Luxemburg 689, 804, 807, 809, 812, 816
– von Brüssel (Sondergipfel) 113
– von Luxemburg (Sondergipfel »Beschäftigung«) 114
– von Noordwijk (Sondergipfel) 434
Europäischer Rechnungshof (EuRH) 335, 346, 360
Europäischer Wirtschaftsraum (EWR) 210 ff., 468, 857
Europäisches Parlament (EP) 29 f., 36, 38 f., 122, 133, 136 f., 142, 167, 192, 211, 217, 322, 335, 338 ff., 343, 346 ff., 356, 360, 380, 395 ff., 401, 404, 407 f., 414, 418, 420, 426 f., 430 f., 433, 435, 437 ff., 508, 514, 524, 575, 577, 591, 599 f., 603, 608 ff., 614, 664, 687, 701, 733 f., 756, 762 f., 771, 783, 788 ff., 793 f., 797, 803, 830, 858, 866
Europäisches Währungsinstitut (EWI) 430, 507, 512, 514
Europäisches Währungssystem (EWS) 29 f., 96, 121, 166, 380, 426, 447 f., 501 ff., 508, 514, 542, 574, 591, 812, 876 f.
Europarat 27, 80, 84, 88, 95, 109, 127, 145, 187, 211, 222, 277 f., 283, 295, 297, 302, 304, 309, 336, 340, 399, 425, 555, 565, 567, 662, 664 f., 676, 682, 823, 826, 828 f., 832, 835, 837
Europawahl 30, 137, 192, 203 f., 340, 362, 380, 396, 403 ff., 426, 440
Finnland 37, 66, 191, 196–207, 273, 344, 404, 430, 453 f., 514, 577, 591, 607, 609 f., 826, 849, 879
Flexibilisierung 39 f., 45, 379, 438, 818
Föderalismus 36, 79, 81 f., 103, 109, 114, 121 f., 137, 208, 201, 218, 225, 234, 353–366, 373, 440

Sachregister

Forschung und Technologie (s. auch Technologiepolitik) 33, 113, 426, 428, 430, 475, 792
Frankreich 24, 27 ff., 31, 33, 37, 43, 50, 54 ff., 58, 60 f., 63 f., 66, 69 ff., 83, 87 f., 90 f., 97, 106–115, 123, 126 f., 132, 134 f., 159, 173, 277, 282, 336, 344, 369, 381, 383, 385, 387, 425, 429, 434, 446, 449, 452, 458, 462, 491, 499, 503, 514, 530, 542, 547 ff., 552 ff., 557, 559, 561, 565, 568 f., 571, 574, 577, 586 ff., 594, 598, 604, 607, 610, 622, 635, 637 f., 640, 645, 647, 665, 692, 694, 706, 714, 718, 723, 727 ff., 732 f., 742 f., 763 f., 766, 808, 838, 849 ff., 854, 857, 863, 878
Freizügigkeit 262, 362, 375, 431, 481, 485, 488, 490, 526, 528, 685, 695, 787, 809, 856, 858, 860
Fremdenfeindlichkeit 168, 781
Frieden 26, 367–394, 425, 546, 626, 636, 640, 696, 698, 709, 868, 885
G-7/G-8 96, 112, 123, 464, 475 f., 639, 664
GATT 184, 304, 450, 464, 469 ff., 476 f., 486, 490, 493, 674, 717, 730, 768
Gemeinsame Agrarpolitik (GAP) 85, 128, 136, 147, 348, 363, 374, 425 f., 441, 445–461, 573, 768, 779, 784, 789, 803, 807, 814, 816, 874
Gemeinsame Außen- und Sicherheitspolitik (GASP) 19, 31, 36, 46, 137, 191, 276, 336, 342, 344 f., 378, 392, 429, 431, 436, 438 f., 508, 512, 545, 577, 637, 699, 779, 781, 812, 829, 884, 886, 891, 894
Gemeinschaft Unabhängiger Staaten (GUS) 291, 295, 370, 541, 577, 662, 668 f., 808

Gericht erster Instanz (GeI) 346, 780, 865
Gesundheitspolitik 338, 430, 435, 438, 779, 792 f.
Griechenland 31, 43, 66, 68, 70, 152–162, 267 f., 279 ff., 284, 296, 305, 324, 327, 344, 390, 426, 440, 449, 463, 514, 527, 530, 594, 604, 606 ff., 610 f., 682 ff., 686, 689, 692 f., 695, 733, 803, 815, 818, 838, 856
Großbritannien 24, 29, 31, 33 f., 37 f., 60 ff., 70 f., 80, 83, 87 f., 91, 97, 101, 109 f., 123, 126–183, 145 f., 174, 184, 189, 210, 319 f., 324, 336, 344, 354 f., 369, 381, 389 f., 397, 404, 421, 426, 430, 432, 434 f., 437 ff., 449, 452, 458, 462, 471 f., 482, 489, 508, 514, 523 f., 541 f., 553, 557, 561, 569, 571 ff., 589 ff., 594, 600, 603 f., 607 ff., 635, 644, 706, 718, 720, 723, 727 ff., 732, 742., 752, 763, 849, 855, 877 f., 880
Handelspolitik 30, 128, 348, 378, 426, 714, 730, 790
Haushaltspolitik 40, 349, 500, 505, 817
Heranführungsstrategie 804, 806, 810, 812, 814
Identität, europäische 18–48
Industriepolitik 338, 430, 463, 716, 792
Indien 127, 355, 741–749, 756, 760, 890 f., 893
Indonesien 754, 758
Informationsgesellschaft 462, 475
Internationaler Währungsfonds (IWF) 165, 209, 214, 291, 293 f., 297, 304 f., 309, 316, 464, 475 f., 648, 658, 672 f., 730, 743, 772
Irak 640, 686

Iran 640, 647, 686
Irland 29, 37, 66, 70 f., 132, 139–151, 344, 390, 426, 429, 437, 439, 482, 514, 573, 591, 594, 606 f., 610, 622, 607, 728, 803, 815, 849, 880
Island 66, 210, 704, 826
Israel 189, 490, 693 f., 696 ff., 702 ff., 708, 766
Italien 24, 27, 60, 63 f., 69, 71, 91, 110, 117–125, 126, 132, 135, 158 f., 173, 175, 188 f., 275 ff., 279 ff., 336, 344, 404, 425, 449, 514, 557, 559, 568, 607, 610 f., 622, 694, 705 f., 711, 714, 718, 727, 729, 732, 734, 764, 766, 831, 849 f., 852, 857, 877
Japan 108, 134, 462 ff., 490, 554, 710–722, 733, 751, 756 f., 760, 767, 890 f., 893
Jordanien 700, 704, 763
Jugend 618–630
Jugoslawien (Bundesrepublik) 281, 284, 388, 825 f., 838
Jugoslawien, ehemaliges 34, 68, 285, 296, 314, 316, 341, 370, 540, 633, 641, 824, 850, 854 f., 885
Justiz und Inneres 36, 38 f., 205, 342, 345, 349, 431 ff., 436, 438 f., 508, 512, 540, 543, 545, 577, 860
Kanada 127, 355, 465, 756
Kapitalverkehr, freier 28, 481, 484, 490, 569, 786 f., 851, 874
Kohäsion 43, 162, 779, 791, 814 f., 817
Kompetenzen 29, 30, 45, 102, 114, 426, 432, 435, 439 f., 508, 540, 611, 628, 716, 779–801, 882
Konvergenzkriterien 36, 88, 91, 102, 121, 123, 148, 160, 163, 166, 180 f., 205, 260, 305, 429, 507 f., 510 f., 513 f., 529 f., 542, 598, 877

Kosovo 256, 278, 283 f., 312, 317, 367 f., 370, 388 f., 633, 637, 641, 889
Kosovo-Krieg 19, 440, 515, 650, 736, 889
Kroatien 279, 302–318, 388, 392, 542, 548, 828 f., 838
Kulturpolitik 338, 430, 792
Lateinamerika 388, 468, 471, 463, 850, 886
Legitimität 30, 350, 358, 383, 388, 420, 433, 437, 517, 530, 598
Lettland 68, 263–275, 440, 454, 662, 668, 811, 826, 828 f.
Libanon 697, 700, 704, 763
Libyen 692, 699
Liechtenstein 210, 704
Litauen 68, 263–275, 440, 454, 662, 668, 811, 836
Lomé-Abkommen 112, 764 f., 768 f., 771 ff., 891
Luxemburg 27, 29, 70, 79–91, 110 f., 306, 340, 344, 425, 514, 561, 568, 607 f., 610, 849, 857
Luxemburger Kompromiß 28, 31, 33, 112, 344, 379, 381, 426, 436, 446
Makedonien, ehemalige jugoslawische Republik (FYROM) 154, 279, 281, 283, 296, 303, 310, 370, 828 f.
Malta 319–329, 440, 695, 699, 704, 803, 806
Marokko 691, 694, 700, 702, 704 f., 763, 766
Mehrheitsentscheidung, qualifizierte (s. auch Entscheidungsverfahren) 137, 341, 344, 348 f., 379, 414, 427, 435 ff., 441, 485, 507, 513, 523, 543, 580, 787 ff., 794, 803, 887
Menschenrechte 127, 310, 362, 401, 565, 626, 689, 695, 700 f., 715, 733,

744, 753 f., 759, 806, 810, 823, 825, 829, 840, 842, 864, 885, 891
MERCOSUR   468, 763
Mexiko   465, 469
Minderheiten   261, 285, 288, 294 f., 309, 804, 810, 823–846
Mitentscheidungsverfahren (s. auch Entscheidungsverfahren)   137, 341, 430, 438, 794, 858
Mittel- und Osteuropa   44, 53, 55 f., 81, 184, 238, 367, 370, 377, 386, 390 f., 417, 454 f., 457, 459, 471, 475, 486, 493, 540, 543, 554, 558, 577 f., 603 f., 612 ff., 657, 663, 678, 720, 730, 802–822, 823, 829, 836, 852, 855, 888
Mittelmeerraum   321, 388, 417, 686, 691–709, 885
Moldawien   294 ff., 540, 669
Montenegro   303, 314 ff.
NAFTA   465, 468 f.
Naher Osten   189, 245, 341, 388, 391, 681 f., 686, 694, 697, 699, 766, 885, 890
NATO   80, 95, 111 f., 117, 122, 127 f., 137, 153, 156 f., 175, 193, 209, 233, 235, 237, 239 ff., 246 ff., 255, 260, 269, 276 f., 279, 281 ff., 295, 297 ff., 317, 382 ff., 392, 539, 541, 544 f., 547, 555 f., 560, 562, 567, 571, 576, 633, 636 ff., 650, 656 f., 660 ff., 676, 683, 685, 692, 699, 733, 802, 804, 837, 888
NATO-Osterweiterung   221, 246, 248, 268 f., 279, 304, 639, 662
Niederlande   27, 63, 69, 79–91, 101, 110 f., 273, 306, 344, 396, 425, 500, 514, 541, 568, 572, 594, 607, 610, 645, 692, 729, 742, 764, 849 f., 857
Niederlassungsfreiheit   481, 491, 569, 787, 805

Norwegen   37, 66, 196–207, 210, 591, 612, 704
OECD/OEEC   109, 127, 184, 190, 209 f., 238, 259, 302, 305, 375, 383, 412, 464 ff., 476, 555, 567, 569, 571, 664, 682
Öffentliche Meinung   585–602, 603–617
Opt-out   136, 204 f., 212, 432, 516
Organisierte Kriminalität   854, 858
Österreich   37, 68, 183–195, 212, 230, 237, 241, 246, 259, 282, 344, 354, 404, 430, 453 f., 514, 553, 559, 577, 604, 607, 610, 831, 849 f.
Osterweiterung der Europäischen Union   38 f., 46, 114, 121, 150, 161, 192 f., 205, 221, 246, 350, 374, 378, 437, 441, 454 f., 457, 541 f., 559, 571, 577 ff., 604, 612, 618, 633, 676, 698, 802–822, 851
OSZE/KSZE   278 f., 282 f., 279, 309, 389, 544 f., 556, 574, 639, 662, 664, 697, 823, 826 ff., 832, 837 f., 888
Pakistan   127, 890
Partnerschaft für den Frieden (PfF)   193, 246, 269, 277, 279, 297, 322, 560, 662 f., 676
Personenverkehr, freier   28, 481, 484, 569, 786, 851, 857 f., 874
Petersberger Aufgaben   436, 888
PHARE   283, 309, 311, 663, 805, 812
Polen   35, 50, 52, 66, 68, 71, 221–232, 236 f., 240 f., 246, 260, 327, 386, 440, 454, 468, 541, 575, 612, 635, 639 f., 668, 670, 805, 807, 811, 836, 850, 857
Polizeiliche und justitielle Zusammenarbeit in Strafsachen   336, 779, 781

Portugal 32, 43, 63, 68, 70, 132, 158, 163–171, 305, 344, 426, 514, 530, 575, 594, 604, 606 f., 610, 693, 702, 706, 718, 731, 734, 754, 783, 808, 815, 826, 849, 856
Rassismus 168, 781
Rat der Europäischen Union 38, 137, 175, 335, 343 f., 347 ff., 360, 379 f., 397, 414, 419 ff., 426 f., 430, 435, 437, 439, 446, 449, 452, 482, 485, 488, 523, 532, 599, 609, 789, 793 f., 803, 856, 866
– britische Präsidentschaft 136
– deutsche Präsidentschaft 193
– finnische Präsidentschaft 205
– österr. Präsidentschaft 193
Reform der EU 38, 424–444
Regierungskonferenz 1996/97 38 f., 327, 401, 424 f., 433 f., 436, 438, 543, 579, 603, 716, 807, 888
Regionalpolitik 29, 31, 376, 417, 426, 575
Rumänien 35, 50, 66, 68, 70, 255, 279, 282, 285–302, 440, 454, 668, 670, 676, 805, 811, 823, 829, 836 ff., 850
Rußland 66, 234, 241, 245, 247, 267 f., 271 ff., 281, 294, 296 ff., 370, 385, 388, 542, 552 f., 557, 560, 577, 594, 633, 639, 653–667, 670, 677, 686, 688, 698, 723, 733, 735, 750, 756, 804, 828, 836, 840, 885, 888, 890, 893
Schengener Abkommen 205, 262, 380, 436, 439, 855, 857 ff.
Schweden 37, 63, 66, 174, 191, 196–207, 212, 273, 344, 404, 430, 440, 449, 453, 458, 462, 514, 573, 577, 607 ff., 849 f., 879
Schweiz 101, 175, 183, 187, 208–220, 322, 354, 363, 612, 704, 826

Screening 255
Serbien 66, 302–318, 392, 838
Sicherheitspolitik 193, 205, 547, 638, 889 f., 894
Skandinavien 196–207, 397, 454
Slowakische Republik 35, 233–252, 255, 440, 454, 668, 670, 805, 811, 823, 828 ff., 837 f.
Slowenien 35, 302–318, 327, 388, 440, 454, 468, 542, 548, 805, 807, 811, 840
Sowjetunion 27, 97, 109, 185, 188, 202, 210, 233 f., 270 f., 276, 295, 297, 341, 354, 373, 382 f., 386 ff., 486, 554, 565 ff., 590, 633, 635, 637 f., 644, 653, 655 ff., 661, 668, 677, 682, 686, 692, 727, 823, 825, 850 f., 885
Sozialistische Partei Europas (SPE) 338, 341, 395–409
Sozialpolitik 29, 31, 33, 376, 421, 426, 430, 435, 438, 440, 463, 475, 512, 522–535, 779, 791, 796, 878, 881
Sozialprotokoll 129, 136, 414, 430, 524, 531
Spanien 24, 32, 43, 60 f., 63, 68, 70 f., 132, 172–182, 282, 336, 344, 355, 369, 390, 404, 426, 449, 514, 561, 575, 594, 604, 606 f., 610, 622, 693 f., 703, 705 f., 718, 731, 734, 803, 808, 815, 849 f., 852, 856 f.
Staatenbund 27, 354, 363, 468, 569, 714
Staatenverbund 42, 363, 378, 381
Stabilitäts- und Wachstumspakt 38, 113, 349, 434, 440, 512, 542, 577, 875 f.
Steuerpolitik 150, 440, 878 ff.
Strategieplanungs- und Frühwarneinheit 436, 887

Strukturfonds 43, 147, 374, 377, 452, 458, 529, 803, 809, 814, 816
Strukturpolitik 39, 161, 374, 376, 417, 441, 448, 452, 455, 457, 459, 803, 807
Subsidiarität 40, 145, 217 f., 359, 363, 380, 408, 430, 440, 452, 456 f., 524, 533, 577, 611, 784 f., 859
Südafrika 341
Südkorea 715, 725, 756 f.
Südostasien 750–761
Syrien 686, 697, 702, 704, 763
TACIS 663, 678
Taiwan 726, 729 f., 735
Technologiepolitik 33, 426, 428, 430, 463, 475, 792
Transatlantische Beziehungen 541, 572, 633–652, 893
Transparenz 420, 424, 433, 518, 530, 608 f., 796
Troika 436, 731 f.
Tschechische Republik 35, 192, 233–252, 260, 327, 440, 454, 468, 541, 612, 639 f., 805, 807, 811, 829, 836, 850
Tunesien 691, 694, 702, 704 f., 708, 763, 766
Türkei 68, 154, 159 ff., 281 f., 296, 325, 327 f., 391, 471, 681–690, 692, 695, 697 f., 700, 703 f., 804, 807, 823, 838, 854, 856, 890, 893
Ukraine 241, 294, 296, 370, 577, 668–680, 828, 836, 888, 890, 893
Umweltpolitik 33, 36, 421, 426, 428, 430, 435, 779, 792, 882
UN 187, 189 f., 209 ff., 213, 297, 309, 314, 317, 475 f., 542, 730, 732 ff., 772, 842, 884
UNICE 337, 414, 416 f., 420, 879
Ungarn 35, 52, 70, 192, 226, 236, 240 f., 243, 246, 248, 253–262, 327, 370, 386, 440, 454, 468, 541, 639 f., 668, 670, 805, 807, 811, 829, 836 f., 840, 850, 857
USA 27, 70, 83, 88, 97, 101, 108 f., 112, 117, 126 ff., 134, 153, 156, 159, 184, 189 f., 210, 235, 243, 246, 273, 276 ff., 353, 355, 361, 363, 382 ff., 387, 450, 462 ff., 471, 490, 500, 530, 540 ff., 548 f., 553 ff., 558, 560 f., 565 f., 568, 571, 574, 589 f., 663–652, 656, 658, 660, 665, 675 f., 682, 689, 692, 697 f., 702, 711 ff., 727, 732, 735, 751, 756, 760, 767 f., 888 ff.
Verbraucherschutz 36, 421, 426, 430, 435, 779, 792
Vereinigtes Königreich (siehe Großbritannien)
Vereinte Nationen siehe UN
Verkehrspolitik 85, 363, 779
Verstärkte Zusammenarbeit 344, 349, 359, 434, 438, 818, 895
Verteidigungspolitik 127, 431, 638, 889
Vertiefung 511, 571 ff., 579 f., 611, 804
Vertrag von Amsterdam 19, 39, 41, 45, 113 f., 170, 205, 333, 336 f., 339 ff., 344 f., 347 ff., 362, 375, 379 f., 382, 408, 420 f., 424, 432 f., 438 ff., 475, 483, 531, 540 f., 559, 579, 608, 716, 762, 779, 787, 790, 797, 804, 807, 817, 830, 858, 860, 870, 878, 886 ff., 894
Vertrag von Maastricht 19, 36 ff., 107, 113, 123, 129, 136, 145, 148, 167, 170, 180 f., 204 f., 333, 338 f., 341, 343, 346 f., 349, 354, 375, 380, 397, 414, 420 f., 424 f., 428 ff., 438 f., 483, 498, 504, 506 ff., 513, 515 f., 523 f., 540 f., 556, 577, 594,

603, 606, 763, 779, 804, 829, 857, 864 f., 868 f., 877, 886
Visapolitik 432, 436, 788
Währungspolitik 29, 31, 36, 378, 498 f., 503, 506, 511 f., 517, 529, 542, 545, 571, 574, 790
Warenverkehr, freier 445, 481, 484, 489 f., 528, 530, 786 f., 851, 874
Warschauer Pakt 234, 270, 275, 383, 388, 540, 573, 635, 638 f., 656 f.
Wechselkursmechanismus 29, 502, 514
Weißrußland 370, 669, 836
Weltbank 209, 214, 279, 291, 294, 304, 309, 316, 464, 475 f., 648, 658, 673, 725, 732, 743, 772
Westeuropäische Union (WEU) 36, 95, 111, 127 f., 209, 282, 297, 382, 387, 392, 431, 436, 544, 561, 567, 640, 688, 888
Wettbewerbsfähigkeit 113, 376, 455, 463, 470 f., 476, 511, 530, 717, 782, 816
Wettbewerbspolitik 425, 463, 475, 805
Wirtschafts- und Sozialausschuß 335, 338, 360, 418 f., 438, 553
Wirtschafts- und Währungsunion (WWU) 29, 36, 38 ff., 42, 44, 46, 83, 85, 88, 91, 103, 113 f., 121, 123, 136 f., 146, 148 ff., 160, 163, 166, 168, 180 f., 192, 205, 218, 348, 350, 375 ff., 389, 442, 426, 428 f., 434, 440, 448, 463, 475, 483, 489–521, 529, 542, 573 f., 577 ff., 596 f., 606, 622, 624, 629, 633, 635, 647, 708, 779, 790, 796, 804, 806, 812, 875ff., 881, 887
Wirtschaftspolitik 29, 31, 40, 348, 378, 440, 499 f., 503, 506, 511 f., 571, 574, 708, 730, 790 f., 796, 874–883, 886
World Trade Organization (WTO) 209, 309, 455, 464, 469 f., 475 ff., 646 f., 703, 724, 729 f., 737, 768, 814
Zollunion 28, 326 f., 469, 683 f., 687, 689, 692
Zypern 35, 153, 160, 261, 319–329, 440, 685 f., 688, 695, 698 f., 703 f., 803, 806 f., 810, 818

Verzeichnis der Autoren

FRANCO ALGIERI, M.A., wissenschaftlicher Mitarbeiter der Bertelsmann Forschungsgruppe Politik am Centrum für angewandte Politikforschung, Geschwister-Scholl-Institut für Politische Wissenschaft der Ludwig-Maximilians-Universität München.

STEFFEN ANGENENDT, Dr., Dipl.-Politologe, wissenschaftlicher Mitarbeiter des Forschungsinstituts der Deutschen Gesellschaft für Auswärtige Politik e.V.

HEINZ-JÜRGEN AXT, Dr., Professor für Politikwissenschaft an der Gerhard-Mercator-Universität Duisburg.

ROLAND BIEBER, Dr., Professor für europäisches Recht, Universität Lausanne.

MARC CARRILLO, Dr., Lehrstuhl für Verfassungsrecht an der Pompeu Fabra Universität, Barcelona.

HEINRICH CHRISTEN, stv. Direktor von ATAG Ernst & Young, Zürich.

WOLFGANG DÄUBLER, Dr., Professor für deutsches und europäisches Arbeitsrecht, bürgerliches Recht und Wirtschaftsrecht, Universität Bremen.

HUGO DICKE, Dr., Leiter der Abteilung Europäische Institutionen am Institut für Weltwirtschaft, Kiel.

CLAUS GIERING, Dr., wissenschaftlicher Mitarbeiter der Bertelsmann Forschungsgruppe Politik am Centrum für angewandte Politikforschung, Geschwister-Scholl-Institut für Politische Wissenschaft der Ludwig-Maximilians-Universität München.

MANUELA GLAAB, Dr., wissenschaftliche Mitarbeiterin der Forschungsgruppe Deutschland am Centrum für angewandte Politikforschung, Geschwister-Scholl-Institut für Politische Wissenschaft der Ludwig-Maximilians-Universität München.

JÜRGEN GROS, Dr., wissenschaftlicher Mitarbeiter der Bertelsmann Forschungsgruppe Politik am Centrum für angewandte Politikforschung, Geschwister-Scholl-Institut für Politische Wissenschaft der Ludwig-Maximilians-Universität München.

THOMAS R. HENSCHEL, Dr., Leiter der Forschungsgruppe Jugend und Europa am Centrum für angewandte Politikforschung, Geschwister-Scholl-Institut für Politische Wissenschaft der Ludwig-Maximilians-Universität München.

OLAF HILLENBRAND, M.A., stellvertretender Leiter der Bertelsmann Forschungsgruppe Politik am Centrum für angewandte Politikforschung, Geschwister-Scholl-Institut für Politische Wissenschaft der Ludwig-Maximilians-Universität München.

RAINER HOFMANN, Dr. Dr., Professor für Verfassungsrecht, öffentlich-rechtliche Rechtsvergleichung, Völker- und Europarecht; Direktor des Walther-Schücking-Institutes für Internationales Recht der Universität zu Kiel.

ANDRÁS INOTAI, Dr., Direktor des Instituts für Weltwirtschaft an der Ungarischen Akademie der Wissenschaften, Budapest.

JOSEF JANNING, stv. Direktor des Centrums für angewandte Politikforschung am Geschwister-Scholl-Institut für Politische Wissenschaft der Ludwig-Maximilians-Universität München; Leiter der Bertelsmann Forschungsgruppe Politik.

THOMAS JANSEN, Dr., Berater in der Gruppe für prospektive Analysen der Europäischen Kommission, Brüssel.

CHRISTIAN JUNG, Dr., Leiter Gesellschaftspolitik der Gesellschaft für Bankpublizität, Berlin.

IRIS KEMPE, Dr., wissenschaftliche Mitarbeiterin der Bertelsmann Forschungsgruppe Politik am Centrum für angewandte Politikforschung, Geschwister-Scholl-Institut für Politische Wissenschaft der Ludwig-Maximilians-Universität München.

KARL-RUDOLF KORTE, Dr. habil., Leiter der Forschungsgruppe Deutschland am Centrum für angewandte Politikforschung, Geschwister-Scholl-Institut für Politische Wissenschaft der Ludwig-Maximilians-Universität München.

MICHAEL KREILE, Dr., Professor für Internationale Politik an der Humboldt-Universität zu Berlin.

PEER H. LANGE, Dr., externer Berater für Sicherheitspolitik im Ostseeraum bei der Stiftung Wissenschaft und Politik, Ebenhausen.

WERNER LINK, Dr., Professor für Politische Wissenschaft an der Universität zu Köln, Vorsitzender des wissenschaftlichen Direktoriums des Bundesinstitutes für ostwissenschaftliche und internationale Studien, Köln.

PAUL LUIF, Dr., wissenschaftlicher Mitarbeiter des Österreichischen Instituts für internationale Politik, Laxenburg bei Wien.

FELIX PHILIPP LUTZ, Dr., geschäftsführender Gesellschafter der Firma kairos GmbH, Gesellschaft für Personalentwicklung und Forschung.

EVIN MCLOUGHLIN, Dr., Corporate and Public Affairs Consultant bei Fleishman-Hillard Saunders, Dublin.

CARLO MASALA, Dr., Akademischer Rat am Forschungsinstitut für Politische Wissenschaft und europäische Fragen an der Universität zu Köln.

KARL WOLFGANG MENCK, Dr., wissenschaftlicher Mitarbeiter im HWWA-Institut für Wirtschaftsforschung, Hamburg.

HENRI MÉNUDIER, Dr., Professor für Civilisation allemande an der Universität Sorbonne, Paris.

WIM VAN MEURS, Dr., wissenschaftlicher Mitarbeiter der Bertelsmann Forschungsgruppe Politik am Centrum für angewandte Politikforschung, Geschwister-Scholl-Institut für Politische Wissenschaft der Ludwig-Maximilians-Universität München.

PATRICK MEYER, M.A., wissenschaftlicher Mitarbeiter der Bertelsmann Forschungsgruppe Politik am Centrum für angewandte Politikforschung, Geschwister-Scholl-Institut für Politische Wissenschaft der Ludwig-Maximilians-Universität München.

MARGARETA MOMMSEN, Dr., Universitätsprofessorin am Geschwister-Scholl-Institut für Politische Wissenschaft der Ludwig-Maximilians-Universität München.
ROGER MORGAN, Dr., Professor am European Institute der London School of Economics and Political Science, London.
PETER-CHRISTIAN MÜLLER-GRAFF, Dr., Professor für Deutsches und Europäisches Gesellschafts- und Wirtschaftsrecht, Ruprecht-Karls-Universität Heidelberg.
GERT NICOLAYSEN, Dr., Professor für Öffentliches Recht, Staatslehre und Europarecht an der Universität Hamburg.
ELISABETH NOELLE-NEUMANN, Dr. Dr. h.c., Leiterin des Instituts für Demoskopie Allensbach, Professor für Publizistik an der Universität Mainz.
CORNELIUS OCHMANN, M.A., Projektleiter Mittel- und Osteuropa der Bertelsmann Stiftung, Gütersloh.
THOMAS PAULSEN, Dr., Mitarbeiter der Strategie & Trend Research der Hypo-Vereinsbank AG, München.
THOMAS PETERSEN, M.A., wissenschaftlicher Assistent am Institut für Demoskopie Allensbach.
HANS-WOLFGANG PLATZER, Dr., Professor für vergleichende Politikwissenschaft und europäische Integration an der Fachhochschule Fulda.
JENS REUTER, Dr., Länderreferent für das ehemalige Jugoslawien und Albanien am Südost-Institut München.
EBERHARD RHEIN, Dr., Berater beim European Policy Centre, Brüssel. Von 1984 bis 1996 für das Mittelmeer und die arabische Welt bei der EU-Kommission zuständig.
DIETMAR ROTHERMUND, Dr., Professor für Geschichte Südasiens, Südasien Institut der Ruprecht-Karls-Universität Heidelberg.
STEFAN ROTTMANN, M.A., wissenschaftlicher Mitarbeiter der Bertelsmann Forschungsgruppe Politik am Centrum für angewandte Politikforschung, Geschwister-Scholl-Institut für Politische Wissenschaft der Ludwig-Maximilians-Universität München.
EBERHARD SANDSCHNEIDER, Dr., Professor am Otto-Suhr-Institut für Politikwissenschaft der Freien Universität Berlin, Arbeitsstelle Politik Chinas und Ostasiens.
FABIAN SCHMIDT, M.A., Südosteuropawissenschaftler; bis 1998 Direktor eines Medienbeobachtungsprojektes des Institute for War and Peace Reporting in Tirana.
HAGEN SCHULZE, Dr., ordentlicher Professor für Neuere Deutsche und Europäische Geschichte, Friedrich-Meinecke-Institut, Freie Universität Berlin.
UDO STEINBACH, Dr., Professor, Direktor des Deutschen Orient-Institutes, Hamburg.
JAN SUNDBERG, Dr., Professor für Politische Wissenschaft an der Universität Helsinki.

JÜRGEN TUREK, M.A., Leiter der Forschungsgruppe Zukunftsfragen, Centrum für angewandte Politikforschung am Geschwister-Scholl-Institut für Politische Wissenschaft der Ludwig-Maximilians-Universität München.

PAVLOS TZERMIAS, Dr., Byzantinist und Neogräzist an der Universität Freiburg/Schweiz (1965–1995), Griechenland und Zypernberichterstatter der Neuen Zürcher Zeitung (1967–1995).

WINFRIED VON URFF, Dr., Professor für Agrarpolitik an der Technischen Universität München, Fakultät für Landwirtschaft und Gartenbau, Freising-Weihenstephan.

ÁLVARO DE VASCONCELOS, Dr., Direktor des Institute for Strategic and International Studies (IEEI), Lissabon.

JOSEFINE WALLAT, Dipl. pol., Doktorandin am Merton College der University of Oxford.

WERNER WEIDENFELD, Dr. Dr. h.c., Professor für Politikwissenschaft und Direktor des Centrums für angewandte Politikforschung am Geschwister-Scholl-Institut für Politische Wissenschaft der Ludwig-Maximilians-Universität München; Mitglied des Vorstandes der Bertelsmann Stiftung.

WOLFGANG WESSELS, Dr., Professor am Forschungsinstitut für Politische Wissenschaft und Europäische Fragen, Universität zu Köln, geschäftsführendes Vorstandsmitglied des Instituts für Europäische Politik, Bonn, Vorsitzender der Trans European Policy Studies Association (TEPSA), Brüssel.

WICHARD WOYKE, Dr., Professor für Europapolitik am Institut für Politikwissenschaft der Westfälischen Wilhelms-Universität Münster.